Sicherheit und Prüfung von SAP®-Systemen

# PRESS

SAP PRESS ist eine gemeinschaftliche Initiative von SAP SE und der Rheinwerk Verlag GmbH. Unser Ziel ist es, Ihnen als Anwendern qualifiziertes SAP-Wissen zur Verfügung zu stellen. SAP PRESS vereint das Know-how der SAP und die verlegerische Kompetenz von Rheinwerk. Die Bücher bieten Ihnen Expertenwissen zu technischen wie auch zu betriebswirtschaftlichen SAP-Themen.

Damit Sie nach weiteren Titeln Ihres Interessengebiets nicht lange suchen müssen, haben wir eine kleine Auswahl zusammengestellt.

Thomas Tiede
SAP HANA – Sicherheit und Berechtigungen
576 Seiten, gebunden, 2019
ISBN 978-3-8362-6765-6
www.sap-press.de/4814

Lehnert, Luther, Röder, Bruckmeier, Christoph, Pluder
Datenschutz mit SAP. SAP S/4HANA, SAP Business Suite und SAP-Cloud-Lösungen
696 Seiten, gebunden, 2., akt. und erw. Auflage 2020
ISBN 978-3-8362-7111-0
www.sap-press.de/4925

Anna Otto, Katharina Stelzner
Berechtigungen in SAP. Best Practices für Administratoren
506 Seiten, gebunden, 2., akt. und erw. Auflage 2019
ISBN 978-3-8362-6832-5
www.sap-press.de/4836

Freilinger-Huber, Stark, Chiuaru, Trapp
ABAP-Entwicklung für SAP S/4HANA. Das Programmiermodell für SAP Fiori
576 Seiten, gebunden, 2., akt. und erw. Auflage 2021
ISBN 978-3-8362-7878-2
www.sap-press.de/5183

Thomas Tiede

Sicherheit und Prüfung von SAP®-Systemen

Liebe Leserin, lieber Leser,

Thomas Tiede befasst sich seit mehr als 20 Jahren mit IT- und speziell SAP-Sicherheit und hält als Dozent Seminare und Vorträge zu diesen Themen. Er hat unzählige Sicherheitsprüfungen durchgeführt sowie Sicherheits- und Berechtigungskonzepte implementiert und sich bei vielen Kunden einen Namen als verlässlicher Partner gemacht. Als er also vor einigen Jahren mit der Idee auf uns zukam, sein etabliertes Handbuch zur Sicherheit und Prüfung von SAP-Systemen zukünftig bei SAP PRESS zu veröffentlichen, waren wir begeistert, denn dieser Titel passt wunderbar in unser Verlagsprogramm.

Rundum aktualisiert und neu strukturiert hat es sich auch bei uns bewährt, und nun halten Sie mit dieser inzwischen 5. Auflage ein Buch in den Händen, das alle Kriterien eines Standardwerks erfüllt: Sie bekommen eine ausführliche Einführung in alle prüfungsrelevanten Aspekte des SAP-Systems und finden zu jeder Ihrer Fragen kompetente Antworten. Auch Themen wie Berechtigungen für SAP-Fiori-Anwendungen oder die Absicherung von SAP HANA, die vielleicht noch nicht zum Standardrepertoire jedes SAP-Administrators und jeder SAP-Administratorin zählen, werden selbstverständlich in diesem Buch behandelt. Damit sind Sie für alle Prüfungsanforderungen gewappnet!

Wir freuen uns stets über Lob, aber auch über konstruktive Kritik, die uns hilft, unsere Bücher zu verbessern. Scheuen Sie sich nicht, mich zu kontaktieren. Ihre Fragen und Anmerkungen sind jederzeit willkommen.

Ihre Maike Lübbers
Lektorat SAP PRESS

maike.luebbers@rheinwerk-verlag.de
www.rheinwerk-verlag.de
Rheinwerk Verlag · Rheinwerkallee 4 · 53227 Bonn

Auf einen Blick

1	Umgang mit dem SAP-System und Werkzeuge zur Prüfung	31
2	Aufbau von SAP-Systemen und Systemlandschaften	125
3	Allgemeine Systemsicherheit	175
4	Protokollierungskomponenten	249
5	Remote Function Calls	365
6	Der Verbuchungsvorgang	403
7	Benutzerauswertungen	429
8	Customizing des SAP-Systems	515
9	Entwicklung in SAP-Systemen	587
10	Berechtigungskonzept in ABAP-Systemen	687
11	Praktische Prüfung von Berechtigungen	797
12	SAP HANA	867

Wir hoffen, dass Sie Freude an diesem Buch haben und sich Ihre Erwartungen erfüllen. Ihre Anregungen und Kommentare sind uns jederzeit willkommen. Bitte bewerten Sie doch das Buch auf unserer Website unter **www.rheinwerk-verlag.de/feedback**.

An diesem Buch haben viele mitgewirkt, insbesondere:

Lektorat Maike Lübbers
Korrektorat Anna Krepper, Rommerskirchen
Herstellung Nadine Preyl
Typografie und Layout Vera Brauner
Einbandgestaltung Silke Braun
Coverbild iStock: 1145601675 © Andy
Satz SatzPro, Krefeld
Druck Beltz Grafische Betriebe, Bad Langensalza

Dieses Buch wurde gesetzt aus der TheAntiquaB (9,35/13,7 pt) in FrameMaker. Gedruckt wurde es auf chlorfrei gebleichtem Offsetpapier (80 g/m²). Hergestellt in Deutschland.

Das vorliegende Werk ist in all seinen Teilen urheberrechtlich geschützt. Alle Rechte vorbehalten, insbesondere das Recht der Übersetzung, des Vortrags, der Reproduktion, der Vervielfältigung auf fotomechanischen oder anderen Wegen und der Speicherung in elektronischen Medien.

Ungeachtet der Sorgfalt, die auf die Erstellung von Text, Abbildungen und Programmen verwendet wurde, können weder Verlag noch Autor, Herausgeber oder Übersetzer für mögliche Fehler und deren Folgen eine juristische Verantwortung oder irgendeine Haftung übernehmen.

Die in diesem Werk wiedergegebenen Gebrauchsnamen, Handelsnamen, Warenbezeichnungen usw. können auch ohne besondere Kennzeichnung Marken sein und als solche den gesetzlichen Bestimmungen unterliegen.

Sämtliche in diesem Werk abgedruckten Bildschirmabzüge unterliegen dem Urheberrecht © der SAP SE, Dietmar-Hopp-Allee 16, 69190 Walldorf.

SAP, ABAP, ASAP, Concur Hipmunk, Duet, Duet Enterprise, ExpenseIt, SAP ActiveAttention, SAP Adaptive Server Enterprise, SAP Advantage Database Server, SAP ArchiveLink, SAP Ariba, SAP Business ByDesign, SAP Business Explorer (SAP BEx), SAP BusinessObjects, SAP BusinessObjects Explorer, SAP BusinessObjects Web Intelligence, SAP Business One, SAP Business Workflow, SAP BW/4HANA, SAP C/4HANA, SAP Concur, SAP Crystal Reports, SAP EarlyWatch, SAP Fieldglass, SAP Fiori, SAP Global Trade Services (SAP GTS), SAP GoingLive, SAP HANA, SAP Jam, SAP Leonardo, SAP Lumira, SAP MaxDB, SAP NetWeaver, SAP PartnerEdge, SAPPHIRE NOW, SAP PowerBuilder, SAP PowerDesigner, SAP R/2, SAP R/3, SAP Replication Server, SAP Roambi, SAP S/4HANA, SAP S/4HANA Cloud, SAP SQL Anywhere, SAP Strategic Enterprise Management (SAP SEM), SAP SuccessFactors, SAP Vora, TripIt, Qualtrics sind Marken oder eingetragene Marken der SAP SE, Walldorf.

Bibliografische Information der Deutschen Nationalbibliothek:
Die Deutsche Nationalbibliothek verzeichnet diese Publikation in der Deutschen Nationalbibliografie; detaillierte bibliografische Daten sind im Internet über *http://dnb.dnb.de* abrufbar.

ISBN 978-3-8362-7754-9

5., aktualisierte und erweiterte Auflage 2021
© Rheinwerk Verlag, Bonn 2021

Informationen zu unserem Verlag und Kontaktmöglichkeiten finden Sie auf unserer Verlagswebsite **www.rheinwerk-verlag.de**. Dort können Sie sich auch umfassend über unser aktuelles Programm informieren und unsere Bücher und E-Books bestellen.

Inhalt

Einleitung 25

1   Umgang mit dem SAP-System und Werkzeuge zur Prüfung   31

1.1   Transaktionen und SAP-Fiori-Apps 31
    1.1.1   Transaktionen 32
    1.1.2   SAP-Fiori-Apps 33

1.2   Reports 35
    1.2.1   Das Konzept der Reports 35
    1.2.2   Aufrufen von Reports 37
    1.2.3   Exportieren der Reportergebnisse 39
    1.2.4   Festlegung des Standardpfads zum Speichern 41
    1.2.5   Speichern der Selektionsangaben (Varianten) 41

1.3   Anzeigen von Tabellen 43
    1.3.1   Anzeigetransaktionen für Tabellen 43
    1.3.2   Transaktion SE16 45
    1.3.3   Transaktionen SE16N, S416N, S4H16N 48
    1.3.4   Transaktionen SE16H, S416H, S4H16H 48
    1.3.5   Transaktionen SE16S, S416S und S4H16S 51
    1.3.6   Suchen von Tabellen 53
    1.3.7   Exportieren von Tabellen 57
    1.3.8   Speichern der Selektionsangaben (Varianten) 58

1.4   Das Benutzerinformationssystem 59

1.5   Listen als PDF-Datei speichern 62

1.6   Nutzung der Zugriffsstatistik für Prüfungen 63
    1.6.1   Funktionsweise 63
    1.6.2   Analyse von aufgerufenen Transaktionen und Reports .. 66
    1.6.3   Analyse von RFC-Aufrufen 69

1.7   Tabelleninhalte mit dem QuickViewer auswerten 71
    1.7.1   Erstellen eines QuickViews auf eine einzelne Tabelle 72
    1.7.2   Erstellen eines QuickViews mit einem Tabellen-Join 76
    1.7.3   Erstellen eines QuickViews mit einer logischen Datenbank ... 79

1.8	SQL-Trace		80
	1.8.1	Aktivierung des SQL-Trace	81
	1.8.2	Auswertung des Trace	82
1.9	Audit Information System		84
	1.9.1	Die Auditstruktur	85
	1.9.2	Durchführen eines Audits	87
	1.9.3	Berechtigungen zur Nutzung des Audit Information Systems	89
1.10	SAP Access Control		90
	1.10.1	Komponenten von SAP Access Control	90
	1.10.2	Regelwerke	91
	1.10.3	Auswertung der Regelwerke	96
	1.10.4	SAP-Access-Control-Regelwerk für dieses Buch	102
1.11	SAP Enterprise Threat Detection		103
	1.11.1	Angriffe auf SAP-Systeme – nur etwas für versierte Hacker?	104
	1.11.2	Standardüberwachung von SAP-Systemen	105
	1.11.3	Zentrale Sammlung von Protokollen in SAP Enterprise Threat Detection	107
	1.11.4	Automatisierte Analyse von Protokollen in SAP Enterprise Threat Detection	108
	1.11.5	Pseudonymisierung von Benutzernamen	111
	1.11.6	Auswertung eingespielter Security Notes	113
1.12	Zugriff auf SAP HANA für Prüfer		115
	1.12.1	Zugriff auf SAP HANA über das DBA Cockpit	115
	1.12.2	Zugriff auf SAP HANA über das SAP HANA Cockpit	118
	1.12.3	Skriptgesteuerter Export von Daten aus der SAP-HANA-Datenbank	123

2 Aufbau von SAP-Systemen und Systemlandschaften 125

2.1	SAP NetWeaver und SAP-Komponenten		125
	2.1.1	Komponenten von SAP NetWeaver	126
	2.1.2	Komponenten der SAP Business Suite	127
	2.1.3	Komponenten von SAP S/4HANA	128
	2.1.4	Nicht mehr unterstützte Komponenten in SAP S/4HANA	129
	2.1.5	Checkliste	131

2.2	Technischer Aufbau von SAP-Systemen	131
	2.2.1 Applikations- und Datenbankserver	131
	2.2.2 SAP-Fiori-Frontend-Server und SAP-Backend-System	133
	2.2.3 Instanzen	134
	2.2.4 SAP-Prozesse und -Dienste	135
	2.2.5 Checkliste	138
2.3	Systemlandschaften	139
	2.3.1 Drei-System-Landschaften	139
	2.3.2 SAP-Fiori-Systemlandschaften	141
	2.3.3 Systemarten	143
	2.3.4 Checkliste	144
2.4	Das Mandantenkonzept	145
	2.4.1 Standardmandanten eines SAP-Systems	146
	2.4.2 Eigenschaften von Mandanten	147
	2.4.3 Protokollierung der Änderungen von Mandanteneigenschaften	150
	2.4.4 Risiko beim Anlegen neuer Mandanten	151
	2.4.5 Mandantenkopien	153
	2.4.6 Zugriffsrechte	156
	2.4.7 Checkliste	162
2.5	Sicherheit im Mandanten 000	163
	2.5.1 Zugriff auf Daten des Produktivmandanten	164
	2.5.2 Systemeinstellungen pflegen	170
	2.5.3 Anwendungsentwicklung	172
	2.5.4 Gesetzeskritische Berechtigungen	173
	2.5.5 Patterns in SAP Enterprise Threat Detection	173
	2.5.6 Checkliste	173

3 Allgemeine Systemsicherheit   175

3.1	Grundlagen für die Prüfung der Systemsicherheit	175
	3.1.1 Der Releasestand des SAP-Systems	176
	3.1.2 Systemparameter	177
	3.1.3 Zugriffsrechte	181
	3.1.4 Checkliste	182
3.2	Anmeldesicherheit	183
	3.2.1 Unzulässige Kennwörter – Tabelle USR40	184
	3.2.2 Protokolle von Mehrfachanmeldungen	185
	3.2.3 Systemparameter zur Anmeldesicherheit	186

		3.2.4	Sicherheitsrichtlinien	195
		3.2.5	Schutz vor Kennwort-Hacking	199
		3.2.6	Unternehmenseigene Erweiterungen zur Anmeldesicherheit	200
		3.2.7	Patterns in SAP Enterprise Threat Detection	201
		3.2.8	Zugriffsrechte	201
		3.2.9	Checkliste	204
	3.3	**Das Notfallbenutzerkonzept**		206
		3.3.1	Konzept für Notfallbenutzer	206
		3.3.2	Transaktion SE16N_EMERGENCY	207
		3.3.3	Checkliste	209
	3.4	**Sperren von Transaktionscodes**		210
		3.4.1	Zugriffsrechte	212
		3.4.2	Checkliste	213
	3.5	**Logische Betriebssystemkommandos**		214
		3.5.1	Funktionsweise	214
		3.5.2	Der Report RSBDCOS0	218
		3.5.3	Logische Betriebssystemkommandos zur Prüfung nutzen	219
		3.5.4	Patterns in SAP Enterprise Threat Detection	220
		3.5.5	Zugriffsrechte	220
		3.5.6	Checkliste	222
	3.6	**Drucken und Speichern**		223
		3.6.1	Der Druckvorgang	223
		3.6.2	Schutz von Druckaufträgen	228
		3.6.3	Speichern von Daten in Dateien	228
		3.6.4	Patterns in SAP Enterprise Threat Detection	229
		3.6.5	Zugriffsrechte	229
		3.6.6	Checkliste	230
	3.7	**Batch-Input**		232
		3.7.1	Analyse des Batch-Input-Verfahrens	233
		3.7.2	Berechtigungen für Batch-Input-Mappen	236
		3.7.3	Zugriffsrechte	238
		3.7.4	Checkliste	240
	3.8	**Funktionen von SAP Business Warehouse**		241
		3.8.1	Datenextraktion	242
		3.8.2	Der Extraktorchecker	242
		3.8.3	Berechtigungen für die Extraktion einschränken	245
		3.8.4	Zugriffsrechte	246
		3.8.5	Checkliste	247

4 Protokollierungskomponenten   249

4.1 Security-Audit-Log   249
- 4.1.1 Konfiguration des Security-Audit-Logs   251
- 4.1.2 Auswertung des Security-Audit-Logs   258
- 4.1.3 Pseudonymisierte Auswertung des Security-Audit-Logs   259
- 4.1.4 Löschen von Security-Audit-Log-Protokollen   261
- 4.1.5 Konzept zum Einsatz des Security-Audit-Logs   262
- 4.1.6 Zugriffsrechte   266
- 4.1.7 Checkliste   270

4.2 Systemprotokollierung   271
- 4.2.1 Auswertung des SysLogs   272
- 4.2.2 Meldungen des SysLogs   274
- 4.2.3 Zugriffsrechte   277
- 4.2.4 Checkliste   277

4.3 Protokollierung von Tabellenänderungen   278
- 4.3.1 Aktivierung der Tabellenprotokollierung   279
- 4.3.2 Protokollierung bei Transporten   281
- 4.3.3 Protokollierung der einzelnen Tabellen   283
- 4.3.4 Versionierung der Protokolleigenschaft von Tabellen   288
- 4.3.5 Protokollierung unternehmenseigener Tabellen   291
- 4.3.6 Auswertung von Tabellenänderungen   295
- 4.3.7 Löschen von Tabellenänderungsprotokollen   299
- 4.3.8 Zugriffsrechte   300
- 4.3.9 Checkliste   302

4.4 Protokollierung über Änderungsbelege   304
- 4.4.1 Suchen von über Änderungsbelege protokollierten Tabellen   307
- 4.4.2 Residenzzeiten für Änderungsbelege   308
- 4.4.3 Auswertung der Änderungsbelege   309
- 4.4.4 Löschen von Änderungsbelegen   310
- 4.4.5 Ändern von Änderungsbelegobjekten   311
- 4.4.6 Zugriffsrechte   311
- 4.4.7 Checkliste   313

4.5 Versionsverwaltung   313
- 4.5.1 Anzeige der Versionen zu einzelnen Programmen   314
- 4.5.2 Anzeige der Versionen aller versionierbaren Objekte   316
- 4.5.3 Versionserzeugung bei Importen   317

	4.5.4	Löschen der Versionshistorien	318
	4.5.5	Checkliste	319
4.6	**Lesezugriffsprotokollierung**		**320**
	4.6.1	Protokollierung des Zugriffs auf sensible Felder	321
	4.6.2	Protokollierung des Aufrufs von Funktionsbausteinen	324
	4.6.3	Konfigurationseinstellungen	326
	4.6.4	Verwaltungsprotokoll	326
	4.6.5	Zugriffsrechte	327
	4.6.6	Checkliste	330
4.7	**Zugriffsstatistik**		**331**
	4.7.1	Analyse einzelner Benutzer oder Funktionen	333
	4.7.2	Analyse von Transaktionsaufrufen in Listenform	335
	4.7.3	Analyse von RFC-Zugriffen	335
	4.7.4	Langzeitauswertung der Statistik	336
	4.7.5	Anonymisierte Auswertung von Statistiksätzen	340
	4.7.6	Zugriffsrechte	340
	4.7.7	Checkliste	341
4.8	**Weitere Protokollkomponenten**		**342**
	4.8.1	Protokolle für die Systemänderbarkeit	342
	4.8.2	Protokolle von Mandantenkopien	344
	4.8.3	Protokolle von Änderungen an Systemparametern	344
	4.8.4	Protokolle von Mehrfachanmeldungen	345
	4.8.5	Protokolle von Änderungen an Betriebssystemkommandos	345
	4.8.6	Jobprotokolle	345
	4.8.7	Protokolle von Änderungen über Transaktion SE16N	346
	4.8.8	Protokolle von Änderungen über den Generic Table Browser (GTB)	347
	4.8.9	Protokolle von Änderungen an Sicherheitsrichtlinien	348
	4.8.10	SAP Gateway – Fehlerprotokolle	348
	4.8.11	Generische Auditauswertungen (Transaktion SAIS_MONI)	349
4.9	**Systemüberwachung mit SAP Enterprise Threat Detection**		**351**
	4.9.1	Übertragung der Protokolle an SAP Enterprise Threat Detection	351
	4.9.2	Auswahl der Patterns in SAP Enterprise Threat Detection	354
	4.9.3	Definition eigener Patterns	355
	4.9.4	Analyse mit SAP Enterprise Threat Detection	356
	4.9.5	Zugriffsrechte	360
	4.9.6	Checkliste	363

5 Remote Function Calls — 365

5.1 Funktionsbausteine — 365
- 5.1.1 Funktionsbausteine ohne Berechtigungsprüfungen — 368
- 5.1.2 Funktionsbausteine mit schaltbaren Berechtigungen — 369
- 5.1.3 Protokollierung von RFC-Aktionen — 371
- 5.1.4 Patterns in SAP Enterprise Threat Detection — 373
- 5.1.5 Zugriffsrechte — 374
- 5.1.6 Checkliste — 375

5.2 RFC-Verbindungen — 376
- 5.2.1 Hinterlegte Kennwörter — 379
- 5.2.2 Systemübergreifender Zugriff über Funktionsbausteine — 380
- 5.2.3 Zugriffsrechte — 382
- 5.2.4 Checkliste — 382

5.3 Trusted Systems — 383
- 5.3.1 Berechtigungen zur Nutzung von Trusted-Verbindungen — 387
- 5.3.2 Zugriffsrechte — 389
- 5.3.3 Checkliste — 390

5.4 Zugriff von externen Programmen — 391
- 5.4.1 Ermittlung der erforderlichen RFC-Berechtigungen — 394
- 5.4.2 Zugriff auf das SAP-System über Microsoft Excel — 395
- 5.4.3 ABAP-Quelltexte über RFC ausführen — 397
- 5.4.4 Zugriffsrechte — 399
- 5.4.5 Checkliste — 400

6 Der Verbuchungsvorgang — 403

6.1 Das Prinzip der Verbuchung — 403
- 6.1.1 Die Verbuchungskomponenten — 405
- 6.1.2 Auswertung der Verbuchung — 407
- 6.1.3 Zugriffsrechte — 412
- 6.1.4 Checkliste — 413

6.2 Abgebrochene Buchungen — 414
- 6.2.1 Kontrolle auf abgebrochene Buchungen — 414
- 6.2.2 Die Abstimmanalyse der Finanzbuchhaltung (SAP ERP) — 415
- 6.2.3 Zugriffsrechte — 418
- 6.2.4 Checkliste — 418

6.3	Die Belegnummernvergabe	419
	6.3.1 Nummernkreisobjekte	420
	6.3.2 Pufferung von Belegnummern	421
	6.3.3 Suche nach Lücken in Belegnummern	425
	6.3.4 Zugriffsrechte	426
	6.3.5 Checkliste	426

7 Benutzerauswertungen — 429

7.1	Organisatorische Regelungen	429
7.2	Die SAP-Standardbenutzer	433
	7.2.1 Der Benutzer SAP*	434
	7.2.2 Der Benutzer DDIC	435
	7.2.3 Der Benutzer SAPCPIC	435
	7.2.4 Der Benutzer TMSADM	435
	7.2.5 Der Benutzer EARLYWATCH	436
	7.2.6 Prüfen der Standardbenutzer	436
	7.2.7 Weitere Standardbenutzer	438
	7.2.8 Patterns in SAP Enterprise Threat Detection	439
	7.2.9 Zugriffsrechte	439
	7.2.10 Checkliste	441
7.3	Der Benutzerstammsatz	442
	7.3.1 Benutzertypen	442
	7.3.2 Eigenschaften der Benutzer	446
	7.3.3 Auswertungen zu Benutzern	455
	7.3.4 Patterns in SAP Enterprise Threat Detection	457
	7.3.5 Zugriffsrechte	458
	7.3.6 Checkliste	458
7.4	Referenzbenutzer	459
	7.4.1 Zuordnung von Referenzbenutzern	459
	7.4.2 Auswertung von Referenzbenutzerzuordnungen	460
	7.4.3 Historie der Referenzbenutzerzuordnungen	461
	7.4.4 Patterns in SAP Enterprise Threat Detection	462
	7.4.5 Zugriffsrechte	462
	7.4.6 Checkliste	464
7.5	Benutzergruppen	465
	7.5.1 Patterns in SAP Enterprise Threat Detection	468

	7.5.2	Zugriffsrechte	469
	7.5.3	Checkliste	470
7.6	Sammelbenutzer		471
7.7	Benutzervermessungsdaten		474
	7.7.1	Konfiguration der Vermessung	474
	7.7.2	Prüfen der Systemvermessung	477
	7.7.3	Zugriffsrechte	479
	7.7.4	Checkliste	480
7.8	Initialkennwörter und Benutzersperren		480
	7.8.1	Initialkennwörter	481
	7.8.2	Produktivkennwörter	483
	7.8.3	Benutzersperren	484
	7.8.4	Auswertung gesperrter Benutzer	487
	7.8.5	Patterns in SAP Enterprise Threat Detection	488
	7.8.6	Zugriffsrechte	489
	7.8.7	Checkliste	491
7.9	Benutzerstammsätze sperren und löschen		492
	7.9.1	Funktionsweise	493
	7.9.2	Wiederanlage von Benutzer	494
	7.9.3	Vetoprüfungen beim Löschen von Benutzern	495
	7.9.4	Zugriffsrechte	497
	7.9.5	Checkliste	498
7.10	Kennwortverschlüsselung		499
	7.10.1	Verschlüsselungsalgorithmen	499
	7.10.2	Schutz vor Hacking der Kennwörter	501
	7.10.3	Patterns in SAP Enterprise Threat Detection	501
	7.10.4	Zugriffsrechte	503
	7.10.5	Checkliste	504
7.11	Angemeldete Benutzer		505
	7.11.1	Informationen zu angemeldeten Benutzern – Transaktion AL08	505
	7.11.2	Informationen zu den Benutzer-Terminals – Tabelle USR41	506
	7.11.3	Administrative Überwachung – Transaktion SM04	507
	7.11.4	Protokollierung von Benutzeranmeldungen – Security-Audit-Log	507
	7.11.5	Patterns in SAP Enterprise Threat Detection	508
	7.11.6	Zugriffsrechte	508
	7.11.7	Checkliste	509
7.12	Die Änderungshistorie zu Benutzern		509
	7.12.1	Zugriffsrechte	512
	7.12.2	Checkliste	512

8 Customizing des SAP-Systems ... 515

8.1 Das ABAP Dictionary ... 515
- 8.1.1 Aufbau des ABAP Dictionarys ... 516
- 8.1.2 Domänen ... 518
- 8.1.3 Datenelemente ... 522
- 8.1.4 Zugriffsrechte ... 524
- 8.1.5 Checkliste ... 525

8.2 Das Konzept der Tabellensteuerung ... 526
- 8.2.1 Eigenschaften von Tabellen ... 526
- 8.2.2 Mandantenabhängige Tabellen ... 529
- 8.2.3 Mandantenunabhängige Tabellen ... 530
- 8.2.4 Transparente Tabellen ... 531
- 8.2.5 Dokumentationen zu Tabellen ... 532
- 8.2.6 ABAP-Dictionary-Views ... 533
- 8.2.7 ABAP-CDS-Views ... 538
- 8.2.8 Unternehmenseigene Tabellen und Views ... 541
- 8.2.9 Zugriffsrechte ... 542
- 8.2.10 Checkliste ... 545

8.3 Zugriffe auf Tabellen ... 546
- 8.3.1 Anzeige von Tabelleninhalten in der Datenbank ... 546
- 8.3.2 Ändern von Tabellen im SAP-System ... 549
- 8.3.3 Einführungsleitfaden ... 551
- 8.3.4 Laufende Einstellungen ... 553
- 8.3.5 Patterns in SAP Enterprise Threat Detection ... 555
- 8.3.6 Zugriffsrechte ... 555
- 8.3.7 Checkliste ... 557

8.4 Berechtigungen für Tabellen und Views ... 558
- 8.4.1 Berechtigungsgruppen ... 558
- 8.4.2 Berechtigungsobjekte ... 560
- 8.4.3 Schutz von Tabellen ohne Berechtigungsgruppe ... 566
- 8.4.4 Prüfen der Berechtigungen zum Zugriff auf einzelne Tabellen/Views ... 567
- 8.4.5 Prüfung der Tabellenberechtigungen für einzelne Rollen oder Benutzer ... 568
- 8.4.6 Abgleich von Tabellenberechtigungsgruppen ... 570
- 8.4.7 Zugriffsrechte ... 570
- 8.4.8 Checkliste ... 573

8.5 Tabellenzugriffe auf Spalten und Feldwerte einschränken (GTB-Rollen) 574
8.5.1 Berechtigungen auf Spalten eingrenzen 575
8.5.2 Berechtigungen auf Feldwerte eingrenzen 577
8.5.3 Zuordnung der GTB-Rollen 578
8.5.4 Prüfung der GTB-Rollen 579
8.5.5 Voraussetzungen zur Nutzung von GTB-Rollen 582
8.5.6 Zugriffsrechte 583
8.5.7 Checkliste 584

9 Entwicklung in SAP-Systemen 587

9.1 Entwicklerrichtlinien 587
9.2 Entwickler- und Objektschlüssel 590
9.2.1 Entwickler- und Objektschlüssel in SAP S/4HANA 590
9.2.2 Entwicklerschlüssel 591
9.2.3 Objektschlüssel 594
9.2.4 Umgehung der Abfrage von Entwickler- und Objektschlüsseln 594
9.2.5 Zugriffsrechte 596
9.2.6 Checkliste 596
9.3 Systemänderbarkeit 598
9.3.1 Prüfung der Systemänderbarkeit 599
9.3.2 Zugriffsrechte 602
9.3.3 Checkliste 603
9.4 Das Transportsystem 604
9.4.1 Der Transport Organizer 604
9.4.2 Transport Management System 612
9.4.3 Der Ablauf eines Transports 618
9.4.4 Zeitnähe der Importe 621
9.4.5 Zugriffsrechte 623
9.4.6 Checkliste 627
9.5 Eigenentwicklungen in ABAP 629
9.5.1 Die Programmiersprache ABAP 630
9.5.2 ABAP-Namensräume 635
9.5.3 Gefahrenpunkte in der ABAP-Programmentwicklung 636
9.5.4 Prüfen der Eigenschaften von ABAP-Programmen 652
9.5.5 Inhaltliches Prüfen einzelner ABAP-Programme 653

9.5.6	Programmübergreifende Analyse von Quelltexten	654
9.5.7	Code Inspector	660
9.5.8	Code Vulnerability Analyzer	663
9.5.9	Die Versionshistorie	665
9.5.10	Patterns in SAP Enterprise Threat Detection	665
9.5.11	Checkliste	665
9.6	**Transaktionen**	**667**
9.6.1	Transaktionsarten	668
9.6.2	Pflege von Transaktionen	669
9.6.3	Protokollierung von Änderungen an Tabellen	670
9.6.4	Suche nach verwandten Transaktionen	671
9.6.5	Suche nach Transaktionen mit generischem Tabellenzugriff	672
9.6.6	Zugriffsrechte	674
9.6.7	Checkliste	674
9.7	**Berechtigungen zur Anwendungsentwicklung**	**675**
9.7.1	Das Berechtigungsobjekt S_DEVELOP	675
9.7.2	Weitere Berechtigungsobjekte zur Anwendungsentwicklung	677
9.7.3	Schutz von ABAP-Programmen durch Berechtigungsgruppen (S_PROGRAM)	678
9.7.4	Schutz von ABAP-Programmen nach Namen (S_PROGNAM)	682
9.7.5	Zugriffsrechte – Einzelberechtigungen	683
9.7.6	Zugriffsrechte – Funktionstrennungen	684
9.7.7	Patterns in SAP Enterprise Threat Detection	686

10 Berechtigungskonzept in ABAP-Systemen   687

10.1	**Funktionsweise des Berechtigungskonzepts**	**688**
10.1.1	Berechtigungsobjekte	689
10.1.2	Rollen	696
10.1.3	Sammelrollen	702
10.1.4	Profile	704
10.1.5	Berechtigungen	707
10.1.6	Ablauf einer Berechtigungsprüfung	709
10.1.7	Patterns in SAP Enterprise Threat Detection	711
10.1.8	Checkliste	711
10.2	**Das Berechtigungskonzept in SAP S/4HANA**	**712**
10.2.1	Simplification List for SAP S/4HANA	713
10.2.2	SAP Fiori Apps Reference Library	714
10.2.3	Das Konzept der SAP-Fiori-Apps	717

	10.2.4	Kachelgruppen und -kataloge	719
	10.2.5	Berechtigungen auf dem Frontend-Server	722
	10.2.6	Berechtigungen auf dem Backend-Server	724
	10.2.7	Auswertung von App-Berechtigungen für Benutzer	726
	10.2.8	Auswertung von App-Berechtigungen in Rollen	727
	10.2.9	Zugriffsrechte	729
	10.2.10	Checkliste	731
10.3	**Konzepte zum SAP-Berechtigungswesen**		**731**
	10.3.1	Das Dateneigentümerkonzept	732
	10.3.2	Das Antrags-, Test- und Freigabeverfahren	734
	10.3.3	Der Ablauf der Benutzerverwaltung	738
	10.3.4	Konzept für übergreifende Berechtigungen	739
	10.3.5	Das interne Kontrollsystem	739
	10.3.6	Namenskonventionen für Rollen	741
	10.3.7	Konventionen für die technische Rollenausprägung	742
	10.3.8	Rollenkonzepte	743
	10.3.9	Pflege von Kachelgruppen und -katalogen	744
	10.3.10	Komponenten- und systemspezifische Teilkonzepte	745
	10.3.11	Berechtigungen in Eigenentwicklungen	745
	10.3.12	Sicherheitskonzept zum Berechtigungskonzept	746
	10.3.13	Checkliste	747
10.4	**Customizing zum Berechtigungskonzept**		**750**
	10.4.1	Systemparameter	750
	10.4.2	Benutzermenüs	753
	10.4.3	Customizing-Schalter in Tabelle PRGN_CUST	755
	10.4.4	Deaktivierte Berechtigungsobjekte	757
	10.4.5	Deaktivierung von einzelnen Berechtigungsprüfungen	759
	10.4.6	Transaktionsaufrufe durch CALL TRANSACTION	761
	10.4.7	Zugriffsrechte	763
	10.4.8	Checkliste	766
10.5	**Prüfung von Zugriffsrechten**		**768**
	10.5.1	Referenzbenutzer	769
	10.5.2	Kritische Standardprofile	769
	10.5.3	Berechtigungsobjekte zu startbaren Anwendungen suchen	774
	10.5.4	Zugriffsrechte für Benutzer auswerten	775
	10.5.5	Zugriffsrechte für Rollen auswerten	782
	10.5.6	Patterns in SAP Enterprise Threat Detection	786
10.6	**Trace von Benutzerberechtigungen**		**787**
	10.6.1	Transaktion SU53	787
	10.6.2	Der Berechtigungs-Trace	788

10.6.3	Der Benutzer-Langzeit-Trace	790
10.6.4	Übernahme von Trace-Ergebnissen in eine Rolle	792
10.7	Berechtigungen für Prüfer	794

11 Praktische Prüfung von Berechtigungen   797

11.1	Zugriffsrechte im Bereich der Berechtigungsverwaltung	797
11.1.1	Zugriffsrechte zur Benutzerverwaltung	798
11.1.2	Zugriffsrechte zur Rollenverwaltung	803
11.1.3	Zugriffsrechte zu Profilen	804
11.1.4	Zugriffsrechte für Kachelkataloge und -gruppen	805
11.2	Gesetzeskritische Berechtigungen	805
11.3	Kritische Basisberechtigungen	808
11.3.1	Löschen von Sperreinträgen anderer Benutzer	808
11.3.2	Administration der Sperrverwaltung	808
11.3.3	LDAP-Zugriffe	809
11.3.4	Verwaltung der Ein- und Ausgabe-Queue	809
11.3.5	Administration der Datenarchivierung	810
11.3.6	Löschen von laufenden Prozessen	810
11.3.7	Verwaltung der TemSe-Dateien	811
11.3.8	Anlegen von Jobs unter anderem Benutzernamen	811
11.3.9	Verwaltung der Hintergrundjobs	812
11.3.10	Zurücksetzen und Löschen von Daten ohne Archivierung	812
11.3.11	Kopieren von Dateien vom SAP-Server auf den Client	813
11.3.12	Kopieren von Dateien vom Client auf den SAP-Server	814
11.4	Berechtigungen für das Hacking von SAP-Systemen	815
11.4.1	Datendiebstahl	815
11.4.2	Datenmanipulation	816
11.4.3	Password-Cracking	818
11.4.4	Verschleierung von Aktionen	820
11.4.5	Code-Insert	821
11.5	Customizing-Berechtigungen	824
11.5.1	Transaktionen zur Tabellen- und Viewpflege	824
11.5.2	Customizing im Finanzwesen	826
11.5.3	Customizing in der Materialwirtschaft	834
11.5.4	Customizing in SAP ERP HCM	836

Inhalt

11.6	**Analyse der Qualität des Berechtigungskonzepts**		838
	11.6.1	Manuelle Berechtigungen	839
	11.6.2	Manuell gepflegte Organisationsebenen	841
	11.6.3	Offene Organisationsebenen in Rollen	844
	11.6.4	Offene Berechtigungen in Rollen	845
	11.6.5	Sternberechtigungen in Berechtigungswerten	846
	11.6.6	Fehlende Pflege der Berechtigungen in Transaktion SU24 für kundeneigene Transaktionen	847
	11.6.7	Quantitative Auswertungen zu Rollen und Rollenzuordnungen	848
11.7	**Analyse von Berechtigungen in SAP Business Warehouse**		850
	11.7.1	Administrative Berechtigungen	850
	11.7.2	Berechtigungen für PSA-Tabellen	853
	11.7.3	Testen der Berechtigungen anderer Benutzer	855
	11.7.4	Berechtigungen zur Datenmodellierung	856
	11.7.5	Verwaltung von Analyseberechtigungen	860
	11.7.6	Reportingberechtigungen	863

12 SAP HANA   867

12.1	**Einführung in SAP HANA**		867
	12.1.1	Der Systemtyp einer SAP-HANA-Datenbank	868
	12.1.2	Schemata	868
	12.1.3	Zugriff auf Daten in der SAP-HANA-Datenbank	870
	12.1.4	Entwicklungsumgebung SAP HANA XS (Repository)	873
	12.1.5	Entwicklungsumgebung SAP HANA XSA	874
	12.1.6	Aufruf von Tabellen und Views	875
	12.1.7	Zugriff auf Daten in der SAP-HANA-Datenbank	875
12.2	**Systemsicherheit in SAP HANA**		876
	12.2.1	Tenant-Datenbanken	876
	12.2.2	Systemparameter	878
	12.2.3	Verschlüsselung von Daten	882
	12.2.4	Verschlüsselung der Kommunikation	885
	12.2.5	Verbindungen zu anderen Systemen – Remote Sources	886
	12.2.6	Checkliste	888
12.3	**Anmeldesicherheit**		891
	12.3.1	Authentifizierungsmethoden	891
	12.3.2	Systemparameter für Kennwortrichtlinien	892
	12.3.3	Benutzergruppenspezifische Kennwortrichtlinien	895

	12.3.4	Liste der verbotenen Kennwörter	896
	12.3.5	Checkliste	897
12.4	**Benutzerverwaltung in SAP HANA**		**898**
	12.4.1	Der Benutzerstammsatz	898
	12.4.2	Restricted User (Eingeschränkte Benutzer)	901
	12.4.3	Standardbenutzer in SAP HANA	903
	12.4.4	Remotebenutzer	907
	12.4.5	Benutzergruppen	909
	12.4.6	Checkliste	910
12.5	**SAP HANA XSA**		**912**
	12.5.1	Struktur in SAP HANA XSA	913
	12.5.2	SAP HANA XSA Cockpit	914
	12.5.3	SAP Web IDE	914
	12.5.4	Benutzer in SAP HANA XSA	915
	12.5.5	Berechtigungen in SAP HANA XSA	917
	12.5.6	Checkliste	923
12.6	**Das Berechtigungskonzept von SAP HANA**		**924**
	12.6.1	Berechtigungen in SAP HANA	924
	12.6.2	System Privileges (Systemberechtigungen)	925
	12.6.3	Object Privileges (Objektberechtigungen)	928
	12.6.4	Package Privileges (Paketberechtigungen)	930
	12.6.5	Analytic Privileges (Analyseberechtigungen)	933
	12.6.6	Application Privileges (Anwendungsberechtigungen)	934
	12.6.7	Privileges on Users (Debugging des eigenen Benutzers zulassen)	935
	12.6.8	Weitergabe von Berechtigungen	936
	12.6.9	Checkliste	937
12.7	**Das Rollenkonzept von SAP HANA**		**939**
	12.7.1	Eigenschaften von Rollen	939
	12.7.2	Runtime-Katalogrollen	941
	12.7.3	Design-Time-Repository-Rollen in SAP HANA XS	942
	12.7.4	Design-Time-HDI-Rollen in SAP HANA XSA	945
	12.7.5	Standardrollen in SAP HANA	945
	12.7.6	Checkliste	948
12.8	**Analyse des SAP-HANA-Berechtigungskonzepts**		**950**
	12.8.1	Tabellen und Views zur Analyse von Berechtigungen	951
	12.8.2	Benutzerauswertungen	951
	12.8.3	Welche Berechtigungen haben einzelne Benutzer (View EFFECTIVE_PRIVILEGES)?	954
	12.8.4	Welchen Benutzern und Rollen sind bestimmte Berechtigungen zugeordnet (View EFFECTIVE_PRIVILEGE_GRANTEES)?	956

	12.8.5	Welche Rollen sind einem Benutzer oder einer Rolle zugeordnet (View EFFECTIVE_ROLES)?	958
	12.8.6	Welchen Benutzern und Rollen sind bestimmte Rollen zugeordnet (View EFFECTIVE_ROLE_GRANTEES)?	959
	12.8.7	Das Skript HANA_Security_GrantedRolesAndPrivileges	960
	12.8.8	Checkliste	962
12.9	**Auditing in SAP HANA**		**963**
	12.9.1	Konfiguration des Auditings in SAP HANA	963
	12.9.2	Einrichten von Policys	966
	12.9.3	Auswertung der eingerichteten Policys	971
	12.9.4	Auswertung des Auditings	972
	12.9.5	Löschen von Auditing-Protokollen	975
	12.9.6	Konzept zur Auswertung	975
	12.9.7	Checkliste	975

Anhang   979

| A | Leitfäden zur SAP-Systemsicherheit | 979 |
| B | Glossar | 981 |

| Der Autor | 989 |
| Index | 991 |

Einleitung

Die letzte Auflage dieses Buches ist 2018 im Rheinwerk Verlag erschienen, und nach drei Jahren ist es nun Zeit für eine Neuauflage. Als ich an dem Manuskript der Vorauflage arbeitete, war SAP S/4HANA bereits zwei Jahre auf dem Markt, aber es liefen nur wenig Migrationsprojekte. SAP-Kundenunternehmen informierten sich über die neue Business Suite und führten Vorstudien für die Migration durch. Diese Situation sieht inzwischen grundlegend anders aus. Bereits Ende 2019 gaben laut der Lünendonk-Studie 52 % der befragten Unternehmen an, sich in einer Vorstudie zur SAP-S/4HANA-Migration zu befinden (siehe unter: *http://s-prs.de/v612212*). 98 % wollten diese Vorarbeiten bis 2021 abschließen. In dieser Auflage des Buches habe ich daher sicherheitsrelevante Themen ergänzt, die bei der Einführung und dem Betrieb von SAP S/4HANA zu beachten sind.

Verglichen mit den Entwicklungen in den letzten 24 Jahren, in denen ich mich mit der Sicherheit von SAP-Systemen befasste, ist die Umstellung von der klassischen SAP Business Suite auf SAP S/4HANA (zusammen mit der Umstellung der Datenbank auf SAP HANA) der größte Technologiewechsel in der SAP-Welt. Und auch das Bewusstsein für das Thema Sicherheit hat sich in den letzten Jahren gewandelt. War es früher »ein lästiges Übel«, werden Sicherheit und Berechtigungen heute größtenteils fest in die Vorstudien zur Migration und die Durchführung der Projekte eingeplant. Das Risiko, einem Cyberangriff zum Opfer zu fallen, ist heute so hoch wie nie. Die Gefahr eines finanziellen Schadens oder eines Reputationsschadens ist permanent vorhanden.

Zur Härtung der Systeme ist insbesondere die Sicherheit der technischen Grundkomponenten – SAP NetWeaver und der Datenbank – entscheidend. Ist hier eine entsprechende Absicherung erfolgt und sind die Berechtigungen nach dem Minimalprinzip vergeben, reduziert dies die Gefahr für Angriffe erheblich. Dieses Buch ist der Versuch, alle wesentlichen Aspekte zur Absicherung von SAP NetWeaver und der SAP-HANA-Datenbank so darzustellen, dass sie für Prüferinnen und Prüfer analysierbar und für die Sicherheitsverantwortlichen umsetzbar sind.

Daher richtet sich dieses Buch sowohl an alle, die für die Sicherheit der SAP-Systeme verantwortlich sind, als auch an diejenigen, die diese Sicherheit durch Prüfungen analysieren und bewerten.

Aufbau des Buches

Jedes Kapitel ist in sich abgeschlossen und bietet einen umfassenden Überblick zum Thema. Die jeweiligen Abschnitte sind so aufgebaut, dass sie auch als Nachschlagewerk für einzelne Fragestellungen genutzt werden können. Um jeden Abschnitt für sich umfassend und schlüssig darzustellen, wurden Redundanzen bewusst in Kauf genommen.

Zu fast jedem Thema gibt es einen Abschnitt zu den Zugriffsrechten. Hier sind die zu prüfenden Berechtigungen aufgeführt. Zur Prüfung dieser Berechtigungen können Sie das Benutzerinformationssystem nutzen (Transaktion SUIM). Die Auswertung von Berechtigungen ist in Abschnitt 10.5, »Prüfung von Zugriffsrechten«, beschrieben.

Außerdem gibt es zu fast jedem Abschnitt eine Checkliste. In der Checkliste sind alle Prüfungsfragen zum jeweiligen Thema zusammengefasst, inklusive einer Risikobewertung:

1. hohes Risiko
2. mittleres Risiko
3. geringes Risiko

Auf der Seite *www.sap-press.de/5145* erhalten Sie im Bereich **Materialien zum Buch** das Dokument **Tiede_Checklisten_Sicherheit_und_Pruefung.pdf**. Darin erläutere ich zu jedem Punkt der Checklisten die praktische Vorgehensweise am System. Dies erlaubt es Ihnen als Prüfer*in, die jeweiligen Prüfungsschritte sofort auszuführen, auch wenn Sie nicht täglich mit dem SAP-System arbeiten.

Des Weiteren erhalten Sie im Downloadbereich das folgende Handwerkszeug:

- Die Berechtigungsrolle `IBS_SICHERHEIT_PRUEFUNG_NW755`. Sie enthält ein Menü in der Struktur dieses Buches und die erforderlichen Berechtigungen, um alle Prüfungen gemäß diesem Buch durchzuführen.
- Ein Regelwerk für SAP Access Control mit den Berechtigungsabfragen aus diesem Buch. Dies kann direkt in SAP Access Control importiert werden. Näheres dazu finden Sie in Abschnitt 1.10.4, »SAP-Access-Control-Regelwerk für dieses Buch«.
- Das Dokument **Tiede_Anhänge_Sicherheit_und_Pruefung.pdf**. Hierin sind alle sicherheitsrelevanten Parameter, Transaktionen, Reports und Tabellen sowie die sicherheitsrelevanten SAP-HANA-Tabellen aufgelistet.

In hervorgehobenen Informationskästen finden Sie in diesem Buch Inhalte, die wissenswert und hilfreich sind, aber etwas außerhalb der eigentlichen Erläuterung stehen. Damit Sie diese Informationen sofort einordnen können, haben wir die Kästen mit den entsprechenden Symbolen gekennzeichnet:

[»] In Kästen, die mit diesem Symbol gekennzeichnet sind, finden Sie Informationen zu *weiterführenden Themen* oder Hintergrundwissen, das Sie sich merken sollten.

[zB] *Beispiele*, durch dieses Symbol kenntlich gemacht, weisen auf Szenarien aus der Praxis hin und veranschaulichen die dargestellten Funktionen.

Inhalt des Buches

In **Kapitel 1**, »Umgang mit dem SAP-System und Werkzeuge zur Prüfung«, stelle ich Ihnen die Funktionen vor, die zur Prüfung von SAP-Systemen erforderlich sind. Auch wenn sich für Prüfer*innen nicht allzu viel ändert, da sie Prüfungen auch in SAP S/4HANA weiterhin im ABAP-Stack durchführen, kommen doch regelmäßig neue Tools hinzu. Die gute Nachricht ist hier, dass die seit Jahren bekannten Transaktionen weiterhin verfügbar sind, teils mit aktualisierten Oberflächen, teils unverändert. Schwerpunkt einer jeden Prüfung sind Tabellen und Reports. Für die Nutzung von Tabellen ist der *Generic Table Browser* eingeführt worden, der auch für Prüfer*innen teilweise neue Möglichkeiten eröffnet. Aber auch die Zugriffsstatistik, der Quick-Viewer und der SQL-Trace können hilfreich für Analysen sein.

Wesentliche Komponenten für die SAP-Sicherheit sind Tools zur Überwachung und Prüfung von Berechtigungen und zur Überwachung von Betrugsdelikten. Daher stelle ich in diesem Kapitel die Werkzeuge SAP Access Control und SAP Enterprise Threat Detection vor. Beide Komponenten werden nicht im Rahmen von Prüfungen eingesetzt, sondern zur regelhaften Absicherung. Für SAP Access Control können Sie das Regelwerk aus dem Downloadbereich zu diesem Buch nutzen, um die kritischen Berechtigungen zur SAP-Basissicherheit zu überwachen. Der letzte Abschnitt dieses Kapitels zeigt Ihnen, wie Prüfungen in SAP HANA durchgeführt werden können.

Kapitel 2, »Aufbau von SAP-Systemen und Systemlandschaften«, stellt den Aufbau von SAP-Systemen dar. Dieses Wissen ist elementar für die Absicherung von SAP-Systemen und -Systemlandschaften. Mit SAP S/4HANA ändert sich hier einiges, da mit dem SAP Fiori Launchpad eine neue Ebene hinzukommt. Ein weiterer Schwerpunkt dieses Kapitels liegt auf der Mandantensicherheit, von der maßgeblich auch die Produktivmandanten sowie der Mandant 000, der Systemmandant, betroffen sind. Insbesondere der Mandant 000 wird im Rahmen von Sicherheitskonzepten häufig vernachlässigt, obwohl von ihm aus auch die Systemeinstellungen vorgenommen werden können und Zugriffe auf die produktiven Daten möglich sind.

In **Kapitel 3**, »Allgemeine Systemsicherheit«, behandle ich die grundsätzlichen Aspekte der Systemsicherheit. Die Anmeldesicherheit stellt ein wesentliches Element zur Absicherung dar. Richtig konfiguriert können damit bereits viele Eindringversuche geblockt werden. Themen wie das Notfallkonzept und die Zugriffe auf das Betriebssystem der SAP-Server sind grundlegende Sicherheitsthemen in jedem SAP-System. Weniger beachtet werden häufig die Funktionen von SAP Business Warehouse (SAP BW), die in jedem SAP-NetWeaver-System verfügbar sind. Dies ist abzusichern, um unberechtigte Zugriffe auf sensible Daten zu verhindern.

Die Protokollkomponenten werden in **Kapitel 4**, »Protokollierungskomponenten«, behandelt. Diese stellen eine wesentliche Komponente für Prüfungen dar. Dabei unterscheide ich nach Protokollen, die automatisch vom System erzeugt werden, und solchen, die explizit aktiviert werden müssen. Zu Letzteren gehören die Tabellenprotokollierung, das Security-Audit-Log und die Lesezugriffsprotokollierung. Die Abschnitte zu diesen Protokollen helfen Ihnen dabei, die Komponenten gesetzes- und unternehmenskonform zu konfigurieren und deren Einsatz zu prüfen. Auch viele kleinere Protokollkomponenten sind sehr hilfreich für Prüfungen, wie die Job- oder SAP-Gateway-Protokolle. Der Abschnitt über SAP Enterprise Threat Detection zeigt Ihnen, wie SAP-Systeme effizient überwacht werden können, um Eindringversuche und Betrugsdelikte zu erkennen.

Die RFC-Sicherheit wird in **Kapitel 5**, »Remote Function Calls«, behandelt. RFC ist ein wesentliches Thema der Systemsicherheit, da eine Vielzahl von Angriffen über diese Schnittstelle erfolgt. Bedingt ist dies u. a. häufig durch eine fehlende Absicherung der RFC-Berechtigungen und der Verbindungen der SAP-Systeme untereinander.

Kapitel 6, »Der Verbuchungsvorgang«, behandelt das Thema der Verbuchung. Verbuchung bedeutet, dass Daten konsistent in die Datenbank geschrieben werden. Die Verbuchung kann von vielen Faktoren beeinflusst werden, u. a. durch die Pufferung von Belegnummern, die SAP mit der parallelen Pufferung grundlegend modernisiert hat. Die Absicherung der Verbuchung wird in diesem Kapitel dargestellt.

Ein zentrales Thema der SAP-Sicherheit ist die Benutzerverwaltung, die in **Kapitel 7**, »Benutzerauswertungen«, behandelt wird. Die Absicherung des Benutzerstammsatzes und insbesondere der Initial- und Produktivkennwörter stellt den größten Schutz vor Kennwort-Hacking dar. Die Hacking-Methoden werden ausführlich im Internet dargestellt, weshalb die Absicherung davor elementar für die Sicherheit der Systeme ist. Eine recht neue Funktion ist das datenschutzkonforme Löschen und Sperren von Benutzerstammsätzen. Einen weiteren Schwerpunkt dieses Kapitels bildet die Absicherung der SAP-Standardbenutzer.

Mit dem Customizing, behandelt in **Kapitel 8**, »Customizing des SAP-Systems«, wird das SAP-System an die unternehmenseigenen Geschäftsprozesse angepasst. Customizing bedeutet maßgeblich »Pflege von Tabelleneinträgen«. Zur Prüfung und Absicherung ist es daher hilfreich, mit dem Aufbau des ABAP Dictionarys vertraut zu sein. Zentral zu betrachten sind hier die Berechtigungen für den direkten Zugriff auf Tabellen und Views. Mit dem Generic Table Browser gibt es inzwischen die Möglichkeit, den Zugriff auf Tabellen spalten- und zeilenweise einzugrenzen.

Kapitel 9, »Entwicklung in SAP-Systemen«, zeigt die Absicherung der Entwicklungsumgebung. Es existiert kein SAP-System, das nicht individuell angepasst wurde, sei es durch eigene Auswertungsreports oder durch die Implementierung komplexer Eigenentwicklungen. Dabei sind Entwicklerrichtlinien ebenso zu beachten wie die speziellen Gefahrenpunkte im Rahmen der ABAP-Programmierung. Da Entwicklung in Entwicklungssystemen stattfindet, bildet auch die Sicherheit des Transportwesens einen Schwerpunkt dieses Kapitels.

Das SAP-Berechtigungskonzept, das ich in **Kapitel 10**, »Berechtigungskonzept in ABAP-Systemen«, behandle, wirkt sich direkt auf alle anderen Sicherheitsthemen aus. Alle sicherheitsrelevanten Vorgänge werden durch Berechtigungen abgesichert. Die Serviceberechtigungen, die in SAP S/4HANA beim Einsatz von SAP-Fiori-Apps genutzt werden, stellen eine neue Ebene für Prüfer*innen dar. Der konzeptionelle Teil dieser Absicherung ist genauso relevant wie deren technische Umsetzung. Auch können die Berechtigungen durch Customizing-Einstellungen beeinflusst werden. Dieses Kapitel erklärt den Aufbau des Berechtigungskonzepts und den konzeptionellen Teil.

In **Kapitel 11**, »Praktische Prüfung von Berechtigungen«, zeige ich dann konkrete praktische Prüfungen. Neben weiteren Berechtigungen zur Systemsicherheit werden hier auch Customizing-Berechtigungen zu den Komponenten FI, MM und SAP ERP HCM sowie Berechtigungen für SAP Business Warehouse betrachtet.

Die Sicherheit von SAP HANA wird in **Kapitel 12**, »SAP HANA«, behandelt. SAP HANA ist keine reine Datenbank. Hier werden Datenbank- und Applikationsschicht zusammengeführt. Daher sind als Benutzer dort nicht nur Datenbankadministrator*innen tätig, sondern auch Entwickler*innen und zukünftig vermehrt Endanwender*innen. Bei Einsatz von SAP HANA muss daher ein entsprechendes Sicherheitskonzept erstellt werden. Neben Daten- und Kommunikationsverschlüsselungen muss die Authentifizierung abgesichert werden, um direkte Zugriffe auf die Datenbank zu unterbinden. Das Berechtigungskonzept ist hier ebenso wesentlich wie im ABAP-Stack.

Danksagung

Ich bedanke mich bei allen, die mir bei der Fertigstellung dieses Buches geholfen haben:

- beim Rheinwerk Verlag, der mir auch diese Neuauflage ermöglicht hat,
- bei Maike Lübbers, die das Lektorat übernommen hat,
- bei der IBS Schreiber GmbH für die Nutzung der SAP-Systeme für Recherchen und Screenshots,
- bei meiner Frau Kristin, die das Buch Korrektur gelesen hat

Und zu guter Letzt möchte ich wieder an alle Leserinnen und Leser appellieren, mir jegliche positive und negative Kritik sowie Anregungen für weitere Themen zukommen zu lassen. Schreiben Sie mir gern an *thomas.tiede@ibs-schreiber.de*.

Thomas Tiede
Hamburg im Februar 2021

Kapitel 1
Umgang mit dem SAP-System und Werkzeuge zur Prüfung

Haben Sie die Aufgabe, ein SAP-System zu prüfen, aber bisher keine Erfahrung im Umgang mit solchen Systemen, hilft Ihnen dieses Kapitel weiter. Sie lernen die wichtigsten Bedienfunktionen und Prüfwerkzeuge kennen.

Zur Durchführung von Prüfungen in SAP-Systemen sind bestimmte Funktionen erforderlich. So ist z. B. der direkte Zugriff auf Tabellen zwingend notwendig. Teilweise ist auch das direkte Ausführen von Reports unerlässlich, obwohl diese Funktion generell nicht vergeben werden sollte, auch nicht an Prüfer. In diesem Kapitel stelle ich die erforderlichen Funktionen dar. Um sie auszuführen, benötigen Sie natürlich auch die entsprechenden Berechtigungen. Im Downloadbereich dieses Buches, unter *www.sap-press.de/5145*, finden Sie die Rolle IBS_SICHERHEIT_PRUEFUNG_NW755. Darin sind alle erforderlichen Berechtigungen enthalten. Das Menü dieser Rolle ist nach der Struktur dieses Buches aufgebaut. Die Rolle basiert auf dem SAP-NetWeaver-Release 7.55.

1.1 Transaktionen und SAP-Fiori-Apps

Mit SAP S/4HANA ändert sich für die Anwender auch die Oberfläche des SAP-Systems. Zwar können auch weiterhin Transaktionen mit dem SAP GUI genutzt werden, die »neue« Benutzeroberfläche ist aber das SAP Fiori Launchpad, mit dem SAP-Fiori-Apps genutzt werden können. Neue Funktionen für die Geschäftsprozesse oder Analysefunktionen werden als Fiori-Apps entwickelt. Daher müssen sich aktuell die Anwender mit beiden Welten befassen – der »alten« transaktionalen und der »neuen« browsergesteuerten.

Für Prüfungen bleibt aber die »alte Welt« der Transaktionen erhalten. Das Anzeigen von Tabellen, das Ausführen von Reports oder die Nutzung von Infosystemen erfolgt weiterhin über Transaktionen. Daher sind zur Analyse eines SAP-Systems weiterhin das SAP GUI und Berechtigungen auf Transaktionen erforderlich.

1.1.1 Transaktionen

SAP-Systeme arbeiten transaktionsgesteuert. Jeder Vorgang im SAP-System kann durch ein Kürzel, den *Transaktionscode*, aufgerufen werden. Jeder Menüeintrag im SAP-System wird durch den Aufruf der entsprechenden Transaktion gestartet. Abbildung 1.1 zeigt einen Ausschnitt aus dem SAP-ERP-Menübaum. Vor den jeweiligen Einträgen wird der Transaktionscode angezeigt. So lautet z. B. der Transaktionscode für die Benutzerpflege SU01. Sie können sich die Transaktionscodes im Menü anzeigen lassen, indem Sie den Menüpfad **Zusätze • Einstellungen** auswählen. Hier aktivieren Sie die Option **Technische Namen anzeigen**.

Die Transaktionen können auch direkt aufgerufen werden. Dazu geben Sie ins Kommandofeld den Namen der Transaktion ein (siehe Abbildung 1.2), klicken dann auf die Schaltfläche **Weiter** oder drücken die ⏎-Taste. Dies hat den Vorteil, dass Sie die Anwendungen schneller aufrufen können und für den Aufruf nicht immer wieder zum SAP-Menü zurückwechseln müssen. Des Weiteren ändern sich zwar in den verschiedenen SAP-Releaseständen teilweise die Menüpfade, selten aber die Transaktionscodes. Aus diesem Grund verweise ich in diesem Buch nicht auf Menüpfade, sondern prinzipiell auf Transaktionscodes.

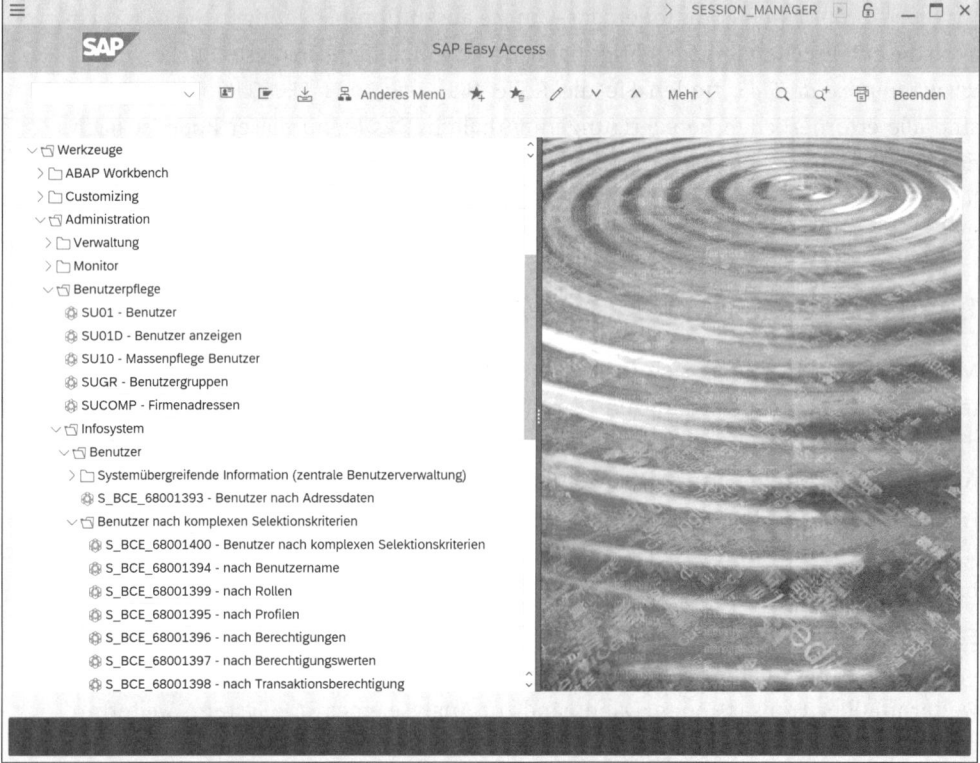

Abbildung 1.1 Einträge des SAP-Menüs mit Transaktionscodes anzeigen

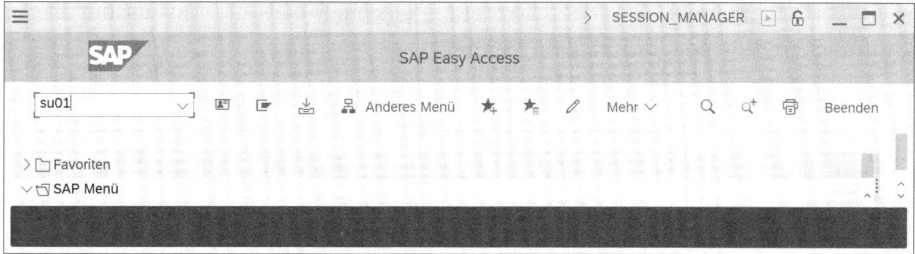

Abbildung 1.2 Transaktionscode im Kommandofeld eingeben

Im Kommandofeld können außerdem verschiedene Befehle verwendet werden. Die wesentlichen Kommandos finden Sie in Tabelle 1.1.

Kommando	Beschreibung
<Transaktionscode>	Ruft die Transaktion auf.
/n	Bricht die aktuelle Transaktion ab und kehrt zum Startbildschirm zurück.
/n<Transaktionscode>	Bricht die aktuelle Transaktion ab und springt zur angegebenen Transaktion.
/o<Transaktionscode>	Öffnet einen neuen Modus (ein neues SAP-Fenster) und springt zur angegebenen Transaktion.
/o	Listet alle Modi auf. Durch Anklicken eines Modus und anschließendes Drücken der Schaltfläche **Weiter** springen Sie zu dem Modus.
/i	Schließt den aktuellen Modus.
/nend	Meldet Sie vom System ab (nach vorheriger Sicherheitsabfrage).
/nex	Meldet Sie vom System ab (ohne vorherige Sicherheitsabfrage).

Tabelle 1.1 Befehle zum Kommandofeld

1.1.2 SAP-Fiori-Apps

In SAP ERP werden Transaktionen für die verschiedenen Funktionen der Geschäftsprozesse genutzt. Für SAP S/4HANA hat SAP ein neues Designkonzept entwickelt, *SAP Fiori*, das auf der Technologie *SAPUI5* basiert. Mit dieser Technologie werden Anwendungen nach dem *HTML5*-Standard entwickelt, also für Webanwendungen und mobile Geräte. Damit ist es möglich, die Funktionen auf Desktop-PCs, Notebooks, Tablets, Smartphones und Smartwatches zu nutzen sowie auf hybriden Geräten, wie z. B. Phablets oder Smartlets. So stellt SAP sicher, dass die Anwendungen zukunftssicher und endgerätunabhängig sind.

SAP-Fiori-Apps können von jedem Browser aus aufgerufen werden. Für mobile Geräte ist die kostenfreie App **SAP Fiori Client** verfügbar. Im ersten Schritt ist eine Anmeldung am SAP-Fiori-Server erforderlich (siehe hierzu Abschnitt 2.2.2, »SAP-Fiori-Frontend-Server und SAP-Backend-System«). Abbildung 1.3 zeigt die Anmeldemaske. Auf Fiori-Anmeldemasken ist häufig eine Blume abgebildet, denn *Fiori* ist Italienisch und heißt auf Deutsch »Blumen«.

Abbildung 1.3 Anmeldung an SAP Fiori

Der Aufruf der Fiori-Oberfläche erfolgt über einen Browserlink oder vom SAP GUI aus mit Transaktion /UI2/FLP. Die einzelnen Fiori-Apps werden in der Oberfläche als Kacheln dargestellt. Diese wiederum sind in Kachelgruppen zusammengefasst. Welche Kachelgruppen einem Anwender angezeigt werden, wird durch die Berechtigungen gesteuert. Diese werden weiterhin über Rollen vergeben (siehe dazu Abschnitt 10.1.2, »Rollen«). Abbildung 1.4 zeigt die Fiori-Oberfläche mit den Kachelgruppen und Kacheln. Durch Anklicken einer Kachel wird die App ausgeführt.

Zu SAP-S/4HANA-Release 2020 existieren ca. 11.500 Apps. Davon sind ca. 1.800 Fiori-Apps, die auf der SAPUI5-Technologie basieren. Der größte Teil der Apps sind Legacy-

Apps, die auf Transaktionen aufbauen, aber eine Fiori-Oberfläche haben. Zu den verschiedenen Arten von Apps siehe Abschnitt 10.2, »Das Berechtigungskonzept in SAP S/4HANA«.

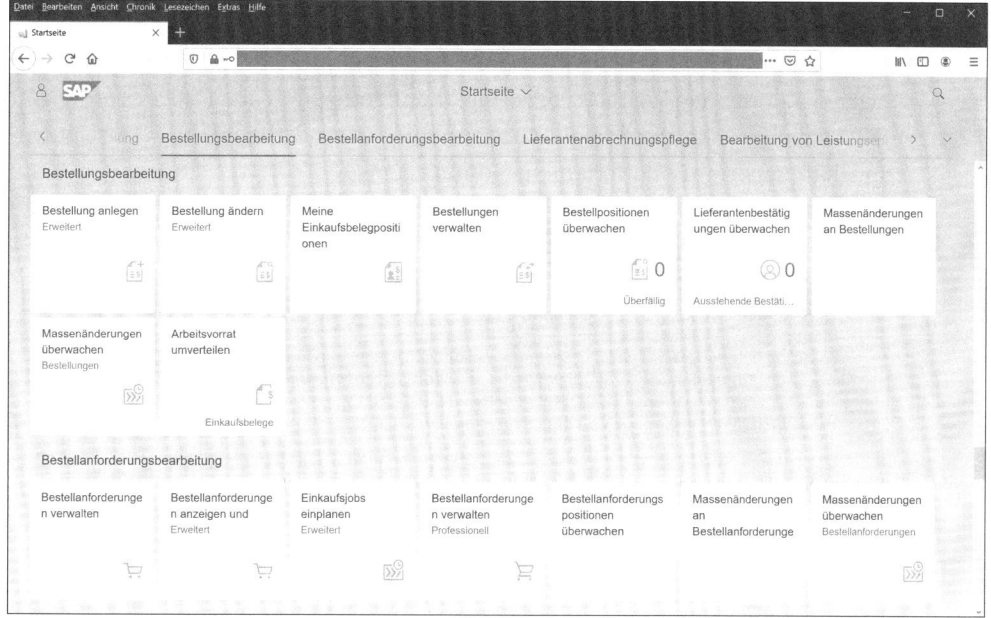

Abbildung 1.4 SAP-Fiori-Oberfläche

1.2 Reports

Reports sind ABAP-Programme, die Informationen aufbereitet ausgeben bzw. auch Datenänderungen vornehmen können. In SAP NetWeaver 7.54 gibt es ca. 20.000 Reports, in einem SAP-S/4HANA-System ca. 97.000 Reports. Viele dieser Reports sind den Administratoren vorbehalten, da sie auch die Datenänderungen vornehmen.

1.2.1 Das Konzept der Reports

Reports unterliegen Namenskonventionen, die die Suche nach einem bestimmten Report erleichtern:

- Ein Reportname kann bis zu 40 Zeichen lang sein.
- Standardreports von SAP (zum Auswerten von Daten durch den Anwender) beginnen zumeist mit R.
- Der zweite Buchstabe der Standardreports bezeichnet zumeist die Komponente, für die dieser Report gilt, z. B. RF... = Report aus der Finanzbuchhaltung (FI), RM... = Report aus der Materialwirtschaft (MM).

- Der dritte Buchstabe legt häufig das Teilgebiet der Komponente fest, z. B.:
  - RFD... = Report aus FI, Gebiet Debitoren
  - RFK... = Report aus FI, Gebiet Kreditoren
  - RFS... = Report aus FI, Gebiet Sachkonten
- Von SAP-Kunden selbst erstellte Reports beginnen mit Y oder Z. Wurde bei SAP ein eigener Kundennamensraum beantragt, können Reports auch mit /name/ beginnen, wobei name der beantragte Kundennamensraum ist. Abbildung 1.5 zeigt beispielhaft Reports aus dem Namensraum /CHECKAUD/.

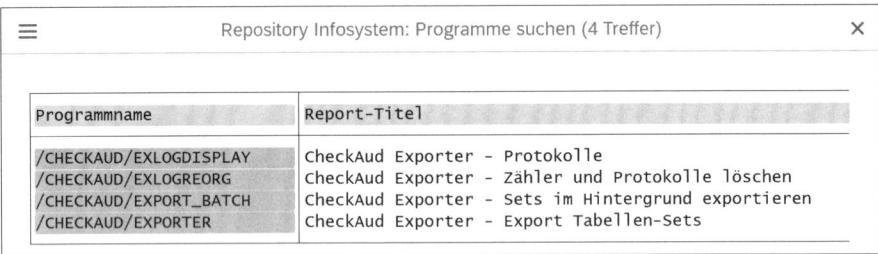

Abbildung 1.5 Reports aus dem Namensraum /CHECKAUD/

Tabelle 1.2 zeigt Ihnen eine Auflistung von gebräuchlichen Kürzeln für Reports.

Name	Beschreibung
RS*	Reports der SAP-Basis
RSUSR*	Reports zu Benutzern und Berechtigungen
RSWBO*	Reports zum Auswerten von Transporten
RDD*	Reports des ABAP Dictionarys
RF*	Reports aus FI
RH*, RP*	Reports der Personalwirtschaft (SAP Human Capital Management = SAP ERP HCM)
RM*	Reports aus MM
RV*	Reports des Vertriebs (Sales and Distribution = SD)

Tabelle 1.2 Namenskürzel für Reports

Reports können mit verschiedenen Transaktionen ausgeführt werden. Die Standardtransaktion dafür ist SA38. Das Aufrufen von Reports über diese Transaktion wird generell als kritisch eingestuft. Dies liegt zum einen an der Quantität (bei 95.000 Reports kann nicht garantiert werden, dass nur unkritische Reports dabei sind), zum anderen an den unternehmenseigenen Reports, in denen die Berechtigungsprüfungen häufig nicht adäquat implementiert sind. Daher muss unternehmensspezifisch festgelegt werden, ob die Berechtigung, Reports ausführen zu dürfen, an Prüfer vergeben werden soll. In den meisten Unternehmen ist die Nutzung von Reports in Produktivsystemen generell untersagt.

Im Rahmen eines Berechtigungsprojekts kann die Nutzung der Reports mit dem Berechtigungsobjekt S_PROGNAM optimiert werden. Mit diesem Objekt können Sie die Berechtigung zur Ausführung einzelner Reports vergeben. Sie können die Nutzung von Reports so eingrenzen, dass Sie Transaktionen wie SA38 auch wieder in die Berechtigungen mitaufnehmen könnten. Dafür sind konzeptionelle Vorarbeiten erforderlich. Näheres hierzu finden Sie in Abschnitt 9.7.4, »Schutz von ABAP-Programmen nach Namen (S_PROGNAM)«.

1.2.2 Aufrufen von Reports

Um einen Report anzuzeigen, rufen Sie Transaktion SA38 auf (alternativ den Menüpfad **System** · **Dienste** · **Reporting**). Geben Sie in der Einstiegsmaske den Namen des Reports an, den Sie ausführen möchten. Drücken Sie die Funktionstaste F8, oder klicken Sie auf die Schaltfläche **Ausführen** ( ). Bei vielen Reports gelangen Sie nun in eine Selektionsmaske, in der Sie Einschränkungen für den betreffenden Report vornehmen können. Nehmen Sie keine Einschränkungen vor, wird der Report mit allen verfügbaren Daten ausgeführt, was unter Umständen zu langen Laufzeiten führen kann. Die Selektionsmasken zur Eingabe der Selektionskriterien sind je nach Reportinhalt unterschiedlich aufgebaut. In Abbildung 1.6 ist die Selektionsmaske des Reports RSUSR002 (Benutzer nach komplexen Selektionskriterien) abgebildet. Drücken Sie nach dem Ausfüllen des Selektionsbildschirms erneut die Taste F8 oder die Schaltfläche **Ausführen** ( ), wird die Ausgabe des Reports auf dem Bildschirm angezeigt.

Zum Aufruf von Reports können Sie außer Transaktion SA38 noch weitere Transaktionen nutzen. Dies ist insbesondere dann relevant, wenn das manuelle Aufrufen von Reports gemäß Berechtigungskonzept untersagt werden soll. In solchen Fällen müssen Sie nicht nur die Berechtigung zum Aufrufen von Reports über Transaktion SA38 entziehen, sondern auch für den Aufruf mit allen weiteren Reporttransaktionen. Tabelle 1.3 listet Ihnen die wesentlichen Transaktionen auf (aus SAP NetWeaver sowie SAP ERP bzw. SAP S/4HANA). Diese müssen Sie auch bei Berechtigungsprüfungen beachten, wenn es um die Prüfung von Reportausführungen geht.

1 Umgang mit dem SAP-System und Werkzeuge zur Prüfung

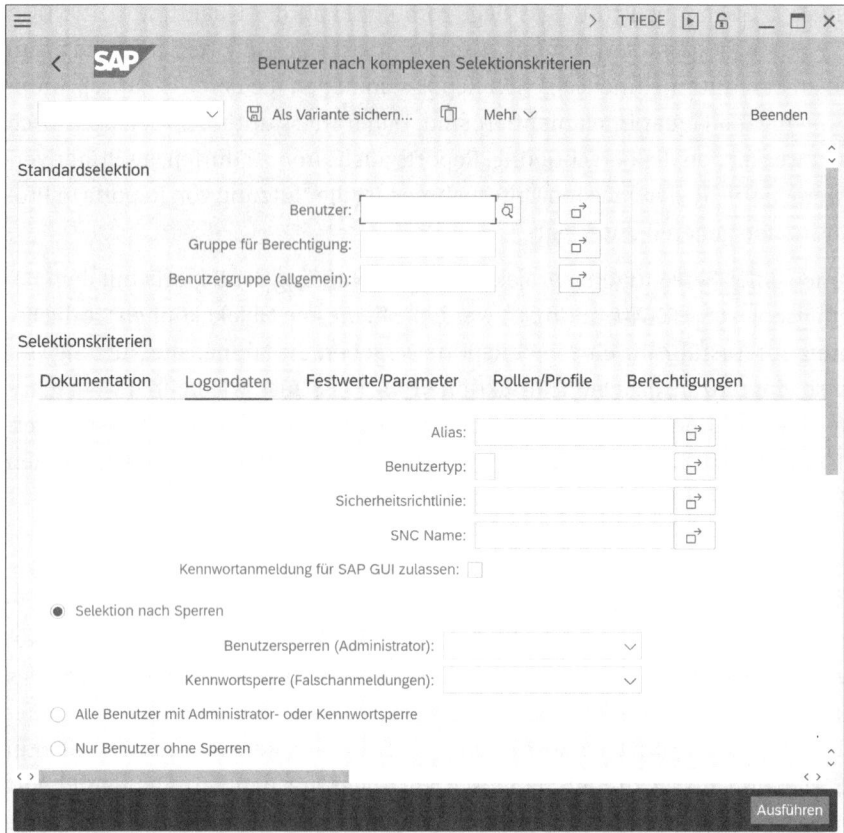

Abbildung 1.6 Die Selektionsmaske des Reports RSUSR002

Transaktion	Beschreibung
SA38	ABAP-Reporting
SA38PARAMETER	Einplanung des Reports PFCG_TIME_DEPENDENCY (Reportname kann beim Ausführen geändert werden)
SE15	Object Navigator
SE38	ABAP Editor
SE80	Object Navigator
SE80_ENH	Object Navigator
SE84	Repository-Infosystem
SE85	Repository-Infosystem

Tabelle 1.3 Transaktionen zum Aufruf von Reports

Transaktion	Beschreibung
SE90	Repository-Infosystem
SEU_INT	Repository Browser
SEU_INT_ENH	Repository Browser
SPAU_ENH	Object Navigator
START_REPORT	Starten eines Reports
SUB%	interner Aufruf: Submit über OK-Code
SWRK	Object Navigator
WORKINGAREA	Object Navigator
FA39 (nur SAP ERP)	Report mit Reportvariante aufrufen
PIU1	Object Navigator
PIU2	Object Navigator
PIU3	Object Navigator

Tabelle 1.3 Transaktionen zum Aufruf von Reports (Forts.)

Mit jeder einzelnen dieser Transaktionen können jeweils alle Reports aufgerufen werden, auch wenn der Name der Transaktion dies nicht vermuten lässt. Werden Programme ausgeführt, die einer *Berechtigungsgruppe* zugeordnet sind (die Zuordnung kann in Tabelle TRDIR überprüft werden), wird in allen Transaktionen eine Berechtigung für diese Gruppe über das Berechtigungsobjekt S_PROGRAM geprüft (siehe Abschnitt 9.7.3, »Schutz von ABAP-Programmen durch Berechtigungsgruppen (S_PROGRAM)«.

Zu jedem Report sollte eine Dokumentation hinterlegt sein (siehe Abschnitt 9.5.5, »Inhaltliches Prüfen einzelner ABAP-Programme«). Diese Dokumentation können Sie über Transaktion SA38 einsehen. Tragen Sie dazu in der Einstiegsmaske dieser Transaktion den Namen des Reports oder eines ABAP-Programms ein, und wählen Sie den Menüpfad **Springen • Dokumentation** aus. In einem separaten Fenster wird Ihnen nun die Hilfe zum Programm angezeigt.

1.2.3 Exportieren der Reportergebnisse

Einen Report, den Sie sich am Bildschirm haben anzeigen lassen, können Sie auch als Datei auf Ihrer Workstation speichern. Möglich ist auch ein Export direkt in eine PDF-Datei (siehe Abschnitt 1.5, »Listen als PDF-Datei speichern«). Abhängig vom ausgeführten Report stehen verschiedene Wege für den Export zur Verfügung. Wird als Ausgabe der ALV Grid View genutzt, steht Ihnen die Schaltfläche **Tabellenkalkulation** zur Verfügung (Menüpfad: **Liste • Exportieren • Tabellenkalkulation**). Über diese Schaltfläche können Sie die Ergebnisse direkt in eine Microsoft-Excel-Datei exportieren.

Alternativ haben Sie immer die Möglichkeit, das Ergebnis in verschiedenen Formaten in eine lokale Datei zu speichern. Wie die Funktion aufgerufen wird, variiert je nach Ergebnisanzeige:

- über die Schaltfläche **Lokale Datei**
- über den Menüpfad **System • Liste • Sichern • Lokale Datei**
- über den Menüpfad **Liste • Exportieren • Lokale Datei**

Welches Datenformat Sie auswählen sollten, hängt davon ab, wie Sie die Datei weiterverarbeiten möchten. Im Folgenden erläutere ich die einzelnen Formate:

- **Unkonvertiert**
  Die Liste wird unkonvertiert in einer Textdatei ausgegeben. Hierbei wird die Liste mit Zwischenräumen formatiert, wie am Bildschirm angezeigt. Wählen Sie dieses Datenformat aus, wenn Sie die Datei mit einem Drucklistenkonvertierungsprogramm weiterverarbeiten möchten. Dieses Format ist hierzu besonders geeignet, da die Listeneinträge in festen Spalten ausgegeben werden.

- **Tabellenkalkulation**
  Auch hier wird die Liste in einer ANSI-Datei ausgegeben. Allerdings werden die einzelnen Felder der Liste durch Tabulatoren voneinander getrennt, wodurch die Liste, in einem normalen Editor oder Textverarbeitungsprogramm aufgerufen, sehr verschoben aussehen kann. Durch die Tabulatortrennzeichen sind Tabellenkalkulations- und Datenbankprogramme in der Lage, die Spalten beim Import den richtigen Feldern zuzuordnen. Dies ist allerdings nur dann sinnvoll, wenn die Daten nicht aus gruppierten Inhalten bestehen, sondern in einem einfachen Listenformat, nach Spalten angeordnet, vorliegen. Dann können diese Listen z. B. in Microsoft Excel oder Access importiert und dort weiterverarbeitet werden.

- **Rich-Text-Format**
  Das Rich-Text-Format ist ein allgemeines Austauschformat für Textverarbeitungen. Fast jedes Textverarbeitungsprogramm ist in der Lage, dieses Format zu lesen. Es werden nicht nur die reinen Daten, sondern auch Formatierungen und Farben gespeichert. Dieses Format eignet sich nur dazu, die Daten auszudrucken (z. B. als Anhang an einen Prüfbericht), aber nicht zur Weiterverarbeitung.

- **HTML-Format**
  Das HTML-Format kann mit jedem beliebigen Browser angezeigt werden. Dieses Format eignet sich nur dazu, die Daten auszudrucken (z. B. als Anhang an einen Bericht), aber nicht dazu, sie weiterzuverarbeiten.

- **Zwischenablage**
  Dieses Format kopiert den Inhalt in die Zwischenablage. Der Inhalt kann in andere Programme, z. B. Microsoft Word, eingefügt werden.

1.2.4 Festlegung des Standardpfads zum Speichern

Beim Speichern von Daten wird standardmäßig der Pfad vorgegeben, der bei der Installation des SAP GUI (dem Frontend zur Nutzung eines SAP-Systems) als Speicherort für temporäre Dateien angegeben wurde. Beim Speichern der Daten in eine Datei wird aber in der Regel ein anderer Pfad benötigt, der dann bei jedem Export explizit angegeben werden muss.

Um einen Standardpfad zum Speichern vorzugeben, müssen Sie als Administrator den Parameter GR8 im eigenen Stammsatz angeben. Wählen Sie hierzu den Menüpfad **System** • **Benutzervorgaben** • **Eigene Daten** (Transaktion SU3) aus. Geben Sie in der Spalte **Parameterwert** den Pfad an, der als Standardpfad beim Speichern genutzt werden soll (siehe Abbildung 1.7).

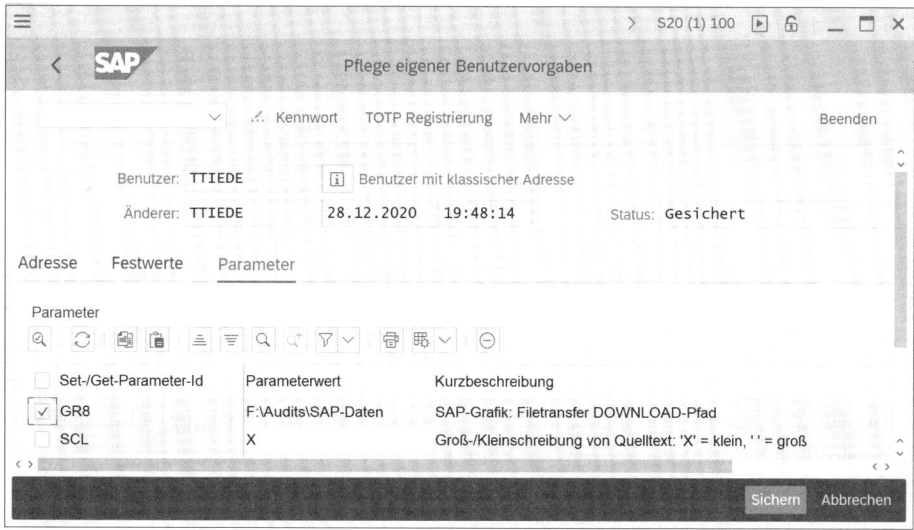

Abbildung 1.7 Standardpfad zum Export von Reportergebnissen

1.2.5 Speichern der Selektionsangaben (Varianten)

Zu den meisten Reports müssen vor deren Ausführung Selektionskriterien eingegeben werden. Häufig wird ein Report immer wieder mit denselben Selektionskriterien für dieselben Fragestellungen genutzt. Diese können als *Varianten* abgespeichert werden. Eine Variante ist eine Kombination von Selektionskriterien, die einem Report zugeordnet sind. Abbildung 1.8 zeigt beispielsweise die Selektionsmaske des

Reports RSUSR002 (Berechtigungsprüfungen) mit dem Selektionskriterium zum Prüfen aller Benutzer, die Systemparameter pflegen dürfen.

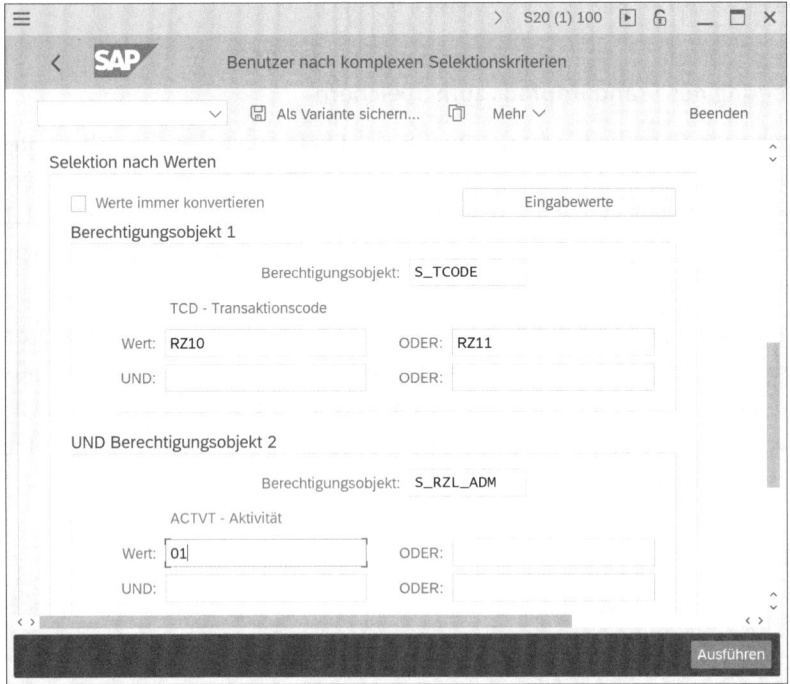

Abbildung 1.8 Selektionsmaske des Reports RSUSR002

Da viele Fragestellungen bei jeder Prüfung erneut untersucht werden müssen, ist es sinnvoll, diese als Variante abzuspeichern. Klicken Sie hierzu auf die Schaltfläche [Als Variante sichern...], oder drücken Sie [Strg] + [S]. Geben Sie im darauffolgenden Fenster einen Namen für die Variante sowie eine sprechende Bezeichnung im Feld **Bedeutung** ein (siehe Abbildung 1.9). Den Namensraum für Varianten sollten Sie mit der Administration vereinbaren. Drücken Sie [Strg] + [S], um die Variante zu speichern.

Um gespeicherte Varianten aufzurufen, wählen Sie in der Selektionsmaske des Reports den Menüpfad **Springen** • **Varianten** • **Holen** aus. Geben Sie im darauffolgenden Fenster eventuelle Selektionskriterien an, und klicken Sie dann auf die Schaltfläche **Ausführen** ([⊕]). Es werden Ihnen alle Varianten angezeigt, die Ihren Selektionskriterien entsprechen. Wählen Sie mit einem Doppelklick die gesuchte Variante aus. Sie können einen Report auch direkt von der Einstiegsmaske von Transaktion SA38 aus mit einer Variante ausführen. Klicken Sie hierzu auf die Ausführungsschaltfläche **Ausführen mit Variante** ([⊕ Mit Variante]).

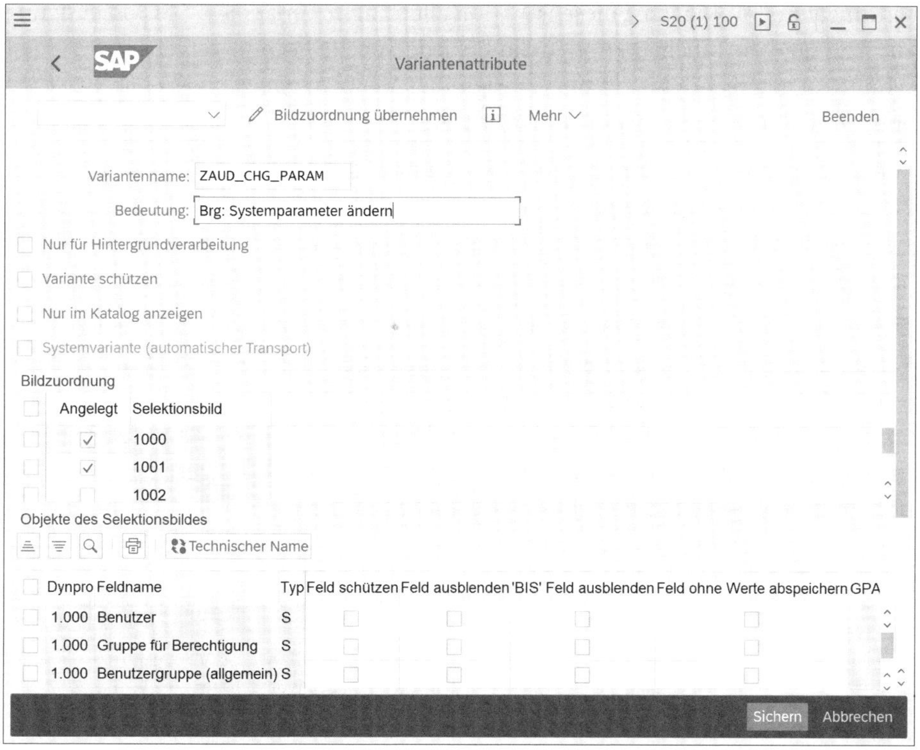

Abbildung 1.9 Variante speichern

1.3 Anzeigen von Tabellen

Nahezu alle Daten des SAP-Systems werden in *Tabellen* gespeichert. In SAP NetWeaver existieren ca. 28.000 Tabellen, in SAP NetWeaver mit SAP S/4HANA ca. 152.000. Stammdaten, Bewegungsdaten, Customizing-Daten und Systemsteuerungsdaten des SAP-Systems werden ausnahmslos in Tabellen abgelegt. Nicht in Tabellen gespeichert werden z. B. die Systemparameter, das Systemprotokoll (SysLog) und Trace-Ergebnisse. Diese werden in Dateien auf der Betriebssystemebene gespeichert.

In diesem Buch verweise ich auf viele Tabellen, die für eine Prüfung des SAP-Systems unerlässlich sind. Im Folgenden erläutere ich, wie Tabellen angezeigt und exportiert werden und wie Sie Tabellen suchen können.

1.3.1 Anzeigetransaktionen für Tabellen

Grundsätzlich muss unternehmensspezifisch festgelegt werden, ob die Berechtigung, Tabellen direkt anzeigen zu dürfen, an Prüfer vergeben werden soll. Zur Durchführung von Prüfungen ist diese Funktion allerdings unerlässlich. Die Berechtigung zur Anzeige von Tabellen können Sie für jede Tabelle einzeln vergeben (siehe Abschnitt 8.4, »Berechtigungen für Tabellen und Views«); daher lassen sich Berechtigungen zur Tabellenanzeige leicht einrichten.

Zum Anzeigen von Tabellen stehen Ihnen mehrere Transaktionen zur Verfügung. Tabelle 1.4 listet die am häufigsten genutzten Transaktionen auf. Allerdings sollten Sie sich der Einfachheit halber auf eine einzige Transaktion beschränken, mit der Sie Tabellen stets anzeigen (auf Ausnahmen gehe ich im Buch explizit ein).

Erweiterte Funktionen stellen die Transaktionen des *Generic Table Browser* (GTB) zur Verfügung, z. B. S416N und S4H16N. Hier kann zum einen die Berechtigung auf Spalten- und Feldwerte eingeschränkt werden (siehe Abschnitt 8.5, »Tabellenzugriffe auf Spalten und Feldwerte einschränken (GTB-Rollen)«), zum anderen kann das Editieren im Debug-Modus für bestimmte Tabellen und Zeiträume freigeschaltet werden, ohne die Debug-Replace-Berechtigung vergeben zu müssen (siehe Abschnitt 9.5.3, »Gefahrenpunkte in der ABAP-Programmentwicklung«).

Transaktionen	Beschreibung
SE16	Dies ist die Standardtransaktion, um Tabellen- und Viewinhalte (siehe Abschnitt 8.2.6, »ABAP-Dictionary-Views«) anzeigen zu lassen und zu selektieren. Mit dieser Transaktion sind, bei entsprechender Berechtigung, auch Änderungen möglich. Da diese Transaktion Bestandteil von SAP NetWeaver ist, existiert sie in jedem SAP-System.
SE16N	Diese Transaktion hat dieselbe Funktionalität wie Transaktion SE16, aber mit einer komfortableren Oberfläche. Die Viewpflege ist auch mit dieser Transaktion möglich. Diese Transaktion existiert nur in SAP-ERP- bzw. SAP-S/4HANA-Systemen. In anderen Systemen (SAP Business Warehouse (SAP BW), SAP Customer Relationship Management (SAP CRM), SAP Advanced Planning and Optimization (SAP APO) usw.) ist sie nicht vorhanden. Die Transaktion kann auch über Funktionsbausteine aufgerufen werden.
S416N S4H16N	Diese Transaktionen haben dieselben Funktionen wie Transaktion SE16N. Allerdings sind sie in allen SAP-Systemen verfügbar, da sie der Komponente SAP_ABA (Anwendungsübergreifende Komponenten) zugeordnet sind. Weitere Informationen zur Verfügbarkeit dieser Transaktionen liefert SAP-Hinweis 2140828.
SE16D	Diese Transaktion entspricht von der Oberfläche her Transaktion SE16N, ist aber eingeschränkt auf Anzeigefunktionalität. Die Viewpflege kann mit dieser Transaktion nicht aufgerufen werden. Diese Transaktion existiert nur in SAP-ERP- bzw. SAP-S/4HANA-Systemen.

Tabelle 1.4 Transaktionen zur Tabellenanzeige

Transaktionen	Beschreibung
S416D S4H16D	Diese Transaktion ist identisch mit Transaktion SE16D, aber in allen SAP-Systemen verfügbar (siehe SAP-Hinweis 2140828).
SE16H	Die Oberfläche dieser Transaktion entspricht der Oberfläche von Transaktion SE16N; allerdings bietet diese Transaktion auch die Möglichkeit, Tabellen miteinander zu verknüpfen. Diese Transaktion existiert nur in SAP-ERP- bzw. SAP S/4HANA-Systemen.
S416H S4H16H	Diese Transaktion ist identisch mit Transaktion SE16H, aber in allen SAP-Systemen verfügbar (siehe SAP-Hinweis 2140828).
SE16S S416S S4H16S SE16SL S416SL S4H16SL	Dies sind keine expliziten Anzeigetransaktionen. Sie dienen der Suche nach Werten in Tabellen. Diese Transaktionen existieren nur in SAP-S/4HANA-Systemen und SAP-ERP-Systemen mit SAP HANA als Datenbank.
SE17	Mit dieser Transaktion ist nur das Anzeigen von Tabellen (nicht die Anzeige von Pflegeviews) möglich. Allerdings ist sie nicht sehr komfortabel und bietet nur einen eingeschränkten Funktionsumfang für Selektionen.
SM30	Diese Transaktion dient zur Pflege von Tabellen und Views (eine Aufgabe des Customizings). Alle Views und Tabellen, die einen Pflegedialog besitzen, können mit dieser Transaktion angezeigt und geändert werden. Die Anzeige von Tabellen mit Stamm- oder Bewegungsdaten ist mit dieser Transaktion nicht möglich. Benutzern, die ausschließlich Anzeigerechte für Tabellen und Views besitzen, kann diese Transaktion problemlos zugeordnet werden. So benötigen z. B. Prüfer diese Transaktion, da hiermit aufbereitete Tabellen angezeigt werden können.

Tabelle 1.4 Transaktionen zur Tabellenanzeige (Forts.)

1.3.2 Transaktion SE16

Nach dem Aufruf von Transaktion SE16 tragen Sie in der Einstiegsmaske den Namen der anzuzeigenden Tabelle ein. Drücken Sie dann die ⏎-Taste (oder klicken Sie auf die Schaltfläche **Tabelleninhalt**), um die Selektionsmaske der Tabelle anzuzeigen. Es werden alle Felder der Tabelle aufgelistet, zu denen jeweils einzelne Selektionen möglich sind.

Bereits hier sollten Sie beim erstmaligen Aufruf der Transaktion Ihre persönlichen Einstellungen vornehmen. Wählen Sie dazu den Menüpfad **Einstellungen • Benutzerparameter** aus, und nehmen Sie folgende Einstellungen vor (siehe Abbildung 1.10):

1. Wählen Sie im Bereich **Ausgabeliste** die Option **ALV-Grid-Darstellung**. Damit wird die Tabelle in einer Form dargestellt, die zusätzliche Funktionen bietet, wie z. B. Filterungen, Änderung des Layouts und direkter Export nach Microsoft Excel oder als Serienbrief nach Microsoft Word.
2. Wählen Sie im Bereich **Schlüsselwort** die Option **Feldbezeichner**. Standardmäßig zeigt SAP in der Selektionsmaske der Tabellen und in den Tabellen selbst die Feldnamen als Spaltenüberschriften an. Dies sind technische Namen, die meist nicht sprechend sind. Ändern Sie diese Einstellung hier auf **Feldbezeichner**, werden die sprechenden Langnamen der Felder sowohl in der Selektionsmaske als auch in der Tabelle angezeigt.

Abbildung 1.10 Transaktionen zur Tabellenanzeige

Abbildung 1.11 zeigt die Selektionsmaske von Tabelle USR02 (Benutzeranmeldedaten). Geben Sie hier keine Selektionskriterien ein, werden Ihnen alle Datensätze der Tabelle angezeigt (dazu entfernen Sie den Eintrag im Feld **Maximale Trefferzahl**). In Abbildung 1.11 wurde das Feld **Benutzergruppe** (technischer Feldname CLASS) auf die Gruppe SUPER beschränkt und das Feld **Letztes Login-Datum** (TRDAT) auf den Wert »<=31.12.2020«. Es werden also nur Mitglieder der Gruppe SUPER angezeigt, deren letzte Anmeldung vor dem 31.12.2020 liegt.

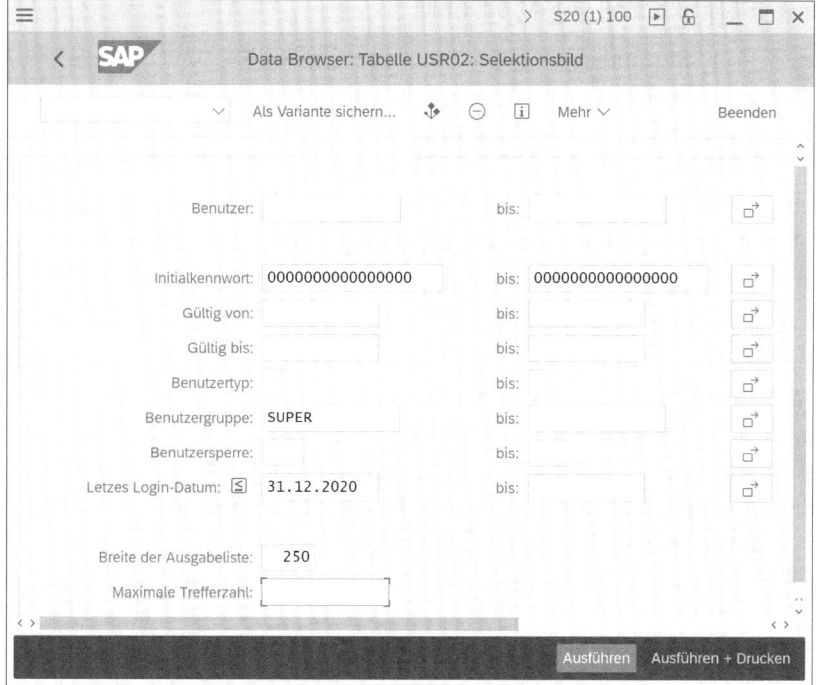

Abbildung 1.11 Selektionsmaske einer Tabelle

Durch den Namen eines Tabellenfelds ist dessen Funktion häufig nicht ersichtlich. Nutzen Sie die folgenden Möglichkeiten, um Dokumentationen zu einem Feld anzuzeigen:

- Zu jedem Feld kann ein Hilfefenster angezeigt werden (zu den meisten Feldern sind standardmäßig Dokumentationen hinterlegt). Klicken Sie hierzu in das entsprechende Feld, und drücken Sie dann die Taste F1.
- Zu allen Tabellen können Sie sich eine Dokumentation über deren Aufbau und die einzelnen Felder anzeigen lassen. Dies erfolgt mit dem Report RSSDOCTB oder mit dem Report RDDOODOC. Diese beiden Reports beschreibe ich in Abschnitt 8.2.5, »Dokumentationen zu Tabellen«.

Viele Tabellen bestehen aus einer Vielzahl von Feldern, die meistens nicht alle für Ihre Prüfungsfragestellungen benötigt werden. Daher können Sie bestimmen, welche Felder Sie sehen möchten und welche ausgeblendet werden sollen. Rufen Sie hierzu in der Selektionsmaske einer Tabelle den Menüpfad **Einstellungen • Listaufbereitung • Feldauswahl** auf. Hier wählen Sie aus, welche Felder angezeigt werden sollen.

1.3.3 Transaktionen SE16N, S416N, S4H16N

Wie in Transaktion SE16 sind auch in den Transaktionen SE16N, S416N und S4H16N generell Tabellenänderungen möglich, wenn die entsprechenden Änderungsrechte vergeben wurden. In den SAP-Hinweisen 503274 und 597117 (SE16N als reine Anzeigefunktion) ist beschrieben, wie diese Transaktion auch zur reinen Anzeigefunktion umfunktioniert werden kann und auch Benutzer mit Änderungsrechten keine Änderungen an Tabellen mehr vornehmen können. Die Grundfunktionalitäten der Transaktionen SE16N, S416N und S4H16N sind in SAP-Hinweis 2140924 beschrieben.

Da die Funktionalität der Transaktionen SE16, SE16N, S416N und S4H16 gleich sind, bleibt es dem Anwender überlassen, welche Transaktion er zum Anzeigen von Tabellen nutzt. Abbildung 1.12 zeigt die Oberfläche von Transaktion SE16N. Diese Transaktion war nicht Bestandteil von SAP NetWeaver, sondern von SAP ERP bzw. SAP S/4HANA (Softwareschicht SAP_APPL). Mit SAP-Hinweis 2124497 wurde die Transaktion in die Softwareschicht SAP_ABA verschoben und ist damit auch in reinen SAP NetWeaver-Installationen verfügbar, z. B. in SAP BW.

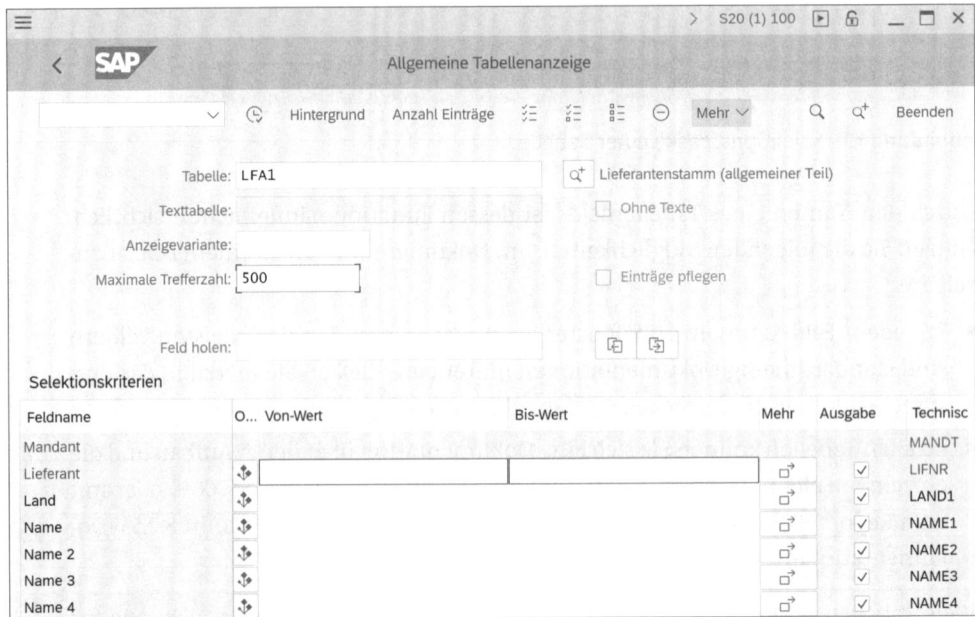

Abbildung 1.12 Transaktion SE16N

1.3.4 Transaktionen SE16H, S416H, S4H16H

Die Transaktionen SE16H, S416H und S4H16H bieten zusätzlich zur Funktion der Anzeige von Tabelleninhalten auch Möglichkeiten für Aggregationen, Gruppierungen, zusätzliche Sortierungen und Tabellenverknüpfungen. Dies ermöglicht bereits im Rahmen der Tabellenanzeige erste Auswertungen, für die ansonsten Querys bzw.

QuickViews (siehe Abschnitt 1.7, »Tabelleninhalte mit dem QuickViewer auswerten«) oder externe Tools genutzt werden müssen. Eine Beschreibung zu den Funktionen von Transaktion SE16H (die gleichbedeutend mit den Funktionen der Transaktionen S416H und S4H16H ist) finden Sie in SAP-Hinweis 1636416.

Abbildung 1.13 zeigt Tabelle BSEC, in der die CpD-Daten (Conto pro Diverse) zu Buchhaltungsbelegen gespeichert werden. Prüfungsfragestellungen aus dem CpD-Bereich sind u. a.:

- Wurden für denselben Kreditor sehr häufig CpD-Belege gebucht, anstatt einen Stammsatz anzulegen?
- Wurde für verschiedene Kreditoren dieselbe Bankverbindung genutzt?

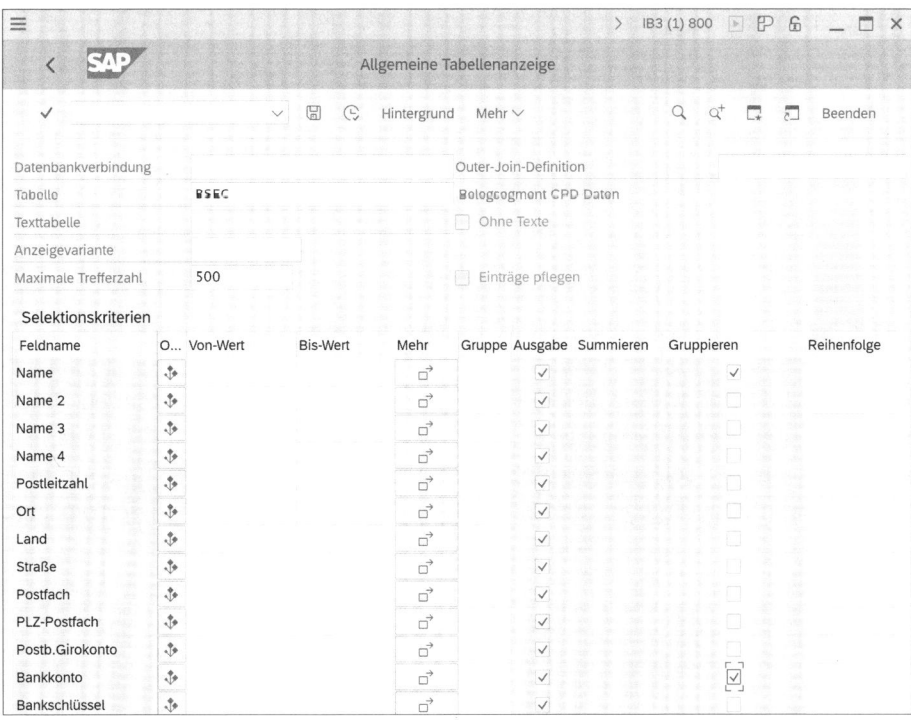

Abbildung 1.13 Transaktion SE16H

Diese Fragen können Sie direkt mit der Gruppierungsfunktion dieser Transaktionen beantworten. In Abbildung 1.13 wird nach den Feldern **Name** und **Bankkonto** gruppiert. Das Ergebnis zeigt Abbildung 1.14. Hier ist u. a. abzulesen, dass für die CpD-Kreditorin Anna Ahrens 198 Buchungen erfolgt sind.

Des Weiteren können Tabellen miteinander verknüpft werden. Um z. B. über Tabellen auszuwerten, ob Benutzern statt Rollen noch Einzel- oder Sammelprofile zugeordnet wurden, werden zwei Tabellen benötigt:

- UST04: Zuordnungen von Profilen von Benutzern
- USR10: Profile (Feld **TYP** = Typ des Profils)

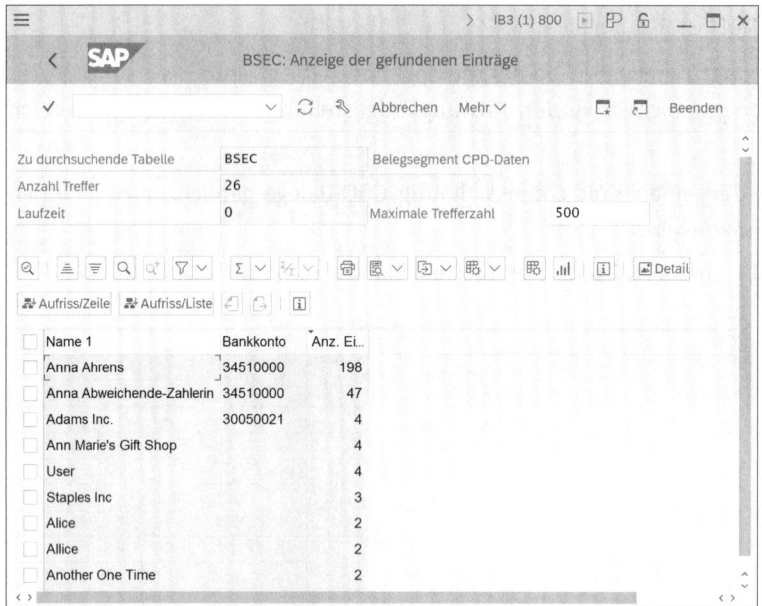

Abbildung 1.14 Gruppierte Datensätze in Transaktion SE16H

Abbildung 1.15 zeigt, wie Sie diese Tabellen miteinander verknüpfen können. Rufen Sie das Fenster über die Schaltfläche **Pflege der Beziehungen** (🔗) auf. Grenzen Sie die Ausgabe in der Selektionsmaske nun auf die Profiltypen Einzel- und Sammelprofil ein, werden als Ergebnis diese Profile mit den zugeordneten Benutzern anzeigt.

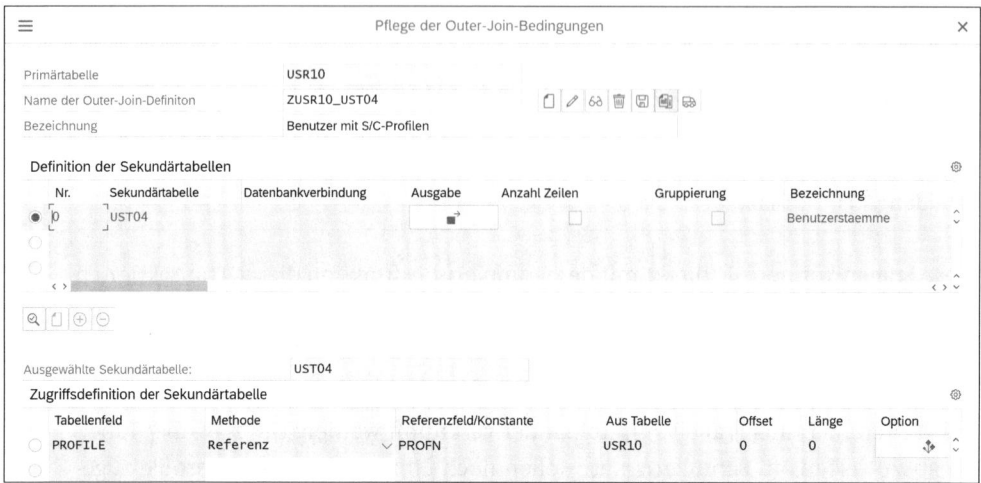

Abbildung 1.15 Zwei Tabellen miteinander verknüpfen

In Abbildung 1.16 sehen Sie, dass in der ersten Spalte der Profiltyp angezeigt wird (aus Tabelle USR10) und in der letzten Spalte der Benutzer (aus Tabelle UST04).

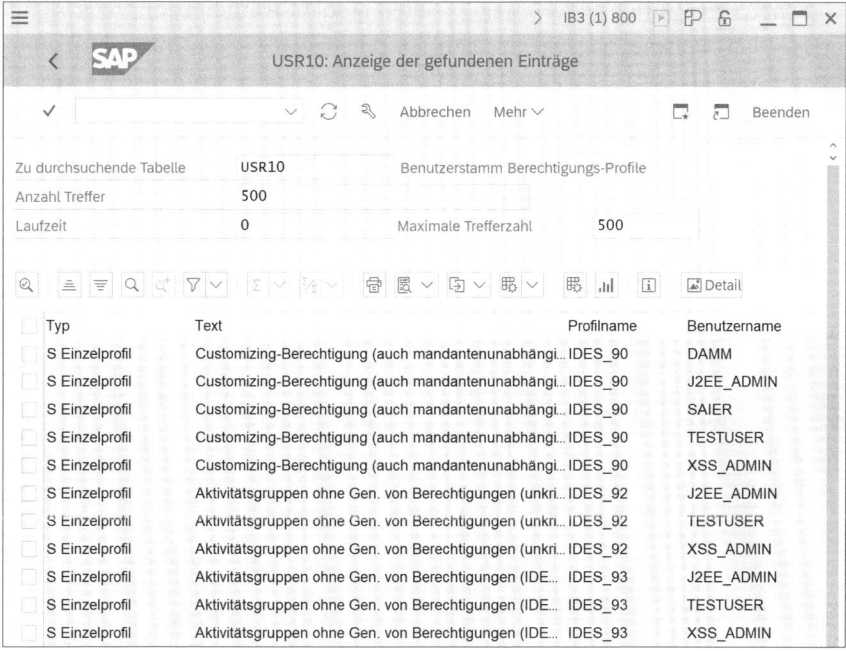

Abbildung 1.16 Ergebnis der Tabellenverknüpfung anzeigen

1.3.5 Transaktionen SE16S, S416S und S4H16S

Die Transaktionen SE16S (Report RK_SE16S), S416S und S4H16S dienen zur feldübergreifenden Suche von Werten in Tabellen. Sie stehen nur Systemen mit einer SAP-HANA-Datenbank zur Verfügung. Zum Ausführen dieser Transaktionen ist neben den Berechtigungsobjekten S_TABU_NAM bzw. S_TABU_DIS das Berechtigungsobjekt S_BRWS_CUS mit den folgenden Parametern erforderlich:

- Aktivität: 16 (Ausführen)
- Key für Berechtigung: SEARCH
- Name des Objekts für Berechtigungen: SE16S

Zusätzlich zu Transaktion SE16S gibt es noch die folgenden Transaktionen:

- **Transaktionen SE16SL, S416SLund S4H16SL**
  Suche nach Werten nur in bestimmten Feldern von Tabellen.
- **Transaktionen SE16S_CUST und S416S_CUST**
  Hiermit können Sie Standardsuchmuster definieren, die fest definierte Tabellen enthalten. Sie können hier z. B. alle Tabellen eines Prozesses definieren, um dann nach bestimmten Werten in diesem Prozess zu suchen.

Die Funktionalität der einzelnen Transaktionen wird in SAP-Hinweis 2002588 beschrieben.

Wie ad hoc nach bestimmten Werten in Tabellen gesucht werden kann, zeigt Abbildung 1.17. In dem Beispiel werden in allen PA-Tabellen (Tabellen mit Mitarbeiterstammdaten aus SAP ERP HCM) Einträge mit der Zeichenkette »Müller« gesucht.

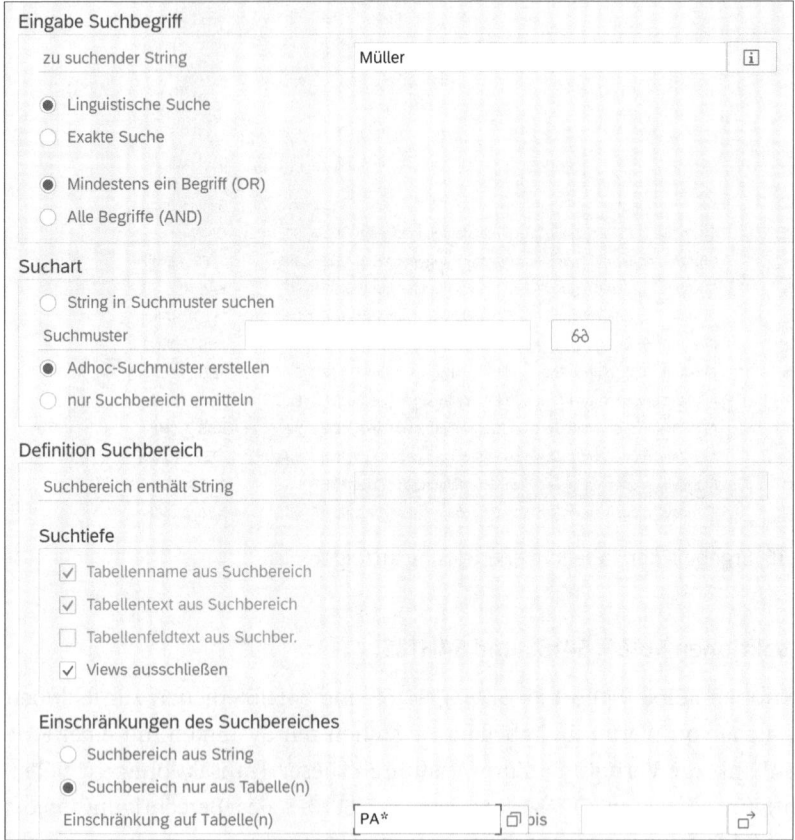

Abbildung 1.17 Ad-hoc-Suche in Transaktion SE16S

Tabelle 1.5 zeigt die Bedeutung der einzelnen Felder des Selektionsbilds.

Selektionsfeld	Ausprägung
zu suchender String	Wert, nach dem gesucht wird; mehrere Suchbegriffe sind mit einem Leerzeichen voneinander zu trennen.
Linguistische Suche/ Exakte Suche	Bei der linguistischen Suche wird generisch gesucht (*Suchbegriff*). Bei der exakten Suche muss der genaue Suchbegriff im Feld stehen.

Tabelle 1.5 Felder der Selektionsmaske von Transaktion SE16S

Selektionsfeld	Ausprägung
Adhoc-Suchmuster erstellen	Es können im Rahmen dieser Suche die Tabellen angegeben werden, die durchsucht werden sollen.
Suchbereich nur aus Tabelle(n)	Hier werden die Tabellen angegeben, in denen gesucht werden soll. Die Tabellennamen können generisch angegeben werden (z. B. KN*, LF*, PA*).

Tabelle 1.5 Felder der Selektionsmaske von Transaktion SE16S (Forts.)

Im Ergebnis wird zu den Tabellen jeweils die gefundene Anzahl an Treffern angezeigt (siehe Abbildung 1.18). Durch einen Klick auf die Trefferzahl werden Ihnen die Datensätze angezeigt.

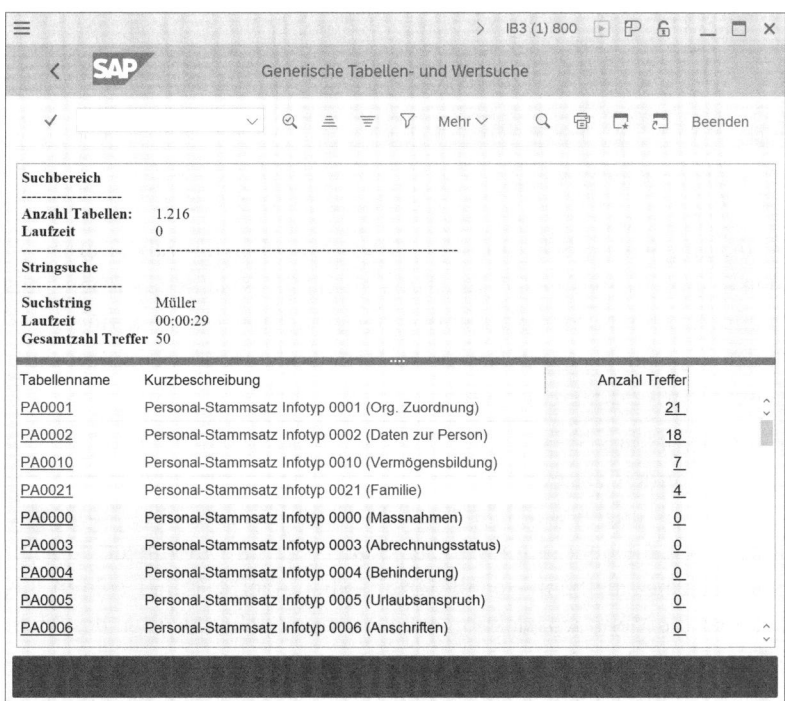

Abbildung 1.18 Ergebnis der Suche in Transaktion SE16S anzeigen

1.3.6 Suchen von Tabellen

Auch Tabellen können Sie anhand ihres Namens oder ihrer Beschreibung suchen. Dazu klicken Sie in der Einstiegsmaske einer Transaktion zur Tabellenanzeige im Feld **Tabelle** auf die Schaltfläche **Werteliste**, oder Sie drücken die Taste [F4]. Es wird nun das Fenster **Eingabehilfe persönliche Werteliste** geöffnet. In diesem Fenster werden die zuletzt von Ihnen gesuchten Tabellen angezeigt; beim erstmaligen Aufruf befinden sich keine Einträge darin. Um nun eine Tabelle zu suchen, klicken Sie in diesem Fenster auf die Schaltfläche **Infosystem**, und es öffnet sich das Fenster **Repository-Infosystem: Tabellen suchen**, das Sie in Abbildung 1.19 sehen.

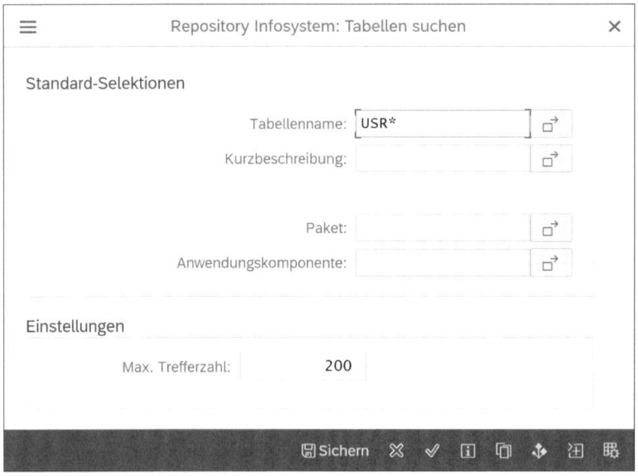

Abbildung 1.19 Nach Tabellennamen suchen

Hier haben Sie die Möglichkeit, Selektionskriterien zum Suchen der Tabelle einzugeben. Sie können in diesem Fenster z. B. Tabellen anhand ihres Namens suchen. Dies ist sinnvoll, wenn Sie eine Namenskonvention der gesuchten Tabelle kennen, z. B. T5* für Customizing-Tabellen aus der Personalwirtschaft oder USR* für Benutzertabellen. In Abbildung 1.19 wird nach Benutzertabellen gesucht.

Häufiger kommt es vor, dass Sie nach Texten in den Beschreibungen von Tabellen suchen. Auch hier können Sie ein Sternchen (*) als Platzhalter verwenden. Beim Suchen in den Beschreibungen wird allerdings standardmäßig zwischen Groß- und Kleinschreibung unterschieden. Somit wird beim Suchkriterium »Benutzer*« ein anderes Ergebnis angezeigt als beim Suchkriterium »benutzer*«. Daher sollten Sie, wenn sinnvoll, über die Mehrfachselektion gleich mehrere Schreibweisen des Suchbegriffes eingeben oder aber einfach den ersten Buchstaben auslassen (z. B. Suche nach »*enutzer*«). Wenn Sie nicht genau wissen, ob der gesuchte Begriff am Anfang der Beschreibung steht, sollten Sie sowohl vor als auch nach dem Suchbegriff ein Sternchen setzen.

Nach dem Suchkriterium in Abbildung 1.20 werden alle Tabellen angezeigt, bei denen in ihrer Beschreibung irgendwo die Zeichenkette »enutzer« auftaucht. Dieses Suchkriterium erzeugt im Ergebnis eine Liste, wie in Abbildung 1.21 dargestellt. Über die Schaltfläche **Suchen** haben Sie die Möglichkeit, in der Liste nach Begriffen zu suchen. Durch einen Doppelklick wählen Sie eine Tabelle zum Anzeigen aus.

1.3 Anzeigen von Tabellen

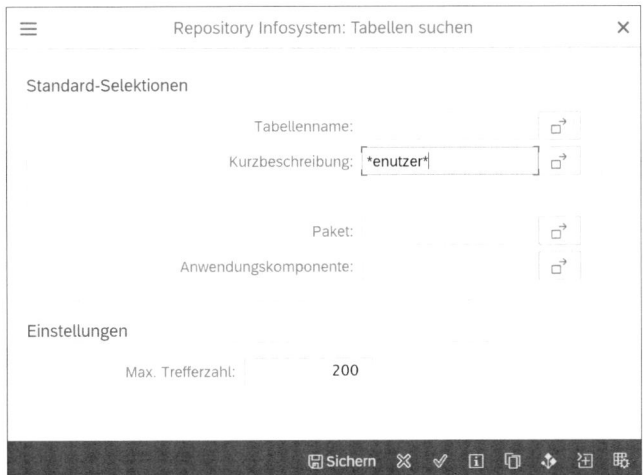

Abbildung 1.20 Nach Tabellenbeschreibungen suchen

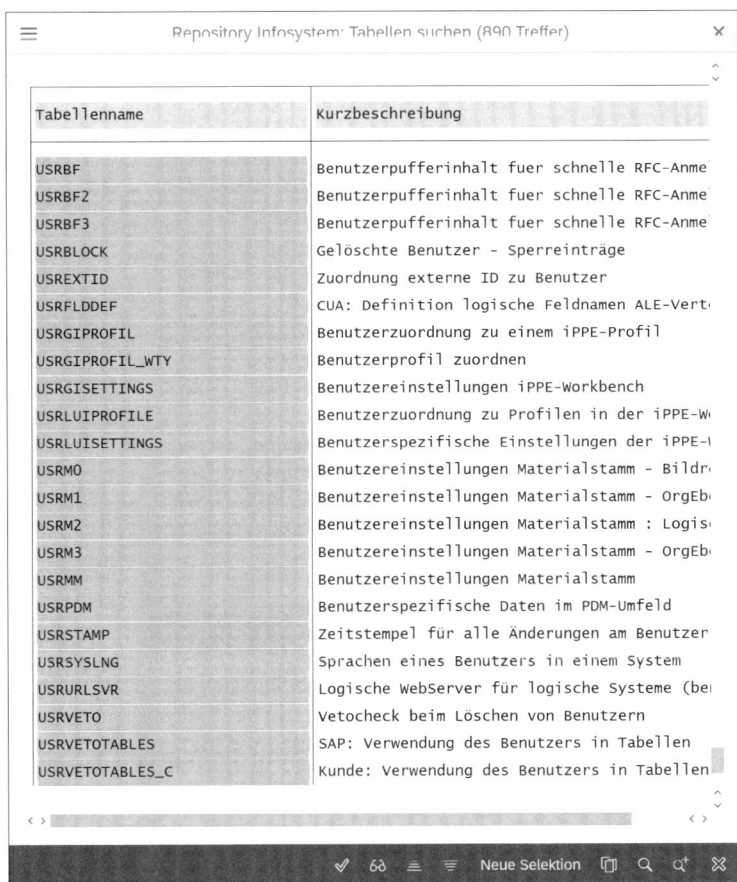

Abbildung 1.21 Nach Tabelle suchen – Suchergebnis für »*enutzer*« anzeigen

Des Weiteren besteht die Möglichkeit, Tabellen zu bestimmten Komponenten oder Funktionen des SAP-Systems zu suchen. Dies ist hilfreich, wenn eine neue Komponente zur Prüfung ansteht. Im folgenden Beispiel werden die Tabellen der Komponente Flexibles Immobilienmanagement (RE-FX) gesucht. Öffnen Sie, wie zuvor auch in Transaktion SE16, die Wertehilfe [F4]. Klicken Sie im Fenster **Eingabehilfe persönliche Werteliste** auf die Schaltfläche **SAP-Anwendungen**; Ihnen wird eine Baumstruktur mit den Komponenten des Systems angezeigt (siehe Abbildung 1.22). Da in diesem Beispiel Tabellen der Komponente RE-FX gesucht werden, öffnen Sie den Zweig **RE Immobilienmanagement**.

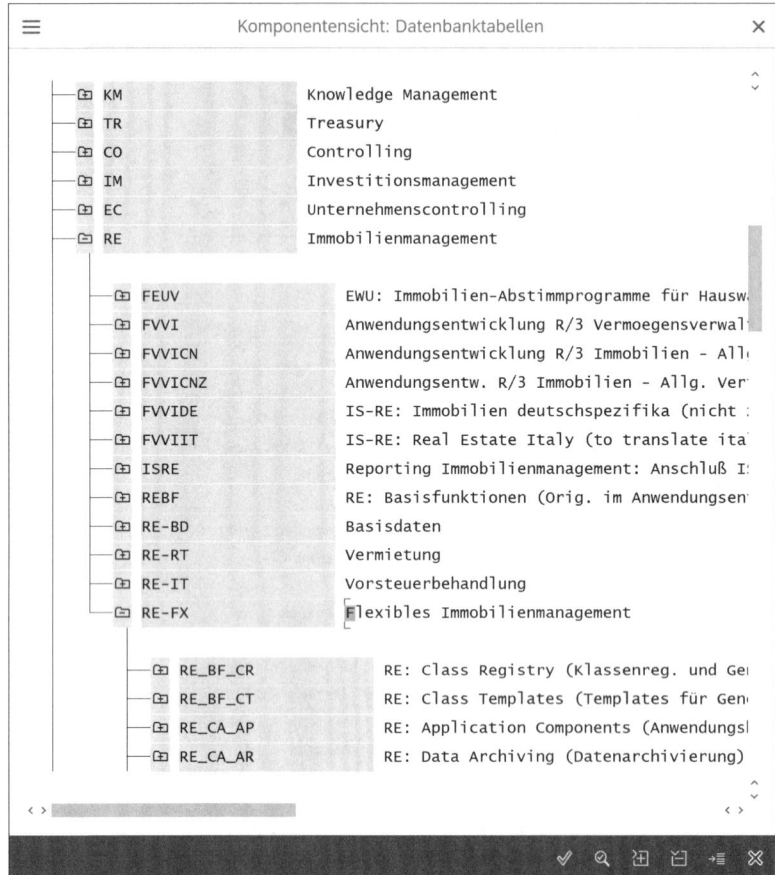

Abbildung 1.22 Über die Anwendungskomponenten nach Tabellen suchen

Darunter befindet sich der Eintrag **RE-FX**, worunter wiederum die Tabellen der Komponente angezeigt werden (siehe Abbildung 1.23).

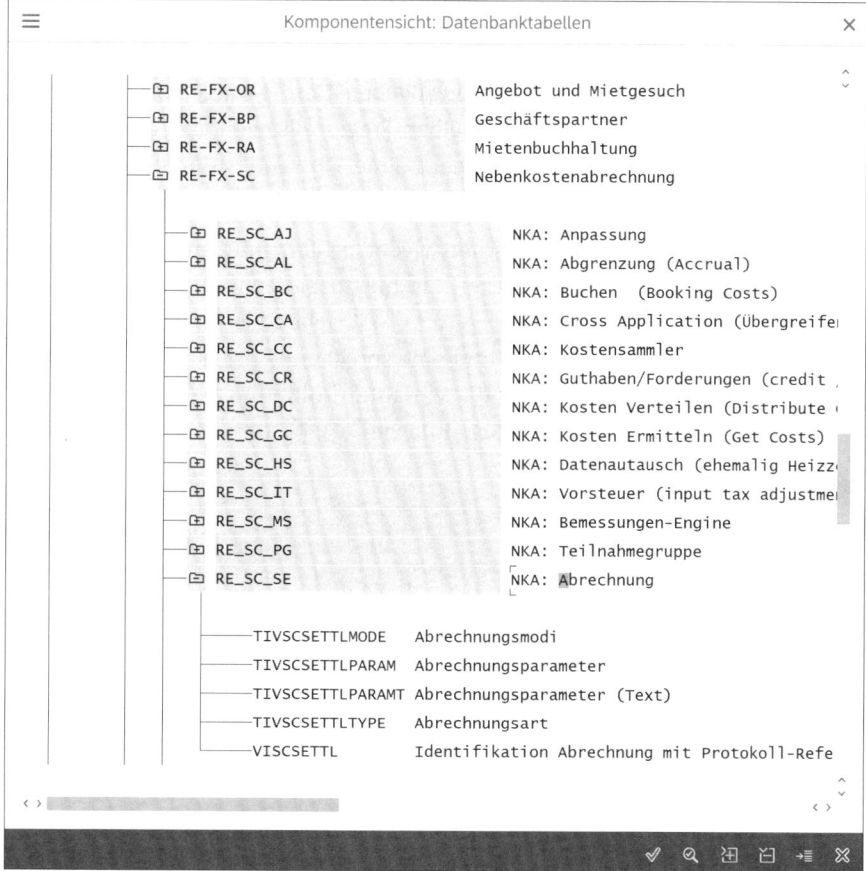

Abbildung 1.23 Die Tabellen der Komponente RE-FX

1.3.7 Exportieren von Tabellen

Tabelleninhalte können Sie als Datei auf Ihre Workstation speichern. Wählen Sie hierzu den Menüpfad **System • Liste • Sichern • Lokale Datei** aus. Hier haben Sie dieselben Möglichkeiten wie beim Speichern eines Reports in Dateiform (siehe Abschnitt 1.2.3, »Exportieren der Reportergebnisse«).

Um Tabellen zu exportieren, können Sie auch die ALV-Grid-Darstellung nutzen. Diese Anzeige ähnelt dem Tabellenaufbau in z. B. Microsoft Excel. Für den Export liegt hier der große Vorteil in den unterstützten Formaten. So ist z. B. der direkte Export einer ALV-Grid-Darstellung nach Microsoft Excel möglich. Um eine Tabelle nach Microsoft Excel zu exportieren, rufen Sie in Transaktion SE16 den Menüpfad **Tabelleneintrag • Liste • Exportieren • Tabellenkalkulation** auf, oder klicken Sie auf die Schaltfläche **Tabellenkalkulation** (). In den Transaktionen SE16N, SE16H und S416* klicken Sie auf die Schaltfläche **Exportieren Tabellenkalkulation** ().

1.3.8 Speichern der Selektionsangaben (Varianten)

Für jede Tabelle können Sie den Anzeigeumfang einschränken, indem Sie Selektionskriterien in der Selektionsmaske der Tabelle angeben. Häufig wählen Sie immer wieder dieselben Selektionskriterien für dieselben Fragestellungen aus. Diese können Sie im SAP-System als *Varianten* abspeichern. Eine Variante ist eine Kombination von Selektionskriterien, die einer bestimmten Tabelle zugeordnet sind.

Da Sie bestimmte Fragestellungen immer wieder prüfen müssen, ist es sinnvoll, diese als Variante abzuspeichern. Klicken Sie hierzu einfach auf die Schaltfläche [Als Variante sichern...], oder drücken Sie [Strg] + [S]. Geben Sie im darauffolgenden Fenster einen Namen für die Variante und eine sprechende Bezeichnung ein (siehe Abbildung 1.24). Der Namensraum für die Varianten sollte mit der Administration vereinbart werden. Klicken Sie auf die Schaltfläche [Sichern], um die Variante zu speichern.

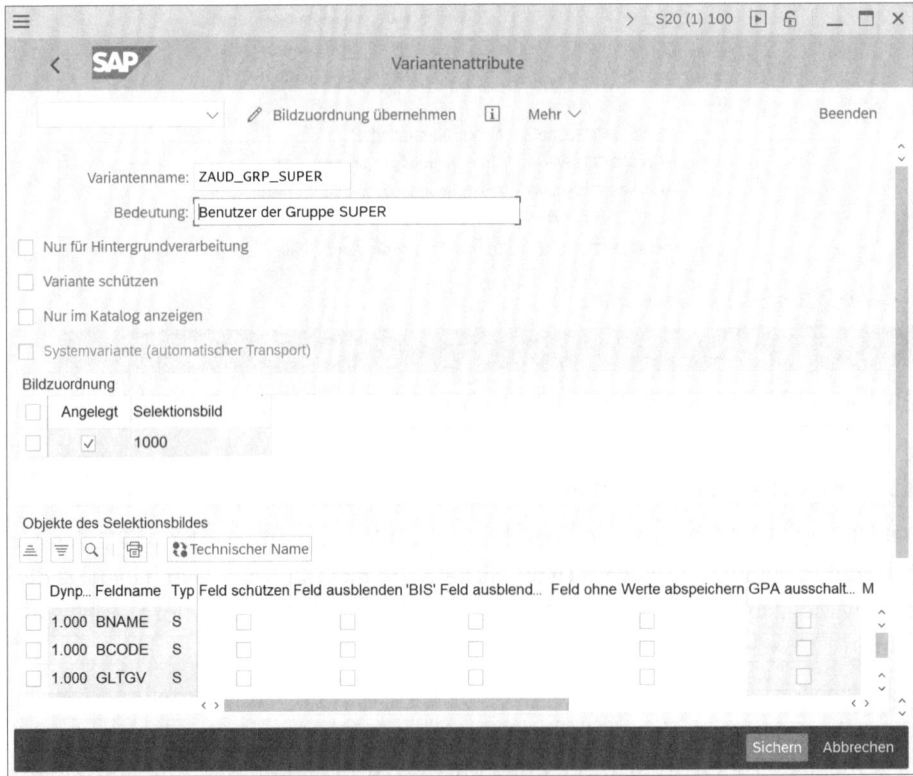

Abbildung 1.24 Variante speichern

Um gespeicherte Varianten aufzurufen, wählen Sie in der Selektionsmaske der Tabelle den Menüpfad **Springen** • **Varianten** • **Holen** aus. Es werden Ihnen alle Varianten angezeigt. Wählen Sie die gesuchte Variante mit einem Doppelklick aus, oder klicken Sie auf die Schaltfläche **Auswählen** (✓).

1.4 Das Benutzerinformationssystem

Zum Auswerten der Benutzereigenschaften und Zugriffsberechtigungen können Sie eine Vielzahl von Reports nutzen, die Sie – mit entsprechenden Berechtigungen – über Transaktion SA38 (Menüpfad **System** • **Dienste** • **Reporting**) einzeln aufrufen können. Eine weitere Möglichkeit zur Anzeige dieser Reports bietet das *Benutzerinformationssystem*. Hier werden diese Reports, nach Kategorien unterteilt, als Baumstruktur zur Auswahl angeboten.

Sie rufen das Benutzerinformationssystem mit Transaktion SUIM auf. Abbildung 1.25 zeigt die Struktur des Systems.

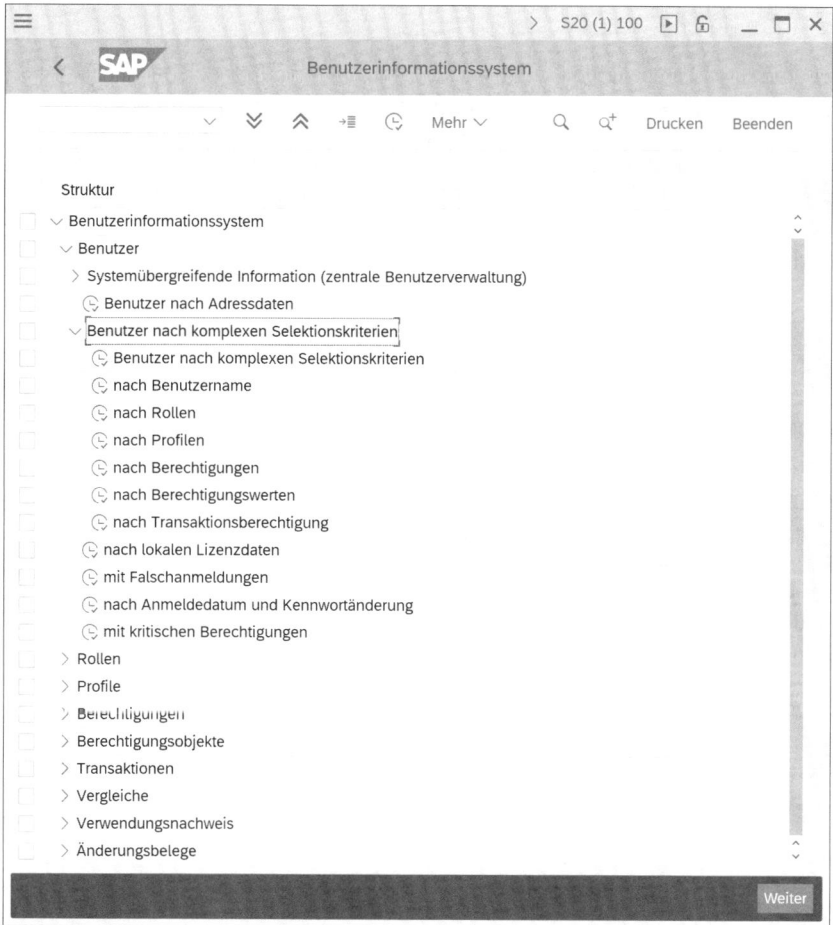

Abbildung 1.25 Das Benutzerinformationssystem (Transaktion SUIM)

In Tabelle 1.6 finden Sie eine Aufstellung der wesentlichen Auswertungen.

Pfad in Transaktion SUIM (Transaktionscode/Report)	Beschreibung
Benutzer • Benutzer nach Adressdaten (S_BCE_68001393/RSUSR002_ADDRESS)	Listet Benutzer mit ihren Adressdaten aus dem Benutzerstammsatz auf.
Benutzer • Benutzer nach komplexen Selektionskriterien • Benutzer nach komplexen Selektionskriterien (S_BCE_68001400/RSUSR002)	Auf den Registerkarten **Dokumentation**, **Logondaten** und **Festwerte/Parameter** kann nach Benutzereigenschaften selektiert werden. Auf den Registerkarten **Rollen/Profile** und **Berechtigungen** sind Auswertungen zu Berechtigungen möglich.
Benutzer • lokale Lizenzdaten (RSUSR_LOCAL_LIC/RSUSR_SYSINFO_LICENSE)	Listet Benutzer mit ihrem vertraglichen Nutzertyp auf.
Benutzer • mit Falschanmeldungen (S_BCE_68001402/RSUSR006)	Zeigt Benutzer mit mindestens einer Falschanmeldung seit der letzten korrekten Anmeldung an.
Benutzer • nach Anmeldedatum und Kennwortänderung (RSUSR200/RSUSR200)	Bietet komplexe Selektionsmöglichkeiten zu Gültigkeiten, Kennwörtern und Benutzertypen.
Benutzer • mit kritischen Berechtigungen (S_BCE_68002111/RSUSR008_009_NEW)	Hier können kritische Berechtigungen und Kombinationen hinterlegt und ausgewertet werden.
Rollen • Rollen nach komplexen Selektionskriterien • Rollen nach komplexen Selektionskriterien (S_BCE_68001425/RSUSR070)	Auswertungen zu Berechtigungsrollen
Rollen • Suche nach Einzelrollen mit Berechtigungsdaten (RSUSRAUTH/RSUSRAUTH)	Auswertungen zu Berechtigungsrollen. Sie können auch nach aktiven/inaktiven Berechtigungen in Rollen selektieren sowie nach dem Pflegestatus von Berechtigungen.
Rollen • Suche in Rollen nach startbaren Anwendungen (RSUSR_START_APPL/ RSUSR_START_APPL)	Wertet Rollen nach Berechtigungen für die verschiedenen Anwendungstypen aus, z. B. für RFC-Funktionsbausteine und SAP-Fiori-Apps.

Tabelle 1.6 Auswertungen mit dem Benutzerinformationssystem

Pfad in Transaktion SUIM (Transaktionscode/Report)	Beschreibung
Profile • Profile nach komplexen Selektionskriterien (S_BCE_68001409/RSUSR020)	Auswertungen zu Profilen
Berechtigungsobjekte • Berechtigungsobjekte nach komplexen Selektionskriterien (S_BCE_68001413/RSUSR040)	Auswertungen zu Berechtigungsobjekten
Transaktionen • ausführbare Transaktionen (S_BCE_68001429/RSUSR010)	Listet Transaktionen auf, die ein Benutzer ausführen kann bzw. die mit einer Rolle/einem Profil ausgeführt werden können.
Vergleiche • von Benutzern (S_BCE_68001430/RSUSR050)	Vergleicht die Berechtigungswerte von zwei Benutzern.
Vergleiche • von Rollen (S_BCE_68001777/RSUSR050)	Vergleicht die Berechtigungswerte von zwei Rollen.
Verwendungsnachweis • Berechtigungsobjekte • in Programmen (S_BCE_68002030/RSUSR060OBJ)	Sucht nach der Verwendung von Berechtigungsobjekten in Programmen und Transaktionen.
Verwendungsnachweis • Sicherheitsrichtlinien • in Benutzern (S_YI3_39000082/RSUSR_SECPOL_USAGE)	Zeigt die zugeordneten Benutzer zu den Sicherheitsrichtlinien oder den einzelnen Attributen an.
Änderungsbelege • Benutzer • für Benutzer (S_BCE_68002311/RSUSR100N)	Wertet Änderungen am Benutzerstammsatz (inklusive Rollen-/Profilzuordnungen) aus.
Änderungsbelege • Benutzer • Zustandshistorie von Benutzerattributen (RSUSR_STATUS/RSUSR_STATUS_HISTORY)	Wertet die Zustandshistorie der Benutzer aus.
Änderungsbelege • für Rollenzuordnung (RSSCD100_PFCG_USER/RSSCD100_PFCG)	Wertet die Änderungsbelege für Rollenzuordnungen aus.
Änderungsbelege • für Rollen (RSSCD100_PFCG/RSSCD100_PFCG)	Wertet alle Änderungen zu Rollen aus.

Tabelle 1.6 Auswertungen mit dem Benutzerinformationssystem (Forts.)

Pfad in Transaktion SUIM (Transaktionscode/Report)	Beschreibung
Änderungsbelege • für Berechtigungsvorschläge (SU24_HISTORY/SU2X_SHOW_HISTORY)	Wertet Änderungen der Konfiguration in Transaktion SU24 aus.
Änderungsbelege • für Sicherheitsrichtlinien (SECPOL_CHANGES/SECPOL_DISPLAY_CHANGEDOCUMENTS)	Wertet Änderungen an den Sicherheitsrichtlinien aus.
Änderungsbelege • für ZBV-Einstellungen (SCUH/RSUSRCUA)	Wertet Änderungen zur ZBV-Landschaft aus.

Tabelle 1.6 Auswertungen mit dem Benutzerinformationssystem (Forts.)

1.5 Listen als PDF-Datei speichern

Spool-Listen (siehe Abschnitt 3.6, »Drucken und Speichern«) können im PDF-Format ausgegeben werden. Hierzu wird der Report RSTXPDFT4 genutzt. Der Report kann auch mit Transaktion SPOOL aufgerufen werden, Pfad **PDF • Spoolauftrag nach PDF konvertieren**. PDF-Dateien können mit dem Adobe Acrobat Reader geöffnet werden. Voraussetzung zum Abspeichern dieser Dateien im PDF-Format ist, dass sie zuerst über einen Druckauftrag in den *Drucker-Spool* gestellt werden müssen.

Gehen Sie wie folgt vor, um eine Spool-Liste als PDF-Datei zu exportieren:

1. Rufen Sie die Liste auf, die Sie im PDF-Format speichern möchten.
2. Stellen Sie diese Liste in den Drucker-Spool. Möchten Sie die Liste nicht gleichzeitig ausdrucken, klicken Sie auf die Schaltfläche **Eigenschaften**, und wählen Sie im Feld **Druckzeitpunkt** den Eintrag **Zunächst nur in den SAP-Spool stellen** aus. Sie erhalten die Meldung »Spool-Auftrag (Nummer xxxxx) ohne Sofortdruck erstellt«.
3. Als Nächstes ermitteln Sie die Auftragsnummer Ihres Spool-Auftrags. Rufen Sie hierzu Transaktion SP01 auf, bzw. wählen Sie den Menüpfad **System • Dienste • Ausgabesteuerung**.
4. Lassen Sie sich Ihre Druckaufträge anzeigen. Merken Sie sich die Auftragsnummer des entsprechenden Spool-Auftrags.
5. Rufen Sie nun Transaktion SA38 auf, und führen Sie den Report RSTXPDFT4 aus (alternativ Transaktion SPOOL). In der Selektionsmaske tragen Sie im Feld **Spoolauftrag** Ihre Spool-Auftragsnummer ein (siehe Abbildung 1.26).

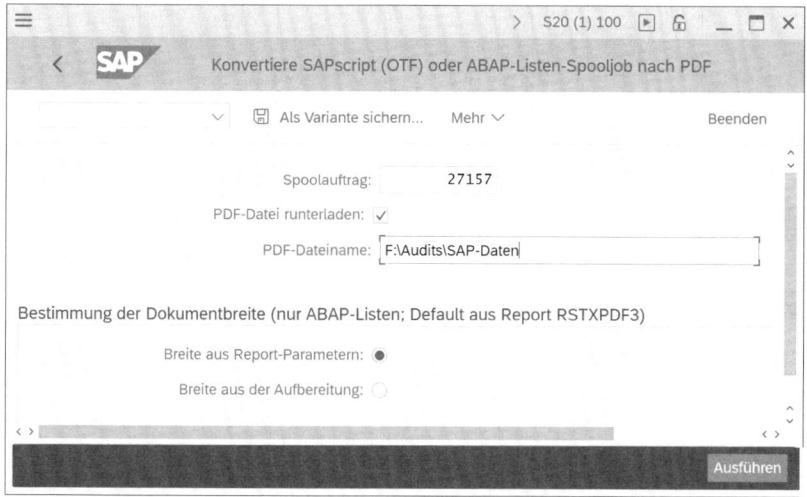

Abbildung 1.26 Spool-Auftrag als PDF-Datei exportieren

6. Lassen Sie den Haken im Feld **PDF-Datei runterladen** stehen. Im Feld **PDF-Dateiname** tragen Sie den Pfad und den Dateinamen ein, unter dem die Datei gespeichert werden soll. Soll die Datei unter einem längeren Pfadnamen gespeichert werden, tragen Sie in diesem Feld nichts ein. Beim Ausführen können Sie einen Pfad zum Speichern auswählen.

7. Führen Sie den Report aus. Es wird ein Speichern-Dialogfenster angezeigt, in dem Sie den Pfad und den Dateinamen noch ändern können. Nach dem Speichern wird eine Meldung angezeigt, dass die Datei heruntergeladen wurde.

1.6 Nutzung der Zugriffsstatistik für Prüfungen

Die *Zugriffsstatistik* (Transaktion STO3N) wird maßgeblich zur Performanceanalyse genutzt. Da sie aber speichert, welche Benutzer z. B. welche Transaktionen und Funktionsbausteine ausgeführt haben, können Sie die Zugriffsstatistik auch im Rahmen Ihrer Analysen für entsprechende Fragestellungen nutzen.

1.6.1 Funktionsweise

Standardmäßig ist die Protokollierung der Transaktions- und Funktionsbausteinaufrufe aktiviert. Die Einstellung dafür können Sie in Transaktion STO3N prüfen. Wählen Sie in der Einstiegsmaske dieser Transaktion den Pfad **Kollektor & Perf. Datenbank** • **Systemlast-Kollektor** • **TOTAL-Kollektor** • **Steuerung** (siehe Abbildung 1.27).

1 Umgang mit dem SAP-System und Werkzeuge zur Prüfung

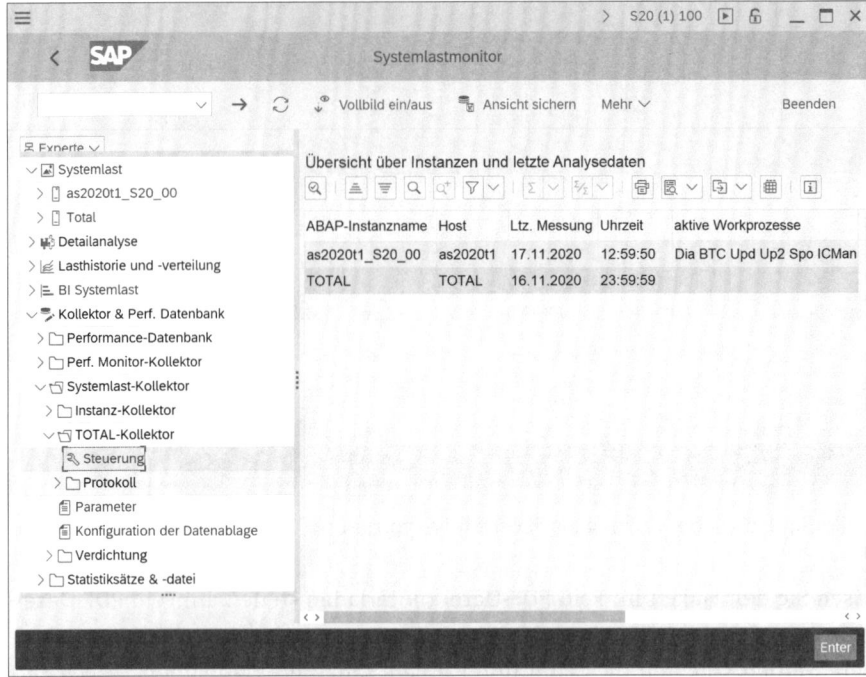

Abbildung 1.27 Zugriffsprotokollierung in Transaktion ST03N konfigurieren

In der angezeigten Liste (siehe Abbildung 1.28) prüfen Sie, ob für die folgenden Einträge in den Spalten **Wochenaggr**, **Monatsaggr** und **TOTAL erz.** jeweils ein Häkchen gesetzt ist:

- **WG**: Funktionscodeprofil
- **WM**: Benutzer-, Transaktionsprofil
- **WN**: Benutzerprofil
- **WO**: RFC Client Profil
- **WP**: RFC Client Destination Profil
- **WQ**: RFC Server Profil
- **WR**: RFC Server Destination Profil

In Transaktion ST03N wird auch angegeben, wie lange die Protokollsätze aufbewahrt werden. Standardmäßig werden die Protokolle der Transaktionsaufrufe zwei Monate lang aufbewahrt. Diese Einstellung kann allerdings durch einen Administrator angepasst werden. Die maximale Aufbewahrungszeit wird im Feld **Monatsdaten** im Bereich **Aufbewahrungszeiten Standard** angegeben (siehe Abbildung 1.29).

1.6 Nutzung der Zugriffsstatistik für Prüfungen

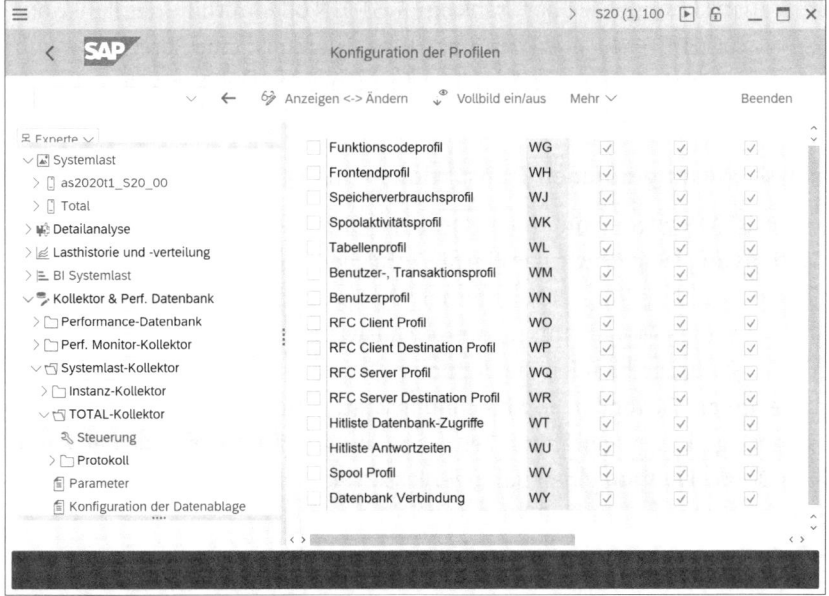

Abbildung 1.28 Die Kollektorparameter anzeigen

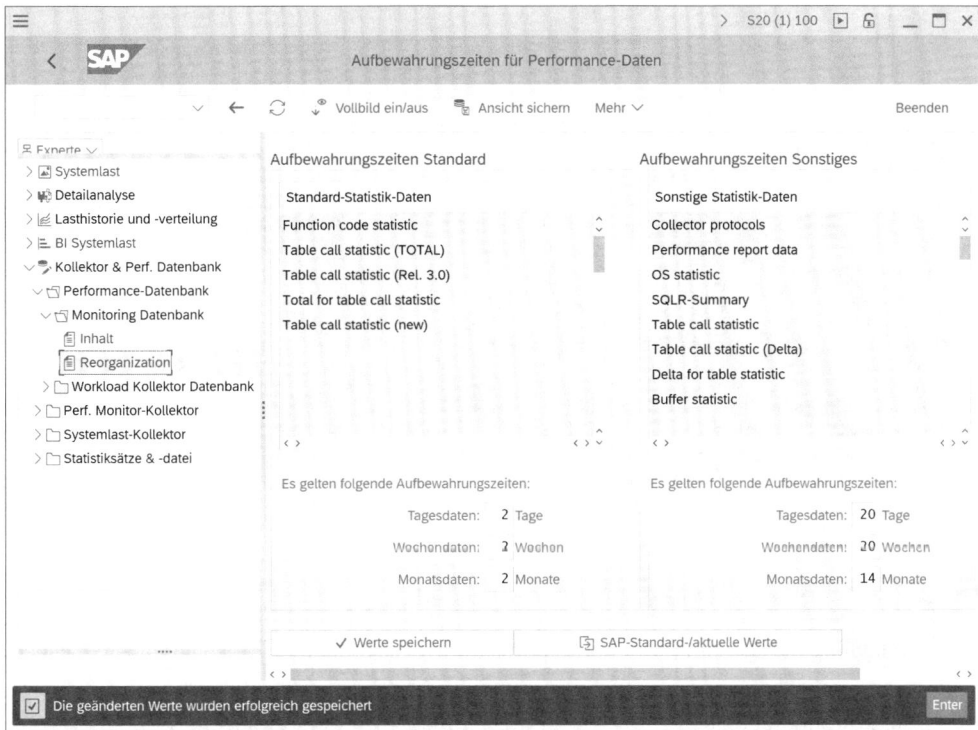

Abbildung 1.29 Die Aufbewahrungszeiträume anzeigen

Die Zugriffsstatistik können Sie über Transaktion ST03N oder mithilfe des Funktionsbausteins `SWNC_COLLECTOR_GET_AGGREGATES` aufrufen. Hierzu ist eine Berechtigung für das Berechtigungsobjekt `S_TOOLS_EX` (Tools-Performance-Monitor) erforderlich.

1.6.2 Analyse von aufgerufenen Transaktionen und Reports

In Transaktion ST03N werden unter dem Ordner **Systemlast** die einzelnen Instanzen des SAP-Systems angezeigt sowie der Eintrag **Total**, der die Daten aller Instanzen zusammenfasst (siehe Abbildung 1.30). Unterhalb dieses Ordners können Sie einen **Tag**, eine **Woche** oder einen **Monat** zum Auswerten auswählen. Durch einen Doppelklick auf einen dieser Einträge blenden Sie die untere Baumstruktur **Analysesichten** ein. Über den Menüpfad **Anwender- u. Abrechnungsstat. • Anwenderprofil** werden alle Benutzer angezeigt, die im gewählten Zeitraum im SAP-System angemeldet waren. Durch einen Doppelklick auf einen Benutzer lassen Sie sich die ausgeführten Transaktionen und Reports im rechten Bildbereich anzeigen.

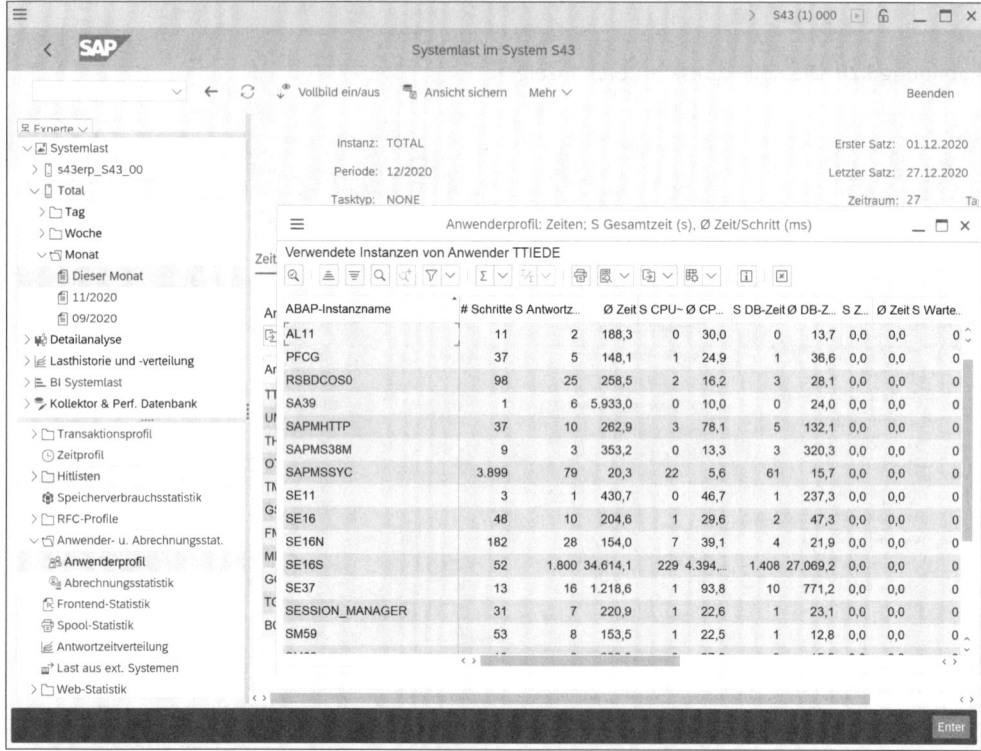

Abbildung 1.30 Die aufgerufenen Reports und Transaktionen für einen Benutzer anzeigen

Sie können auch, ausgehend von einer Transaktion bzw. einem Report, auswerten, wer diesen ausgeführt hat. Wählen Sie hierzu im Baum **Analysesichten** den Menü-

1.6 Nutzung der Zugriffsstatistik für Prüfungen

pfad **Transaktionsprofil · Standard** aus. Im rechten Teil des Fensters werden alle im angegebenen Zeitraum aufgerufenen Transaktionen angezeigt. Durch einen Doppelklick auf eine Transaktion bzw. einen Report werden die Benutzer angezeigt, die diese Transaktion bzw. diesen Report aufgerufen haben.

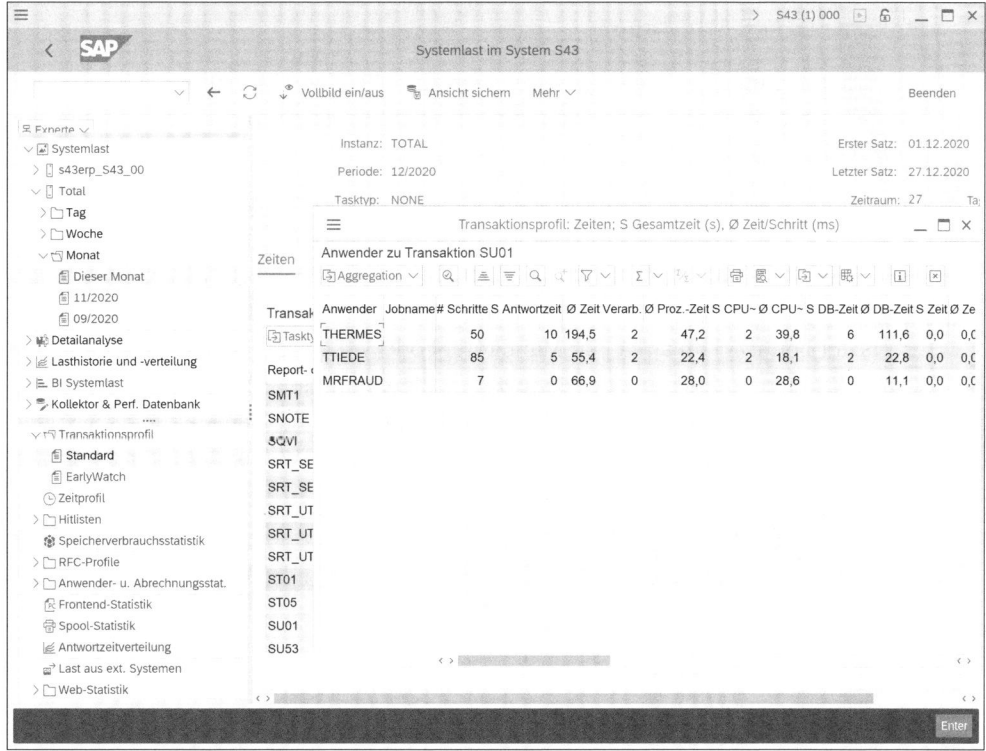

Abbildung 1.31 Benutzer anzeigen, die eine bestimmte Transaktion aufgerufen haben

Eine Auswertung aller aufgerufenen Transaktionen bzw. Reports aller Benutzer für einen bestimmten Zeitraum ist mit Transaktion STO3N nicht möglich. Hierzu können Sie den Funktionsbaustein `SWNC_COLLECTOR_GET_AGGREGATES` nutzen. Das Aufrufen von Funktionsbausteinen sollte keine Standardberechtigung im Produktivsystem sein. Um diese Funktion nutzen zu können, sind daher spezielle Berechtigungen erforderlich. Der genannte Funktionsbaustein ist *remotefähig*, kann also auch von einem anderen System aus im Produktivsystem aufgerufen werden.

Ein Funktionsbaustein wird standardmäßig mit Transaktion SE37 aufgerufen. In der Selektionsmaske dieser Transaktion geben Sie die folgenden Werte ein:

- **COMPONENT**: TOTAL (= alle Informationen ausgeben)
- **ASSIGNDSYS**: <Name des SAP-Systems>

- **PERIODTYPE**:
  - M = Monat
  - W = Woche
  - D = Tag
- **PERIODSTART**: Startdatum

Eine Auswertung über einen längeren Zeitraum als einen Monat ist nicht möglich. Um mehrere Monate auszuwerten, müssen Sie den Funktionsbaustein mehrmals aufrufen.

Nach dem Ausführen des Funktionsbausteins werden die Ergebnisse in den Ergebnistabellen vorgehalten. Klicken Sie ein Tabellensymbol ([≡]) an, wird das Ergebnis angezeigt. Um sich die aufgerufenen Transaktionen und Reports anzeigen zu lassen, wählen Sie den Eintrag **USERTCODE** (Liste der aufgerufenen Transaktionen und Reports der Benutzer im aktuellen Mandanten) oder **MEMORY** (Liste der aufgerufenen Transaktionen und Reports der Benutzer in allen Mandanten) aus. Das Ergebnis, für das Sie ein Beispiel in Abbildung 1.32 sehen, können Sie über den Menüpfad **System · Liste · Sichern · Lokale Datei** abspeichern und mithilfe von anderen Programmen auswerten.

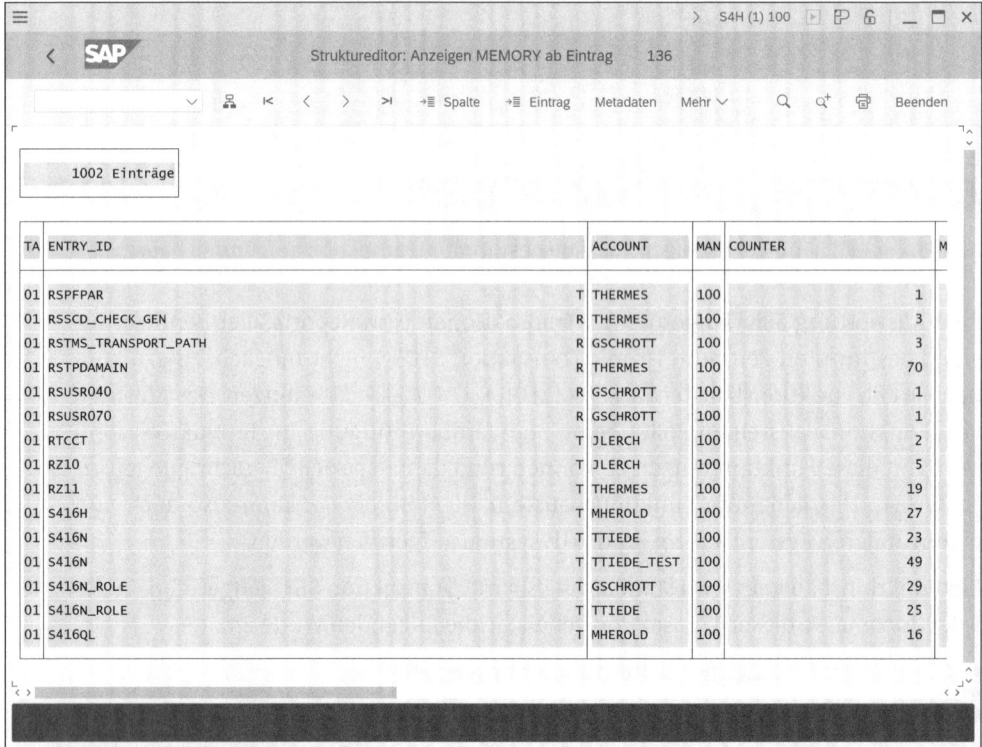

Abbildung 1.32 Alle Benutzer mit allen aufgerufenen Transaktionen anzeigen

1.6.3 Analyse von RFC-Aufrufen

Um den Aufruf von *Remote Function Calls* (RFCs, siehe Abschnitt 5.1.1, »Funktionsbausteine ohne Berechtigungsprüfungen«) zu analysieren, wählen Sie in Transaktion ST03N unter dem Ordner **Systemlast** den Eintrag **Total** aus. Unterhalb dieses Eintrags können Sie einen **Tag**, eine **Woche** oder einen **Monat** zum Auswerten auswählen. Durch einen Doppelklick auf einen dieser Einträge wird die untere Baumstruktur **Analysesichten** eingeblendet. Wählen Sie zur Anzeige von RFC-Aufrufen den Menüpfad **RFC-Profile • RFC Server Profil** aus. Das Ergebnis ist, wie in Abbildung 1.33 zu erkennen, auf verschiedene Registerkarten verteilt, deren Bedeutung ich in Tabelle 1.7 erkläre.

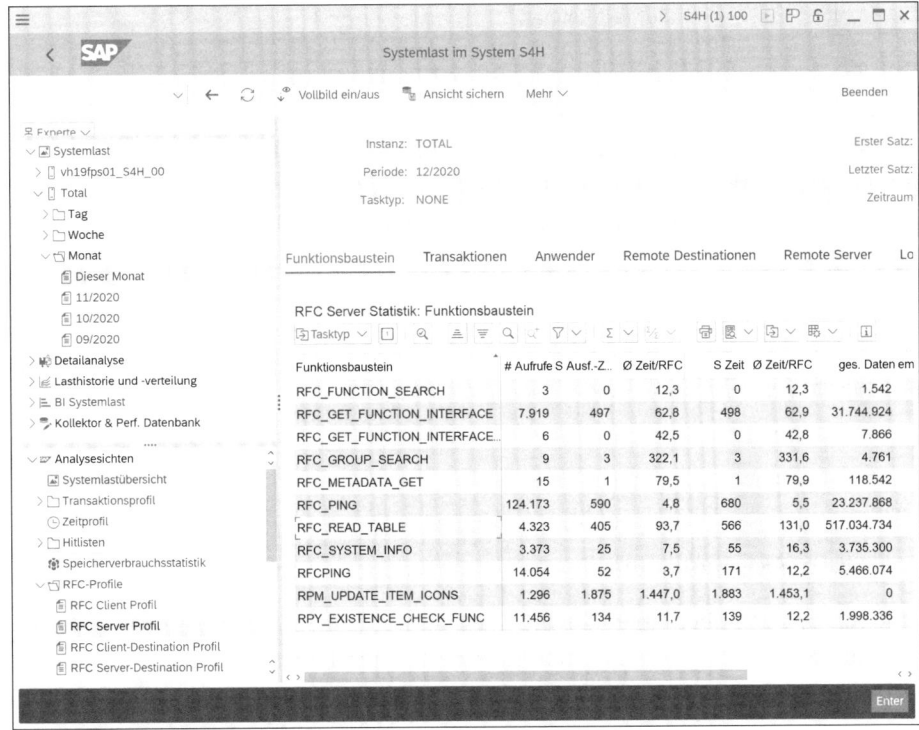

Abbildung 1.33 RFC-Aufrufe eines Benutzers anzeigen

Registerkarte	Beschreibung
Funktionsbaustein	Liste der aufgerufenen Funktionsbausteine.
	Nach einem Doppelklick auf einen Eintrag wird angezeigt, wer den Funktionsbaustein von welchem Rechner aus aufgerufen hat. Besonders relevant sind hier Funktionsbausteine, mit denen Tabelleninhalte ausgelesen werden können, wie z. B. `RFC_READ_TABLE` und `RFC_GET_TABLE_ENTRIES`.

Tabelle 1.7 Auswertungen von RFC-Aufrufen mit Transaktion ST03N

Registerkarte	Beschreibung
Anwender	Benutzer, die RFC-Funktionen aufgerufen haben. Nach einem Doppelklick auf einen Eintrag wird angezeigt, von welchem Rechner aus der Benutzer RFC-Funktionen im SAP-System aufgerufen hat.
Remote-Server	Liste der Rechner, von denen aus per RFC auf das SAP-System zugegriffen wurde. Nach einem Doppelklick auf einen Eintrag wird angezeigt, welcher Benutzer von diesem Rechner aus RFC-Funktionen im SAP-System aufgerufen hat.

Tabelle 1.7 Auswertungen von RFC-Aufrufen mit Transaktion ST03N (Forts.)

Eine Auswertung aller RFC-Aufrufe aller Benutzer für einen bestimmten Zeitraum ist mit dem Funktionsbaustein SWNC_COLLECTOR_GET_AGGREGATES möglich. Rufen Sie diesen über Transaktion SE37 auf, und geben Sie in der Selektionsmaske die folgenden Werte ein:

- **COMPONENT**: TOTAL (= alle Informationen ausgeben)
- **ASSIGNDSYS**: <Name des SAP-Systems>
- **PERIODTYPE**:
  - M = Monat
  - W = Woche
  - D = Tag
- **PERIODSTART**: Startdatum

Eine Auswertung über einen längeren Zeitraum als einen Monat ist nicht möglich. Um mehrere Monate auszuwerten, müssen Sie den Funktionsbaustein mehrmals aufrufen.

Nach dem Ausführen des Funktionsbausteins werden die Ergebnisse in den Ergebnistabellen vorgehalten. Klicken Sie auf ein Tabellensymbol, wird das Ergebnis angezeigt. Um die aufgerufenen Funktionsbausteine anzeigen zu lassen, wählen Sie den Eintrag **RFCSRVR** aus. Das Ergebnis, das Sie exemplarisch in Abbildung 1.34 sehen, können Sie über den Menüpfad **System • Liste • Sichern • Lokale Datei** abspeichern und mithilfe von anderen Programmen auswerten.

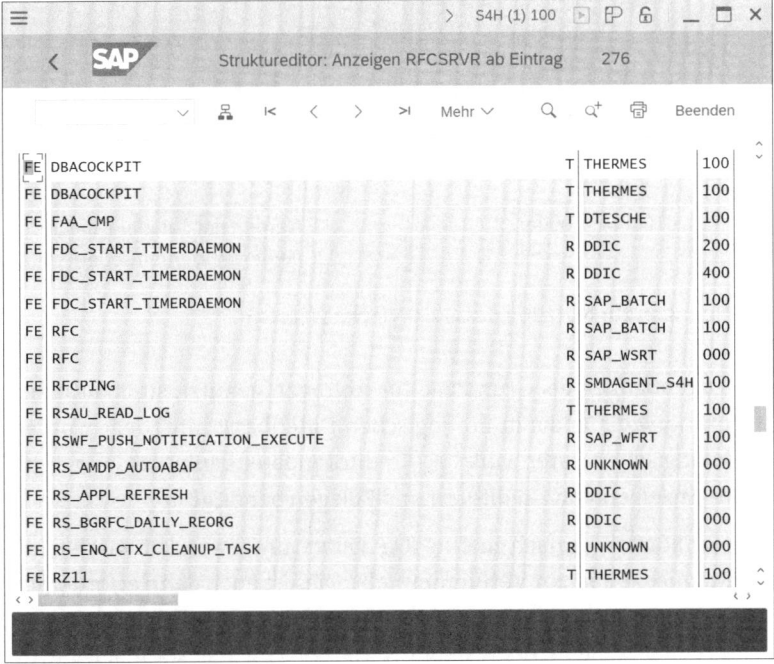

Abbildung 1.34 Alle Benutzer mit allen RFC-Aufrufen anzeigen

1.7 Tabelleninhalte mit dem QuickViewer auswerten

Der *QuickViewer* bietet sehr einfache und komfortable Möglichkeiten, um Tabelleninhalte auszuwerten. Es können Abfragen (sogenannte *QuickViews*) sowohl für einzelne Tabellen als auch für mehrere Tabellen definiert werden. Auch *logische Datenbanken* können als Datengrundlage für Abfragen genutzt werden (siehe Abschnitt 1.7.3, »Erstellen eines QuickViews mit einer logischen Datenbank«). Das Ergebnis dieser Abfragen kann in Listenform oder in tabellarischer Form angezeigt oder auch gleich exportiert werden, z. B. nach Microsoft Excel.

Die zur Nutzung des QuickViewers erforderlichen Berechtigungen zeigt Tabelle 1.8.

Berechtigungsobjekt	Feld	Wert
S_TCODE	TCD (Transaktion)	SQVI
S_TABU_DIS	ACTVT (Aktivität)	03 (Anzeigen)
	DICBERCLS (Berechtigungsgruppe)	Gruppe der Tabellen, die ausgewertet werden sollen

Tabelle 1.8 Berechtigungen zur Nutzung des QuickViewers

Berechtigungsobjekt	Feld	Wert
oder		
S_TCODE	TCD (Transaktion)	SQVI
S_TABU_NAM	ACTVT (Aktivität)	03 (Anzeigen)
	TABLE (Tabelle)	Namen der Tabellen, die ausgewertet werden sollen

Tabelle 1.8 Berechtigungen zur Nutzung des QuickViewers (Forts.)

Werden logische Datenbanken als Grundlage für Abfragen genutzt, sind zusätzlich die Berechtigungen notwendig, die in der logischen Datenbank hinterlegt wurden. Für die Nutzung der logischen Datenbank KDF (Kreditorendatenbank) werden z. B. die Zugriffsrechte zum Anzeigen von Kreditoren und Belegen benötigt.

Erstellte QuickViews können einfach in eine SAP Query umgewandelt werden, die dann noch mehr Möglichkeiten zur Verfügung stellt. Dies ist auch dann erforderlich, wenn die Abfragen anderen Benutzern zur Verfügung stehen sollen. QuickViews können immer nur von dem Benutzer ausgeführt werden, von dem sie angelegt wurden. Eine Weitergabe an andere Benutzer ist nicht möglich.

Im Folgenden beschreibe ich die Nutzung der QuickViews. Diese können in zwei verschiedenen Modi erstellt werden: *Basis-* und *Layoutmodus*. Mit letzterem Modus können z. B. auch Gruppierungsebenen und Zwischensummen definiert werden. Meine Beschreibung beschränkt sich auf die Nutzung des Basismodus, mit dem der maßgebliche Umfang der QuickViews abgedeckt wird.

1.7.1 Erstellen eines QuickViews auf eine einzelne Tabelle

Rufen Sie Transaktion SQVI auf, oder wählen Sie den Menüpfad **System · Dienste · QuickViewer**. In der Einstiegsmaske geben Sie einen Namen für den neuen QuickView ein (siehe Abbildung 1.35). Klicken Sie danach auf die Schaltfläche **Anlegen**.

Im folgenden Fenster müssen Sie entscheiden, welche Daten dem QuickView zugrunde liegen sollen. Im Bereich **1. Datenquelle** haben Sie vier Möglichkeiten:

- **Tabelle** (Hier kann eine einzelne Tabelle angegeben werden.)
- **Tabellen-Join** (Hier können mehrere Tabellen miteinander verknüpft werden.)
- **Logische Datenbank**
- **SAP Query InfoSet**

1.7 Tabelleninhalte mit dem QuickViewer auswerten

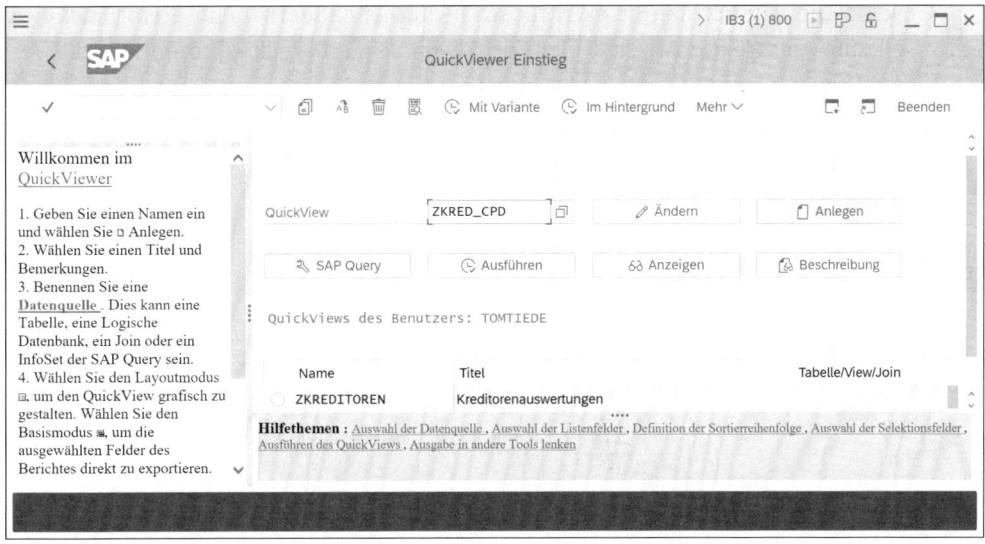

Abbildung 1.35 Einen neuen QuickView anlegen – Namen eingeben

Um einen QuickView auf eine einzelne Tabelle zu erstellen, wählen Sie die Datenquelle **Tabelle** aus. Im Bereich **2. Daten aus Tabelle/Datenbankview** tragen Sie den Namen der Tabelle ein (siehe Abbildung 1.36).

Abbildung 1.36 Einen neuen QuickView anlegen – Tabelle auswählen

Die Datenquelle können Sie nachträglich nicht mehr ändern. In unserem QuickView soll eine Abfrage zur Anzeige aller CpD-Kreditoren (Einmalkreditoren) erstellt werden. Hierzu tragen Sie Tabelle LFA1 als Datengrundlage ein.

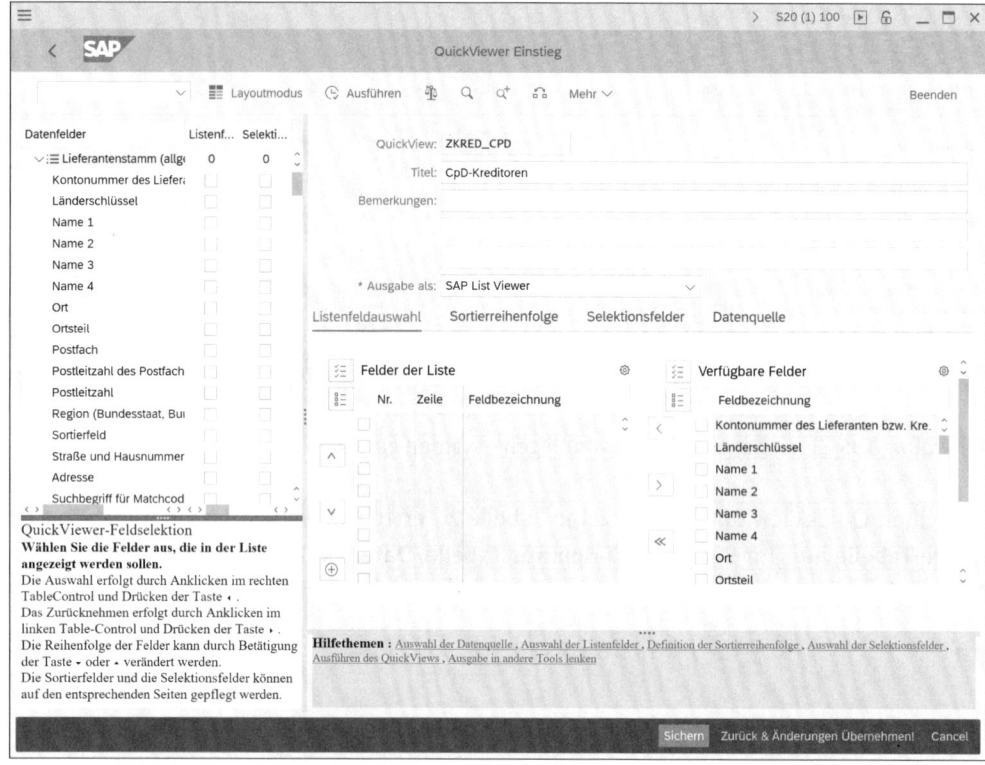

Abbildung 1.37 Einen neuen QuickView anlegen – Entwurfsansicht

Sie gelangen in die Entwurfsansicht des QuickViews (siehe Abbildung 1.37). Hier können Sie die folgenden Angaben zur Abfrage treffen:

- **Registerkarte »Listenfeldauswahl«**
  Hier definieren Sie, welche Felder in der Ergebnisliste angezeigt werden sollen. Mit den Pfeiltasten zwischen den beiden Listenfeldern können Sie die Felder zwischen den Listen austauschen (siehe Abbildung 1.38).

- **Registerkarte »Sortierreihenfolge«**
  Hier geben Sie an, nach welchen Kriterien die Ergebnisliste standardmäßig sortiert sein soll.

- **Registerkarte »Selektionsfelder«**
  Hier legen Sie fest, welche Felder in der Selektionsmaske des QuickViews angezeigt werden sollen. In diesen Feldern können vor der Ausführung beliebige Selektionen eingegeben werden (siehe Abbildung 1.39).

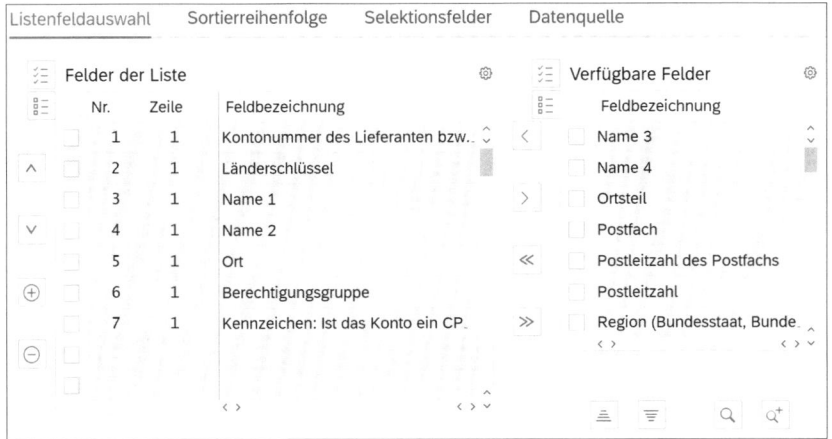

Abbildung 1.38 QuickView anlegen – Listenfelder definieren

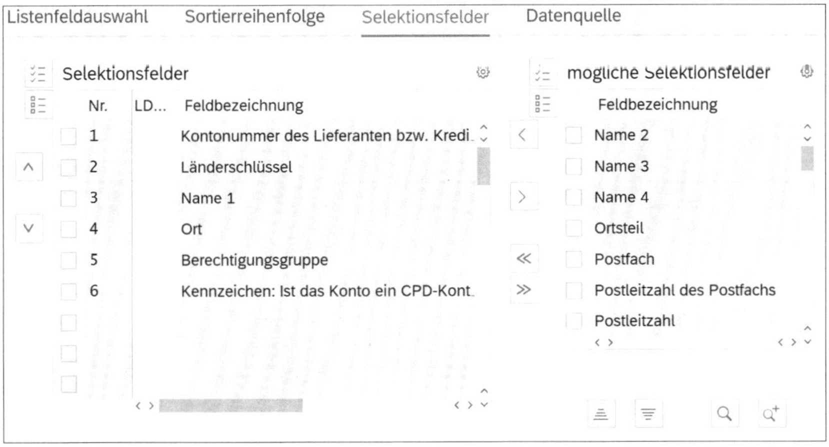

Abbildung 1.39 QuickView anlegen – Selektionsfelder definieren

Nachdem Sie diese Angaben hinterlegt haben, kann der QuickView ausgeführt werden. Klicken Sie hierzu auf die Schaltfläche [Ausführen], oder drücken Sie die Taste (F8). Es wird die Selektionsmaske angezeigt (siehe Abbildung 1.40). Hier werden die Felder aufgelistet, die Sie auf der Registerkarte **Selektionsfelder** definiert haben. Wählen Sie im Feld **Kennzeichen: Ist das Konto ein CpD-Konto** den Eintrag »X«, um nur CpD-Kreditoren anzuzeigen (siehe Abbildung 1.41). Um das Ergebnis anzuzeigen, klicken Sie auf die Schaltfläche **Ausführen** ([🕒]).

Innerhalb der Ergebnisliste, die Sie in Abbildung 1.41 sehen, können Sie die Funktionen des SAP List Viewers nutzen (**Sortieren**, **Filtern**, **Exportieren**).

1 Umgang mit dem SAP-System und Werkzeuge zur Prüfung

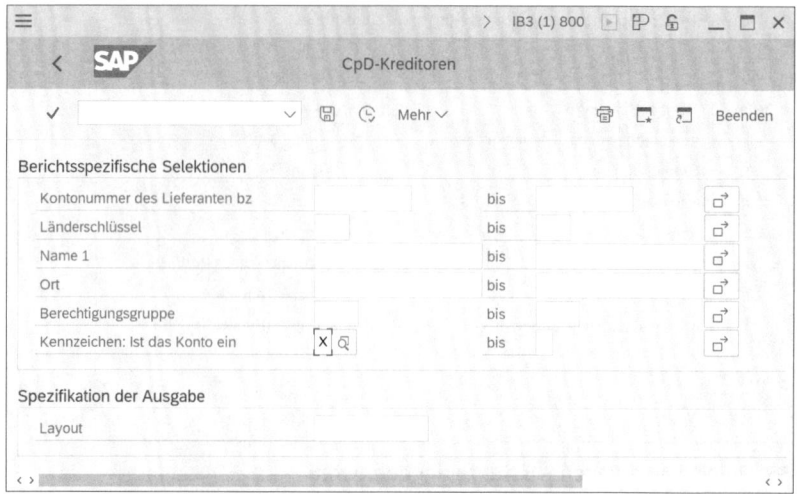

Abbildung 1.40 QuickView anzeigen – Selektionsmaske

Kreditor	Lnd	Name 1	Name 2	Ort	BeGr	CPD-Konto
100253	AT	ERA Elektro Recycling Austria GmbH		Wien		X
100254	AT	Altstoff Recycling Austria		WienWien		X
100258	BE	BEBAT		St. Stevens Woluwe		X
100259	BE	Recupel				X
100268	US	CED	California Electronic Waste Recycli	Sacramento		X
100288	US	Rigid Plastic Packaging Container	Rigid Plastic Packaging Container			X
100289	US	REA Pack. Sustain. Reporting	REA Pack. Sustain. Reporting			X
100293	CA	Blue Box Ontario				X
100303	CA	EPSC				X
100304	CA	RBRC				X
100353	DE	Landbell		Mainz		X
100354	SE	REPA		Stockholm		X

Abbildung 1.41 QuickView anzeigen – Ergebnisliste

1.7.2 Erstellen eines QuickViews mit einem Tabellen-Join

Noch effektivere Auswertungen werden durch die Verknüpfung von Tabellen erreicht. Im vorangehenden Beispiel haben wir abgefragt, welche CpD-Kreditoren exis-

1.7 Tabelleninhalte mit dem QuickViewer auswerten

tieren. Im zweiten Schritt soll nun selektiert werden, in welchen Buchungskreisen diese CpD-Kreditoren genutzt werden. Hierzu ist es erforderlich, die Tabellen LFA1 (Kreditor: allgemeine Daten) und LFB1 (Kreditor: Buchungskreisdaten) miteinander zu verknüpfen. In Tabelle LFA1 wird angegeben, ob es sich um einen CpD-Kreditor handelt, und über Tabelle LFB1 wird selektiert, in welchen Buchungskreisen die CpD-Kreditoren eingerichtet sind.

Legen Sie, wie im vorangehenden Abschnitt beschrieben, einen neuen QuickView an. Im Fenster **Datenquelle auswählen** wählen Sie im Bereich **1. Datenquelle** die Option **Tabellen-Join** aus (siehe Abbildung 1.36). Sie haben nun keine Möglichkeit mehr, hier eine Tabelle einzutragen. Diese Tabellenangabe erfolgt erst im nächsten Schritt. Im folgenden Fenster **Join-Definition** müssen Sie nun die Tabellen auswählen, die Sie verknüpfen wollen. Klicken Sie hierzu auf die Schaltfläche **Tabelle einfügen**, und geben Sie die Tabelle an. Wiederholen Sie diesen Schritt für alle Tabellen, die Sie verknüpfen wollen. Der QuickViewer verbindet automatisch die Tabellen, wenn in jeder Tabelle im Schlüssel jeweils ein Feld mit dem gleichen Namen enthalten ist. Die Schlüsselfelder einer Tabelle sind die Felder, anhand derer ein Datensatz eindeutig identifiziert werden kann. In Tabelle LFA1 ist dies das Feld **LIFNR** (Lieferantennummer), und in Tabelle LFB1 sind es die Felder **LIFNR** (Lieferantennummer) und **BUKRS** (Buchungskreis). Abbildung 1.42 zeigt die Verknüpfung zwischen den Tabellen LFA1 und LFB1.

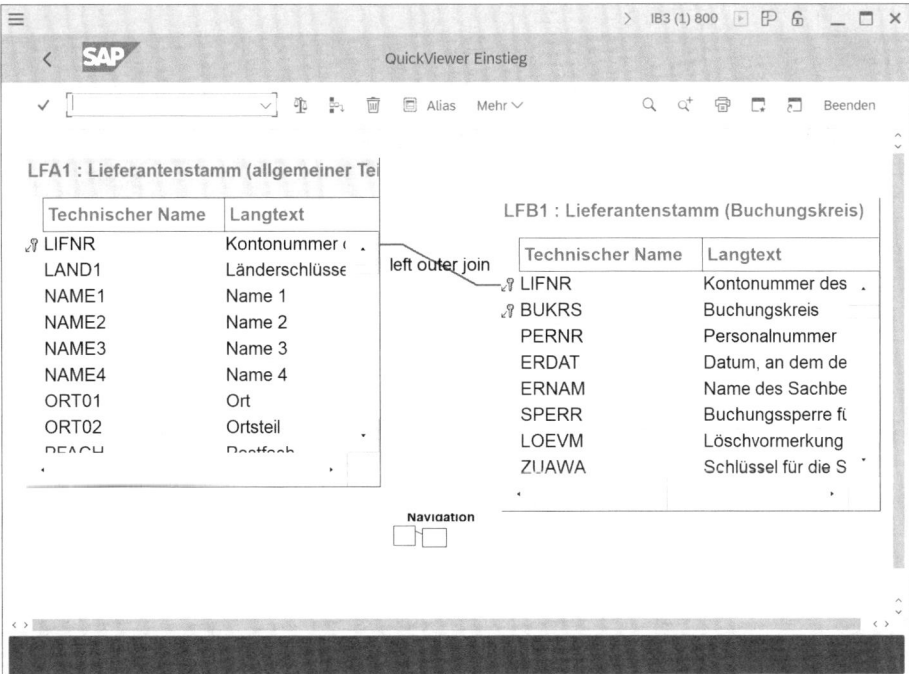

Abbildung 1.42 Einen neuen QuickView anlegen – Verknüpfung definieren

Standardmäßig stellt diese Verknüpfung einen *Inner Join* dar. Dies bedeutet, dass in der Ergebnisliste des QuickViews nur Tabelleninhalte angezeigt werden, die in beiden Tabellen denselben Schlüssel besitzen. In unserem Beispiel würden keine Einträge angezeigt, die in Tabelle LFA1 existieren, aber nicht in Tabelle LFB1. Um zu erreichen, dass alle Datensätze einer Tabelle angezeigt werden, muss die Verknüpfung in einen *Outer Join* geändert werden. Klicken Sie hierzu auf die Verbindungslinie zwischen den beiden Tabellen, drücken Sie die rechte Maustaste, und wählen Sie den Kontextmenüeintrag **Left Outer Join** aus. Die Verknüpfung wird nun mit dem Text »left outer join« angezeigt.

Um Ihre definierte Verknüpfung zu prüfen, klicken Sie auf die Schaltfläche **Verknüpfungsbedingungen prüfen** (). Der QuickViewer prüft dann, ob die Verknüpfungen richtig definiert wurden. Klicken Sie dann auf die Schaltfläche **Zurück** (), und Sie gelangen in die Entwurfsansicht des QuickViews. Hier definieren Sie die Eigenschaften genauso wie im vorangehenden Abschnitt. Abbildung 1.43 zeigt das Ergebnis dieses QuickViews. Hier ist zu sehen, dass auch Datensätze angezeigt werden, die keinem Buchungskreis zugeordnet sind. Dies bewirkt die Definition der Verknüpfung als Outer Join. Anderenfalls würden diese Datensätze nicht mitangezeigt.

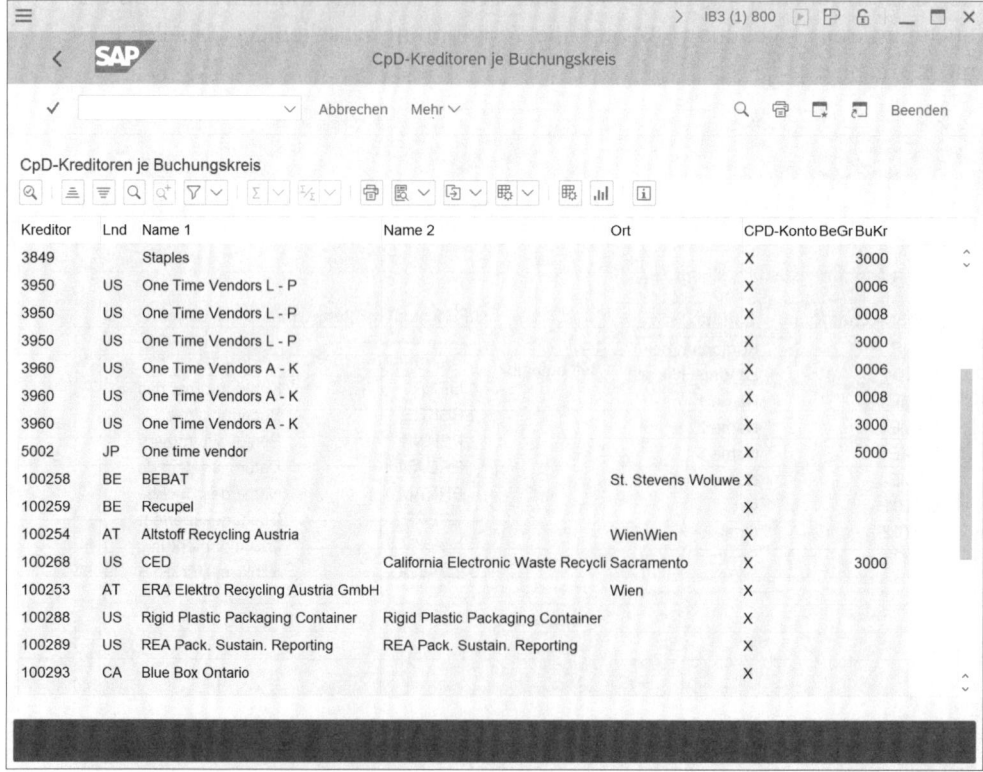

Abbildung 1.43 Ergebnisliste des QuickViews mit Outer Join anzeigen

1.7.3 Erstellen eines QuickViews mit einer logischen Datenbank

Logische Datenbanken sind Strukturen, in denen bereits Tabellen und deren Abhängigkeiten definiert wurden. Diese werden maßgeblich genutzt, um sie in ABAP-Programmen (Reports) zu hinterlegen. Über die logische Datenbank werden die Oberfläche, die Plausibilitätsprüfungen und die Berechtigungsprüfungen gesteuert. Die Verwaltung der logischen Datenbanken erfolgt mit Transaktion SE36. Einige Beispiele von logischen Datenbanken, die im Standard mitausgeliefert werden, sind:

- ADA: Anlagendatenbank
- BRF: Belegdatenbank
- DDF: Debitorendatenbank
- KDF: Kreditorendatenbank
- PAP: Bewerberstammdatendatenbank
- PNP: Personalstammdatendatenbank
- SDF: Sachkontendatenbank

Um logische Datenbanken in einem QuickView zu nutzen, wählen Sie im Fenster **Datenquelle auswählen** (siehe Abbildung 1.36) den Eintrag **Logische Datenbank** aus. Sie haben dann im unteren Teil des Fensters die Möglichkeit, die Datenbank einzugeben oder (über die Wertehilfe F4) auszuwählen. Haben Sie eine Datenbank ausgewählt, können Sie sich im Vorfeld die Struktur der Datenbank anzeigen lassen. Hier sehen Sie, welche Tabellen integriert sind und wie sie in Verbindung zueinander stehen. Klicken Sie hierzu auf die Schaltfläche **Display**. Abbildung 1.44 zeigt die Struktur der logischen Datenbank KDF (Kreditorendatenbank).

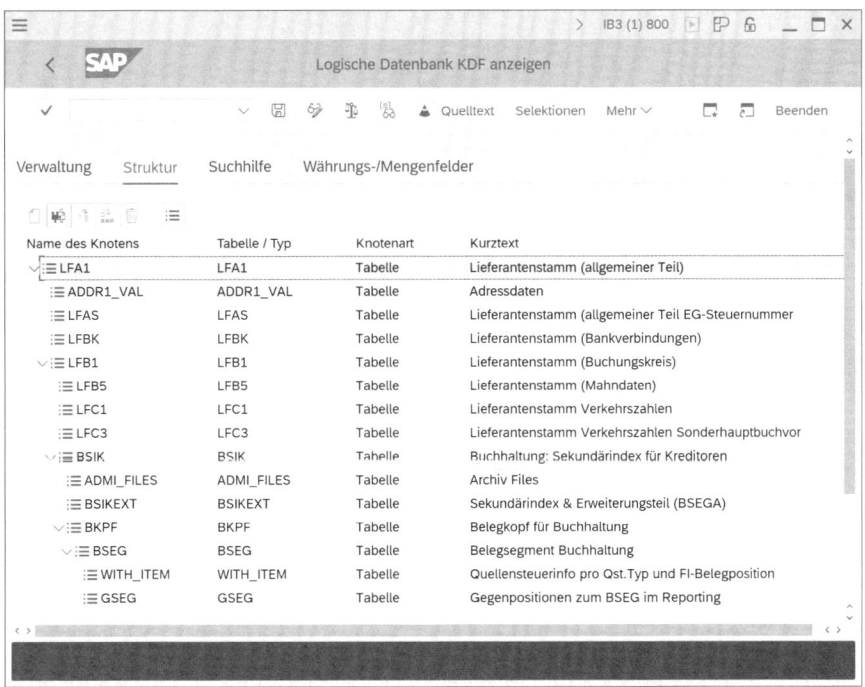

Abbildung 1.44 Neuer QuickView – Struktur der logischen Datenbank

Nachdem Sie die Datenbank ausgewählt haben, gelangen Sie in das Entwurfsfenster des QuickViews. Hier können Sie wieder wie in den vorangehenden Beispielen vorgehen. Allerdings beinhalten diese Datenbanken eine Vielzahl von Tabellen und Feldern, sodass eine Auswahl der Felder über die bisherige Methode recht mühselig ist. Hier besteht auch die Möglichkeit, die Listen- und Selektionsfelder in der hierarchischen Baumstruktur im linken Fenster des QuickViewers auszuwählen. Sie können die Baumstruktur aufreißen und sich die Felder der Tabellen anzeigen lassen. Dort können Sie für jedes Feld in den Spalten **Listenfelder** und **Selektionsfelder** Haken setzen und so die entsprechenden Felder auswählen. Abbildung 1.45 zeigt solch eine Selektion. In den logischen Datenbanken sind teilweise schon feste Felder für die Selektionsmaske hinterlegt. Diese können aus der Selektionsmaske für den QuickView nicht entfernt werden; sie werden immer mitangezeigt.

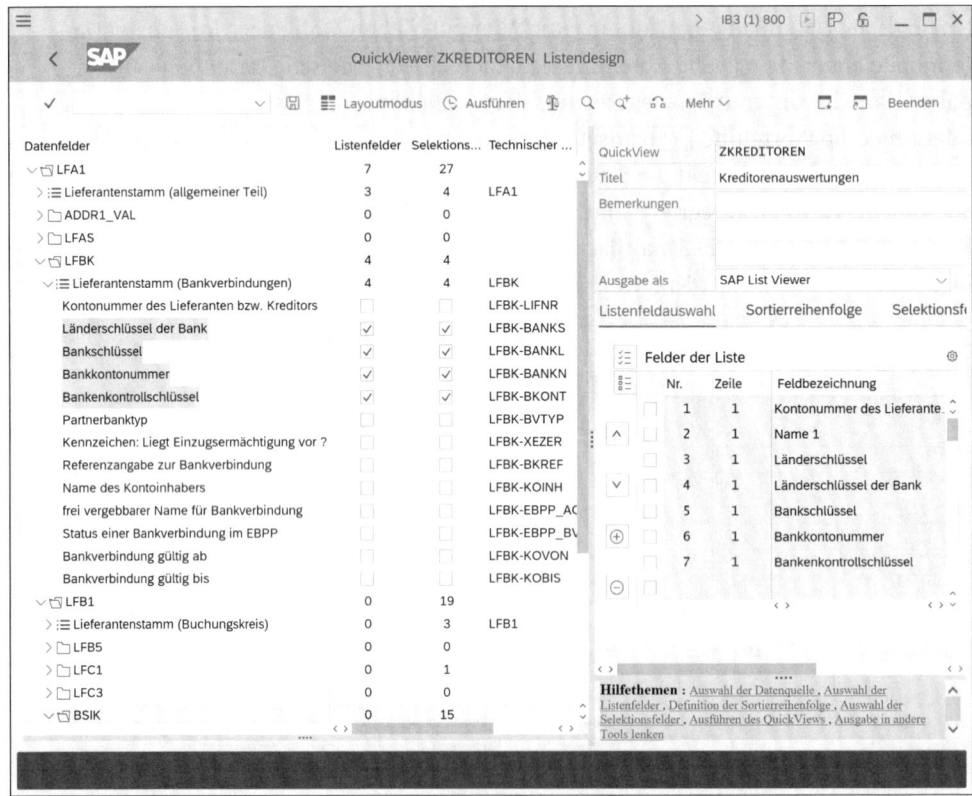

Abbildung 1.45 Neuer QuickView – Feldselektion über Baumstruktur

1.8 SQL-Trace

Alle Daten des SAP-Systems werden in Tabellen gespeichert – außer den Parametern, einigen Logs und den Traces. Eine Schwierigkeit besteht nun darin, eine gesuchte Tabelle mit bestimmten Inhalten in der Vielzahl von Tabellen zu finden. Der *SQL-Trace* gestattet es, die Tabellen, die während eines Programmlaufs gelesen oder geändert werden, in einem Trace zu protokollieren. Dies stellt eine sehr effiziente Methode dar, um Tabellen mit bestimmten Inhalten aufzufinden. Im Folgenden zeige ich Ihnen, wie Sie z. B. die Tabelle mit den Entwicklerschlüsseln in einem SAP-ERP-System finden können und dabei den SQL-Trace verwenden.

1.8.1 Aktivierung des SQL-Trace

Der Trace wird mit Transaktion ST05 bzw. ST05N aufgerufen. Eine Berechtigung für diese Transaktion kann Prüfern im Entwicklungs- oder Qualitätssicherungssystem zugewiesen werden. Im Produktivsystem sollte ein Trace nur in Ausnahmefällen eingesetzt werden.

Es können vier verschiedene Trace-Arten ausgeführt werden. Standardmäßig ist bereits der SQL-Trace markiert. Weitere Markierungen müssen Sie nicht vornehmen (siehe Abbildung 1.46).

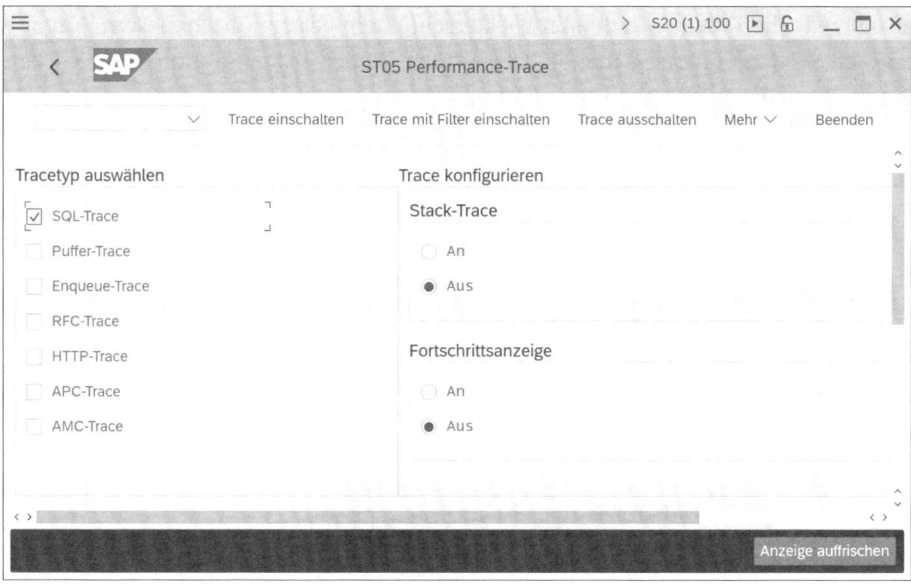

Abbildung 1.46 Transaktion ST05 – SQL-Trace

Zum Aktivieren des Trace bestehen zwei Möglichkeiten:

- **Ohne zusätzliche Filter (Schaltfläche »Trace einschalten«)**
  Aktiviert den SQL-Trace nur für den aktuellen Benutzer. Es werden alle Tabellenzugriffe protokolliert.

- **Mit Filter (Schaltfläche »Trace mit Filter einschalten«)**
  Hier besteht die Möglichkeit, für den Trace weitere Filtermöglichkeiten anzugeben. So können Sie hier z. B. einen anderen Benutzer, eine bestimmte Transaktion oder ein Programm angeben, sowie Tabellen, die explizit protokolliert oder nicht protokolliert werden sollen.

Als Nächstes muss eine Aktion durchgeführt werden, bei der die gesuchte Tabelle, in unserem Beispiel die Tabelle mit den Entwicklerschlüsseln, angesprochen wird. Sie müssen also einen Vorgang durchführen, bei dem der Entwicklerschlüssel für einen Benutzer abgefragt wird. Solch ein Vorgang ist z. B. das Anlegen eines ABAP-Programms mit Transaktion SE38 oder das Anlegen einer Tabelle mit Transaktion SE11. Zum Testen benötigen Sie selbst keinen Entwicklerschlüssel, da die gesuchte Tabelle auf jeden Fall gelesen wird. Voraussetzung ist aber, dass Sie eine Berechtigung für den Vorgang haben.

Rufen Sie also Transaktion SE38 auf, und versuchen Sie, ein ABAP-Programm anzulegen. Dabei stellt SAP fest, dass Ihr Benutzer keinen Schlüssel besitzt und fordert Sie auf, einen Schlüssel einzugeben (siehe Abbildung 1.47). Für diese Feststellung wurde also bereits die Tabelle mit den Entwicklerschlüsseln gelesen. Nach diesem Vorgang können Sie den Trace ausschalten. Dies erfolgt wieder in Transaktion ST05. Klicken Sie auf die Schaltfläche **Trace ausschalten**.

Abbildung 1.47 Einen Entwicklerschlüssel eingeben

1.8.2 Auswertung des Trace

Zum Auswerten des Trace klicken Sie in Transaktion ST05 auf die Schaltfläche **Trace anzeigen**. Im darauffolgenden Fenster werden die gesetzten Trace-Bedingungen noch einmal angezeigt. Klicken Sie auf die Schaltfläche **Ausführen** (🕒), um den Trace anzuzeigen. Das Ergebnis wird spaltenweise angezeigt. In der Spalte **Objektname** wird die Tabelle angezeigt, in der Spalte **Anweisung** der SQL-Befehl, mit dem auf die Tabelle zugegriffen wurde (siehe Abbildung 1.48).

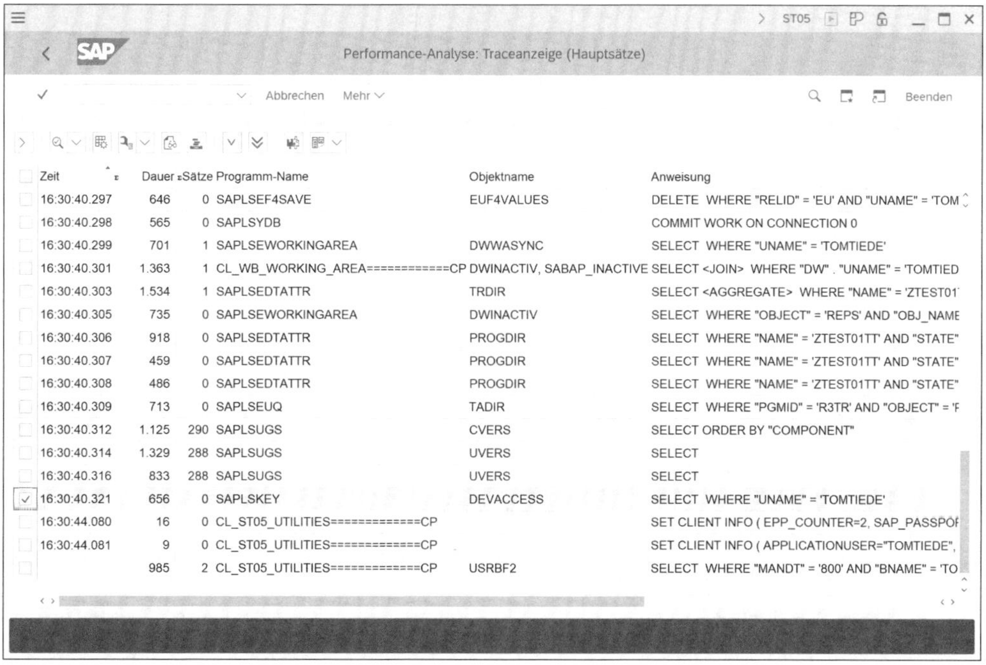

Abbildung 1.48 Die Auswertung des SQL-Trace anzeigen

In dieser Liste müssen Sie nun die Tabelle mit den Entwicklerschlüsseln suchen. Hierzu können Sie die folgenden Informationen nutzen:

- **Detailangaben zu den Tabellen**
  Klicken Sie doppelt auf einen Tabellennamen, um detaillierte Angaben zu dieser Tabelle zu erhalten (siehe Abbildung 1.49).

- **Detailangaben zur SQL-Anweisung**
  Klicken Sie doppelt auf eine SQL-Anweisung, um detaillierte Angaben zu dem Befehl zu erhalten.

- **Angaben zum ABAP-Programm, das auf die Tabelle zugegriffen hat**
  Klicken Sie auf eine SQL-Anweisung und dann auf die Schaltfläche **ABAP-Aufrufstellen anzeigen**, bzw. wählen Sie den Menüpfad **Springen • ABAP-Aufrufstelle anzeigen**. Es wird der Quelltext des Programms angezeigt, das auf die Tabelle zugegriffen hat.

Um nun die Tabelle zu finden, untersuchen Sie die angezeigten Namen und Beschreibungen der angezeigten Tabellen. Um sicherzugehen, sollten Sie in einem zweiten Modus die Tabellen, die die gesuchten Werte beinhalten könnten, mit Transaktion SE16 bzw. SE16N analysieren.

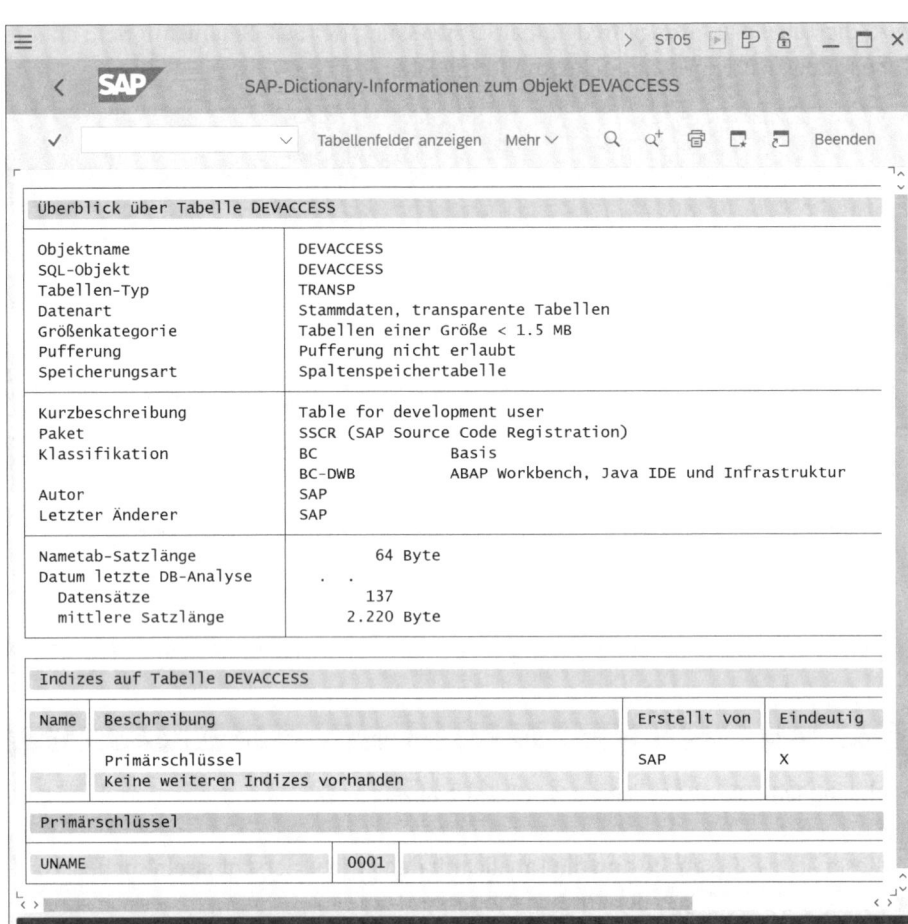

Abbildung 1.49 Detailangaben zu einer Tabelle anzeigen

Die Nutzung des SQL-Trace erfordert einiges Wissen und einige Übung, ist aber insbesondere für Prüfer sehr hilfreich. Sie sollten den SQL-Trace grundsätzlich im Entwicklungs- oder Qualitätssicherungssystem verwenden, nicht aber im Produktivsystem. Die gefundenen Tabellen können Sie dann im Produktivsystem analysieren.

1.9 Audit Information System

Mit SAP-NetWeaver-Release 7.40 wurde ein neues *Audit Information System (AIS)* eingeführt, Transaktion SAIS. Dieses neue System löst das rollenbasierte AIS ab. Die Rollen (SAP_AUDITOR*) des alten Systems werden aber weiterhin mitausgeliefert und können als Grundlage für das neue AIS genutzt werden. Das AIS ist in SAP NetWeaver 7.50

sowie in den älteren SAP-NetWeaver-Releaseständen ab den folgenden Support Packages (SP) verfügbar:

- Version 7.02 SP14
- Version 7.31 SP09
- Version 7.40 SP04

1.9.1 Die Auditstruktur

Grundlage für das AIS sind die *Bereichsmenüs*. Sie bilden die Strukturen des AIS ab. Im ersten Schritt müssen Sie die Bereichsmenüs für die Prüfungsstrukturen erstellen. Dazu nutzen Sie Transaktion SE43. Bereichsmenüs werden im Entwicklungssystem gepflegt und anschließend in das Produktivsystem transportiert.

Häufig wurden bereits Rollen für Prüfungen aufgebaut bzw. wurden die Rollen des alten AIS genutzt. Diese können Sie in Ihre Bereichsmenüs integrieren, was den initialen Aufwand gering hält. Abbildung 1.50 zeigt ein Bereichsmenü, das aus der Rolle SAP_AUDITOR generiert wurde.

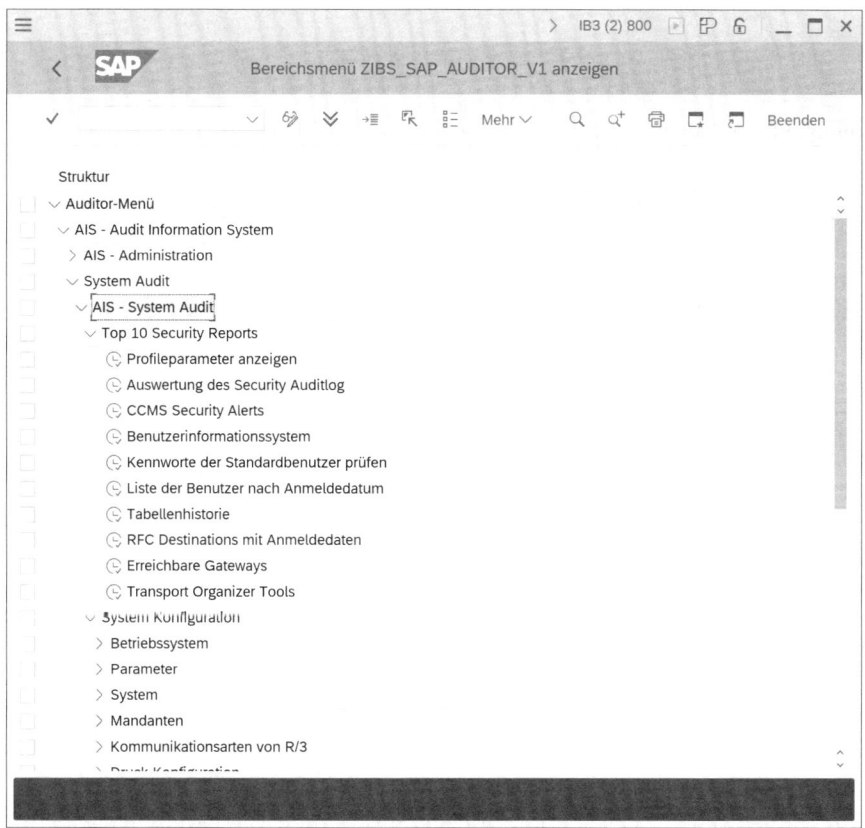

Abbildung 1.50 Bereichsmenü aus der Rolle SAP_AUDITOR

Um solch ein Bereichsmenü zu erstellen, rufen Sie Transaktion SE43 auf, geben einen Namen für das Bereichsmenü an und klicken auf die Schaltfläche **Bereichsmenü anlegen**. Es erscheint das Fenster aus Abbildung 1.51. In der Entwurfsansicht wählen Sie den Menüpfad **Bearbeiten • Importieren • Rollenmenü** aus. Hier können Sie die Rolle SAP_AUDITOR auswählen. Dieses Bereichsmenü können Sie nun im AIS nutzen.

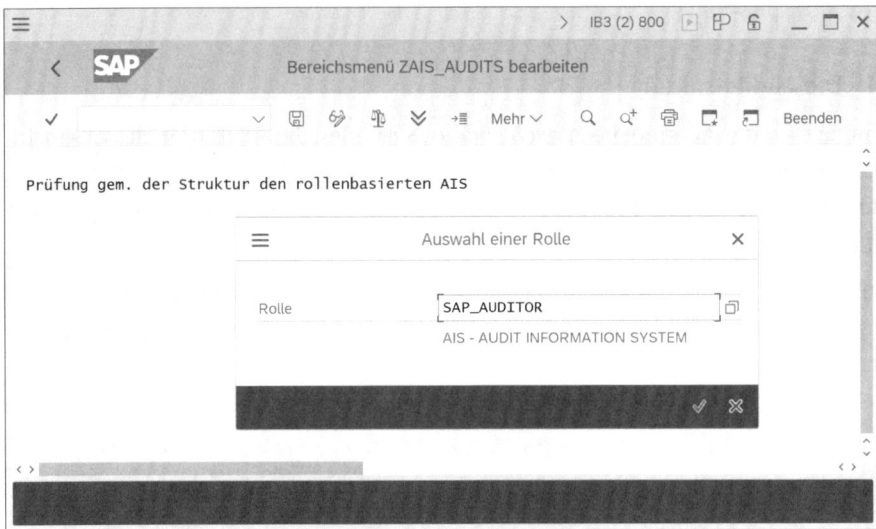

Abbildung 1.51 Bereichsmenü aus der Rolle SAP_AUDITOR anlegen

In Transaktion SAIS können Sie nun eine *Auditstruktur*, basierend auf dem Bereichsmenü, erstellen. Geben Sie in die Einstiegsmaske im Feld **Auditstruktur** den Namen des Bereichsmenüs ein (siehe Abbildung 1.52).

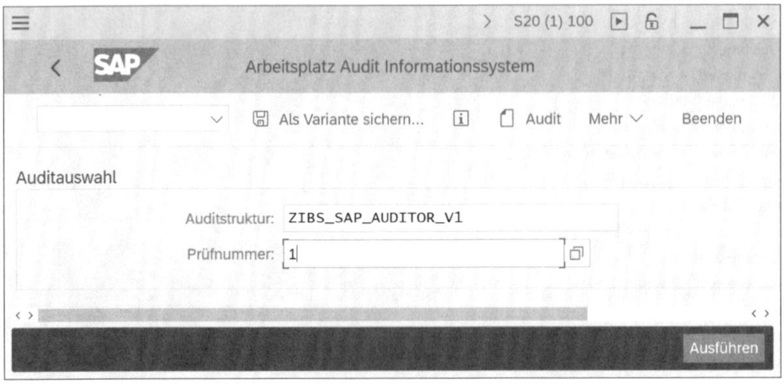

Abbildung 1.52 Eine neue Auditstruktur aus einem Bereichsmenü anlegen

Eine Audit-Struktur entspricht einem Bereichsmenü. Basierend auf einer Audit-Struktur können beliebig viele Audits durchgeführt werden. Diese werden nach Prüfnummern strukturiert. Daher müssen Sie hier auch bereits eine Prüfnummer angeben. Sie kann mit »1« oder einer beliebigen Zahl beginnen. Klicken Sie dann auf die Schaltfläche **Audit**, um ein neues Audit anzulegen, und anschließend auf **Ausführen** ([⟲]). Abbildung 1.53 zeigt die Oberfläche des AIS mit der Struktur der Rolle SAP_AUDITOR. Erste »initiale« Auditstrukturen erhalten Sie über SAP-Hinweis 1798267 oder durch das Einspielen von Support Packages.

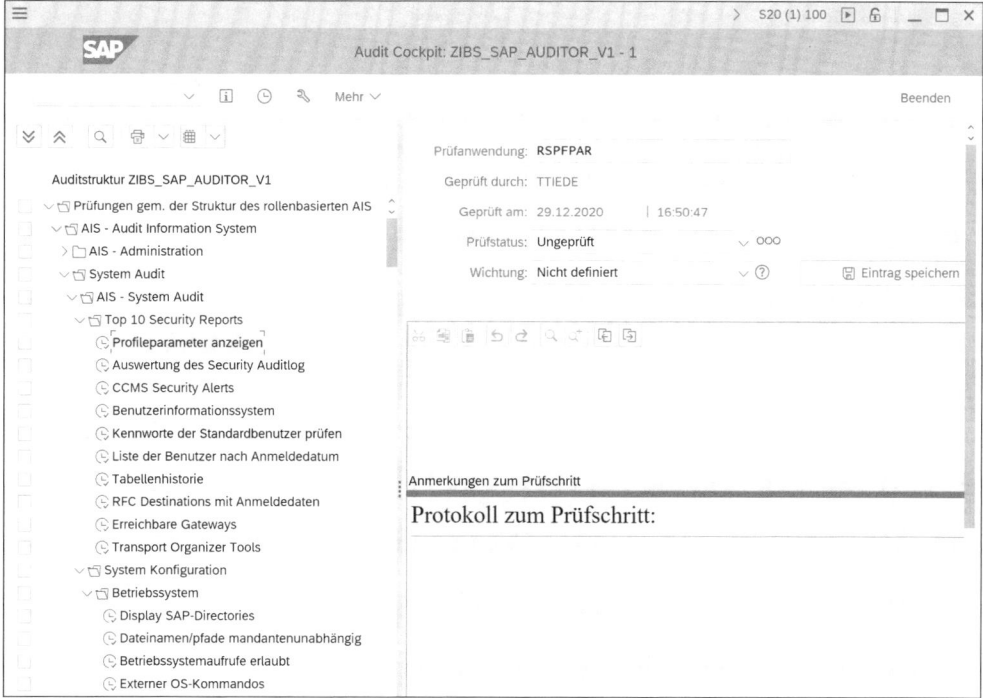

Abbildung 1.53 Die Oberfläche des AIS mit der Struktur der Rolle SAP_AUDITOR

1.9.2 Durchführen eines Audits

Die Einträge der Auditstruktur können Sie direkt vom AIS aus ausführen. Dazu klicken Sie jeweils doppelt auf das Symbol **Ausführen** ([⟲]) neben einem Eintrag. Die Ergebnisse können Sie dann im AIS dokumentieren (siehe Abbildung 1.54). Dazu können Sie das Freitextfeld ausfüllen, im Feld **Prüfstatus** einen Prüfstatus auswählen (z. B. **Prüfung erfolgreich**) und die Prüfung im Feld **Wichtung** gewichten (z. B. **Kritisch**). Nachdem Sie Ihr Protokoll über die Schaltfläche **Eintrag speichern** gespeichert haben, ist es nicht mehr änderbar. Allerdings können Sie weitere Einträge zu einem Prüfungsschritt hinzufügen.

Die Protokolle der Prüfungsschritte können Sie mithilfe von Transaktion SAIS_LOG auswerten (siehe Abbildung 1.55). Hier sollten Sie die ausführliche Darstellung wählen.

1 Umgang mit dem SAP-System und Werkzeuge zur Prüfung

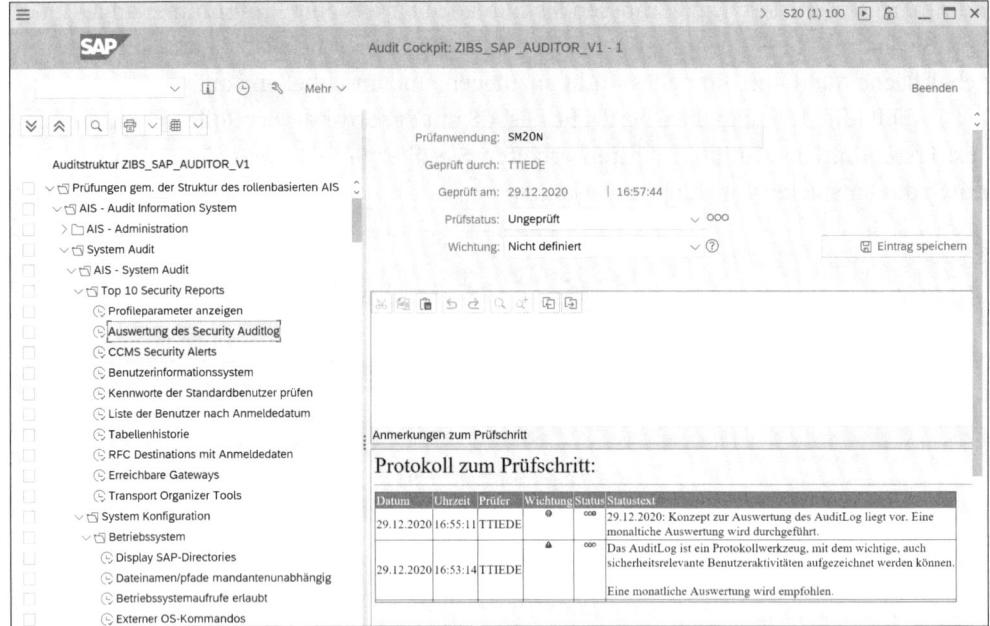

Abbildung 1.54 Prüfungsdokumentation mit dem AIS

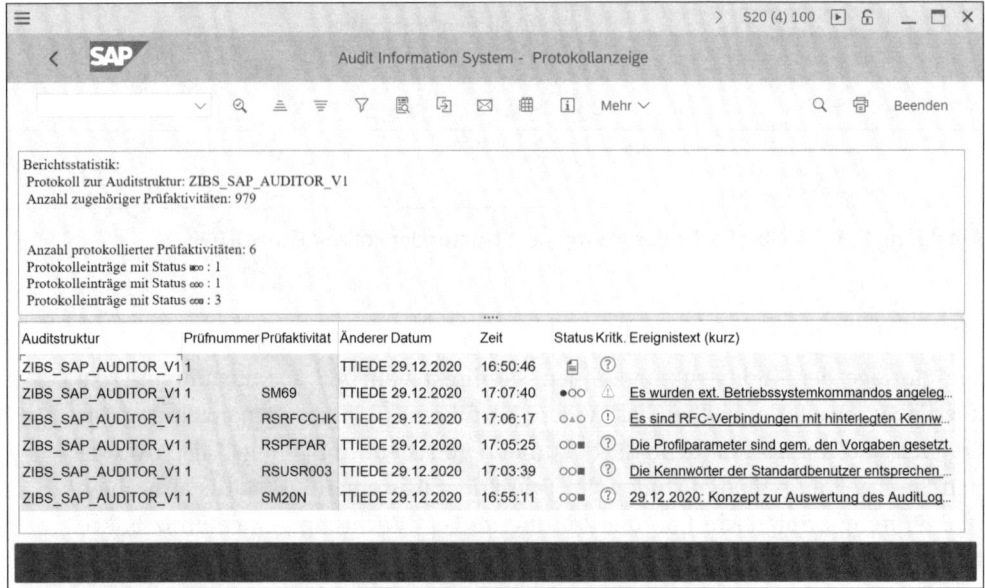

Abbildung 1.55 AIS-Protokolle mit Transaktion SAIS_LOG anzeigen

Der zeitliche Ablauf der Sicherung der Protokolle und deren Durchführung sind für die Revisionsfestigkeit entscheidend, da Protokolle reorganisiert werden können.

1.9 Audit Information System

Über Transaktion SAIS_ADM können Sie die Protokolle zu einer Auditstruktur bzw. Prüfnummer löschen. Wählen Sie dazu die Option **Audit Protokolle reorganisieren** (siehe Abbildung 1.56). Einzelne Einträge können nicht selektiv gelöscht werden. Weitere Informationen zur Nutzung des AIS enthalten die SAP-Hinweise 1856125 und 1881429.

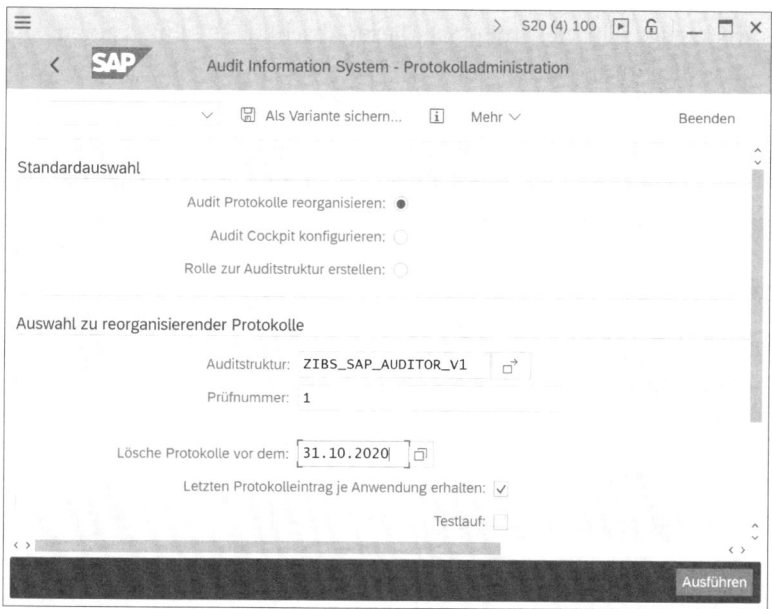

Abbildung 1.56 AIS-Protokolle mit Transaktion SAIS_ADM löschen

1.9.3 Berechtigungen zur Nutzung des Audit Information Systems

Die Berechtigungen für Transaktion SAIS werden mit dem Berechtigungsobjekt S_SAIS vergeben. Die Felder des Berechtigungsobjekts finden Sie in Tabelle 1.9.

Berechtigungsobjekt	Feld	Wert
S_SAIS	ACTVT (Aktivität)	<ul><li>16 (Ausführen von Audits)</li><li>65 (Reorganisation der Protokolle)</li><li>70 (Administration der Cockpit-Umgebung)</li><li>71 (Lesen der Protokolle)</li><li>B1 (Anzeigen zulässige Werte)</li></ul>
	AUDIT_NAME (Auditstruktur, analog Bereichsmenü)	<Name einer Auditstruktur>
	AUDIT_CNUM (Prüfnummer)	<Prüfnummer>

Tabelle 1.9 Das Berechtigungsobjekt S_SAIS

1.10 SAP Access Control

Ist die Rede von *SAP Governance, Risk, and Compliance* (SAP GRC) denken viele automatisch an *SAP Access Control*. Die GRC-Suite umfasst aber aktuell mehr als 15 Produkte, und SAP Access Control ist nur eines davon. Mit SAP Access Control verbinden wiederum viele »nur« das Auswerten von Berechtigungen, obwohl der Funktionsumfang dieses Werkzeugs sehr viel größer ist. Dieser Abschnitt soll Ihnen einen kurzen Überblick über die Komponenten von SAP Access Control geben. Außerdem erläutere ich das Konzept der Regelwerke (*RuleSets*). Diese stellen den Kern der Anwendung dar, da alle Auswertungen auf ihnen basieren. In den folgenden Kapiteln dieses Buches sind zu den einzelnen Themenbereichen jeweils die kritischen Berechtigungen aufgeführt. Diese sind als RuleSet im Downloadbereich dieses Buches erhältlich. Näheres dazu finden Sie in Abschnitt 1.10.4, »SAP-Access-Control-Regelwerk für dieses Buch«.

1.10.1 Komponenten von SAP Access Control

SAP Access Control besteht aus vier Komponenten:

- **Access Risk Analysis (ARA)**
    - Definition der Regelwerke für Berechtigungen
    - Definition kompensierender Kontrollen
    - Analyse hinsichtlich der Regelwerke
- **Business Role Management (BRM)**
    - Tool zur Rollenpflege
    - automatisierte Analyse der Rollen hinsichtlich der Regelwerke im Zuge der Rollenpflege
- **Access Request Management (ARM)**
    - automatisierte Antrags- und Genehmigungsprozesse, inklusive Provisionierung
    - Schnittstelle zum SAP Identity Management (SAP ID Management)
- **Emergency Access Management (EAM)**
    - Firefighter-Lösung für Notfall- und Sonderbenutzer
    - Logging der Firefighter-Aktionen, inklusive Reportingfunktionalität

Die Komponenten ARA, BRM und ARM nutzen dabei die Regelwerke, die zentral in ARA gepflegt werden. Diese stellen die Grundlage für die Prüfungen dar.

SAP Access Control wird meist auf einem zentralen System betrieben. Über *Konnektoren* können beliebige SAP-Systeme (und Nicht-SAP-Systeme) angebunden werden. Konnektoren sind RFC-Verbindungen, denen spezielle Eigenschaften für die Nutzung von SAP Access Control zugeordnet werden. Die Konnektoren können Sie sich zentral über den Einführungsleitfaden unter **SAP NetWeaver • Governance, Risk, and Compliance • Gemeinsame Komponenteneinstellungen • Integration Framework** anzeigen lassen (siehe Abbildung 1.57).

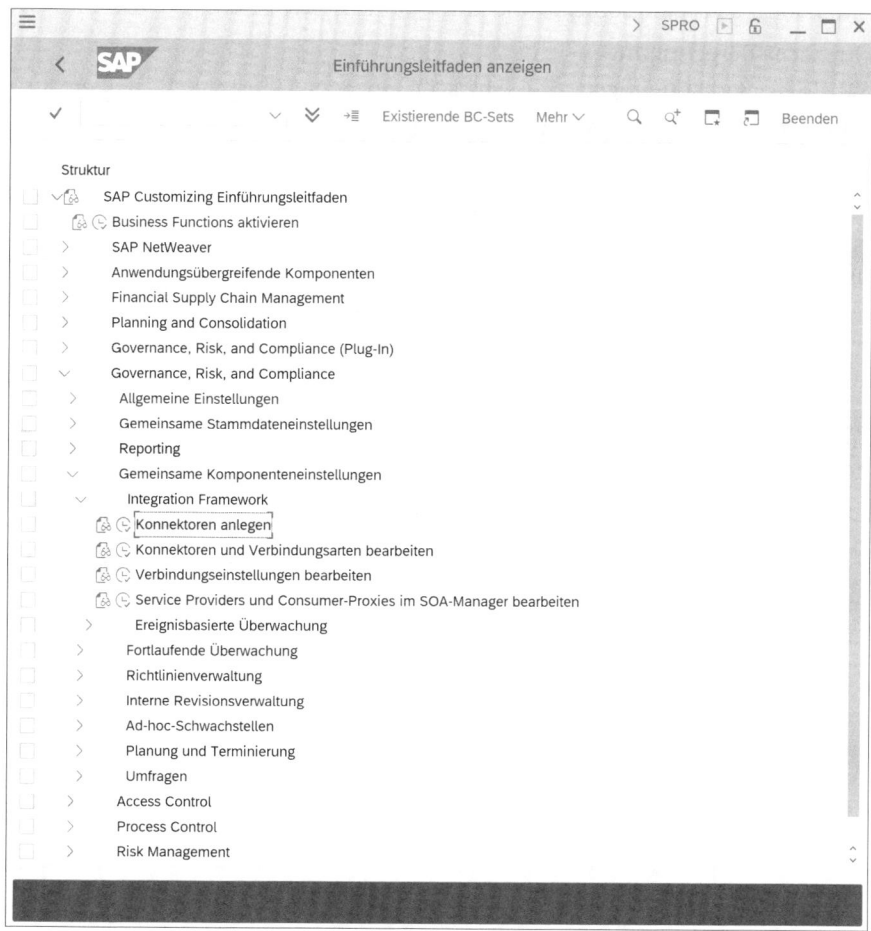

Abbildung 1.57 Konnektoren im Einführungsleitfaden pflegen

1.10.2 Regelwerke

In den Regelwerken werden die Berechtigungsabfragen zusammengefasst und die berechtigungsseitigen Risiken der Geschäftsprozesse abgebildet. Es können beliebig viele Regelwerke definiert werden. Dies erfolgt in der Regel im Rahmen von Projekten. Regelwerke werden aus den folgenden Elementen erstellt:

- **Funktionen**
  Eine Funktion stellt eine einzelne Berechtigungsabfrage dar. Hier werden die folgenden Funktionsarten unterschieden:

- **Kritische Aktionen**
  Kritische Aktionen sind kritische Transaktionen, die mit einem Berechtigungsobjekt vor unberechtigtem Zugriff geschützt werden. Beispiele für kritische Aktionen sind die Transaktionen SCC4, RZ10 oder SE38, für die jeweils entsprechende Berechtigungsobjekte und kritische Feldwerte gelten.

- **Kritische Berechtigungen**
  Kritische Berechtigungen sind Abfragen, in denen ausschließlich Berechtigungsobjekte abgefragt werden, ohne Zuordnung zu einer Transaktion.

- **Risiken**
  Risiken bilden die Unternehmensrisiken ab. Ihnen werden bis zu fünf Funktionen zugeordnet. Werden einem Risiko mindestens zwei Funktionen zugeordnet, handelt es sich dabei um die *Funktionstrennungsrisiken*. Dies sind dann z. B. die Abfragen von Berechtigungen für die Stammdatenpflege und für Buchungen.

Abbildung 1.58 zeigt die Darstellung von Funktionen in SAP Access Control.

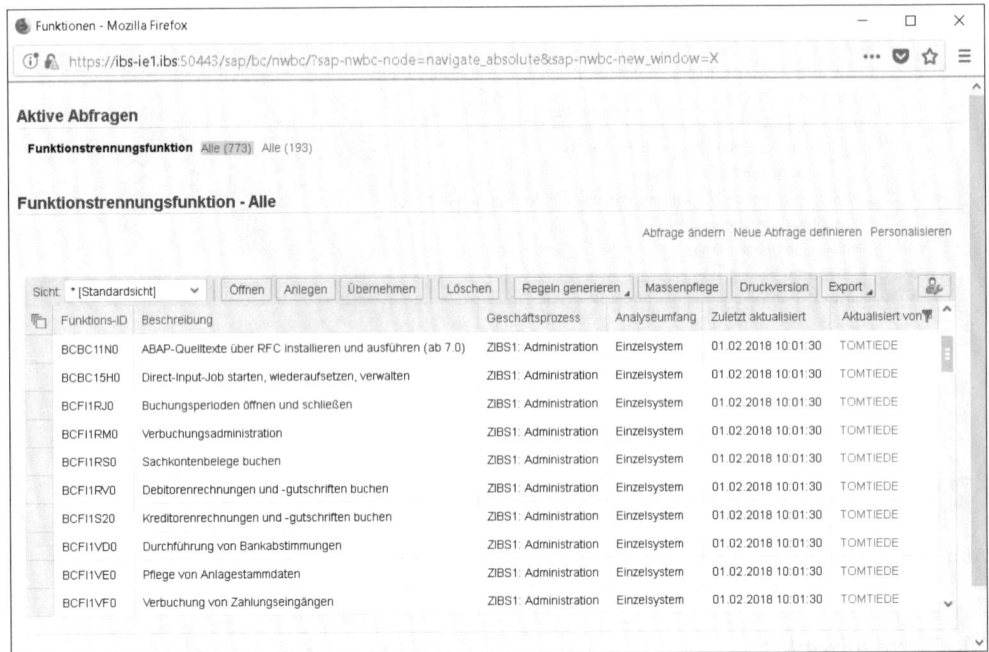

Abbildung 1.58 Funktionen in SAP Access Control

Jede Funktion erhält eine eindeutige ID. Diese Funktionen enthalten die technischen Berechtigungsabfragen mit den Berechtigungsobjekten und Werten. Um die Details zu einer Funktion anzuzeigen, markieren Sie die entsprechende Zeile und klicken auf die Schaltfläche **Öffnen**.

Abbildung 1.59 zeigt die Berechtigungsobjekte zur Funktion **Debitorenrechnungen und -gutschriften buchen**.

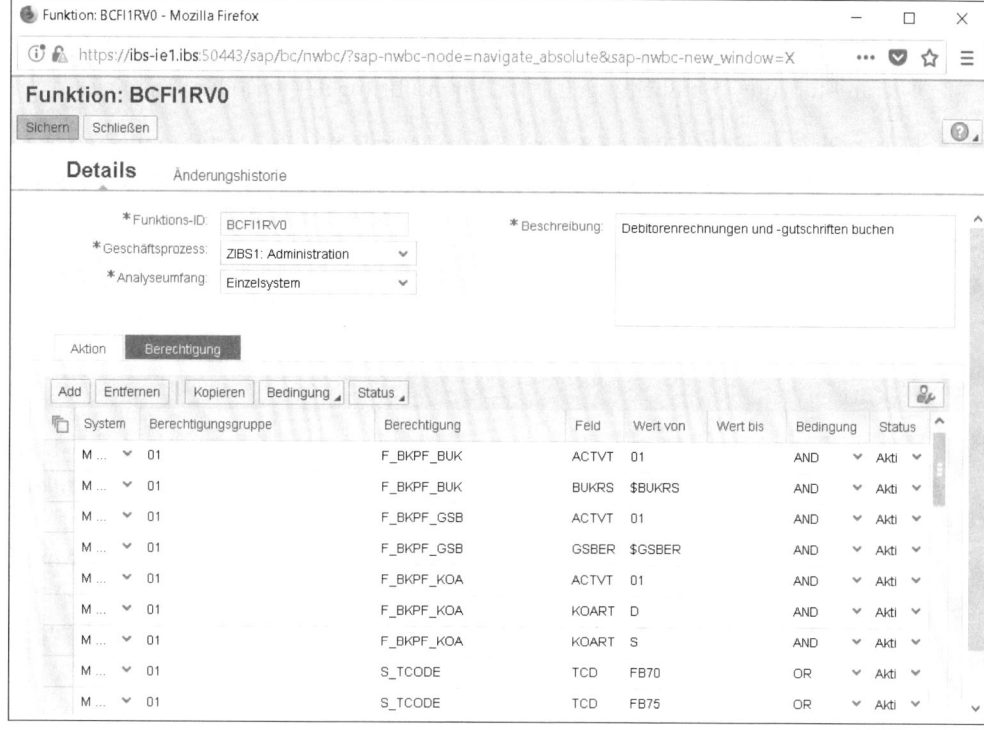

Abbildung 1.59 Berechtigungen zu einer Funktion in SAP Access Control abfragen

Funktionen können zu *Funktionstrennungen* zusammengesetzt werden. Im Bereich der SAP-Basis stellen die einzelnen Berechtigungen auch gleichzeitig die Risiken dar, z. B. kann das Anlegen von Mandanten oder das Löschen von Änderungsbelegen bereits kritisch sein. In den betriebswirtschaftlichen Prozessen basieren die Risiken in den meisten Fällen auf Verstößen gegen Funktionstrennungen, also auf der kombinierten Ausführung einzelner Funktionen durch ein und denselben Benutzer. Beispiele für Funktionstrennungen, also Kombinationen aus Funktionen, für die ein Benutzer nicht zugleich berechtigt sein sollte, sind:

- Zahlungsrelevante Daten zum Lieferant pflegen UND Bestellung pflegen
- Bestellung freigeben UND Wareneingang zur Bestellung buchen
- Wareneingang buchen UND Logistische Rechnungsbearbeitung durchführen
- Bestellung freigeben UND Verbuchung von Ausgangsrechnungen
- Pflege der Verkaufspreise UND Buchung von Ausgangsrechnungen
- Warenausgang buchen UND Verbuchung von Zahlungseingängen

1 Umgang mit dem SAP-System und Werkzeuge zur Prüfung

- Buchung Lieferantenrechnung UND Zahllauf Kreditoren durchführen
- Bankabstimmung durchführen UND Verbuchung von Eingangsrechnung
- Pflege der Lieferantenstammdaten UND Durchführung von Lieferantenbuchungen
- Durchführung von Buchungen UND Durchführung des Periodenabschlusses

Diesen Risiken werden in SAP Access Control jeweils eine Risikostufe, eine Beschreibung und ein Kontrollziel zugeordnet. Risikostufen können unternehmensindividuell definiert werden. Standardmäßig kennt SAP Access Control vier Stufen:

- Niedrig
- Mittel
- Hoch
- Kritisch

Abbildung 1.60 zeigt Ihnen eine Liste von Zugriffsrisiken. Die Details zur in Abbildung 1.59 markierten Funktionstrennung **Buchung Debitorenrechnung UND Zahllauf Debitoren durchführen** zeigt Abbildung 1.61. Klicken Sie zur Anzeige der Details auf den Link der Funktions-ID in der Spalte **Funktions-ID**. Dort ist neben der **Beschreibung** und dem **Kontrollziel** auch ersichtlich, welche Einzelfunktionen für dieses Zugriffsrisiko abgefragt werden. Ein solches Zugriffsrisiko kann in verschiedenen Regelwerken zugeordnet werden.

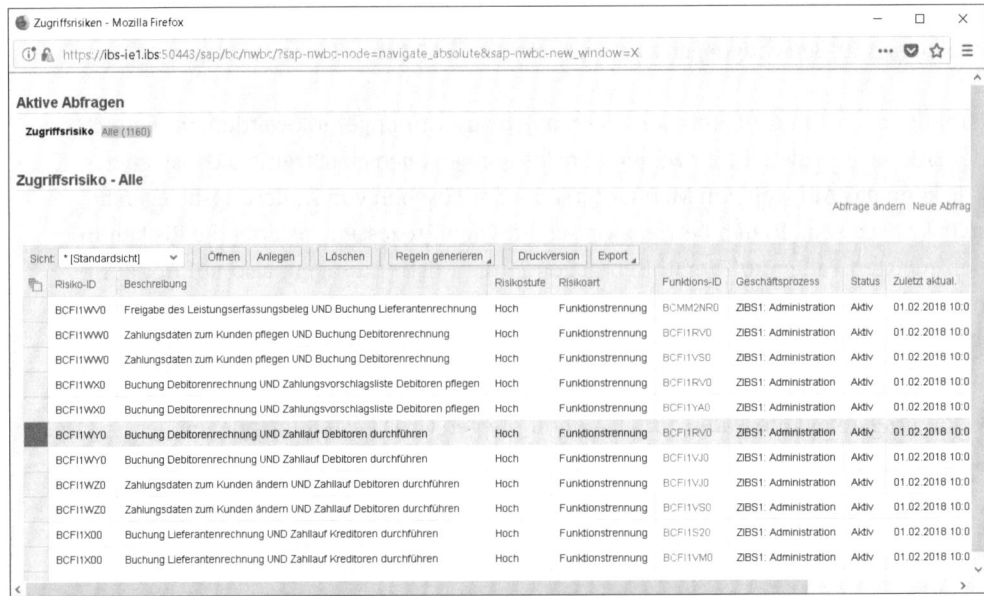

Abbildung 1.60 Funktionstrennungsrisiken in SAP Access Control

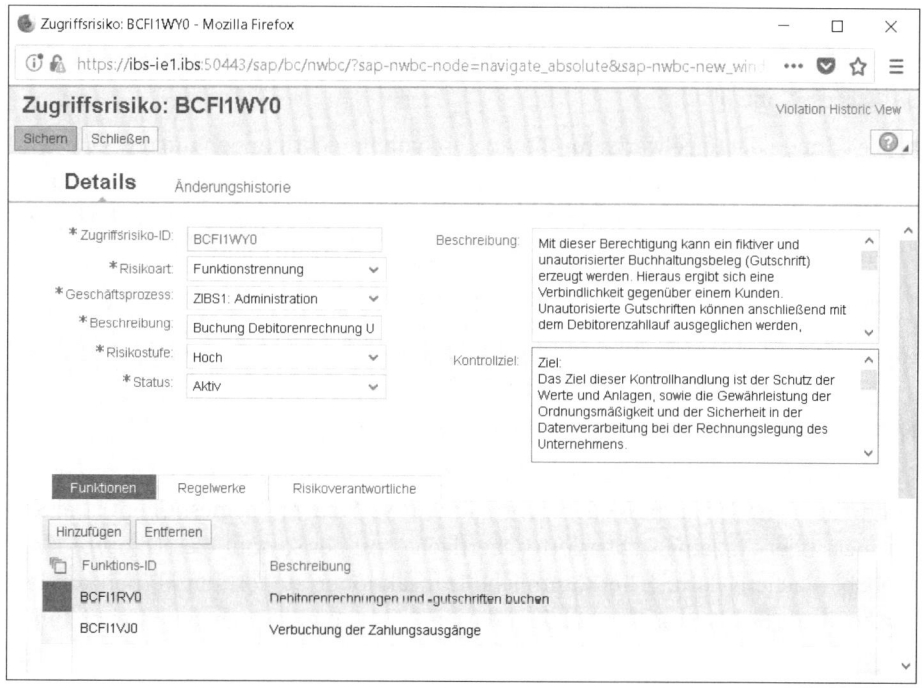

Abbildung 1.61 Details eines Funktionstrennungsrisikos

Zusätzlich können *Organisationsregeln* definiert werden, um z. B. Auswertungen auf bestimmte Buchungskreise einzuschränken. Zur besseren Bewertung der Ergebnisse können außerdem *mindernde Kontrollen* definiert werden. Durch mindernde Kontrollen wird ein Risiko reduziert. In Auswertungen wird das Risiko dann zwar noch aufgeführt, hat dort aber nur noch informellen Charakter. Mindernde Kontrollen sind häufig erforderlich, da es verschiedene Gründe dafür geben kann, dass Benutzern eine kritische Berechtigung zugeordnet werden muss. Mindernde Kontrollen können z. B. in den folgenden Fällen sinnvoll sein:

- Bei der Auswertung kritischer Berechtigungen der SAP-Basis sind nur die Benutzer außerhalb des Basisadministrationsteams kritisch. Für die Administratoren können also mindernde Kontrollen definiert werden.
- Eine kritische Kombination kann berechtigungsseitig nicht umgesetzt werden, da die Benutzeranzahl dafür nicht ausreichend ist. Hierzu wird dann eine mindernde Kontrolle definiert.
- Eine kritische Kombination wird von den verantwortlichen Dateneigentümern in Kauf genommen; es ist eine Risikoübernahme erfolgt. Dies wird als mindernde Kontrolle definiert.

1.10.3 Auswertung der Regelwerke

Im Rahmen einer Prüfung gibt es zwei Berührungspunkte mit den Regelwerken aus SAP Access Control:

- Sie können die Regelwerke für die Analyse von Berechtigungen nutzen. Dies wird in der Praxis selten genutzt, da diese Regelwerke auch im administrativen Tagesgeschäft verwendet werden. Sinnvoller ist hier die Durchführung unabhängiger Prüfungen, um eventuelle Fehler in den Regelwerken aufzudecken.
- Sie müssen die technische Umsetzung der Regelwerke prüfen.

In den folgenden Abschnitten beschreibe ich die beiden genannten Aspekte.

Nutzung der Regelwerke für die Analyse von Berechtigungen

Um die Komponente ARA für Berechtigungsanalysen zu verwenden, benötigen Sie Zugriff auf den *SAP Business Client* (vormals SAP NetWeaver Business Client). Der SAP Business Client ist eine webbasierte Oberfläche, mit der sowohl Web Dynpros (SAP-Weboberflächen) als auch herkömmliche Transaktionen aufgerufen werden können. Nachdem Sie SAP Access Control über diesen Client aufgerufen haben, stehen Ihnen auf den Registerkarten **Zugriffsverwaltung** und **Berichte und Analysen** verschiedene Auswertungen zur Verfügung (siehe Abbildung 1.62).

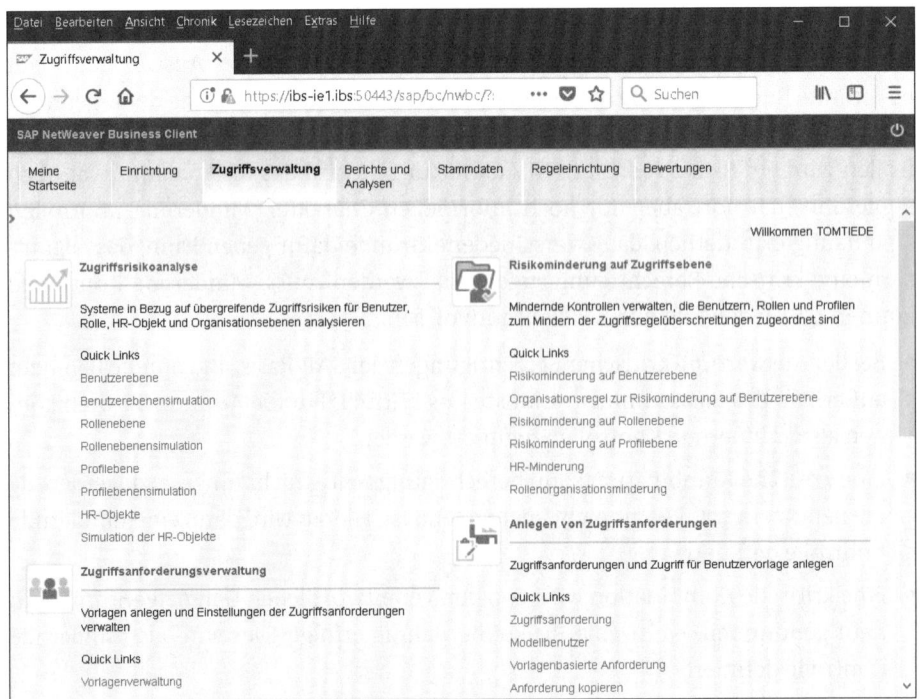

Abbildung 1.62 Oberfläche von SAP Access Control

Über die Links **Benutzerebene** und **Rollenebene** im Bereich **Zugriffsrisikoanalyse** werten Sie Benutzer und Rollen aus. Wie Sie dabei vorgehen, beschreibe ich hier am Beispiel der Rollenanalyse.

Klicken Sie auf den Link **Rollenebene**. Es öffnet sich das Fenster **Risikoanalyse: Rollenebene**. Hier geben Sie die Selektionskriterien für Ihre Auswertung an, u. a. mit welchem Regelwerk Sie welches System auswerten möchten und für welche Art von Rollen die Auswertung durchgeführt werden soll (siehe Abbildung 1.63).

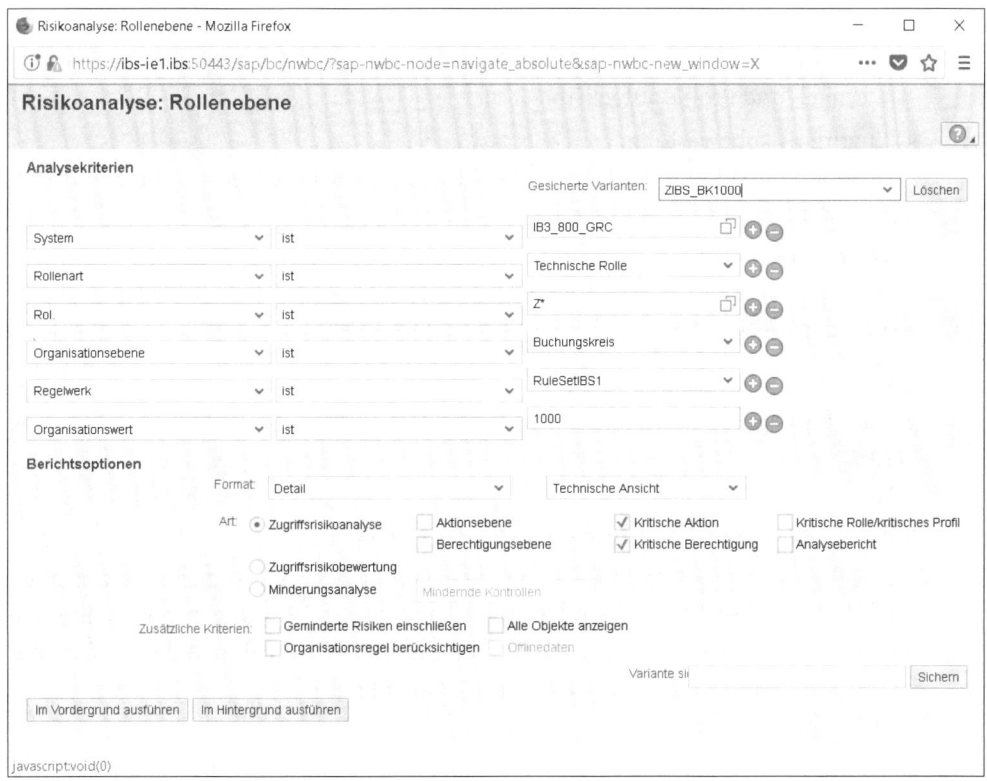

Abbildung 1.63 Selektionsmaske zur Rollenanalyse

Im Bereich **Berichtsoptionen** geben Sie an, wie die Auswertung erfolgen soll. Die Selektion in Abbildung 1.63 zeigt z. B. als Ergebnis alle Rollen des Systems an, das über den Konnektor IB3_800_GRC angesprochen wird. Ausgewertet werden alle Rollen, die mit Z beginnen. Die Berechtigungsauswertungen sind beschränkt auf den Buchungskreis 1000. Als Berichtsoptionen stehen Ihnen im Bereich **Art** die folgenden Möglichkeiten zur Auswahl:

- **Zugriffsrisikoanalyse**
  Hierüber erfolgt die technische Auswertung der Berechtigungen. Es sind verschiedene Sichten möglich:

- **Aktionsebene**: Hierüber werden lediglich die Transaktionscodes und die zugehörigen Berechtigungsobjekte aufgelistet.
- **Berechtigungsebene**: Hierüber werden die Berechtigungsobjekte mit den abgefragten Feldwerten aufgelistet.
- **Kritische Aktion**: Hierüber werden die Details zu den Risiken der Kategorie »Kritische Aktion« aufgelistet.
- **Kritische Berechtigung**: Hierüber werden die Details zu den Risiken der Kategorie »Kritische Berechtigung« aufgelistet.
- **Kritische Rolle/kritisches Profil**: Hierüber werden die als kritisch deklarierten Rollen und Profile aufgelistet.

- **Zugriffsrisikobewertung**
  Hierüber erfolgt eine Auflistung aller Risiken, inklusive der jeweils zugeordneten Kritikalität.

- **Minderungsanalyse**
  Hierüber werden alle Risiken aufgelistet, denen mindernde Kontrollen zugeordnet sind.

Im Ergebnis werden Ihnen die Rollen angezeigt, die Berechtigungen aus dem ausgewählten Regelwerk enthalten. Die Benutzeranalyse funktioniert auf die gleiche Weise.

Prüfung der technischen Umsetzung der Regelwerke

Da die Regelwerke im administrativen Alltag genutzt werden, ist die im vorangehenden Abschnitt beschriebene Nutzung im Rahmen von Prüfungen nur bedingt zu empfehlen. Relevanter ist es, die genutzten Regelwerke im Rahmen der Prüfung auf ihre Korrektheit zu prüfen. Sie sollten u. a. Folgendes prüfen:

- die technische Umsetzung der Funktionen
- die abgebildeten Risiken (Passen diese Risiken zu den Unternehmensprozessen?)
- die technische Ausprägung der Risiken (zugeordnete Funktionen, Risikostufen, Dokumentationen)

Da eine Prüfung der Regelwerke in SAP Access Control selbst sehr aufwendig ist, sollten Sie die Regelwerke zuerst aus SAP Access Control exportieren. Mit Transaktion GRAC_DOWNLOAD_RULES können Sie die Regelwerke in Textdateien exportieren. Die Namen der Dateien können Sie frei wählen. Abbildung 1.64 zeigt die Transaktion. Für den Export wählen Sie hier im Feld **System** den Konnektor aus. Es werden alle Regelwerke, Funktionen, Berechtigungen und Risiken exportiert, die diesem Konnektor zugeordnet sind. Den Pfad und den Dateinamen können Sie jeweils frei wählen. Wichtig ist, als Dateityp **.txt** anzugeben, da er ansonsten nicht akzeptiert wird.

1.10 SAP Access Control

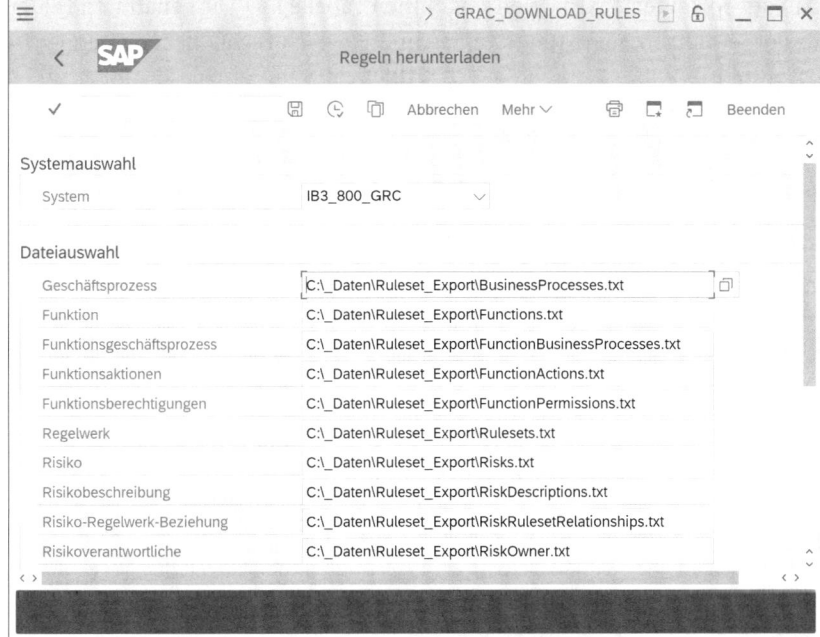

Abbildung 1.64 Export der Regelwerke mit Transaktion GRAC_DOWNLOAD_RULES

Abbildung 1.65 zeigt einen Ausschnitt aus einer dieser Textdateien. Es handelt sich hier um die Datei **FunctionPermissions.txt**. Es werden nur die Daten selbst exportiert, jedoch keine Feldbeschreibungen. Daher enthalten die einzelnen Spalten in den Dateien keine Überschriften.

```
Datei Bearbeiten Format Ansicht ?
ZKC16319    F110     F_REGU_KOA    FBTCH    12    OR     0
ZKC16319    F110     F_REGU_KOA    FBTCH    14    OR     0
ZKC16319    F110     F_REGU_KOA    FBTCH    15    OR     0
ZKC16319    F110     F_REGU_KOA    FBTCH    21    OR     0
ZKC16319    F110     F_REGU_KOA    FBTCH    24    OR     0
ZKC16319    F110     F_REGU_KOA    FBTCH    25    OR     0
ZKC16319    F110     F_REGU_KOA    FBTCH    26    OR     0
ZKC16319    F110     F_REGU_KOA    FBTCH    31    OR     0
ZKC16319    F110     F_REGU_KOA    KOART    K     AND    0
ZKC16319    F110S    F_REGU_KOA    FBTCH    02    OR     0
ZKC16319    F110S    F_REGU_KOA    FBTCH    11    OR     0
ZKC16319    F110S    F_REGU_KOA    FBTCH    12    OR     0
ZKC16319    F110S    F_REGU_KOA    FBTCH    14    OR     0
ZKC16319    F110S    F_REGU_KOA    FBTCH    15    OR     0
ZKC16319    F110S    F_REGU_KOA    FBTCH    21    OR     0
ZKC16319    F110S    F_REGU_KOA    FBTCH    24    OR     0
ZKC16319    F110S    F_REGU_KOA    FBTCH    25    OR     0
ZKC16319    F110S    F_REGU_KOA    FBTCH    26    OR     0
ZKC16319    F110S    F_REGU_KOA    FBTCH    31    OR     0
ZKC16319    F110S    F_REGU_KOA    KOART    K     AND    0
ZKC16319    F111     F_REGU_KOA    FBTCH    02    OR     0
ZKC16319    F111     F_REGU_KOA    FBTCH    11    OR     0
ZKC16319    F111     F_REGU_KOA    FBTCH    12    OR     0
ZKC16319    F111     F_REGU_KOA    FBTCH    14    OR     0
ZKC16319    F111     F_REGU_KOA    FBTCH    15    OR     0
ZKC16319    F111     F_REGU_KOA    FBTCH    21    OR     0
```

Abbildung 1.65 Auszug der Datei »FunctionPermissions.txt«

Den Aufbau der einzelnen Textdateien zeigt Ihnen Tabelle 1.10. Die genannten Felder werden in der jeweiligen Textdatei jeweils von links nach rechts nebeneinander in Spalten dargestellt.

Datei	Felder
Funktion.txt/ Functions.txt	Enthält die Liste aller Funktionen mit den folgenden Feldern: - Funktions-ID - Sprache - Beschreibung - Auswertung einzeln (S) oder **systemübergreifend (C)**
Funktionsaktionen.txt/ FunctionActions.txt	Enthält die Liste aller Aktionen (Transaktionen zu den Funktionen) mit den folgenden Feldern: - Funktions-ID - Aktion (Transaktion) - Status (0 = aktiv; 1 = inaktiv)
Funktionsberechtigungen.txt/Function-Permissions.txt	Enthält die Liste der Berechtigungsobjekte mit den folgenden Feldern: - Funktions-ID - Aktion (Transaktion) - Berechtigungsobjekt - Feld - Wert von - Wert bis - Verknüpfung (AND/OR) - Status (0 = aktiv; 1 = inaktiv)
Funktionsgeschäftsprozess.txt/Function-BusinessProcesses.txt	Enthält die Liste der Zuordnungen der Funktionen zu Geschäftsprozessen mit den folgenden Feldern: - Funktions-ID - Geschäftsprozess-ID
Geschäftsprozess.txt/ BusinessProcesses.txt	Enthält die Liste der in SAP Access Control definierten Geschäftsprozesse mit den folgenden Feldern: - Geschäftsprozess-ID - Sprache - Beschreibung
Regelwerk.txt/ Rulesets.txt	Enthält die Liste aller definierten Regelwerke mit den folgenden Feldern: - Regelwerk-ID - Sprache - Beschreibung

Tabelle 1.10 Felder der Exportdateien für die Regelwerke aus SAP Access Control

Datei	Felder

Risiko.txt/Risks.txt	Enthält die Liste aller Risiken und der zugeordneten Funktionen mit den folgenden Feldern:
	- Risiko-ID
	- **Funktions-ID – A** (erste Funktion)
	- **Funktions-ID – B** (zweite Funktion)
	- **Funktions-ID – C** (dritte Funktion)
	- **Funktions-ID – D** (vierte Funktion)
	- **Funktions-ID – E** (fünfte Funktion)
	- **Geschäftsprozess-ID**
	- Risikostufe:
	  – 0: Mittel
	  – 1: Hoch
	  – 2: Niedrig
	  – 3: Kritisch
	  – Status (0 = aktiv; 1 = inaktiv)
	- Typ:
	  – 1: Funktionstrennung
	  – 2: kritische Aktion
	  – 3: kritische Berechtigung

Risikobeschreibung.txt/ RiskDescriptions.txt	Enthält die Liste der Texte zu den Risiken mit den folgenden Feldern: - Risiko-ID - Sprache - Beschreibung - Langtext - Kontrollziel
Risiko-Regelwerk-Beziehung.txt/RiskRulesetRelationships.txt	Enthält die Liste der Zuordnungen der Risiken zu den Regelwerken mit den folgenden Feldern: - Risiko-ID - Regelwerk-ID
Risikoverantwortliche.txt/RiskOwner.txt	Enthält die Liste mit den Zuordnungen von Verantwortlichen zu Risiken mit den folgenden Feldern: - Risiko-ID - Benutzer-ID

Tabelle 1.10 Felder der Exportdateien für die Regelwerke aus SAP Access Control (Forts.)

> **Weiterführende Informationen zu SAP Access Control**
>
> Zu SAP Access Control ist eine Vielzahl von Dokumentationen von SAP erhältlich. Folgende Leitfäden können Sie u. a. nutzen, um sich tiefer in das Programm einzuarbeiten:
>
> - Übersicht aller SAP-Leitfäden zu SAP Access Control:
>   *https://help.sap.com/viewer/product/SAP_ACCESS_CONTROL/12.0.10/en-US*
> - Configuration Parameters Guide for SAP Access Control 12.0:
>   *https://help.sap.com/doc/b1cddd0d05be45c98176bb37652ed52f/12.0.04/en-US/Configuration%20Parameters%20Guide%20for%20SAP%20Access%20Control%2012.0%20(English).pdf*
> - Security Guide for SAP Access Control 12.0:
>   *https://help.sap.com/doc/8bd8373aebdd4a838b68f6ccfcd53e90/12.0.10/en-US/loio7cd2a1653364455486b0a54924dc7ead_EN.pdf*
> - Sizing Guide for SAP Access Control 12.0:
>   *https://help.sap.com/doc/f709ae2b6a1a484ba4bcaeb967dbbfdc/12.0.03/en-US/Sizing%20Guide_AC12.pdf*

1.10.4 SAP-Access-Control-Regelwerk für dieses Buch

In den einzelnen Abschnitten dieses Buches sind jeweils auch die kritischen Berechtigungen hinterlegt. Um diese auch mit SAP Access Control mit wenig Aufwand prüfen zu können, habe ich diese unter *www.sap-press.de/5145* im Bereich **Materialien zum Buch** als Regelwerk hinterlegt. Das Regelwerk wurde mit *Easy Content Solution for SAP Access Control* erstellt. Dieses Regelwerk können Sie mithilfe von Transaktion GRAC_UPLOAD_RULES in SAP Access Control laden. Eine Anleitung, wie Sie dabei vorgehen, ist ebenfalls in den Downloadmaterialien hinterlegt. Einen Auszug des Regelwerks sehen Sie in Abbildung 1.66.

Name	Änderungsdatum	Typ	Größe
BusinessProcesses.txt	29.12.2020 18:10	Textdokument	1 KB
FunctionActions.txt	29.12.2020 18:10	Textdokument	8 KB
FunctionBusinessProcesses.txt	29.12.2020 18:10	Textdokument	3 KB
FunctionPermissions.txt	29.12.2020 18:10	Textdokument	191 KB
Functions.txt	29.12.2020 18:10	Textdokument	15 KB
RiskDescriptions.txt	29.12.2020 18:10	Textdokument	144 KB
RiskRulesetRelationships.txt	29.12.2020 18:11	Textdokument	3 KB
Risks.txt	29.12.2020 18:11	Textdokument	6 KB
Rulesets.txt	29.12.2020 18:11	Textdokument	1 KB

Abbildung 1.66 SAP-Access-Control-Regelwerk für dieses Buch

Das Regelwerk basiert auf einem Analyseprojekt, das in dem Partnerwerkzeug *CheckAud for SAP Systems* der IBS Schreiber GmbH erstellt wurde. Dieses Analyseprojekt ist ebenfalls im Downloadbereich zu diesem Buch verfügbar. CheckAud-Anwender können dieses Analyseprojekt ab Release 22.0 nutzen. Neben den Berechtigungen sind in diesem Analyseprojekt auch Abfragen zum Customizing und den Systemparametern hinterlegt (siehe Abbildung 1.67).

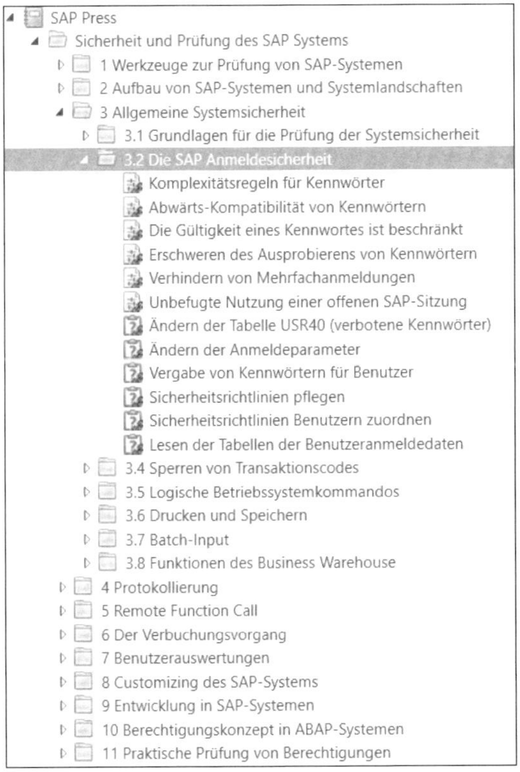

Abbildung 1.67 Das CheckAud-Analyseprojekt zum SAP-Access-Control-Regelwerk

1.11 SAP Enterprise Threat Detection

Das Thema *Cyber Security* (Schutz von IT-Systemen vor Angriffen von außen) hat in den letzten Jahren stark an Bedeutung gewonnen. Grund dafür ist die aktuelle Bedrohungslage. Cyberangriffe mehren sich, wie es an den folgenden Statistiken erkennbar ist:

- Unter der Kategorie *Cyber Crime* wurden im Jahr 2019 in der polizeilichen Kriminalstatistik (PKS) des Bundeskriminalamts Cybercrime Bundeslagebild 2019; *http://s-prs.de/v612213*) 100.514 Fälle erfasst.

- Umgerechnet sind das 275 Attacken pro Tag und 11 Attacken pro Stunde in Deutschland.
- Die Dunkelziffer ist wesentlich höher.
- Schätzungsweise gibt es weltweit 45 Millionen Cyberangriffe pro Jahr, also 85 Angriffe pro Minute.
- Die BITKOM schätzt die Schäden durch Cyberangriffe im Jahr 2019 auf 102,9 Milliarden Euro. Im Untersuchungszeitraum 2017/2018 waren es »nur« 55 Milliarden Euro, der Betrag hat sich somit fast verdoppelt.

Um sicherheitskritische Vorgänge in SAP-Systemen und konkrete Angriffe in Echtzeit zu überwachen, hat SAP die Lösung *SAP Enterprise Threat Detection* (*ETD*) entwickelt. Diese Software ist optimiert für die Überwachung von SAP-Produkten, einschließlich der SAP-HANA-Datenbank. Aber auch Fremdprodukte können mit dieser Software überwacht werden.

1.11.1 Angriffe auf SAP-Systeme – nur etwas für versierte Hacker?

Um von außen in SAP-Systeme einzudringen, ist großes technisches Know-how erforderlich, ebenso zum sogenannten *Hacking* von SAP-Systemen. Allerdings ist ein großer Teil dieses Know-hows kein Insiderwissen, sondern kann frei im Internet recherchiert werden. Einen kleinen Einblick in die Möglichkeiten bietet Ihnen die Suche bei Google. Suchen Sie einmal nach den Stichworten »sap hacking« oder »sap password cracking«. Allein bei der Suche nach letzterem Stichwort erhalten Sie über 2.300.000 Treffer. Probieren Sie diese Suchkriterien auch einmal bei YouTube aus.

Bei einer Suche nach »sap password cracking« erfahren Sie z. B. gleich mit den ersten Google-Treffern Folgendes:

- Die aktuellen Kennwörter werden in Tabelle USR02 gespeichert.
- Kennwörter werden dort im Feld PWDSALTEDHASH gespeichert.
- Mit ein wenig »Glück« werden auch noch abwärtskompatible Kennwörter in den Feldern PASSCODE und BCODE gespeichert.
- Als Programm zum Knacken von Kennwörtern wird *John the Ripper* empfohlen (der Link zum Download, *http://www.openwall.com/john/*, ist ebenfalls hinterlegt).
- John the Ripper ab Version 1.8.0 kann auch die Verschlüsselung des Felds PWDSALTEDHASH cracken. Auf der genannten Seite können außerdem Wortlisten mit ca. 40 Mio. Einträgen heruntergeladen werden, um die Kennwortentschlüsselung zu beschleunigen.

Nach ein paar Minuten des Einlesens ist somit jeder in der Lage, Kennwörter von SAP-Benutzern zu knacken. Es finden sich noch etliche solcher Beispiele im Netz. Ein versierter »SAP-Hacker« ist somit jemand, der in Suchmaschinen nach den richtigen Begriffen sucht. Die Gefahr des Hackens von SAP-Systemen ist daher omnipräsent.

1.11.2 Standardüberwachung von SAP-Systemen

Die Möglichkeiten, ein SAP-System zu hacken, sind vielfältig, ebenso wie die damit verfolgten Ziele. Es kann den Angreifern z. B. um Datendiebstahl, monetäre Manipulation oder die negative Beeinflussung von Geschäftsprozessen gehen. Sämtliche Möglichkeiten sollten daher überwacht werden.

Als Grundlage für die Überwachung dienen die Protokolle aus den SAP-Systemen, mit denen alle Vorgänge nachvollzogen werden können. Neben den *permanenten Protokollen*, die fortlaufend und ohne spezielle Konfiguration vom SAP-System geschrieben werden, existieren auch *optionale Protokolle*, die explizit aktiviert werden müssen. In Tabelle 1.11 sind wesentliche Protokolle aufgelistet. Diese werden in Kapitel 4, »Protokollierungskomponenten«, detailliert beschrieben.

Protokoll	Beschreibung
Änderungsbelege (permanent)	Änderungsbelege werden zu fast allen betriebswirtschaftlichen Prozessen (= Daten) geschrieben, z. B. zu Stamm- und Bewegungsdaten. Hierunter fallen auch Änderungen am Benutzerstammsatz und Rechtezuordnungen.
Versionierung (permanent)	Über die Versionierung werden Änderungen am Repository (Entwicklungsumgebung) protokolliert, z. B. Änderungen an ABAP-Quelltexten.
Zugriffsstatistik (permanent)	In der Zugriffsstatistik werden alle Benutzeraktionen und RFC-Zugriffe protokolliert, z. B. alle von Benutzern aufgerufenen Transaktionen und Funktionsbausteine. Diese Protokolle werden aber nach einem konfigurierbaren Zeitraum (Standard: drei Monate) automatisch vom System gelöscht.
Systemparameter (permanent)	Änderungen an Systemparametern werden in den Versionstabellen (TPFHT/TPFET) automatisch protokolliert.
System-Log (permanent)	Das System-Log oder kurz *SysLog* protokolliert automatisch alle Systemmeldungen. Seine Größe ist aber begrenzt; ältere Meldungen werden daher automatisch gelöscht.
Tabellenänderungsprotokolle (optional)	Über diese Protokolle werden Customizing- und Systemeinstellungen protokolliert. Diese Protokolle sind aufbewahrungspflichtig (§ 257 HGB); daher muss dieses Protokoll auf jeden Fall aktiviert werden (über den Systemparameter rec/client).

Tabelle 1.11 Protokolle im SAP-System

Protokoll	Beschreibung
Security-Audit-Log (optional)	Über dieses Protokoll lassen sich eine Vielzahl sicherheitsrelevanter Vorgänge protokollieren, wie die Anmeldungen und Aktionen von Notfallbenutzern, System- und Mandantenänderbarkeiten und das Debuggen mit Replace.
Read Access Logging (optional)	Mit der Lesezugriffsprotokollierung (Read Access Logging) lassen sich lesende Zugriffe protokollieren, wie z. B. das Lesen von Tabelle USR02, in der die aktuellen Kennwörter gespeichert werden.

Tabelle 1.11 Protokolle im SAP-System (Forts.)

Daneben existieren noch viele weitere Protokolle, u. a.:

- Protokolle für die Systemänderbarkeit (Tabelle DDPRS)
- Protokolle von Mandantenkopien (Tabelle CCCFLOW/CCCFLOWV2)
- Protokolle von Mehrfachanmeldungen (Tabellen USR41/USR41_MLD)
- Protokolle von Änderungen über Transaktion SE16N (Tabellen SE16N_CD_KEY/SE16N_CD_DATA)
- Protokolle von Änderungen über den Generic Table Browser (Tabellen GTB_CD_KEY/GTB_CD_DATA)
- Protokolle von Aktionen in FI wie Zahlläufe oder der Aufruf der Bilanz (Tabelle SMMAIN)
- Protokolle von Stammdatenänderungen in SAP ERP HCM (Konfiguration über die Tabellen T585A/B/C; Speicherung in Tabellencluster PCL4)
- Protokolle von Reportstarts in SAP ERP HCM (Konfiguration über Tabelle T599R; Speicherung in Tabellencluster PCL4)

Zwar ist somit eine Vielzahl von Protokollen vorhanden, es existiert aber kein Cockpit zur zentralen Auswertung dieser Protokolle. Des Weiteren besteht die Gefahr, dass Protokolle gelöscht werden und somit nicht mehr für Auswertungen verfügbar sind. Zum Löschen von Protokollen stehen Standardtools zur Verfügung (siehe Tabelle 1.12).

Löschaktion	Report/Transaktion
Löschen von Änderungsbelegen	Report RSCDOK99
Löschen von Versionshistorien	Reports RSVCAD00, RSVCAD03, RSVCAD04

Tabelle 1.12 Funktionen zum Löschen von Protokollen

Löschaktion	Report/Transaktion
Löschen der Zugriffsstatistik	Funktionsbaustein SWNC_COLLECTOR_DEL_AGGREGATES
Löschen von Tabellenänderungsprotokollen	Transaktion SCU3/Report RSTBPDEL
Löschen des Security-Audit-Logs	Transaktion SM18/Funktionsbaustein RSAU_CLEAR_AUDIT_LOG

Tabelle 1.12 Funktionen zum Löschen von Protokollen (Forts.)

Zwar sind die meisten dieser Funktionen durch Berechtigungen geschützt, aber im Kontext des SAP-Hackings sind Berechtigungen eher als Herausforderungen zu betrachten, die es zu überwinden gilt.

1.11.3 Zentrale Sammlung von Protokollen in SAP Enterprise Threat Detection

Das Prinzip von SAP Enterprise Threat Detection besteht darin, Protokolle von den verschiedenen Systemen zu sammeln, nach vordefinierten Kriterien automatisiert zu analysieren und Alarmmeldungen bei Feststellungen auszugeben. Die Protokolle werden vom Quellsystem teilweise in Echtzeit an SAP Enterprise Threat Detection übertragen, wodurch sich eventuelle Manipulationen an den Protokollen (z. B. deren Löschung) nicht mehr auf deren Nachvollziehbarkeit auswirken.

An SAP Enterprise Threat Detection können Daten aus den folgenden Systemen übertragen werden:

- SAP-NetWeaver-ABAP-Stack
- SAP-NetWeaver-Java-Stack
- SAP HANA
- Nicht-SAP-Systeme

Die SAP-HANA-Funktion *SAP ETD Streaming* nimmt diese Daten entgegen und überträgt sie an die SAP-HANA-Datenbank, die SAP Enterprise Threat Detection zugrunde liegt.

SAP Enterprise Threat Detection ist eine rein auf SAP HANA basierende Anwendung ohne ABAP-Stack. Wird sie eingesetzt, muss das System selbst ebenfalls in die Sicherheitsbetrachtungen einbezogen werden. Die Daten, die an SAP Enterprise Threat Detection übertragen werden, werden in der SAP-HANA-Datenbank im Schema SAP_SEC_MON gespeichert. Die Tabelle SAP_SEC_MON."sap.secmon.db::Log.Events" enthält die Rohdaten, die an SAP Enterprise Threat Detection übertragen werden. Sie müssen daher sicherstellen, dass der Zugriff auf dieses Schema nur eingeschränkt möglich ist. Des Weiteren dürfen keine SAP-HANA-XSC-Entwicklerberechtigungen für die Pakete der SAP-Enterprise-Threat-Detection-Installation vergeben sein. Näheres zu den Paketberechtigungen in SAP HANA erfahren Sie in Abschnitt 12.6.4, »Package Privileges (Paketberechtigungen)«.

SAP Enterprise Threat Detection kann aber nicht nur als reine SIEM-Software (Security Information and Event Management) in einem entsprechenden Prozess eingesetzt werden. Die Lösung wird z. B. auch im administrativen Tagesgeschäft oder im Rahmen eines Security-Prozesses genutzt. Die folgenden vier Nutzungsszenarien bieten sich beispielsweise für SAP Enterprise Threat Detection an:

- **Einsatz als SIEM-Software**
  - Auswertung von Ereignissen in Echtzeit
  - sofortige Benachrichtigung der Verantwortlichen per E-Mail
- **Einsatz zum Continuous Monitoring der SAP-Sicherheit**
  - Auswertung von Ereignissen in Echtzeit
  - tägliche Kontrolle der Ereignisse im Rahmen des administrativen Tagesgeschäfts
- **Einsatz zum regelhaften Monitoring der SAP-Sicherheit**
  - Auswertung von Ereignissen in Echtzeit
  - regelmäßige Kontrolle der Ereignisse (z. B. zweimal pro Woche)
- **Weiterleitung von Alerts an eine SIEM-Software**
  - Auswertung von Ereignissen in Echtzeit
  - Übertragung der Alerts an eine SIEM-Software
  - Auswertung der Alerts, basierend auf dem bestehenden Prozess zur Nutzung der SIEM-Software

1.11.4 Automatisierte Analyse von Protokollen in SAP Enterprise Threat Detection

SAP Enterprise Threat Detection analysiert die übertragenen Protokolle nach vordefinierten Mustern (*Patterns*) in Echtzeit. Mit diesen Mustern können Anomalien ausgewertet und Alarmmeldungen ausgelöst werden. SAP liefert mit SAP Enterprise Threat Detection 2.0 SP03 standardmäßig bereits 120 Patterns aus. Unabhängig von der Software liefert SAP *Content Packages* mit den aktuellen Pattern aus. Tabelle 1.13 zeigt einige exemplarische Patterns.

Pattern-Name	Beschreibung
Blacklisted transactions	Über eine Werteliste (*Value List*) können Transaktionen definiert werden, deren Ausführung zu einer Meldung führte.
Debugging using old ABAP debugger/ Debugging using new ABAP debugger	Meldet Debugging-Vorgänge in ABAP-Systemen.
Authorization assign SAP_ALL or SAP_NEW	Meldet die Zuordnung der Berechtigungsprofile SAP_ALL oder SAP_NEW.
Authorization assign SAP_ALL or SAP_NEW and logon	Meldet die Zuordnung der Berechtigungsprofile SAP_ALL oder SAP_NEW, mit anschließender erfolgreicher Anmeldung des Benutzers.
Brute force attack	Meldet den mehrfach fehlgeschlagenen Versuch einer Anmeldung von einem Terminal aus.
Password changed for SAP standard users	Meldet Kennwortänderungen und Anmeldungen von SAP-Standardbenutzern (SAP*, DDIC).
Logon after access to USR02	Meldet nach dem Lesen der Tabelle USR02 von demselben Terminal aus an.

Tabelle 1.13 Einige Standard-Patterns aus SAP Enterprise Threat Detection

In vielen Kapiteln dieses Buches finden Sie einen Abschnitt mit dem Titel »Patterns in SAP Enterprise Threat Detection«. In diesen Abschnitten führe ich jeweils die Standard-Patterns auf, mit denen die im jeweiligen Kapitel behandelten Themenbereiche überwacht werden können.

SAP Enterprise Threat Detection ist flexibel konfigurierbar. Auch können Sie beliebig eigene Patterns erstellen. Soll z. B. überwacht werden, ob über Transaktion SE16 auf Tabelle USR02 (enthält Kennwörter von Benutzern) zugegriffen wird, können Sie dafür ein eigenes Pattern definieren.

Abbildung 1.68 zeigt das *Forensic Lab* in SAP Enterprise Threat Detection, in dem Sie eigene Patterns erstellen können. Hier sehen Sie die Entwurfsansicht des kundeneigenen Patterns **Read Passworts**. Aus der Menge aller Protokolleinträge (hier: 4.698.858 Einträge) werden mit diesem Pattern die Einträge herausgefiltert, die einen Zugriff auf das Programm /1BCDWB/DBUSR02 angeben. Dieses Programm wird über Transaktion SE16 aufgerufen, um Tabelle USR02 anzuzeigen; es kann auch direkt, z. B. mit Transaktion SA38, aufgerufen werden.

1   Umgang mit dem SAP-System und Werkzeuge zur Prüfung

Im rechten Teil des Fensters wird bereits das Ergebnis dieser Analyse angezeigt. Dort ist ersichtlich, dass der Benutzer MRFRAUD im System IE1/102 (SAP-System IE1, Mandant 102) die Tabelle sechsmal aufgerufen hat: dreimal vom Rechner IBS-NB-TTi aus und dreimal vom Rechner PC-CSP aus. Der Benutzer mit dem Pseudonym SIIHX-48320 hat die Tabelle 18-mal aufgerufen.

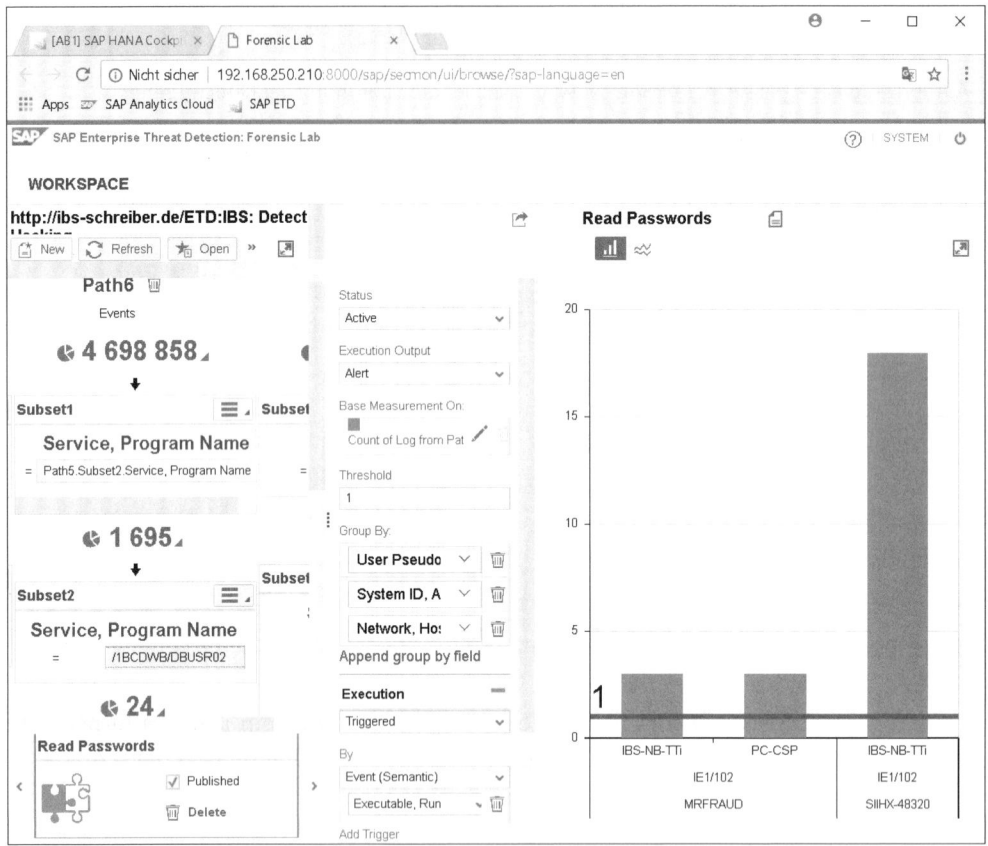

Abbildung 1.68 Eigenes Pattern in SAP Enterprise Threat Detection definieren

Die Auswertung der Patterns erfolgt in Echtzeit, sobald neue Protokolle an SAP Enterprise Threat Detection übertragen werden. Erzeugt ein Pattern ein Ergebnis, wird ein Alarm (ein sogenannter *Alert*) ausgegeben, auf den man sofort reagieren kann. Abbildung 1.69 zeigt die Liste der Meldungen und einen Alert zum Pattern **Read Passwords**. In diesem Beispiel wird auch der Name des Benutzers angegeben, der diesen Alert erzeugt hat (SIIHX-48320).

1.11 SAP Enterprise Threat Detection

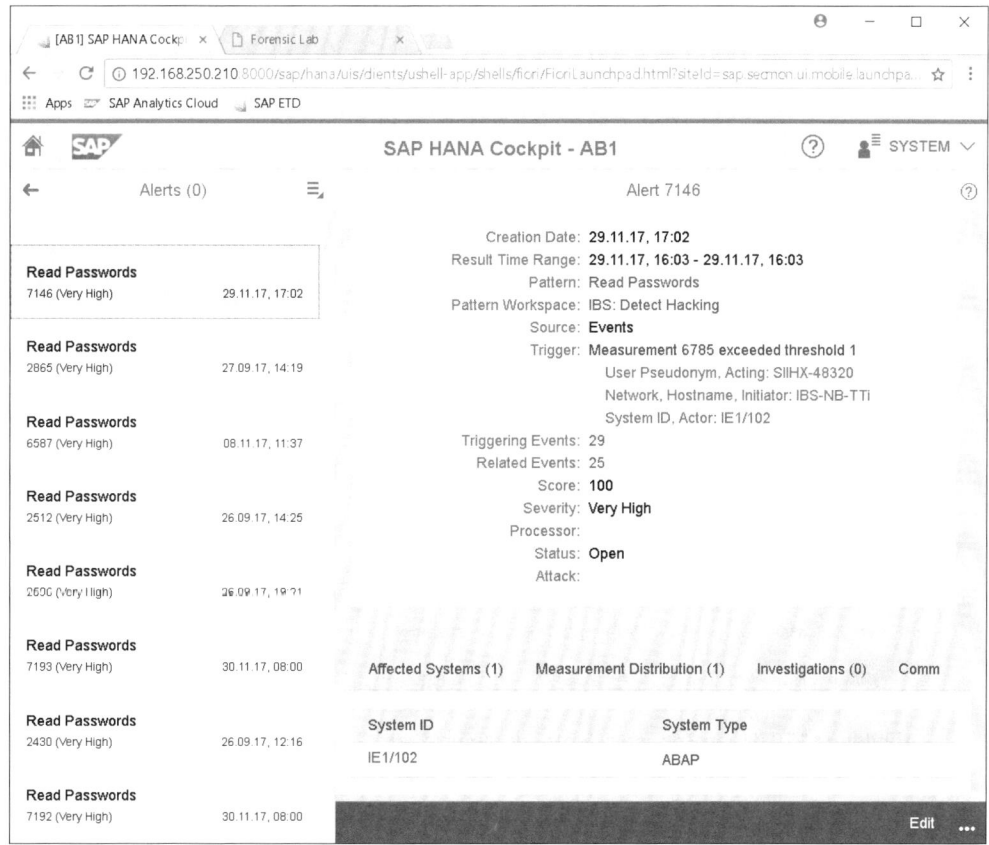

Abbildung 1.69 Einen Alert in SAP Enterprise Threat Detection anzeigen

1.11.5 Pseudonymisierung von Benutzernamen

SAP Enterprise Threat Detection kann so konfiguriert werden, dass die Benutzernamen pseudonymisiert werden und nur das Pseudonym angezeigt wird. Zur Anzeige des Benutzernamens kann die Funktion **Resolve User Identity** genutzt werden, für die mit der Rolle `sap.secmon.db::EtdResolveUser` eine gesonderte Berechtigung vergeben werden kann. Dadurch können Auflagen des Datenschutzes oder die Vorgaben des Betriebsrats bezüglich der Auswertung der Protokolle umgesetzt werden. Abbildung 1.70 zeigt die Depseudonymisierung des Benutzers SIIHX-48320. Der Benutzername ist TOMTIEDE.

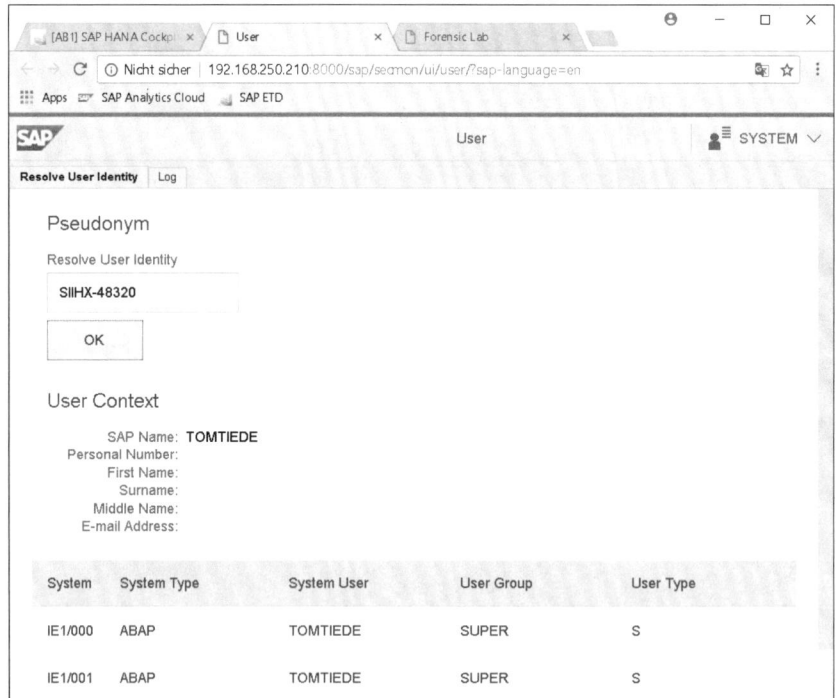

Abbildung 1.70 Einen Benutzer depseudonymisieren

Um zu prüfen, welche Benutzer die Berechtigung zur Depseudonymisierung der Benutzernamen besitzen, können Sie den View `EFFECTIVE_PRIVILEGE_GRANTEES` nutzen (zu Berechtigungsprüfungen in SAP HANA siehe Abschnitt 12.8, »Analyse des SAP-HANA-Berechtigungskonzepts«):

```
SELECT * FROM EFFECTIVE_PRIVILEGE_GRANTEES
WHERE PRIVILEGE IN ('sap.secmon::ResolveUser', 'sap.secmon.ui::ResolveUser')
AND OBJECT_TYPE = 'APPLICATIONPRIVILEGE'
```

Welche Benutzer pseudonymisiert werden, wird anhand des Benutzertyps festgelegt. In der Value List `NonPseudonymizedUserTypes` werden die Benutzertypen angegeben, die nicht pseudonymisiert werden sollen, siehe dazu Abbildung 1.71. Sinnvoll ist es, die personifizierten Benutzer (Benutzertyp Dialog) zu pseudonymisieren, alle anderen Benutzertypen (Service, System Kommunikation, Referenz) mit Klarnamen anzuzeigen.

Seit dem SAP-ETD-Release 2.3 kann die Pseudonymisierung deaktiviert werden (Abbildung 1.72). Dafür findet sich in der App **Settings** der Eintrag **Pseudonymization**. Die Deaktivierung der Pseudonymisierung ist sinnvoll, wenn durch eine Betriebsvereinbarung festgelegt wurde, dass die Protokolle mit den Klarnamen der Benutzer ausgewertet werden dürfen.

1.11 SAP Enterprise Threat Detection

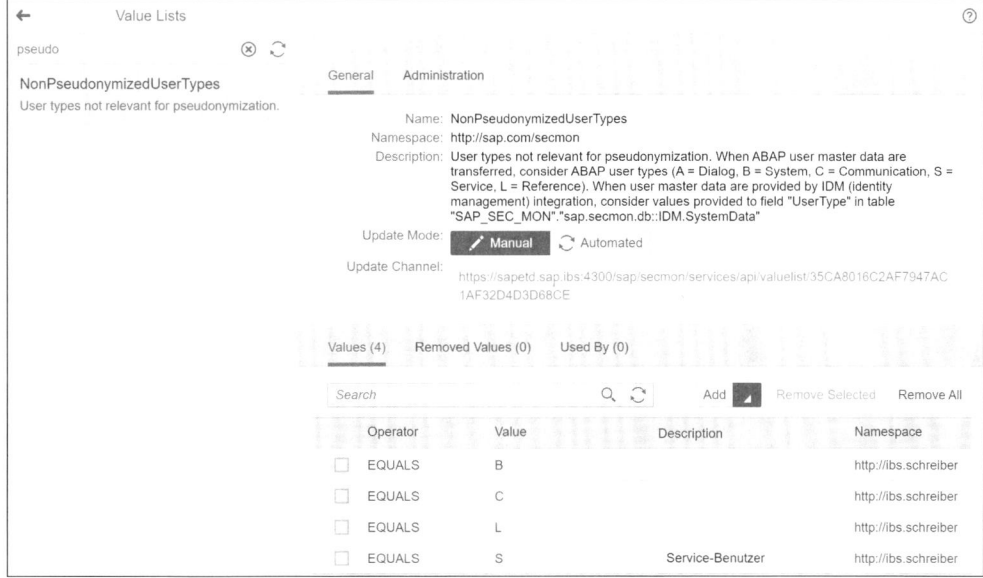

Abbildung 1.71 Value List zur Pseudonymisierung von Benutzernamen

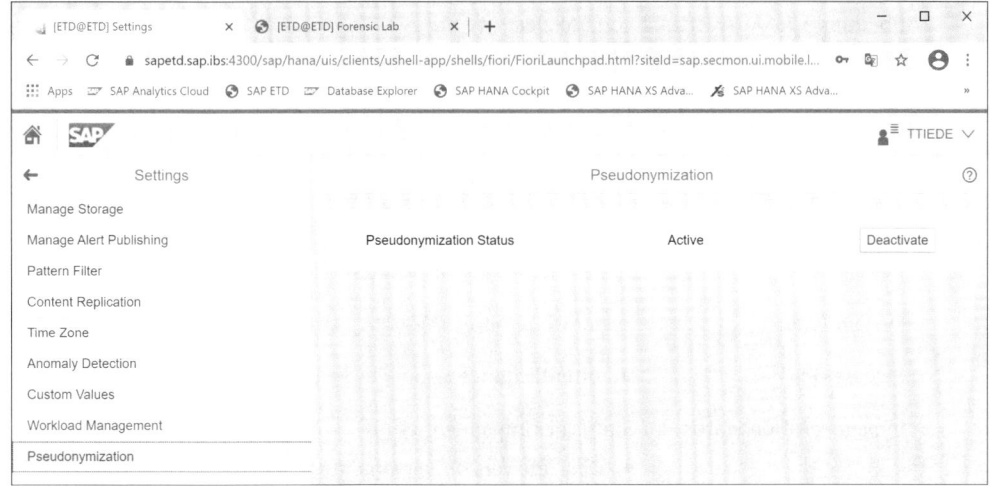

Abbildung 1.72 Aktivierung/Deaktivierung der Pseudonymisierung

1.11.6 Auswertung eingespielter Security Notes

Mit SAP Enterprise Threat Detection kann analysiert werden, ob und welche Security Patches in den Systemen eingespielt wurden. Sie erreichen die Auswertung auf der SAP-ETD-Einstiegsseite über die Kachel **Security Notes**. Abbildung 1.73 zeigt die Oberfläche der App. In Tabelle 1.14 sind die wesentlichen Spalten der Auswertung aufgelistet.

1 Umgang mit dem SAP-System und Werkzeuge zur Prüfung

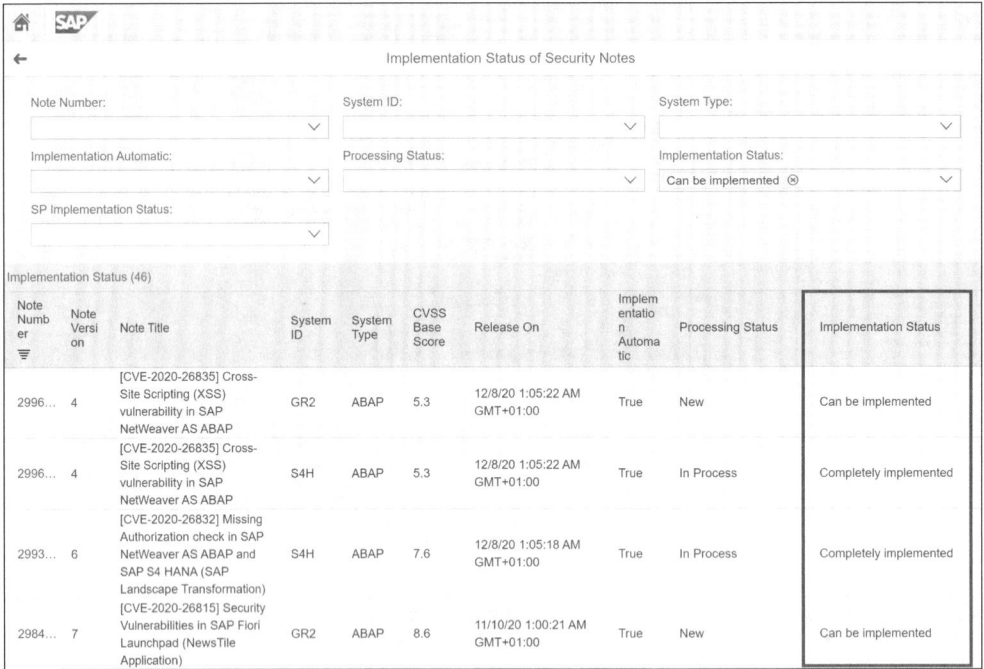

Abbildung 1.73 Auswertung von SAP Security Notes

Spalte	Beschreibung
Note Number	Security Note
Note Title	Bezeichnung der Security Note
System ID	System-ID des ausgewerteten Systems
System Type	System-Typ (ABAP, JAVA, HANA etc.)
Release On	Veröffentlichungsdatum der Security Note
Implementation Status	Status der Implementierung: ■ Obsolete version implemented ■ Can be implemented ■ Completely implemented ■ Cannot be implemented ■ Obsolete ■ Incompletely implemented ■ Implementation status undefined

Tabelle 1.14 Wesentliche Spalten der Security-Notes-Auswertung

1.12 Zugriff auf SAP HANA für Prüfer

Der Zugriff auf eine SAP-HANA-Datenbank zur Prüfung kann entweder über den ABAP-Stack erfolgen oder über das SAP HANA Studio. Dass Prüfer einen direkten Zugriff auf die Datenbank eines SAP-Systems erhalten, ist beim Einsatz anderer Datenbanken als SAP HANA nicht üblich, da zum einen die entsprechenden Berechtigungen aufwendig einzurichten sind und zum anderen die Datenbank über die Netzwerksegmentierung normalerweise nicht von normalen PCs aus erreichbar ist. In einer SAP-HANA-Datenbank ist es mit wenig Aufwand möglich, Prüferkonten mit entsprechenden Berechtigungen einzurichten. Haben Sie als Prüfer keinen Zugriff auf die Datenbank, können Sie sich die zu prüfenden Tabelleninhalte auch über ein Skript von einem entsprechend berechtigten Administrator herunterladen lassen. Diese verschiedenen Wege beschreibe ich in den folgenden Abschnitten.

1.12.1 Zugriff auf SAP HANA über das DBA Cockpit

Über das Database Administration Cockpit (*DBA Cockpit*, Transaktion DBACOCKPIT) können Sie direkt SELECT-Anweisungen auf die Datenbank absetzen bzw. Informationen zur Datenbank einsehen. Die Berechtigung für die Nutzung des DBA Cockpits kann so eingeschränkt werden, dass keine sensiblen Daten in der Datenbank über das Cockpit eingesehen werden können. Abbildung 1.74 zeigt die Oberfläche des DBA Cockpits. Informationen zur grundsätzlichen Kritikalität dieses Cockpits finden Sie in Abschnitt 2.5.1, »Zugriff auf Daten des Produktivmandanten«.

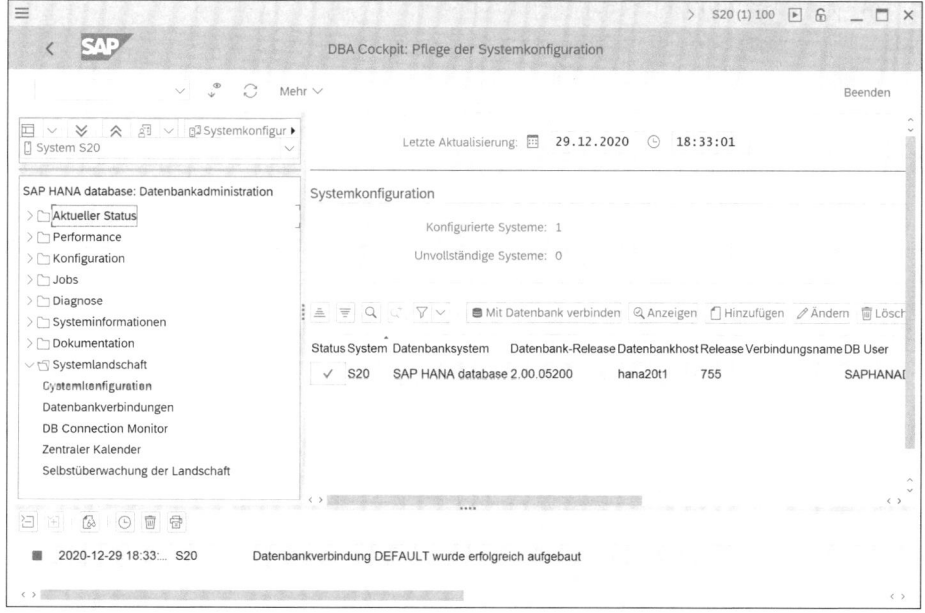

Abbildung 1.74 Transaktion DBACOCKPIT

Im Launchpad des DBA Cockpits (d. h der Baumstruktur im linken Teil des Fensters in Abbildung 1.74) können Sie verschiedene Funktionen zur Prüfung nutzen:

- **Version der eingesetzten SAP-HANA-Datenbank**
  Hier werden der Name der Datenbank, der Name des Benutzers in der Datenbank für den ABAP-Stack sowie die Version und das Betriebssystem ausgegeben. Sie rufen diese Sicht im Menübaum über **Aktueller Status • Überblick** auf.

- **Anzeige der Systemparameter**
  Die Systemparameter werden in SAP HANA in INI-Dateien gespeichert. Diese können Sie unter dem Menüpfad **Konfiguration • INI-Dateien** einsehen.

- **DataBrowser für Tabellen der Schemata SYS und _SYS_STATISTICS**
  Dem Benutzer SYS gehören die meisten prüfungsrelevanten Systemtabellen. Die Tabellen seines Schemas und die des Schemas _SYS_STATISTICS können Sie unter dem Menüpfad **Systeminformationen • Data Browser für Systemtabellen** einsehen. Im Schema des Benutzers SYS befinden sich z. B. die Tabellen der Benutzer- und Berechtigungsverwaltung. Vollständige Berechtigungsprüfungen können mit diesen Tabellen durchgeführt werden.

- **SQL-Editor**
  Mit dem SQL-Editor ist ein direkter Zugriff auf Tabellen über SQL möglich. Beschränkt wird dieser Zugriff zum einen über die Rechte des Benutzers in der Datenbank für den ABAP-Stack, zum anderen über die Berechtigungen, die für das DBA Cockpit vergeben wurden. Den SQL-Editor rufen Sie über den Pfad **Diagnose • SQL-Editor** auf. Abbildung 1.75 zeigt die Eingabe des SQL-Befehls zum Anzeigen der SAP-HANA-Benutzer (SELECT * FROM users).

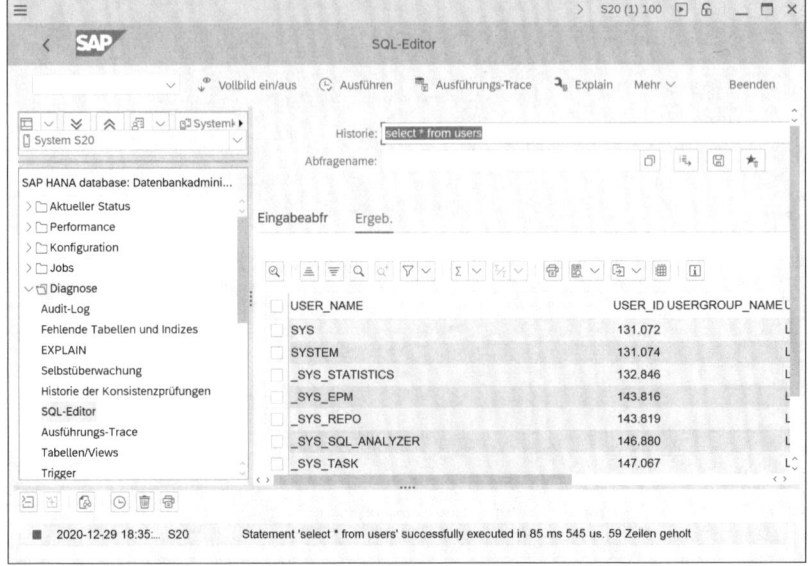

Abbildung 1.75 SQL-Editor in Transaktion DBACOCKPIT

Die Anzeige der Tabellen erfolgt in der SAP-HANA-Datenbank mit dem Datenbankbenutzer SAP<sid>, dem alle SAP-Tabellen gehören. Es können alle Tabellen bzw. Views angezeigt werden, für die der Benutzer in der Datenbank berechtigt ist. Standardmäßig sind dies:

- alle Tabellen/Views, die in seinem eigenen Schema liegen (somit alle Tabellen des ABAP-Stacks)
- alle Tabellen/Views, für die Berechtigungen mit der Rolle PUBLIC zugewiesen werden
- alle Tabellen/Views des Schemas _SYS_STATISTICS (über die zugeordnete Rolle DBA_COCKPIT)

Somit kann über diese Funktionalität neben den klassischen ABAP-Tabellen auch auf eine Vielzahl prüfungsrelevanter SAP-HANA-Systemtabellen zugegriffen werden. Allerdings kann der Zugriff ABAP-seitig über Berechtigungen eingegrenzt werden. So können einem Prüfer z. B. Rechte für den Zugriff auf die SAP-HANA-Systemtabellen eingeräumt, sensible Unternehmensdaten aber ausgegrenzt werden. Dies ist mit den Berechtigungen für den SQL-Editor möglich. Tabelle 1.15 zeigt die erforderlichen Berechtigungen zur Nutzung von Transaktion DBACOCKPIT und zur Tabellenanzeige.

Berechtigungsobjekt	Feld	Wert
S_DBCON	ACTVT (Aktivität)	03 (Anzeigen)
	DBA_DBHOST (Servername)	<Servername>
	DBA_DBSID (Datenbankname)	<Datenbankname>
	DBA_DBUSER (Datenbankbenutzer)	<Datenbankbenutzer>
S_TABU_SQL	ACTVT (Aktivität)	33 (Lesen)
	DBSID (Datenbankverbindung)	<Datenbankverbindung>
	TABLE (Tabelle)	<Tabellenname>
	TABOWNER (Besitzer in der Datenbank)	<Datenbankbenutzer>

Tabelle 1.15 Berechtigungsobjekte für das DBA Cockpit

Tabelle 1.16 zeigt beispielhaft eine Konfiguration des Berechtigungsobjekts S_TABU_SQL, mit der die SAP-HANA-Systemtabellen angezeigt werden können, nicht aber die Daten des ABAP-Stacks.

Berechtigungsobjekt	Feld	Wert
S_TABU_SQL	ACTVT (Aktivität)	33 (Lesen)
	DBSID (Datenbankverbindung)	<Datenbankverbindung>
	TABLE (Tabelle)	*
	TABOWNER (Besitzer in der Datenbank)	▪ SYS ▪ _SYS_STATISTICS

Tabelle 1.16 Berechtigung zur Anzeige der SAP-HANA-Systemtabellen

1.12.2 Zugriff auf SAP HANA über das SAP HANA Cockpit

Das zentrale Tool für den Zugriff auf SAP-HANA-Datenbanken ist das *SAP HANA Cockpit*. Es ist ein eigenständiges Tool mit einer eigenen Benutzerverwaltung. Es können beliebig viele HANA-Datenbanken zur Verwaltung angeschlossen werden. Abbildung 1.76 zeigt beispielhaft die Oberfläche des SAP HANA Cockpits. Dieses kann individuell konfiguriert werden. Tabelle 1.17 listet Ihnen die Funktionen der Standard-Apps auf. Um das Cockpit im Rahmen einer Prüfung nutzen zu können, ist ein Benutzerkonto mit der Cockpit-Rolle Cockpit User im Cockpit erforderlich.

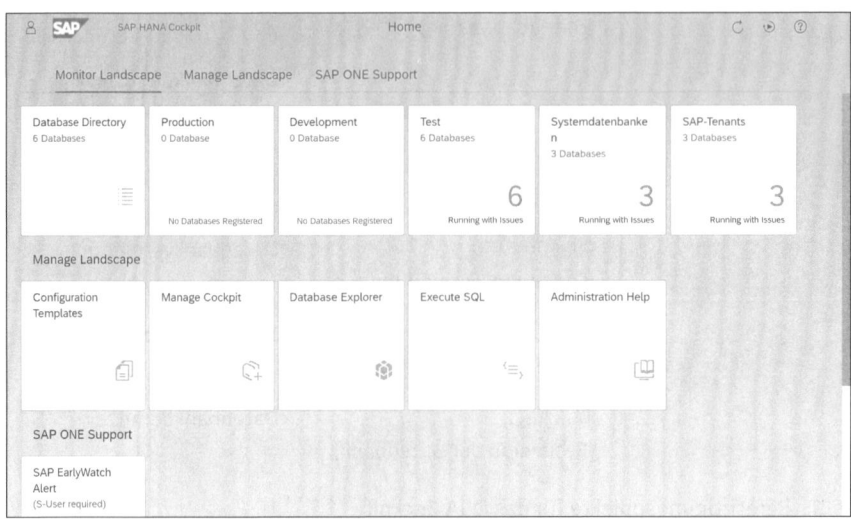

Abbildung 1.76 Oberfläche des SAP HANA Cockpits

App	Verwendung
Database Directory	Listet alle eingebundenen HANA-Datenbanken auf. Von hier kann die Administrationssicht der einzelnen Datenbanken aufgerufen werden.
Production Test Development	Die eingebundenen Datenbanken werden unter diesen Apps automatisch nach Systemtyp aufgelistet. Zur Verwaltung der produktiven HANA-Datenbanken wählen Sie die App **Production** aus. Der Systemtyp einer HANA-Datenbank wird mit dem Systemparameter usage (Abschnitt system_information, Datei **global.ini**) festlegt.
Configuration Templates	Für die Datenbankparameter haben Sie die Möglichkeit, Templates anzulegen und diese auf Datenbanken zu übertragen.
Database Explorer	Ruft den SAP HANA Database Explorer auf.
Execute SQL	Ruft den SAP HANA Database Explorer auf und öffnet einen SQL-Editor.
Manage Cockpit	Ruft die Verwaltungsoberfläche des Cockpits auf: ■ Ressourcen (Datenbanken) einbinden und löschen ■ Cockpit-Benutzer verwalten ■ Ressourcengruppen pflegen ■ Zentrale Einstellungen zum Cockpit vornehmen

Tabelle 1.17 Standard-Apps des SAP HANA Cockpits

Die ins SAP HANA Cockpit eingebundenen SAP-HANA-Datenbanken erreichen Sie in der Einstiegsseite des SAP HANA Cockpits über die App **Database Directory**. Darin sind alle eingebundenen Systeme aufgelistet. Alternativ rufen Sie die Kachel einer Ressourcengruppe auf, der Ihr Cockpit-Benutzer zugeordnet ist. Die eingebundenen Systeme werden zeilenweise aufgelistet (Abbildung 1.77). Hier können Sie den Systemen die Benutzerkonten zuordnen, mit denen Sie auf die jeweiligen Datenbanken zugreifen können. Klicken Sie hierfür auf `Enter Credentials`, und geben Sie Benutzername und Kennwort ein. Ist zu einem System kein Benutzer hinterlegt, erfolgt die Anmeldung nach Auswahl des Systems. Benutzer und Kennwort sind dann bei jedem Aufruf einzugeben.

Zu einer HANA-Datenbank gelangen Sie, indem Sie in der Spalte **Database** auf den Systemnamen klicken. Es wird der **Database Overview** angezeigt (siehe Abbildung 1.78). Von hier aus erreichen Sie fast alle Funktionen zur Verwaltung der Datenbank. Es werden nur die Kacheln für die Funktionen angezeigt, für die Sie die Berechtigungen besitzen. Für die meisten Funktionen sind lesende Berechtigungen ausreichend. Für einige werden jedoch administrative Berechtigungen vorausgesetzt.

1 Umgang mit dem SAP-System und Werkzeuge zur Prüfung

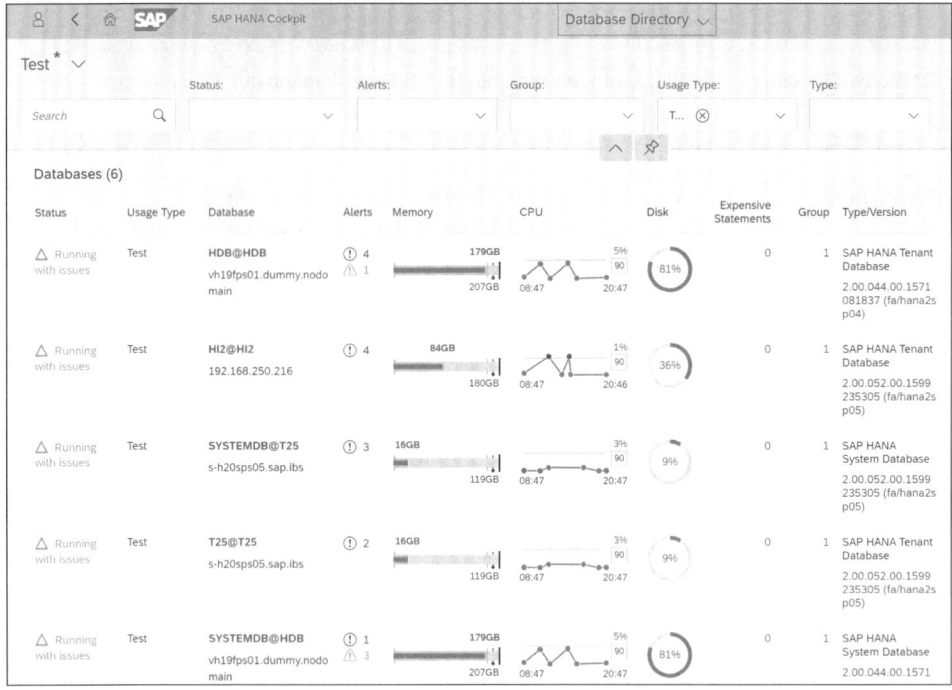

Abbildung 1.77 Systeme im Database Directory

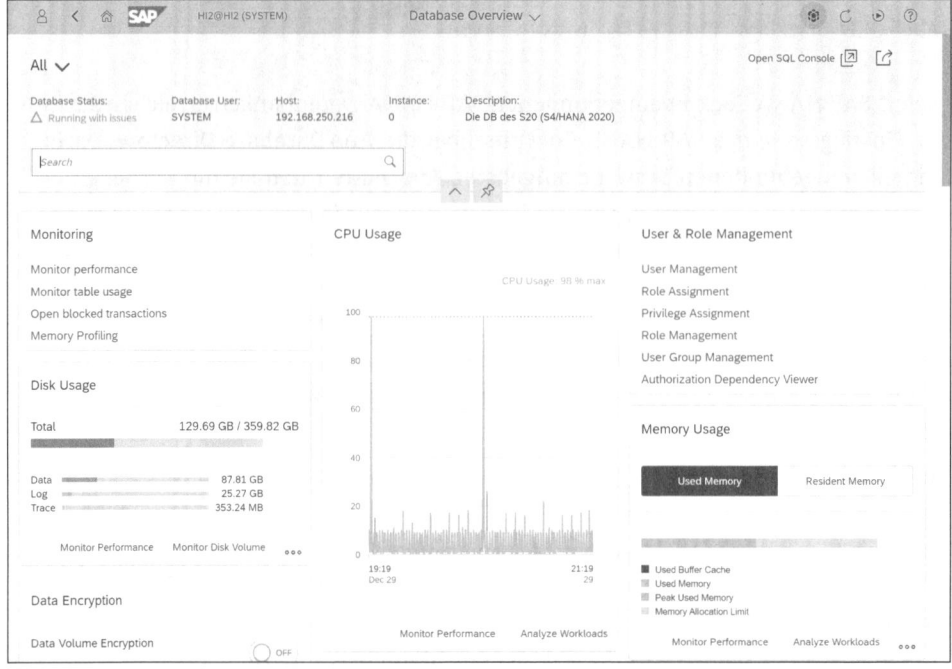

Abbildung 1.78 Verwaltungsoberfläche einer Datenbank

1.12 Zugriff auf SAP HANA für Prüfer

Vom **Database Overview** aus wird auch der *SAP HANA Database Explorer* aufgerufen. Klicken Sie dazu auf die Schaltfläche [Open SQL Console]. Auf der Einstiegsseite des SAP HANA Cockpits wählen Sie zum Öffnen die Kachel **Database Explorer** aus.

Der Database Explorer stellt verschiedene Funktionen zur Verfügung, erforderliche Berechtigungen jeweils vorausgesetzt, u. a.:

- eine SQL-Konsole zur Nutzung aller SQL-Statements für die eingebundenen Datenbanken
- ein SQL-Debugger
- das Ausführen von SQL-Querys im Hintergrund
- ein SQL-Analyzer zur Analyse der Performance von SQL-Statements, Prozeduren und Funktionen
- die Anzeige von Katalogen mitsamt allen enthaltenen Objekten
- Import und Export von Katalogobjekten
- Anzeige und Pflege von Remote Sources
- Anzeige und Download von Trace-Dateien

Abbildung 1.79 zeigt die Oberfläche des SAP HANA Database Explorers. Im linken oberen Bereich ❶ werden die eingebundenen Systeme angezeigt.

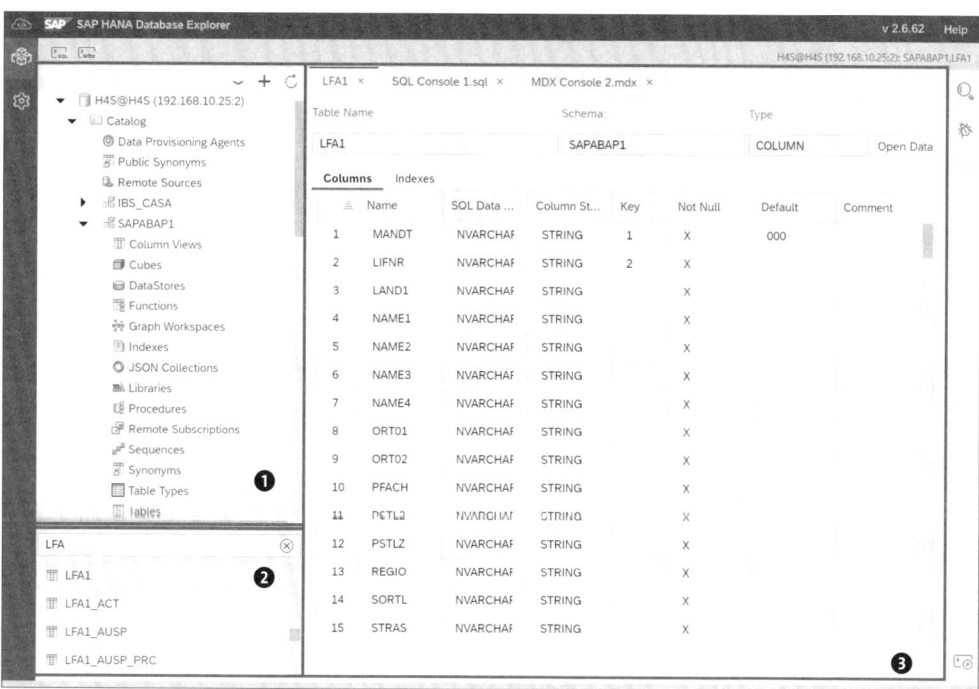

Abbildung 1.79 Oberfläche des SAP HANA Database Explorers

1 Umgang mit dem SAP-System und Werkzeuge zur Prüfung

Zu jedem System sind die existierenden Kataloge mit ihren Objekten zu sehen. Wird ein Objekttyp ausgewählt, wie hier z. B. der Objekttyp **Tables** zum Katalog **SAPABAP1**, werden dessen Objekte im linken unteren Bereich ❷ angezeigt, in unserem Beispiel entsprechend die Tabellen dieses Katalogs. Nach der Auswahl eines Objekts wiederum werden dessen Eigenschaften im rechten Bereich ❸ dargestellt.

Abbildung 1.80 zeigt die Oberfläche des *SQL-Editors*. Im rechten oberen Bereich ❹ werden die *SQL-Statements* eingetragen. Im darunterliegenden Bereich ❺ wird das Ergebnis dargestellt. Sie führen das Statement durch Drücken der Taste [F8] oder mit der Schaltfläche aus. Um die SQL-Anweisung lesbar zu formatieren, nutzen Sie die Schaltfläche **Format Code**.

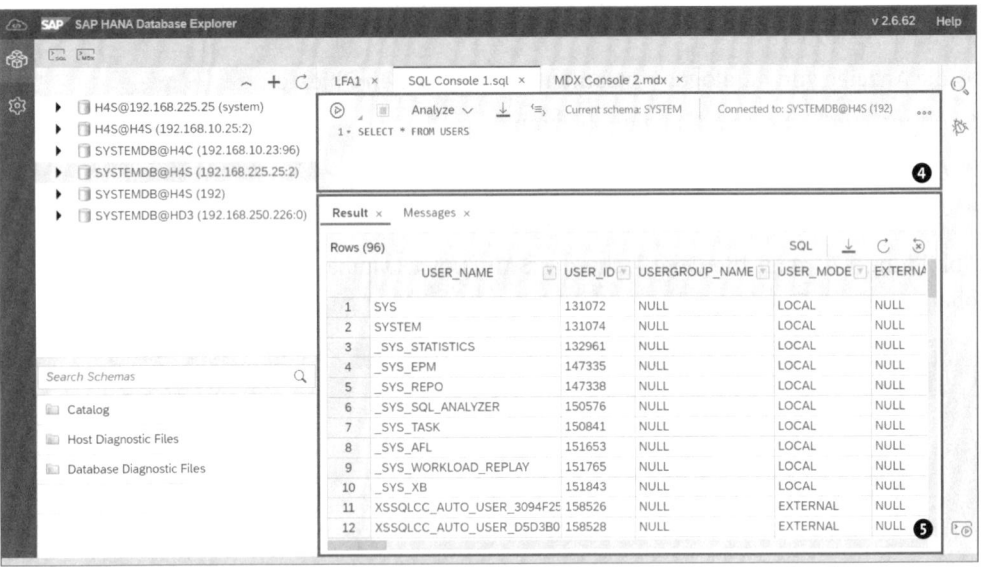

Abbildung 1.80 SQL-Editor im SAP HANA Database Explorer

Mit der Schaltfläche **Download** exportieren Sie die Ergebnisse der SQL-Anweisung. Der Download erfolgt im Textformat in eine **.csv**-Datei. Im Fenster **Download Table to CSV File** können Sie das Trennzeichen (**Delimiter**) auswählen, siehe Abbildung 1.81.

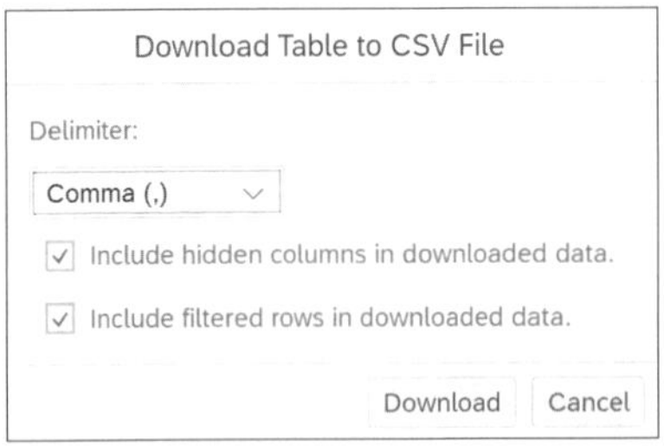

Abbildung 1.81 Download von Tabellen aus SAP HANA

Nach dem Download wird Ihnen unten links im SAP HANA Cockpit die Schaltfläche mit dem Namen der Datei angezeigt, standardmäßig **data (##).csv**, z. B. data (16).csv. Klicken Sie auf den Dateinamen, um die Datei zu öffnen.

1.12.3 Skriptgesteuerter Export von Daten aus der SAP-HANA-Datenbank

Fast alle Prüfungsschritte im Rahmen einer SAP-HANA-Prüfung können durch die Sichtung von Tabellen abgebildet werden. Auch wenn Sie als Prüfer selbst keinen Zugriff auf die SAP-HANA-Datenbank haben, können Sie doch mit wenig Aufwand ein Skript zum Export von Tabellen erstellen, mit dem ein Administrator diese dann extrahieren kann. Zum skriptgesteuerten Export können Sie das Programm hdbsql nutzen, das auf dem Unix-Server der SAP-HANA-Datenbank standardmäßig installiert ist und zu dem auch eine Windows-Installation erhältlich ist.

Das Programm hdbsql rufen Sie folgendermaßen auf:

```
hdbsql -n <host>[:<port>] -i <Instanz-Nr.> -u <Benutzername>
```

Auf dem Datenbankserver selbst erfolgt der Aufruf folgendermaßen (das SAP-HANA-Benutzerkonto ist hier der Benutzer TTIEDE):

```
hdbsql -n localhost -i 00 -u ttiede
```

Von einem anderen Rechner aus erfolgt der Aufruf mit der Angabe des Datenbankhosts, z. B.:

```
hdbsql -n 192.168.250.216 -i 00 -u ttiede
```

Über dieses Programm können Sie die Ausgabe von SQL-Befehlen in eine Datei umleiten, was den Export der Daten ermöglicht. Hierzu gehen Sie folgendermaßen vor:

1. Setzen Sie den folgenden Schalter, um die Daten in festen Feldlängen mit dem Trennzeichen »|« auszugeben:

    ```
    \al on;
    ```

2. Geben Sie den Namen der Datei an, in die die nachfolgende Ausgabe umgeleitet werden soll (Syntax: \o <Dateiname, eventuell inklusive Pfadangabe>):

    ```
    \o out_users.txt;
    ```

3. Verwenden Sie den SELECT-Befehl zum Auslesen einer Tabelle:

    ```
    select * from users;
    ```

Um mehrere Tabellen auszugeben, gehen Sie die Schritte 2 und 3 für jede Tabelle an. Die Ausgabe in nur einer Datei ist nicht praktikabel, da die verschiedenen Tabellen keinen gleichen Aufbau haben. Ein Skript zum Auslesen der maßgeblichen Tabellen für eine Prüfung von SAP HANA hat den in Listing 1.1 gezeigten Aufbau.

```
\al on;
\o out_users.txt;
select * from USERS;
\o out_user_parameters.txt;
select * from USER_PARAMETERS;
\o out_usergroups.txt;
select * from USERGROUPS;
\o out_usergroup_parameters.txt;
select * from USERGROUP_PARAMETERS;
\o out_remote_users.txt;
select * from REMOTE_USERS;
\o out_roles.txt;
select * from ROLES;
\o out_priv.txt;
select * from PRIVILEGES;
\o out_groles.txt;
select * from GRANTED_ROLES;
\o out_gpriv.txt;
select * from GRANTED_PRIVILEGES;
\o out_inifiles.txt;
select * from M_INIFILE_CONTENTS;
\o out_inifiles_history.txt;
select * from M_INIFILE_CONTENT_HISTORY;
\o out_database.txt;
select * from M_DATABASE;
\o out_pwblacklist.txt;
select * from _SYS_SECURITY._SYS_PASSWORD_BLACKLIST;
\o out_audpol.txt;
select * from AUDIT_POLICIES;
\o out_passpol.txt;
select * from M_PASSWORD_POLICY;
\o out_remote_conn.txt;
select * from M_REMOTE_CONNECTIONS;
\o out_persis_enc_status.txt;
select * from M_PERSISTENCE_ENCRYPTION_STATUS;
\o out_inv_conn_attempts.txt;
select * from INVALID_CONNECT_ATTEMPTS;
```

Listing 1.1 Skript zum Auslesen der Tabellen für eine Prüfung von SAP HANA

Die so erzeugten **.txt**-Dateien können mit jedem Programm weiterverarbeitet und ausgewertet werden.

Kapitel 2
Aufbau von SAP-Systemen und Systemlandschaften

Um die System- und Mandantenstruktur eines SAP-Systems prüfen zu können, müssen Sie sich mit den wesentlichen Komponenten eines solchen Systems auskennen. Lesen Sie dazu dieses Kapitel.

Im Zuge einer Prüfung ist es relevant, sich über die System- und Mandantenstruktur zu informieren. Damit Sie dazu in der Lage sind, führe ich Sie in diesem Kapitel in den Aufbau eines SAP-Systems mit seinen technischen und fachlichen Komponenten ein. Auch die für SAP-Systeme typische Drei-System-Landschaft lernen Sie in diesem Kapitel kennen. Relevant für Prüfungen sind auch die Unterschiede zwischen SAP ERP und SAP S/4HANA, deren Systemspezifika ich hier aufzeige.

Je nach Risikobetrachtung ist es erforderlich, nicht nur den Produktivmandanten zu prüfen, sondern auch andere Mandanten und Systeme. In Abschnitt 2.5, »Sicherheit im Mandanten 000«, finden Sie etwa spezielle Sicherheitsaspekte für den Mandanten 000. Das gilt natürlich auch für alle weiteren eventuell noch existierenden Mandanten. Die Prüfungen, die ich in diesem Abschnitt zeige, stellen die Grundlage für die Sicherheit der Systemlandschaft und der Mandanten dar.

2.1 SAP NetWeaver und SAP-Komponenten

Bereits mit SAP-R/3-Release 4.7 ist eine Trennung zwischen der Basiskomponente eines SAP-Systems und den Anwendungskomponenten eingeführt worden. So verwendete die Basiskomponente von SAP R/3 4.7 die Version 6.20. Diese Konzeption sollte eine einheitliche Plattform für die verschiedenen SAP-Komponenten und teilweise auch Nicht-SAP-Komponenten schaffen. Im Nachfolgerelease von SAP R/3 4.7 wurde das Kürzel »R/3« gestrichen, und die technische Basis und die Anwendungskomponenten wurden konsequent voneinander getrennt. Die technische Basis, die u. a. die »alte« SAP-R/3-Basis enthält, erhielt die Bezeichnung *SAP NetWeaver*. SAP NetWeaver ist ein eigenständiges Produkt und beinhaltet keine der betriebswirtschaftlichen Komponenten aus SAP R/3. Diese Komponenten wurden ebenfalls zu einem eigenständigen Produkt mit der Bezeichnung *SAP ERP* zusammengefügt. Die erste Version von SAP ERP Central Component (SAP ECC) war SAP ECC 5.0; danach folgte SAP ECC 6.0. Der Nachfolger von SAP ERP ist *SAP S/4HANA*. Diese Lösung kann ausschließlich mit der SAP-eigenen Datenbank *SAP HANA* betrieben werden.

2.1.1 Komponenten von SAP NetWeaver

SAP NetWeaver als technische Integrationsplattform besteht ebenfalls aus verschiedenen Komponenten, die Sie in Abbildung 2.1 sehen. Sie sind den Bereichen *People Integration*, *Information Integration*, *SAP Process Integration* (*SAP PI*) und *Application Integration* zugeordnet. Diese Komponenten stelle ich im Folgenden kurz vor:

- **SAP NetWeaver Application Server (SAP NetWeaver AS)**
  Der SAP NetWeaver AS ist Bestandteil jeder SAP-NetWeaver-basierten SAP-Installation. Als zentrale Ausführungseinheit stellt er eine Laufzeitumgebung für ABAP- und/oder für Java-Anwendungen zur Verfügung. Abhängig von der Art des installierten SAP-Systems stehen hier entweder nur der sogenannte *ABAP-Stack*, der *Java-Stack* oder aber beide Stacks zur Verfügung.

- **SAP Enterprise Portal**
  SAP Enterprise Portal ist ein eigenständiges, Java-basiertes System. Neben dem zentralen Zugriff auf angeschlossene SAP- und Nicht-SAP-Systeme stellt es auch Daten (Wissen) und Anwendungen zentral zur Verfügung. Zusätzlich können sich hier Benutzer in virtuellen Räumen, sogenannten *Collaboration Rooms*, organisieren, um Daten und Informationen auszutauschen. SAP Enterprise Portal deckt also Teile der Bereiche People Integration und Information Integration ab. Der Einsatz dieses Systems ist optional.

- **SAP Process Integration (SAP PI)**
  SAP Process Integration ist ein eigenständiges, sowohl Java- als auch ABAP-basiertes SAP-System (Dual-Stack-Installation). Seit Release 7.3 kann SAP PI auch als reine Java-Anwendung betrieben werden. Aber erst seit Release 7.50 deckt der Java-Teil auch den vollen Umfang des ABAP-Stacks mit ab. SAP PI kann außerdem in *SAP Process Orchestration* (SAP PO) integriert werden. Es dient als technisches Schnittstellensystem, um Daten zwischen SAP- und Nicht-SAP-Systemen auszutauschen. Die integrierte Komponente *Integration Broker* ermöglicht die Anbindung und Kommunikation der beteiligten Anwendungen und Produkte bzw. die Umsetzung der modellierten Geschäftsprozesse. Der Einsatz dieses Systems ist optional.

- **SAP Business Warehouse (SAP BW)**
  Mit SAP BW steht u. a. eine integrierte Oberfläche für Modellierung, Datenbereitstellung sowie für Reporting- und Analyseprozesse zur Verfügung. Es können also zentral SAP- und Nicht-SAP-Daten zusammengeführt und ausgewertet werden. Als Bestandteil von SAP NetWeaver ist SAP BW zwar integraler Bestandteil jeder

ABAP-basierten SAP-Installation, wird hier in der Regel jedoch nicht eingesetzt, sondern als separates System aufgesetzt. SAP BW bildet also einen Teil der Information Integration ab. Der Einsatz dieser Komponente ist optional.

- **SAP Solution Manager**
  Der SAP Solution Manager ist ein eigenständiges Java- und ABAP-basiertes SAP-System. Der SAP Solution Manager dient der zentralen Wartung aller SAP-Systeme. Er ermöglicht die Implementierung, den Betrieb, die Überwachung und die Unterstützung von SAP-Lösungen im Unternehmen. Der gesamte Softwarelebenszyklus kann also über dieses System abgewickelt werden. Der Umfang der genutzten Funktionen ist in den Unternehmen jedoch sehr unterschiedlich. Innerhalb der in Abbildung 2.1 unterschiedenen Bereiche kann die Funktion des SAP Solution Managers als übergreifend betrachtet werden. Der Einsatz dieses Systems ist obligatorisch.

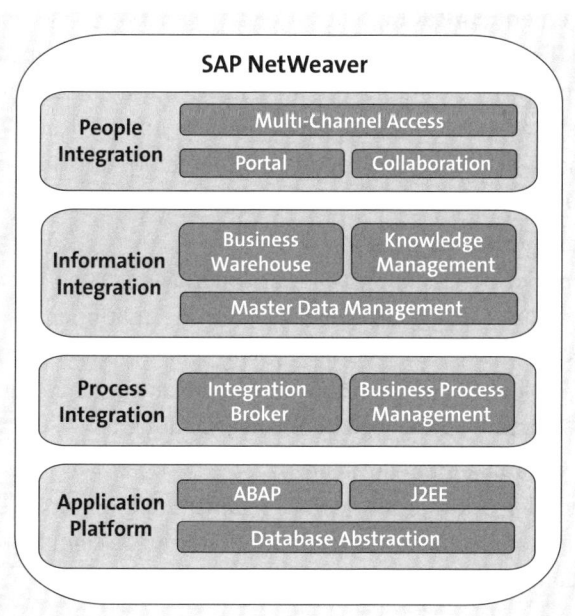

Abbildung 2.1 Komponenten von SAP NetWeaver

2.1.2 Komponenten der SAP Business Suite

Die *SAP Business Suite* besteht aus einer Sammlung integrierter Anwendungen, mit deren Hilfe die Prozesse eines Unternehmens abgebildet werden. Nicht bei allen Unternehmen sind sämtliche enthaltenen Komponenten im Einsatz.

Die folgenden Kernanwendungen der SAP Business Suite werden jeweils in separaten SAP-Systemen implementiert:

- **SAP Enterprise Resource Planning (SAP ERP)**
  Im SAP-ERP-System werden die zentralen Prozesse eines Unternehmens abgebildet. Dazu gehören die Lösungen Financials (FI, Finanzwesen), SAP ERP Human Capital Management (SAP ERP HCM, Personalwesen), Operations (Logistik) und Corporate Services. In der Praxis wird jedoch im Allgemeinen aufgrund der Kritikalität der Daten ein eigenes SAP-System genutzt, um den Bereich SAP ERP HCM abzubilden.

- **SAP Customer Relationship Management (SAP CRM)**
  Das SAP-CRM-System bietet Unterstützung bei der Verwaltung der Kundenbeziehungen. Hier werden erweiterte Funktionen, beispielsweise für den Vertrieb oder das Marketing, geboten, so auch die Einbindung von Zugriffskanälen, wie z. B. dem *Interaction Center*. Aufgrund der zumeist umfänglichen Kundendaten ist das System als sehr sicherheitsrelevant einzustufen.

- **SAP Supply Chain Management (SAP SCM)**
  Das SAP-SCM-System soll die logistischen Prozesse transparent abbilden und optimieren. Dies bezieht sich sowohl auf interne als auch auf externe Prozesse über die eigenen Unternehmensgrenzen hinweg. SAP SCM basiert auf Funktionen für die Planung und Zusammenarbeit mit den Kunden und Zulieferern und der Koordination aller logistischen Aktivitäten.

- **SAP Product Lifecycle Management (SAP PLM)**
  Das SAP-PLM-System dient der Bereitstellung aller erforderlichen Daten für den gesamten Produktlebenszyklus. Dazu gehören beispielsweise Funktionen für die Steuerung der zugehörigen Projekte, die Anbindung von CAD-Systemen (CAD = Computer-Aided Design), Dokumenten- und Stücklistenverwaltung, Änderungswesen und Variantenkonstruktion sowie begleitende Kalkulationen.

- **SAP Supplier Relationship Management (SAP SRM)**
  Das SAP-SRM-System dient der Optimierung von Geschäftsszenarien im Bereich der Beschaffung. Es stellt beispielsweise Funktionen für den strategischen Einkauf unter Einbeziehung der Lieferantenbeziehungen zur Verfügung.

2.1.3 Komponenten von SAP S/4HANA

SAP S/4HANA ist der Nachfolger der SAP Business Suite. Als Datenbank wird bei diesem System SAP HANA genutzt. Andere Datenbanken werden nicht unterstützt. SAP S/4HANA ist in verschiedenen Varianten verfügbar:

- On-Premise
- als Private Cloud in der SAP HANA Enterprise Cloud
- in der Public Cloud
- als Hybridvariante

Die Geschäftsprozesslogik von SAP ERP wurde weitestgehend übernommen, aber teilweise einem radikalen Neudesign unterworfen. Die Änderungen in SAP S/4HANA im Vergleich zu SAP ERP sind in der frei verfügbaren *Simplification List for SAP S/4HANA* aufgeführt (siehe Abschnitt 10.2.1, »Simplification List for SAP S/4HANA«). Die Simplification List wird für jedes Release und jedes Feature Pack Stack (FPS) von SAP S/4HANA neu ausgeliefert. Die Nummer eines neuen SAP-S/4HANA-Release wurde bis 2019 jeweils nach dem Schema <Jahr><Monat> aufgebaut. SAP S/4HANA 1909 wurde somit im September 2019 veröffentlicht. Ab 2020 erhalten die S/4HANA-Versionen die jeweilige Jahreszahl ihres Veröffentlichungsdatums, also z. B. SAP S/4HANA 2020.

SAP S/4HANA basiert weiterhin auf dem ABAP-Stack. Daher gelten alle Sicherheitsaspekte, die ich in diesem Buch für den ABAP-Stack behandle, auch für den Betrieb von SAP S/4HANA.

Mit der Einführung von SAP S/4HANA hat SAP auch ein Redesign seiner ERP-Komponenten verbunden. Bedingt durch die aktuelle Cloudstrategie sind eine Vielzahl von Geschäftsprozessen nur noch als Cloudanwendung verfügbar. Zu den wesentlichen Cloudkomponenten gehören SAP Ariba, SAP SuccessFactors, SAP Fieldglass, SAP Concur und SAP Integrated Business Planning for Supply Chain.

2.1.4 Nicht mehr unterstützte Komponenten in SAP S/4HANA

SAP S/4HANA unterstützt nicht mehr alle Komponenten von SAP ERP. Der *SAP Readiness Check* für SAP S/4HANA zeigt auf, welche SAP-ERP-Komponenten durch welche SAP-S/4HANA-Komponenten abgelöst werden (Simplification Item Catalog) und welche Komponenten nicht mehr unterstützt werden.

Der Großteil der nicht mehr unterstützten Komponenten ist im Kompatibilitätsmodus noch bis zum 31.12.2025 verfügbar. Eine Auflistung dieser Komponenten gibt die Kompatibilitätsumfangsmatrix (*Compatibility Scope Matrix*) wieder. Diese erhalten Sie als Anlage zum SAP-Hinweis 2269324. Hierin sind die *Compatibility Packs* aufgelistet, welche die Funktionen zur Verfügung stellen und den Umstieg von SAP ERP auf SAP S/4HANA erleichtern. Da SAP S/4HANA offiziell nicht der Nachfolger von SAP ERP ist, sondern ein eigenständiges, neues Produkt, werden verschiedene Komponenten anders lizenziert.

Ein Beispiel für Compatibility Packs zeigt Abbildung 2.2. In SAP ERP sind hier SAP HCM sowie verschiedene Industrielösungen (Industry Solutions, IS) installiert. Da SAP HCM und einige Industrielösungen in SAP S/4HANA nicht mehr verfügbar sind, können diese nur noch als Compatibility Packs genutzt werden. Dies bedeutet, dass bis zum 31.12.2025 auf alternative Komponenten wie SAP SuccessFactors gewechselt werden muss.

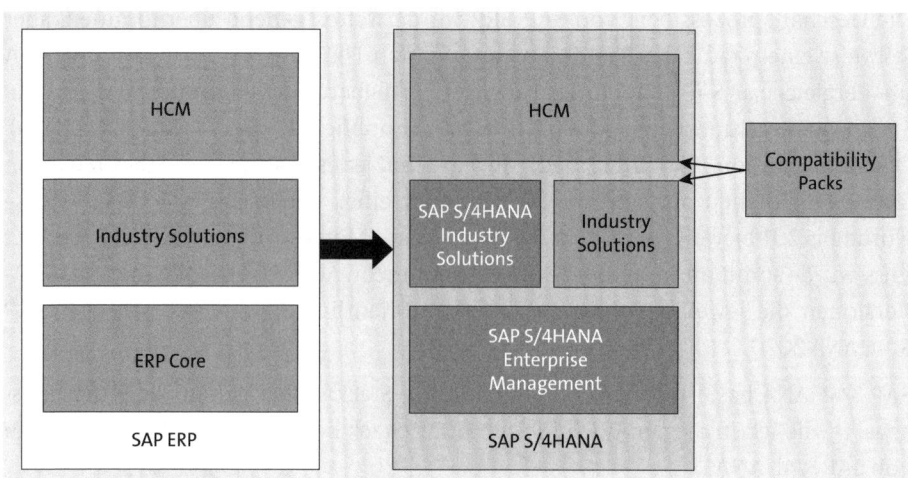

Abbildung 2.2 Compatibility Packs in SAP S/4HANA

Die Kompatibilitätsumfangsmatrix stellt den ERP-Komponenten die Compatibility Packs gegenüber. Zur Ablösung der Compatibility Packs nach dem 31.12.2025 trifft SAP in der Dokumentation zur Kompatibilitätsumfangsmatrix folgende Aussage (Datei **S4HANA Compatibility Packs Presentation.pdf**):

> A new SAP S/4HANA solution may be developed and may be made available before the end of 2025. Either as part of SAP S/4HANA Enterprise Management or as a complete (or part of a) new SAP S/4HANA solution that would have to be separately licensed.

Abbildung 2.3 zeigt einen Ausschnitt aus der Kompatibilitätsumfangsmatrix.

SAP S/4HANA Compatibility Scope Matrix (Expiration Date: December 31, 2025)		
Material Codes	Classical Solutions Name	SAP S/4HANA Compatibility Pack Solutions*
Part 1: Universal Compatibility Packs		
7002928	SAP Payroll Processing for Non-profit Organizations	CP-SAP Payroll Processing for Non-profit Organizations
7009037	SAP EHS Management: product and REACH compliance	CP-SAP EHS Management: product and REACH compliance
7009233	SAP Remote Logistics Management for Oil&Gas	CP-SAP Remote Logistics Management for O&G
7009240a, b	SAP Merchandising for Retail	CP-SAP Merchandising for Retail-U**
7009814	SAP Financial Closing cockpit	CP-SAP Financial Closing cockpit
7010164	SAP Payment Engine	CP-SAP Payment Engine
7010170	SAP EHS Management, product safety	CP-SAP EHS Management, product safety
7011057	SAP Bank Communication Management, option for multisystem payment consolidation	CP-SAP Bank Communication Management, option for multisystem payment consolidation
7011091	SAP Common Area Maintenance Expense Recovery	CP-SAP Common Area Maintenance Expense Recovery
7012023	SAP Service Station Retailing for O&G	CP-SAP Service Station Retailing for O&G
7015835	SAP SAP Enterprise Integration for Work Manager mobile app	CP-SAP Enterprise Integration for Work Manager mobile app **
7016033	SAP Tax Classification and Reporting	CP-SAP Tax Classification and Reporting
7016118	SAP Enterprise Integration for Inventory Manager mobile app	CP-SAP Enterprise Integration for Inventory Manager mobile app **

Abbildung 2.3 Auszug aus der Kompatibilitätsumfangsmatrix

2.1.5 Checkliste

In Tabelle 2.1 finden Sie die Checkliste mit den prüfungsrelevanten Fragestellungen zu SAP NetWeaver und den SAP-Komponenten.

Risiko	Fragestellung
	Vorgabe oder Erläuterung
3	Welche SAP-Komponenten sind installiert?
	Informativer Punkt für nachfolgende Prüfungen. Einzelne Aspekte der Sicherheit können je nach eingesetzten Komponenten variieren.
3	Ist das abzusichernde bzw. zu prüfende System ein SAP-ERP- oder ein SAP-S/4HANA-System?
	Informativer Punkt für nachfolgende Prüfungen. Einzelne Aspekte der Sicherheit können je nach eingesetztem System variieren.

Tabelle 2.1 Checkliste zu SAP NetWeaver und SAP-Komponenten

Wie Sie die einzelnen Punkte praktisch am SAP-System prüfen können, erfahren Sie in Abschnitt 2.1 des Dokuments **Tiede_Checklisten_Sicherheit_und_Pruefung.pdf**, das Sie im Downloadbereich dieses Buches unter *www.sap-press.de/5145* finden.

2.2 Technischer Aufbau von SAP-Systemen

Zur Prüfung eines SAP-Systems ist auch das Wissen über dessen technischen Aufbau erforderlich. So sind teilweise datenbankspezifische Sicherheitsaspekte auch im ABAP-Stack zu beachten. Des Weiteren ist z. B. zur Prüfung von Systemparametern das Wissen um die Instanzen des betreffenden Systems relevant. In den folgenden Abschnitten habe ich Ihnen diese Informationen zusammengestellt.

2.2.1 Applikations- und Datenbankserver

Ein SAP-System besteht aus der Applikation SAP NetWeaver und der darunter liegenden Datenbank. Welche Datenbank eingesetzt wird, können Sie über den Menüpfad **System • Status** ermitteln. Im Bereich **Datenbankdaten** wird die Datenbank angegeben. HDB steht z. B. für die SAP-HANA-Datenbank (siehe Abbildung 2.4). Bei kleineren Installationen können sowohl die Datenbank als auch SAP NetWeaver auf einem einzigen Server installiert sein.

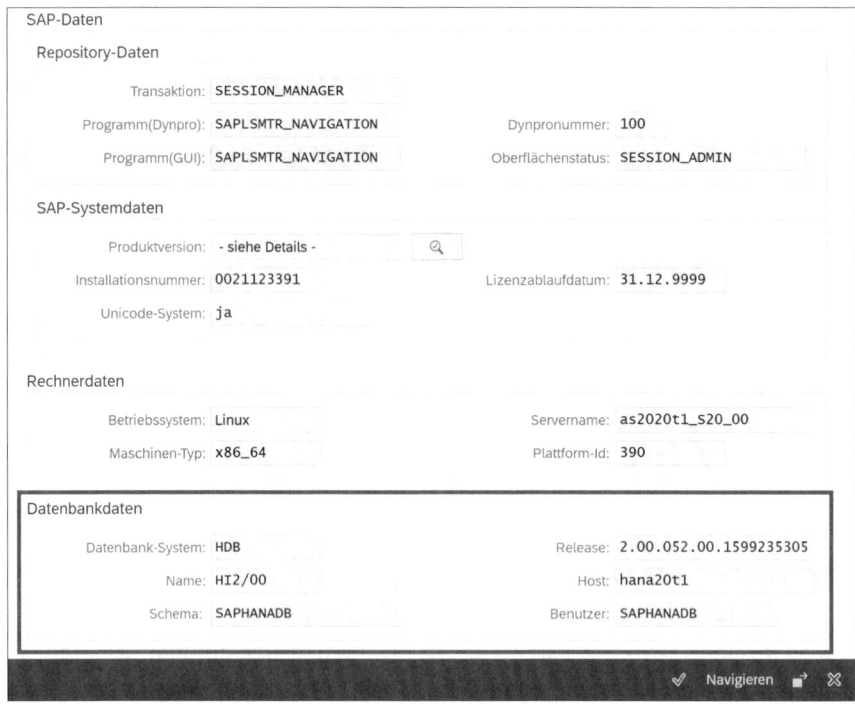

Abbildung 2.4 Das Statusfenster

Bei größeren Systemen werden die Datenbank und SAP NetWeaver auf getrennten Servern installiert. Der Server, auf dem die Datenbank läuft, wird *Datenbankserver* genannt; der Server, auf dem das SAP-System läuft, wird *Applikations-* oder *Anwendungsserver* genannt.

Berechtigung für das Statusfenster

Seit SAP NetWeaver Release 7.53 ist eine Berechtigung auf dem Berechtigungsobjekt S_SYS_INFO (Anzeigeberechtigung für Systeminformationen) erforderlich, um die Informationen im Statusfenster anzuzeigen. Folgende Informationen können einzeln im Feld INFO berechtigt werden:

- DB: Datenbankdaten
- HOST: Rechnerdaten
- KERNEL: Absprung 'Weitere Kernelinfo'
- SYSTEM: SAP-Systemdaten (z. B. die Komponentenversionen)
- USER: Benutzungsdaten

Um Informationen zur Datenbank und zum Betriebssystem einzusehen, sind somit die Werte DB, HOST und KERNEL erforderlich. Zur Anzeige der installierten Komponenten wird der Wert SYSTEM benötigt.

Bei großen Installationen ist es erforderlich, das SAP-System auf mehrere Server zu verteilen. Die Anwendung kann auf mehrere Server verteilt werden, sodass ein SAP-System aus einem Datenbankserver und mehreren Applikationsservern besteht.

2.2.2 SAP-Fiori-Frontend-Server und SAP-Backend-System

Beim Einsatz von SAP S/4HANA werden SAP-Fiori-Apps als zentrale Oberfläche für Endanwender verwendet. Fiori-Apps werden über das *SAP Fiori Launchpad* aufgerufen. Vom SAP Fiori Launchpad greift der Benutzer nicht auf das SAP-S/4HANA-System zu. Die SAP-Fiori-Systemlandschaft ist so konstruiert, dass vor dem SAP-S/4HANA-System ein *Frontend-Server* aufgebaut wird: SAP NetWeaver, das auf einer beliebigen Datenbank basiert. Das SAP Fiori Launchpad greift auf diesen Frontend-Server zu. Hier sind die Benutzer eingerichtet, und es findet die Authentifizierung statt. Auf dem Frontend-Server werden dem Benutzer die Berechtigungen für die Apps zugeordnet.

Die eigentlichen Geschäftsprozesse laufen in S/4HANA, das als Backend-System fungiert. Auch im *Backend-System* sind die Benutzerkonten angelegt, mit identischem Namen wie im Frontend. Beide Systeme sind über Trusted RFC (tRFC) miteinander verbunden (zu tRFC siehe auch Abschnitt 5.3, »Trusted Systems«) miteinander verbunden. Eine explizite Authentifizierung des Benutzers an das S/4HANA-Backend ist nicht erforderlich. Abbildung 2.5 zeigt den Aufbau einer SAP-Fiori-Systemlandschaft.

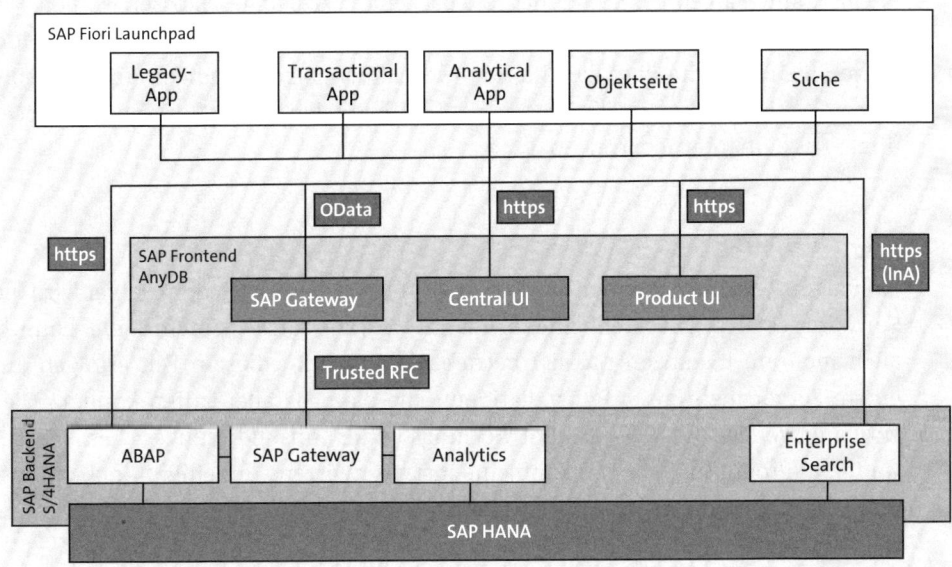

Abbildung 2.5 SAP-Fiori-Frontend-Server und Backend-System

Die Kommunikation zwischen dem Client, auf dem die Fiori-App läuft, und dem SAP-Backend-System wird durch das *SAP NetWeaver Gateway* (GW) bereitgestellt. Damit der GW-Service funktioniert, ist ein SAP-NetWeaver-Gateway-System (der SAP-Fiori-Frontend-Server) erforderlich. Das GW-System ist ein standardisiertes SAP-NetWeaver-System, welches auf dem ABAP-Stack und einer beliebigen Datenbank basiert. Es wickelt die Kommunikation zwischen dem Client und dem Backend ab und verwendet den OData-Service, um die Daten des Backend-Servers bereitzustellen. Des Weiteren nimmt das SAP-Gateway HTTPS-Requests über den OData-Service entgegen. Mit dem NetWeaver-Release 7.51 ist der Frontend-Server bereits im Standard enthalten.

Im Frontend existieren die Benutzerkonten, denen die App-Berechtigungen zugeordnet sind. Auch im Backend-System, dem SAP-S/4HANA-System, sind die Benutzerkonten angelegt, mit identischem Namen wie im Frontend und einer entsprechend passenden Berechtigungsrolle für den Zugriff auf die Geschäftsdaten. Beide Systeme sind über tRFC. Eine explizite Authentifizierung des Benutzers am S/4HANA-Backend ist nicht erforderlich. Im Backend-Server findet man die Geschäftslogik der SAP Business Suite mit der gesamten Datenspeicherung und -verarbeitung.

Der Frontend-Server kann als eigenes System betrieben (*Central Hub Deployment*) oder in das Backend-System integriert werden (*Embedded Deployment*). Die Wahl der Installation hat Auswirkungen auf die Berechtigungsverwaltung und sollte genau überlegt sein. SAP selbst empfiehlt die Verwendung einer Central-Hub-Installation. Bei ihr können an ein Frontend mehrere Backend-Server angeschlossen werden. Die Fiori-Oberfläche wäre damit für alle Server dieselbe. Viele Unternehmen nutzen Fiori für mobile Endgeräte über das Internet, weshalb ein eigenständiges Frontend eine bessere Absicherung darstellt. Die Business Suite mit den Geschäftsdaten sollte nicht direkt aus dem Internet erreichbar sein.

2.2.3 Instanzen

Ein SAP-System kann auf mehrere Server verteilt werden. Auf jedem Server wird die Software gestartet. Dies stellt eine sogenannte *Instanz* dar. Auf einem Server können auch mehrere Instanzen parallel betrieben werden. In diesem Fall erfolgen auf einem Server mehrere SAP-Installationen, die dann parallel laufen können. Dies wird maßgeblich für kleinere Entwicklungs- und Konsolidierungssysteme angewandt. In Produktivsystemen kann eine Instanz meistens mit einem Applikationsserver gleichgesetzt werden. Zu jeder Instanz kann individuell konfiguriert werden, welche Workprozesse auf ihr laufen.

Eine Instanz, auf der alle angebotenen Dienste laufen, wird als *Zentralinstanz* bezeichnet. Werden die Dienste auf verschiedene Instanzen verteilt, spricht man von einem System mit *verteilten Instanzen*. Welche Instanzen innerhalb eines Systems existieren, gibt Tabelle TPFID wieder. Hier sind alle existierenden Instanzen hinterlegt.

Jede Instanz besitzt auf der Betriebssystemebene ein Verzeichnis, in dem die Daten der Instanz gespeichert werden, z. B. Log-Dateien. Besonders zur Prüfung der Zugriffsberechtigungen auf der Betriebssystemebene ist es wichtig zu wissen, welche Instanzen auf welchen Servern existieren, damit alle relevanten Verzeichnisse geprüft werden können. Die Instanzverzeichnisse befinden sich standardmäßig unterhalb des Verzeichnisses **usr/sap/<SID>**. Das Verzeichnis der Instanz trägt auch den Namen der Instanz. Abbildung 2.6 zeigt die Instanzverzeichnisse in Transaktion AL11. Die Installation des SAP-Systems auf der Betriebssystemebene können Sie sich mit dieser Transaktion anzeigen lassen.

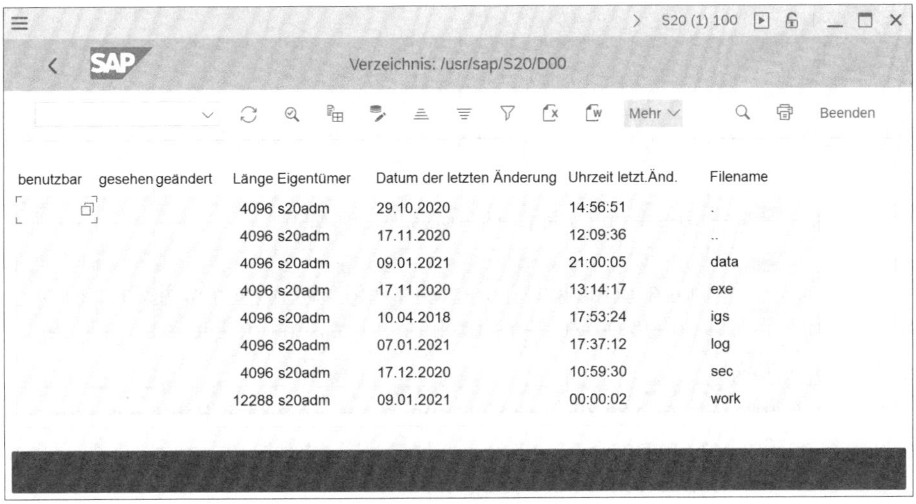
S20 (1) 100
SAP
Verzeichnis: /usr/sap/S20/D00
Mehr
Beenden
benutzbar gesehen geändert Länge Eigentümer Datum der letzten Änderung Uhrzeit letzt.Änd. Filename
4096 s20adm 29.10.2020 14:56:51 .
4096 s20adm 17.11.2020 12:09:36 ..
4096 s20adm 09.01.2021 21:00:05 data
4096 s20adm 17.11.2020 13:14:17 exe
4096 s20adm 10.04.2018 17:53:24 igs
4096 s20adm 07.01.2021 17:37:12 log
4096 s20adm 17.12.2020 10:59:30 sec
12288 s20adm 09.01.2021 00:00:02 work

Abbildung 2.6 Transaktion AL11 – Instanzverzeichnisse

2.2.4 SAP-Prozesse und -Dienste

Alle Applikationsserver eines SAP-Systems bilden eine logisch geschlossene Einheit. Daher müssen die Aufgaben der jeweiligen Server genau definiert werden. Die Aufgaben, die in einem SAP-System anfallen und die auf die einzelnen Applikationsserver verteilt werden müssen, werden *Prozesse* und *Dienste* genannt.

In einem SAP-System mit genau einem Applikationsserver werden diese Prozesse und Dienste von diesem einen Server ausgeführt. Wenn sich die SAP-Anwendung aus mehreren Applikationsservern zusammensetzt, werden sie auf die einzelnen Server verteilt. Mit Transaktion SM50 können Sie einsehen, welche Prozesse aktiv laufen (siehe Abbildung 2.7).

2 Aufbau von SAP-Systemen und Systemlandschaften

	Nr.	Typ	Prozess-ID	Status	Info	Halt	Abbrü...	Gesp....	Ange....	CPU-Zeit	Dauer	Priorität	W-Prio	Programm welches gerade vom WP ausgeführt wird	Man	Benutzer-ID
	0	DIA	120.037	wartet						00:14:02			Niedrig			
	1	DIA	68.680	wartet						00:06:16			Niedrig			
	2	DIA	94.834	wartet						00:03:23			Mittel			
	3	DIA	116.041	wartet						00:00:49			Niedrig			
	4	DIA	25.493	wartet						00:00:14			Niedrig			
	5	DIA	113.375	wartet						00:18:55			Niedrig			
	6	DIA	105.545	läuft						00:01:30		Hoch		CL_SERVER_INFO================CP	100	TTIEDE
	7	DIA	34.185	wartet						00:10:22			Niedrig			
	8	DIA	46.694	läuft						00:18:14		19 Hoch		/1BCDWB/DBTADIR	100	TTIEDE
	9	DIA	44.854	wartet						00:10:10			Niedrig			
	10	UPD	22.981	wartet						00:00:23						
	11	BTC	22.982	wartet						00:04:26						
	12	BTC	22.983	wartet						00:06:03						
	13	BTC	22.984	wartet						00:06:56						
	14	BTC	22.985	wartet						00:20:50						
	15	BTC	22.986	wartet						00:10:04						
	16	BTC	22.987	wartet						00:09:10						
	17	SPO	22.988	wartet						00:03:36						
	18	UPD2	22.989	wartet						00:00:22						

Abbildung 2.7 SAP-Prozesse und -Dienste in Transaktion SM50

Hier können Sie einzelne Instanzen auswählen. Konfiguriert werden die Prozesse pro Instanz mit Transaktion RZ04. Zu den einzelnen Prozessen und Diensten gehören:

- **Dialogprozess**

  Der Dialogprozess nimmt die Anforderungen der laufenden Benutzersitzungen entgegen. Es sind mehrere Dialogprozesse pro SAP-System erforderlich. Auf jeder Instanz laufen mindestens zwei Dialogprozesse.

  Ein Dialogprozess wird nicht genau einem Benutzer zugeordnet. Der Prozess nimmt immer genau eine Anforderung entgegen und wartet dann auf die nächste Anforderung, egal von welchem Benutzer sie ist. Der Dialogprozess wird von der jeweiligen Instanz mit Anforderungen versorgt. Ein Dialogschritt im SAP-System stellt genau eine Bildschirmmaske dar.

- **Verbuchungsprozess**

  Die meisten verändernden Zugriffe auf die Datenbank erfolgen asynchron. Das bedeutet, dass die Daten nicht direkt von einem Dialogprozess in die Datenbank geschrieben, sondern in Tabellen zwischengespeichert werden (siehe Abschnitt 6.1, »Das Prinzip der Verbuchung«). Der Verbuchungsprozess übernimmt die Aufgabe, diese Tabellen auszulesen und die Daten in die Datenbank zu übertragen. Durch dieses Prinzip werden große Performanceverbesserungen erzielt.

- **Enqueue-Prozess/Enqueue-Server**
  Der Enqueue-Prozess stellt die Sperrverwaltung des SAP-Systems dar. Innerhalb eines SAP-Systems kann es nur einen einzigen Enqueue-Prozess geben, was häufig bei älteren ABAP-Systemen so konfiguriert wurde. Als *Enqueue-Server* kann er in einer eigenen Instanz installiert werden. Als Standalone-Enqueue-Server bildet er zusammen mit dem Message-Server die *ASCS-Instanz* (ABAP Server Central Services). Durch Einrichtung eines *Enqueue Replication Servers* kann er hochverfügbar ausgelegt werden.

  Der Enqueue-Prozess verwaltet die Sperrtabelle. Bearbeitet ein Benutzer z. B. den Stammsatz eines Debitors, wird in der Tabelle ein Eintrag vom Enqueue-Prozess vorgenommen, dass dieser Datensatz gesperrt ist. Versucht ein zweiter Benutzer, denselben Debitor zu bearbeiten, gibt der Enqueue-Prozess auf diese Anforderung eine negative Antwort, und der Benutzer erhält die Fehlermeldung »Debitor XXXX durch Benutzer XXXX gesperrt«. Somit werden Inkonsistenzen in der Datenbank vermieden. Das Entsperren einer logischen Tabelle oder eines logischen Datensatzes übernimmt der *Dequeue-Prozess*.

  Diese Sperre ist eine rein logische Sperre; es werden von diesem Prozess keine Tabellen in der Datenbank gesperrt. So ist es durch einen direkten Zugriff auf die Datenbanktabellen möglich, einen Datensatz zu ändern, der über das SAP-System durch den Enqueue-Prozess gerade gesperrt ist. Daher müssen Sie insbesondere bei der ABAP-Programmierung darauf achten, dass keine direkten Tabellenänderungen »am Sperrprozess vorbei« vorgenommen werden.

- **Batchprozess**
  Der Batchprozess ist zuständig für die Hintergrundverarbeitung. Wiederkehrende Aufgaben, die keiner Dialogeingabe bedürfen, sollten im Hintergrund ausgeführt werden. Sie werden als *Jobs* eingeplant. Diese Jobs können von einem Benutzer ereignisgesteuert oder zu einem bestimmten Zeitpunkt ausgeführt werden. Auf jeder Instanz können mehrere Batchprozesse gestartet werden.

- **Message-Server**
  Der Message-Server ist für die Kommunikation der verschiedenen Instanzen untereinander verantwortlich. In jedem SAP-System gibt es genau einen Message-Server-Dienst, der auf der ASCS-Instanz (ABAP Server Central Services) läuft. Im Wesentlichen ist der Message-Server für das Routen von Mitteilungen zwischen den Servern verantwortlich. Bei diesen Mitteilungen kann es sich z. B. um das Starten von Batch-Jobs, das Starten einer Verbuchung oder um Enqueue- oder Dequeue-Prozesse handeln. Er übernimmt auch die Lastverteilung bei Anmeldungen über SAP GUI und RFC mit Logon-Gruppen.

- **Gateway**
  Das Gateway (vormals SAP NetWeaver Gateway) übernimmt die Kommunikation zwischen Anwendungen auf verschiedenen SAP-Systemen oder zu Nicht-SAP-

Systemen über das Protokoll *Transmission Control Protocol/Internet Protocol* (TCP/IP). Er ist auch zuständig für die Protokolle *Remote Function Call* (RFC) und *Common Programming Interface for Communications* (CPI-C). Es nutzt das Open Data Protocol (OData) und wird von allen Systemen benötigt, in denen SAP-Fiori-Applikationen und SAP-UI5-Oberflächen verwendet werden. Es ist somit die zentrale Komponente für die Anbindung eines SAP-Fiori-Frontend-Systems an ein SAP-S/4HANA-Backend.

- **Spool-Prozess**
  Der Spool-Prozess übernimmt die Verwaltung der Ausgabeaufträge eines SAP-Systems. Die Druckaufträge werden bis zur Ausgabe in den TemSe-Objekten (temporäre sequenzielle Objekte) zwischengespeichert. Die TemSe-Objekte können entweder in der Datenbank (unter Verwendung der RDBMS-Sicherheitsmechanismen) oder im Betriebssystem abgelegt werden. Es können beliebig viele Spool-Prozesse je Server gestartet werden.

2.2.5 Checkliste

In Tabelle 2.2 finden Sie die Checkliste mit den prüfungsrelevanten Fragestellungen zum technischen Aufbau eines SAP-Systems.

Risiko	Fragestellung / Vorgabe oder Erläuterung
3	Auf welchem Betriebssystem laufen die SAP-Server?
	Informativer Punkt für nachfolgende Prüfungen. Die Sicherheit variiert je nach eingesetztem Betriebssystem.
3	Welche Datenbank wird eingesetzt?
	Informativer Punkt für nachfolgende Prüfungen. Die Sicherheit variiert je nach eingesetzter Datenbank.
3	Wie viele Applikationsserver werden eingesetzt?
	Informativer Punkt für nachfolgende Prüfungen. Die Absicherung der Betriebssystemebene erfolgt pro Applikationsserver.
3	Werden in einer SAP-S/4HANA-Systemlandschaft getrennte Fiori-Frontend-Server eingesetzt?
	Informativer Punkt für nachfolgende Prüfungen. Die Absicherung der Betriebssystemebene erfolgt pro Applikationsserver.

Tabelle 2.2 Checkliste zum technischen Aufbau eines SAP-Systems

Wie Sie die einzelnen Punkte praktisch am SAP-System prüfen können, erfahren Sie in Abschnitt 2.2 des Dokuments **Tiede_Checklisten_Sicherheit_und_Pruefung.pdf**.

2.3 Systemlandschaften

SAP-Systeme müssen an ein Unternehmen angepasst werden. Über das Customizing wird das SAP-System an die Unternehmensprozesse angepasst. Über die Anwendungsentwicklung können zusätzlich neue Funktionen integriert werden. Es ist erforderlich, Entwicklungen und Customizing-Einstellungen vorzunehmen, ohne dass das Produktivsystem davon beeinträchtigt wird. Ebenso muss die Möglichkeit bestehen, das Einspielen von Support Packages oder ganze Releasewechsel zu simulieren, bevor sie ins Produktivsystem eingespielt werden. Daher sollten solche Änderungen nicht im Produktivsystem, sondern in einem eigenen Entwicklungssystem durchgeführt werden.

2.3.1 Drei-System-Landschaften

SAP empfiehlt, die SAP-Landschaft auf drei Systeme aufzuteilen:

- **Entwicklungssystem**
  Hier werden Entwicklungs- und Customizing-Arbeiten durchgeführt. In diesem System befinden sich keine Produktivdaten. Hier werden auch die ersten funktionalen Tests von neuen Entwicklungen durchgeführt, bevor sie in das Qualitätssicherungssystem transportiert werden.
- **Qualitätssicherungssystem**
  In diesem System finden die Test- und Freigabeverfahren für die Entwicklungen statt. Nach einem ersten funktionalen Test im Entwicklungssystem werden die Neuentwicklungen dorthin transportiert. Die Konsistenz und Gültigkeit der Neuentwicklungen oder Änderungen werden hier getestet, bevor sie in das Produktivsystem transportiert werden. Häufig befindet sich in diesem System auch der Schulungsmandant.
- **Produktivsystem**
  In diesem System werden die Geschäftsvorgänge abgewickelt. Hier werden keine Änderungen am System vorgenommen. Es dürfen in keinem Mandanten Entwicklerkonten vorhanden sein, außer eventuell der Notfallbenutzer.

Von dieser Struktur kann es natürlich diverse Abweichungen geben. So werden z. B. für SAP-BW-Systeme teilweise Zwei-System-Landschaften eingesetzt: ein Entwicklungs- und ein Produktivsystem. Die Schwierigkeit in diesem Fall besteht darin, dass das Test- und Freigabeverfahren auch im Entwicklungssystem stattfindet, wenn auch in einem anderen Mandanten. Trotzdem können die mandantenübergreifenden Objekte (ABAP-Programme, mandantenunabhängiges Customizing), die der Qualitätssicherung übergeben wurden, für den Zeitraum des Testens nicht weiter von den Entwicklern bearbeitet werden, da für das Testen ein konsistenter Zustand gewährleistet sein muss. Dies muss durch organisatorische Maßnahmen gesichert sein.

Des Weiteren sind natürlich auch komplexere Systemlandschaften möglich. So können z. B. mehrere Produktivsysteme von einem Entwicklungssystem aus bedient werden (siehe Abbildung 2.8). Dies kann aus Gründen der Performance notwendig sein, oder wenn die Systeme verschiedene Sprachen unterstützen müssen, deren Kombination in einem System aufgrund der verschiedenen Zeichensätze, wie z. B. russischen, chinesischen oder japanischen Zeichensätzen, zu Problemen führen kann (diese Problematik tritt bei Nutzung der Unicode-Technologie nicht mehr auf).

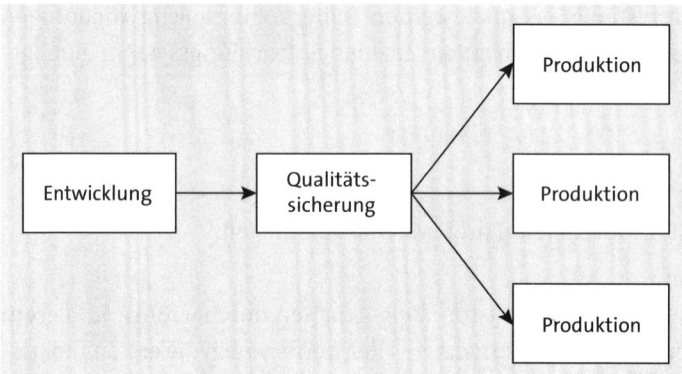

Abbildung 2.8 Systemlandschaft mit mehreren Produktivsystemen

Auch können mehrere Entwicklungssysteme genutzt werden. Eine Systemlandschaft mit zwei Entwicklungssystemen wird als *Y-Landschaft* bezeichnet (siehe Abbildung 2.9).

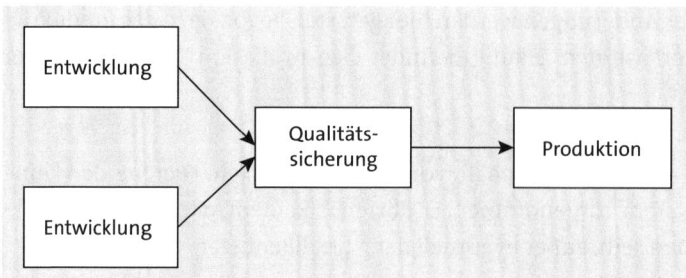

Abbildung 2.9 Systemlandschaft mit mehreren Entwicklungssystemen

Um noch komplexere Strukturen, wie z. B. einen Konzern mit seinen Tochtergesellschaften abzubilden, können mehrere Entwicklungssysteme eingesetzt werden. Abbildung 2.10 zeigt Ihnen eine Umgebung, in der Entwicklungen des Konzerns, die für alle Tochtergesellschaften gelten, an diese über die dortigen Entwicklungssysteme weitergegeben werden.

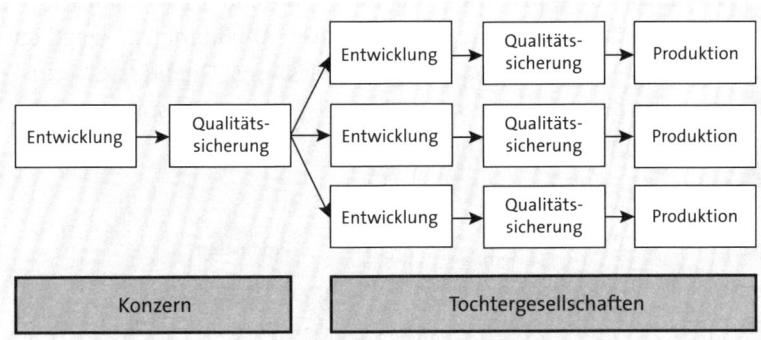

Abbildung 2.10 Systemlandschaft einer Konzernstruktur

Es gibt eine Vielzahl von Möglichkeiten zum Aufbau einer SAP-Systemlandschaft. Eine Systemprüfung beschränkt sich nicht nur auf das Produktivsystem oder gar den Produktivmandanten. Sie müssen grundsätzlich die gesamte Systemlandschaft in die Prüfung einbeziehen. Einen Überblick über die Systemlandschaft erhalten Sie in Transaktion STMS_PATH (siehe Abbildung 2.11). Alternativ rufen Sie Transaktion STMS auf und klicken auf die Schaltfläche **Transportwege**. Die in einer Systemlandschaft integrierten Systeme werden in Tabelle TMSCSYS gespeichert.

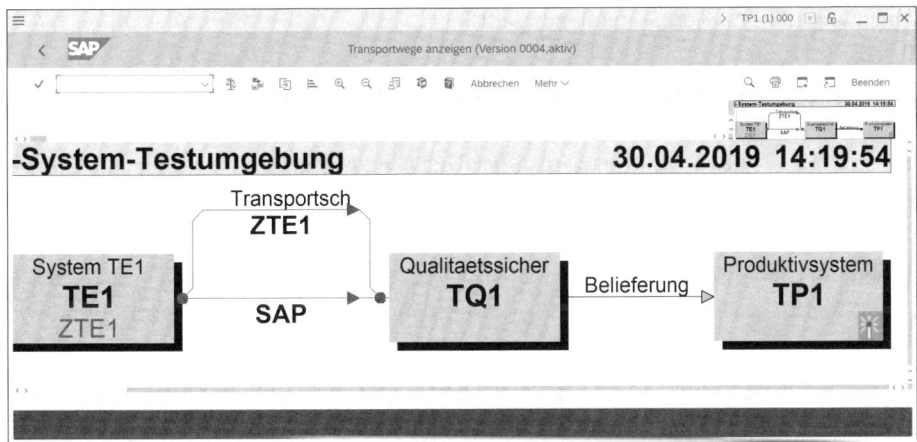

Abbildung 2.11 Systemlandschaften mit Transaktion STMS_PATH anzeigen

2.3.2 SAP-Fiori-Systemlandschaften

Die im vorherigen Abschnitt beschriebenen Arten von Systemlandschaften werden auch beim Einsatz von SAP S/4HANA genutzt. Es wird allerdings zu jedem System ein SAP-Fiori-Frontend-Server und ein SAP-S/4HANA-Backend-Server benötigt. Abhängig davon, ob der SAP-Fiori-Frontend-Server als Central Hub Deployment oder Embedded Deployment eingesetzt wird, kommen weitere Systeme zur Systemlandschaft hinzu. Bei Einsatz von getrennten SAP-Fiori-Frontend-Servern wird jedem SAP-S/HANA-System ein Frontend-Server vorgeschaltet. Abbildung 2.12 zeigt, dass diese Konfiguration einer Systemlandschaft mit Entwicklung-, Qualitätssicherungs- und Produktivsystem somit insgesamt aus sechs SAP-Systemen besteht, die alle in die Sicherheitsbetrachtung einzubeziehen sind.

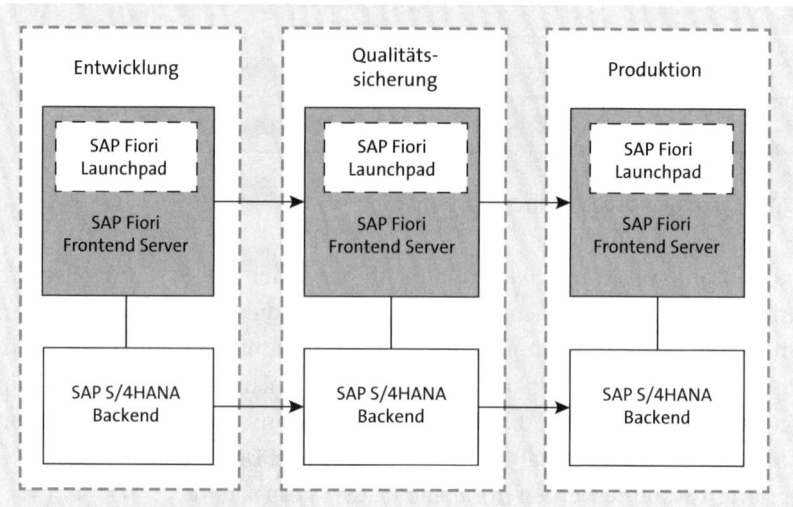

Abbildung 2.12 SAP-Fiori-Systemlandschaft

Das SAP Fiori Launchpad ist Bestandteil von SAP NetWeaver, das als SAP-Fiori-Frontend-Server eingesetzt wird. Vom SAP Fiori Launchpad greift der Benutzer somit nicht auf das SAP-S/4HANA-System zu, sondern auf den Frontend-Server. Hier sind die Benutzer eingerichtet und es findet die Authentifizierung statt. Auf dem Frontend-Server werden dem Benutzer die Berechtigungen für die Apps zugeordnet. Die eigentlichen Geschäftsprozesse laufen in S/4HANA, das als Backend-System fungiert. Auch im *Backend-System* sind die Benutzerkonten angelegt, mit identischem Namen wie im Frontend. Beide Systeme sind über tRFC (Trusted RFC) miteinander verbunden (siehe dazu auch Abschnitt 5.3, »Trusted Systems«). Eine explizite Authentifizierung des Benutzers am S/4HANA-Backend ist nicht erforderlich.

Die Trennung von Frontend- und Backend-Server bringt Sicherheitsaspekte bezüglich der Absicherung der RFC-Berechtigungen und des Trusted RFC mit sich. *Trusted Systems* sind SAP-Systeme, die sich gegenseitig vertrauen. Dies bedeutet, dass Zugriffe von einem System auf das andere ohne explizite Authentifizierung möglich sind. In Abbildung 2.13 bedeutet dies: vom SAP-Fiori-Frontend aus können Aktionen ohne explizite Anmeldung im S/4HANA-Backend ausgeführt werden (notwendige Berechtigungen vorausgesetzt).

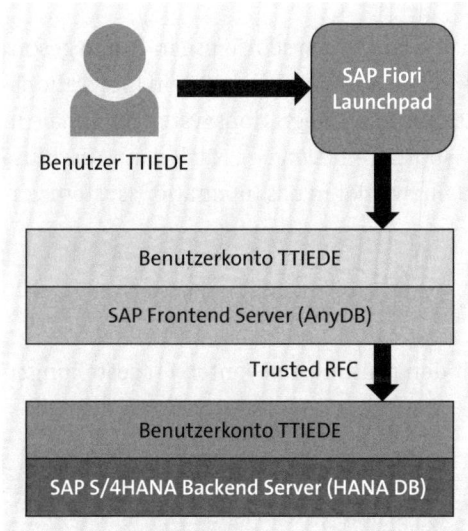

Abbildung 2.13 Zugriff von Benutzern aus dem SAP Fiori Launchpad

2.3.3 Systemarten

In einem komplexen Systemverbund, wie er in SAP-Landschaften genutzt wird, spielen die einzelnen Systeme verschiedene Rollen. Man spricht hier von *Systemarten*. Es gibt die folgenden Systemarten:

- **Integrationssystem**
  In einem Integrationssystem findet die Anwendungsentwicklung statt. Hier liegen immer die Originale der Objekte. Dies stellt in einem Systemverbund somit das Entwicklungssystem dar.

- **Konsolidierungssystem**
  Das Konsolidierungssystem erhält seine Daten aus einem Integrationssystem. Im Konsolidierungssystem liegen die Objekte der Entwicklungsumgebung konsolidiert vor, also ausgetestet und in lauffähigem Zustand. In diesem System befinden sich nur Kopien der Eigenentwicklungen, keine Originale. Von hier aus können weitere Systeme, die dahinter liegen, beliefert werden.

  In einem Zwei-System-Verbund stellt dieses System das Produktivsystem dar, in einem Drei-System-Verbund das Qualitätssicherungssystem.

- **Belieferungssystem**
  Ein Belieferungssystem wird logisch aus einem Konsolidierungssystem beliefert. Es erhält die Transporte aber physisch aus einem Integrationssystem.

  In einem Drei-System-Verbund stellt dieses System das Produktivsystem dar.

- **Sonderentwicklungssystem**
  Für umfangreiche Entwicklungen kann es erforderlich sein, diese in einem gesonderten Entwicklungssystem durchzuführen, das dann noch vor dem Integrationssystem liegt. Es besteht die Möglichkeit, aus dem Integrationssystem Originale in das Sonderentwicklungssystem zu transportieren (*Umzug*). Nach dem Abschluss der Entwicklung werden die Originale dann wieder in das Integrationssystem verlagert.

2.3.4 Checkliste

In Tabelle 2.3 finden Sie die Checkliste mit den prüfungsrelevanten Fragestellungen zu SAP-Systemlandschaften.

Risiko	Fragestellung
	Vorgabe oder Erläuterung
3	Welche Art der Systemlandschaft wird eingesetzt?
	Informativer Punkt für nachfolgende Prüfungen. Die Sicherheit der einzelnen SAP-Systeme variiert je nach eingesetzter Systemlandschaft.
3	Werden beim Einsatz von SAP S/4HANA getrennte SAP-Fiori-Frontend-Server eingesetzt?
	Informativer Punkt für nachfolgende Prüfungen. Die Sicherheit der einzelnen SAP-Systeme variiert je nach eingesetzter Systemlandschaft.
2	Sind im Qualitätssicherungssystem produktive Daten vorhanden?
	Bei der Nutzung produktiver Daten im Qualitätssicherungssystem müssen die Berechtigungen analog dem Produktivsystem vergeben sein.
	Hier besteht das Risiko, dass dem Benutzer im Qualitätssicherungssystem durch erweiterte Rechte ein Zugriff auf sensible Daten möglich ist.
1	Sind im Entwicklungssystem produktive Daten vorhanden?
	Produktive Daten dürfen im Entwicklungssystem nicht genutzt werden.
	Hier besteht das Risiko, dass ein großer Personenkreis von Entwicklern, Customizing-Benutzern und Beratern uneingeschränkt auf produktive Daten zugreifen kann.

Tabelle 2.3 Checkliste zu Systemlandschaften

Wie Sie die einzelnen Punkte praktisch am SAP-System prüfen können, erfahren Sie in Abschnitt 2.3 des Dokuments **Tiede_Checklisten_Sicherheit_und_Pruefung.pdf**.

2.4 Das Mandantenkonzept

Die oberste Verwaltungseinheit in einem SAP-System ist der *Mandant*. Ein Mandant ist eine betriebswirtschaftlich eigenständige Einheit. Benutzerdaten und die Daten der Geschäftsprozesse werden mandantenspezifisch gespeichert. So erfolgt z. B. die Anmeldung eines Benutzers immer an einem Mandanten. Für jeden Mandanten müssen Benutzerkonten angelegt werden.

Das Mandantenkonzept stellt ein wesentliches Element der Systemsicherheit dar:

- Von allen Mandanten aus können sicherheitsrelevante Einstellungen vorgenommen werden, z. B. Systemparameter und Änderbarkeiten.
- Auf betriebswirtschaftliche Daten in anderen Mandanten kann über administrative Funktionen zugegriffen werden.
- Entwicklerberechtigungen werden zwar mandantenspezifisch vergeben, mit den Funktionen der Entwicklungsumgebung können aber Daten in anderen Mandanten eingesehen und geändert werden.
- Protokolle (z. B. die Tabellenänderungsprotokolle, siehe Abschnitt 4.3 »Protokollierung von Tabellenänderungen«) können mandantenübergreifend gelöscht werden.

Die Prüfung des Mandantenkonzepts ist einer der ersten Schritte im Rahmen jeder Sicherheitsbetrachtung. Gespeichert werden die Mandanten in Tabelle T000. Zur Anzeige und Pflege der im System existierenden Mandanten rufen Sie Transaktion SCC4 auf, die ich in Abschnitt 2.4.2, »Eigenschaften von Mandanten«, vorstelle. Alternativ können Sie sich Tabelle T000 mithilfe von Transaktion SE16 oder einer anderen Transaktion zur Tabellenanzeige anzeigen lassen (siehe Abbildung 2.14).

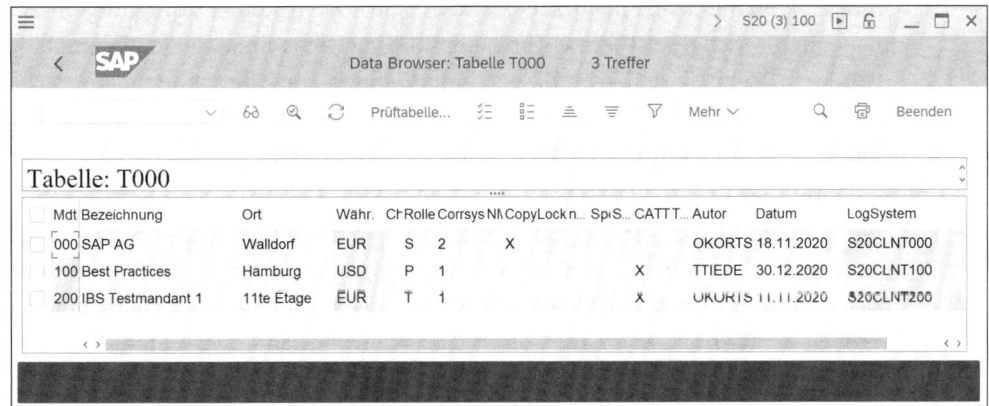

Abbildung 2.14 Tabelle T000 mit Transaktion SE16 anzeigen

2.4.1 Standardmandanten eines SAP-Systems

Es ist von der SAP-Version abhängig, welche Standardmandanten existieren. Die folgenden Standardmandanten werden dabei unterschieden:

- **Mandant 000**
  Dies ist der Systemmandant eines SAP-Systems und in jedem System vorhanden. Er wird für die folgenden Aufgaben verwendet:
  - Einspielen von Support Packages
  - Durchführung von Releasewechseln

  Er enthält außerdem das SAP-Standard-Customizing (z. B. Reportvarianten), das in andere Mandanten übernommen werden kann.

  Der Mandant 000 wird nicht als Produktivmandant genutzt. Als Benutzerkonten sollten ausschließlich die Konten der Mitarbeiter des Rechenzentrums und der SAP-Basisadministration existieren. Für diesen Mandanten ist explizit ein Berechtigungskonzept erforderlich. Häufig wird hier das SAP-Standardprofil `SAP_ALL` genutzt. Dadurch besitzen die Benutzer Berechtigungen, mit denen in den anderen Mandanten Daten gelesen, geändert und gelöscht werden können. Im Rahmen der Sicherheitsbetrachtung eines SAP-Systems müssen Sie die vergebenen Berechtigungen im Mandanten 000 einbeziehen (siehe Abschnitt 2.5, »Sicherheit im Mandanten 000«).

- **Mandant 001**
  Der Mandant 001 ist eine Kopie des Mandanten 000 und enthält somit ebenfalls das SAP-Standard-Customizing. Er wurde bei früheren SAP-Installationen automatisch angelegt. Er kann als Kopiervorlage für den Produktivmandanten oder auch als Produktivmandant selbst genutzt werden. Wird er nicht produktiv genutzt, sollten hier keine Benutzer existieren, die über Systemberechtigungen verfügen. In die Sicherheitsbetrachtung eines SAP-Systems müssen Sie die im Mandanten 001 existierenden Benutzer einbeziehen. Wird dieser Mandant nicht produktiv genutzt, kann er bedenkenlos gelöscht werden. Informationen hierzu finden Sie in SAP-Hinweis 1749142.

- **Mandant 066**
  Der Mandant 066 ist für den *SAP EarlyWatch Alert*, einen speziellen Service, den SAP anbietet, reserviert. Bei diesem Service handelt sich um einen SAP-Systemcheck zur Vermeidung von Engpässen, die sich insbesondere aus der Performance ergeben können. Der Mandant 066 ist speziell für diesen Zweck vorkonfiguriert. Die Funktionalität wird jedoch nicht weiter benötigt. Daher wird der Mandant seit dem SAP-NetWeaver-Release 7.50 nicht mehr ausgeliefert. In SAP-Systemen, in denen er noch existiert, kann er gelöscht werden. Informationen hierzu finden Sie in SAP-Hinweis 1749142.

2.4.2 Eigenschaften von Mandanten

Über *Eigenschaften* wird gesteuert, wie ein Mandant genutzt werden kann. So können in Mandanten z. B. Anwendungsentwicklung und Customizing gesperrt werden, was für Produktivmandanten erforderlich ist. Auch das Kopieren von betriebswirtschaftlichen Daten kann über den *Mandantenkopierer* verhindert werden. In den folgenden Abschnitten finden Sie die sicherheitsrelevanten Einstellungen zu den Mandanten. Deren Prüfung können Sie über Transaktion SCC4 vornehmen. Klicken Sie hier doppelt auf einen Mandanten, um dessen Eigenschaften anzuzeigen (siehe Abbildung 2.15).

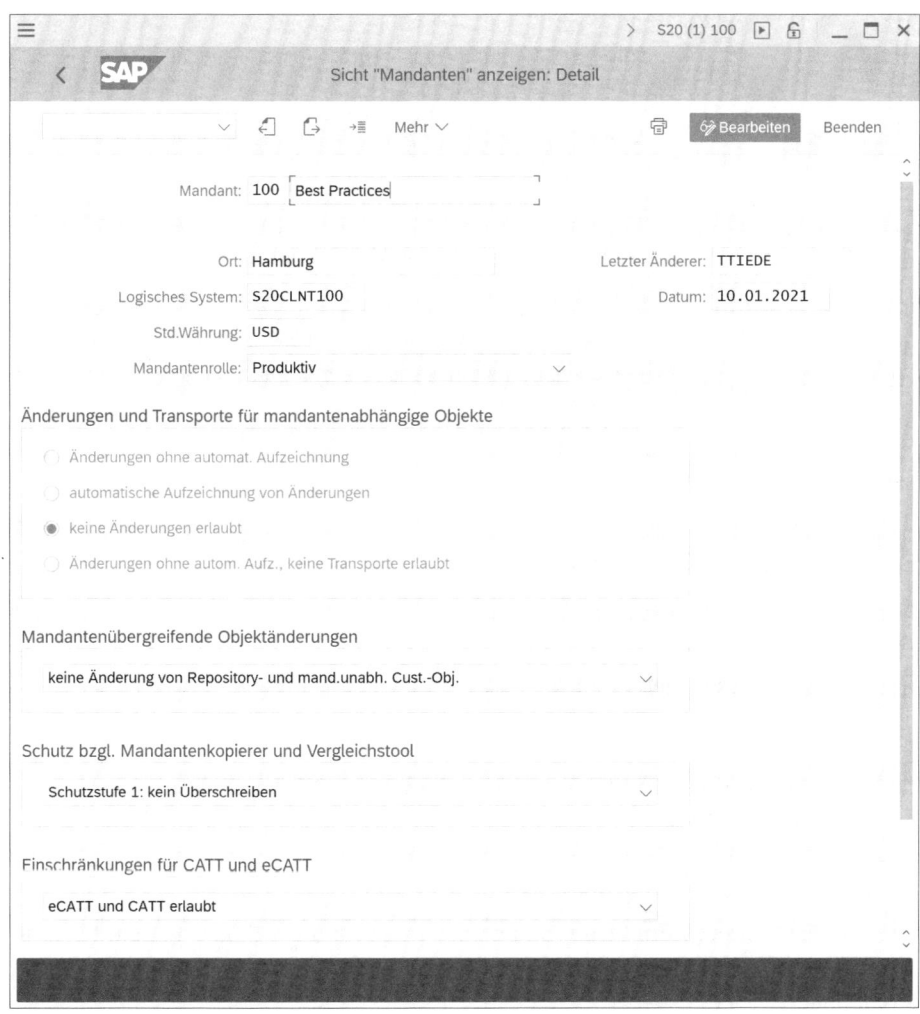

Abbildung 2.15 Eigenschaften eines Mandanten (Transaktion SCC4)

Rolle des Mandanten

Diese Eigenschaft legt die Funktion des Mandanten fest. Das Setzen dieser Eigenschaft ist zum einen aus dokumentarischen Gründen erforderlich, zum anderen sind damit teilweise Restriktionen verbunden. Gespeichert wird diese Eigenschaft im Feld CCCATEGORY von Tabelle T000. Tabelle 2.4 zeigt Ihnen die möglichen Mandantenrollen.

Rolle	Kürzel	Funktion
produktiv	P	Ist zwingend für Produktivmandanten zu nutzen. Verhindert das Löschen des Mandanten und das Überschreiben durch eine Mandantenkopie.
Test	T	Wird für Mandanten zur Qualitätssicherung in Qualitätssicherungssystemen genutzt.
Customizing	C	Wird für Entwicklungs- und Customizing-Mandanten im Entwicklungssystem genutzt.
Demo	D	Wird für Demonstrationsmandanten genutzt. Diese befinden sich meist nicht in produktiven Systemlandschaften.
Training/Education	E	Wird für Schulungsmandanten genutzt. Für Schulungsmandanten werden häufig spezifische Systeme genutzt. Sie können sich aber auch in Qualitätssicherungssystemen befinden.
SAP-Referenz	S	Die von SAP ausgelieferten Mandanten (000, 066)

Tabelle 2.4 Mandantenrollen

Änderungen und Transporte für mandantenabhängige Objekte

In diesem Bereich von Transaktion SCC4 wird festgelegt, ob mandantenabhängige Objekte (z. B. Tabellen) geändert und Transporte durchgeführt werden dürfen. Gespeichert wird diese Eigenschaft im Feld CCCORACTIV von Tabelle T000.

Die folgenden Einstellungen sind möglich:

- **Änderungen ohne automat. Aufzeichnung (CCCORACTIV = <leer>)**
  Änderungen an mandantenabhängigen Objekten sind erlaubt; allerdings werden diese nicht automatisch in einem Änderungsauftrag aufgezeichnet. Sie können manuell in einen Auftrag übernommen werden.

  Diese Einstellung darf nicht für Entwicklungs- und Produktivmandanten vorgenommen werden. Sie kann für Schulungs- oder Demo-Mandanten verwendet werden.

- **Automatische Aufzeichnung von Änderungen (CCCORACTIV = 1)**
  Änderungen an mandantenabhängigen Objekten sind erlaubt und werden automatisch in einem Änderungsauftrag aufgezeichnet.

Diese Einstellung wird sowohl für Entwicklungs- als auch für Customizing-Mandanten verwendet.

- **Keine Änderungen erlaubt (CCCORACTIV = 2)**
  Änderungen an mandantenabhängigen Objekten sind nicht erlaubt. Eine Ausnahme stellen die laufenden Einstellungen dar, wie z. B. Buchungsperioden.

- **Keine Transporte erlaubt (CCCORACTIV = 3)**
  Änderungen an mandantenabhängigen Objekten sind erlaubt; allerdings werden diese nicht automatisch in einem Änderungsauftrag aufgezeichnet und können auch nicht manuell transportiert werden.
  Diese Einstellung ist sinnvoll für Test- und Schulungsmandanten.

Änderungen an mandantenübergreifenden Objekten

In diesem Bereich wird festgelegt, wie in den Mandanten die Repository- und mandantenunabhängigen Customizing-Objekte geändert werden dürfen. Diese Einstellung hat nur dann Auswirkungen, wenn die Systemänderbarkeit auf **Änderbar** eingestellt ist. Gespeichert wird diese Eigenschaft im Feld CCNOCLIIND von Tabelle T000.

Die folgenden Einstellungen sind möglich:

- **Änderungen an Repository und mandantenunabhängiges Customizing erlaubt (CCNOCLIIND = <leer>)**
  Bei dieser Einstellung gibt es keinerlei Restriktionen für den Mandanten hinsichtlich der Pflege von mandantenübergreifenden Objekten. Sowohl mandantenunabhängige Objekte des Customizings (z. B. mandantenunabhängige Tabellen) als auch Objekte des Repositorys (z. B. ABAP-Programme) können gepflegt werden.

- **Keine Änderungen von mandantenunabhängigen Customizing-Objekten (CCNOCLIIND = 1)**
  Mit dieser Einstellung können mandantenunabhängige Objekte des Customizings (mandantenunabhängige Tabellen) im Mandanten nicht gepflegt werden.

- **Keine Änderung von Repository-Objekten (CCNOCLIIND = 2)**
  Mit dieser Einstellung können Objekte des Repositorys nicht in dem Mandanten gepflegt werden.

- **Keine Änderungen von Repository- und mandantenunabhängigen Customizing-Objekten (CCNOCLIIND = 3)**
  Im Mandanten können weder mandantenunabhängige Objekte des Customizings noch Objekte des Repositorys gepflegt werden.

Schutz bezüglich Mandantenkopierer und Vergleichstools

In diesem Bereich ist es möglich, einen Mandanten gegen einen lesenden Zugriff aus anderen Mandanten zu schützen. Außerdem kann der Mandant gegen ein Überschreiben durch eine Mandantenkopie geschützt werden. Gespeichert wird diese Eigenschaft im Feld `CCCOPYLOCK` von Tabelle T000. Die folgenden Einstellungen sind möglich:

- **Schutzstufe 0: keine Beschränkung (CCCOPYLOCK = <leer>)**
  Diese Einstellung bietet keinen Schutz. Der Mandant kann durch eine Mandantenkopie überschrieben werden. Ebenso ist ein lesender Zugriff aus anderen Mandanten möglich. Diese Schutzstufe sollte nur für Test- oder Schulungsmandanten genutzt werden.

- **Schutzstufe 1: kein Überschreiben (CCCOPYLOCK = X)**
  Der Mandant kann nicht durch eine Mandantenkopie überschrieben werden. Diese Schutzstufe ist für Produktivmandanten zu verwenden.

- **Schutzstufe 2: kein Überschreiben, keine ext. Verfügbarkeit (CCCOPYLOCK = L)**
  Der Mandant kann nicht durch eine Mandantenkopie überschrieben werden. Ebenso ist ein lesender Zugriff aus anderen Mandanten nicht möglich. Diese Schutzstufe sollte für Mandanten verwendet werden, die sensible Daten enthalten, z. B. Personal- oder Kundendaten.

Zur Analyse dieser Eigenschaften können Sie Transaktion RSAUDIT_SYSTEM_ENV (Report `RSAUDIT_SYSTEM_STATUS`) nutzen. Diese listet Ihnen alle Mandanten mit ihren Eigenschaften auf sowie zusätzlich die Einstellungen zur Systemänderbarkeit (siehe Abschnitt 9.3, »Systemänderbarkeit«).

2.4.3 Protokollierung der Änderungen von Mandanteneigenschaften

Protokolliert werden die Änderungen der Mandanteneinstellungen über zwei voneinander unabhängige Protokolle. Allerdings müssen beide Protokolle explizit aktiviert werden. In der Auslieferungskonfiguration eines SAP-Systems werden Änderungen von Mandanteneigenschaften nicht protokolliert.

Protokollierung über die Tabellenprotokollierung

Die Aktivierung der Tabellenprotokollierung erfolgt über den Systemparameter `rec/client`, wie in Abschnitt 4.3 »Protokollierung von Tabellenänderungen«, beschrieben. Die Tabelle der Mandanten (T000) ist standardmäßig bereits zur Protokollierung vorgesehen (siehe Abbildung 2.16).

Ist die Tabellenprotokollierung für einen Mandanten über die Checkbox **Datenänderungen protokollieren** im System aktiviert, werden Änderungen an Tabelle T000 protokolliert, unabhängig davon, in welchem Mandanten sie durchgeführt werden. Die Protokolle können Sie über Transaktion SCU3 bzw. den Report `RSVTPROT` auswerten.

2.4 Das Mandantenkonzept

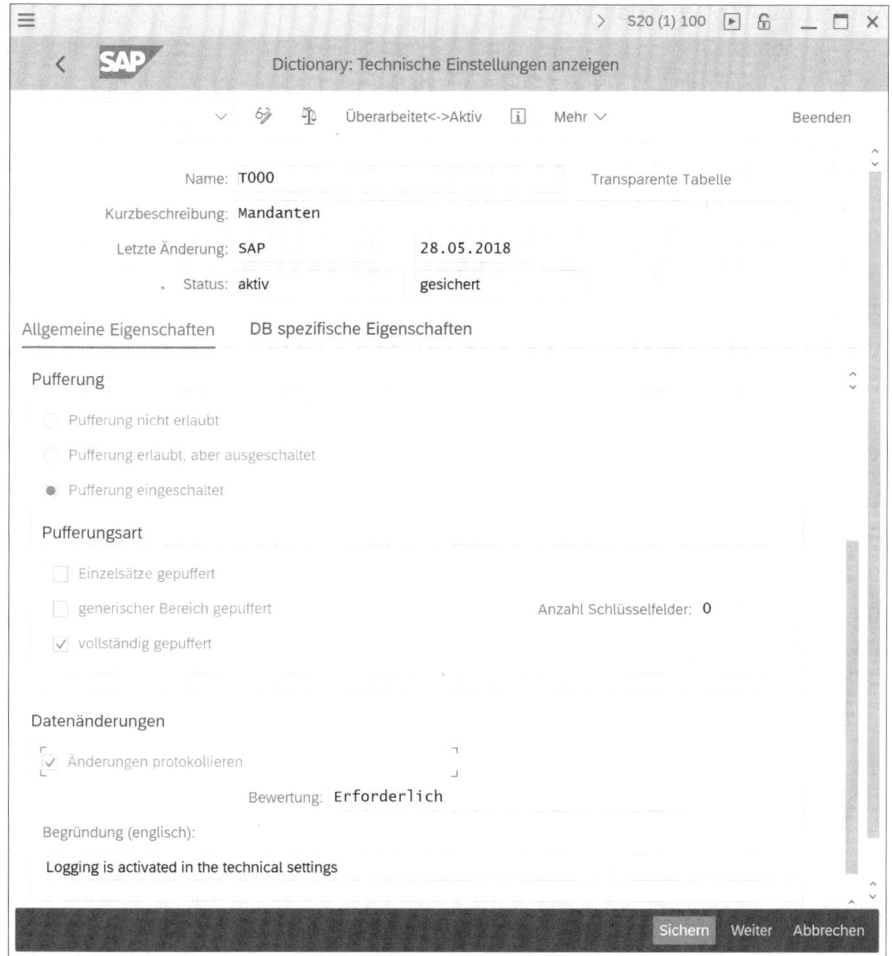

Abbildung 2.16 Protokollierungseinstellung der Tabelle T000

Protokollierung über das Security-Audit-Log

Wird das Security-Audit-Log verwendet (siehe Abschnitt 4.1, »Security-Audit-Log«), können Sie die Protokollierung von Mandanteneigenschaften aktivieren. Dies erfolgt über die Meldungs-ID EU2. Die Protokolle können Sie über die Transaktionen SM20/SM20N bzw. RSAU_READ_LOG auswerten.

2.4.4 Risiko beim Anlegen neuer Mandanten

Das Recht, neue Mandanten anzulegen, stellt eines der kritischsten Zugriffsrechte im SAP-System dar. Hierdurch kann eventuell ein System innerhalb weniger Minuten »geknackt« werden. So könnte es funktionieren:

1. **Anlegen eines neuen Mandanten**
   Dies ist möglich, indem ein neuer Datensatz in Tabelle T000 eingetragen wird. Dies erfolgt mit Transaktion SCC4. Es ist aber auch (mit Debug-Berechtigungen) über die Tabellenpflege (Transaktion SE16/SE16N) möglich.

2. **Anmelden an den neuen Mandanten**
   Ein Eintrag in Tabelle T000 ist die einzige Voraussetzung zur Anmeldung. Die Anmeldung kann mit dem Benutzer SAP* und seinem Initialkennwort erfolgen. Für diesen Benutzer werden keine Zugriffsrechte im System überprüft; daher hat er alle Zugriffsrechte, z. B. zum Ändern aller mandantenunabhängigen Tabellen. Allerdings ist die Nutzung von ABAP-Programmen für ihn nicht möglich. Ob eine Anmeldung über den Benutzer SAP* möglich ist, hängt von der Einstellung des Systemparameters login/no_automatic_user_sapstar ab. Steht dieser auf dem Wert »0«, ist eine Anmeldung möglich.

3. **Anlegen eines Benutzers mit SAP_ALL**
   Mit dem Benutzer SAP* ist es nicht möglich, Elemente der Anwendungsentwicklung zu nutzen. So kann er z. B. keine Programme anlegen oder ändern. Hierfür muss ein neuer Benutzer angelegt werden. Mit dem Report RSUSR406 kann dann das Profil SAP_ALL generiert werden. Dieses wird dem Benutzer zugeordnet, dem in SAP S/4HANA daraufhin die uneingeschränkte Nutzung der Entwicklungsumgebung ermöglicht wird, wodurch ein Zugriff auf alle Daten aller Mandanten möglich ist, sowohl lesend als auch ändernd.

   In SAP ERP benötigt der Benutzer zusätzlich noch einen Entwicklerschlüssel, um Entwicklerfunktionen nutzen zu können. In der Tabelle DEVACCESS kann ermittelt werden, welche Benutzer über einen Entwicklerschlüssel verfügen. Mit Transaktion SU01 kann ein Benutzer angelegt werden, der in dieser Tabelle aufgeführt ist.

Zur Absicherung gegen ein solches Szenario sollten Sie die folgenden Maßnahmen treffen:

- Setzen Sie den Parameter login/no_automatic_user_sapstar auf »1« (Standardeinstellung des SAP-Systems). Hierdurch ist eine Anmeldung mit dem Benutzer SAP* nicht möglich, wenn der Benutzer nicht existiert (siehe Abschnitt 7.2.1, »Der Benutzer SAP*«).

- Ordnen Sie das Recht zum Anlegen neuer Mandanten im Produktivsystem nur Benutzern zu, die nach dem Vier-Augen-Prinzip eingesetzt werden, z. B. dem Notfallbenutzer. Dies gilt für alle Mandanten des Systems.

  Zur Pflege der Mandanten ist eine Berechtigung für Transaktion SCC4 erforderlich, da die Routine CHECK_AUTHORITY_SCC4 fest in die Pflegeoberfläche von Tabelle T000 integriert ist. Diese Routine prüft die S_TCODE-Berechtigung für Transaktion SCC4. Tabelle T000 kann auch weiterhin z. B. über Transaktion SM30 zur Pflege aufgerufen werden; allerdings wird auch dort die SCC4-Berechtigung geprüft.

- Kontrollieren Sie regelmäßig die Änderungsprotokolle von Tabelle T000 daraufhin, ob neue Einträge (also neue Mandanten) hinzugefügt wurden.

2.4.5 Mandantenkopien

SAP bietet die Möglichkeit, Mandanten ganz oder selektiv zu kopieren. Dies ist z. B. erforderlich, wenn ein Abbild des Produktivmandanten ins Schulungs- oder Konsolidierungssystem kopiert werden soll oder wenn für umfangreiche Tests (z. B. Releasewechsel, Add-on-Implementierungen oder umfangreiche Eigenentwicklungen) die Produktivumgebung benötigt wird. Mandantenkopien können innerhalb eines Systems oder systemübergreifend erfolgen. Abbildung 2.17 zeigt die Konfiguration der Mandantenkopie für das Profil SAP_APPL aus dem System S4H, Mandant 100, in den Mandanten 100 des Systems S20. Den Zielmandanten erkennen Sie in der Statusleiste oben rechts in Abbildung 2.17. Da hier von einem System in ein anderes kopiert wird, handelt es sich um eine *Remotemandantenkopie*.

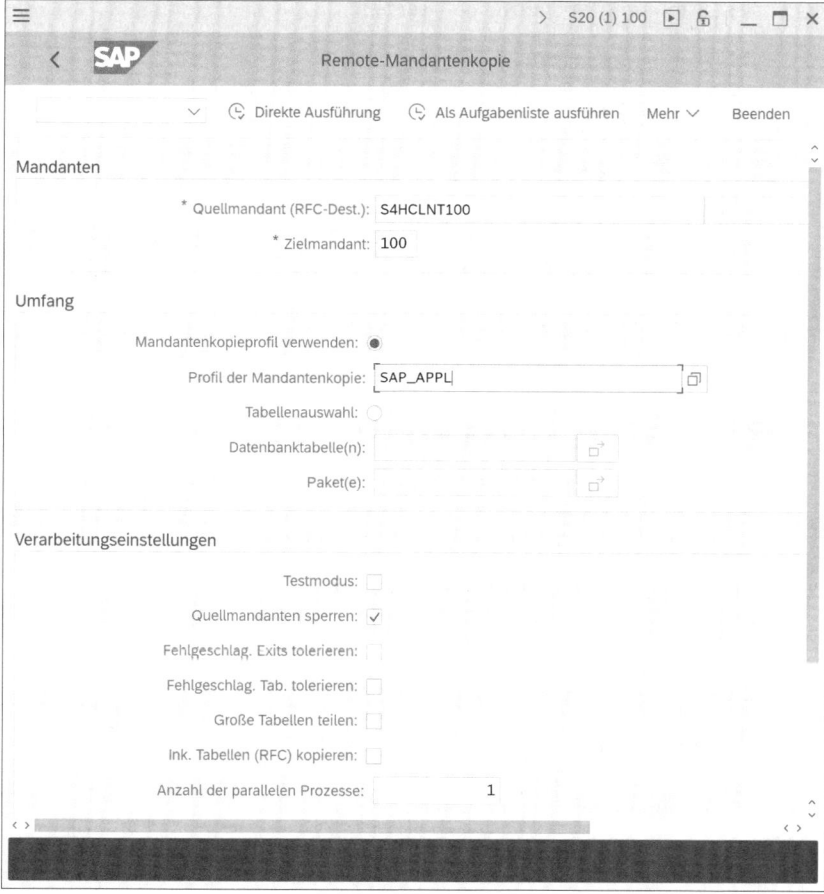

Abbildung 2.17 Transaktion SCC9N – Remotemandantenkopie

Die folgenden Elemente eines Mandanten können selektiv kopiert werden:

- Customizing-Daten
- Anwendungsdaten
- Änderungsbelege
- Benutzerdaten
- Reportvarianten

Standardmäßig bietet SAP Profile zum Kopieren an, in denen die zu kopierenden Elemente bereits in verschiedenen Gruppierungen hinterlegt sind. Tabelle 2.5 zeigt Ihnen einen Ausschnitt. Einen Überblick, welche Profile existieren und welche Daten dadurch kopiert werden, erhalten Sie mit der Tabelle CCPROF.

Profil	Kopierte Elemente
SAP_ALL	alle mandantenabhängigen Daten ohne Änderungsbelege
SAP_APPL	alle Customizing- und Anwendungsdaten
SAP_APPX	SAP_APPL ohne Berechtigungsprofile und Rollen
SAP_CUST	Customizing-Daten
SAP_CUSV	Customizing und Reportvarianten
SAP_CUSX	Customizing ohne Berechtigungsprofile und Rollen
SAP_PROF	nur Berechtigungsprofile und Rollen
SAP_RECO	Recovery (nur bei Quellmandant = Zielmandant)
SAP_RMBC	Customizing, Benutzer und mandantenunabhängiges Customizing
SAP_RMPA	entspricht SAP_ALL mit mandantenunabhängem Customizing
SAP_RMPC	Customizing inklusive mandantenunabhängigem Customizing
SAP_UAPP	Benutzerstämme, Reportvarianten, Anwendungsdaten
SAP_UCSV	Customizing, Reportvarianten, Benutzerstämme
SAP_UCUS	Customizing und Benutzerstämme
SAP_UONL	Benutzer ohne Berechtigungsprofile und Rollen
SAP_USER	Benutzerstämme und Berechtigungsprofile

Tabelle 2.5 Standardprofile des Mandantenkopierers

2.4 Das Mandantenkonzept

Den Mandantenkopierer können Sie über folgende Transaktionen aufrufen:

- SCCL/SCCLN: lokale Mandantenkopie innerhalb eines Systems
- SCC9/SCC9N: Remotemandantenkopie über zwei Systeme

Bei jedem Start des Mandantenkopierers wird ein Protokoll erstellt, sowohl beim Kopieren als auch bei Testläufen. Diese Protokolle können Sie mit Transaktion SCC3 oder dem Report RSCCPROT einsehen (siehe Abbildung 2.18). Die Kopierläufe werden in verschiedenen Registern angezeigt. Auf der Registerkarte **MandÜbersicht** erhalten Sie eine Übersicht über die Kopierläufe in allen Mandanten.

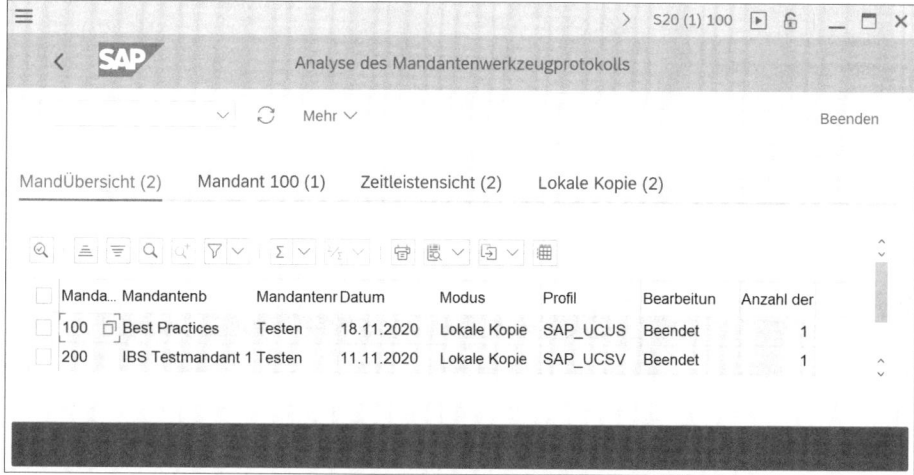

Abbildung 2.18 Kopierprotokolle mit Transaktion SCC3 anzeigen

Durch einen Doppelklick gelangen Sie in die Details zum Kopierlauf. Hier können Sie sich nun die einzelnen kopierten Elemente anzeigen lassen, die in verschiedene Registerkarten aufgeteilt sind (siehe Abbildung 2.19).

Nutzen Sie Tabelle CCCFLOWV2 (in älteren Systemen die Tabelle CCCFLOW), um eine Übersicht über alle durchgeführten Mandantenkopien zu erhalten. Hier werden die Headerdaten zum Protokoll der Mandantenkopien gespeichert. Das Detailprotokoll zu den einzelnen Mandantenkopien wird nicht in Tabellen gespeichert, sondern in Dateien im Betriebssystem. Es kann daher am besten über Transaktion SCC3 bzw. den Report RSCCPROT eingesehen werden. Die Dateien befinden sich im Transportverzeichnis, das über den Parameter DIR_TRANS angegeben wird. Die Dateien werden dort im Unterverzeichnis \log mit dem Namen **CC*.<SID>** abgelegt. Die Anzahl der verarbeiteten Tabellen pro Kopierlauf können Sie sich mit der Tabelle CCTABRESULTS anzeigen lassen.

2 Aufbau von SAP-Systemen und Systemlandschaften

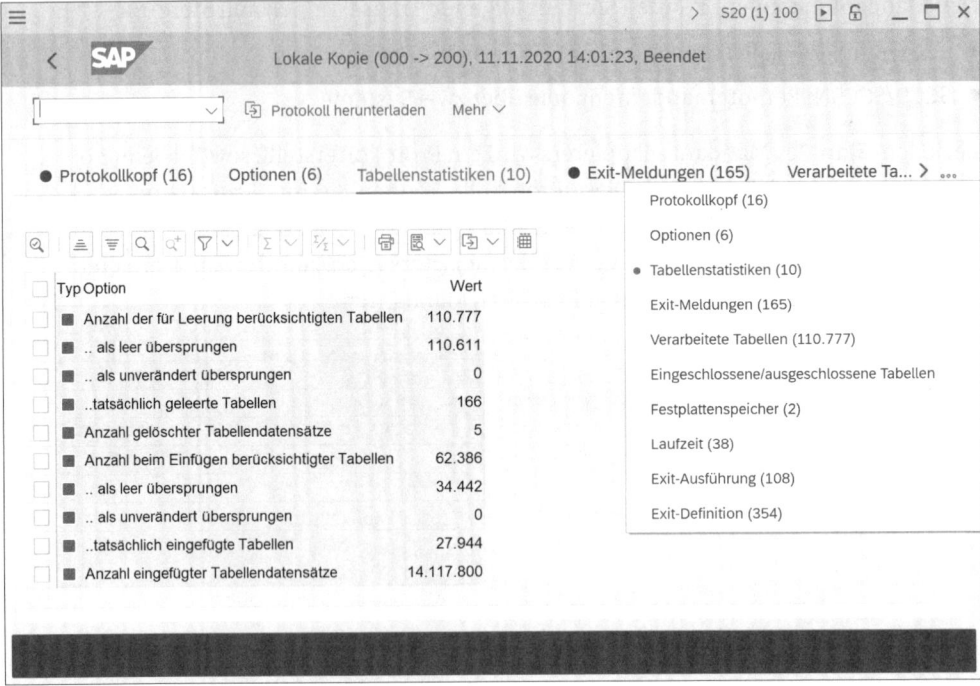

Abbildung 2.19 Detailprotokolle des Mandantenkopierers

Beim Kopieren eines Mandanten erfolgt der Aufruf des Kopierers vom Zielmandanten aus. Hierzu benötigt man auch die entsprechenden Zugriffsrechte. Im Quellmandanten (von dem aus die Daten kopiert werden) werden jedoch keine Zugriffsrechte benötigt. Mit dieser Funktion ist es daher möglich, produktive Daten zu kopieren. Dies ist ein weiteres Argument dafür, das Zugriffsrecht zum Anlegen neuer Mandanten ausschließlich an Benutzerkonten zu vergeben, die nach dem Vier-Augen-Prinzip eingesetzt werden. Des Weiteren müssen Mandantenkopien ausführlich dokumentiert werden. Lassen Sie sich die Dokumentationen vor der Prüfung aushändigen.

2.4.6 Zugriffsrechte

Die folgenden Tabellen zeigen Ihnen die Berechtigungen zum Thema Mandantenkonzept. Tabelle 2.6 enthält die Berechtigungen zum Anlegen neuer Tabellen.

Berechtigungsobjekt	Feld	Wert
S_TCODE	TCD (Transaktion)	SCC4

Tabelle 2.6 Berechtigungen zum Anlegen neuer Mandanten

2.4 Das Mandantenkonzept

Berechtigungsobjekt	Feld	Wert
S_ADMI_FCD	S_ADMI_FCD (Systemadministrationsfunktion)	T000
S_TABU_CLI	CLIIDMAINT (Kennzeichen)	X
S_TABU_DIS	ACTVT (Aktivität)	02 (Ändern)
	DICBERCLS (Berechtigungsgruppe)	SS (Systemtabellen)
oder		
S_TCODE	TCD (Transaktion)	SCC4
S_ADMI_FCD	S_ADMI_FCD (Systemadministrationsfunktion)	T000
S_TABU_CLI	CLIIDMAINT (Kennzeichen)	X
S_TABU_NAM	ACTVT (Aktivität)	02 (Ändern)
	TABLE (Tabelle)	T000

Tabelle 2.6 Berechtigungen zum Anlegen neuer Mandanten (Forts.)

Tabelle 2.7 zeigt die Berechtigungen zum Ändern von Mandanteneigenschaften.

Berechtigungsobjekt	Feld	Wert
S_TCODE	TCD (Transaktion)	SCC4
S_TABU_CLI	CLIIDMAINT (Kennzeichen)	X
S_TABU_DIS	ACTVT (Aktivität)	02 (Ändern)
	DICBERCLS (Berechtigungsgruppe)	SS (Systemtabellen)

Tabelle 2.7 Berechtigungen zum Ändern von Mandanten

Berechtigungsobjekt	Feld	Wert
oder		
S_TCODE	TCD (Transaktion)	SCC4
S_TABU_CLI	CLIIDMAINT (Kennzeichen)	X
S_TABU_NAM	ACTVT (Aktivität)	02 (Ändern)
	TABLE (Tabelle)	T000

Tabelle 2.7 Berechtigungen zum Ändern von Mandanten (Forts.)

Tabelle 2.8 zeigt die Berechtigungen für eine lokale Kopie von Mandanten ohne Benutzerstämme und Profile. Wird anstatt Transaktion SCCLN die alte Transaktion SCCL genutzt, so wird anstelle des Berechtigungsobjekts S_CLNT_CPY das Objekt S_CLNT_IMP geprüft.

Berechtigungsobjekt	Feld	Wert
S_TCODE	TCD (Transaktion)	SCCLN
S_TABU_CLI	CLIIDMAINT (Kennzeichen)	X
S_TABU_DIS	ACTVT (Aktivität)	02 (Ändern)
	DICBERCLS (Berechtigungsgruppe)	*
S_CLNT_CPY	ACTVT (Aktivität)	60 (Importieren)
	CCCATEGORY Client Control: Rolle des Mandanten (Productive, Test etc.)	<Rolle des berechtigten Mandanten>
	CC_PROFILE Profilname für Mandantenkopie	<berechtigte Profile>

Tabelle 2.8 Mandanten ohne Benutzerstämme und Profile (lokal) kopieren

Berechtigungsobjekt	Feld	Wert
S_CLNT_CPY (Forts.)	CC_TARGET Container-ID für Mandantendaten	<Mandantennummer>
S_DATASET	ACTVT (Aktivität)	*
	PROGRAM (Programmname)	*
	FILENAME (Dateiname)	*
oder		
S_TCODE	TCD (Transaktion)	SCCL oder SCC9
S_TABU_CLI	CLIIDMAINT (Kennzeichen)	X
S_TABU_NAM	ACTVT (Aktivität)	02 (Ändern)
	TABLE (Tabelle)	*
S_CLNT_CPY	ACTVT (Aktivität)	60 (Importieren)
	CCCATEGORY Client Control: Rolle des Mandanten (Productive, Test etc.)	<Rolle des berechtigten Mandanten>
	CC_PROFILE Profilname für Mandantenkopie	<berechtigte Profile>
	CC_TARGET Container-ID für Mandantendaten	<Mandantennummer>

Tabelle 2.8 Mandanten ohne Benutzerstämme und Profile (lokal) kopieren (Forts.)

Berechtigungsobjekt	Feld	Wert
S_DATASET	ACTVT (Aktivität)	*
	PROGRAM (Programmname)	*
	FILENAME (Dateiname)	*

Tabelle 2.8 Mandanten ohne Benutzerstämme und Profile (lokal) kopieren (Forts.)

Tabelle 2.9 zeigt die Berechtigungen für Remotekopien von Mandanten ohne Benutzerstämme und Profile. Wird anstatt Transaktion SCC9N die alte Transaktion SCC9 genutzt, so wird anstelle des Berechtigungsobjekts S_CLNT_CPY das Objekt S_CLNT_IMP geprüft.

Berechtigungsobjekt	Feld	Wert
S_TCODE	TCD (Transaktion)	SCCL oder SCC9
S_TABU_CLI	CLIIDMAINT (Kennzeichen)	X
S_TABU_DIS	ACTVT (Aktivität)	02 (Ändern)
	DICBERCLS (Berechtigungsgruppe)	*
S_CLNT_CPY	ACTVT (Aktivität)	60 (Importieren)
	CCCATEGORY Client Control: Rolle des Mandanten (Produktive, Test etc.)	<Rolle des berechtigten Mandanten>
	CC_PROFILE Profilname für Mandantenkopie	<berechtigte Profile>
	CC_TARGET Container-ID für Mandantendaten	<Mandantennummer>

Tabelle 2.9 Mandanten ohne Benutzerstämme und Profile kopieren (remote)

Berechtigungsobjekt	Feld	Wert
S_DATASET	ACTVT (Aktivität)	*
	PROGRAM (Programmname)	*
	FILENAME (Dateiname)	*
S_CTS_ADMI oder S_CTS_SADM	CTS_ADMFCT (Administrationsaufgaben)	IMPS
S_TRANSPRT oder S_SYS_RWBO	ACTVT (Aktivität)	■ 01 (Anlegen) ■ 43 (Freigeben) ■ 60 (Importieren)
	TTYPE (Auftragstyp)	CLCP (Mandantentransporte)
S_TCODE	TCD (Transaktion)	SCCL oder SCC9
S_TABU_CLI	CLIIDMAINT (Kennzeichen)	X
S_TABU_NAM	ACTVT (Aktivität)	02 (Ändern)
	TABLE (Tabelle)	*
S_CLNT_CPY	ACTVT (Aktivität)	60 (Importieren)
	CCCATEGORY Client Control: Rolle des Mandanten (Produktive, Test etc.)	<Rolle des berechtigten Mandanten>
	CC_PROFILE Profilname für Mandantenkopie	<berechtigte Profile>
	CC_TARGET Container-ID für Mandantendaten	<Mandantennummer>

Tabelle 2.9 Mandanten ohne Benutzerstämme und Profile kopieren (remote) (Forts.)

Berechtigungsobjekt	Feld	Wert
S_DATASET	ACTVT (Aktivität)	*
	PROGRAM (Programmname)	*
	FILENAME (Dateiname)	*
S_CTS_ADMI oder S_CTS_SADM	CTS_ADMFCT (Administrationsaufgaben)	IMPS
S_TRANSPRT oder S_SYS_RWBO	ACTVT (Aktivität)	■ 01 (Anlegen) ■ 43 (Freigeben) ■ 60 (Importieren)
	TTYPE (Auftragstyp)	CLCP (Mandantentransporte)

Tabelle 2.9 Mandanten ohne Benutzerstämme und Profile kopieren (remote) (Forts.)

2.4.7 Checkliste

In Tabelle 2.10 finden Sie die Checkliste mit den prüfungsrelevanten Fragestellungen zum SAP-Mandantenkonzept.

Risiko	Fragestellung
	Vorgabe oder Erläuterung
1	Welche Mandanten existieren im Produktivsystem?
	Es dürfen nur die Mandanten existieren, die vorgegeben sind. Hier besteht das Risiko, dass der Produktivmandant von anderen Mandanten aus manipuliert werden kann (z. B. durch Änderungen mandantenübergreifender Tabellen).
2	Wurde die letzte Änderung der Mandanten dokumentiert (wann und von wem)?
	Die letzte Änderung muss dokumentiert sein. Hier besteht das Risiko, dass nicht nachvollziehbare Änderungen vorgenommen werden, z. B. ein Freischalten des Produktivmandanten für das Customizing.

Tabelle 2.10 Checkliste zum Mandantenkonzept

Risiko	Fragestellung
	Vorgabe oder Erläuterung
1	Wird die Tabelle der Mandanten (T000) protokolliert?
	Tabelle T000 muss protokolliert werden.
	Hier besteht das Risiko, dass z. B. das Anlegen neuer Mandanten oder das Freischalten des Produktivmandanten für das Customizing nicht nachvollziehbar ist.
1	Welche Benutzer existieren in den Mandanten 000 und 066?
	Es dürfen nur die Standardbenutzer sowie Administratorkonten existieren.
	Hier besteht das Risiko, dass Benutzer von diesen Mandanten aus Einstellungen des Systems nicht nachvollziehbar ändern.
1	Welche Daten wurden zu welchem Zeitpunkt aus dem Produktivmandanten herauskopiert?
	Jede Kopie muss dokumentiert sein.
	Hier besteht das Risiko, dass Produktivdaten unberechtigt in andere Mandanten bzw. Systeme kopiert wurden.
1	Existieren Vorgaben zur Dokumentation von Mandantenkopien?
	Es müssen Vorgaben zur Dokumentation definiert sein.
	Hier besteht das Risiko, dass Mandantenkopien und deren Umfang nicht nachvollzogen werden können (z. B. Kopien in das Entwicklungssystem).

Tabelle 2.10 Checkliste zum Mandantenkonzept (Forts.)

Wie Sie die einzelnen Punkte praktisch am SAP-System prüfen können, erfahren Sie in Abschnitt 2.4 des Dokuments **Tiede_Checklisten_Sicherheit_und_Pruefung.pdf**.

2.5 Sicherheit im Mandanten 000

Bei der Sicherheitsbetrachtung eines produktiven SAP-Systems ist nicht nur der Produktivmandant prüfungsrelevant. Auch die anderen Mandanten, insbesondere Mandant 000, müssen Sie in die Sicherheitsbetrachtung einbeziehen. Noch immer wird dort häufig anstelle von konkreten Rollen das Profil SAP_ALL genutzt.

Die folgenden Abschnitte gelten für den Mandanten 000 sowie für alle anderen Mandanten im Produktivsystem, die nicht produktiv genutzt werden.

2.5.1 Zugriff auf Daten des Produktivmandanten

Auf die Daten des Produktivmandanten kann auch von den anderen Mandanten des Systems aus zugegriffen werden. Werden sensible Daten verarbeitet (personenbezogene Daten, Konditionen, Produktionsdaten usw.), muss der Zugriff genauso abgesichert werden wie im Produktivmandanten. Im Folgenden beschreibe ich die drei gängigsten Methoden für den Zugriff auf Daten in anderen Mandanten.

Zugriff über das DBA Cockpit

Mit dem DBA Cockpit kann der Status der Datenbank überwacht werden. Auch besteht hier die Möglichkeit, alle SAP-Tabellen in der Datenbank anzeigen zu lassen. Dies ist über den *SELECT-Editor* bzw. *SQL-Editor* möglich. Dieser Editor kann über die verschiedensten Transaktionen aufgerufen werden, u. a.: DBACOCKPIT, DBACOCKPIT_ITS, DBACOCKPIT_NWA, DBACOCKPIT_SOLMAN, DB2C, DB6CLP, DB6EXPLAIN, DB26, DB03, DB12, DB12OLD, DB01, DB02, DB02_MSS, DB2, DB2B, DB2C, DB2D, DB2J, DB2SPACE, DB2SYSPARM, DB2T, STO4, DB2U, DB36, DB37, DB4COCKPIT, DB4DB12, DB4DGN, DB4LCK, DB4PTFCHK, DB6BACKHIST, DB6COCKPIT, DB6CST, DB13, DB6DB21, DB6DBALOG, DB6DBM, DB6DBP, DB6EXL, DB6EXPLAIN, DBOSC, DBOSC_CM, DBOSC_DEV, EXPL_MSS, OSCOCKPIT, DB13C, DB6FSC, DB6PARHIS, DB6PERF, DB6PLAN, DB6SPACE, DB6SQC, DB6STATS, DB6SYSCFG, DB6TAC, DB6TRC, SQLSTMT_MSS, STO4_MSS.

Außerdem ist der Aufruf auch über verschiedene Reports möglich (RSDBA850, RSDBPROFILE, RSDB0001, RSDB0002, RSDB0003, RSDB0004).

Mit dem SQL-Editor werden die Tabellen direkt aus der Datenbank gelesen. Da das Mandantenkonzept nur innerhalb des ABAP-Stacks angewendet wird, kennt die Datenbank keine Mandanten. Daher werden beim Zugriff auf eine Tabelle immer alle Datensätze aller Mandanten gelesen. Abbildung 2.20 zeigt den Zugriff auf die Datensätze von Tabelle PA0008 (SAP ERP HCM: Gehälter) für den Mandanten 800 vom Mandanten 000 aus (siehe Statusleiste oben rechts in der Abbildung). So ist es möglich, alle ca. 90.000 mandantenabhängigen Tabellen des Produktivmandanten von einem anderen Mandanten aus anzeigen zu lassen.

Dieser Zugriff kann durch Berechtigungen abgesichert werden. Die folgenden Berechtigungen sind zum Zugriff auf den SQL-Editor erforderlich:

- **Berechtigungsobjekt S_DBCON (Datenbank-Multiconnect)**
  Mit diesem Berechtigungsobjekt wird der Zugriff auf den SQL-Editor zum Ausführen von SQL-Anweisungen berechtigt.

- **Berechtigungsobjekt S_TABU_SQL (Datenbank-Multiconnect)**
  Mit diesem Berechtigungsobjekt wird festgelegt, auf welche Tabellen ein Benutzer über den SQL-Editor zugreifen darf. Das Objekt enthält das Feld TABLE (**Tabellen-**

2.5 Sicherheit im Mandanten 000

name). Über dieses Feld kann angegeben werden, auf welche Tabellen der Benutzer zugreifen darf.

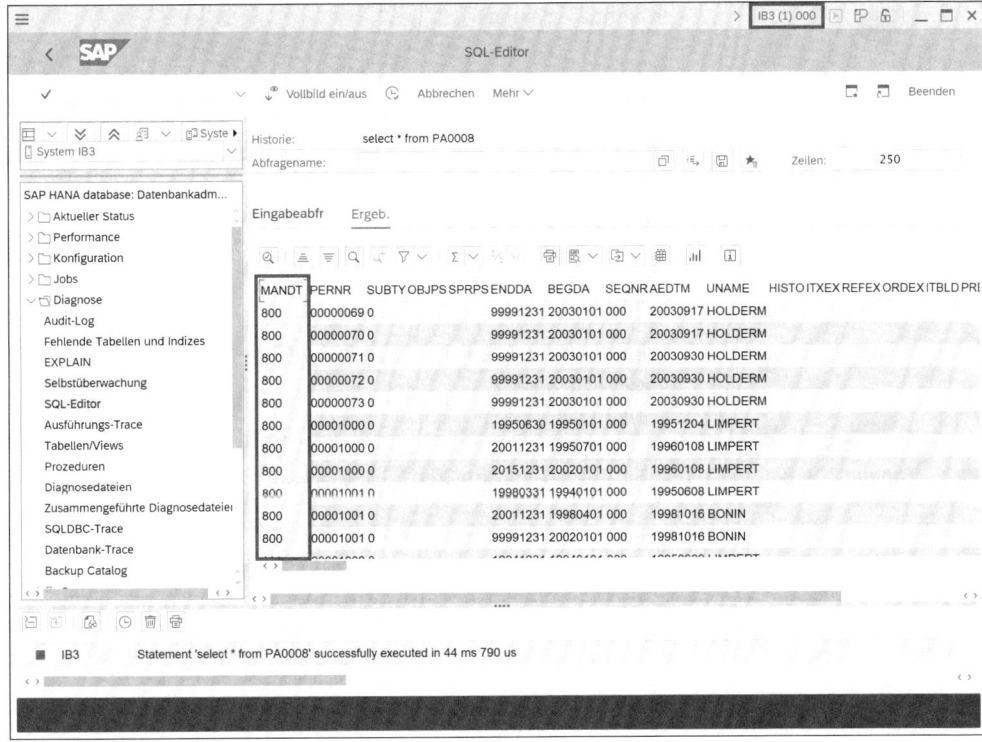

Abbildung 2.20 Datensätze aus anderen Mandanten anzeigen

Um z. B. in einem SAP-ERP-HCM-System den Zugriff auf Tabellen mit Mitarbeiter- und Bewerberdaten (Tabellennamen beginnen mit PA*, PB*) über den SQL-Editor zu verhindern, können Sie als Administrator die Berechtigung wie in Tabelle 2.11 einrichten.

Berechtigungsobjekt	Feld	Wert
S_DBCON	ACTVT (Aktivität)	03 (Anzeigen)
	DBA_DBHOST (Servername)	<Servername>
	DBA_DBSID (Datenbankname)	<Datenbankname>

Tabelle 2.11 Beispielberechtigung zu den Objekten S_DBCON und S_TABU_SQL

Tabelle 2.11 Beispielberechtigung zu den Objekten S_DBCON und S_TABU_SQL (Forts.)

Berechtigungsobjekt	Feld	Wert
S_DBCON (Forts.)	DBA_DBUSER (Datenbankbenutzer)	<Datenbankbenutzer>
S_TABU_SQL	ACTVT (Aktivität)	33 (Lesen)
	DBSID (Datenbankverbindung)	<Datenbankverbindung>
	TABLE (Tabelle)	■ 0–P9* ■ PC–Z*
	TABOWNER (Besitzer in der Datenbank)	<Datenbankbenutzer>

Besser ist es allerdings, überhaupt keinen Zugriff auf SAP-Tabellen über den SQL-Editor zuzulassen. Für den Zugriff auf die erforderlichen Tabellen über Transaktion SE16 können Sie über das Berechtigungsobjekt S_TABU_DIS bzw. S_TABU_NAM eine Berechtigung definieren. Eine Berechtigung über das Objekt S_TABU_SQL ist dann nicht mehr erforderlich. In dem Fall könnte das Objekt ausgeprägt werden, wie in Tabelle 2.12 dargestellt, um über den SQL-Editor nur den Zugriff auf die Systemtabellen der Datenbank zu erlauben. Tabelle 2.12 zeigt die Konfiguration dieses Berechtigungsobjekts am Beispiel einer SAP-HANA-Datenbank.

Berechtigungsobjekt	Feld	Wert
S_TABU_SQL	ACTVT (Aktivität)	33 (Lesen)
	DBSID (Datenbankverbindung)	<Datenbankverbindung>
	TABLE (Tabelle)	*
	TABOWNER (Besitzer in der Datenbank)	■ SYS ■ _SYS_STATISTICS

Tabelle 2.12 Beispielberechtigung zum Objekt S_TABU_SQL bei Einsatz von SAP HANA

2.5 Sicherheit im Mandanten 000

Zugriff über Funktionsbausteine

Das Anzeigen von Tabelleninhalten ist auch über Funktionsbausteine möglich. So können z. B. die Funktionsbausteine SE16N_INTERFACE und GTB_INTERFACE genutzt werden, um Daten aus anderen Mandanten anzuzeigen. Abbildung 2.21 zeigt Tabelle USR02 (Benutzeranmeldedaten) aus den Mandanten 100 und 200, angezeigt im Mandanten 000.

In der Selektionsmaske des Funktionsbausteins müssen Sie im Feld I_CLNT_SPEZ ein »X« setzen, um Daten aus anderen Mandanten anzuzeigen. Es werden dann die Daten aus allen Mandanten angezeigt. Um die Anzeige auf einen bestimmten Mandanten einzugrenzen, können Sie in der Tabelle IT_SELFIELDS den Mandanten angeben. Die Felder in dieser Tabelle müssen Sie dazu folgendermaßen ausprägen:

- FIELD: MANDT
- I: I
- OP: =
- LOW: <Mandantennummer>

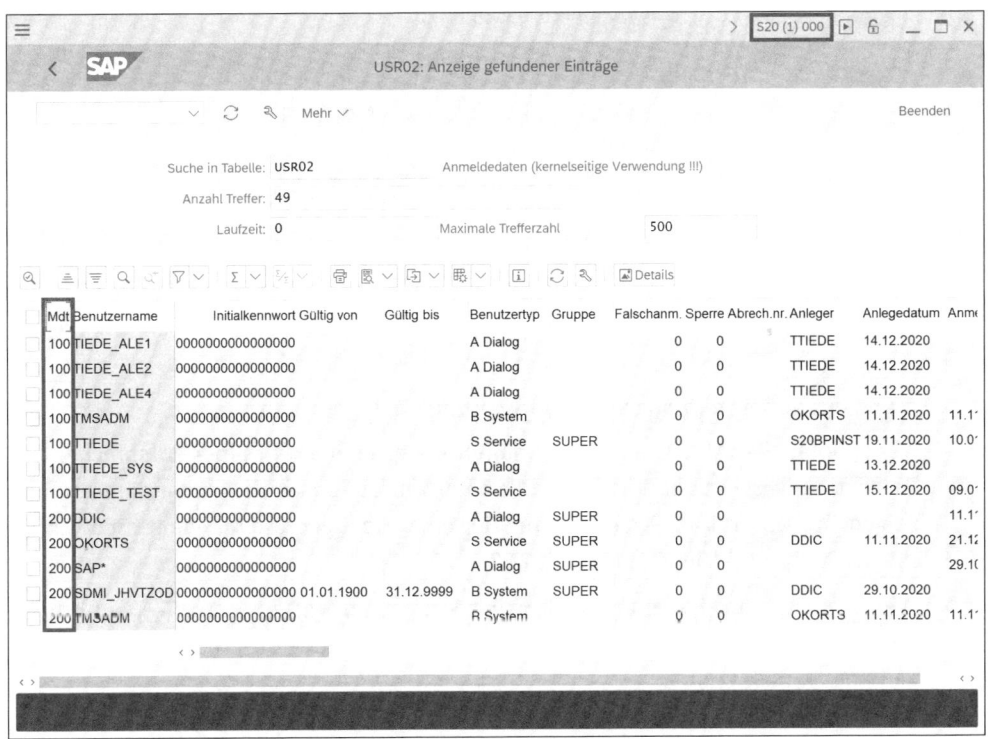

Abbildung 2.21 Tabelle USR02 von einem anderen Mandanten aus anzeigen

Vor der Anzeige der Tabelle über den Funktionsbaustein werden die Berechtigungsobjekte S_DEVELOP und S_TABU_DIS bzw. S_TABU_NAM geprüft (siehe Tabelle 2.13).

Berechtigungsobjekt	Feld	Wert
S_DEVELOP	ACTVT (Aktivität)	16 (Ausführen)
	OBJTYPE (Objekttyp)	FUGR
	OBJNAME (Objektname)	SE16N oder S4H16N
	DEVCLASS (Paket)	WUSL oder CAWUSL
S_TABU_DIS	ACTVT (Aktivität)	03 (Anzeigen)
	DICBERCLS (Berechtigungsgruppe)	<Berechtigungsgruppe der Tabelle>
oder		
S_TABU_NAM	ACTVT (Aktivität)	03 (Anzeigen)
	TABLE (Tabelle)	<Name der Tabelle>

Tabelle 2.13 Berechtigung zum Ausführen der Funktionsbausteine SE16N_INTERFACE bzw. GTB_INTERFACE

Mandantenübergreifende Spool-Verwaltung

Der Spool ist in SAP-Systemen mandantenübergreifend. Mit einer entsprechenden Berechtigung ist es daher möglich, die Spool-Aufträge aus anderen Mandanten anzuzeigen. In Transaktion SP01 sind dann die Felder **Erzeuger** und **Mandant** für Selektionen freigeschaltet (siehe Abbildung 2.22).

Werden im Produktivmandanten sensible Daten gedruckt, können die Spool-Aufträge von den anderen Mandanten eingesehen werden. Die erforderlichen Berechtigungen zeigt Tabelle 2.14.

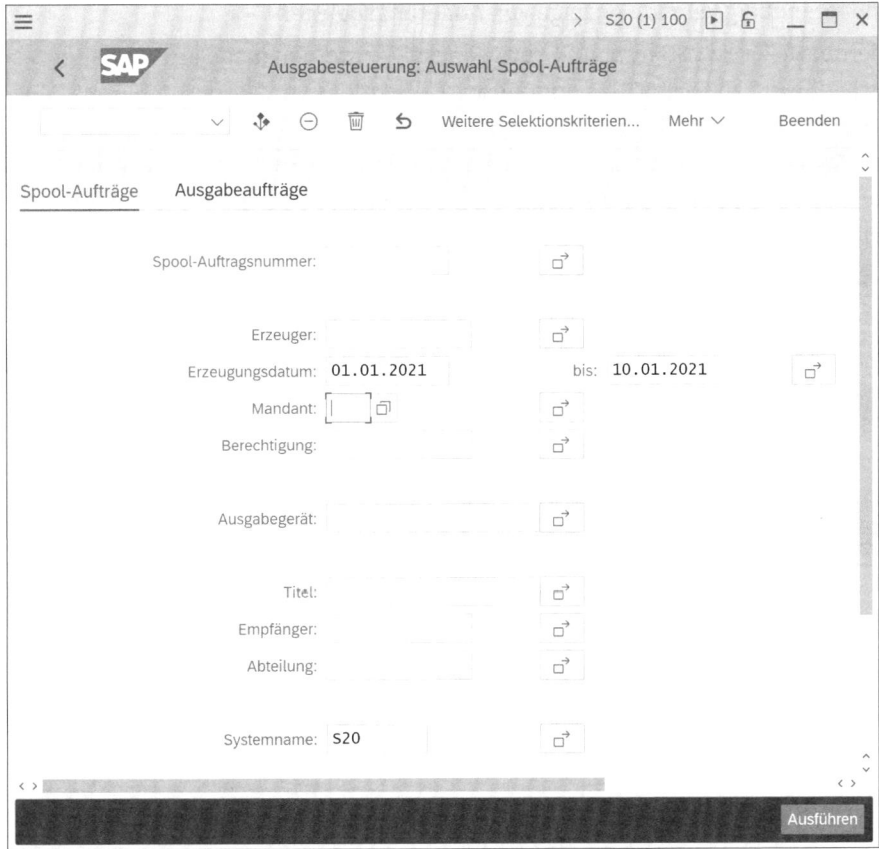

Abbildung 2.22 Mandantenübergreifende Selektion von Spool-Aufträgen

Berechtigungsobjekt	Feld	Wert
S_TCODE	TCT (Transaktion)	SP01 oder SP01O
S_ADMI_FCD	S_ADMI_FCD (Systemadministrationsfunktion)	▪ SPAD ▪ SPAM ▪ SP01
S_SPO_ACT	SPOACTION (Spool-Aktion)	▪ BASE ▪ DISP
	SPOAUTH (Berechtigungswert)	*

Tabelle 2.14 Berechtigung zur mandantenübergreifenden Spool-Verwaltung

Mandantenübergreifende Anzeige von Änderungsbelegen

Änderungsbelege zu Stamm- und Bewegungsdaten werden mandantenabhängig gespeichert. Der Report RSSCD110 ermöglicht es allerdings, Änderungsbelege aus anderen Mandanten anzuzeigen. Abbildung 2.23 zeigt die Selektionsmaske dieses Reports. Hier können Sie den Mandanten angeben, aus dem die Änderungsbelege angezeigt werden sollen. Auf diese Weise können Sie auf betriebswirtschaftliche Daten in den Produktivmandanten zugreifen.

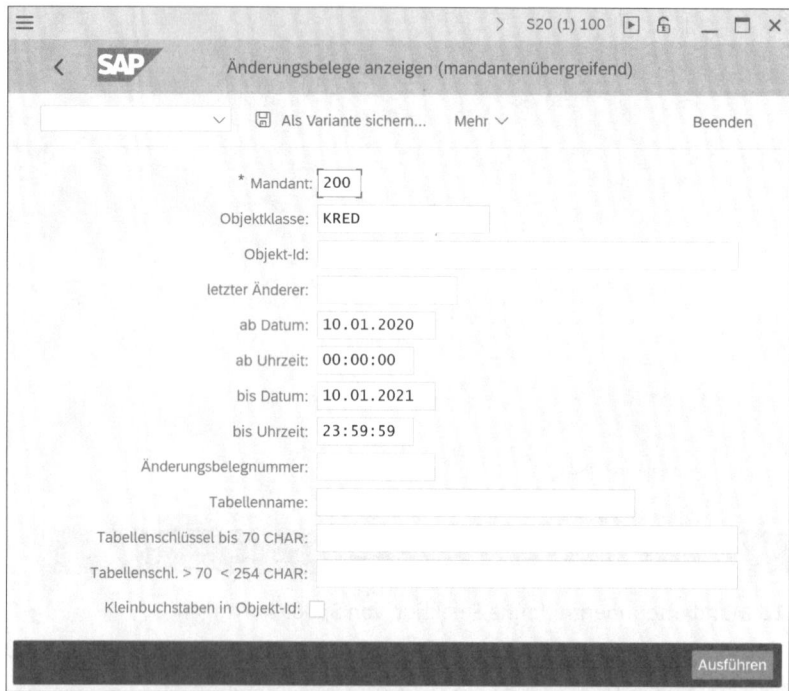

Abbildung 2.23 Mandantenübergreifende Anzeige von Änderungsbelegen

2.5.2 Systemeinstellungen pflegen

Systemeinstellungen können von allen Mandanten aus gepflegt werden. Ein klassischer Rechenzentrumsbetrieb benötigt Berechtigungen, z. B. ausschließlich im Mandanten 000, da alle Systemeinstellungen von hier aus vorgenommen werden können. Diese Berechtigungen müssen daher nicht nur im Produktivmandanten, sondern in allen Mandanten eines Systems abgesichert werden.

Tabelle 2.15 zeigt die wesentlichen Berechtigungen, für die festzulegen ist, welche Benutzer sie in welchen Mandanten erhalten sollen. Dort sind jeweils nur die wesentlichen Berechtigungsobjekte je Vorgang aufgeführt.

Berechtigungsobjekt	Feld	Wert
Einstellen der Systemänderbarkeit		
S_CTS_ADMI oder S_CTS_SADM	S_ADMI_FCD (Systemadministrationsfunktion)	SYSC
Anlegen neuer Mandanten		
S_ADMI_FCD	CTS_ADMFCT (Administrationsaufgabe)	T000
Konfiguration des Security-Audit-Logs (bis SAP NetWeaver 7.40)		
S_ADMI_FCD	S_ADMI_FCD (Systemadministrationsfunktion)	AUDA
Konfiguration des Security-Audit-Logs (ab SAP NetWeaver 7.50)		
S_SAL	SAL_ACTVT (Security-Audit-Log – Aktivitäten)	<ul><li>EDIT_CONFS</li><li>EDIT_CONFD</li><li>EDIT_PARAM</li></ul>
Pflege von RFC-Verbindungen		
S_RFC_ADM	ACTVT (Aktivität)	<ul><li>01 (Anlegen)</li><li>02 (Ändern)</li><li>06 (Löschen)</li></ul>
Pflege von Trusted Systems		
S_RFC_TT	ACTVT (Aktivität)	<ul><li>01 (Anlegen)</li><li>02 (Ändern)</li><li>06 (Löschen)</li></ul>
Konfiguration der an SAP Enterprise Threat Detection zu übertragenden Protokolle		
S_TABU_DIS	ACTVT (Aktivität)	02 (Ändern)
	DICBERCLS (Berechtigungsgruppe)	SECM
S_TABU_NAM	ACTVT (Aktivität)	02 (Ändern)
	TABLE (Tabelle)	SECM_LOGS

Tabelle 2.15 Berechtigungen zum Pflegen von Systemeinstellungen

Berechtigungsobjekt	Feld	Wert
Übertragung der Konfiguration an SAP Enterprise Threat Detection		
S_SEC_MON	ACTVT (Aktivität)	70 (Administrieren)
	SECM_LOG (zu übertragende Protokolle)	*

Tabelle 2.15 Berechtigungen zum Pflegen von Systemeinstellungen (Forts.)

2.5.3 Anwendungsentwicklung

Entwicklungsberechtigungen werden mandantenbezogen vergeben, allerdings sind Entwicklungen grundsätzlich mandantenunabhängig. Haben Benutzer im Mandanten 000 die Berechtigung zur Entwicklung, kann auch der Produktivmandant davon betroffen sein. Daher sind Entwicklerrechte auch im Mandant 000 nicht zu vergeben. Tabelle 2.16 zeigt die kritischen Berechtigungen.

Berechtigungsobjekt	Feld	Wert
ABAP Anwendunsgentwicklung		
S_DEVELOP	ACTVT (Aktivität)	Alle Werte <> 03 (Anzeigen) sind nicht zu vergeben.
ABAP Shared Objects		
S_SHM_ADM	ACTVT (Aktivität)	Alle Werte <> 03 (Anzeigen) sind nicht zu vergeben.
Kodingbasierte Erweiterungsoptionen		
S_ENH_CRE	–	Das Berechtigungsobjekt ist nicht zuzuordnen.
CDS: Annotationsdefinitionen		
S_DDLACRUD	–	Das Berechtigungsobjekt ist nicht zuzuordnen.
Ressourcenzugriff auf das ABAP Development Tool		
S_ADT_RES	–	Das Berechtigungsobjekt ist nicht zuzuordnen.

Tabelle 2.16 Berechtigungen zur Anwendungsentwicklung

2.5.4 Gesetzeskritische Berechtigungen

Als *gesetzeskritische Berechtigungen* werden Berechtigungen bezeichnet, mit denen gegen geltende Gesetze verstoßen werden kann. Dies betrifft insbesondere Elemente der Anwendungsentwicklung sowie das Löschen aufbewahrungspflichtiger Protokolle. Die Anwendungsentwicklung ist mandantenübergreifend; daher ist sie in einem Produktivsystem in allen Mandanten untersagt. Viele Protokolle sind ebenfalls mandantenübergreifend; daher ist das Löschen dieser Protokolle von allen Mandanten aus nicht erlaubt. Die gesetzeskritischen Berechtigungen dürfen deshalb auch im Mandanten 000 nicht vergeben werden. Im Einzelnen gehe ich auf die Prüfung der gesetzeskritischen Berechtigungen in Abschnitt 11.2, »Gesetzeskritische Berechtigungen«, ein.

2.5.5 Patterns in SAP Enterprise Threat Detection

In SAP Enterprise Threat Detection werden standardmäßig die folgenden Patterns ausgeliefert, mit denen kritische Vorgänge im Mandanten 000 überwacht werden können:

- Blacklisted function modules in productive systems
- Blacklisted reports in productive systems
- Blacklisted transactions in productive systems
- Client independent queries via debugger
- Security relevant configuration changes
- System configuration changes
- Debugging using old ABAP debugger
- Debugging with change of control flow while debugging
- Debugging in critical systems
- Debugging in systems assigned to critical roles
- Debugging using new ABAP debugger
- Debugging using ABAP in Eclipse
- Debugging with change of variable values during debugging
- Debugging by users belonging to a critical user group

2.5.6 Checkliste

In Tabelle 2.17 finden Sie die Checkliste mit den prüfungsrelevanten Fragestellungen zur Sicherheit des Mandanten 000.

Risiko	Fragestellung
	Vorgabe oder Erläuterung
1	Welche Benutzer existieren im Mandanten 000?
	Es dürfen nur administrative Benutzer existieren. Hier besteht das Risiko, dass vom Mandanten 000 aus kritische Aktionen ausgeführt werden oder auf Produktivdaten zugegriffen wird.
1	Wer besitzt die Berechtigung zum Zugriff auf Produktivdaten vom Mandanten 000 aus?
	Berechtigungen zum Zugriff auf Produktivdaten sollten im Mandanten 000 nicht vergeben werden. Hier besteht das Risiko, dass vom Mandanten 000 aus auf Produktivdaten zugegriffen wird.
2	Wer besitzt die Berechtigung zum Pflegen von Systemeinstellungen im Mandanten 000?
	Berechtigungen zum Pflegen von Systemeinstellungen dürfen im Mandanten 000 nur dem Rechenzentrum bzw. der Basisadministration zugeordnet werden. Hier besteht das Risiko, dass Berechtigungen, mit denen das System beeinflusst werden kann, falsch zugeordnet wurden.
1	Wer besitzt Entwicklerberechtigungen im Mandanten 000?
	Entwicklerberechtigungen dürfen in keinem Mandanten des Produktivsystems vergeben werden. Hier besteht das Risiko, dass durch die Vergabe von Entwicklerberechtigungen gegen gesetzliche Auflagen verstoßen werden kann.
1	Wer besitzt Berechtigungen zum Löschen von Protokollen im Mandanten 000?
	Berechtigungen zum Löschen von Protokollen dürfen in keinem Mandanten des Produktivsystems vergeben werden. Hier besteht das Risiko, dass durch die Vergabe dieser Berechtigungen aufbewahrungspflichtige Protokolle des Produktivmandanten gelöscht werden können.

Tabelle 2.17 Checkliste zum Mandanten 000

Wie Sie die einzelnen Punkte praktisch am SAP-System prüfen können, erfahren Sie in Abschnitt 2.5 des Dokuments **Tiede_Checklisten_Sicherheit_und_Pruefung.pdf**.

Kapitel 3
Allgemeine Systemsicherheit

Dieses Kapitel zeigt Ihnen wesentliche Funktionen auf, die im Rahmen jeder Sicherheitsprüfung zu betrachten sind. Erfahren Sie, wie Systemparameter funktionieren und wie der Anmeldevorgang abgesichert wird.

In die allgemeine Systemsicherheit fließen die Themen ein, die im Rahmen jeder Prüfung eines SAP-Systems zu betrachten sind. Wesentlich ist die Anmeldesicherheit, die ich in Abschnitt 3.2, »Anmeldesicherheit«, behandle. Zum Betrieb jedes SAP-Systems ist außerdem ein Notfallkonzept erforderlich, da es Berechtigungen gibt, die auch an Administratoren nicht vergeben werden dürfen (siehe Abschnitt 3.3, »Das Notfallbenutzerkonzept«). Aus Sicherheitssicht sehr sensibel sind die Berechtigungen zum Sperren von Transaktionscodes (siehe Abschnitt 3.4, »Sperren von Transaktionscodes«) und zur Nutzung von Betriebssystemkommandos. Informationen zur Prüfung und Absicherung behandle ich in Abschnitt 3.5, »Logische Betriebssystemkommandos«. Die Funktionen des Druckens sowie des Batch-Inputs werden in allen Produktivsystemen genutzt. Risiken und die Absicherung dieser Funktionen stelle ich in Abschnitt 3.6, »Drucken und Speichern«, und in Abschnitt 3.7, »Batch-Input«, dar. Unterschätzt wird häufig, dass in jedem SAP-NetWeaver-System auch die Funktionen von SAP Business Warehouse (SAP BW) integriert sind, mit denen Zugriffe auf produktive Daten möglich sind. Diesen Aspekt betrachte ich in Abschnitt 3.8, »Funktionen von SAP Business Warehouse«.

Zusätzlich zur Absicherung des ABAP-Stacks müssen Sie auch die unteren Ebenen betrachten, z. B. die Netzwerksicherheit und das SAP-Gateway. Hierzu empfehle ich Ihnen das Buch SAP-Systeme schützen von Daniel Berlin und Holger Stumm (SAP PRESS 2016). In diesem Buch werden alle Themen auch für »Nichttechniker« verständlich dargestellt.

3.1 Grundlagen für die Prüfung der Systemsicherheit

Zu Beginn einer Prüfung ist es wichtig, den Releasestand des zu prüfenden SAP-Systems zu kennen, um bei der Prüfung auf die Besonderheiten des jeweiligen Releasestands eingehen zu können. Des Weiteren müssen Sie bei fast allen Prüfungen auch die Systemparameter beachten. In diesem Buch gehe ich in den thematisch passenden Abschnitten auf die einzelnen Systemparameter ein. In diesem Abschnitt erfahren Sie zunächst, wie die Parameter aufgebaut sind und wie Sie diese prüfen können.

3.1.1 Der Releasestand des SAP-Systems

Ein SAP-System besteht aus verschiedenen sogenannten *Softwarekomponenten*. Jede Komponente hat einen Releasestand und ein *Patch-Level*. Mit Patches werden sowohl Fehlerkorrekturen als auch neue Funktionen ausgeliefert. Die im SAP-System installierten Komponenten, inklusive Release und Patch-Level, können Sie über den Menüpfad **System · Status** einsehen. Klicken Sie hier auf die Schaltfläche **Details**. Sie gelangen zu der Übersicht der installierten Softwarekomponenten, die Sie in Abbildung 3.1 sehen. Hierfür ist eine Berechtigung auf dem Berechtigungsobjekt S_SYS_INFO erforderlich, Bereich SYSTEM. Alternativ erhalten Sie diese Informationen aus Tabelle CVERS.

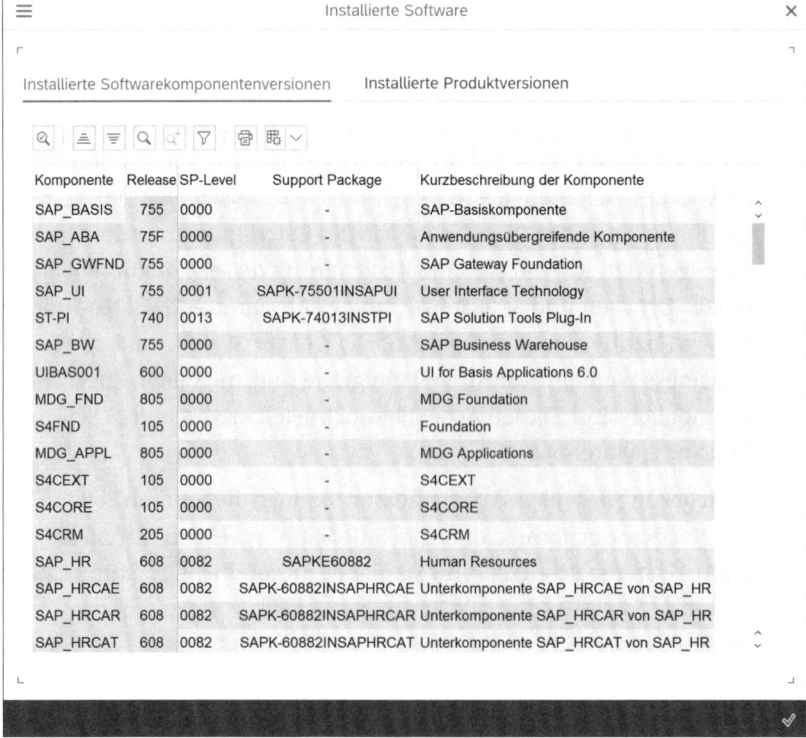

Abbildung 3.1 Installierte Softwarekomponenten

Zur Prüfung der Systemsicherheit ist das Release der Komponenten SAP_BASIS relevant. Sie gibt den Releasestand von SAP NetWeaver wieder. Außerdem ist wichtig zu wissen, ob es sich um ein SAP-ERP- oder ein SAP-S/4HANA-System handelt. Ist die Komponente S4CORE vorhanden, handelt es sich um ein SAP-S/4HANA-System:

- S4CORE Release 102: SAP S/4HANA 1709
- S4CORE Release 103: SAP S/4HANA 1809
- S4CORE Release 104: SAP S/4HANA 1909
- S4CORE Release 105: SAP S/4HANA 2020

Bei der Darstellung in Abbildung 3.1 handelt es sich somit um ein SAP-S/4HANA-2020-System mit SAP NetWeaver Release 7.55.

3.1.2 Systemparameter

Systemparameter dienen zur Steuerung globaler Einstellungen im SAP-System. Hierunter fallen u. a. die Konfiguration des Anmeldevorgangs, die Steuerung der Verbuchung und die Konfiguration von Protokollkomponenten wie das Systemprotokoll (SysLog), das Security-Audit-Log und die Tabellenprotokollierung. Es existiert eine Vielzahl von sicherheitsrelevanten Parametern.

Speicherung der Systemparameter

Systemparameter enthalten Standardwerte, die fest im SAP-Kernel integriert sind. Individuell können die Parameter in sogenannten *Profildateien* im Betriebssystem der SAP-Server gesetzt werden. Diese werden einmalig beim Starten einer Instanz gelesen und gesetzt. Den Pfad zur Speicherung der Dateien gibt der Systemparameter DIR_PROFILE wieder. Standardmäßig lautet der Pfad:

/usr/sap/<SID>/SYS/profile

Es existieren zwei verschiedene Profildateien:

- **Default-Profil**
  Das Default-Profil existiert genau einmal pro SAP-System. Hier werden alle Parameter gesetzt, die für das gesamte System gelten sollen. Der Name des Default-Profils ist **DEFAULT.PFL**.
- **Instanzprofil**
  Dieses Profil existiert in jeder Instanz. Hier werden die Parameter gesetzt, die explizit für die jeweilige Instanz gelten sollen. Ein Instanzprofil kann einen beliebigen Namen haben. Es gilt die folgende Namenskonvention: <SID>_<Instanzname>_<Hostname>

Dieselben Parameter können sowohl im Default- als auch im Instanzprofil gesetzt werden, was allerdings nicht erfolgen sollte. Für das Laden der Parameterwerte gilt die folgende Hierarchie:

1. Ist ein Wert im Instanzprofil gesetzt, ist dieser in der Instanz gültig.
2. Ist ein Wert im Default-Profil und nicht im Instanzprofil gesetzt, ist dieser Wert gültig.
3. Ist für einen Parameter weder ein Wert im Default- noch im Instanzprofil gesetzt, gilt der Kernel-Default-Wert.

Zwar können die Profildateien auch direkt auf der Betriebssystemebene gepflegt werden, allerdings sollte die Pflege grundsätzlich über das SAP-System erfolgen. Zum Pflegen und zum Anzeigen der Profildateien nutzen Sie Transaktion RZ10. Dabei werden die Werte zusätzlich auf der Datenbank gespeichert. Wird der Wert eines Parameters geändert, wird eine neue Version von der Profildatei erzeugt. Auch alte Versionen werden in der Datenbank gespeichert. Zur Prüfung der aktuellen Werte sowie aller vorherigen Versionen können Sie die folgenden Tabellen nutzen:

- **Tabelle TPFHT: Versionen der einzelnen Profile**
  In dieser Tabelle sind alle Versionen zu den Profilen (Default- und Instanzprofilen) gespeichert, inklusive des letzten Änderers sowie des Datums und der Uhrzeit der letzten Änderung.

- **Tabelle TPFET: Parameterwerte der einzelnen Profilparameter**
  In dieser Tabelle sind zu den einzelnen Versionen von allen Profilen die einzelnen Parameter mit ihren Werten hinterlegt.

Über diese beiden Tabellen können Sie auch Inkonsistenzen innerhalb der Parameterwerte ermitteln:

- Wurden Parameter sowohl im Instanz- als auch im Default-Profil gesetzt?
- Wurden für Parameter auf verschiedenen Instanzen unterschiedliche Werte gesetzt?

Um die Parameter eines Profils und deren Änderungen anzuzeigen, wählen Sie in der Einstiegsmaske von Transaktion RZ10 die Funktion **Erweiterte Pflege** aus und klicken auf die Schaltfläche **Anzeigen**. Sie erhalten eine Liste mit allen Parametern dieses Profils und deren aktuelle Einstellungen. Von hier aus können Sie sich die Historie der einzelnen Parameter anzeigen lassen. Wählen Sie hierzu zweimal hintereinander den Menüpfad **Springen • Ausführlichere Liste** aus. Sie erhalten zu jedem Parameter die Historie, die Sie in Abbildung 3.2 sehen.

Eine andere Sicht der Änderungen zeigt der Report RSTU0000 (aufrufbar über Transaktion TU02). Das Ergebnis dieses Reports zeigt nur die einzelnen Werte der Parameter mit ihrem jeweiligen Änderungsdatum an. Wer die Änderung durchgeführt hat, wird nicht aufgelistet. Interessant ist hier die Möglichkeit, sich nur Änderungen ab einem bestimmten Zeitraum anzeigen zu lassen, z. B. im aktuellen Jahr oder im aktuellen Prüfungszeitraum. Hierzu markieren Sie in der Selektionsmaske eine Instanz und wählen den Menüpfad **Goto • Select period** aus (oder direkt die Schaltfläche **Select period**). Es wird das Datum abgefragt, ab dem die Änderungen angezeigt werden. Um sich zu einem Parameter die Historie der Änderungen anzeigen zu lassen, wählen Sie den Menüpfad **Goto • Detail** aus. Es wird die Historie der Parameterwerte nach Datum aufgelistet.

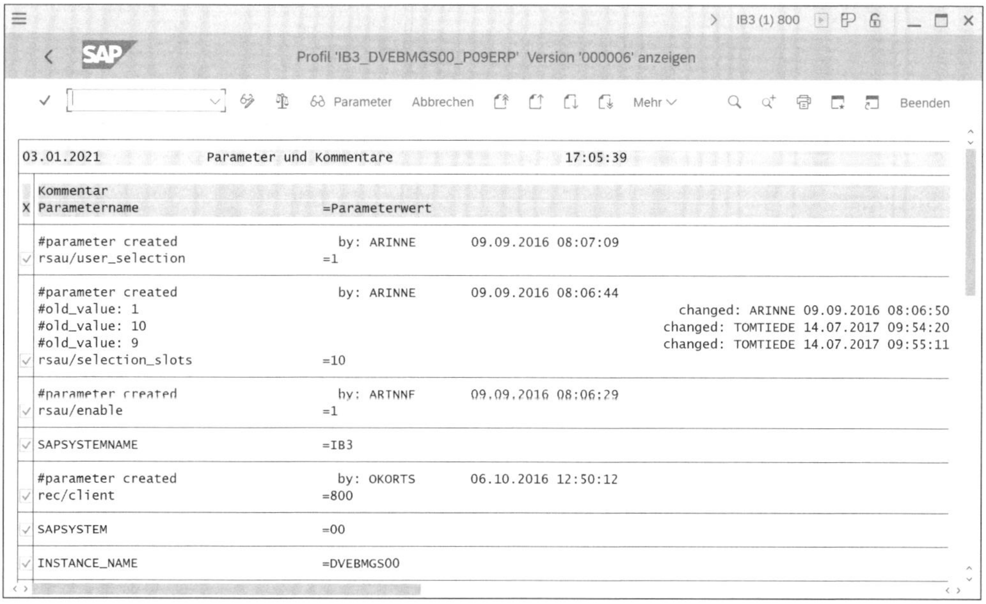

```
03.01.2021          Parameter und Kommentare              17:05:39
    Kommentar
X   Parametername                =Parameterwert
    #parameter created           by: ARINNE    09.09.2016 08:07:09
✓   rsau/user_selection          =1
    #parameter created           by: ARINNE    09.09.2016 08:06:44
    #old_value: 1                                          changed: ARINNE   09.09.2016 08:06:50
    #old_value: 10                                         changed: TOMTIEDE 14.07.2017 09:54:20
    #old_value: 9                                          changed: TOMTIEDE 14.07.2017 09:55:11
✓   rsau/selection_slots         =10
    #parameter created           by: ARTNNF    09.09.2016 08:06:29
✓   rsau/enable                  =1
✓   SAPSYSTEMNAME                =IB3
    #parameter created           by: OKORTS    06.10.2016 12:50:12
✓   rec/client                   =800
✓   SAPSYSTEM                    =00
✓   INSTANCE_NAME                =DVEBMGS00
```

Abbildung 3.2 Änderungsanzeige der Parameter in Transaktion RZ10

Änderungen von Systemparameter zur Laufzeit

Des Weiteren können in Transaktion RZ11 die Werte für ca. 600 Parameter zur Laufzeit geändert werden. Welche Parameter änderbar sind, ist in den Eigenschaften im Kernel festgelegt. Diese Eigenschaften werden mit der Methode CL_SPFL_PROFILE_PARAMETER=>GET_ALL_METADATA im Feld IS_DYNAMIC angezeigt. Die dynamischen Änderungen von Parameterwerten werden in Tabelle PFL_INDX protokolliert. In dieser Tabelle können Sie die Parameter einsehen, die geändert wurden. Die Änderungen selbst sind dort im Clusterfeld CLUSTD abgelegt. Dieses Feld hat eine variable Länge, und die Daten werden dort binär gespeichert (Datentyp LRAW). Sie sind somit nicht in Klartext lesbar. Um sich die konkreten Änderungen zu den Parametern anzeigen zu lassen, rufen Sie Transaktion RZ11 auf und lassen sich die Eigenschaften des Parameters anzeigen. Dort klicken Sie auf den Link **Änderungshistorie**.

Um eine Liste aller dynamisch umschaltbaren Parameter zu erhalten, wählen Sie in Transaktion RZ11 den Menüpfad **Springen • Alle dynamischen Parameter** aus. Alternativ nutzen Sie den Report RSMON000_DYNAMIC_PARAMETER.

Analyse von Systemparametern

Zur Anzeige der aktuellen Werte aller oder spezifischer Parameter nutzen Sie Transaktion RSPFPAR. Diese ruft den gleichnamigen Report auf. In der Selektionsmaske können Sie nach Parameternamen selektieren. Ohne Selektion werden alle Parameter angezeigt. Abbildung 3.3 zeigt die Ausgabe des Reports.

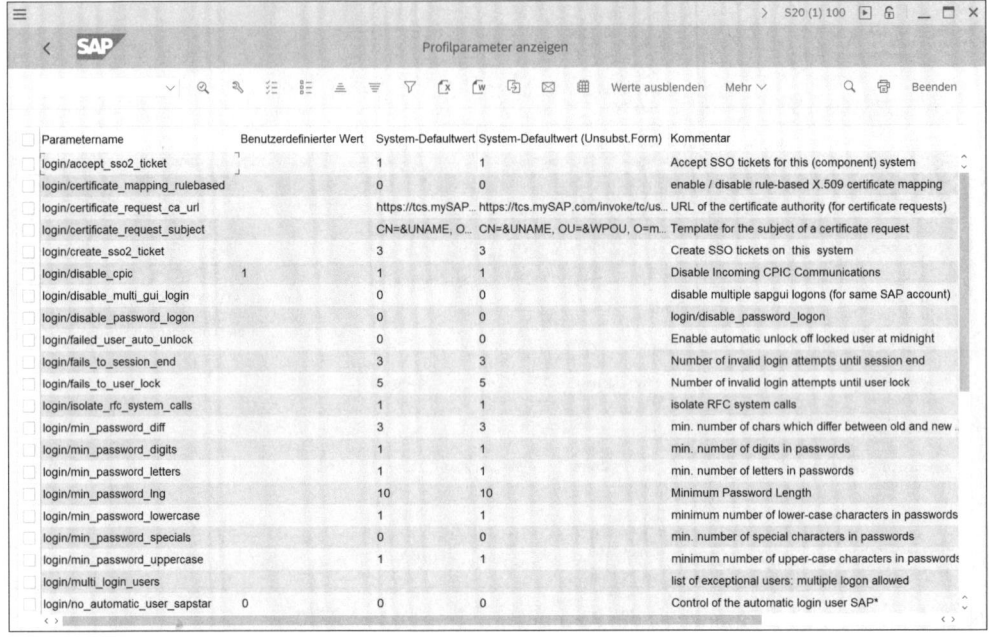

Abbildung 3.3 Parameterwerte mit Transaktion RSPFPAR anzeigen

Die Ausgabe ist in fünf Spalten gegliedert. In der ersten Spalte wird der Parametername angegeben. In der zweiten Spalte (**Benutzerdefinierter Wert**) werden die aktuellen Werte der Instanz angezeigt, an der Sie aktuell angemeldet sind. Sind in dieser Spalte keine Einträge vorhanden, wurden diese Parameter nicht explizit gesetzt. In diesem Fall gilt der Wert der Spalte **System-Defaultwert**, in der der Vorgabewert des SAP-Systems angezeigt wird. Die Spalte **System-Defaultwert (Unsubst. Form)** zeigt die unsubstituierten Werte an, d. h. die Werte ohne Auflösung der $- und %-Variablen. Die $-Variablen verweisen auf die Werte anderer Systemparameter. Die Variable $(DIR_DATA) zeigt z. B. auf den Parameter DIR_DATA. Dessen Wert wird an dieser Stelle somit eingesetzt. Die %-Variablen verweisen auf Umgebungsvariablen des Betriebssystems. Das sind hier fast ausschließlich Verzeichnispfade.

In der letzten Spalte **Kommentar** wird die Beschreibung zum Parameter angezeigt. Hier können Sie sich auch die Dokumentation zu den Parametern anzeigen lassen. Klicken Sie dazu doppelt auf den Parameter, zu dem Sie die Dokumentation sehen möchten. Es wird das Fenster **Profilparameter anzeigen** angezeigt. Hier finden Sie aktuelle Daten zum derzeitigen Stand des Parameters. Klicken Sie hier auf die Schaltfläche **Hilfe**, und ein weiteres Fenster mit der Dokumentation wird angezeigt. Die erforderliche Berechtigung zur Anzeige der Parameterwerte zeigt Tabelle 3.1.

Berechtigungsobjekt	Feld	Wert
S_TCODE	TCD (Transaktion)	RSPFPAR
S_RZL_ADM	ACTVT (Aktivität)	03 (Anzeigen)

Tabelle 3.1 Berechtigung zum Anzeigen der Systemparameter

Da Parameter sowohl im Default-Profil als auch in den Instanzprofilen gesetzt werden können, besteht die Gefahr, dass sie unterschiedliche Konfigurationen aufweisen und es damit zu Inkonsistenzen kommen kann. Auch das Ergebnis der Prüfung, ob die unternehmenseigenen Vorgaben für die Parametereinstellungen eingehalten wurden, kann dadurch verfälscht werden. Daher müssen Sie bei einer Prüfung auch die Konfigurationen der einzelnen Instanzen miteinander vergleichen. Hierzu können Sie Tabelle TPFET nutzen, in der die Konfigurationen gespeichert werden. Von jedem Instanzprofil müssen Sie dafür die jeweils letzte Version heranziehen (zu erkennen im Feld **Versionsnummer**).

3.1.3 Zugriffsrechte

Die folgenden Tabellen zeigen Ihnen die Berechtigungen zum Thema Systemparameter. Tabelle 3.2 zeigt die Berechtigung zum Pflegen der Systemparameter.

Berechtigungsobjekt	Feld	Wert
S_TCODE	TCD (Transaktion)	RZ10 oder RZ11
S_RZL_ADM	ACTVT (Aktivität)	01 (Anlegen)

Tabelle 3.2 Berechtigung zum Pflegen der Systemparameter

Tabelle 3.3 zeigt die Berechtigung zur Pflege dynamischer Parameterwerte.

Berechtigungsobjekt	Feld	Wert
S_TCODE	TCD (Transaktion)	RZ11 oder eine in Abschnitt 1.2, »Reports«, beschriebene Transaktion

Tabelle 3.3 Berechtigung zur Pflege dynamischer Parameterwerte

Berechtigungsobjekt	Feld	Wert
S_ADMI_FCD	S_ADMI_FCD (Systemadministrationsfunktion)	PADM (Prozessadministration)

Tabelle 3.3 Berechtigung zur Pflege dynamischer Parameterwerte (Forts.)

3.1.4 Checkliste

In Tabelle 3.4 finden Sie die Checkliste mit den prüfungsrelevanten Fragestellungen zu den Grundlagen der Systemsicherheit.

Risiko	Fragestellung
	Vorgabe oder Erläuterung
3	Welches SAP-Release wird eingesetzt? Wie ist der aktuelle Stand der Support Packages?
	Informativer Punkt für nachfolgende Prüfungen. Einzelne Aspekte der Sicherheit können je nach Release-/Support-Package-Stand variieren.
1	Existieren Vorgaben für die Einstellungen der Systemparameter?
	Es müssen Vorgaben für die Einstellungen der relevantesten Systemparameter vorliegen.
	Hier besteht die Gefahr, dass die Parameter durch fehlende Vorgaben falsch konfiguriert werden.
1	Entsprechen die aktuellen Parameterwerte den Unternehmensvorgaben?
	Die aktuellen Einstellungen müssen den Vorgaben entsprechen. Abweichungen müssen dokumentiert und begründet sein.
	Hier besteht die Gefahr, dass durch eine falsche Parametrisierung Sicherheitslücken entstehen.
1	Existieren Vorgaben für die Kontrolle der Parametereinstellungen nach Releasewechseln, Kernel-Updates usw.?
	Es müssen Vorgaben und Verantwortlichkeiten zur nachgelagerten Kontrolle der Systemparameter nach dem Einspielen von Updates existieren.
	Hier besteht die Gefahr, dass Parameter durch Updates falsche oder ungültige Werte enthalten bzw. auf den Standardwert zurückgesetzt wurden.

Tabelle 3.4 Checkliste zu den Grundlagen der Systemsicherheit

Risiko	Fragestellung
	Vorgabe oder Erläuterung
1	Wurden Änderungen an Parameterwerten nur von berechtigten Personen durchgeführt?
	Änderungen an Parametern dürfen ausschließlich von berechtigten Administratoren durchgeführt werden.
	Hier besteht die Gefahr, dass unberechtigte Personen Parameter ändern und dadurch die Systemstabilität und -sicherheit gefährden.
1	Wurden Parameter sowohl im Instanz- als auch im Default-Profil gesetzt?
	Parameter sind entweder zentral zu definieren oder pro Instanz.
	Hier besteht die Gefahr, dass Parameterwerte inkonsistent definiert sind.
1	Wurden für Parameter auf verschiedenen Instanzen unterschiedliche Werte gesetzt?
	Parameter sind auf den verschiedenen Instanzen gleichzusetzen. Ausnahmen müssen dokumentiert werden.
	Hier besteht die Gefahr, dass Parameterwerte inkonsistent über die Instanzen definiert sind.

Tabelle 3.4 Checkliste zu den Grundlagen der Systemsicherheit (Forts.)

Wie Sie die einzelnen Punkte praktisch am SAP-System prüfen können, erfahren Sie in Abschnitt 3.1 des Dokuments **Tiede_Checklisten_Sicherheit_und_Pruefung.pdf**, das Sie im Downloadbereich zu diesem Buch unter *www.sap-press.de/5145* finden.

3.2 Anmeldesicherheit

Zur Wahrung der Systemsicherheit müssen Regeln für die Vergabe und Nutzung der Kennwörter festgelegt werden. Nur autorisierten Benutzern darf der Zugang zum System möglich sein. Daher müssen mindestens die folgenden Vorkehrungen getroffen werden:

- Es müssen Vorgaben zur Vergabe von Initialkennwortern definiert werden. Es sollte vermieden werden, dass für verschiedene Benutzer immer dasselbe Initialkennwort von den Benutzeradministratoren vergeben wird.
- Nur autorisierte Benutzer dürfen die Berechtigung besitzen, Initialkennwörter zu vergeben.
- Die Kennwörter der Benutzer werden verschlüsselt in Tabelle USR02 gespeichert, die Kennworthistorie in Tabelle USRPWDHISTORY. Der Zugriff auf diese Tabellen muss

restriktiv gehandhabt werden, da in diesen Tabellen auch gespeichert wird, wer noch ein Initialkennwort besitzt. Des Weiteren besteht hier die Gefahr, dass die Kennwörter für Brute-Force-Attacken genutzt werden.

- Produktive Kennwörter dürfen nur vom Anwender selbst vergeben und geändert werden.
- Administratoren sollten besonders komplexe Kennwörter nutzen.
- Es müssen Vorgaben zur Komplexität der Kennwörter existieren. Kennwörter können aus Buchstaben, Zahlen und Sonderzeichen bestehen. Auch Groß- und Kleinschreibung kann unterschieden werden.
- Kennwörter müssen eine definierte Mindestlänge haben. Die maximale Länge ist mit 40 Zeichen fest definiert.
- Kennwörter müssen in regelmäßigen Abständen geändert werden.
- Nach einer definierten Anzahl von Falschanmeldungen müssen Benutzerkonten gesperrt werden.

Die technischen Möglichkeiten zur Absicherung von Kennwörtern erläutere ich in den folgenden Abschnitten.

3.2.1 Unzulässige Kennwörter – Tabelle USR40

In Tabelle USR40 können Zeichenketten eingetragen werden, die von den Benutzern nicht als produktive Kennwörter genutzt werden dürfen. Diese Tabelle ist mandantenübergreifend. Sie gilt somit für alle Mandanten des Systems. Aus Sicherheitsgründen können Sie hier den Firmennamen und andere geläufige Wörter eintragen, um das »Hacken« eines Kennworts zu erschweren. Des Weiteren sollten Trivialkennwörter eingepflegt werden. Gibt ein Unternehmen z. B. einen Kennwortänderungszeitraum von 30 Tagen vor, sollten die Monatsnamen hier eingetragen werden – bei einem Kennwortänderungszeitraum von 90 Tagen z. B. die Jahreszeiten.

Bei den Eintragungen in Tabelle USR40 sind auch Platzhalter möglich, wie die Beispiele in Tabelle 3.5 zeigen.

Eintrag	Erklärung
HH	Kennwörter, die die Zeichenkette »HH« enthalten
IBS	Kennwörter, die die Zeichenkette »IBS« enthalten
HAFEN*	Kennwörter, die mit der Zeichenkette »HAFEN« beginnen
HAMBURG	das Kennwort »HAMBURG«

Tabelle 3.5 Platzhalter in Tabelle USR40

Es ist ratsam, in diese Tabelle nicht vollständige Wörter einzutragen, sondern generische Zeichenketten, wie z. B. »*JANUAR*«. Damit sind dann diese Angaben auch als Zeichenketten innerhalb von Kennwörtern verboten.

Die Tabelle enthält zusätzlich die Checkbox **Unterscheidung zwischen Groß-/Kleinbuchstaben** im Feld CASESENSITIVE. Hier können Sie pro Zeichenkette angeben, ob bei der Überprüfung die Groß- und Kleinschreibung beachtet werden soll. Ist in diesem Feld ein »X« gesetzt, wird das Kennwort exakt nach der Schreibweise der Zeichenkette überprüft. Ist das Feld leer, wandelt SAP das zu prüfende Kennwort und die Zeichenkette aus dieser Tabelle in Großbuchstaben um und überprüft diese.

3.2.2 Protokolle von Mehrfachanmeldungen

Mehrfachanmeldungen von Benutzern an einem Mandanten werden protokolliert. Mehrfache Anmeldungen eines Benutzers im Produktivbetrieb sind gemäß den Lizenzbedingungen von SAP nicht vorgesehen. Mehrfachanmeldungen müssen keine Verstöße gegen die Lizenzbedingungen von SAP sein. Kritisch ist es, wenn sich mehrere Anwender einen Benutzernamen »teilen«. Dies ist ein eindeutiger Verstoß und nicht zulässig, auch wenn sich dadurch augenscheinlich Lizenzgebühren einsparen lassen. Diese Methode darf bei »normalen« Benutzern nicht angewendet werden.

Beim Versuch der Mehrfachanmeldung hat der Benutzer die folgenden Möglichkeiten:

- Er fährt mit der Anmeldung fort und beendet damit die bereits laufende Anmeldung.
- Er fährt mit der Anmeldung fort, ohne die bereits laufende Anmeldung zu beenden. In diesem Fall wird diese Anmeldung protokolliert.
- Er beendet die Anmeldung.

Mehrfachanmeldungen können durch den Systemparameter login/disable_multi_gui_login unterbunden werden. Wird dieser Parameter auf den Wert »1« gesetzt, ist eine Mehrfachanmeldung nicht mehr möglich. Ein Benutzer, der bereits angemeldet ist, hat bei einer weiteren Anmeldung am SAP-System nur zwei Möglichkeiten:

- Er fährt mit der Anmeldung fort und beendet damit die bereits laufende Anmeldung.
- Er beendet die Anmeldung.

Die Benutzer, denen eine Mehrfachanmeldung möglich sein soll (z. B. den Administratoren), können mit dem Systemparameter login/multi_login_users angegeben werden.

Die Mehrfachanmeldungen werden in Tabelle USR41_MLD gespeichert. Die Felder dieser Tabelle sind in Tabelle 3.6 beschrieben. Alternativ können Sie für die Auswertungen der Mehrfachanmeldungen den Report RSUVM015 nutzen. Er zeigt die Mehrfachanmeldungen mit denselben Informationen an wie Tabelle USR41_MLD. Der Vorteil des Reports ist, dass die Mehrfachanmeldungen aus allen Mandanten angezeigt werden. Tabelle USR41_MLD zeigt nur die Anmeldungen aus dem Mandanten an, an dem Sie aktuell angemeldet sind.

Feld	Inhalt
BNAME	Benutzername
CAL_YEAR	Kalenderjahr
PEAK	maximale Anzahl an parallelen Anmeldungen
COUNTER	zeigt an, wie oft sich der Benutzer parallel angemeldet hat
FIRST_DATE	Datum der ersten parallelen Anmeldung
FIRST_TIME	Uhrzeit der ersten parallelen Anmeldung
LAST_DATE	Datum der letzten parallelen Anmeldung
LAST_TIME	Uhrzeit der letzten parallelen Anmeldung
PEAK_DATE	Datum, wann der Benutzer die maximale Anzahl an parallelen Anmeldungen (Feld PEAK) vorgenommen hat
PEAK_TIME	Uhrzeit, wann der Benutzer die maximale Anzahl an parallelen Anmeldungen (Feld PEAK) vorgenommen hat

Tabelle 3.6 Felder in Tabelle USR41_MLD (Mehrfachanmeldungen)

3.2.3 Systemparameter zur Anmeldesicherheit

Die Systemparameter zur Anmeldesicherheit definieren die Vorgaben des SAP-internen Zugriffsschutzes. Durch das Setzen dieser Parameter wird die Systemsicherheit erheblich erhöht. Die Parameter können im Default-Profil des SAP-Systems sowie in den einzelnen Instanzprofilen gesetzt werden. Daher ist es insbesondere bei diesen Parametern relevant, die Werte instanzübergreifend zu prüfen.

Die folgenden Tabellen erläutern die einzelnen Systemparameter zur Anmeldesicherheit. Tabelle 3.7 führt die Systemparameter zur allgemeinen Anmeldesicherheit auf.

Parameter	Beschreibung	Default-Wert
login/fails_to_session_end	Setzt die Anzahl der Anmeldeversuche, bis das System den Zugang ablehnt (d. h. den SAP GUI schließt, den Benutzer aber nicht sperrt). Der Default-Wert entspricht den Anforderungen der Revision.	3
login/fails_to_user_lock	Setzt die Anzahl der Anmeldeversuche, bis das System den Benutzer sperrt. Der Benutzer kann sich danach nicht mehr am SAP-System anmelden. Er wird allerdings automatisch um 00:00 Uhr freigeschaltet. Die Freischaltung kann durch den Parameter login/failed_user_auto_unlock verhindert werden. Die Benutzer müssen dann immer manuell von einem Benutzeradministrator freigeschaltet werden. Den Default-Wert müssen Sie als Administrator an die Unternehmensvorgaben anpassen.	5
login/failed_user_auto_unlock	Legt fest, ob ein Benutzer nach einer Sperrung durch Falschanmeldungen um 00.00 Uhr wieder freigeschaltet wird. Ist der Wert »größer 0« gesetzt, wird der Benutzer automatisch freigeschaltet; bei dem Wert »0« wird er nicht automatisch freigeschaltet. Der Default-Wert »0« entspricht den Anforderungen der Revision.	0
login/disable_multi_gui_login	Legt fest, ob sich Benutzer mehrfach oder nur einmal an einen Mandanten anmelden dürfen. Dieser Parameter wirkt sich nicht auf RFC-Anmeldungen aus. Dies wird gesteuert über den Parameter login/disable_multi_rfc_login. Der Wert »0« bedeutet, dass Mehrfachanmeldungen möglich sind. Durch Setzen des Parameterwerts »1« werden Mehrfachanmeldungen unterbunden. Ausnahme: im Parameter login/multi_login_users definierte berechtigte Benutzer für Mehrfachanmeldungen.	0

Tabelle 3.7 Parameter zur allgemeinen Kennwortsicherheit

Parameter	Beschreibung	Default-Wert
`login/multi_login_users`	Dieser Parameter wird nur genutzt, wenn der Parameter `login/disable_multi_gui_login` auf den Wert »1« gesetzt ist und Mehrfachanmeldungen untersagt sind. Hier können Benutzernamen angegeben werden, die sich trotz verbotener Mehrfachanmeldungen öfter an einem Mandanten anmelden können. Dies kann z. B. für die Administratoren, für Super-User und Notfallbenutzer sinnvoll sein.	<leer>
`login/disable_password_logon`	Verhindert eine herkömmliche direkte Anmeldung mit einem Kennwort. Es gibt verschiedene Arten der Benutzerauthentifizierung: - mittels Kennwort (konventionelle Anmeldung) - durch ein externes Sicherheitsprodukt (SNC – Secure Network Communications) - aufgrund eines X.509-Browserzertifikats (Intranet/Internet) - mittels SSO-Ticket (SSO = Single Sign-on) für einen Workplace Bei der Nutzung anderer Methoden zur Anmeldung als der konventionellen Kennwortanmeldung kann es gewünscht sein, die Kennwortanmeldung zu sperren. Für `login/disable_password_logon` können die folgenden Werte gesetzt werden: - **Wert »0«** Bedeutet, dass eine konventionelle Anmeldung möglich ist. - **Wert »1«** Bedeutet, dass eine konventionelle Anmeldung nur Benutzern möglich ist, die über den Parameter `login/password_logon_usergroup` definiert wurden. - **Wert »2«** Durch das Setzen dieses Werts ist eine konventionelle Anmeldung nicht mehr möglich.	0
`login/password_logon_usergroup`	Wurde durch den Parameter `login/disable_password_logon = 1` die konventionelle Anmeldung ausgeschlossen, können mit diesem Parameter Benutzergruppen angegeben werden, deren Benutzern trotzdem eine konventionelle Anmeldung möglich ist.	<leer>

Tabelle 3.7 Parameter zur allgemeinen Kennwortsicherheit (Forts.)

Parameter	Beschreibung	Default-Wert
login/password_expiration_time	Gültigkeitsdauer eines Passworts. Gibt an, in welchem Zeitraum in Tagen die Benutzer ihre Kennwörter ändern müssen. »0« bedeutet, dass die Benutzer niemals ihr Kennwort ändern müssen. Hier müssen Sie als Administrator den in den Unternehmensvorgaben definierten Wert eintragen (je nach Branche und Sicherheitsanspruch sollten die Werte hier zwischen 30 und 180 Tagen liegen).	0
login/password_change_waittime	Legt fest, nach wie vielen Tagen ein Benutzer ein geändertes Kennwort wieder ändern kann. Dies verhindert, dass ein Benutzer sein Kennwort jeden Tag ändert, so lange, bis er sein altes Kennwort wieder nutzen kann. Hier müssen Sie darauf achten, dass dieser Parameter nicht größer eingestellt werden darf als der Parameter für die Ablaufzeit des Kennworts (login/password_expiration_time).	1
login/password_history_size	Legt fest, wie viele Kennwörter vom System als Historie gespeichert werden (in Tabelle USRPWDHISTORY). Diese können dann bei einem Kennwortwechsel vom Benutzer nicht wiederverwendet werden. Hier kann ein Wert bis zu »100« eingegeben werden, sodass ein Benutzer seine 100 letzten Kennwörter beim Kennwortwechsel nicht mehr verwenden kann.	15
login/password_max_idle_initial	Legt fest, wie viele Tage ein von Ihnen als Administrator gesetztes Kennwort (Initialkennwort) für einen Benutzer gültig ist. Meldet sich der Benutzer innerhalb dieser Zeitspanne nicht an, verfällt das Kennwort, und eine Anmeldung ist nicht mehr möglich. In dem Fall muss dann wieder ein neues Kennwort gesetzt werden. Der Wert »0« bedeutet, dass Initialkennwörter unbegrenzt gültig sind.	0

Tabelle 3.7 Parameter zur allgemeinen Kennwortsicherheit (Forts.)

Parameter	Beschreibung	Default-Wert
login/password_max_idle_productive	Legt fest, wie viele Tage ein vom Benutzer gesetztes Kennwort (produktives Kennwort) gültig ist. Meldet sich der Benutzer innerhalb dieser Zeitspanne nicht an, verfällt das Kennwort, und eine Anmeldung ist nicht mehr möglich. In dem Fall müssen Sie als Administrator ein neues Kennwort (Initialkennwort) setzen. Der Wert »0« bedeutet, dass produktive Kennwörter unbegrenzt gültig sind (bis maximal zum Wert des Parameters login/password_expiration_time).	0
login/password_downwards_compatibility	Mit diesem Parameter wird festgelegt, wie Kennwörter verschlüsselt werden. Das aktuelle Verfahren ist ein generisches Hashverfahren. Das Kennwort wird dabei im Feld PWDSALTEDHASH in Tabelle USR02 gespeichert. Ältere (und unsichere) Verfahren sind die SHA-1-basierende Verschlüsselung (Feld PASSCODE) und die MD5-basierende Verschlüsselung (Feld BCODE). Durch das Setzen dieses Parameters auf den Wert »0« (aktuell auch der Standardwert) wird ausschließlich das generische Hashverfahren genutzt. Gemäß SAP-Hinweis 1458262 sollten Sie alte, überflüssige Kennwort-Hashwerte mit dem Report CLEANUP_PASSWORD_HASH_VALUES entfernen.	0
login/no_automatic_user_sapstar	Verhindert ein Anmelden unter dem Namen SAP*, wenn dieser als Benutzer gelöscht wurde. Der Wert »0« bedeutet, dass ein Anmelden nach dem Löschen des Benutzers SAP* wieder möglich ist. Der Wert »1« legt fest, dass keine Anmeldung nach dem Löschen des Benutzers SAP* möglich ist. Seit SAP NetWeaver 7.0 ist der Vorgabewert für diesen Parameter »1« (vorher: »0«). Aus Sicherheitsgründen sollte dieser Parameter auf »1« bleiben.	1
login/server_logon_restriction	Wird im Instanzprofil gesetzt und gibt an, ob Anmeldungen an die Instanz möglich sind: ■ Wert »0« (Default-Einstellung) Anmeldungen sind von allen Benutzern möglich.	0

Tabelle 3.7 Parameter zur allgemeinen Kennwortsicherheit (Forts.)

Parameter	Beschreibung	Default-Wert
login/server_logon_restriction (Forts.)	- **Wert »1«** Anmeldungen sind nur von den Benutzern erlaubt, denen in einer Sicherheitsrichtlinie das Attribut SERVER_LOGON_PRIVILEGE mit dem Wert »1« zugeordnet wurde. - **Wert »2«** Anmeldungen sind nicht möglich.	0
login/show_detailed_errors	Standardmäßig gibt das SAP-System detaillierte Fehlermeldungen aus, wenn beim Anmeldevorgang ein Fehler aufgetreten ist. Dies birgt die Gefahr, dass dadurch potenzielle Angreifer Informationen zur Existenz eines Benutzers bekommen können (siehe auch SAP-Hinweis 1823687). Setzen Sie als Administrator diesen Parameter auf den Wert »0«, wird dies unterbunden, und es wird nur die allgemeine Meldung angezeigt: »Name oder Kennwort ist nicht korrekt (wiederholen Sie die Anmeldung).«	1
rdisp/gui_auto_logout	Benutzer, die am System angemeldet sind, sich aber längere Zeit nicht bemerkbar gemacht haben, können vom SAP-System automatisch abgemeldet werden. Der Wert »0« für diesen Parameter bedeutet, dass Benutzer nicht automatisch abgemeldet werden. Möchten Sie hier einen Zeitraum angeben, müssen Sie die Angabe in Sekunden vornehmen (z. B. steht der Wert »3600« für 1 Stunde).	0
auth/rfc_authority_check	Legt fest, ob bei Anmeldungen über eine RFC-Verbindung die Berechtigung zur Anmeldung überprüft wird (Berechtigungsobjekt S_RFC). Der Parameter kann die folgenden Werte enthalten: - **Wert »0«** Der Wert »0« bedeutet, dass das Objekt S_RFC nicht geprüft wird. - **Wert »1«** Beim RFC-Zugriff werden Berechtigungen überprüft, außer für den gleichen User, den gleichen Benutzerkontext und Funktionsbausteine der Funktionsgruppe SRFC.	1

Tabelle 3.7 Parameter zur allgemeinen Kennwortsicherheit (Forts.)

Parameter	Beschreibung	Default-Wert
auth/rfc_authority_check (Forts.)	- Wert »2« (obsolet) Beim RFC-Zugriff werden Berechtigungen überprüft, außer für Funktionsbausteine der Funktionsgruppe SRFC. - Wert »3« Login zur Ausführung der Funktionsbausteine RFC_PING und RFC_SYSTEM_INFO erforderlich; es findet aber keine Berechtigungsprüfung statt. - Wert »4« Es findet eine Berechtigungsprüfung für alle Funktionsbausteine statt, außer für RFC_PING und RFC_SYSTEM_INFO. - Wert »5« Es ist ein Login zur Ausführung des Funktionsbausteins RFC_PING erforderlich; es findet aber keine Berechtigungsprüfung statt. - Wert »6« Es findet eine Berechtigungsprüfung für alle Funktionsbausteine statt, außer für RFC_PING. Diesen Wert empfiehlt die SAP gemäß SAP-Hinweis 2216306. - Wert »8« Es ist ein Login für alle Funktionsbausteine erforderlich; es findet aber keine Berechtigungsprüfung statt. - Wert »9« Beim RFC-Zugriff werden Berechtigungen für alle Funktionsbausteine überprüft.	1
rfc/reject_expired_passwd	Standardmäßig (Wert »0«) werden RFC-Anmeldungen von Benutzern mit Initialkennwort bzw. abgelaufenem Kennwort von SAP akzeptiert. Aus Sicherheitsaspekten sollte dies unterbunden werden. Dafür setzen Sie als Administrator diesen Parameter auf den Wert »1«.	0
icf/reject_expired_passwd	Standardmäßig (Wert »0«) werden Anmeldungen über das Internet Communication Framework (ICF) von Benutzern mit Initialkennwort bzw. abgelaufenem Kennwort von SAP akzeptiert. Aus Sicherheitsgründen sollte dies unterbunden werden. Hierzu setzen Sie diesen Parameter auf den Wert »1«.	0

Tabelle 3.7 Parameter zur allgemeinen Kennwortsicherheit (Forts.)

In Tabelle 3.8 sind die Systemparameter zur Definition der Kennwortkomplexität aufgeführt.

Parameter	Beschreibung	Default-Wert
login/min_password_Ing	Legt die Mindestlänge des Kennworts für Benutzer fest. Den Standardwert müssen Sie als Administrator an die Unternehmensvorgaben anpassen.	10
login/min_password_diff	Legt fest, in wie vielen Zeichen sich ein neues Kennwort beim Kennwortwechsel vom alten Kennwort unterscheiden muss. Mit diesem Parameter kann somit verhindert werden, dass Benutzer nacheinander Kennwörter wie »HAMBURG1«, »HAMBURG2«, »HAMBURG3« usw. nutzen. Dieser Parameter wirkt nicht beim Anlegen neuer Benutzer bzw. beim Zurücksetzen von Kennwörtern. Der Wert sollte mindestens die Hälfte der minimalen Kennwortlänge betragen (Parameter login/min_password_ing).	3
login/min_password_digits	Legt fest, wie viele Ziffern mindestens in einem Kennwort vorkommen müssen. Um komplexe Kennwörter anzufordern, sollte dieser Parameter auf dem Wert »1« belassen werden.	1
login/min_password_letters	Legt fest, wie viele Buchstaben mindestens in einem Kennwort vorkommen müssen. Um komplexe Kennwörter anzufordern, sollte dieser Parameter auf dem Wert »1« belassen werden.	1
login/min_password_specials	Legt fest, wie viele Sonderzeichen (!, \, ", @, $, %, &, /, (,), =, ?, ', `, *, +, ~, #, -, _, ., ,, ;, :, {, [,], }, \, \, <, >, |, ") mindestens in einem Kennwort vorkommen müssen. Um komplexe Kennwörter anzufordern, kann dieser Parameter auf den Wert »1« gesetzt werden. Wichtig ist hierbei, die Benutzer auf diese Systematik vorzubereiten und ihnen Tipps zur Nutzung von Sonderzeichen zu geben. Andernfalls besteht die Gefahr, dass das Kennwort irgendwo hinterlegt wird, da der Benutzer es sich nicht merken kann.	0

Tabelle 3.8 Parameter zur Kennwortkomplexität

Parameter	Beschreibung	Default-Wert
login/min_password_lowercase	Legt fest, wie viele Kleinbuchstaben in einem Kennwort mindestens vorkommen müssen. Um komplexe Kennwörter anzufordern, sollte dieser Parameter auf dem Wert »1« belassen werden.	1
login/min_password_uppercase	Legt fest, wie viele Großbuchstaben in einem Kennwort mindestens vorkommen müssen. Um komplexe Kennwörter anzufordern, sollte dieser Parameter auf dem Wert »1« belassen werden.	1
login/password_charset	Dieser Parameter legt fest, aus welchen Zeichen ein Kennwort bestehen darf: - **Wert »0« (restriktiv)** Das Kennwort darf nur aus Ziffern, Buchstaben und den folgenden 32 (ASCII-)Sonderzeichen bestehen: !, ", @, $, %, &, /, (,), =, ?, ', `, *, +, ~, #, -, _, ., ,, ;, :, {, [,], }, \, <, >, |. - **Wert »1« (abwärtskompatibel, Vorgabewert)** Das Kennwort darf aus beliebigen Zeichen, einschließlich nationaler Sonderzeichen (z. B. ä, ö, ü, ß), bestehen; allerdings werden alle Zeichen, die nicht in der beim Wert »0« genannten Menge enthalten sind, auf das gleiche (Sonder-)Zeichen abgebildet und daher nicht unterschieden. - **Wert »2« (nicht abwärtskompatibel)** Das Kennwort darf aus beliebigen Zeichen bestehen; es wird intern in das Unicode-Format UTF-8 konvertiert. Sofern kein unicodetaugliches System eingesetzt wird, sollte beachtet werden, dass möglicherweise nicht alle Zeichen auf der Anmeldemaske eingegeben werden können (Restriktion aufgrund der durch die Systemsprache vorgegebenen Codepage). Eine Umschaltung auf den Wert »2« sollte erfolgen, wenn alle beteiligten Systeme (insbesondere beim Einsatz der zentralen Benutzerverwaltung) dies auch durch ihren Kernel-Stand unterstützen.	1

Tabelle 3.8 Parameter zur Kennwortkomplexität (Forts.)

Parameter	Beschreibung	Default-Wert
login/password_ compliance_to_ current_policy	Bewirkt beim Setzen des Parameters auf den Wert »1«, dass bei der Anmeldung überprüft wird, ob das aktuelle Kennwort den aktuell eingestellten Kennwortrichtlinien entspricht (z. B. ob es die vorgegebene Anzahl an Sonderzeichen enthält und die angeforderte Mindestlänge). Entspricht das Kennwort nicht den Richtlinien, wird der Benutzer aufgefordert, sein Kennwort zu ändern. Andernfalls greifen die Richtlinien erst bei einer turnusmäßigen Kennwortänderung durch den Benutzer. Der Parameter sollte auf den Wert »1« gesetzt sein.	0

Tabelle 3.8 Parameter zur Kennwortkomplexität (Forts.)

3.2.4 Sicherheitsrichtlinien

Die Systemparameter zur Anmeldesicherheit gelten nur für Benutzer, deren Benutzerstammsatz keiner *Sicherheitsrichtlinie* zugeordnet ist. Über Sicherheitsrichtlinien und deren Attribute wird festgelegt, inwieweit einzelne Benutzer Kennwortregeln, Regeln für Kennwortänderungen und Anmelderestriktionen einhalten müssen. Eine dem Benutzer zugeordnete Sicherheitsrichtlinie übersteuert die allgemeinen Systemparameter für diesen Benutzer. Die Richtlinien werden in der Benutzerverwaltung (Transaktion SU01) zugeordnet. Wechseln Sie hier auf die Registerkarte **Logondaten**, und tragen Sie die Richtlinie in das Feld **Sich.-Richtlinie** ein (Abbildung 3.4).

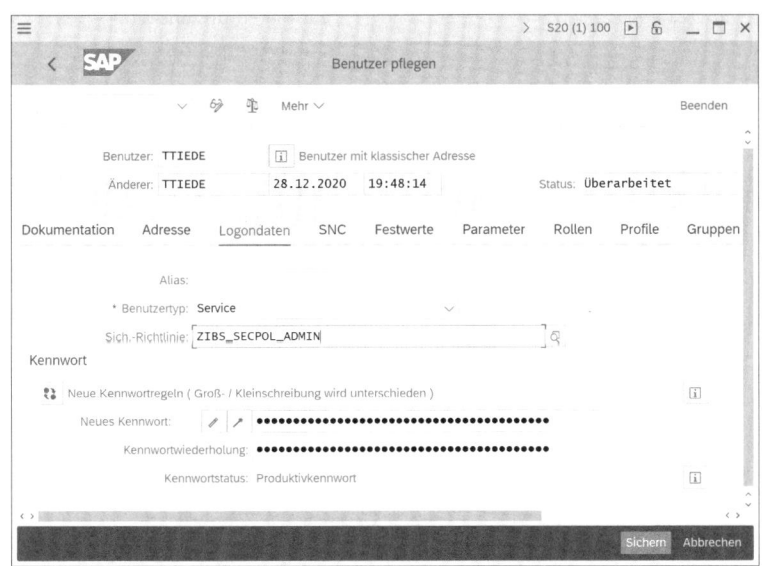

Abbildung 3.4 Sicherheitsrichtlinien einem Benutzer zuordnen

3 Allgemeine Systemsicherheit

Die Pflege der Sicherheitsrichtlinien erfolgt über Transaktion SECPOL. Die Eigenschaften und Inhalte von Sicherheitsrichtlinien und deren Attribute befinden sich in Tabellen aus dem Namensraum `SEC_POLICY*`. Die Liste der möglichen Richtlinienattribute befindet sich dabei in Tabelle `SEC_POLICY_ATTR`. Der Eintrag im Feld **Richtlinienattributtyp** bestimmt hier das Themengebiet für jedes einzelne Attribut:

1. Kennwortregelattribut
2. Kennwortänderungsrichtlinienattribut
3. Anmelderichtlinienattribut
4. Allgemeines Policy-Attribut

Einen Auszug aus Tabelle `SEC_POLICY_ATTR` zeigt Tabelle 3.9.

Attribut	Gebiet	Standard	Beschreibung
`CHECK_PASSWORD_BLACKLIST`	1	1	Prüfung der Kennwort-Sperrliste (Tabelle USR40)
`DISABLE_PASSWORD_LOGON`	3	0	Kennwortanmeldung unterbinden
`DISABLE_TICKET_LOGON`	3	0	Ticketanmeldung unterbinden
`MAX_FAILED_PASSWORD_LOGON_ATTEMPTS`	3	5	maximale Anzahl an Fehlversuchen
`MAX_PASSWORD_IDLE_INITIAL`	3	0	Gültigkeit ungenutzter Initialkennwörter
`MAX_PASSWORD_IDLE_PRODUCTIVE`	3	0	Gültigkeit ungenutzter Produktivkennwörter
`MIN_PASSWORD_CHANGE_WAITTIME`	2	1	minimale Wartezeit bei Kennwortänderung
`MIN_PASSWORD_DIFFERENCE`	2	3	Anzahl unterschiedlicher Zeichen bei Änderung
`MIN_PASSWORD_DIGITS`	1	1	minimale Anzahl von Ziffern
`MIN_PASSWORD_LENGTH`	1	10	minimale Kennwortlänge
`MIN_PASSWORD_LETTERS`	1	1	minimale Anzahl von Buchstaben
`MIN_PASSWORD_LOWERCASE`	1	1	minimale Anzahl von Kleinbuchstaben

Tabelle 3.9 Attribute von Sicherheitsrichtlinien

Attribut	Gebiet	Standard	Beschreibung
MIN_PASSWORD_SPECIALS	1	0	minimale Anzahl von Sonderzeichen
MIN_PASSWORD_UPPERCASE	1	1	minimale Anzahl von Großbuchstaben
PASSWORD_CHANGE_FOR_SSO	2	1	Kennwortänderungspflicht bei SSO-Anmeldung
PASSWORD_CHANGE_INTERVAL	2	0	Intervall regelmäßiger Kennwortänderungen
PASSWORD_COMPLIANCE_TO_CURRENT_POLICY	2	0	Kennwortänderung nach Regelverschärfung
PASSWORD_HISTORY_SIZE	2	15	Größe der Kennworthistorie
PASSWORD_LOCK_EXPIRATION	3	0	automatische Aufhebung der Kennwortsperre
SERVER_LOGON_PRIVILEGE	3	0	Anmeldeverhalten beim Parameterwert login/server_logon_restriction = 1
SESSION_MEMORY_LIMIT_EXEMPTION	4	0	Benutzer erhält Speicherzuschlag gemäß Parameter em/sessionmem_ext
TENANT_RUNLEVEL_LOGON_PRIVILEGE	3	0	Sonderbehandlung bezüglich des Tenant-Runlevels
MIN_TOTP_PASSPHRASE_LENGTH	5		Mindestlänge der TOTP-Kennphrase (Zwei-Faktor-Authentifizierung)

Tabelle 3.9 Attribute von Sicherheitsrichtlinien (Forts.)

Die Zuordnung von Sicherheitslichtlinien zu Benutzern wird in Tabelle USR02 gespeichert. Im Feld SECURITY_POLICY stehen die den Benutzern zugeordneten Sicherheitslichtlinien. Die Konfiguration dieser Sicherheitslichtlinien können Sie in Tabelle SEC_POLICY_RT prüfen. Hier sind die der Richtlinie zugeordneten Attribute mit ihren Werten gespeichert. Alle hier hinterlegten Werte übersteuern die Werte der Systemparameter für die zugeordneten Benutzer.

Welche Systemparameter durch welche Attribute der Sicherheitsrichtlinien übersteuert werden, können Sie Tabelle 3.10 entnehmen.

Attribut	Übersteuert den Parameter
CHECK_PASSWORD_BLACKLIST	Tabelle USR40 (Verbotene Kennwörter)
DISABLE_PASSWORD_LOGON	login/disable_password_logon
DISABLE_TICKET_LOGON	login/accept_sso2_ticket
MAX_FAILED_PASSWORD_LOGON_ATTEMPTS	login/fails_to_user_lock
MAX_PASSWORD_IDLE_INITIAL	login/password_max_idle_initial
MAX_PASSWORD_IDLE_PRODUCTIVE	login/password_max_idle_productive
MIN_PASSWORD_CHANGE_WAITTIME	login/password_change_waittime
MIN_PASSWORD_DIFFERENCE	login/min_password_diff
MIN_PASSWORD_DIGITS	login/min_password_digits
MIN_PASSWORD_LENGTH	login/min_password_lng
MIN_PASSWORD_LETTERS	login/min_password_letters
MIN_PASSWORD_LOWERCASE	login/min_password_lowercase
MIN_PASSWORD_SPECIALS	login/min_password_specials
MIN_PASSWORD_UPPERCASE	login/min_password_uppercase
PASSWORD_CHANGE_FOR_SSO	login/password_change_for_SSO
PASSWORD_CHANGE_INTERVAL	login/password_expiration_time
PASSWORD_COMPLIANCE_TO_CURRENT_POLICY	login/password_compliance_to_current_policy
PASSWORD_HISTORY_SIZE	login/password_history_size
PASSWORD_LOCK_EXPIRATION	login/failed_user_auto_unlock

Tabelle 3.10 Zuordnung der Attribute zu den Systemparametern

Änderungen an Sicherheitsrichtlinien werden vom SAP-System protokolliert (Änderungsbelegobjekt SECURITY_POLICY). Sie können diese Änderungen mit Transaktion SECPOL_CHANGES bzw. dem Report SECPOL_DISPLAY_CHANGEDOCUMENTS auswerten. Um auszuwerten, welchen Benutzern von wem Sicherheitsrichtlinien zugeordnet (oder entfernt) wurden, nutzen Sie den Report RSUSR100N (Transaktion S_BCE_68002311). In der Selektionsmaske des Reports müssen Sie dabei auf der Registerkarte **Benutzerattribute** die Option **Security Policy** aktivieren.

3.2.5 Schutz vor Kennwort-Hacking

Die Kennwörter der Benutzer werden in Tabelle USR02 gespeichert. Abbildung 3.5 zeigt Ihnen die *Hashwerte* in dieser Tabelle. Um Kennwörter zu hacken, reicht ein lesender Zugriff auf diese Tabelle aus. Wie sie gehackt werden können, können Sie mit einer einfachen Google-Suche herausfinden. Der Suchbegriff »SAP password cracking« bringt ca. 2.300.000 Treffer.

Zur Speicherung der Kennwörter wird ein *Iterated-Salted-SHA-1-Hash* (erkennbar im Feld PWDSALTEDHASH in Tabelle USR02, Spalte **Kennwort-Hashwert** in Abbildung 3.5) verwendet. *Salted* bedeutet, dass dem Kennwort vor der Verschlüsselung eine zufällige Zeichenfolge angehangen wird. Dies bewirkt, dass dasselbe Kennwort jedes Mal einen anderen Hash erzeugt, was das Hacken der Kennwörter erheblich erschwert. Dieses Verfahren wurde mit SAP-NetWeaver-Release 7.02 ausgeliefert. Auch die Felder der »alten« Verschlüsselungsmechanismen stehen zur Verfügung:

- seit SAP R/3: Feld BCODE (MD5-basierend)
- seit SAP NetWeaver 7.00: Feld PASSCODE (SHA-1-basierend)

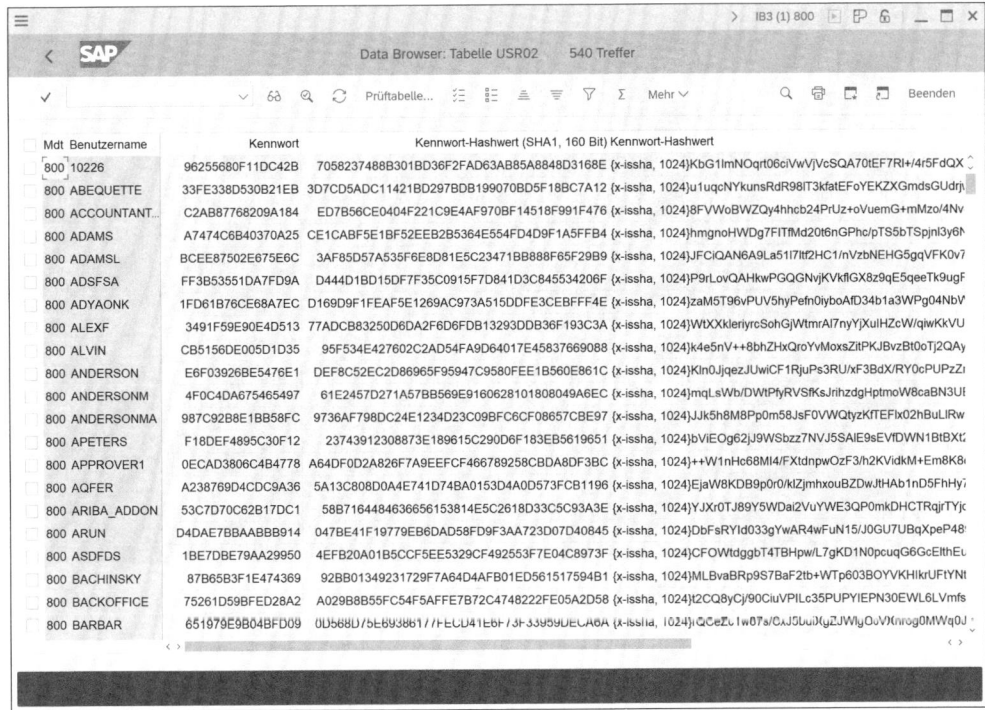

Abbildung 3.5 Kennwort-Hashwerte in Tabelle USR02

Das gängigste Tool zum Password Cracking ist die Freeware *John the Ripper*, die in der aktuellen Version (1.9.0) auch den Salted-Hash verarbeiten kann. Das Tool kann von der Seite *www.openwall.com* heruntergeladen werden. Von dieser Seite kann auch eine Wörterliste mit 40.000.000 Einträgen heruntergeladen werden, die zum Password Cracking genutzt werden kann. Abbildung 3.6 zeigt die Ausgabe von John the Ripper. In der ersten Spalte stehen die Kennwörter, in der zweiten Spalte die Benutzernamen.

Zum Schutz vor Kennwort-Hacking sollten Sie als Administrator die folgenden Maßnahmen treffen:

- Setzen Sie den Parameter `login/password_downwards_compatibility` auf den Wert »0«. Dies bewirkt, dass die Felder BCODE und PASSCODE nicht mehr mit alten Hashwerten gefüllt werden.
- Löschen Sie alte Kennwort-Hashes aus den Feldern BCODE und PASSCODE. Hierzu stellt SAP den Report CLEANUP_PASSWORD_HASH_VALUES zur Verfügung.
- Vergeben Sie keine Berechtigungen zum Lesen von Tabelle USR02, des Views VUSR02_PWD sowie der Tabellen mit der Kennworthistorie (USH02, USH02_ARC_TMP, USRPWDHISTORY, VUSER001).

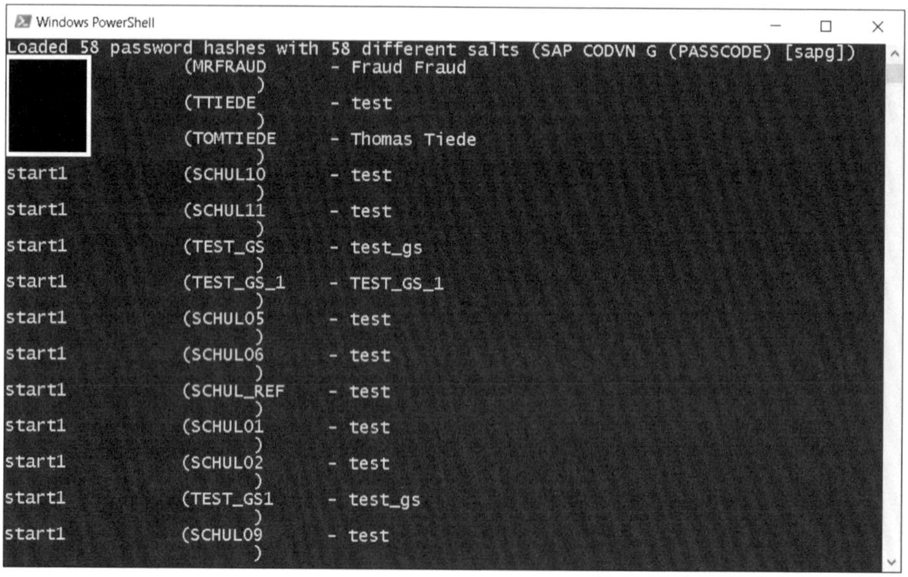

Abbildung 3.6 Kennwort-Hacking mit John the Ripper

3.2.6 Unternehmenseigene Erweiterungen zur Anmeldesicherheit

SAP bietet die Möglichkeit, den Anmeldevorgang um eigene Funktionalität zu erweitern, z. B. um unternehmenseigene Anmelderestriktionen abzugleichen (Anzeige der letzten Anmeldung, Abgleich mit externen Benutzerlisten usw.). Hierzu stellt SAP den Customer-Exit SUSR0001 zur Verfügung. Dieser kann im SAP-System angelegt werden und wird dann bei jedem Anmeldevorgang durchlaufen, sodass die hier einprogrammierten Routinen bei jeder Benutzeranmeldung durchlaufen werden.

Ob der Customer-Exit SUSR0001 genutzt wird, können Sie mit Transaktion SMOD prüfen. Geben Sie im Feld **Erweiterung** den Namen »SUSR0001« an, wählen Sie als Teilobjekt **Attribute**, und klicken Sie auf **Anzeigen**. Steht als letzter Änderer »SAP« ohne Änderungsdatum dahinter, wird der Customer-Exit nicht genutzt. Wird der Customer-Exit genutzt, können Sie die Erweiterungen in der Einstiegsmaske von Transaktion SMOD über das Teilobjekt **Komponenten** anzeigen.

Alternativ können Sie über Tabelle MODSAPA prüfen, ob der Customer-Exit aktiv ist. Geben Sie im Feld **Name** als Selektionskriterium »SUSR0001« an. Ist der letzte Änderer nicht »SAP«, wurde der Customer-Exit modifiziert.

3.2.7 Patterns in SAP Enterprise Threat Detection

In SAP Enterprise Threat Detection werden standardmäßig die folgenden Patterns ausgeliefert, mit denen Vorgänge zur Anmeldesicherheit überwacht werden können:

- Failed logon of same user from different Terminal IDs
- Failed logon by RFC/CPIC call
- Failed logon with too many attempts
- Failed Logon with too many password logon attempts
- Failed Logon with expired user
- Failed Logon with locked user
- Logon via forbidden logon method (Password)
- Logon after access to USR02
- Logon of blacklisted users
- Logon success same user from different Terminal IDs
- Critical authorization assignment and logon
- Password changed multiple times for same user
- Password changed by non-admin user
- Brute force attack
- Brute force attack and successful logon

3.2.8 Zugriffsrechte

Die folgenden Tabellen zeigen Ihnen die Berechtigungen zum Thema Anmeldesicherheit. Tabelle 3.11 zeigt die Berechtigungen zur Definition verbotener Kennwörter in Tabelle USR40.

3   Allgemeine Systemsicherheit

Berechtigungsobjekt	Feld	Wert
S_TCODE	TCD (Transaktion)	SM30 oder SM31
S_TABU_CLI	CLIIDMAINT (Kennzeichen)	X
S_TABU_DIS	ACTVT (Aktivität)	02 (Ändern)
	DICBERCLS (Berechtigungsgruppe)	SUSR (Benutzerstamm)
oder		
S_TCODE	TCD (Transaktion)	SM30 oder SM31
S_TABU_CLI	CLIIDMAINT (Kennzeichen)	X
S_TABU_NAM	ACTVT (Aktivität)	02 (Ändern)
	TABLE (Tabelle)	USR40

Tabelle 3.11 Berechtigung zum Pflegen von verbotenen Kennwörtern

Tabelle 3.12 zeigt die Berechtigung zum Pflegen der Sicherheitsrichtlinien.

Berechtigungsobjekt	Feld	Wert
S_TCODE	TCD (Transaktion)	SECPOL
S_SECPOL	ACTVT (Aktivität)	02 (Ändern)
	POLICYNAME (Sicherheitsrichtlinie)	<Name der Richtlinie>

Tabelle 3.12 Berechtigung zum Pflegen von Sicherheitsrichtlinien

Tabelle 3.13 zeigt die Berechtigung zum Zuordnen von Sicherheitsrichtlinien zu Benutzern.

Berechtigungsobjekt	Feld	Wert
S_TCODE	TCD (Transaktion)	irgendeine dieser Transaktionen: SU01, SU01_NAV, SU10, SUID01, SUID10
S_SECPOL	ACTVT (Aktivität)	22 (Zuordnen)
	POLICYNAME (Sicherheitsrichtlinie)	<Name der Richtlinie>
S_USER_GRP	ACTVT (Aktivität)	02 (Ändern)
	CLASS (Benutzergruppe)	<Benutzergruppe>

Tabelle 3.13 Berechtigung zum Zuordnen von Sicherheitsrichtlinien zu Benutzern

Tabelle 3.14 zeigt die Berechtigung zum Vergeben von Kennwörtern für Benutzer.

Berechtigungsobjekt	Feld	Wert
S_TCODE	TCD (Transaktion)	irgendeine dieser Transaktionen: SU01, SU01_NAV, SU10, SUID01, SUID10
S_USER_GRP	ACTVT (Aktivität)	05 (Sperren, Entsperren, Kennwörter vergeben)
	CLASS (Benutzergruppe)	<Benutzergruppe>

Tabelle 3.14 Berechtigung zum Vergeben von Kennwörtern für Benutzer

Tabelle 3.15 zeigt die Berechtigungen zum Lesen der Tabelle, die die Hashwerte der Kennwörter enthält.

Berechtigungsobjekt	Feld	Wert
S_TCODE	TCD (Transaktion)	SE16 oder eine in Abschnitt 1.3, »Anzeigen von Tabellen«, beschriebene Transaktion

Tabelle 3.15 Berechtigung zum Lesen der Tabelle mit den Hashwerten der Kennwörter

Berechtigungsobjekt	Feld	Wert
S_TABU_DIS	ACTVT (Aktivität)	03 (Anzeigen)
	DICBERCLS (Berechtigungsgruppe)	SPWD (Kennwort-Hashwerte)
oder		
S_TCODE	TCD (Transaktion)	SE16 oder Transaktion gemäß Abschnitt 1.3, »Anzeigen von Tabellen«
S_TABU_NAM	ACTVT (Aktivität)	03 (Anzeigen)
	TABLE (Tabelle)	<ul><li>USH02</li><li>USH02_ARC_TMP</li><li>USR02</li><li>USRPWDHISTORY</li><li>VUSER001</li><li>VUSR02_PWD</li></ul>

Tabelle 3.15 Berechtigung zum Lesen der Tabelle mit den Hashwerten der Kennwörter (Forts.)

3.2.9 Checkliste

In Tabelle 3.16 finden Sie die Checkliste mit den prüfungsrelevanten Fragestellungen zur Anmeldesicherheit.

Risiko	Fragestellung
	Vorgabe oder Erläuterung
3	Wurden in Tabelle USR40 unzulässige Kennwörter eingetragen?
	Unzulässige Kennwörter (Firmenname usw.) müssen in diese Tabelle eingetragen werden.
	Hier besteht das Risiko, dass Benutzer triviale Kennwörter nutzen, die leicht zu hacken sind.

Tabelle 3.16 Checkliste zur Anmeldesicherheit

Risiko	Fragestellung
	Vorgabe oder Erläuterung
1	Existieren Vorgaben für die Komplexität von Kennwörtern?
	Es müssen Vorgaben bezüglich der Komplexität von Kennwörtern für die Benutzer existieren.
	Hier besteht das Risiko, dass Benutzer triviale Kennwörter benutzen, die leicht zu knacken sind.
1	Werden Benutzerkonten von mehreren Anwendern parallel genutzt?
	Eine Mehrfachnutzung von Benutzerkennungen entspricht standardmäßig nicht dem SAP-Lizenzvertrag.
	Hier besteht das Risiko, dass gegen die Lizenzvereinbarungen mit SAP verstoßen wird.
1	Wie wurden die Anmeldeparameter des SAP-Systems eingestellt?
	Die Anmeldeparameter müssen gemäß den Vorgaben und Sicherheitsrichtlinien eingestellt sein.
	Hier besteht das Risiko, dass der Anmeldevorgang nicht gemäß den Unternehmensrichtlinien abgesichert ist.
2	Werden Sicherheitsrichtlinien genutzt?
	Die Sicherheitsrichtlinien müssen gemäß den Vorgaben und Unternehmensrichtlinien eingestellt sein.
	Hier besteht das Risiko, dass die Anmelderestriktionen durch die Sicherheitsrichtlinien umgangen werden.
1	Wurden Berechtigungen zur Anzeige der Tabellen mit den Kennwort-Hashwerten vergeben?
	Berechtigungen zur Anzeige der Tabellen mit den Kennwort-Hashwerten dürfen nicht vergeben werden.
	Hier besteht das Risiko, dass Kennwort-Hashwerte ausgelesen und gehackt werden können.

Tabelle 3.16 Checkliste zur Anmeldesicherheit (Forts.)

Wie Sie die einzelnen Punkte praktisch am SAP-System prüfen können, erfahren Sie in Abschnitt 3.2 des Dokuments **Tiede_Checklisten_Sicherheit_und_Pruefung.pdf**.

3.3 Das Notfallbenutzerkonzept

In jedem produktiven System sollte ein Benutzerkonto existieren, das in einem Notfall genutzt werden kann. Hierzu sind auch zahlreiche *Firefighter-Produkte* erhältlich, mit denen der Einsatz von Notfallbenutzern abgesichert werden kann, z. B. SAP Access Control. Ein Notfall ist dann gegeben, wenn ein Zustand erreicht wird, bei dem innerhalb einer geforderten Zeit eine Wiederherstellung der Verfügbarkeit nicht möglich ist und sich daraus ein sehr hoher Schaden ergeben kann.

3.3.1 Konzept für Notfallbenutzer

Der *Notfallbenutzer* ist ein Benutzer mit vollen Rechten für das gesamte System (in den meisten Fällen ähnlich oder gleich denen des Profils SAP_ALL), der nur in Ausnahmesituationen genutzt wird. Aufgrund der umfangreichen Rechte stellt dieser Benutzer auch eine besondere Gefahr für die Ordnungsmäßigkeit des Systems dar. In SAP-Systemen müssen die folgenden Regeln in Bezug auf einen Notfallbenutzer beachtet werden:

- Der Einsatz des Notfallbenutzers darf nur von einer autorisierten Stelle angeordnet werden, optimalerweise mit einer schriftlichen Begründung. Die Anordnung muss dokumentiert werden.
- Wird der Notfallbenutzer genutzt, sollten unabhängige Kontrollinstanzen (z. B. die Revision oder der Sicherheitsbeauftragte) darüber informiert werden.
- Die Nutzung des Notfallbenutzers darf nur wenigen autorisierten Personen möglich sein.
- Es darf nicht der Benutzer SAP* als Notfallbenutzer eingesetzt werden. Denn er stellt aufgrund seines Bekanntheitsgrads ein zu hohes Risiko dar. Stattdessen muss ein neuer Benutzer angelegt werden.
- Auch der Benutzer DDIC darf nicht als Notfallbenutzer eingesetzt werden.
- Der Notfallbenutzer sollte keinen leicht erkennbaren Benutzernamen haben, wie z. B. NOTFALL. Sinnvoll ist es, einen Benutzer gemäß den unternehmenseigenen Namenskonventionen anzulegen und diesen als Notfallbenutzer zu nutzen.
- Für den Stammsatz des Notfallbenutzers gilt:
    - Ihm müssen die Profile SAP_ALL und SAP_NEW oder ähnliche Rechte zugeordnet werden. Optimalerweise wird eine Rolle generiert, in der keine Berechtigungen zum Löschen von Protokollen enthalten sind.
    - Es darf kein Ablaufdatum angegeben sein.
    - Der Benutzer muss einer Gruppe zugeordnet sein, die nur von wenigen Administratoren verwaltet werden darf.

- Das Kennwort muss nach dem Vier-Augen-Prinzip vergeben werden und sollte für Notfälle hinterlegt werden. Hierbei ist zu bedenken, dass der Zugriff eventuell auch außerhalb der normalen Arbeitszeiten möglich sein muss.
- Da der Notfallbenutzer auch für Reparaturen im Produktivsystem genutzt wird, kann für ihn ein Entwicklerschlüssel beantragt werden.
- Nach einer Nutzung des Notfallbenutzers muss ein neues Kennwort für ihn vergeben werden.
- Die Verwaltung des Notfallbenutzers darf nur nach dem Vier-Augen-Prinzip erfolgen.
- Die Nutzung des Notfallbenutzers muss inhaltlich dokumentiert werden.
- Der Notfallbenutzer muss über das Security-Audit-Log (siehe Abschnitt 4.1, »Security-Audit-Log«) vollständig protokolliert werden.
- Nach der Nutzung des Notfallbenutzers müssen alle Protokolle über die Aktionen dieses Benutzers gesichert werden. Der Aufbewahrungszeitraum sollte dem Aufbewahrungszeitraum der Änderungsbelege entsprechen (gemäß HGB sind das zehn Jahre).
- Die Nutzung des Notfallbenutzers muss durch eine unabhängige Stelle regelmäßig kontrolliert werden.

3.3.2 Transaktion SE16N_EMERGENCY

Ein Notfallbenutzerkonzept kann auch mehrstufig sein. So können für bestimmte Ereignisse z. B. administrativen Benutzern zeitlich begrenzt Notfallberechtigungen zugeordnet werden. Relativ häufig ist es in solchen Fällen erforderlich, einzelne Tabellen direkt zu ändern. Mit einer Debug-Replace-Berechtigung haben Benutzer die Berechtigung, alle Tabellen zu ändern, und auch noch sehr viel weitergehende Rechte. Um dies einzugrenzen, kann alternativ Transaktion SE16N_EMERGENCY eingesetzt werden. Ob diese Transaktion in Ihrem System verfügbar ist, erfahren Sie in SAP-Hinweis 2911103.

Beim ersten Aufruf der Transaktion wird sie automatisch gesperrt und muss mittels Transaktion SM01_CUS freigeschaltet werden. Beim Aufruf der Transaktion wird dann für die zu ändernde Tabelle eine Tabellenänderungsberechtigung (Aktivität 02) auf den Berechtigungsobjekten S_TABU_DIS oder S_TABU_NAM geprüft (siehe Abschnitt 3.4, »Sperren von Transaktionscodes«). Eine Debug-Replace-Berechtigung ist hier nicht erforderlich. Daher ist es auch kritisch, diese Transaktion dauerhaft zu berechtigen.

Verfügt der Benutzer über die Änderungsberechtigung, ist das Kennzeichen **Einträge pflegen** in der Selektionsmaske automatisch gesetzt (siehe Abbildung 3.7). Werden Änderungen durchgeführt, muss beim Sichern ein Grund angegeben werden (Abbildung 3.8).

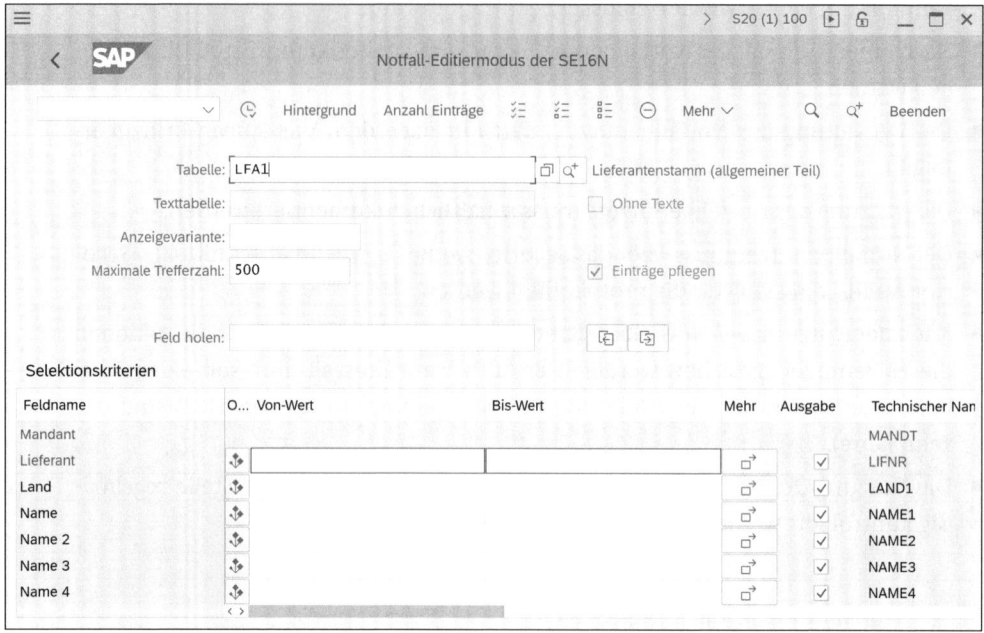

Abbildung 3.7 Transaktion SE16N_EMERGENCY

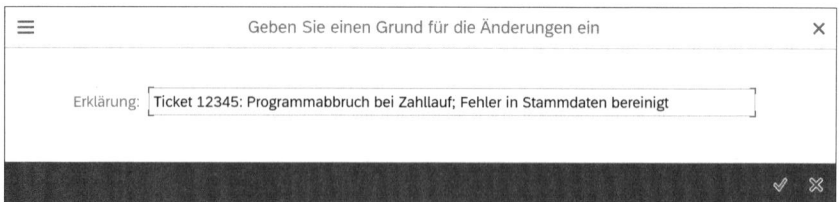

Abbildung 3.8 Grund für Änderungen in Transaktion SE16N_EMERGENCY

Änderungen, die mit Transaktion SE16N_EMERGENCY durchgeführt wurden, werden in den Tabellen SE16N_CD_DATA und SE16N_CD_KEY gespeichert. Diese Tabellen können nicht mittels Transaktion SE16N_EMERGENCY gepflegt werden, sodass die Protokolle hierüber nicht manipuliert werden können. Eine Auswertung kann mit dem Report RKSE16N_CD_DISPLAY erfolgen (siehe Abbildung 3.9).

3.3 Das Notfallbenutzerkonzept

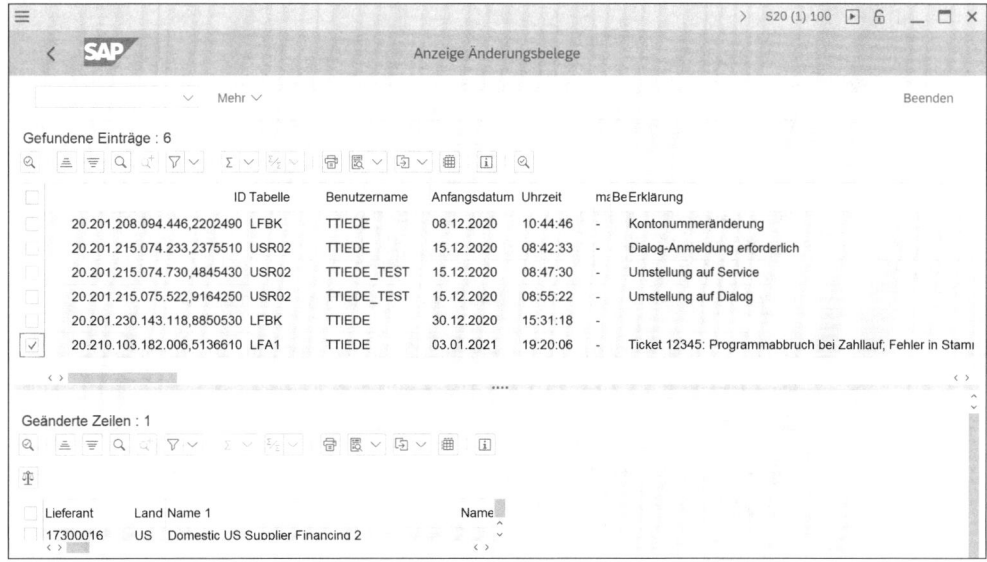

Abbildung 3.9 Auswertung von Änderungen mit Transaktion SE16N_EMERGENCY

3.3.3 Checkliste

In Tabelle 3.17 finden Sie die Checkliste mit den prüfungsrelevanten Fragestellungen zum Notfallbenutzerkonzept.

Risiko	Fragestellung
	Vorgabe oder Erläuterung
2	Existiert ein Notfallbenutzer in den einzelnen Mandanten?
	Es muss ein Notfallbenutzer in den einzelnen Mandanten vorhanden sein. Hier besteht das Risiko, dass kritische Zugriffsrechte für einen Notfall an aktive Benutzer vergeben werden, die diese Rechte jederzeit einsetzen können.
2	Wurde das Kennwort des Notfallbenutzers nach dem Vier-Augen-Prinzip vergeben?
	Das Kennwort muss nach dem Vier-Augen-Prinzip vergeben werden. Hier besteht das Risiko, dass der Notfallbenutzer von einzelnen Personen genutzt und damit anonym Aktionen durchgeführt werden können.

Tabelle 3.17 Checkliste zum Notfallbenutzerkonzept

Risiko	Fragestellung
	Vorgabe oder Erläuterung
1	Wird der Benutzer über das Security-Audit-Log protokolliert?
	Der Notfallbenutzer muss über das Security-Audit-Log protokolliert werden.
	Hier besteht das Risiko, dass mit diesem Benutzer nicht nachvollziehbare Aktionen durchgeführt werden können.
1	Wird die Nutzung des Notfallbenutzers inhaltlich dokumentiert?
	Die Nutzung des Notfallbenutzers muss inhaltlich dokumentiert werden.
	Hier besteht das Risiko, dass nicht nachvollzogen werden kann, wer den Notfallbenutzer genutzt hat.
1	Wann war der Notfallbenutzer das letzte Mal angemeldet, warum, und wurde dies dokumentiert?
	Die letzte Anmeldung muss inhaltlich dokumentiert sein.
	Hier besteht das Risiko, dass der Notfallbenutzer unberechtigt genutzt wurde.
1	Werden alle Protokolle über die Aktionen des Notfallbenutzers nach dessen Nutzung gespeichert und aufbewahrt?
	Nach der Nutzung des Notfallbenutzers müssen alle Protokolle über seine Tätigkeiten gespeichert und aufbewahrt werden.
	Hier besteht das Risiko, dass die durchgeführten Aktionen ohne diese Protokolle nicht nachvollzogen werden können.
1	Wer ist zur Nutzung von Transaktion SE16N_EMERGENCY berechtigt?
	Mit Transaktion SE16N_EMERGENCY besteht die Möglichkeit, Tabelleninhalte von nicht änderbaren Tabellen zu ändern.
	Hier besteht das Risiko, dass Daten manipuliert werden können.

Tabelle 3.17 Checkliste zum Notfallbenutzerkonzept (Forts.)

Wie Sie die einzelnen Punkte praktisch am SAP-System prüfen können, erfahren Sie in Abschnitt 3.3 des Dokuments **Tiede_Checklisten_Sicherheit_und_Pruefung.pdf**.

3.4 Sperren von Transaktionscodes

Aus Sicherheitsgründen ist es in einem Produktivsystem teilweise wünschenswert, dass nicht alle Transaktionen zur Verfügung stehen. Die beste Möglichkeit zur Absicherung bietet das Berechtigungskonzept. Eine weitere Möglichkeit stellt SAP mit dem Sperren von Transaktionen zur Verfügung. Gesperrte Transaktionen können von keinem Benutzer aufgerufen werden, auch nicht mit uneingeschränkten Berechtigungen für diese Transaktion. So können z. B. Entwickler, die im Produktivsystem die Berechtigung zur ABAP-Programmierung besitzen, Transaktion SE38 nicht ausführen, wenn sie gesperrt wurde.

Bis SAP NetWeaver 7.40 konnten Transaktionen mit Transaktion SM01 nur systemweit gesperrt werden. Mit SAP-NetWeaver-Release 7.50 SP3 wurde diese Transaktion durch zwei neue Transaktionen ersetzt:

- **Transaktion SM01_DEV: Workbench-Sperre für Transaktionen (systemweit)**
  Hiermit können Transaktionen weiterhin global im System (und damit in allen Mandanten) gesperrt werden. Diese Sperre ist an die automatische Transportaufzeichnung der ABAP Workbench angeschlossen ist.

  Werden Transaktionen gesperrt, zu denen Parametertransaktionen existieren, sind die Parametertransaktionen automatisch ebenfalls gesperrt. Sollen die Parametertransaktionen weiterhin nutzbar sein, verwenden Sie Transaktion SM01_CUS.

- **Transaktion SM01_CUS: Mandantenabhängiges Sperren von Transaktionen**
  Mit dieser Transaktion können Transaktionen auch nur für einzelne Mandanten gesperrt werden. Damit können z. B. Transaktionen, die dem Rechenzentrum vorbehalten sind, im Produktivmandanten gesperrt werden, während sie im Mandanten 000 weiterhin genutzt werden können. Diese Funktionalität fällt nicht in den Bereich der Entwicklung, sondern gehört zum Customizing. Sie ist standardmäßig als laufende Einstellung definiert.

  Hier können Transaktionen auf drei verschiedene Arten gesperrt werden:
  - Generelle Anwendungsstartsperre
  - Anwendungsstartsperre nur für WinGUI
  - Anwendungsstartsperre nur für Non-WinGUI

  Werden Transaktionen gesperrt, zu denen Parametertransaktionen existieren, so werden die Parametertransaktionen nicht gesperrt. Dies ermöglicht es, die Grundtransaktion zu sperren und nur die Verwendung der auf ihr basierenden Parametertransaktionen zuzulassen.

  Für diese Sperren können Kommentare angegeben werden, um den Grund der Sperre nachzuvollziehen. Diese Kommentare werden in der Tabelle TAPPL_LOCK_EXT gespeichert. Um die Sperren in ein anderes System zu übertragen, können Sie den Report SM01_CUS_TRANSFER nutzen. Er bietet eine Download-/Uploadfunktionalität für die Sperren.

Abbildung 3.10 zeigt gesperrte Transaktionen. Die ersten drei Zeilen zeigen Sperren nur im Mandanten 100. Diese Transaktionen können in allen anderen Mandanten genutzt werden. Die letzte Zeile zeigt eine systemweite Sperre. Die Transaktion kann in keinem Mandanten aufgerufen werden.

3 Allgemeine Systemsicherheit

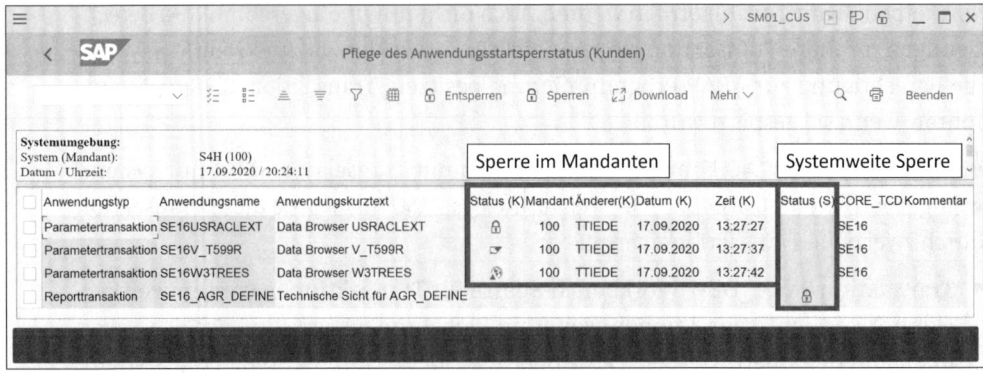

Abbildung 3.10 Transaktionssperren

Zur Auswertung können Sie Transaktion bzw. den Report `RSAUDITC_BCE` nutzen. Es werden sowohl die systemweit als auch die mandantenspezifisch gesperrten Transaktionen angezeigt.

Die mandantenspezifisch gesperrten Transaktionen werden in der Tabelle `TAPPL_LOCK` gespeichert. Gesperrte Transaktionen sind erkennbar am Eintrag im Feld `LOCKED` (siehe Tabelle 3.18). Änderungen an den mandantenspezifischen Sperren können über die Tabellenprotokollierung nachvollzogen werden. Tabelle `TAPPL_LOCK` ist standardmäßig zur Protokollierung voreingestellt. Voraussetzung ist, dass die Protokollierung mit dem Parameter `rec/client` aktiviert wurde.

Eintrag im Feld LOCKED	Bedeutung
X	Generelle Anwendungsstartsperre
1	Anwendungsstartsperre nur für WinGUI
2	Anwendungsstartsperre nur für Non-WinGUI

Tabelle 3.18 Sperren in der Tabelle TAPPL_LOCK

3.4.1 Zugriffsrechte

Die folgenden Tabellen zeigen Ihnen die Berechtigungen zum Sperren von Mandanten. Tabelle 3.19 zeigt die Berechtigung zum Sperren von Transaktionen bis SAP-NetWeaver-Release 7.40.

Berechtigungsobjekt	Feld	Wert
S_TCODE	TCD (Transaktion)	SM01

Tabelle 3.19 Berechtigung zum Sperren von Transaktionen (bis SAP NetWeaver 7.40)

Berechtigungsobjekt	Feld	Wert
S_ADMI_FCD	S_ADMI_FCD (Systemadministrationsfunktion)	TLCK

Tabelle 3.19 Berechtigung zum Sperren von Transaktionen (bis SAP NetWeaver 7.40) (Forts.)

Tabelle 3.20 zeigt dieselbe Berechtigung ab SAP NetWeaver 7.50.

Berechtigungsobjekt	Feld	Wert
S_TCODE	TCD (Transaktion)	- SM01_DEV - SM01_CUS
S_ADMI_FCD	S_ADMI_FCD (Systemadministrationsfunktion)	TLCK

Tabelle 3.20 Berechtigung zum Sperren von Transaktionen (ab SAP NetWeaver 7.50)

3.4.2 Checkliste

In Tabelle 3.21 finden Sie die Checkliste mit den prüfungsrelevanten Fragestellungen zum Sperren von Transaktionen.

Risiko	Fragestellung
	Vorgabe oder Erläuterung
3	Existiert eine Vorgabe dazu, welche Transaktionen zu sperren sind?
	Die zu sperrenden Transaktionen sind als Soll zu dokumentieren.
	Hier besteht das Risiko, dass die zu sperrenden Transaktionen nicht im Berechtigungskonzept beachtet werden.
3	Sind die Transaktionen im System gesperrt?
	Die Vorgaben zur Sperrung müssen umgesetzt worden sein.
	Hier besteht das Risiko, dass die aus Sicherheits- oder betriebswirtschaftlichen Gründen zu sperrenden Transaktionen nicht gesperrt sind und von Benutzern aufgerufen werden können.

Tabelle 3.21 Checkliste zum Sperren von Transaktionen

Wie Sie die einzelnen Punkte praktisch am SAP-System prüfen können, erfahren Sie in Abschnitt 3.4 des Dokuments **Tiede_Checklisten_Sicherheit_und_Pruefung.pdf**.

3.5 Logische Betriebssystemkommandos

SAP NetWeaver bietet die Möglichkeit, Betriebssystemkommandos auf den SAP-Servern über die SAP-Oberfläche auszuführen. Diese werden *logische* oder *externe Kommandos* genannt. Beispielsweise können so Dateiinhalte mitsamt der Berechtigungsmaske unter Unix eingesehen werden – oder auch ganze Verzeichnisstrukturen. Die Befehle werden auf einem SAP-Applikationsserver mit den Rechten des Benutzers, der das SAP-System gestartet hat, ausgeführt. Dieser Benutzer hat in der Regel vollen Zugriff auf die SAP-Installation. Hierdurch sind somit große Gefahrenquellen gegeben, die durch Zugriffsberechtigungen im SAP-System ausgeschaltet werden müssen. In diesem Abschnitt verdeutliche ich, wie externe Kommandos funktionieren und wie Sie diese auch für Prüfungen nutzen können.

3.5.1 Funktionsweise

Im Standardumfang des SAP-Systems sind bereits externe Kommandos für verschiedene Betriebssystemplattformen enthalten. Verwaltet werden die Kommandos über Transaktion SM69 bzw. SM49 (beide sind identisch). Viele dieser Standardkommandos stellen bereits eine Gefahr dar, da sie sehr allgemein gehalten sind.

Abbildung 3.11 zeigt einen Auszug aus der Liste der Betriebssystemkommandos in Transaktion SM69. In der Spalte **OP.-System** wird angegeben, für welches Betriebssystem der Befehl gültig ist.

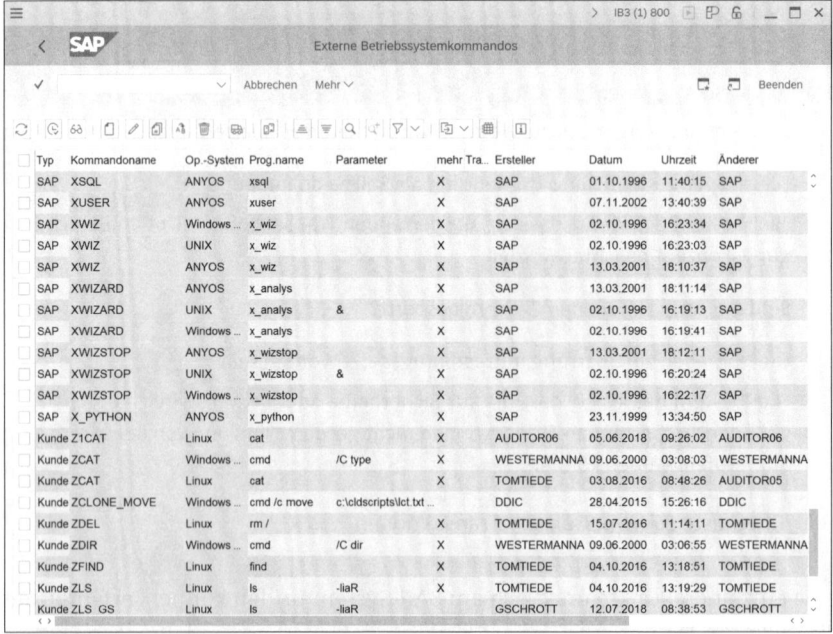

Abbildung 3.11 Logische Betriebssystemkommandos

Tabelle 3.22 zeigt die in dieser Spalte verwendeten Abkürzungen und deren Bedeutung.

Betriebssystem	Beschreibung
AIX	Unix der Firma IBM
ANYOS	alle Betriebssysteme
AS/400	IBM AS/400
BOS/X	Unix der Firma Bull
DOS	Microsoft DOS
HP-UX	Unix der Firma Hewlett Packard
Linux	Linux
MACINTOSH	Apple Macintosh
MC	Apple Macintosh
MF	Motif (Präsentation)
OS/400	Betriebssystem OS/400 für IBM AS/400
OS400	Betriebssystem OS/400 für IBM AS/400
OSF/1	Unix der Firma DEC
OSF1	Unix der Firma DEC
PM	Presentation Manager OS/2 (Präsentation)
Relia	Reliant
ReliantUNI	Reliant
SINIX	Unix der Firma SNI
SunOS	Unix der Firma SUN
Unix	alle Unix-Plattformen
Windows 2K	Windows-Systeme
Windows NT	Windows NT
WN	Windows (Präsentation)
WN32	Windows-Systeme

Tabelle 3.22 Betriebssysteme für die logischen Betriebssystemkommandos

Betriebssystem	Beschreibung
WN32_95	Windows-Systeme
WN32_98	Windows-Systeme

Tabelle 3.22 Betriebssysteme für die logischen Betriebssystemkommandos (Forts.)

Über die Transaktionen SM69 und SM49 können auch neue Kommandos erstellt werden. Abbildung 3.12 zeigt z. B. die Definition des Unix-Befehls ls -liaR mit dem Zusatzparameter /usr/sap. Dieser Befehl zeigt die gesamte Verzeichnisstruktur unter dem angegebenen Pfad an, inklusive der Rechtemasken.

Abbildung 3.12 Betriebssystemkommando »ls« unter Unix

Ähnlich wie dieser relativ unkritische Befehl können auch alle anderen Befehle angelegt werden, z. B.:

- rm (Löschen von Dateien/Verzeichnissen)
- rm -R (rekursives Löschen von Dateien/Verzeichnissen)
- chmod (Änderung der Zugriffsrechte)

Ausgeführt werden die Kommandos ebenfalls mit den Transaktionen SM49 und SM69. Bei der Ausführung eines externen Kommandos muss der Zielrechner (ein

3.5 Logische Betriebssystemkommandos

SAP-Applikationsserver) angegeben werden, auf dem dieser Befehl ausgeführt werden soll. Zusätzlich können bei einigen Kommandos noch weitere Parameter angegeben werden, je nachdem, ob dies in den Eigenschaften des Kommandos freigegeben wurde oder nicht. Das Ausführen des in Abbildung 3.12 dargestellten Kommandos erzeugt eine Liste wie in Abbildung 3.13.

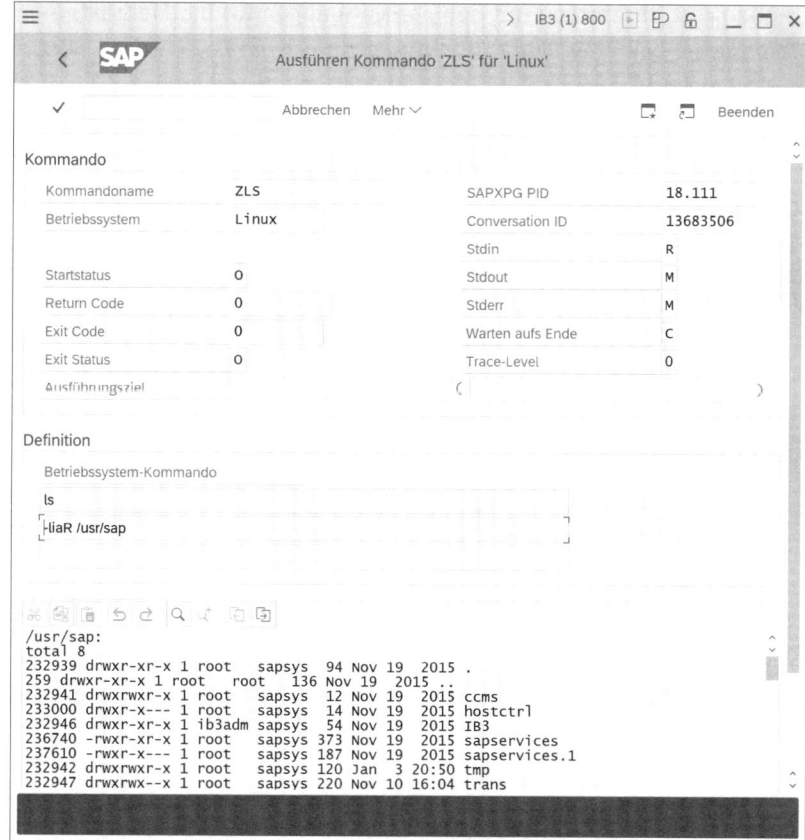

Abbildung 3.13 Ergebnis des Kommandos »ls«

Die Betriebssystemkommandos werden in den Tabellen gemäß Tabelle 3.23 gespeichert. Änderungen werden über die Tabellenprotokollierung protokolliert. Bei nicht aktivierter Tabellenprotokollierung sind somit Änderungen an den Betriebssystemkommandos nicht nachvollziehbar.

Tabelle	Beschreibung
SXPGCOSTAB	unternehmenseigene Betriebssystemkommandos
SXPGCOTABE	Betriebssystemkommandos, die von SAP ausgeliefert wurden

Tabelle 3.23 Tabellen der Betriebssystemkommandos

3.5.2 Der Report RSBDCOS0

Mit dem Report RSBDCOS0 können Befehle ins Betriebssystem über eine Kommandozeile abgesetzt werden. Es ist hier nicht notwendig, dass der Befehl als logisches Betriebssystemkommando angelegt wurde. Es wird beim Ausführen allerdings sowohl die Berechtigung zum Anlegen neuer Kommandos als auch zum Ausführen von Kommandos überprüft, zusammen mit den Berechtigungen für die Transaktionen SM49 und SM69. Daher kann der Report nur von entsprechend berechtigten Benutzern genutzt werden. Da hier uneingeschränkt alle Betriebssystemkommandos ausgeführt werden können, stellt dieser Report eine große Gefahrenquelle dar und sollte nicht oder nur in Notfällen genutzt werden. Abbildung 3.14 zeigt exemplarisch, wie mit dem Report die Unix-Benutzerdatei **passwd** angezeigt werden kann.

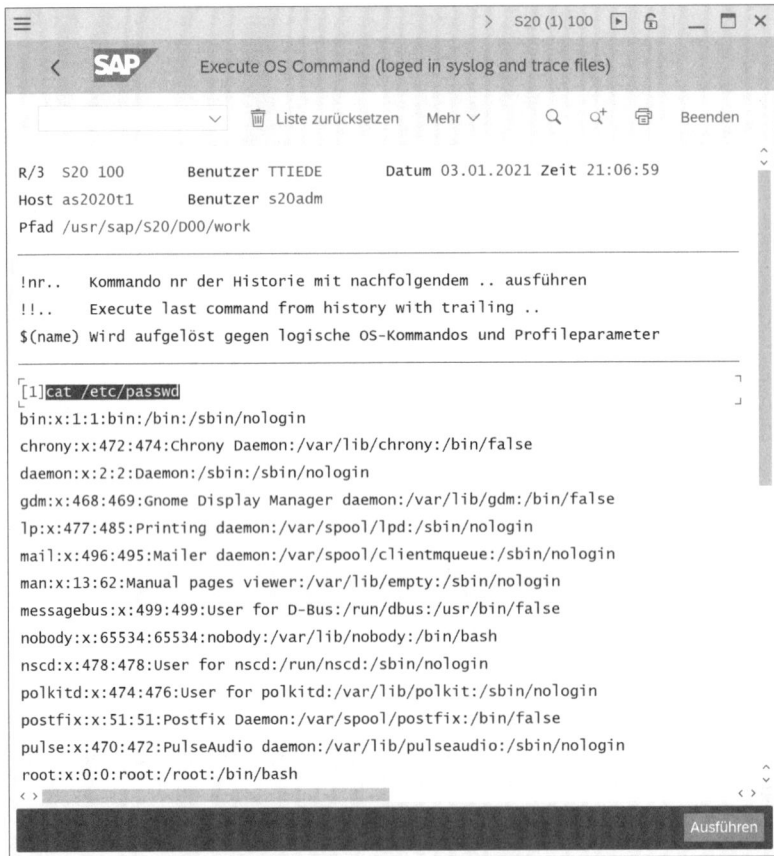

Abbildung 3.14 Den Befehl »cat /etc/passwd« mit dem Report RSBDCOS0 ausführen

Das Ausführen von Betriebssystembefehlen mit diesem Report wird im SysLog protokolliert (Meldungsnummer LC0). Es werden sowohl der Start des Reports selbst als auch jedes Betriebssystemkommando protokolliert.

Mithilfe dieses Reports können auch z. B. Textdateien im Betriebssystem (z. B. Dateien mit Systemparametern oder die Dateien des Security-Audit-Logs) manipuliert werden. Hierzu wäre in einem Unix-System der folgende Befehl auszuführen:

vi +%s/[alter String]/[neuer String]/g [Datei] +:wq!

Dieser Befehl ersetzt eine bestimmte Zeichenfolge in einer Datei durch eine andere Zeichenfolge.

3.5.3 Logische Betriebssystemkommandos zur Prüfung nutzen

Richtig eingesetzt und mit den richtigen Zugriffsrechten versehen, können Betriebssystemkommandos die Arbeitsschritte sowohl von Administratoren als auch von Prüfern vereinfachen. Bei einer Prüfung der Sicherheit eines SAP-Systems müssen Sie die Betriebssystemebene immer mitbetrachten. Mithilfe der logischen Betriebssystemkommandos können Sie maßgebliche Prüfungen im Betriebssystem (besonders unter Unix) bereits auf der SAP-Ebene durchführen.

Dazu müssen die Administratoren einige Kommandos anlegen, zu deren Ausführung Sie als Prüfer berechtigt werden. Die folgenden Beispiele zeigen einige der wichtigsten Betriebssystemkommandos für Prüfer unter Unix:

- **ls -liaR**
  Der Befehl ls zeigt Verzeichnisinhalte an. Mit dem Zusatzparameter –l werden auch die vergebenen Zugriffsrechte angezeigt. Da es sich um einen allgemeingültigen Befehl handelt, können Sie hier als Prüfer beliebige Pfade angeben. Zur Erleichterung können auch hier die wichtigsten Verzeichnisse durch die Administratoren vordefiniert werden, z. B.:
  - ls -liaR /usr/sap/<SID>
  - ls -liaR /usr/trans
  - ls -liaR /etc

- **cat**
  Der Befehl cat zeigt Dateiinhalte an. Die Konfiguration eines Unix-Servers findet über Textdateien statt, ebenso wie die Benutzerverwaltung. Daher können Sie diese Dateien mit diesem Befehl einsehen. Die folgende Liste zeigt einige Beispiele vordefinierter Befehle für wichtige Dateien:
  - cat /usr/sap/<SID>/sys/profile/default.pfl
  - cat /etc/passwd
  - cat /etc/shadow (wird aufgrund der Zugriffsrechte unter den meisten Derivaten nicht möglich sein)
  - cat /etc/group
  - cat /etc/inetd.conf

- cat /etc/hosts.equiv
- cat /etc/exports
- cat /etc/ftpusers

- **find**
  Der Befehl find findet Dateien nach verschiedensten Kriterien, z. B. nach Namen, Inode-Adressen, Rechtemasken usw. Mit ihm können einige sehr relevante Fragestellungen beantwortet werden, wie z. B. ob **.rhosts**-Dateien im System vorhanden sind:
  find -name .rhosts

3.5.4 Patterns in SAP Enterprise Threat Detection

Zur Überwachung des Ausführens von Betriebssystemkommandos stellt SAP Enterprise Threat Detection die folgenden Standard-Patterns zur Verfügung:

- Blacklisted transaction in productive systems
- Blacklisted reports in productive systems
- Blacklisted function modules in productive systems

Die Patterns basieren auf vordefinierten Wertelisten (Value Lists). Tabelle 3.24 zeigt die relevanten Einträge.

Value List	Funktionsbausteine (Auszug)
ABAPBlacklistedReports	RSBDCOS0
ABAPBlacklistedTransactions	- SM49 - SM69
ABAPBlacklistedFunctionModules	- SXPG_CALL_SYSTEM - SXPG_COMMAND_EXECUTE - SXPG_COMMAND_EXECUTE_LONG
ABAPBlacklistedSOAPRFCFMs	- SXPG_COMMAND_EXECUTE - SXPG_CALL_SYSTEM - PFL_CHECK_OS_FILE - PFL_CHECK_OS_FILE_EXISTENCE

Tabelle 3.24 Value Lists zu Betriebssystemkommandos

3.5.5 Zugriffsrechte

Die folgenden Tabellen zeigen Ihnen die Berechtigungen für Betriebssystemkommandos. Tabelle 3.25 zeigt die Berechtigung, um neue Betriebssystemkommandos anzulegen.

3.5 Logische Betriebssystemkommandos

Berechtigungsobjekt	Feld	Wert
S_TCODE	TCD (Transaktion)	SM49 oder SM69
S_RZL_ADM	ACTVT (Aktivität)	01 (Anlegen)

Tabelle 3.25 Berechtigung zum Anlegen neuer Betriebssystemkommandos

Tabelle 3.26 zeigt die Berechtigung, um alle Betriebssystemkommandos ausführen zu können.

Berechtigungsobjekt	Feld	Wert
S_TCODE	TCD (Transaktion)	SM49 oder SM69
S_LOG_COM	COMMAND (logisches Kommando)	*
	OPSYSTEM (Betriebssystem)	*
	HOST (Applikationsserver)	*

Tabelle 3.26 Berechtigung zum Ausführen aller Betriebssystemkommandos

Tabelle 3.27 zeigt die Berechtigung zum Ausführen von Betriebssystemkommandos mit dem Report RSBDCOS0.

Berechtigungsobjekt	Feld	Wert
S_TCODE	TCD (Transaktion)	SM49 oder SM69
S_RZL_ADM	ACTVT (Aktivität)	01 (Anlegen)
S_LOG_COM	COMMAND (logisches Kommando)	RSBDCOS0
	OPSYSTEM (Betriebssystem)	<Betriebssystem>
	HOST (Applikationsserver)	<Server>

Tabelle 3.27 Berechtigung zum Ausführen von Betriebssystemkommandos mit dem Report RSBDCOS0

Berechtigungsobjekt	Feld	Wert
S_C_FUNCT	ACTVT (Aktivität)	16 (Ausführen)
	PROGRAM (Programm)	RSBDCOS0
	CFUNCNAME (C-Routine)	SYSTEM

Tabelle 3.27 Berechtigung zum Ausführen von Betriebssystemkommandos mit dem Report RSBDCOS0 (Forts.)

3.5.6 Checkliste

In Tabelle 3.28 finden Sie die Checkliste mit den prüfungsrelevanten Fragestellungen zu Betriebssystemkommandos.

Risiko	Fragestellung
	Vorgabe oder Erläuterung
2	Welche logischen Betriebssystemkommandos sind im System vorhanden?
	Es dürfen nur die tatsächlich genutzten Betriebssystemkommandos vorhanden sein.
	Hier besteht das Risiko, dass kritische Kommandos (z. B. `del` oder `rm`) definiert wurden.
1	Wurden logische Betriebssystemkommandos angelegt und kurze Zeit danach wieder gelöscht?
	Das Anlegen und Löschen muss dokumentiert werden.
	Hier besteht das Risiko, dass über solche Kommandos nicht nachvollziehbare Aktionen im Betriebssystem durchgeführt werden können.
1	Wird häufig der Report RSBDCOS0 genutzt?
	Der Report sollte nicht genutzt werden.
	Hier besteht das Risiko, dass nicht nachvollziehbare Aktionen im Betriebssystem durchgeführt werden können.

Tabelle 3.28 Checkliste zu Betriebssystemkommandos

Wie Sie die einzelnen Punkte praktisch am SAP-System prüfen können, erfahren Sie in Abschnitt 3.5 des Dokuments **Tiede_Checklisten_Sicherheit_und_Pruefung.pdf**.

3.6 Drucken und Speichern

Während des Arbeitens mit dem SAP-System wird von den Benutzern eine Vielzahl von Druckaufträgen parallel erzeugt. Es werden z. B. Rechnungen, Aufträge, Belege, Stammdaten oder Protokolle gedruckt. Diese Druckaufträge haben verschiedene Prioritäten, die das System beim Drucken beachten muss. Um diese Anforderung umsetzen zu können, nutzt das SAP-System zum Drucken, ebenso wie die Netzwerkbetriebssysteme, das *Spool-System*; dessen Verhalten und Absicherung sind Thema dieses Abschnitts.

3.6.1 Der Druckvorgang

Druckaufträge werden allerdings nicht nur manuell erzeugt. Während der Arbeit am System entstehen Belege, Rechnungen, Aufträge usw. Werden diese Daten gesichert, wird automatisch eine Nachricht im System erstellt, die u. a. einen Spool-Auftrag erzeugt. Daher wird auf der Anwendungsebene der Begriff *Nachricht* für die Datenausgabe an den Drucker verwendet.

Nach der Erzeugung eines Druckauftrags (manuell oder automatisch) werden die Daten nicht sofort zum Drucker gesendet. Sie werden in einer *temporären sequenziellen Datei* (TemSe) zwischengespeichert. Drucken mehrere Benutzer gleichzeitig auf einen Drucker, werden diese Daten hintereinander (sequenziell) in der TemSe gespeichert. Der Spool-Auftrag übernimmt die Verwaltung und sorgt dafür, dass die Druckaufträge zum Drucker gesendet werden. Die TemSe kann eine Datei auf der Betriebssystemebene sein oder auch eine Tabelle in der Datenbank. Geregelt wird dies über den Systemparameter `rspo/store_location`. Steht der Parameter auf `db` (Default-Wert), werden die Daten in einer Tabelle gespeichert. Steht der Parameter auf »G«, »L« oder »T«, werden sie in einer Datei auf der Unix-Ebene gespeichert.

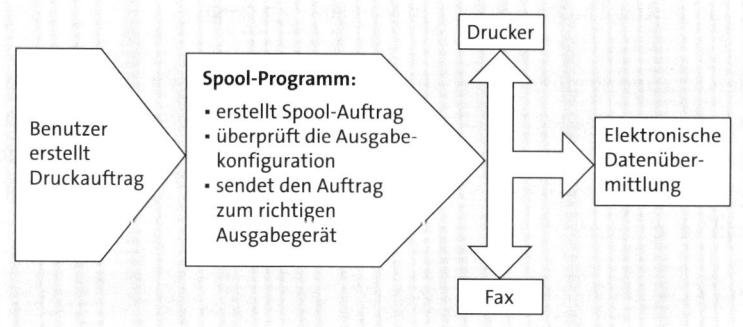

Abbildung 3.15 Der Druckvorgang im SAP-System

In der TemSe werden die Daten unaufbereitet gespeichert. Sie werden erst beim eigentlichen Druckvorgang für den Drucker aufbereitet. Dies hat zur Folge, dass die

Daten der Druckaufträge jederzeit von entsprechenden Berechtigten eingesehen und auch auf beliebige Drucker umgeleitet werden können.

Die Spool-Aufträge sind grundsätzlich mandantenübergreifend. Daher ist ein Zugriff auf die Druckaufträge des Produktivmandanten auch von allen anderen Mandanten des Systems aus möglich. Die Zugriffsberechtigungen für die Zugriffe auf den Spool müssen Sie daher in allen Mandanten des Systems überprüfen. Abbildung 3.16 zeigt Druckaufträge aus den Mandanten 000, 100 und 200 in Transaktion SP01.

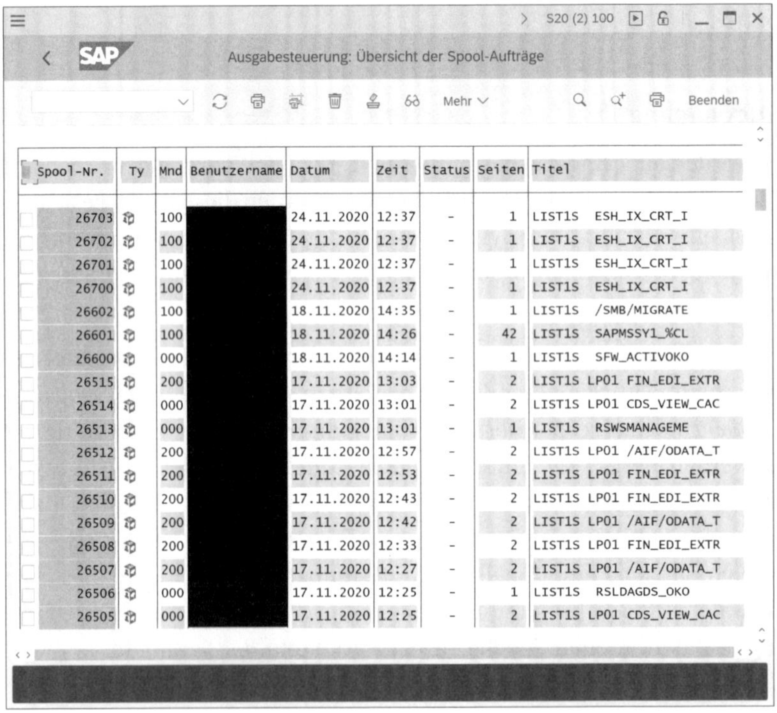

Abbildung 3.16 Druckaufträge aus verschiedenen Mandanten anzeigen

Bei der manuellen Erzeugung eines Druckauftrags kann ein Benutzer im Fenster **Bildschirmliste drucken** das Ausgabegerät, die Anzahl der Druckaufträge und den Umfang der Seiten auswählen. Weitere Einstellungen zum Drucker kann er über die Schaltfläche **Eigenschaften** vornehmen. Relevante Eigenschaften eines Druckauftrags finden Sie in Tabelle 3.29.

Feld	Feldbeschreibung
Ausgabegerät	In diesem Feld wird der Drucker eingetragen, auf dem gedruckt werden soll. Ist der Name des Druckers nicht bekannt, kann er über die Wertehilfetaste gesucht werden.

Tabelle 3.29 Eigenschaften eines Druckauftrags

Feld	Feldbeschreibung
Anzahl der Ausdrucke	Legt fest, wie oft der Auftrag gedruckt werden soll.
Druckzeitpunkt	Hier wird festgelegt, wann der Auftrag gedruckt werden soll. Drei Möglichkeiten werden angeboten: • zunächst nur in den SAP-Spool stellen (keine Ausgabe auf dem Drucker; Druck muss später manuell gestartet werden) • sofort ausgeben • anderer Zeitpunkt (Datum und Uhrzeit können angegeben werden)
Spoolauftrag • Name	ein eindeutiger Name für den Druckauftrag
Spoolauftrag • Titel	ein optionaler Titel für den Druckauftrag
Spoolauftrag • Berechtigung	Hier kann ein Wert angegeben werden, der beim Zugriff auf den Druckauftrag überprüft wird (durch das Berechtigungsobjekt S_SPO_ACT). Der Schutz greift allerdings nicht bei Zugriffen über die TemSe oder bei mandantenübergreifenden Spool-Zugriffen.
Spoolsteuerung • nach Ausdruck sofort löschen	Das Aktivieren dieses Felds bewirkt, dass der Spool-Auftrag nach der Druckausgabe gelöscht wird. Andernfalls steht er zum wiederholten Ausdruck weiter zur Verfügung.
Spoolsteuerung • Spool-Verweildauer	Hier wird der Zeitraum eingetragen, nach dessen Ablauf der Spool-Auftrag nach dem Drucken automatisch gelöscht wird.
Spoolsteuerung • Neuer Spool-Auftrag	Ist dieses Feld aktiviert, wird ein neuer Spool-Auftrag erstellt. Andernfalls kann der Ausgabeauftrag an einen bestehenden Spool-Auftrag angehängt werden.
Spoolsteuerung • Ablagemodus	Legt fest, ob der Druckauftrag in einem optischen Archiv archiviert werden soll. Die folgenden Optionen sind möglich: • Drucken • Archivieren • Drucken und Archivieren

Tabelle 3.29 Eigenschaften eines Druckauftrags (Forts.)

Das Drucken in einem SAP-System läuft folgendermaßen ab:

1. Ein Benutzer druckt eine Liste. Es wird das Fenster zum Drucken angezeigt.
2. Nach dem Drucken werden die Daten vom Spool in der TemSe zwischengespeichert.

3. Solange die Daten noch nicht gedruckt wurden, sind sie für jeden entsprechend Berechtigten lesbar.
4. Der Spool-Auftrag sendet die Daten sequenziell an die entsprechenden Drucker.
5. Wurde beim Drucken die Option **Löschen nach Ausgabe** ausgewählt, wird der Spool-Auftrag nach dem Drucken aus der TemSe gelöscht. Ansonsten verbleibt er für den Zeitraum, der beim Drucken im Feld **Spool-Verweildauer** angegeben wurde, in der TemSe (standardmäßig acht Tage). Für diesen Zeitraum sind die Daten für jeden entsprechend Berechtigten lesbar.

Druckaufträge, die sich noch im Spool-Auftrag befinden, können von allen Berechtigten eingesehen werden. Die Verwaltung des Spools rufen Sie mit Transaktion SP01 auf. Um alle Druckaufträge des Systems anzuzeigen, müssen Sie alle Selektionskriterien der Einstiegsmaske löschen, auch das Feld **Mandant**. Sie können den Inhalt jedes Druckauftrags anzeigen. Hierzu markieren Sie den Spool-Auftrag durch Anklicken und klicken danach auf die Schaltfläche **Anzeigen**. In Abbildung 3.17 ist der Inhalt eines Spool-Auftrags dargestellt. Es handelt sich um eine Vergütungsübersicht. Bei der Vergabe der Zugriffsberechtigungen auf den Spool ist zu bedenken, dass ein solcher Aufruf des Spool-Auftrags jedem berechtigten Benutzer möglich ist. Somit können Benutzer an Daten gelangen, auf die sie im System selbst keinen Zugriff haben.

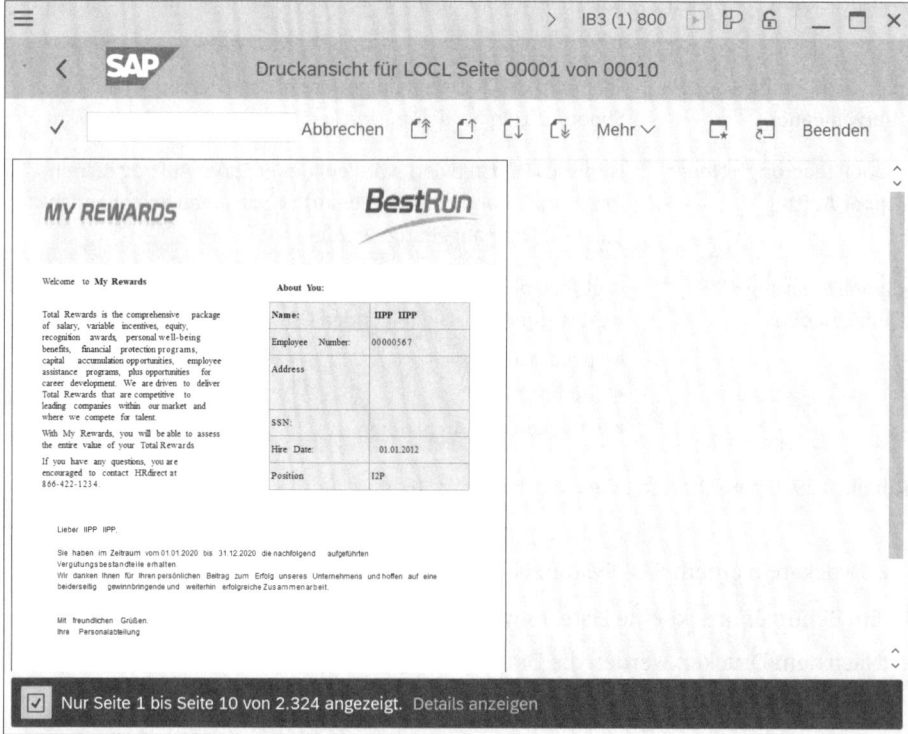

Abbildung 3.17 Inhalt eines Spool-Auftrags

Um die Druckaufträge entsprechend zu schützen, existieren drei Berechtigungsobjekte:

- **S_SPO_DEV (Spooler: Geräteberechtigungen)**
  Mit diesem Objekt wird festgelegt, auf welchen Druckern der Benutzer drucken darf. Dies muss für jeden Benutzer festgelegt werden.
- **S_SPO_ACT (Spooler: Aktionen)**
  Mit diesem Objekt wird festgelegt, auf welche Druckaufträge ein Benutzer wie zugreifen darf. Dieses Objekt überprüft die Werte des Felds **Berechtigung**, das beim Anlegen eines Druckauftrags angegeben werden kann. Um die nicht geschützten Druckaufträge anderer Benutzer anzuzeigen, wird im Feld **Wert** für die Berechtigungsprüfung der Wert »__USER__« benötigt.

  Im Feld **Berechtigungsfeld für Spoolaktionen** sind die folgenden Werte möglich:
  - BASE: Es kann festgestellt werden, ob ein Auftrag im Spool-Auftrag vorhanden ist und welche Eigenschaften er besitzt.
  - DISP: Der Inhalt eines Druckauftrags kann eingesehen werden.
  - ATTR: Die Eigenschaften eines Druckauftrags können geändert werden.
  - AUTH: Gestattet das Ändern des Berechtigungswerts für einen Spool-Auftrag.
  - PRNT: Erlaubt es, einen Spool-Auftrag zum ersten Mal auszugeben.
  - REPR: Hierdurch kann ein Spool-Auftrag mehrmals ausgegeben werden.
  - REDI: Gestattet das Umlenken des Druckauftrags auf einen anderen Drucker.
  - DELE: Erlaubt das Löschen eines Druckauftrags.
  - USER: Erlaubt das Ändern des Eigentümers.
  - SEND: Erlaubt das Senden eines Druckauftrags über SAPoffice (das SAP-eigene E-Mail-Programm, inklusive Dokumentenablage und Workflows).
  - DOWN: Erlaubt den Download eines Druckauftrags.
- **S_SPO_PAGE (Spooler: Beschränkung der maximalen Seitenzahl)**
  Mit diesem Objekt kann die maximale Anzahl an Seiten festgelegt werden, die für einen Druckauftrag auf einem Drucker gedruckt werden darf. Diese Berechtigungsprüfung ist nur aktiv, wenn der Profilparameter rspo/auth/pagelimit auf den Wert »1« gesetzt ist.

Um auf Druckaufträge anderer Benutzer zugreifen zu können, ist zusätzlich zum Berechtigungsobjekt S_SPO_ACT eine Berechtigung für das Objekt S_ADMI_FCD notwendig. Hier können die folgenden Werte eingestellt werden:

- SP01: Erlaubt Zugriffe auf die Spool-Aufträge anderer Benutzer in allen Mandanten.
- SPOR: Erlaubt Zugriffe auf die Spool-Aufträge anderer Benutzer im aktuellen Mandanten.

3.6.2 Schutz von Druckaufträgen

Eine Eigenschaft, die einem Druck bei der Erstellung zugewiesen werden kann, ist die Berechtigungsgruppe. Diese kann manuell während des Druckvorgangs oder automatisch allen Drucken über einen entsprechenden Benutzerparameter zugewiesen werden. Über das Berechtigungsobjekt S_SPO_ACT können Sie dann als Administrator steuern, wer auf die geschützten Spool-Aufträge zugreifen darf.

Für eine automatische Zuordnung einer Berechtigungsgruppe können Sie über die Benutzerpflege, z. B. über Transaktion SU01, den Benutzerparameter SAU setzen und den Wert des gewünschten Namens der Berechtigungsgruppe eintragen (siehe Abbildung 3.18). Der Schutz über Berechtigungsgruppen ist jedoch nicht umfassend, da dieser weder bei Zugriffen über die TemSe noch bei mandantenübergreifenden Spool-Zugriffen greift.

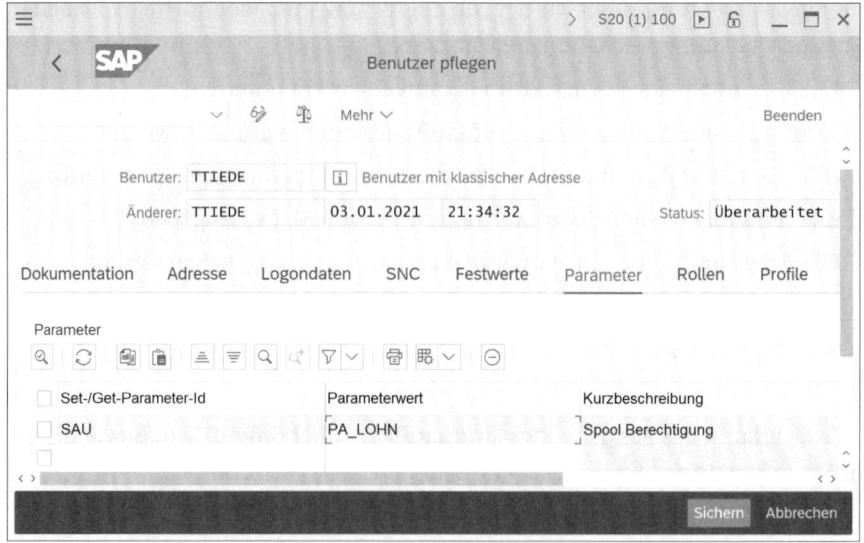

Abbildung 3.18 Benutzerparameter »SAU« setzen

3.6.3 Speichern von Daten in Dateien

Grundsätzlich besteht die Möglichkeit, beliebige Daten aus dem SAP-System in einer Datei abzuspeichern. Dies ist sowohl mit allen Reports als auch mit allen Tabellen möglich. Hierin besteht eine besondere Gefahr, insbesondere für sicherheitssensible Daten, z. B. aus dem Controlling und dem Personalwesen. Daher sollte keine generelle Downloadberechtigung vergeben werden. Vielmehr sollten Sie als Administrator genau definieren, welche Benutzer diese Berechtigung bekommen sollen.

Die Berechtigungen werden mit dem Berechtigungsobjekt S_GUI vergeben. Dieses Objekt besteht nur aus dem Feld **Aktivität**. Die Aktivität 61 erlaubt den Export. Eine weitere Einschränkung auf Reports oder Tabellen ist mit diesem Berechtigungsobjekt nicht möglich. Hier greifen die weiteren Berechtigungen eines Benutzers für die entsprechenden Reports und Tabellen.

3.6.4 Patterns in SAP Enterprise Threat Detection

In SAP Enterprise Threat Detection werden standardmäßig die folgenden Patterns ausgeliefert, mit denen Vorgänge zum Download überwacht werden können:

- Download volume exceeds threshold
- Multiple downloads by one user
- Data download by system id
- Data download with suspicious filename
- Sensitive data download via blacklisted reports

3.6.5 Zugriffsrechte

Die folgenden Tabellen zeigen Ihnen die Berechtigungen zum Drucken und Speichern von Daten. Tabelle 3.30 zeigt die Berechtigung zum Anzeigen aller ungeschützten Spool-Aufträge.

Berechtigungsobjekt	Feld	Wert
S_TCODE	TCT (Transaktion)	SP01 oder SP01O
S_ADMI_FCD	S_ADMI_FCD (Systemadministrationsfunktion)	SP01 oder SP0R
S_SPO_ACT	SPOACTION (Spool-Aktion)	DISP
	SPOAUTH (Berechtigungswert)	__USER__

Tabelle 3.30 Berechtigung zum Anzeigen aller ungeschützten Spool-Aufträge

Tabelle 3.31 zeigt die Berechtigung zum Anzeigen aller Spool-Aufträge.

Berechtigungsobjekt	Feld	Wert
S_TCODE	TCT (Transaktion)	SP01 oder SP01O

Tabelle 3.31 Berechtigung zum Anzeigen aller Spool-Aufträge

Berechtigungsobjekt	Feld	Wert
S_ADMI_FCD	S_ADMI_FCD (Systemadministrationsfunktion)	SP01 oder SP0R
S_SPO_ACT	SPOACTION (Spool-Aktion)	BASE, DISP
	SPOAUTH (Berechtigungswert)	*

Tabelle 3.31 Berechtigung zum Anzeigen aller Spool-Aufträge (Forts.)

Tabelle 3.32 zeigt die Berechtigungen für die mandantenübergreifende Spool-Verwaltung.

Berechtigungsobjekt	Feld	Wert
S_TCODE	TCT (Transaktion)	SP01 oder SP01O
S_ADMI_FCD	S_ADMI_FCD (Systemadministrationsfunktion)	▪ SPAD ▪ SPAM ▪ SP01
S_SPO_ACT	SPOACTION (Spool-Aktion)	▪ BASE ▪ DISP
	SPOAUTH (Berechtigungswert)	*

Tabelle 3.32 Berechtigung zur mandantenübergreifenden Spool-Verwaltung

Tabelle 3.33 zeigt die Berechtigung zum Speichern von Daten in Dateien.

Berechtigungsobjekt	Feld	Wert
S_GUI	ACTVT (Aktivität)	61 (Exportieren)

Tabelle 3.33 Berechtigung zum Speichern von Daten in Dateien

3.6.6 Checkliste

In Tabelle 3.34 finden Sie die Checkliste mit den prüfungsrelevanten Fragestellungen zum Schutz von Druck- und Speichervorgängen.

Risiko	Fragestellung
	Vorgabe oder Erläuterung
3	Wurde für jeden Benutzer festgelegt, auf welchem Drucker er drucken darf?
	Für jeden Benutzer müssen die Drucker definiert werden, auf denen er drucken darf (Berechtigungsobjekt S_SPO_DEV).
	Hier besteht das Risiko, dass sensible Daten auf Druckern falscher Abteilungen gedruckt werden.
2	Werden Druckaufträge durch die Angabe einer Berechtigung geschützt?
	Besonders Druckaufträge mit sensiblen Daten (z. B. in SAP ERP HCM) sollten durch eine Angabe im Feld **Berechtigung** beim Drucken geschützt werden.
	Hier besteht das Risiko, dass unberechtigte Zugriffe auf Druckaufträge mit sensiblen Daten möglich sind.
2	Wurden die Berechtigungen für die geschützten Druckaufträge entsprechend restriktiv vergeben?
	Besonders für die geschützten Druckaufträge sind die Berechtigungen sehr restriktiv zu vergeben.
	Hier besteht das Risiko, dass unberechtigte Zugriffe auf Druckaufträge mit sensiblen Daten möglich sind.
3	Wer besitzt die Berechtigung, Inhalte von Druckaufträgen einzusehen?
	Besonders für sensible Daten darf die Berechtigung zum Lesen des Druckauftrags nur dem Benutzer zugeordnet werden, der diese Daten druckt.
	Hier besteht das Risiko, dass unberechtigte Zugriffe auf Druckaufträge mit sensiblen Daten möglich sind.
2	Wer darf die Berechtigungswerte für die Druckaufträge ändern?
	Das Ändern der Berechtigungswerte sollte nur dem Besitzer des Druckauftrags möglich sein.
	Hier besteht das Risiko, dass unberechtigte Zugriffe auf Druckaufträge mit sensiblen Daten möglich sind.
2	Wird für Druckaufträge mit sensiblen Daten **Löschen nach Ausgabe** genutzt?
	Druckaufträge mit sensiblen Daten sollten nach dem Ausdruck aus dem Spool gelöscht werden.
	Hier besteht das Risiko, dass Druckaufträge mit sensiblen Daten im Spool-Auftrag verbleiben und dort eingesehen werden können.

Tabelle 3.34 Checkliste zum Drucken und Speichern von Daten

Risiko	Fragestellung
	Vorgabe oder Erläuterung
3	Welche Benutzer dürfen Daten in Dateien exportieren?
	Es muss festgelegt sein, welche Benutzer Daten speichern dürfen. Hier besteht das Risiko, dass Benutzer sensible Daten aus dem System herunterladen.
2	Liegen organisatorische Anweisungen vor, wie mit exportierten Daten zu verfahren ist?
	Ein Zugriff auf exportierte Daten muss genauso restriktiv gehandhabt werden wie der Zugriff im SAP-System selbst. Hier besteht das Risiko, dass die sensiblen Daten im Netzwerk frei zugänglich abgelegt werden.

Tabelle 3.34 Checkliste zum Drucken und Speichern von Daten (Forts.)

Wie Sie die einzelnen Punkte praktisch am SAP-System prüfen können, erfahren Sie in Abschnitt 3.6 des Dokuments **Tiede_Checklisten_Sicherheit_und_Pruefung.pdf**.

3.7 Batch-Input

Das *Batch-Input-Verfahren* ermöglicht es, Daten aus Dateien in das SAP-System zu importieren und dabei dieselben Sicherheitsmechanismen zu verwenden wie bei einer manuellen Eingabe der Daten im Dialog. Die Daten werden in den Dateien sequenziell gespeichert. Das Einlesen der Daten erfolgt über ein Batch-Input-Programm in eine *Batch-Input-Mappe*. Über diese Batch-Input-Mappe werden die Daten in die Tabellen des Systems geschrieben, indem diese Mappe abgespielt wird. Beim Abspielen simuliert die Batch-Input-Mappe eine Dialogeingabe der zugehörigen Daten. Im Hintergrund läuft dieselbe Transaktion, die auch bei der manuellen Eingabe im Dialog verwendet wird. Somit werden bei diesem Verfahren auch die entsprechenden Sicherheitsmechanismen der Transaktionen genutzt, z. B. die Konsistenzprüfung der Daten.

Durch dieses Verfahren können in kurzer Zeit konsistente Daten in ein SAP-System eingespielt werden. Es wird häufig auch für eine Datenübernahme aus Altsystemen genutzt.

Bei der Nutzung des Batch-Input-Verfahrens werden die Daten in der sequenziellen Datei meistens in Klarschrift gespeichert. Sie sind somit nicht nur lesbar, sondern auch mit jedem normalen Editor manipulierbar. Bei der Nutzung dieses Verfahrens müssen Sie somit besonders die Zugriffsberechtigungen des Verzeichnisses beachten, in dem die Dateien gespeichert werden. Zugriffsberechtigungen auf das Verzeichnis bzw. die Verzeichnisse dürfen nur äußerst restriktiv vergeben werden.

Batch-Input-Mappen werden nicht nur durch sequenzielle Dateien erzeugt, sondern auch SAP selbst nutzt diese Systematik innerhalb der Komponenten des SAP-Systems. In der Finanzbuchhaltung (FI) werden z. B. Dauerbuchungsbelege in einer Batch-Input-Mappe zusammengefasst. Durch das Abspielen dieser Mappe werden diese Belege verbucht.

Beim Abspielen der Mappen werden im Hintergrund Transaktionen ausgeführt. Befinden sich in einer Batch-Input-Mappe z. B. zehn Dauerbuchungsbelege, wird die entsprechende Transaktion zum Verbuchen dieser Belege zehnmal aufgerufen. Transaktionen, die erfolgreich gelaufen sind, werden als **Verarbeitet** gekennzeichnet; Transaktionen, die abgebrochen worden sind, werden als **Fehlerhaft** gekennzeichnet.

Ein Benutzer, der eine Batch-Input-Mappe lesen darf, kann alle enthaltenen Daten der Mappe einsehen. Werden über Batch-Input Mappen z. B. Daten aus einem SAP ERP-HCM-System verbucht, können alle Benutzer, die eine Berechtigung zum Lesen dieser Mappen besitzen, alle in der Mappe enthaltenen SAP-HCM-Daten einsehen.

Nachdem eine Mappe erfolgreich abgespielt worden ist, wird sie entweder gelöscht, oder sie verbleibt im System mit dem Status **Abgespielt**. Sie kann in diesem Fall nicht noch einmal abgespielt werden. Allerdings kann sie weiterhin von allen Berechtigten eingesehen werden.

Beim Abspielen der Mappen kann es dazu kommen, dass eine der in den Mappen enthaltenen Transaktionen nicht korrekt ausgeführt werden kann. In diesem Fall wird die entsprechende Transaktion abgebrochen, und die Mappe erhält den Status **Fehlerhaft**. Diese Mappen sollten Sie bei einer Prüfung besonders beachten, da die abgebrochenen Transaktionen zeitnah nachgebucht werden müssen.

3.7.1 Analyse des Batch-Input-Verfahrens

Zur Analyse von Batch-Input-Mappen verwenden Sie Transaktion SM35. Hier sind die Mappen auf verschiedene Registerkarten aufgeteilt. Im Rahmen einer Prüfung ist es sinnvoll, sich zuerst einmal alle Mappen anzeigen zu lassen, um einen Überblick zu erhalten. Im zweiten Schritt sollten Sie die noch zu verarbeitenden Mappen unter dem Aspekt der zeitnahen Buchung prüfen. (Sind ältere Mappen vorhanden, die noch nicht abgespielt wurden?). Des Weiteren sollten Sie auf jeden Fall auch die Mappen prüfen, bei deren Ablauf ein Fehler aufgetreten ist. Diese Mappen sind besonders relevant, da hier eventuell Buchungsvorgänge fehlgeschlagen sind, die zeitnah nachgebucht werden müssen. Abbildung 3.19 zeigt fehlerhafte Mappen (Registerkarte **fehlerhaft** in Transaktion SM35).

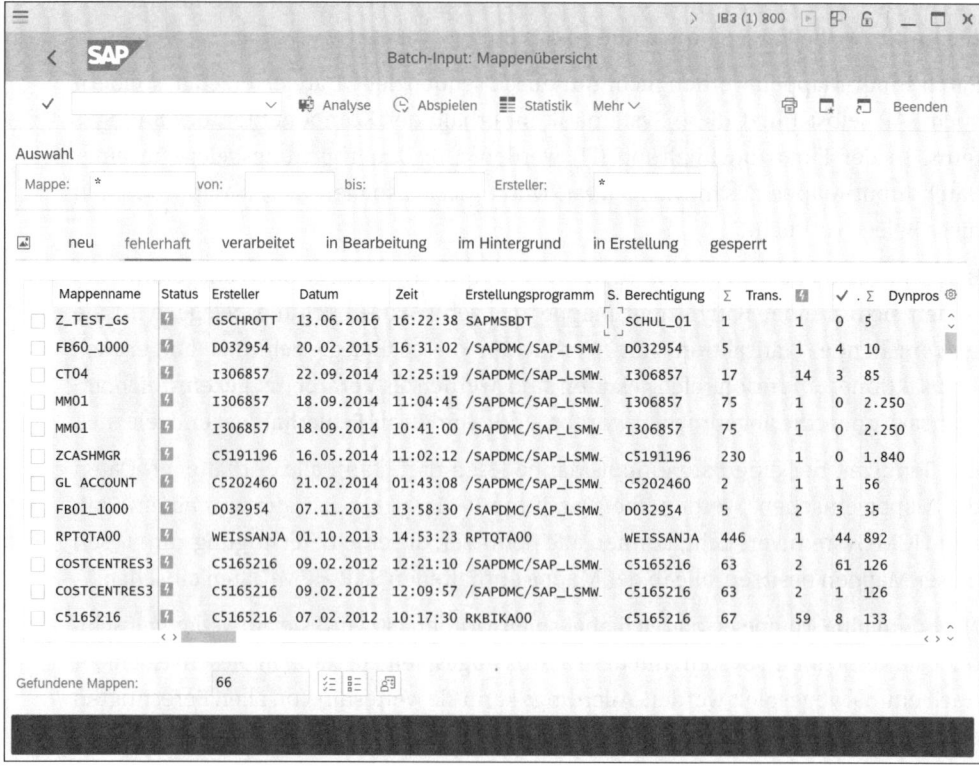

Abbildung 3.19 Fehlerhafte Batch-Input-Mappen anzeigen

Von jeder Mappe können Sie den vollständigen Inhalt einsehen. Dies ist besonders bei den abgebrochenen Mappen von Bedeutung, um die Ursache des Abbruchs zu ermitteln. Um den Inhalt einer Mappe anzuzeigen, gehen Sie folgendermaßen vor:

1. Rufen Sie Transaktion SM35 auf.
2. Klicken Sie doppelt auf die Mappe, deren Inhalt Sie sehen möchten, oder markieren Sie die Mappe, und klicken Sie auf die Schaltfläche **Analyse**.
3. Es werden Ihnen alle Transaktionen angezeigt, die sich in der Mappe befinden. Zu jeder Transaktion können Sie sich alle Dynpros (Bildschirmmasken) anzeigen lassen (über einen Doppelklick auf die Transaktion oder über die Registerkarte **Dynpros**). Durch einen Doppelklick auf einen Dynpro-Eintrag wird Ihnen eine Abbildung des Dynpros mit den entsprechenden Werten angezeigt. Abbildung 3.20 zeigt ein Dynpro aus Transaktion FBB1 (Fremdwährungsbewertung buchen).

3.7 Batch-Input

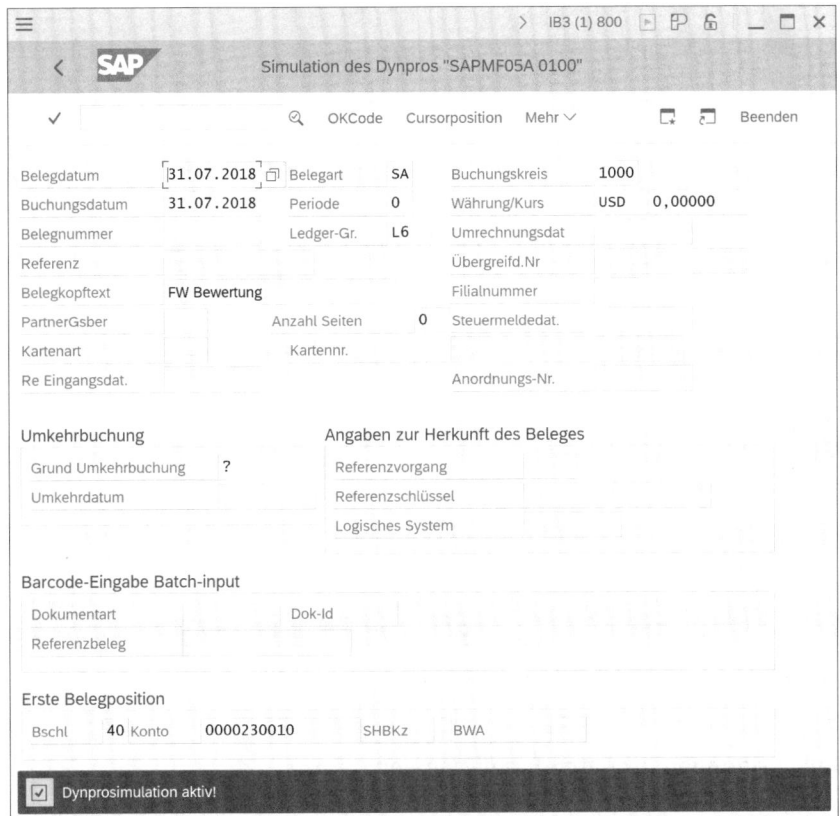

Abbildung 3.20 Dynpro aus einer Batch-Input-Mappe

Beim Abspielen einer Mappe wird automatisch ein Protokoll mitgeführt. Dieses Protokoll gibt Auskunft darüber, wer die Mappe wann abgespielt hat und ob während des Abspielens Fehler aufgetreten sind. Bei fehlerhaften Mappen sollten Sie zuerst das Protokoll einsehen, da darin in den meisten Fällen der Grund des Abbruchs angegeben wird. Um das Protokoll einer Mappe einzusehen, gehen Sie folgendermaßen vor:

1. Markieren Sie die Mappe, deren Protokoll Sie sehen möchten, indem Sie einmal auf die Mappe klicken.
2. Klicken Sie auf die Schaltfläche **Protokoll**.
3. Das Protokoll zur Mappe wird Ihnen angezeigt. Abbildung 3.21 zeigt das Protokoll einer fehlerhaften Mappe.

Zum Anzeigen der Protokolle können Sie alternativ auch Transaktion SM35P und den Report RSBDC_PROTOCOL nutzen. Eine Übersicht über alle Batch-Input-Mappen in allen Mandanten des Systems gibt der Report RSBDCTL1. Der Report zeigt die Mandanten mit den dort existierenden Mappen. Es ist allerdings eine reine Auflistung. Ein Verzweigen in die Mappen ist von diesem Report aus nicht möglich.

3   Allgemeine Systemsicherheit

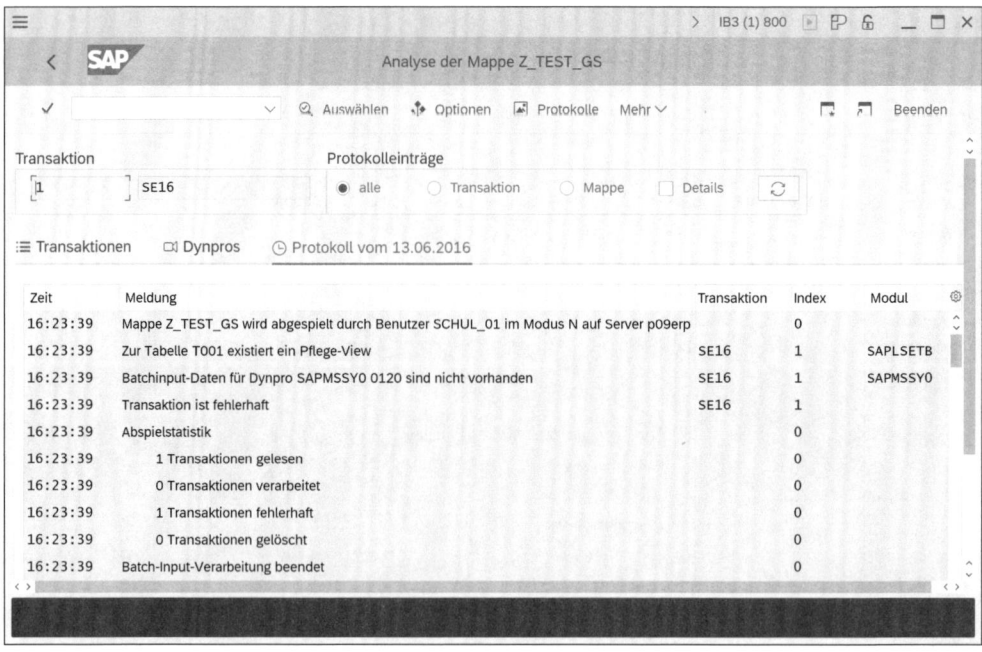

Abbildung 3.21 Protokoll einer Batch-Input-Mappe

3.7.2   Berechtigungen für Batch-Input-Mappen

Berechtigungen für Batch-Input-Mappen werden mit dem Berechtigungsobjekt S_BDC_MONI vergeben. Dieses Objekt besteht aus zwei Feldern:

- **Monitoring-Aktivitäten**
  Mögliche Einträge in diesem Feld sind:
  - ABTC: Mappen für die Hintergrundverarbeitung übergeben
  - ANAL: Mappen und Protokolle analysieren
  - AONL: Mappen im Dialogbetrieb abspielen
  - DELE: Mappen löschen
    Diese Berechtigung wird auch zum Löschen einzelner Transaktionen aus einer Mappe benötigt, wenn der Systemparameter bdc/bdel_auth_check auf dem Wert TRUE steht (Standardwert: FALSE, d. h. beim Löschen einzelner Transaktionen aus einer Mappe findet keine Berechtigungsprüfung statt).
  - EXPO: Mappen exportieren
  - FREE: Mappen freigeben
  - IMPO: Mappen importieren
  - LOCK: Mappen sperren und entsperren
  - REOG: Mappen und Protokolle reorganisieren

Die obigen Werte gelten jeweils für alle Mappen, die gemäß dem Feld **Mappenname** berechtigt sind. Zusätzlich besteht auch die Möglichkeit, Berechtigungen nur auf die vom Benutzer selbst erstellten Mappen zu vergeben:

- OABT: Eigene Mappen für die Hintergrundverarbeitung übergeben
- OANA: Eigene Mappen und Protokolle analysieren
- OAON: Eigene Mappen im Dialogbetrieb abspielen
- ODEL: Eigene Mappen löschen
- OEXP: Eigene Mappen exportieren
- OFRE: Eigene Mappen freigeben
- OLOC: Eigene Mappen sperren und entsperren

- **Mappenname**: <Der Name der Batch-Input-Mappe(n)>
  Bei einer Prüfung müssen Sie darauf achten, ob Mappen mit sensiblen Daten verarbeitet werden. Insbesondere für diese Mappen müssen Sie prüfen, wer die Berechtigung zur Analyse und zum Abspielen der Mappen besitzt.

Generell ist es möglich, Batch-Input-Mappen mit dem eigenen Benutzer einzuplanen und abzuspielen oder dafür einen anderen Benutzer und somit dessen Berechtigungen für die Ausführung der Mappe zu hinterlegen. Wird eine Mappe mit solch einem hinterlegten Benutzer im Hintergrund abgespielt, wird eine zusätzliche Berechtigung für das Berechtigungsobjekt S_BTCH_NAM benötigt. Dieses Objekt besteht nur aus dem Feld **Autorisierter Benutzer**. Dort werden die Benutzernamen angegeben, die für das Ausführen der Mappe genutzt werden können.

Um das Einplanen unter einem anderen Benutzer auf bestimmte Programme einzuschränken, wird das Berechtigungsobjekt S_BTCH_NA1 genutzt. Hier können zusätzlich zum Benutzernamen auch die Programme angegeben werden, die eingeplant werden können. Das Berechtigungsobjekt wurde mit SAP NetWeaver 7.52 neu eingeführt.

Es besteht aus zwei Feldern:

- BTCUNAME (Hintergrundbenutzername für Berechtigungsüberprüfung)
- PROGRAM (Programmname)

Diese Berechtigungen dürfen nur restriktiv vergeben werden, da über die Mappen Aktivitäten mit den Berechtigungen eines anderen Benutzers durchgeführt werden können, die mit dem eigenen Benutzer eventuell nicht möglich wären. Bei Bedarf sollte abteilungs- bzw. komponentenspezifisch ein Hintergrundbenutzer mit den benötigten Berechtigungen zur Verfügung gestellt werden. Die jeweilige Fachabteilung kann dann dazu berechtigt werden, diesen Hintergrundbenutzer beim Abspielen der Mappen zu nutzen.

3.7.3 Zugriffsrechte

Die folgenden Tabellen zeigen Ihnen die Berechtigungen zum Batch-Input. Tabelle 3.35 zeigt die Berechtigung, um alle Batch-Input-Mappen zu analysieren.

Berechtigungsobjekt	Feld	Wert
S_TCODE	TCT (Transaktion)	SM35
S_BDC_MONI	BDCAKTI (Batch-Input-Aktivität)	ANAL
	BDCGROUPID (Mappenname)	*

Tabelle 3.35 Berechtigung zum Analysieren aller Batch-Input-Mappen

Tabelle 3.36 zeigt die Berechtigung, um Batch-Input-Mappen im Dialog abzuspielen.

Berechtigungsobjekt	Feld	Wert
S_TCODE	TCT (Transaktion)	SM35
S_BDC_MONI	BDCAKTI (Batch-Input-Aktivität)	AONL
	BDCGROUPID (Mappenname)	<Mappenname oder Feld leer lassen>

Tabelle 3.36 Berechtigung zum Abspielen von Batch-Input-Mappen im Dialog

Tabelle 3.37 zeigt die Berechtigung zum Löschen von Batch-Input-Mappen.

Berechtigungsobjekt	Feld	Wert
S_TCODE	TCT (Transaktion)	SM35
S_BDC_MONI	BDCAKTI (Batch-Input-Aktivität)	DELE
	BDCGROUPID (Mappenname)	<Mappenname oder Feld leer lassen>

Tabelle 3.37 Berechtigung zum Löschen von Batch-Input-Mappen

Tabelle 3.38 zeigt die Berechtigung zur Reorganisation von Batch-Input-Mappen.

Berechtigungsobjekt	Feld	Wert
S_TCODE	TCT (Transaktion)	SM35
S_BDC_MONI	BDCAKTI (Batch-Input-Aktivität)	REOG
	BDCGROUPID (Mappenname)	<Mappenname oder Feld leer lassen>

Tabelle 3.38 Berechtigung zum Reorganisieren von Batch-Input-Mappen

Tabelle 3.39 zeigt die Berechtigung zum Sperren bzw. Entsperren von Batch-Input-Mappen.

Berechtigungsobjekt	Feld	Wert
S_TCODE	TCT (Transaktion)	SM35
S_BDC_MONI	BDCAKTI (Batch-Input-Aktivität)	LOCK
	BDCGROUPID (Mappenname)	<Mappenname oder Feld leer lassen>

Tabelle 3.39 Berechtigung zum Sperren/Entsperren von Batch-Input-Mappen

Tabelle 3.40 zeigt die Berechtigung, um Jobs mit den Berechtigungen aller anderen Benutzer einzuplanen.

Berechtigungsobjekt	Feld	Wert
S_TCODE	TCT (Transaktion)	SM36
S_BTCH_NAM	BTCUNAME (Benutzername)	*
oder		
S_TCODE	TCD (Transaktion)	SM36

Tabelle 3.40 Berechtigung zum Einplanen von Jobs mit den Berechtigungen aller anderen Benutzer

Berechtigungsobjekt	Feld	Wert
S_BTCH_NA1	BTCUNAME (Benutzername)	*
	PROGRAM (Programmname)	*

Tabelle 3.40 Berechtigung zum Einplanen von Jobs mit den Berechtigungen aller anderen Benutzer (Forts.)

3.7.4 Checkliste

In Tabelle 3.41 finden Sie die Checkliste mit den prüfungsrelevanten Fragestellungen zu Betriebssystemkommandos.

Risiko	Fragestellung
	Vorgabe oder Erläuterung
2	Ist gesichert, dass die Daten aus den Vorsystemen vollständig übertragen werden?
	Im Vorsystem muss sichergestellt werden, dass die Mappen vollständig übertragen werden.
	Hier besteht das Risiko, dass die Daten durch eine unvollständige Datenübertragung im SAP-System nur lückenhaft importiert werden können.
2	Wer hat Zugriff auf die Dateien auf den Servern?
	Es dürfen nur autorisierte Personen Zugriff auf die Originaldateien haben.
	Hier besteht das Risiko, dass Benutzer durch falsche Zugriffsrechte die Inhalte der Batch-Input-Dateien manipulieren können.
1	Wurden Vorkehrungen getroffen, um ein doppeltes Einlesen derselben Mappe zu verhindern?
	Ein doppeltes Einlesen muss organisatorisch verhindert werden.
	Hier besteht das Risiko, dass Mappen doppelt eingelesen werden können und dadurch redundante Buchungen ins System gelangen können.
2	Wer ist berechtigt, Batch-Input-Mappen auszuführen oder zu analysieren?
	Nur die berechtigten Personen dürfen diese Rechte im SAP-System erhalten.
	Hier besteht das Risiko der falschen Autorisierung für Batch-Input-Mappen, mit der eventuell sensible Daten eingesehen werden können.

Tabelle 3.41 Checkliste zum Batch-Input

Risiko	Fragestellung
	Vorgabe oder Erläuterung
1	Wird nach den Batch-Läufen auf fehlerhafte Mappen kontrolliert?
	Nach jedem Batch-Lauf muss kontrolliert werden, ob Fehler aufgetreten sind, mindestens aber einmal pro Tag.
	Hier besteht das Risiko, dass fehlerhafte Mappen nicht zeitnah nachgearbeitet werden.
2	Welche Hintergrundbenutzer werden eventuell für die Ausführung der Batch-Input-Mappen genutzt?
	Falls Hintergrundbenutzer bei Batch-Input-Mappen eingesetzt werden, müssen die Berechtigungen auf die jeweilige Fachabteilung eingegrenzt werden. Die Berechtigung muss jeweils auf die Nutzung der abteilungseigenen Hintergrundbenutzer eingegrenzt werden.
	Hier besteht das Risiko, dass diese Benutzer über die Batch-Input-Mappen aufgrund ihrer Berechtigungen unautorisierte Aktionen außerhalb der jeweiligen Fachabteilungen durchführen könnten.

Tabelle 3.41 Checkliste zum Batch-Input (Forts.)

Wie Sie die einzelnen Punkte praktisch am SAP-System prüfen können, erfahren Sie in Abschnitt 3.7 des Dokuments **Tiede_Checklisten_Sicherheit_und_Pruefung.pdf**.

3.8 Funktionen von SAP Business Warehouse

SAP Business Warehouse (SAP BW) ist ein integrativer Bestandteil von SAP NetWeaver. Aus Prüfersicht hat dies zur Folge, dass Sie bei der Prüfung der Zugriffsmöglichkeiten auf sensible Daten auch die Funktionalität von SAP BW beachten müssen. Im Folgenden erläutere ich die sicherheitssensible Basisfunktionalität von SAP BW, die in allen SAP-NetWeaver-Systemen genutzt werden kann.

Die Berechtigungen in SAP-BW-Systemen behandle ich in Abschnitt 11.7, »Analyse von Berechtigungen in SAP Business Warehouse«.

Das Menü von SAP BW (Abbildung 3.22) können Sie aufrufen, indem Sie das Bereichsmenü »RSOO_BW« ins Transaktionsfeld eingeben.

3 Allgemeine Systemsicherheit

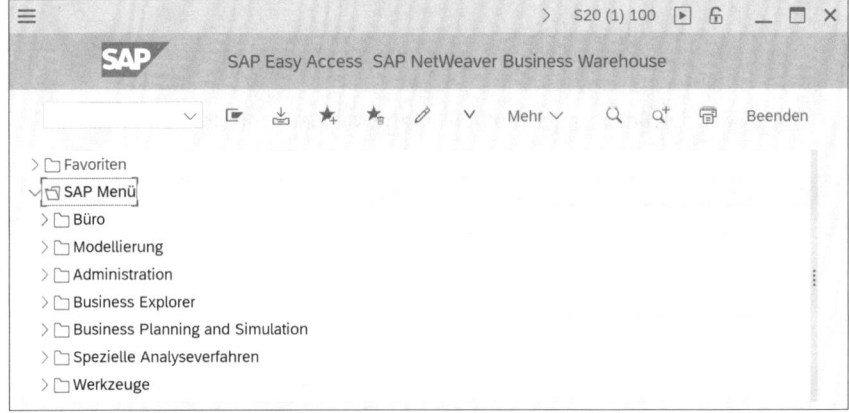

Abbildung 3.22 Menü von SAP Business Warehouse

3.8.1 Datenextraktion

Die Datenextraktion im SAP-System wird über *DataSources* konfiguriert. Diese Funktion kann genutzt werden, ohne dass SAP BW in SAP NetWeaver aktiviert oder ein getrenntes SAP-BW-System genutzt wird. Um auf DataSources, inklusive der Daten, die sie liefern, zuzugreifen, müssen Sie lediglich die entsprechenden Transaktionen aufrufen, die in Tabelle 3.42 aufgeführt sind. Der ändernde und lesende Zugriff auf DataSources muss daher auf die zuständigen Administratoren beschränkt werden. Ist kein SAP-BW-System angeschlossen, sollten die Berechtigungen für den Zugriff auf DataSources nicht vergeben werden. Zum Pflegen der DataSources wird das Berechtigungsobjekt S_RO_OSOA benötigt.

Transaktion	Beschreibung
RSA2	SAPI DataSource Repository (SAPI = Service Application Programming Interface)
RSA2OLD	SAPI DataSource (altes SAP GUI)
RSA6	DataSources pflegen
RSA8	DataSource Repository

Tabelle 3.42 Transaktionen zum Pflegen von DataSources

3.8.2 Der Extraktorchecker

Von den Berechtigungen her besonders sensibel ist der *Extraktorchecker*, mit dem die betriebswirtschaftlichen Daten der jeweiligen Extraktoren angezeigt werden können. Beispielsweise können hiermit in einem SAP HCM-System Personal- und Gehaltsdaten eingesehen werden. In einem SAP-ERP oder SAP-S/4HANA-System können sämtliche Kunden- und Lieferantendaten eingesehen werden.

Den Extraktorchecker rufen Sie mit Transaktion RSA3 auf. Um die Daten einer DataSource anzuzeigen – in Abbildung 3.23 als Beispiel die DataSource OHR_PY_1 (Abrechnungsergebnisse) –, klicken Sie auf die Schaltfläche **Extraktion starten** (Extraktion).

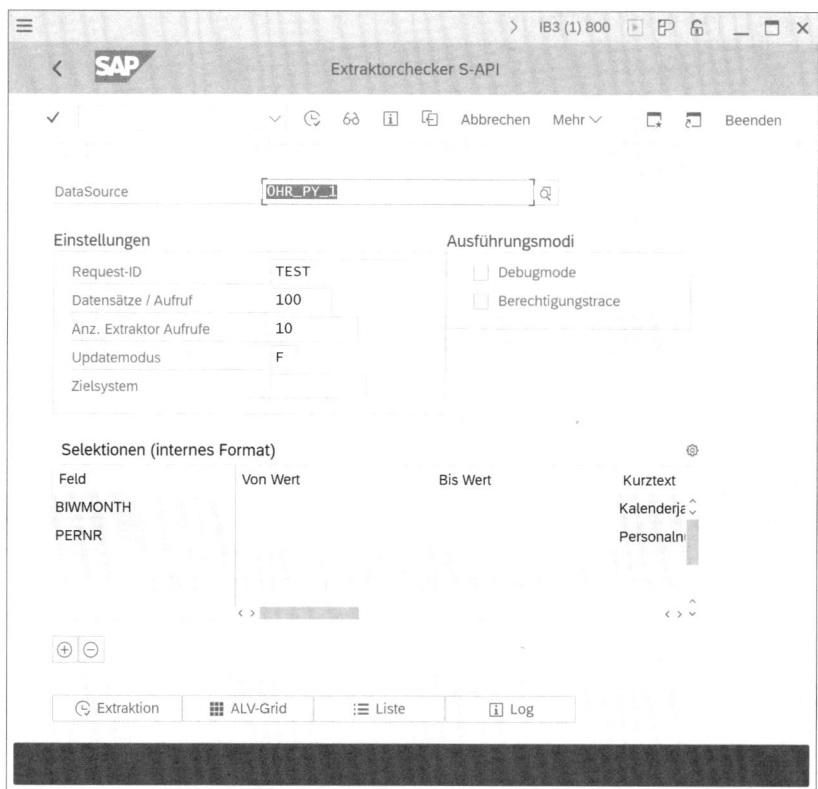

Abbildung 3.23 Der Extraktorchecker

Nach der Extraktion werden drei neue Schaltflächen angezeigt: **ALV-Grid**, **Liste** und **Log**. Über die Schaltfläche **ALV-Grid** zeigen Sie die betriebswirtschaftlichen Daten tabellarisch an (siehe Abbildung 3.24).

Zum Anzeigen dieser Daten werden in den meisten Fällen nicht die betriebswirtschaftlichen Berechtigungen geprüft. Daher darf diese Berechtigung nur äußerst restriktiv vergeben werden.

Protokolle über die Nutzung des Extraktorcheckers werden im *Anwendungs-Log* gespeichert. Dieses können Sie über Transaktion SLG1 aufrufen. In der Selektionsmaske können Sie die Anzeige der Protokolle auf Transaktion RSA3 eingrenzen. Im Log wird angezeigt, wer diese Transaktion zu welchem Zeitpunkt mit welcher DataSource ausgeführt hat (siehe Abbildung 3.25).

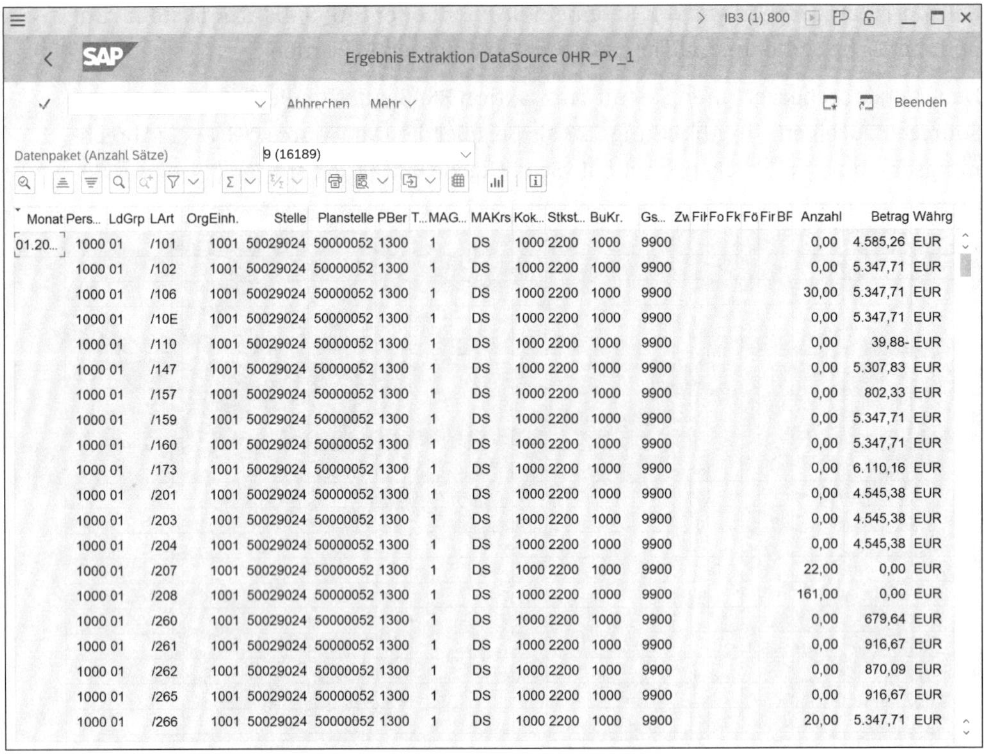

3 Allgemeine Systemsicherheit

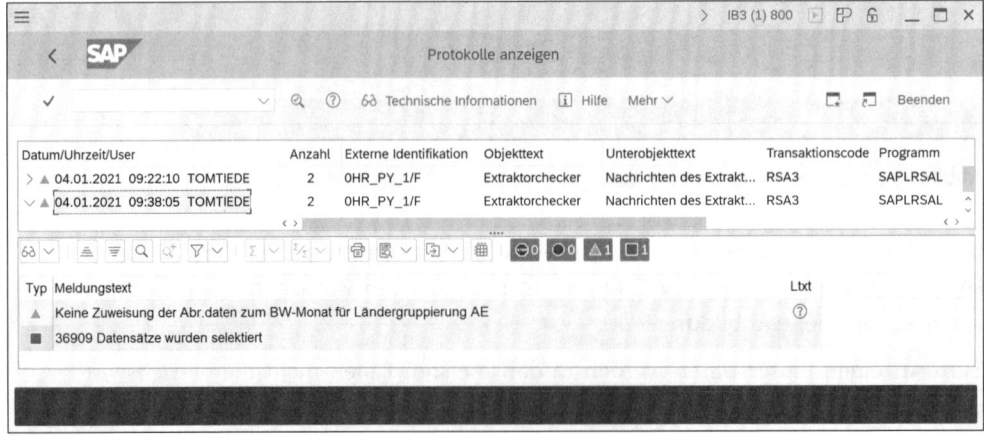

Abbildung 3.24 Mitarbeiterabrechnungen mit dem Extraktorchecker anzeigen

Abbildung 3.25 Protokolle des Extraktorcheckers anzeigen

Ob Daten zu Transaktion RSA3 im Anwendungs-Log vorhanden sind, können Sie über Tabelle BALHDR vorselektieren. Schränken Sie dort im Feld **Transaktion** auf den Wert »RSA3« ein. Die Laufzeiten sind hier geringer als im Anwendungs-Log.

3.8.3 Berechtigungen für die Extraktion einschränken

Werden mehrere BW-Systeme in einem Unternehmen eingesetzt, kann explizit definiert werden, welche Daten nicht in bestimmte BW-Systeme verteilt werden dürfen. Dies ist z. B. dann hilfreich, wenn Personaldaten nicht in ein FI-BW-System übertragen werden sollen. Auch kann hierdurch verhindert werden, dass z. B. Daten eines SAP-ERP-Systems in die SAP-BW-Komponente des SAP-NetWeaver-Systems geladen werden, auf dem das SAP-ERP-System installiert ist. Hierdurch können Sie ein unberechtigtes Laden sensibler Daten in SAP-BW-Tabellen verhindern.

Die Berechtigungen für die Extraktion werden über Tabelle ROAUTH konfiguriert (Berechtigungen für DataSources). Sensible DataSources, die nicht in bestimmte SAP-BW-Systeme übertragen werden sollen, sollten hier eingetragen werden. Generische Angaben (z. B. »0*«) sind hier nicht möglich. Eine Liste aller Sources erhalten Sie über Tabelle ROOSOURCE (Eigenschaften von DataSources) bzw. ROOSOURCET (Texte zu DataSources).

Die Berechtigung zum Pflegen von Tabelle ROAUTH darf im Produktivsystem nicht vergeben werden. Sie ist mandantenunabhängig und der Berechtigungsgruppe XXXX zugeordnet. Zum Pflegen der Tabelle sind die in Tabelle 3.43 beschriebenen Berechtigungen erforderlich.

Berechtigungsobjekt	Feld	Wert
S_TABU_CLI	CLIIDMAINT (Kennzeichen)	X
S_TABU_DIS	ACTVT (Aktivität)	02 (Ändern)
	DICBERCLS (Berechtigungsgruppe)	XXXX
oder		
S_TABU_CLI	CLIIDMAINT (Kennzeichen)	X
S_TABU_NAM	ACTVT (Aktivität)	02 (Ändern)
	TABLE (Tabelle)	ROAUTH

Tabelle 3.43 Berechtigung zum Pflegen von Tabelle ROAUTH

3.8.4 Zugriffsrechte

Die folgenden Tabellen zeigen Ihnen die Berechtigungen zum Thema SAP-BW-Integration. Tabelle 3.44 enthält die Berechtigungen zum Pflegen von DataSources.

Berechtigungsobjekt	Feld	Wert
S_TCODE	TCD (Transaktion)	- RSA2 - RSA2OLD - RSA6 - RSA8
S_RO_OSOA	ACTVT (Aktivität)	23 (Pflegen)
	OSOAPART (Teilobjekt zur DataSource)	DEFINITION (Metadaten)

Tabelle 3.44 Pflege von DataSources

Tabelle 3.45 enthält die Berechtigung zum Aufruf des Extraktorcheckers.

Berechtigungsobjekt	Feld	Wert
S_TCODE	TCD (Transaktion)	- RSA2 - RSA3 - RSA6 - RSA8

Tabelle 3.45 Aufruf des Extraktorcheckers

Tabelle 3.46 zeigt die Berechtigungen zur Einschränkung der Extraktionsrechte.

Berechtigungsobjekt	Feld	Wert
S_TABU_CLI	CLIIDMAINT (Kennzeichen)	X
S_TABU_DIS	ACTVT (Aktivität)	02 (Ändern)
	DICBERCLS (Berechtigungsgruppe)	XXXX
oder		
S_TABU_CLI	CLIIDMAINT (Kennzeichen)	X

Tabelle 3.46 Einschränken der Extraktionsberechtigungen (Tabelle ROAUTH)

Berechtigungsobjekt	Feld	Wert
S_TABU_NAM	ACTVT (Aktivität)	02 (Ändern)
	TABLE (Tabelle)	ROAUTH

Tabelle 3.46 Einschränken der Extraktionsberechtigungen (Tabelle ROAUTH) (Forts.)

3.8.5 Checkliste

In Tabelle 3.47 finden Sie die Checkliste mit den prüfungsrelevanten Fragestellungen zur SAP-BW-Integration.

Risiko	Fragestellung
	Vorgabe oder Erläuterung
2	Wer besitzt Berechtigungen zum Pflegen der DataSources?
	Die Berechtigungen zum Pflegen der DataSources dürfen nur den verantwortlichen Administratoren zugeordnet werden. Ist kein SAP-BW-System angeschlossen, darf diese Berechtigung nicht vergeben werden.
	Hier besteht das Risiko, dass Inkonsistenzen zum SAP-BW-System entstehen können.
1	Wer besitzt die Berechtigung zur Nutzung des Extraktorcheckers?
	Die Berechtigung zur Nutzung des Extraktorcheckers darf ausschließlich an die Personen vergeben werden, die die Schnittstelle zum SAP-BW-System betreuen. Ist kein SAP-BW-System angeschlossen, darf diese Berechtigung nicht vergeben werden.
	Hier besteht das Risiko, dass sensible Daten ohne explizite Berechtigungsprüfung angezeigt werden können.
2	Sind sensible Daten von der Übertragung ins SAP-BW-System ausgeschlossen?
	Sensible Daten, die nicht ins SAP-BW-System übertragen werden sollen, müssen technisch vom Extrakt ausgeschlossen sein.
	Es können sensible Daten ins SAP-BW-System übertragen werden, für die dort kein expliziter Zugriffsschutz existiert.

Tabelle 3.47 Checkliste zur SAP-BW-Integration

Wie Sie die einzelnen Punkte praktisch am SAP-System prüfen können, erfahren Sie in Abschnitt 3.8 des Dokuments **Tiede_Checklisten_Sicherheit_und_Pruefung.pdf**.

Kapitel 4
Protokollierungskomponenten

In diesem Kapitel erfahren Sie, welche Protokollierungskomponenten im SAP-System existieren und wie Sie diese zur Absicherung konfigurieren sowie im Rahmen von Prüfungen nutzen können.

Dieses Kapitel stellt Ihnen die Protokollierungskomponenten eines SAP-Systems vor. Sie lernen jeweils deren Einsatzgebiete, Auswertungsmöglichkeiten und die Absicherung kennen. Viele Protokollierungen sind standardmäßig aktiv, andere müssen Sie explizit aktivieren.

Besonders zu beachten ist dabei die Tabellenprotokollierung, da sie gesetzlichen Anforderungen unterliegt. Für Prüfungen von Berechtigungen und für Berechtigungsprojekte ist die Nutzung der Zugriffsstatistik hilfreich. Mit ihr können Sie auswerten, welche Transaktionen und Reports von Benutzern (auch von technischen Benutzern) ausgeführt wurden. In Abschnitt 4.9, »Systemüberwachung mit SAP Enterprise Threat Detection«, gehe ich auf die Überwachung der Protokolle mit SAP Enterprise Threat Detection ein. Dies ist eine effiziente Methode zur Erkennung von Eindringversuchen und Betrugsdelikten.

4.1 Security-Audit-Log

Auditprotokolle überwachen laufende Ereignisse innerhalb des SAP-Systems wie Benutzeran- und -abmeldungen, Transaktions-, Report- und Funktionsbausteinaufrufe, das Sperren von Transaktionen, das Vornehmen von Änderungen an Berechtigungen, Profilen und Benutzerstämmen usw. Im Gegensatz zum Systemprotokoll (Sys-Log, siehe Abschnitt 4.2, »Systemprotokollierung«) muss das *Security-Audit-Log* (SAL) explizit aktiviert und konfiguriert werden. Da im SAL Anmeldungen, Transaktionsaufrufe und Benutzerstammsatzänderungen protokolliert werden, müssen Sie bei der Aktivierung und Konfiguration die Bestimmungen der Datenschutzgesetze bezüglich personenbezogener Daten beachten (siehe auch »Leitfaden Datenschutz SAP ERP 6.0« der DSAG unter *http://s-prs.de/v612207*).

Der Einsatz des SAL ist optional; es besteht keine gesetzliche Verpflichtung zum Aktivieren dieser Protokollierung. Vor der Aktivierung müssen Sie ein Protokollierungskonzept für das SAL erstellen:

- Was soll regelhaft nach welchen Kriterien ausgewertet werden?
- Welche SAP-Systeme sollen mit dem SAL protokolliert werden?
- Welche gesetzlichen Anforderungen sind zu beachten (BDSG, TMG usw.)?
- Sind im Vorfeld Genehmigungen für die Auswertungen einzuholen (Betriebs-/Personalrat, Datenschutz)?
- Wer ist für die Auswertungen verantwortlich?
- Können die Auswertungen automatisiert werden?
- Sind die Berechtigungen für den Zugriff auf die Auswertungen restriktiv vergeben?
- Ist eine Manipulation der Protokolldaten ausgeschlossen?
- Sind Aufbewahrungszeiträume und Löschfristen für die Protokolldaten festgelegt?
- Werden die Auswertungen ausreichend dokumentiert?
- Existieren Eskalationsstufen für die Ergebnisse der Auswertung?

Die beiden häufigsten Einsatzszenarien für das SAL sind folgende:

- **Protokollierung von Notfall-/Firefighter-Benutzern**
  Notfall- bzw. Firefighter-Benutzer werden vollständig durch das SAL protokolliert. Ihre Aktionen müssen außerdem dokumentiert werden. Nach dem Einsatz eines solchen Benutzers werden die Protokolle ausgewertet und mit der Dokumentation abgeglichen.

- **Protokollierung kritischer Aktionen aller Benutzer**
  Es werden besonders kritische Aktionen für alle Benutzer des Systems protokolliert. Dies sind maßgeblich:
    - Debugging mit Replace
    - Änderungen an Szenarien für schaltbare Berechtigungen
    - dynamisches ABAP-Coding
    - generischer Tabellenzugriff
    - Viren-Scan-Schnittstelle: Virus gefunden
    - Änderungsbelege wurden ohne Archivierung gelöscht
    - Systemänderbarkeit geändert
    - Mandanteneinstellung geändert

Das SAL ist, wie das SysLog auch, mandantenunabhängig. Es existiert pro SAP-System nur ein einziges SAL. Aus jedem Mandanten werden die Auditprotokolle in die Log-Dateien geschrieben und auch mandantenübergreifend ausgewertet.

Bei der Nutzung des SAL müssen Verantwortlichkeiten für eine regelmäßige Auswertung festgelegt werden. Des Weiteren müssen Sie definieren, wie lange diese Protokolle aufbewahrt werden sollen. Generell hat sich ein zurückliegendes Geschäftsjahr als ausreichend erwiesen.

Mit SAP NetWeaver 7.50 SP3 wird ein neues SAL ausgeliefert. Das bisherige SAL hat viele Schwachpunkte, wie z. B. die eingeschränkte Anzahl an Filtern, die fehlende Manipulationserkennung, die fehlende Archivierungsmöglichkeit und die unzureichenden Möglichkeiten zur Angabe der zu überwachenden Benutzer. Das neue Security-Audit-Log bietet nun neue Funktionen:

- Die Protokolle können nun teilweise oder vollständig in der Datenbank gespeichert und verwaltet werden.
- Die maximale Anzahl der Filter je Profil wurde von zehn auf 90 erhöht.
- Es können nun auch Benutzergruppen zur Protokollierung angegeben oder explizit ausgeschlossen werden.
- Zur Erkennung von Manipulationen an den Protokolldateien kann ein Integritätsschutz implementiert werden.
- Audit-Log-Konfigurationen können exportiert und importiert werden, um sie zwischen verschiedenen Systemen auszutauschen.
- Die Protokolle des SAL können archiviert werden.

SAP-Hinweis 2191612 beschreibt die neuen Funktionen des SAL. Die alte Funktionalität (Transaktion SM18, SM19, SM20 und SM20N) wird nicht mehr weiterentwickelt. Für einen Übergangszeitraum waren sie noch verfügbar. Inzwischen wird aber auch mit den Transaktionen SM19, SM20 und SM20N das neue SAL aufgerufen. Transaktion SM18 ist obsolet und kann nicht mehr aufgerufen werden.

4.1.1 Konfiguration des Security-Audit-Logs

Das SAL konfigurieren Sie über Transaktion RSAU_CONFIG. Hier wird zwischen der statischen und der dynamischen Konfiguration unterschieden:

- Für die statische Konfiguration werden *Profile* angelegt. Jedes Profil kann eine andere Konfiguration aufweisen. Es kann aber immer nur ein Profil aktiviert werden. Das aktivierte Profil wird beim Systemneustart automatisch wieder geladen.
- Die dynamische Konfiguration ist nur so lange gültig, bis das System heruntergefahren wird. Dabei werden die Einstellungen verworfen.

Es empfiehlt sich daher, die unternehmenseigenen SAL-Einstellungen in einem Profil zu speichern und dieses über Transaktion RSAU_CONFIG zu aktivieren. Dadurch ist gesichert, dass die Einstellungen nach jedem Systemstart wieder neu gesetzt werden.

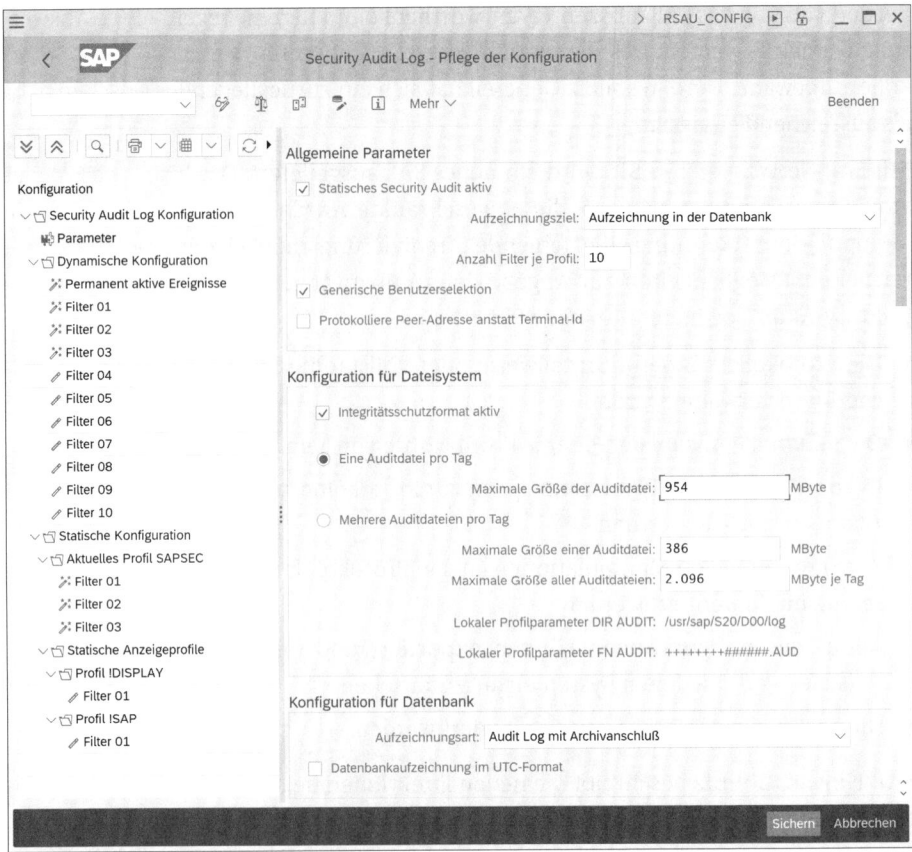

Abbildung 4.1 Die allgemeinen Parameter für das Security-Audit-Log angeben

Über den Menübaumeintrag **Parameter** können Sie die zentralen Angaben zum SAL pflegen (siehe Abbildung 4.1). Die Einträge haben die folgenden Bedeutungen:

- **Statisches Security Audit aktiv**: Aktiviert das SAL.
- **Aufzeichnungsziel**: Legt fest, wo die Protokolleinträge gespeichert werden sollen:
  – in der Datenbank
  – in der Datenbank und im Dateisystem
  – im Dateisystem
- **Anzahl Filter je Profil**: Gibt die Anzahl der Filter je Profil an (maximal 90).
- **Generische Benutzerselektion**: Legt fest, ob auch generische Benutzernamen angegeben werden können, wie z. B. FF*.
- **Integritätsschutzformel aktiv**: Werden Protokolle in Dateien im Betriebssystem gespeichert, kann hiermit der Integritätsschutz aktiviert werden. Dieser muss zuvor mit Transaktion RSAU_ADMIN konfiguriert werden. Wählen Sie in der Ein-

stiegsmaske der Transaktion die Option **Integritätsschutz einrichten** aus, und geben Sie in das Feld **Passphrase** eine beliebige Zeichenkette ein. Mit dieser Zeichenkette kann der Schlüssel gegebenenfalls wiederhergestellt werden. Es wird ein systemspezifischer *Keyed-Hash Message Authentication Code* (HMAC) erzeugt, der für den Integritätsschutz genutzt wird.

- **Eine Auditdatei pro Tag/Mehrere Auditdateien pro Tag**: Werden die Protokolleinträge im Betriebssystem gespeichert, wird mit diesem Parameter die maximale Dateigröße festgelegt.
- **Aufzeichnungsart**: Werden die Protokolleinträge in der Datenbank gespeichert, wird hier festgelegt, wie die Dateien gespeichert werden. Der Eintrag **Audit Log mit Archivanschluss** bedeutet, dass die Protokolle permanent in Tabelle RSAU_BUF_DATA gespeichert werden. Eine Archivierung ist mit dem Archivierungsobjekt BC_SAL möglich.

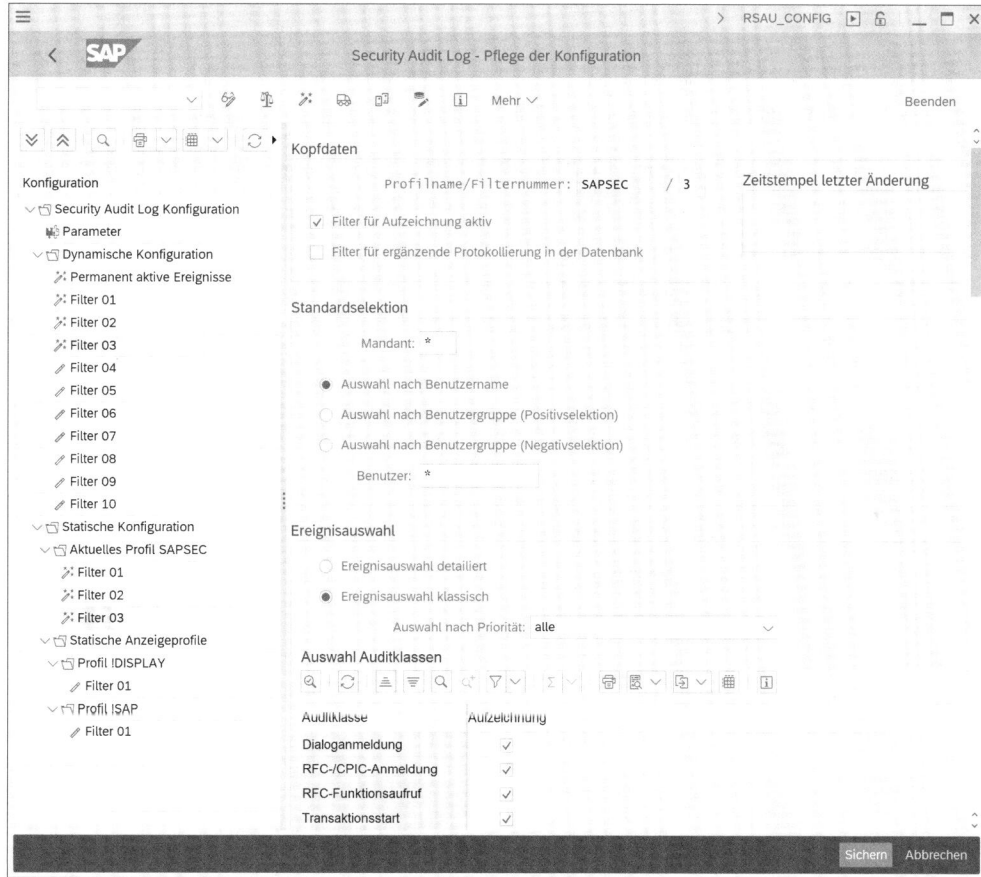

Abbildung 4.2 Filterkriterien festlegen

In den Profilen wird in den einzelnen Filtern festgelegt, was protokolliert werden soll. Abbildung 4.2 zeigt die Konfiguration eines Filters. Die Einträge haben die folgenden Bedeutungen:

- **Filter für Aufzeichnung aktiv**: Aktiviert diesen Filter; ist der Haken nicht gesetzt, findet für diesen Filter keine Protokollierung statt.
- **Filter für ergänzende Protokollierung in der Datenbank**: Wurden als Aufzeichnungsziel Datenbank und Dateisystem konfiguriert, werden die Protokolleinträge in die Datenbank geschrieben, wenn dieser Haken gesetzt ist.
- **Mandant**: Gibt den Mandanten an; der Eintrag »*« für alle Mandanten ist möglich.
- **Auswahl nach Benutzername**: Dieser Benutzer wird protokolliert. Der Eintrag »*« bedeutet, dass alle Benutzer protokolliert werden.
- **Auswahl nach Benutzergruppe (Positivselektion)**: Diese Gruppe wird protokolliert.
- **Auswahl nach Benutzergruppe (Negativselektion)**: Diese Gruppe wird nicht protokolliert.
- **Ereignisauswahl detailliert**: Listet alle Ereignisse zur Auswahl auf.
- **Ereignisauswahl klassisch**: Ermöglicht die Auswahl nach Auditklassen.

Die Profile können mit Transaktion RSAU_TRANSFER bzw. dem gleichnamigen Report exportiert und in andere Systeme importiert werden.

Ist das SAL aktiviert, werden einige Vorgänge automatisch protokolliert. Diese Protokollierung kann nicht deaktiviert werden. Die Ereignisse sind in Tabelle 4.1 aufgelistet. Tabelle 4.2 zeigt exemplarisch Ereignisse, die mit dem SAL protokolliert werden können.

Meldungs-ID	Meldungstext
AUE	Auditkonfiguration geändert
AUF	Audit: Slot &A: Klasse &B, Gewicht &C, User &D, Mandant &E, &F
AUG	Applikationsserver gestartet
AUH	Applikationsserver beendet
AUI	Audit: Slot &A inaktiv
AUJ	Audit: Aktivstatus auf &1 gesetzt
EU1	Systemänderbarkeit geändert (&A to &B)
EU2	Mandanteneinstellung für &A geändert (&B)

Tabelle 4.1 Automatisch protokollierte Systemereignisse

Meldungs-ID	Meldungstext
EU5	Audit-Log-Daten von &A wurden gelöscht (&B-Datensätze)
FU0	Exklusives Security-Audit-Protokollmedium geändert (Neuer Status &A)

Tabelle 4.1 Automatisch protokollierte Systemereignisse (Forts.)

Meldungs-ID	Meldungstext	Auditklasse
BU2	Kennwort des Benutzers &B im Mandanten &A geändert	Benutzerstammänderungen
AU7	Benutzer &A angelegt	Benutzerstammänderungen
AU8	Benutzer &A gelöscht	Benutzerstammänderungen
AU9	Benutzer &A gesperrt	Benutzerstammänderungen
AUA	Benutzer &A entsperrt	Benutzerstammänderungen
AUB	Rechte von Benutzer &A geändert	Benutzerstammänderungen
AUD	Benutzerstamm &A wurde geändert	Benutzerstammänderungen
AU1	Login erfolgreich (Typ = &A, Methode = &C)	Dialoganmeldung
AUO	Login gescheitert (Grund = &B, Typ = &A)	Dialoganmeldung
AU2	Login gescheitert (Grund=&B, Typ=&A, Methode=&C)	Dialoganmeldung
CUA	Abgelehnte Assertion	Dialoganmeldung
AUM	Benutzer &B im Mandanten &A nach fehlerhaften Kennwortprüfungen gesperrt	Dialoganmeldung
AUN	Kennwort-Falschanmeldesperre für Benutzer &B im Mandanten &A wurde aufgehoben	Dialoganmeldung
DU0	Ungültige SAP-GUI-Daten	Dialoganmeldung
EUC	OAuth-Scope &A ist dem Benutzer nicht zugewiesen	Dialoganmeldung
EUD	HTTP-Request von nicht vertrauenswürdigem Cloud Connector erhalten (Grund &A)	Dialoganmeldung
AUW	Report &A gestartet	Reportstart

Tabelle 4.2 Protokollierbare Aktionen (Auszug)

Meldungs-ID	Meldungstext	Auditklasse
AUX	Start Report &A gescheitert (Grund = &B)	Reportstart
AU5	RFC-/CPI-C-Login erfolgreich (Typ = &A, Methode = &C)	RFC-/CPI-C-Anmeldung
AU6	RFC-/CPI-C-Login gescheitert, Grund = &B, Typ = &A, Methode = &C	RFC-/CPI-C-Anmeldung
AUK	Erfolgter RFC-Aufruf &C (FuGr = &A)	RFC-Funktionsaufruf
CUW	Fehlgeschlagener Web-Service-Aufruf (Service = &A, Operation = &B, Grund = &C)	RFC-Funktionsaufruf
DUI	RFC-Callback ausgeführt (Destination &A, gerufen &B, Callback &C)	RFC-Funktionsaufruf
DUT	Kritischer JSON-RPC-Aufruf des Funktionsbausteins &A (S_RFC*-Berechtigung)	RFC-Funktionsaufruf
FU1	In Programm &A wurde RFC-Funktion &B mit dynamischer Destination &C aufgerufen	RFC-Funktionsaufruf
AUL	Gescheiterter RFC-Aufruf &C (FuGr = &A))	RFC-Funktionsaufruf
CUZ	Generischer Tabellenzugriff per RFC auf &A mit Aktivität &B	RFC-Funktionsaufruf
BU4	Dynamisches ABAP-Coding: Ereignis: &A Ereignisart: &B Prüfsumme: &C	Sonstige Ereignisse
AUV	Digitale Signatur fehlgeschlagen (Grund=&A, ID=&B)	Sonstige Ereignisse
AUY	Download &A Bytes in Datei &C	Sonstige Ereignisse
BU1	Kennwortprüfung für Benutzer &B im Mandanten &A fehlgeschlagen	Sonstige Ereignisse
BU8	Viren-Scan-Schnittstelle: Virus &C durch Profil &A (Schritt &B) gefunden	Sonstige Ereignisse
BUY	Feldinhalt verändert: &5&9&9&9&9&9	Sonstige Ereignisse
BUZ	> in Programm &A, Zeile &B, Ereignis &C	Sonstige Ereignisse
CU0	RAL-Protokollzugriff: Aktion: &A	Sonstige Ereignisse
CUK	C-Debugging aktiviert	Sonstige Ereignisse

Tabelle 4.2 Protokollierbare Aktionen (Auszug) (Forts.)

4.1 Security-Audit-Log

Meldungs-ID	Meldungstext	Auditklasse
CUL	Feldinhalt verändert: &A	Sonstige Ereignisse
CUM	Sprung im ABAP Debugger: &A	Sonstige Ereignisse
CUN	Ein Prozess wurde durch Benutzer &A(&B) vom Debugger aus beendet (&D)	Sonstige Ereignisse
CUO	Explizite Datenbankoperation im Debugger durch Benutzer &A(&B): &C (&D)	Sonstige Ereignisse
CUP	Nicht-exklusive Debugging-Session durch Benutzer &A (&B) gestartet (&D)	Sonstige Ereignisse
DUQ	Aktives Szenario &A für schaltbare Berechtigungsprüfungen wurde geändert – &B	Sonstige Ereignisse
EU3	&A Änderungsbelege wurden ohne Archivierung gelöscht (&B)	Sonstige Ereignisse
AU3	Transaktion &A gestartet	Transaktionsstart
CUI	Anwendung &A gestartet	Transaktionsstart
DU9	Aufruf generischer Tabellenzugriff auf &A mit Aktivität &B (Auth.-check: &C)	Transaktionsstart
AUP	Transaktion &A gesperrt	Transaktionsstart
AUQ	Transaktion &A entsperrt	Transaktionsstart
AU4	Start Transaktion &A gescheitert (Grund = &B)	Transaktionsstart
CUJ	Start Anwendung &A gescheitert (Grund = &B)	Transaktionsstart

Tabelle 4.2 Protokollierbare Aktionen (Auszug) (Forts.)

Die Meldungen des SAL sind vorkonfiguriert. So ist zu jeder Meldungsnummer der Beschreibungstext, die Auditklasse und die Sicherheitsstufe vorgegeben. Diese Informationen können mit Transaktion SE92 bzw. dem Report RSLGAD01_START geändert werden. In SAP ERP ist hierzu neben den Berechtigungen auch ein Entwicklerschlüssel erforderlich, sowie ein Objektschlüssel, wenn Standardmeldungen geändert werden sollen. In SAP S/4HANA ist nur die Berechtigung erforderlich.

Durch das Ändern der Meldungen können die Auswertungen beeinflusst werden. So kann z. B. eine Meldung der Sicherheitsstufe **Kritisch** auf **Unkritisch** herabgesetzt werden. Daher dürften Berechtigungen zum Ändern von Meldungen des SAL nicht vergeben werden.

4.1.2 Auswertung des Security-Audit-Logs

Die Auswertung der Protokolle erfolgt mit Transaktion RSAU_READ_LOG bzw. dem gleichnamigen Report. Abbildung 4.3 zeigt die Selektionsmaske. Im Feld **Selektionsart** können Sie auswählen, nach welchen Kriterien Sie selektieren wollen:

- **Freie Abgrenzung – Detailauswahl**
  Es kann nach den einzelnen Meldungsnummern selektiert werden.

- **Freie Abgrenzung – Allgemeine Auswahl**
  Die Selektion erfolgt nach Auditklassen.

- **Abgrenzung laut Profil/Filter**
  Profil und Filter können ausgewählt werden. Die Ergebnisse werden auf dem Filter basierend angezeigt.

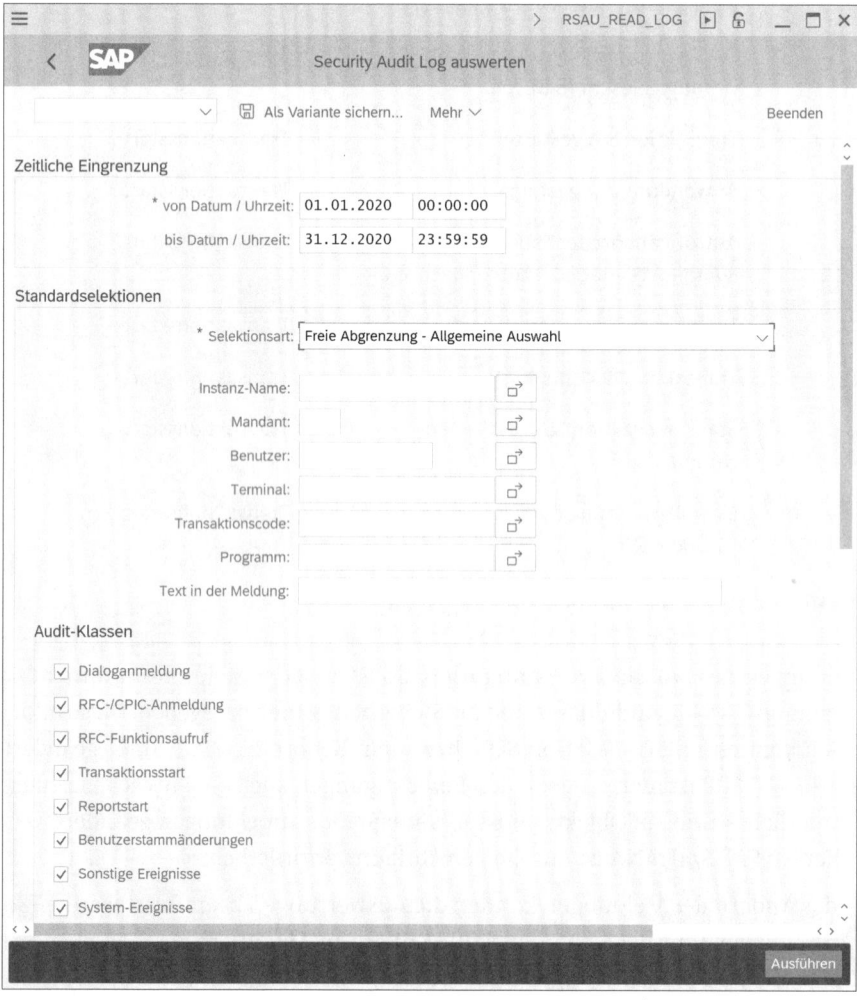

Abbildung 4.3 SAL-Protokolle auswerten – Selektionsmaske

4.1 Security-Audit-Log

Abbildung 4.4 zeigt die Ergebnisdarstellung der SAL-Auswertung. Durch einen Klick auf eine Meldung in der Spalte **AuditLog-Meldungstext** werden Ihnen Details zur Meldung und die Dokumentation angezeigt.

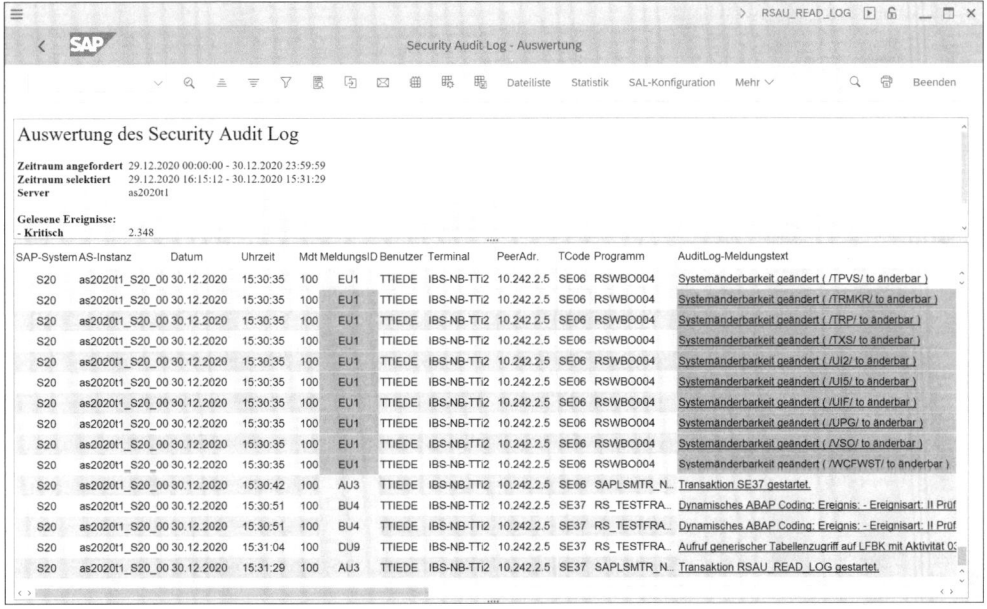

Abbildung 4.4 SAP-Protokolle auswerten – Ergebnisanzeige

Zur Einplanung der Auswertung über einen Job kann der Report RSAU_SELECT_EVENTS genutzt werden. Zum Auswerten archivierter Einträge steht Transaktion RSAU_READ_ARC zur Verfügung.

4.1.3 Pseudonymisierte Auswertung des Security-Audit-Logs

Eine häufige datenschutzrechtliche Anforderung ist die Auswertung von Audit-Log-Meldungen ohne benutzerbezogene Daten. Dies ist mit Transaktion RSAU_READ_LOG_ADM möglich, siehe SAP-Hinweis 2883981. Bei der Auswertung der Audit-Log-Protokolle werden hier der Benutzername und die Terminal-ID mittels eines generierten Hashcodes pseudonymisiert. Der Hashwert ist innerhalb der Auswertung für einen Benutzernamen und eine Terminal-ID immer gleich.

Abbildung 4.5 zeigt die pseudonymisierte Auswertung. In den Spalten **Benutzer** und **Terminalname** wird jeweils nur der Hashwert angezeigt. In den ersten beiden Spalten ist ersichtlich, dass es sich jeweils um denselben Benutzer und denselben Terminal handelt.

4 Protokollierungskomponenten

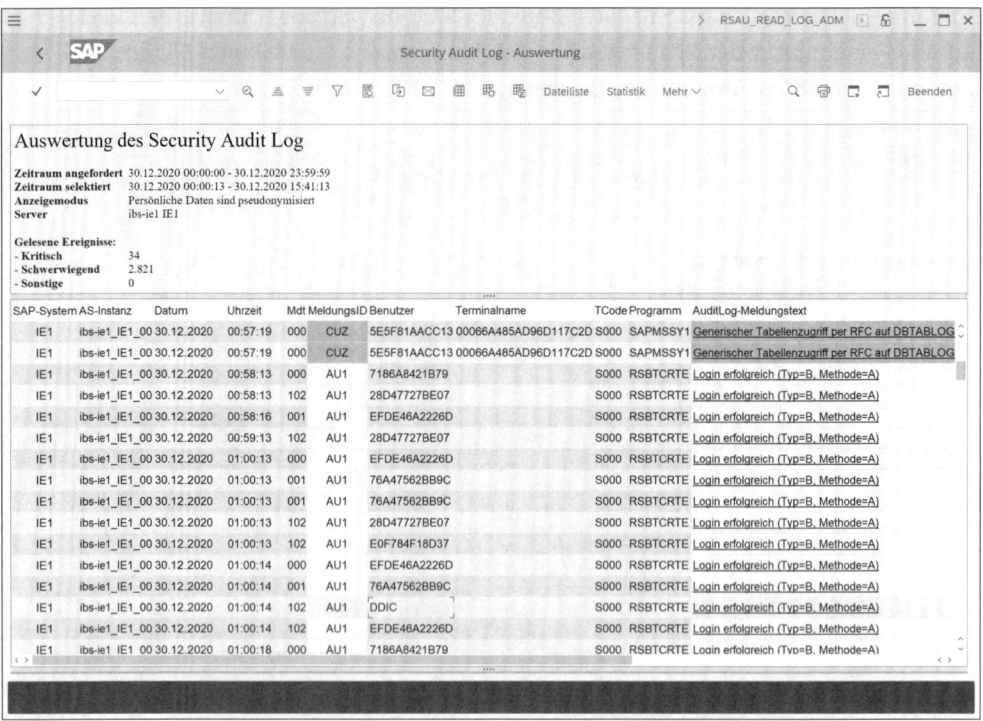

Abbildung 4.5 Pseudonymisierte Auswertung des Security-Audit-Logs

Die Auswertung kann so konfiguriert werden, dass bestimmte Benutzernamen in Klartext angezeigt werden. Dies ist für nicht-personifizierte Benutzerkonten anwendbar, wie z. B. DDIC, SAP* oder den Notfallbenutzer. In Abbildung 4.5 sehen Sie, dass in der Spalte **Benutzer** der Name DDIC in Klartext angezeigt wird. Dies konfigurieren Sie über die Erlaubnisliste SAL_SHOW_IDENTITY mit Transaktion SLDW. Die Benutzer DDIC und SAP* sind hier bereits standardmäßig hinterlegt, siehe Abbildung 4.6. Zur Prüfung der in die Erlaubnisliste eingetragenen Benutzer können Sie die Tabelle SLDW_ELEMENTS nutzen. Geben Sie in der Selektionsmaske im Feld **Name** die Erlaubnisliste SAL_SHOW_IDENTITY an. Ihnen werden alle Benutzernamen angezeigt, die in Transaktion RSAU_READ_LOG_ADM in Klartext ausgegeben werden.

Eine explizite Berechtigung zur pseudonymisierten Auswertung des Auditlogs bzw. zur Auswertung von Klartext-Benutzernamen existiert nicht. Sie wird nur über den Transaktionscode gesteuert:

- Transaktion RSAU_READ_LOG: Auswertung mit Klartext-Benutzernamen
- Transaktion RSAU_READ_LOG_ADM: Pseudonymisierte Auswertung

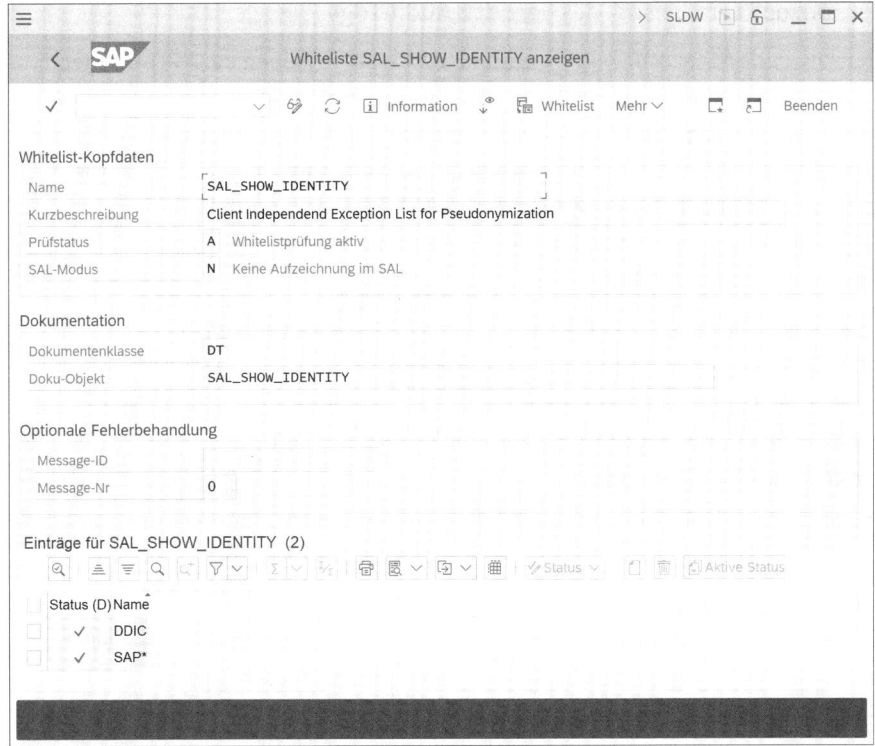

Abbildung 4.6 Pflege der Erlaubnisliste für das SAL

4.1.4 Löschen von Security-Audit-Log-Protokollen

Die im Betriebssystem gespeicherten Dateien des SAL werden nicht von SAP verwaltet. Wird das Auditing zur ständigen Verfolgung von Benutzeraktionen (z. B. für Falschanmeldungen) genutzt, ist eine lückenlose Protokollierung eine Voraussetzung für die Auswertung.

Das SAL legt für jeden Tag eine oder mehrere Dateien an. Mit Transaktion RSAU_ADMIN und dem remotefähigen Funktionsbaustein RSAU_CLEAR_AUDIT_LOG können diese Dateien gelöscht werden. Vor der Aktivierung des Auditings muss festgelegt werden, für welchen Zeitraum eine lückenlose Nachvollziehbarkeit gegeben sein soll.

Die Protokolleinträge in Tabelle RSAU_BUF_DATA können über die Archivierungsfunktionen (Archivierungsobjekt BC_SAL) gelöscht werden, auch ohne vorherige Archivierung. Die Berechtigung zum Löschen der Protokolle darf nur eingeschränkt vergeben werden. Bei Einsatz von SAP Enterprise Threat Detection werden die Protokolle in Echtzeit an SAP Enterprise Threat Detection übertragen und dort automatisiert analysiert. In solchen Fällen stellt die Berechtigung zum Löschen der Protokolle ein geringes Risiko dar.

4.1.5 Konzept zum Einsatz des Security-Audit-Logs

Der Einsatz des SAL erfordert konzeptionelle Vorarbeit. Neben den technischen Einstellungen müssen auch die Voraussetzungen zur Protokollierung, die Verantwortlichkeiten für die Auswertungen, die konkreten Auswertungsszenarien, die Eskalationswege usw. definiert werden. Sollen personifizierte Benutzerkonten protokolliert werden, muss dies von den Anwendern genehmigt und eventuell mit dem Betriebsrat abgestimmt werden. In den folgenden Abschnitten spreche ich die Inhalte an, die Ihr Konzept mindestens abdecken muss.

SAP stellt mit SAP-Hinweis 2676384 eine Best-Practice-Konfiguration des SAL zur Verfügung.

Protokollierung von Standardbenutzern und Benutzern mit umfangreichen Zugriffsrechten

Halten Sie fest, welche Benutzerkonten über das SAL protokolliert werden. Dies können u. a. sein:

- SAP-Standardbenutzer (SAP*, DDIC)
  Hinweis: Den Benutzer SAP* geben Sie im Filter folgendermaßen ein: SAP#*. Das Zeichen # bewirkt, dass der Stern nicht als Wildcard angesehen wird.
- Notfallbenutzer mit SAP_ALL-Berechtigungen
- Firefighter-Benutzer mit umfassenden Berechtigungen
- Supportbenutzer externer Firmen
- anonyme Administrationskonten
- Batchbenutzer mit umfassenden Berechtigungen

Zu den einzelnen Benutzern sollten Sie definieren, welche ihrer Aktionen protokolliert werden sollen. Hier sind eventuell Testläufe erforderlich, um das Protokollvolumen nicht zu groß werden zu lassen. Die Protokollierung aller Aktionen eines Benutzers in allen Mandanten kann zu sehr hohem Protokollaufkommen führen.

Protokollierung von Aktionen aller Benutzer

Definieren Sie die Aktionen, die von allen Benutzern protokolliert werden müssen. Dies ist mit dem Betriebsrat abzustimmen, um sicherzustellen, dass durch die Protokollierung keine Leistungs- und Verhaltenskontrolle durchgeführt werden kann bzw. nicht durchgeführt wird. Für alle Benutzer protokollierte Aktionen können z. B. sein:

- gescheiterte RFC-/CPI-C-Logins
- gescheiterte Aufrufe von RFC-Funktionsbausteinen
- gesperrte Transaktion
- entsperrte Transaktion Download von ## Bytes in eine Datei

- dynamisches ABAP-Coding
- veränderter Feldinhalt (Debugging)
- generischer Tabellenzugriff per RFC
- geänderte Systemänderbarkeit
- geänderte Mandanteneinstellung
- gelöschte Änderungsbelege ohne Archivierung

Achten Sie dabei darauf, möglichst keine Redundanzen zu anderen Protokollen zu erzeugen. So können z. B. über das SAL auch Aktionen protokolliert werden, die bereits durch andere Protokolle abgedeckt sind. Die folgenden Aktionen werden z. B. durch die Benutzeränderungsbelege bereits protokolliert:

- Benutzer angelegt
- Benutzer gelöscht
- Benutzer gesperrt
- Benutzer entsperrt
- Rechte von Benutzer geändert
- Falschanmeldungen, z. B. durch die Eingabe falscher Kennwörter
- Benutzersperrungen wegen Falschanmeldungen
- Aufhebung von Benutzersperrungen wegen Falschanmeldungen

Trotzdem kann es sinnvoll sein, diese Aktionen durch das SAL ebenfalls zu protokollieren, da hier auch die IP-Adresse des Rechners mitangegeben wird, von dem aus die Aktion erfolgt ist. Dabei müssen Sie abwägen, ob diese Information die redundante Protokollierung rechtfertigt.

Protokollierte Systeme

Legen Sie die Systeme fest, die protokolliert werden sollen. Dabei müssen Sie auch definieren, inwieweit Entwicklungs- und Qualitätssicherungssysteme eingebunden werden. Der Umfang der Protokollierung kann dabei von System zu System abweichen, was Sie in diesem Konzept ebenfalls dokumentieren sollten.

Audit-Log-Parameter

Sie sollten außerdem die technische Konfiguration des SAL festlegen, u. a.:

- Das Aufzeichnungsziel (Datenbank, Betriebssystem)
- Anzahl der Filter
- ob eine generische Benutzerselektion möglich ist
- Integritätsschutz
- Anzahl der Audit-Log-Dateien pro Tag

- Größe der Audit-Log-Dateien
- Verzeichnis im Betriebssystem zur Ablage der Log-Dateien
- Maske zur Benennung der Audit-Log-Dateien

Insbesondere für die Festlegung der Größe sind eventuell Tests erforderlich. Welche Quantität an Protokollen tatsächlich anfällt, kann erst über einen längeren Zeitraum ermittelt werden.

Hier sollten Sie auch festlegen, wie lange die Audit-Log-Protokolle aufbewahrt werden sollen. Dies kann nicht über Parameter gesteuert werden, sondern ist organisatorisch festzulegen.

Zuständigkeiten für die protokollierten Benutzer
Die Auswertung des SAL kann zentral oder dezentral erfolgen. Legen Sie dabei fest, welcher Personenkreis für die Auswertung welcher Protokolle zuständig ist.

Auswertungszeiträume
Legen Sie fest, wann welche Auswertungen zu welchen Benutzern erfolgen sollen. Dies kann durchaus variieren. So können Protokolle von Notfallbenutzern z. B. einsatzbezogen ausgewertet werden, Protokolle von Firefighter-Benutzern zeitraumbezogen. Dies kann dann täglich, wöchentlich, monatlich oder quartalsweise erfolgen, je nach Risikoeinschätzung.

Alternativ können Auswertungszeiträume nicht an Benutzern, sondern an Aktionen festgemacht werden. Zum Beispiel können Aktionen wie das Debugging, das Löschen eines Protokolls oder Änderungen an der Systemänderbarkeit in kurzen Zeiträumen überwacht werden, fehlgeschlagene RFC-Aufrufe eventuell längerfristig.

Auswertungen der protokollierten Benutzer
Legen Sie konkrete Szenarien fest, wie die protokollierten Benutzer ausgewertet werden sollen. Dies ist zwingend erforderlich, um die Auswertungen zu optimieren und eventuell zu automatisieren und um die Ergebnisse werten zu können. Im Folgenden führe ich einige Beispiele für Protokollierungsstrategien aus der Praxis an. Ihre eigene Strategie sollten Sie jeweils unternehmensspezifisch abstimmen.

Für die Benutzer DDIC bzw. SAP* sind beispielsweise die folgenden Auswertungen praktikabel:

- Diese Benutzer sollen in den Produktivmandanten nicht für Anmeldungen genutzt werden. Daher steht es hier im Vordergrund zu überprüfen, ob Dialoganmeldungen mit diesen Benutzern stattgefunden haben. Ist dies der Fall, müssen diese Anmeldungen weiteruntersucht werden:

- Wer hat sich mit diesen Benutzern angemeldet (kann nur organisatorisch erfragt werden)?
- Von welcher Workstation aus fand die Anmeldung statt?
- Wurde vorher der Stammsatz des Benutzers SAP* geändert (Zuordnung von Zugriffsrechten, Entsperrung)? Wer hat diese Änderungen durchgeführt? Für diese Auswertung kann der Report RSUSR100N (Änderungsbelege zu Benutzern) genutzt werden.
- Im Falle einer Anmeldung mit DDIC: Wer hat den Benutzertyp dieses Benutzers von **System** auf **Dialog** oder **Service** geändert? Dies kann ebenfalls mit dem Report RSUSR100N ausgewertet werden.
- Welche Aktionen wurden mit diesen Benutzern ausgeführt (Auswertung der Transaktions- und Reportaufrufe der Benutzer)?

- Aktionen, die mit DDIC nicht als Dialogbenutzer (also nach erfolgter Dialoganmeldung) durchgeführt wurden, müssen nicht untersucht werden, da diese batchgesteuert im Hintergrund ausgeführt werden.

Für die Notfallbenutzer- bzw. Firefighter-Benutzer können Sie die folgenden Auswertungen vorsehen:

- Wer hat sich mit diesen Benutzern angemeldet (kann nur organisatorisch erfragt werden)?
- Existiert zu diesen Anmeldungen eine Dokumentation (Ticket)?
- Von welcher Workstation aus fand die Anmeldung statt?
- Welche Aktionen wurden mit diesen Benutzern ausgeführt (Auswertung der Transaktions- und Reportaufrufe der Benutzer)?
- Wurden kritischen Aktionen mit dem Benutzer ausgeführt (Debugging, Protokolllöschung usw.), und wurden diese dokumentiert?

Für alle weiteren Benutzer sollten die folgenden Aktionen ausgewertet werden:

- Downloads aus dem System
- Anmeldungen von Terminals mit ungewöhnlicher Terminal-ID
- Anmeldungen außerhalb der regulären Geschäftszeiten
- Aufrufe der folgenden Transaktionen:
  - SA38, SE38
  - SE16, SE16N, SE16H, SE16S, SE17, SM30, SM31
  - SCC4, SE06
  - gegebenenfalls weitere Transaktionen

- Insbesondere bei Auswertungen von Dialoganmeldungen muss eventuell eine Vielzahl von Einträgen analysiert werden. Daher können diese Einträge gegebenenfalls nur stichprobenartig untersucht werden.

Dokumentation der Ergebnisse

Hier wird festgelegt, wie die Auswertungen zu dokumentieren sind. Mindestens sollten die folgenden Daten dokumentiert werden:

- Datum, Uhrzeit, wer hat kontrolliert?
- Grund (Standardüberprüfung, konkreter Verdacht usw.)
- Was wurde kontrolliert (Standardüberprüfung oder Einzelfallprüfungen)?
- Ergebnis (falls ein auffälliges Ergebnis vorliegt, müssen auch die weiterführenden Untersuchungen und deren Ergebnisse dokumentiert werden)

Legen Sie auch fest, ob die Audit-Log-Ergebnisse bei kritischen Feststellungen abgespeichert werden oder ob die Aufbewahrung der Audit-Logs selbst ausreichend ist.

Eskalationsstufen

Werden kritische Ereignisse festgestellt, muss sichergestellt sein, dass zeitnah Aktionen zur weiteren Überprüfung bzw. Gegenmaßnahmen in die Wege geleitet werden. Dafür sollten Sie in Ihrem Konzept die Meldungswege festlegen, die bei Feststellungen gehalten weren müssen, sowie die Reaktionszeiten.

4.1.6 Zugriffsrechte

Die folgenden Tabellen zeigen Ihnen die Berechtigungen zum Thema Security-Audit-Log. Tabelle 4.3 zeigt die Berechtigungen zum Pflegen der allgemeinen Parameter.

Berechtigungsobjekt	Feld	Wert
S_TCODE	TCD (Transaktion)	RSAU_CONFIG oder SM19
S_SAL	SAL_ACTVT (SAL – Aktivitäten)	EDIT_PARAM
oder		
S_ADMI_FCD	S_ADMI_FCD (Systemadministrationsfunktion)	AUDA

Tabelle 4.3 Berechtigung zum Pflegen der allgemeinen SAL-Parameter

Tabelle 4.4 führt die Berechtigungen zum Pflegen der dynamischen Konfiguration auf.

Berechtigungsobjekt	Feld	Wert
S_TCODE	TCD (Transaktion)	RSAU_CONFIG oder SM19
S_SAL	SAL_ACTVT (SAL – Aktivitäten)	EDIT_CONFD
oder		
S_ADMI_FCD	S_ADMI_FCD (Systemadministrationsfunktion)	AUDA

Tabelle 4.4 Berechtigung zum Pflegen der dynamischen Konfiguration

Tabelle 4.5 zeigt die Berechtigungen zum Pflegen der statischen Konfiguration.

Berechtigungsobjekt	Feld	Wert
S_TCODE	TCD (Transaktion)	RSAU_CONFIG oder SM19
S_SAL	SAL_ACTVT (SAL – Aktivitäten)	EDIT_CONFS
oder		
S_ADMI_FCD	S_ADMI_FCD (Systemadministrationsfunktion)	AUDA

Tabelle 4.5 Berechtigung zum Pflegen der statischen Konfiguration

Tabelle 4.6 zeigt die Berechtigungen zum Auswerten des Protokolls.

Berechtigungsobjekt	Feld	Wert
S_TCODE	TCD (Transaktion)	RSAU_READ_LOG, RSAU_READ_LOG_ADM, SM20, SM20N
S_SAL	SAL_ACTVT (SAL – Aktivitäten)	SHOW_LOG

Tabelle 4.6 Berechtigung zum Auswerten des Security-Audit-Logs

Berechtigungsobjekt	Feld	Wert
oder		
S_SAL_LOG	ACTVT (Aktivität)	03 (Anzeigen)
	RSAU_SCEN (Security-Audit-Log: Zugriffsszenario)	DEFAULT
	RSAU_SID (Security-Audit-Log: System ID)	LOCAL (oder System-ID für das betreffende System)
	RSAU_EVENT (Security-Audit-Log: Ereignis)	<Ereignis-ID>
	RSAU_USER (Benutzername im Benutzerstamm)	<Benutzername>
oder		
S_ADMI_FCD	S_ADMI_FCD (Systemadministrationsfunktion)	AUDD

Tabelle 4.6 Berechtigung zum Auswerten des Security-Audit-Logs (Forts.)

Tabelle 4.7 zeigt die Berechtigung zum Einrichten und Tabelle 4.8 die Berechtigung zum Durchführen der Integritätsprüfung.

Berechtigungsobjekt	Feld	Wert
S_TCODE	TCD (Transaktion)	RSAU_ADMIN
S_SAL	SAL_ACTVT (SAL – Aktivitäten)	INTEG_CONF

Tabelle 4.7 Berechtigung zum Einrichten der Integritätsprüfung

Berechtigungsobjekt	Feld	Wert
S_TCODE	TCD (Transaktion)	RSAU_ADMIN
S_SAL	SAL_ACTVT (SAL – Aktivitäten)	INTEG_CHK

Tabelle 4.8 Berechtigung zum Durchführen der Integritätsprüfung

Tabelle 4.9 zeigt die Berechtigungen, um SAL-Dateien zu löschen.

Berechtigungsobjekt	Feld	Wert
S_TCODE	TCD (Transaktion)	RSAU_ADMIN
S_SAL	SAL_ACTVT (SAL – Aktivitäten)	DELE_LOG_F
oder		
S_ADMI_FCD	S_ADMI_FCD (Systemadministrationsfunktion)	AUDA

Tabelle 4.9 Berechtigung zum Löschen der Security-Audit-Log-Dateien

Tabelle 4.10 zeigt die Berechtigung, um die SAL-Tabelle RSAU_BUF_DATA zu löschen.

Berechtigungsobjekt	Feld	Wert
S_TCODE	TCD (Transaktion)	RSAU_ADMIN
S_SAL	SAL_ACTVT (SAL – Aktivitäten)	DELE_LOG_D, ARCH_REORG

Tabelle 4.10 Berechtigung zum Löschen der Security-Audit-Log-Tabelle RSAU_BUF_DATA

Tabelle 4.11 zeigt die Berechtigung, um SAL-Meldungen zu ändern.

Berechtigungsobjekt	Feld	Wert
S_TCODE	TCD (Transaktion)	SE92
S_DEVELOP	ACTVT (Aktivität)	02 (Ändern)
	DEVCLASS (Paket)	SECU
	OBJTYPE (Objekttyp)	SYAG
	OBJNAME (Objektname)	<ul><li>AU</li><li>BU</li><li>CU</li><li>DU</li><li>EU</li><li>FU</li></ul>

Tabelle 4.11 Berechtigung zum Ändern der Meldungen des Security-Audit-Logs

4.1.7 Checkliste

In Tabelle 4.12 finden Sie die Checkliste mit den prüfungsrelevanten Fragestellungen zum SAL.

Risiko	Fragestellung
	Vorgabe oder Erläuterung
2	Existieren Vorgaben zum Einrichten des Security-Audit-Logs?
	Wird das Auditing verwendet, müssen Vorgaben zur Konfiguration erstellt werden.
	Hier besteht das Risiko, dass das Security-Audit-Log nicht nach Unternehmensanforderungen konfiguriert wird.
2	Wurde das Security-Audit-Log entsprechend den Vorgaben aktiviert?
	Das Auditing muss gemäß den Vorgaben konfiguriert und aktiviert sein.
	Hier besteht das Risiko, dass die geforderten Aktivitäten nicht protokolliert werden.
2	Wird das Auditprotokoll regelmäßig ausgewertet?
	Das Protokoll muss regelmäßig ausgewertet werden.
	Hier besteht das Risiko, dass kritische Einträge im Security-Audit-Log nicht zeitnah erkannt werden.
2	Wird das Auditprotokoll pseudonymisiert ausgewertet?
	Sofern die Anforderung besteht, dass bestimmte Personenkreise bei der Auswertung der Auditprotokolle keine Benutzernamen angezeigt bekommen sollen, kann dies über Transaktion RSAU_READ_LOG_ADM erreicht werden.
	Hier besteht das Risiko, dass gegen datenschutzrechtliche Auflagen verstoßen wird.
3	Für welchen Zeitraum werden die Audit-Log-Dateien aufbewahrt?
	Der Aufbewahrungszeitraum muss festgelegt sein.
	Hier besteht das Risiko, dass die Audit-Log-Dateien vor Ablauf des vereinbarten Aufbewahrungszeitraums gelöscht werden.
2	Ist der Integritätsschutz für die Dateien des Security-Audit-Logs aktiviert?
	Bei der Nutzung des Security-Audit-Logs muss der Integritätsschutz aktiviert werden.
	Hier besteht das Risiko, dass Dateien auf der Betriebssystemebene manipuliert werden.

Tabelle 4.12 Checkliste zum Security-Audit-Log

Risiko	Fragestellung
	Vorgabe oder Erläuterung
2	Wurden die Berechtigungen zum Konfigurieren des Security-Audit-Logs nur eingeschränkt vergeben?
	Die Berechtigungen dürfen nur an SAP-Basisadministratoren oder Notfallbenutzer vergeben werden.
	Hier besteht das Risiko, dass durch die Änderung der Konfiguration nicht die vom Unternehmen geforderten Aktivitäten protokolliert werden.
1	Wurden die Berechtigungen zum Löschen der Protokolleinträge nur eingeschränkt vergeben?
	Die Berechtigungen dürfen nur an SAP-Basisadministratoren oder Notfallbenutzer vergeben werden.
	Hier besteht das Risiko, dass durch das Löschen der Protokolle die vom Unternehmen geforderten Aktivitäten nicht mehr ausgewertet werden können.

Tabelle 4.12 Checkliste zum Security-Audit-Log (Forts.)

Wie Sie die einzelnen Punkte praktisch am SAP-System prüfen können, erfahren Sie in Abschnitt 4.1 des Dokuments **Tiede_Checklisten_Sicherheit_und_Pruefung.pdf**, das Sie im Downloadbereich zu diesem Buch unter *www.sap-press.de/5145* finden.

4.2 Systemprotokollierung

In SAP NetWeaver werden Systemereignisse und -probleme protokolliert. Diese Protokollierung kann nicht deaktiviert werden. Die Kurzbezeichnung für das Systemprotokoll ist *SysLog*. Unter anderem werden hier Schreib- und Lesefehler auf die Datenbank, Laufzeit- oder Syntaxfehler in ABAP-Programmen, fehlgeschlagene Anmeldeversuche von Benutzern und fehlgeschlagene Schreibversuche in ein SAP-Verzeichnis im Betriebssystem protokolliert.

Die Logs werden pro Instanz in einer Textdatei auf der Betriebssystemebene gespeichert. Wo die Datei auf der Betriebssystemebene gespeichert ist, können Sie dem Parameter DIR_LOGGING entnehmen, den Sie mit Transaktion RSPFPAR bzw. dem gleichnamigen Report prüfen können. Unterhalb des in diesem Parameter angegebenen Verzeichnisses befindet sich die SysLog-Datei. Den Namen der Datei können Sie dem Parameter rslg/local/file entnehmen.

Das SysLog wird nicht auf unbegrenzte Zeit vorgehalten. Über den Parameter rslg/max_diskspace/local wird die maximale Dateigröße festgelegt. Ist die maximale Größe erreicht, wird der älteste Eintrag mit dem neuesten Eintrag überschrieben.

Für das SysLog könnten also z. B. die folgenden Parameter festgelegt werden:

- DIR_LOGGING = /usr/sap/IE1/D00/log
- rslg/local/file = /usr/sap/IE1/D00/log/SLOG00
- rslg/max_diskspace/local = 10000000

In diesem Beispiel werden die SysLog-Dateien im Verzeichnis **usr/sap/IE1/D00/log** abgelegt. Die SysLog-Datei trägt den Namen **SLOG00**. Die SysLog-Datei kann maximal 10.000.000 Bytes groß werden.

Für diese Datei müssen Sie die Zugriffsberechtigungen auf der Betriebssystemebene besonders prüfen. Die Anzeige des SysLogs ist generell mandantenunabhängig. Es werden also auch die Meldungen aus allen anderen Mandanten des Systems angezeigt.

Bei Einsatz von SAP Enterprise Threat Detection werden die Protokolle des SysLogs in Echtzeit an dieses Werkzeug übertragen. In diesem Fall werden die Einträge dort analysiert, sodass sich Manipulationen am SysLog nicht im SAP-System auswirken.

4.2.1 Auswertung des SysLogs

Maßgeblich sind die Eintragungen im SysLog als Informationen für die Administration gedacht. Doch auch aus Sicherheitsgründen sollte das Log regelmäßig ausgewertet werden, da hier auch sicherheitsrelevante Angaben protokolliert werden.

Die Auswertung des SysLogs erfolgt mit Transaktion SM21 oder über den Report RSYSLOG. In der Selektionsmaske können Sie die Anzeige des SysLogs eingrenzen (siehe Abbildung 4.7). Über die Felder **Startdatum/-zeit** und **Enddatum/-zeit** legen Sie den Zeitraum fest, über den das SysLog angezeigt werden soll. Der Zeitraum sollte von weiteren Eingrenzungen abhängig sein. Um die Anzeige des SysLogs übersichtlich zu halten, sollten Sie zuerst nur die letzten 24 Stunden auswerten. Je weiter zurück der auszuwertende Zeitraum liegt, desto mehr zusätzliche Eingrenzungen sollten Sie vornehmen.

Über das Feld **Benutzer** können Sie die Auswertung auf die Ereignisse eines bestimmten Benutzers beschränken. Dies kann sinnvoll werden, wenn Sie z. B. fehlgeschlagene Anmeldeversuche auswerten möchten.

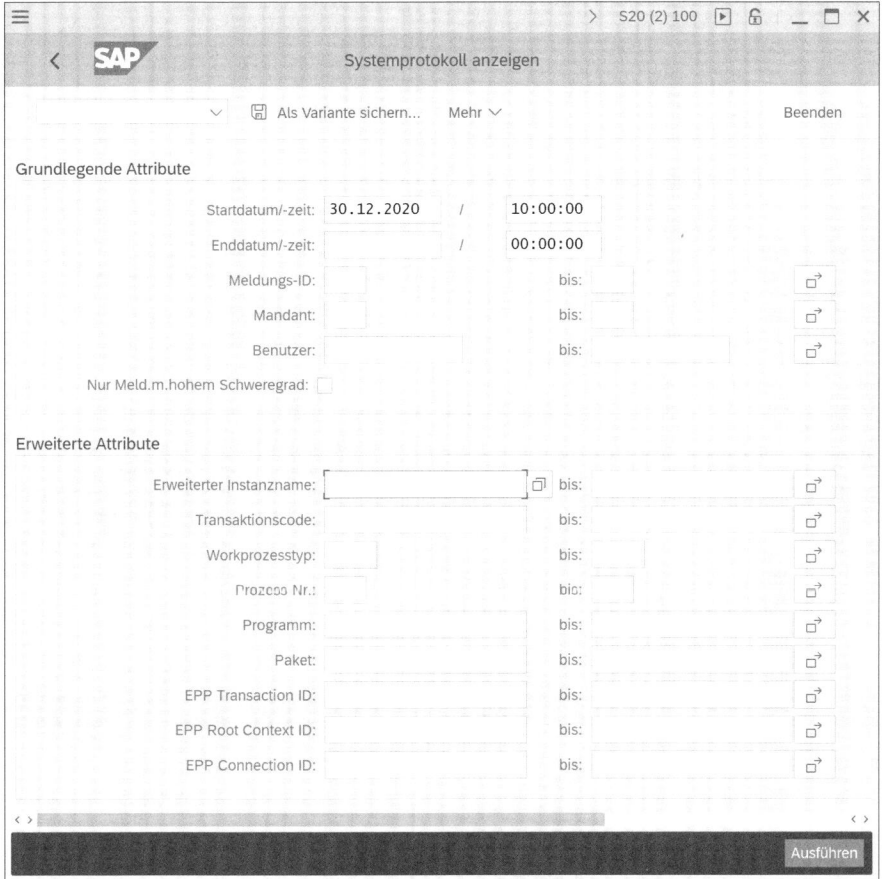

Abbildung 4.7 Selektionsmaske des SysLogs

Im Bereich **Erweiterte Attribute** können Sie weitere Selektionskriterien angeben, wie einzelne Transaktionen und Programme. Besonders relevant ist die Selektion nach der **Meldungs-ID**. Darüber können Sie z. B. nur nach Einträgen zur Nutzung des Debuggers suchen. In Tabelle TSL1D sind die den Meldungen zugeordneten Kategorien gespeichert, in Tabelle TSL1T die Texte zu den Meldungen.

Das SysLog wird tabellarisch wie in Abbildung 4.8 angezeigt. Weitere Informationen zu einzelnen Einträgen werden Ihnen ausgegeben, wenn Sie doppelt auf einen Eintrag klicken. Einen Überblick über die Inhalte erhalten Sie über die Schaltfläche **Statistik anzeigen** (). Im unteren Teil des Fensters wird die SysLog-Statistik angezeigt. Durch einen Doppelklick auf einen Eintrag werden Ihnen die verschiedenen Einträge und deren Anzahl angezeigt.

4 Protokollierungskomponenten

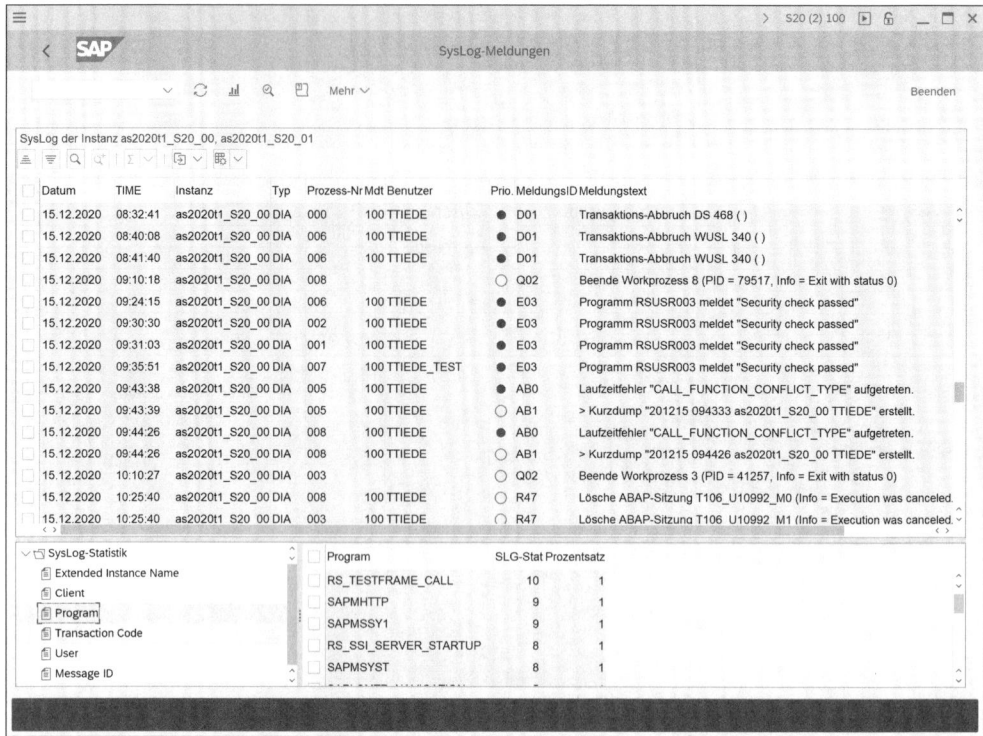

Abbildung 4.8 SysLog auswerten

4.2.2 Meldungen des SysLogs

Tabelle 4.13 zeigt sicherheitsrelevante Meldungen des SysLogs.

Meldungsnr.	Meldungstext
A15	Laufzeitfehler in ABAP-Programmen
A19	Im Debug-Modus wurde ein Feldinhalt geändert.
A14	Zeigt u. a. zu A15 und A19 das Programm und die Zeile an, in denen der Fehler aufgetreten ist.
A18	Das C-Debugging wurde aktiviert.
AB0	Allgemeine Laufzeitfehler
AB1	Ein Kurzdump wurde erstellt.
AB6	Ein Benutzer erzwingt die Neugenerierung aller ABAP-Programme.
BB7	Sortierfolgefehler beim Laden einer Tabelle

Tabelle 4.13 Meldungsnummern des SysLogs

Meldungsnr.	Meldungstext
BB8	Pufferüberlauf beim Laden einer Tabelle
BU1	Kennwortprüfung für einen Benutzer fehlgeschlagen.
BU2	Kennwort eines Benutzers wurde geändert.
BXF	Tabellenprotokollierung in einem Programm von einem Benutzer abgeschaltet.
BYX	Unerlaubter Zugriff auf die Benutzerstammtabelle durch ein Programm
D01	Abbruch einer Transaktion
D12	Fehler beim Erstellen einer Batch-Input-Mappe
D13	Fehler beim Abspielen einer Batch-Input-Mappe
D14–D25	Fehlerbeschreibung zu Meldung D13
D26	Das Abspielen einer Batch-Input-Mappe wurde abgebrochen.
D27	Das Batch-Input-Protokoll kann nicht erzeugt werden.
D28	Fehler beim Erstellen des Batch-Input-Protokolls
E00	Eine neue SysLog-Datei wurde angelegt. Die bis dahin aktuelle Datei wurde gesichert, die bis dahin alte Datei wurde überschrieben.
E03	Programm RSUSR003 meldet "Security check passed".
E0B	Zentrales SysLog wurde verändert.
E0C	Lokales SysLog wurde verändert.
EBF	Aktivierung der Berechtigungsprüfung für einen Benutzer misslungen.
F00	Eine Datenbanktabelle wurde erzeugt.
F04	Eine Datenbanktabelle wurde gelöscht.
F3V	Fehler beim Schreib- oder Lesezugriff auf eine Datei auf Betriebssystemebene
FBN	Der Spool ist voll.
GEW	Berechtigungsprüfung in Transaktion SM12 (Sperrverwaltung) wurde ausgeschaltet.
LC0	Ein logisches Betriebssystemkommando wurde ausgeführt.
LC1	Ein illegales logisches Betriebssystemkommando wurde abgewiesen.

Tabelle 4.13 Meldungsnummern des SysLogs (Forts.)

Meldungsnr.	Meldungstext
Q04	Eine Verbindung zu einem Benutzer wurde abgebrochen. (Hier werden der Benutzername und der Terminalname angegeben.)
Q0L	Verbindungsaufbau zum Message-Server misslungen.
Q0P	Maximale Anzahl erlaubter Terminalanbindungen erreicht.
Q0T	Verbindung zum SAP-Gateway ist gestört.
Q0W	Benutzer &A löscht RFC-Destination &B.
Q19	Der Profilparameter &a&b&c&d wurde im laufenden Betrieb verändert.
R0L	Ein Programm wurde von einem Benutzer manuell in den Debug-Modus versetzt.
R0R	Die Verbuchung wurde nach einem Datenbankfehler deaktiviert.
R0S	Die Verbuchung wurde manuell deaktiviert.
R0T	Die Verbuchung wurde manuell aktiviert.
R0U	Ein Verbuchungsauftrag wurde gelöscht.
R0V	Verbuchungen wurden manuell gestartet.
R0W	Abgebrochene Verbuchungsaufträge wurden nachverbucht.
R0X	Ein Verbuchungsauftrag wurde im Debugging-Modus ausgeführt.
R0Y	Verbuchungsdaten wurden mit Transaktion SM13 angezeigt.
R65	Ein Verbuchungsauftrag ist abgebrochen.
US1	Ein Benutzer wurde aufgrund von Falschanmeldungen gesperrt.
US2	Der Benutzer SAP* wurde gelöscht. (Der Name des Benutzers, der SAP* gelöscht hat, wird mitangegeben.)
US3	Es wurde versucht, sich mit einem gesperrten Benutzer anzumelden.
US4	Die maximale Anzahl von Benutzeranmeldungen wurde erreicht.
US5	Beim Aufbau des Benutzerpuffers für einen Benutzer sind Probleme aufgetreten.
US6	Der Benutzerpuffer für einen Benutzer ist zu klein.
USA	Die SAP-Kennwortverschlüsselung wurde mehrfach aufgerufen.
USC	Die SAP-Kennwortverschlüsselung wurde von einem fremden Programm aufgerufen.

Tabelle 4.13 Meldungsnummern des SysLogs (Forts.)

Die Meldungen des SysLogs sind vorkonfiguriert. So ist zu jeder Meldungsnummer der Beschreibungstext, die Kategorie und der Schweregrad vorgegeben. Diese Informationen können Sie mit Transaktion SE92 bzw. dem Report RSLGAD01_START ändern. In SAP ERP ist hierzu neben den Berechtigungen auch ein Entwicklerschlüssel erforderlich, sowie ein Objektschlüssel, wenn Standardmeldungen geändert werden sollen. In SAP S/4HANA ist nur die Berechtigung erforderlich.

Durch das Ändern der Meldungen können die Auswertungen beeinflusst werden. So kann z. B. eine Meldung des Schweregrads **Rot mit Alert** auf **Grün** herabgesetzt werden. Daher dürfen keine Berechtigungen zum Ändern von Meldungen des SysLogs vergeben werden.

4.2.3 Zugriffsrechte

Die folgenden Tabellen zeigen Ihnen die Berechtigungen rund um das SysLog. Tabelle 4.14 zeigt die Berechtigung zum Ändern von Meldungen.

Berechtigungsobjekt	Feld	Wert
S_TCODE	TCD (Transaktion)	SE92
S_DEVELOP	ACTVT (Aktivität)	02 (Ändern)
	OBJTYPE (Objekttyp)	SYAG

Tabelle 4.14 Berechtigung zum Ändern der Meldungen des SysLogs

Tabelle 4.15 zeigt die Berechtigung zum Anzeigen des SysLogs.

Berechtigungsobjekt	Feld	Wert
S_TCODE	TCD (Transaktion)	SM21
S_ADMI_FCD	S_ADMI_FCD (Systemadministrationsfunktion)	SM21

Tabelle 4.15 Berechtigung zum Anzeigen des SysLogs

4.2.4 Checkliste

In Tabelle 4.16 finden Sie die Checkliste mit den prüfungsrelevanten Fragestellungen zum Systemprotokoll.

Risiko	Fragestellung
	Vorgabe oder Erläuterung
2	Sind sicherheitsrelevante Einträge im SysLog vorhanden?
	Sicherheitsrelevante Einträge (zu definieren in einer Sicherheitsstrategie) sind zu hinterfragen.
	Hier besteht das Risiko, dass sicherheitsrelevanten Einträgen nicht zeitnah nachgegangen wurde.
2	Wird das SysLog regelmäßig auf Sicherheitsmeldungen hin ausgewertet?
	Das SysLog muss täglich auf Sicherheitsmeldungen hin ausgewertet werden.
	Hier besteht das Risiko, dass sicherheitsrelevante Einträge nicht zeitnah erkannt werden.

Tabelle 4.16 Checkliste zum SysLog

Wie Sie die einzelnen Punkte praktisch am SAP-System prüfen können, erfahren Sie in Abschnitt 4.2 des Dokuments **Tiede_Checklisten_Sicherheit_und_Pruefung.pdf**.

4.3 Protokollierung von Tabellenänderungen

SAP bietet die Möglichkeit, Änderungen an Tabellen zu protokollieren. Über die *Tabellenprotokollierung* werden maßgeblich Customizing-Daten aufgezeichnet. Somit kann nachvollzogen werden, welche Benutzer wann in den Tabellen Datensätze verändert, hinzugefügt oder gelöscht haben. Zur Protokollierung von Stamm- und Bewegungsdaten werden die Änderungsbelege genutzt, die ich in Abschnitt 4.4, »Protokollierung über Änderungsbelege«, vorstelle.

Standardmäßig sind in SAP ERP bzw. SAP S/4HANA bereits ca. 50.000 Tabellen zur Protokollierung vorgesehen. Dies sind maßgeblich Customizing-Tabellen, die manuell im Rahmen des Customizings geändert werden können. Hierunter befinden sich auch rechnungslegungsrelevante Tabellen, deren Änderungsprotokollierung gesetzlich vorgeschrieben ist. Customizing-Tabellen gelten als Verfahrensanweisung und sind daher gemäß § 257 HGB zehn Jahre lang aufbewahrungspflichtig. Die Tabellenprotokollierung ist somit ein Muss. Insbesondere sind auch die unternehmenseigenen Tabellen hiervon betroffen. Eigene Tabellen mit rechnungslegungsrelevanten Inhalten müssen ebenso protokolliert werden wie die SAP-Standardtabellen.

Damit die Änderungen einer Tabelle protokolliert werden, sind zwei Voraussetzungen zu erfüllen: Die Protokollierung muss aktiviert, und die Tabelle muss zur Protokollierung vorgesehen sein. Die Protokollsätze werden in Tabelle DBTABLOG gespeichert.

4.3.1 Aktivierung der Tabellenprotokollierung

Standardmäßig werden keine Tabellenänderungen protokolliert. Dies muss explizit aktiviert werden. Die Aktivierung erfolgt über den Systemparameter rec/client (siehe Abbildung 4.9). Der Parameter kann die folgenden Einträge enthalten:

- OFF = Die Protokollierung ist deaktiviert.
- ALL = Die Protokollierung ist für alle Mandanten des Systems aktiviert.
- <Mandantennummer>, [...] = Nur die angegebenen Mandanten (maximal zehn) werden protokolliert.

Alle anderen Einträge (z. B. ON) bedeuten: Die Protokollierung ist deaktiviert.

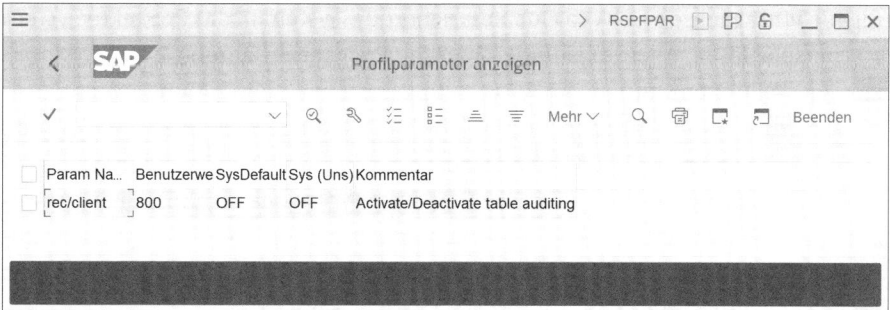

Abbildung 4.9 Der Parameter »rec/client«

Eine Besonderheit stellt die Protokollierung von mandantenunabhängigen Tabellen dar. Änderungen an diesen Tabellen werden in allen Mandanten des Systems protokolliert, sobald mindestens ein einzelner Mandant im Parameter rec/client definiert ist. Damit ist z. B. im Produktivsystem bei der Einstellung rec/client = 100 gesichert, dass Änderungen an mandantenunabhängigen Tabellen in allen Mandanten des Systems protokolliert werden.

Die Tabellenprotokollierung müssen Sie für die einzelnen Systeme eines Transportverbunds folgendermaßen konfigurieren:

- **Produktivsystem**
  - rec/client = ALL
  - rec/client = <Produktivmandant>

  Hier sind grundsätzlich alle Mandanten zu protokollieren, in denen sich produktive Daten befinden. In diesen Mandanten sind alle Änderungen aufzeichnungspflichtig. Auch finden hier reguläre Tabellenänderungen statt (sogenannte laufende Einstellungen), z. B. das Ändern von Buchungsperioden und Umrechnungskursen. Die Änderungen an mandantenunabhängigen Tabellen sind durch diese Einstellung ebenfalls garantiert (unabhängig davon, in welchem Mandanten die Änderungen stattfinden).

Auch die Einstellung rec/client = ALL ist möglich, da in den Mandanten ohne produktive Daten (z. B. Mandant 000, 066) keine Tabellenänderungen stattfinden. Durch diese Einstellung wird das Protokollaufkommen nicht unnötig »aufgebläht«.

- **Qualitätssicherungssystem**
  rec/client = <Keine Vorgabe>

  Aus streng gesetzlicher Sicht müssen Tabellenänderungen im Qualitätssicherungssystem nicht protokolliert werden, da von hier aus keine Änderungen in das Produktivsystem gelangen können. Über das Transportsystem ist es standardmäßig nicht möglich, etwas vom Qualitätssicherungssystem in das Produktivsystem zu transportieren. Allerdings finden hier die Freigabeverfahren für die Customizing-Einstellungen statt, die im Entwicklungssystem eingestellt und in das Qualitätssicherungssystem transportiert wurden. Änderungen an Tabellen könnten somit das Freigabeverfahren beeinflussen. Daher ist es ratsam, auch hier Tabellenänderungen protokollieren zu lassen und diese Protokolle regelmäßig auszuwerten. Da in diesem System generell keine manuellen Tabellenänderungen stattfinden sollen, kann rec/client hier auf den Wert »ALL« gesetzt werden, ohne dass große Speicherplatzprobleme durch die Protokolle entstehen.

- **Entwicklungssystem**
  rec/client = 000, <zzgl. alle Mandanten, von denen aus Transporte möglich sind>

  In diesem System finden die eigentlichen Tabellenänderungen (Customizing) statt. Daher muss die Protokollierung hier aktiviert werden. Diese Protokolle unterliegen auch der Aufbewahrungspflicht gemäß § 257 HGB.

  Es muss mindestens der Mandant 000 protokolliert werden sowie alle Mandanten, von denen aus Transporte technisch möglich sind. Dies ist eine Einstellung in den Mandanteneigenschaften. Sie können diese Einstellung über Transaktion SCC4 bzw. SM30 (Tabelle T000) kontrollieren. Die Eigenschaften eines Mandanten können Sie sich durch einen Doppelklick auf denselben anzeigen lassen. Im Bereich **Änderungen und Transporte für mandantenabhängige Objekte** sind vier Einstellungen möglich. Die detaillierten Beschreibungen zu diesen Einstellungen finden Sie in Abschnitt 2.4.2, »Eigenschaften von Mandanten«; je nach Einstellung muss der Mandant protokolliert werden (siehe Tabelle 4.17).

Einstellung	Protokollierungspflichtig
Änderungen ohne automat. Aufzeichnung	ja
Automatische Aufzeichnung von Änderungen	ja
Keine Änderungen erlaubt	nein
Änderungen ohne autom. Aufz., keine Transporte erlaubt	nein

Tabelle 4.17 Protokollierungspflicht von Mandanten

Unternehmungen mit einem hohen Sicherheitsanspruch sollten im Entwicklungssystem alle Mandanten protokollieren lassen (rec/client = ALL), da die in Tabelle 4.17 genannten Einstellungen natürlich beliebig geändert werden können.

4.3.2 Protokollierung bei Transporten

Durch das Einstellen des Parameters rec/client werden nur Tabellenänderungen protokolliert, die direkt im System stattfinden. Über *Transporte* eingespielte Tabellenänderungen werden nicht protokolliert. Dies kann über das *Transport Management System* (TMS) aktiviert werden. Zu jedem SAP-System können dazu *Transportparameter* konfiguriert werden. Mit diesen Parametern wird das System innerhalb der Transportlandschaft gesteuert. Mit dem Transportparameter RECCLIENT wird festgelegt, ob Tabellenänderungen, die durch Importe ins System eingespielt werden, protokolliert werden sollen. Der Parameter kann dieselben Werte enthalten wie der Systemparameter rec/client:

- OFF: Die Protokollierung ist deaktiviert.
- ALL: Die Protokollierung ist für alle Mandanten des Systems aktiviert.
- <Mandantennummer>, [...]: Nur die angegebenen Mandanten (maximal 10) werden protokolliert.

Die Protokolle werden ebenfalls in Tabelle DBTABLOG gespeichert. Bei der Auswertung der Änderungsprotokolle wird als Änderer allerdings nicht der Benutzer angezeigt, der die Änderung im Entwicklungssystem durchgeführt hat. Stattdessen wird die Nummer des Transportauftrags im Feld **Benutzer** angegeben. In der Detailsicht einzelner Änderungen wird außerdem im Feld **Programm** das Programm R3TRANS und im Feld **Rechner** das Werkzeug R3trans angezeigt (R3trans ist ein Programm der SAP-Installation auf einem Server und wird zum Transport von Daten verwendet). Dies bedeutet, dass hier zwar nachvollzogen werden kann, welche Änderungen vorgenommen wurden, nicht aber, wer sie durchgeführt hat. Aus diesem Grund sollte auch in den Customizing-Mandanten im Entwicklungssystem die Protokollierung aktiviert sein, da nur hierüber der Änderer ermittelt werden kann.

Im Produktivsystem kann der Parameter RECCLIENT auf den Wert »ALL« gesetzt werden. Dabei ist zu beachten, dass dann auch Tabellenänderungen aufgezeichnet werden, die durch Support Packages eingespielt werden. Hierdurch kann die Protokolltabelle DBTABLOG sehr schnell anwachsen. Daher muss insbesondere bei dieser Einstellung ein Archivierungskonzept erstellt werden. Nach der Aktivierung der Protokollparameter müssen die Datenbankadministratoren insbesondere Tabelle DBTABLOG beobachten. Für die Archivierung stellt SAP das Archivierungsobjekt BC_DBLOGS zur Verfügung.

Zur Überprüfung, wie der Parameter RECCLIENT für einzelne Systeme konfiguriert ist, können Sie Transaktion STMS oder STMS_DOM nutzen. Klicken Sie doppelt auf ein System, und wechseln Sie dann auf die Registerkarte **Transporttool**. Wird der Parameter RECCLIENT nicht in der Liste angezeigt, ist er nicht gesetzt. Die Einstellung ist somit »OFF«. Alternativ können Sie den Report RSTMSTPP nutzen, der alle Transportparameter für ein SAP-System anzeigt (siehe Abbildung 4.10). In der Selektionsmaske des Reports müssen Sie den Namen des Systems eintragen, für das Sie die Transportparameter anzeigen möchten.

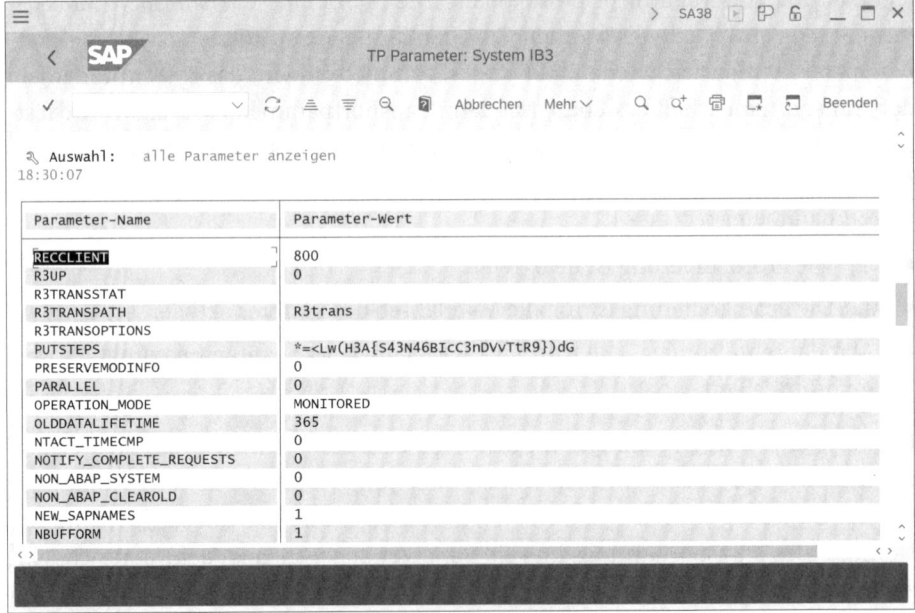

Abbildung 4.10 Die Transportparameter mit Report RSTMSTPP auswerten

4.3.3 Protokollierung der einzelnen Tabellen

Nicht jede Tabellenänderung wird automatisch protokolliert, wenn die Protokollierung über den Systemparameter `rec/client` aktiviert wird. Ob die Änderungen an einer Tabelle protokolliert werden oder nicht, wird in den technischen Eigenschaften der Tabelle eingestellt. Außerdem kann jede Tabelle klassifiziert werden, sodass die Aktivierung der Protokollierung angefordert werden kann. Das Setzen der Protokollierung pro Tabelle kann für jede Tabelle einzeln dokumentiert werden, sodass Gründe für Änderungen dadurch nachvollzogen werden können.

Protokollierungseigenschaft für einzelne Tabellen setzen

Jede Tabelle besitzt die Eigenschaft **Änderungen protokollieren**. Diese Eigenschaft stellen Sie über Transaktion SE13 ein (siehe Abbildung 4.11).

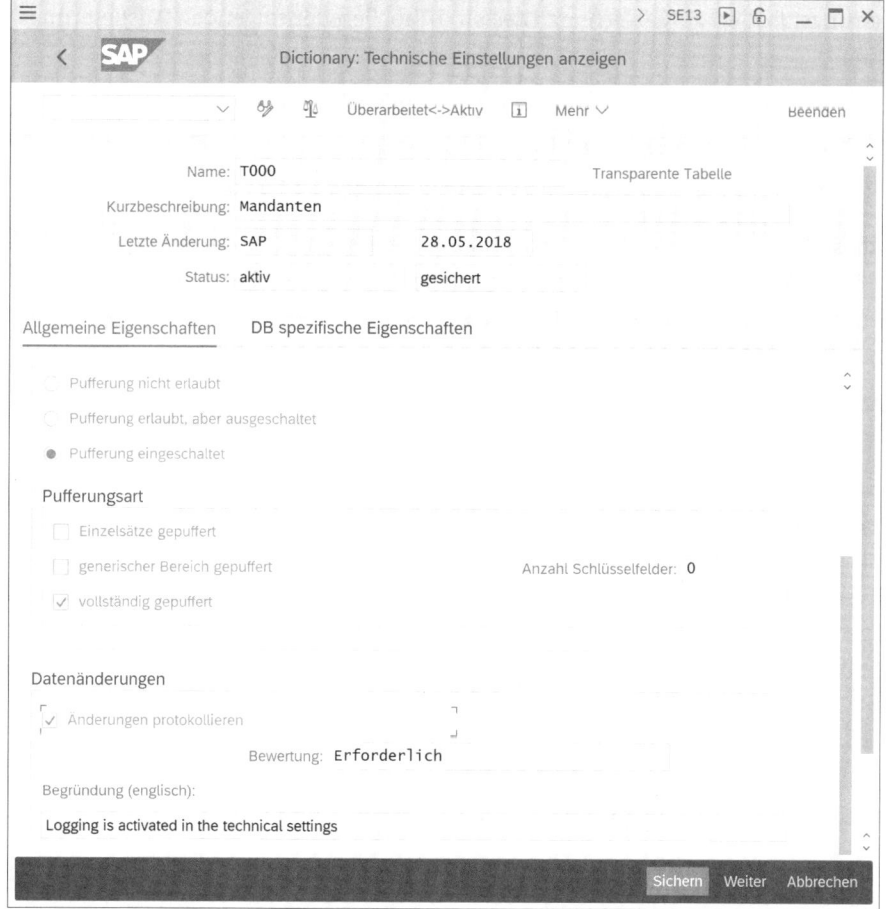

Abbildung 4.11 Transaktion SE13 – Datenänderungen protokollieren

Alternativ können Sie hierzu auch Transaktion RDDPRCHK_AUDIT (Report RDDPRCHK) nutzen, siehe auch SAP-Hinweis 1497672. Auch hier ist die Berechtigung für Transaktion SE13 erforderlich. Der Vorteil von Transaktion RDDPRCHK_AUDIT liegt darin, dass die Tabellen dort in Listenform angezeigt werden. Sie können einen ganzen Bereich markieren und so für mehrere Tabellen gleichzeitig die Protokollierung aktivieren. Nutzen Sie hierfür die Schaltflächen **Protokollflag einschalten und aktivieren** (Protokollflag) und **Protokollflag löschen und Tabelle aktivieren** (Protokollflag). Diese Eigenschaft wird grundsätzlich im Entwicklungssystem gesetzt. Die Änderungen werden in einem Transportauftrag aufgezeichnet und dann ins Produktivsystem transportiert.

Klassifizierungen von Tabellen

Mit der Tabellenprotokollierung werden Änderungen an Customizing- und Systemsteuerungstabellen aufgezeichnet. Dies sind Tabellen der folgenden Auslieferungsklassen:

- C (Customizing-Tabelle, Pflege nur durch Kunden, kein SAP-Import)
- G (Customizing-Tabelle, gegen Update durch SAP geschützt, nur Insert erlaubt)
- E (Steuerungstabelle, SAP und Kunde haben eigene Key-Bereiche)

Für diese Tabellen liefert SAP standardmäßig bereits eine Klassifizierung für die Tabellenprotokollierung aus. Eingesehen und gepflegt werden diese Einstellungen mit den *Classification Browser* (Transaktion SCLAS). Informationen zur Klassifizierung finden Sie in der SAP-Hilfe unter folgendem Link:

https://help.sap.com/viewer/bd833c8355f34e96a6e83096b38bf192/7.5.19/de-DE/43dc9ee3cd616194e10000000a1553f7.html.

Abbildung 4.12 zeigt den Classification Browser mit den Merkmalen **Anforderung für Tabellenprotokollierung** und **Tabellenprotokollierung**. Die Merkmale können mit der Schaltfläche **Merkmal auswählen** ( ) eingeblendet werden. Die Tabellen BKPF und BSEG sind Stammdatentabellen und daher nicht den Auslieferungsklassen C, G oder E zugeordnet. Der Status im Feld **Anforderung für Tabellenprotokollierung** ist daher **Nicht definiert**. Die T00*-Tabellen sind Customizing-Tabellen und der Auslieferungsklasse C zugeordnet. Die Anforderung für die Tabellenprotokollierung ist hier **Erforderlich**. In der Spalte **Tabellenprotokollierung** ist ersichtlich, dass die Protokollierung für diese Tabellen aktiv ist. Für diese Tabellen kann in Transaktion SE13 ein Kommentar zur Protokollierung eingegeben werden, siehe Abbildung 4.13.

4.3 Protokollierung von Tabellenänderungen

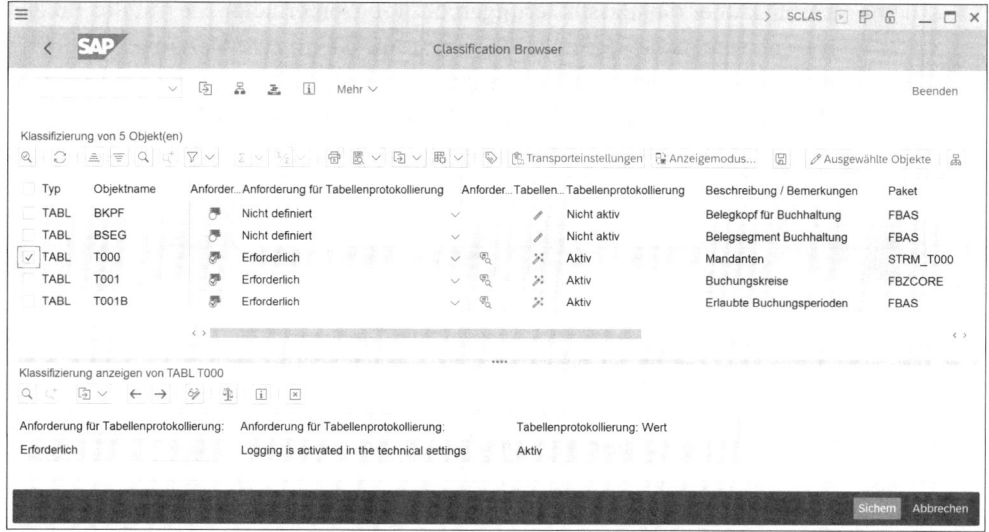

Abbildung 4.12 Classification Browser

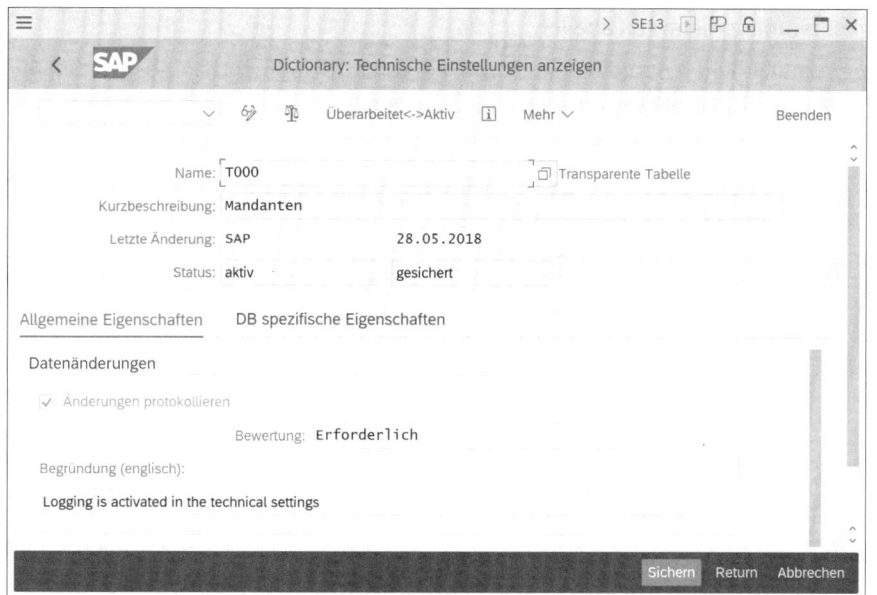

Abbildung 4.13 Transaktion SE13 – Protokollflag

Ein Vorteil dieser Klassifizierung liegt darin, dass die Vorgabe bei Änderungen am Protokollflag geprüft wird. Wird das Protokollflag nicht gemäß der Klassifizierung gesetzt, so wird die Meldung ⚠ Die aktuelle Prokollierungseinstellung weicht von der Empfehlung ab. angezeigt.

Einen Überblick über die Klassifizierungen der Tabellen erhalten Sie mit der Tabelle CLS_ASSIGNMENT. Geben Sie hier in der Selektionsmaske im Feld **Merkmal** (ATTRIBUTE) den Wert TABLE_LOGGING_REQUIREMENT an, um für Tabellen die Vorgaben zur Tabellenprotokollierung anzuzeigen. Im Ergebnis wird im Feld **Attributwert** (VALUE) der Status angegeben, siehe Tabelle 4.18. Im Feld **Kommentar** (REMARK) finden Sie den Kommentar, der zum Protokollflag in Transaktion SE13 angegeben wurde.

Attributwert	Bedeutung
NOT_REQUIRED	Tabellenprotokollierung nicht erforderlich
REQUIRED	Tabellenprotokollierung erforderlich
MAY_BE_REQUIRED	Tabellenprotokollierung abhängig von der Nutzung der Tabelle beim Kunden
UNDEFINED	Status wurde noch nicht definiert.

Tabelle 4.18 Attributwerte zur Tabellenprotokollierung

Protokollierungspflichtige Tabellen

Welche maßgeblichen Standardtabellen protokollierungspflichtig sind, können Sie über SAP-Hinweis 112388 ermitteln (siehe Tabelle 4.19). Da sich dieser auf einen älteren Releasestand bezieht, ist diese Liste allerdings eingeschränkt vollständig.

Tabellen	Tabelleninhalte
T000	Mandanten des Systems
T001*	Buchungskreiseigenschaften
T003*	Belegarten, Vorgangsarten, Auftragsarten
T004*	Kontenpläne
T007*	Steuerschlüssel, Steuerkennzeichen
T008*	Sperrgründe für maschinelle Zahlungen
T012*	Hausbanken
T030	Fixkontentabelle
T033*	Kontenfindung
T042*	Konfiguration Zahlungsprogramm und Zahlwege (außer T042FSL, T042U, T042X)

Tabelle 4.19 Protokollierungspflichtige Tabellen gemäß SAP-Hinweis 112388

4.3 Protokollierung von Tabellenänderungen

Tabellen	Tabelleninhalte
T044A	Methoden der Fremdwährungsbewertung
T044Z	Kontokorrentkonten mit geändertem Mitbuchkonto
T074	Sonderhauptbuchkonten
T077*	Kontengruppen Debitoren, Kreditoren, Sachkonten
T078*	transaktionsabhängige Bildsteuerung Debitoren, Kreditoren, Sachkonten, Werke
T079*	buchungskreisabhängige Bildsteuerung Debitoren (FI und Vertrieb), Kreditoren (FI und Einkauf)
T169*	Konfiguration Rechnungsprüfung (außer T1690)
TACTZ	gültige Aktivitäten pro Berechtigungsobjekt
TADIR	Katalog der Repository-Objekte
TASYS	veraltet; wird nicht mehr genutzt
TBAER	Belegänderungsregeln
TBRG	Liste der Berechtigungsgruppen
TCUR*	Konfiguration der Umrechnungskurse
TDDAT	Zuordnung von Berechtigungsgruppen zu Tabellen
TDEVC	Entwicklungsklassen/Pakete
TSTC	Liste aller Transaktionen
TSYST	veraltet; wird nicht mehr genutzt

Tabelle 4.19 Protokollierungspflichtige Tabellen gemäß SAP-Hinweis 112388 (Forts.)

Auswertung protokollierter/nicht-protokollierter Tabellen

Sie haben verschiedene Möglichkeiten, um sich die protokollierten bzw. nicht-protokollierten Tabellen anzeigen zu lassen:

- **Transaktion RDDPRCHK_AUDIT**
  Welche Tabellen protokolliert bzw. nicht protokolliert werden, können Sie mit Transaktion RDDPRCHK_AUDIT (Report RDDPRCHK) auswerten. In der Spalte **Protokoll** wird das durch ein entsprechendes Symbol angezeigt, ob die Tabelle protokolliert wird ( ) oder nicht ( ). Abbildung 4.14 zeigt die Ausgabe dieses Reports.

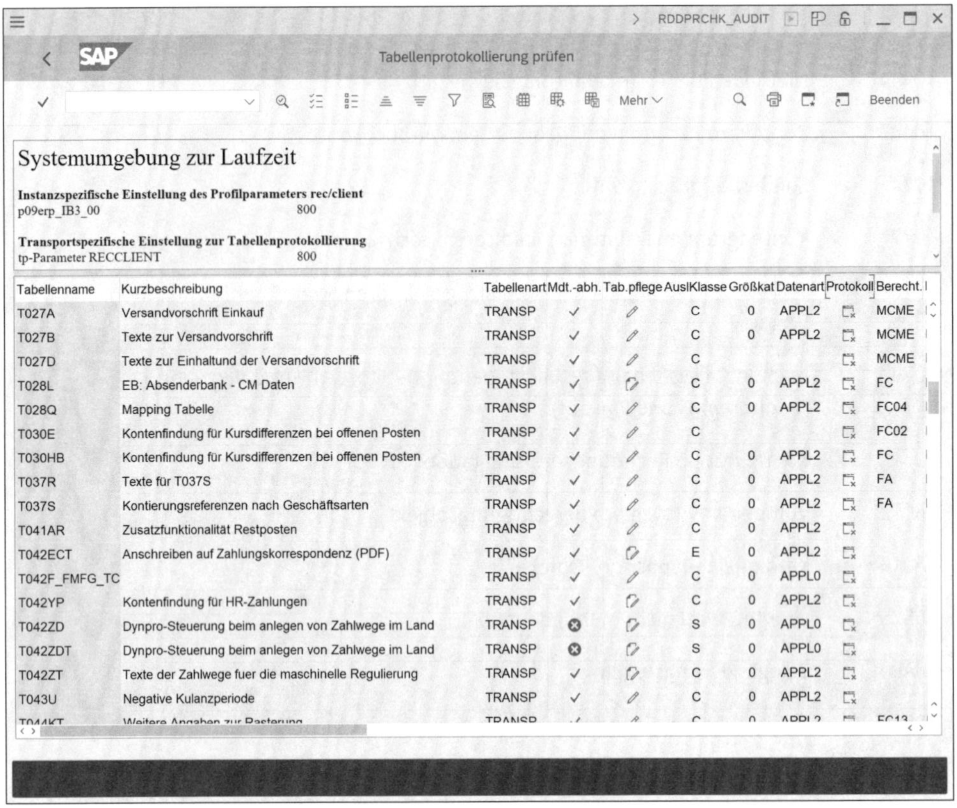

4 Protokollierungskomponenten

Abbildung 4.14 Nicht-protokollierte Tabellen auswerten

- **Tabelle DD09L**
  Alternativ ist die Auswertung auch über Tabelle DD09L möglich. Rufen Sie die Tabelle mit Transaktion SE16 auf. Geben Sie ein »X« in das Feld **Protokoll** ein, um die protokollierten Tabellen anzuzeigen. Zur Anzeige der nicht-protokollierten Tabellen lassen Sie in der Selektionsmaske das Feld **Protokoll** leer und wählen als Selektionskriterium »=« aus.

- **Transaktion SCU3/Report RSTBHIST**
  Hiermit können ausschließlich die protokollierten Tabellen angezeigt werden. Rufen Sie Transaktion SCU3 auf. Klicken Sie dann auf die Schaltfläche **Liste der protokollierten Tabellen**, um den Report RSTBHIST (Liste der protokollierten Tabellen) aufzurufen.

4.3.4 Versionierung der Protokolleigenschaft von Tabellen

Zum Ändern der Protokolleigenschaft von Tabellen ist kein Entwicklerschlüssel erforderlich. Die Berechtigung für diese Aktion ist ausreichend. Änderungen an den

Einstellungen der Protokollierung werden automatisch vom SAP-System protokolliert. Bei jeder Änderung wird eine neue *Version* erzeugt. Die Änderungen werden als Delta zur ursprünglichen Version gespeichert und können jederzeit aufgerufen bzw. verglichen werden.

Sie können sich die Versionen für eine einzelne Tabelle mit Transaktion SE13 anzeigen lassen. Tragen Sie in der Einstiegsmaske der Transaktion den Tabellennamen ein, und klicken Sie auf die Schaltfläche **Anzeigen**. Hier wählen Sie den Menüpfad **Springen • Versionsverwaltung** aus. Um sich eine Version anzeigen zu lassen, markieren Sie diese und klicken auf die Schaltfläche **Anzeigen** (, siehe Abbildung 4.15). Zum Vergleich zweier Versionen markieren Sie beide Versionen und klicken dann auf die Schaltfläche **Vergleichen** ( ).

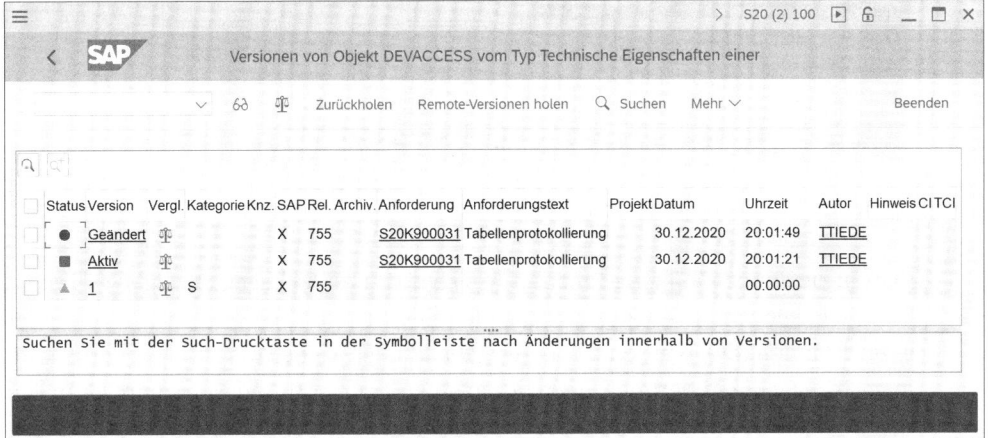

Abbildung 4.15 Versionen anzeigen und vergleichen

Um zu überprüfen, von welchen Tabellen die technischen Eigenschaften geändert wurden, können Sie den Report RSVCDI00 (Versionenanzeiger für alle versionierbaren Objekttypen) nutzen. In der Einstiegsmaske des Reports werden Ihnen alle Objektklassen angezeigt, zu denen automatisch Versionen bei Änderungen erzeugt werden (siehe Abbildung 4.16). Von diesem Report aus können somit alle Versionshistorien aller Objekte angezeigt werden.

Um zu überprüfen, von welchen Tabellen u. a. die Protokollierung aktiviert oder deaktiviert wurde, klicken Sie doppelt auf den Eintrag **Technische Eigenschaften einer Tabelle**. Im darauffolgenden Fenster können Sie die Anzeige auf einzelne Tabellennamen (auch generische Angaben sind möglich, z. B. T*), auf die Auftragsnummern, den Änderer (Autor) oder ein spezielles Datum eingrenzen. Um eine Liste aller geänderten Tabellen zu erhalten, lassen Sie die Selektionsmaske leer.

4 Protokollierungskomponenten

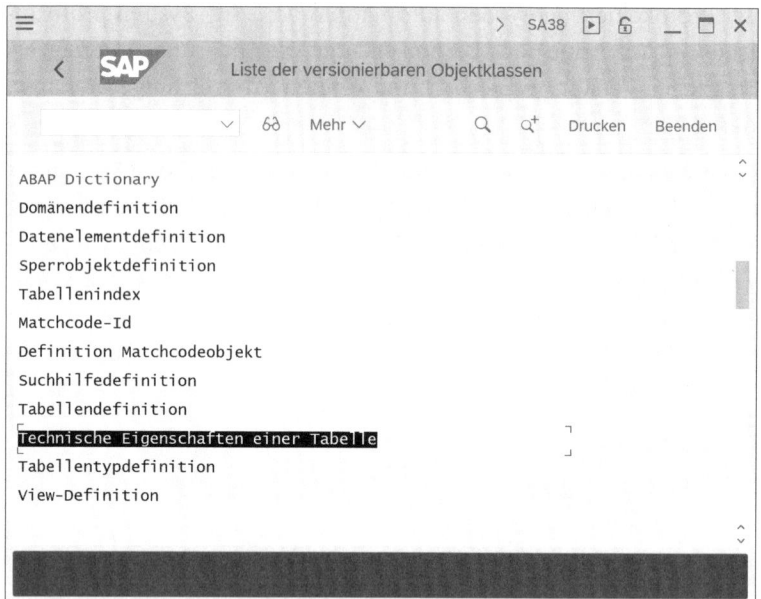

Abbildung 4.16 Liste aller versionierbaren Objekte

Klicken Sie doppelt auf eine Tabelle, um sich deren Änderungen anzeigen zu lassen. Es werden alle Versionen angezeigt. Ist nur eine einzige Version vorhanden (mit der Bezeichnung **aktiv**), wurden an dieser Tabelle noch keine Änderungen vorgenommen. Erfolgte die Änderung jedoch durch einen Transport und werden im aktuellen System keine Versionen durch Importe erzeugt, besteht eine Ausnahme (Transportparameter VERS_AT_IMP, siehe Abschnitt 4.5.3, »Versionserzeugung bei Importen«). In diesem Fall wird die Versionshistorie nur in dem System vorgehalten, in dem die tatsächliche Änderung stattgefunden hat, meistens im Entwicklungssystem.

Klicken Sie auf die Schaltfläche **Anzeigen** (), um sich eine Version anzeigen zu lassen. Um Änderungen an Versionen anzeigen zu lassen, markieren Sie die beiden Versionen, die Sie vergleichen möchten (z. B. die Version **aktiv** und die Version mit der höchsten Versionsnummer, um die letzte Änderung anzuzeigen). Klicken Sie dann auf die Schaltfläche **Vergleichen** (). Die Unterschiede werden nun farblich markiert. Um sich nur die Änderungen anzeigen zu lassen, klicken Sie auf die Schaltfläche **Deltadarstellung**. Abbildung 4.17 zeigt eine Änderung an der Protokolleigenschaft von Tabelle DEVACCESS.

4.3 Protokollierung von Tabellenänderungen

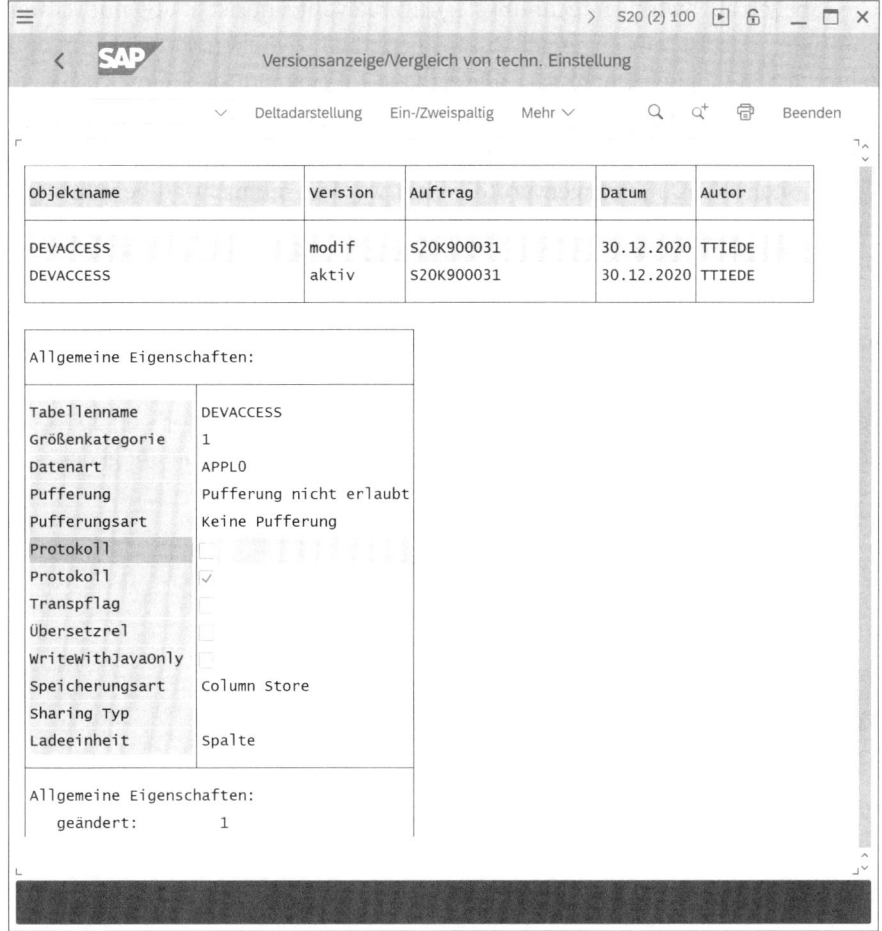

Abbildung 4.17 Änderung an der Protokolleigenschaft einer Tabelle

4.3.5 Protokollierung unternehmenseigener Tabellen

Eine besondere Problematik stellt die Tabellenprotokollierung bei den unternehmenseigenen Tabellen dar. Alle rechnungslegungsrelevanten Tabellen müssen protokolliert werden. Dies sind insbesondere Tabellen mit den folgenden Inhalten:

- Stammdaten
- Bewegungsdaten
- Customizing-Daten
- Systemsteuerungsdaten

Welche Tabellen aber wirklich rechnungslegungsrelevant sind, ist häufig nur schwer zu ermitteln. Das ist nur in enger Zusammenarbeit zwischen Entwicklern und Fachabteilungen möglich. Der Ansatz, alle eigenen Tabellen protokollieren zu lassen, um den gesetzlichen Auflagen zu genügen, ist natürlich machbar. Das Problem dabei ist, dass bei sehr vielen Eigenentwicklungen die Protokolle eventuell »aufgebläht« werden können, also Änderungen protokolliert werden, die nicht aufbewahrungspflichtig sind. In diesem Abschnitt beschreibe ich, wie Sie die Protokollierungspflicht bereits durch technische Merkmale von Tabellen ermitteln können.

Definition unternehmenseigener Tabellen

Bei unternehmenseigenen Tabellen handelt es sich um Tabellen, die im *Kundennamensraum* angelegt wurden. Dies sind nicht nur Tabellen, die mit »Y« oder »Z« beginnen. Die folgenden Namensräume sind für kundeneigene Tabellen möglich:

- CI_*
- H_Y*
- H_Z*
- HRI9*
- HRP9*
- HRT9*
- PA9*
- PB9*
- PS9*
- PT9*
- P9*
- T9*
- Y*
- Z*
- /<Unternehmensnamensraum>/*

Beim letzten Merkmal (/*) handelt es sich um einen Namensraum, der unternehmensspezifisch bei SAP beantragt werden kann. Sollen Eigenentwicklungen, z. B. als Zusatzkomponenten, auch in SAP-Systemen verbundener Unternehmen eingesetzt werden oder wird ein Verkauf dieser Komponenten angestrebt, muss sichergestellt werden, dass alle Tabellen, Programme usw. einen einmaligen Namen besitzen. Dies wird durch den eigenen Namensraum erreicht, der weltweit einmal vergeben wird.

Um sich die Liste aller unternehmenseigenen Tabellen, die nicht protokolliert werden, anzeigen zu lassen, können Sie Tabelle DD09L nutzen. Rufen Sie die Tabelle über Transaktion SE16 bzw. SE16N auf, und geben Sie als Selektionskriterium im Feld **Tabellenname** über die Mehrfachselektion die genannten Namensräume als Werte ein. (Wird ein eigener Namensraum genutzt, geben Sie auch diesen zusätzlich an.) Klicken Sie doppelt in das Feld **Protokoll** (bzw. klicken Sie auf die Schaltfläche **Selektionsoptionen**), und wählen Sie die Selektionsoption »=« aus. Hierdurch werden alle unternehmenseigenen Tabellen angezeigt, die nicht protokolliert werden.

Beurteilungskriterien für die Rechnungslegungsrelevanz unternehmenseigener Tabellen

Im ersten Schritt können Sie bereits erste Tabellen aufgrund des Tabelleninhalts von der Protokollierungspflicht ausschließen. Protokollierungspflichtig sind:

- Tabellen für Stamm- und Bewegungsdaten
- Customizing-Tabellen

Keine Protokollierungspflicht besteht für:

- bereits länger bestehende Tabellen ohne Inhalte (hier ist zu klären, ob sie noch genutzt werden)
- Migrationstabellen, die nach der Migration nicht mehr verwendet werden
- Tabellen zur Ablage temporärer Daten zur Laufzeit
- Tabellen mit duplizierten Daten

Das technische Kriterium für die Protokollierungspflicht ist die Eigenschaft **Änderungsbeleg** in den Datenelementen der Tabellenfelder (siehe Abschnitt 4.4, »Protokollierung über Änderungsbelege«). Generell gilt:

- Ist für Schlüsselfelder die Eigenschaft **Änderungsbelege** markiert, ist die Tabelle protokollierungspflichtig.
- Haben sonstige Felder ein Kennzeichen für Änderungsbelege und ist die Schriftgutart aufbewahrungspflichtig, ist die Tabelle protokollierungspflichtig.

Welche Schriftgutarten welcher Aufbewahrungspflicht unterliegen, recherchieren sie am einfachsten im Internet. Listen mit den Aufbewahrungspflichten sind frei verfügbar.

Vorgehensweise zur Bewertung der Protokollierungspflicht

Nachfolgend sind die einzelnen Schritte zur Beurteilung der Protokollierungspflicht unternehmenseigener Tabellen aufgeführt.

1. Der Fachbereich muss klären, ob die jeweilige Tabelle aus Sicht des Unternehmens protokollierungspflichtig ist oder nicht. Dafür muss der Fachbereich die Inhalte der jeweiligen Tabelle beurteilen. Die Inhalte müssen mit den protokollierungspflichtigen Schriftgutarten abgeglichen werden. Im Fall einer Protokollierungspflicht für eine Tabelle müssen die Änderungsbelege für den Zeitraum archiviert werden, der für diese Datenart vorgeschrieben ist (z. B. Bankauszüge, Bankbelege: zehn Jahre).

2. Sollte die Protokollierungspflicht vom betroffenen Fachbereich aufgrund der Tabelleninhalte nicht beurteilt werden können, müssen Sie die jeweilige Tabelle aufgrund der technischen Eigenschaften bewerten. Im ersten Schritt ermitteln Sie, ob Schlüsselfelder protokollierungspflichtig sind. Rufen Sie dazu Transaktion SE11 auf, und lassen Sie sich die Tabellenfelder anzeigen.

3. Klicken Sie jeweils doppelt auf die Schlüsselfelder (zu erkennen am Haken in Spalte **Key**) in der Spalte **Datenelement**.

4. In den Datenelementeigenschaften wechseln Sie auf die Registerkarte **Zusatzeigenschaften**. Hier finden Sie die Eigenschaft **Änderungsbeleg**. Ist sie mit einem Haken markiert, sind Änderungsbelege für dieses Feld vorgesehen (siehe Abbildung 4.18).

Ist diese Eigenschaft in mindestens einem Schlüsselfeld aktiv, sollte die Tabelle protokolliert werden.

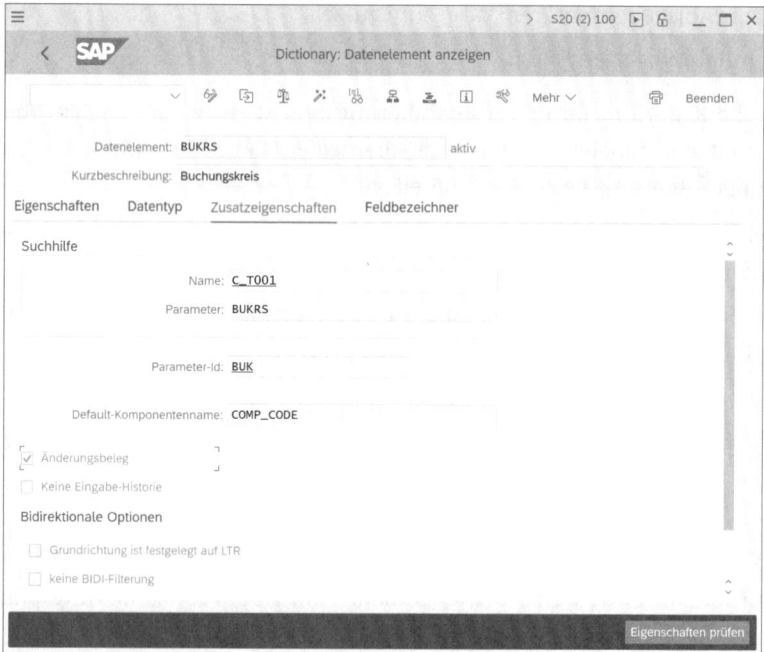

Abbildung 4.18 Die Eigenschaft »Änderungsbeleg« eines Datenelements

5. Sind keine Schlüsselfelder für Änderungsbelege vorgesehen, sollten Sie die weiteren Felder daraufhin untersuchen. Ist eines der Felder für Änderungsbelege vorgesehen, müssen Sie überprüfen, ob dafür aufbewahrungspflichtige Schriftgutarten existieren. Ist das der Fall, sollte die Tabelle ebenfalls protokolliert werden.

6. Für die restlichen Tabellen, in denen kein Feld für Änderungsbelege vorgesehen ist, muss vom Inhalt her beurteilt werden, ob aufbewahrungspflichtige Schriftgutarten betroffen sind.

4.3.6 Auswertung von Tabellenänderungen

Zum Auswerten von Tabellenänderungen stehen Ihnen verschiedene Möglichkeiten zur Verfügung. Vor der Auswertung sollten Sie in jedem Fall die Quantität der Protokolle ermitteln.

Anzahl Tabellenänderungsprotokolle ermitteln

Sie können neben der Gesamtanzahl der Protokolle auch ermitteln, wie viele Protokolleinträge für jede einzelne Tabelle vorhanden sind. Dies gibt einen Überblick darüber, welche Tabellen überhaupt geändert wurden:

1. **Ermittlung der Gesamtanzahl der Protokolleinträge**
   Rufen Sie zur Ermittlung der Anzahl aller Protokolleinträge Transaktion SCU3 auf, und wählen Sie den Menüpfad **Verwaltung • Anzahl Protokolle (gesamt)** aus. Als Ergebnis wird eine Meldung angezeigt, die die Anzahl an Protokollen ausgibt.

2. **Ermittlung der Anzahl an Protokollen pro Tabelle**
   Im nächsten Schritt können Sie sich auch die Anzahl vorhandener Protokolle pro Tabelle anzeigen lassen. Rufen Sie hierzu Transaktion SCU3 auf, und wählen Sie den Menüpfad **Verwaltung • Anzahl Protokolle (selektiv)** aus. (Alternativ führen Sie über Transaktion SA38 den Report RSTBCOUNT aus.)

   Hier können Sie nach Datum und Tabellen eingrenzen. Mit der Option **Tab. ohne Protokoll ausblenden** erreichen Sie, dass nur die Tabellen angezeigt werden, zu denen Protokolle vorhanden sind. Ansonsten werden alle protokollierungspflichtigen Tabellen ausgegeben.

   Da Tabellenänderungsprotokolle in einer mandantenunabhängigen Tabelle gespeichert werden, erfolgt die Zählung systemweit, nicht nur bezogen auf den aktuellen Mandanten. Abbildung 4.19 zeigt das Ergebnis dieses Reports.

4 Protokollierungskomponenten

Tabellenname	Kurzbeschreibung	Anz. Prot.
AGR_USERS	Zuordnung Rollen zu Benutzern	1
AQLQCAT	SAP Query: Querykatalog	13
AQLQSTRUC	SAP Query: Zuordnung Query / Struktur	8
AQLSCAT	SAP Query: Sachgebietskatalog	13
AQLTQ	SAP Query: Texte von Queries	9
AQLTS	SAP Query: Texte von Sachgebieten	2.242
GRFNMWCNAPPRT		11
MARV	Materialverwaltungssatz	128
OBJS	Objekt: Stückliste der Objekte	1
PRGN_CUST	Customizingeinstellungen zum Berechtigungswesen	2
RFCATTRIB	Verwaltungstabelle für RFC-Destinationen	9
RFCCHECK	Tabelle für Administration der asynchronen RFCs	6
RFCDES	Destination-Tabelle fuer Remote Function Call	9
RFCDOC	Beschreibung der möglichen RFC-Verbindungen (->RFCDES)	4
SACF_ALERT	Kollektor für fehlgeschlagene Aufrufe	1
T001	Buchungskreise	4
T001B	Erlaubte Buchungsperioden	7
T030R	Regeln zur Fixkontenfindung	1
T681	Konditionen: Strukturen	1
TADIR	Katalog der Repository-Objekte	2
TCGENV	EHS: Allgemeine Umgebungsparameter	99
TVDIR	View-Directory	3
USREFUS	Referenzuser für Internetanwendungen	3

Abbildung 4.19 Anzahl an Protokollen pro Tabelle

Tabellenänderungsprotokolle auswerten

Zum Auswerten der Tabellenänderungsprotokolle rufen Sie Transaktion SCU3 auf und klicken auf die Schaltfläche **Protokolle auswerten**. (Alternativ führen Sie über Transaktion SA38 den Report RSVTPROT aus oder rufen Transaktion RFTBPROT_BCE_AUDIT auf.) Zur Anzeige der Änderungen an Tabellen können Sie in der Selektionsmaske den Zeitraum sowie die auszuwertende Tabelle angeben. Markieren Sie im Bereich **Auswertung bezüglich** die Option **Tabellen** (siehe Abbildung 4.20). Die Auswertung, ob Tabellen über bestimmte Views geändert wurden, ist ebenfalls möglich. Tragen Sie hierzu den Viewnamen im Feld **Customizing-Objekt/Tabelle** ein, und markieren Sie im Bereich **Auswertung bezüglich** die Option **Customizing-Objekt**.

In der Auswertung wird dargestellt, ob Datensätze hinzugefügt, gelöscht oder geändert wurden. Standardmäßig wird das Ergebnis in Listenform angezeigt. Zur besseren Auswertung markieren Sie in der Selektionsmaske die Ausgabeoption **ALV Grid Anzeige**. Das Ergebnis wird dann tabellarisch angezeigt, wie in Abbildung 4.21 zu sehen. Hier kann allerdings jeweils nur eine Tabelle angezeigt werden, während in der Listenform die Änderungen für alle selektierten Tabellen ausgegeben werden.

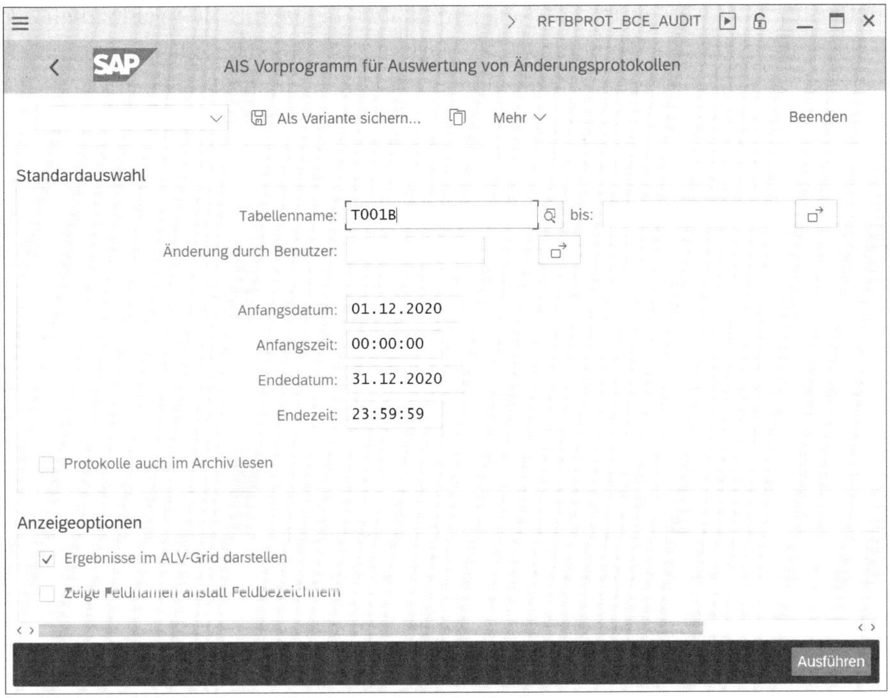

4.3 Protokollierung von Tabellenänderungen

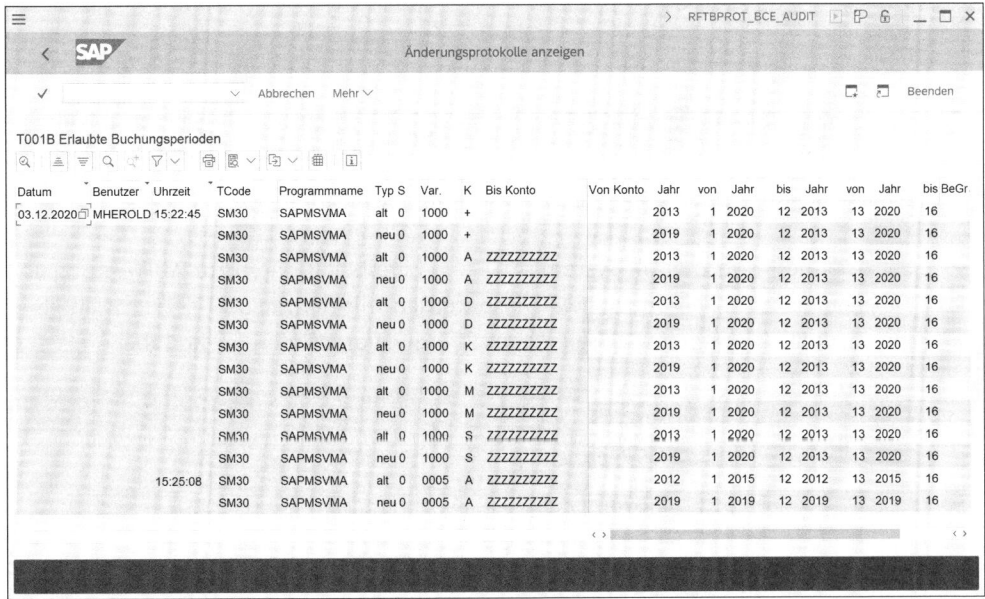

Abbildung 4.20 Selektionsmaske zum Anzeigen von Tabellenänderungen

Abbildung 4.21 Tabellenänderungsprotokolle anzeigen (»ALV Grid Anzeige«)

4 Protokollierungskomponenten

In der Listenform werden im Ergebnis jeweils nur die technischen Feldnamen der Tabellen angezeigt (siehe Abbildung 4.22). Markieren Sie einen Datensatz, und klicken Sie auf die Schaltfläche **Techn. Informationen**. Es werden Ihnen alle Felder der Tabelle, inklusive Beschreibungstexte, angezeigt.

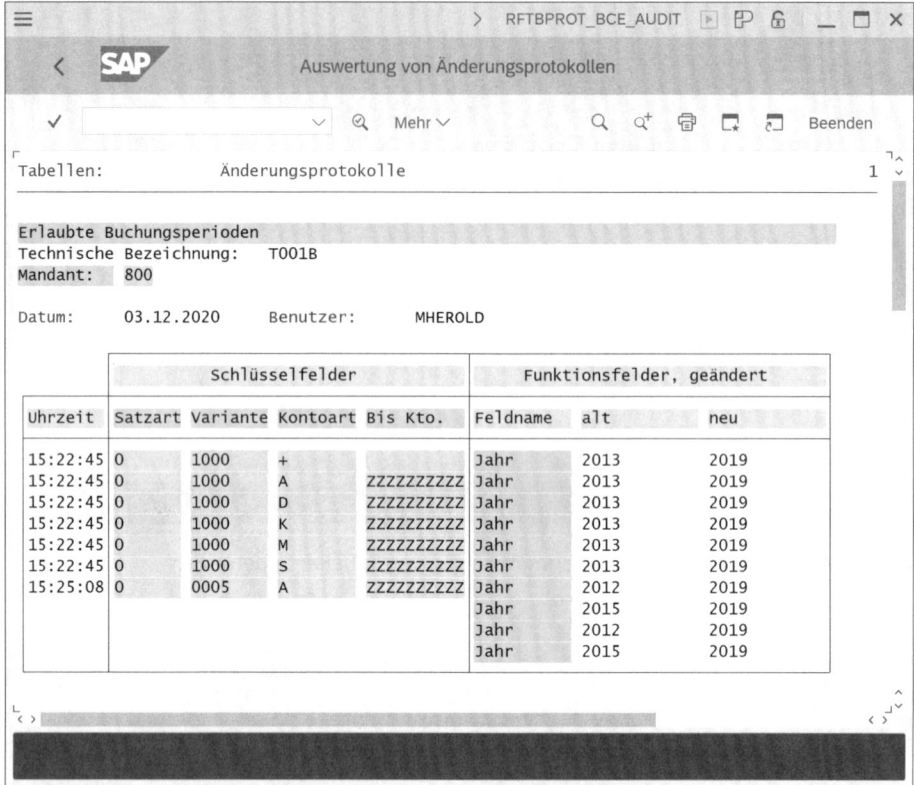

Abbildung 4.22 Tabellenänderungsprotokolle anzeigen (Listenform)

Für das Audit Information System (AIS) sind bereits Varianten zur Auswertung von Tabellenänderungen vorgegeben. Diese werden mit dem Report RFTBPROT aufgerufen. Zu den Varianten sind bereits Transaktionen vordefiniert (siehe Tabelle 4.20).

Variante	Bezeichnung	Transaktion
SAP&AIS_BIL	AIS Bilanzierung	RFTBPROT_BCE_AIS_BIL
SAP&AIS_FIBU	AIS Finanzbuchhaltung	RFTBPROT_BCE_AISFIBU
SAP&AIS_FIN	AIS Finanzen	RFTBPROT_BCE_AIS_FIN
SAP&AUDIT_FIAA	AIS Sachanlagen	S_EB5_05000074

Tabelle 4.20 Varianten zur Auswertung von Tabellenänderungen

4.3 Protokollierung von Tabellenänderungen

Variante	Bezeichnung	Transaktion
SAP&AUDIT_FISL	AIS Spezielle Ledger	S_P6B_12000150
SAP&AUDIT_PCA	AIS Profit-Center-Rechnung	S_P6B_12000131

Tabelle 4.20 Varianten zur Auswertung von Tabellenänderungen (Forts.)

In allen Varianten sind bereits die zugehörigen Tabellen hinterlegt. Um z. B. festzustellen, welche Customizing-Tabellen der Bilanzierung geändert wurden, rufen Sie den Report RFTBPROT auf und führen ihn mit der Variante SAP&AIS_BIL aus. (Alternativ rufen Sie Transaktion RFTBPROT_BCE_AIS_BIL auf.) Es wird dann der Report RSVTPROT mit den vordefinierten Tabellen aufgerufen.

4.3.7 Löschen von Tabellenänderungsprotokollen

Tabellenänderungsprotokolle können unwiderruflich gelöscht werden. Diese Löschung ist im System nicht nachvollziehbar und stellt daher einen besonders kritischen Vorgang dar, der eventuell gegen § 257 HGB verstößt und nur nach dem Vier-Augen-Prinzip durchgeführt werden darf. Generell sollten Tabellenänderungsprotokolle nicht gelöscht, sondern archiviert werden. Hierzu stellt SAP das Archivierungsobjekt BC_DBLOGS zur Verfügung.

Das Löschen von Tabellenänderungsprotokollen ist mit Transaktion SCU3_DEL bzw. dem Report RSTBPDEL möglich (siehe Abbildung 4.23).

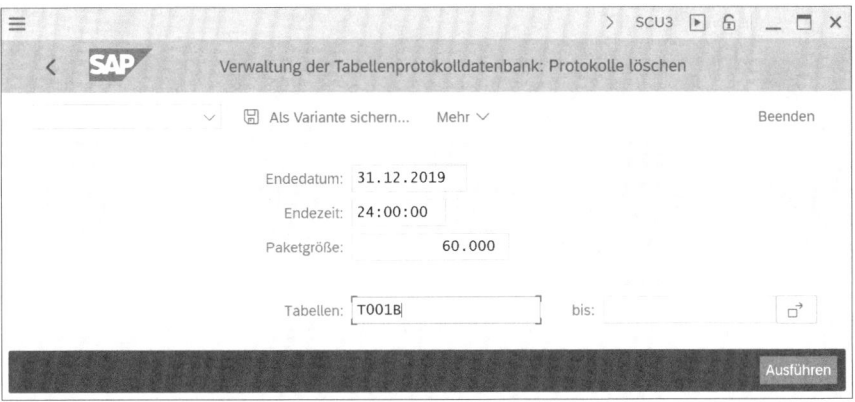

Abbildung 4.23 Tabellenänderungsprotokolle löschen

Dieser Report kann auch mit Transaktion SCU3 über den Menüpfad **Bearbeiten • Protokolle • Löschen** aufgerufen werden. Das Löschen von Tabellenänderungsprotokollen erfolgt grundsätzlich mandantenübergreifend. Würden z. B. im Produktivsystem im Mandanten 000 die Änderungsprotokolle zu Tabelle T001B (Buchungsperioden) gelöscht, würden diese Protokolle aus allen Mandanten gelöscht, auch aus dem Produktivmandanten. Daher ist das Zugriffsrecht zum Löschen dieser Tabellenänderungsprotokolle in allen Mandanten als äußerst kritisch anzusehen. Es gehört zu den gesetzeskritischen Berechtigungen und sollte in einem Produktivsystem außer einem Notfallbenutzer niemandem zugeordnet werden.

Im Quelltext des Reports RSTBPDEL wird explizit die Berechtigung für Transaktion SCU3 geprüft. Diese Transaktionsberechtigung ist somit auf jeden Fall erforderlich. Des Weiteren wird die Änderungsberechtigung für Tabelle DBTABLOG geprüft (siehe Tabelle 4.25 im folgenden Abschnitt).

4.3.8 Zugriffsrechte

Die folgenden Tabellen zeigen Ihnen die Berechtigungen zur Tabellenprotokollierung. Tabelle 4.21 enthält die Berechtigung, um den Systemparameter rec/client zu ändern.

Berechtigungsobjekt	Feld	Wert
S_TCODE	TCD (Transaktion)	RZ10
S_RZL_ADM	ACTVT (Aktivität)	01 (Anlegen)

Tabelle 4.21 Berechtigung zum Ändern des Parameters »rec/client«

In Tabelle 4.22 sehen Sie die Berechtigung, um den Transportparameter RECCLIENT zu ändern.

Berechtigungsobjekt	Feld	Wert
S_TCODE	TCD (Transaktion)	STMS oder STMS_DOM
S_CTS_ADMI oder S_CTS_SADM	CTS_ADMFCT (Administrationsaufgaben)	TABL
S_RFC	ACTVT (Aktivität)	16 (Ausführen)
	RFC_NAME	TMSC
	RFC_TYPE	FUGR

Tabelle 4.22 Berechtigung zum Ändern des Parameters »RECCLIENT«

Berechtigungsobjekt	Feld	Wert
S_DATASET	ACTVT (Aktivität)	▪ 33 (Lesen) ▪ 34 (Schreiben)
	PROGRAM (Programm)	SAPLSTPP

Tabelle 4.22 Berechtigung zum Ändern des Parameters »RECCLIENT« (Forts.)

Tabelle 4.23 zeigt die Berechtigung zur Änderung der Klassifizierung für Tabellen.

Berechtigungsobjekt	Feld	Wert
S_TCODE	TCD (Transaktion)	SCLAS
S_DEVELOP	ACTVT (Aktivität)	02 (Ändern)
	OBJTYPE (Objekttyp)	AVAS (Klassifizierung)
	OBJNAME (Objektname)	Name einer Tabelle
	DEVCLASS (Objektname)	Paket der zu pflegenden Tabelle

Tabelle 4.23 Berechtigung für den Classification Browser

Tabelle 4.24 zeigt die Berechtigung zum Aktivieren/Deaktivieren der Protokollierungseigenschaft von Tabellen.

Berechtigungsobjekt	Feld	Wert
S_TCODE	TCD (Transaktion)	SE13
S_DEVELOP	ACTVT (Aktivität)	02 (Ändern)
	OBJTYPE (Objekttyp)	TABT
	OBJNAME (Objektname)	Name einer Tabelle

Tabelle 4.24 Berechtigung zum Ändern der Protokollierungseigenschaft von Tabellen

Tabelle 4.25 zeigt die kritische Berechtigung zum Löschen von Tabellenänderungsprotokollen.

Berechtigungsobjekt	Feld	Wert
S_TCODE	TCD (Transaktion)	SCU3_DEL
S_TABU_CLI	CLIIDMAINT (Kennzeichen)	X
S_TABU_DIS	ACTVT (Aktivität)	02 (Ändern)
	DICBERCLS (Berechtigungsgruppe)	SA oder &NC& (Berechtigungsgruppe ist über Tabelle TDDAT zu ermitteln)
oder		
S_TCODE	TCD (Transaktion)	SCU3_DEL
S_TABU_CLI	CLIIDMAINT (Kennzeichen)	X
S_TABU_NAM	ACTVT (Aktivität)	02 (Ändern)
	TABLE (Tabelle)	DBTABLOG

Tabelle 4.25 Berechtigung zum Löschen von Tabellenänderungsprotokollen

4.3.9 Checkliste

In Tabelle 4.26 finden Sie die Checkliste mit den prüfungsrelevanten Fragestellungen zur Tabellenprotokollierung.

Risiko	Fragestellung
	Vorgabe oder Erläuterung
1	Wurde die Tabellenprotokollierung für das Produktivsystem aktiviert (Systemparameter rec/client)?
	Die Protokollierung muss für den Produktivmandanten aktiviert werden. Hier besteht das Risiko, dass Änderungen an rechnungslegungsrelevanten Tabellen nicht protokolliert werden und somit gegen § 257 HGB verstoßen wird.

Tabelle 4.26 Checkliste zur Tabellenprotokollierung

4.3 Protokollierung von Tabellenänderungen

Risiko	Fragestellung
	Vorgabe oder Erläuterung
1	Wurde für das Produktivsystem die Protokollierung für Importe von Tabelleninhalten aktiviert?
	Die Protokollierung für Importe von Tabelleninhalten muss aktiviert werden.
	Hier besteht das Risiko, dass Tabellenänderungen über Transporte eingespielt werden, die nicht über Protokolle nachzuvollziehen sind.
3	Wurde die Tabellenprotokollierung für das Qualitätssicherungssystem aktiviert (Systemparameter `rec/client`)?
	Die Protokollierung für das Qualitätssicherungssystem sollte aktiviert werden.
	Hier besteht das Risiko, dass das Freigabeverfahren durch nicht nachvollziehbare Tabellenänderungen beeinflusst wird.
1	Von welchen Mandanten im Entwicklungssystem sind Transporte möglich?
	Transporte dürfen nur von den Customizing- und Entwicklungsmandanten aus möglich sein.
	Hier besteht das Risiko, dass auch von Testmandanten oder »Spielmandanten« aus Transporte angestoßen werden können und diese Daten bis ins Produktivsystem durchtransportiert werden.
1	Wurde die Tabellenprotokollierung für das Entwicklungssystem aktiviert (Systemparameter `rec/client`)?
	Die Protokollierung muss für das Entwicklungssystem für alle Mandanten aktiviert werden, von denen aus Transporte möglich sind, sowie für den Mandanten 000.
	Hier besteht das Risiko, dass Customizing-Einstellungen nicht aufgezeichnet werden, dadurch nicht nachvollziehbar sind und durch die fehlende Protokollierung gegen § 257 HGB verstoßen wird.
1	Werden rechnungslegungsrelevante SAP-Standardtabellen protokolliert (SAP-Hinweis 112388)?
	Alle rechnungslegungsrelevanten Tabellen sind zu protokollieren.
	Hier besteht das Risiko, dass nicht alle rechnungslegungsrelevanten Einträge protokolliert werden und dadurch gegen § 257 HGB verstoßen wird.

Tabelle 4.26 Checkliste zur Tabellenprotokollierung (Forts.)

Risiko	Fragestellung
	Vorgabe oder Erläuterung
1	Werden selbst erstellte Tabellen, die rechnungslegungsrelevant sind, protokolliert?
	Selbst erstellte Tabellen müssen auf ihre Rechnungslegungsrelevanz hin untersucht und entsprechend protokolliert werden. Hier besteht das Risiko, dass nicht alle rechnungslegungsrelevanten Einträge protokolliert werden und dadurch gegen § 257 HGB verstoßen wird.
1	Wer besitzt das Zugriffsrecht zum Löschen der Tabellenänderungsprotokolle im Produktivsystem?
	Dieses Zugriffsrecht darf nur nach dem Vier-Augen-Prinzip eingesetzt werden. Hier besteht das Risiko, dass Protokolle, die der Aufbewahrungspflicht unterliegen, unwiderruflich und nicht nachvollziehbar gelöscht werden.
1	Wer besitzt das Zugriffsrecht zum Ändern der Protokollierungsoption für Tabellen im Produktivsystem?
	Dieses Zugriffsrecht darf nur nach dem Vier-Augen-Prinzip eingesetzt werden. Hier besteht das Risiko, dass nicht alle rechnungslegungsrelevanten Einträge protokolliert werden und dadurch gegen § 257 HGB verstoßen wird.

Tabelle 4.26 Checkliste zur Tabellenprotokollierung (Forts.)

Wie Sie die einzelnen Punkte praktisch am SAP-System prüfen können, erfahren Sie in Abschnitt 4.3 des Dokuments **Tiede_Checklisten_Sicherheit_und_Pruefung.pdf**.

4.4 Protokollierung über Änderungsbelege

Änderungen an betriebswirtschaftlichen Daten (Stammdaten oder Belegdaten) werden im SAP-System durch *Änderungsbelege* protokolliert. Die Protokollierung wird über sogenannte *Änderungsbelegobjekte* gesteuert. In solchen Objekten werden die Tabellen angegeben, die protokolliert werden. Die Objekte werden über Transaktion SCDO verwaltet.

Es sind ca. 1.800 Änderungsbelegobjekte in einem SAP-ERP-System vordefiniert. Zu jedem Änderungsbelegobjekt sind Tabellen definiert, für die Änderungsbelege geschrieben werden sollen. Tabelle 4.27 zeigt exemplarische Änderungsbelege mit eini-

4.4 Protokollierung über Änderungsbelege

gen zugeordneten Tabellen. Beispielsweise enthält das Änderungsbelegobjekt BELEG die Tabellen, in denen Buchhaltungsbelege gespeichert werden. Änderungen an diesen Tabellen sind gemäß § 257 HGB aufzeichnungspflichtig; daher sind diese und viele andere Tabellen bereits zur Protokollierung vordefiniert.

Änderungsbelegobjekt	Tabellen (Auszug)
BELEG (Buchhaltungsbelege)	- BSED - BSEG - BSET
KRED (Kreditorenstammdaten)	- LFA1 - LFB1 - LFBK - LFM1
MATERIAL (Materialstammsatz)	- MARA - MARC - MARD - MBEW

Tabelle 4.27 Änderungsbelegobjekte mit Tabellen

Gespeichert werden die Änderungsbelegobjekte in Tabelle TCDOB (die Texte zu den Änderungsbelegobjekten in Tabelle TCDOBT). Hier werden die dem Änderungsbelegobjekt zugeordneten Tabellen angezeigt; daher können Sie diese Tabelle zur Auswertung nutzen.

Allerdings werden in diesen Tabellen nicht, wie über die Tabellenprotokollierung, alle Änderungen in jedem Feld automatisch aufgezeichnet. Stattdessen muss für jedes einzelne Feld der Tabellen festgelegt werden, ob Änderungen innerhalb des Felds protokolliert werden sollen. In Tabelle BSEG, in der die Daten der Belegpositionen von Buchhaltungsbelegen gespeichert werden, sind Felder wie **Buchungskreis**, **Buchungsschlüssel** und **Betrag** zur Protokollierung vorgesehen, die Felder **Faktura** oder **Verkaufsbeleg** nicht.

Welche Felder protokolliert werden sollen, legen Sie über Transaktion SE11 (ABAP Dictionary) fest. Hier werden die einzelnen Felder der Tabellen angezeigt. Durch einen Doppelklick auf ein Feld in der Spalte **Feldtyp** werden Ihnen die technischen Einstellungen des Datenelements angezeigt. Hier findet sich die Eigenschaft **Änderungsbeleg**, über die Sie die Protokollierung des Felds festlegen können (siehe Abbildung 4.24).

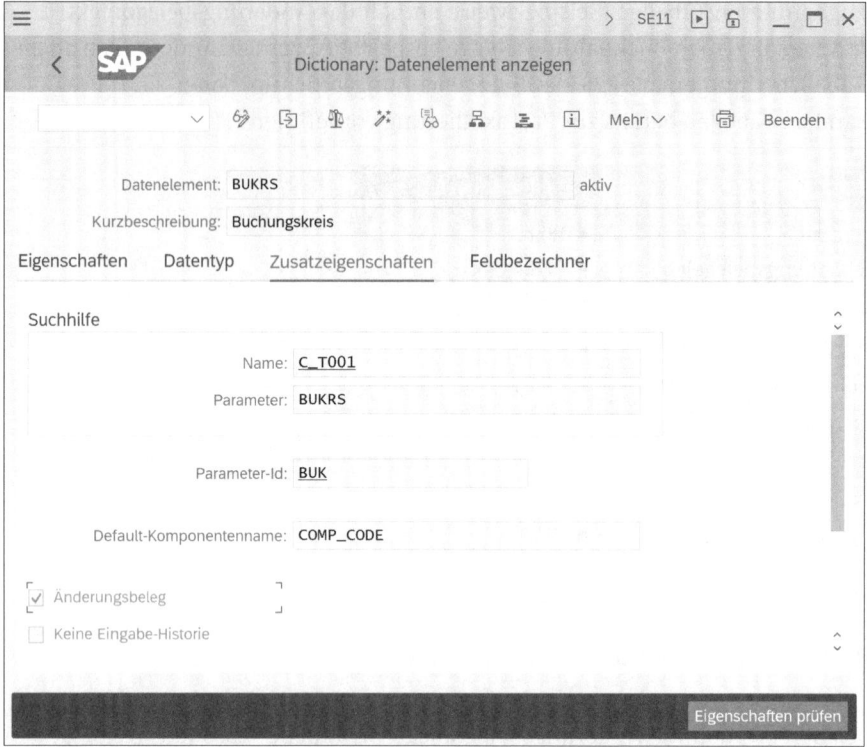

Abbildung 4.24 Eigenschaft »Änderungsbeleg« eines Datenelements

Bevor die Protokollierung stattfinden kann, müssen die Änderungsbelegobjekte generiert werden. Bei der Generierung wird ein neuer ABAP-Funktionsbaustein angelegt. Dieser Funktionsbaustein enthält den Quelltext, der die Protokollierung der Daten übernimmt. Der Aufruf dieses Funktionsbausteins muss nun in die Programme implementiert werden, die die Tabellen ändern können. Für die von SAP ausgelieferten Änderungsbelegobjekte sind diese Aufrufe in den Programmen bereits eingepflegt.

Welcher Funktionsbaustein für die Protokollierung eines Änderungsbelegobjekts genutzt wird, können Sie über die Schaltfläche **Generierungsinfo** in Transaktion SCDO feststellen. Abbildung 4.25 zeigt einen Ausschnitt aus dem Funktionsbaustein zur Protokollierung des Änderungsbelegobjekts BELEG.

4.4 Protokollierung über Änderungsbelege

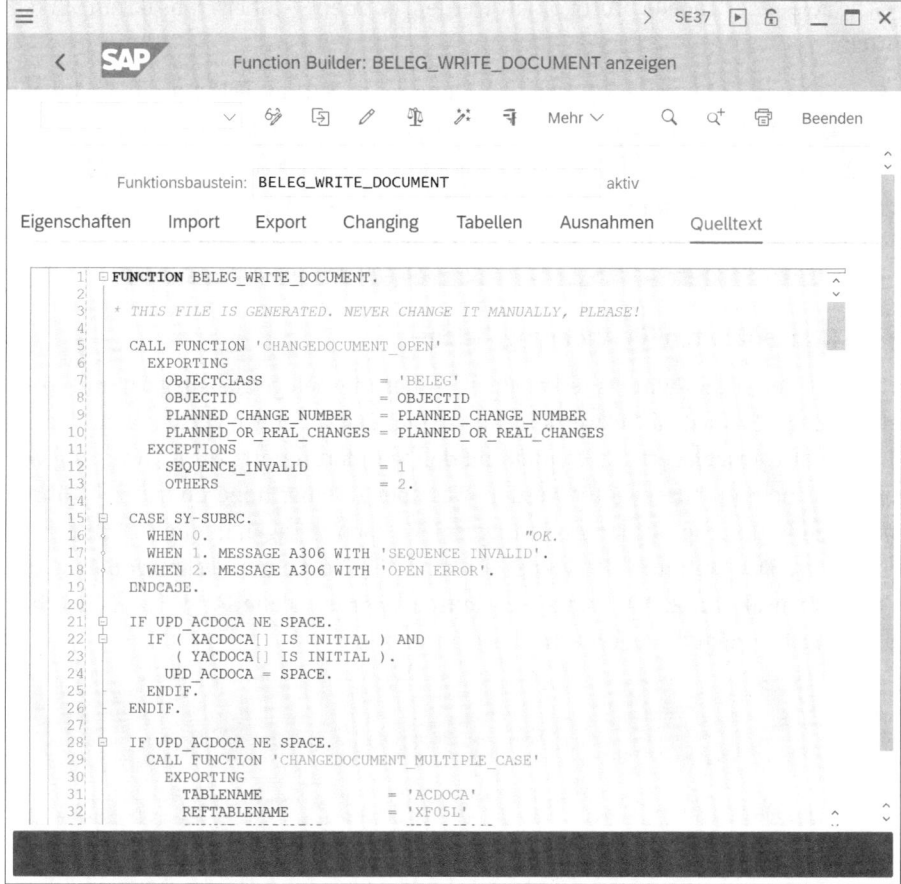

Abbildung 4.25 Funktionsbaustein BELEG_WRITE_DOCUMENT

4.4.1 Suchen von über Änderungsbelege protokollierten Tabellen

Eine häufig gestellte Frage ist, ob bestimmte Tabellen über Änderungsbelege protokolliert werden, oder ob sie eventuell in die Tabellenprotokollierung mitaufgenommen werden sollten. Dies ist insbesondere bei unternehmenseigenen Tabellen der Fall. Über Tabelle TCDOB können Sie ermitteln, welche Tabellen über Änderungsbelege protokolliert werden:

1. Rufen Sie Transaktion SE16 auf, und geben Sie als Tabellenname »TCDOB« ein.
2. In der Selektionsmaske geben Sie im Feld TABNAME (**Tabellenname**) den Namen der Tabelle ein, die Sie suchen.
3. Als Ergebnis wird Ihnen nun angezeigt, über welche Änderungsbelegobjekte diese Tabelle protokolliert wird.

307

Welche Felder der Tabelle protokolliert werden, können Sie über Transaktion SE11 ermitteln:

1. Geben Sie in der Einstiegsmaske von Transaktion SE11 im Feld **Datenbanktabelle** den Tabellennamen ein, und lassen Sie sich die Tabelle anzeigen.
2. In der Liste der Felder können Sie sich für jedes Feld die Datenelementeigenschaften in der Spalte **Feldtyp** anzeigen lassen, indem Sie doppelt daraufklicken. Das Feld **Änderungsbeleg** finden Sie auf der Registerkarte **Zusatzeigenschaften**.

4.4.2 Residenzzeiten für Änderungsbelege

Bei aktiviertem Data Aging ist es möglich, Änderungsbelege auszulagern und trotzdem im Zugriff zu haben. Sie werden dann in den COLD-Bereich verschoben, also auf die Festplatte ausgelagert. Sie können mit den Standardreports zur Auswertung von Änderungsbelegen ausgewertet werden, was aber zu einer höheren Laufzeit führen kann. Standardmäßig werden Änderungsbelege nach 14 Tagen in den COLD-Bereich verschoben. Der Zeitraum (Residenzzeit) kann für die Änderungsbelegobjekte einzeln mit Transaktion SCDO_DAAG_RES definiert werden, siehe SAP-Hinweis 2232583. Abbildung 4.26 zeigt die Oberfläche der Transaktion.

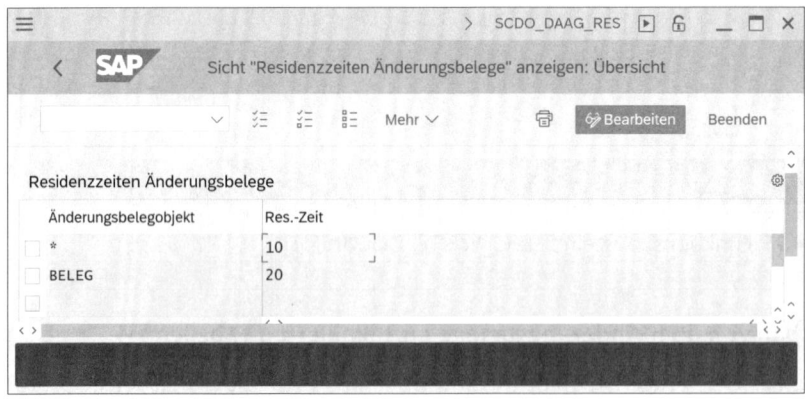

Abbildung 4.26 Transaktion SCDO_DAAG_RES

Die Residenzzeit kann für alle Tabellen gesetzt werden, indem im Feld **Änderungsbelegobjekt** das Zeichen »*« eingetragen wird. Wird eine Residenzzeit für einzelne Änderungsbelegobjekte angegeben, ist diese höherwertig als die für alle Änderungsbelegobjekte angegebene. Der Wert 0 als Residenzzeit bedeutet, dass die Änderungsbelege nie in den COLD-Bereich verschoben werden.

Zur Prüfung, ob für Änderungsbelegobjekte Residenzzeiten angegeben wurden, nutzen Sie die Tabelle CDDAAG_RESID (Residenzzeiten Änderungsbelege).

4.4.3 Auswertung der Änderungsbelege

Sie können die Änderungsbelege direkt über die Tabellen auswerten, in denen sie gespeichert werden, oder über Standardreports.

In den Tabellen CDHDR, CDPOS und CDPOS_STR werden alle Änderungsbelege gespeichert. Diese Tabellen können Sie für Auswertungen nutzen, insbesondere, wenn Sie dafür externe Tools verwenden. Nachfolgend sind die wesentlichen Felder der Tabellen aufgeführt, die für Auswertungen genutzt werden können:

- **Tabelle CDHDR – Änderungsbelegkopf**
    - OBJECTCLAS – Änderungsbelegobjekt
    - OBJECTID – Nummer des Änderungsbelegs
    - USERNAME – Name des Änderers
    - UDATE/UTIME – Datum und Uhrzeit der Änderung
    - TCODE – Transaktion, mit der die Änderung vorgenommen wurde
    - CHANGE_IND – Änderungskennzeichen
- **Tabelle CDPOS – Änderungsbelegpositionen**
    - OBJECTCLAS – Änderungsbelegobjekt
    - OBJECTID – Nummer des Änderungsbelegs
    - TABNAME – Name der Tabelle, die geändert wurde
    - FNAME – Name des Felds, das geändert wurde
    - VALUE_OLD – Feldinhalt vor der Änderung
    - VALUE_NEW – Feldinhalt nach der Änderung
- **Tabelle CDPOS_STR – zusätzliche Änderungsbelegtabelle für STRINGS**
    - KEYGUID – UUID des Änderungsbelegs (Bezug auf Tabelle CDPOS_UID)
    - OBJECTCLAS – Änderungsbelegobjekt
    - OBJECTID – Nummer des Änderungsbelegs
    - CHANGENR – Belegnummer
    - TABNAME – Name der Tabelle, die geändert wurde
    - FNAME – Name des Felds, das geändert wurde
    - CHNGIND – Änderungskennzeichen
    - VALUE_OLD – alter erweiterter Wert (lang)
    - VALUE_NEW – neuer erweiterter Wert (lang)
    - VALUE_RAWSTR_OLD – alter Änderungsbelegwert für eine RAWSTRING
    - VALUE_RAWSTR_NEW – neuer Änderungsbelegwert für eine RAWSTRING
    - VALUE_SHSTR_OLD – alter erweiterter Wert (kurz)
    - VALUE_SHSTR_NEW – neuer erweiterter Wert (kurz)

Die Auswertung der Änderungsbelege ist über die folgenden Funktionen möglich:

- **Transaktionen/Reports RSSCD100/RSSCD150: Anzeige aller Änderungsbelege**
  In der Selektionsmaske dieser Reports können Sie nach Änderungsbelegobjekt, Änderungsdatum, Änderer und Tabelle, inklusive Tabellenschlüssel, selektieren.
- **Report RSSCD110: Anzeige von Änderungsbelegen (mandantenübergreifend)**
  Dieser Report bietet zusätzlich die Möglichkeit, die Änderungsbelege in anderen Mandanten anzuzeigen. In Produktivsystemen ist es somit möglich, produktive Daten aus nicht-produktiven Mandanten (z. B. aus Mandant 000) anzuzeigen.

4.4.4 Löschen von Änderungsbelegen

Gemäß § 257 HGB sind Änderungsbelege zu Buchhaltungsbelegen und Stammdaten zehn Jahre aufzubewahren. Änderungsbelege stellen Tabelleninhalte dar. Diese Tabelleninhalte dürfen daher nur dann gelöscht werden, wenn der Inhalt so gesichert wurde, dass er jederzeit wieder lesbar gemacht werden kann. Ansonsten besteht die Gefahr eines Verstoßes gegen die Aufbewahrungspflicht.

Änderungsbelege können unwiderruflich mit dem Report RSCDOK99 gelöscht werden. In älteren Releaseständen können auch die folgenden Reports noch aktiv sein, die in SAP NetWeaver 7.50 nicht mehr existieren oder deaktiviert sind:

- RSCDCLSDEL
- RSCDOK91
- RSCDOK95

Die in Tabelle 4.28 beschriebene Berechtigung ist zum Löschen von Änderungsbelegen erforderlich. Sie fällt in einem Produktivsystem unter die gesetzeskritischen Berechtigungen.

Berechtigungsobjekt	Feld	Wert
S_SCD0 oder S_SCD0_OBJ	ACTVT (Aktivität)	06 (Löschen)

Tabelle 4.28 Berechtigung zum Löschen von Änderungsbelegen

Des Weiteren ist das Löschen von Änderungsbelegen auch mit dem Funktionsbaustein CHANGEDOCUMENT_DELETE möglich. Auch hier wird die entsprechende Berechtigung geprüft. Zwar besitzt der Funktionsbaustein einen Ausführungsparameter DISABLE_AUTHORITY_CHECK zur Deaktivierung der Berechtigungsprüfung; dieser ist allerdings inzwischen obsolet.

4.4.5 Ändern von Änderungsbelegobjekten

Das Schreiben von Änderungsbelegen kann insofern beeinflusst werden, dass die Änderungsbelegobjekte geändert werden können. So ist es u. a. möglich, aus einem Änderungsbelegobjekt eine Tabelle zu entfernen. Um z. B. Rollenzuordnungen zu Benutzern nicht mehr zu protokollieren, müsste aus dem Änderungsbelegobjekt PFCG Tabelle AGR_USERS entfernt werden. Dieser Vorgang ist ohne Entwicklerschlüssel möglich.

Das Schreiben von Änderungsbelegen findet allerdings über den generierten Funktionsbaustein statt. Bevor die Änderung also am Änderungsbelegobjekt wirksam wird, muss dieser neu generiert werden. Hierzu sind dann die entsprechende Berechtigung (für das Berechtigungsobjekt S_DEVELOP) sowie ein Entwicklerschlüssel notwendig.

Änderungen an Änderungsbelegobjekten werden ebenfalls über Änderungsbelege protokolliert, über das Änderungsbelegobjekt AENDBELEG. Daher ist es möglich, zu jedem Änderungsbelegobjekt die Änderungsbelege anzuzeigen.

Um die Änderungen pro Änderungsbelegobjekt anzuzeigen, gehen Sie wie folgt vor:

1. Rufen Sie Transaktion SCDO auf.
2. Wählen Sie im Feld **Objekt** das Änderungsbelegobjekt aus, zu dem Sie die Änderungsbelege anzeigen wollen (z. B. zu Objekt PFCG).
3. Wählen Sie den Menüpfad **Springen • Änderungsbelege** aus. Ihnen werden Änderungen an genau diesem Änderungsbelegobjekt angezeigt.

Um die Änderungen für alle Änderungsbelegobjekte anzuzeigen, folgen Sie den folgenden Schritten:

1. Rufen Sie Transaktion RSSCD100 auf.
2. Tragen Sie in der Selektionsmaske im Feld **Objektklasse** das Änderungsbelegobjekt »AENDBELEG« ein.
3. Geben Sie in die Felder **ab Datum** und **bis Datum** den Prüfungszeitraum ein, und führen Sie den Report aus.
4. Im Ergebnis des Reports wird in der Spalte **Objektwert** der Name des geänderten Änderungsbelegobjekts angezeigt.

4.4.6 Zugriffsrechte

Die folgenden Tabellen zeigen Ihnen die Berechtigungen zu Änderungsbelegen. Tabelle 4.29 zeigt die Berechtigung zum Anzeigen von Änderungsbelegen und Tabelle 4.30 die Berechtigung zum Löschen von Änderungsbelegen.

Berechtigungsobjekt	Feld	Wert
S_SCDO oder S_SCDO_OBJ	ACTVT (Aktivität)	08 (Änderungsbelege anzeigen)

Tabelle 4.29 Berechtigung zum Anzeigen von Änderungsbelegen

Berechtigungsobjekt	Feld	Wert
S_SCDO oder S_SCDO_OBJ	ACTVT (Aktivität)	06 (Löschen)

Tabelle 4.30 Berechtigung zum Löschen von Änderungsbelegen

Tabelle 4.31 zeigt die Berechtigung zur Pflege von Residenzzeiten für Änderungsbelege.

Berechtigungsobjekt	Feld	Wert
S_TCODE	TCD (Transaktion)	SCDO_DAAG_RES
S_TABU_DIS	ACTVT (Aktivität)	02 (Ändern)
	DICBERCLS (Berechtigungsgruppe)	SCDO
oder		
S_TCODE	TCD (Transaktion)	SCDO_DAAG_RES
S_TABU_NAM	ACTVT (Aktivität)	02 (Ändern)
	TABLE (Tabelle)	CDDAAG_RESID

Tabelle 4.31 Berechtigung zum Pflegen von Residenzzeiten

Tabelle 4.32 zeigt die Berechtigung zum Ändern von Änderungsbelegobjekten.

Berechtigungsobjekt	Feld	Wert
S_TCODE	TCD (Transaktion)	SCDO oder SCDO_OLD

Tabelle 4.32 Berechtigung zum Ändern von Änderungsbelegobjekten

Berechtigungsobjekt	Feld	Wert
S_SCD0 oder S_SCD0_OBJ	ACTVT (Aktivität)	12 (Änderungsbelegobjekte pflegen)

Tabelle 4.32 Berechtigung zum Ändern von Änderungsbelegobjekten (Forts.)

4.4.7 Checkliste

In Tabelle 4.33 finden Sie die Checkliste mit den prüfungsrelevanten Fragestellungen zu den Änderungsbelegen.

Risiko	Fragestellung
	Vorgabe oder Erläuterung
1	Besitzt im Produktivmandanten jemand das Recht, Änderungsbelege zu löschen?
	Dies ist ein gesetzeskritisches Zugriffsrecht und darf im Produktivmandanten nicht vergeben werden.
	Hier besteht das Risiko, dass durch das Löschen von Änderungsbelegen gegen § 257 HGB verstoßen wird.
1	Wurden Standardänderungsbelegobjekte geändert?
	Standardänderungsbelegobjekte dürfen nicht manipuliert werden.
	Hier besteht das Risiko, dass aufbewahrungspflichtige Änderungen nicht mehr protokolliert werden.

Tabelle 4.33 Checkliste zu Änderungsbelegen

Wie Sie die einzelnen Punkte praktisch am SAP-System prüfen können, erfahren Sie in Abschnitt 4.4 des Dokuments **Tiede_Checklisten_Sicherheit_und_Pruefung.pdf**.

4.5 Versionsverwaltung

SAP führt eine Historie für die Elemente der Entwicklungsumgebung (Programme, Funktionsbausteine, Tabellen usw.) mit. Änderungen an den Elementen werden in der *Versionsdatenbank* gespeichert. Die Versionen der Programme und die Programme selbst sind Bestandteil der Verfahrensdokumentation und unterliegen der Aufbewahrungspflicht von zehn Jahren gemäß § 257 HGB.

Es werden allerdings nicht automatisch alle Änderungen mitprotokolliert. Versionen werden in den folgenden Fällen gezogen:

- wenn Änderungen an einem Element vorgenommen wurden
- wenn ein Änderungsauftrag freigegeben wurde (hierdurch ist gesichert, dass jede transportierte Version nachvollziehbar ist)
- wenn ein Entwickler manuell eine Version zieht

Die Versionen werden in den folgenden Tabellen gespeichert:

- VRSD: Versionsverwaltung: Directory-Tabelle
- VRSMODISRC: Versionsablage für SMODISRC
- VRSX: zentrale Tabelle zur Versionsverwaltung
- VRSX2: zentrale Tabelle zur Versionsverwaltung (Report-Sources)
- VRSX3: zentrale Datentabelle zur Versionsverwaltung (Methoden usw.)
- VRSX4: Versionsdatentabelle für Mimes
- VRSX5: Versionsdatentabelle für Aliase

Da die Programmversionen der Aufbewahrungspflicht unterliegen, stellt SAP hierzu das Archivierungsobjekt VERSIONS (Versionen von Repository-Objekten) zur Verfügung. Hierüber werden die Tabellen der Versionsverwaltung archiviert.

4.5.1 Anzeige der Versionen zu einzelnen Programmen

In den meisten Transaktionen der Entwicklungsumgebung können Sie die Versionen zu einzelnen Elementen wie Programmen oder Funktionsbausteinen über den Menüpfad **Hilfsmittel • Versionen • Versionsverwaltung** anzeigen. Für ABAP-Programme erfolgt dies über Transaktion SE38. Geben Sie hier einen Programmnamen ein, und wählen Sie den genannten Menüpfad aus. Es werden alle vorhandenen Versionen angezeigt (siehe Abbildung 4.27).

Es werden die folgenden Informationen zu den Versionen aufgelistet:

- Art der Version
  - **####**: die Nummer der Version
  - **aktiv**: die zurzeit aktive Version
  - **modif**: eine veränderte Version gegenüber der aktiven Version
- Art der Versionserzeugung
  - <leer>: Die Version ist durch die Freigabe eines Auftrags entstanden.
  - I: Die Version ist durch einen Import entstanden.

– S: Die Version wurde aufgrund einer Systemanforderung gezogen, z. B. für eine Sicherheitskopie vor der Eröffnung einer Korrektur oder einer Reparatur.
– U: Die Version wurde von einem Benutzer gezogen. Diese Versionen werden bei der Freigabe des Auftrags durch eine normale Version (<leer>) ersetzt.

- Releasestand des SAP-Systems
- Der Änderungsauftrag, in dem die Änderungen gespeichert wurden. Mit einem Doppelklick können Sie zum Auftrag verzweigen.
- Datum und Uhrzeit der letzten Änderung
- Benutzername des letzten Änderers

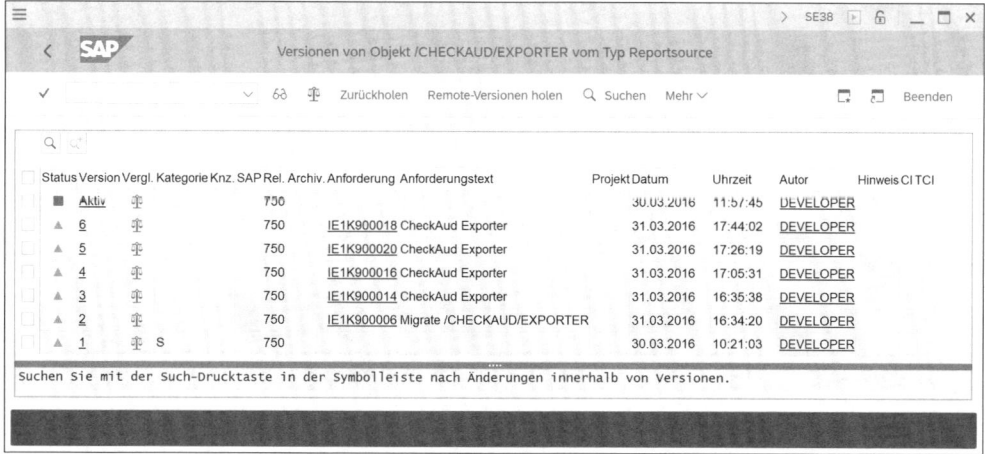

Abbildung 4.27 Die Versionsverwaltung

Von den angezeigten Versionen können Sie zwei beliebige miteinander vergleichen, um die Unterschiede zu ermitteln. Hierzu markieren Sie die zu vergleichenden Versionen. Danach rufen Sie den Menüpfad **Versionen** • **Vergleichen** auf. Die Unterschiede werden Ihnen wie in Abbildung 4.28 angezeigt.

Der Vergleich kann auch systemübergreifend durchgeführt werden. Dies ist insbesondere dann sinnvoll, wenn im Produktivsystem Reparaturen ausgeführt wurden. Zum Vergleich einer Version eines Elements mit einer Version eines anderen Systems wählen Sie zuerst wieder die Version aus, die Sie vergleichen möchten (meistens die aktive Version). Wählen Sie dann den Menüpfad **Versionen** • **REMOTE-Vergleich** aus. Im darauffolgenden Fenster wählen Sie das Zielsystem aus. Ihnen werden dann aus diesem System die vorhandenen Versionen des Elements angezeigt. Wählen Sie hier eine Version zum Vergleich aus, und klicken Sie auf die Schaltfläche **REMOTE-Vergleich**. Der Vergleich wird durchgeführt.

4 Protokollierungskomponenten

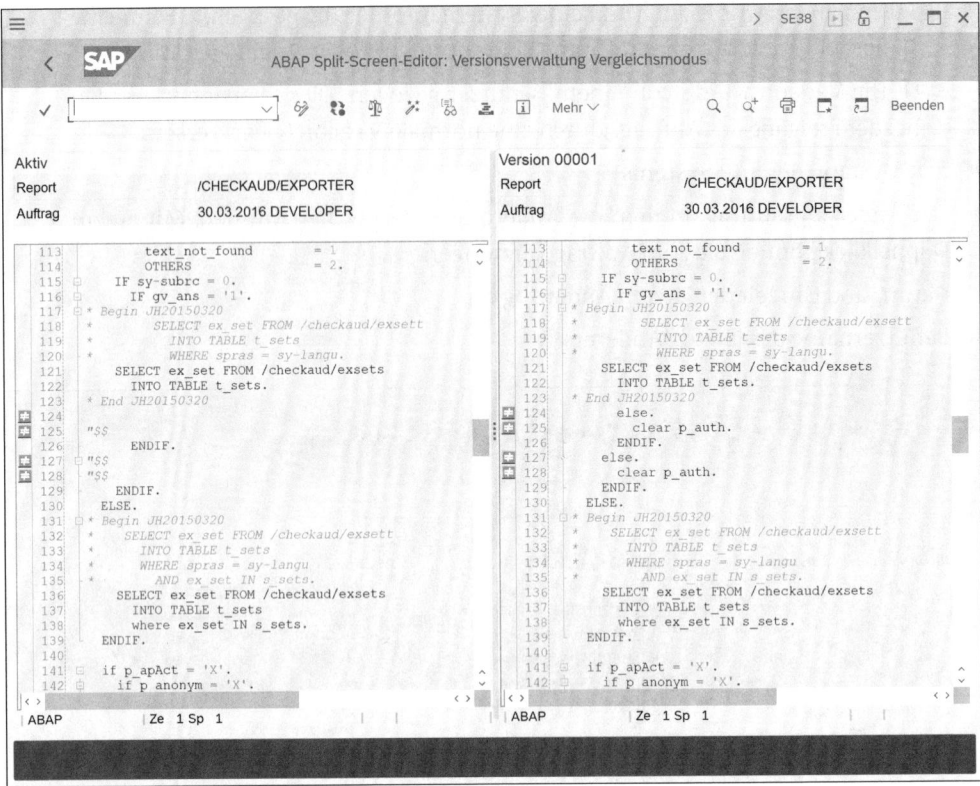

Abbildung 4.28 Vergleich zweier Versionen

4.5.2 Anzeige der Versionen aller versionierbaren Objekte

Eine übergreifende Möglichkeit zur Anzeige von Versionen bietet der Report RSVC-DI00 (Versionsanzeige für alle versionierbaren Objekte). In der Einstiegsmaske des Reports werden alle Objektklassen angezeigt, zu denen SAP automatisch Versionen bei Änderungen erzeugt. Von diesem Report aus können Sie somit alle Versionshistorien aller Objekte anzeigen.

Zur Überprüfung, welche Programme geändert wurden, wählen Sie den Eintrag **Reportsource** mit einem Doppelklick aus. Im darauffolgenden Fenster können Sie auf einzelne Programmnamen (auch generische Angaben sind möglich, z. B. »Z*«), auf die Auftragsnummern, den Änderer (Autor) oder ein spezielles Datum eingrenzen. Um eine Liste aller geänderten Programme zu erhalten, lassen Sie die Selektionsmaske leer. Abbildung 4.29 zeigt beispielhaft durch den Benutzer DEVELOPER geänderte Programme. Durch einen Doppelklick auf ein Programm gelangen Sie in die Anzeige der Versionen. Verfahren Sie hier, wie im vorangehenden Abschnitt beschrieben.

4.5 Versionsverwaltung

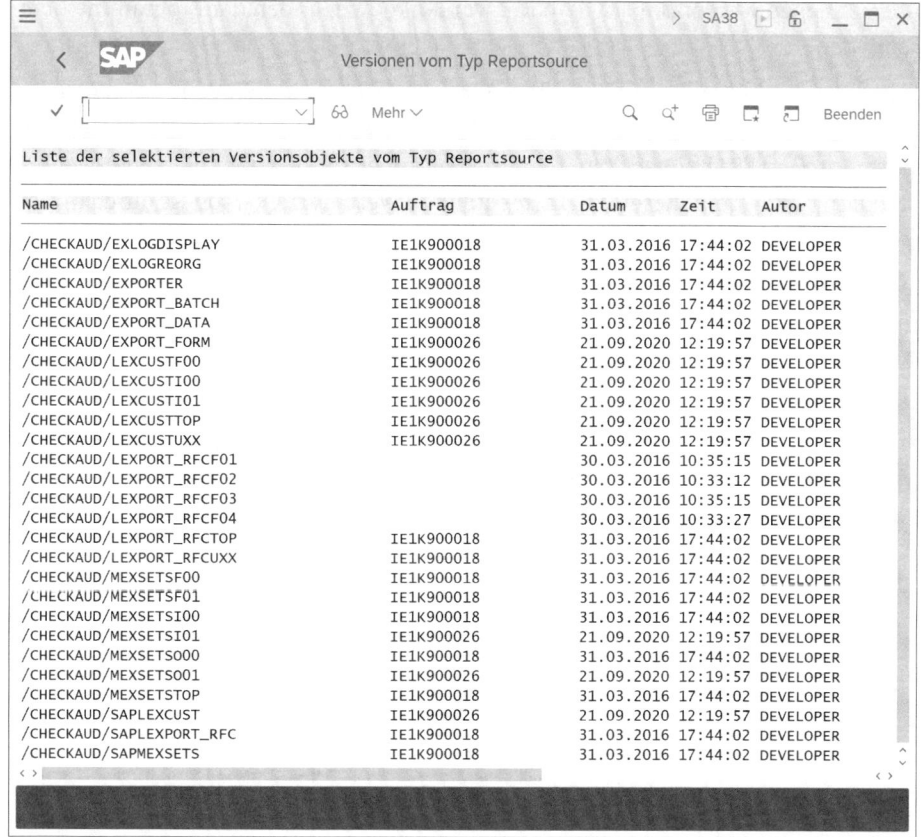

Abbildung 4.29 Geänderte Programme mit Versionen

Eine Auflistung der letzten Änderer zu den originalen SAP-Objekten (Kundenmodifikationen) gibt auch Tabelle SMODILOG wieder. In dieser Tabelle wird zu jedem Objekt des ABAP Repositorys der letzte Änderer (Feld MOD_USER), inklusive referenzierendem Auftrag, (Feld TRKORR) gespeichert.

4.5.3 Versionserzeugung bei Importen

Die Versionen der Programme werden standardmäßig nur in dem System gespeichert, in dem die Änderungen durchgeführt werden. Werden Programme im Entwicklungssystem geändert und ins Produktivsystem transportiert, werden die Versionen nicht transportiert und befinden sich daher nur im Entwicklungssystem. Da die Versionen der Programme aufbewahrungspflichtig sind, ist es häufig erforderlich und sinnvoll, diese bei den produktiven Daten zu speichern. Problematisch ist es z. B., wenn das Entwicklungssystem neu mit dem Repository des Produktivsystems überschrieben werden soll. In dem Fall werden die Versionen der Programme überschrieben.

Durch das Setzen des Transportparameters VERS_AT_IMP auf den Wert »ALWAYS« im Produktivsystem wird erreicht, dass dort beim Import von versionierbaren Objekten (Programmen, Funktionsbausteinen usw.) automatisch Versionen erzeugt werden. Standardmäßig steht dieser Parameter auf dem Wert »NEVER«, sodass durch Importe keine Versionen gezogen werden.

Sie können dies mit dem Report RSTMSTPP überprüfen, der die Transportparameter für ein System anzeigt. In der Selektionsmaske dieses Reports tragen Sie den Namen des Produktivsystems ein. Das Ergebnis ist die Liste aller Transportparameter, inklusive des Parameters VERS_AT_IMP.

Eingetragen und auch angezeigt wird der Parameter auch in Transaktion STMS in den Systemeigenschaften (Menüpfad **Übersicht • Systeme**). Klicken Sie hier doppelt auf ein System, und wählen Sie dann die Registerkarte **Transporttool** aus (siehe Abbildung 4.30).

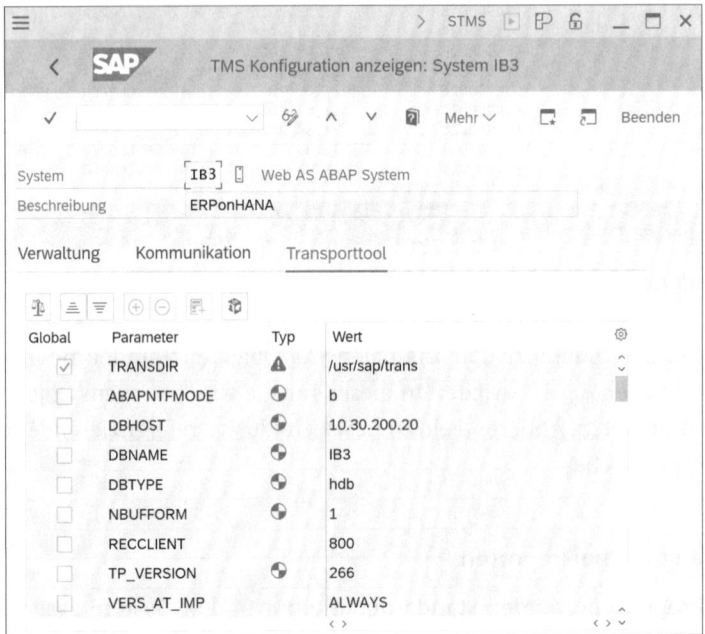

Abbildung 4.30 Transaktion STMS – Transportparameter

4.5.4 Löschen der Versionshistorien

Aufgrund der Aufbewahrungspflicht ist es kritisch, wenn die Versionen gelöscht werden. Dies kann gegen die gesetzlichen Anforderungen zur Aufbewahrungspflicht verstoßen. Zum Löschen stehen die folgenden Reports zur Verfügung:

- RSVCAD00: Versionsverwaltung: Online-Delete aus Versionsdatenbank
- RSVCAD03: Löschen aller Versionen eines Objekts
- RSVCAD04: Löschen aller Versionen eines Objekts bis zu einem bestimmten Datum

In diesen Reports wird keine explizite Berechtigung zum Löschen abgefragt, sondern die Administrationsberechtigung für das Change and Transport System (CTS, siehe Tabelle 4.34).

Berechtigungsobjekt	Feld	Wert
S_CTS_ADMI oder S_CTS_SADM	CTS_ADMFCT (Administrationsaufgaben im CTS)	TABL

Tabelle 4.34 Berechtigung für Administrationsaufgaben im Change and Transport System

Da diese Berechtigung an die Administration vergeben werden muss, ist dies als kritisch anzusehen. Eine explizite Möglichkeit zum Schutz der Reports ist daher standardmäßig mit Berechtigungen nicht möglich. Eine Protokollierung des Löschens erfolgt nicht, sodass das Löschen nicht nachvollzogen werden kann. Hier besteht die Gefahr, dass durch die Nutzung dieser Reports gegen gesetzliche Auflagen verstoßen wird.

Die Reports müssen daher vor unbefugtem Ausführen geschützt werden. Werden im Produktivsystem keine Versionen beim Import erzeugt, dürfen diese Reports auch im Entwicklungssystem nicht auszuführen sein. Eine Möglichkeit des Schutzes besteht darin, den Reports Berechtigungsgruppen zuzuordnen und das Recht zum Ausführen dieser Gruppen (Berechtigungsobjekt S_PROGRAM) nicht zu vergeben.

4.5.5 Checkliste

In Tabelle 4.35 finden Sie die Checkliste mit den prüfungsrelevanten Fragestellungen zur Versionsverwaltung.

Risiko	Fragestellung
	Vorgabe oder Erläuterung
2	Wird durch den Import neuer Programmversionen eine Versionshistorie im Produktivsystem erzeugt?
	Alle Versionen von eigenen Programmen sind aufbewahrungspflichtig (gemäß HGB zehn Jahre). Sie können aber auch im Entwicklungssystem archiviert werden.
	Hier besteht das Risiko, dass aufbewahrungspflichtige Programmversionen nicht archiviert werden.

Tabelle 4.35 Checkliste zu Versionen

Risiko	Fragestellung
	Vorgabe oder Erläuterung
1	Können die Reports zum Löschen von Versionen genutzt werden?
	Das Löschen der Versionshistorie ist nicht zulässig. Hier besteht das Risiko, dass Versionen gelöscht werden und dass damit zum einen gegen geltende Gesetze verstoßen wird und zum anderen keine Nachvollziehbarkeit über die Programmänderungen gegeben ist.

Tabelle 4.35 Checkliste zu Versionen (Forts.)

Wie Sie die einzelnen Punkte praktisch am SAP-System prüfen können, erfahren Sie in Abschnitt 4.5 des Dokuments Tiede_Checklisten_Sicherheit_und_Pruefung.pdf.

4.6 Lesezugriffsprotokollierung

Die *Lesezugriffsprotokollierung* (RAL = *Read Access Logging*) ist standardmäßig deaktiviert und muss explizit aktiviert werden. Was mit ihr protokolliert werden kann, zeigt Tabelle 4.36.

Objekt	Beschreibung
Dynpro	Protokollierung des lesenden Zugriffs auf beliebige Felder in Transaktionen
Web Dynpro	Protokollierung des lesenden Zugriffs auf beliebige Felder in Web-Dynpro-Oberflächen
Webservices	Protokollierung des lesenden Zugriffs innerhalb der Webservices
Remote Function Call	Protokollierung des Aufrufs von Funktionsbausteinen (hierzu muss der Parameter sec/ral_enabled_for_rfc auf den Wert »1« gesetzt werden)

Tabelle 4.36 Protokollierungen der Lesezugriffsprotokollierung

Die Zugriffsleseprotokollierung wird über die Web-Dynpro-Transaktion SRALMANAGER konfiguriert, aktiviert und ausgewertet. Für die Auswertung können Sie auch Transaktion SRALMONITOR nutzen.

Als Berechtigung zum Auswerten und für die Anzeige der Konfiguration ist die Aktivität »03« für alle folgenden Berechtigungsobjekte erforderlich. Alle anderen Felder können mit »*« ausgeprägt werden. Die Berechtigungsobjekte der Lesezugriffsprotokollierung lauten:

- `S_RAL_BLKL`: Lesezugriffsprotokollierung: Benutzerausschlussliste
- `S_RAL_CFG`: Lesezugriffsprotokollierung: Konfiguration der Daten für Protokollierung
- `S_RAL_CLIS`: Lesezugriffsprotokollierung: Protokoll für Mandant ein/aus
- `S_RAL_ELOG`: Lesezugriffsprotokollierung: Verwaltungsprotokoll
- `S_RAL_LDOM`: Lesezugriffsprotokollierung: Protokolldomäne
- `S_RAL_LOG`: Lesezugriffsprotokollierung: Protokolldaten
- `S_RAL_PURP`: Lesezugriffsprotokollierung: Zweckbestimmungen
- `S_RAL_REC`: Lesezugriffsprotokollierung: Konfigurationsaufzeichnungen

4.6.1 Protokollierung des Zugriffs auf sensible Felder

Die Lesezugriffsprotokollierung bietet die Möglichkeit, den lesenden Zugriff auf alle Felder (unabhängig davon, ob es sich um Felder von ABAP-Dynpro- oder Web-Dynpro-Oberflächen handelt) protokollieren zulassen. So kann z. B. protokolliert werden, wer sich zu Kreditoren die Bankverbindungen oder Gehälter von Mitarbeitern anzeigen lässt. Diese Funktionalität erläutere ich im Folgenden anhand der Fragestellung: »Wer lässt sich mit Transaktion SE16 Tabellen mit Benutzerdaten anzeigen?«

Die Konfiguration der Lesezugriffsprotokollierung erfolgt über Transaktion SRAL-MANAGER. Diese Transaktion können Sie auch zur Anzeige der Einstellungen nutzen. Die Einstellungen können Sie in der Transaktion unter dem Punkt **Konfiguration** prüfen. Wählen Sie dort im Feld **Kanal** den Eintrag **Dynpro** aus, und klicken Sie auf die Schaltfläche **Suchen** (siehe Abbildung 4.31).

Im Suchergebnis werden alle Konfigurationen aufgelistet. Die Zeilen mit dem Eintrag **Aktiv** in der Spalte **Status** sind die derzeit aktiven Protokollierungen.

Klicken Sie auf das Brillensymbol am Anfang jeder Zeile, wird Ihnen die jeweilige Konfiguration angezeigt. Klicken Sie im Folgebild die Protokollgruppe auf der linken Seite an, werden die zu protokollierenden Einträge angezeigt. In Abbildung 4.32 wird die Tabelle protokolliert, die in Transaktion SE16 in der Einstiegsmaske aufgerufen wird. Allerdings wird hier nicht die Transaktion angegeben, sondern das dahinterliegende ABAP-Programm. Der Eintrag »*:SAPLSETB(0230)#Tabellenname (DATABROWSE-TABLENAME)« in der Spalte **Effektiver Pfad** bedeutet:

- Programm: `SAPLSETB` (Programm zu Transaktion SE16)
- Dynpro: 0230 (Einstiegsoberfläche von Transaktion SE16)
- Feld: **Tabellenname** (technischer Name: `DATABROWSE-TABLENAME`)

4 Protokollierungskomponenten

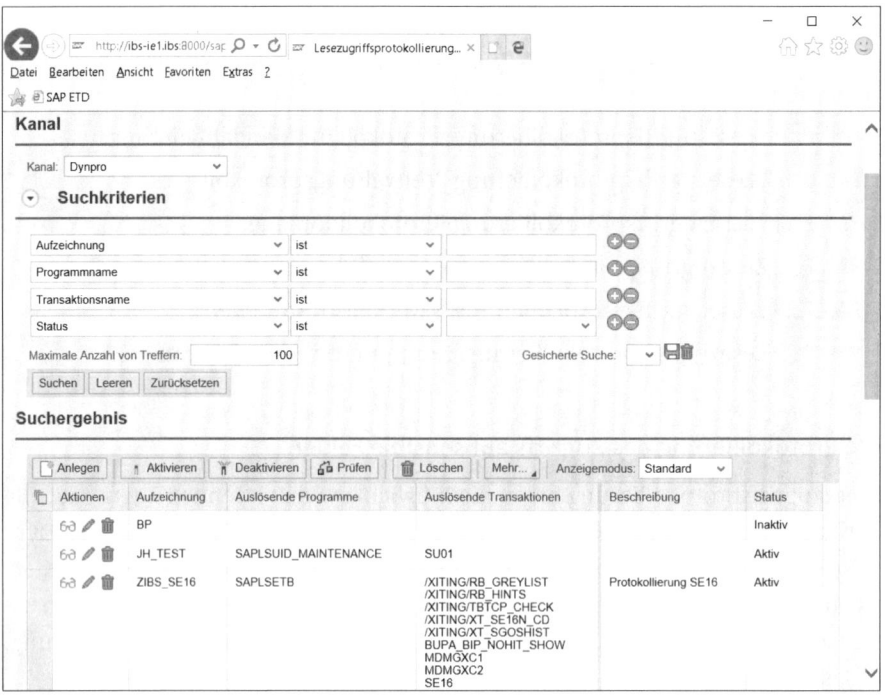

Abbildung 4.31 Lesezugriffsprotokollierung konfigurieren

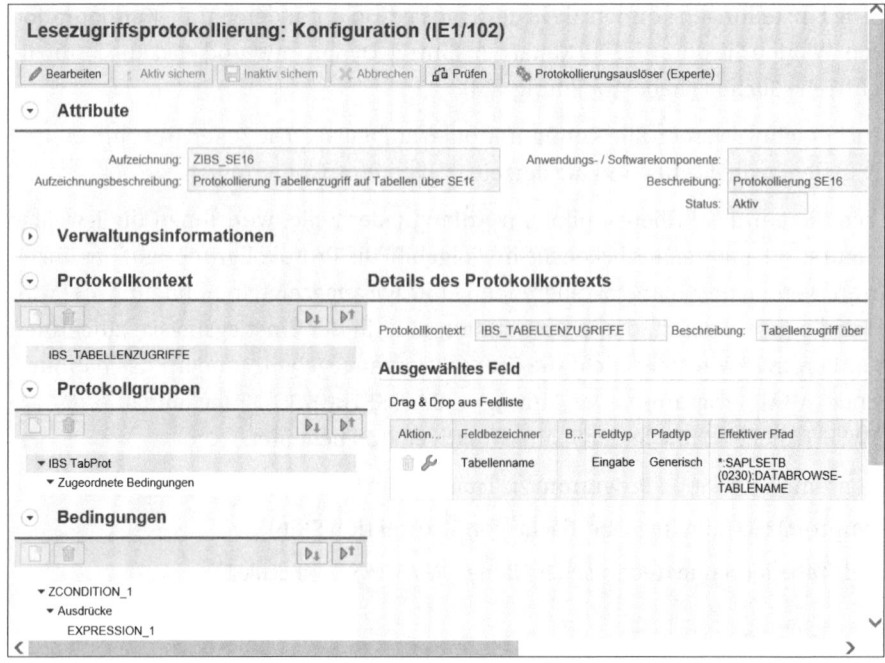

Abbildung 4.32 Tabellen, die über Transaktion SE16 angezeigt werden, protokollieren

Dieser Eintrag legt fest, dass alle in der Einstiegsmaske von Transaktion SE16 eingegebenen Tabellennamen protokolliert werden. Die zu protokollierenden Werte können Sie noch weiter einschränken. In diesem Beispiel soll nur der Zugriff auf die Tabellen protokolliert werden, die Benutzer- und Berechtigungsdaten enthalten. Hierzu können Sie Bedingungen zur Protokollierung angeben. In Abbildung 4.32 ist unter **Bedingungen** der Eintrag »EXPRESSION_1« vorgenommen worden. Abbildung 4.33 zeigt die Konfiguration dieses Ausdrucks. Sie bedeutet:

- **Inklusive | Entspricht Muster | US***
  Es werden nur US*-Tabellen protokolliert (= Tabellen mit Benutzerdaten)
- **Inklusive | Entspricht Muster | AGR***
  Es werden nur AGR*-Tabellen protokolliert (= Tabellen mit Berechtigungsdaten)

Selektionsoptionen

Feldbezeichner	Beispielwert	Pfadtyp	Field	Sign	Option	Unterer/Oberer Wert
Tabellenname		Generisch	:SAPLSETB(0230):DATABROWSE-TABLENAME	Inklusive	Entspricht Muste	US*
Tabellenname		Generisch	:SAPLSETB(0230):DATABROWSE-TABLENAME	Inklusive	Entspricht Muste	AGR*

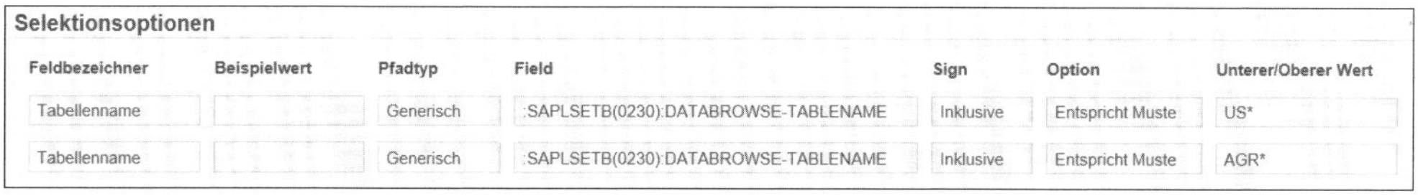

Abbildung 4.33 Bedingungen zur Protokollierung

Diese Konfiguration bedeutet somit, dass alle Tabellen protokolliert werden, die mit Transaktion SE16 ausgeführt werden und deren Namen mit US oder AGR beginnen. Zum Auswerten der Protokolle können Sie die Transaktionen SRALMANAGER und SRALMONITOR nutzen. In der Einstiegsmaske von Transaktion SRALMANAGER wählen Sie die Registerkarte **Monitor** aus und dann den Eintrag **Lesezugriffsprotokoll**. Abbildung 4.34 zeigt die Selektionsmaske, in der Sie im Feld **Kanal** den Eintrag **Dynpro** und im Feld **Datum/Zeit** den Auswertungszeitraum auswählen.

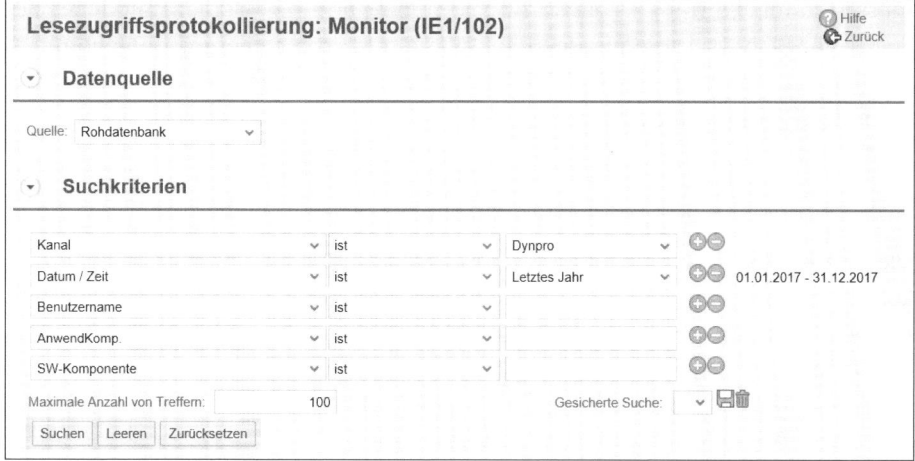

Abbildung 4.34 Selektionsmaske zum Auswerten der Lesezugriffsprotokollierung

4   Protokollierungskomponenten

Die Einträge werden tabellarisch angezeigt (siehe Abbildung 4.35). Klicken Sie auf einen Eintrag, wird die Tabelle, die sich der Benutzer hat anzeigen lassen, ausgegeben. In Abbildung 4.35 können Sie beispielsweise ablesen, dass sich der Benutzer MR_FRAUD Tabelle USR02 hat anzeigen lassen.

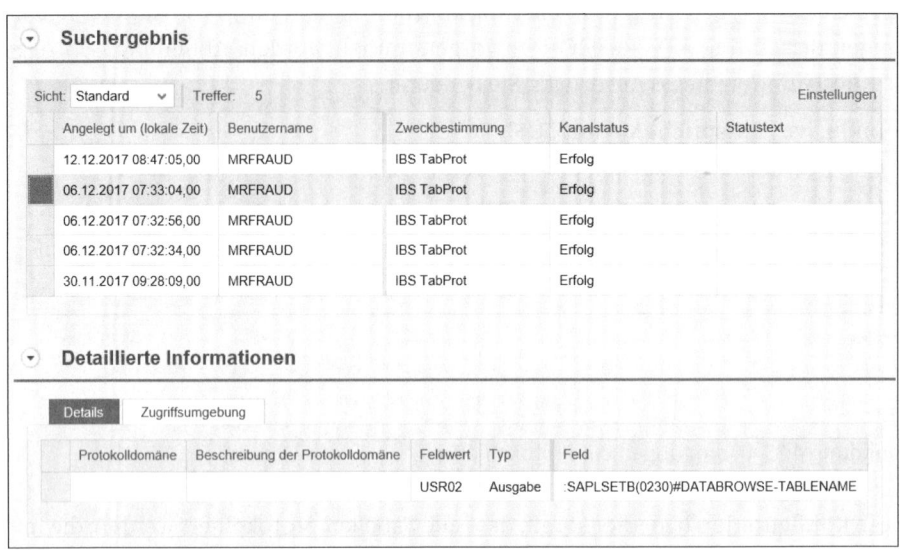

Abbildung 4.35 Ergebnis der Protokollierungsauswertung anzeigen

Hier zeigen sich allerdings auch die Grenzen der Lesezugriffsprotokollierung. Zwar wird das Anzeigen von Tabellen über Transaktion SE16 protokolliert, werden aber Tabellen, z. B. mit den Transaktionen SE16N oder SE17, angezeigt, erfolgt keine Protokollierung. Um den lesenden Zugriff auf bestimmte Daten protokollieren zu lassen, müssen somit alle Transaktionen bzw. Programme ermittelt werden, mit denen der Zugriff möglich ist. Diese müssen dann alle in die Protokollierung aufgenommen werden. Der Einsatz dieser Protokollkomponente bedarf daher einer umfassenden vorherigen Planung und Analyse.

4.6.2   Protokollierung des Aufrufs von Funktionsbausteinen

Die Protokollierung des Aufrufs von Funktionsbausteinen erfolgt analog der Protokollierung der Dynpro-Zugriffe. Es können einzelne Funktionsbausteine ausgewählt werden, deren Aufruf protokolliert wird. Dabei können, wie bei der Protokollierung der Dynpros, einzelne Ein- oder Ausgabefelder ausgewählt werden. Abbildung 4.36 zeigt die Konfiguration zur Protokollierung der Aufrufe des Funktionsbausteins RFC_READ_TABLE. Protokolliert werden die folgenden Felder:

- IMPORTING-QUERY_TABLE: die Tabelle, die gelesen wird
- TABLES-OPTIONS[]-TEXT: die Selektionsbedingungen zum Auslesen der Tabelle

4.6 Lesezugriffsprotokollierung

Abbildung 4.36 Funktionsbaustein RFC_READ_TABLE protokollieren

Welche RFC-Funktionsbausteine protokolliert werden, können Sie in der Tabelle SRAL_KERNEL_RFC prüfen. Dort sind im Feld FUNC_NAME (**Name des Funktionsbausteins**) alle Funktionsbausteine aufgelistet. Das Feld LOCATION (**Ort**) zeigt an, ob die Protokollierung systemweit oder mandantenbezogen erfolgt (siehe nächster Abschnitt).

Die Auswertung erfolgt ebenfalls analog der Dynpro-Protokollierung. Den Kanal müssen Sie hier auf **Remote Function Call** einschränken. Abbildung 4.37 zeigt eine Auswertungssicht. Daran ist zu erkennen, dass der Benutzer TOMTIEDE am 22.02.2018 um 12:57 Uhr Tabelle USRPWDHISTORY (Kennworthistorie) ausgelesen hat.

Abbildung 4.37 Protokollauswertung von Funktionsbausteinaufrufen anzeigen

Auch hier zeigen sich wieder die Grenzen der Lesezugriffsprotokollierung. Der Funktionsbaustein RFC_READ_TABLE ist nur einer von vielen, um Tabelleninhalte per RFC auszulesen. Soll das Auslesen von Tabellen per RFC protokolliert werden, müssen Sie im ersten Schritt alle Funktionsbausteine ermitteln, mit denen dies möglich ist. Dies gilt auch für alle anderen Anforderungen zur Protokollierung.

4.6.3 Konfigurationseinstellungen

Zum Aktivieren der Protokollierung müssen Sie die erstellte Konfiguration aktivieren. Ob die Lesezugriffsprotokollierung für den aktuellen Mandanten aktiviert ist, können Sie über Tabelle SRAL_PARAMS prüfen. Dort muss ein Datensatz mit den folgenden Werten vorhanden sein:

- Feld NAME (RAL: Parametername): CLI_SWITCH
- Feld VALUE (RAL: Parameterwert): X

Soll der Aufruf von Funktionsbausteinen protokolliert werden, müssen Sie außerdem noch den Systemparameter sec/ral_enabled_for_rfc setzen (bei der Protokollierung von Dynpro-Feldern ist dies nicht erforderlich). Hier sind die folgenden Werte möglich:

- 0: Lesezugriffsprotokollierung ist ausgeschaltet.
- 1: Lesezugriffsprotokollierung ist eingeschaltet.
- 2: Lesezugriffsprotokollierung ist im Testmodus; es wird nicht produktiv protokolliert.

Sie können Benutzer definieren, die nicht protokolliert werden. Dies erfolgt über eine Benutzerausschlussliste. Ob Benutzer von der Protokollierung ausgeschlossen wurden, können Sie über Tabelle SRAL_BL_USER prüfen. Im Feld USERNAME (**Benutzer**) sind die ausgeschlossenen Benutzer hinterlegt.

> **Weitere Informationen zur Konfiguration der Lesezugriffsprotokollierung**
>
> Die Konfiguration der Lesezugriffsprotokollierung ist ausführlich in der SAP-Hilfe unter http://help.sap.com beschrieben. Rufen Sie hier den Menüpfad **Browse by Product • Technology Platform • SAP NetWeaver • NetWeaver 7.5 • System Security for SAP NetWeaver Application Server for ABAP • Read Access Logging** auf.

4.6.4 Verwaltungsprotokoll

Aktionen innerhalb der Lesezugriffsprotokollierung werden in einem separaten Protokoll aufgezeichnet. Das gilt sowohl für Änderungen an der Konfiguration als auch

4.6 Lesezugriffsprotokollierung

für die Anzeige der Protokollauswertung. Das Verwaltungsprotokoll rufen Sie in der Einstiegsmaske von Transaktion SRALMANAGER über den Punkt **Verwaltungsprotokoll** auf. In den Suchkriterien können Sie nach den folgenden Feldern selektieren:

- Datum/Zeit
- Benutzer
- Typ (Fehler/Warnung/Meldung/Aktion)

Wählen Sie den Typ **Aktion** aus, um Konfigurationsänderungen und Protokollauswertungen anzuzeigen. Abbildung 4.38 zeigt die Auswertung des Verwaltungsprotokolls.

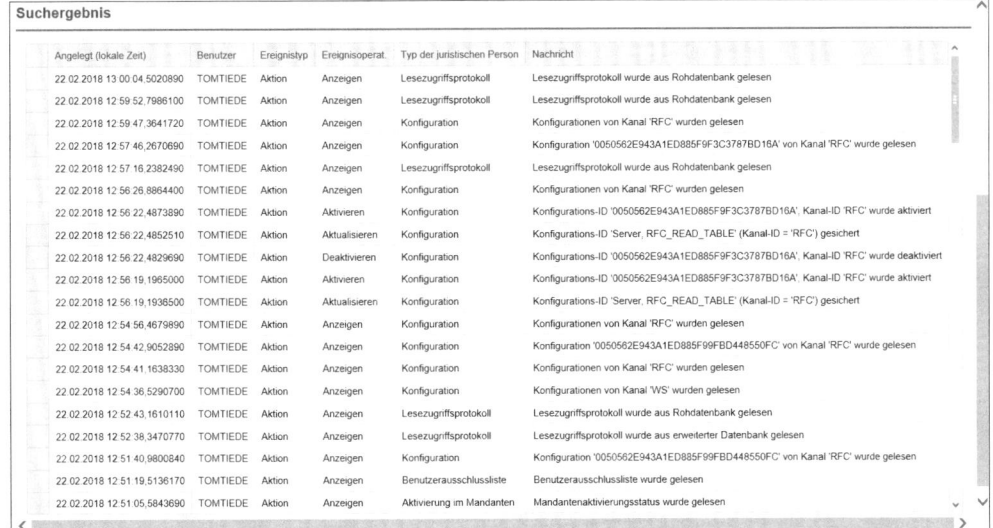

Abbildung 4.38 Verwaltungsprotokollauswertung anzeigen

4.6.5 Zugriffsrechte

Die folgenden Tabellen zeigen Ihnen die Berechtigungen zur Lesezugriffsprotokollierung. Tabelle 4.37 zeigt die Berechtigung zum Konfigurieren der Protokollierung.

Berechtigungsobjekt	Feld	Wert
S_TCODE	TCD (Transaktion)	SRALMANAGER

Tabelle 4.37 Berechtigung zum Konfigurieren der Lesezugriffsprotokollierung

Berechtigungsobjekt	Feld	Wert
S_RAL_CFG	ACTVT (Aktivität)	- 01 (Anlegen) - 02 (Ändern) - 06 (Löschen)
	RAL_PURPOS (ID der Zweckbestimmung)	gemäß Tabelle SRAL_PURPOSES
	SWC (Softwarekomponente)	z. B.: - SAP_BASIS - SAP_ABA - SAP_APPL

Tabelle 4.37 Berechtigung zum Konfigurieren der Lesezugriffsprotokollierung (Forts.)

Tabelle 4.38 zeigt die Berechtigung zum Pflegen von Benutzerausschlusslisten.

Berechtigungsobjekt	Feld	Wert
S_TCODE	TCD (Transaktion)	SRALMANAGER
S_RAL_BLKL	ACTVT (Aktivität)	- 01 (Anlegen) - 02 (Ändern) - 06 (Löschen)
	RAL_BNAME (Benutzerausschlussliste)	BLACKLIST

Tabelle 4.38 Berechtigung zum Pflegen der Benutzerausschlusslisten

Tabelle 4.39 zeigt die Berechtigung zum Aktivieren bzw. Deaktivieren der Protokollierung von Mandanten.

Berechtigungsobjekt	Feld	Wert
S_TCODE	TCD (Transaktion)	SRALMANAGER
S_RAL_CLIS	ACTVT (Aktivität)	02 (Ändern)

Tabelle 4.39 Berechtigung zum Aktivieren/Deaktivieren der Protokollierung von Mandanten

Tabelle 4.40 zeigt die Berechtigung zum Löschen des Verwaltungsprotokolls.

Berechtigungsobjekt	Feld	Wert
S_TCODE	TCD (Transaktion)	SRALMANAGER
S_RAL_LDOM	ACTVT (Aktivität)	06 (Löschen)
	SWC (Softwarekomponente)	z. B.: • SAP_BASIS • SAP_ABA • SAP_APPL

Tabelle 4.40 Berechtigung zum Löschen des Verwaltungsprotokolls

Tabelle 4.41 zeigt die Berechtigung zum Auswerten der Protokolle.

Berechtigungsobjekt	Feld	Wert
S_TCODE	TCD (Transaktion)	SRALMANAGER/ SRALMONITOR
S_RAL_LOG	ACTVT (Aktivität)	03 (Anzeigen)
	RAL_PURPOS (ID der Zweckbestimmung)	gemäß Tabelle SRAL_PURPOSES
	SWC (Softwarekomponente)	z. B.: • SAP_BASIS • SAP_ABA • SAP_APPL
	RAL_LENT_T (Typ juristische Person)	MANDT
	RAL_LENT_T (Wert juristische Person)	Mandantennummer

Tabelle 4.41 Berechtigung zum Auswerten der Protokolle

Tabelle 4.42 zeigt die Berechtigung zum Löschen der Protokolle.

Berechtigungsobjekt	Feld	Wert
S_TCODE	TCD (Transaktion)	SRALMANAGER/ SRALMONITOR
S_RAL_LOG	ACTVT (Aktivität)	06 (Löschen)
	RAL_PURPOS (ID der Zweckbestimmung)	gemäß Tabelle SRAL_PURPOSES
	SWC (Softwarekomponente)	z. B.: • SAP_BASIS • SAP_ABA • SAP_APPL
	RAL_LENT_T (Typ juristische Person)	MANDT
	RAL_LENT_T (Wert juristische Person)	Mandantennummer

Tabelle 4.42 Berechtigung zum Löschen der Protokolle

4.6.6 Checkliste

In Tabelle 4.43 finden Sie die Checkliste mit den prüfungsrelevanten Fragestellungen zur Lesezugriffsprotokollierung.

Risiko	Fragestellung
	Vorgabe oder Erläuterung
1	Existieren Vorgaben für den Einsatz der Lesezugriffsprotokollierung?
	Der Einsatz der Lesezugriffsprotokollierung muss ausführlich geplant und dokumentiert werden. Hier besteht das Risiko, dass bei unzureichender Konzeption nicht alle zu protokollierenden Daten erfasst werden und dadurch die Protokollierung unvollständig ist.

Tabelle 4.43 Checkliste zur Lesezugriffsprotokollierung

Risiko	Fragestellung
	Vorgabe oder Erläuterung
1	Wurden die Vorgaben korrekt im System umgesetzt?
	Die Konfiguration der Lesezugriffsprotokollierung muss den Vorgaben entsprechen.
	Hier besteht das Risiko, dass aufgrund der Komplexität die technische Umsetzung nicht analog dem Konzept erfolgt ist.
1	Wurden die Berechtigungen zum Konfigurieren der Lesezugriffsprotokollierung korrekt vergeben?
	Die Berechtigungen müssen auf einen eingeschränkten Personenkreis eingegrenzt sein.
	Hier besteht das Risiko, dass aufgrund von zu umfangreich vergebenen Berechtigungen Manipulationen an der Konfiguration vorgenommen werden können.
2	Wurden die Berechtigungen zum Auswerten der Lesezugriffsprotokollierung korrekt vergeben?
	Die Berechtigungen zur Protokollauswertung müssen auf einen eingeschränkten Personenkreis eingegrenzt sein.
	Hier besteht das Risiko, dass die Protokolle aufgrund von zu umfangreich vergebenen Berechtigungen unbefugt eingesehen werden können.

Tabelle 4.43 Checkliste zur Lesezugriffsprotokollierung (Forts.)

Wie Sie die einzelnen Punkte praktisch am SAP-System prüfen können, erfahren Sie in Abschnitt 4.6 des Dokuments **Tiede_Checklisten_Sicherheit_und_Pruefung.pdf**.

4.7 Zugriffsstatistik

In der Zugriffsstatistik werden fast alle Aktionen im SAP-System für einen vordefinierten Zeitraum aufgezeichnet (standardmäßig zwei Monate). Sie wird maßgeblich für administrative Zwecke genutzt, z. B. für Performanceanalysen. Es werden u. a. die folgenden Informationen gespeichert:

- alle Transaktionen und Reports, die Benutzer im Dialog aufgerufen haben
- alle Transaktionen und Reports, die im Hintergrund und über Jobs aufgerufen wurden
- alle Zugriffe über Webclients

- alle Aufrufe von Funktionsbausteinen in anderen Systemen vom aktuellen SAP-System aus
- alle Aufrufe von Funktionsbausteinen im aktuellen SAP-System von außen
- alle Rechner-/IP-Adressen, von denen auf das SAP-System zugegriffen wurde
- alle SAP-Komponenten, aus denen Funktionen genutzt wurden

Diese Informationen können daher auch für Analysen im Rahmen der Sicherheit genutzt werden. Zu Bedenken ist hierbei, dass mit diesen Daten auch Leistungs- und Verhaltenskontrollen möglich wären. Daher müssen Sie die Auswertungen in den meisten Fällen im Vorfeld mit der Arbeitnehmervertretung abstimmen.

Die Zugriffsstatistik können Sie über verschiedene Wege aufrufen:

- **Transaktionen STO3N/STO3G**
  Diese Transaktionen werden maßgeblich im administrativen Tagesgeschäft genutzt. Sie können für Auswertungen zu einzelnen Funktionen genutzt werden. Auswertungen in Listenform sind nur eingeschränkt möglich.

- **Transaktion STATS**
  Mit dieser Transaktion können Auswertungen in Listenform erzeugt werden, z. B. die aufgerufenen Transaktionen und Reports von Benutzern. Allerdings ist der Zeitaum für die Auswertung auf maximal 100 Stunden beschränkt. Um längere Zeiträume auszuwerten, müssen Sie die Funktion mehrmals hintereinander aufrufen.

- **Funktionsbaustein SWNC_COLLECTOR_GET_AGGREGATES**
  Mit diesem Funktionsbaustein können die Statistikdaten monatsweise ausgegeben werden. Er stellt somit die beste Funktion dar, um die Statistik über einen längeren Zeitraum auszuwerten. Da das Ausführen von Funktionsbausteinen in einem Produktivsystem als kritisch anzusehen ist, darf die Berechtigung nur zeitweise vergeben werden und muss so eingeschränkt werden, dass nur dieser Funktionsbaustein ausgeführt werden kann.

Der Aufbewahrungszeitraum für die Statistikdaten kann individuell konfiguriert werden. Dies erfolgt in Transaktion STO3N. Wählen Sie in der Transaktion links in der Hierarchie den Menüfad **Kollektor & Perf. Datenbank** • **Performance-Datenbank** • **Monitoring-Datenbank** • **Reorganization** aus, um die Aufbewahrungszeiten anzuzeigen (siehe Abbildung 4.39).

4.7 Zugriffsstatistik

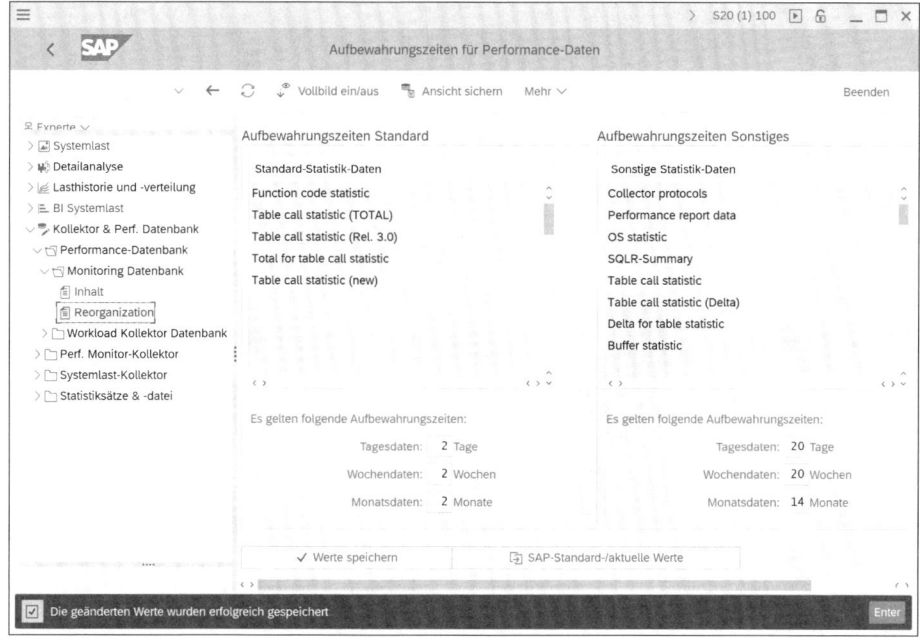

Abbildung 4.39 Aufbewahrungszeiträume anzeigen

4.7.1 Analyse einzelner Benutzer oder Funktionen

Zur Analyse einzelner Benutzer, Transaktionen oder RFC-Zugriffe können Sie Transaktion ST03N nutzen. Unter dem Ordner **Systemlast** werden die einzelnen Instanzen des SAP-Systems angezeigt sowie der Eintrag **TOTAL**, der die Daten aller Instanzen zusammenfasst. Unterhalb dieses Eintrags können Sie einen Tag, eine Woche oder einen Monat zur Auswertung auswählen. Klicken Sie doppelt auf einen Eintrag, wird die untere Baumstruktur **Analysesichten** eingeblendet (siehe Abbildung 4.40). Hier können verschiedene Analysen selektiert werden:

- **Transaktionsprofil – Standard**
  Listet alle im ausgewählten Zeitraum aufgerufenen Transaktionen und Reports auf. Durch einen Doppelklick auf einen Eintrag werden die Benutzer angezeigt.

- **Anwender- und Abrechnungsstat. – Anwenderprofil**
  Listet alle Benutzer auf, die im ausgewählten Zeitraum Aktionen ausgeführt haben. Durch einen Doppelklick auf einen Benutzernamen werden alle Transaktionen, Reports, Web Dynpros und externen Programme angezeigt, die vom Benutzer ausgeführt wurden.

- **Frontend-Statistik**
  Listet alle Rechner auf (Namen oder IP-Adresse), von denen aus Zugriffe auf das SAP-System erfolgt sind.

333

4 Protokollierungskomponenten

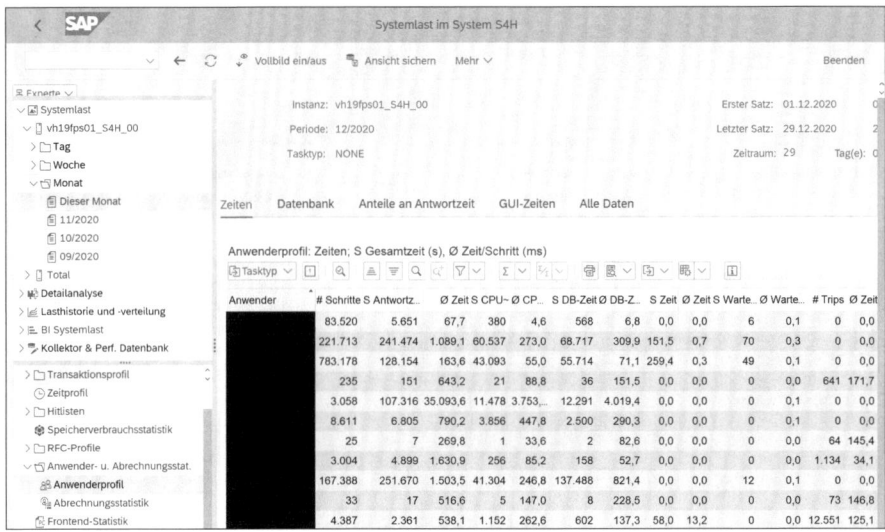

Abbildung 4.40 Analysen in Transaktion ST03N

- **RFC-Profile**
  Zeigt alle RFC-Zugriffe an, sowohl die ausgehenden (**RFC Client Profil**) als auch die eingehenden (**RFC Server Profil**). Zu jedem Punkt werden mehrere Registerkarten angezeigt:
  - **Funktionsbaustein**: Liste aller aufgerufenen Funktionsbausteine
  - **Transaktion**: Transaktion, Report oder externes Programm, von dem aus die Funktionen aufgerufen wurden
  - **Anwender**: Liste der Benutzer, die RFC-Funktionen genutzt haben
  - **Remote Server**: Liste der Rechner/SAP-Instanzen, von denen aus die Aufrufe erfolgen (**Server Profil**) bzw. in denen Aufrufe vom SAP-System aus erfolgen (**Client Profil**)
  - **Lokale Server**: Liste der beteiligten Instanzen des SAP-Systems
- **WEB Statistik**
  Listet alle Webzugriffe auf, sowohl die ausgehenden (**WEB Client Statistik**) als auch die eingehenden (**WEB Server Statistik**). Zu jedem Punkt werden mehrere Registerkarten angezeigt:
  - **Host**: rufende bzw. aufgerufene Systeme
  - **Transaktionen**: Liste der aufgerufenen Funktionen
  - **Anwender**: Liste der Benutzer, die Webfunktionen genutzt haben
  - **URL**: die URLs der rufenden/aufgerufenen Programme

4.7.2 Analyse von Transaktionsaufrufen in Listenform

Mit Transaktion STATS bzw. dem Report R_STATS_RECORD_FILTER können Sie Transaktions- und Reportaufrufe für alle Benutzer auswerten. In der Selektionsmaske geben Sie den Zeitraum an. Achten Sie hier darauf, dass der Zeitraum maximal 100 Stunden betragen darf. Ansonsten erhalten Sie die Fehlermeldung: »Überwachungsintervall muss kürzer als 100 Stunden sein«. Im Bereich **Datensatzfilter** können Sie weiter nach Mandant, Benutzer, Transaktion, Programmname und Aufgabentyp eingrenzen. Bei Letzterem schränken Sie auf den Wert »D« ein, wenn Sie nur Dialogaktionen der Benutzer analysieren wollen.

4.7.3 Analyse von RFC-Zugriffen

Zur Analyse der RFC-Zugriffe auf das SAP-System können Sie Transaktion STRFCTRACE nutzen (Report RS_RFC_STATRECS_SUMMARY). In der Selektionsmaske wählen Sie die Option **Server anzeigen** aus, damit die Rechnernamen angezeigt werden, von denen aus die Zugriffe stattgefunden haben. Mit der Option **Berechtigungen des Benutzers anzeigen** wird eine Meldung angezeigt, wenn der Benutzer über eine generische Berechtigung für das Objekt S_RFC verfügt (siehe Abschnitt 5.1.1, »Funktionsbausteine ohne Berechtigungsprüfungen«). Abbildung 4.41 zeigt das Ergebnis dieses Reports. In Tabelle 4.44 sind die wesentlichen Spalten des Reports aufgeführt.

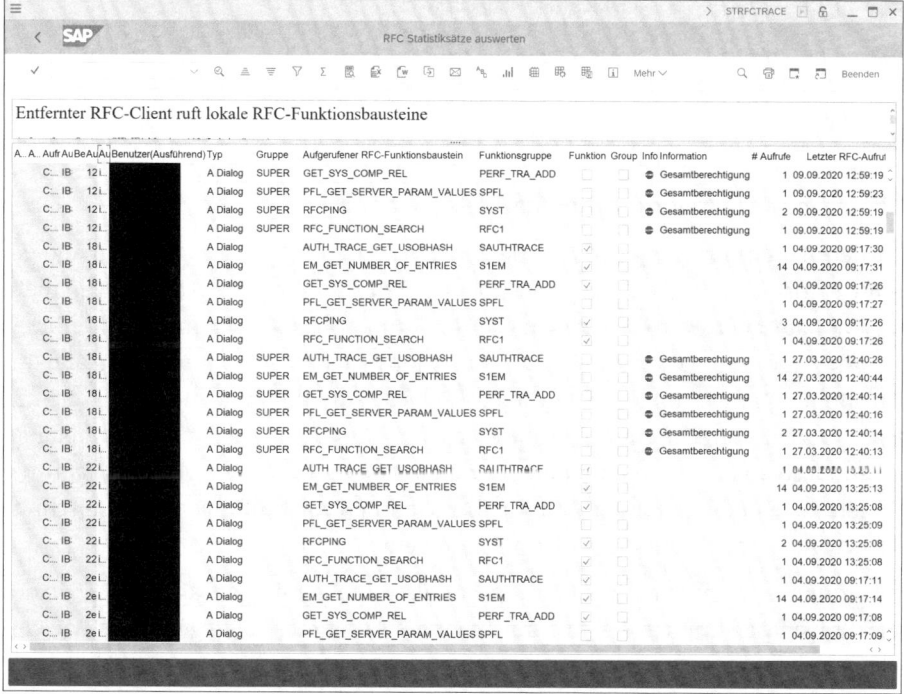

Abbildung 4.41 Transaktion STRFCTRACE

4 Protokollierungskomponenten

Spalte	Inhalt
Aufrufer-SID	System-ID des SAP-Systems, von dem aus der Zugriff stattfand
AufrMand.	Mandant des SAP-Systems, von dem aus der Zugriff stattfand
Aufrufer-Programm	Transaktion bzw. externes Programm
Aufrufer-Instanz	Rechnername bzw. SAP-Instanz, von der aus der Zugriff stattfand
Benutzer (Aufrufer)	Benutzer im entfernten SAP-System
Aufrufer-Destination	RFC-Verbindung des entfernten SAP-Systems
Benutzer (ausführend)	Benutzer, der im aktuellen System genutzt wurde
Typ	Benutzertyp (**Dialog**, **Kommunikation** usw.)
Benutzergruppe	Benutzergruppe des Benutzers
Aufgerufener RFC-Funktionsbaustein	Funktionsbaustein, der aufgerufen wurde
Funktionsgruppe	Funktionsgruppe des Funktionsbausteins
Information	Zeigt an, ob der Benutzer eine generische Berechtigung für das Objekt S_RFC besitzt.
Letzter RFC-Aufruf	Datum und Uhrzeit des Aufrufs

Tabelle 4.44 Spalten von Transaktion STRFCTRACE

4.7.4 Langzeitauswertung der Statistik

Mit dem Funktionsbaustein SWNC_COLLECTOR_GET_AGGREGATES ist es möglich, die gesamte Statistik auszulesen. Der größtmögliche Zeitraum ist hier ein Monat. Um mehrere Monate auszuwerten, müssen Sie den Funktionsbaustein mehrmals hintereinander aufrufen. Das Aufrufen von Funktionsbausteinen sollte keine Standardberechtigung im Produktivsystem sein. Um diese Funktion nutzen zu können, sind daher spezielle Berechtigungen erforderlich. Der Funktionsbaustein ist remotefähig; er kann also auch von einem anderen System aus im Produktivsystem aufgerufen werden. Zur Nutzung der Zugriffsstatistik im Rahmen von Prüfungen siehe Abschnitt 1.6, »Nutzung der Zugriffsstatistik für Prüfungen«.

Aufgerufen wird der Funktionsbaustein standardmäßig mit Transaktion SE37. In der Selektionsmaske müssen Sie im Bereich **Import-Parameter** die folgenden Werte eingeben:

4.7 Zugriffsstatistik

- COMPONENT: TOTAL (= alle Informationen ausgeben)
- ASSIGNDSYS: <SID des SAP-Systems>
- PERIODTYPE:
  - M = Monat
  - W = Woche
  - D = Tag
- PERIODSTART: Startdatum

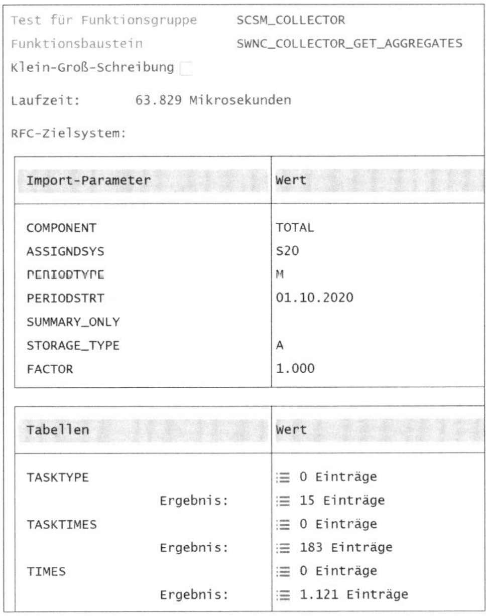

```
Test für Funktionsgruppe     SCSM_COLLECTOR
Funktionsbaustein            SWNC_COLLECTOR_GET_AGGREGATES
Klein-Groß-Schreibung
Laufzeit:        63.829 Mikrosekunden
RFC-Zielsystem:

Import-Parameter              Wert

COMPONENT                     TOTAL
ASSIGNDSYS                    S20
PERIODTYPE                    M
PERIODSTRT                    01.10.2020
SUMMARY_ONLY
STORAGE_TYPE                  A
FACTOR                        1.000

Tabellen                      Wert

TASKTYPE                      0 Einträge
          Ergebnis:           15 Einträge
TASKTIMES                     0 Einträge
          Ergebnis:           183 Einträge
TIMES                         0 Einträge
          Ergebnis:           1.121 Einträge
```

Abbildung 4.42 Funktionsbaustein SWNC_COLLECTOR_GET_AGGREGATES aufrufen

Nach der Ausführung werden die einzelnen Ergebnistabellen mit den Statistikdaten gefüllt. Abbildung 4.42 zeigt das Ergebnis. Zu den einzelnen Tabellen wird jeweils die Anzahl der enthaltenen Datensätze angezeigt. Klicken Sie auf das jeweilige Tabellensymbol, werden Ihnen die Inhalte angezeigt (siehe Tabelle 4.45). Um das Ergebnis einer Tabellenansicht zu speichern, wählen Sie den Menüpfad **Objekt • Sichern in PC-Datei** aus.

Tabelle	Inhalt
FRONTEND	Liste der Rechner und SAP-Systeme, von denen aus Funktionen aufgerufen wurden (Spalte **PHOST**)

Tabelle 4.45 Ergebnistabellen des Funktionsbausteins SWNC_COLLECTOR_GET_AGGREGATES

Tabelle	Inhalt
MEMORY	Liste aller aufgerufenen Transaktionen/Reports/Web Dynpros in allen Mandanten
USERTCODE	Liste aller aufgerufenen Transaktionen/Reports/Web Dynpros im aktuellen Mandanten
RFCCLNT	Liste der von diesem System in anderen Systemen aufgerufenen Funktionen
RFCSRVR	Liste der von einem anderen System in diesem System aufgerufenen Funktionen
COMP_HIERARCHY	Komponenten der Komponentenhierarchie des SAP-Systems, von denen aus Funktionen aufgerufen wurden

Tabelle 4.45 Ergebnistabellen des Funktionsbausteins SWNC_COLLECTOR_GET_AGGREGATES (Forts.)

In den Ergebnistabellen wird immer auch der *Tasktyp* ausgegeben (siehe Abbildung 4.43, Spalte **TA**). Dieser gibt die Herkunft des Eintrags an:

- 01: DIALOG
- 02: UPDATE
- 03: SPOOL
- 04: BCKGRD
- 05: ENQUEUE
- 06: BUF.SYN
- 07: AUTOABA
- 08: UPDATE2
- 0A: EXT.PLUGIN
- 0B: AUTOTH
- 0C: RPCTH
- 0D: RFCVMC
- 0E: DDLOG CLEANUP
- 0F: DEL.THCALL
- 10: AUTOJAVA
- 11: LICENCESRV
- 21: ANDERE
- 22: DINOGUI

- 23: B.INPUT
- 65: HTTP
- 66: HTTPS
- 67: NNTP
- 68: SMTP
- 69: FTP
- 6C: LCOM
- 75: HTTP/JSP
- 76: HTTPS/JSP
- FC: ESI
- FD: ALE
- FE: RFC
- FF: CPIC

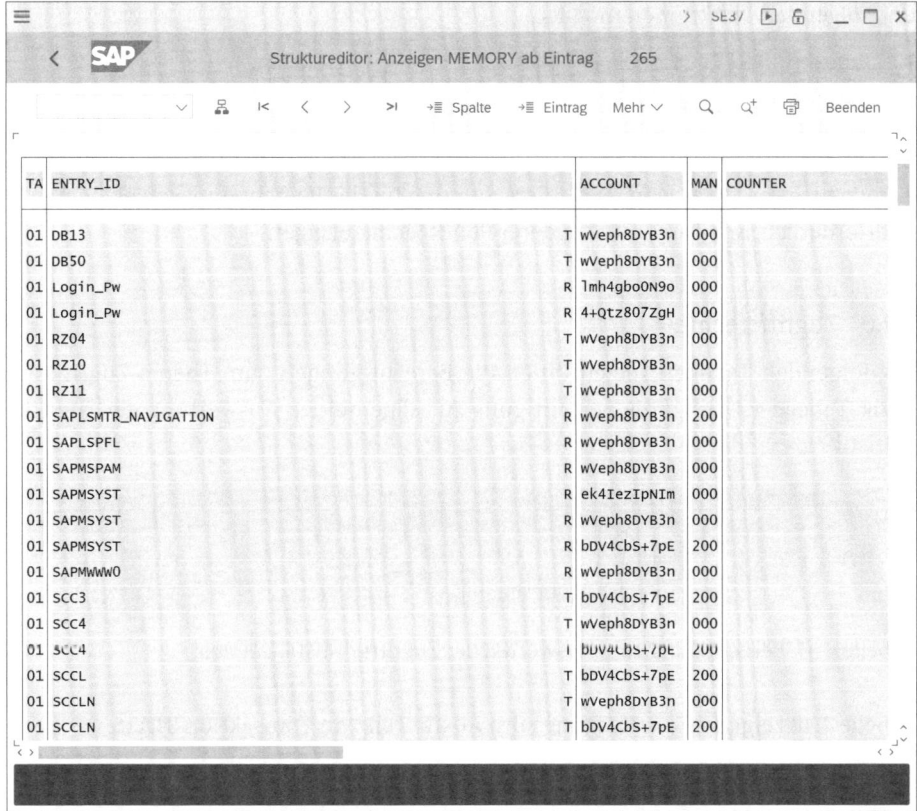

Abbildung 4.43 Anonymisierte Auswertung der Nutzerstatistik anzeigen

4.7.5 Anonymisierte Auswertung von Statistiksätzen

Eine Besonderheit bei der Auswertung der Statistikdaten stellt die Möglichkeit dar, diese anonymisiert auszuwerten. Das bedeutet, dass keine Benutzernamen angezeigt werden. Dies ist hilfreich, wenn die Fragestellungen zur Auswertung nicht zwingend Benutzernamen erfordern. So können Sie z. B die im System genutzten Transaktionen oder die aufgerufenen Funktionsbausteine ermitteln. Möglich ist dies, wenn die in Tabelle 4.46 aufgeführte Berechtigung nicht vergeben wird.

Berechtigungsobjekt	Feld	Wert
S_TOOLS_EX	AUTH (Berechtigungsname)	S_TOOLS_EX_A

Tabelle 4.46 Berechtigung zum Anzeigen der Benutzernamen in der Zugriffsstatistik

Ist diese Berechtigung nicht vergeben, werden anstelle der Benutzernamen nur anonymisierte Namen angezeigt (siehe Abbildung 4.43, Spalte **ACCOUNT**). Dies ist mit den folgenden Funktionen möglich:

- Transaktion STRFCTRACE/Report RS_RFC_STATRECS_SUMMARY
- Funktionsbaustein SWNC_COLLECTOR_GET_AGGREGATES

In den Transaktionen STO3N und STATS ist die Anzeige anonymisierter Benutzernamen nicht möglich. Dort ist die Berechtigung für das Berechtigungsobjekt S_TOOLS_EX erforderlich, um Datensätze anderer Benutzer anzuzeigen.

4.7.6 Zugriffsrechte

Die folgenden Tabellen zeigen Ihnen die Berechtigungen zum Thema Zugriffsstatistik. Tabelle 4.47 zeigt die Berechtigung zur allgemeinen Auswertung der Zugriffsstatistik.

Berechtigungsobjekt	Feld	Wert
S_TOOLS_EX	AUTH (Berechtigungsname)	S_TOOLS_EX_A

Tabelle 4.47 Berechtigung zum Auswerten der Zugriffsstatistik generell

Tabelle 4.48 zeigt die Berechtigung zum Ausführen von Transaktion STATS.

Berechtigungsobjekt	Feld	Wert
S_TCODE	TCD (Transaktion)	STATS
S_ADMI_FCD	S_ADMI_FCD (Systemadministrationsfunktion)	- STAM - STAU
S_TOOLS_EX	AUTH (Berechtigungsname)	S_TOOLS_EX_A

Tabelle 4.48 Berechtigung zum Ausführen von Transaktion STATS

Tabelle 4.49 zeigt die Berechtigung zum Ausführen des Funktionsbausteins SWNC_COLLECTOR_GET_AGGREGATES.

Berechtigungsobjekt	Feld	Wert
S_TCODE	TCD (Transaktion)	SE37 oder SE80
S_TOOLS_EX	AUTH (Berechtigungsname)	S_TOOLS_EX_A
S_DEVELOP	ACTVT (Aktivität)	16 (Ausführen)
	DEVCLASS (Paket)	SWNC_COLL
	OBJNAME (Objektname)	SCSM_COLLECTOR
	OBJTYPE (Objekttyp)	FUGR

Tabelle 4.49 Berechtigung zum Ausführen des Funktionsbausteins SWNC_COLLECTOR_GET_AGGREGATES

4.7.7 Checkliste

In Tabelle 4.50 finden Sie die Checkliste mit den prüfungsrelevanten Fragestellungen zur Lesezugriffsprotokollierung.

Risiko	Fragestellung
	Vorgabe oder Erläuterung
2	Ist die Nutzung der Zugriffsstatistik mit der Arbeitnehmervertretung abgestimmt?
	Die Auswertung von Benutzeraktionen mittels der Zugriffsstatistik muss mit der Arbeitnehmervertretung abgestimmt und in die Betriebsvereinbarung zum Betrieb des SAP-Systems aufgenommen werden.
	Hier besteht das Risiko, dass gegen das Verbot der Leistungs- und Verhaltenskontrolle verstoßen wird.
1	Wurde die Berechtigung zum Auswerten der Zugriffsstatistik mit Klarnamen vergeben?
	Die Berechtigung darf nur dem in der Betriebsvereinbarung bestimmten Personenkreis zugeordnet werden.
	Hier besteht das Risiko, dass Nutzerdaten unberechtigt ausgewertet werden.
2	Wie lange werden die Daten der Zugriffsstatistik aufbewahrt?
	Der Aufbewahrungszeitraum muss dem in der Betriebsvereinbarung bestimmten Zeitraum entsprechen.
	Hier besteht das Risiko, dass Nutzerdaten zu lange aufbewahrt und für unberechtigte Analysen genutzt werden können.

Tabelle 4.50 Checkliste zur Zugriffsstatistik

Wie Sie die einzelnen Punkte praktisch am SAP-System prüfen können, erfahren Sie in Abschnitt 4.7 des Dokuments **Tiede_Checklisten_Sicherheit_und_Pruefung.pdf**.

4.8 Weitere Protokollkomponenten

Für eine Vielzahl einzelner Vorgänge im SAP-System werden dedizierte Protokolle erzeugt. Zumeist werden diese in separaten Tabellen gespeichert. In den folgenden Abschnitten stelle ich Ihnen wesentliche Protokolle vor, die Sie zur Prüfung der Sicherheit von SAP-Systemen nutzen können.

4.8.1 Protokolle für die Systemänderbarkeit

Die Einstellung zur *Systemänderbarkeit*, die für das gesamte System gilt, wird über die Transaktionen SE06, RSWBO004 und SCTS_RSWBO004 oder den Report RSWBO004 festgelegt. Die Systemänderbarkeit wird über die Schaltfläche **Globale Einstellung** eingestellt. Zwei Einstellungen sind möglich:

4.8 Weitere Protokollkomponenten

- **Änderbar**: Die Anwendungsentwicklung und die Pflege mandantenunabhängiger Tabellen ist für alle Mandanten freigeschaltet.
- **Nicht änderbar**: Die Anwendungsentwicklung und die Pflege mandantenunabhängiger Tabellen ist in allen Mandanten des Systems nicht möglich.

Die Änderungen an der Systemänderbarkeit werden standardmäßig vom System protokolliert. Gespeichert werden diese Protokolle in Tabelle DDPRS (Protokoll TRLOGSYSTEM) und ausgewertet mit Transaktion RSWBO004. Klicken Sie in der Oberfläche der Transaktion auf die Schaltfläche **Protokoll**. Es wird der Report RSWBO095 aufgerufen. Im Ergebnis klicken Sie auf die Schaltfläche **Alles expandieren**, um anzuzeigen, wann und von wem die Einstellungen geändert wurden. Die Einträge sind standardmäßig absteigend sortiert; die aktuellen Einträge stehen daher unten im Protokoll (siehe Abbildung 4.44).

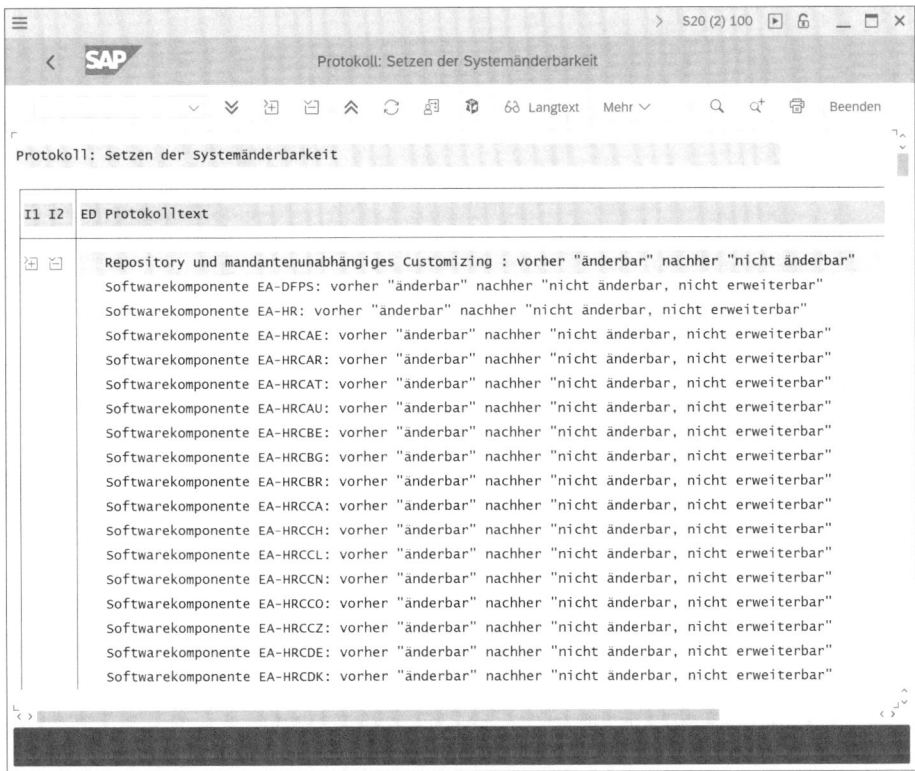

Abbildung 4.44 Protokoll der Systemänderbarkeit

Alternativ können Sie Transaktion RSAUDIT_SYSTEM_ENV nutzen. Weitere Informationen zur Systemänderbarkeit finden Sie in Abschnitt 9.3, »Systemänderbarkeit«.

4.8.2 Protokolle von Mandantenkopien

Bei jedem Start des Mandantenkopierers wird ein Protokoll erstellt, sowohl beim Kopieren als auch bei Testläufen. Diese Protokolle können Sie mit Transaktion SCC3 einsehen. Im Einstiegsbild werden Ihnen verschiedene Registerkarten angezeigt. Die Registerkarte **MandÜbersicht** zeigt Ihnen alle Kopiervorgänge nach Mandanten sortiert. In der Registerkarte **Zeitleistensicht** sind sie nach Datum sortiert.

Durch einen Doppelklick gelangen Sie in die Protokolle des jeweiligen Laufs. Hier werden Ihnen, in Registerkarten strukturiert, die Protokolle angezeigt (siehe Abbildung 4.45). Klicken Sie auf die Schaltfläche, um alle Registerkarten aufzulisten.

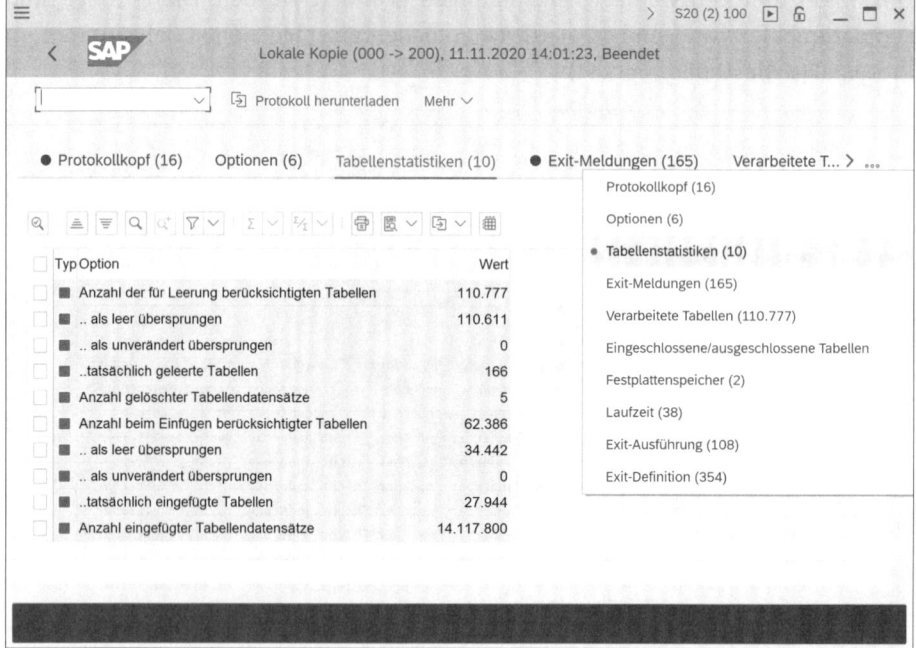

Abbildung 4.45 Protokoll einer Mandantenkopie

Eine Auflistung aller Mandantenkopien erhalten Sie alternativ auch über Tabelle CCCFLOW bzw. CCCFLOWV2 (je nach Releasestand). Weitere Informationen zu Mandantenkopien finden Sie in Abschnitt 2.4.5, »Mandantenkopien«.

4.8.3 Protokolle von Änderungen an Systemparametern

Systemparameter werden in Transaktion RZ10 in den Profildateien gepflegt. Wird der Wert eines Parameters geändert, wird von der Profildatei eine neue Version erzeugt. Alle Versionen werden in der Datenbank gespeichert. Zur Prüfung der aktuellen Werte sowie aller vorherigen Versionen können Sie die folgenden Tabellen nutzen:

- **Tabelle TPFHT: Versionen der einzelnen Profile**
  In dieser Tabelle sind alle Versionen zu den Profilen (Default- und Instanzprofile) gespeichert, inklusive des letzten Änderers sowie Datum und Uhrzeit.
- **Tabelle TPFET: Parameterwerte der einzelnen Profilparameter**
  In dieser Tabelle sind zu den einzelnen Versionen von allen Profilen die einzelnen Parameter mit ihren Werten hinterlegt.

Weitere Informationen zu Systemparametern finden Sie in Abschnitt 3.1.2, »Systemparameter«.

4.8.4 Protokolle von Mehrfachanmeldungen

Die Mehrfachanmeldungen von Benutzern (parallele Anmeldungen) werden in Tabelle USR41_MLD gespeichert. Alternativ können Sie für die Auswertungen der Mehrfachanmeldungen den Report RSUVM015 nutzen. Weitere Informationen zu Mehrfachanmeldungen finden Sie in Abschnitt 7.11, »Angemeldete Benutzer«.

4.8.5 Protokolle von Änderungen an Betriebssystemkommandos

Werden *Betriebssystemkommandos* geändert, wurden die Änderungen bis SAP NetWeaver 7.40 in der Tabelle SXPGHISTOR protokolliert. Hier wird festgehalten, wann Betriebssystemkommandos angelegt, geändert oder gelöscht werden. Im Feld MODIFIER wird angegeben, um welche Aktion es sich handelt:

- C (Create) = Anlegen
- M (Modify) = Ändern
- D (Delete) = Löschen

Seit SAP NetWeaver 7.50 erfolgt die Protokollierung über die Tabellenprotokollierung. Weitere Informationen zu Betriebssystemkommandos finden Sie in Abschnitt 3.5, »Logische Betriebssystemkommandos«.

4.8.6 Jobprotokolle

Über Transaktion SM36 können Jobs eingeplant werden, die anschließend automatisch im Hintergrund durchgeführt werden. Jobs können auch mit anderen Benutzern als dem eigenen (und somit auch mit dessen Berechtigungen) eingeplant werden. Daher ist es relevant zu prüfen, wer wann welchen Job mit welchem Benutzer eingeplant hat. Über den View TBTC_JOB_DATA können Sie dies ermitteln. Abbildung 4.46 zeigt Ihnen exemplarisch das Selektionskriterium für die Frage, wer den Job eingeplant und dabei den Benutzer DDIC als Hintergrundbenutzer eingetragen hat. Da der View über sehr viele Felder verfügt, sollten Sie in Transaktion SE16 die Anzeige auf die relevanten Felder begrenzen:

4 Protokollierungskomponenten

- JOBNAME: Jobname
- JOBCOUNT: Jobnummer
- SDLSTRTDT: Ausführungstermin
- SDLUNAME: einplanender Benutzer
- AUTHCKNAM: Hintergrundbenutzer für die Berechtigungsprüfung
- AUTHCKMAN: Mandant, in dem der Job eingeplant wurde

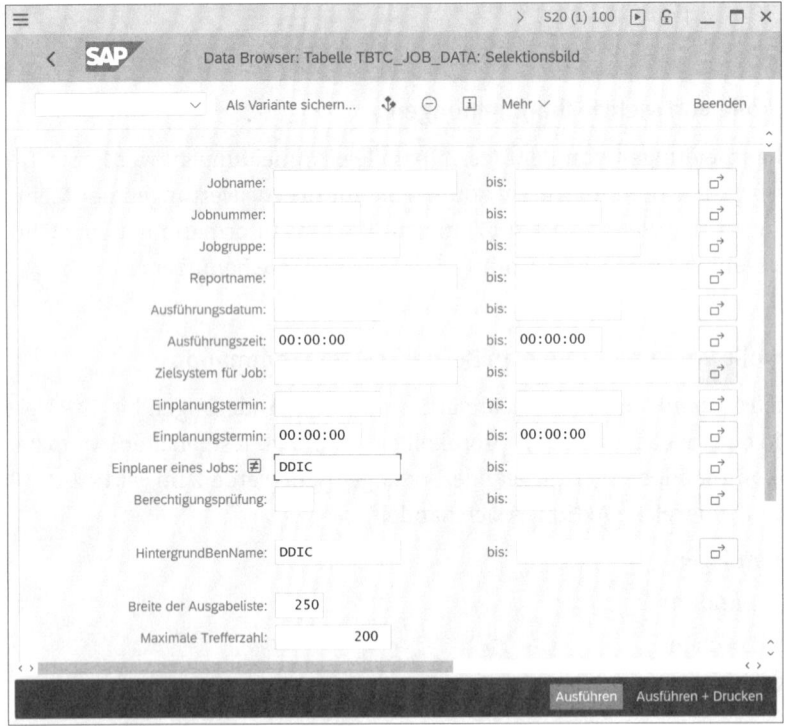

Abbildung 4.46 Jobs auswerten

4.8.7 Protokolle von Änderungen über Transaktion SE16N

Über Transaktion SE16N durchgeführte Änderungen werden zusätzlich in eigenen Tabellen protokolliert (SE16N_CD_KEY und SE16N_CD_DATA). Die Tabellen enthalten die folgenden Felder:

- **Tabelle SE16N_CD_KEY (Belegkopfdaten)**
  - MANDT: Mandant
  - ID: eindeutige ID eines Änderungsbelegs
  - TAB: geänderte Tabelle
  - UNAME: Benutzer, der die Änderung durchgeführt hat

- SDATE: Datum der Änderung
- STIME: Uhrzeit der Änderung
- CLNTDEP: Änderung wurde mandantenübergreifend vorgenommen
- REASON: Erläuterungstext
- **Tabelle SE16N_CD_DATA (Belegpositionen)**
  - MANDT: Mandant
  - ID: eindeutige ID eines Änderungsbelegs
  - POS: laufende Nummer
  - CHANGE_TYPE: Art der Änderung (D = Löschen, I = Einfügen, M = Ändern)
  - TAB: geänderte Tabelle
  - LENGTH: Länge des Datenfelds
  - VALUE: geänderter Datensatz der Tabelle

4.8.8 Protokolle von Änderungen über den Generic Table Browser (GTB)

Über die Transaktionen des GTB (S416N etc.) durchgeführte Änderungen werden zusätzlich in eigenen Tabellen protokolliert (GTB_CD_KEY und GTB_CD_DATA). Die Tabellen enthalten die folgenden Felder:

- **Tabelle GTB_CD_KEY (Belegkopfdaten)**
  - MANDT: Mandant
  - ID: eindeutige ID eines Änderungsbelegs
  - TAB: geänderte Tabelle
  - UNAME: Benutzer, der die Änderung durchgeführt hat
  - SDATE: Datum der Änderung
  - STIME: Uhrzeit der Änderung
  - CLNTDEP: Änderung wurde mandantenübergreifend vorgenommen
  - ARCHIVE_FLAG: Änderungsdokument archiviert
- **Tabelle GTB_CD_DATA (Belegpositionen)**
  - MANDT: Mandant
  - ID: eindeutige ID eines Anderungsbelegs
  - POS: laufende Nummer
  - CHANGE_TYPE: Art der Änderung (D = Löschen, I = Einfügen, M = Ändern)
  - TAB: geänderte Tabelle
  - LENGTH: Länge des Datenfelds
  - VALUE: geänderter Datensatz der Tabelle

4.8.9 Protokolle von Änderungen an Sicherheitsrichtlinien

Änderungen an Sicherheitsrichtlinien werden über das Änderungsbelegobjekt SECURITY_POLICY protokolliert. Ausgewertet werden sie mit Transaktion SECPOL_CHANGES bzw. dem Report SECPOL_DISPLAY_CHANGEDOCUMENTS. Um auszuwerten, welchen Benutzern von wem Sicherheitsrichtlinien zugeordnet (oder entfernt) wurden, nutzen Sie den Report RSUSR100N (Transaktion S_BCE_68002311). In der Selektionsmaske des Reports aktivieren Sie dazu auf der Registerkate **Benutzerattribute** die Option **Security Policy**.

Weitere Informationen zu Sicherheitsrichtlinien finden Sie in Abschnitt 3.2.5, »Schutz vor Kennwort-Hacking«.

4.8.10 SAP Gateway – Fehlerprotokolle

Folgende Transaktionen können genutzt werden, um Fehlerprotokolle des SAP Gateways auszuwerten:

- /IWFND/ERROR_LOG: Fehlerprotokoll SAP-Fiori-Frontend-Server
- /IWBEP/ERROR_LOG: Fehlerprotokoll SAP-Backend-System

Diese Funktionen dienen zur Überprüfung von Fehlern, die beim Aufruf von OData-Services mit OData-Anfragen auftreten. Auch fehlende Berechtigungen auf Services werden dort ausgewiesen. Abbildung 4.47 zeigt die Oberfläche von Transaktion /IWFND/ERROR_LOG.

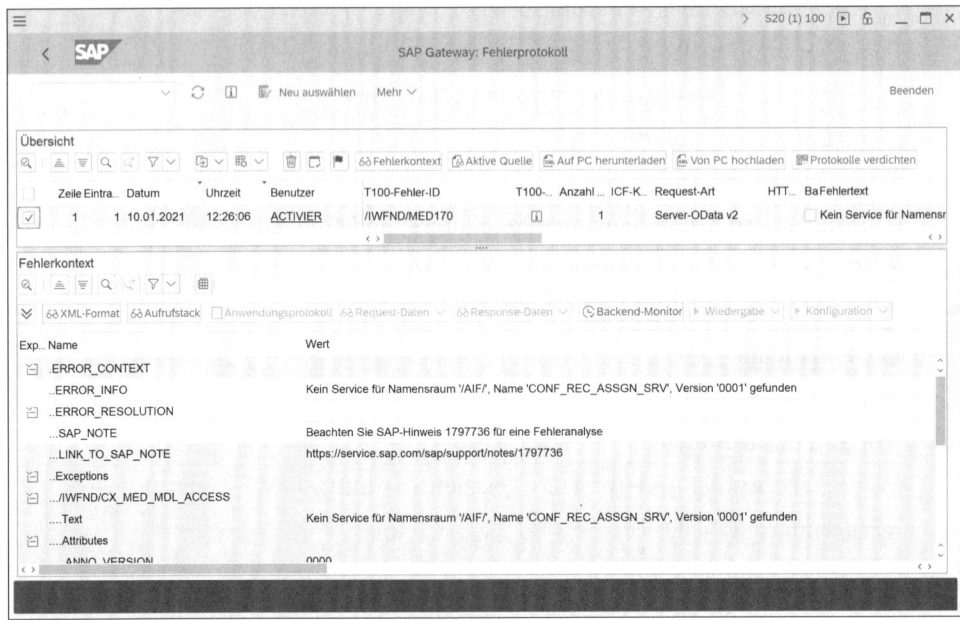

Abbildung 4.47 Fehlerprotokolle SAP Gateway

Die Oberfläche von Transaktion /IWBEP/ERROR_LOG ist identisch. Mit der Schaltfläche [Aktive Quelle] springen Sie direkt in den Quelltext an die Stelle, an der der Fehler aufgetreten ist.

4.8.11 Generische Auditauswertungen (Transaktion SAIS_MONI)

Mit Transaktion bzw. dem Report SAIS_MONI haben Sie die Möglichkeit, mehrere Protokolle in einem Schritt anzeigen zu lassen. Dies ist insbesondere dann hilfreich, wenn Sie Protokolle für einen bestimmten Benutzer auswerten möchten, z. B. für den Benutzer DDIC oder einen Notfallbenutzer. Auch die auszuwertenden Protokolle können eingegrenzt werden. Die Auswertung aller Protokolle für alle Benutzer über einen längeren Zeitraum erzeugt möglicherweise zu große Datenmengen. Aber auch dafür kann der Report genutzt werden.

Abbildung 4.48 zeigt die Selektionsmaske des Reports. Im oberen Teil geben Sie das auszuwertende Datum ein und evtl. eine Eingrenzung auf einen oder mehrere Benutzer. Im Block **Datenquelle und Attribute** wählen Sie die anzuzeigenden Protokolle aus. Tabelle 4.51 listet sie für Sie auf.

Selektion	Beschreibung
Änderungen an Mandanten- und Systemeinstellungen	Protokolle aus Transaktion SE06. Es werden die Protokolle aller Benutzer angezeigt.
Einträge aus dem Security-Audit-Log	Die Protokolle können auf Audit-Log-Meldungsnummern eingegrenzt werden. Die Meldungsnummern finden Sie in Transaktion SE92.
Einträge aus dem Systemlog	Die Protokolle können auf Syslog-Meldungsnummern eingegrenzt werden. Die Meldungsnummern finden Sie in Transaktion SE92.
Einträge der Tabellenprotokollierung	Die Protokolle der Tabellenänderungen können auf Tabellen/Views eingegrenzt werden.
Einträge aus dem Business Application Log	Die Protokolle können auf einzelne Business-Objekte eingegrenzt werden.
Einträge von allgemeinen Änderungsbelegen	Die Protokolle können auf einzelne Änderungsbelege eingegrenzt werden.
Importeinträge (Change and Transport System)	Protokolle von Importen
Exporteinträge (Change and Transport System)	Protokolle von Exporten

Tabelle 4.51 Selektionsoptionen in Report SAIS_MONI

Selektion	Beschreibung
Modifizierte Objekte der ABAP Workbench	Protokolle von Modifikationen und Erweiterungen
Geänderte/erstellte Objekte in der ABAP Workbench	Protokolle von neuen und geänderten Elementen der Anwendungsentwicklung

Tabelle 4.51 Selektionsoptionen in Report SAIS_MONI (Forts.)

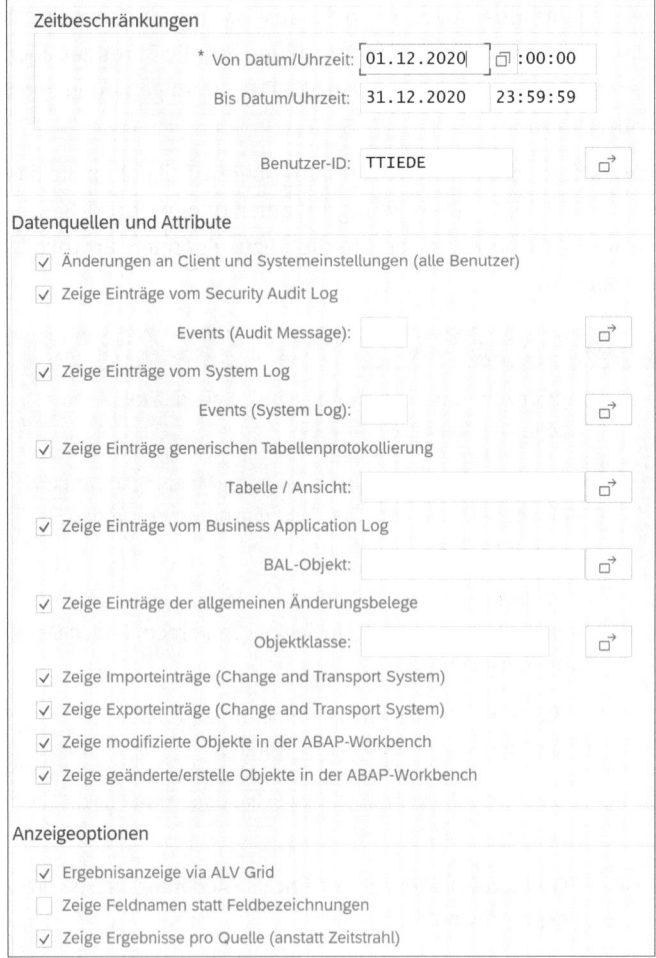

Abbildung 4.48 Transaktion SAIS_MONI – Selektionsmaske

Standardmäßig werden Ihnen die Protokolle aufsteigend nach Datum sortiert angezeigt. Dies ist z. B. sinnvoll, wenn Sie die Protokolle exportieren und mit einem externen Programm weiterverarbeiten wollen. Je nach Auswertung kann es aber erforderlich sein, die Protokolle nach den einzelnen Datenquellen aufzulisten. Selektieren Sie hierfür in der Selektionsmaske unter Anzeigeoptionen den Punkt **Zeige Ergebnisse pro Quelle (anstatt Zeitstrahl)**. Abbildung 4.49 zeigt ihnen das Ergebnis, gruppiert nach Datenquellen.

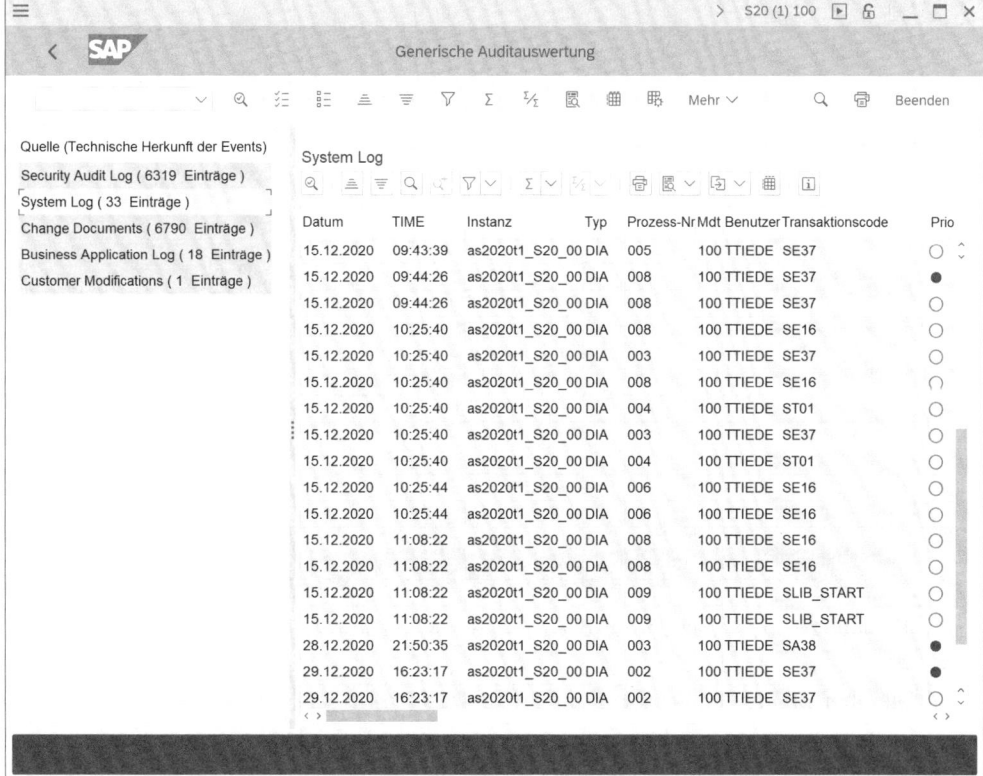

Abbildung 4.49 Transaktion SAIS_MONI – Ergebnisanzeige

4.9 Systemüberwachung mit SAP Enterprise Threat Detection

In diesem Abschnitt erkläre ich, was Sie im Rahmen der Sicherheitsbetrachtung beim Einsatz von SAP Enterprise Threat Detection beachten müssen.

4.9.1 Übertragung der Protokolle an SAP Enterprise Threat Detection

Die Protokolldaten vom ABAP-Stack werden teilweise jobgesteuert an SAP Enterprise Threat Detection transferiert, teilweise in Echtzeit per Kernel-API. Im ersten Schritt müssen Sie dafür die Protokolle definieren, die übertragen werden sollen. Dies erfolgt über Tabelle SECM_LOGS. Abbildung 4.50 zeigt die Konfiguration der Protokollübertragung. Änderungsrechte für diese Tabelle dürfen nur eingeschränkt an die entsprechend berechtigten Administratoren vergeben werden. Da die Tabelle mandantenunabhängig ist, muss die Berechtigung in allen Mandanten entsprechend eingeschränkt werden.

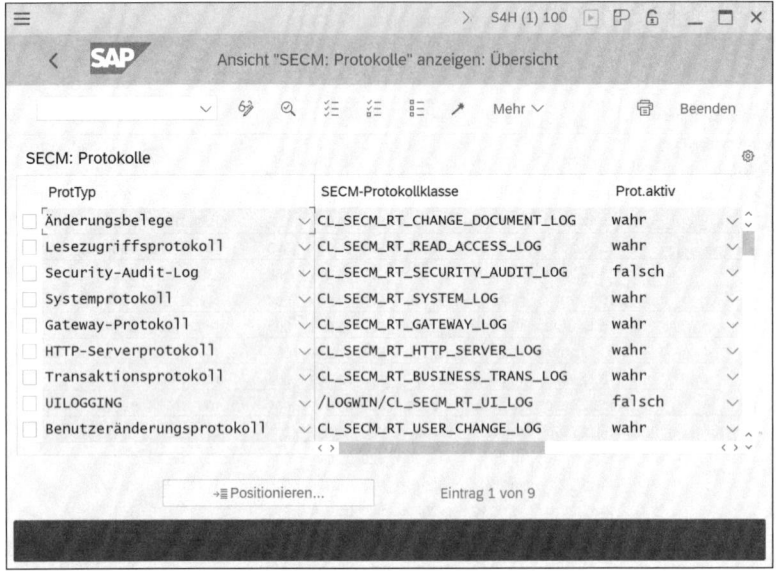

Abbildung 4.50 Standardprotokolle zur Übertragung an SAP Enterprise Threat Detection

Die Übertragung der Protokolle an SAP Enterprise Threat Detection konfigurieren Sie über Transaktion SECM_CONFIGURATION bzw. den gleichnamigen Report. Hier geben Sie das SAP-Enterprise-Threat-Detection-System und den Benutzer an, der die Daten dort entgegennimmt. Abbildung 4.51 zeigt die Oberfläche von Transaktion SECM_CONFIGURATION. Es werden die Protokolle gemäß der Konfiguration in Tabelle SECM_LOGS übertragen. Die hier definierte Konfiguration wird in Tabelle SECM_CONFIG gespeichert.

Die Übertragung der Daten erfolgt über den Report SECM_LOG_2_ESP. Um die Übertragung zu testen, können Sie den Report auch über Transaktion SECM_LOG_2_ESP aufrufen. Dieser Report wird als Job mit minütlicher Ausführung eingeplant (siehe Abbildung 4.52). Hierdurch ist gesichert, dass die Protokolle zeitnah an SAP Enterprise Threat Detection übertragen werden.

4.9 Systemüberwachung mit SAP Enterprise Threat Detection

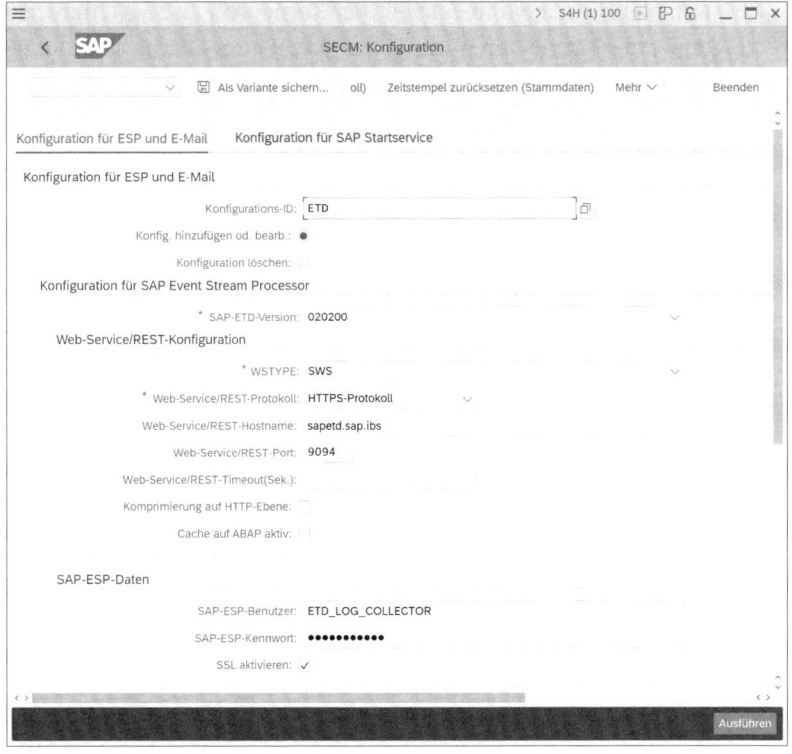

Abbildung 4.51 SAP Enterprise Threat Detection konfigurieren

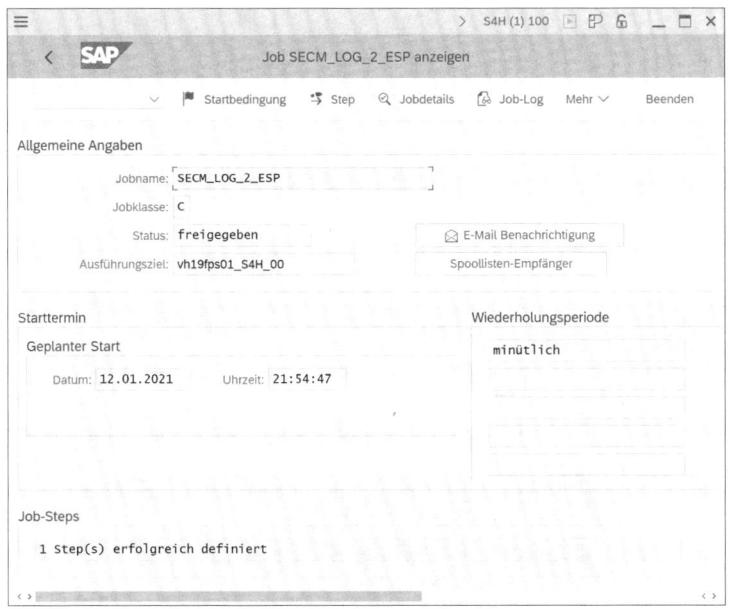

Abbildung 4.52 Übertragungsjob an SAP Enterprise Threat Detection konfigurieren

4 Protokollierungskomponenten

Ein Großteil der Protokolle kann auch in Echtzeit per Kernel-API an SAP Enterprise Detection übertragen werden, ohne den minütlich eingeplanten Job. Dies wird mithilfe von Systemparametern konfiguriert, siehe Tabelle 4.52.

Parameter	Beschreibung
etd_event_sender/enable	Aktivierung des Sendens von Protokollen ans SAP ETD per Kernel-API
etd_event_sender/server	SAP ETD-Server und Sendemethode: • DATAGRAM (UDP-Datagramme) • TCP (TCP-Verbindung) • SSL (verschlüsselte TCP-Verbindung)
etd_event_sender/ssl_config	SSL-Konfiguration (wenn Sendemethode = SSL)

Tabelle 4.52 Parameter für SAP ETD

4.9.2 Auswahl der Patterns in SAP Enterprise Threat Detection

In SAP Enterprise Threat Detection müssen Sie auswählen, welche Patterns zur Analyse der Protokolle genutzt werden sollen. Hierzu benötigen Sie die Rolle sap.secmon. db::EtdAdmin (Application Privilege sap.secmon::Admin; siehe Abschnitt 12.6.6, »Application Privileges«). In SAP Enterprise Threat Detection werden Ihnen über die Kachel **Patterns** (siehe Abbildung 4.53) alle verfügbaren Patterns angezeigt (siehe Abbildung 4.54).

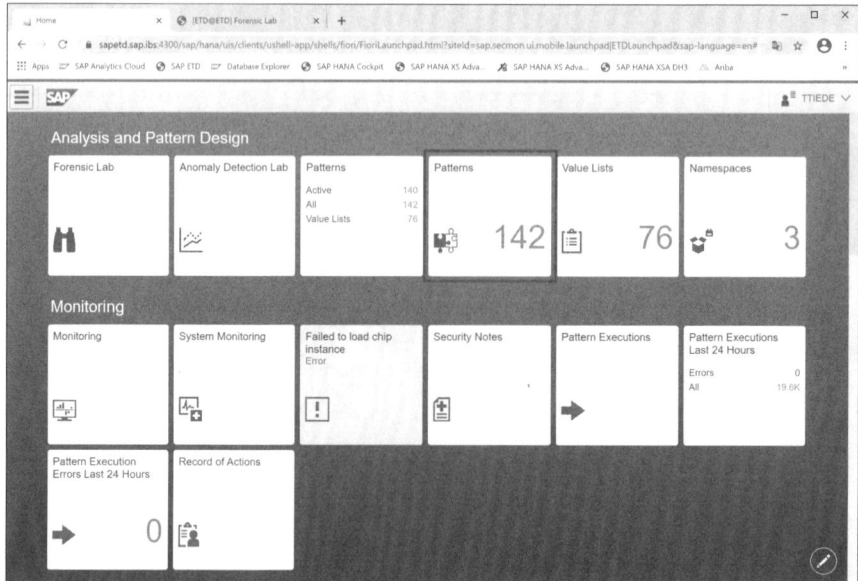

Abbildung 4.53 Kacheln zur Analyse und Konfiguration der Patterns

4.9 Systemüberwachung mit SAP Enterprise Threat Detection

Name	Namespace	Description	Open Alerts	Created By	Status	Executi on Output	Test Mode
Authorization assignment by non-admin-group user	http://sap.com/se cmon/basis	Alert when a user who is not an administrator has changed a role or profile…	3	SAP	Active	Alert	Yes
CUZ-Generic table access by RFC pattern	http://sap.com/se cmon/basis	Category: Unauthorized logon attempt Purpose:…	2	SAP	Active	Alert	Yes
ABAP critical FM calls per SOAP rfc	http://sap.com/se cmon/basis	Client calls critical ABAP function modules per SOAP rfc interface.	0	SAP	Active	Alert	Yes
Change of a Critical Security Policy in a Critical System	http://sap.com/se cmon/content	Monitor ABAP system events indicating change of a critical security policy by mea…	0		Active	Alert	Yes
Service Calls by Dialog User	http://sap.com/se cmon/basis	Calls of functions, transactions, resources, and access to new application component	0	SAP	Active	Indicator	
SAL Server not in whitelist	http://sap.com/se cmon/basis	Nonstandard system access, RFC function call Security audit log message ID "DU3":…	0	SAP	Active	Alert	Yes
Change of a Security Policy in a Critical System	http://sap.com/se cmon/content	Monitor ABAP system events indicating change of a security policy by means of…	0		Active	Alert	Yes
Successfully invoke servlet on J2EE server	http://sap.com/se cmon/basis	A client access to J2EE per servlet successfully. The server responded with 2…	0	SAP	Active	Alert	Yes
System configuration changes	http://sap.com/se cmon/basis	A system relevant configuration has been changed successfully or unsuccessfully.	0	SAP	Active	Indicator	
User role changed to *	http://sap.com/se cmon/basis	Alert when an authentication within a role is changed to *.	0	SAP	Active	Alert	Yes
Change of HR Critical Role	http://sap.com/se cmon/content	Checks if there was a change in the configuration of critical HR authorization…	0		Active	Alert	Yes
Access to critical database tables via transactions	http://sap.com/se cmon/basis	Access via transaction (e.g. SE16, SE16N, SM30, SM31, SM34, etc.) to password ha…	0	SAP	Active	Alert	Yes

Abbildung 4.54 Auswahl der Patterns in SAP Enterprise Threat Detection

Markieren Sie die Patterns, die genutzt werden sollen. Klicken Sie anschließend auf die Schaltfläche **Activate** in der Menüleiste rechts unten. Alle markierten Patterns werden aktiviert. Diese Patterns werden nun gemäß der aus den SAP-Systemen übertragenen Daten analysiert, sobald die Protokolle an SAP Enterprise Threat Detection übertragen worden sind.

4.9.3 Definition eigener Patterns

SAP Enterprise Threat Detection kann um eigene Patterns erweitert werden. Dazu müssen Sie im ersten Schritt einen eigenen Namensraum anlegen. Die SAP-Standardnamensräume sind *http://sap.com/secmon* und *http://sap.com/secmon/basis*. Klicken Sie auf die Kachel **Namespaces** und dort auf die Schaltfläche **Add Namespace**, um einen eigenen Namensraum anzulegen.

Die Patterns werden über das *Forensic Lab* gepflegt, das Sie über die gleichnamige Kachel aufrufen. Die Oberfläche des Forensic Labs sehen Sie in Abbildung 4.55. Standard-Patterns von SAP sind nicht änderbar. Wenn Sie ein eigenes Pattern auf Basis eines Standard-Patterns anlegen möchten, kopieren Sie dieses in Ihren eigenen Namensraum und passen dann die Kopie an. Zum Pflegen von Namensräumen und Patterns ist die Rolle sap.secmon.db::EtdUser (Application Privilege sap.secmon::Execute) erforderlich.

4 Protokollierungskomponenten

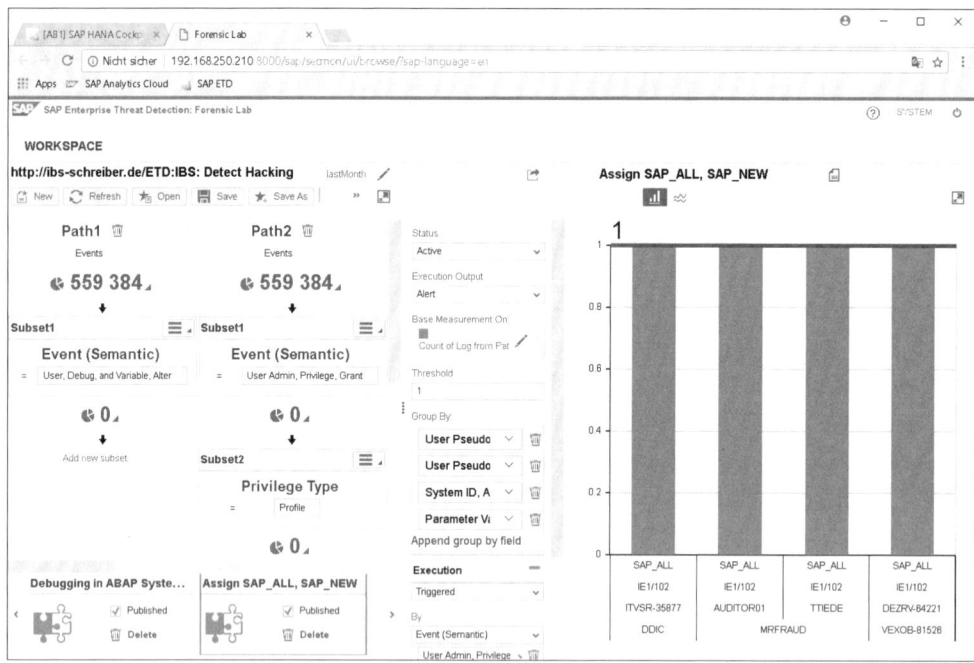

Abbildung 4.55 Patterns mit dem Forensic Lab pflegen

4.9.4 Analyse mit SAP Enterprise Threat Detection

Die Daten aus den SAP-Systemen werden in Echtzeit oder jobgesteuert minütlich an SAP Enterprise Threat Detection übertragen. Dort werden sie in Tabelle sap.secmon. db::Log.Events gespeichert. Die Daten werden sofort über die aktivierten Patterns ausgewertet. Liefern die Patterns ein Ergebnis, werden Alarmmeldungen (*Alerts*) erzeugt. Sind die Patterns so konfiguriert, dass sie als Ergebnis einen Alarm liefern, können diese sofort an die verantwortlichen Benutzer per E-Mail versendet oder manuell ausgewertet werden.

Zur manuellen Auswertung können Sie die Kachel **Open Alerts** nutzen. Hier können alle Alerts angezeigt werden oder nur die Alerts der letzten 24 Stunden. Abbildung 4.56 zeigt eine Liste von offenen Alerts.

Auf offene Alerts müssen Sie reagieren. In den Eigenschaften des Alerts (Schaltfläche **Edit**) müssen Sie den Status (**Open**) entsprechend ändern, z. B. auf **Investigation Triggered** oder **No Reaction Required**. Außerdem können Sie zu jedem Alert angeben, ob es sich um einen Angriff handelt oder nicht. Hierzu wählen Sie im Feld **Attack** die Option **No**, **Yes**, **Suspected** oder **Unknown** (siehe Abbildung 4.57). Diese Angaben werden dann in den Statistikauswertungen betrachtet.

Zum Auswerten der Alerts sowie zum Ändern des Status ist die Rolle sap.secmon. db::EtdUser (Application Privilege sap.secmon::Execute) erforderlich.

4.9 Systemüberwachung mit SAP Enterprise Threat Detection

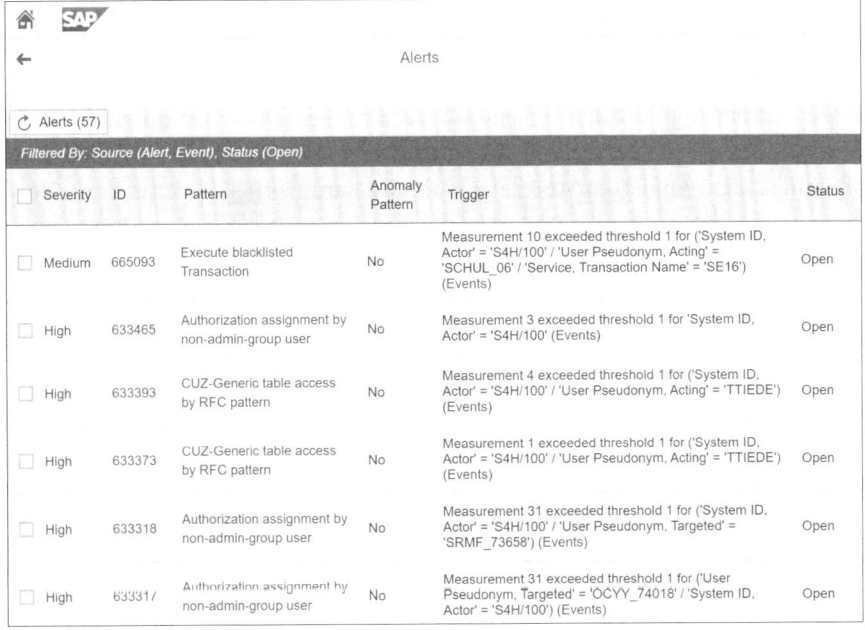

Abbildung 4.56 Offene Alerts

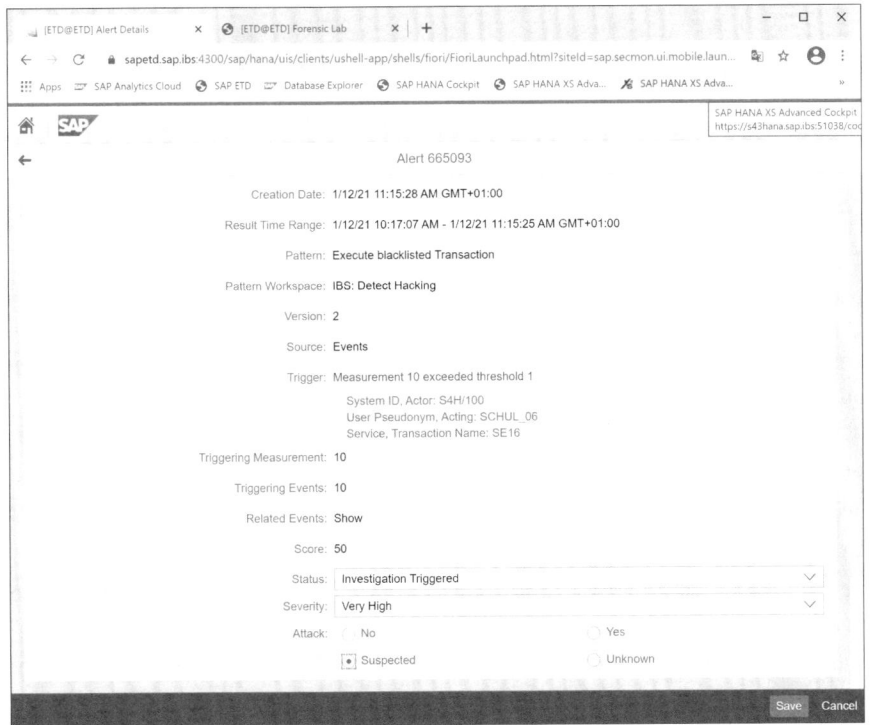

Abbildung 4.57 Eigenschaften eines Alerts

Bei aktivierter Pseudonymisierung werden in den Alerts die Benutzernamen der auslösenden Benutzer nicht in Klartext angezeigt, sondern nur ein Pseudonym, z. B. 'User Pseudonym, Acting' = 'LHFFB-20956'. Um den Klarnamen zu einem Pseudonym anzuzeigen, ist das Application Privilege sap.secmon::ResolveUser erforderlich (Rolle sap.secmon.db::EtdResolveUser). Die Funktion wird über die Kachel **Resolve User Identity** aufgerufen. Abbildung 4.58 zeigt, dass der Benutzername hinter dem Pseudonym 'SCHE_69391' der Name TEST_IBS ist. Über die Registerkarte **Log** können Sie die Liste einsehen, wer wann welches Pseudonym aufgelöst hat. Hiermit werden die Auflagen des Datenschutzes oder die Vorgaben des Betriebsrats bezüglich der Auswertung der Protokolle umgesetzt.

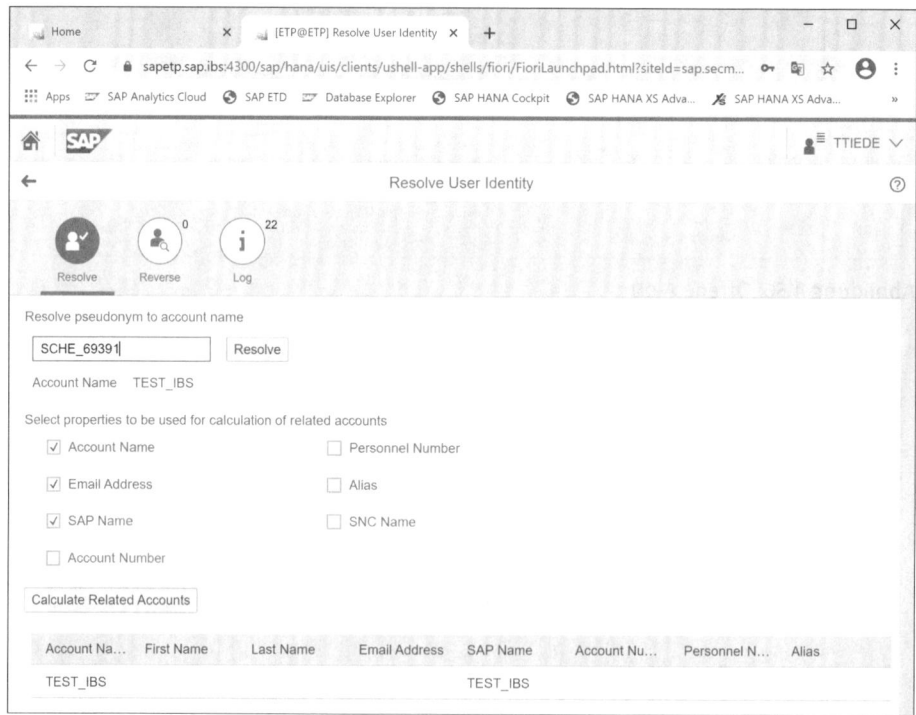

Abbildung 4.58 Pseudonym auflösen

Die Pseudonymisierung erfolgt in SAP Enterprise Threat Detection über die folgenden Tabellen:

- "SAP_SEC_MON"."sap.secmon.db.userdata::User.AccountData"
  Liste aller Benutzer, von denen entweder Stammdaten explizit an SAP Enterprise Threat Detection übertragen wurden oder die in Protokolleinträgen die auslösenden Benutzer waren. Im Feld AccountNameHash wird den Benutzern jeweils eine eindeutige ID zugeordnet, mit der das Pseudonym identifiziert wird.

- "SAP_SEC_MON"."sap.secmon.db.userdata::User.AccountNamePseudonym"
Liste der Pseudonyme. Das Feld `Account.AccountNameHash` enthält die ID aus Tabelle "SAP_SEC_MON"."sap.secmon.db.userdata::User.AccountData". Hierüber kann das Pseudonym in den Klarnamen mit folgendem Statement aufgelöst werden (siehe auch Abbildung 4.59):

```
SELECT "SAP_SEC_MON"."sap.secmon.db.userdata::User.AccountData"."System",
       "SAP_SEC_MON"."sap.secmon.db.userdata::User.AccountData".
                 "AccountName",
       "SAP_SEC_MON"."sap.secmon.db.userdata::User.AccountNamePseudonym".
                 "Pseudonym"
FROM "SAP_SEC_MON"."sap.secmon.db.userdata::User.AccountData"
     LEFT OUTER JOIN
         "SAP_SEC_MON"."sap.secmon.db.userdata::User.AccountNamePseudonym"
     ON "SAP_SEC_MON"."sap.secmon.db.userdata::User.AccountData".
                 "AccountNameHash" =
        "SAP_SEC_MON"."sap.secmon.db.userdata::User.AccountNamePseudonym".
                 "Account.AccountNameHash"
ORDER BY
       "SAP_SEC_MON"."sap.secmon.db.userdata::User.AccountData"."System",
       "SAP_SEC_MON"."sap.secmon.db.userdata::User.AccountData".
                 "AccountName"
```

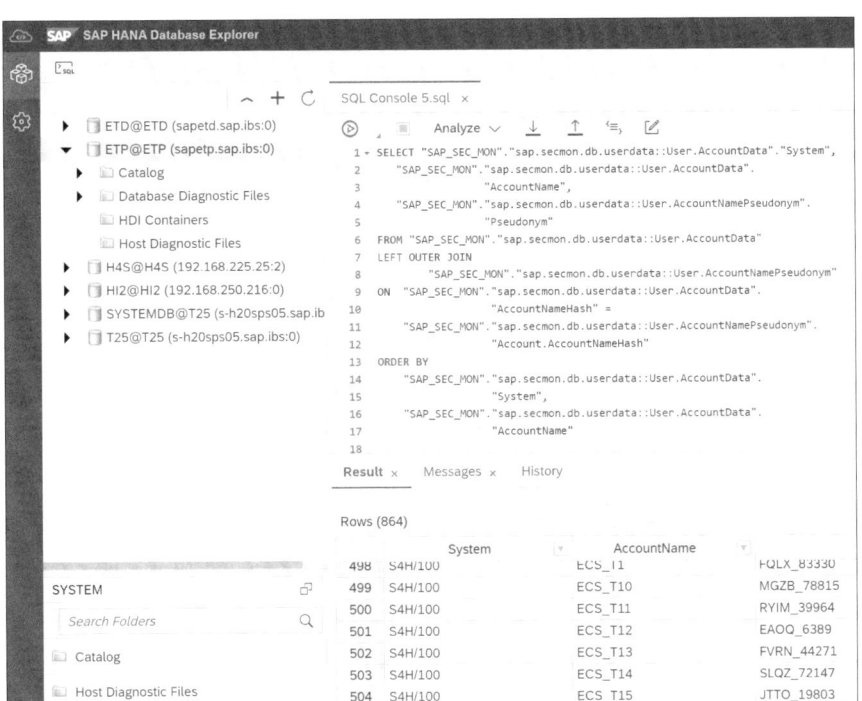

Abbildung 4.59 Pseudonyme in der Datenbank

4 Protokollierungskomponenten

> **Weitere Informationen zur Konfiguration von SAP Enterprise Threat Detection**
> Die detaillierte Konfiguration von SAP Enterprise Threat Detection ist im Leitfaden »SAP Enterprise Threat Detection Implementation Guide« im SAP Help Portal unter *https://www.sap.com/products/enterprise-threat-detection.html* beschrieben. Rufen Sie hier den Bereich **Install** auf, und klicken Sie auf den Link **Master Guide: SAP Enterprise Threat Detection**.

4.9.5 Zugriffsrechte

Die folgenden Tabellen zeigen Ihnen die Berechtigungen zum Konfigurieren der Protokollauswertungen in SAP Enterprise Threat Detection. Tabelle 4.53 zeigt die Berechtigungen zur Auswahl der zu übertragenden Protokolle.

Berechtigungsobjekt	Feld	Wert
S_TCODE	TCD (Transaktion)	SM30 oder SM31
S_TABU_CLI	CLIIDMAINT (Kennzeichen)	X
S_TABU_DIS	ACTVT (Aktivität)	02 (Ändern)
	DICBERCLS (Berechtigungsgruppe)	SECM
oder		
S_TCODE	TCD (Transaktion)	SM30 oder SM31
S_TABU_CLI	CLIIDMAINT (Kennzeichen)	X
S_TABU_NAM	ACTVT (Aktivität)	02 (Ändern)
	TABLE (Tabelle)	SECM_LOGS

Tabelle 4.53 Berechtigung zum Konfigurieren der zu übertragenden Protokolle

Tabelle 4.54 zeigt die Berechtigung zum Konfigurieren der Protokollübertragung an SAP Enterprise Threat Detection.

Berechtigungsobjekt	Feld	Wert
S_SEC_MON	ACTVT (Aktivität)	70 (Administrieren)
	SECM_LOG (SECM: Protokolltyp)	*

Tabelle 4.54 Berechtigung zum Konfigurieren der Protokollübertragung an SAP Enterprise Threat Detection

Tabelle 4.55 zeigt die Berechtigung zur Übertragung der Protokolldaten an SAP Enterprise Threat Detection.

Berechtigungsobjekt	Feld	Wert
S_SEC_MON	ACTVT (Aktivität)	16 (Ausführen)
	SECM_LOG (SECM: Protokolltyp)	*

Tabelle 4.55 Berechtigung zum Übertragen der Protokolldaten an SAP Enterprise Threat Detection

Konfiguration der zu nutzenden Patterns in SAP Enterprise Threat Detection

Zum Prüfen der Berechtigung zur Konfiguation der auszuwertenden Patterns in SAP Enterprise Threat Detection können Sie den View EFFECTIVE_PRIVILEGE_GRANTEES nutzen. Diesen rufen Sie wie in Listing 4.1 gezeigt auf:

```
SELECT * FROM EFFECTIVE_PRIVILEGE_GRANTEES
WHERE GRANTEE_TYPE = 'USER'
AND PRIVILEGE = 'sap.secmon::Admin'
AND OBJECT_TYPE = 'APPLICATIONPRIVILEGE'
```

Listing 4.1 View EFFECTIVE_PRIVILEGE_GRANTEES aufrufen

Definition eigener Patterns/manuelle Auswertung der Patterns

Zur Prüfung der Berechtigung zur Definition eigener Patterns bzw. ihrer manuellen Auswertung können Sie den View EFFECTIVE_PRIVILEGE_GRANTEES nutzen. Diesen View rufen Sie wie in Listing 4.2 gezeigt auf:

```
SELECT * FROM EFFECTIVE_PRIVILEGE_GRANTEES
WHERE GRANTEE_TYPE = 'USER'
AND PRIVILEGE = 'sap.secmon::Execute'
AND OBJECT_TYPE = 'APPLICATIONPRIVILEGE'
```

Listing 4.2 View EFFECTIVE_PRIVILEGE_GRANTEES aufrufen

Depseudonymisierung von Benutzernamen

Zum Prüfen der Berechtigung zur Depseudonymisierung von Benutzernamen können Sie den View `EFFECTIVE_PRIVILEGE_GRANTEES` nutzen. Diesen View rufen Sie wie in Listing 4.3 gezeigt auf:

```
SELECT * FROM EFFECTIVE_PRIVILEGE_GRANTEES
WHERE GRANTEE_TYPE = 'USER'
AND PRIVILEGE = 'sap.secmon::ResolveUser'
AND OBJECT_TYPE = 'APPLICATIONPRIVILEGE'
```

Listing 4.3 View EFFECTIVE_PRIVILEGE_GRANTEES aufrufen

Zugriff auf das Schema von SAP Enterprise Threat Detection

Zum Prüfen der Berechtigung zum Zugreifen auf das Schema von SAP Enterprise Threat Detection können Sie den View `EFFECTIVE_PRIVILEGE_GRANTEES` nutzen. Diesen View rufen Sie wie in Listing 4.4 gezeigt auf:

```
SELECT * FROM EFFECTIVE_PRIVILEGE_GRANTEES
WHERE GRANTEE_TYPE = 'USER'
AND PRIVILEGE IN ('ALTER', 'CREATE ANY', 'DEBUG', 'DELETE', 'DROP', 'EXECUTE',
'INSERT', 'SELECT', 'TRIGGER', 'UPDATE')
AND OBJECT_TYPE = 'SCHEMA'
AND SCHEMA_NAME = 'SYS'
```

Listing 4.4 View EFFECTIVE_PRIVILEGE_GRANTEES aufrufen

Besonders relevant sind Berechtigungen, mit denen Daten manipuliert werden können (`PRIVILEGE <> SELECT`).

Entwicklerrechte für die Pakete der SAP-Enterprise-Threat-Detection-Installation

Zum Prüfen der Entwicklerrechte für die Pakete der SAP-Enterprise-Treat-Detection-Installation können Sie den View `EFFECTIVE_PRIVILEGE_GRANTEES` nutzen. Diesen View rufen Sie wie in Listing 4.5 gezeigt auf:

```
SELECT * FROM EFFECTIVE_PRIVILEGE_GRANTEES
WHERE GRANTEE_TYPE = 'USER'
```

```
AND PRIVILEGE IN ('REPO.EDIT_IMPORTED_OBJECTS', 'REPO.ACTIVATE_IMPORTED_
OBJECTS', 'REPO.MAINTAIN_IMPORTED_PACKAGES')
AND OBJECT_TYPE = 'REPO'
AND (OBJECT_NAME = '.REPO_PACKAGE_ROOT' OR OBJECT_NAME = 'sap.secmon')
```

Listing 4.5 View EFFECTIVE_PRIVILEGE_GRANTEES aufrufen

4.9.6 Checkliste

In Tabelle 4.56 finden Sie die Checkliste mit den prüfungsrelevanten Fragestellungen zur Systemüberwachung mit SAP Enterprise Threat Detection.

Risiko	Fragestellung
	Vorgabe oder Erläuterung
2	Existiert ein Konzept zur Nutzung von SAP Enterprise Threat Detection, in dem die technischen Auswertungen und deren Kontrolle definiert sind?
	Es muss ein Konzept zur Nutzung von SAP Enterprise Threat Detection vorliegen. Hier besteht das Risiko, dass nicht alle Risiken durch Auswertungen mit SAP Enterprise Threat Detection abgedeckt sind bzw. nicht zeitnah aufgedeckt werden.
1	Werden alle Protokolle, die für die vereinbarten Auswertungen erforderlich sind, an SAP Enterprise Threat Detection übertragen?
	Es müssen alle Protokolle übertragen werden, die für die Auswertungen erforderlich sind. Hier besteht das Risiko, dass kritische Vorgänge durch SAP Enterprise Threat Detection nicht erkannt werden, da die Protokolle nicht übertragen werden.
1	Wurde die Pseudonymisierung der Benutzername deaktiviert?
	Werden Benutzer in Klarnamen ausgewertet, muss dies vorweg in einer Betriebsvereinbarung festgelegt werden. Hier besteht das Risiko, dass gegen Vorgaben des Datenschutzes oder des Betriebsrats verstoßen wird.
1	Wurden die Berechtigungen zum Konfigurieren der Protokollübertragung korrekt vergeben?
	Nur die zuständigen Administratoren dürfen diese Berechtigungen erhalten. Hier besteht das Risiko, dass bewusst oder versehentlich die Konfiguration geändert wird und dadurch erforderliche Protokolle nicht an SAP Enterprise Threat Detection übertragen werden.

Tabelle 4.56 Checkliste zur Systemüberwachung mit SAP Enterprise Threat Detection

Risiko	Fragestellung
	Vorgabe oder Erläuterung
1	Ist der Job zur Übertragung der Protokolle an SAP Enterprise Threat Detection korrekt eingerichtet und aktiv?
	Der Job zur Übertragung der Protokolle muss minütlich laufen.
	Hier besteht das Risiko, dass kritische Vorgänge durch SAP Enterprise Threat Detection nicht erkannt werden, da die Protokolle nicht übertragen werden.
2	Ist der Zugriff auf die Auswertungen von SAP Enterprise Threat Detection nur den zuständigen Personen möglich?
	Im Konzept zum Einsatz von SAP Enterprise Threat Detection muss festgelegt sein, welche Personenkreise auf die Ergebnisse zugreifen dürfen.
	Hier besteht das Risiko, dass unberechtigte Personen auf sensible Auswertungen zugreifen.
1	Ist die Konfiguration von SAP Enterprise Threat Detection nur den dafür zuständigen Personen möglich?
	Im Konzept zum Einsatz von SAP Enterprise Threat Detection muss festgelegt sein, welche Personenkreise SAP Enterprise Threat Detection konfigurieren dürfen.
	Hier besteht das Risiko, dass unberechtigte Personen auf sensible personenbezogene Auswertungen zugreifen.
1	Ist die Depseudonymisierung von Benutzernamen nur den dafür zuständigen Personen möglich?
	Im Konzept zum Einsatz von SAP Enterprise Threat Detection muss festgelegt sein, welche Personenkreise Benutzernamen depseudonymisieren dürfen.
	Hier besteht das Risiko, dass bewusst oder versehentlich die Konfiguration geändert wird und dadurch Ergebnisse falsch oder gar nicht ausgegeben werden.

Tabelle 4.56 Checkliste zur Systemüberwachung mit SAP Enterprise Threat Detection

Wie Sie die einzelnen Punkte praktisch am SAP-System prüfen können, erfahren Sie in Abschnitt 5.9 des Dokuments **Tiede_Checklisten_Sicherheit_und_Pruefung.pdf**.

Kapitel 5
Remote Function Calls

Schnittstellen sind ein Einfallstor für Angriffe auf SAP-Systeme. In diesem Kapitel erfahren Sie alles zur Absicherung und Prüfung dieser Schnittstellen.

Remote Function Calls, kurz RFCs (entfernte Funktionsaufrufe), sind Aufrufe von Funktionsbausteinen in einem anderen SAP-System. Funktionsbausteine sind ausführbare ABAP-Programme. Sie können von anderen Systemen aus (SAP- und Nicht-SAP-Systemen wie z. B. Microsoft Excel) aufgerufen werden. Berechtigungen zum Ausführen von Funktionsbausteinen werden in Berechtigungskonzepten häufig vernachlässigt, wodurch eine große Gefahrenquelle entsteht. Per RFC können z. B. Verbindungen zu anderen Systemen angelegt oder Buchhaltungsbelege gebucht werden – und das ohne weitere Berechtigungsprüfungen. In diesem Kapitel erfahren Sie, welche Gefahren durch falsche RFC-Konfigurationen entstehen und welche Sicherungsmaßnahmen Sie dagegen ergreifen können.

5.1 Funktionsbausteine

Die RFC-Technologie bietet die Möglichkeit, *Funktionsbausteine* in entfernten Systemen aufzurufen. Funktionsbausteine sind ausführbare ABAP-Programme. Sie können *remotefähig* sein. Dies bedeutet, sie können auch von anderen Systemen (SAP- und Nicht-SAP-Systemen) aus aufgerufen werden. Es existieren über 500.000 Funktionsbausteine in SAP ERP bzw. SAP S/4HANA. Davon sind über 45.000 Funktionsbausteine remotefähig und können somit von anderen SAP-Systemen oder Fremdsystemen aus aufgerufen werden.

Mit Funktionsbausteinen können Aktionen ausgeführt werden, für die auch Transaktionen existieren. Tabelle 5.1 zeigt einige Beispiele für solche Funktionen.

Aktion	Transaktion	Funktionsbaustein
Sachkontenbeleg buchen	FB50	BAPI_ACC_GL_POSTING_POST
Buchhaltungsbeleg buchen	FB01	BAPI_ACC_DOCUMENT_POST

Tabelle 5.1 Beispiele für Funktionsbausteine

Aktion	Transaktion	Funktionsbaustein
Bestellung buchen	ME21N	BAPI_ACC_PURCHASE_ORDER_POST
Warenbewegung buchen	MIGO	BAPI_ACC_GOODS_MOVEMENT_POST
Kundenauftrag buchen	VA01	BAPI_ACC_SALES_ORDER_POST
Faktura buchen	VF01	BAPI_ACC_BILLING_POST
Benutzer anlegen/ändern	SU01	BAPI_USER_CREATE1 BAPI_USER_CHANGE
RFC-Verbindungen pflegen	SM59	RFC_MODIFY_R3_DESTINATION
Funktionsbausteine anlegen	SE37	RS_FUNCTIONMODULE_INSERT
Tabelleninhalte anzeigen	SE16	RFC_READ_TABLE

Tabelle 5.1 Beispiele für Funktionsbausteine (Forts.)

Funktionsbausteine werden mit Transaktion SE37 ausgeführt. Um die Eigenschaften eines Funktionsbausteins einzusehen, tragen Sie in der Einstiegsmaske der Transaktion den Namen eines Funktionsbausteins ein, z. B. »RFC_READ_TABLE«. Wählen Sie die Schaltfläche **Anzeigen** (siehe Abbildung 5.1).

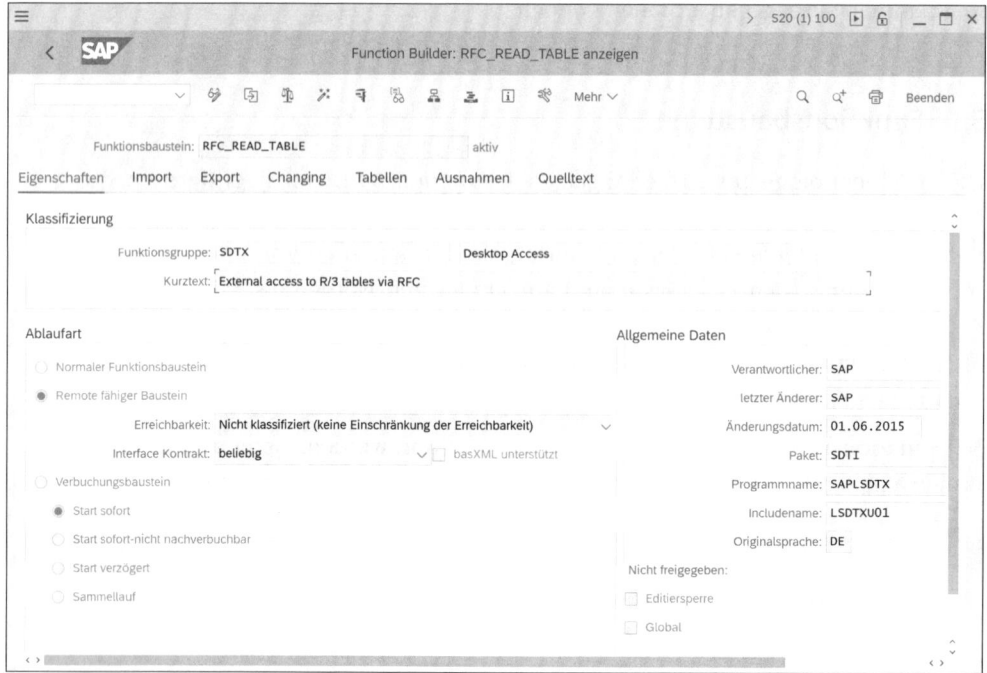

Abbildung 5.1 Eigenschaften eines Funktionsbausteins

Tabelle 5.2 zeigt die Eigenschaften eines Funktionsbausteins, die in Transaktion SE37 auf verschiedenen Registerkarten angezeigt werden.

Registerkarte	Eigenschaft
Eigenschaften	- **Funktionsgruppe** Die Funktionsgruppe wird zur Vergabe einer Berechtigung für den Funktionsbaustein genutzt. - **Ablaufart** Die Eigenschaft **Remote fähiger Baustein** zeigt an, dass der Funktionsbaustein von anderen Systemen aus aufgerufen werden kann.
Import	Die meisten Funktionsbausteine haben eine Selektionsmaske, ähnlich wie Reports. Hier sind die Felder der Selektionsmaske aufgeführt. Beim Aufruf durch ein Programm müssen sie als Übergabeparameter mitübergeben werden.
Export	Hier sind die Rückgabeparameter des Funktionsbausteins angegeben. Dies sind die Daten, die nach dem Ausführen des Funktionsbausteins ausgegeben werden.
Changing	Dies sind Übergabeparameter, die sowohl als Import- als auch als Exportparameter fungieren. Es wird ein Wert an den Funktionsbaustein übergeben, der zur Laufzeit geändert und zurückgegeben werden kann.
Tabellen	Die Ergebnisse von Funktionsbausteinen werden häufig in Tabellenstrukturen zurückgegeben.
Ausnahmen	Listet die Fehlermeldung auf, die der Funktionsbaustein beim Auftreten von Fehlern zurückgibt.
Quelltext	der Quelltext des Funktionsbausteins

Tabelle 5.2 Eigenschaften eines Funktionsbausteins

Zum Ausführen des Funktionsbausteins drücken Sie die Funktionstaste F8. Abbildung 5.2 zeigt das Ausführen des Funktionsbausteins. In den Importparametern müssen Sie die Selektionskriterien angeben. Hier soll mit dem Funktionsbaustein RFC_READ_TABLE Tabelle TIBAN (IBAN-Nummern) angezeigt werden. Die Rückgabewerte werden hier in Tabelle DATA ausgegeben. Klicken Sie auf den Namen der Tabelle, werden Ihnen die Datensätze von Tabelle TIBAN angezeigt.

Um die remotefähigen Funktionsbausteine zu ermitteln, können Sie Tabelle TFDIR nutzen. Im Feld FMODE (**Modus**) wird die Art des Funktionsbausteins gespeichert. Der Wert »R« steht für Remote.

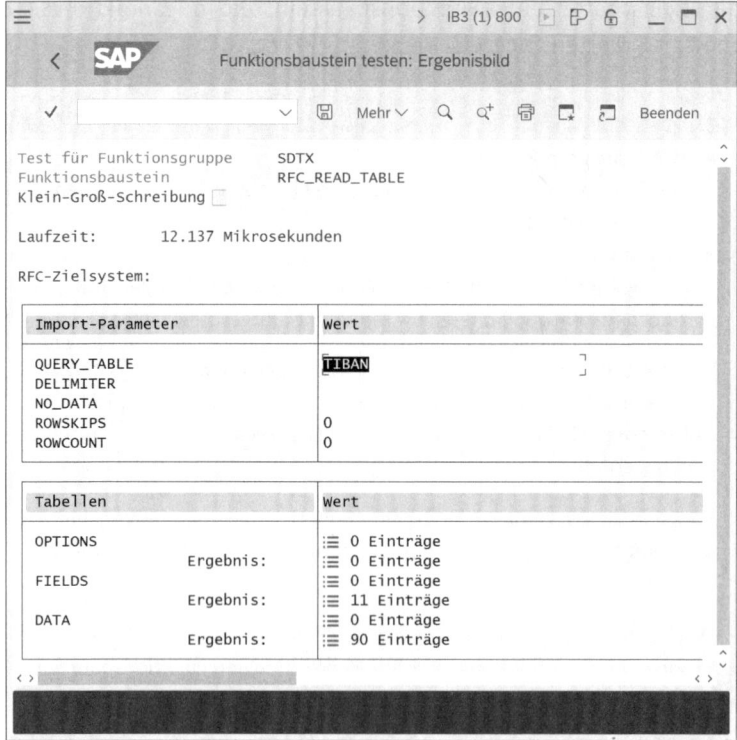

Abbildung 5.2 Ausführen eines Funktionsbausteins

Zum Prüfen der Berechtigungen zum Ausführen von Funktionsbausteinen ist die Zuordnung zur Funktionsgruppe relevant, da Berechtigungen für diese Gruppen vergeben werden können. Die Zuordnung der Funktionsbausteine zu den Funktionsgruppen wird in Tabelle ENLFDIR gespeichert. Das Feld AREA enthält hier die Funktionsgruppen.

5.1.1 Funktionsbausteine ohne Berechtigungsprüfungen

Eine Vielzahl von Funktionsbausteinen ermöglicht eine Ausführung explizit ohne Berechtigungsprüfung. Viele dieser Bausteine haben einen Importparameter (siehe Tabelle 5.2), mit dem die Berechtigungsprüfung bei der Ausführung deaktiviert werden kann (z. B. AUTHORITY_CHECK). Somit ist es möglich, Aktionen ohne die erforderlichen Berechtigungen auszuführen. Daher sind Berechtigungen zum Ausführen von Funktionsbausteinen als sehr kritisch anzusehen. Abbildung 5.3 zeigt als Beispiel den Funktionsbaustein RFC_MODIFY_R3_DESTINATION, mit dem RFC-Verbindungen angelegt und gepflegt werden können. Durch das Leerlassen des Übergabeparameters AUTHORITY_CHECK wird die Berechtigungsprüfung deaktiviert. Somit können z. B. RFC-Verbindungen ohne die erforderliche Berechtigung angelegt werden.

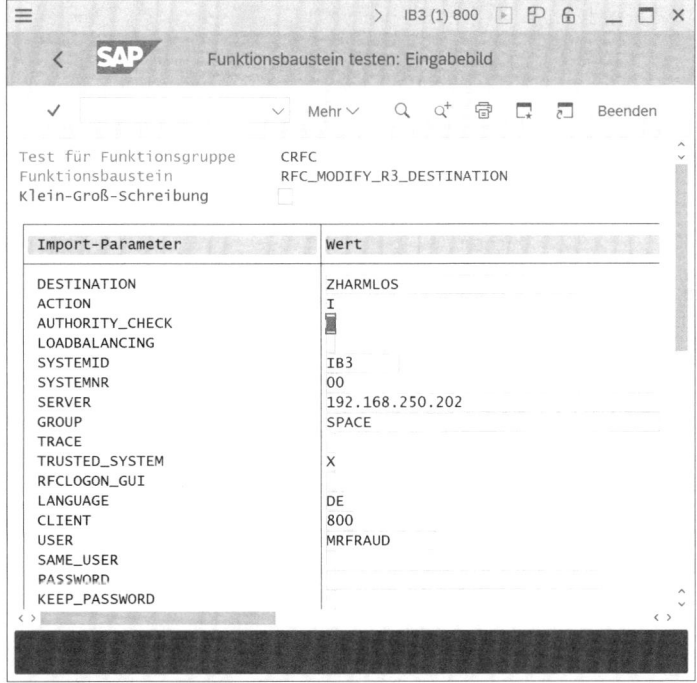

Abbildung 5.3 Berechtigungsprüfung deaktivieren

Einen groben Überblick über die Anzahl der Funktionsbausteine, in denen Berechtigungsprüfungen deaktiviert werden können, gibt Tabelle FUPARAREF (Parameter von Funktionsbausteinen). In dieser Tabelle werden u. a. die Importparameter der Funktionsbausteine gespeichert. Es existieren ca. 1.100 Funktionsbausteine, in denen Berechtigungsprüfungen deaktiviert werden können. Diese Funktionsbausteine können Sie über die folgende Selektion in der Tabelle ermitteln:

- PARAMTYPE: I (= Importparameter)
- PARAMETER: *AUTHORITY*

5.1.2 Funktionsbausteine mit schaltbaren Berechtigungen

Mit schaltbaren Berechtigungen (siehe Abschnitt 9.5.3, »Gefahrenpunkte in der ABAP-Programmentwicklung«) können Berechtigungsprüfungen in Funktionsbausteinen aktiviert werden, die standardmäßig deaktiviert sind. Hierzu hat SAP mehr als 50 SAP-Hinweise ausgegeben. Der Sammelhinweis 2078596 listet diese Hinweise auf. Betroffen sind Funktionsbausteine aus allen SAP-Komponenten und -Systemen. Einige Beispiele für Funktionsbausteine, die standardmäßig ungeschützt sind und durch schaltbare Berechtigungen geschützt werden können, zeigt Tabelle 5.3.

Funktionsbaustein	Bezeichnung
BAPI_ACC_BILLING_POST	Rechnungswesen: Faktura buchen
BAPI_ACC_EMPLOYEE_EXP_POST	Rechnungswesen: HR-Buchung, Kontierung Hauptbuch buchen
BAPI_ACC_EMPLOYEE_PAY_POST	Rechnungswesen: HR-Buchung, Kontierung Kreditor buchen
BAPI_ACC_EMPLOYEE_REC_POST	Rechnungswesen: HR-Buchung, Kontierung Debitor buchen
BAPI_ACC_GL_POSTING_POST	Rechnungswesen: allgemeine Sachkontenbuchung
BAPI_ACC_GOODS_MOVEMENT_POST	Rechnungswesen: Warenbewegung buchen
BAPI_ACC_INVOICE_RECEIPT_POST	Rechnungswesen: Rechnungseingang buchen
BAPI_ACC_DOCUMENT_POST	Rechnungswesen: Buchung
BAPI_ACC_DOCUMENT_REV_POST	Rechnungswesen: Storno buchen
BAPI_IBAN_CHANGE	IBAN ändern
BAPI_IBAN_CREATE	IBAN anlegen

Tabelle 5.3 Beispiele für Funktionsbausteine mit schaltbaren Berechtigungen

Sind im SAP-System Prozesse abgebildet, zu denen Funktionsbausteine ohne bzw. mit nicht ausreichenden Berechtigungsprüfungen existieren, sollten hierfür die schaltbaren Berechtigungsprüfungen genutzt werden. Über sogenannte *Szenarien*, die mit den SAP-Hinweisen heruntergeladen werden können, werden die schaltbaren Berechtigungsprüfungen aktiviert. Die Pflege und Aktivierung der Szenarien erfolgt mittels Transaktion SACF. Abbildung 5.4 zeigt das Szenario FI_DOC_POST, mit dem in Funktionsbausteinen für FI-Belegbuchungen die angezeigten Berechtigungsobjekte aktiviert werden können, z. B. für den Baustein BAPI_ACC_DOCUMENT_POST.

Welche Szenarien aktiviert sind, können Sie in Tabelle TOBJ_CHK_CTRL_R einsehen. Einen Überblick über alle im System vorhandenen Szenarien gibt Transaktion SACF_INFO.

[»] **Weitere Informationen zur Absicherung von RFC-Aufrufen**
Aufgrund der Kritikalität hat SAP ein Whitepaper zur Absicherung von RFC-Aufrufen veröffentlicht. Das Whitepaper ist als Anhang zu SAP-Hinweis 2008727 (Sichere RFC-Aufrufe (Remote Function Calls)) hinterlegt. Alternativ können Sie das Dokument über die URL *https://service.sap.com/securitywp* herunterladen.

5.1 Funktionsbausteine

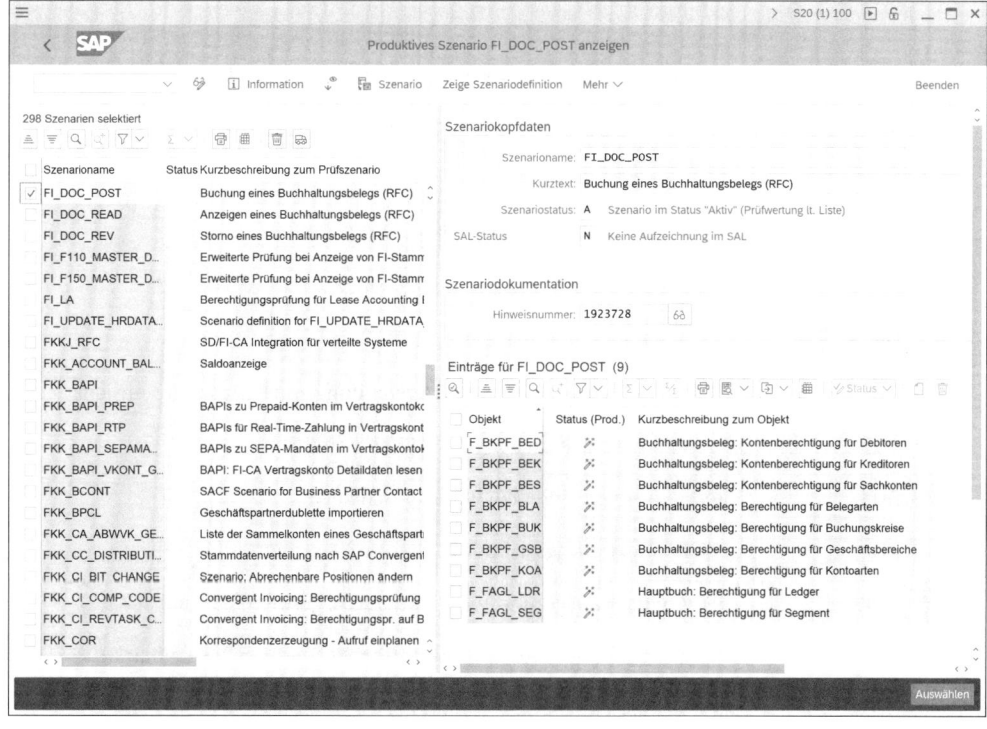

Abbildung 5.4 Szenario FI_DOC_POST

5.1.3 Protokollierung von RFC-Aktionen

Standardmäßig werden Anmeldungen per RFC und das Ausführen von Funktionsbausteinen nicht protokolliert. Allerdings werden die Zugriffe über die Zugriffsstatistik protokolliert. Da dies kein ständiges Protokoll ist, müssen Auswertungen hier zeitnah erfolgen, z. B. mit Transaktion STRFCTRACE.

Informationen zu den Auswertungen der Zugriffsstatistik zu RFC-Aktionen finden Sie in Abschnitt 4.7.3, »Analyse von RFC-Zugriffen«. Des Weiteren können Sie die in den folgenden Abschnitten beschriebenen Protokollkomponenten aktivieren, die noch detailliertere Informationen zu den RFC-Aktionen liefern.

Protokollierung mit dem Security-Audit-Log

Mit dem Security-Audit-Log (SAL) können verschiedene RFC-Aktionen protokolliert werden (siehe Tabelle 5.4). Weitere Informationen zum SAL finden Sie in Abschnitt 4.1, »Security-Audit-Log«.

Meldungs-ID	Meldungstext
AU5	RFC-/CPI-C-Login erfolgreich (Typ = &A, Methode = &C)
AU6	RFC-/CPI-C-Login gescheitert, Grund = &B, Typ = &A, Methode = &C.
AUK	Erfolgter RFC-Aufruf &C (FuGr = &A)
AUL	Gescheiterter RFC-Aufruf &C (FuGr = &A))
CUZ	Generischer Tabellenzugriff per RFC auf &A mit Aktivität &B
DU1	FTP-Server-Whitelist ist leer.
DU2	FTP-Server-Whitelist ist durch Verwendung von Platzhaltern unsicher.
DU3	Server &A ist nicht in der Whitelist enthalten!
DU4	Verbindung zu Server &A ist fehlgeschlagen.
DU8	FTP-Konnektierungsanfrage für Server &A erfolgt.
DUI	RFC-Callback ausgeführt (Destination &A, gerufen &B, Callback &C).
DUJ	RFC-Callback abgewiesen (Destination &A, gerufen &B, Callback &C).
DUK	RFC-Callback im Simulationsmodus (Destination &A, grufen &B, Callback &C)
DUR	JSON-RPC-Aufruf des Funktionsbausteins &A erfolgreich.
DUS	JSON-RPC-Aufruf des Funktionsbausteins &A fehlgeschlagen.
DUT	Kritischer JSON-RPC-Aufruf des Funktionsbausteins &A (S_RFC *-Berechtigung)
EUE	Erfolgreicher Aufruf des RFC-Funktionsbausteins &A
EUF	Aufruf des RFC-Funktionsbausteins &A fehlgeschlagen.
EUG	Benutzer hat keine Berechtigung, um RFC-Funktionsbaustein &A auszuführen.
EUI	Setup der UCON-HTTP-Whitelist wurde verändert.
EUJ	Phase der UCON-HTTP-Whitelist des Kontexttyps &A wurde geändert.
EUK	Zugriff auf die UCON-HTTP-Whitelist des Kontexttyps &A wurde abgewiesen.
EUL	HTTP Security Header Register wurde für Header &A geändert.

Tabelle 5.4 Protokollierte RFC-Aktionen im SAL

Meldungs-ID	Meldungstext
EUM	Trusted Site List &A für HTTP Security Header wurde geändert.
EUN	Content Security Policy für Service &A wurde verletzt.
EUO	UCON-HTTP-Whitelist des Kontexttyps &A wurde geändert.
FU1	In Programm &A wurde RFC-Funktion &B mit dynamischer Destination &C aufgerufen.

Tabelle 5.4 Protokollierte RFC-Aktionen im SAL (Forts.)

Protokollierung mit der Lesezugriffsprotokollierung

Mit der Lesezugriffsprotokollierung (Read Access Logging) kann der Aufruf von Funktionsbausteinen detailliert protokolliert werden. So wird nicht nur aufgezeichnet, welche Funktionsbausteine wann von wem aufgerufen wurden, sondern auch detailliert die Selektionsparameter, mit denen der Aufruf erfolgte. Weitere Informationen zur Lesezugriffsprotokollierung finden Sie in Abschnitt 4.6, »Lesezugriffsprotokollierung«.

5.1.4 Patterns in SAP Enterprise Threat Detection

Zur Überwachung des Ausführens von Funktionsbausteinen stellt SAP Enterprise Threat Detection die folgenden Standard-Patterns zur Verfügung:

- Blacklisted function modules
- DoS attack against different RFC destinations
- DoS attack via RFC_PING/RFCPING to one destination
- ABAP SOAP rfc brute force login
- ABAP function modules with removed RFC enablement
- Access to critical database tables via RFC
- Calls from a non-productive to a productive system
- ABAP deactivated or deleted function modules
- RFC calls from non-productive to productive systems
- ABAP critical FM calls per SOAP rfc
- Failed logon by RFC/CPIC call
- Service Calls by Dialog User
- Service Calls by Technical User
- New Service Calls by Technical Users

Die Patterns basieren teilweise auf vordefinierten Wertelisten (Value Lists), in denen kritische Funktionsbausteine bereits vorgegeben sind. Tabelle 5.5 zeigt einen Ausschnitt.

ValueList	Funktionsbausteine (Auszug)
ABAPBlacklistedFunctionModules	- BAPI_USER_CREATE - BAPI_USER_CREATE1 - BAPI_USER_DELETE - BAPI_USER_PROFILES_ASSIGN - PRGN_INTERFACE_USER - RFC_ABAP_INSTALL_AND_RUN - RFC_GET_TABLE_ENTRIES - RFC_READ_TABLE - RS_FUNCTIONMODULE_INSERT - SUSR_RFC_USER_INTERFACE - SXPG_CALL_SYSTEM - SXPG_COMMAND_EXECUTE - SXPG_COMMAND_EXECUTE_LONG - TABLE_ENTRIES_GET_VIA_RFC - TH_REMOTE_TRANSACTION
ABAPBlacklistedSOAPRFCFMs	- SXPG_COMMAND_EXECUTE - SXPG_CALL_SYSTEM - RFC_SYSTEM_INFO - BAPI_USER_CREATE1 - RFC_READ_TABLE
- ABAPDeactivatedDeletedFMs - AndReports/ABAPFunctionModulesRFC - EnablementRemoved	deaktivierte/gelöschte Funktionsbausteine aufgrund von Sicherheitshinweisen

Tabelle 5.5 Value Lists mit kritischen Funktionsbausteinen

5.1.5 Zugriffsrechte

Die folgenden Tabellen zeigen Ihnen die Berechtigungen zu Funktionsbausteinen. Tabelle 5.6 zeigt die Berechtigung zum Ausführen einzelner Funktionsbausteine.

Berechtigungsobjekt	Feld	Wert
S_TCODE	TCD (Transaktion)	SE37 oder SE80 oder Report RS_TESTFRAME_CALL

Tabelle 5.6 Berechtigung zum Ausführen von Funktionsbausteinen

Berechtigungsobjekt	Feld	Wert
S_DEVELOP	ACTVT (Aktivität)	16 (Ausführen)
	OBJTYPE (Objekttyp)	FUGR (Funktionsgruppe)
	OBJNAME (Objektname)	Name der Funktionsgruppe
	DEVCLASS (Paket)	Paket der Funktionsgruppe

Tabelle 5.6 Berechtigung zum Ausführen von Funktionsbausteinen (Forts.)

Tabelle 5.7 zeigt die Berechtigung zum Ausführen aller Funktionsbausteine.

Berechtigungsobjekt	Feld	Wert
S_TCODE	TCD (Transaktion)	SE37 oder SE80 oder Report RS_TESTFRAME_CALL
S_DEVELOP	ACTVT (Aktivität)	16 (Ausführen)
	OBJTYPE (Objekttyp)	FUGR (Funktionsgruppe)
	OBJNAME (Objektname)	*
	DEVCLASS (Paket)	*
	P_GROUP (Berechtigungsgruppe)	*

Tabelle 5.7 Berechtigung zum Ausführen aller Funktionsbausteine

5.1.6 Checkliste

In Tabelle 5.8 finden Sie die Checkliste mit den prüfungsrelevanten Fragestellungen zur Absicherung von Funktionsbausteinen.

Risiko	Fragestellung
	Vorgabe oder Erläuterung
2	Werden Anmeldungen und Funktionsbausteinaufrufe über RFC protokolliert?
	RFC-Falschanmeldungen und fehlgeschlagene Funktionsbausteinaufrufe sind zu protokollieren.
	Hier besteht das Risiko, dass Funktionsbausteine ohne Nachvollziehbarkeit von externen Programmen ausgeführt werden können und dass Eindringversuche über RFC unbemerkt bleiben.
1	Wer besitzt das Recht zum Ausführen aller Funktionsbausteine?
	Dieses Zugriffsrecht ist für keinen Benutzer erforderlich.
	Hier besteht das Risiko, dass Benutzer über die Funktionsbausteine kritische Aktionen im SAP-System durchführen können.
1	Wer besitzt das Recht, mit Transaktion SE37 Funktionsbausteine auszuführen?
	Dieses Zugriffsrecht sollte nur wenigen administrativen Benutzern zugeordnet werden.
	Hier besteht das Risiko, dass Benutzer über RFC-Verbindungen mit hinterlegtem Benutzer und Kennwort unberechtigten Zugriff auf andere SAP-Systeme erlangen.

Tabelle 5.8 Checkliste zu Funktionsbausteinen

Wie Sie die einzelnen Punkte praktisch am SAP-System prüfen können, erfahren Sie in Abschnitt 5.1 des Dokuments **Tiede_Checklisten_Sicherheit_und_Pruefung.pdf**, das Sie im Downloadbereich zu diesem Buch unter *www.sap-press.de/5145* finden.

5.2 RFC-Verbindungen

RFC-Verbindungen sind im SAP-System hinterlegte Verbindungsdaten zu SAP-Systemen oder Fremdsystemen. Standardmäßig sind bereits einige RFC-Verbindungen im System vorhanden, u. a. die erforderlichen Verbindungen für das Transport Management System (TMS) sowie zu allen Applikationsservern des SAP-Systems. Allerdings ist es erforderlich, weitere RFC-Verbindungen anzulegen, z. B. zum Datenaustausch mit anderen Systemen oder für Mandantenkopien aus einem anderen System.

Verwaltet werden die RFC-Verbindungen mit Transaktion SM59, deren Oberfläche Sie in Abbildung 5.5 sehen. Hier werden die Eigenschaften der RFC-Verbindungen festgelegt. Für Verbindungen zu SAP-Systemen wird der Mandant des Zielsystems angegeben sowie (wahlweise) ein Benutzer aus dem Mandanten und sein Kennwort.

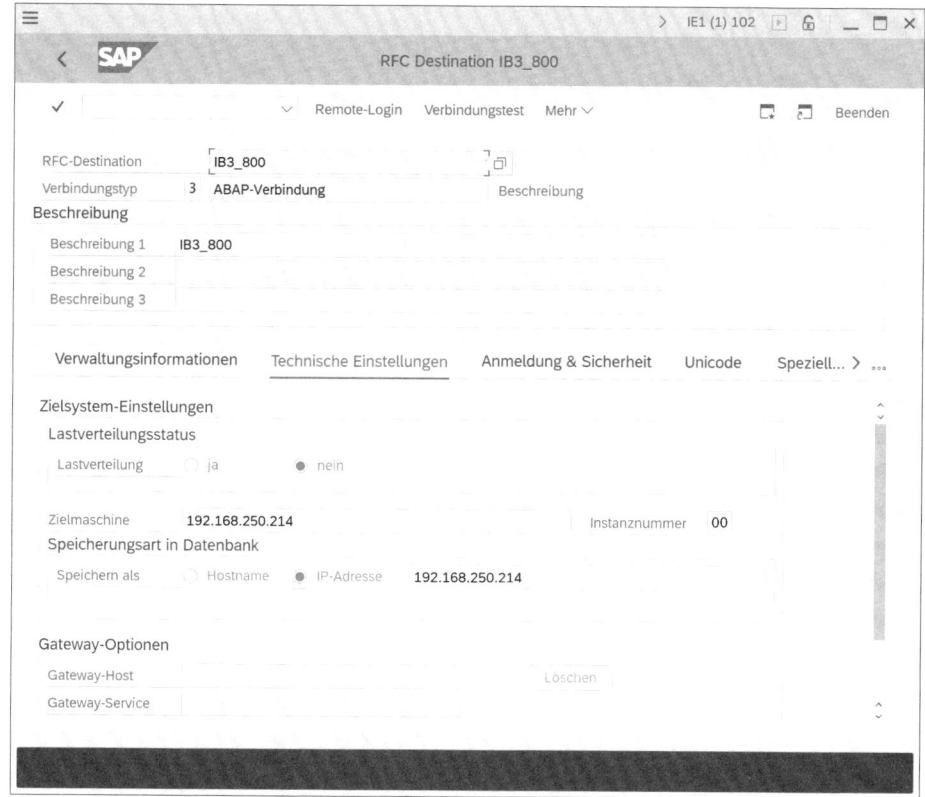

Abbildung 5.5 Transaktion SM59 – RFC-Verbindungen pflegen

Gespeichert werden die RFC-Verbindungen in Tabelle RFCDES. Eine Übersicht über alle RFC-Verbindungen bieten auch die Transaktionen/Reports RSRSDEST (Anzeige aller RFC-Verbindungen) und RSRFCCHK (Anzeige aller RFC-Verbindungen mit Anmeldedaten). Im Zuge einer Systemprüfung sollten Sie überprüfen, welche RFC-Verbindungen existieren und wozu sie genutzt werden.

Über Berechtigungen kann gesteuert werden, welche Benutzer welche RFC-Verbindungen nutzen dürfen. Hierzu kann in den Eigenschaften der RFC-Verbindungen im Feld **Berechtigung für Destination** ein beliebiger Wert angegeben werden (siehe Abbildung 5.6). Benutzer, die diese RFC-Verbindung nutzen wollen, benötigen dann eine Berechtigung für das Berechtigungsobjekt S_ICF. Das Objekt besteht aus den folgenden beiden Feldern:

- Bereich: Hier muss der Wert »DEST« (für RFC-Destinationen) eingetragen sein.
- Wert: Hier muss der Wert aus dem Feld **Berechtigung** der RFC-Verbindung eingetragen sein, für die der Benutzer eine Berechtigung erhalten soll.

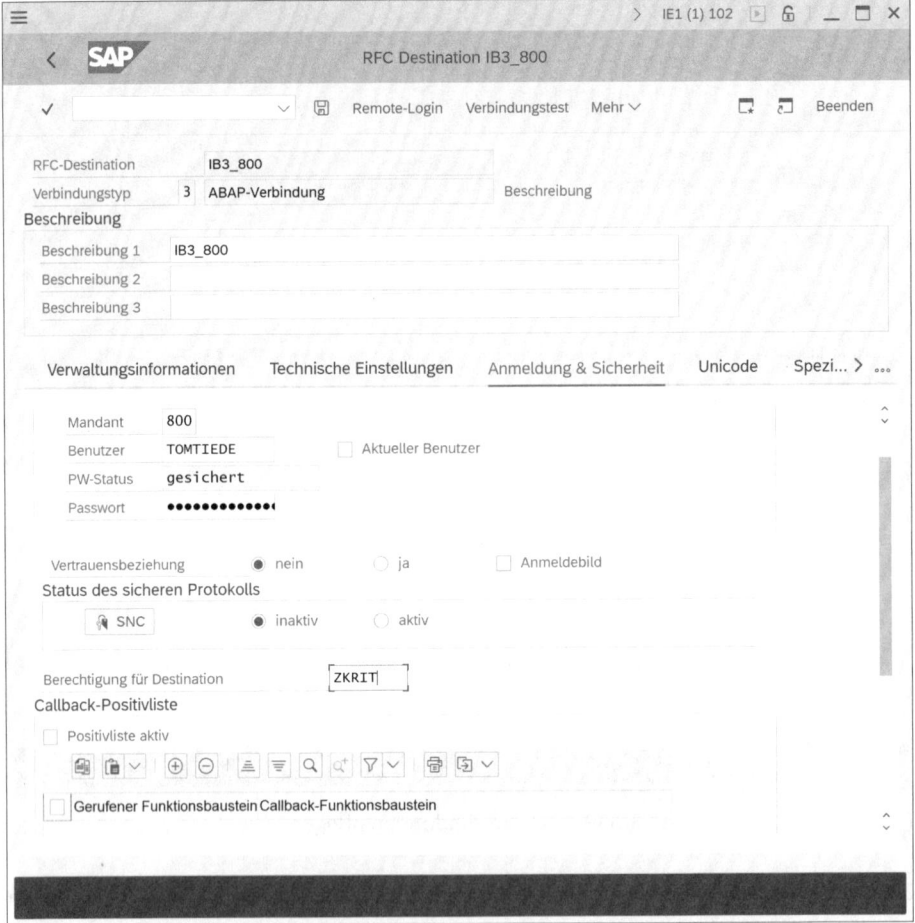

Abbildung 5.6 RFC-Verbindung durch einen Berechtigungswert schützen

Um die in Abbildung 5.6 dargestellte RFC-Verbindung auszuführen, benötigt ein Benutzer beispielsweise die in Tabelle 5.9 beschriebene Berechtigung.

Berechtigungsobjekt	Feld	Wert
S_ICF	ICF_FIELD (ICF-Typ)	DEST
	ICF_VALUE (ICF-Wert)	ZKRIT

Tabelle 5.9 Beispielberechtigung zum Ausführen einer RFC-Verbindung

5.2.1 Hinterlegte Kennwörter

Besonders kritisch ist es, wenn zu RFC-Verbindungen Dialog- oder Servicebenutzer und Kennwörter hinterlegt werden. Solch eine Verbindung kann dann dazu genutzt werden, eine Verbindung ohne Anmeldung aufzubauen. RFC-Verbindungen mit hinterlegten Kennwörtern für Dialog- oder Servicebenutzer sollten nicht existieren. Es dürfen ausschließlich Kommunikations- oder Systembenutzer benutzt werden. Des Weiteren müssen die Berechtigungen der hinterlegten Benutzer auf das erforderliche Minimum reduziert werden. Eine Zuordnung des Profils SAP_ALL oder ähnlicher Rechte darf nicht erfolgen.

Die verschlüsselten Kennwörter der RFC-Verbindungen werden in den Tabellen RSECACTB und RSECTAB (*sicherer Speicher*) gespeichert. Den Inhalt dieser Tabellen können Sie mit den Standard-Tabellenanzeigetransaktionen nicht anzeigen. Zur Anzeige kann z. B. der SQL-Editor des DBA Cockpits genutzt werden (siehe Abschnitt 1.12.1, »Zugriff auf SAP HANA über das DBA Cockpit«). Das Kennwort wird hier verschlüsselt in einem Clusterfeld abgelegt. Dass ein Kennwort hinterlegt ist, können Sie über Tabelle RFCDES prüfen. Der Eintrag »v~%_PWD« im Feld RFCOPTIONS (**Optionen**) zeigt an, dass ein Kennwort hinterlegt ist (siehe Abbildung 5.7).

Abbildung 5.7 RFC-Verbindungen mit hinterlegten Kennwörtern

Die weiteren Einträge im Feld RFCOPTIONS im markierten Datensatz in der Abbildung bedeuten:

- Server (H): 192.168.250.209
- Instanznummer (S): 00

- Mandant (M): 102
- Benutzer (U): TOMTIEDE

Bei einer Prüfung müssen Sie im jeweiligen Mandanten des Zielsystems kontrollieren, um welchen Benutzertyp es sich bei dem hinterlegten Benutzer handelt. In unserem Beispiel muss eine Anmeldung am Mandanten 102 in dem System erfolgen, das über die IP-Adresse 192.168.250.209, Instanz 00, erreichbar ist. Ist Ihnen nicht bekannt, um welches System es sich dabei handelt, können Sie dies bei der Administration erfragen.

In dem Mandanten prüfen Sie über Transaktion SU01 oder SU01D (Registerkarte **Logon-Daten**), welchen Benutzertyp der hinterlegte Benutzer hat. Zulässig sind Kommunikations- und Systembenutzer. Dialog- oder Servicebenutzer dürfen nicht hinterlegt sein.

Alternativ können Sie auch Transaktion/Report RSRFCCHK nutzen, der alle RFC-Verbindungen mit den hinterlegten Anmeldedaten anzeigt. Bei hinterlegtem Kennwort wird im Feld **Passwort** der Wert »Password saved« angezeigt. Um diesen Report auszuführen, benötigen Sie die Berechtigung zur Netzwerkadministration (Berechtigungsobjekt S_ADMI_FCD, Wert NADM). Lesende Berechtigungen sind nicht ausreichend.

5.2.2 Systemübergreifender Zugriff über Funktionsbausteine

Eine kritische und häufig unterschätzte Berechtigung ist das Ausführen von Transaktion SE37 (Ausführen von Funktionsbausteinen). Problematisch ist hier, dass zu allen remotefähigen Funktionsbausteinen eine RFC-Verbindung angegeben werden kann, über die dann der entsprechende Funktionsbaustein in einem anderen System ausgeführt wird. Sind Systeme miteinander über RFC verbunden, sind in den meisten Fällen in den Systemen RFC-Verbindungen fest eingerichtet, in denen Kommunikationsbenutzer mit Kennwort und meist sehr umfangreichen Rechten (häufig noch die des Profils SAP_ALL) hinterlegt sind. Bei der Nutzung solch einer RFC-Verbindung können im anderen System beliebige Funktionsbausteine ausgeführt werden, da Benutzer und Kennwort bereits in der RFC-Verbindung hinterlegt sind (zum Remoteausführen von Funktionsbausteinen reicht ein Kommunikationsbenutzer).

Abbildung 5.8 zeigt das Ausführen eines Funktionsbausteins im System IE1, Mandant 102, mit der RFC-Verbindung IB3_800. Diese Verbindung enthält die Verbindungsdaten zum SAP-System IB3, Mandant 800. Ausgelesen wird Tabelle PA0009 (Bankverbindungen der Mitarbeiter in SAP ERP HCM). Hinterlegt ist in der RFC-Verbindung der Benutzer TOMTIEDE, inklusive Kennwort. Da dieser im System IB3, Mandant 800, die entsprechenden Berechtigungen zum Anzeigen aller Tabellen besitzt, wird Tabelle PA0009 angezeigt. Hierüber können somit vom System IE1 aus alle HCM-Daten (sowie auch alle anderen Daten) aus dem System IB3 ausgelesen werden.

Zur Absicherung dieses Vorgangs sollten die Kommunikationsbenutzer, die in RFC-Verbindungen genutzt werden, nicht über das Berechtigungsprofil SAP_ALL oder ähnliche Berechtigungen verfügen. Ihnen dürfen nur die tatsächlich erforderlichen Berechtigungen zugeordnet werden. Da Berechtigungen für Schnittstellenbenutzer aufwendig einzurichten sind, bietet u. a. SAP Consulting hierzu Beratungsleistungen an. Diese sind in SAP-Hinweis 1682316 (SAP Consulting: Optimierung von RFC-Benutzerberechtigungen) beschrieben. SAP Consulting nutzt hierzu den *Xiting Role Builder* aus der Xiting Authorization Management Suite (XAMS).

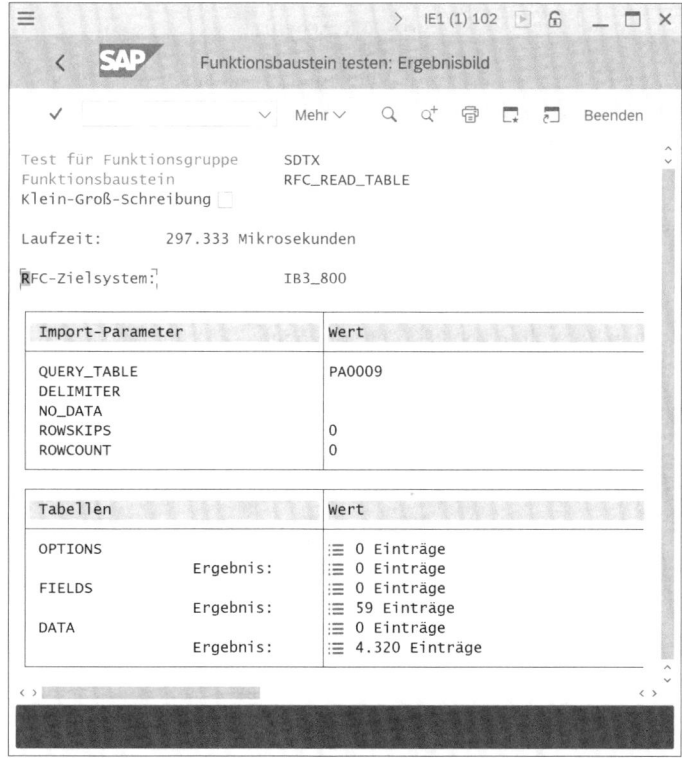

Abbildung 5.8 Funktionsbaustein in einem anderen System ausführen

Eine weitere Möglichkeit des Schutzes bietet der Langzeit-Trace für Berechtigungen (Transaktion STUSERTRACE bzw. Report RSUSR_SUAUTHVALTRC_DISPLAY). Hierüber ist es möglich, die Berechtigungen von mehreren Benutzern (Anzahl ist konfigurierbar) protokollieren zu lassen. Da die Trace-Daten redundanzfrei in einer Tabelle gespeichert werden, kann der Trace auch für einen längeren Zeitraum aktiviert werden. Aus den Trace-Informationen können dann Rollen erzeugt werden. Weitere Informationen zum Langzeit-Trace finden Sie in Abschnitt 10.6.3, »Der Benutzer-Langzeit-Trace«.

5.2.3 Zugriffsrechte

Die folgenden Tabellen zeigen Ihnen die Berechtigungen zu RFC-Verbindungen. Tabelle 5.10 zeigt die Berechtigung zum Verwalten von RFC-Verbindungen.

Berechtigungsobjekt	Feld	Wert
S_TCODE	TCD (Transaktion)	SM59
S_RFC_ADM	ACTVT (Aktivität)	• 01 (Anlegen) • 02 (Ändern) • 06 (Löschen)
	RFCTYPE (Verbindungstyp)	3 (Verbindung zu einem ABAP-System)
	RFCDEST (Name einer RFC-Verbindung)	<Name einer RFC-Verbindung>
	ICF_VALUE (ICF-Wert)	<Berechtigungswert>

Tabelle 5.10 Berechtigung zum Verwalten von RFC-Verbindungen

Tabelle 5.11 zeigt die Berechtigung zum Aufrufen von RFC-Verbindungen.

Berechtigungsobjekt	Feld	Wert
S_ICF	ICF_FIELD (ICF-Typ)	DEST
	ICF_VALUE (ICF-Wert)	*

Tabelle 5.11 Berechtigung zum Nutzen aller RFC-Verbindungen bei vergebenen Berechtigungsgruppen

5.2.4 Checkliste

In Tabelle 5.12 finden Sie die Checkliste mit den prüfungsrelevanten Fragestellungen zur Absicherung von RFC-Verbindungen.

Risiko	Fragestellung
	Vorgabe oder Erläuterung
1	Welche RFC-Verbindungen existieren in den verschiedenen Systemen der SAP-Systemlandschaft?

Tabelle 5.12 Checkliste zu RFC-Verbindungen

Risiko	Fragestellung
	Vorgabe oder Erläuterung
1	In allen Systemen der Systemlandschaft dürfen nur RFC-Verbindungen existieren, die notwendig sind und genutzt werden.
	Hier besteht das Risiko, dass durch RFC-Verbindungen Schnittstellen zu Systemen aufgebaut werden können, die nicht mit dem SAP-System verbunden sein sollten.
2	Sind die eingerichteten RFC-Verbindungen dokumentiert (außerhalb des SAP-Systems)?
	Jede RFC-Verbindung muss so dokumentiert sein, dass ihr Verwendungszweck eindeutig nachvollziehbar ist.
	Hier besteht das Risiko, dass RFC-Verbindungen aufgrund einer fehlenden Dokumentation falsch genutzt werden.
1	Existieren RFC-Verbindungen, in denen für Dialog- oder Servicebenutzer Kennwörter hinterlegt sind?
	RFC-Verbindungen mit hinterlegten Kennwörtern für Dialogbenutzer dürfen nicht existieren.
	Hier besteht das Risiko, dass durch diese RFC-Verbindungen eine Anmeldung ohne Benutzerkennung und Kennwort möglich ist.
2	Wer ist berechtigt, RFC-Verbindungen zu pflegen?
	Dieses Zugriffsrecht dürfen nur Basisadministratoren besitzen.
	Hier besteht das Risiko, dass unberechtigte Benutzer RFC-Verbindungen ändern, neue anlegen oder vorhandene löschen.
2	Wer besitzt das Recht, alle RFC-Verbindungen zu nutzen?
	Dieses Zugriffsrecht sollten nur Administratoren besitzen.
	Hier besteht das Risiko, dass Benutzer zu viele RFC-Verbindungen nutzen können und dadurch Zugriff auf andere SAP-Systeme erhalten.

Tabelle 5.12 Checkliste zu RFC-Verbindungen (Forts.)

Wie Sie die einzelnen Punkte praktisch am SAP-System prüfen können, erfahren Sie in Abschnitt 5.2 des Dokuments **Tiede_Checklisten_Sicherheit_und_Pruefung.pdf**.

5.3 Trusted Systems

Trusted Systems sind SAP-Systeme, die sich gegenseitig vertrauen. Dies bedeutet, dass Zugriffe von einem System auf das andere ohne explizite Authentifizierung möglich sind. Im Folgenden unterscheide ich zwischen *Trusting System* und *Trusted System*. Diese sind per Definition:

- **Trusting System**
  Das System, das einem anderen System vertraut.

- **Trusted System**
  Das System, dem vertraut wird.

In Abbildung 5.9 bedeutet dies: Vom Trusted System (IB3) können Aktionen im Trusting System (IE1) ohne explizite Anmeldung ausgeführt werden (notwendige Berechtigungen vorausgesetzt).

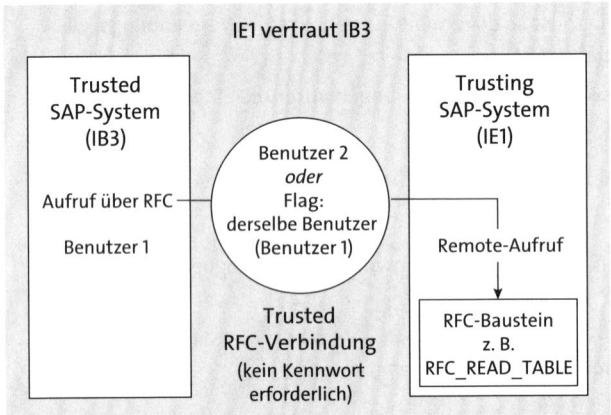

Abbildung 5.9 Vertrauensbeziehung zwischen zwei Systemen

Im Trusting System wird das Trusted System definiert (in Abbildung 5.10 das System IB3). Die Pflege erfolgt über Transaktion SMT1. Über diese Transaktion können Sie somit auch bestehende Vertrauensbeziehungen überprüfen.

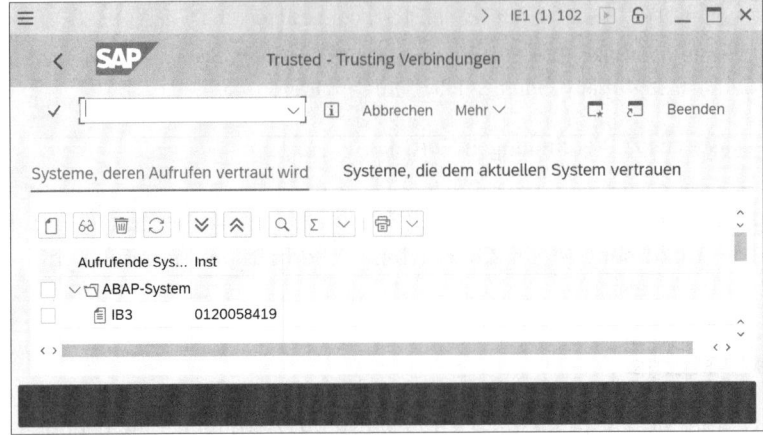

Abbildung 5.10 Transaktion SMT1

Im zweiten Schritt muss im Trusted System (im Beispiel System IB1) eine RFC-Verbindung zum System IE1 eingerichtet werden. Dies geschieht über Transaktion SM59. Als Beispiel wird hier die RFC-Verbindung IE1_102_NO verwendet (siehe Abbildung 5.11).

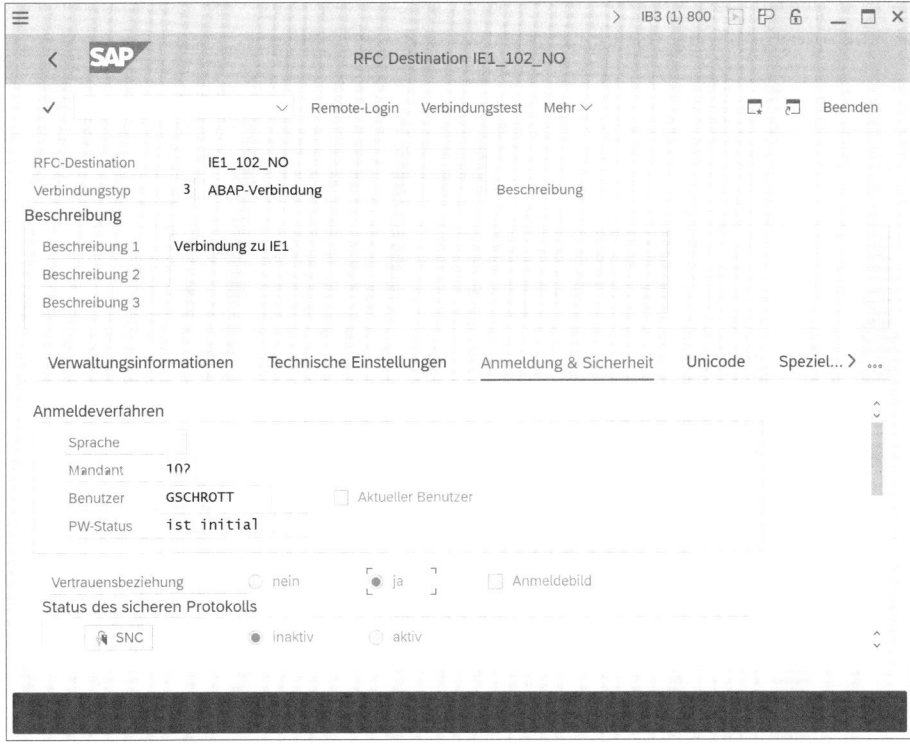

Abbildung 5.11 Unsichere RFC-Verbindung zu einem Trusting System

Auf der zweiten Registerkarte (**Anmeldung & Sicherheit**) werden die Verbindungseinstellungen gespeichert. Dazu gehört u. a. die Eigenschaft, dass es sich um eine Trusted-Verbindung handelt (Option **Vertrauensbeziehung** = ja), mit der im Zielsystem keine weitere Anmeldung erfolgt. Ferner wird hier definiert, unter welcher Benutzerkennung der angemeldete Benutzer auf das Zielsystem IE1 springen würde. In dem vorliegenden Fall könnte also ein in IB3 angemeldeter Benutzer unter der Kennung GSCHROTT auf das System IE1 springen, falls für diesen Benutzer dort zusätzlich noch entsprechende Berechtigungen vorliegen.

Da bei einer Trusted-Verbindung im Zielsystem keine weitere Anmeldung erfolgt, muss an dieser Stelle kein Kennwort hinterlegt werden. Weil damit die Möglichkeit besteht, unter einer anderen Benutzerkennung zu arbeiten, ist diese Art der Konfiguration grundsätzlich als kritisch einzustufen. Eine Voraussetzung für die Nutzung dieser Verbindung ist, dass der Benutzer mit entsprechenden Berechtigungen im Zielsystem IE1 existiert.

Eine unkritische Definition einer Trusted-Verbindung ist in Abbildung 5.12 abgebildet. Durch den Haken in der Checkbox **Aktueller Benutzer** wird das Feld für die Eingabe eines Benutzernamens ausgegraut. Damit wird vorgegeben, dass im Zielsystem IE1 grundsätzlich nur unter derselben Benutzerkennung gearbeitet werden kann, mit der die Anmeldung im aktuellen System (hier IB3) erfolgt ist.

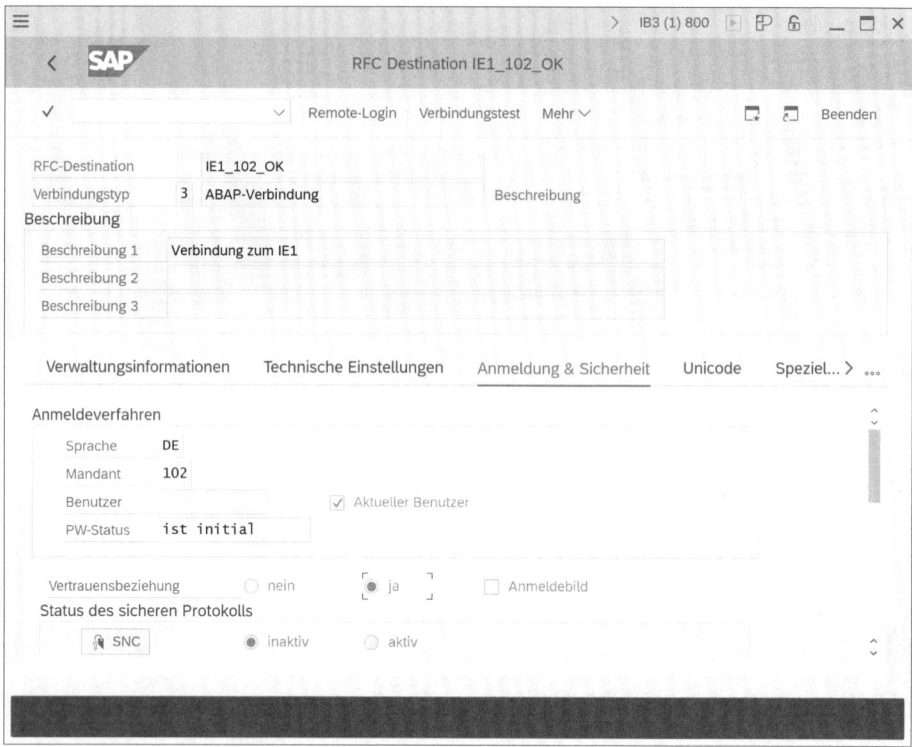

Abbildung 5.12 Sichere RFC-Verbindung zu einem Trusting System

Auch bei dieser Definition der RFC-Verbindung ist Voraussetzung für die Nutzung, dass im Zielsystem IE1 ein Benutzer mit derselben Kennung und den notwendigen Berechtigungen existiert. Die Nutzung der Trusted-Verbindung stellt somit lediglich eine Arbeitserleichterung dar, da ansonsten die Alternative bestünde, sich in IE1 direkt unter dieser Kennung anzumelden.

Ob Trusted-RFC-Verbindungen existieren, können Sie über Tabelle RFCDES prüfen. Der Wert »Q=Y« im Feld RFCOPTIONS (**Optionen**) zeigt an, dass es sich um eine Trusted-RFC-Verbindung handelt. Der Eintrag »U=Y« gibt an, dass die Anmeldung im Zielsystem unter derselben Benutzerkennung stattfindet. Abbildung 5.13 zeigt die Selektionsmaske zu Tabelle RFCDES zur Anzeige aller Trusted-Verbindungen.

5.3 Trusted Systems

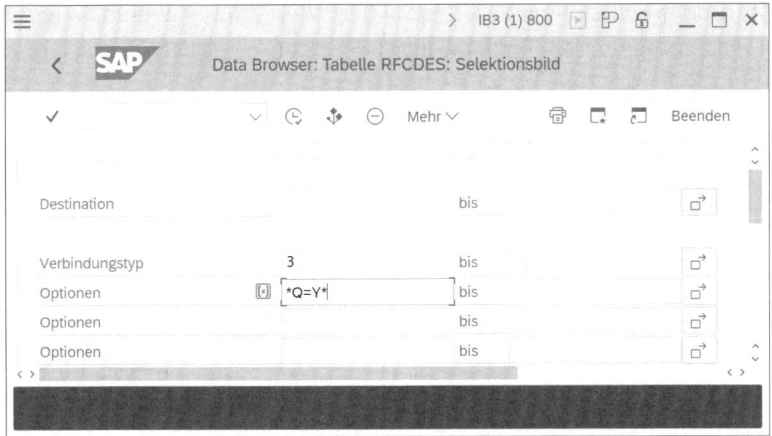

Abbildung 5.13 Selektion aller Trusted-Verbindungen

Die Trusting Systems und die Trusted Systems werden in den folgenden Tabellen gespeichert:

- **Tabelle RFCTRUST**

  Trusted Systems

- **Tabelle RFCSYSACL**

  Trusting Systems

Die Tabellen RFCDES, RFCTRUST und RFCSYSACL sind standardmäßig zur Protokollierung vorgesehen. Bei aktivierter Tabellenprotokollierung (Systemparameter rec/client; siehe Abschnitt 4.3, »Protokollierung von Tabellenänderungen«) können Sie über Transaktion SCU3 (alternativ über den Report RSVTPROT) nachvollziehen, welche Änderungen an den Einstellungen der Vertrauensbeziehungen erfolgt sind.

5.3.1 Berechtigungen zur Nutzung von Trusted-Verbindungen

Damit über die Trusted-Funktionalität ein Benutzer aus einem anderen System heraus genutzt werden kann, muss er über eine Berechtigung für das Objekt S_RFCACL verfügen. Diese Berechtigung ist standardmäßig nicht im sonst sehr umfassenden Sammelprofil SAP_ALL enthalten. Ob dieses Objekt in SAP_ALL automatisch generiert wird, wird über den Schalter ADD_S_RFCACL in Tabelle PRGN_CUST definiert. Der Schalter kann zwei Werte enthalten:

- NO: Das Berechtigungsobjekt S_RFCACL wird nicht automatisch in dem Profil SAP_ALL generiert (Default-Wert).

- YES: Das Berechtigungsobjekt S_RFCACL wird automatisch in dem Profil SAP_ALL generiert.

Aus Sicherheitsgründen sollte dieser Schalter auf dem Wert »NO« stehen bzw. nicht in Tabelle PRGN_CUST enthalten sein (in dem Fall ist der Default-Wert »NO« gesetzt).

Die in Abbildung 5.14 abgebildete Berechtigung zeigt Folgendes an:

- Nur Aufrufe aus dem System IB1 sind gültig (Feld **System-Id** = IB1).
- Eine Nutzung ist nur jeweils mit derselben Benutzerkennung möglich (Feld **RFC gleiche Benutzerkennung** = Y).

Verfügt ein Benutzer im System IB2 über diese Berechtigung, kann die Trusted-Verbindung aus dem anderen System IB1 nur von einem Benutzer mit derselben Kennung aufgerufen werden.

○○■ Berechtigungsobjekt S_RFCACL	Berechtigungsprüfung für RFC-Benutzer (z.B. Trusted System)	
○○■ Berechtigung T-S026048400	Berechtigungsprüfung für RFC-Benutzer (z.B. Trusted System)	
RFC_SYSID	System-Id (für SAP- und externe Systeme)	IE1
RFC_CLIENT	RFC Client oder Domäne	102
RFC_USER	RFC User (SAP oder extern)	"
RFC_EQUSER	RFC gleiche Benutzerkennung	Y
RFC_TCODE	RFC Transaktionscode	*
RFC_INFO	RFC Information	*
ACTVT	Aktivität	16

Abbildung 5.14 Berechtigung für das Objekt S_RFCACL (unkritisch)

Bei der Berechtigung in Abbildung 5.15 kann der Benutzer, dem diese Berechtigung im Trusting System (IB3) zugeordnet ist, grundsätzlich durch jeden Benutzer aus dem Trusted System (IE1) genutzt werden, wodurch diese Berechtigung als äußerst kritisch einzustufen ist. Wenn eine kritische Berechtigung dieser Art vorliegt, könnte im Trusted System IB3 eine RFC-Verbindung definiert werden, in der z. B. der Benutzername GSCHROTT fest hinterlegt wird. Somit könnte jeder Benutzer im System IB3, der diese RFC-Verbindung nutzen kann, unter der Benutzerkennung GSCHROTT im System IE1 arbeiten, also anonym.

○○■ Berechtigungsobjekt S_RFCACL	Berechtigungsprüfung für RFC-Benutzer (z.B. Trusted System)	
○○■ Berechtigung T-S026048400	Berechtigungsprüfung für RFC-Benutzer (z.B. Trusted System)	
RFC_SYSID	System-Id (für SAP- und externe Systeme)	IE1
RFC_CLIENT	RFC Client oder Domäne	102
RFC_USER	RFC User (SAP oder extern)	*
RFC_EQUSER	RFC gleiche Benutzerkennung	*
RFC_TCODE	RFC Transaktionscode	*
RFC_INFO	RFC Information	*
ACTVT	Aktivität	16

Abbildung 5.15 Berechtigung für das Objekt S_RFCACL (kritisch)

5.3.2 Zugriffsrechte

Die folgenden Tabellen zeigen Ihnen die Berechtigungen für Trusted Systems. Tabelle 5.13 enthält die Berechtigung zum Anlegen neuer Trusted Systems.

Berechtigungsobjekt	Feld	Wert
S_TCODE	TCD (Transaktion)	SMT1 oder SMT2
S_RFC_TT	ACTVT (Aktivität)	■ 01 (Anlegen) ■ 02 (Ändern)
	RFC_TT_TYP (Typ in der Trusted-Beziehung)	■ 1: aufzurufendes System ■ 2: aufrufendes System
	RFC_SYSID (System-IS)	<SID des SAP-Systems>
	RFC_INSTNR (Installationsnummer)	<Installationsnummer>

Tabelle 5.13 Berechtigung zum Anlegen neuer vertrauenswürdiger Systeme

Tabelle 5.14 zeigt die Berechtigung, um einen Benutzer mit der gleichen Kennung systemübergreifend zu verwenden.

Berechtigungsobjekt	Feld	Wert
S_RFCACL	ACTVT (Aktivität)	16 (Ausführen)
	RFC_EQUSER (gleiche Benutzerkennung)	Y
	RFC_SYSID (System-ID)	<SID des SAP-Systems>
	RFC_USER (RFC Benutzer)	sy-uname oder <leer>

Tabelle 5.14 Berechtigung zum Verwenden eines Benutzers vom anderen System aus mit derselben Benutzerkennung

Tabelle 5.15 zeigt die Berechtigung, um einen Benutzer mit einer beliebigen Benutzerkennung systemübergreifend zu verwenden.

Berechtigungs-objekt	Feld	Wert
S_RFCACL	ACTVT (Aktivität)	16 (Ausführen)
	RFC_EQUSER (gleiche Benutzerkennung)	Y
	RFC_SYSID (System-ID)	<SID des SAP-Systems>
	RFC_USER (RFC-Benutzer)	*

Tabelle 5.15 Berechtigung zum Verwenden eines Benutzers vom anderen System aus mit einer beliebigen Benutzerkennung

5.3.3 Checkliste

In Tabelle 5.16 finden Sie die Checkliste mit den prüfungsrelevanten Fragestellungen zur Absicherung von Trusted Systems.

Risiko	Fragestellung
	Vorgabe oder Erläuterung
1	Existieren in Systemen mit sensiblen Daten Vertrauensbeziehungen zu anderen Systemen?
	In allen Systemen dürfen nur Vertrauensbeziehungen existieren, die notwendig sind und genutzt werden.
	Hier besteht das Risiko, dass durch Vertrauensbeziehungen ein anonymer Zugriff auf sensible Daten ermöglicht wird.
1	Wurden Berechtigungen vergeben, mit denen Benutzer aus anderen Systemen heraus für Zugriffe über eine Trusted-Verbindung genutzt werden können?
	Berechtigungen für Trusted-Zugriffe dürfen nur sehr restriktiv vergeben werden.
	Hier besteht das Risiko, dass durch falsch vergebene Berechtigungen ein anonymer Zugriff auf Daten ermöglicht wird.

Tabelle 5.16 Checkliste zu Trusted Systems

Risiko	Fragestellung
	Vorgabe oder Erläuterung
2	Existieren Benutzer, die dazu berechtigt sind, neue Vertrauensbeziehungen zu Systemen anzulegen?
	Es dürfen nur Basisadministratoren dazu berechtigt sein, Vertrauensbeziehungen zu definieren.
	Hier besteht das Risiko, dass durch neue Vertrauensbeziehungen ein anonymer Zugriff auf die Daten des Systems ermöglicht wird.
1	Existieren RFC-Verbindungen zu Systemen mit sensiblen Daten, die als Trusted-Verbindung ausgewiesen sind?
	In allen Systemen dürfen nur Trusted-RFC-Verbindungen existieren, die notwendig sind, genutzt werden und dokumentiert worden sind.
	Hier besteht das Risiko, dass durch die Trusted-RFC-Verbindungen ein anonymer Zugriff auf sensible Daten ermöglicht wird.
1	Existieren RFC-Verbindungen zu Systemen mit sensiblen Daten, die als Trusted-Verbindung ausgewiesen sind, bei denen eine feste Benutzerkennung hinterlegt ist und für die im Zielsystem die Berechtigung zum Aufruf über verschiedene Benutzer vergeben ist?
	In allen Systemen sollten nur Trusted-RFC-Verbindungen existieren, die eine Anmeldung über denselben Benutzer im Zielsystem ermöglichen.
	Hier besteht die konkrete Möglichkeit, über die Trusted-RFC-Verbindung anonym auf das Zielsystem zuzugreifen.

Tabelle 5.16 Checkliste zu Trusted Systems (Forts.)

Wie Sie die einzelnen Punkte praktisch am SAP-System prüfen können, erfahren Sie in Abschnitt 5.3 des Dokuments **Tiede_Checklisten_Sicherheit_und_Pruefung.pdf**.

5.4 Zugriff von externen Programmen

Über externe Programme können alle Funktionsbausteine ausgeführt werden, die remotefähig sind. In einem SAP-NetWeaver-7.5x-System existieren ca. 18.000 remotefähige Funktionsbausteine, in einem SAP-ERP-System insgesamt ca. 50.000.

Das Ausführen von Funktionsbausteinen über RFC wird über das Berechtigungsobjekt S_RFC geschützt. Die Funktionsbausteine sind in Funktionsgruppen zusammengefasst. Mit dem Berechtigungsobjekt kann der Zugriff über die Funktionsgruppen oder über die Namen der Funktionsbausteine gesteuert werden. Die Funktionalität dieses Objekts wird über den Systemparameter auth/rfc_authority_check gesteuert. Der Parameter kann die folgenden Werte enthalten:

- 0: Bei diesem Wert wird zum Ausführen von Funktionsbausteinen keine Berechtigung für das Objekt S_RFC benötigt. Dies stellt eine Gefährdung für das System dar; dieser Wert darf nicht eingestellt werden.
- 1: Das Berechtigungsobjekt S_RFC wird überprüft, allerdings nicht für Funktionsbausteine der Funktionsgruppe SRFC (siehe Tabelle 5.17). Es findet ebenfalls keine Berechtigungsprüfung für denselben Benutzer und denselben Benutzerkontext (Mandant und Benutzername) statt. Dies ist der Auslieferungszustand eines SAP-Systems.
- 2: Das Berechtigungsobjekt S_RFC wird überprüft, außer für Funktionsbausteine der Funktionsgruppe SRFC.
- 3: Es ist ein Login zur Ausführung der Funktionsbausteine RFC_PING und RFC_SYSTEM_INFO erforderlich, es findet aber keine Berechtigungsprüfung statt.
- 4: Es findet eine Berechtigungsprüfung für alle Funktionsbausteine statt, außer für RFC_PING und RFC_SYSTEM_INFO.
- 5: Es ist ein Login zur Ausführung des Funktionsbausteins RFC_PING erforderlich, es findet aber keine Berechtigungsprüfung statt.
- 6: Es findet eine Berechtigungsprüfung für alle Funktionsbausteine statt, außer für RFC_PING.
- 8: Es ist ein Login für alle Funktionsbausteine erforderlich, es findet aber keine Berechtigungsprüfung statt.
- 9: Das Berechtigungsobjekt S_RFC wird immer geprüft, auch für die Funktionsgruppe SRFC.

Die Funktionsbausteine der Funktionsgruppe SRFC sind in Tabelle 5.17 aufgeführt. Insbesondere Funktionsbausteine wie RFC_PING und RFC_SYSTEM_INFO werden häufig über Schnittstellen genutzt. Daher ist es in den meisten Systemen sinnvoll, den Parameter auth/rfc_authority_check auf den Wert »1« oder »2« zu setzen.

Funktionsbaustein der Gruppe SRFC	Beschreibung
RFC_GET_LOCAL_DESTINATIONS	Liefert alle momentan aktiven RFC-Destinationen an dieselbe Datenbank.
RFC_GET_LOCAL_SERVERS	Liefert alle momentan aktiven RFC-Destinationen an dieselbe Datenbank.

Tabelle 5.17 Funktionsbausteine der Gruppe SRFC

Funktionsbaustein der Gruppe SRFC	Beschreibung
RFC_PING	Liefert Informationen zum System zurück, wenn dieses über Ping angesprochen wird. Das Programm *Ping* können Sie zum Testen der Erreichbarkeit von Systemen nutzen.
RFC_SYSTEM_INFO	Liefert verschiedene Informationen über das System.
SYSTEM_FINISH_ATTACH_GUI	Verknüpft eine SAP-GUI-Session dieser RFC-Session.
SYSTEM_INVISIBLE_GUI	Lässt aktuellen SAP GUI unsichtbar (interne Verwendung).
SYSTEM_PREPARE_ATTACH_GUI	Baut das Kommando zum Starten des SAP GUI auf.
SYSTEM_RFC_VERSION_3_INIT	Initialisiert eine RFC-Verbindung auf dem Server (systeminterne Verwendung).

Tabelle 5.17 Funktionsbausteine der Gruppe SRFC (Forts.)

Die Felder des Berechtigungsobjekts S_RFC zeigt Tabelle 5.18.

Berechtigungsobjekt	Feld	Wert
S_RFC	ACTVT (Aktivität)	16 (Ausführen)
	RFC_TYPE (Typ des RFC-Objekts)	• FUGR (Funktionsgruppe) • FUNC (Funktionsbaustein)
	RFC_NAME (Name des RFC-Objekts)	<Namen von Funktionsgruppen oder Funktionsbausteinen>

Tabelle 5.18 Berechtigungsobjekt S_RFC

Berechtigungen für das Objekt S_RFC müssen auf die tatsächlich erforderlichen Funktionsbausteine eingegrenzt sein. Zu umfassende Berechtigungen können eine Gefahrenquelle darstellen. Eine Vollberechtigung (RFC_NAME = *) darf an keinen Benutzer vergeben werden. Unter anderem könnten damit alle Funktionsbausteine ausgeführt werden, die keine Berechtigungsprüfung enthalten oder bei denen die Berechtigungsprüfung deaktiviert werden kann (siehe Abschnitt 5.1.1, »Funktionsbausteine ohne Berechtigungsprüfungen«, und Abschnitt 5.1.2, »Funktionsbausteine mit schaltbaren Berechtigungen«).

Um zu ermitteln, wer bestimmte Funktionsbausteine ausführen darf, müssen Sie zuerst die Funktionsgruppe des Funktionsbausteins ermitteln. Hierzu haben Sie zwei Möglichkeiten:

1. Rufen Sie Transaktion SE37 auf. Geben Sie den Namen des Funktionsbausteins an, und lassen Sie ihn sich anzeigen. Auf der Registerkarte **Eigenschaften** ist die Funktionsgruppe hinterlegt.
2. Rufen Sie mit Transaktion SE16 die Tabelle ENLFDIR auf. Geben Sie in der Selektionsmaske im Feld FUNCNAME (**Funktionsbaustein**) den Namen ein, und lassen Sie sich die Tabelle anzeigen. Im Feld AREA (**Funktionsgruppe**) wird die Funktionsgruppe angezeigt.

Tabelle 5.19 zeigt exemplarisch die Berechtigungsprüfung für den Funktionsbaustein RFC_READ_TABLE.

Berechtigungsobjekt	Feld	Wert
S_RFC	ACTVT (Aktivität)	16 (Ausführen)
	RFC_TYPE (Typ des RFC-Objekts)	FUGR (Funktionsgruppe)
	RFC_NAME (Name des RFC-Objekts)	SDTX
oder		
S_RFC	ACTVT (Aktivität)	16 (Ausführen)
	RFC_TYPE (Typ des RFC-Objekts)	FUNC (Funktionsbaustein)
	RFC_NAME (Name des RFC-Objekts)	RFC_READ_TABLE

Tabelle 5.19 Exemplarische Berechtigung für den Funktionsbaustein RFC_READ_TABLE

5.4.1 Ermittlung der erforderlichen RFC-Berechtigungen

Da für das Objekt S_RFC keine volle Berechtigung vergeben werden soll, müssen Sie die tatsächlich erforderlichen Berechtigungswerte ermitteln. Dies gilt insbesondere auch für Schnittstellenbenutzer. Hierzu können Sie den Langzeit-Trace in Transaktion STUSERTRACE nutzen. Hiermit können Sie die genutzten Werte des Berechtigungsobjekts S_RFC ermitteln. Abbildung 5.16 zeigt eine mögliche Konfiguration. Dort ist der Filter für Berechtigungsobjekte auf das Objekt S_RFC beschränkt.

Abbildung 5.16 Trace des Berechtigungsobjekts S_RFC

Da die Trace-Daten redundanzfrei in einer Tabelle gespeichert werden, kann der Trace auch für einen längeren Zeitraum aktiviert werden. Mithilfe der Trace-Informationen können dann Rollen erzeugt werden. Weitere Informationen zum Langzeit-Trace finden Sie in Abschnitt 10.6.3, »Der Benutzer-Langzeit-Trace«.

5.4.2 Zugriff auf das SAP-System über Microsoft Excel

Wie Funktionsbausteine von externen Programmen aufgerufen werden können, zeige ich in diesem Abschnitt am Beispiel von Microsoft Excel. Die Schnittstelle zu Microsoft Excel (*Dynamic Link Libraries*) wird mit dem SAP GUI auf einer Workstation installiert. Über *Visual Basic for Applications* (VBA) kann die Verbindung aufgebaut werden. Listing 5.1 zeigt den Quelltext zur Anmeldung an ein SAP-System:

```
' Objekt erstellen und Verbindung herstellen
Dim fns As Object
Set fns = CreateObject("SAP.Functions")

' Verbindungsobjekt erstellen
Dim conn As Object
```

5 Remote Function Calls

```
Set conn = fns.Connection

' Verbindung zum Server herstellen
conn.ApplicationServer = "ibsp01"      ' Servername
conn.SYSTEM = "E01"                     ' System-ID
conn.USER = "tomtiede"                  ' Benutzername
conn.password = "cat9dog"               ' Kennwort
conn.CLIENT = "800"                     ' Mandant
conn.LANGUAGE = "D"                     ' Anmeldesprache
conn.tracelevel = 0

' Anmeldung am SAP-System ohne Anmeldebildschirm
If conn.logon(0, True) <> True Then
    MsgBox "Cannot logon!."
    Exit Sub
End If
```

Listing 5.1 Anmeldung an ein SAP-System über Microsoft Excel

Eine Anmeldung mit korrektem Benutzernamen und Kennwort ist hier natürlich erforderlich. Nach erfolgreicher Anmeldung können nun alle Funktionsbausteine aufgerufen werden, für die der Benutzer eine Berechtigung besitzt. Mit dem Beispielcode aus Listing 5.2 können Tabelleninhalte aus dem SAP-System ausgelesen werden, indem zwei Funktionsbausteine aufgerufen werden:

```
' auszulesende Tabelle ermitteln
tabname = UCase(InputBox("Geben Sie den Namen der auszulesenden Tabelle ein",
"Tabelle auswählen", "T000"))

' Tabellenaufbau lesen: Funktionsbaustein RFC_GET_STRUCTURE_DEFINITION
result = fns.RFC_GET_STRUCTURE_DEFINITION(Exception, tabname:=tabname,
   TABLENGTH:=tablng, FIELDS:=tabfields)
the_exception = Exception

' Tabelleninhalt auslesen: Funktionsbaustein RFC_GET_TABLE_ENTRIES
result = fns.RFC_GET_TABLE_ENTRIES(Exception, BYPASS_BUFFER:=" ",
   FROM_KEY:=" ", GEN_KEY:=" ", MAX_ENTRIES:=0, TABLE_NAME:=tabname,
   TO_KEY:=" ", NUMBER_OF_ENTRIES:=num_entries, entries:=entries)
the_exception = Exception
```

Listing 5.2 Auslesen von Tabelleninhalten aus dem SAP-System

5.4 Zugriff von externen Programmen

Die Funktionsbausteine enthalten Berechtigungsprüfungen. Somit wird beim Auslesen einer Tabelle hier auch das Zugriffsrecht zum Lesen dieser Tabelle benötigt, allerdings keine Transaktionsberechtigung.

Abbildung 5.17 zeigt das Ergebnis des Auslesens in Microsoft Excel. Ausgelesen wurde die Mandantentabelle T000. Der erste Teil zeigt den Aufbau der Tabelle, der mit dem Funktionsbaustein RFC_GET_STRUCTURE_DEFINITION ausgelesen wurde. Im unteren Teil wird der Inhalt der Tabelle angezeigt. Dieser wurde mit dem Funktionsbaustein RFC_GET_TABLE_ENTRIES ausgelesen. Auf diese Weise können von jeder Programmiersprache aus Funktionsbausteine in SAP-Systemen aufgerufen werden. Berechtigungen für das Berechtigungsobjekt S_RFC dürfen nur äußerst restriktiv vergeben werden, da hiermit große Risiken verbunden sind.

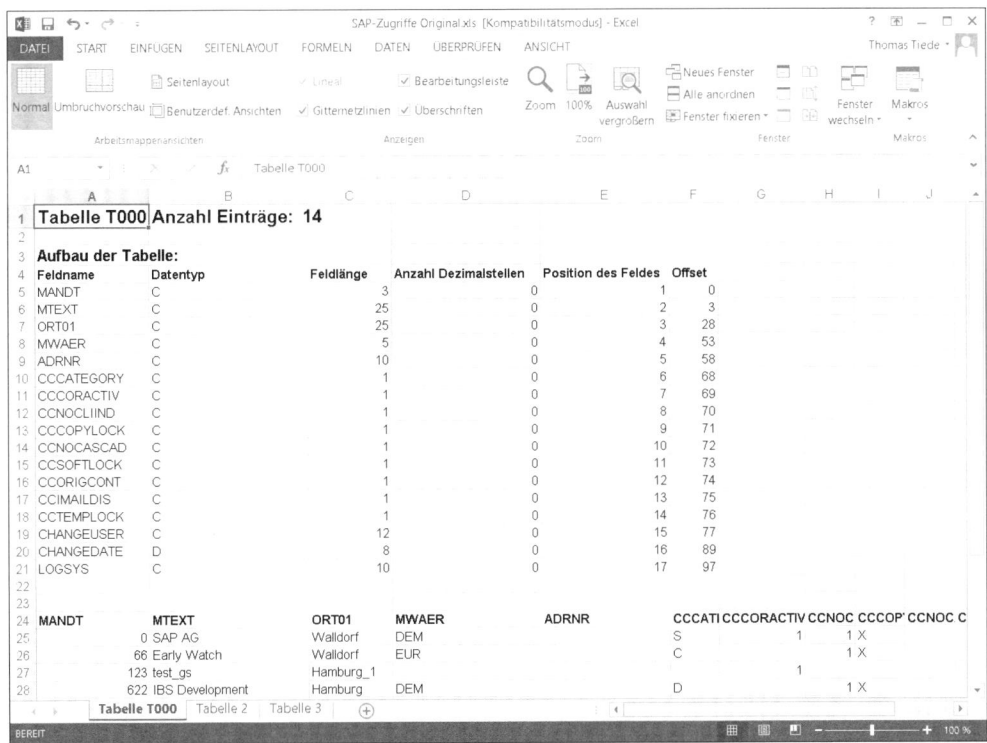

Abbildung 5.17 Über RFC ausgelesene Tabelle in Microsoft Excel

5.4.3 ABAP-Quelltexte über RFC ausführen

Über Funktionsbausteine kann es möglich sein, beliebige ABAP-Quelltexte an das SAP-System zu schicken und diese ausführen zu lassen. Es kann ein Quelltext übergeben werden, der dann ohne weitere Überprüfungen ausgeführt wird. Dies ist z. B. mit dem Funktionsbaustein RFC_ABAP_INSTALL_AND_RUN möglich. Dieser existiert aktuell noch in allen SAP-Systemen außer in SAP-S/4HANA-Systemen mit einem Releasestand >= 1909 (siehe SAP-Hinweis 2578542). In SAP S/4HANA 1809 existiert er noch, ist aber deaktiviert. In allen anderen Systemen (z. B. reinen SAP-NetWeaver-Systemen oder SAP ERP) ist er vorhanden und kann weiterhin genutzt werden.

Der Quelltext in Listing 5.3 löscht z. B. Tabellenänderungsprotokolle aus dem System, indem sie direkt aus der Protokolltabelle DBTABLOG gelöscht werden.

```
REPORT tab_del.
TABLES:    dbtablog,
           strmpar,
           tddat.
TYPES:     BEGIN OF     dbtablog_key_type,
           logdate LIKE dbtablog-logdate,
           logtime LIKE dbtablog-logtime,
           logid   LIKE dbtablog-logid,
           END OF       dbtablog_key_type.
DATA:      antwort,
           i                    TYPE i,
           cnt_loops            TYPE i,
           tabelle              LIKE tddat-tabname,
           i_dbtablog_key       TYPE TABLE OF dbtablog_key_type
             INITIAL SIZE 2000,
           edatum               LIKE strmpar-tbscdlda.

  edatum  = '20140531'.  " Bis zu diesem Datum wird gelöscht.
  tabelle = 'T001'.      " Die Protokolle dieser Tabelle werden
                         " gelöscht.

  SELECT COUNT(*) FROM dbtablog
    WHERE tabname = tabelle AND logdate <= edatum.
  cnt_loops = sy-dbcnt DIV 2000.
  IF cnt_loops = 0 AND sy-dbcnt > 0. cnt_loops = 1. ENDIF.

  i = 0.
  DO cnt_loops TIMES.
    SELECT logdate logtime logid FROM dbtablog
      INTO TABLE i_dbtablog_key
      UP TO 2000 ROWS WHERE tabname = tabelle AND logdate
                                            <= edatum.
    IF SY-SUBRC = 0.
      DELETE dbtablog FROM TABLE i_dbtablog_key.
```

```
        COMMIT WORK.
        i = i + SY-DBCNT.
    ENDIF.
ENDDO.

WRITE: 'Tabellenänderungsprotokolle für Tabelle ',
        tabelle,
        ' wurden bis zum ', EDATUM, ' gelöscht!'.
```

Listing 5.3 Löschen von Tabelleneinträgen über einen Funktionsbaustein

Wird dieser Quelltext dem Funktionsbaustein RFC_ABAP_INSTALL_AND_RUN übergeben, werden die Tabellenänderungsprotokolle der angegebenen Tabelle bis zum angegebenen Datum unwiderruflich und ohne Protokoll gelöscht. Dies verstößt u. a. gegen § 257 HGB, da diese Protokolle als Verfahrensanweisung gelten und somit aufbewahrungspflichtig sind.

So kann jeder beliebige Vorgang über diese Funktionsbausteine ausgeführt werden. Das Zugriffsrecht zum Ausführen dieser Funktionsbausteine sollte daher keinem Dialogbenutzer zugeordnet werden.

5.4.4 Zugriffsrechte

Die folgenden Tabellen zeigen Ihnen die Berechtigungen zum Zugriff auf SAP-Systeme durch externe Programme. Tabelle 5.20 zeigt die Berechtigung zum externen Aufruf von Funktionsbausteinen.

Berechtigungsobjekt	Feld	Wert
S_RFC	ACTVT (Aktivität)	16 (Ausführen)
	RFC_TYPE (Typ des RFC-Objekts)	FUGR oder FUNC
	RFC_NAME (Name des RFC-Objekts)	*

Tabelle 5.20 Berechtigung zum Aufruf aller Funktionsbausteine per Remote Function Call

Tabelle 5.21 zeigt die speziellen Berechtigungen zum externen Aufruf des Funktionsbausteins RFC_ABAP_INSTALL_AND_RUN.

Berechtigungsobjekt	Feld	Wert
S_TCODE	TCD (Transaktion)	SE38
S_RFCRAIAR	ACTVT (Aktivität)	16 (Ausführen)
S_DEVELOP	ACTVT (Aktivität)	▪ 01 (Anlegen) ▪ 02 (Ändern)
	OBJTYPE (Objekttyp)	PROG
	OBJNAME (Objektname)	Z$$$XRFC
	DEVCLASS (Paket)	$TMP
S_RFC	ACTVT (Aktivität)	16 (Ausführen)
	RFC_TYPE (Typ des RFC-Objekts)	FUGR
	RFC_NAME (Name des RFC-Objekts)	SUTL
oder		
S_RFC	ACTVT (Aktivität)	16 (Ausführen)
	RFC_TYPE (Typ des RFC-Objekts)	FUNC
	RFC_NAME (Name des RFC-Objekts)	RFC_ABAP_INSTALL_AND_RUN

Tabelle 5.21 Berechtigung zum Aufrufen des Funktionsbausteins RFC_ABAP_INSTALL_AND_RUN

5.4.5 Checkliste

In Tabelle 5.22 finden Sie die Checkliste mit den prüfungsrelevanten Fragestellungen zum Zugriff auf ein SAP-System durch externe Programme.

Risiko	Fragestellung
	Vorgabe oder Erläuterung
1	Besitzen Benutzer das Recht, alle Funktionsbausteine auszuführen?
	Dieses Zugriffsrecht sollte keinem Benutzer zugeordnet werden.
	Hier besteht das Risiko, dass Benutzer über die Funktionsbausteine von externen Programmen aus kritische Aktionen im SAP-System durchführen können.
1	Werden im System Zugriffsrechte für das Objekt S_RFC überprüft?
	Es müssen Zugriffsrechte für das Objekt S_RFC überprüft werden.
	Hier besteht das Risiko, dass Funktionsbausteine ohne Berechtigung ausgeführt werden können.
1	Besitzen Benutzer das Recht, den Funktionsbaustein RFC_ABAP_INSTALL_AND_RUN auszuführen?
	Das Zugriffsrecht zum Ausführen dieses Funktionsbausteins soll keinem Benutzer zugeordnet werden.
	Hier besteht das Risiko, dass Benutzer ABAP-Quellcode ins System übertragen und ungeprüft ausführen können, was u. a. einen Verstoß gegen § 239 HGB, Führung der Handelsbücher (»Radierverbot«), darstellt.

Tabelle 5.22 Checkliste zu RFC-Berechtigungen

Wie Sie die einzelnen Punkte praktisch am SAP-System überprüfen können, erfahren Sie in Abschnitt 5.4 des Dokuments **Tiede_Checklisten_Sicherheit_und_Pruefung.pdf**.

Kapitel 6
Der Verbuchungsvorgang

Die Ordnungsmäßigkeit der Datenverarbeitung in SAP-Systemen ist maßgeblich davon abhängig, dass die Daten konsistent in die Datenbank geschrieben werden. Dies übernimmt der Verbuchungsprozess. Erfahren Sie in diesem Kapitel, wie Sie den Verbuchungsvorgang absichern und prüfen.

Verbuchung bedeutet, dass Daten konsistent in die Datenbank geschrieben werden. Es können parallel mehrere Tausend Benutzer an einem SAP-System arbeiten, die Daten pflegen und diese somit in der Datenbank anlegen bzw. aktualisieren. Damit es dabei nicht zu Inkonsistenzen kommt, übernimmt der Verbuchungsprozess diese Aktualisierungen. In Abschnitt 6.1, »Das Prinzip der Verbuchung«, erläutere ich die Funktionsweise dieses Prozesses.

Da viele Faktoren den Verbuchungsprozess beeinflussen, kann es auch zu Verbuchungsabbrüchen kommen. Dies kann Auswirkungen auf die Vollständigkeit der Buchhaltungsbelege haben. Daher ist diesem Thema ein eigener Abschnitt (Abschnitt 6.2, »Abgebrochene Buchungen«) gewidmet. Auch die Belegnummernvergabe wirkt sich maßgeblich auf die Ordnungsmäßigkeit des Systems aus. Wie Lücken in der Belegnummernvergabe entstehen und wie Sie diese prüfen können, erfahren Sie in Abschnitt 6.3, »Die Belegnummernvergabe«.

6.1 Das Prinzip der Verbuchung

Verbuchung bedeutet im SAP-Systemumfeld, dass Daten in die Datenbank geschrieben werden. *Synchrone Verbuchung* heißt, die Änderungen, die ein Benutzer an den Daten vornimmt (Anlegen, Ändern oder Löschen), werden direkt in die Datenbank geschrieben. Dieser Vorgang wird direkt vom Dialogprozess durchgeführt; daher muss ein Benutzer bei dieser Methode auf den Verbuchungsvorgang warten. Er kann erst weiterarbeiten, wenn die Verbuchung abgeschlossen worden ist. Hierdurch ergibt sich für den Benutzer eine sehr schlechte Performance mit langen Wartezeiten. Aus diesem Grund eignet sich die synchrone Verbuchung nicht als Standardmethode und wird nur selten im SAP-System angewendet.

Die Standardmethode zur Verbuchung ist die *asynchrone Verbuchung*. Bei der asynchronen Verbuchung wird der Verbuchungsvorgang nicht vom Dialogprozess ausgeführt, sondern von einem eigenen *Verbuchungsprozess*:

1. Ein Benutzer gibt Daten ins System ein. Diese Daten müssen gespeichert, also in die Datenbank geschrieben werden. Der Benutzer speichert diese Daten, z. B. über die Schaltfläche **Sichern** oder **Buchen**.

2. Der Dialogprozess, der die Kommunikation des Benutzers mit dem SAP-System übernimmt, nimmt diese Daten entgegen. Allerdings kann er sie nicht direkt an den Verbuchungsprozess übergeben. Müsste er sie direkt übergeben und wäre der Verbuchungsprozess gerade mit einem anderen Verbuchungsvorgang beschäftigt, müsste der Dialogprozess warten, bis der Vorgang beendet ist. Hierdurch würde dasselbe Performanceproblem entstehen wie bei der synchronen Verbuchung.

3. Der Dialogprozess schreibt die Daten, die verbucht werden sollen, in einen Zwischenspeicher. Dieser Zwischenspeicher besteht aus den folgenden transparenten Tabellen, den *Verbuchungstabellen*:

    - VBHDR: Verbuchungsheader
    - VBDATA: Verbuchungsdaten
    - VBMOD: Funktionsbausteine der Verbuchung
    - VBERROR: Fehlerinformationen Verbuchung

    Das SAP-System kann so konfiguriert werden, dass auf allen Instanzen Verbuchungsprozesse laufen. Daher haben diese Tabellen eine spezielle Eigenschaft. Die Tabellen VBHDR, VBDATA und VBMOD sind vom Tabellentyp Multiplextabelle, d. h., dass beim Einsatz mehrerer Instanzen jeweils eine Version dieser Tabellen angelegt wird. Dies steigert die Performance, da konkurrierende Zugriffe auf diese Tabellen und somit das performancebeeinträchtigende sogenannte *Pinging* vermieden werden.

    Zum Zeitpunkt der Datenübertragung in diese Tabellen bekommt der Benutzer die Nachricht, dass die Daten gesichert oder gebucht wurden. Handelt es sich bei den Daten um einen Buchhaltungsbeleg, gilt dieser von diesem Zeitpunkt an als handelsrechtlich gebucht, da sein verarbeitungsfähiger Zustand durch die Eingabeplausibilitätsprüfung festgestellt ist und der Benutzer diesen Beleg freigegeben hat. Tatsächlich befinden sich die Daten zu diesem Zeitpunkt aber noch in den Verbuchungstabellen.

4. Die Verbuchungstabellen werden ständig vom Verbuchungsprozess ausgelesen. In der Reihenfolge des Schreibens der Daten in diese Tabellen werden sie vom Ver-

buchungsprozess gelesen (nach dem FIFO-Prinzip: First In – First Out). Der Verbuchungsprozess schreibt die Daten nun in die eigentlichen Datentabellen. Nach einem erfolgreichen Schreibvorgang wird standardmäßig der Eintrag aus den Verbuchungstabellen gelöscht. Es kann konfiguriert werden, dass die Einträge aus den Verbuchungstabellen nicht gelöscht werden. In solchen Fällen sollte der Löschvorgang jobgesteuert mindestens einmal pro Tag erfolgen, damit die Tabellen nicht zu groß werden.

Diese Art des Verbuchens bietet eine Reihe von Vorteilen:

- Es ergibt sich eine höhere Performance als bei der synchronen Verbuchung in den Dialogtransaktionen für die Benutzer. Es entstehen keine Wartezeiten, auch wenn viele Benutzer parallel buchen.
- Datenbankverbuchungen werden über die Verbuchungstabellen protokolliert.
- Die Belastung der einzelnen SAP-Instanzen kann hinsichtlich der Verbuchung konfiguriert werden.

6.1.1 Die Verbuchungskomponenten

Innerhalb der Verbuchung unterscheidet SAP zwischen zwei verschiedenen Verbuchungskomponenten:

- **V1-Vorgänge**
  Dies sind primäre, zeitkritische Vorgänge. Sie betreffen betriebswirtschaftliche Vorgänge wie z. B. das Buchen eines Belegs oder das Anlegen von Stammdaten. Diese Vorgänge müssen ohne Zeitverzögerung im System verbucht werden.
- **V2-Vorgänge**
  Dies sind sekundäre, unkritische Vorgänge. Sie dienen meist nur statistischen Zwecken, z. B. für statistische Fortschreibungen wie die Ergebnisrechnung.

Für diese beiden Vorgänge existieren zwei verschiedene Verbuchungsprozesse im SAP-System, der V1-Verbuchungsprozess UPD und der V2-Verbuchungsprozess UP2. Der V1-Verbuchungsprozess UPD kann sowohl V1- als auch V2-Vorgänge bearbeiten. Allerdings haben V1-Vorgänge grundsätzlich eine höhere Priorität. V2-Vorgänge werden erst dann verarbeitet, wenn keine V1-Vorgänge mehr vorhanden sind. Der V2-Verbuchungsprozess UP2 kann nur V2-Vorgänge verarbeiten, keine V1-Vorgänge. Von den Verbuchungsprozessen UPD und UP2 können jeweils mehrere gestartet werden, sodass parallel mehrere Verbuchungen laufen können.

Die Konfiguration der Verbuchungsprozesse wird über Systemparameter gesteuert (`rdisp/vb*`, siehe Tabelle 6.1).

Parameter	Standardwert	Beschreibung
rdisp/vb_dispatching	1	Legt fest, ob das Dispatching aktiviert wird. Hierdurch wird die Verbuchung auf mehrere Instanzen verteilt. • 0: Dispatching ist nicht aktiv. • 1: Dispatching ist aktiv.
rdisp/vbname	–	Gibt den Namen des Verbuchungsservers an, wenn das Dispatching deaktiviert ist. Ist das Dispatching aktiv, wird dieser Server in Fehlersituationen verwendet.
rdisp/max_vb_server	50	Maximale Anzahl an Verbuchungsservern, wenn das Dispatching aktiv ist.
rdisp/vb_included_server	–	Liste aller Instanzen, die beim Dispatching berücksichtigt werden.
rdisp/vb_factor	–	Regelt die Lastverteilung, um z. B. schnellen Servern eine höhere Anzahl an Verbuchungsaufträgen zuzuteilen.
rdisp/vb_stop_active	1	Legt fest, ob die Verbuchung deaktiviert werden kann, z. B. mit Transaktion SM13: • 1: Verbuchung kann deaktiviert werden. • 2: Deaktivierung der Verbuchung ist nicht möglich.
rdisp/vb_use_server_groups	yes	Mit diesem Parameter kann die Nutzung konfigurierter Servergruppen deaktiviert werden.

Tabelle 6.1 Konfigurationsparameter der Verbuchung

Parameter	Standardwert	Beschreibung
rdisp/vb_with_server_groups	yes	Zeigt an, ob Servergruppen genutzt werden können. Dies gestattet eine Gruppierung von Instanzen für Verbuchungen. Servergruppen werden mit Transaktion SM14 gepflegt.
rdisp/wp_no_vb	0	Anzahl der V1-Verbuchungsprozesse.
rdisp/wp_no_vb2	0	Anzahl der V2-Verbuchungsprozesse. Ist kein V2-Prozess konfiguriert, übernimmt der V1-Prozess die V2-Prozesse mit.
rdisp/vb_delete_after_execution	1	Gibt an, ob die Einträge nach der Verbuchung aus den Verbuchungstabellen gelöscht werden sollen. Werden sie nicht automatisch gelöscht, muss der Report RSM13002 dafür eingeplant werden. Der Parameter kann die folgenden Werte haben: ■ 1: Aufträge werden gelöscht ■ 2: Aufträge werden nicht gelöscht

Tabelle 6.1 Konfigurationsparameter der Verbuchung (Forts.)

6.1.2 Auswertung der Verbuchung

Die Verbuchungstabellen (VBHDR, VBDATA, VBMOD) dienen zur Zwischenspeicherung der zu verbuchenden Daten bei der asynchronen Verbuchung. Für die Verarbeitung der Daten über diese Tabellen gilt:

- Alle Datensätze, die asynchron verbucht werden, werden in den Verbuchungstabellen zwischengespeichert.
- Der Verbuchungsprozess liest die Datei gemäß den Prioritäten (V1- und V2-Komponenten) aus und schreibt die Daten in die Datenbank.

- Nach einer korrekten Übernahme in die Datenbank werden die Datensätze standardmäßig aus den Verbuchungstabellen gelöscht.
- Datensätze, bei denen bei der Verarbeitung ein Fehler auftritt, verbleiben in den Verbuchungstabellen.
- Fehlerhafte Datensätze müssen manuell über Transaktion SM13 nachbearbeitet werden.

Den aktuellen Zustand dieser Tabellen können Sie über Transaktion SM13 einsehen. Eine weitere Möglichkeit zur Kontrolle der Verbuchung bieten die Transaktionen SM14 (Verbuchungsadministration) und SM14_WITHOUT_GROUPS (Verbuchungsadministration ohne Servergruppen). Für alle Transaktionen ist die Zuordnung einer rein lesenden Berechtigung möglich, sodass Sie sich auch als Prüfer die abgebrochenen Verbuchungsaufträge anzeigen lassen können.

In der Einstiegsmaske von Transaktion SM13 (siehe Abbildung 6.1) können Sie selektieren, welche Einträge aus den Verbuchungstabellen angezeigt werden sollen.

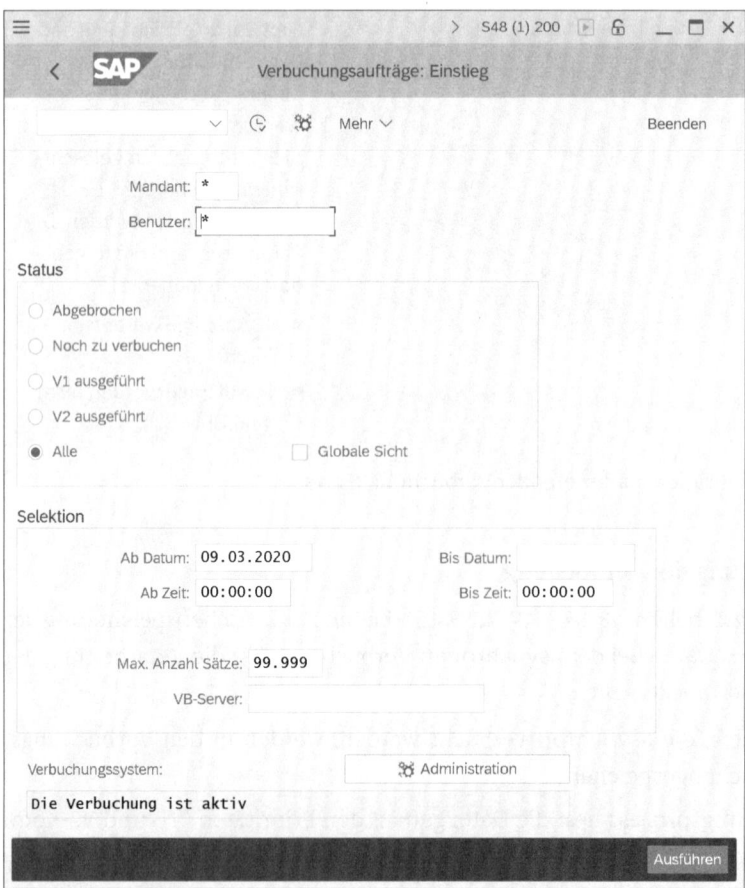

Abbildung 6.1 Die Einstiegsmaske von Transaktion SM13

Die Verbuchungstabellen sind mandantenunabhängig; daher können die Einträge aus dem gesamten System angezeigt werden, nicht nur aus dem aktuellen Mandanten. Hier wird auch der aktuelle Zustand der Verbuchung angezeigt (aktiviert oder deaktiviert).

Im Zuge einer Systemprüfung sollten Sie nicht nur den Zustand der Verbuchungstabellen prüfen, sondern auch die Vorgaben zur Administration des Verbuchungsvorgangs. Die folgenden Fragestellungen sollten Sie klären:

- Werden die abgebrochenen Verbuchungssätze regelmäßig überprüft (Transaktion SM13/SM14), und wer ist dafür verantwortlich?
- Wie wird weiter mit den abgebrochenen Buchungssätzen verfahren?
- Wird ständig die Konsistenz der Daten überprüft, z. B. mit dem Report RFBNUMOON?
- Wie werden gegebenenfalls aufgetretene Differenzen in der Datenbank behandelt?

Abstimmanalyse

In SAP ERP erfolgt eine redundante Speicherung von Belegen in verschiedenen Tabellen. Daher sind dort Abstimmanalysen für diese Tabellen auszuführen, z. B. mit Transaktion F.03. In SAP S/4HANA erfolgt keine redundante Speicherung von Buchhaltungsbelegen.

Beim Anzeigen der Einträge der Verbuchungstabellen mit Transaktion SM13 wird der Status des jeweiligen Verbuchungssatzes mitangezeigt. Tabelle 6.2 zeigt die möglichen Zustände (Feld **Zustand**). Zu jedem hier angezeigten Datensatz können Sie per Doppelklick die einzelnen zu verbuchenden Daten anzeigen. Dabei werden sowohl die Kopfdaten der Belege als auch die einzelnen Positionen angezeigt.

Status	Beschreibung
init	Der Datensatz wartet auf die Verbuchung.
Error	Während der Init-Phase ist ein Fehler aufgetreten; die Verbuchung wird daher nicht durchgeführt.
Error (no retry)	Der Verbuchungsauftrag wurde abgebrochen und kann nicht nachverbucht werden.
V1-verarbeitet	Die Init-Phase wurde korrekt abgeschlossen, und die V2-Module wurden zur Verarbeitung weitergegeben. Gibt es keine V2-Module, erscheint dieser Verbuchungsauftrag nicht mehr in der Übersicht.

Tabelle 6.2 Zustand von Verbuchungssätzen

Status	Beschreibung
V2-verarbeitet	Die V2-Module sind korrekt verarbeitet, aber es ist noch ein Sammellauf zu verbuchen. Gibt es keinen Sammellauf, erscheint dieser Verbuchungsauftrag nicht mehr in der Übersicht.
zu löschen	Der Verbuchungsauftrag ist zum Löschen vorgemerkt.
Enqueues gelöscht	Die zu diesem Verbuchungsauftrag gehörenden Sperren wurden manuell gelöscht.
verarbeitet	Ist der Parameter rdisp/vb_delete_after_execution auf den Wert »2« gesetzt (das automatische Löschen ist deaktiviert), befindet sich eine korrekt abgeschlossene Verbuchung im Status **verarbeitet**. Bei aktiviertem Löschen – Parameter rdisp/vb_delete_after_execution = 1 (Default-Einstellung) – erscheint der Verbuchungssatz nach der Verbuchung nicht mehr in der Übersicht.
prepared	Der Verbuchungsauftrag ist zur Verarbeitung bereit, wartet aber auf einen externen Transaktionsmonitor, der die Verarbeitung freigibt.
abgebrochen	Der externe Transaktionsmonitor hat die Verarbeitung abgebrochen. Dieser Zustand kann auf den Zustand **prepared** folgen.
Error (ext. Commit)	Der externe Transaktionsmonitor hat die Verbuchung gestartet, doch der Verbuchungsauftrag wurde dann vom SAP-System abgebrochen. Dieser Zustand kann auf den Zustand **prepared** folgen.
auto(sys) und auto(dia):	Der Verbuchungssatz wurde vom System bzw. manuell zum Nachbuchen angestoßen.

Tabelle 6.2 Zustand von Verbuchungssätzen (Forts.)

Verbuchungsaktivitäten werden im Systemprotokoll (SysLog) protokolliert. Das SysLog können Sie auf einzelne Meldungsnummern eingrenzen (siehe Abschnitt 4.2 »Systemprotokollierung«). Die folgenden Aktivitäten können Sie im SysLog nachvollziehen:

- R0 O: Es ist kein aktiver Verbuchungsserver vorhanden.
- R0 R: Die Verbuchung wurde nach einem Datenbankfehler deaktiviert.
- R0 S: Die Verbuchung wurde manuell deaktiviert.
- R0 T: Die Verbuchung wurde aktiviert.

- R0 U: Der Verbuchungsauftrag wurde gelöscht (<Schlüssel>, <Benutzer>).
- R0 V: Die Verbuchungen wurden manuell gestartet.
- R0 W: Abgebrochene Verbuchungsaufträge wurden nachverbucht.
- R0 X: Ein Verbuchungsauftrag wurde im Debugging-Modus ausgeführt.
- R0 Y: Verbuchungsdaten wurden angezeigt.
- R0 Z: Die Verbuchungs-Dispatch-Info wurde zurückgesetzt.
- R1 G: Die Verbuchungsstatistik wurde zurückgesetzt.
- R1 R: Der Verbuchungsserver <Servername> wurde aktiviert.
- R1 S: Der Verbuchungsserver <Servername> wurde deaktiviert.
- R1 T: Der Verbuchungsauftrag <Schlüssel> wurde von Server <Servername> übernommen.
- R1 V: Die Prüfungen vor dem Nachverbuchen wurden deaktiviert.
- R1 Y: Die Verbuchungsdaten wurden reorganisiert.
- R3 G: Ein unvollständiger Verbuchungsauftrag wurde gelöscht.
- R5 8: Es handelt sich um einen falschen Verbuchungsmodus.
- R6 5: Die Verbuchung wurde abgebrochen.

Die Verbuchung ist ein wesentlicher Bestandteil zur Wahrung der Ordnungsmäßigkeit des SAP-Systems. Die Systemparameter in Tabelle 6.3 sind hierbei prüfungsrelevant.

Parameter	Standardwert	Beschreibung
rdisp/vbdelete	50	Gibt an, nach wie vielen Tagen abgebrochene Verbuchungssätze automatisch vom System gelöscht werden.
		Es ist möglich, alle abgebrochenen Verbuchungssätze zur Nachvollziehbarkeit bis zum Jahresabschluss aufzubewahren. Dazu muss der Parameter auf einen entsprechend hohen Wert gesetzt werden, z. B. auf 400 Tage. Der Wert »0« bedeutet, dass abgebrochene Buchungen nicht automatisch gelöscht werden.
rdisp/vbmail	1	Gibt an, ob bei einem Verbuchungsabbruch eine Express-E-Mail verschickt wird. ■ 1: Es wird eine E-Mail verschickt. ■ 0: Es wird keine E-Mail verschickt.

Tabelle 6.3 Prüfungsrelevante Verbuchungsparameter

Parameter	Standardwert	Beschreibung
rdisp/vb_mail_user_list	$ACTUSER	Gibt an, an welchen Benutzer bei einem Verbuchungsabbruch eine Express-E-Mail geschickt wird. »$ACTUSER« gibt an, dass der auslösende Benutzer die betreffende E-Mail bekommt. Hier kann eine Liste von Benutzern angegeben werden, denen eine Express-E-Mail zugeschickt wird. Es ist sinnvoll, hier die Verbuchungsadministratoren anzugeben.

Tabelle 6.3 Prüfungsrelevante Verbuchungsparameter (Forts.)

6.1.3 Zugriffsrechte

Die folgenden Tabellen zeigen Ihnen die Berechtigungen zur Verbuchungsadministration. Tabelle 6.4 zeigt die Berechtigung zum Verwalten der Verbuchungen über die Transaktionen SM13, SM14 und SM14_WITHOUT_GROUPS.

Berechtigungsobjekt	Feld	Wert
S_TCODE	TCD (Transaktion)	SM13 oder SM14 oder SM14_WITHOUT_GROUPS
S_ADMI_FCD	S_ADMI_FCD (Systemadministrationsfunktion)	UADM oder UMON

Tabelle 6.4 Berechtigung zum Ausführen der Verbuchungsadministration

Tabelle 6.5 zeigt die Berechtigung zum Anzeigen der Verbuchungsdaten.

Berechtigungsobjekt	Feld	Wert
S_TCODE	TCD (Transaktion)	SM13 oder SM14 oder SM14_WITHOUT_GROUPS
S_ADMI_FCD	S_ADMI_FCD (Systemadministrationsfunktion)	UDSP

Tabelle 6.5 Berechtigung zum Anzeigen der Verbuchungsdaten

Tabelle 6.6 zeigt die Berechtigung, um Verbuchungsparameterwerte zu ändern.

Berechtigungsobjekt	Feld	Wert
S_TCODE	TCD (Transaktion)	RZ10
S_RZL_ADM	ACTVT (Aktivität)	01 (Anlegen)

Tabelle 6.6 Berechtigung zum Ändern der Verbuchungsparameter

6.1.4 Checkliste

In Tabelle 6.7 finden Sie die Checkliste mit den prüfungsrelevanten Fragestellungen zum Verbuchungsprozess.

Risiko	Fragestellung
	Vorgabe oder Erläuterung
2	Wird die Verbuchung täglich mit einer Transaktion ausgewertet (z. B. mit Transaktion SM13 oder SM14), um den aktuellen Stand der Verbuchung zu kontrollieren?
	Die Verbuchung muss täglich kontrolliert werden.
	Hier besteht das Risiko, dass Verbuchungsabbrüche nicht zeitnah erkannt werden und dadurch Belege zu spät oder überhaupt nicht ins System gebucht werden.
1	Nur für SAP ERP:
	Wird regelmäßig die Konsistenz der Daten überprüft, z. B. mit Transaktion F.03 (Abstimmanalyse Finanzbuchhaltung)?
	Transaktion F.03 muss mindestens einmal im Monat ausgeführt werden und das Ergebnis protokolliert werden.
	Hier besteht das Risiko, dass Inkonsistenzen in Daten nicht zeitnah erkannt und bereinigt werden können.
1	Sind die Steuerungsparameter für die Verbuchung gemäß den Vorgaben eingestellt?
	Es müssen Vorgaben für die Steuerungsparameter erstellt werden und die Parameter entsprechend eingestellt sein.
	Hier besteht das Risiko, dass durch eine falsche Konfiguration keine Express-E-Mail bei einem Verbuchungsabbruch versandt wird und dass abgebrochene Buchungen zu früh aus dem System gelöscht werden.

Tabelle 6.7 Checkliste zur Verbuchung

Wie Sie die einzelnen Punkte praktisch am SAP-System prüfen können, erfahren Sie in Abschnitt 6.1 des Dokuments **Tiede_Checklisten_Sicherheit_und_Pruefung.pdf**, das Sie im Downloadbereich zu diesem Buch unter *www.sap-press.de/5145* finden.

6.2 Abgebrochene Buchungen

Beim Umschreiben der Buchungen von den Verbuchungstabellen in die Datenbank kann es zu technischen Verarbeitungsfehlern kommen. Dies hat zur Folge, dass Buchungen nicht verarbeitet werden, sondern in den Verbuchungstabellen verbleiben. Diese Datensätze erhalten den Status **Error**.

6.2.1 Kontrolle auf abgebrochene Buchungen

Um zu kontrollieren, ob abgebrochene Verbuchungen existieren, stehen Ihnen neben den Transaktionen SM13/SM14/SM14_WITHOUT_GROUPS drei weitere Möglichkeiten zur Verfügung:

- **Transaktion S_ALR_87101004/Report RFVBER00/RFVBER00_NACC**
  Um die Vollständigkeit der Verarbeitung auch nachgelagert zu kontrollieren, stellt SAP hier eine Liste aller betroffenen FI-Belege (FI = Finanzwesen) zu abgebrochenen Verbuchungen zur Verfügung.

- **SysLog**
  Die Meldungsnummer für einen Verbuchungsabbruch ist R6 5. Das SysLog rufen Sie mit Transaktion SM21 auf (siehe Abschnitt 4.2, »Systemprotokollierung«).

- **Die Verbuchungstabellen VBHDR, VBDATA und VBMOD**
  Diese Tabellen können Sie mit Transaktion SE16 anzeigen. In Tabelle VBHDR wird im Feld VBRC (**VB-Return-Code**) der Status des Datensatzes angezeigt:
    - 2: Error (no retry)
    - 9: Error
    - 12: Stopped (no retry)
    - 19: Abgebrochen
    - 23: Fehler in der Message-Schicht
    - 24: Fehler während COMMIT WORK
    - 25: Fehler in der Verbuchungssteuerung
    - 32: Error (ext. Commit)
    - 200: Fehler in V2-Teil
    - 201: Fehler in Sammellauf

Für Buchungssätze, die abgebrochen wurden, sind bereits Belegnummern vergeben. Ist ein Nachbuchen dieser Belege hier nicht möglich, gehen diese Belegnummern verloren, und es entstehen Lücken. In diesem Fall muss organisatorisch abgesichert sein, dass der Abbruch bis zum Abschluss des laufenden Geschäftsjahrs nachvollziehbar ist, entweder durch Aufbewahren des abgebrochenen Datensatzes in den Verbuchungstabellen (Parameter `rdisp/vbdelete`) oder durch eine Dokumentation außerhalb des SAP-Systems.

6.2.2 Die Abstimmanalyse der Finanzbuchhaltung (SAP ERP)

Die *Abstimmanalyse* der Finanzbuchhaltung stellt die Zahlen im Belegjournal den gebuchten Zahlen in den Stammdaten der Debitoren, Kreditoren und Sachkonten sowie den Indizes gegenüber. Hierdurch können Inkonsistenzen in der Finanzbuchhaltung schnell und zeitnah aufgedeckt werden. SAP empfiehlt das Ausführen der Abstimmanalyse einmal monatlich. Dazu stehen die in den folgenden Abschnitten beschriebenen Funktionen zur Verfügung.

In SAP S/4HANA findet keine redundante Datenhaltung für Buchhaltungsbelege mehr statt, daher existieren dort keine Funktionen für eine Abstimmanalyse.

Transaktion F.03: Abstimmanalyse Finanzbuchhaltung (Report SAPF190)

Der Report `SAPF190` führt die Abstimmanalyse für alle Kontenarten vollständig durch. Bei einer großen Menge an Belegen hat dieser dann allerdings auch eine große Laufzeit. Einige Unternehmen können diesen Report nicht mehr ausführen, da die Laufzeiten zu hoch sind. Im Rahmen einer Prüfung sollten Sie diese Analyse also nicht ausführen!

Der Vorteil dieses Reports ist die Speicherung der Ergebnisse der Analyse. Es wird eine Historie mitgeführt, in der für jeden Lauf nachvollzogen werden kann, welche Werte ermittelt wurden und bei welchen Konten eventuelle Unstimmigkeiten aufgetreten sind.

Um die Historie anzuzeigen, setzen Sie in der Selektionsmaske des Reports den Haken in der Checkbox **Historie anzeigen**. Beim Ausführen wird nun nicht die Abstimmanalyse ausgeführt, sondern nur die Historie angezeigt (siehe Abbildung 6.2). Hierdurch können Sie überprüfen, ob die Abstimmanalyse regelmäßig ausgeführt wurde.

Für jeden einzelnen Eintrag in der Historie können Sie sich über die Schaltfläche **Summen** die Ergebnisse der Analyse anzeigen lassen. War eine Analyse fehlerhaft, wird dies in der Spalte **Status** mit dem Eintrag **Fehler** vermerkt. In solchen Fällen kann über die Schaltfläche **Konten** ermittelt werden, welche Konten inkonsistent waren.

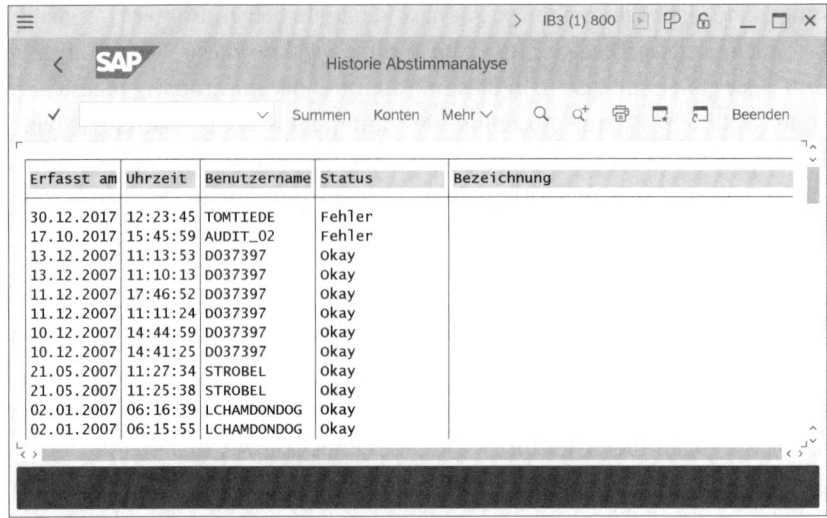

Abbildung 6.2 Die Historie der Abstimmanalyse

Report SAPF070: Abstimmung Belege/Verkehrszahlen Stamm

Dieser Report gleicht ebenfalls die Soll- und Habenverkehrszahlen der Stammdaten mit den Belegen ab. Hier können Sie in der Selektionsmaske explizit auswählen, welche Konten abgeglichen werden sollen. Die Abstimmanalyse kann in mehreren Schritten durchgeführt werden und ist somit auch für Systeme mit einer sehr großen Anzahl an Belegen möglich.

Ob und wann der Report ausgeführt wurde, können Sie ebenfalls ermitteln, allerdings nicht die daraus resultierenden Ergebnisse. Das Ausführen des Reports wird in Tabelle SMMAIN protokolliert. Der Report SAPF070 wird auch durch den Report SAPF190 aufgerufen; daher finden sich hier keine Einträge für den Report SAPF190.

Lassen Sie sich Tabelle SMMAIN mit Transaktion SE16 anzeigen, und tragen Sie im Feld **Reportname** (REPID) den Wert »SAPF070« ein sowie den Zeitraum der Prüfung in den Feldern **Startdatum** (SDATE) und **Endedatum** (EDATE), siehe Abbildung 6.3. Es wird Ihnen angezeigt, wer wann den Report ausgeführt hat.

Transaktion FAGLF03 Vergleich Belege/Verkehrszahlen (Report TFC_COMPARE_VZ)

Wird das neue Hauptbuch eingesetzt, wird die Summensatztabelle GLT0 nicht fortgeschrieben. Diese Tabelle wird von Report SAPF190 zur Abstimmung mit den Hauptbucheinzelposten genutzt. Daher kann der Report SAPF190 für die Abstimmanalyse bei Einsatz des neuen Hauptbuches nicht mehr genutzt werden. Stattdessen muss der Report TFC_COMPARE_VZ verwendet werden.

Auch das Ausführen dieses Reports wird protokolliert, ebenso wie die Ergebnisse. Um das Protokoll anzuzeigen, wählen Sie in der Selektionsmaske die Funktion **Protokoll**

anzeigen aus. Sie erhalten eine Liste aller Zeitpunkte der Ausführung mit dem ausführenden Benutzer sowie dem Status (**Okay** oder **Fehler**). Durch einen Doppelklick auf eine Zeile wird das zugehörige Ergebnis angezeigt (siehe Abbildung 6.4).

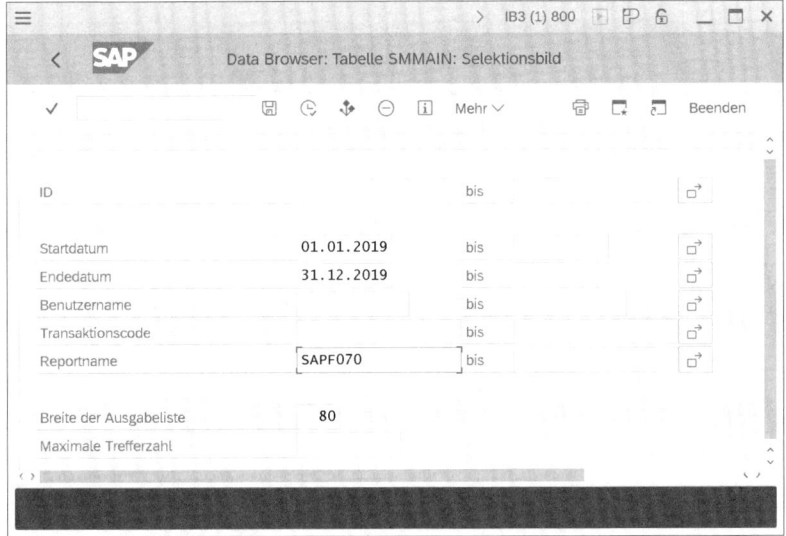

Abbildung 6.3 Tabelle SMMAIN – Selektion zur Historie des Reports SAPF070

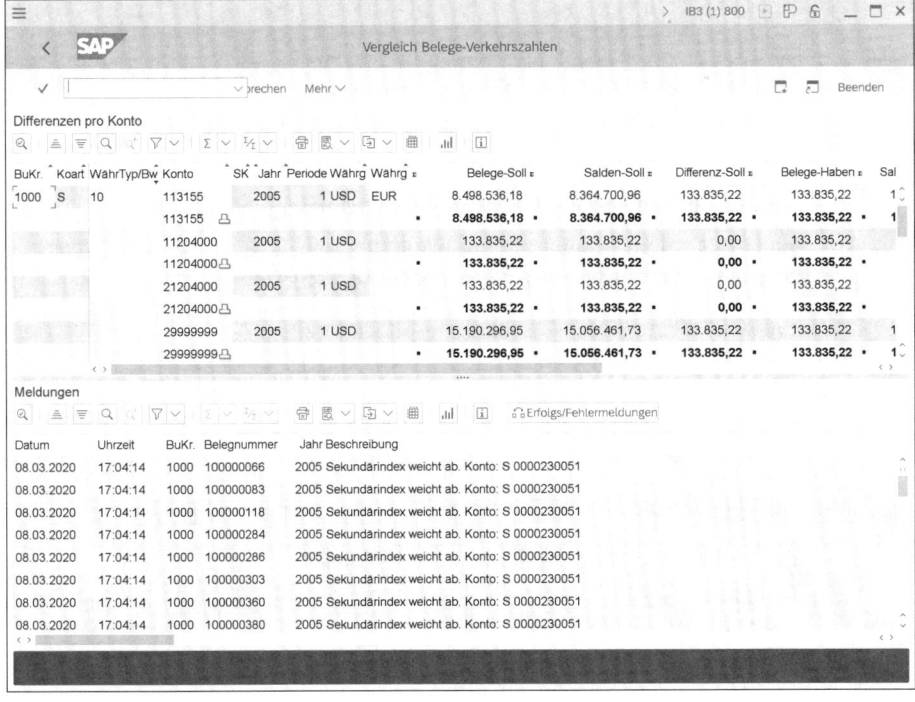

Abbildung 6.4 Ergebnisse des Reports TFC_COMPARE_VZ

6.2.3 Zugriffsrechte

Tabelle 6.8 zeigt Ihnen die Berechtigung zum Ausführen der Abstimmanalyse in SAP ERP.

Berechtigungs-objekt	Feld	Wert
S_TCODE	TCD (Transaktion)	F.03 oder FAGLF03
F_BKPF_BUK	ACTVT (Aktivität)	03 (Anzeigen)
	BUKRS (Buchungs-kreis)	<auszuwertender Buchungskreis>

Tabelle 6.8 Berechtigung zum Ausführen der Abstimmanalyse

6.2.4 Checkliste

In Tabelle 6.7 finden Sie die Checkliste mit den prüfungsrelevanten Fragestellungen zum Verbuchungsprozess.

Risiko	Fragestellung
	Vorgabe oder Erläuterung
1	Wird täglich überprüft, ob abgebrochene Buchungssätze aufgetreten sind?
	Abgebrochene Buchungssätze sollen nicht auftreten. Es muss täglich geprüft werden, ob abgebrochene Buchungssätze aufgetreten sind. Hier besteht das Risiko, dass Verbuchungsabbrüche nicht zeitnah erkannt werden und dadurch Belege zu spät oder gar nicht ins System gebucht werden.
2	Wie wird mit abgebrochenen Buchungssätzen verfahren?
	Das Verfahren muss fest definiert sein. Hier besteht das Risiko, dass kein festes Verfahren definiert ist und es daher zu Verzögerungen in der Nachbearbeitung kommt.
1	Ist sichergestellt, dass abgebrochene Buchungen zeitnah nachgebucht werden?
	Das Verfahren des Nachbuchens muss fest definiert sein. Hier besteht das Risiko, dass Buchungen nicht zeitnah ins System nachgebucht werden.

Tabelle 6.9 Checkliste zu abgebrochenen Buchungen

Risiko	Fragestellung
	Vorgabe oder Erläuterung
2	Sind in letzter Zeit häufig Buchungsabbrüche vorgekommen?
	Eine Anhäufung von abgebrochenen Buchungen sollte nicht vorkommen.
	Hier besteht das Risiko, dass die häufigen Abbrüche aufgrund von Systemfehlern oder falschen Parametrisierungen entstehen.
1	Nur für SAP ERP: Wird die Abstimmanalyse der Finanzbuchhaltung regelmäßig ausgeführt?
	Die Abstimmanalyse sollte einmal pro Monat ausgeführt werden.
	Hier besteht das Risiko, dass Inkonsistenzen in Daten nicht zeitnah erkannt und bereinigt werden können.

Tabelle 6.9 Checkliste zu abgebrochenen Buchungen (Forts.)

Wie Sie die einzelnen Punkte praktisch am SAP-System prüfen können, erfahren Sie in Abschnitt 6.2 des Dokuments **Tiede_Checklisten_Sicherheit_und_Pruefung.pdf**.

6.3 Die Belegnummernvergabe

Für die Vergabe von *Belegnummern* kennt SAP zwei Möglichkeiten: die interne und die externe Belegnummernvergabe.

- Bei der *internen Belegnummernvergabe* werden alle Belege lückenlos fortlaufend durchnummeriert. Die Vergabe der Belegnummern wird vom SAP-System selbst verwaltet. Das manuelle Eingeben einer Belegnummer ist mit diesem Verfahren nicht möglich.
- *Externe Belegnummernvergabe* bedeutet, dass die Belegnummern von einem Vorsystem oder von anderen SAP-Komponenten vergeben werden. Diese Belege werden dann z. B. über Batch Input ins System eingelesen, und die Belegnummern werden dabei übernommen. SAP überprüft bei diesem Verfahren lediglich, ob die Belegnummern in dem für diese Belegart definierten Intervall liegen und ob sie eventuell schon vergeben sind. SAP lässt es hier somit zu, dass Belegnummern eingelesen werden, die nicht fortlaufend an die letzten vergebenen Belegnummern anschließen. Dadurch kann es zu Lücken in den Belegnummern kommen. Aus diesem Grund ist im Vorsystem sicherzustellen, dass keine Lücken in den Belegnummern auftreten können.

6.3.1 Nummernkreisobjekte

Für betriebswirtschaftliche Objekte wie Rechnungen, Materialbelege oder Debitorenstammsätze werden Belegnummern vergeben. Diese Objekte werden im SAP-System als *Nummernkreisobjekte* definiert. Für die genannten drei Beispiele sind dies:

- RF_BELEG: Rechnungen und andere Buchhaltungsbelege
- MATBELEG: Materialbelege
- DEBITOR: Debitorenstammsätze

Zu jedem Nummernkreisobjekt können ein oder mehrere *Nummernkreisintervalle* frei definiert werden. Beispiele für Nummernkreisintervalle des Nummernkreisobjekts RF_BELEG können sein:

- 14 Kreditorenrechnungen
- 15 Kreditorengutschriften
- 18 Debitorenrechnungen
- 19 Debitorengutschriften
- 91 Dauerbuchungsbelege

Für jedes Nummernkreisintervall wird ein Bereich von Zahlen oder alphanumerischen Zeichen festgelegt, in dem Belegnummern für dieses Intervall vergeben werden können. Abbildung 6.5 (Transaktion SNUM) zeigt Intervalle für den Nummernkreis 19 des Nummernkreisobjekts Buchhaltungsbeleg (RF_BELEG).

Welches Nummernkreisintervall welcher *Belegart* zugeordnet ist, wird in Tabelle T003 (Belegarten) aufgeführt (siehe Abbildung 6.6). Dort können Sie im ersten Datensatz ablesen, dass der Nummernkreis 19 der Belegart KR (Kreditorenrechnung) zugeordnet ist. Jedem Nummernkreisintervall können mehrere Belegarten zugeordnet werden. So werden z. B. Gutschriften und Zahlungsbelege von Debitoren oder Kreditoren meistens in einem Intervall zusammengefasst. Zu jeder Belegart wird hier außerdem angegeben, welche *Kontenarten* in dem jeweiligen Beleg genutzt werden dürfen:

- A: Anlagen
- D: Debitor
- K: Kreditor
- M: Material
- S: Sachkonto

Verwaltet werden diese Einträge über Transaktion OBA7 oder über Transaktion SM30. Rufen Sie hier den Pflege-View V_T003 auf.

6.3 Die Belegnummernvergabe

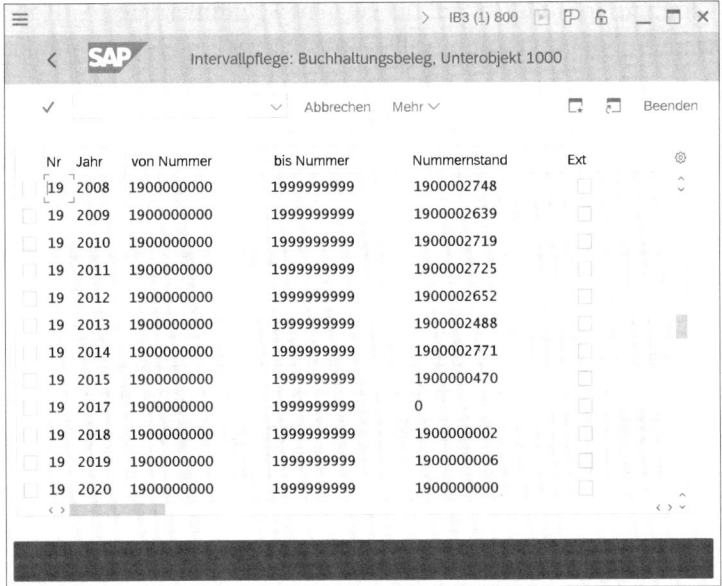

Abbildung 6.5 Nummernkreisintervall des Nummernkreisobjekts RF_BELEG

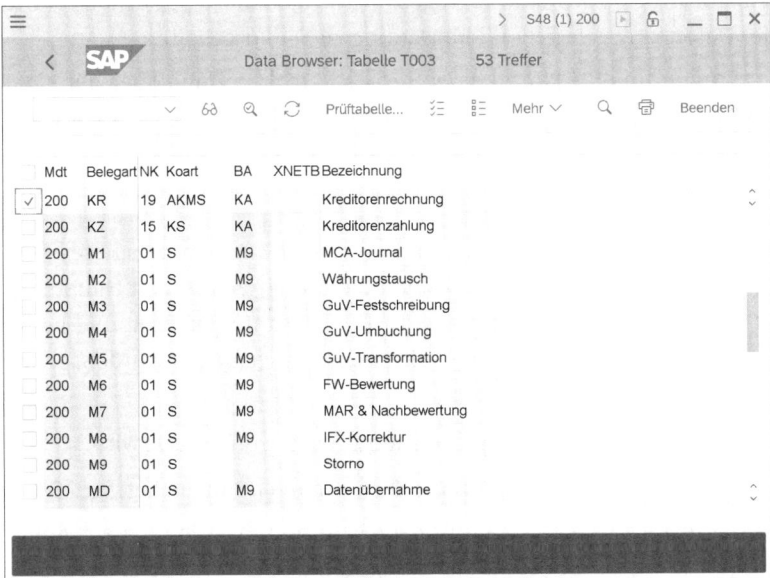

Abbildung 6.6 Tabelle T003 (Belegarten)

6.3.2 Pufferung von Belegnummern

SAP stellt sicher, dass einmal vergebene Belegnummern kein zweites Mal vergeben werden können. Das System übernimmt die Kontrolle über die Vergabe der Nummer in den einzelnen Nummernkreisintervallen. Die einzelnen Nummern liest SAP aus Tabelle `NRIV`. Aus jedem Nummernkreisintervall kann SAP jeweils nur eine Nummer lesen. Buchen mehrere Benutzer parallel z. B. eine Debitorenrechnung, kommt es hier zu Engpässen, und die Benutzer müssen lange Wartezeiten in Kauf nehmen.

Zur Steigerung der Performance bietet SAP zwei Pufferungsarten an, die *Hauptspeicherpufferung* und die *parallele Pufferung*.

Hauptspeicherpufferung

Bei der Hauptspeicherpufferung liest das System die Nummer nicht aus der Datenbank, sondern aus dem Hauptspeicher der SAP-Instanzen. Die Instanzen halten einen bestimmten Vorrat an Nummern im Voraus bereit. Die Pufferung wird für Nummernkreisobjekte definiert. Für jedes Objekt kann festgelegt werden, ob und wie viele Nummern gepuffert werden sollen.

Definiert wird dies in Transaktion SNRO. Beispielsweise werden für das Nummernkreisobjekt `DEBITOR` (Debitorenstammdaten) standardmäßig fünf Nummern gepuffert, für das Nummernkreisobjekt `RF_BELEG` keine.

Bei der Hauptspeicherpufferung ist die Vorgehensweise folgendermaßen:

1. Beim Starten einer Instanz wird die vorgegebene Anzahl von zu puffernden Nummern aus der Datenbank gelesen und im Hauptspeicher vorgehalten.
2. Benötigt ein Programm eine Nummer, wird diese aus dem Hauptspeicher einer Instanz gelesen.
3. Ist der Puffer einer Instanz leer, wird die vorgegebene Anzahl an Nummern wieder aus der Datenbank gelesen.

Beim Lesen eines Blocks von Belegnummern aus der Datenbank werden diese Nummern als vergeben hinterlegt, obwohl sie zu dem Zeitpunkt erst in den Hauptspeicher einer Instanz geladen werden. Wird eine Instanz heruntergefahren und befinden sich noch Nummern im Hauptspeicher, die noch nicht vergeben wurden, gehen diese verloren.

Das folgende Beispiel zeigt, wie die Hauptspeicherpufferung umgesetzt wird:

1. Die zuletzt vergebene Belegnummer für die Debitorenrechnungen beträgt 200.
2. Der Puffer einer Instanz ist leer, und fünf neue Nummern werden in den Hauptspeicher geladen. Der offizielle Stand der Belegnummern für die Debitorenrechnungen beträgt in der Datenbank nun 205.
3. Es werden zwei Debitorenrechnungen gebucht. Diese erhalten von der Instanz die Nummern 201 und 202.
4. Nun wird die Instanz heruntergefahren. Die Nummern 203 bis 205 wurden noch nicht vergeben; der offizielle Stand der Nummern in der Datenbank beträgt aber noch immer 205.

5. Die Instanz wird wieder gestartet und liest wieder fünf Nummern für die Debitorenrechnungen aus der Datenbank: die Nummern 206 bis 210.
6. Die Nummern 203 bis 205 sind verloren und können nicht mehr nachgebucht werden.

Besteht ein SAP-System aus mehreren Instanzen, stellt sich hier noch ein weiteres Problem dar. Jede Instanz hält die zu puffernde Anzahl an Nummern im Hauptspeicher vorrätig. Hierdurch ergibt sich die Problematik, dass die vergebenen Belegnummern nicht die zeitliche Einfügereihenfolge widerspiegeln. Lesen Sie hierzu das folgende Beispiel:

1. Der Stand der Belegnummern für die Debitorenrechnungen beträgt 200.
2. Zwei Instanzen, A und B, werden gestartet. Instanz A speichert die Belegnummern 201 bis 205, Instanz B speichert die Belegnummern 206 bis 210.
3. Auf Instanz B wird der erste Beleg gebucht und erhält die Nummer 206.
4. Auf Instanz A wird danach ein Beleg gebucht und erhält die Nummer 201.
5. Der Beleg mit der Nummer 206 wurde somit vor dem Beleg mit der Nummer 201 gebucht.

Diese Systematik stellt ein Problem für Nummernkreisobjekte dar, für die eine lückenlose Nummernvergabe gewünscht oder sogar gesetzlich vorgeschrieben ist. Die Hauptspeicherpufferung für diese Nummernkreisobjekte (z. B. RF_BELEG: Buchhaltungsbelege) sollte daher nicht aktiviert werden. Allerdings ist es manchmal aus Performancegründen notwendig, diese Pufferung zu aktivieren. In diesem Fall müssen Sie als Administrator die Lücken, die durch das Herunterfahren einer Instanz entstehen können, dokumentieren und der Finanzbuchhaltung zur Verfügung stellen.

Parallele Pufferung

Bei der parallelen Pufferung werden pro Workprozess Belegnummern aus der Tabelle NRIV gelesen und in der Tabelle NRIVSHADOW gespeichert. Dadurch können Sperren auf der Tabelle NRIV sofort jeweils nach dem Lesen der Belegnummern wieder freigegeben werden, was zu einer Performancesteigerung führen kann.

Ab SAP S/4HANA 1611 ist für das Nummernkreisobjekt RF_BELEG die parallele Pufferung aktiviert. Die Puffergröße ist dabei auf den Wert 1 gesetzt, wodurch Lücken in den Belegnummern weitestgehend ausgeschlossen sind. Lediglich bei einem ROLLBACK WORK (Zurücksetzen eines Vorgangs inklusive Löschen der Verbuchungsfunktionsbausteine aus den VB*-Tabellen) könnte es dazu kommen, dass gebuchte Belege keine chronologische Belegnummer erhalten. Dies verstößt in vielen Ländern gegen gesetzliche Auflagen, u. a. in Italien. Daher hat SAP die Lösung dafür *italienische Lösung* genannt. *Italienische Lösung* bedeutet, dass im Falle eines ROLLBACK WORK der Eintrag aus der Tabelle NRIVSHADOW in die Tabelle NRIV_DOCU verschoben wird. Das dient als Dokumentation für diesen Vorgang. Ausgewertet wird dies mit Transaktion bzw. dem Report FINS_RSSNROS1. Dieser Report wertet speziell das Nummernkreisobjekt RF_BELEG aus. Um alle Nummernkreisobjekte auszuwerten, nutzen Sie den Report RSSNROS1.

Für den Einsatz der parallelen Pufferung des Nummernkreisobjekts RF_BELEG hat SAP den Hinweis 2376829 veröffentlicht, in dem die wichtigsten Fragen beantwortet werden.

Prüfen der Pufferung

Für welche Nummernkreisobjekte die Pufferung aktiviert ist, können Sie einzeln über Transaktion SNRO überprüfen. Eine umfassendere Möglichkeit bietet die Prüfung über Tabelle TNRO, in der die Nummernkreisobjekte gespeichert sind. In dieser Tabelle zeigt das Feld BUFFER (**Pufferung**) an, ob das entsprechende Objekt gepuffert ist. Das Feld NOIVBUFFER (**Anz. der Nummern, die im Puffer vorrätig gehalten werden**) zeigt die Anzahl der gepufferten Nummern an.

Zum Anzeigen aller gepufferten Objekte rufen Sie die Tabelle über Transaktion SE16 auf und geben als Selektionskriterium im Feld **Pufferung** (BUFFER) Folgendes ein:

- für durch Hauptspeicherpufferung gepufferte Nummernkreisobjekte ein »X« (siehe Abbildung 6.7)
- für Nummernkreisobjekte mit paralleler Pufferung ein »S«

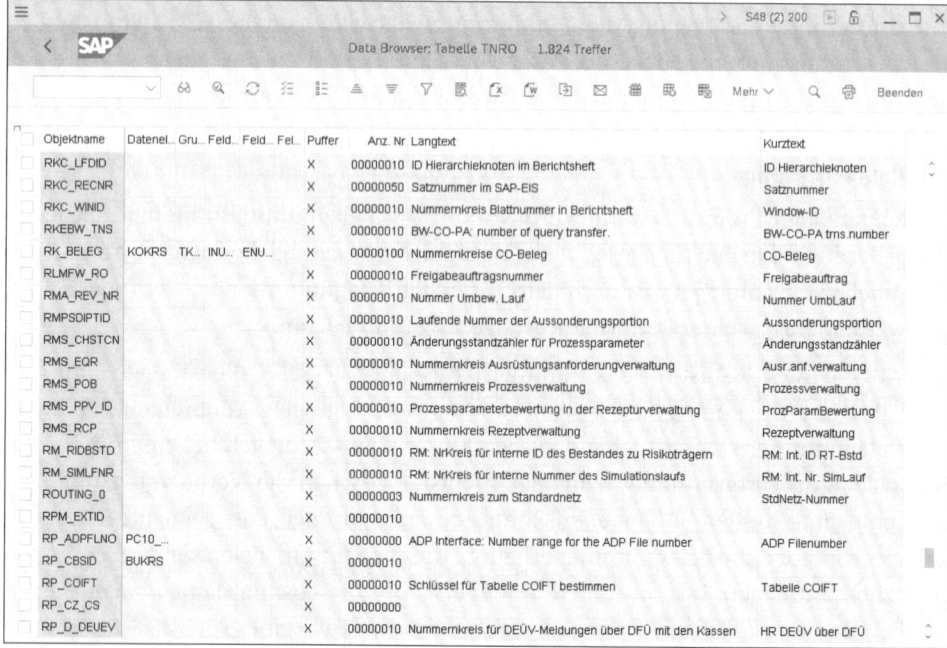

Abbildung 6.7 Alle gepufferten Nummernkreisobjekte über Tabelle TNRO anzeigen

6.3.3 Suche nach Lücken in Belegnummern

Lücken in der Belegnummerierung können z. B. entstehen durch:

- Belegnummernpufferung
- abgebrochene Buchungssätze
- externe Nummernvergabe

Zum Auffinden von Lücken können Sie Transaktion S_ALR_87012342 (Report RFB-NUM00N) nutzen (siehe Abbildung 6.8). Hiermit werden Nummernkreise, für die eine interne Nummernvergabe vorgenommen wird, auf Lücken überprüft. Nummernkreise mit externer Nummernvergabe können mit diesem Report nicht ausgewertet werden. Ebenso können keine Nummernkreise mit alphanumerischen Werten ausgewertet werden.

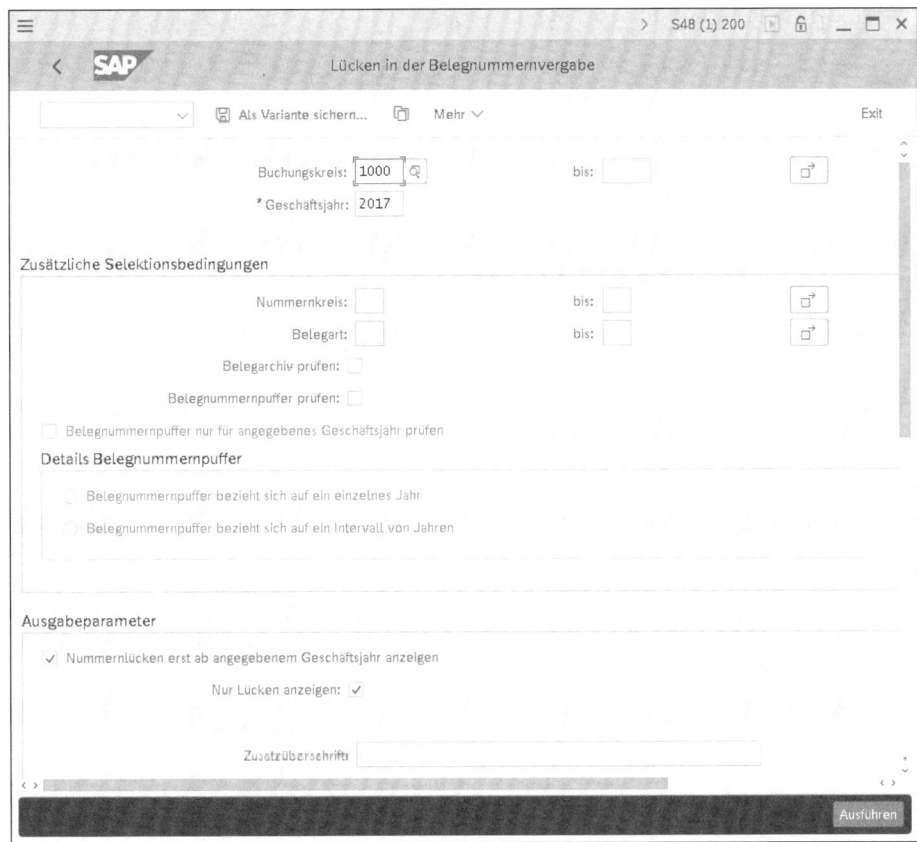

Abbildung 6.8 Selektionsmaske des Reports RFBNUM00N

Der Zeitraum der Auswertung darf hier nicht zu groß gewählt werden, da die Belege nach einem gewissen Zeitraum archiviert werden könnten. Archivierte Belege werden von diesem Report nicht erfasst. Sie werden somit als Lücken ausgewiesen. Ebenso werden vorerfasste Belege von diesem Report nicht berücksichtigt und ebenfalls als Lücken ausgewiesen.

Des Weiteren ist zu beachten, dass dieser Report die Lücken immer genau für den angegebenen Zeitraum auswertet. Die Belege vor und nach diesem Zeitraum werden ebenfalls als Lücken ausgewiesen.

6.3.4 Zugriffsrechte

Die folgenden Tabellen zeigen Ihnen die Berechtigungen zur Belegnummernvergabe. Tabelle 6.10 zeigt die Berechtigung, um die Pufferung der Nummerkreisobjekte zu ändern.

Berechtigungsobjekt	Feld	Wert
S_TCODE	TCD (Transaktion)	SNRO
S_NUMBER	ACTVT (Aktivität)	17 (Nummernkreisobjekte pflegen)
	NROBJ (Nummernkreisobjekt)	<Nummernkreisobjekt>

Tabelle 6.10 Berechtigung zum Ändern der Pufferung für Nummernkreisobjekte

Tabelle 6.11 zeigt die Berechtigung, um den Nummernstand eines Nummernkreises zu ändern.

Berechtigungsobjekt	Feld	Wert
S_TCODE	TCD (Transaktion)	SNRO
S_NUMBER	ACTVT (Aktivität)	11 (Nummernstand ändern)
	NROBJ (Nummernkreisobjekt)	<Nummernkreisobjekt>

Tabelle 6.11 Berechtigung zum Ändern des Nummernstands eines Nummernkreises

6.3.5 Checkliste

In Tabelle 6.12 finden Sie die Checkliste mit den prüfungsrelevanten Fragestellungen zur Belegnummernvergabe.

6.3 Die Belegnummernvergabe

Risiko	Fragestellung
	Vorgabe oder Erläuterung
2	Wird eine externe Belegnummernvergabe genutzt?
	Die Lückenlosigkeit der Belegnummern muss im Vorsystem geregelt sein.
	Hier besteht das Risiko, dass Belegnummern nicht lückenlos an SAP übertragen werden.
2	Welche Nummernkreisobjekte sind durch Hauptspeicherpufferung gepuffert?
	Die Hauptspeicherpufferung darf nicht für Nummernkreise genutzt werden, für die eine lückenlose Nummernvergabe erforderlich ist.
	Hier besteht das Risiko, dass durch die Pufferung nicht belegbare Lücken in den Belegnummernkreisen entstehen.
1	Ist speziell das Nummernkreisobjekt RF_BELEG durch die Hauptspeicherpufferung gepuffert?
	Das Nummernkreisobjekt RF_BELEG darf nicht durch die Hauptspeicherpufferung gepuffert sein.
	Hier besteht das Risiko, dass durch die Pufferung nicht belegbare Lücken in den Belegnummernkreisen der Finanzbuchhaltung entstehen.
	Eine parallele Pufferung kann eingestellt werden. In dem Fall muss die Anzahl der Nummern im Puffer gleich 1 sein.
1	Existieren Lücken in den Belegnummern?
	Es sollten keine Lücken in Belegnummernkreisen existieren, für die eine lückenlose Nummernvergabe erforderlich ist.
	Hier besteht das Risiko, dass diese Lücken zum Jahresabschluss nicht vollständig nachvollzogen werden können.
2	Wird regelmäßig kontrolliert, ob Lücken in den Belegnummern aufgetreten sind?
	Es ist regelmäßig zu überprüfen, ob Lücken aufgetreten sind.
	Hier besteht das Risiko, dass eventuell auftretende Lücken nicht zeitnah erkannt und dokumentiert werden.

Tabelle 6.12 Checkliste zur Belegnummernvergabe

Wie Sie die einzelnen Punkte praktisch am SAP-System prüfen können, erfahren Sie in Abschnitt 6.3 des Dokuments **Tiede_Checklisten_Sicherheit_und_Pruefung.pdf**.

Kapitel 7
Benutzerauswertungen

Wie sieht ein Benutzerstammsatz aus? Was ist daran kritisch zu betrachten? Was ist bei der Vergabe von Kennwörtern zu beachten? Wie werden die SAP-Standardbenutzer abgesichert? Die Antworten auf diese Fragen gibt Ihnen dieses Kapitel.

Die organisatorischen Verfahren zur Benutzerverwaltung bilden die Grundlage für die Prüfungen zu den Benutzerkonten, die Thema dieses Kapitels sind. Auf die organisatorischen Verfahren gehe ich daher in Abschnitt 7.1, »Organisatorische Regelungen«, ein. Abschnitt 7.2, »Die SAP-Standardbenutzer«, befasst sich mit der Absicherung der SAP-Standardbenutzer, die in jedem SAP-System existieren und bei unsachgemäßer Einrichtung eine große Sicherheitslücke darstellen. Abschnitt 7.3, »Der Benutzerstammsatz«, zeigt dann, wie ein Benutzerstammsatz im SAP-System aufgebaut ist und welche Werkzeuge zur Prüfung eingesetzt werden können.

Abschnitt 7.4 bis Abschnitt 7.8 befassen sich mit konkreten Prüfungsansätzen zu den Benutzerstammsätzen. Hier beschreibe ich u. a., wie Referenzbenutzer eingesetzt werden können bzw. ihre Nutzung verhindert werden kann, welche Gefahr Sammelbenutzer bergen und wie die Lizenzierung der Benutzer erfolgt. In Abschnitt 7.9 gehe auf das DSGVO-konforme Sperren und Löschen von Benutzerstammsätzen ein.

Abschnitt 7.10, »Kennwortverschlüsselung«, befasst sich mit der Verschlüsselung der Kennwörter, Abschnitt 7.11, »Angemeldete Benutzer«, mit der Auswertung von Benutzeranmeldungen. In Abschnitt 7.12, »Die Änderungshistorie zu Benutzern«, wird beschrieben, wie die Aufzeichnung von Änderungen an Benutzerstammsätzen erfolgt und wie die Auswertung für Prüfungen genutzt werden kann.

7.1 Organisatorische Regelungen

Zum Verwalten der *Benutzer* sind organisatorische Maßnahmen zu treffen. Dies ist unerlässlich für die Sicherheit des Systems (Schutz vertraulicher Daten) sowie zur Wahrung der Nachvollziehbarkeit der Verfahren (§§ 238 ff HGB). Über diese Maßnahmen wird sichergestellt, dass nur autorisierte Personen Zugang zum System erlangen und dass Aktionen innerhalb des Systems auf einzelne Benutzer zurückzuführen sind.

Es müssen schriftliche Anweisungen zum Anlegen und Ändern von Benutzern existieren. Im Regelfall erfolgt durch die Fachabteilung eine Anforderung für einen neuen Benutzer, den die Administration dann anlegt und dem sie die Berechtigungen zuordnet. Ebenso muss das Verfahren zum Löschen von Benutzerstammsätzen fest geregelt sein. Hier sind besonders die organisatorischen Abläufe festzulegen. Die größte Problematik besteht darin, dass die Administration von der Fachabteilung keine Information darüber bekommt, dass ein Mitarbeiter das Unternehmen verlässt. Als Administrator müssen Sie daher in regelmäßigen Abständen prüfen, ob Benutzer seit einem längeren Zeitraum (z. B. 90 Tage) nicht mehr angemeldet waren. Diese Benutzer sollten gesperrt werden. Klären Sie dann, ob diese Benutzer weiterhin im System bleiben sollen. Ebenso wird ein Verfahren zur Sperrung von Benutzern bei längerfristiger Abwesenheit benötigt.

Des Weiteren müssen auch für die sonstigen Benutzerkonten Verfahren definiert werden, wie u. a.:

- nicht personifizierte Benutzerkonten (Hotline, Support usw.)
- technische Benutzer (für Schnittstellen, Hintergrundjobs usw.)
- Auszubildende
- Zeitarbeitskräfte
- Sonderbenutzer wie Prüfer, externe Berater usw.
- SAP-Standardbenutzer wie SAP*, DDIC, SAPCPIC, TMSADM

Ein weiterer wichtiger Punkt betrifft die Änderung von Zugriffsberechtigungen der Benutzer. Wechselt der Verantwortlichkeitsbereich eines Benutzers, ist dies mit Änderungen seiner Zugriffsrechte verbunden. Häufig werden in solchen Fällen alte Berechtigungen beibehalten, und es kommen neue Berechtigungen hinzu. Dies führt dazu, dass diese Benutzer zu viele Rechte im System besitzen. Hierzu ist ein Dateneigentümerkonzept unerlässlich (siehe Abschnitt 10.3.1, »Das Dateneigentümerkonzept«).

Das Anmeldeverfahren und die damit verbundenen Zugangskontrollen sind ebenfalls als Sollvorgaben zu definieren. Hierzu gehört die Definition der Einstellung der Anmeldeparameter sowie der verbotenen Kennwörter für die Benutzer (siehe Abschnitt 3.2, »Anmeldesicherheit«).

Eine besondere Sicherheitslücke stellt das Initialkennwort der Benutzer dar. Beim Anlegen eines Benutzers müssen Sie als Administrator ein Kennwort vergeben, das der Benutzer bei der ersten Anmeldung ändern muss. Hier werden häufig Standardkennwörter wie »INIT123«, »START« oder »ABCD1234« verwendet. Jeder Benutzer mit einem trivialen Standardkennwort stellt eine Gefahr für die Systemsicherheit dar. Daher müssen Sie hier ein Verfahren anwenden, das jedem Benutzer ein anderes Initialkennwort zuweist (siehe Abschnitt 7.8, »Initialkennwörter und Benutzersperren«). Beispielsweise können Sie hier den Wizard von SAP zur Generierung von Initialkennwörtern nutzen. Dieser generiert automatisch Kennwörter, die aus nicht zusammenhängenden Buchstaben, Zahlen und Sonderzeichen bestehen.

Für die Kennwörter müssen Vorgaben festgelegt werden, die den Benutzern ausgehändigt werden müssen. Kennwörter müssen eine gewisse Komplexität besitzen, damit sie einem hohen Sicherheitsanspruch genügen. Als Mindestanforderung sollte ein Kennwort aus einer Kombination von Buchstaben, Zahlen und Sonderzeichen bestehen. Dies gilt besonders für die Administratoren. Sie sollten besonders komplexe Kennwörter nutzen.

Ein weiteres Thema ist das Löschen von Benutzerkonten. Wenn dies aus Datenschutzsicht auch unerlässlich ist, so geht dadurch teilweise die Nachvollziehbarkeit verloren. Der Benutzername wird bei allen Aktionen eines Benutzers in den Protokollen gespeichert. Werden Daten gepflegt, wird der Benutzername als Referenz zu den Daten hinterlegt, z. B. als Anleger oder letzter Änderer. Werden Benutzer gelöscht, bleiben diese Referenzen erhalten. Im System selbst kann aber nicht mehr nachvollzogen werden, welche Person hinter diesem Benutzernamen steckt. Daher ist zu regeln, wie mit der Löschung von Benutzern umgegangen wird. In Abschnitt 7.9 stelle ich Ihnen dazu die Funktion *Benutzerstammsätze sperren und löschen* vor.

In Tabelle 7.1 finden Sie die Checkliste mit den prüfungsrelevanten Fragestellungen zu organisatorischen Regelungen der Benutzerverwaltung.

Risiko	Fragestellung
	Vorgabe oder Erläuterung
1	Liegen Verfahrensanweisungen zum Anlegen und Ändern von Benutzern vor?
	Das Verfahren zum Anlegen und Ändern von Benutzern muss über eine Verfahrensanweisung definiert sein.
	Hier besteht das Risiko, dass ohne eine Verfahrensanweisung beliebig Benutzerkonten angelegt werden können.
3	Werden Informationen über ausgeschiedene Mitarbeiter von der Fachabteilung an die Administration gegeben?
	Diese Informationen müssen der Benutzerverwaltung mitgeteilt werden, damit die Benutzerkonten gelöscht oder deaktiviert werden.
	Hier besteht das Risiko, dass ausgeschiedene Mitarbeiter als aktive Benutzer im System bleiben.

Tabelle 7.1 Checkliste zu organisatorischen Regelungen

Risiko	Fragestellung
	Vorgabe oder Erläuterung
2	Liegen Verfahrensanweisungen zum Löschen von Benutzern vor?
	Das Löschen von Benutzern muss durch eine Verfahrensanweisung definiert sein. Hier besteht das Risiko, dass ohne eine Verfahrensanweisung beliebig Benutzerkonten gelöscht werden können.
2	Liegen Verfahrensanweisungen zum Sperren und Entsperren von Benutzern vor?
	Das Sperren und Entsperren von Benutzern muss durch eine Verfahrensanweisung definiert sein. Hier besteht das Risiko, dass gesperrte Benutzer telefonisch ohne Genehmigung entsperrt werden können.
3	Wird das System von der Administration regelmäßig auf Benutzer überprüft, die lange nicht mehr angemeldet waren?
	Diese Prüfung muss die Administration regelmäßig durchführen (Festlegung im Regelwerk für Administratoren). Hier besteht das Risiko, dass nicht mehr aktive Benutzer noch aktiv im System vorhanden sind. Für diese Benutzer fallen ebenfalls Lizenzgebühren an.
2	Wie wird mit den Rechten von Benutzern verfahren, die den Verantwortlichkeitsbereich wechseln?
	Beim Wechseln des Verantwortlichkeitsbereichs sind die Rechte neu zuzuordnen. Hier besteht das Risiko, dass den Benutzern zwar neue Rechte zugeordnet werden, die alten Rechte aber nicht entzogen werden und sich so Berechtigungen anhäufen.
1	Wie werden die Initialkennwörter für die Benutzer vergeben?
	Es muss ein Verfahren genutzt werden, durch das jeder Benutzer ein anderes Initialkennwort bekommt. Hier besteht das Risiko, dass durch die Vergabe des immer gleichen Initialkennworts leicht Anmeldungen mit noch nie angemeldeten Benutzern möglich sind.

Tabelle 7.1 Checkliste zu organisatorischen Regelungen (Forts.)

Risiko	Fragestellung
	Vorgabe oder Erläuterung
1	Existieren Vorgaben für die Vergabe von Kennwörtern bezüglich der Komplexität?
	Es müssen Vorgaben zur Komplexität existieren.
	Hier besteht das Risiko, dass triviale Kennwörter leicht ausgespäht werden können.
1	Nutzen die Administratoren besonders komplexe Kennwörter?
	Die Kennwörter der Administratoren müssen besonders komplex sein, um zu verhindern, dass diese gehackt werden.
	Hier besteht das Risiko, dass triviale Kennwörter der Administratoren (die über besondere Systemrechte verfügen) leicht ausgespäht werden können.

Tabelle 7.1 Checkliste zu organisatorischen Regelungen (Forts.)

Wie Sie die einzelnen Punkte praktisch am SAP-System prüfen können, erfahren Sie in Abschnitt 7.1 des Dokuments **Tiede_Checklisten_Sicherheit_und_Pruefung.pdf**, das Sie im Downloadbereich zu diesem Buch unter *www.sap-press.de/5145* finden.

7.2 Die SAP-Standardbenutzer

Bei der Installation eines SAP-Systems werden in den einzelnen Mandanten *Standardbenutzer* angelegt, die teilweise über weitgehende Rechte verfügen. Diese Benutzer wurden in älteren Releaseständen mit Standardkennwörtern ausgestattet, die allgemein bekannt sind. Die Kennwörter mussten sofort nach der Installation geändert werden. Diese Benutzerkonten werden auch in den unternehmenseigenen Mandanten angelegt, da sie bestimmte Funktionen erfüllen.

Welche Benutzer nach der Installation im Standardmandanten 000 existieren und ob sie in den unternehmenseigenen Mandanten benötigt werden, zeigt Tabelle 7.2. Der Mandant 001 wurde in älteren Releaseständen automatisch angelegt, daher führe ich ihn hier noch mit auf. Er wird aktuell nicht mehr benötigt und kann aus Altsystemen gelöscht werden (siehe Abschnitt 2.4.1, »Standardmandanten eines SAP-Systems«).

Benutzer	Mandant 000	Mandant 001	Weitere Mandanten
SAP*	existiert	existiert	muss existieren
DDIC	existiert	existiert	muss existieren
SAPCPIC	existiert	existiert	nicht erforderlich
TMSADM	existiert	existiert nicht	nicht erforderlich

Tabelle 7.2 Die Standardbenutzer des SAP-Systems

7.2.1 Der Benutzer SAP*

Der Benutzer SAP* existiert nach der Installation eines SAP-Systems im Mandanten 000. Er besitzt das Profil SAP_ALL und somit alle Berechtigungen des Systems. Er ist ein fest codierter Initialbenutzer. Wird der Benutzer SAP* gelöscht, ist danach trotzdem noch eine Anmeldung mit dem Standardkennwort »PASS« möglich. Zugriffsrechte werden in solchen Fällen für den Benutzer nicht überprüft, sodass er alle Vorgänge ausführen kann. Es stellt daher eine große Sicherheitslücke dar, wenn dieser Benutzer gelöscht wird.

Zur Verhinderung einer Neuanmeldung des Benutzers SAP* nach dessen Löschen wird der Parameter login/no_automatic_user_sapstar genutzt. Wird der Wert dieses Parameters auf »0« gesetzt, ist eine Neuanmeldung möglich. Bei dem Wert »1« (Standardwert) ist eine Anmeldung nach dem Löschvorgang nicht mehr möglich.

Das Kennwort des Benutzers muss während der Installation individuell angegeben werden. In älteren Releaseständen wurde bei der Installation automatisch das Kennwort »06071992« für den Benutzer eingetragen.

Mit dem Benutzer SAP* sollte folgendermaßen verfahren werden: Er wird deaktiviert. Hierzu werden dem Benutzer alle Berechtigungen entzogen, er wird gesperrt, und der Parameter login/no_automatic_user_sapstar wird auf den Wert »1« gesetzt. Außerdem wird er der administrativen Gruppe des SAP-Systems (in den meisten Fällen der vom SAP-System vorgegebenen Gruppe SUPER) als Mitglied zugeordnet. So wird eine Nutzung dieses Benutzers verhindert. Die Verwaltung dieser Gruppe sollte nur nach dem Vier-Augen-Prinzip erfolgen.

Weitere Informationen zur Absicherung des Benutzers SAP*

Die Absicherung dieses Benutzers ist auch in den SAP-Hinweisen 2383 und 68048 beschrieben sowie im »Prüfleitfaden SAP ERP 6.0« der DSAG (http://s-prs.de/v612208).

7.2.2 Der Benutzer DDIC

Der Benutzer DDIC ist mit den vollständigen Rechten zum Verwalten des Repositorys von SAP ausgestattet. Der Zweck des Benutzers DDIC ist es, sich während Installations- oder Releasewechselarbeiten anzumelden und Änderungen am ABAP Dictionary vorzunehmen. Lediglich die Benutzung des Korrektur- und Transportwesens ist ihm nur im Anzeigemodus gestattet, womit zwangsläufig Eigenentwicklungen ausgeschlossen sind.

Dieser Benutzer wird in allen Mandanten für Importe genutzt und darf nicht gelöscht werden. Er wird allerdings nur im Mandanten 000 als Dialogbenutzer benötigt; in allen anderen Mandanten sollte er auf den Benutzertyp **System** gesetzt werden, da es sich hier um einen nicht personifizierten Sammelbenutzer handelt (zu den verschiedenen Benutzertypen siehe Abschnitt 7.3.1, »Benutzertypen«). Damit sind Anmeldungen unter seiner Kennung, insbesondere im Produktivmandanten, ausgeschlossen.

Das Kennwort des Benutzers muss während der Installation individuell angegeben werden. In älteren Releaseständen wurde bei der Installation automatisch das Kennwort »19920706« für den Benutzer eingetragen.

7.2.3 Der Benutzer SAPCPIC

Der Benutzer SAPCPIC ist ein Benutzer vom Typ **Kommunikation** und wurde in älteren Releaseständen ebenfalls während der Installation des Systems angelegt. Er dient zur EDI-Nutzung (Electronic Data Interchange). Die Standardberechtigungen dieses Benutzers beschränken sich auf RFC-Zugriffe (Remote Function Call). Wird dieser Benutzer nicht benötigt, kann er gelöscht werden.

Das Standardkennwort des Benutzers lautet »ADMIN«. In älteren Releaseständen ist dieses Standardkennwort im ABAP-Funktionsbaustein INIT_START_OF_EXTERNAL_PROGRAM fest codiert. Dieser Funktionsbaustein musste dann bei einer Kennwortänderung ebenfalls geändert werden. In SAP NetWeaver ist das Kennwort hier nicht mehr fest hinterlegt und das Standardkennwort kann problemlos geändert werden.

7.2.4 Der Benutzer TMSADM

Der Benutzer TMSADM wird bei der Einrichtung des Transport Management Systems (TMS, siehe Abschnitt 9.4, »Das Transportsystem«) automatisch im Mandanten 000 angelegt. Er ist ein Benutzer vom Typ **Kommunikation** und wird vom TMS für Transporte genutzt. Dieser Benutzer wird während der Einrichtung des TMS in den RFC-Verbindungen des Transportsystems (TMSADM@<SID>.<DOMAIN>) als Benutzerkonto mit seinem Kennwort hinterlegt.

Standardmäßig verfügt der Benutzer TMSADM über das Profil S_A.TMSADM, über das er Schreibrechte im Dateisystem, notwendige RFC-Ausführungsberechtigungen für das TMS und Anzeigeberechtigungen für die Elemente der Entwicklungsumgebung und für Stücklisten in Transportaufträgen erhält. Weitere Rechte sind nicht erforderlich.

Sein Standardkennwort lautet »PASSWORD« oder »$1Pawd2&«. Dieses Standardkennwort sollte geändert werden. Da das manuelle Ändern dieses Kennworts großen Aufwand bedeutet, stellt SAP den Report TMS_UPDATE_PWD_OF_TMSADM zur Verfügung. Dieser Report ermöglicht das Ändern des Kennworts für alle TMSADM-Benutzer im Transportverbund. Die Vorgehensweise zur Nutzung dieses Reports ist in SAP-Hinweis 1414256 beschrieben.

7.2.5 Der Benutzer EARLYWATCH

Die Funktion des Benutzers EARLYWATCH und des Mandanten 066 ist obsolet. In Systemen, in denen dieser Mandant und der Benutzer noch existieren, sollte er daher nicht mehr genutzt werden. Bei Neuinstallationen wird der Mandant 066 nicht mehr angelegt und existiert daher in neuen Systemen nicht mehr. Informationen zum Löschen des Mandanten 066 finden Sie in SAP-Hinweis 1749142.

Der Benutzer EARLYWATCH diente zur Fernwartung und wurde während der Installation des Systems im Mandanten 066 angelegt. Dieser Benutzer ist allerdings nur mit Berechtigungen zur Anzeige fremder Statistikaufzeichnungen in den Monitoring-Werkzeugen ausgestattet, sodass er nur ein geringes Sicherheitsrisiko darstellt.

Sein Standardkennwort lautet »SUPPORT«. Dieses Kennwort muss geändert werden; der Benutzer muss gesperrt werden.

7.2.6 Prüfen der Standardbenutzer

Mit Transaktion RSUSR003 (Report RSUSR003) können Sie die Standardbenutzer mandantenübergreifend analysieren. Unter anderem prüft der Report, ob die Benutzer über Standardkennwörter verfügen. Abbildung 7.1 zeigt die Ausgabe des Reports.

Zu den Benutzern werden Ihnen die folgenden Informationen ausgegeben:

- **Sperre**: Zeigt an, ob der Benutzer gesperrt ist (🔓/🔒).
- **Kennwortstatus**: Zeigt an, ob der Benutzer existiert und ob er über ein Standardkennwort verfügt. In diesem Fall wird auch das Kennwort des Benutzers mitausgegeben.
- **Grund der Benutzersperre**: Ist der Benutzer gesperrt, wird hier der Sperrgrund angezeigt, z. B. »Durch Administrator gesperrt« oder »Durch Falschanmeldungen gesperrt«.

- **Falschanm.**: Anzahl Falschanmeldungen seit der letzten korrekten Anmeldung
- **Gültig von/Gültig bis**: Gültigkeitszeitraum des Benutzers
- **Sicherheitsrichtlinie**: eine zugeordnete Sicherheitsrichtlinie
- **Zusätzliche Informationen**: zusätzliche Informationen zum Benutzer, z. B. »Userid ist kein Systembenutzer«, wenn der Benutzer SAPCPIC kein Systembenutzer ist

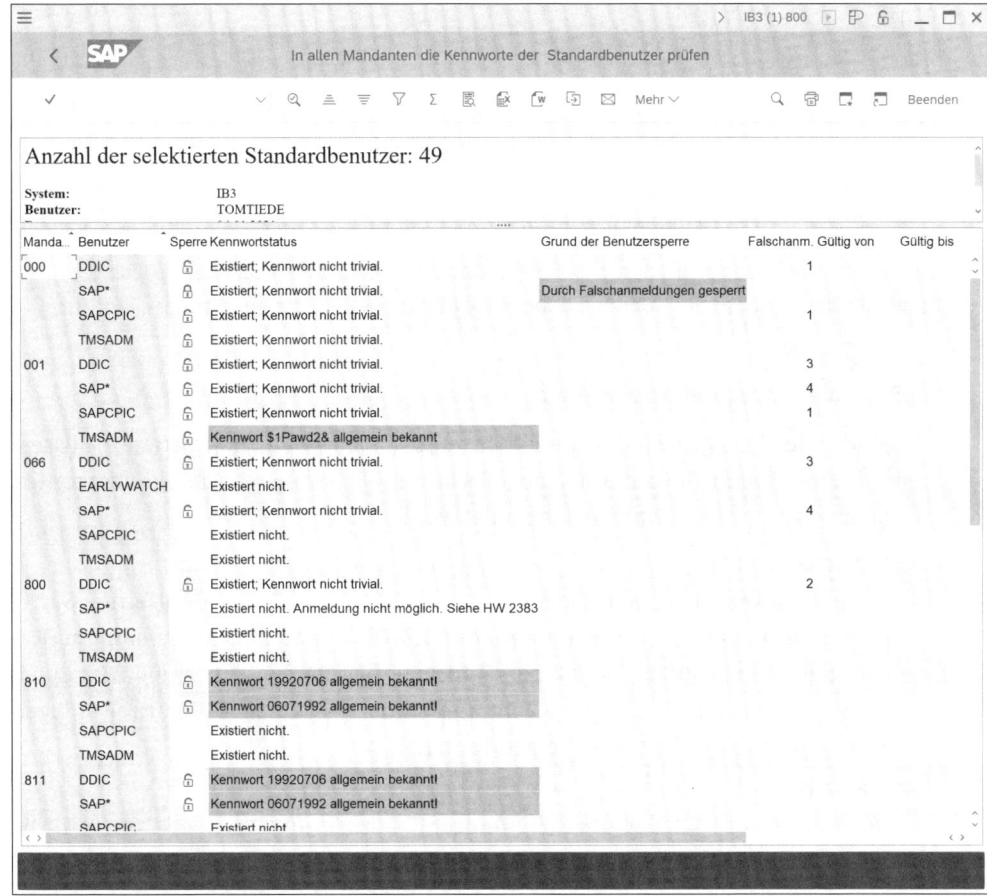

Abbildung 7.1 Report RSUSR003 – Analyse der SAP-Standardbenutzer

Einige sicherheitsrelevante Eigenschaften werden hier nicht angezeigt. Diese erhalten Sie, wenn Sie doppelt auf einen Benutzernamen klicken:

- **Benutzertyp**: Der Benutzer DDIC muss auf Typ **B** (System) und die Benutzer SAPCPIC und TMSADM auf den Typ **C** (Kommunikation) gesetzt sein.
- **Benutzergruppe**: Die Benutzer sollten der Gruppe SUPER zugeordnet sein.
- **Letzte Anmeldung**: letzte Anmeldung des Benutzers

7 Benutzerauswertungen

Die dem Benutzer zugeordneten Berechtigungen zeigt der Report nicht an. Diese müssen Sie in dem jeweiligen Mandanten direkt im Benutzerstammsatz prüfen, z. B. mit Transaktion SU01.

Zum Ausführen des Reports ist eine Berechtigung gemäß Tabelle 7.3 erforderlich. Ansonsten kann dieser Report auch mit dem Recht zum Ändern mandantenunabhängiger Tabellen sowie dem Recht zum Ändern der Gruppe SUPER ausgeführt werden.

Berechtigungsobjekt	Feld	Wert
S_TCODE	TCD (Transaktion)	RSUSR003 oder S_ALR_87101194 oder <Reporting>
S_USER_ADM	S_ADM_AREA (Administrationsbereiche)	CHKSTDPWD

Tabelle 7.3 Berechtigung für den Report RSUSR003

7.2.7 Weitere Standardbenutzer

Die folgenden Benutzer sind Benutzerkonten, die nicht zwingend existieren müssen. Für die Funktionen, die mit ihnen abgedeckt werden, können auch Benutzerkonten mit beliebigen anderen Namen verwendet werden:

- **CSMREG**
  Dieser Benutzer dient zur Datensammlung bei der Überwachung entfernter Systeme im zentralen Monitoring (Transaktion RZ20). Er wird nur im Mandanten 000 benötigt. Der Benutzer kann über Transaktion RZ21 bzw. über den Menüpfad **Techn. Infrastruktur • Zentralsystem konfigurieren • CSMREG-Benutzer anlegen** automatisiert vom System angelegt werden.

- **WF-BATCH**
  Der Benutzer WF-BATCH wird als Hintergrundbenutzer für Workflows genutzt. Die erforderlichen Berechtigungen sind abhängig von den Prozessen, für die er genutzt wird. Die erforderlichen Berechtigungen für die Workflow-Funktionen liefert SAP mit der Standardrolle SAP_BC_BMT_WFM_SERV_USER aus. Zusätzlich benötigt der Benutzer die Berechtigungen für die anwendungsspezifischen Berechtigungen. Häufig wird ihm das Profil SAP_ALL zugeordnet, was allerdings nicht erforderlich ist.

- **BWALEREMOTE**
  Dieser Benutzer wird für die Kommunikation mit SAP-BI-Systemen genutzt. Für ihn liefert SAP das Profil S_BI-WX_RFC aus, in dem die maßgeblich benötigten Berechtigungen enthalten sind. Die hier enthaltenen Berechtigungen reichen aber nicht vollständig aus. So kann es z. B. beim Senden von IDocs und beim Auslesen

von RFC-Destinationen zu Problemen kommen. Daher werden diesem Benutzer in der Regel noch weitere Berechtigungen zugeordnet.

- **BWREMOTE**
  Dieser Benutzer wird in SAP-BW-Systemen für die Kommunikation mit SAP-Quellsystemen genutzt. Für ihn liefert SAP das Profil S_BI-WHM_RFC aus, in dem die maßgeblich benötigten Berechtigungen enthalten sind. Auch dieses Profil ist häufig nicht ausreichend; daher werden auch diesem Benutzer in der Regel noch weitere Berechtigungen zugeordnet.

- **SAPJSF**
  Der Benutzer wird bei Einsatz des Java-Stacks zur RFC-Kommunikation zwischen den Benutzerverwaltungen des ABAP- und des Java-Stacks genutzt.

7.2.8 Patterns in SAP Enterprise Threat Detection

In SAP Enterprise Threat Detection werden standardmäßig die folgenden Patterns ausgeliefert, mit denen Aktionen von SAP-Standardbenutzern überwacht werden können:

- Logon with SAP standard users
- Logon to client 066
- Password changed for SAP standard users
- Password changed for SAP standard users and logon

7.2.9 Zugriffsrechte

Die folgenden Tabellen zeigen Ihnen die Berechtigungen zum Verwalten der SAP-Standardbenutzer. Tabelle 7.4 zeigt die Berechtigung zum Löschen des Benutzers SAP*.

Berechtigungsobjekt	Feld	Wert
S_TCODE	TCD (Transaktion)	- SU01 - SU01_NAV - SU10 - SUID01 - SUID10
S_USER_GRP	ACTVT (Aktivität)	06 (Löschen)
	CLASS (Benutzergruppe)	<Benutzergruppe SAP*>

Tabelle 7.4 Berechtigung zum Löschen des Benutzers SAP*

7 Benutzerauswertungen

Tabelle 7.5 zeigt die Berechtigung zum Verwalten der Benutzer SAP* und DDIC.

Berechtigungsobjekt	Feld	Wert
S_TCODE	TCD (Transaktion)	- SU01 - SU01_NAV - SU10 - SUID01 - SUID10
S_USER_GRP	ACTVT (Aktivität)	02 (Ändern)
	CLASS (Benutzergruppe)	<Benutzergruppe DDIC/SAP*>

Tabelle 7.5 Berechtigung zum Verwalten der Benutzer SAP* und DDIC

Tabelle 7.6 zeigt die Berechtigung, um den Report RSUSR003 auszuführen.

Berechtigungsobjekt	Feld	Wert
S_TCODE	TCD (Transaktion)	RSUSR003 oder S_ALR_87101194 oder <Reporting>
S_USER_ADM	S_ADM_AREA (Administrationsbereiche)	CHKSTDPWD
oder		
S_TCODE	TCD (Transaktion)	RSUSR003 oder S_ALR_87101194 oder <Reporting>
S_USER_GRP	ACTVT (Aktivität)	02 (Ändern)
	CLASS (Benutzergruppe)	SUPER
S_TABU_CLI	CLIIDMAINT (Kennzeichen)	X
S_TABU_DIS	ACTVT (Aktivität)	02 (Ändern)
	DICBERCLS (Berechtigungsgruppe)	SS Systemtabellen

Tabelle 7.6 Berechtigung zum Ausführen des Reports RSUSR003

Berechtigungsobjekt	Feld	Wert
oder		
S_TABU_NAM	ACTVT (Aktivität)	02 (Ändern)
	TABLE (Tabelle)	T000

Tabelle 7.6 Berechtigung zum Ausführen des Reports RSUSR003 (Forts.)

7.2.10 Checkliste

In Tabelle 7.7 finden Sie die Checkliste mit den prüfungsrelevanten Fragestellungen zur Verwendung der SAP-Standardbenutzer.

Risiko	Fragestellung
	Vorgabe oder Erläuterung
1	Wie wurden die Kennwörter für die Benutzer SAP*, DDIC, TMSADM, EARLYWATCH und SAPCPIC vergeben?
	SAP* und DDIC benötigen ein Kennwort nach dem Vier-Augen-Prinzip.
	Hier besteht das Risiko, dass einzelnen Personen die Kennwörter dieser nicht personifizierten Benutzer bekannt sind.
1	Wurden für alle Standardbenutzer in allen Mandanten neue Kennwörter vergeben?
	Die Kennwörter aller Standardbenutzer müssen geändert werden.
	Hier besteht das Risiko, dass diese Benutzer noch ihre bekannten Initialkennwörter besitzen und somit eine Anmeldung mit diesen Benutzern für jeden anonym möglich ist.
1	Welche Verfahrensweise wurde für den Benutzer SAP* umgesetzt?
	Der Benutzer SAP* muss gemäß dem Sicherheitsleitfaden abgesichert werden.
	Hier besteht das Risiko, dass der Benutzer SAP* nicht ausreichend gesichert ist und dass Anmeldungen mit diesem Benutzer anonym möglich sind.
2	Ist der Benutzer SAP* in allen Mandanten der Benutzergruppe SUPER zugeordnet?
	Der Benutzer SAP* muss der Gruppe SUPER zugeordnet sein.
	Hier besteht das Risiko, dass der Benutzer SAP* durch eine falsche Gruppenzuordnung von zu vielen Benutzern verwaltet, insbesondere gelöscht werden kann.

Tabelle 7.7 Checkliste zu den SAP-Standardbenutzern

Risiko	Fragestellung
	Vorgabe oder Erläuterung
2	Existiert der Benutzer DDIC in allen Mandanten?
	Der Benutzer DDIC sollte in allen Mandanten (außer 066) existieren. Hier besteht das Risiko, dass beim Einspielen von Support Packages Fehler auftreten, wenn der Benutzer DDIC nicht existiert.
1	Ist der Benutzer DDIC im Produktivmandanten auf den Benutzertyp **System** gesetzt?
	Der Benutzer DDIC muss im Produktivmandanten auf den Benutzertyp **System** gesetzt sein. Hier besteht das Risiko, dass Anmeldungen mit diesem anonymen SAP_ALL-Benutzer möglich sind.
2	Wurde der Benutzer EARLYWATCH im Mandanten 066 gesperrt?
	Der Benutzer EARLYWATCH ist zu sperren und nur bei Bedarf freizuschalten. Hier besteht das Risiko, dass Anmeldungen mit diesem Benutzer anonym durchgeführt werden können.

Tabelle 7.7 Checkliste zu den SAP-Standardbenutzern (Forts.)

Wie Sie die einzelnen Punkte praktisch am SAP-System prüfen können, erfahren Sie in Abschnitt 7.2 des Dokuments **Tiede_Checklisten_Sicherheit_und_Pruefung.pdf**.

7.3 Der Benutzerstammsatz

Benutzer werden in einem SAP-System mandantenabhängig angelegt. Das bedeutet, dass ein Benutzer sich nur an dem Mandanten anmelden kann, in dem er angelegt wurde. Benutzer müssen explizit in den entsprechenden Mandanten angelegt werden, wenn sie in mehreren Mandanten arbeiten müssen. Jeder Benutzer verfügt über einen Stammsatz, in dem ihm zugeordnete Eigenschaften gespeichert werden, wie z. B. seine Adressdaten, seine Berechtigungen oder auch sein Kennwort. In diesem Abschnitt erfahren Sie, wie der Benutzerstammsatz aufgebaut ist und welche Prüfungsansätze dazu existieren.

7.3.1 Benutzertypen

Jeder Benutzer eines SAP-Systems besitzt ein Kennwort. Wird ein neuer Benutzer angelegt, muss der Administrator ein Initialkennwort für diesen Benutzer festlegen.

Dieses gibt der Benutzer bei der ersten Anmeldung ein und wird danach vom SAP-System aufgefordert, das Kennwort zu ändern. Ein leeres Kennwort wird vom System nicht akzeptiert. Als Benutzeradministrator können Sie jederzeit das Kennwort eines Benutzers zurücksetzen und ihm ein neues Initialkennwort geben, z. B. wenn der Benutzer sein Kennwort vergessen hat. Bei der nächsten Anmeldung muss der Benutzer dieses Kennwort eingeben und danach sofort sein persönliches Kennwort bestimmen. Als Benutzeradministrator sind Sie außerdem in der Lage, Benutzer zu sperren und zu entsperren, falls ein Benutzer durch Falschanmeldungen gesperrt wurde. Ebenso ist es Ihnen möglich, Kennwörter von Benutzern zurückzusetzen, sodass diese nicht mehr gültig sind.

Es existieren fünf verschiedene Benutzertypen in einem SAP-System:

- **Dialog**
  Einem *Dialogbenutzer* stehen alle Formen der Nutzung von SAP-Funktionen offen. Dies umfasst sowohl die Hintergrundverarbeitung, die Batch-Input-Verarbeitung, die RFC-Kommunikation als auch die Arbeit im Dialog.

- **Kommunikation**
  Kommunikationsbenutzer haben keine Möglichkeit, im Dialog mit SAP zu arbeiten. Sie können nur zum Datenaustausch über die RFC-/CPI-C-Schnittstelle verwendet werden. Häufigstes Einsatzgebiet für Kommunikationsbenutzer sind Schnittstellen zwischen verschiedenen Systemen, z. B. zwischen SAP ERP und SAP BW.

  Kommunikationsbenutzer unterliegen der Kennwortänderungspflicht, ebenso wie Dialogbenutzer. Sie sind auch in der Lage, ihr Kennwort selbst zu ändern, z. B. über den Funktionsbaustein SUSR_USER_CHANGE_PASSWORD_RFC. Allerdings wird standardmäßig die Kennwortänderung nicht erzwungen, wenn Kommunikationsbenutzer in einer Schnittstelle genutzt werden. Dies kann geändert werden, indem Sie den Parameter rfc/reject_expired_passwd auf den Wert »1« setzen. In einem solchen Fall ist bei einem abgelaufenen Kennwort eine Kennwortänderung erforderlich.

- **System**
  Systembenutzer werden für eine Kommunikation innerhalb eines einzigen Systems (mandantenübergreifend) oder für systembedingte Vorgänge (z. B. Zentrale Benutzerverwaltung (ZBV), ALE, Transport Management System usw.) genutzt. Sie haben keine Möglichkeit dazu, sich im Dialog anzumelden. RFC-Funktionen können allerdings mit diesem Benutzertyp genutzt werden. So können mit einem Systembenutzer z. B. RFC-Funktionsbausteine in einem anderen SAP-System ausgeführt werden. Ein Kennwortwechsel wird für diesen Benutzertyp nicht angefordert. Das Kennwort kann nur durch einen Administrator geändert werden.

- **Service**

  Servicebenutzer können genutzt werden wie Dialogbenutzer, allerdings können sie ihr Kennwort nicht eigenständig ändern. Dies ist nur über die Benutzerverwaltung (Transaktion SU01 o. Ä.) mit entsprechenden Berechtigungen möglich. Auch unterliegen sie nicht der Kennwortänderungspflicht. Ein einmal vergebenes Kennwort muss nicht mehr geändert werden und läuft nie ab.

  Zwei Einsatzszenarien sind maßgeblich anzutreffen:
    - *Als Sammelbenutzer für mehrere Anwender*
      Dies ist als kritisch anzusehen, da in einem solchen Fall Benutzeraktionen nicht mehr personell nachvollzogen werden können. Des Weiteren kann dies gegen das Lizenzmodell von SAP verstoßen. Wird ein Servicebenutzer für mehrere Anwender genutzt, darf er nur über wenig lesende Berechtigungen verfügen. Ein typisches Einsatzgebiet ist die Datenbankadministration, die lediglich ca. einmal pro Tag die Datenbankstatistik im SAP-System kontrolliert.
    - *Als administrative Benutzer*
      Administratoren haben häufig das Problem, dass sie für eine Vielzahl von SAP-Systemen zuständig sind und dort auch in mehreren Mandanten Benutzerkonten benötigen. Verfügt ein Unternehmen z. B. über fünf produktive SAP-Systeme, existieren mit den jeweiligen Entwicklungs- und Qualitätssicherungssystemen 15 SAP-Systeme. Hinzu kommen technische Systeme wie der SAP Solution Manager und SAP Process Integration (SAP PI). Mindestens in zwei Mandanten (Mandant 000 und unternehmenseigener Mandant) pro System wird ein Konto für die Administration benötigt. Somit verfügt ein Administrator in diesem Fall in mindestens 30 Mandanten über ein eigenes Benutzerkonto. Ein Kennwortänderungszeitraum von z. B. 30 Tagen bedeutet, dass der Benutzer einmal pro Monat für alle 30 Benutzer das Kennwort ändern muss. Um diesen Aufwand zu minimieren, werden administrative Benutzer häufig als Servicebenutzer eingerichtet, die dann ihr Kennwort nicht mehr ändern müssen.

  Dies stellt zwar eine Vereinfachung dar, ist aber als kritisch anzusehen. Gerade die administrativen Benutzer verfügen über besonders kritische Berechtigungen und sollten daher regelmäßig ihre Kennwörter ändern.

- **Referenz**

  Referenzbenutzer dienen dazu, Zugriffsrechte an andere Benutzer weiterzugeben. Einem Referenzbenutzer werden Rechte zugeordnet. Jedem Benutzer kann genau ein Referenzbenutzer zugeordnet werden, dessen Rechte er bei der Anmeldung zusätzlich zu seinen eigenen Rechten erhält (Registerkarte **Rollen** im Benutzerstammsatz). Referenzbenutzer können sich nicht an das SAP-System anmelden (siehe Abschnitt 7.4, »Referenzbenutzer«).

7.3 Der Benutzerstammsatz

Verwaltet werden die Benutzerstammsätze standardmäßig mit Transaktion SU01 (siehe Abbildung 7.2). Alternativ ist Transaktion SU01D verfügbar, über die Benutzer nur angezeigt, nicht jedoch geändert werden können. Um einen Benutzer anzuzeigen, tragen Sie den Benutzernamen in der Einstiegsmaske ein oder suchen ihn über die Wertehilfe (Taste (F4)).

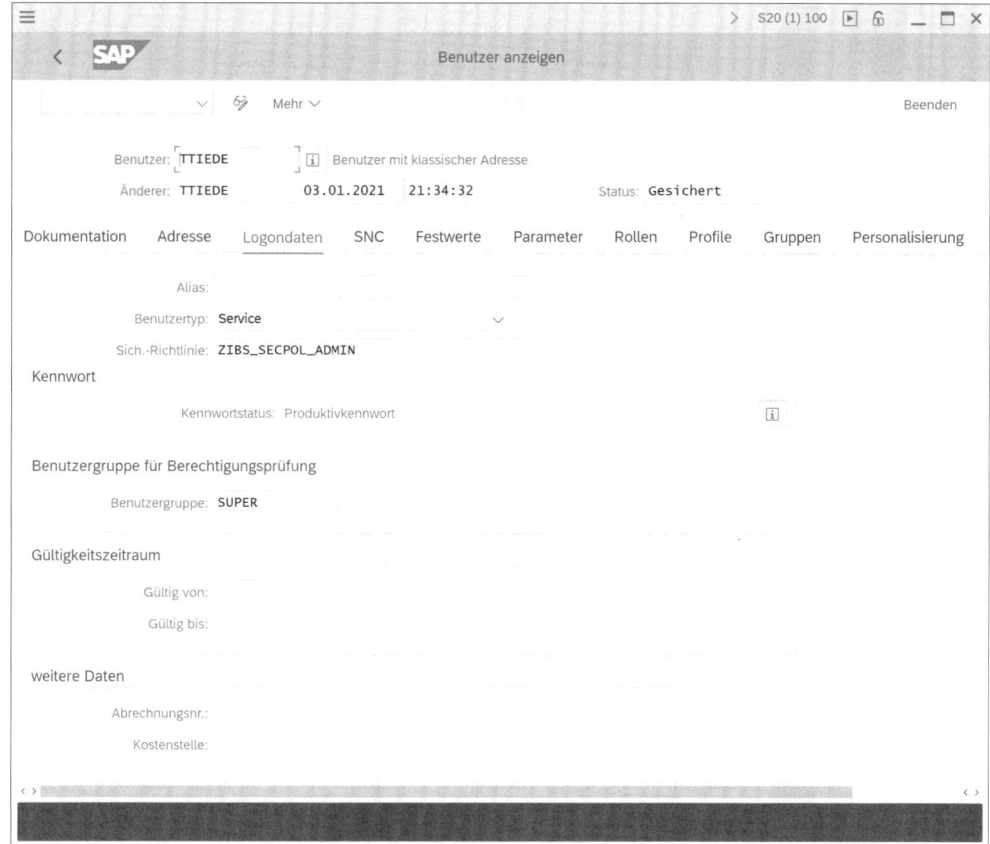

Abbildung 7.2 Benutzereigenschaften in Transaktion SU01

Es existieren allerdings noch weitere Transaktionen, mit denen eine Benutzerpflege möglich ist (siehe Tabelle 7.8). Bei der Prüfung von Zugriffsrechten müssen Sie diese Transaktionen mitbetrachten. Zwar existieren auch noch weitere Transaktionen zur Benutzerpflege (GCE1, OMDL, OMEH, OPF0 usw.), diese rufen allerdings Transaktion SU01 auf. Im Quelltext für den Aufruf dieser Transaktionen wird explizit die Berechtigung für Transaktion SU01 abgefragt. Daher können diese Transaktionen ohne eine Berechtigung für Transaktion SU01 nicht ausgeführt werden und brauchen bei der Berechtigungsanalyse nicht betrachtet zu werden.

Transaktion	Bezeichnung
SU01	Benutzerpflege
SU01_NAV	Benutzerpflege z. Einb. in Navig.
SU10	Massenpflege Benutzer
SUID01	Benutzerpflege
SUID10	Massenpflege Benutzer

Tabelle 7.8 Transaktionen zur Benutzerpflege

7.3.2 Eigenschaften der Benutzer

Bei einer Prüfung der Benutzereigenschaften ist es nicht effizient, sich jeden einzelnen Benutzer im Dialogfenster anzuschauen. Daher erläutere ich die Benutzereigenschaften in den folgenden Abschnitten anhand der Tabellen, in denen sie gespeichert sind. Diese Tabellen dienen dann auch bei einer Prüfung als Grundlage. Je nach Fragestellung der Prüfung wählen Sie die entsprechende Tabelle aus. Ich liste jeweils nur die Felder der Tabellen auf, die für eine Prüfung relevant sein können.

Anmeldedaten der Benutzer (Tabelle USR02)

Die Anmeldedaten enthalten alle Informationen zum Benutzertyp und seinen Anmeldeinformationen. In der Tabelle USR02 werden z. B. das aktuelle Kennwort eines Benutzers, seine Gültigkeit, der Benutzertyp und sein letztes Anmeldedatum gespeichert. Anzeigeberechtigungen für diese Tabelle sind als kritisch anzusehen, da in ihr die verschlüsselten Kennwörter gespeichert werden. Sie sollten auch einem Prüfer nur in Ausnahmefällen zugeordnet werden. Mit dem *Generic Table Browser* (siehe Abschnitt 8.5, »Tabellenzugriffe auf Spalten und Feldwerte einschränken (GTB-Rollen)«) ist es allerdings möglich, diese Spalten über eine GTB-Rolle auszublenden, sodass die Berechtigung für diese Tabelle dann zugeordnet werden kann. Die Informationen in dieser Tabelle können auch mit dem Benutzerinformationssystem (Transaktion SUIM) ausgewertet werden (siehe Tabelle 7.9).

Technischer Feldname	Beschreibung
BNAME	Benutzername
BCODE	Kennwort-Hash (MD5-basierend)
GLTGV	Benutzer gültig von: Datum, ab dem der Benutzerstammsatz gültig ist

Tabelle 7.9 Prüfungsrelevante Felder in Tabelle USR02 – Anmeldedaten der Benutzer

Technischer Feldname	Beschreibung
GLTGB	Benutzer gültig bis: Datum, bis zu dem der Benutzerstammsatz gültig ist
USTYP	Benutzertyp: - A = Dialog - B = System - C = Kommunikation - L = Referenzbenutzer - S = Servicebenutzer
CLASS	Benutzergruppe des Benutzers
LOCNT	Anzahl Falschanmeldungen seit der letzten korrekten Anmeldung
UFLAG	Status der Benutzersperre: - 0: nicht gesperrt - 32: in der Zentralen Benutzerverwaltung durch Administrator gesperrt - 64: im aktuellen Mandanten durch Administrator gesperrt - 128: durch Falschanmeldungen gesperrt
ANAME	Name des Benutzers, der diesen Benutzer angelegt hat
ERDAT	Anlagedatum des Benutzers
TRDAT	Letztes Anmeldedatum. Steht in diesem Feld der Wert »00.00.0000«, war der Benutzer noch nie angemeldet.
LTIME	Letzte Anmeldeuhrzeit. Steht in diesem Feld der Wert »00:00:00«, besitzt der Benutzer ein Initialkennwort.
PASSCODE	Kennwort-Hashwert (SHA-1, 160 Bit)
PWDCHGDATE	Datum der letzten Kennwortänderung
PWDSTATE	Status des Kennworts: - 254: Kennwort kann (generell) nicht geändert werden. - 255: Kennwort kann heute nicht geändert werden (nur einmal pro Tag zulässig). - 0: Kennwort kann, muss aber nicht geändert werden. - 1: Kennwort ist initial und muss geändert werden. - 2: Kennwort ist abgelaufen und muss geändert werden. - 3: Kennwort muss geändert werden, weil es den neuen Regeln nicht mehr genügt.

Tabelle 7.9 Prüfungsrelevante Felder in Tabelle USR02 – Anmeldedaten der Benutzer (Forts.)

Technischer Feldname	Beschreibung
PWDHISTORY	Zeigt an, ob die Kennworthistorie in Tabelle USRPWDHISTORY ausgelagert ist. ■ 0: Kennwörter sind in Tabelle USR02 (alte Systematik). ■ 1: Kennwörter sind in Tabelle USRPWDHISTORY.
PWDLGNDATE	Datum der letzten Kennwortanmeldung
PWDSETDATE	Datum: Kennwort durch Administrator neu gesetzt
PWDINITIAL	Zeigt an, ob der Benutzer über ein Initialkennwort verfügt: ■ 1: Kennwort ist initial. ■ 2: Kennwort ist nicht initial.
PWDLOCKDATE	Datum, an dem die Kennwortsperre gesetzt wurde
PWDSALTEDHASH	Kennwort-Hashwert (diverse Algorithmen und Codierungen)
SECURITY_POLICY	Name der für den Benutzer gültigen Sicherheitsrichtlinie

Tabelle 7.9 Prüfungsrelevante Felder in Tabelle USR02 – Anmeldedaten der Benutzer (Forts.)

Festwertdaten der Benutzer (Tabelle USR01)

Zu den Festwertdaten gehört z. B. der Standarddrucker inklusive Spool-Steuerung. Tabelle 7.10 zeigt sicherheitsrelevante Felder der Tabelle USR01.

Technischer Feldname	Beschreibung
BNAME	Benutzername
SPLD	Spool-Ausgabegerät: Standarddrucker des Benutzers
SPDB	Druckparameter 2: Kennzeichen, ob Druckaufträge sofort gedruckt (Wert »G«) oder nur in den Spool gestellt werden sollen (Wert »H«)
SPDA	Druckparameter 1: Kennzeichen, ob Druckaufträge nach dem Löschen aus dem Spool gelöscht werden (Wert »D«) oder darin stehenbleiben (Wert »K«)

Tabelle 7.10 Prüfungsrelevante Felder in Tabelle USR01 – Laufzeitdaten der Benutzer

SNC-Informationen zu Benutzern (Tabelle USRACL)

In Tabelle USRACL werden die SNC-Informationen zu den Benutzern gespeichert (siehe Tabelle 7.11). Diese Eigenschaften werden im Benutzerstammsatz mit Transaktion SU01 auf der Registerkarte **SNC** gesetzt, siehe Abbildung 7.3.

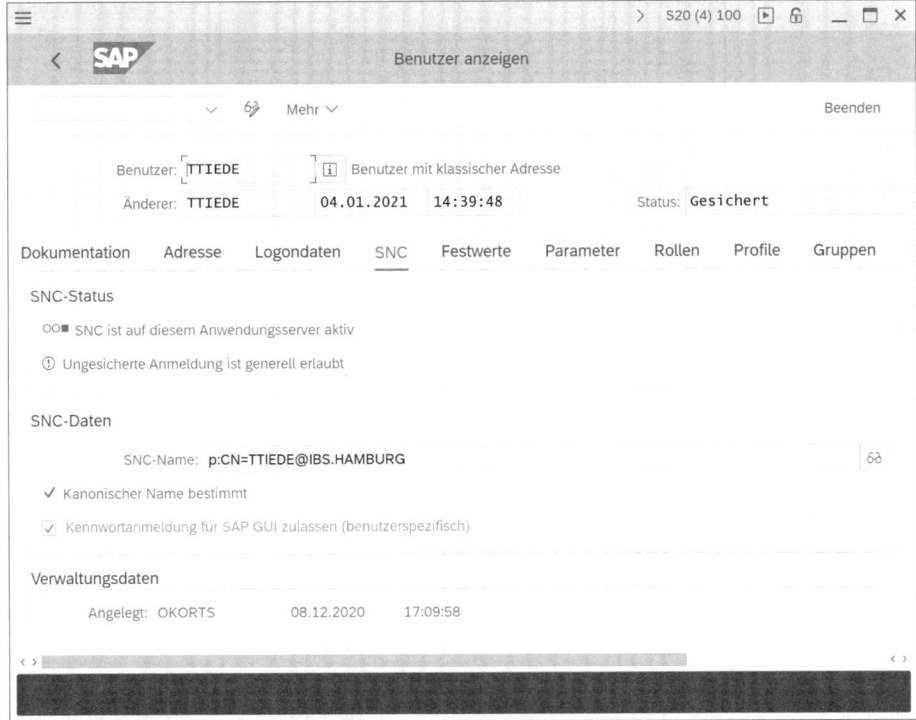

Abbildung 7.3 Anzeige der SNC-Daten mit Transaktion SU01

Die Tabelle kann mit den Standardtransaktionen zur Tabellenanzeige nicht angezeigt werden. Eine Anzeige ist mit Transaktion SNC4 möglich. Hierfür ist eine Berechtigung auf dem Berechtigungsobjekt S_USER_ADM mit dem Wert SNC4 erforderlich.

Technischer Feldname	Beschreibung
BNAME	Benutzername
SNC_SID	ID des externen Sicherheitssystems

Tabelle 7.11 Prüfungsrelevante Felder in Tabelle USRACL – SNC-Zugangskontrollliste (ACL) für Benutzer

Technischer Feldname	Beschreibung
GUIFLAG	Kennzeichen, das angibt, ob für den Benutzer auch eine Kennwortanmeldung möglich ist: X: Kennwortanmeldung ist möglich. <leer>: Kennwortanmeldung ist nicht möglich.
PNAME	SNC-Name des Benutzers
CNAME	Name des Benutzers, der diese Informationen angelegt hat
CDATE	Datum des Anlegens
CTIME	Uhrzeit des Anlegens
MNAME	Letzter Änderer
MDATE	Datum der Änderung
MTIME	Uhrzeit der Änderung

Tabelle 7.11 Prüfungsrelevante Felder in Tabelle USRACL – SNC-Zugangskontrollliste (ACL) für Benutzer (Forts.)

Kennworthistorie (Tabelle USRPWDHISTORY)

Zu den Benutzern werden die letzten vergebenen Kennwörter gespeichert. Die Anzahl der gespeicherten Kennwörter entspricht dem Wert des Parameters login/password_history_size. Diese Kennworthistorie wird in der Tabelle USRPWDHISTORY gespeichert (siehe Tabelle 7.12). Die Tabelle kann mit den Standardtransaktionen zur Tabellenanzeige nicht angezeigt werden. Eine Anzeige mit Transaktion DBACOCKPIT ist möglich.

Technischer Feldname	Beschreibung
BNAME	Benutzername
TIMESTAMP	Zeitstempel des Einfügens des Datensatzes
PASSCODE	Kennwort-Hashwert (SHA-1, 160 Bit)
BCODE	Kennwort-Hash (gemäß Codeversion in Feld CODVN)
CODVN	Codeversion
PWDSALTEDHASH	Kennwort-Hashwert (diverse Algorithmen und Codierungen)

Tabelle 7.12 Prüfungsrelevante Felder in Tabelle USRPWDHISTORY – Kennworthistorie

Lizenzdaten der Benutzer (Tabelle USR06)

Die Lizenzdaten der Benutzer werden für die Systemvermessung genutzt, siehe Abschnitt 7.7. Die Informationen zur Lizenzvermessung werden in der Tabelle USR06 gespeichert (siehe Tabelle 7.13).

Technischer Feldname	Beschreibung
BNAME	Benutzername
LIC_TYPE	ID für die Nutzertypen des SAP-Systems
VONDAT	Stellvertreter ab Datum
BISDAT	Stellvertreter bis Datum
MANDT2	Mandant, in dem der Benutzer vermessen wird (falls abweichend vom aktuellen Mandanten bei Multimandantbenutzern)
SYSID	Name des SAP-Systems bei Multimandantbenutzern

Tabelle 7.13 Prüfungsrelevante Felder in Tabelle USR06 – Zusatzdaten der Benutzer

Benutzeraliasnamen und Referenzbenutzer (Tabelle USREFUS)

Der Benutzeralias und der zugeordnete Referenzbenutzer werden in der Tabelle USREFUS gespeichert (siehe Tabelle 7.14). Zu Referenzbenutzern siehe Abschnitt 7.4.

Technischer Feldname	Beschreibung
BNAME	Benutzername
REFUSER	zugeordneter Referenzbenutzer
USERALIAS	Aliasname des Benutzers

Tabelle 7.14 Prüfungsrelevante Felder in Tabelle USREFUS – Aliasnamen von Benutzern und Referenzbenutzer

Adressdaten der Benutzer

In SAP-Systeme werden zwei Arten von Benutzern unterschieden. Bei der Anlage eines Benutzers wird entschieden, um welche Art von Benutzer es sich handelt (siehe Abbildung 7.4):

- **Benutzer mit klassischer Adresse**
  Zu diesen Benutzern können persönliche Daten angegeben werden, etwa Vor- und Zuname und Kommunikationsdaten (Adressdaten).
- **Technische Benutzer**
  Zu diesen Benutzern können keine persönlichen Daten angegeben werden.

7 Benutzerauswertungen

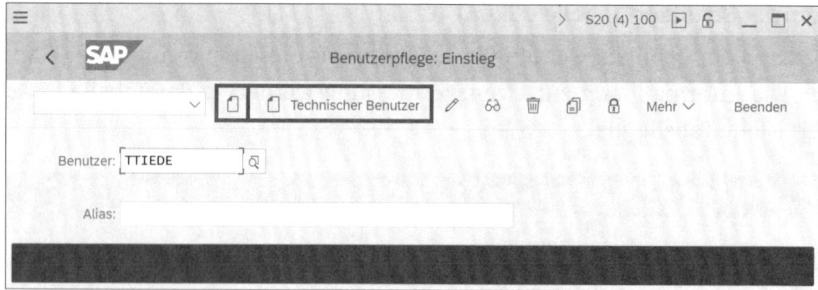

Abbildung 7.4 Anlage neuer Benutzer

Beide Benutzerarten sagen nichts über den Benutzertyp aus, beide können jeweils Dialog-, Service-, System-, Kommunikations- oder Referenzbenutzer sein. Hier bedarf es einer internen Richtlinie, welche Benutzerart für welche Benutzertypen genutzt wird. Zu Benutzern mit klassischer Adresse werden die Adressdaten auf der Registerkarte **Adresse** gepflegt, siehe Abbildung 7.5.

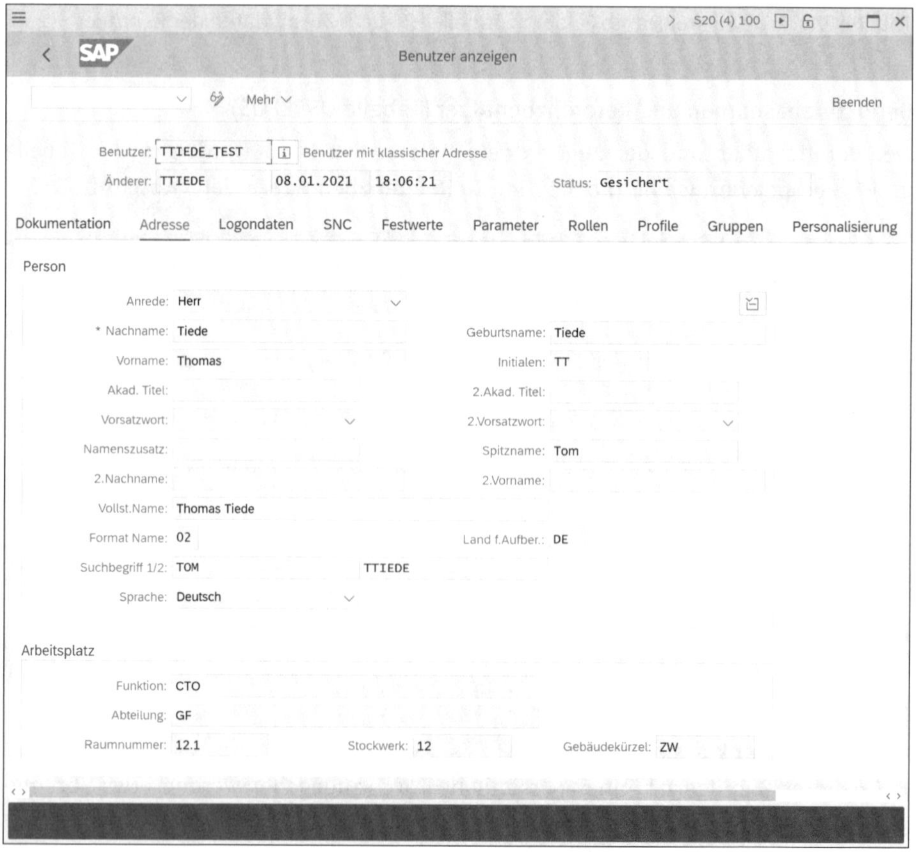

Abbildung 7.5 Adressdaten zu Benutzern in Transaktion SU01

Die Adressdaten werden in verschiedenen Tabellen gespeichert. Diese finden Sie in Tabelle 7.15. Die wesentlichen Adressdaten zu Benutzern können mit dem Report RSUSR002_ADDRESS (Transaktion S_BCE_68001393) auch ausgewertet werden.

Tabellenname	Beschreibung
USR21	Zuordnung einer Personennummer und einer Adressnummer zum Benutzer. Dies sind die Schlüsselfelder der folgenden Tabellen.
ADRP	Persönliche Daten des Benutzers wie Vor- und Zuname, akademischer Titel, Geschlecht etc.
ADCP	Weitere Benutzereigenschaften wie Abteilung, Funktion, Kommunikationsdaten
ADRC	Daten zur Unternehmung, dem der Benutzer zugeordnet ist

Tabelle 7.15 Tabellen mit Adressdaten zu Benutzern

Der View USER_ADDR verbindet die Tabellen USR21, ADRC, ADRP, ADCP und USCOMPANY und zeigt zum Benutzernamen die Adressdaten an (siehe Tabelle 7.16).

Technischer Feldname	Beschreibung
BNAME	Benutzername im Benutzerstamm
NAME_FIRST	Vorname
NAME_LAST	Nachname
NAME_TEXTC	vollständiger Name der Person
TEL_EXTENS	erste Telefonnummer: Durchwahl
KOSTL	Kostenstelle
BUILDING	Gebäude (Nummer oder Kürzel)
ROOMNUMBER	Nummer einer Wohnung, eines Appartements oder eines Raums
DEPARTMENT	Abteilung
INHOUSE_ML	Hauspostcode
NAME1	Firmenname
CITY1	Ort
POST_CODE1	Postleitzahl des Orts

Tabelle 7.16 Prüfungsrelevante Felder im View USER_ADDR – Anzeige der Adressdaten zu Benutzern

Dokumentationen zu Benutzern (Tabelle USDOCU)

Benutzer können im Stammsatz dokumentiert werden. Diese Dokumentation stellt gleichzeitig auch eine Historie dar (siehe Abbildung 7.6).

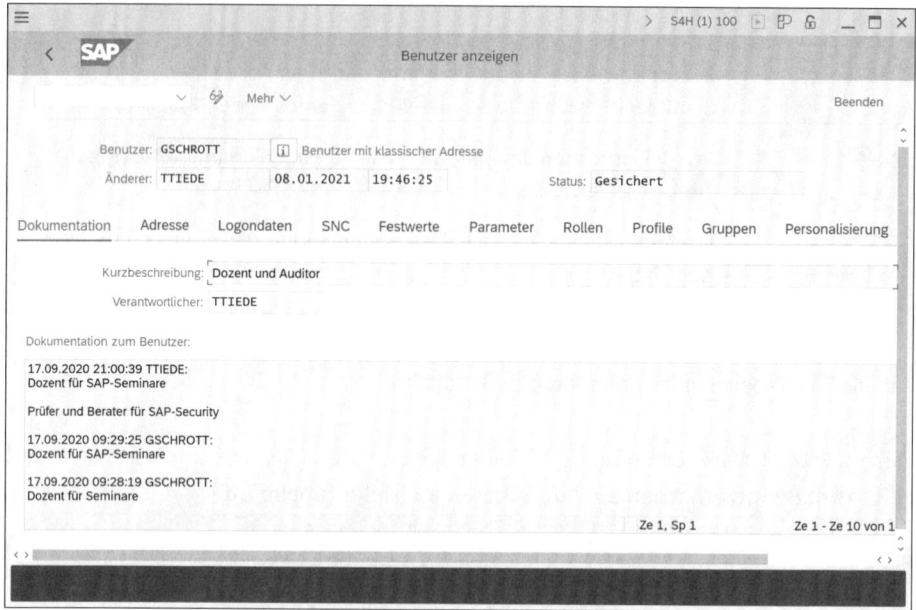

Abbildung 7.6 Benutzerdokumentation im Benutzerstammsatz

Wird eine Dokumentation geändert, so wird der neue Stand mit einem anderen Zeitstempel gespeichert und der alte Stand bleibt erhalten. Die Dokumentation kann mit dem Report RSUSR_DELETE_USERDOCU gelöscht werden. Die Dokumentation wird in der Tabelle USDOCU gespeichert (siehe Tabelle 7.17). Eine Anzeige dieser Tabelle ist mit den Standardtransaktionen nicht möglich. Wird die Tabelle zur Prüfung benötigt, kann sie mit einem Funktionsbaustein oder in der Datenbank mit Transaktion DBACOCKPIT angezeigt werden.

Technischer Feldname	Beschreibung
BNAME	Benutzername
MODDA	Modifikationsdatum
MODTI	Modifikationszeit
MODBE	Letzter Änderer
DOCU	Dokumentation

Tabelle 7.17 Prüfungsrelevante Felder in Tabelle USDOCU – Benutzerdokumentationen

Außerdem kann eine Kurzbeschreibung eingetragen, und den Benutzern kann ein Verantwortlicher zugeordnet werden, siehe Abbildung 7.6. Diese Informationen finden Sie in der Tabelle USR21 und zwar in den Feldern RESPONSIBLE (Verantwortlicher) und TECHDESC (Beschreibung).

Berechtigungen der Benutzer

Wie Benutzern Berechtigungen zugeordnet werden, erläutere ich Ihnen in Abschnitt 10.1, »Funktionsweise des Berechtigungskonzepts«.

7.3.3 Auswertungen zu Benutzern

Benutzerstammsätze können mit dem Benutzerinformationssystem ausgewertet werden, d. h. mit Transaktion SUIM. Eine Beschreibung aller Auswertungsmöglichkeiten finden Sie in Abschnitt 1.4, »Das Benutzerinformationssystem«. Die relevanten Menüpfade und Reports für Auswertungen zum Benutzerstammsatz habe ich in Tabelle 7.18 aufgeführt.

Pfad in Transaktion SUIM (Transaktion/Report)	Beschreibung
Benutzer • Benutzer nach Adressdaten (S_BCE_68001393/RSUSR002_ADDRESS)	Listet Benutzer mit ihren Adressdaten aus dem Benutzerstammsatz auf. Technische Benutzer haben keine Adressdaten, werden aber mit aufgelistet.
Benutzer • Benutzer nach komplexen Selektionskriterien • Benutzer nach komplexen Selektionskriterien (S_BCE_68001400/RSUSR002)	Auf den Registerkarten **Dokumentation**, **Logondaten** und **Festwerte/Parameter** können Sie nach Benutzereigenschaften selektieren.
Benutzer • nach lokalen Lizenzdaten (RSUSR_LOCAL_LIC/RSUSR_SYSINFO_LICENSE)	Listet die Benutzer mit ihren Lizenzierungsinformationen auf.
Benutzer • mit Falschanmeldungen (S_BCE_68001402/RSUSR006)	Zeigt Benutzer mit mindestens einer Falschanmeldung seit der letzten korrekten Anmeldung an.
Benutzer • nach Anmeldedatum und Kennwortänderung (RSUSR200/RSUSR200)	Bietet komplexe Selektionsmöglichkeiten zu Gültigkeiten, Kennwörtern und Benutzertypen.

Tabelle 7.18 Benutzeranalysen mit Transaktion SUIM

Pfad in Transaktion SUIM (Transaktion/Report)	Beschreibung
Verwendungsnachweis • Sicherheitsrichtlinien • in Benutzern (S_YI3_39000082/RSUSR_SECPOL_USAGE)	Zeigt die zugeordneten Benutzer zu den Sicherheitsrichtlinien oder den einzelnen Attributen an.
Änderungsbelege • Benutzer • für Benutzer (S_BCE_68002311/RSUSR100N)	Wertet Änderungen am Benutzerstammsatz (inklusive Rollen-/Profilzuordnungen) aus.
Änderungsbelege • Benutzer • Zustandshistorie von Benutzerattributen (RSUSR_STATUS/RSUSR_STATUS_HISTORY)	Wertet die Zustandshistorie der Benutzer aus.

Tabelle 7.18 Benutzeranalysen mit Transaktion SUIM (Forts.)

Um die Zuordnung von kanonischen SNC-Namen zu prüfen, nutzen Sie Transaktion SNC4 bzw. den Report RSSNCCHK. Hierfür ist die Berechtigung gemäß Tabelle 7.19 erforderlich. Markieren Sie in der Selektionsmaske die Auswahl, wie in Abbildung 7.7 dargestellt. Abbildung 7.8 zeigt Ihnen das Ergebnis. Unter anderem wird ausgegeben, wenn ein SNC-Name doppelt vergeben wurde.

Berechtigungsobjekt	Feld	Wert
S_TCODE	TCD (Transaktion)	SNC4 oder <Reporting gemäß Abschnitt 1.2.2, »Aufrufen von Reports«>
S_USER_ADM	S_ADM_AREA (Administrationsbereiche)	SNC4

Tabelle 7.19 Berechtigung für Transaktion SNC4

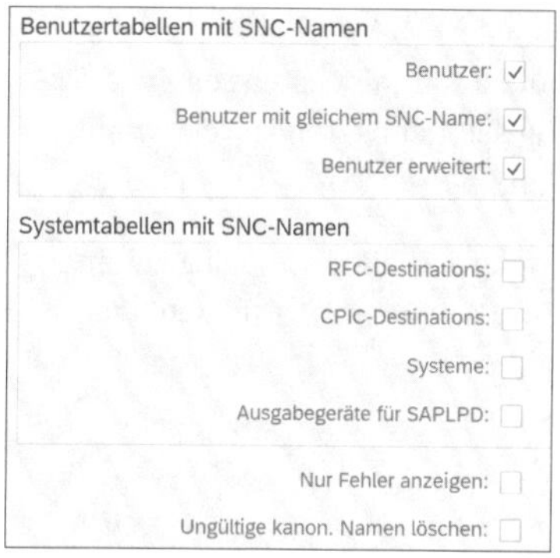

Abbildung 7.7 Transaktion SNC4 – Selektionsmaske

7.3 Der Benutzerstammsatz

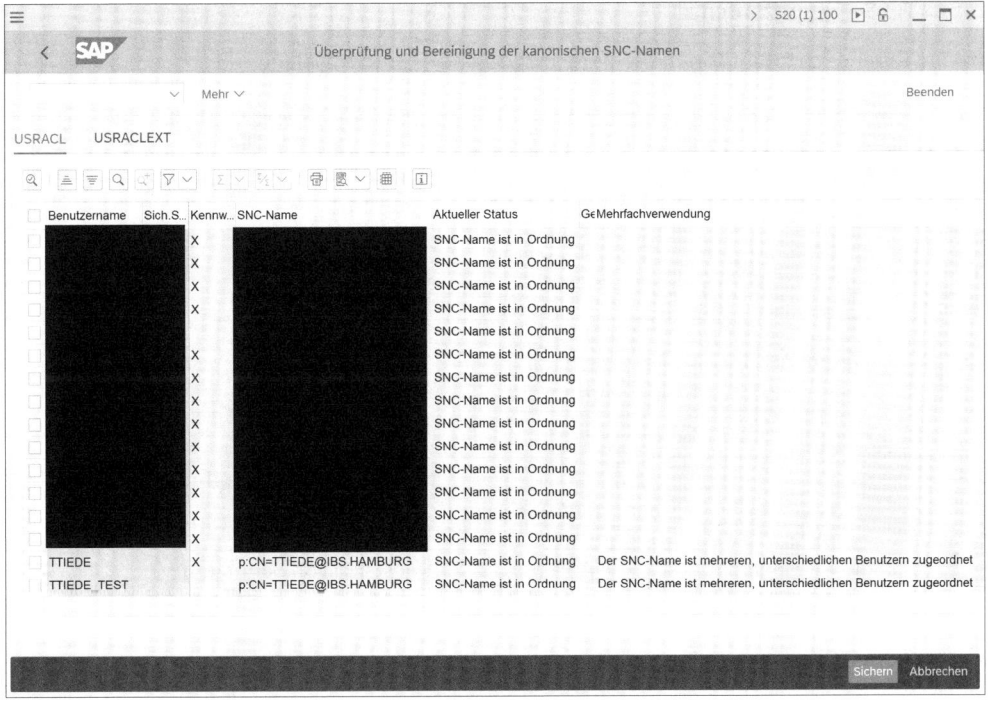

Abbildung 7.8 Transaktion SNC4 – Ergebnisanzeige

7.3.4 Patterns in SAP Enterprise Threat Detection

In SAP Enterprise Threat Detection werden standardmäßig die folgenden Patterns ausgeliefert, mit denen Änderungen an Benutzerstammsätzen überwacht werden können:

- Assign user to ADMIN user group
- Authorization assign SAP_ALL or SAP_NEW per debugging
- Authorization assignment by non-admin user
- User role changed
- User acts under created user
- Same kind of changes to a user
- User morphing by changing user type
- User morphing by changing user type and logon
- Password changed by non-admin user
- Password changed multiple times for same user

457

7.3.5 Zugriffsrechte

Tabelle 7.20 zeigt Ihnen die Berechtigung zur Benutzerpflege.

Berechtigungsobjekt	Feld	Wert
S_TCODE	TCD (Transaktion)	- SU01 - SU01_NAV - SU10 - SUID01 - SUID10
S_USER_GRP	ACTVT (Aktivität)	- 01 (Anlegen) - 02 (Ändern) - 06 (Löschen)
	CLASS (Benutzergruppe)	<spezielle Benutzergruppe oder leer lassen>

Tabelle 7.20 Berechtigung zum Anlegen/Ändern/Löschen von Benutzern

7.3.6 Checkliste

In Tabelle 7.21 finden Sie die Checkliste mit den prüfungsrelevanten Fragestellungen zu den Benutzerstammsätzen.

Risiko	Fragestellung
	Vorgabe oder Erläuterung
3	Wie viele Dialogbenutzer existieren in dem Mandanten?
	Die Anzahl muss mit den tatsächlichen Anwendern übereinstimmen. Hier besteht das Risiko, dass zu viele Benutzerkonten eingerichtet wurden, die eventuell auch Lizenzgebühren erzeugen.
3	Existieren Benutzer, deren Gültigkeitsdatum abgelaufen ist und die noch ihre Berechtigungen haben?
	Es sollten keine abgelaufenen Benutzer existieren. Hier besteht das Risiko, dass diese Benutzer jederzeit mit ihren Zugriffsrechten und einem neuen Kennwort wieder aktiviert und genutzt werden können.
2	Existieren Benutzer, die noch nie angemeldet waren?

Tabelle 7.21 Checkliste zum Benutzerstammsatz

Risiko	Fragestellung
	Vorgabe oder Erläuterung
2	Benutzer, die noch nie angemeldet waren, sollten gesperrt sein und erst bei Bedarf freigeschaltet werden.
	Hier besteht das Risiko, dass diese Benutzer noch triviale Initialkennwörter besitzen.
2	Existieren Benutzer, die für einen längeren Zeitraum nicht angemeldet waren?
	Es sollten keine gültigen Benutzer existieren, die für einen längeren Zeitraum nicht angemeldet waren.
	Hier besteht das Risiko, dass diese Benutzer nicht mehr in der Unternehmung tätig sind, die Konten aber noch nutzen könnten und diese auch Lizenzgebühren erzeugen.
3	Existieren Benutzer, die keiner Gruppe zugeordnet sind?
	Es dürfen keine Benutzer ohne Gruppenzuordnung existieren (abhängig vom Benutzergruppenkonzept).
	Hier besteht das Risiko, dass Benutzer von eigentlich unberechtigten Benutzeradministratoren verwaltet werden können.

Tabelle 7.21 Checkliste zum Benutzerstammsatz (Forts.)

Wie Sie die einzelnen Punkte praktisch am SAP-System prüfen können, erfahren Sie in Abschnitt 7.3 des Dokuments **Tiede_Checklisten_Sicherheit_und_Pruefung.pdf**.

7.4 Referenzbenutzer

Referenzbenutzer dienen dazu, Zugriffsrechte an andere Benutzer weiterzugeben. Einem Referenzbenutzer werden Rechte zugeordnet. Jedem Benutzer kann genau ein Referenzbenutzer zugeordnet werden, dessen Rechte er bei der Anmeldung zusätzlich zu seinen eigenen erhält. Referenzbenutzer können sich nicht am System anmelden. Sie werden ausschließlich dazu genutzt, Benutzer mit weiteren Rechten auszustatten.

7.4.1 Zuordnung von Referenzbenutzern

Referenzbenutzer werden in Transaktion SU01 auf der Registerkarte **Rollen** zugeordnet (siehe Abbildung 7.9). Mit der Schaltfläche **Rollen anzeigen** (🗐) werden die Rollen des Referenzbenutzers angezeigt, mit **Rollen verbergen** (🗐) wieder ausgeblendet. Diese Rollen sind in der Spalte **Indirekte Zuordnung** am Symbol 🗐 zu erkennen.

Diese Systematik wurde teilweise genutzt, um Benutzern mehr als 312 Profile zuzuordnen. Dies war bis zu SAP-NetWeaver-Release 7.40 die maximale Anzahl von Profilen in einem Benutzerstammsatz. Benötigte ein Benutzer mehr als 312 Profile, war die Zuordnung nur über einen Referenzbenutzer möglich. Mit SAP-NetWeaver-Release 7.50 wurde diese Grenze aufgehoben. Einem Benutzer können nun beliebig viele Profile zugeordnet werden.

Abbildung 7.9 Referenzbenutzerzuordnung

7.4.2 Auswertung von Referenzbenutzerzuordnungen

Die Zuordnungen von Referenzbenutzern zu Benutzern werden in Tabelle USREFUS gespeichert. In dieser Tabelle sind alle Benutzer aufgelistet, nicht nur die Benutzer mit Referenzbenutzern. Um die Benutzer anzuzeigen, denen ein Referenzbenutzer zugeordnet wurde, müssen Sie im Feld **Referenzbenutzer** (REFUSER) die Selektionsoption **Ungleich** (≠) auswählen und das Feld leer lassen. Im Benutzerinformationssystem (Transaktion SUIM) können Sie die Referenzbenutzerzuordnungen unter **Benutzer · Benutzer nach komplexen Selektionskriterien · Benutzer nach komplexen Selektionskriterien** auswerten. Alternativ können Sie direkt Transaktion S_BCE_68001400 oder den Report RSUSR002 aufrufen. Rufen Sie die Registerkarte **Rollen/Profile** auf, und wählen Sie für das Feld **Referenzbenutzer** die Selektionsoption **Ungleich** (≠) aus (siehe Abbildung 7.10).

Es können Benutzern allerdings nicht nur Referenzbenutzer, sondern auch andere Benutzertypen (**Dialog**, **Service**, **Kommunikation**, **System**) als Referenz zugeordnet werden. Da dies meist nicht gewünscht ist, kann diese Funktion deaktiviert werden. Hierzu setzen Sie in Tabelle PRGN_CUST den Schalter REF_USER_CHECK auf den Wert »E« (siehe auch SAP-Hinweis 513694). Um zu überprüfen, wie dieser Schalter konfiguriert ist, lassen Sie sich Tabelle PRGN_CUST mit Transaktion SE16 anzeigen. Ist der Schalter

`REF_USER_CHECK` nicht in der Tabelle eingetragen, können auch Dialogbenutzer als Referenz zugeordnet werden.

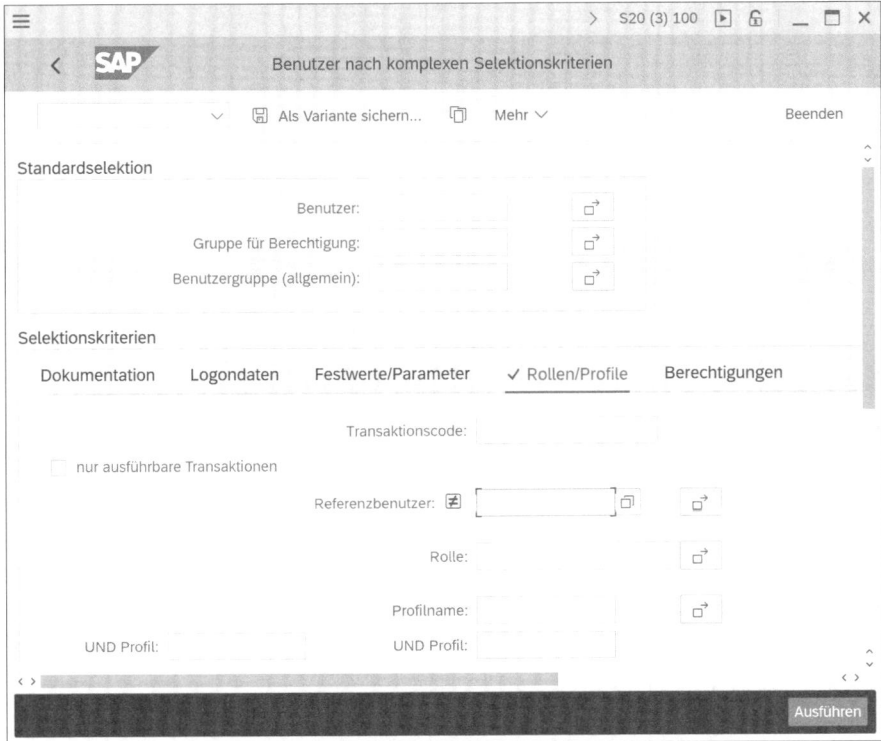

Abbildung 7.10 Zugeordnete Referenzbenutzer auswerten

In vielen Systemen sollen Referenzbenutzer nicht genutzt werden. Daher kann deren Nutzung über eine Transaktionsvariante zu Transaktion SU01 deaktiviert werden. Die Funktionsweise ist in SAP-Hinweis 330067 beschrieben. Nach der Implementierung dieses Hinweises sind Referenzbenutzer entweder gar nicht mehr möglich oder nur noch für bestimmte Personenkreise, je nach Notwendigkeit für das Unternehmen.

7.4.3 Historie der Referenzbenutzerzuordnungen

Referenzbenutzerzuordnungen werden automatisch über Änderungsbelege protokolliert. Das Änderungsbelegobjekt heißt IDENTITY. Im Benutzerinformationssystem (Transaktion SUIM) können Sie Änderungen an Referenzbenutzerzuordnungen unter **Änderungsbelege** • **Benutzer** • **für Benutzer** auswerten (Transaktion S_BCE_68002311/Report RSUSR100N). Setzen Sie hierzu auf der Registerkarte **Benutzerattribute** einen Haken bei der Option **Referenzbenutzer** (siehe Abbildung 7.11).

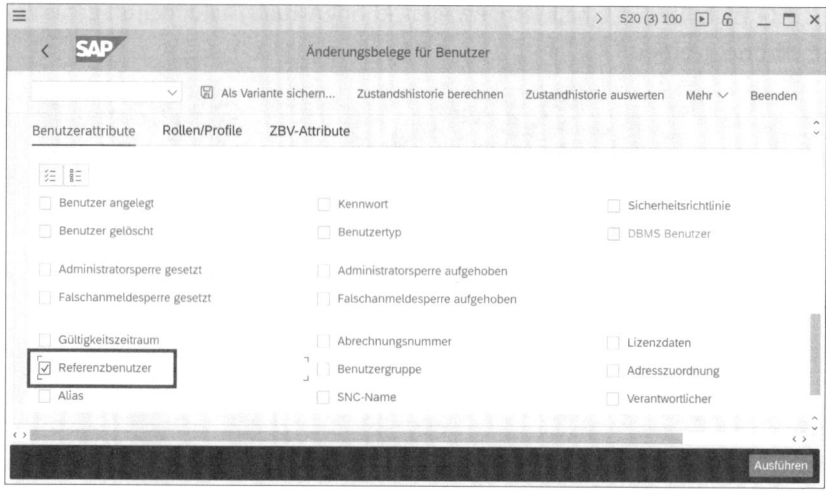

Abbildung 7.11 Historie Referenzbenutzerzuordnungen auswerten

7.4.4 Patterns in SAP Enterprise Threat Detection

Das Zuordnen von Referenzbenutzern wird in SAP Enterprise Threat Detection mit dem Pattern »Reference user assignment« überwacht.

7.4.5 Zugriffsrechte

Eine spezielle Berechtigung für das Zuordnen von Referenzbenutzern existiert nicht. Es finden die folgenden Berechtigungsprüfungen statt (siehe SAP-Hinweis 513694):

- Prüfung der Berechtigung zum Anlegen/Ändern des Benutzerstammsatzes, dem ein Referenzbenutzer zugeordnet werden soll
- Prüfung der Berechtigung zur Zuordnung der Rollen und Profile des Referenzbenutzers

Verfügt der ausführende Benutzer z. B. nicht über die Berechtigung zur Zuordnung des Profils SAP_ALL, kann er auch keinen Referenzbenutzer mit diesem Profil zuordnen.

Berechtigungsobjekt	Feld	Wert
S_TCODE	TCD (Transaktion)	- SU01 - SU01_NAV - SU10 - SUID01 - SUID10

Tabelle 7.22 Berechtigung zum Anlegen und Ändern von Benutzern sowie zum Zuordnen von Rollen und Profilen

Berechtigungsobjekt	Feld	Wert
S_USER_GRP	ACTVT (Aktivität)	■ 01 (Anlegen) ■ 02 (Ändern) ■ 22 (Zuordnen)
	CLASS (Benutzergruppe)	<Benutzergruppe des Benutzers>
S_USER_AGR	ACTVT (Aktivität)	22 (Zuordnen)
	ACT_GROUP (Name der Rolle)	<Rollen des Referenzbenutzers>
S_USER_PRO	ACTVT (Aktivität)	22 (Zuordnen)
	PROFIL (Berechtigungsprofil)	<Profile des Referenzbenutzers>

Tabelle 7.22 Berechtigung zum Anlegen und Ändern von Benutzern sowie zum Zuordnen von Rollen und Profilen (Forts.)

Ist das Berechtigungsobjekt S_USER_SAS aktiv (siehe Abschnitt 10.4.3, »Customizing-Schalter in Tabelle PRGN_CUST«), werden anstelle der Berechtigungen in Tabelle 7.22 die Berechtigungen aus Tabelle 7.23 geprüft.

Berechtigungsobjekt	Feld	Wert
S_TCODE	TCD (Transaktion)	■ SU01 ■ SU01_NAV ■ SU10 ■ SUID01 ■ SUID10
S_USER_GRP	ACTVT (Aktivität)	■ 01 (Anlegen) ■ 02 (Ändern)
	CLASS (Benutzergruppe)	<Benutzergruppe des Benutzers>

Tabelle 7.23 Berechtigung zum Anlegen und Ändern von Rollen und Profilen und zum Zuordnen von Benutzern mit dem Berechtigungsobjekt S_USER_SAS

Berechtigungsobjekt	Feld	Wert
S_USER_SAS	ACTVT (Aktivität)	22 (Zuordnen)
	CLASS (Benutzergruppe)	<Benutzergruppe des Benutzers>
	ACT_GROUP (Name der Rolle)	<Rollen des Referenzbenutzers>
	PROFIL (Berechtigungsprofil)	<Profile des Referenzbenutzers>
	SUBSYSTEM (Empfängersystem ZBV)	<Empfängersystem, falls ZBV eingesetzt wird, sonst leer>

Tabelle 7.23 Berechtigung zum Anlegen und Ändern von Rollen und Profilen und zum Zuordnen von Benutzern mit dem Berechtigungsobjekt S_USER_SAS (Forts.)

7.4.6 Checkliste

In Tabelle 7.24 finden Sie die Checkliste mit den prüfungsrelevanten Fragestellungen zur Verwendung von Referenzbenutzern.

Risiko	Fragestellung
	Vorgabe oder Erläuterung
3	Existieren Referenzbenutzer?
	Referenzbenutzer dürfen nur existieren, wenn dies im Berechtigungskonzept vorgesehen ist.
	Hier besteht das Risiko, dass durch die Nutzung von Referenzbenutzern die Nachvollziehbarkeit des Berechtigungskonzepts nicht gegeben ist.
2	Welche Zugriffsrechte besitzen die Referenzbenutzer?
	Referenzbenutzer sollen nur für die Zuweisung von unkritischen Zugriffsrechten genutzt werden.
	Hier besteht das Risiko, dass den Referenzbenutzern zu umfangreiche Rechte zugeordnet wurden, die dann auf die zugeordneten Benutzer übertragen werden.

Tabelle 7.24 Checkliste zu Referenzbenutzern

Risiko	Fragestellung
	Vorgabe oder Erläuterung
1	Welchen Benutzern sind die Referenzbenutzer zugeordnet, und ist dies dokumentiert?
	Es muss eine Dokumentation existieren, welchen Benutzern welche Referenzbenutzer zuzuordnen sind.
	Hier besteht das Risiko, dass die Referenzbenutzer zu vielen Benutzern zugeordnet sind und dies nicht nachvollziehbar ist.
1	Können auch Nicht-Referenzbenutzer als Referenz zugeordnet werden?
	Diese Möglichkeit der Zuordnung sollte unterbunden werden.
	Hier besteht das Risiko, dass Benutzer mit sehr umfangreichen Rechten (z. B. dem Profil SAP_ALL) als Referenzbenutzer zugeordnet werden.
1	Wurden Nicht-Referenzbenutzer als Referenz zugeordnet?
	Es sollen nur Referenzbenutzer als Referenz zugeordnet werden.
	Hier besteht das Risiko, dass durch diese Zuordnungen zu viele Rechte zugeordnet wurden.
1	Wurden unberechtigt Referenzbenutzer zugeordnet?
	Unberechtigte Zuordnungen dürfen nicht vorgenommen werden.
	Hier besteht das Risiko, dass mit den zusätzlichen Zugriffsrechten unberechtigte Aktionen durchgeführt werden.

Tabelle 7.24 Checkliste zu Referenzbenutzern (Forts.)

Wie Sie die einzelnen Punkte praktisch am SAP-System prüfen können, erfahren Sie in Abschnitt 7.4 des Dokuments **Tiede_Checklisten_Sicherheit_und_Pruefung.pdf**.

7.5 Benutzergruppen

Benutzergruppen haben zwei Einsatzgebiete:

- **Vergabe von Berechtigungen für Benutzerstammsätze**
  Die Gruppe, die für die Zugriffsrechte auf Benutzerstammsätze verwendet wird, wird in Tabelle USR02 im Feld CLASS (**Benutzergruppe**) gespeichert. Bei der Benutzeranzeige über Transaktion SU01 bzw. SU01D findet sich diese Gruppe auf der Registerkarte **Logondaten** (siehe Abbildung 7.12). Mit dem Berechtigungsobjekt S_USER_GRP wird gesteuert, wer mit welchen Aktivitäten auf den Benutzer zugrei-

fen darf. Jedem Benutzer kann genau eine solche Benutzergruppe zur Berechtigungsvergabe zugeordnet werden.

- **Gruppierung von Benutzern**
  Diese Gruppen befinden sich auf der Registerkarte **Gruppen**. Sie dienen einer zusätzlichen Gruppierung von Benutzern. Die Zuordnung von Benutzern zu diesen allgemeinen Benutzergruppen wird in Tabelle USGRP_USER gespeichert. Diese Gruppen können auch für die Gruppierung von Benutzern bei der Massenpflege genutzt werden. Diese Gruppenzuordnungen können nicht für die Berechtigungsvergabe genutzt werden.

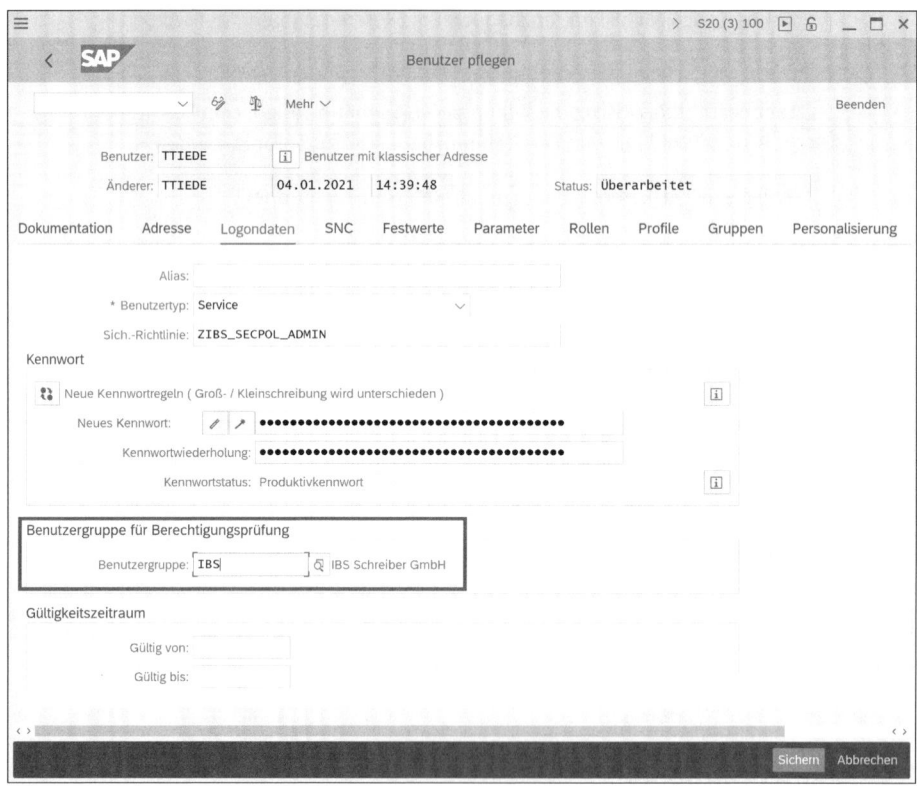

Abbildung 7.12 Benutzergruppe zur Berechtigungspflege

Die Vergabe von Berechtigungen auf Benutzerstammdaten wird über das Berechtigungsobjekt S_USER_GRP (Benutzerstammsatz: Benutzergruppen) gesteuert. Mit Berechtigungen für dieses Objekt wird festgelegt, welche Aktionen in den Benutzerstammdaten möglich sind. Im Folgenden finden Sie einige Beispiele für solche Berechtigungen:

7.5 Benutzergruppen

- **Beispiel 1: Fachkoordinator Finanzen**
  Ein Fachkoordinator soll die Benutzer der Finanzbuchhaltung verwalten. Diese Benutzer sind der Gruppe FINANZ zugeordnet. Diese Berechtigung kann wie in Tabelle 7.25 ausgeprägt werden.

Berechtigungsobjekt	Feld	Wert
S_USER_GRP	ACTVT (Aktivität)	* (alle Aktivitäten)
	CLASS (Benutzergruppe)	FINANZ

Tabelle 7.25 Berechtigung zum Pflegen der Benutzer der Gruppe FINANZ

- **Beispiel 2: Revisionsberechtigungen**
  Die Revisoren sollen die Berechtigung erhalten, die Eigenschaften und Änderungsbelege aller Benutzer zu lesen. Dies ist mit der Berechtigung aus Tabelle 7.26 möglich.

Berechtigungsobjekt	Feld	Wert
S_USER_GRP	ACTVT (Aktivität)	- 03 (Anzeigen) - 08 (Änderungsbelege anzeigen)
	CLASS (Benutzergruppe)	* (alle Gruppen)

Tabelle 7.26 Berechtigung zum Anzeigen aller Benutzer

- **Beispiel 3: Benutzeradministration**
  Die Administratoren sollen alle Benutzer vollständig verwalten, außer sich selbst. Sie sind selbst Mitglied der Gruppe SUPER (siehe Tabelle 7.27).

Berechtigungsobjekt	Feld	Wert
S_USER_GRP	ACTVT (Aktivität)	* (alle Aktivitäten)
S_USER_GRP	CLASS (Benutzergruppe)	- A – SUPEQ*, - SUPES – Z*

Tabelle 7.27 Berechtigung zum Pflegen aller Benutzer, außer denen der Gruppe SUPER

Besonders relevant ist die Gruppenzuordnung für die Administratoren. Diese sollten sich nicht selbst verwalten dürfen, wie in Beispiel 3 dargestellt. Um dies im System abbilden zu können, müssen alle Administratoren derselben Gruppe angehören. Sie erhalten dann die Berechtigung, alle Gruppen zu verwalten, außer ihre eigene. Diese darf dann nur von einem Superuser (nach dem Vier-Augen-Prinzip) verwaltet werden.

Ein Sicherheitsproblem stellen die Benutzer dar, die keiner Gruppe in Tabelle USR02 zugeordnet sind. Diese Benutzer dürfen von allen Benutzern verwaltet werden, die eine Änderungsberechtigung für irgendeine Gruppe besitzen. Ein Benutzer, der z. B. die Mitglieder der Gruppe FINANZ verwalten darf, hat außerdem das Recht, alle Benutzer zu verwalten, die keiner Gruppe angehören. Daher ist die Fragestellung, welche Benutzer keiner Gruppe angehören, für eine Prüfung sehr relevant.

Wird die Benutzergruppe explizit zur Berechtigungsvergabe genutzt, sollte das Feld im Benutzerstammsatz als Mussfeld deklariert werden. Hierzu tragen Sie in Tabelle USR_CUST den Schalter USER_GRP_REQUIRED ein. Zu diesem Schalter tragen Sie eine Standardbenutzergruppe ein (siehe Abbildung 7.13). Danach muss das Feld **Benutzergruppe** einen Wert enthalten; ansonsten kann der Benutzerstammsatz nicht gespeichert werden. Weitere Informationen finden Sie in SAP-Hinweis 1663177.

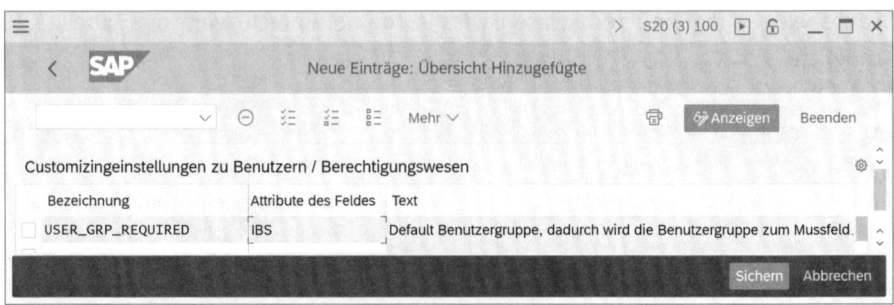

Abbildung 7.13 Schalter USER_GRP_REQUIRED

Wird die Benutzergruppe eines Benutzers geändert, werden für das Berechtigungsobjekt S_USER_GRP die Standardaktivtäten 01 (Anlegen) bzw. 02 (Ändern) geprüft. Soll explizit eine Berechtigung für die Änderung der Benutzergruppe vergeben werden, kann dafür auch die Aktivität 50 (Verschieben) genutzt werden. Hierzu setzen Sie den Schalter CHECK_MOVE_4_CNG_GRP in Tabelle USR_CUST auf den Wert »YES« (Standardwert: »NO«).

Die Benutzergruppen werden über Transaktion SUGR verwaltet. Gespeichert werden die Gruppen in Tabelle USGRP, die Beschreibungen dazu in Tabelle USGRPT.

7.5.1 Patterns in SAP Enterprise Threat Detection

In SAP Enterprise Threat Detection werden standardmäßig die folgenden Patterns ausgeliefert, mit denen Aktionen zu Benutzergruppen überwacht werden können:

- Assign user to ADMIN user group
- Assign user to admin group (not ABAP group)

7.5.2 Zugriffsrechte

Die folgenden Tabellen zeigen Ihnen die Berechtigungen zu Benutzergruppen. Tabelle 7.28 zeigt die Berechtigung zum Pflegen von Benutzergruppen.

Berechtigungsobjekt	Feld	Wert
S_TCODE	TCD (Transaktion)	SUGR
S_USER_GRP	ACTVT (Aktivität)	■ 01 (Anlegen) ■ 02 (Ändern) ■ 06 (Löschen)
	CLASS (Benutzergruppe)	<Benutzergruppe>

Tabelle 7.28 Berechtigung zum Pflegen von Benutzergruppen

Tabelle 7.29 zeigt die Berechtigungen, um die Zuordnung eines Benutzers zu einer Benutzergruppe zu ändern.

Berechtigungsobjekt	Feld	Wert
S_TCODE	TCD (Transaktion)	SUGR
S_USER_GRP	ACTVT (Aktivität)	78 (Zuordnen)
	CLASS (Benutzergruppe)	<Benutzergruppe>
oder		
S_TCODE	TCD (Transaktion)	■ SU01 ■ SU01_NAV ■ SU10 ■ SUID01 ■ SUID10
S_USER_GRP	ACTVT (Aktivität)	■ 01 (Anlegen) ■ 02 (Ändern)
	CLASS (Benutzergruppe)	<Benutzergruppe>

Tabelle 7.29 Berechtigung zum Ändern einer Benutzergruppe eines Benutzers

Berechtigungsobjekt	Feld	Wert
oder (wenn in der Tabelle USR_CUST der Schalter CHECK_MOVE_4_CNG_GRP = YES)		
S_TCODE	TCD (Transaktion)	- SU01 - SU01_NAV - SU10 - SUID01 - SUID10
S_USER_GRP	ACTVT (Aktivität)	50 (Verschieben)
	CLASS (Benutzergruppe)	<Benutzergruppe>

Tabelle 7.29 Berechtigung zum Ändern einer Benutzergruppe eines Benutzers (Forts.)

7.5.3 Checkliste

In Tabelle 7.30 finden Sie die Checkliste mit den prüfungsrelevanten Fragestellungen zur Verwendung von Benutzergruppen.

Risiko	Fragestellung
	Vorgabe oder Erläuterung
2	Existieren Benutzer, die keiner Gruppe zugeordnet sind?
	Es dürfen keine Benutzer ohne Gruppenzuordnung existieren (abhängig vom Benutzergruppenkonzept). Hier besteht das Risiko, dass Benutzer von eigentlich unberechtigten Benutzeradministratoren verwaltet werden können.
2	Wurden alle Administratorbenutzer einer eigenen Gruppe zugeordnet?
	Alle Administratorbenutzer müssen einer eigenen Gruppe zugeordnet sein. Hier besteht das Risiko, dass die Administratorbenutzer von eigentlich unberechtigten Benutzeradministratoren gepflegt werden können.

Tabelle 7.30 Checkliste zu Benutzergruppen

Wie Sie die einzelnen Punkte praktisch am SAP-System prüfen können, erfahren Sie in Abschnitt 7.5 des Dokuments **Tiede_Checklisten_Sicherheit_und_Pruefung.pdf**.

7.6 Sammelbenutzer

Ein Problem in SAP-Systemen (und in allen anderen Datenverarbeitungssystemen) stellen sogenannte *Sammelbenutzer* dar. Dies sind Benutzerkonten, die keinem Anwender direkt zugeordnet sind, sondern von mehreren Anwendern genutzt werden. Hierzu gehören z. B. auch die SAP-Standardbenutzer SAP* und DDIC. Werden mit diesen Benutzerkonten Aktionen ausgeführt, können sie keinem Anwender direkt zugeordnet werden. Aus diesem Grund dürfen keine Sammelbenutzer eingesetzt werden. Für jeden Anwender muss stattdessen ein eigenes Benutzerkonto angelegt werden. Dies gilt besonders für Benutzer mit umfangreichen Rechten, z. B. Administratoren. Jeder Administrator muss sein eigenes Benutzerkonto besitzen; ansonsten ist die Nachvollziehbarkeit für die Aktionen der Administratoren nicht mehr gegeben.

In Abbildung 7.14 sind einige Beispiele für Sammelbenutzer abgebildet. Keines dieser Konten ist direkt einem Benutzer zuzuordnen. Jede Nutzung stellt daher eine Gefahr dar, da nicht nachvollziehbar ist, wer das Konto genutzt hat.

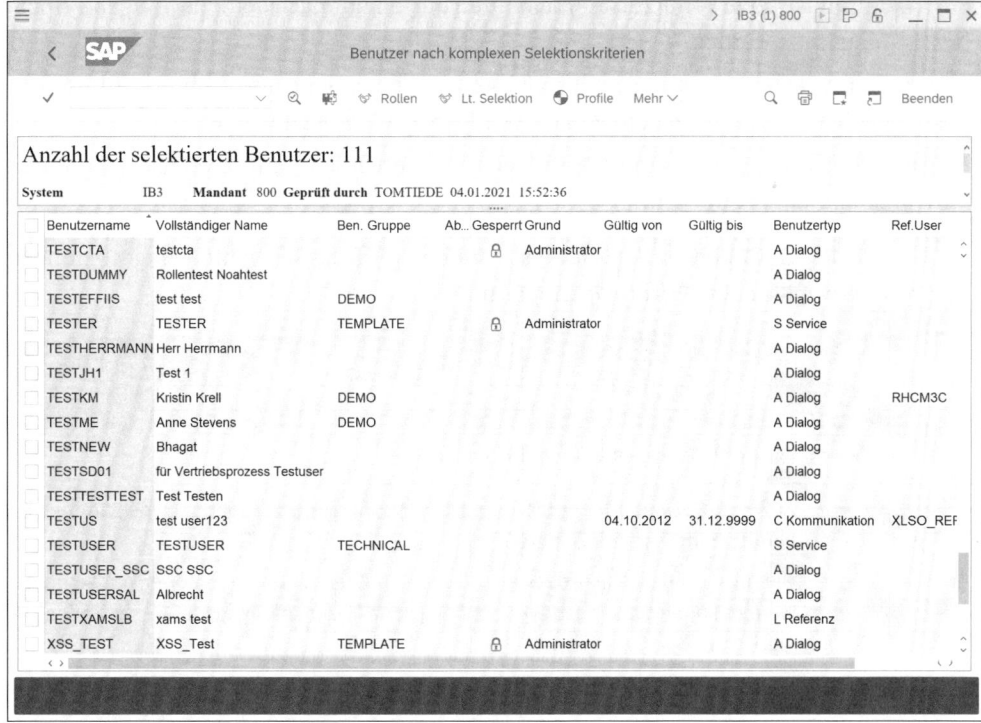

Abbildung 7.14 Beispiele für Benutzersammelkonten

Der Benutzertyp **Service** stellt einen Sammelbenutzer dar, da er sein Kennwort nicht ändern kann (siehe Abschnitt 7.3.1, »Benutzertypen«). Mit ihm können sich mehrere

Personen (auch gleichzeitig) am SAP-System anmelden. Benutzer vom Typ **Service** sind besonders auf ihre Nutzung und ihre Zugriffsrechte hin zu prüfen. Sie sollen nur lesende Rechte für unkritische Daten besitzen (z. B. Auswertung der Hauptspeicherauslastung für Datenbankadministratoren). Ändernde Rechte oder lesende Rechte für sensible Daten dürfen ihnen nicht zugeordnet werden.

Ein besonderer Sammelbenutzer ist der *Notfallbenutzer*, der in jedem System existieren sollte (siehe Abschnitt 3.3, »Das Notfallbenutzerkonzept«). Auch die Aktionen dieses Benutzers können nicht auf einen bestimmten Anwender zurückgeführt werden.

Grundsätzlich sollten Sie bei Sammelbenutzern die folgenden Regeln beachten:

- Es sollte eine Vorgabe existieren, dass generell keine Benutzersammelkonten eingerichtet werden dürfen. Eine Ausnahme stellen die Standardbenutzer und der/die Notfallbenutzer dar.
- Administrative Benutzersammelkonten wie Notfallbenutzer müssen über das Security-Audit-Log protokolliert werden (siehe Abschnitt 4.1, »Security-Audit-Log«).
- Administrative Benutzersammelkonten dürfen nur nach dem Vier-Augen-Prinzip eingesetzt werden.
- Sammelbenutzer mit dem Profil SAP_ALL oder ähnlichen Rechten dürfen ausschließlich nur nach dem Vier-Augen-Prinzip eingesetzt werden.
- Jede Nutzung der Sammelbenutzer muss inhaltlich vom jeweiligen Anwender dokumentiert werden.

In Tabelle 7.31 finden Sie die Checkliste mit den prüfungsrelevanten Fragestellungen zur Verwendung von Sammelbenutzern.

Risiko	Fragestellung
	Vorgabe oder Erläuterung
1	Existieren Sammelbenutzer im System?
	Außer den Standardbenutzern und dem Notfallbenutzer sollten keine Sammelbenutzer im System existieren. Hier besteht das Risiko, dass mit diesen Benutzern anonym Aktionen ausgeführt werden können und dass eventuell gegen das Lizenzmodell von SAP verstoßen wird.
1	Werden administrative Sammelbenutzer über das Security-Audit-Log protokolliert?

Tabelle 7.31 Checkliste zu Sammelbenutzern

Risiko	Fragestellung
	Vorgabe oder Erläuterung
1	Administrative Sammelbenutzer müssen vollständig über das Security-Audit-Log protokolliert werden.
	Hier besteht das Risiko, dass Aktionen mit diesen anonymen Benutzern nicht nachvollzogen werden können.
2	Wird die Nutzung der Sammelbenutzer inhaltlich dokumentiert?
	Jede Nutzung der Sammelbenutzer muss inhaltlich dokumentiert werden.
	Hier besteht das Risiko, dass mit Sammelbenutzern beliebige Aktionen durchgeführt werden können, ohne dass sie inhaltlich nachvollziehbar sind.
1	Werden administrative Sammelbenutzer nur nach dem Vier-Augen-Prinzip eingesetzt?
	Administrative Sammelbenutzer sollten nur nach dem Vier-Augen-Prinzip eingesetzt werden.
	Hier besteht das Risiko, dass anonyme Benutzer mit hohen Rechten ohne Vier-Augen-Prinzip genutzt werden können.
2	Existieren Benutzerkonten vom Typ **Service**?
	Servicebenutzer dürfen nur existieren, wenn dies im Berechtigungskonzept vorgesehen ist.
	Hier besteht das Risiko, dass durch diese Benutzer anonyme Aktionen im System erfolgen.
1	Welche Zugriffsrechte besitzen die Servicebenutzer?
	Sie dürfen nur unkritische lesende Rechte besitzen.
	Hier besteht das Risiko, dass diese Benutzer zu umfangreiche Rechte besitzen und damit eventuell gegen geltende Gesetze (z. B. § 238 HGB) verstoßen könnten.
2	Wer nutzt diese Servicebenutzer?
	Es muss nachvollziehbar sein, wer diese Servicebenutzer nutzt.
	Hier besteht das Risiko, dass diese Benutzer unberechtigt von zu vielen Personen genutzt werden.

Tabelle 7.31 Checkliste zu Sammelbenutzern (Forts.)

Wie Sie die einzelnen Punkte praktisch am SAP-System prüfen können, erfahren Sie in Abschnitt 7.6 des Dokuments **Tiede_Checklisten_Sicherheit_und_Pruefung.pdf**.

7.7 Benutzervermessungsdaten

Zur Abrechnung der Lizenzen wird das SAP-System in regelmäßigen Abständen vermessen. Dies bedeutet, dass die Anzahl der eingerichteten Benutzer und die Benutzertypen geprüft und gezählt werden. Für jeden Benutzer kann angegeben werden, um welchen Benutzertyp es sich handelt (**Normaler Benutzer**, **Entwickler** usw.). Anhand dieser Daten werden die Lizenzkosten ermittelt.

7.7.1 Konfiguration der Vermessung

Konfiguriert wird die *Systemvermessung* mit Transaktion USMM (siehe Abbildung 7.15). Hier muss u. a. Folgendes angegeben werden:

- Welche Mandanten werden in die Vermessung einbezogen? Zum Beispiel ist der Systemmandant 000 nicht vermessungspflichtig.
- Welche Preisliste wird genutzt (SAP stellt verschiedene Lizenzmodelle zur Verfügung)?
- Welche Nutzertypen werden genutzt? In den Preislisten sind verschiedene Nutzertypen zur Lizenzierung hinterlegt, die dann den Benutzern zugeordnet werden.
- Was ist der Standardnutzertyp für die Lizenzierung? Dieser wird für Benutzer genutzt, denen kein Nutzertyp zugeordnet ist.
- Welche Adressdaten werden für die Vermessung genutzt (Absender- und Empfängerdaten)?

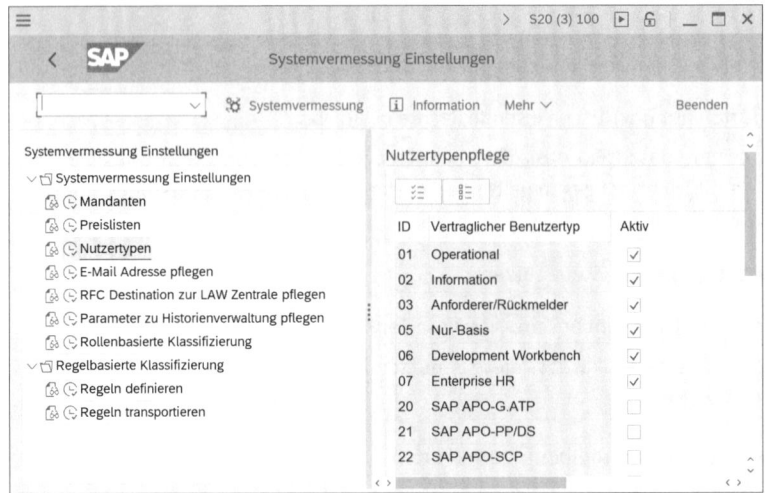

Abbildung 7.15 Konfiguration der Systemvermessung

Transaktion USMM kann auch mit reinen Leserechten im Rahmen einer Prüfung aufgerufen werden.

7.7 Benutzervermessungsdaten

Die Systemvermessung erfolgt pro SAP-System. Die Vermessung selbst wird über die *License Audit Toolbox* durchgeführt. Diese wird mit dem Web Dynpro LAW3_WD_SLAT_MAIN (License Audit Toolbox) aufgerufen, siehe Abbildung 7.16. Das Web Dynpro kann mit Transaktion SLAT oder USMM2 aufgerufen werden. Die Nutzertypen der Lizenzierung werden den Benutzern mithilfe von Transaktion SU01 (Benutzerverwaltung) zugeordnet. Der Nutzertyp kann aber auch über die License Audit Toolbox ermittelt und automatisch für die Vermessung zugeordnet werden.

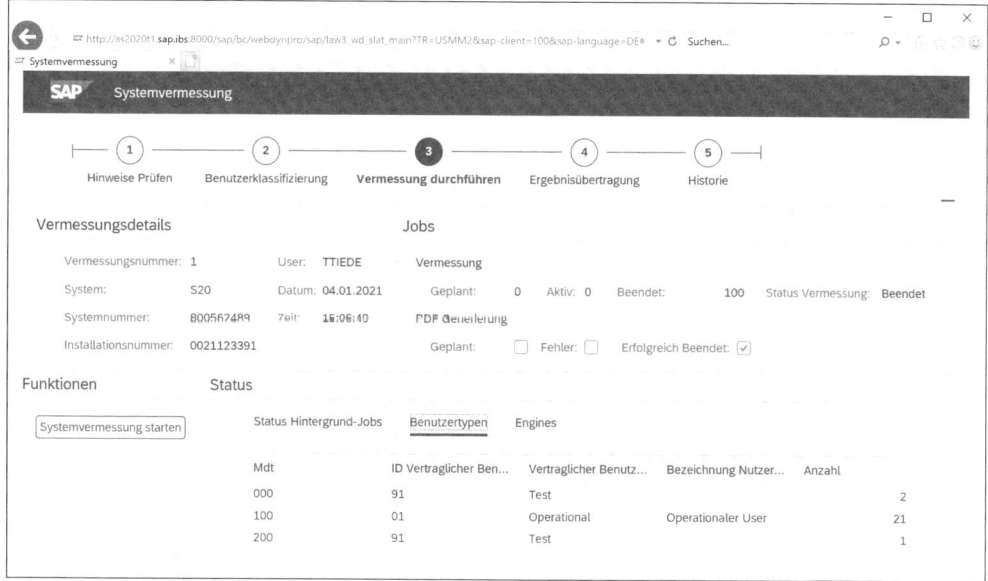

Abbildung 7.16 License Audit Toolbox

Zur Prüfung der Vermessung können Sie alternativ auch die in Tabelle 7.32 aufgeführten Tabellen nutzen.

Tabelle	Beschreibung
TUPL	Preislisten im SAP-System. Im Feld ACTIVE wird angegeben, ob die Preisliste aktiv ist (Wert »X«).
TUPLT	Texte zu den Preislisten
TUTYPA	Nutzertypen mit Attributen. Im Feld ACTIVE wird angegeben, ob der Nutzertyp aktiv ist (Wert »X«). Das Feld CHARGE_INFO (**Bepreisung**) zeigt an, ob der Nutzertyp kostenpflichtig ist: • F: kostenfrei • C: kostenpflichtig

Tabelle 7.32 Tabellen zum Prüfen der Systemvermessung

7 Benutzerauswertungen

Tabelle	Beschreibung
TUTYP	Texte zu den Nutzertypen
TUTYPPL	Zuordnung von Nutzertypen zu Preislisten
TUTYPNOW	Nutzertypen der aktiven Preislisten
USR06	Lizenzdaten pro Benutzer. Das Feld LIC_TYPE zeigt den zugeordneten Nutzertyp des Benutzers an.
TUCON	Konfiguration der Systemvermessung. Die Felder SYM_GRP (**Gruppe für Messdaten**) und SYM_KEY (**Schlüssel für Messdaten**) zeigen die Konfiguration an: ■ **Meas. res./Date**: letzte Systemvermessung ■ **Clients/Excluded**: ausgeschlossene Mandanten ■ **Meas. res./Excl. User**: ausgeschlossene Benutzer ■ **Meas. res./User Meas**: ausführender Benutzer ■ **Usertypes/Def UType**: Standardnutzertyp ■ **System/Status**: Status des Systems Es können die folgenden Status gepflegt werden: ■ **PROD**: produktiv ■ **DEV**: Entwicklung ■ **TEST**: Test ■ **TRAI**: Training
TUL_TRANS	Ergebnisse der Systemvermessung bzw. Historie der Systemvermessungen. Enthält pro Vermessung dieselben Felder wie Tabelle TUCON.

Tabelle 7.32 Tabellen zum Prüfen der Systemvermessung (Forts.)

Die Angabe eines Nutzertyps im Benutzerstammsatz ist nicht verpflichtend. Bei der Systemvermessung wird die Klassifikation von manuell klassifizierten Nutzern herangezogen. Mit den Benutzern, zu denen kein Nutzertyp angegeben ist, geht SAP bei der Vermessung folgendermaßen um:

- Bei Benutzern, die ihre Berechtigungen über einen Referenzbenutzer beziehen und denen selbst keine Rollen und keine Profile zugeordnet sind, wird die Klassifikation des Referenzbenutzers übernommen. Ist der Referenzbenutzer keinem Nutzertyp zugeordnet, wird mit den Benutzern wie im nächsten Punkt verfahren.

- Bei allen anderen Benutzern ohne Nutzertyp unterscheidet SAP, ob sie in produktiven oder nicht-produktiven Mandanten existieren (gemäß Status des Mandanten in Tabelle T000; siehe Abschnitt 2.4.2, »Eigenschaften von Mandanten«). Benutzer in nicht-produktiven Mandanten werden als Nutzertyp TEST vermessen. Für Benutzer in produktiven Mandanten wird der Standardnutzertyp genutzt, der in

Transaktion USMM hinterlegt wurde (Registerkarte **Preislisten**). Der Standardnutzertyp ist auch in Tabelle TUCON hinterlegt:

- Feld SYM_GRP (**Gruppe für Messdaten**): Usertypes
- Feld SYM_KEY (**Schlüssel für Messdaten**): Def UType
- Feld SYM_VAL (**Wert für Messdaten**): Standardnutzertyp

7.7.2 Prüfen der Systemvermessung

Der Report RSUVM002 zeigt eine mandantenübergreifende Statistik der Vermessungsdaten der Benutzer an (siehe Abbildung 7.17).

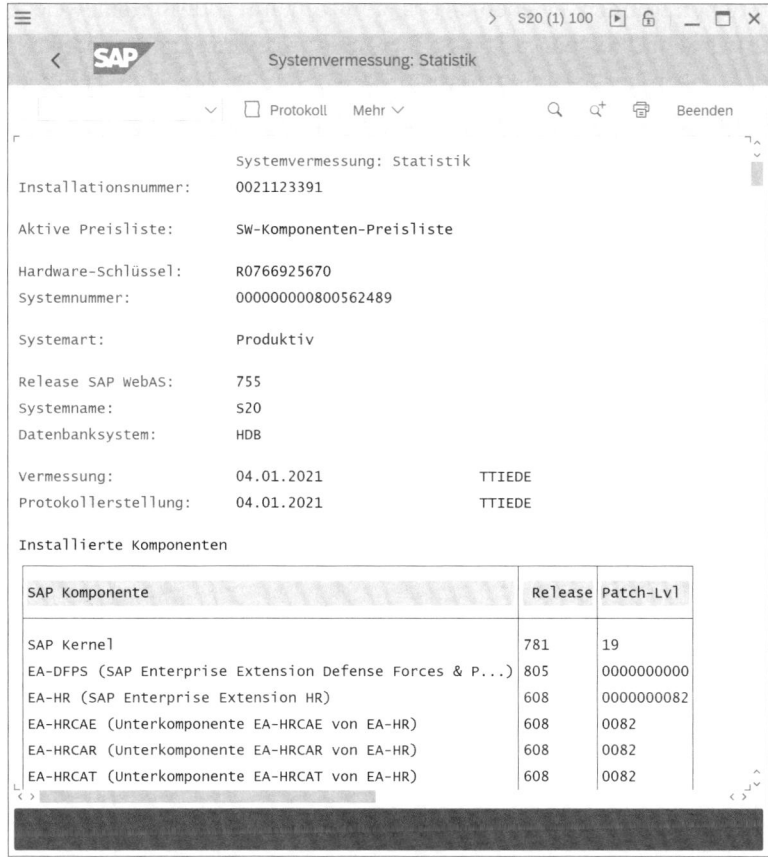

Abbildung 7.17 Report RSUVM002 – Benutzerstatistik

Nutzertypen, die hier nicht angezeigt werden, wurden nicht vergeben. Die Voraussetzung für die Nutzung dieses Reports ist, dass das System schon einmal vermessen wurde. Der Report zeigt nicht die aktuellen Daten an, sondern die Daten der letzten Vermessung, u. a.:

- Datum der Vermessung und durchführender Benutzer
- installierte SAP-Komponenten
- vermessene Mandanten
- Anzahl der Benutzertypen pro Mandant
- Anzahl der Benutzer mit abgelaufener Gültigkeit
- Anzahl der Mehrfachanmeldungen
- von der Vermessung ausgeschlossene Benutzer

Der Report RSUVM005 zeigt die aktuellen Vermessungsdaten als Benutzerliste an (siehe Abbildung 7.18). Hier werden die Benutzer einzeln mit ihren Vermessungsdaten aufgelistet. Diesen Report können Sie ebenfalls dazu nutzen, um zu ermitteln, welche Benutzer mit Entwicklerschlüsseln existieren (besonders relevant für das Produktivsystem). Hierzu steht in der Selektionsmaske des Reports der Bereich **SSCR – SAP Software Change Registration** zur Verfügung. Markieren Sie die Option **Nur Nutzer mit SSCR-Key**, um die Benutzer mit Entwicklerschlüssel anzuzeigen.

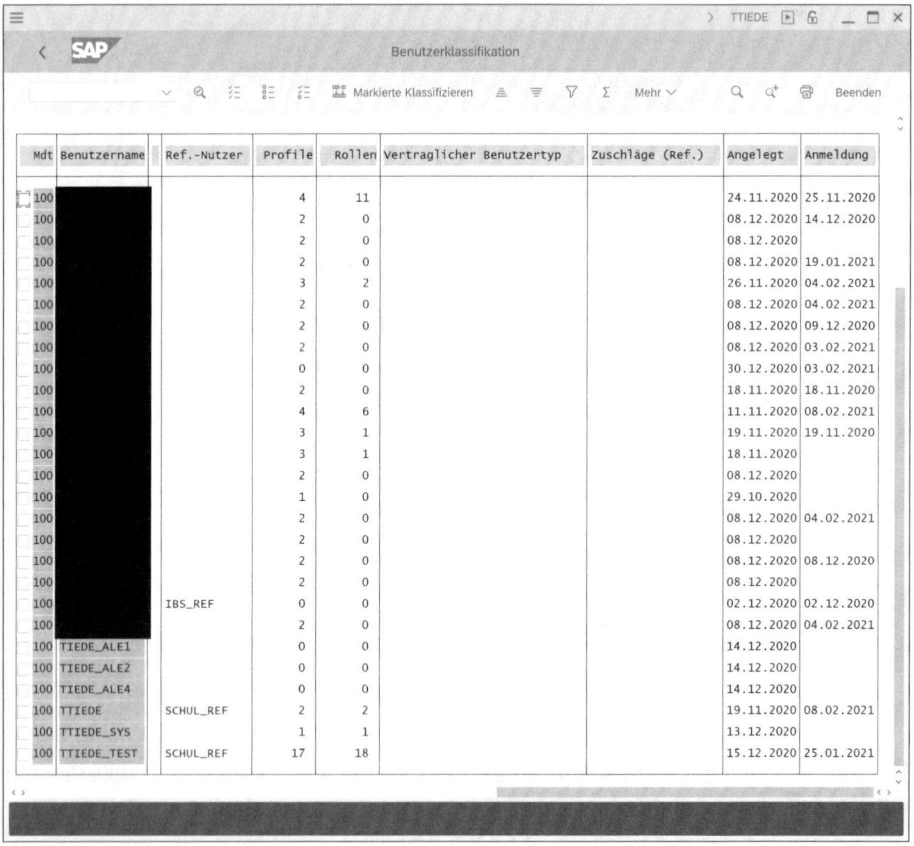

Abbildung 7.18 Report RSUVM005 – Vermessungsdaten pro Benutzerliste

7.7.3 Zugriffsrechte

Die folgenden Tabellen zeigen Ihnen die Berechtigungen zur Vermessung. Tabelle 7.33 zeigt die Berechtigung, um den Nutzertyp eines Benutzers ändern zu dürfen.

Berechtigungsobjekt	Feld	Wert
S_TCODE	TCD (Transaktion)	- SU01 - SU01_NAV - SU10 - SUID01 - SUID10
S_USER_GRP	ACTVT (Aktivität)	02 (Ändern)
	CLASS (Benutzergruppe)	<spezielle Benutzergruppe oder leer lassen>

Tabelle 7.33 Berechtigung zum Ändern des Nutzertyps von Benutzern

Tabelle 7.34 zeigt die Berechtigung zum Ausführen der Benutzervermessung.

Berechtigungsobjekt	Feld	Wert
S_START	AUTHPGMID (Startprüfung: Programm-ID)	R3TR
	AUTHOBJTYP (Startprüfung: Objekttyp)	WDYA
	AUTHOBJNAM (Startprüfung: Objektname)	LAW3_WD_SLAT_MAIN
S_USER_GRP	ACTVT (Aktivität)	03 (Anzeigen)
	CLASS (Benutzergruppe)	*
S_USER_AGR	ACTVT (Aktivität)	03 (Anzeigen)
	CLASS (Benutzergruppe)	*

Tabelle 7.34 Berechtigung zum Ausführen der Benutzervermessung

Berechtigungsobjekt	Feld	Wert
S_BTCH_ADM	BTCADMIN (Kennung Batchadministrator)	Y
S_BTCH_JOB	JOBACTION (Joboperationen)	RELE
	JOBGROUP (Jobgruppe)	<leer>

Tabelle 7.34 Berechtigung zum Ausführen der Benutzervermessung (Forts.)

7.7.4 Checkliste

In Tabelle 7.35 finden Sie die Checkliste mit den prüfungsrelevanten Fragestellungen zur Benutzervermessung.

Risiko	Fragestellung
	Vorgabe oder Erläuterung
3	Welche Nutzertypen sollen laut Vorgabe im System existieren?
	In der Dokumentation bzw. im Lizenzvertrag muss die Sollvorgabe definiert sein. Hier besteht das Risiko, dass das System nach der falschen Preisliste vermessen wird.
2	Wurden diese Vorgaben für die Benutzer des Systems umgesetzt?
	Die Nutzerkonten müssen den richtigen Benutzertypen zugeordnet sein. Hier besteht das Risiko, dass Benutzer falschen Nutzertypen zugeordnet und dadurch eventuell zu hohe Lizenzgebühren gezahlt werden.

Tabelle 7.35 Checkliste zur Benutzervermessung

Wie Sie die einzelnen Punkte praktisch am SAP-System prüfen können, erfahren Sie in Abschnitt 7.7 des Dokuments **Tiede_Checklisten_Sicherheit_und_Pruefung.pdf**.

7.8 Initialkennwörter und Benutzersperren

Legen Sie als Benutzeradministrator einen neuen Benutzer im SAP-System an, müssen Sie ein *Initialkennwort* für den Benutzer eingeben, das der Benutzer bei seiner ersten Anmeldung ändern muss. Sie können die aktuellen Kennwörter von Benutzern auch zurücksetzen, z. B. wenn ein Benutzer sein Kennwort vergessen hat. Der Benutzer muss dann bei der nächsten Anmeldung ein eigenes Kennwort eingeben.

7.8.1 Initialkennwörter

Initialkennwörter stellen in jedem System eine Gefahr dar. Oft wird ein einfaches Kennwort als Initialkennwort genutzt (»QWERTZ«, »START123«, »PASSWORT« usw.). Dieses Kennwort ist dann jedem Benutzer bekannt, der sich schon einmal neu anmelden musste. Auch wenn ausgefeilte Systematiken zur Vergabe von Initialkennwörtern verwendet werden, stellen Benutzer, die noch ihr Initialkennwort besitzen, eine große Sicherheitslücke dar. Daher müssen Sie als Prüfer auch diesen Punkt in eine Prüfung der Systemsicherheit einbeziehen.

SAP stellt einen Wizard zur Generierung von Initialkennwörtern zur Verfügung. Müssen Sie als Administrator ein Initialkennwort für einen Benutzer vergeben, können Sie es generieren lassen. Die generierten Kennwörter setzen sich standardmäßig aus Buchstaben, Zahlen und Sonderzeichen zusammen (siehe Abbildung 7.19). Dies ist eine komfortable Möglichkeit, für einen Benutzer wechselnde Kennwörter zu verwenden. Es muss allerdings ein organisatorisches Verfahren festgelegt werden, wie dem betreffenden Benutzer das generierte Kennwort übermittelt wird.

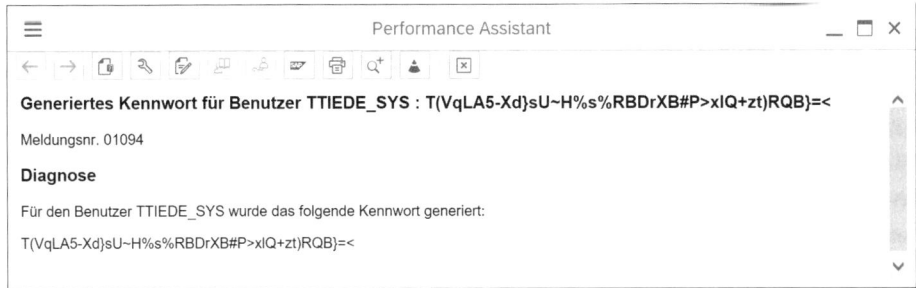

Abbildung 7.19 Beispiel für ein generiertes Kennwort

Kennwörter können bis zu 40 Stellen lang sein. Bei der Kennwortgenerierung wird diese Länge standardmäßig voll ausgenutzt. Da dies unpraktisch für die Anwender ist, können Sie die Länge und die Komplexität der zu generierenden Kennwörter konfigurieren. Dies erfolgt über die Customizing-Tabelle PRGN_CUST. In Tabelle 7.36 sehen Sie, welche Schalter Sie hier setzen müssen.

Customizing-Schalter in Tabelle PRGN_CUST	Beschreibung	Systemparameter
GEN_PSW_MAX_LETTERS	maximale Anzahl an Buchstaben im generierten Kennwort	login/min_password_letters
GEN_PSW_MAX_DIGITS	maximale Anzahl an Zahlen im generierten Kennwort	login/min_password_digits

Tabelle 7.36 Konfiguration generierter Kennwörter

Customizing-Schalter in Tabelle PRGN_CUST	Beschreibung	Systemparameter
GEN_PSW_MAX_SPECIALS	maximale Anzahl an Sonderzeichen im generierten Kennwort	login/min_password_specials
GEN_PSW_MAX_LENGTH	maximale Länge des generierten Kennworts	login/min_password_lng

Tabelle 7.36 Konfiguration generierter Kennwörter (Forts.)

Durch das Setzen des Schalters GEN_PSW_MAX_LENGTH in Tabelle PRGN_CUST wird erreicht, dass das generierte Kennwort immer exakt die angegebene Länge hat. Wichtig ist hierbei, die Schalter in der Tabelle und die korrespondierenden Systemparameter auf die gleichen Werte zu setzen. Bei Abweichungen haben die Systemparameter Vorrang vor den Einstellungen in Tabelle PRGN_CUST. In solchen Fällen würden wieder die Standardeinstellungen verwendet.

Über den Systemparameter login/password_max_idle_initial wird gesteuert, wie lange Initialkennwörter gültig sind. Meldet sich der Benutzer innerhalb der hier definierten Zeitspanne nicht an, verfällt das Kennwort, und eine Anmeldung ist nicht mehr möglich. In solchen Fällen muss dann wieder ein neues Kennwort generiert werden.

Welche Benutzer noch ein Initialkennwort besitzen, wird in Tabelle USR02 (Benutzeranmeldedaten) gespeichert. SAP speichert in Tabelle USR02 u. a. die Uhrzeit der letzten Anmeldung eines Benutzers im Feld LTIME (**Letzte Anmeldeuhrzeit**). Wird ein neuer Benutzer angelegt, steht in diesem Feld der Wert »00:00:00«. Wird für einen existierenden Benutzer ein neues Initialkennwort von einem Benutzeradministrator vergeben, wird dieses Feld vom SAP-System ebenfalls auf den Wert »00:00:00« zurückgesetzt. An diesem Eintrag erkennt das SAP-System, dass es sich beim aktuellen Kennwort um ein Initialkennwort handelt und fordert den Benutzer bei der nächsten Anmeldung zur Kennwortänderung auf.

Zusätzlich existiert das Feld PWDINITIAL (**Initialkennwort**). Die möglichen Werte dieses Felds sind:

- 1: Benutzer besitzt Initialkennwort.
- 2: Benutzer besitzt kein Initialkennwort.

Wann das Kennwort zuletzt geändert bzw. wann das Initialkennwort gesetzt wurde, können Sie im Feld PWDCHGDATE (**Kennwortänderung**) einsehen.

Initialkennwörter werden nach Ablauf des mit dem Parameter `login/password_max_idle_initial` definierten Zeitraums ungültig. Um zu ermitteln, ob ein Initialkennwort noch gültig ist, fragen Sie das Feld `PWDSTATE` (**Status des Kennworts**) ab. Hier sind die folgenden Werte möglich:

- 1: Kennwort ist initial und muss geändert werden.
- 2: Kennwort ist abgelaufen und muss geändert werden.

Um zu prüfen, ob Benutzer mit Initialkennwörtern existieren, nutzen Sie Transaktion SUIM. Rufen Sie den Pfad **Benutzer • nach Anmeldedatum und Kennwortänderung** auf (Transaktion RSUSR200/Report `RSUSR200`). Im Bereich **Selektion nach Status des Kennworts** können Sie nach Benutzern mit Initialkennwort selektieren (siehe Abbildung 7.20).

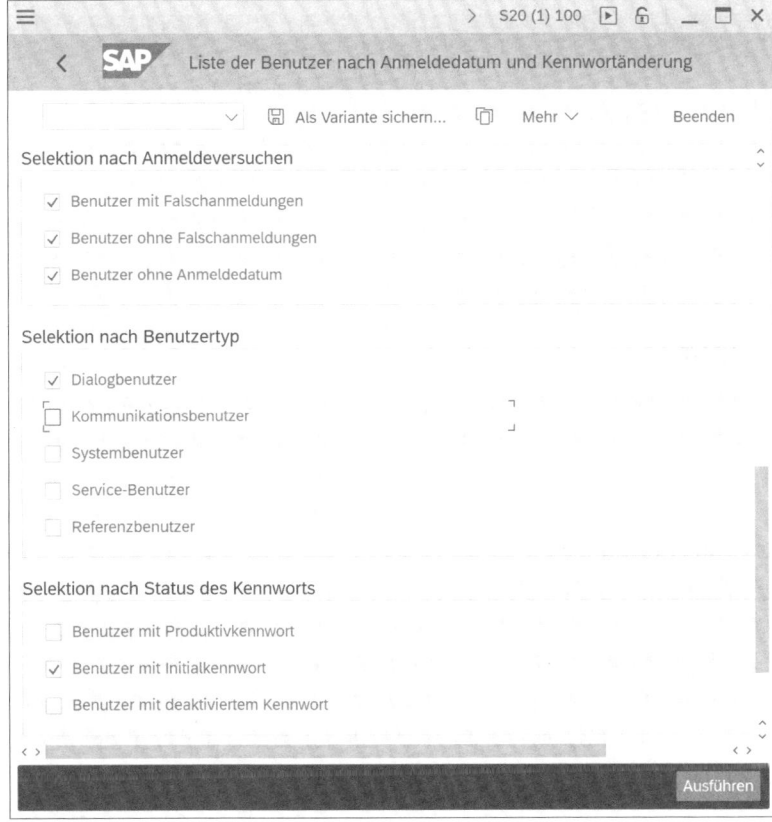

Abbildung 7.20 Benutzer mit Initialkennwort selektieren

7.8.2 Produktivkennwörter

Produktivkennwörter sind die vom Benutzer selbst gesetzten Kennwörter. Diese können ungültig werden, wenn ein Benutzer über einen längeren Zeitraum nicht mehr angemeldet war. Der Zeitraum wird mit dem Systemparameter `login/password_max_idle_productive` gesetzt. Meldet sich der Benutzer innerhalb dieser Zeitspanne nicht an, verfällt das Kennwort, und eine Anmeldung ist nicht mehr möglich. In solchen Fällen muss dann ein neues Kennwort (Initialkennwort) von einem Administrator gesetzt werden.

Bedingt durch die Funktionalität, dass Identity-Management-Systeme Produktivkennwörter für Benutzer verteilen müssen, existiert die Möglichkeit, Produktivkennwörter für Benutzer explizit zu setzen (SAP-Hinweis 1287410). Dies ist mit dem Funktionsbaustein `BAPI_USER_CHANGE` möglich. Er enthält den Importparameter PRODUCTIVE_PWD, um das neue Kennwort als Produktivkennwort zu setzen. Hierzu wurde die neue Aktivität PP eingeführt, die zum Berechtigungsobjekt S_USER_GRP geprüft wird (siehe Tabelle 7.37).

Berechtigungsobjekt	Feld	Wert
S_USER_GRP	ACTVT (Aktivität)	PP (Produktiv setzen)
	CLASS (Benutzergruppe)	<Benutzergruppe>

Tabelle 7.37 Berechtigung zum Setzen von Produktivkennwörtern

7.8.3 Benutzersperren

Benutzer können auf verschiedene Arten gesperrt werden. Gesperrte Benutzer können sich nicht am SAP-System anmelden. Sie müssen explizit von der Benutzeradministration freigeschaltet werden.

Sperren durch Administratoren

Als Benutzeradministrator können Sie Benutzer explizit sperren. Dies erfolgt für einzelne Benutzer mittels Transaktion SU01 (Benutzerpflege). Gründe für eine explizite Sperrung können längerfristige Abwesenheiten sein oder der Austritt des Benutzers aus dem Unternehmen. Beachten Sie hierbei, dass gesperrte Benutzer in die Systemvermessung einfließen, also Kosten erzeugen. Um Benutzer aus der Vermessung zu nehmen, ohne sie zu löschen, setzen Sie ein Ablaufdatum in ihrem Stammsatz.

Massenänderungen an Sperren oder Gültigkeiten von Benutzern können Sie mit dem Report `RSUSR_LOCK_USERS` ausführen (siehe Abbildung 7.21). Hiermit sind die folgenden Aktionen möglich:

- Sperren der selektierten Benutzer
- Entsperren der selektierten Benutzer

- Ende der Gültigkeit auf **Heute** setzen (nur gültige Benutzer)
- Ende der Gültigkeit auf **Gestern** setzen (nur gültige Benutzer)

Bei Einsatz der Zentralen Benutzerverwaltung können nur lokale Sperren gesetzt werden. Die Pflege der Gültigkeit muss explizit für das System freigeschaltet sein (Transaktion SCUM).

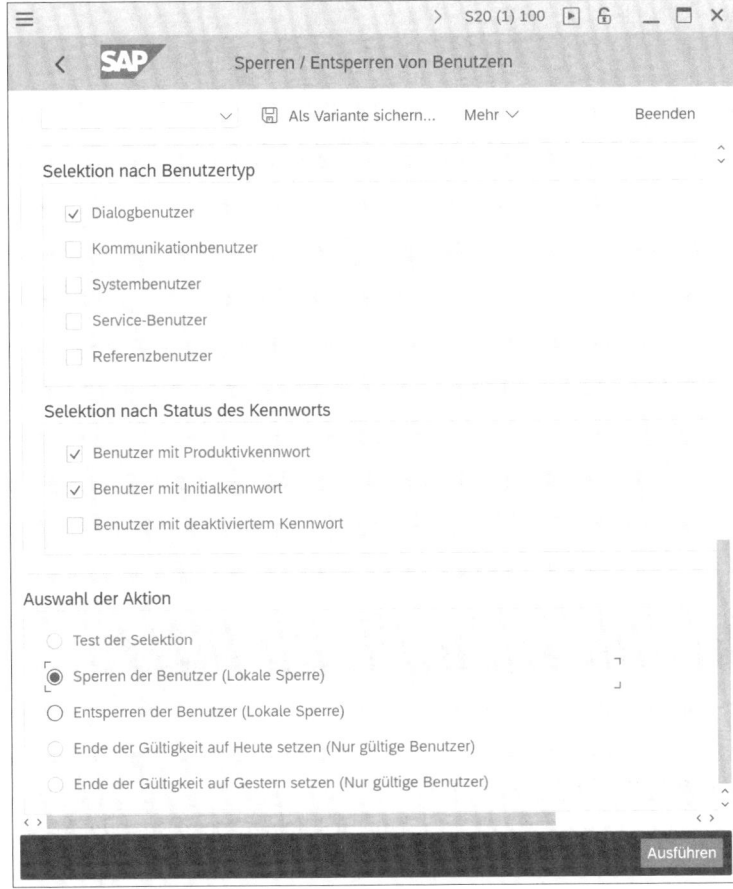

Abbildung 7.21 Massensperrungen von Benutzern

In SAP-ERP- bzw. SAP-S/4HANA-Systemen können Sie außerdem auch die Transaktionen EWZ5 und EWZ6 (Report EWULKUSR) für Massensperrungen von Benutzern nutzen. Die Gültigkeit können Sie mit diesen Funktionen nicht setzen.

Als kostenfreie Freeware können Sie das *User Locking Tool* der Xiting AG zum Sperren und Entsperren von Benutzern verwenden. Der Vorteil dieses Tools liegt darin, dass die gesperrten Benutzer protokolliert werden, sodass Sie genau diese später auch wieder entsperren können. Abbildung 7.22 zeigt die Selektionsmöglichkeiten dieses Tools.

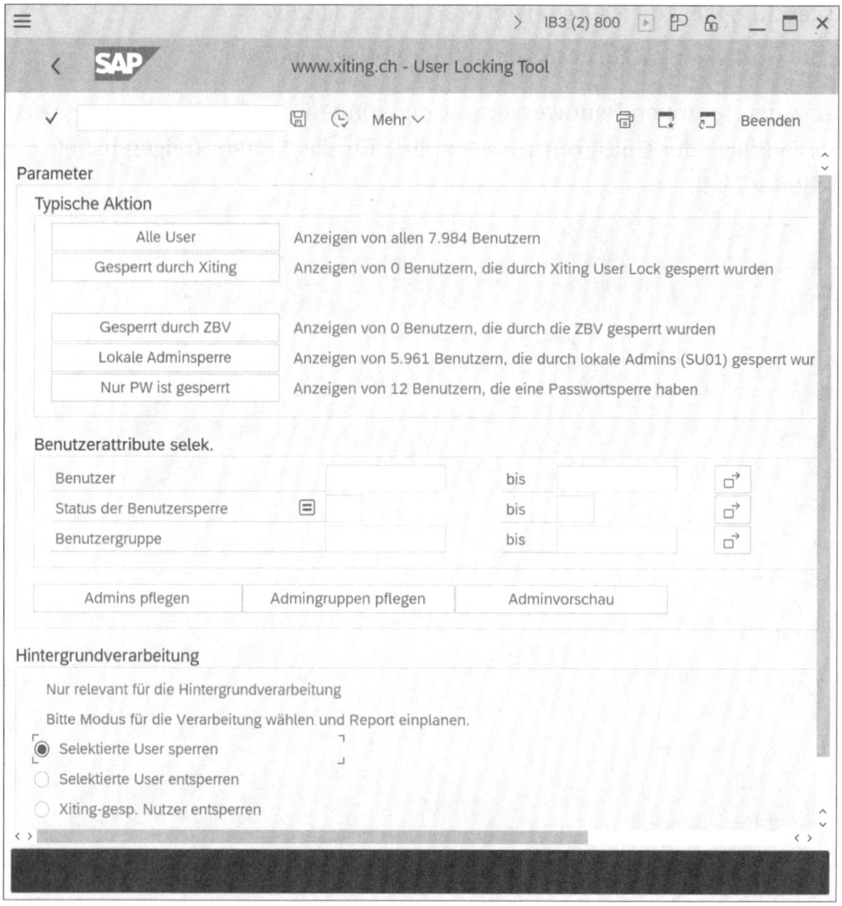

Abbildung 7.22 Freeware – User Locking Tool

Sperren durch Falschanmeldungen der Benutzer

Mit dem Parameter login/fails_to_user_lock wird festgelegt, nach wie vielen falschen Kennworteingaben der Benutzer gesperrt wird. Ist ein Benutzer durch Falschanmeldungen gesperrt, muss er standardmäßig von einem Benutzeradministrator freigeschaltet werden. SAP unterscheidet zwischen der Sperre durch Administratoren und durch Falschanmeldungen, sodass diese getrennt ausgewertet werden können. Häufige Falschanmeldungen können auf einen Ausspähversuch von Kennwörtern hindeuten. Daher sollten Sie auch Falschanmeldungen regelmäßig auswerten.

Sperren durch abgelaufene Kennwörter

Mit dem Systemparameter login/password_max_idle_initial und dem Systemparameter login/password_max_idle_productive wird die Gültigkeit von Kennwörtern festgelegt. Melden sich Benutzer innerhalb dieses Zeitraums nicht an, werden die

Kennwörter ungültig. Sie müssen von einem Benutzeradministrator zurückgesetzt werden.

7.8.4 Auswertung gesperrter Benutzer

Sperren und Gültigkeitszeiträume können Sie mit Transaktion SUIM auswerten. Wählen Sie hier den Pfad **Benutzer • nach Anmeldedatum und Kennwortänderung** (Transaktion RSUSR200/Report RSUSR200). Mögliche Auswertungen sind:

- Benutzer seit x Tagen nicht angemeldet
- Kennwort seit x Tagen nicht geändert
- Gültigkeitszeitraum der Benutzer
- Auswertungen nach Administrations- und Kennwortsperren
- Auswertungen nach Falschanmeldungen
- Auswertungen nach Benutzertyp
- Auswertungen nach Kennwortstatus

Abbildung 7.23 zeigt die Ausgabe des Reports.

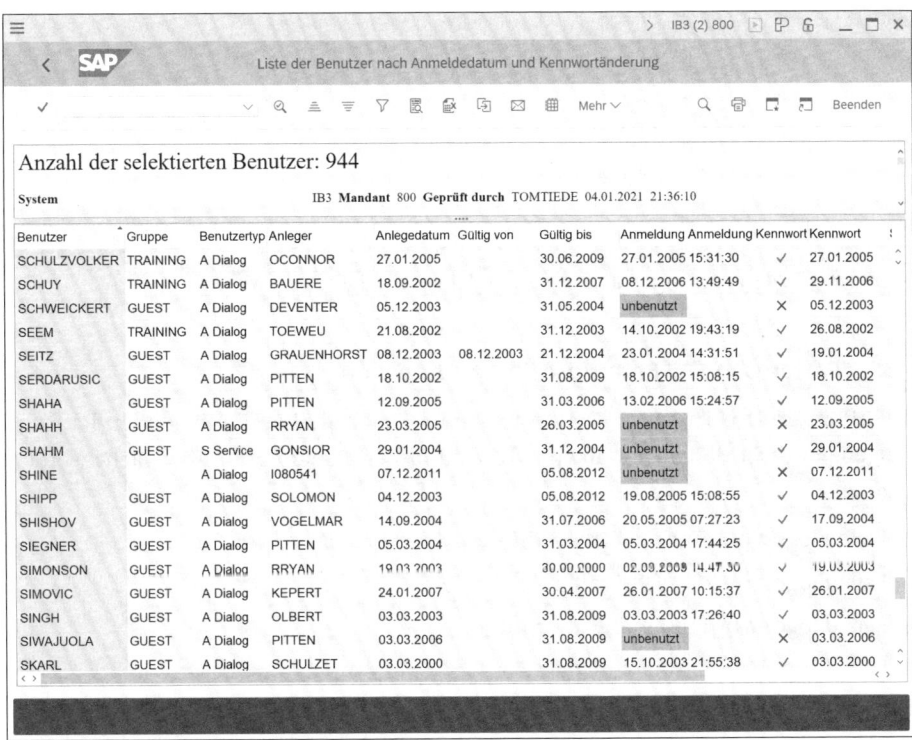

Abbildung 7.23 Gesperrte Benutzer auswerten

7 Benutzerauswertungen

Änderungen an den Benutzersperren und dem Gültigkeitszeitraum können Sie ebenfalls mit Transaktion SUIM auswerten. Wählen Sie dazu den Pfad **Änderungsbelege • Benutzer • für Benutzer** (Transaktion S_BCE_68002311/Report RSUSR100N). Die entsprechenden Selektionen können Sie auf der Registerkarte **Benutzerattribute** vornehmen. Im Ergebnis wird auch ausgegeben, über welche Transaktion eine Aktion ausgeführt wurde (siehe Abbildung 7.24).

Benutzer	Datum	Zeit	Änderer	Aktion	Alter Wert	Text zum alten Wert	Neuer Wert	Text zum neuen Wert	TCode
AUDITOR01	11.08.2020	09:36:41	AUDITOR01	Sperre geändert	0	Nicht gesperrt	128	Falschanmeldesperre	KRNL
		09:42:50	DTESCHE	Sperre geändert	128	Falschanmeldesperre	0	Nicht gesperrt	SU01
AUDITOR12	08.10.2020	10:06:07	AUDITOR12	Sperre geändert	0	Nicht gesperrt	128	Falschanmeldesperre	KRNL
EST01	21.09.2020	09:16:17	EST01	Sperre geändert	0	Nicht gesperrt	128	Falschanmeldesperre	KRNL
EST06	23.09.2020	08:53:43	EST06	Sperre geändert	0	Nicht gesperrt	128	Falschanmeldesperre	KRNL
EST12	21.09.2020	09:20:14	EST12	Sperre geändert	0	Nicht gesperrt	128	Falschanmeldesperre	KRNL
EST17		09:22:53	EST17	Sperre geändert	0	Nicht gesperrt	128	Falschanmeldesperre	KRNL
		13:54:56	OKORTS	Sperre geändert	128	Falschanmeldesperre	0	Nicht gesperrt	SU01
EST26	23.09.2020	08:23:11	EST26	Sperre geändert	0	Nicht gesperrt	128	Falschanmeldesperre	KRNL
		10:12:36	OKORTS	Sperre geändert	128	Falschanmeldesperre	0	Nicht gesperrt	SU01
SCHUL_09	09.11.2020	13:36:04	GSCHROTT	Sperre geändert	0	Nicht gesperrt	64	Administratorsperre	SU01
		13:36:37		Sperre geändert	64	Administratorsperre	0	Nicht gesperrt	SU01
SCHUL_10	04.11.2020	13:16:29	SCHUL_10	Sperre geändert	0	Nicht gesperrt	128	Falschanmeldesperre	KRNL
		13:17:46	GSCHROTT	Sperre geändert	128	Falschanmeldesperre	0	Nicht gesperrt	SU01

Abbildung 7.24 Änderungen an Sperren und ihrer Gültigkeit auswerten

7.8.5 Patterns in SAP Enterprise Threat Detection

In SAP Enterprise Threat Detection werden standardmäßig die folgenden Patterns ausgeliefert, mit denen Initialkennwörter und Benutzersperren überwacht werden können:

- Failed logon of same user from different Terminal IDs
- Failed logon by RFC/CPIC call
- Failed logon with too many attempts
- Failed Logon with too many password logon attempts
- Failed Logon with expired user
- Failed Logon with locked user

- Password changed multiple times for same user
- Password changed by non-admin user

7.8.6 Zugriffsrechte

Die folgenden Tabellen zeigen Ihnen die Berechtigungen zu Initialkennwörtern und Benutzersperren. Tabelle 7.38 zeigt die Berechtigung zum Sperren, Entsperren bzw. Setzen von Kennwörtern für Benutzer.

Berechtigungsobjekt	Feld	Wert
S_TCODE	TCD (Transaktion)	- SU01 - SU01_NAV - SU10 - SUID01 - SUID10
S_USER_GRP	ACTVT (Aktivität)	05 (Sperren/Entsperren/Kennwort setzen)
	CLASS (Benutzergruppe)	<spezielle Benutzergruppe oder leer lassen>

Tabelle 7.38 Berechtigung zum Sperren/Entsperren/Setzen von Kennwörtern für Benutzer

Tabelle 7.39 zeigt die Berechtigung, um den Gültigkeitszeitraum von Benutzern zu ändern.

Berechtigungsobjekt	Feld	Wert
S_TCODE	TCD (Transaktion)	- SU01 - SU01_NAV - SU10 - SUID01 - SUID10
S_USER_GRP	ACTVT (Aktivität)	02 (Ändern)
	CLASS (Benutzergruppe)	<spezielle Benutzergruppe oder leer lassen>

Tabelle 7.39 Berechtigung zum Ändern des Gültigkeitszeitraums von Benutzern

Tabelle 7.40 zeigt die Berechtigungen, um ein Produktivkennwort für Benutzer über einen RFC-Zugriff zu setzen.

Berechtigungsobjekt	Feld	Wert
S_USER_GRP	ACTVT (Aktivität)	PP (Produktiv setzen)
	CLASS (Benutzergruppe)	<spezielle Benutzergruppe oder leer lassen>
S_RFC	ACTVT (Aktivität)	16 (Ausführen)
	RFC_NAME (Name RFC-Objekt)	SU_USER
	RFC_TYPE (Typ RFC-Objekt)	FUGR
oder		
S_USER_GRP	ACTVT (Aktivität)	PP (Produktiv setzen)
	CLASS (Benutzergruppe)	<spezielle Benutzergruppe oder leer lassen>
S_RFC	ACTVT (Aktivität)	16 (Ausführen)
	RFC_NAME (Name RFC-Objekt)	BAPI_USER_CHANGE
	RFC_TYPE (Typ RFC-Objekt)	FUNC

Tabelle 7.40 Berechtigung zum Setzen eines Produktivkennworts für Benutzer per RFC

Tabelle 7.41 zeigt die Berechtigung, um eine Massensperrung von Benutzern mit dem Report RSUSR_LOCK_USERS durchzuführen.

Berechtigungsobjekt	Feld	Wert
S_TCODE	TCD (Transaktion)	<Reporting gemäß Abschnitt 1.2.2, »Aufrufen von Reports«>
S_USER_GRP	ACTVT (Aktivität)	- 02 (Ändern) - 05 (Sperren/Entsperren/Kennwort setzen)

Tabelle 7.41 Berechtigung zur Massensperrung mit dem Report RSUSR_LOCK_USERS

Berechtigungsobjekt	Feld	Wert
S_USER_GRP (Forts.)	CLASS (Benutzergruppe)	<spezielle Benutzergruppe oder leer lassen>
in SAP-ERP-/SAP-S/4HANA-Systemen zusätzlich		
S_TCODE	TCD (Transaktion)	▪ EWZ5 ▪ EWZ6 ▪ <Reporting gemäß Abschnitt 1.2.2, »Aufrufen von Reports«>
S_USER_GRP	ACTVT (Aktivität)	05 (Sperren/Entsperren/Kennwort setzen)
	CLASS (Benutzergruppe)	<spezielle Benutzergruppe oder leer lassen>

Tabelle 7.41 Berechtigung zur Massensperrung mit dem Report RSUSR_LOCK_USERS

7.8.7 Checkliste

In Tabelle 7.42 finden Sie die Checkliste mit den prüfungsrelevanten Fragestellungen zu Initialkennwörtern und Benutzersperren.

Risiko	Fragestellung
	Vorgabe oder Erläuterung
1	Werden für Benutzer immer benutzerspezifische Initialkennwörter von der Administration vergeben?
	Die Benutzer des Systems dürfen nicht dieselben Initialkennwörter erhalten.
	Hier besteht das Risiko, dass die ständige Verwendung desselben Initialkennworts das Hacken eines Benutzers, der noch ein Initialkennwort besitzt, ermöglicht.
2	Existieren Benutzer im System, die noch ihr Initialkennwort besitzen?
	Es dürfen nur wenige oder keine Benutzer existieren, die noch ein Initialkennwort besitzen.
	Hier besteht das Risiko, dass Anmeldungen mit diesen Benutzern mit einem trivialen Kennwort möglich sind.

Tabelle 7.42 Checkliste zu Initialkennwörtern und Benutzersperren

Risiko	Fragestellung
	Vorgabe oder Erläuterung
1	Laufen Initialkennwörter nach einem vorgegebenen Zeitraum ab?
	Initialkennwörter sollen nach einem Zeitraum von wenigen Tagen ungültig werden.
	Hier besteht das Risiko, dass Initialkennwörter immer gültig sind und somit potenziell ausgespäht werden können.
2	Existieren Benutzer, die eine hohe Anzahl an Falschanmeldungen aufweisen oder durch Falschanmeldungen gesperrt sind?
	Falschanmeldungen von Benutzern sollten überwacht werden.
	Hier besteht das Risiko, dass Eindringversuche unter dieser Benutzerkennung stattgefunden haben.

Tabelle 7.42 Checkliste zu Initialkennwörtern und Benutzersperren (Forts.)

Wie Sie die einzelnen Punkte praktisch am SAP-System prüfen können, erfahren Sie in Abschnitt 7.8 des Dokuments **Tiede_Checklisten_Sicherheit_und_Pruefung.pdf**.

7.9 Benutzerstammsätze sperren und löschen

Das Löschen von Benutzerstammsätzen kann hinsichtlich der Nachvollziehbarkeit problematisch sein. Der Benutzername wird bei allen Aktionen eines Benutzers in den entsprechenden Protokollen gespeichert. Werden Daten gepflegt, wird der Benutzername als Referenz zu den Daten hinterlegt, z. B. als Anleger oder letzter Änderer. Werden Benutzer gelöscht, bleiben diese Referenzen erhalten. Im System selbst kann aber nicht mehr nachvollzogen werden, welche Person hinter diesem Benutzernamen steckt. Auf Angaben wie Vor- und Zuname, Adressdaten und Berechtigungen kann nach dem Löschen nur noch über Änderungsprotokolle zugegriffen werden, was aufwendig und zeitraubend sein kann.

Aus diesem Grund löschen viele Unternehmen ihre Benutzerstammsätze nicht. Verlässt z. B. ein Mitarbeiter das Unternehmen, wird sein Benutzer gesperrt und meistens einer bestimmten Benutzergruppe zugeordnet (z. B. AUSTRITT, HISTORIE etc.). Hierdurch bleibt einerseits die Nachvollziehbarkeit gewährleistet, andererseits kann kein neuer Benutzer mit demselben Namen angelegt werden. Denn dabei besteht die Gefahr, dass bereits bestehende Referenzen dem neuen Benutzer zugeordnet sind.

Als Lösung für dieses Problem hat SAP die neue Funktion *Benutzerstammsätze sperren und löschen* eingeführt. Die Funktion ist für alle SAP-NetWeaver-Releasestände ab 7.50 verfügbar (siehe SAP-Hinweis 2826256). Die Funktion ist standardmäßig deaktiviert. Zur Aktivierung setzen Sie den Schalter USER_DEL_LOCK_ENTRY in der Tabelle PRGN_CUST auf den Wert YES. Der Default-Wert ist NO.

7.9.1 Funktionsweise

Beim Löschen eines Benutzers wird sein Stammsatz aus dem System gelöscht. Die Datensätze des Benutzers werden also aus den betreffenden Tabellen (z. B. USR01, USR02) gelöscht. Mit der neuen Funktion *Benutzerstammsätze sperren und löschen* werden die Stammsätze beim Löschen in einen gesonderten Bereich verschoben, und zwar in die Tabelle USRBLOCK. Sie sind somit in der Benutzerverwaltung und den Tabellen USR02 etc. nicht mehr sichtbar.

Dieser Sperrbereich wird mit Transaktion SU06 verwaltet (Abbildung 7.25). Hier werden alle gelöschten Benutzerstammsätze aufgelistet. Für jeden gelöschten Benutzer kann einzeln entschieden werden, ob ein Stammsatz mit demselben Namen wieder angelegt werden darf oder nicht (Spalte **Wiederanlegen erlaubt**). Ist dies für einen Benutzer nicht zulässig (dies ist die Standardeinstellung), kann eben kein Benutzer mit diesem Namen angelegt werden. Der Administrator erhält dann die Meldung »Benutzer ist gegen Wiederanlegen geschützt«.

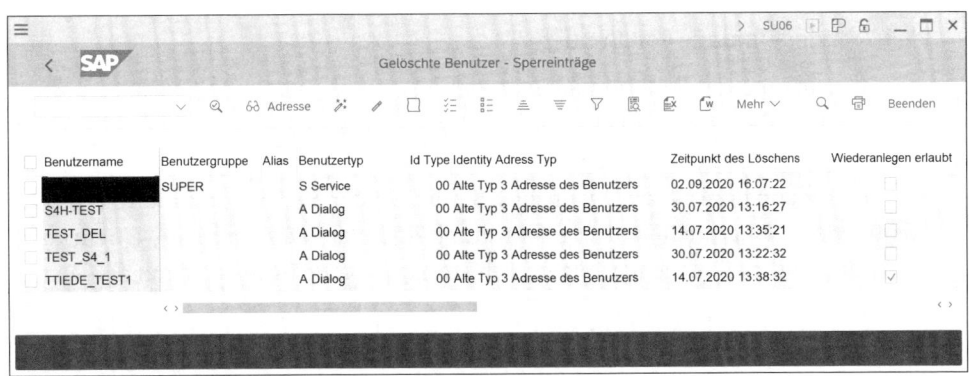

Abbildung 7.25 Transaktion SU06 – Gelöschte Benutzer

Für den Einsatz von Transaktion SU06 ist eine Berechtigung auf dem Berechtigungsobjekt S_USER_BLK (Benutzerstammpflege: Zugriff auf gelöschte Benutzer) erforderlich. Das Berechtigungsobjekt enthält die Felder **Aktivität** (ACTVT) und **Benutzergruppe** (CLASS). Tabelle 7.43 zeigt die möglichen Aktivitäten.

Aktivität	Bedeutung
03	Anzeigen
06	Löschen des Sperreintrags zu Benutzer

Tabelle 7.43 Aktivitäten des Berechtigungsobjekts S_USER_BLK

Aktivität	Bedeutung
91	Reaktivieren: Wiederanlage von Benutzern erlauben
B4	Deaktivieren: Wiederanlage von Benutzern verbieten

Tabelle 7.43 Aktivitäten des Berechtigungsobjekts S_USER_BLK (Forts.)

Das finale Löschen der Benutzer erfolgt über die Archivierung. In SAP Information Lifecycle Management (SAP ILM) können Sie hierfür Aufbewahrungsfristen definieren. Dies erfolgt über das ILM-Vernichtungsobjekt IDENTITY. Nach den definierten Aufbewahrungsfristen werden die Daten dann beim nächsten Datenvernichtungslauf gelöscht. Dies kann allerdings durch *Vetoprüfungen* verhindert werden. Vetoprüfungen suchen nach Datensätzen, die auf die Benutzer referenzieren. Zu den Vetoprüfungen siehe Abschnitt 7.9.3, »Vetoprüfungen beim Löschen von Benutzern«.

Ein manuelles Löschen der Benutzer ist mit dem Report RSUSR_USERS_DESTRUCTION möglich. Auch hierbei werden die Vetoprüfungen durchlaufen.

7.9.2 Wiederanlage von Benutzer

Für die Nutzung der Funktion *Benutzerstammsätze sperren und löschen* ist konzeptionelle Vorarbeit erforderlich. Unter anderem muss festgelegt werden, unter welchen Bedingungen ein gelöschter Benutzer wieder neu angelegt werden darf. Dies kann z. B. dann der Fall sein, wenn ein Mitarbeiter, der die Unternehmung verlassen hatte, wieder eingestellt wird. Die Zuordnung eines Benutzernamens zu einem anderen Mitarbeiter sollte nicht erfolgen, da historische Daten in dem Fall mit dem neuen Mitarbeiter verknüpft werden könnten.

Standardmäßig können gelöschte Benutzer nicht wieder angelegt werden. Dies ist nur möglich, wenn in Transaktion SU06 explizit das Kennzeichen **Wiederanlegen erlaubt** für einen Benutzer gesetzt wird. Hierfür ist eine Berechtigung auf dem Berechtigungsobjekt S_USER_BLK mit der Aktivität 91 erforderlich. Welchem Benutzerkreis diese Berechtigung zugeordnet wird, ist im Konzept festzulegen. Das Kennzeichen wird gesetzt, indem der Benutzer in Transaktion SU06 markiert und dann die Schaltfläche ausgewählt wird. Um das Wiederanlegen wieder zu verbieten, nutzen Sie die Schaltfläche. Hierfür ist die Aktivität B4 für das Berechtigungsobjekt S_USER_BLK erforderlich.

Gesperrte Benutzer sind in Transaktion SU06 am Häkchen in der Spalte **Wiederanlegen erlaubt** zu erkennen (siehe Abbildung 7.26). In der Tabelle USRBLOCK ermitteln Sie zur Wiederanlage vorgesehen Benutzer, indem Sie das Feld **Wiederanlegen** (RECREATE) auf den Wert X filtern.

7.9 Benutzerstammsätze sperren und löschen

| | | | | | | | | | | | | SU06 | | | | | × |

Gelöschte Benutzer - Sperreinträge

Benutzername	Benutzergruppe	Alias	Benutzertyp	Id Type Identity Adress Typ	Zeitpunkt des Löschens	Wiederanlegen erlaubt
JHLERCH	SUPER		S Service	00 Alte Typ 3 Adresse des Benutzers	02.09.2020 16:07:22	
S4H-TEST			A Dialog	00 Alte Typ 3 Adresse des Benutzers	30.07.2020 13:16:27	
TEST_DEL			A Dialog	00 Alte Typ 3 Adresse des Benutzers	14.07.2020 13:35:21	
TEST_S4_1			A Dialog	00 Alte Typ 3 Adresse des Benutzers	30.07.2020 13:22:32	✓
TTIEDE_TEST1			A Dialog	00 Alte Typ 3 Adresse des Benutzers	14.07.2020 13:38:32	✓

Abbildung 7.26 Benutzer mit dem Kennzeichen »Wiederanlegen erlaubt«

7.9.3 Vetoprüfungen beim Löschen von Benutzern

Durch *Vetoprüfungen* wird verhindert, dass Benutzer gelöscht werden, auf die von Anwendungen aus noch referenziert wird. Damit kann z. B. verhindert werden, dass Benutzer aus dem Sperrbereich gelöscht werden, zu denen noch Belege in der Finanzbuchhaltung existieren.

Die Vetoprüfung bedeutet, dass in fest definierten Feldern von Tabellen analysiert wird, ob dort zu löschende Benutzernamen hinterlegt sind. Vetoprüfungen laufen nach vordefinierten Prioritäten ab. Diese Prioritäten werden durch Kategorien festgelegt. Tabelle 7.44 zeigt die fünf Kategorien. Für einen Benutzer werden alle Kategorien durchlaufen. Finden die Vetoprüfungen einen Benutzer in einer Kategorie, so werden keine weiteren Prüfungen für diesen Benutzer durchgeführt. Der Benutzer wird dann nicht gelöscht. Beim nächsten Vetolauf beginnt die Prüfung für diesen Benutzer dann mit derselben Kategorie.

Kategorie	Priorität	Beschreibung
Entwicklung	10	Dies ist die Kategorie mit der höchsten Priorität. Da Eigenentwicklungen den höchsten Einfluss auf das System haben, dürfen Benutzer so lange nicht gelöscht werden, wie Entwicklungen von ihnen im System vorhanden sind.
Konfiguration	20	In diese Kategorie fallen Benutzer, die Systemeinstellungen geändert oder Customizing-Aktivitäten durchgeführt haben. Diese Benutzer werden erst gelöscht, wenn alle ihre vorgenommenen Einstellungen gelöscht wurden.

Tabelle 7.44 Kategorien von Vetoprüfungen

Kategorie	Priorität	Beschreibung
Benutzer- und Berechtigungsverwaltung	30	Diese Kategorie umfasst Benutzer, die Aktivitäten im Bereich der Benutzer- und Berechtigungsverwaltung durchgeführt haben. Diese Benutzer können erst gelöscht werden, wenn zu ihnen keine Änderungsbelege mehr im Bereich der Benutzer- und Berechtigungsverwaltung existieren.
Anwendung	40	In diese Kategorie fallen Benutzer, die Daten in Anwendungen pflegen. Diese Benutzerdaten werden gelöscht, wenn in den Tabellen (z. B. Stamm- und Bewegungsdaten) nicht mehr auf den Benutzer referenziert wird (z. B. *Angelegt von*, *Geändert von* etc.) und keine Änderungsbelege mehr zu ihm existieren.
Anzeigefunktion	50	Diese Kategorie umfasst Benutzer, die Anzeigefunktionen ausgeführt haben. Solche Protokolle werden z. B. in der Lesezugriffsprotokollierung (siehe Abschnitt 4.6) und dem Security-Audit-Log (siehe Abschnitt 4.1) gespeichert.

Tabelle 7.44 Kategorien von Vetoprüfungen (Forts.)

Es gibt bereits vordefinierte Standardvetoprüfungen. Diese sind in Tabelle 7.45 aufgeführt. Es handelt sich um ABAP-Objektklassen, die Sie sich mit Transaktion SE24 anzeigen lassen können.

ABAP-Objektklasse	Kategorie	Beschreibung
CL_SUID_USRVETO_CHANGEDOCS	Anwendung (40)	Prüft Einträge für Benutzer in den Änderungsbelegen.
CL_SUID_USRVETO_DBTABLOG	Konfiguration (20)	Prüft Einträge für Benutzer in den Tabellenänderungsprotokollen.
CL_SUID_USRVETO_SAPOFFICE	Anwendung (40)	Prüft Benutzerstammsätze in SAP Office.
CL_SUID_USRVETO_USERADMIN	Benutzer- und Berechtigungsverwaltung (30)	Prüft auf Änderungsbelege der Benutzer- und Berechtigungsverwaltung.

Tabelle 7.45 Vordefinierte Vetoprüfungen

Neben den als ABAP-Objektklassen vordefinierten Vetoprüfungen besteht auch die Möglichkeit, generische Vetoprüfungen zu definieren. Hierbei werden Tabellen und Feldnamen angegeben, in denen beim Vetolauf nach den zu löschenden Benutzern gesucht wird. SAP liefert hierfür für verschiedene Anwendungen bereits Inhalte aus. Sie sind in der Tabelle USRVETOTABLES gespeichert. Die Felder dieser Tabelle sehen Sie in Tabelle 7.46. Zu jedem Eintrag wird geprüft, ob ein zu löschender Benutzer eingetragen ist (entsprechend der zugeordneten Kategorie). Bei einem Treffer wird der Löschprozess gestoppt und der Benutzer nicht gelöscht.

Feld	Beschreibung
TABNAME	Name der Tabelle, in der nach zu löschenden Benutzern gesucht werden soll
FIELDNAME	Name des Felds, das die Benutzernamen enthält
VETOCLASS	Kategorie der Vetoprüfung (10, 20, 30, 40, 50)
MSGID	Nachrichtenklasse der auszugebenden Nachricht für die Vetoprüfung
MSGNO	Nachrichtennummer der auszugebenden Nachricht für die Vetoprüfung

Tabelle 7.46 Felder der Tabelle USRVETOTABLES

Die Tabelle USRVETOTABLES wird von SAP gefüllt. SAP hat eine Vielzahl von Hinweisen zu anwendungsspezifischen Standardvetoprüfungen veröffentlicht. Kundeneigene Vetoprüfungen können in der Tabelle USRVETOTABLES_C eingetragen werden. Diese Tabelle hat den gleichen Aufbau wie die Tabelle USRVETOTABLES.

7.9.4 Zugriffsrechte

Die folgenden Tabellen zeigen Ihnen die Berechtigungen zum Sperren und Löschen von Benutzern. Tabelle 7.47 zeigt die Berechtigung zum Anzeigen von Benutzern im Sperrbereich.

Berechtigungsobjekt	Feld	Wert
S_TCODE	TCD (Transaktion)	SU06
S_USER_BLK	ACTVT (Aktivität)	03 (Anzeigen)
	CLASS (Benutzergruppe)	<spezielle Benutzergruppe oder leer lassen>

Tabelle 7.47 Berechtigung zum Anzeigen von Benutzern im Sperrbereich

Tabelle 7.48 zeigt die Berechtigung zum manuellen Löschen von Benutzern aus dem Sperrbereich.

Berechtigungsobjekt	Feld	Wert
S_TCODE	TCD (Transaktion)	<Reporting gemäß Abschnitt 1.2.2, »Aufrufen von Reports«>
S_USER_BLK	ACTVT (Aktivität)	06 (Löschen)
	CLASS (Benutzergruppe)	<spezielle Benutzergruppe oder leer lassen>

Tabelle 7.48 Berechtigung zum manuellen Löschen von Benutzern aus dem Sperrbereich

In Tabelle 7.49 sehen Sie die Berechtigungen, die das Wiederanlegen gelöschter Benutzer erlauben oder verbieten.

Berechtigungsobjekt	Feld	Wert
S_TCODE	TCD (Transaktion)	SU06
S_USER_BLK	ACTVT (Aktivität)	91 (Reaktivieren) B4 (Deaktivieren)
	CLASS (Benutzergruppe)	<spezielle Benutzergruppe oder leer lassen>

Tabelle 7.49 Berechtigung zum Wiederanlegen gelöschter Benutzer

7.9.5 Checkliste

In Tabelle 7.50 finden Sie die Checkliste mit den prüfungsrelevanten Fragestellungen zum Sperren und Löschen von Benutzerstammsätzen.

Risiko	Fragestellung
	Vorgabe oder Erläuterung
2	Ist die Funktion *Benutzerstammsätze sperren und löschen* aktiviert?
	Die Funktion *Benutzerstammsätze sperren und löschen* muss aktiviert werden, wenn Benutzerstammsätze aufgrund von Nachvollziehbarkeit bis zur Löschung des letzten Belegs des Benutzers im System verbleiben sollen. Hier besteht das Risiko, dass Benutzernamen nicht mehr den ursprünglichen Mitarbeitern zugeordnet werden können.

Tabelle 7.50 Checkliste zum Sperren und Löschen von Benutzerstammsätzen

Risiko	Fragestellung
	Vorgabe oder Erläuterung
1	Sind die gelöschten Benutzer gegen ein Wiederanlegen geschützt?
	Gelöschte Benutzerstammsätze, die nicht gegen das Wiederanlegen geschützt sind, können reaktiviert werden.
	Hier besteht das Risiko, dass Benutzerstammätze anderen Mitarbeitern zugeordnet werden, somit auch bereits existierende Belege.
1	Wem sind Berechtigungen zum Zugriff auf gelöschte Benutzerkonten zugeordnet?
	Gelöschte Benutzerkonten können explizit berechtigt werden.
	Hier besteht das Risiko, dass durch den Zugriff auf gelöschte Benutzerkonten gegen Vorgaben des Datenschutzes verstoßen wird.

Tabelle 7.50 Checkliste zum Sperren und Löschen von Benutzerstammsätzen (Forts.)

Wie Sie die einzelnen Punkte praktisch am SAP-System prüfen können, erfahren Sie in Abschnitt 7.9 des Dokuments **Tiede_Checklisten_Sicherheit_und_Pruefung.pdf**.

7.10 Kennwortverschlüsselung

Kennwörter können in SAP-Systemen in verschiedenen Algorithmen gespeichert werden. Insbesondere in SAP-Systemen, die aus SAP-R/3-Systemen migriert wurden, besteht die Gefahr, dass alte, unsichere Algorithmen noch zulässig sind. In diesem Abschnitt erfahren Sie, wie die Kennwortverschlüsselung abgesichert und geprüft werden kann.

7.10.1 Verschlüsselungsalgorithmen

Die Kennwörter der Benutzer werden in Tabelle USR02 (Benutzeranmeldedaten) gespeichert, siehe Abbildung 7.27.

Die Felder dieser Tabelle, die Kennwörter enthalten, und die in diesen Feldern jeweils verwendeten Algorithmen zur Verschlüsselung der Kennwörter sind in Tabelle 7.51 aufgeführt.

Die Felder BCODE und PASSCODE wurden in älteren Releaseständen genutzt. Da beide Verschlüsselungsverfahren als unsicher gelten, sollten sie nicht mehr verwendet werden. Im aktuellen SAP NetWeaver-Release wird standardmäßig der Iterated Salted SHA-1-Hash genutzt und im Feld PWDSALTEDHASH gespeichert.

7 Benutzerauswertungen

Feld in Tabelle USR02	Maximale Länge	Algorithmus
BCODE	8	MD5-basierend
PASSCODE	40	SHA-1-basierend
PWDSALTEDHASH	40	Iterated Salted SHA-1-Hash

Tabelle 7.51 Felder mit Kennwörtern in Tabelle USR02

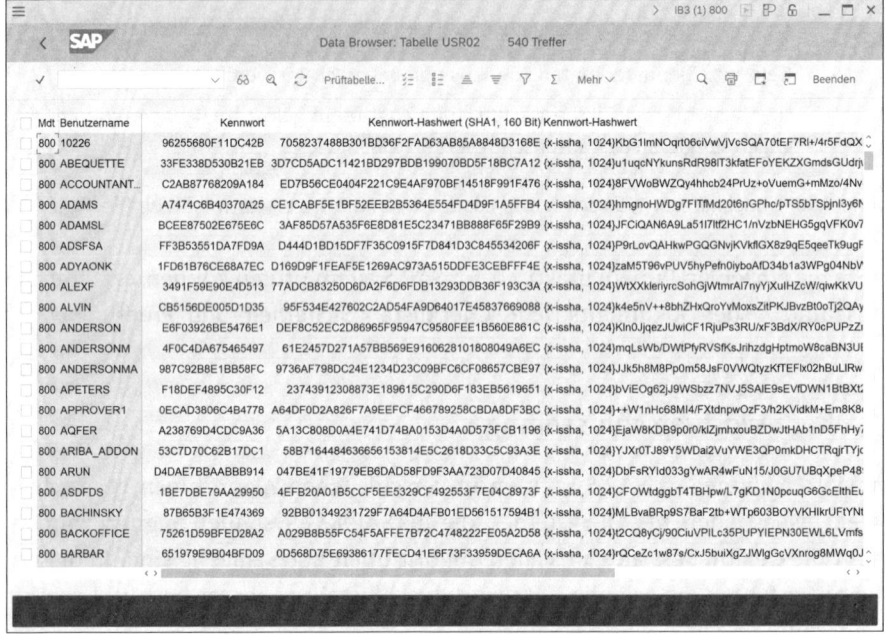

Abbildung 7.27 Verschlüsselte Kennwörter in Tabelle USR02

Ob die Kennwörter zusätzlich auch noch in den älteren Codeversionen in den Feldern BCODE (MD5) und PASSCODE (SHA-1) gespeichert werden, wird mit dem Systemparameter login/password_downwards_compatibility gesteuert. Er kann die folgenden Werte enthalten:

- 0 (Standardwert): Kennwörter werden nicht abwärtskompatibel gespeichert.
- 1: Es werden zusätzlich abwärtskompatible MD5-/SHA-1-Kennwort-Hashwerte erzeugt, aber bei der Anmeldung an das System nicht geprüft. Diese Einstellung ist relevant, wenn es sich bei dem System um das Zentralsystem einer Zentralen Benutzerverwaltung handelt und auch Systeme angeschlossen sind, die nur alte Kennwort-Hashwerte unterstützen.
- 2: Es werden zusätzlich abwärtskompatible MD5-/SHA-1-Kennwort-Hashwerte erzeugt und genutzt, wenn eine Anmeldung mittels Iterated Salted SHA-1-Hash fehl-

geschlagen ist, um zu überprüfen, ob die Anmeldung mit einer alten Codeversion akzeptiert worden wäre. Dieser Vorgang wird im Systemprotokoll (SysLog) protokolliert. Die Anmeldung wird als ungültig abgelehnt.

- 3: wie bei 2; allerdings wird der Benutzer erfolgreich angemeldet.
- 4: wie bei 3; allerdings wird kein SysLog-Eintrag geschrieben.
- 5: System erzeugt nur abwärtskompatible Kennwort-Hashwerte.

Der Parameter sollte auf den Wert »0« gesetzt werden, sodass nur noch das Feld PWDSALTEDHASH mit dem Iterated Salted SHA-1-Hash gefüllt wird. Befinden sich in den Feldern BCODE und PASSCODE noch alte Hashwerte, können diese mit dem Report CLEANUP_PASSWORD_HASH_VALUES entfernt werden (SAP-Hinweis 1458262).

7.10.2 Schutz vor Hacking der Kennwörter

Das Hacken von Kennwörtern ist schon lange keine nur theoretische Möglichkeit mehr. In Abschnitt 3.6.2, »Schutz von Druckaufträgen«, finden Sie ein Beispiel dafür. Die beste Absicherung ist es, den Zugriff auf die Tabellen und Views mit verschlüsselten Kennwörtern (siehe Tabelle 7.52) nicht zuzulassen. Ein Zugriff auf diese Tabellen und Views ist für keinen Benutzer erforderlich.

Tabelle/View	Bezeichnung	Berechtigungsgruppe
USH02	Änderungshistorie für Kennwörter	SPWD
USH02_ARC_TMP	Änderungshistorie für Kennwörter: letzte Einträge aus Archiv	SPWD
USR02	Anmeldedaten der Benutzer	SPWD
USRPWDHISTORY	Kennworthistorie	SPWD
VUSER001	View über Benutzerdaten, u. a. aus Tabelle USR02	SPWD
VUSR02_PWD	View auf die Kennwortfelder von Tabelle USR02	SPWD

Tabelle 7.52 Tabellen und Views mit Benutzerkennwörtern

7.10.3 Patterns in SAP Enterprise Threat Detection

In SAP Enterprise Threat Detection werden standardmäßig die folgenden Patterns zur Erkennung von Kennwort-Hacking ausgeliefert:

- Logon after access to USR02
- ABAP SOAP rfc brute force login

7 Benutzerauswertungen

- Brute force attack
- Brute force attack and successful logon

Zur Überwachung der Zugriffe auf die Tabellen mit Kennwörtern können Sie auch die Lesezugriffsprotokollierung (Read Access Logging, RAL) nutzen, deren Protokolle an SAP Enterprise Threat Detection übertragen werden können.

Des Weiteren können Sie die Aufrufe der Tabellen über Transaktion SE16 auch mit den Protokollen der Zugriffsstatistik in SAP Enterprise Threat Detection auswerten. Dafür geben Sie im Feld **Service, Program Name** die Programmnamen der betreffenden Tabellen ein:

- /1BCDWB/DBUSH02
- /1BCDWB/DBUSH02_ARC_TMP
- /1BCDWB/DBUSR02
- /1BCDWB/DBUSRPWDHISTORY
- /1BCDWB/DBVUSER001
- /1BCDWB/DBVUSR02_PWD

Auf diese Weise können Sie ermitteln, wer diese Tabellen über Transaktion SE16 aufgerufen hat. Abbildung 7.28 zeigt eine Value List mit diesen Tabellen. Diese kann in selbst definierten Patterns abgefragt werden, um zu ermitteln, wer sich diese Tabellen anzeigen lässt.

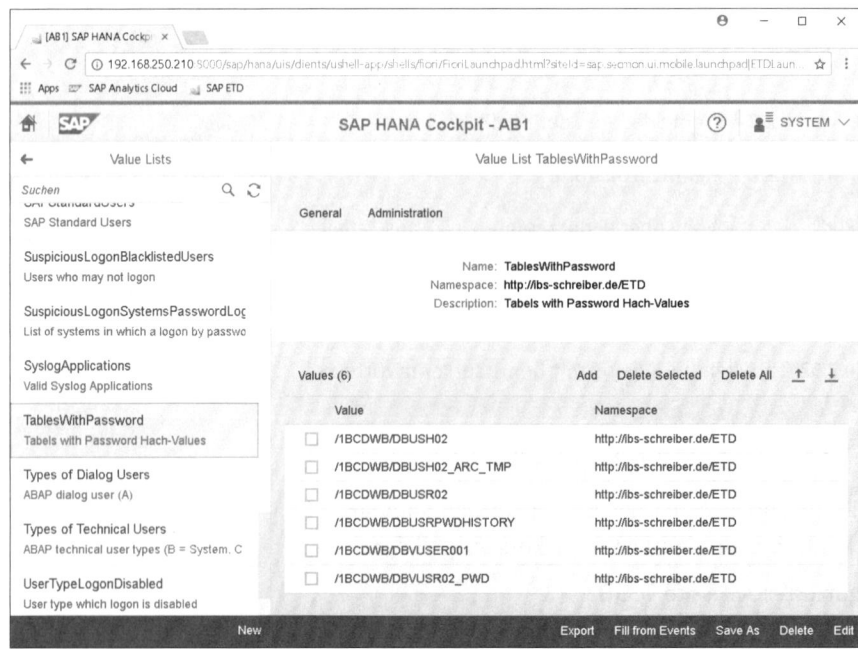

Abbildung 7.28 Value List für Tabellen mit Hashwerten

7.10.4 Zugriffsrechte

Die folgenden Tabellen zeigen Ihnen die Berechtigungen zum Zugriff auf Tabellen mit verschlüsselten Kennwörtern. Tabelle 7.53 zeigt die Berechtigung, um die Tabellen mit Kennwort-Hashwerten zu lesen.

Berechtigungsobjekt	Feld	Wert
S_TCODE	TCD (Transaktion)	<Transaktionen gemäß Abschnitt 1.3.1, »Anzeigetransaktionen für Tabellen«>
S_TABU_DIS	ACTVT (Aktivität)	03 (Anzeigen)
	DICBERCLS (Berechtigungsgruppe)	SPWD (Kennwort-Hashwerte)
oder		
S_TCODE	TCD (Transaktion)	<Transaktionen gemäß Abschnitt 1.3.1, »Anzeigetransaktionen für Tabellen«>
S_TABU_NAM	ACTVT (Aktivität)	03 (Anzeigen)
	TABLE (Tabelle)	<ul><li>USH02</li><li>USH02_ARC_TMP</li><li>USR02</li><li>USRPWDHISTORY</li><li>VUSER001</li><li>VUSR02_PWD</li></ul>

Tabelle 7.53 Berechtigung zum Lesen der Tabellen mit Kennwort-Hashwerten

Tabelle 7.54 zeigt die Berechtigung, um die Tabellen mit Kennwort-Hashwerten in der Datenbank zu lesen.

Berechtigungsobjekt	Feld	Wert
S_DBCON	ACTVT (Aktivität)	03 (Anzeigen)
	DBA_DBHOST (Servername)	<Servername>
	DBA_DBSID (Datenbankname)	<Datenbankname>

Tabelle 7.54 Berechtigung zum Lesen der Tabellen mit Kennwort-Hashwerten in der Datenbank

Berechtigungsobjekt	Feld	Wert
S_DBCON (Forts.)	DBA_DBUSER (Datenbankbenutzer)	<Datenbankbenutzer>
S_TABU_SQL	ACTVT (Aktivität)	33 (Lesen)
	DBSID (Datenbankverbindung)	<Datenbankverbindung>
	TABLE (Tabelle)	<ul><li>USH02</li><li>USH02_ARC_TMP</li><li>USR02</li><li>USRPWDHISTORY</li><li>VUSER001</li><li>VUSR02_PWD</li></ul>
	TABOWNER (Besitzer in der Datenbank)	<Datenbankbenutzer – Besitzer des ABAP-Schemas>

Tabelle 7.54 Berechtigung zum Lesen der Tabellen mit Kennwort-Hashwerten in der Datenbank (Forts.)

7.10.5 Checkliste

In Tabelle 7.55 finden Sie die Checkliste mit den prüfungsrelevanten Fragestellungen zur Verschlüsselung von Kennwörtern.

Risiko	Fragestellung
	Vorgabe oder Erläuterung
1	Werden die Kennwörter ausschließlich nach dem Iterated Salted SHA-1-Hash verschlüsselt?
	Kennwörter sollten nur nach dem Iterated Salted SHA-1-Hash verschlüsselt werden. Hier besteht das Risiko, dass Kennwörter durch die alte MD5-/SHA-1-Verschlüsselung leicht zu hacken sind.

Tabelle 7.55 Checkliste zur Kennwortverschlüsselung

Risiko	Fragestellung
	Vorgabe oder Erläuterung
1	Wurden alte Hashwerte aus Tabelle USR02 gelöscht?
	Bei ausschließlicher Nutzung des Iterated Salted SHA-1-Hashs sollten die alten Hashwerte gelöscht werden.
	Hier besteht das Risiko, dass Kennwörter in MD5-/SHA-1-Verschlüsselung leicht zu hacken sind.
1	Welche Benutzer besitzen Zugriffsrechte zum Anzeigen der Tabellen mit Kennwort-Hashwerten?
	Die Berechtigung zur Anzeige der Tabellen mit den Kennwort-Hashwerten sollte im Produktivmandanten nicht vergeben werden.
	Hier besteht das Risiko, dass Kennwörter von Benutzern ausgespäht werden können.

Tabelle 7.55 Checkliste zur Kennwortverschlüsselung (Forts.)

Wie Sie die einzelnen Punkte praktisch am SAP-System prüfen können, erfahren Sie in Abschnitt 7.10 des Dokuments **Tiede_Checklisten_Sicherheit_und_Pruefung.pdf**.

7.11 Angemeldete Benutzer

Das SAP-System bietet des Weiteren die Möglichkeit, Informationen zu den aktuell angemeldeten Benutzern abzufragen. Diese Informationen stehen dann nicht nur Administratoren, sondern auch Prüfern zur Verfügung. Insbesondere unter dem Gesichtspunkt von Eindringversuchen von außen sind hier sicherheitsrelevante Auswertungen möglich.

7.11.1 Informationen zu angemeldeten Benutzern – Transaktion AL08

Transaktion AL08 (Report RSUSR000) zeigt alle aktuell angemeldeten Benutzer des Systems aus allen Mandanten an. Angegeben werden die jeweilige Instanz, der Mandant, die Workstation, der aktuelle Transaktionscode und die Anzahl der geöffneten Modi der Benutzer (siehe Abbildung 7.29).

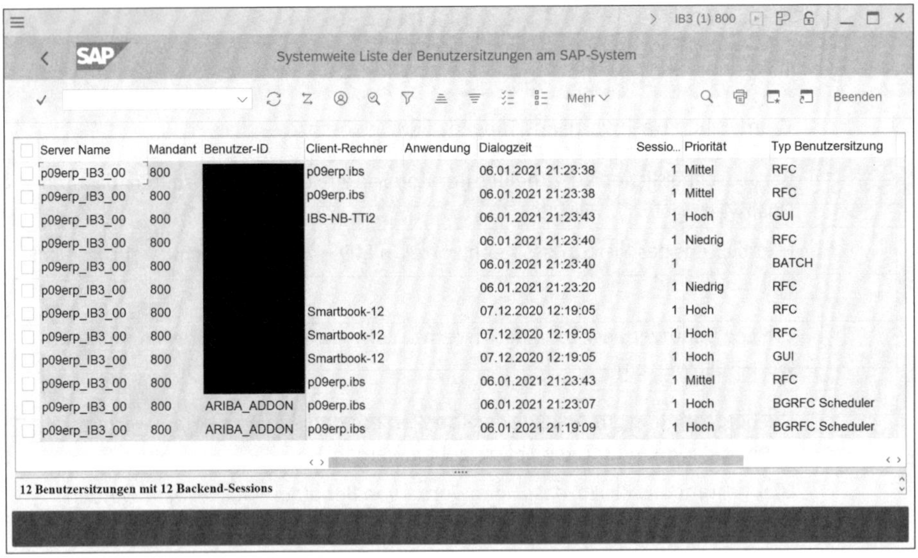

7 Benutzerauswertungen

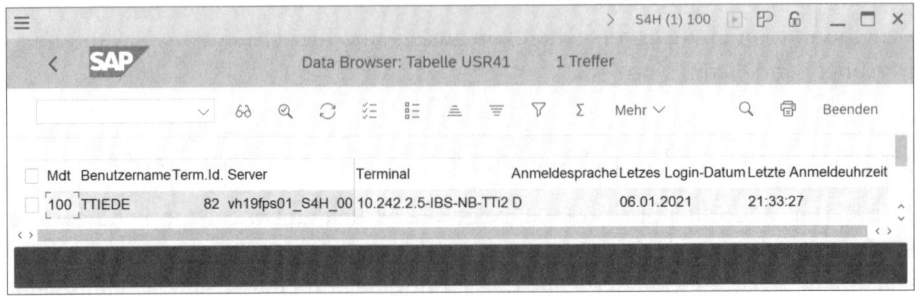

Abbildung 7.29 Transaktion AL08 – Liste der angemeldeten Benutzer

7.11.2 Informationen zu den Benutzer-Terminals – Tabelle USR41

In Tabelle USR41 werden Informationen zu den Terminals der angemeldeten Dialogbenutzer gespeichert, wie z. B. die TCP/IP-Adresse und der Name der Workstation (siehe Abbildung 7.30). Allerdings werden Informationen von Servicebenutzern nicht in dieser Tabelle gespeichert. Damit Ihnen auch die Servicebenutzer und technischen Benutzer angezeigt werden, nutzen Sie Transaktion AL08 oder Transaktion SM04.

Abbildung 7.30 Tabelle USR41

Über diese Tabelle können Sie feststellen, ob ein Eindringen in das System von einem Rechner aus erfolgt ist, der nicht zum SAP-System gehört. Dies könnte z. B. ein ins Netz gebrachter Laptop oder eine Anmeldung über einen Netzknoten aus dem Internet sein. Besteht der Verdacht, dass unberechtigte Eindringversuche ins SAP-System stattfinden, können Sie die Protokollierung für diese Tabelle aktivieren (siehe Abschnitt 4.3, »Protokollierung von Tabellenänderungen«). Hierüber können Sie nachvollziehen, von welcher Workstation aus (inklusive TCP/IP-Adresse) Eindringversuche unternommen wurden. USR41 ist eine mandantenabhängige Tabelle; daher werden hier nur die Benutzer des aktuellen Mandanten angezeigt.

7.11.3 Administrative Überwachung – Transaktion SM04

Über Transaktion SM04 haben Sie als Benutzeradministrator die Möglichkeit, Informationen zu den angemeldeten Benutzern zu bekommen und diese von hier aus auch zu verwalten (siehe Abbildung 7.31). Von dieser Transaktion aus können Sie die geöffneten Modi der Benutzer anzeigen und auch löschen. Wird der letzte Modus eines Benutzers gelöscht, wird dieser Benutzer aus dem System abgemeldet.

Um die geöffneten Modi eines Benutzers anzuzeigen, klicken Sie doppelt auf die entsprechende Zeile. Hier können Sie über die Funktion **Session inspizieren** in den Debug-Modus springen. Anstelle von Transaktion SM04 können Sie auch den Report RSM04000 ALV NEW nutzen.

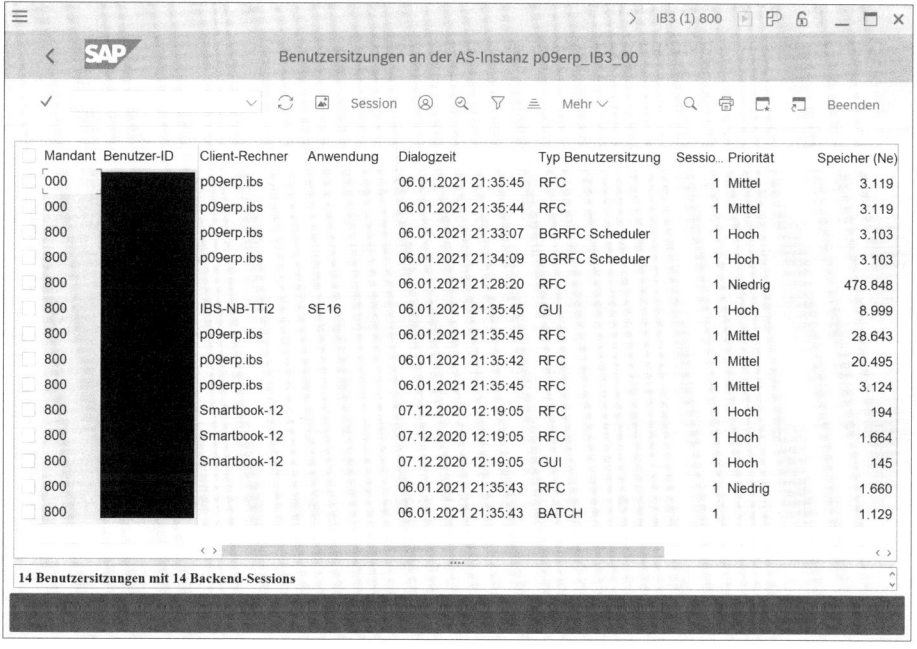

Abbildung 7.31 Transaktion SM04

7.11.4 Protokollierung von Benutzeranmeldungen – Security-Audit-Log

Mit dem Security-Audit-Log können Anmeldungen am System protokolliert werden, wie in Abschnitt 4.1.5, »Konzept zum Einsatz des Security-Audit-Logs«, beschrieben.

7.11.5 Patterns in SAP Enterprise Threat Detection

In SAP Enterprise Threat Detection werden standardmäßig die folgenden Patterns ausgeliefert, mit denen Anmeldungen überwacht werden können:

- Brute force attack
- Brute force attack and successful logon
- Logon via forbidden logon method (Password)
- Logon of blacklisted users
- Logon after access to USR02
- Logon to client 066
- Logon success same user from different Terminal IDs
- Failed logon of same user from different Terminal IDs
- Failed Logon with expired user
- Failed logon with too many attempts
- Failed Logon with too many password logon attempts
- User acts under created user
- User morphing by changing user type and logon

7.11.6 Zugriffsrechte

Die folgenden Tabellen zeigen Ihnen die Berechtigungen zum Anzeigen und Verwalten angemeldeter Benutzer. Tabelle 7.56 zeigt die Berechtigung zum Aufrufen von Transaktion AL08.

Berechtigungsobjekt	Feld	Wert
S_TCODE	TCD (Transaktion)	AL08 und SM04

Tabelle 7.56 Berechtigung zum Aufrufen von Transaktion AL08

Tabelle 7.57 zeigt die Berechtigung zum Verwalten der angemeldeten Benutzer.

Berechtigungsobjekt	Feld	Wert
S_TCODE	TCD (Transaktion)	SM04
S_ADMI_FCD	S_ADMI_FCD (Systemadministrationsfunktion)	PADM

Tabelle 7.57 Berechtigung zum Verwalten der angemeldeten Benutzer

Tabelle 7.58 zeigt die Berechtigung, um den Debug-Modus in Transaktion SM04 zu aktivieren.

Berechtigungsobjekt	Feld	Wert
S_TCODE	TCD (Transaktion)	SM04
S_ADMI_FCD	S_ADMI_FCD (Systemadministrationsfunktion)	PADM
S_DEVELOP	ACTVT (Aktivität)	02 (Ändern)
	OBJTYPE (Objekttyp)	DEBUG

Tabelle 7.58 Berechtigung zum Aktivieren des Debug-Modus in Transaktion SM04

7.11.7 Checkliste

In Tabelle 7.59 finden Sie die Checkliste mit den prüfungsrelevanten Fragestellungen zu Benutzeranmeldungen.

Risiko	Fragestellung
	Vorgabe oder Erläuterung
3	Wird Tabelle USR41 stichprobenartig daraufhin überprüft, dass Benutzer nur von zulässigen Workstations angemeldet sind?
	Die erfolgten Anmeldungen müssen stichprobenartig auf korrekte TCP/IP-Nummern überprüft werden.
	Hier besteht das Risiko, dass Anmeldungen oder Anmeldeversuche über einen fremden TCP/IP-Kreis erfolgen.
3	Wurde die Tabellenprotokollierung für Tabelle USR41 aktiviert?
	Um eine Nachvollziehbarkeit bei Eindringversuchen zu gewährleisten, kann Tabelle USR41 protokolliert werden.
	Hier besteht das Risiko, dass Anmeldungen aus fremden TCP/IP-Kreisen nicht nachvollziehbar sind.

Tabelle 7.59 Checkliste zu den angemeldeten Benutzern

Wie Sie die einzelnen Punkte praktisch am SAP-System prüfen können, erfahren Sie in Abschnitt 7.11 des Dokuments **Tiede_Checklisten_Sicherheit_und_Pruefung.pdf**.

7.12 Die Änderungshistorie zu Benutzern

Änderungen am Benutzerstammsatz werden automatisch protokolliert. Die Änderungen an den Eigenschaften von Benutzern werden in der Tabelle USH02 gespeichert, u. a.:

- Kennwortänderungen
- Änderung der Benutzergruppe
- Änderung der Gültigkeit des Benutzers
- Änderung des Benutzertyps
- Sperren des Benutzers durch Falschanmeldungen/Administrator
- Entsperren des Benutzers
- Zuordnung einer Sicherheitsrichtlinie
- Abrechnungsnummer

Die weiteren Eigenschaften (siehe Tabelle 7.60) werden über Änderungsbelege protokolliert (siehe Abschnitt 4.4, »Protokollierung über Änderungsbelege«).

Änderungsbelegobjekt	Protokollierte Benutzereigenschaften
ADRESSE3	Änderungshistorie für Adressdaten (Registerkarte **Adresse** in Transaktion SU01), u. a.: - Vor-/Nachname - Firmenadresse - Funktion, Abteilung
IDENTITY	Änderungshistorie u. a. für - Profilzuordnungen - Kostenstelle im Stammsatz - Referenzbenutzerzuordnungen - Lizenzierungstyp des Benutzers - Benutzerinformationen zur ZBV - Benutzerstammsätze im Sperrbereich - SNC-Zugangskontrolllisten (Secure Netbook Communications)
PFCG	Änderungshistorie für Rollenzuordnungen

Tabelle 7.60 Änderungsbelege zu Benutzereigenschaften

Die Auswertung der Änderungsbelege erfolgt über das Benutzerinformationssystem in Transaktion SUIM. Rufen Sie hier den Pfad **Änderungsbelege • Benutzer • für Benutzer** auf (Transaktion S_BCE_68002311/Report RSUSR100N). Auf der Registerkarte **Benutzerattribute** wählen Sie die Eigenschaften aus, deren Änderungen Sie auswerten wollen. Auf der Registerkarte **Rollen/Profile** können Sie nach Rollen- und Profilzuordnungen selektieren, z. B. nach SAP_ALL-Zuordnungen. Ist das System an eine ZBV angeschlossen, können Sie dies über die Registerkarte **ZBV-Attribute** auswerten. Die folgenden Fragestellungen können u. a. mit diesem Report ausgewertet werden:

- Welche Benutzer wurden angelegt/gelöscht?
- Welche Benutzer wurden durch einen Administrator gesperrt?
- Welche Benutzer wurden durch Falschanmeldungen gesperrt?
- Wann wurden gesperrte Benutzer wieder entsperrt?
- Wurden Systembenutzer auf den Benutzertyp **Dialog** geändert?
- Wurden abgelaufene Benutzerkonten wieder aktiviert?
- Welchen Benutzern wurden kritische Profile (SAP_ALL, SAP_NEW, S_A.SYSTEM, S_A.DEVELOP, Z_ANWEND usw.) zugeordnet oder entzogen?
- Welchen Benutzern wurden kritische Rollen zugeordnet oder entzogen?
- Wurden Benutzern Referenzbenutzer zugeordnet?
- Wurden Benutzern Sicherheitsrichtlinien zugeordnet oder entzogen?
- Wurden Lizenzierungsdaten der Benutzer geändert?
- Wurden die SNC-Namen der Benutzer geändert?

Abbildung 7.32 zeigt exemplarisch die Selektion für alle Benutzer, denen im Zeitraum vom 01.01.2020 bis zum 31.12.2020 das Profil SAP_ALL zugeordnet oder entzogen wurde.

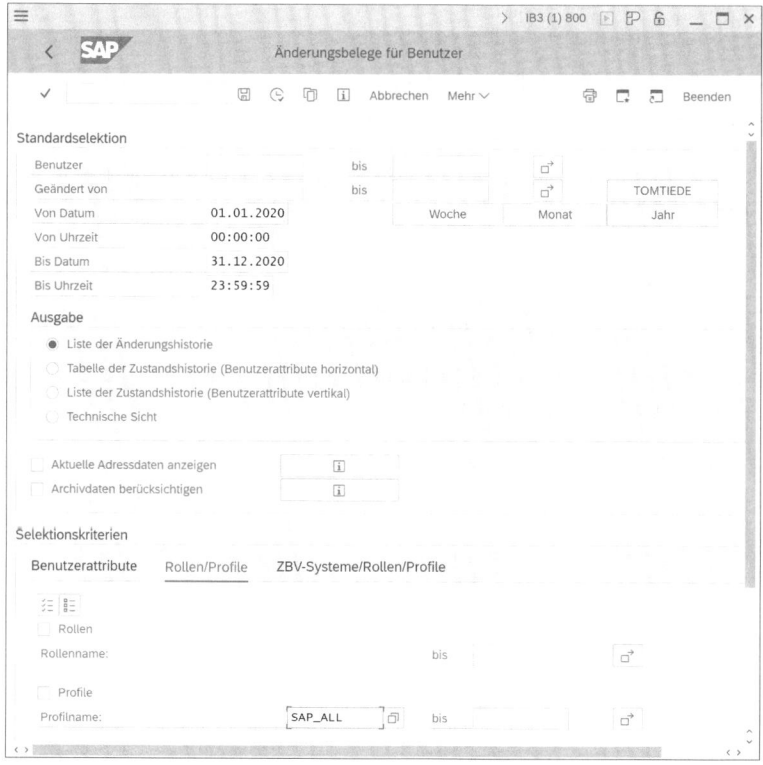

Abbildung 7.32 Benutzeränderungen auswerten

7.12.1 Zugriffsrechte

Um Änderungsbelege auszuwerten, ist zu den entsprechenden Berechtigungsobjekten jeweils die Aktivität 08 erforderlich (siehe Tabelle 7.61).

Berechtigungsobjekt	Feld	Wert
S_USER_GRP	ACTVT (Aktivität)	08 (Änderungsbelege anzeigen)
	CLASS (Benutzergruppe)	–
S_USER_PRO	ACTVT (Aktivität)	08 (Änderungsbelege anzeigen)
	PROFILE (Profil)	–
S_USER_AGR	ACTVT (Aktivität)	08 (Änderungsbelege anzeigen)
	ACT_GROUP (Rolle)	–

Tabelle 7.61 Anzeigeberechtigung für Änderungsbelege

7.12.2 Checkliste

In Tabelle 7.62 finden Sie die Checkliste mit den prüfungsrelevanten Fragestellungen zur Änderungshistorie für Benutzer.

Risiko	Fragestellung
	Vorgabe oder Erläuterung
2	Wurden seit der letzten Prüfung neue Benutzer angelegt, und wurde dies dokumentiert, z. B. über Benutzeranträge?
	Das Anlegen neuer Benutzer muss dokumentiert werden.
	Hier besteht das Risiko, dass unberechtigt Benutzerkonten angelegt werden.
2	Wurden seit der letzten Prüfung Benutzer gelöscht, und wurde dies dokumentiert?
	Das Löschen von Benutzern muss dokumentiert werden.
	Hier besteht das Risiko, dass unberechtigt angelegte Benutzer nach kurzer Zeit wieder gelöscht wurden.

Tabelle 7.62 Checkliste zu Änderungsbelegen

Risiko	Fragestellung
	Vorgabe oder Erläuterung
3	Wurden seit der letzten Prüfung Benutzer durch Falschanmeldungen gesperrt und wieder entsperrt?
	Es dürfen nur vereinzelt Benutzer gesperrt und entsperrt worden sein.
	Hier besteht das Risiko, dass unter diesen Benutzerkennungen Eindringversuche stattgefunden haben.
1	Wurde seit der letzten Prüfung Benutzern das Profil SAP_ALL zugeordnet?
	Das Profil SAP_ALL darf im Produktivmandanten nur einem Notfallbenutzer zugeordnet werden.
	Hier besteht das Risiko, dass durch Zuordnung dieses Profils kritische Aktionen im Produktivmandanten durchgeführt wurden.

Tabelle 7.62 Checkliste zu Änderungsbelegen (Forts.)

Wie Sie die einzelnen Punkte praktisch am SAP-System prüfen können, erfahren Sie in Abschnitt 7.12 des Dokuments **Tiede_Checklisten_Sicherheit_und_Pruefung.pdf**.

Kapitel 8
Customizing des SAP-Systems

Kein SAP-System ist wie das andere. Jedes System wird individuell über das Customizing angepasst. In diesem Kapitel liegt der Schwerpunkt auf den Berechtigungen zur Pflege der Customizing-Tabellen.

Das SAP-System arbeitet tabellengesteuert; alle betriebswirtschaftlichen Daten und deren Steuerungsdaten (*Customizing*) werden in Tabellen in der Datenbank gespeichert. Das ABAP Dictionary stellt die Schnittstelle zwischen der logischen Sicht des SAP-Systems und der technischen Datenablage in der Datenbank dar. Als Prüfer sind Sie daher bei nahezu jeder SAP-Prüfung mit dem ABAP Dictionary konfrontiert. Es stellt außerdem die Grundlage für das Customizing dar. Die Funktionalität des ABAP Dictionarys und das Konzept der Tabellensteuerung zu verstehen, sind Voraussetzungen für viele Prüfungshandlungen. Ein besonderer Schwerpunkt liegt auf den Berechtigungen, da hierüber das gesamte Customizing und damit der Zugriff auf ca. 50.000 Tabellen geschützt wird. Hierbei ist mit SAP S/4HANA der *Generic Table Browser* (GTB) neu eingeführt worden, mit dem Berechtigungen auf Tabellen spalten- und zeilenweise eingegrenzt werden können (siehe Abschnitt 8.5, »Tabellenzugriffe auf Spalten und Feldwerte einschränken (GTB-Rollen)«).

8.1 Das ABAP Dictionary

SAP NetWeaver ist plattformunabhängig, was bedeutet, dass die Lösung auf verschiedenen Betriebssystemen zusammen mit verschiedenen relationalen Datenbanken, wie z. B. SAP HANA, Oracle, SAP MaxDB, Microsoft SQL Server und IBM Db2, läuft. Aus diesem Grund benötigt SAP NetWeaver eine systemunabhängige Schnittstelle zum Datenbestand in der Datenbank. Diese Schnittstelle ist das *ABAP Dictionary*.

In der Datenbank werden nur die »Rohdaten« gespeichert. Das ABAP Dictionary beinhaltet die Beschreibung des Tabellenaufbaus dieser Daten. Vom SAP-System aus wird nur über das ABAP Dictionary auf diese Daten zugegriffen, in wenigen Ausnahmefällen direkt über die Datenbank.

Das ABAP Dictionary umfasst insbesondere die folgenden Aufgaben:

- Es schafft eine allgemeine Schnittstelle zum Datenbanksystem, unabhängig davon, welche Datenbank eingesetzt wird.

- Es beinhaltet die Metadaten der eigentlichen Datenbanktabellen, d. h., hier ist der Aufbau aller SAP-Tabellen enthalten. Diese Maske wird zum Arbeiten mit den Daten in der Datenbank über die Rohdaten »gestülpt«.
- Es stellt allgemeine Werkzeuge zur Bearbeitung der Daten bereit.
- Es unterstützt SAP-ABAP-CDS-Views, die mit dem ABAP Development Tool (ADT) in Eclipse definiert wurden.

8.1.1 Aufbau des ABAP Dictionarys

Die maßgeblichen Elemente des ABAP Dictionarys sind:

- **Domänen**
  Die *Domänen* bilden die Grundlage für Felder, die in Tabellen verwendet werden. Darin ist der technische Aufbau eines Felds hinterlegt, wie seine Größe und der Datentyp. Des Weiteren enthalten sind die Wertetabellen sowie eventuell eingetragene Festwerte.

- **Datenelemente**
  Datenelemente basieren auf Domänen. Sie ergänzen die technischen Angaben zum Feld um die Feldbeschreibungen, die Suchhilfezuordnungen und die Angaben, ob Änderungsbelege geschrieben werden sollen.

- **Tabellen**
  Die *Tabellen* stellen das zentrale Element im ABAP Dictionary dar. In ihnen werden die SAP-Daten gespeichert. Eine Tabelle besteht aus 1 bis n Feldern, die in den meisten Fällen auf Datenelementen basieren.
  In SAP ERP existieren drei verschiedene Arten von Tabellen:
  - transparente Tabellen
  - Pooltabellen
  - Clustertabellen

  In SAP S/4HANA werden nur noch transparente Tabellen genutzt.

- **ABAP Dictionary Views**
  Views sind Sichten auf Tabellen. So ist es z. B. möglich, in einem View nur bestimmte Felder einer Tabelle zu hinterlegen. Dem Anwender, der mit diesem View arbeitet, werden dann nur diese Felder angezeigt.
  Auch ist es möglich, einen View über die Datensätze mehrerer Tabellen zu erstellen. In einem relationalen Datenbanksystem werden die einzelnen Tabellen über Schlüssel miteinander verknüpft. Über solche verknüpften Tabellen können Views erstellt werden, die dann die Daten aus den verschiedenen Tabellen wie einen Datensatz darstellen. Dies ist eine Arbeitserleichterung für den Anwender.

Mit SAP HANA wurden die *Data Definition Language (DDL) SQL Views* eingeführt. Diese Views werden nicht mehr im ABAP Dictionary definiert, sondern direkt in der Datenbank. Mit Dictionary Tools können sie nur noch angezeigt werden.

- **ABAP-CDS-Views**
  Die *ABAP Core Data Services* (CDS) ermöglichen die Definition von semantischen Datenmodellen (SDM) auf der Datenbank, die dann im ABAP-Stack genutzt werden können. Zur Definition werden die zur Verfügung gestellten *Data Definition Language* (DDL) und *Data Control Language* (DCL) genutzt. Die Selektion der Daten erfolgt somit in der Datenbank, was einen großen Geschwindigkeitsvorteil darstellt. CDS-Views können im ABAP Dictionary nur angezeigt werden. Die Pflege findet im *ABAP Development Tool* (ADT) in Eclipse statt.

- **Strukturen**
  In *Strukturen* werden Felder zusammengefasst. Sie enthalten keine Daten. Sie werden erst zur Laufzeit eines Programms mit Daten gefüllt. So werden Strukturen z. B. im Berechtigungskonzept von SAP eingesetzt. Die Felder der Berechtigungsobjekte werden in Strukturen hinterlegt.

- **Appends**
  Appends sind Tabellenerweiterungen. Hierdurch ist es möglich, neue Felder an Tabellen anzuhängen, ohne den Tabellenaufbau selbst zu ändern. Damit ist eine Kompatibilität für eventuelle Änderungen am ABAP Dictionary von SAP selbst, z. B. durch Releasewechsel, gewährleistet.

Die Elemente des ABAP Dictionarys werden mit Transaktion SE11 verwaltet. Diese Transaktion können Sie auch zur Anzeige nutzen (alternativ Transaktion SE12). Abbildung 8.1 zeigt die Einstiegsmaske.

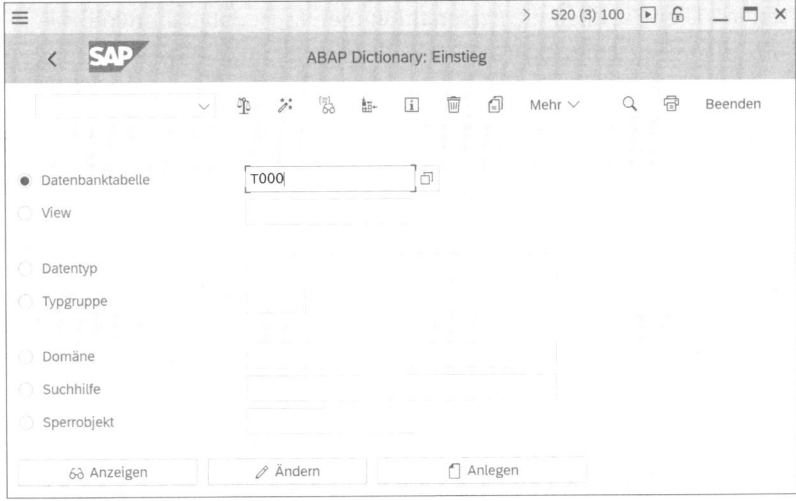

Abbildung 8.1 Transaktion SE11

Eigenentwickelte Elemente des ABAP Dictionarys sind an der Namenskonvention zu erkennen. Sie können mit den folgenden Zeichenketten beginnen:

- CI_*
- H_Y*
- H_Z*
- HRI9*
- HRP9*
- HRT9*
- PA9*
- PB9*
- PS9*
- PT9*
- P9*
- T9*
- Y*
- Z*

8.1.2 Domänen

Technische Eigenschaften, wie z. B. Datentyp und Feldlänge, werden nicht direkt in den Feldern einer Tabelle angegeben. In vielen Tabellen werden immer wieder dieselben Felder benötigt. So werden z. B. in der Finanzbuchhaltung in sehr vielen Tabellen die Felder **Buchungskreis**, **Debitorennummer** und **Kreditorennummer** benötigt, im Personalwesen in vielen Tabellen die **Personalnummer**. Es ist daher sinnvoll, die Beschreibung und die technischen Eigenschaften dieser Felder nur einmal festzulegen und sie dann in den verschiedenen Tabellen immer wieder zu verwenden. Dies hat den Vorteil, dass diese Felder, die maßgeblich auch als Schlüsselfelder genutzt werden, vom Aufbau her immer konsistent zueinander sind. Die technischen Eigenschaften der Felder werden in den Domänen hinterlegt.

Ein weiterer Grund, diese Systematik zu nutzen, besteht in der einfachen Änderbarkeit von Tabelleneigenschaften. Werden die Eigenschaften einer Domäne geändert, werden diese Änderungen sofort in allen Tabellenfeldern, die auf diesen Elementen beruhen, aktiv. Dadurch ist es nicht mehr notwendig, die betreffenden Tabellenfelder manuell zu ändern.

Für das Feld **Buchungskreis** existiert z. B. eine Domäne mit dem Namen BUKRS. Abbildung 8.2 zeigt den Aufbau der Domäne in Transaktion SE11. Hier ist zu erkennen, dass es sich dabei um den Datentyp CHAR (Zeichenkette) handelt. Ein Buchungskreis ist damit immer alphanumerisch, aber nicht numerisch. Die Länge ist mit »4« definiert. Dies ist somit die maximale Länge für einen Buchungskreis.

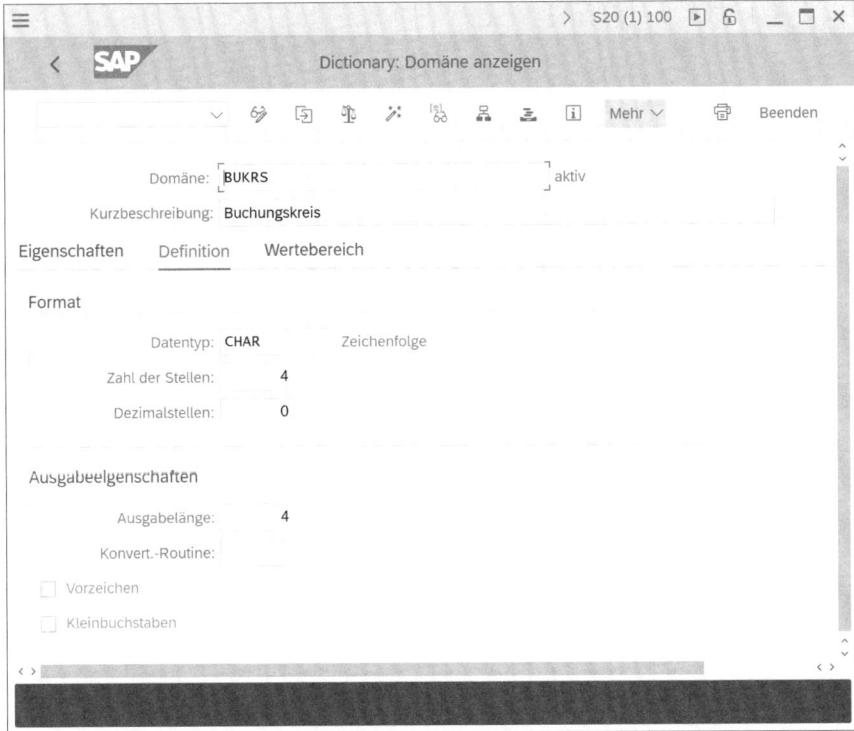

Abbildung 8.2 Die Domäne zum Buchungskreis

Auf der Registerkarte **Wertebereich** werden die Wertetabelle oder die Festwerte angegeben. Zur Domäne BUKRS ist hier Tabelle T001 eingetragen, da dort die Buchungskreise gespeichert werden. Hierüber können Sie nachvollziehen, in welchen Tabellen bestimmte Daten gespeichert werden. Zu einigen Domänen sind Festwerte angegeben. Ein Beispiel ist das Feld **Kontoart**, Domäne KOART. Die Kontoarten sind fest hinterlegt (siehe Abbildung 8.3).

In welchen Tabellenfeldern bestimmte Domänen genutzt werden, können Sie mit Transaktion S_ALR_87101308 (Report RSCRDOMA) ermitteln (Abbildung 8.4). In der Selektionsmaske geben Sie die Domäne an. Mit der Option **nur nicht-leere Tabellen** werden Ihnen nur Tabellen angezeigt, die Datensätze enthalten. Die Option **Tabellenfelderliste** im Bereich **Darstellung** zeigt zusätzlich zu den Tabellennamen auch die Felder an, was aber zu einer großen Laufzeit führen kann.

8 Customizing des SAP-Systems

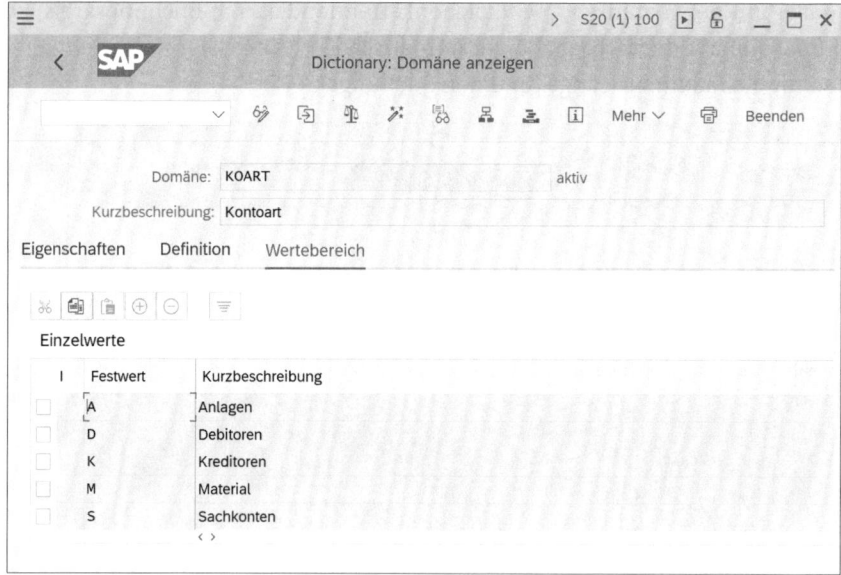

Abbildung 8.3 Festwerte zur Domäne »Kontoart«

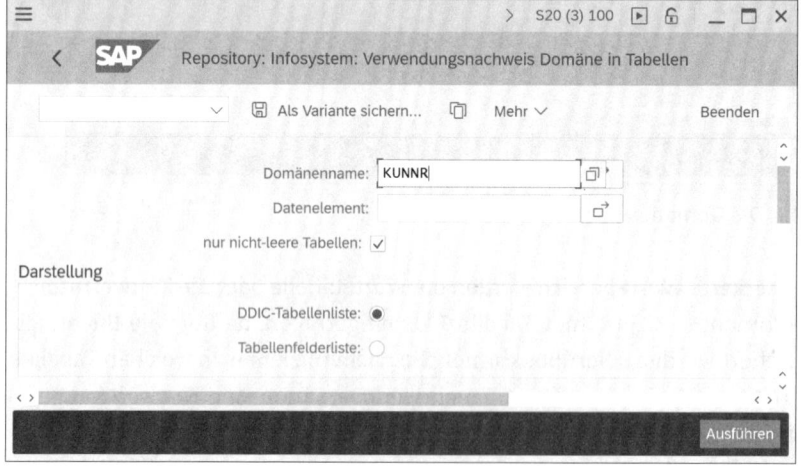

Abbildung 8.4 Selektionsmaske des Reports RSCRDOMA

Zu diesem Report werden in SAP ERP und SAP S/4HANA bereits verschiedene Varianten für Verwendungsnachweise ausgeliefert (siehe Tabelle 8.1). Diese Varianten sind insbesondere relevant für die Datenschutzregister zu personenbezogenen Daten. Für diese Transaktionen liefert SAP im Rahmen des rollenbasierten Audit Information System (AIS) die Rolle SAP_AUDITOR_DS (AIS – Datenschutz) aus. Die zugehörige Berechtigungsrolle ist SAP_AUDITOR_DS_A (AIS – Datenschutz (Berechtigungen)).

Transaktion	Variante	Informationen zu Domänen
S_ALR_87101309	SAP&DS_PERSNO	Personalnummer: • PERSNO
S_ALR_87101310	SAP&DS_APLNO	Bewerber: • APLNO • APLNR
S_ALR_87101311	SAP&DS_LIFNR	Lieferanten: • LIFNR
S_ALR_87101312	SAP&DS_KUNNR	Kunden: • KUNNR
S_ALR_87101313	SAP&DS_PARNUM	Partner: • EDI_PARNUM • I_PARNR • J_1BPARID • KUNDE • NAME • NA_PARNR • NR_RESPONS • SPARTNR
S_ALR_87101314	SAP&DS_SACHA	Sachbearbeiter: • AENUS • AS4USER • BUSAB • DDUSER • DOKU_USER • DWNAM • HIER_USER • RALDB_NAME • SACHA
S_ALR_87101315	SAP&DS_VKGRP	Verkäufergruppe: • VKGRP
S_ALR_87101316	SAP&DS_PATNR	Patienten: • PATNR • FALNR

Tabelle 8.1 Auswertungen zu Tabellen mit personenbezogenen Daten

8 Customizing des SAP-Systems

Transaktion	Variante	Informationen zu Domänen
S_ALR_87101317	SAP&DS_USNAM	Benutzer: • BNAME • SC_OWNER • UBNAME • UNAME • USERNAME • USNAM • XUBNAME • XUSER

Tabelle 8.1 Auswertungen zu Tabellen mit personenbezogenen Daten (Forts.)

8.1.3 Datenelemente

In einer Domäne werden die technischen Feldeigenschaften angegeben. Sie stellen die Grundstruktur der Felder dar. Die Datenelemente, in denen die Domänen hinterlegt werden, bilden die logische Anwendersicht ab. So werden im Datenelement u. a. die Feldbezeichner für das Feld hinterlegt. Abbildung 8.5 zeigt die Bezeichnungen für das Datenelement EKORG (Einkaufsorganisation).

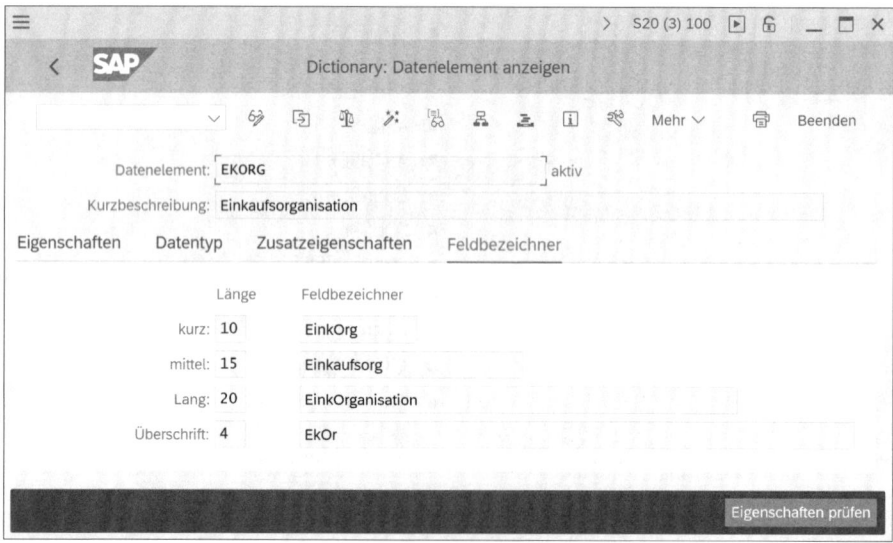

Abbildung 8.5 Feldbezeichner zu Datenelementen

Eine wichtige Eigenschaft des Datenelements ist die Festlegung zum Schreiben eines Änderungsbelegs. Mit Änderungsbelegen werden u. a. die Auflagen des § 257 HGB (Aufbewahrungsfristen) gewahrt. Welche Tabellen über Änderungsbelege protokolliert werden, wird in den Änderungsbelegobjekten (Transaktionen SCDO oder SCDO_NEW bzw. Tabelle TCDOB) festgelegt. Welche Felder dieser Tabellen bei einer Änderung protokolliert werden, wird im Datenelement der Felder festgelegt. So wird z. B. das Feld **Buchungskreis** in Buchhaltungsbelegen protokolliert, weil im Datenelement BUKRS diese Eigenschaft gesetzt wurde (siehe Abbildung 8.6). Die Eigenschaft wird in Tabelle DD04L im Feld LOGFLAG (**Änderungsbeleg**) gespeichert. Hierüber können Sie auswerten, welche Felder protokollierungspflichtig sind (siehe Abschnitt 4.4, »Protokollierung über Änderungsbelege«).

Zu jedem Datenelement kann eine Dokumentation angelegt werden. Insbesondere bei Eigenentwicklungen sollten Sie darauf achten, dass neu definierte Datenelemente in der Dokumentation beschrieben werden. Die Dokumentation ist auch gleichzeitig die Dokumentation der Felder, die auf diesem Datenelement basieren. Daher sollten Sie hier insbesondere darauf achten, dass die Dokumentation auch für Anwender ausreichend und verständlich hinterlegt wurde. Die Dokumentation zu Datenelementen können Sie sich in Transaktion SE11 über den Menüpfad **Springen** • **Dokumentation** • **Anzeigen** anzeigen lassen.

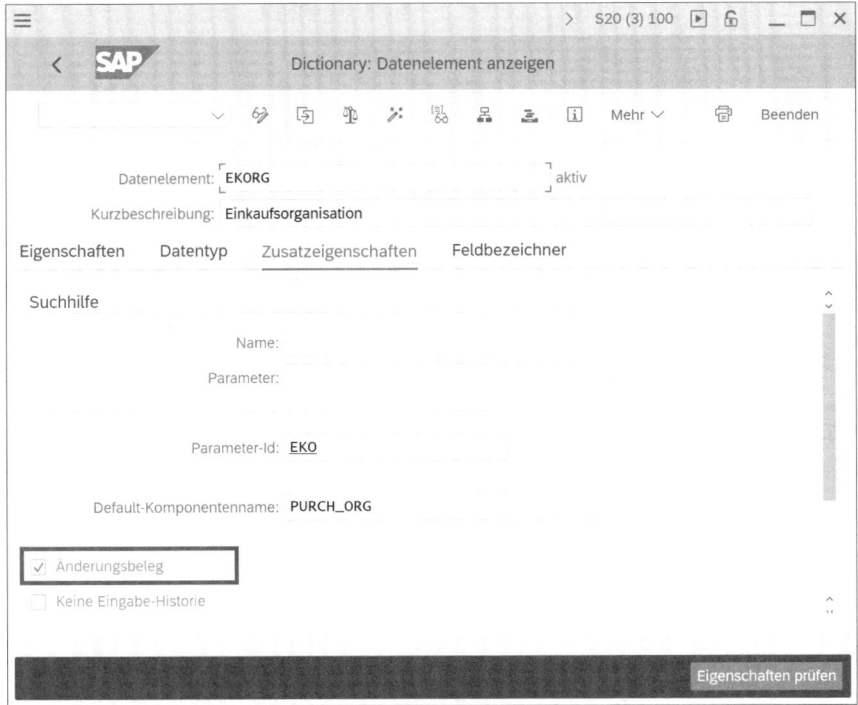

Abbildung 8.6 Eigenschaft »Änderungsbeleg« im Datenelement

In Transaktion SE16 können Sie sich die Dokumentation in der Selektionsmaske von Tabellen anzeigen lassen. Klicken Sie dort in ein Feld, und drücken Sie die Taste (F1).

Zum ausgewählten Feld wird die Dokumentation des zugrunde liegenden Datenelements angezeigt. Im Hilfefenster können Sie sich über die Schaltfläche **Technische Informationen** den technischen Feldnamen und das Datenelement anzeigen lassen.

8.1.4 Zugriffsrechte

Die folgenden Tabellen zeigen Ihnen die Berechtigungen zu Domänen und Datenelementen. In SAP-S/4HANA-Systemen sind diese Berechtigungen ausreichend. In allen anderen Systemen ist zusätzlich ein Entwicklerschlüssel erforderlich.

Tabelle 8.2 zeigt die Berechtigung zum Pflegen von Domänen.

Berechtigungsobjekt	Feld	Wert
S_TCODE	TCD (Transaktion)	SE11
S_DEVELOP	ACTVT (Aktivität)	■ 01 (Anlegen) ■ 02 (Ändern) ■ 06 (Löschen)
	OBJTYPE (Objekttyp)	DOMA
	OBJNAME (Repository-Objekt-Name)	<Name einer Domäne>
	P_GROUP (Berechtigungsgruppe)	<Berechtigungsgruppe einer Domäne>
	DEVCLASS (Paket)	<Paket einer Domäne>

Tabelle 8.2 Berechtigung zum Pflegen von Domänen

Tabelle 8.3 zeigt die Berechtigung zum Pflegen von Datenelementen.

Berechtigungsobjekt	Feld	Wert
S_TCODE	TCD (Transaktion)	SE11
S_DEVELOP	ACTVT (Aktivität)	■ 01 (Anlegen) ■ 02 (Ändern) ■ 06 (Löschen)

Tabelle 8.3 Berechtigung zum Pflegen von Datenelementen

Berechtigungsobjekt	Feld	Wert
S_DEVELOP (Forts.)	OBJTYPE (Objekttyp)	DTEL
	OBJNAME (Repository-Objekt-Name)	<Name eines Datenelements>
	P_GROUP (Berechtigungsgruppe)	<Berechtigungsgruppe eines Datenelements>
	DEVCLASS (Paket)	<Paket eines Datenelements>

Tabelle 8.3 Berechtigung zum Pflegen von Datenelementen (Forts.)

8.1.5 Checkliste

In Tabelle 8.4 finden Sie die Checkliste mit den prüfungsrelevanten Fragestellungen zum ABAP Dictionary.

Risiko	Fragestellung
	Vorgabe oder Erläuterung
3	Wurde eine Dokumentation zu den eigenentwickelten Domänen angelegt?
	Eigenentwickelte Domänen müssen dokumentiert sein. Hier besteht das Risiko, dass bei Weiterentwicklungen die Domänen falsch eingesetzt bzw. unnötigerweise neue Domänen angelegt werden.
3	Wurde eine Dokumentation zu den eigenentwickelten Datenelementen angelegt?
	Eigenentwickelte Datenelemente müssen dokumentiert sein. Hier besteht das Risiko, dass bei Weiterentwicklungen die Datenelemente falsch eingesetzt bzw. unnötigerweise neue Datenelemente angelegt werden.

Tabelle 8.4 Checkliste zum ABAP Dictionary

Wie Sie die einzelnen Punkte praktisch am SAP-System prüfen können, erfahren Sie in Abschnitt 8.1 des Dokuments **Tiede_Checklisten_Sicherheit_und_Pruefung.pdf**, das Sie im Downloadbereich zu diesem Buch unter *www.sap-press.de/5145* finden.

8.2 Das Konzept der Tabellensteuerung

Das SAP-System arbeitet fast vollständig tabellengesteuert. In den Tabellen werden sowohl die eigentlichen Daten (Stammdaten, Belegdaten usw.) als auch Steuerungsinformationen des Systems und die Zugriffsberechtigungen gespeichert. Lediglich die Systemparameter und Log-Daten (z. B. SysLog, Security-Audit-Log, Traces usw.) werden in Dateien im Betriebssystem gespeichert; alles andere wird über die Tabellen gesteuert.

Grundsätzlich unterscheidet SAP zwischen zwei verschiedenen Arten von (logischen) Tabellen: die mandantenabhängigen und die mandantenunabhängigen Tabellen. Physisch wird zwischen transparenten, Pool- und Clustertabellen unterschieden.

8.2.1 Eigenschaften von Tabellen

Jede Tabelle des SAP-Systems besitzt eine Vielzahl an Eigenschaften. Diese Eigenschaften werden in den folgenden Tabellen gespeichert:

- Tabelle DD02L: Eigenschaften der SAP-Tabellen
- Tabelle DD09L: Technische Einstellungen von Tabellen
- Tabelle DD02T: Texte zu den Tabellen

Diese Tabellen benötigen Sie für gezielte Fragestellungen. Im Folgenden erläutere ich die wichtigsten Felder dieser Tabellen. Nutzen Sie die Transaktionen SE11 und SE13, um sich die Eigenschaften einzelner Tabellen anzeigen zu lassen.

Tabelle DD02L – Eigenschaften der SAP-Tabellen

In dieser Tabelle werden nicht nur die Eigenschaften der physischen Tabellen gespeichert, sondern auch die Eigenschaften der Strukturen und Views. Daher müssen Sie beachten, dass für Auswertungen zu Tabellen in dem Feld TABCLASS (**Tabellentyp**) eine Mehrfachselektion eingegeben wird. Tabelle 8.5 zeigt die wesentlichen Felder von Tabelle DD02L.

Feldname	Technischer Feldname	Beschreibung
Tabellenname	TABNAME	Name der Tabelle
Tabellentyp	TABCLASS	Typ der Tabelle: - APPEND (Append-Struktur) - CLUSTER (Clustertabelle; nur SAP ERP)

Tabelle 8.5 Felder von Tabelle DD02L

Feldname	Technischer Feldname	Beschreibung
Tabellentyp (Forts.)	TABCLASS (Forts.)	- INTTAB (Struktur) - POOL (Pooltabelle; nur SAP ERP) - TRANSP (transparente Tabelle) - VIEW (Views)
		Zum Auswerten der Tabellen (ohne Strukturen und Views) müssen Sie über die Mehrfachselektion dieses Felds auf die folgenden Einträge einschränken: - TRANSP - POOL - CLUSTER
SQL-Tabelle	SQLAPPDTAB	Für Pool- und Clustertabellen wird hier der Name des zugehörigen Tabellenpools oder Tabellenclusters angegeben.
Mandantenabhängig	CLIDEP	Zeigt an, ob die Tabelle mandantenabhängig ist: - X = mandantenabhängig - <leer> = mandantenunabhängig
Benutzer letzte Änderung	AS4USER	Benutzer, der die letzte Änderung an den Einstellungen der Tabelle vorgenommen hat
Datum letzte Änderung	AS4DATE	Datum der letzten Änderung der Einstellungen der Tabelle
Uhrzeit letzte Änderung	AS4TIME	Uhrzeit der letzten Änderung der Einstellungen der Tabelle
Tabellenpflege erlaubt	MAINFLAG	Zeigt an, ob diese Tabelle manuell gepflegt werden darf (z. B. über SM30): - X = Pflege/Anzeige erlaubt - <leer> = Anzeige erlaubt - N = Pflege/Anzeige nicht erlaubt

Tabelle 8.5 Felder von Tabelle DD02L (Forts.)

Tabelle DD09L – Technische Einstellungen von Tabellen

In dieser Tabelle wird u. a. gespeichert, ob die Tabelle protokolliert wird (zur Tabellenprotokollierung siehe Abschnitt 4.3, »Protokollierung von Tabellenänderungen«).

Beim Einsatz von SAP HANA als Datenbank ist hier außerdem ersichtlich, ob es sich um eine spalten- oder zeilenorientierte Tabelle handelt. Diese Eigenschaften werden mit Transaktion SE13 gepflegt. Zur Änderung dieser Eigenschaften ist kein Entwicklerschlüssel erforderlich. Tabelle 8.6 zeigt die wesentlichen Felder von Tabelle DD09L.

Feldname	Technischer Feldname	Beschreibung
Tabellenname	TABNAME	Name der Tabelle
Datenänderungen protokollieren	PROTOKOLL	Gibt an, ob Änderungen der Tabelleneinträge protokolliert werden. Voraussetzung ist, dass dies über den Parameter rec/client aktiviert wurde.
Datum letzte Änderung	AS4DATE	Datum der letzten Änderung der Einstellungen der Tabelle
Uhrzeit letzte Änderung	AS4TIME	Uhrzeit der letzten Änderung der Einstellungen der Tabelle
In transparente Tabelle umwandeln	TRANSPFLAG	Zeigt an, ob die Pool- oder Clustertabelle in eine transparente Tabelle umgewandelt werden soll.
Schreibzugriff nur mit JAVA	JAVAONLY	Tabelleninhalte dürfen vom Java-Stack aus geändert werden.
Unterscheidung Zeilen- und Spaltenspeicher	ROWORCOLST	Zeigt an, ob es sich um eine spalten- oder zeilenorientierte Tabelle handelt (nur bei SAP HANA).

Tabelle 8.6 Felder von Tabelle DD09L

Tabelle DD02T – Texte zu SAP-Tabellen

In Tabelle DD02T werden die Texte zu den Tabellen gespeichert. Tabelle 8.7 zeigt die Felder der Tabelle.

Feldname	Technischer Feldname	Beschreibung
Tabellenname	TABNAME	Name der Tabelle
Sprachenschlüssel	DDLANGUAGE	Enthält die Sprache des Textes.
Kurzbeschreibung	DDTEXT	Enthält den Text zur Tabelle.

Tabelle 8.7 Felder von Tabelle DD02T

View DD02V – View zu Tabelle DD02L

Dieser View enthält die Felder von Tabelle DD02L und zusätzlich noch das Beschreibungsfeld aus der Texttabelle DD02T. Dieser View hat somit den Vorteil, dass neben den Eigenschaften auch der jeweilige Text mitangezeigt wird. Nachteil ist aber, dass Tabellen, für die es keine Beschreibung gibt, nicht mitaufgelistet werden. Daher kann dieser View zum Auswerten der Eigenschaften von Tabellen nicht genutzt werden.

8.2.2 Mandantenabhängige Tabellen

Mandantenabhängige Tabellen enthalten Daten, die jeweils nur für einen Mandanten gültig sind. Beispielsweise ist Tabelle USR02, in der die Anmeldedaten aller Benutzer des gesamten SAP-Systems gespeichert sind, mandantenabhängig. Zwar sind hier in der Datenbank die Benutzer aus allen Mandanten des gesamten SAP-Systems gespeichert, allerdings sehen Sie beim Anzeigen dieser Tabelle immer nur die Benutzer des aktuellen Mandanten. In einem SAP-ERP- bzw. SAP-S/4HANA-System existieren standardmäßig ca. 110.000 mandantenabhängige Tabellen, in einem SAP-NetWeaver-System ca. 12.000.

Mandantenabhängige Tabellen sind daran zu erkennen, dass das erste Feld der Tabelle das Feld MANDT (**Mandant**) ist und zum *Primärschlüssel* der Tabelle gehört. Für Tabelle USR02 bilden z. B. die Felder MANDT (**Mandant**) und BNAME (**Benutzer**) den Primärschlüssel. Die Primärschlüsselfelder sind über Transaktion SE11 am Häkchen in der Spalte **Key** zu erkennen (siehe Abbildung 8.7).

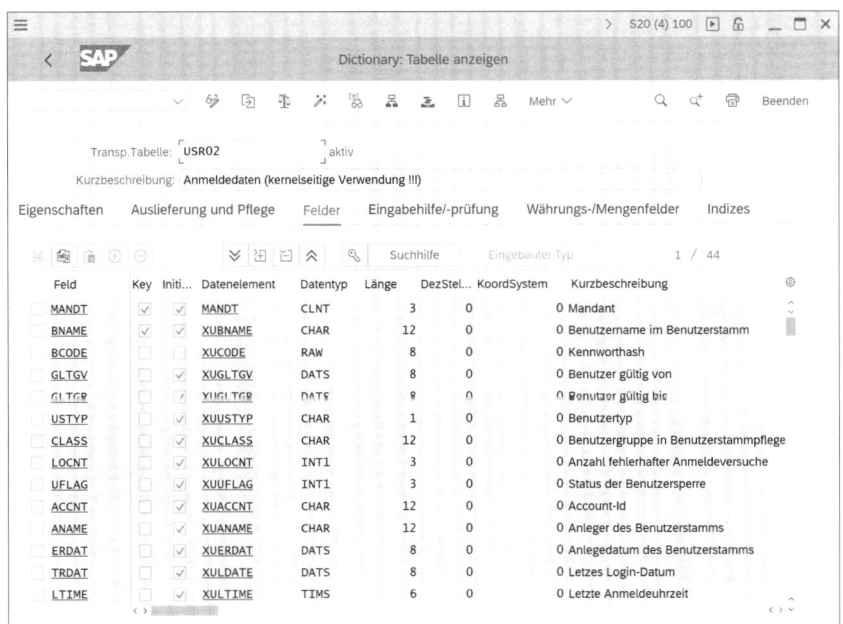

Abbildung 8.7 Aufbau der mandantenabhängigen Tabelle USR02

Welche Tabellen des Systems mandantenabhängig sind, ist in Tabelle DD02L (Eigenschaften der SAP-Tabellen) gespeichert. Zur Selektion dieser Tabellen setzen Sie in Transaktion SE16 die in Tabelle 8.8 aufgeführten Selektionskriterien.

Feld	Wert
TABCLASS (Tabellentyp)	TRANSP, POOL, CLUSTER
CLIDEP (mandantenabhängig)	X

Tabelle 8.8 Selektionskriterien zur Anzeige mandantenabhängiger Tabellen

8.2.3 Mandantenunabhängige Tabellen

Zu den *mandantenunabhängigen Tabellen* gehören alle Tabellen, deren Daten für alle Mandanten des Systems gelten. So ist z. B. die Mandantentabelle T000 selbst mandantenunabhängig. Ein weiteres Beispiel hierzu ist die Tabelle mit den verbotenen Kennwörtern (USR40). Auch diese Tabelle gilt mandantenübergreifend. Zu erkennen sind diese Tabellen auch daran, dass das Feld MANDT (**Mandant**) nicht als erstes Feld im Primärschlüssel enthalten ist. Abbildung 8.8 zeigt beispielhaft die Felder der Tabelle DBTABLOG, in der die Tabellenänderungsprotokolle gespeichert werden.

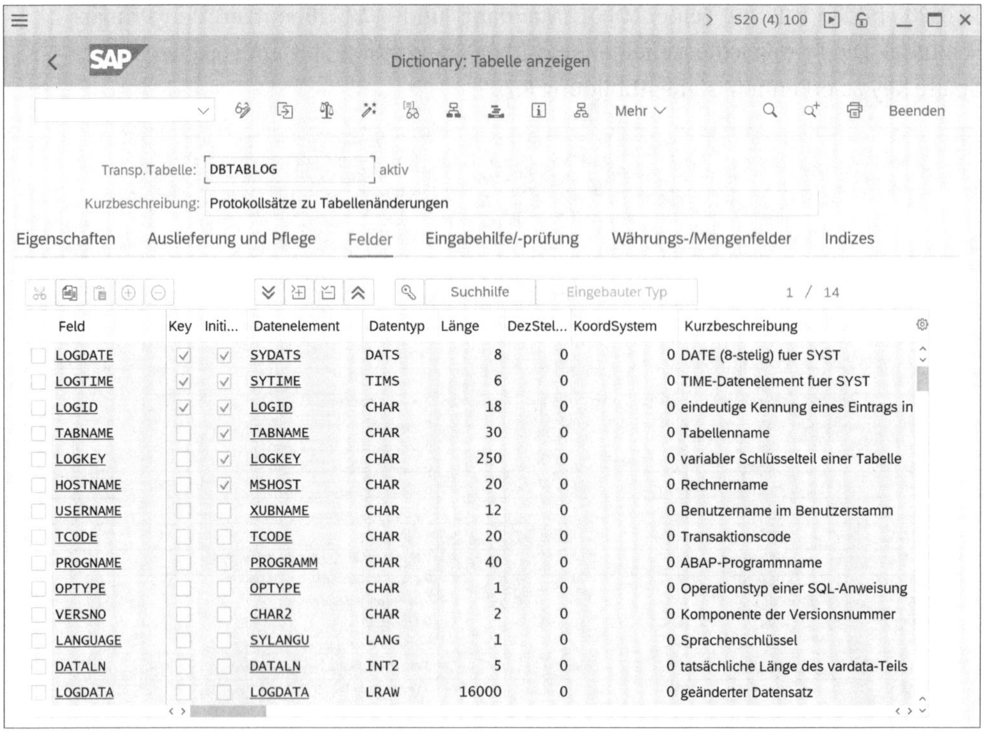

Abbildung 8.8 Felder von Tabelle DBTABLOG

Am Primärschlüssel der Tabelle, bestehend aus den Feldern LOGDATE, LOGTIME und LOGID ist zu erkennen, dass die Tabelle mandantenunabhängig ist. Somit können Sie Tabellenänderungsprotokolle grundsätzlich von allen Mandanten aus einsehen.

In einem SAP-ERP- bzw. SAP-S/4HANA-System existieren standardmäßig ca. 30.000 mandantenunabhängige Tabellen, in einem SAP-NetWeaver-System ca. 15.000. Welche Tabellen des Systems mandantenunabhängig sind, ist in Tabelle DD02L (Eigenschaften von SAP-Tabellen) gespeichert. Zur Selektion dieser Tabellen geben Sie die Selektionskriterien gemäß Abbildung 8.9 ein.

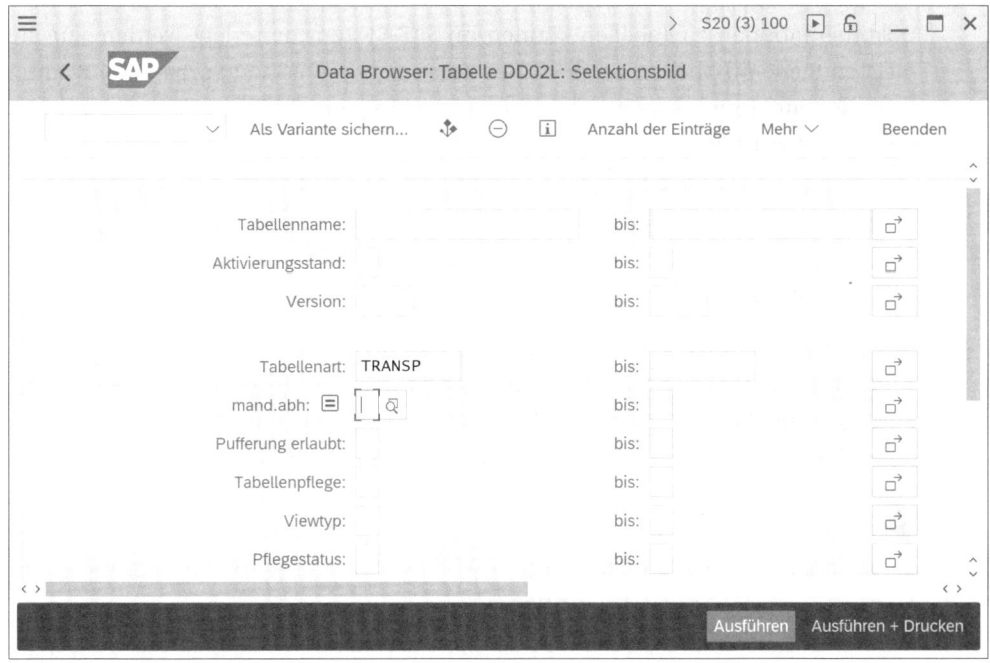

Abbildung 8.9 Selektion von mandantenunabhängigen Tabellen

8.2.4 Transparente Tabellen

Die Tabellen des SAP-Systems sind im *ABAP Repository* definiert. Die Tabellen sind als transparente Tabellen gespeichert. In älteren Releaseständen wurden viele Tabellen als Pool- oder Clustertabellen gespeichert. Dies ist in SAP S/4HANA nicht mehr der Fall. Cluster- und Pooltabellen werden nicht mehr genutzt. Daher behandele ich diese beiden Tabellenarten hier nicht weiter.

Transparente Tabellen werden in der Datenbank so gespeichert, wie sie auch im ABAP Dictionary angezeigt werden. Diese Tabellen können in der Datenbank mit einfachen Mitteln geändert werden, z. B. über einen SQL-Editor. Die meisten Tabellen des SAP-Systems (z. B. Customizing-Daten und Stammdaten) sind als transparente Tabellen gespeichert.

Eine Liste aller transparenten Tabellen können Sie über Tabelle DD02L anzeigen. Tragen Sie hierzu als Selektionskriterium im Feld TABCLASS (**Tabellentyp**) den Wert »TRANSP« ein. Es existieren ca. 150.000 transparente Tabellen in SAP ERP bzw. SAP S/4HANA.

8.2.5 Dokumentationen zu Tabellen

Dokumentationen zu Tabellen können im SAP-System hinterlegt werden. Für die meisten Standardtabellen ist allerdings keine Dokumentation vorhanden. Wichtig ist dieser Punkt insbesondere für unternehmenseigene Tabellen. Diese müssen dokumentiert werden.

Die Dokumentation können Sie über Transaktion SE11 anzeigen und pflegen. Lassen Sie sich hier eine Tabelle anzeigen, und wählen Sie dann den Menüpfad **Springen • Dokumentation • Anzeigen** aus. Führen Sie diesen Schritt für alle eigenentwickelten Tabellen durch, um zu überprüfen, ob für diese eine Dokumentation hinterlegt wurde.

Um Tabellen dahingehend zu analysieren, wie sie im SAP-System genutzt werden, können Reports zur Anzeige der Dokumentationen zu den einzelnen Feldern genutzt werden. Die Felder von Tabellen basieren auf Datenelementen. Für die meisten dieser Datenelemente ist eine Dokumentation hinterlegt (siehe Abschnitt 8.1.3, »Datenelemente«). Der Report RSSDOCTB zeigt zu allen Feldern die Dokumentationen an. Der Report RDDOODOC zeigt zusätzlich noch zu allen Feldern die Prüftabellen sowie deren Inhalte an. Sie können ihn in SAP-ERP- bzw. SAP-S/4HANA-Systemen über Transaktion S_ALR_87101318 aufrufen.

In der Ausgabe des Reports RDDOODOC werden die Felder in der Reihenfolge angezeigt, wie sie in der Tabellendefinition hinterlegt sind. Im oberen Teil des Reports werden die Kopfdaten angezeigt (ausführender Benutzer, Datum, Selektionskriterien usw.). Danach werden unter **Dictionary Strukturen** die selektierten Tabellen mit ihren Feldern angezeigt. Abbildung 8.10 zeigt einen Ausschnitt des Reports. Zu den Feldern werden jeweils die Feldeigenschaften angezeigt (die Domäne mit den technischen Eigenschaften) sowie, soweit vorhanden:

- die Felddokumentation des Datenelements des Felds
- Prüftabellen und ihre Einträge
- Festwerte

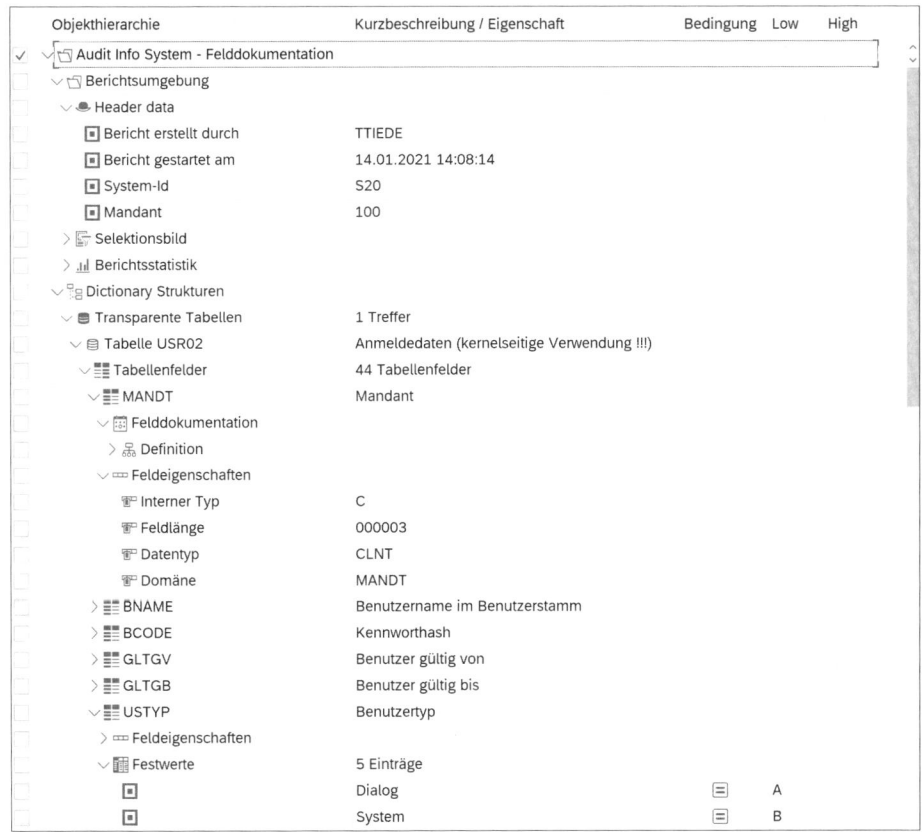

Abbildung 8.10 Ausgabe des Reports RDD00DOC

8.2.6 ABAP-Dictionary-Views

Ein *View* ist eine Sicht auf eine Tabelle, die zeilen- oder spaltenweise eingeschränkt werden kann. Ein View kann auch auf mehreren, über Schlüsselfelder miteinander verknüpften Tabellen basieren. Views werden für das Customizing des SAP-Systems genutzt. ABAP-Dictionary-Views mit rein lesendem Zugriff auf die Daten werden in SAP S/4HANA inzwischen vermehrt abgelöst durch die *ABAP-CDS-Views* (siehe Abschnitt 8.2.7, »ABAP-CDS-Views«), welche erheblich performanter sind und mehr Flexibilität bieten.

Häufiges Einsatzgebiet von Views sind Tabellen mit einer Vielzahl von Feldern. Hier können beliebig viele Views für die Tabelle definiert werden, die dem Anwender immer nur einen Ausschnitt der Tabelle anzeigen. Ein Beispiel hierzu ist Tabelle T001, in der die Eigenschaften der Buchungskreise gespeichert werden. Die Tabelle besteht aus 80 Feldern, in denen Buchungskreiseigenschaften gespeichert werden, z. B. der zugeordnete Kontenplan, die maximal zulässige Kursabweichung, die Gesellschaft usw. Eine Berechtigung zum Ändern dieser Tabelle würde somit bedeuten, dass alle diese Eigenschaften geändert werden können.

Basierend auf dieser Tabelle, ist eine Vielzahl von Views definiert, die immer nur wenige Felder der Tabelle enthält. Für diese Views können einzelne Berechtigungen vergeben werden. Abbildung 8.11 zeigt einen Ausschnitt der für Tabelle T001 definierten Views. Views werden genauso genutzt wie Tabellen. Sie können mit den normalen Tabellenanzeigetransaktionen, wie z. B. SE16 oder SM30, angezeigt werden.

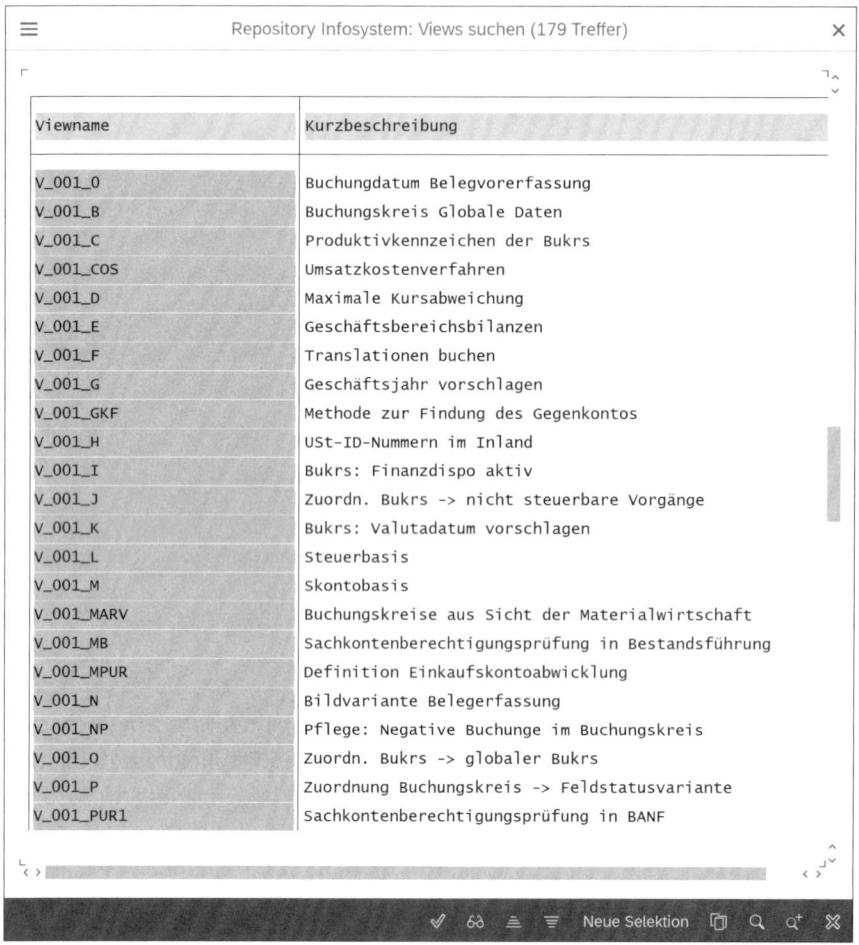

Abbildung 8.11 Views zu Tabelle T001

Außerdem existieren sogenannte *Viewcluster*. Ein View ist eine Pflegeoberfläche für Tabellen, die 1:1 miteinander verknüpft sind. In einem Viewcluster können Tabellen über den Schlüssel N:M miteinander verknüpft werden. Wählen Sie einen Eintrag aus einer Tabelle einem Viewcluster aus, wird zu den korrespondierenden Datensätzen einer weiteren Tabelle verzweigt. Views werden mit Transaktion SM30 gepflegt, Viewcluster mit Transaktion SM34.

Die Hauptnutzung der Views liegt im Customizing. Im *Einführungsleitfaden* (Implementation Guide, kurz IMG) sind die Views hinterlegt, über die dann die zugrunde liegenden Tabellen geändert werden. Zur Prüfung können Sie den Einführungsleitfaden ebenfalls nutzen, da er auch mit reinen Anzeigerechten aufgerufen werden kann. Rufen Sie zur Anzeige Transaktion SPRO auf, und klicken Sie auf die Schaltfläche **SAP Referenz-IMG**. In Abbildung 8.12 sind einige Einträge des Einführungsleitfadens abgebildet.

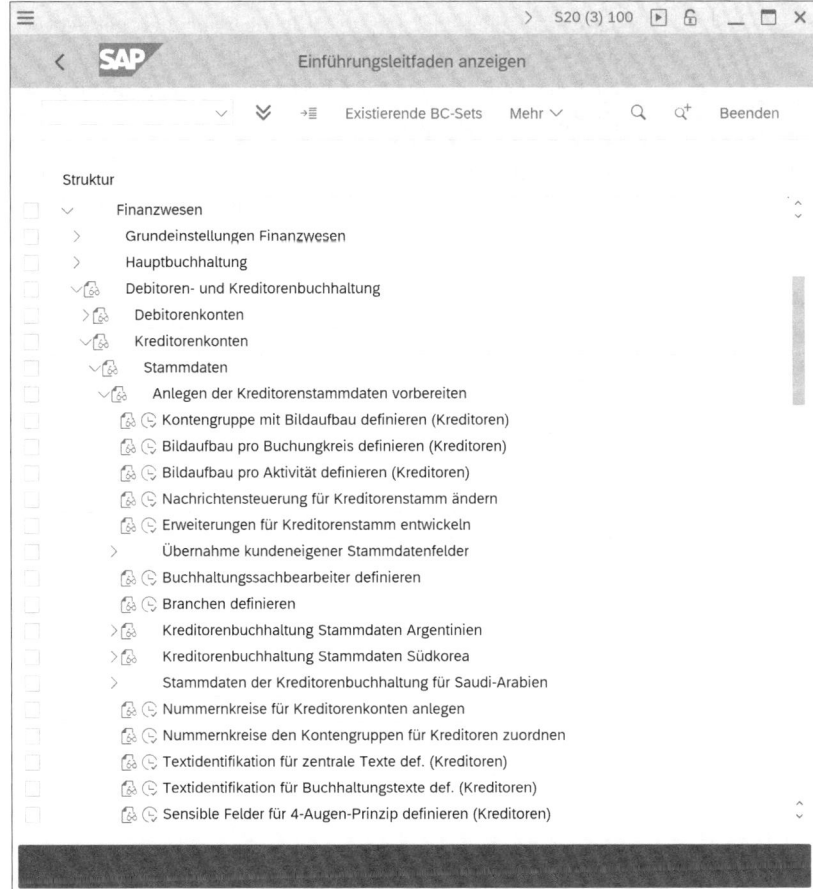

Abbildung 8.12 Transaktion SPRO – Der Einführungsleitfaden

Den Aufbau eines Views können Sie mit Transaktion SE11 einsehen. In der Einstiegsmaske tragen Sie den Namen im Feld **View** ein. Die Eigenschaften des Views sind auf fünf Registerkarten aufgeteilt (siehe Tabelle 8.9).

Registerkarte	Eigenschaften des Views
Eigenschaften	Hier werden der letzte Änderer sowie das letzte Änderungsdatum angezeigt, ebenso das Paket.
Tabellen/Joinbedingungen	Hier wird die Tabelle angezeigt, auf der der View basiert. Es können auch mehrere Tabellen als Grundlage für einen View verwendet werden. Die Tabellen können über Felder miteinander verknüpft werden (nach *Join-Bedingungen*). So können sich die Felder eines Views aus Feldern mehrerer Tabellen zusammensetzen.
Viewfelder	Hier werden die Felder angezeigt, die über den View gepflegt/angezeigt werden können. Hier können nur Felder aus den Tabellen stehen, die über die Registerkarte **Tabellen/Joinbedingungen** definiert wurden.
Selektionsbedingungen	Hier können die anzuzeigenden Datensätze der Views zeilenweise selektiert werden, indem Selektionskriterien definiert werden. So ist es hiermit möglich, den View nicht nur auf bestimmte Felder der zugrunde liegenden Tabelle zu begrenzen, sondern auch auf deren anzuzeigende Datensätze.
Pflegestatus	Hier wird definiert, inwiefern Daten innerhalb des Views geändert werden können. Diese Eigenschaft ist unabhängig von der Änderbarkeit der zugrunde liegenden Tabelle. Ist die zugrunde liegende Tabelle nicht änderbar, aber der View, können die Datensätze der Tabelle über diesen View geändert werden. Diese Tatsache wirkt sich maßgeblich auf die Tabellenzugriffsrechte aus.

Tabelle 8.9 Eigenschaften eines Views

Die Views werden in den folgenden Tabellen gespeichert:

- Tabelle DD25L: Eigenschaften der Views
- Tabelle DD25T: Texte zu den Views
- Tabelle DD26S: Tabellen der Views
- Tabelle DD27S: Felder der Views
- Tabelle DD28S: Selektionsbedingungen zu den Views

Eine komfortable Möglichkeit zum Suchen von Views bietet das *Repository-Informationssystem* (Transaktion SE84). Wählen Sie hier den Baumeintrag **Repository-Infosystem • ABAP Dictionary • Views** mit einem Doppelklick aus. Klicken Sie danach auf die Schaltfläche **Alle Selektionen** ( ), um die erweiterten Selektionsmöglichkeiten anzuzeigen.

Um z. B. alle Views zu einer Tabelle anzuzeigen, tragen Sie den Tabellennamen in das Feld **Primärtabelle** ein. Meistens sind für die Berechtigungen nur die Pflegeviews interessant; daher selektieren Sie nur diesen Eintrag. Abbildung 8.13 zeigt exemplarisch die Selektionsmaske zum Anzeigen der Views zu Tabelle T001. Bringt die Suche nach der Primärtabelle kein Ergebnis, tragen Sie im zweiten Schritt den Namen der gesuchten Tabelle im Feld **Basistabelle** ein. Dies sind Tabellen, die mit der Primärtabelle verknüpft sind und deren Felder ebenfalls im View verwendet werden können.

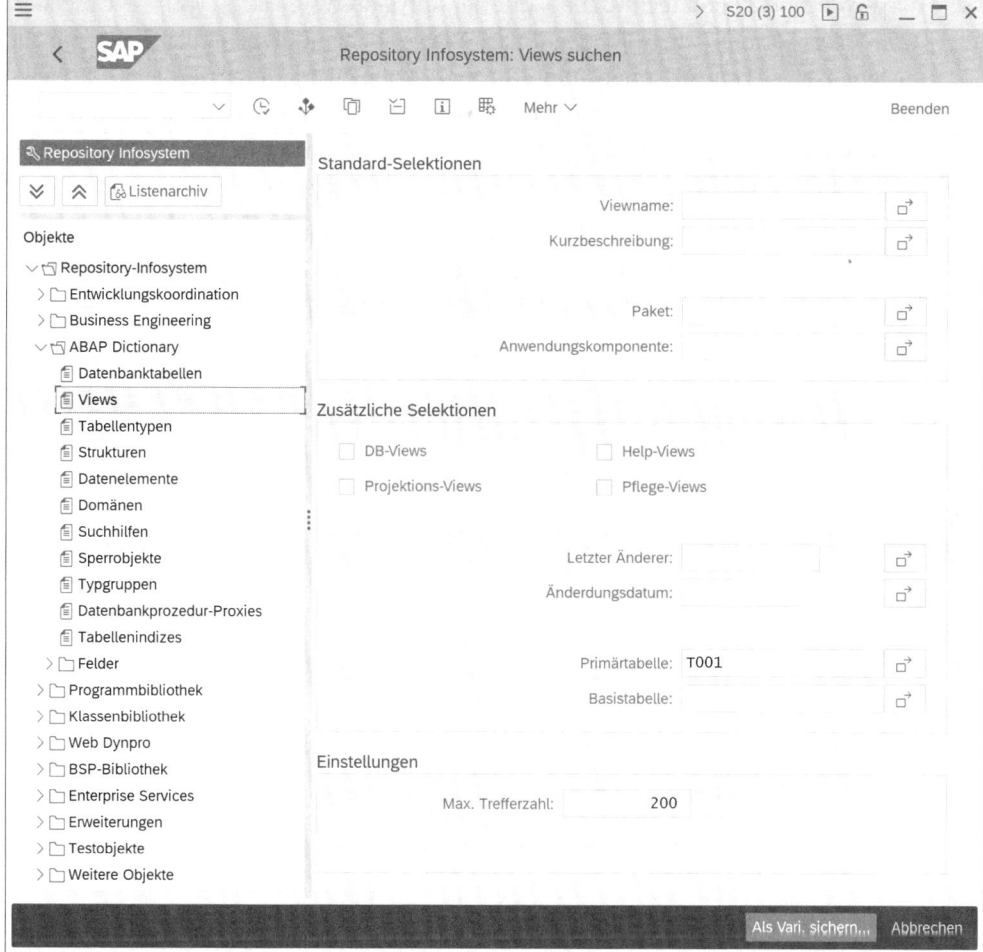

Abbildung 8.13 Transaktion SE84 – Selektion zur Anzeige der Views zu Tabelle T001

Das Ergebnis wird als Liste angezeigt. Durch einen Doppelklick auf einen View gelangen Sie in dessen Eigenschaften (Transaktion SE11). Von dort aus können Sie sich über die Schaltfläche **Inhalt** die Datensätze des Views anzeigen lassen.

8.2.7 ABAP-CDS-Views

Mit SAP HANA wurden die *Core Data Services* (CDS) als Infrastruktur für die Datenmodellierung eingeführt. CDS-Views werden direkt auf der Datenbank erstellt, was einen erheblichen Performancegewinn im Gegensatz zum ABAP-Dictionary-View bedeutet. Im ABAP Dictionary können diese Views (z. B. mit Transaktion SE11) nur angezeigt, aber nicht gepflegt werden. Die Pflege der CDS-Views erfolgt entweder mit dem ABAP Developer Tool (ADT) in Eclipse oder mit der SAP-Fiori-App *Custom CDS Views (Version 2)* – der technische Name der App lautet: APS_EXT_CCV_SRV. Die meisten CDS-Views können, wie ABAP-Dictionary-Views auch, mit den Standardtools zur Tabellenanzeige (Transaktionen SE16, SE16N, S416N etc.) angezeigt werden. CDS-Views lösen inzwischen fast alle Dictionary-Views ab, auf die nur lesend zugegriffen wird. Pflegeviews für das Customizing bleiben weiterhin Dictionary-Views. Gab es in SAP S/4HANA 1709 ca. 23.000 CDS-Views, sind es in S/4HANA 2020 bereits ca. 58.000.

Abbildung 8.14 zeigt den CDS-View BSIK (Kreditoren Offene Posten). BSIK war in SAP ERP eine transparente Tabelle, in der die offenen Posten der Kreditoren redundant zu den eigentlichen Belegen (Tabelle BSEG (Belegpositionen)) gespeichert wurden.

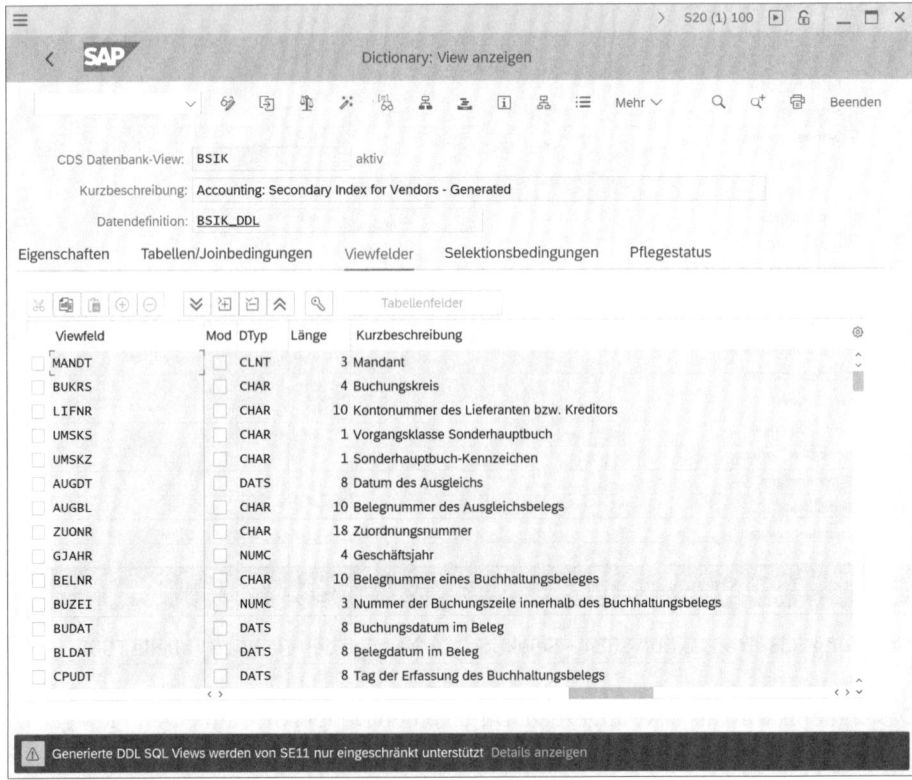

Abbildung 8.14 ABAP-CDS-View SUSRUSRAUTOBJVAL

8.2 Das Konzept der Tabellensteuerung

Das ermöglichte eine relativ performante Auswertung und Verarbeitung der Daten. Die Tabelle BSEG war bei hohem Belegaufkommen zu groß, um Auswertungen durchzuführen. Der CDS-View BSIK in S/4HANA basiert auf den Tabellen BKPF (Belegkopf) und BSEG. Da die CDS-Views in der Datenbank ausgeführt werden, treten hier keine Performanceprobleme auf.

Die Grundlage von CDS-Views sind *DDL-SQL-Views*. DDL steht für *Data Definition Language* und ist eine sehr mächtige Abfragesprache. Der DDL-SQL-View zum CDS-View BSIK ist BSIK_DDL. Sie finden ihn in Abbildung 8.14 im Feld **Datendefinition**.

Abbildung 8.15 zeigt den DDL-SQL-View. Hier wird der SQL-Quelltext definiert. Mit der Anweisung define view wird der CDS-View mittels SQL-Befehlen definiert. Wie dieser View dann im ABAP Dictionary heißen soll, wird in den Kopfdaten mittels der *Annotation* @AbapCatalog.sqlViewName angegeben, in diesem Beispiel BSIK (Annotationen sind hier Metadaten, also Eigenschaften der Views). Unter diesem Namen kann der View dann in ABAP genutzt werden.

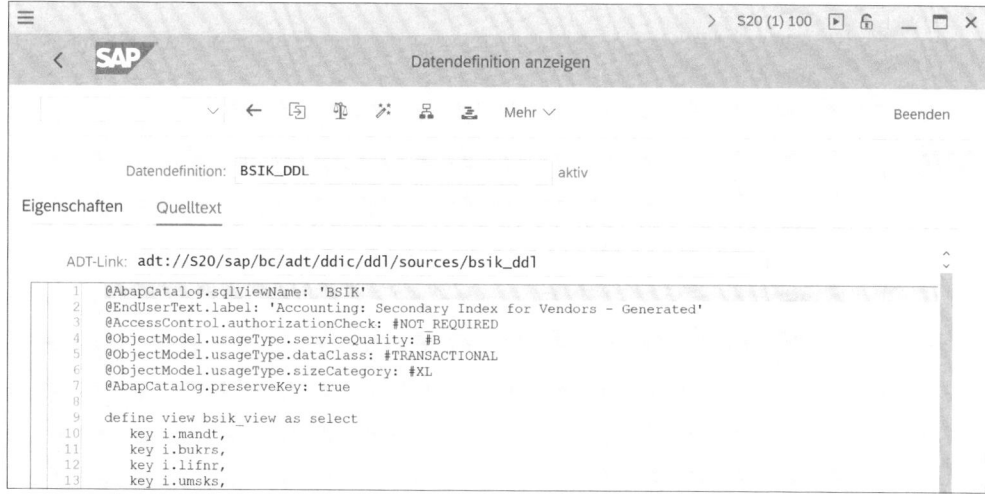

Abbildung 8.15 DDL-SQL-View BSIK_DDL

8 Customizing des SAP-Systems

Um CDS-Views zu ermitteln, können Sie (neben der Suche über das Dictionary) die Tabelle DDCDSBOEINF nutzen. Hierin sind die CDS-Views zusammen mit den Tabellen aufgelistet, aus denen sie Daten holen. Um z. B. alle CDS-Views zu ermitteln, die auf Daten der neuen Belegtabelle ACDOCA (das *Universal Journal*) zugreifen, geben Sie in der Selektionsmaske im Feld **Basistabelle** (TAB_VIEWNAME) den Tabellennamen ein (siehe Abbildung 8.16).

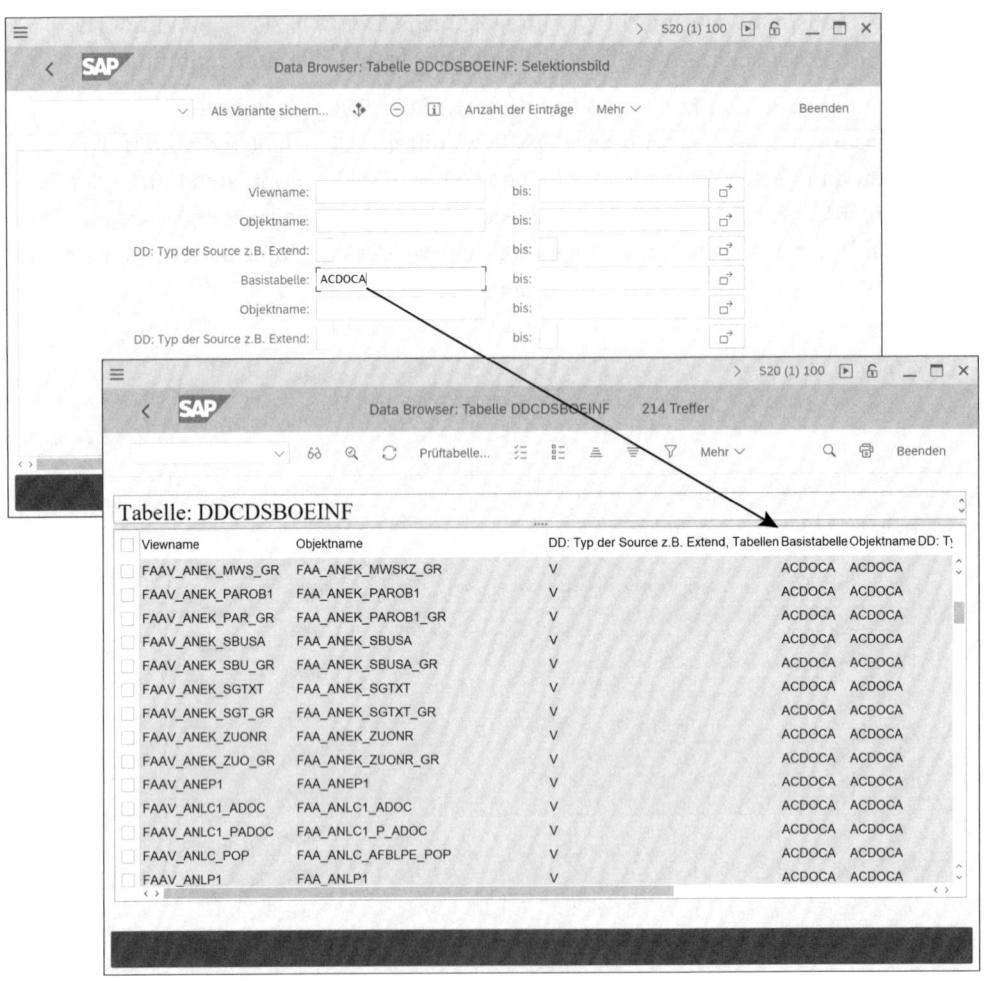

Abbildung 8.16 Tabelle DDCDSBOEINF – Suche nach Tabellen in CDS-Views

Den Aufbau von CDS-Views können Sie sich mit Transaktion DHANACDS (Report DHANA_CDS_ANALYZER) grafisch anzeigen lassen. Diese Transaktion zeigt die DDL-SQL-Views an, also die technische Grundlage der CDS-Views. Abbildung 8.17 zeigt den DDL-SQL-View SUSR_USER_AUTH_OBJECT_VALS, auf dem der CDS-View SUSRUSRAUTOBJVAL basiert (siehe Abschnitt 10.5.4, »Zugriffsrechte für Benutzer auswerten«). Diese DDL-SQL-Views verknüpfen zwei SQL-Views, SUSR_NORMALIZE_UST12 und SUSR_USER_AUTH_

OBJECT. Darunter werden die eigentlichen Tabellen angezeigt, hier UST12 (Berechtigungen), USRBF2 (Benutzerpuffer) und USREFUS (zugeordnete Referenzbenutzer). Mit dieser Transaktion können die Views auch auf HANA-Kompatibilität geprüft werden, also ob sie im betreffenden System lauffähig sind. Mit der Option **Angepasster CDS-View** werden im Quelltext Änderungen angezeigt, mit denen der View auf dem System lauffähig wird.

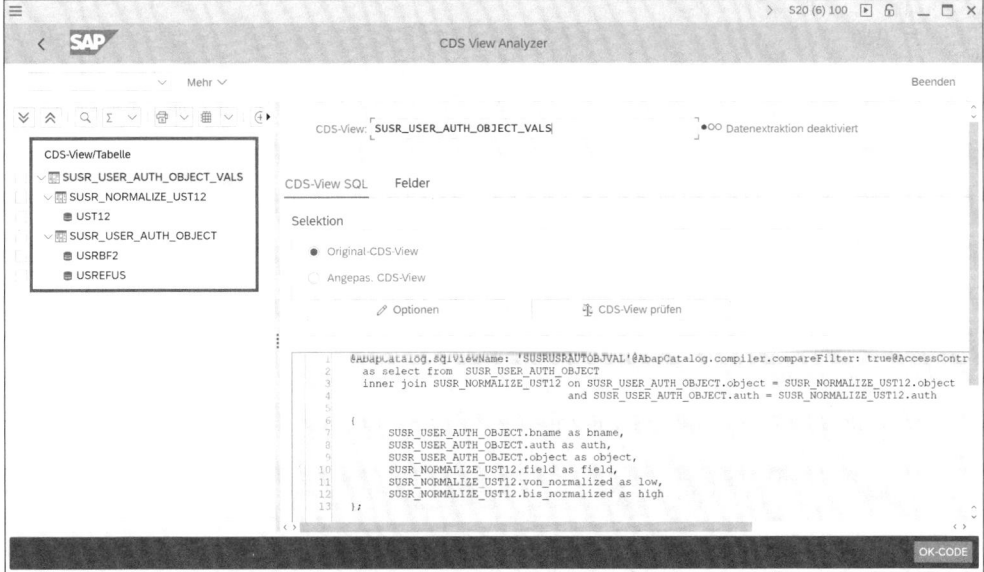

Abbildung 8.17 Transaktion DHANACDS

8.2.8 Unternehmenseigene Tabellen und Views

Um unternehmenseigene Tabellen anzulegen, wird in den meisten Fällen der bekannte Namensraum Y* bzw. Z* genutzt. Im Standard können aber auch weitere Namensräume für eigene Tabellen genutzt werden. Prüfen Sie unternehmenseigene Tabellen, müssen Sie immer alle Namensräume beachten, in denen Tabellen definiert werden können.

Die Namensräume sind im Funktionsbaustein TRINT_GET_NAMESPACE fest codiert hinterlegt. Eigene Tabellen, Views und Datenelemente können mit den folgenden Zeichenketten beginnen:

- CI_
- H_Y
- H_Z
- HRI9
- HRP9

- HRT9
- PA9
- PB9
- PS9
- PT9
- P9
- T9
- Y
- Z

8.2.9 Zugriffsrechte

Die folgenden Tabellen zeigen Ihnen die Berechtigungen zum Pflegen des ABAP Dictionarys (Tabellen und Views). In SAP-S/4HANA-Systemen sind diese Berechtigungen ausreichend. In allen anderen Systemen ist zusätzlich ein Entwicklerschlüssel erforderlich.

Tabelle 8.10 zeigt die Berechtigung zum Pflegen von Tabellen bzw. Views.

Berechtigungsobjekt	Feld	Wert
S_TCODE	TCD (Transaktion)	SE11
S_DEVELOP	ACTVT (Aktivität)	- 01 (Anlegen) - 02 (Ändern) - 06 (Löschen)
	OBJTYPE (Objekttyp)	- TABL (Tabellen) - VIEW (Views)
	OBJNAME (Repository-Objekt-Name)	\<Name einer Tabelle/eines Views\>
	P_GROUP (Berechtigungsgruppe)	\<Berechtigungsgruppe einer Tabelle/eines Views\>
	DEVCLASS (Paket)	\<Paket einer Tabelle/eines Views\>

Tabelle 8.10 Berechtigung zum Pflegen des ABAP Dictionarys (Tabellen/Views)

Tabelle 8.11 zeigt die Berechtigung zum Pflegen der technischen Eigenschaften von Tabellen und Views.

Berechtigungsobjekt	Feld	Wert
S_TCODE	TCD (Transaktion)	SE13
S_DEVELOP	ACTVT (Aktivität)	▪ 01 (Anlegen) ▪ 02 (Ändern) ▪ 06 (Löschen)
	OBJTYPE (Objekttyp)	TABT (technische Eigenschaften)
	OBJNAME (Repository-Objekt-Name)	<Name einer Tabelle/eines Views>
	P_GROUP (Berechtigungsgruppe)	<Berechtigungsgruppe einer Tabelle/eines Views>
	DEVCLASS (Paket)	<Paket einer Tabelle/eines Views>

Tabelle 8.11 Berechtigung zum Pflegen der technischen Eigenschaften

Tabelle 8.12 zeigt die Berechtigung zum Löschen der technischen Eigenschaften von Tabellen und Views.

Berechtigungsobjekt	Feld	Wert
S_TCODE	TCD (Transaktion)	SE14
S_DEVELOP	ACTVT (Aktivität)	41 (Löschen auf Datenbank)
	OBJTYPE (Objekttyp)	▪ TABL (Tabellen) ▪ VIEW (Views)
	OBJNAME (Repository-Objekt-Name)	<Name einer Tabelle/eines Views>
	P_GROUP (Berechtigungsgruppe)	<Berechtigungsgruppe einer Tabelle/eines Views>
	DEVCLASS (Paket)	<Paket einer Tabelle/eines Views>

Tabelle 8.12 Berechtigung zum Löschen von Tabellen oder Views

Tabelle 8.13 zeigt die Berechtigung zum Pflegen von CDS-Views über das ABAP Developer Tool (ADT).

Berechtigungsobjekt	Feld	Wert
S_ADT_RES	URI (REST-Ressourcen-URI-Präfix)	/sap/bc/adt/ddic/cds/* /sap/bc/adt/ddic/ddl/*
S_DEVELOP	ACTVT (Aktivität)	- 01 (Anlegen) - 02 (Ändern) - 06 (Löschen)
	OBJTYPE (Objekttyp)	SCCV (CDS-Views)
	OBJNAME (Repository-Objekt-Name)	<Name eines CDS-Views>
	DEVCLASS (Paket)	<Paket eines CDS-Views>

Tabelle 8.13 Berechtigung zum Pflegen von CDS-Views über ADT

Tabelle 8.14 zeigt die Berechtigung zum Pflegen von CDS-Views über die SAP-Fiori-App **Custom CDS Views (Version 2)**.

Berechtigungsobjekt	Feld	Wert
S_SERVICE	SRV_NAME (Programmname)	SAP-Fiori-App (Hashwert gemäß Tabelle USOBHASH einfügen): APS_EXT_CCV_SRV
	SRV_TYPE (Typ)	HT
S_DEVELOP	ACTVT (Aktivität)	- 01 (Anlegen) - 02 (Ändern) - 06 (Löschen)
	OBJTYPE (Objekttyp)	SCCV (CDS-Views)

Tabelle 8.14 Berechtigung zum Pflegen von CDS-Views über die SAP-Fiori-App »Custom CDS Views«

Berechtigungsobjekt	Feld	Wert
S_DEVELOP (Forts.)	OBJNAME (Repository-Objekt-Name)	<Name eines CDS-Views>
	DEVCLASS (Paket)	<Paket eines CDS-Views>

Tabelle 8.14 Berechtigung zum Pflegen von CDS-Views über die SAP-Fiori-App »Custom CDS Views« (Forts.)

8.2.10 Checkliste

In Tabelle 8.15 finden Sie die Checkliste mit den prüfungsrelevanten Fragestellungen zu Tabellen und Views.

Risiko	Fragestellung
	Vorgabe oder Erläuterung
2	Wurde eine Dokumentation zu den eigenentwickelten Tabellen und Views angelegt?
	Eigenentwickelte Tabellen und Views müssen dokumentiert sein.
	Hier besteht das Risiko, dass bei Weiterentwicklungen die Tabellen/Views falsch eingesetzt bzw. unnötigerweise neue Tabellen angelegt werden.
1	Existieren unternehmenseigene Tabellen mit betriebswirtschaftlichen Daten, die mandantenunabhängig sind?
	Unternehmenseigene Tabellen mit betriebswirtschaftlichen Daten müssen als mandantenabhängige Tabellen definiert sein.
	Hier besteht das Risiko, dass aus anderen Mandanten heraus Unternehmensdaten gelesen und auch manipuliert werden können.
1	Existieren unternehmenseigene Views für nicht änderbare Tabellen, deren Inhalte nicht manuell gepflegt werden sollen?
	Unternehmenseigene Views für nicht änderbare Tabellen, deren Daten nicht manuell gepflegt werden sollen, dürfen nicht existieren.
	Hier besteht das Risiko, dass Tabelleninhalte manipuliert werden können.

Tabelle 8.15 Checkliste zu Tabellen und Views

Wie Sie die einzelnen Punkte praktisch am SAP-System prüfen können, erfahren Sie in Abschnitt 8.2 des Dokuments **Tiede_Checklisten_Sicherheit_und_Pruefung.pdf**.

8.3 Zugriffe auf Tabellen

Um den direkten Zugriff auf Tabellen abzusichern und prüfen zu können, ist es erforderlich, dass Sie mit den entsprechenden Funktionen vertraut sind. Ob Tabelleninhalte angezeigt und/oder gepflegt werden können, wird über Tabelleneigenschaften festgelegt. Außerdem kann über die Funktion der laufenden Einstellung festgelegt werden, dass Tabellen auch bei gesperrtem Mandanten geändert werden können. Des Weiteren können zum Anzeigen sensibler Tabelleninhalte auch Datenbankfunktionen genutzt werden. In diesem Abschnitt zeige ich Ihnen diese Funktionen.

8.3.1 Anzeige von Tabelleninhalten in der Datenbank

In Abschnitt 1.3.1, »Anzeigetransaktionen für Tabellen«, wird beschrieben, welche Transaktionen zur Anzeige von Tabelleninhalten im SAP-System genutzt werden können. Es besteht aber auch die Möglichkeit, Tabellen in der Datenbank direkt vom SAP-System aus anzeigen zu lassen. Das umfasst auch Tabellen der Datenbank selbst. Dies ist mit dem Database Administration Cockpit (*DBA Cockpit*) möglich. Das DBA Cockpit wird maßgeblich zur Überwachung der Datenbank hinsichtlich Speicherplatz, Jobs, Parameter, Performance usw. genutzt. Es kann über eine Vielzahl von Transaktionen aufgerufen werden. Die Standardtransaktion ist DBACOCKPIT.

Das DBA Cockpit bietet aber auch die Funktion, direkt SELECT-Befehle in SQL in der Datenbank auszuführen (nicht möglich sind ändernde Befehle wie UPDATE, CREATE oder DELETE). Hierzu gibt es im linken Bereich von Transaktion DBACOCKPIT die Funktion **Diagnose · SQL-Editor** (je nach eingesetzter Datenbank auch SELECT-Editor). Im dann angezeigten Editor können beliebige SELECT-Anweisungen eingegeben und ausgeführt werden. In Abbildung 8.18 ist beispielhaft eine SQL-Anweisung zur Anzeige von Tabelle USR02 abgebildet. Durch das Ausführen der Anweisungen (mit der Schaltfläche [Ausführen] oder mit [F8]) wird der Befehl ausgeführt und in diesem Fall Tabelle USR02 angezeigt. Da in der Datenbank kein Mandantenkonzept abgebildet ist, werden die Datensätze aus allen Mandanten angezeigt.

Auch Datenbanktabellen können angezeigt werden. In SAP-HANA-Datenbanken sind dies standardmäßig alle Tabellen, die über die Katalogrolle PUBLIC berechtigt werden. Dies umfasst u. a. die Tabellen der Systemkonfiguration und«. der Datenbankberechtigungen. Mit der SQL-Anweisung select * from users kann z. B. die Liste aller Datenbankbenutzer angezeigt werden. Dies ist allerdings von den Berechtigungen des SAP-HANA-Benutzers abhängig, der für DBACOCKPIT verwendet wird.

Die Berechtigungen zur Anzeige der Tabellen werden nicht über die Berechtigungsobjekte S_TABU_DIS und S_TABU_NAM gesteuert, sondern über die Objekte S_DBCON und S_TABU_SQL. Dies beschreibe ich in Abschnitt 2.5.1, »Zugriff auf Daten des Produktivmandanten«.

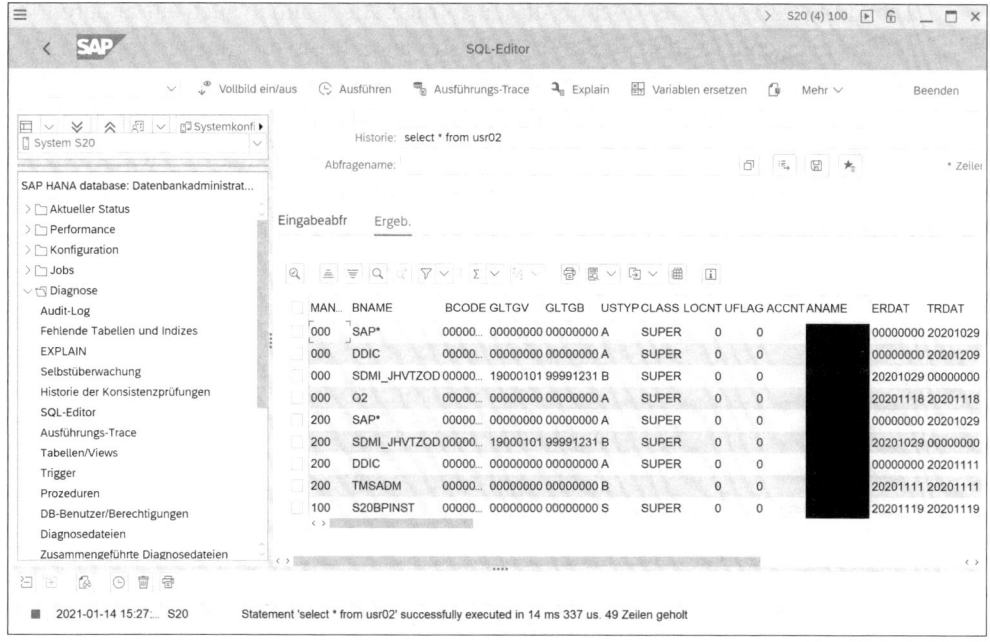

Abbildung 8.18 Tabelle USR02 mit DBACOCKPIT anzeigen

Es existieren aber auch weniger bekannte Möglichkeiten zur Anzeige von Tabelleninhalten in der Datenbank. Ein Beispiel dafür ist der Report ADBC_QUERY (*Hilfsprogramm für native Datenbankabfragen*). Mit ihm können direkt aus der Datenbank Tabellen angezeigt werden.

Abbildung 8.19 zeigt die Selektionsmaske des Reports. Der DB-Verbindungsname muss nur angegeben werden, wenn nicht die Standardverbindung genutzt wird. Wird das Feld **Datenbankschema** leer gelassen, so wird der Standardbenutzer für die Verbindung zur Datenbank genutzt. In das Feld **Tabellenname** können beliebige Tabellennamen eingegeben werden. In Abbildung 8.19 ist hier die Tabelle USR02 zu sehen, in der u. a. die Hashwerte der Kennwörter gespeichert werden.

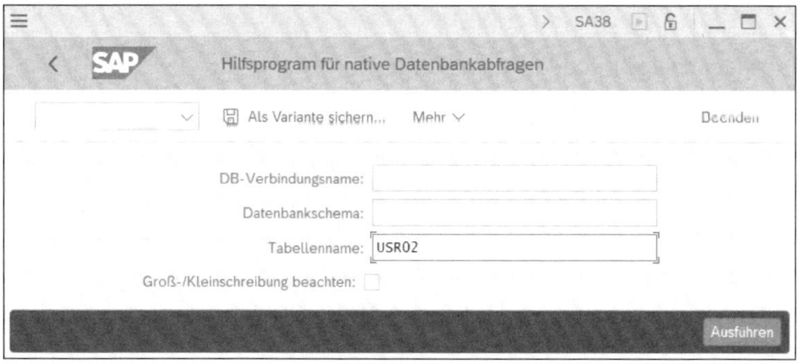

Abbildung 8.19 Selektionsmaske des Reports ADBC_QUERY

8   Customizing des SAP-Systems

Abbildung 8.20 zeigt das Ergebnis dieser Abfrage. Hier können auch alle anderen Tabellen angegeben werden, in SAP-HCM-Systemen z. B. die PA-Tabellen mit den Mitarbeiterdaten und in ERP-Systemen z. B. Konstruktions- oder Konditionsdaten. Zur Anzeige sind lediglich die Berechtigungen gemäß Tabelle 8.16 erforderlich, zusätzlich noch eine Reportingtransaktion (siehe Abschnitt 1.2.2, »Aufrufen von Reports«). Berechtigungen auf den Berechtigungsobjekten S_TABU_DIS oder S_TABU_NAM werden nicht benötigt.

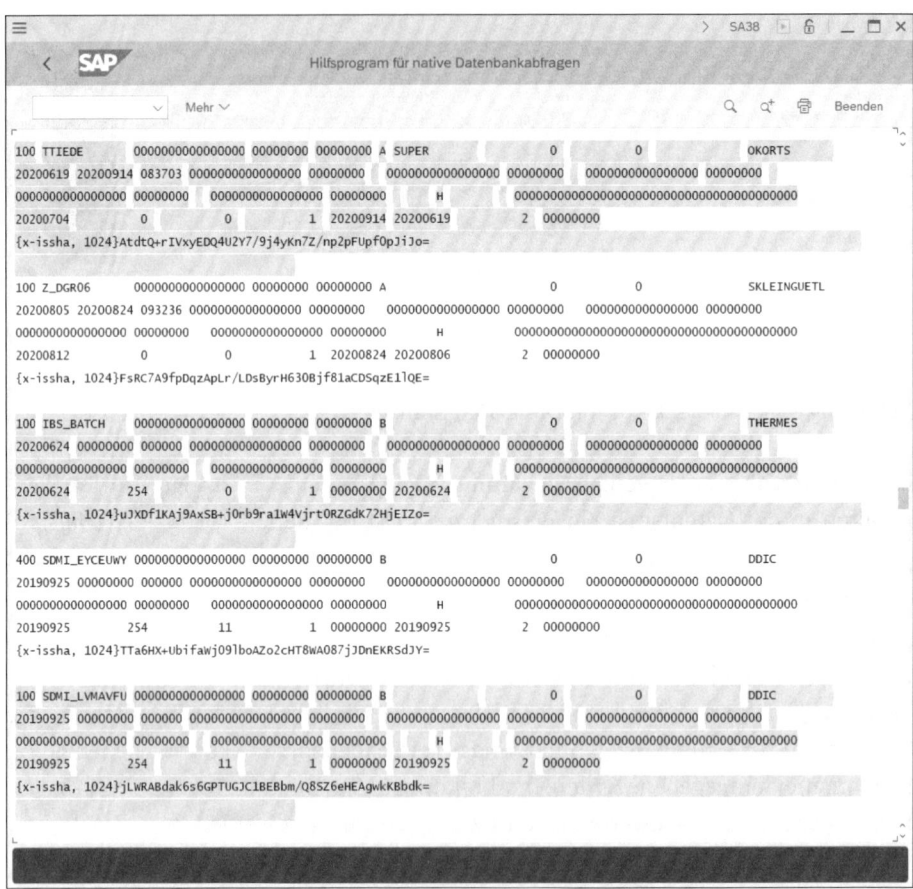

Abbildung 8.20 Tabellenanzeige mit dem Report ADBC_QUERY

Berechtigungsobjekt	Feld	Wert
S_DBCON	ACTVT (Aktivität)	03 (Anzeigen)

Tabelle 8.16 Berechtigung zur Ausführung des Reports ADBC_QUERY

Berechtigungsobjekt	Feld	Wert
S_DBCON (Forts.)	DBA_DBHOST (Servername)	"
	DBA_DBSID (Datenbankname)	DEFAULT
	DBA_DBUSER (Datenbankbenutzer)	"
S_PROGRAM	P_ACTION (Benutzeraktion ABAP/4 Programm)	SUBMIT
	P_GROUP (Berechtigungsgr. ABAP/4-Programm)	ADBC_Q

Tabelle 8.16 Berechtigung zur Ausführung des Reports ADBC_QUERY (Forts.)

8.3.2 Ändern von Tabellen im SAP-System

Generell werden Tabellen nur durch ABAP-Programme geändert. Ein Benutzer gibt in einem Dialogfenster Daten ein, das SAP-System überprüft die Konsistenz dieser Daten und schreibt sie in die Tabellen. So ist es z. B. nicht möglich, Belege mit unterschiedlichen Soll- und Habensalden zu buchen. Die Customizing-Tabellen werden allerdings manuell gepflegt.

Ob manuelle Änderungen an einer Tabelle zulässig sind, wird über Transaktion SE11 gesteuert. Die Eigenschaft wird auf der Registerkarte **Auslieferung und Pflege** festgelegt (siehe Abbildung 8.21). Hier sind vier Einstellungen möglich:

- **Anzeige/Pflege eingeschränkt erlaubt**
  Die Tabelle kann mit Transaktion SE16 angezeigt, aber nicht geändert werden. Eine Anzeige oder das Ändern mit Transaktion SM30 ist nicht möglich. Es kann aber ein Pflegeview zur Tabelle generiert werden, der in einen Viewcluster eingebunden werden kann.

- **Anzeige/Pflege erlaubt**
  Die Tabelle kann angezeigt und gepflegt werden, sowohl mit Transaktion SE16 als auch mit Transaktion SM30.

- **Anzeige/Pflege nicht erlaubt**
  Die Tabelle kann weder angezeigt noch gepflegt werden.

- **Nur Anzeige erlaubt**
  Die Tabelle kann nur angezeigt, nicht gepflegt werden.

8 Customizing des SAP-Systems

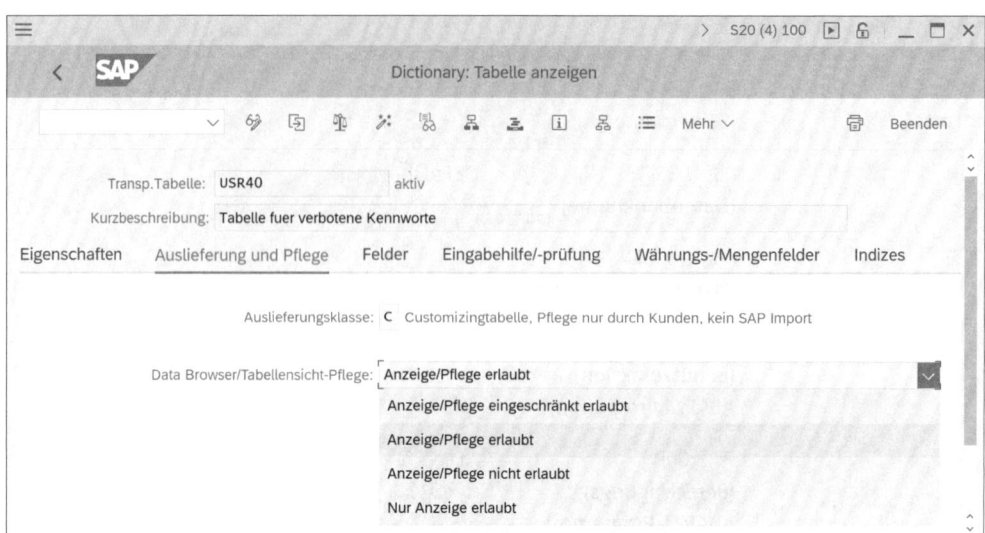

Abbildung 8.21 Eigenschaft zur Tabellenpflege

Zur Prüfung, ob Tabellen änderbar sind, können Sie das Feld **Tabellenpflege erlaubt** (MAINFLAG) in Tabelle DD02L nutzen. Tabelle 8.17 zeigt Ihnen die möglichen Werte. Sollen z. B. alle Tabellen angezeigt werden, die änderbar sind, so ist das Feld MAINFLAG auf den Wert X einzugrenzen.

Wert	Beschreibung
<leer>	Anzeige/Pflege eingeschränkt erlaubt
X	Anzeige/Pflege erlaubt
N	Anzeige/Pflege nicht erlaubt
D	Nur Anzeige erlaubt

Tabelle 8.17 Eigenschaften zur Tabellenpflege

Auch Tabellen, die nicht als änderbar markiert sind, können direkt geändert werden. Dies ist über die Views (Sichten) möglich, siehe Abschnitt 8.2.6, »ABAP-Dictionary-Views«. Zu jeder Tabelle können beliebig viele Views angelegt werden. Ein View beinhaltet entweder alle Felder der Tabelle oder nur einen Teil der Felder. Ein View kann auch aus mehreren Feldern aus verschiedenen Tabellen bestehen. Beispielsweise ist Tabelle T001 (Buchungskreis) standardmäßig nicht direkt änderbar. Zu dieser Tabelle existieren allerdings eine große Anzahl an Views. Sie können sich die Views zu einer Tabelle über Transaktion SE11 anzeigen lassen (siehe Abschnitt 8.2.6, »ABAP-Dictionary-Views«).

8.3.3 Einführungsleitfaden

Die Vielzahl an Tabellen und ihren Views erschwert es, die richtigen Einstellungen zu einem Vorgang im SAP-System vorzunehmen. Daher hat SAP die Views zur Einrichtung des SAP-Systems bereits in einer strukturierten Übersicht hinterlegt, die ein komfortables Vorgehen beim Customizing erlaubt: der *Einführungsleitfaden* (Implementation Guide, IMG). Dieser kann auch von Prüfern mit rein lesenden Rechten genutzt werden. Abbildung 8.22 zeigt die grundlegende Struktur des Einführungsleitfadens.

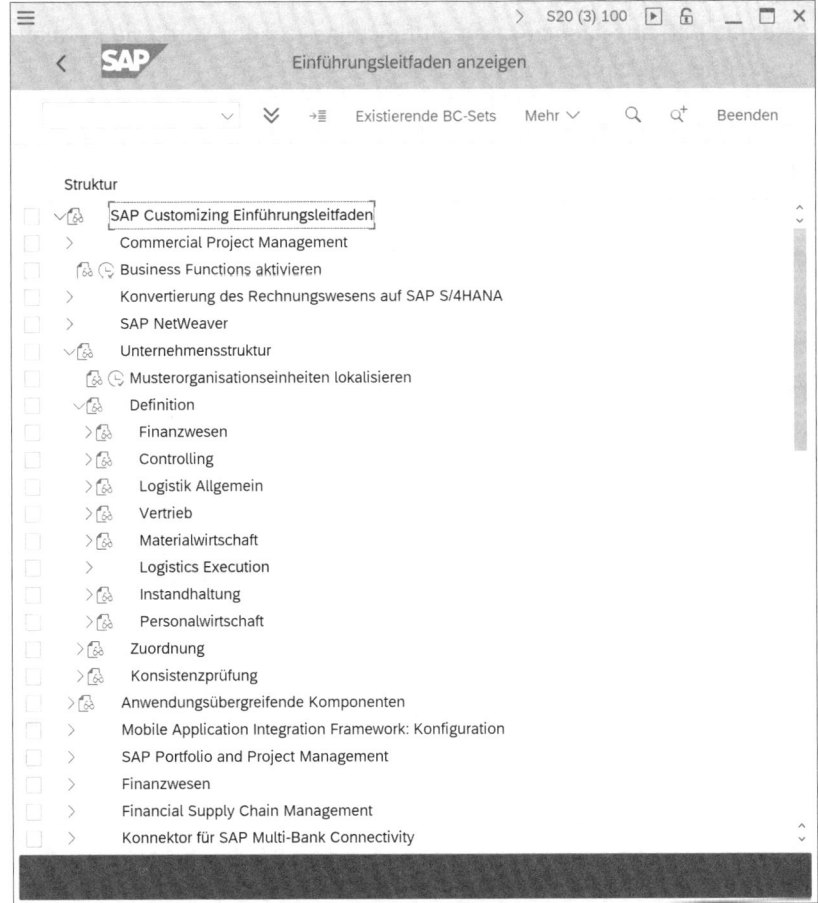

Abbildung 8.22 Struktur des Einführungsleitfadens

Unterhalb der oberen Ordner findet sich eine teilweise tief verzweigte Struktur, mit der die jeweiligen Komponenten und Geschäftsprozesse eingestellt und angepasst werden können. Alle relevanten Tabellen sind hier über ihre Views hinterlegt. Die meisten Einträge können mit Prüferberechtigungen angezeigt werden. Standardmäßig verzweigt SAP in den Änderungsmodus. Mit reinen Anzeigerechten wird Ihnen eine Meldung angezeigt, dass die Daten nicht geändert, sondern nur angezeigt werden können. Grundvoraussetzung zur Nutzung des Einführungsleitfadens ist die Transaktionsberechtigung für Transaktion SM30, da diese die Grundlage zum Aufrufen vieler Views darstellt. Auch existiert eine Vielzahl von Transaktionen zum Zugriff auf einzelne Views, deren Transaktionscodes meist mit »O« beginnen. Von diesen Transaktionen existieren in einem SAP-ERP- bzw. SAP-S/4HANA-System ca. 6.600. Abbildung 8.23 zeigt Ihnen einen Auszug aus der Liste dieser Tabellen.

Den Einführungsleitfaden rufen Sie mit Transaktion SPRO auf. In dieser Transaktion klicken Sie auf die Schaltfläche **SAP Referenz-IMG** bzw. wählen den Menüpfad **Springen • SAP Referenz-IMG anzeigen** aus. Der Einführungsleitfaden wird, wie in Abbildung 8.22 zu erkennen, als Baumstruktur angezeigt.

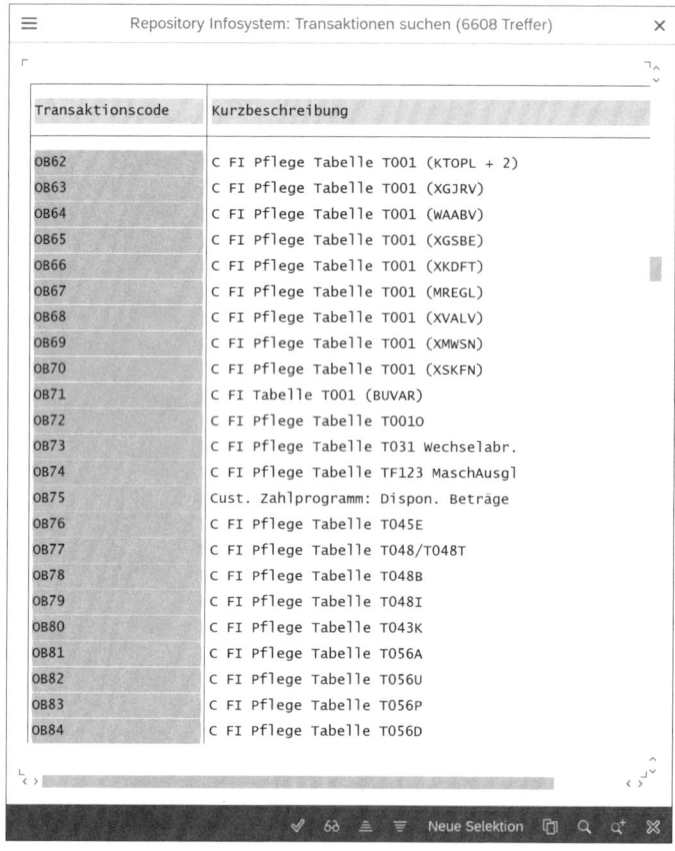

Abbildung 8.23 Transaktionen zu Views

Die einzelnen Einträge rufen Sie auf, indem Sie auf das Uhrensymbol ([🕒]) vor den Einträgen klicken. Besonders hilfreich ist hier, dass zu jedem Punkt eine Beschreibung hinterlegt ist. Vor jedem Eintrag ist ein Symbol in Form eines Blatts ([📄]) hinterlegt. Klicken Sie auf dieses Blatt, wird die Hilfe zum jeweiligen Punkt angezeigt.

Dadurch ist der Einführungsleitfaden auch gleichzeitig äußerst hilfreich, um sich Informationen für einzelne Prüfungen innerhalb des SAP-Systems zu beschaffen.

Insbesondere um zu prüfen, wer die Zugriffsrechte zum Ändern welcher Einträge besitzt, ist es wichtig, den zugrunde liegenden View zu ermitteln. Dies ist auf zwei Arten möglich. Sie können den zugrunde liegenden View von der Struktur des Einführungsleitfadens aus ermitteln:

1. Markieren Sie den Eintrag, von dem Sie den zugrunde liegenden View ermitteln wollen.
2. Wählen Sie den Menüpfad **Bearbeiten • IMG-Aktivität anzeigen** aus.
3. Im Fenster **IMG Aktivität anzeigen** wählen Sie die Registerkarte **Pflegeobjekte** aus.
4. Hier finden Sie im Bereich **zugeordnete Objekte** in der Spalte **Customizing-Objekt** den hinterlegten View.

Sie können auch von einzelnen Views ausgehen:

1. Lassen Sie sich einen View anzeigen.
2. Klicken Sie im View in ein beliebiges Feld, und drücken Sie die Taste [F1].
3. Sie gelangen in die Hilfe zum Feld. Dort klicken Sie auf die Schaltfläche **Technische Informationen**.
4. In den technischen Infos wird im Feld **Tabellenname** der Viewname angezeigt. Im Feld **Tabellenart** steht meist der Eintrag **Generierte Viewstruktur**.

Ist ein View bekannt, können Sie leicht ermitteln, wo er im Einführungsleitfaden hinterlegt ist. Exemplarisch erläutere ich dies am View V_T001 (Adressdaten zu Buchungskreisen):

1. Rufen Sie Transaktion SM30 auf, und tragen Sie den Namen des Views im Feld **Tabelle/Sicht** ein.
2. Klicken Sie auf die Schaltfläche **Customizing**.
3. Im darauffolgenden Fenster klicken Sie auf **Ohne Projektangabe weiter**.
4. Es wird der Einführungsleitfaden angezeigt. Der Eintrag, hinter dem der gesuchte View hinterlegt ist, ist markiert.

Das Customizing für den ABAP-Stack des SAP-NetWeaver-Systems finden Sie im Einführungsleitfaden im Ordner **SAP NetWeaver**. Die speziellen Einstellungen zur Basis finden Sie dort unter **Application Server • Systemadministration**.

8.3.4 Laufende Einstellungen

Das Ändern von Tabellen ist nur möglich, wenn der Mandant für Änderungen freigeschaltet ist (siehe Abschnitt 2.4.2, »Eigenschaften von Mandanten«). Ist der Mandant für Änderungen gesperrt, können Tabellen nicht gepflegt werden. Eine Ausnahme stellen die sogenannten *laufenden Einstellungen* dar. Dabei handelt es sich um Tabellen und Views, die im Produktivmandanten gepflegt werden können, obwohl der Mandant auf **Nicht änderbar** eingestellt ist. Dies betrifft meistens betriebswirtschaftliche Daten, die als Steuerungsdaten im Produktivmandanten gepflegt werden müssen. Beispiele dafür sind:

- Buchungsperioden in der Finanzbuchhaltung (View V_T001B)
- Umrechnungskurse (View V_TCURR)

Beides wird von Anwendern direkt im Produktivmandanten gepflegt. Alle Tabellen/Views, deren Pflege im Produktivmandanten notwendig ist, müssen als laufende Einstellungen deklariert werden. Dies gilt auch für eigenentwickelte Tabellen. Eine häufige Prüfungsfeststellung ist, dass der Produktivmandant änderbar ist, mit der Begründung, dass Tabellen manuell gepflegt werden müssen. Sind diese Tabellen als laufende Einstellung hinterlegt, kann der Mandant auch für Änderungen gesperrt werden.

Die Eigenschaft **Laufende Einstellung** wird über die Pflegeobjekte zu Views und Tabellen eingestellt, die Sie über Transaktion SE54 oder SOBJ aufrufen. In Transaktion SE54 geben Sie den Tabellen-/Viewnamen an und wählen dann den Menüpfad **Umfeld • Pflegeobjekte • Ändern**. Diesen können Sie auch zur Anzeige nutzen. Dort kann die Eigenschaft **Laufende Einstellung** gesetzt werden. Abbildung 8.24 zeigt die Einstellung für die Buchungsperioden für View V_T001B.

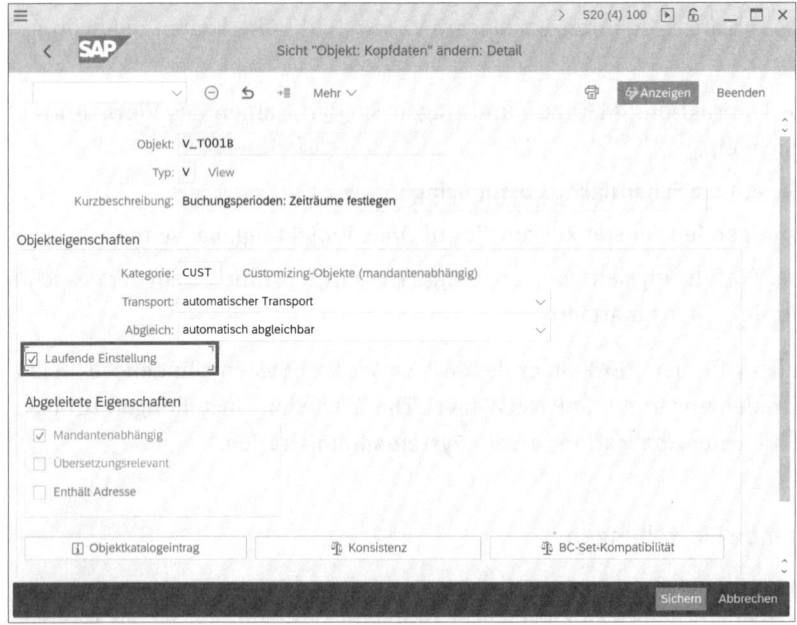

Abbildung 8.24 Die Eigenschaft »Laufende Einstellung« für den View V_T001B

Gespeichert wird diese Eigenschaft für diese Objekte in Tabelle OBJH im Feld **Lauf. Einst.** (CURSETTING). Die folgenden Inhalte sind für das Feld möglich:

- X: Objekt ist als laufende Einstellung deklariert, kann also auch in einem für Änderungen gesperrten Mandanten gepflegt werden.
- <leer>: Objekt ist keine laufende Einstellung, kann also somit in einem für Änderungen gesperrten Mandanten nicht gepflegt werden.

In SAP ERP bzw. in SAP S/4HANA sind ca. 1.500 Objekte als laufende Einstellung deklariert. Änderungsberechtigungen für diese Tabellen können somit auch dann eingesetzt werden, wenn der Mandant als **Nicht Änderbar** definiert ist.

8.3.5 Patterns in SAP Enterprise Threat Detection

In SAP Enterprise Threat Detection werden standardmäßig die folgenden Patterns ausgeliefert, mit denen Zugriffe auf Tabellen überwacht werden können:

- Table dropped or altered
- Too many selects
- Generic access to critical database tables

8.3.6 Zugriffsrechte

Die folgenden Tabellen zeigen Ihnen die Berechtigungen für Zugriffe auf Tabellen. In Tabelle 8.18 sind keine Transaktionen angegeben, da das DBA Cockpit mit ca. 50 Transaktionen aufgerufen werden kann. Zu den Berechtigungen in Tabelle 8.19 und Tabelle 8.20 ist in ERP-Systemen zusätzlich ein Entwicklerschlüssel erforderlich, in SAP-S/4HANA-Systemen nicht.

Berechtigungsobjekt	Feld	Wert
S_DBCON	ACTVT (Aktivität)	03 (Anzeigen)
	DBA_DBHOST (Servername)	<Servername>
	DBA_DBSID (Datenbankname)	<Datenbankname>
	DBA_DBUSER (Datenbankbenutzer)	<Datenbankbenutzer>

Tabelle 8.18 Berechtigung zum Lesen aller Tabelleninhalte über das DBA Cockpit

Berechtigungsobjekt	Feld	Wert
S_TABU_SQL	ACTVT (Aktivität)	33 (Lesen)
	DBSID (Datenbankverbindung)	<Datenbankverbindung>
	TABLE (Tabelle)	*
	TABOWNER (Besitzer in der Datenbank)	<Datenbankbenutzer>

Tabelle 8.18 Berechtigung zum Lesen aller Tabelleninhalte über das DBA Cockpit (Forts.)

Berechtigungsobjekt	Feld	Wert
S_TCODE	TCD (Transaktion)	SE11
S_DEVELOP	ACTVT (Aktivität)	02 (Ändern)
	OBJTYPE (Objekttyp)	TABL (Tabellen)
	OBJNAME (Repository-Objekt-Name)	<Name einer Tabelle>
	P_GROUP (Berechtigungsgruppe)	<Berechtigungsgruppe einer Tabelle>
	DEVCLASS (Paket)	<Paket einer Tabelle>

Tabelle 8.19 Berechtigung zum Ändern der Pflegeeigenschaft von Tabellen

Berechtigungsobjekt	Feld	Wert
S_TCODE	TCD (Transaktion)	SE54 oder SOBJ

Tabelle 8.20 Berechtigung zum Pflegen des Felds »Laufende Einstellung«

Berechtigungsobjekt	Feld	Wert
S_TABU_DIS	ACTVT (Aktivität)	02 (Ändern)
	DICBERCLS (Berechtigungsgruppe)	STRW
S_TABU_CLI	CLIIDMAINT (Kennzeichen)	X
oder		
S_TCODE	TCD (Transaktion)	SE54 oder SOBJ
S_TABU_NAM	ACTVT (Aktivität)	02 (Ändern)
	TABLE (Tabelle)	<ul><li>V_OBJ_H</li><li>V_OBJ_M</li><li>V_OBJ_S</li><li>V_OBJ_SL</li></ul>
S_TABU_CLI	CLIIDMAINT (Kennzeichen)	X

Tabelle 8.20 Berechtigung zum Pflegen des Felds »Laufende Einstellung« (Forts.)

8.3.7 Checkliste

In Tabelle 8.21 finden Sie die Checkliste mit den prüfungsrelevanten Fragestellungen zum Zugriff auf Tabellen und Views.

Risiko	Fragestellung
	Vorgabe oder Erläuterung
2	Besitzen Benutzer die Berechtigung zum Anzeigen von Tabellen über das DBA Cockpit?
	Die Berechtigung zur Anzeige von Tabellen mit dem DBA Cockpit darf nur an wenige administrative Benutzer vergeben werden.
	Hier besteht das Risiko, dass Tabellen angezeigt werden können, für die der Benutzer eigentlich keine Berechtigungen besitzt.

Tabelle 8.21 Checkliste zum Zugriff auf Tabellen/Views

8 Customizing des SAP-Systems

Risiko	Fragestellung
	Vorgabe oder Erläuterung
2	Welche unternehmenseigenen Tabellen können manuell im SAP-System geändert werden?
	Es dürfen nur Customizing-Tabellen manuell änderbar sein.
	Hier besteht das Risiko, dass auch Tabellen, die Stamm- und Bewegungsdaten enthalten, als **Änderbar** definiert werden.
1	Wurden Tabellen/Views als laufende Einstellung deklariert, die im Produktivsystem nicht gepflegt werden dürfen?
	Laufende Einstellungen dürfen nur für Tabellen/Views eingerichtet werden, die aus betriebswirtschaftlicher Sicht im Produktivsystem gepflegt werden müssen.
	Hier besteht das Risiko, dass freigabepflichtige Änderungen direkt im Produktivsystem ohne Vier-Augen-Prinzip vorgenommen werden.
2	Werden manuelle Tabellenänderungen dokumentiert?
	Manuelle Tabellenänderungen müssen dokumentiert werden.
	Hier besteht das Risiko, dass Änderungen an Tabellen (Customizing) ohne Dokumentationen nicht nachvollzogen werden können.

Tabelle 8.21 Checkliste zum Zugriff auf Tabellen/Views (Forts.)

Wie Sie die einzelnen Punkte praktisch am SAP-System prüfen können, erfahren Sie in Abschnitt 8.3 des Dokuments **Tiede_Checklisten_Sicherheit_und_Pruefung.pdf**.

8.4 Berechtigungen für Tabellen und Views

Die Berechtigungen für den direkten Zugriff auf Tabellen stellen ein wesentliches Schutzelement innerhalb des Berechtigungskonzepts dar. Über diese Berechtigungen werden zum einen sensible Unternehmensdaten vor lesenden Zugriffen und zum anderen das Customizing der Geschäftsprozesse vor ändernden Zugriffen geschützt. Im Rahmen jeder Prüfung müssen Sie u. a. auch Berechtigungen für Tabellen analysieren. In diesem Abschnitt zeige ich Ihnen, wie diese Berechtigungen abgebildet und geprüft werden können.

8.4.1 Berechtigungsgruppen

Berechtigungen können für einzelne Tabellen und für *Berechtigungsgruppen* vergeben werden. Eine Tabelle wird genau einer Berechtigungsgruppe zugeordnet. Eine

Berechtigungsgruppe kann beliebig viele Tabellen enthalten. Unterschieden wird zwischen mandantenabhängigen und mandantenunabhängigen Berechtigungsgruppen. Den mandantenunabhängigen Berechtigungsgruppen werden Tabellen zugeordnet, die systemspezifische Angaben enthalten. Standardmäßig sind z. B. die Tabellen mit der Konfiguration der schaltbaren Berechtigungen solch einer Gruppe zugeordnet.

Die Berechtigungsgruppen und Tabellenzuordnungen werden in den folgenden Tabellen gespeichert:

- Tabelle TBRG: mandantenabhängige Berechtigungsgruppen
- Tabelle TBRGT: Texte für mandantenabhängige Berechtigungsgruppen
- Tabelle TBRG_AUTH: mandantenunabhängige Berechtigungsgruppen
- Tabelle TBRG_AUTHT: Texte für mandantenunabhängige Berechtigungsgruppen
- Tabelle TDDAT: Zuordnung von Tabellen zu Berechtigungsgruppen

Über Tabelle TDDAT haben Sie mit Transaktion SE16 die Möglichkeit, sich zu einzelnen Tabellen die zugeordneten Berechtigungsgruppen und die in den Berechtigungsgruppen enthaltenen Tabellen anzeigen zu lassen. Um die Berechtigungsgruppe einer Tabelle anzuzeigen, geben Sie den Namen der Tabelle in der Selektionsmaske in das Feld **Tabellenname** ein (siehe Abbildung 8.25). Zum Anzeigen einer Berechtigungsgruppe mit den ihr zugeordneten Tabellen geben Sie den Namen der Berechtigungsgruppe in der Selektionsmaske in das Feld **Berechtigung** ein.

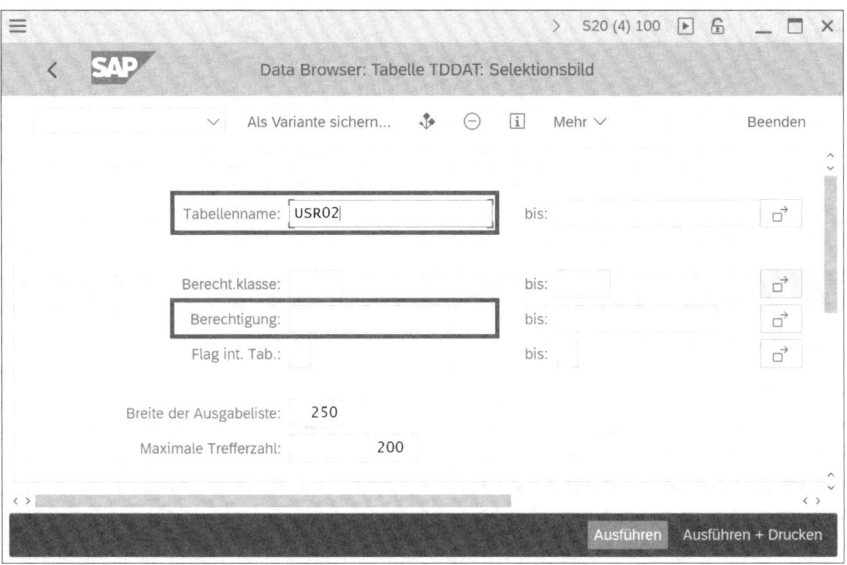

Abbildung 8.25 Die Zuordnung von Berechtigungsgruppen zu Tabellen (Tabelle TDDAT) auswerten

8 Customizing des SAP-Systems

Gepflegt werden die Berechtigungsgruppen mit Transaktion STBRG (Report STBRG_HEADER), die Sie auch zur Anzeige nutzen können. In der Einstiegsmaske klicken Sie doppelt auf das Objekt S_TABU_DIS. Ihnen werden die mandantenabhängigen und mandantenunabhängigen Berechtigungsgruppen angezeigt.

Um die Zuordnung von Tabellen zu Berechtigungsgruppen anzuzeigen, können Sie Transaktion STDDAT (Report STDDAT_MAINTAIN) nutzen. In der Selektionsmaske können Sie nicht nur nach Tabellen und Gruppen selektieren, sondern auch nach Paketen, Software- und Anwendungskomponenten. Abbildung 8.26 zeigt die Ausgabe der Transaktion.

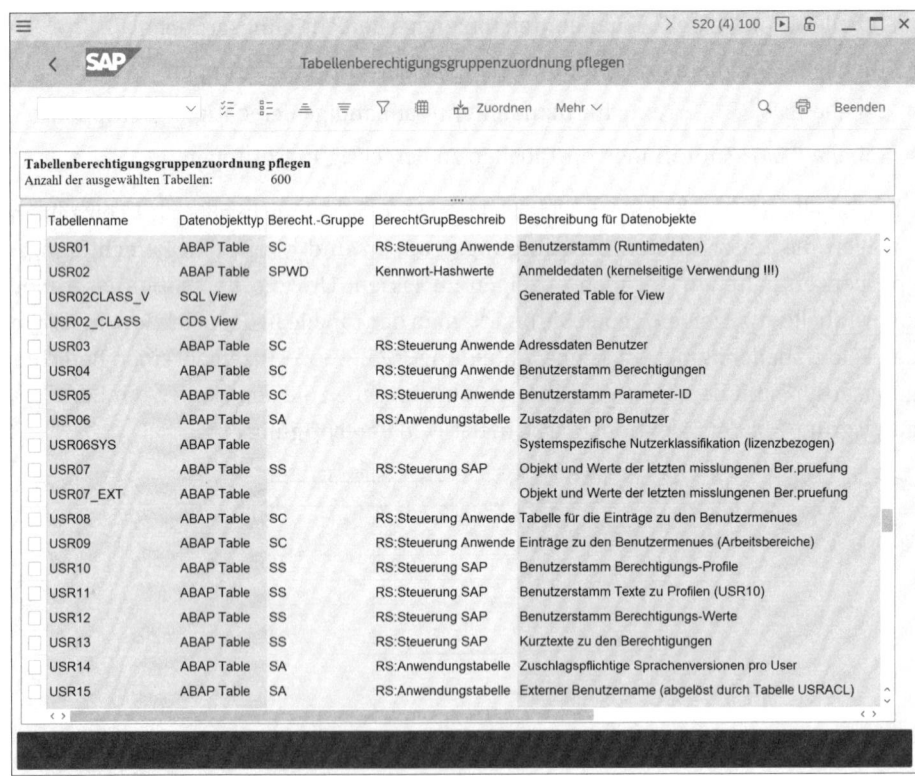

Abbildung 8.26 Tabellen zu Berechtigungsgruppen zuordnen

8.4.2 Berechtigungsobjekte

Tabellenberechtigungen können sowohl für einzelne Tabellen als auch für Berechtigungsgruppen vergeben werden. Dies ist mit den Berechtigungsobjekten S_TABU_DIS (Berechtigungsvergabe für Berechtigungsgruppen) und S_TABU_NAM (Berechtigungsvergabe für Tabellen) möglich. Ein Benutzer benötigt jeweils nur eine Berechtigung für eines der beiden Objekte. Bei der Nutzung des Generic Table Browsers (GTB) können Berechtigungen auf Tabellen auch noch auf einzelne Spalten und Feldwerte ein-

8.4 Berechtigungen für Tabellen und Views

gegrenzt werden (siehe Abschnitt 8.5, »Tabellenzugriffe auf Spalten und Feldwerte einschränken (GTB-Rollen)«). Tabelle 8.22 zeigt die Felder der Berechtigungsobjekte.

Berechtigungsobjekt	Feld	Wert
Berechtigungen für Berechtigungsgruppen		
S_TABU_DIS	ACTVT (Aktivität)	▪ 02 (Ändern) ▪ 03 (Anzeigen)
	DICBERCLS (Berechtigungsgruppe)	<Berechtigungsgruppe gemäß Tabelle TBRG oder TBRG_AUTH>
Berechtigungen auf einzelne Tabellen		
S_TABU_NAM	ACTVT (Aktivität)	▪ 02 (Ändern) ▪ 03 (Anzeigen)
	TABLE (Tabelle)	<Tabellenname>

Tabelle 8.22 Berechtigungsobjekte zur Tabellenpflege

Tabelle 8.23 zeigt Beispiele für Berechtigungen für Tabellen.

Berechtigungsobjekt	Feld	Wert
Berechtigung für die Anzeige aller Tabellen		
S_TABU_DIS	ACTVT (Aktivität)	03 (Anzeigen)
	DICBERCLS (Berechtigungsgruppe)	*
oder		
S_TABU_NAM	ACTVT (Aktivität)	03 (Anzeigen)
	TABLE (Tabelle)	*
Berechtigung für die Pflege von Buchungsperioden (View V_T001B)		
S_TABU_DIS	ACTVT (Aktivität)	02 (Ändern)
	DICBERCLS (Berechtigungsgruppe)	FC31

Tabelle 8.23 Beispiele zu Tabellenberechtigungen

Berechtigungsobjekt	Feld	Wert
oder		
S_TABU_NAM	ACTVT (Aktivität)	02 (Ändern)
	TABLE (Tabelle)	V_T001B

Tabelle 8.23 Beispiele zu Tabellenberechtigungen (Forts.)

Das Berechtigungsobjekt S_TABU_NAM ist flexibler einsetzbar, da insbesondere der Zugriff auf sensible Tabellen besser gesteuert werden kann. Ein Beispiel sind Tabellenberechtigungen in SAP ERP HCM. Die Tabellen der Mitarbeiterdaten (mit den Namen PA*) sind der Berechtigungsgruppe PA zugeordnet. Eine Berechtigung über das Objekt S_TABU_DIS für die Gruppe PA lässt somit den Zugriff auf alle Mitarbeiterdaten zu. Solch eine Berechtigung sollte nicht vergeben werden. Soll aber nur eine Tabelle berechtigt werden (in der Praxis häufig Tabelle PA0105, in der die Zuordnung der Personalnummern zu den Benutzern gespeichert wird), ist dies mit dem Objekt S_TABU_NAM möglich.

Ändern von mandantenunabhängigen Tabellen

Zusätzlich abgesichert ist das Ändern von mandantenunabhängigen Tabellen. Die Pflege dieser Tabellen stellt eine kritische Berechtigung dar, die im Produktivsystem nur wenigen Personen zur Verfügung stehen sollte (maßgeblich der Basisadministration). Zur Absicherung der Pflege von mandantenunabhängigen Tabellen steht das Berechtigungsobjekt S_TABU_CLI (Tabellenpflege mandantenunabhängiger Tabellen) zur Verfügung. Dieses Objekt besitzt nur ein Feld, in dem angegeben wird, ob die Pflege erlaubt ist oder nicht (Kennzeichen für mandantenunabhängige Pflege):

- X: Die mandantenunabhängige Pflege ist erlaubt.
- <leer>: Die mandantenunabhängige Pflege ist nicht erlaubt.

Benötigt ein Benutzer die Berechtigung zum Ändern einer mandantenunabhängigen Tabelle, muss das mit den Berechtigungsobjekten S_TABU_DIS und S_TABU_NAM umgesetzt werden. S_TABU_CLI wird dann zusätzlich zugeordnet. Eine Berechtigung für das Objekt S_TABU_CLI allein berechtigt nicht zum Pflegen von Tabellen.

Tabelle 8.24 zeigt als Beispiel die Berechtigung zum Pflegen der mandantenunabhängigen Tabelle USR40 (Verbotene Zeichenketten in Kennwörtern). Zum Anzeigen mandantenunabhängiger Tabellen ist keine Berechtigung für das Objekt S_TABU_CLI erforderlich.

Berechtigungsobjekt	Feld	Wert
S_TABU_DIS	ACTVT (Aktivität)	02 (Ändern)
	DICBERCLS (Berechtigungsgruppe)	SUSR
S_TABU_CLI	CLIIDMAINT (Kennzeichen)	X
oder		
S_TABU_NAM	ACTVT (Aktivität)	02 (Ändern)
	TABLE (Tabelle)	USR40
S_TABU_CLI	CLIIDMAINT (Kennzeichen)	X

Tabelle 8.24 Berechtigung zum Pflegen einer mandantenunabhängigen Tabelle

Zeilenweise Berechtigungen

Besitzt ein Benutzer Änderungsberechtigungen für eine Tabelle, darf er alle Datensätze der Tabelle pflegen. Mit den Berechtigungsobjekten S_TABU_DIS und S_TABU_NAM kann nicht für einzelne Datensätze berechtigt werden. Häufig ist dies im Rahmen des Customizings oder für laufende Einstellungen jedoch erforderlich. Sind in einem SAP-Mandanten z. B. verschiedene Gesellschaften abgebildet, soll jede Gesellschaft nur die Customizing-Einträge sehen bzw. ändern dürfen, die ihre eigenen Daten betreffen. Auf Daten aus anderen Gesellschaften soll kein Zugriff möglich sein.

Hierzu wird das Berechtigungsobjekt S_TABU_LIN genutzt. Mit diesem Objekt ist es möglich, Datensätze in Customizing-Tabellen nach organisatorischen Werten zu berechtigen, z. B. nach Werken, Buchungskreisen oder Ländern. Mit diesem Berechtigungsobjekt kann z. B. eingerichtet werden, dass Benutzer nur Buchungsperioden zu bestimmten Buchungskreisen pflegen können. Das Berechtigungsobjekt enthält zehn Felder (siehe Tabelle 8.25).

Berechtigungsobjekt	Feld	Wert
S_TABU_LIN	ACTVT (Aktivität)	▪ 02 (Ändern) ▪ 03 (Anzeigen)

Tabelle 8.25 Das Berechtigungsobjekt S_TABU_LIN

Berechtigungsobjekt	Feld	Wert
S_TABU_LIN	ORG_CRIT (Organisationskriterium)	<gemäß Tabelle ORGCRIT>
	ORG_FIELD1 bis ORG_FIELD8 (Attribute)	<gemäß Tabelle ORGCRATT>

Tabelle 8.25 Das Berechtigungsobjekt S_TABU_LIN (Forts.)

Für eine zeilenweise Berechtigung müssen zuerst die Felder definiert werden, für die die Berechtigung eingerichtet werden soll. Im Rahmen des Customizings wird dazu ein Organisationskriterium angelegt, dem dann wiederum die zu schützende Tabelle sowie das Feld, in dem die zu berechtigende Organisationseinheit enthalten ist, zugeordnet wird. Abbildung 8.27 zeigt beispielhaft ein selbst definiertes Organisationskriterium (ZBUKRS) für Tabelle T001B (Buchungsperioden) für das Feld **Buchungskreis** (BUKRS). Die Pflege erfolgt über Transaktion SM34 mit dem Viewcluster CL_ORGCRIT.

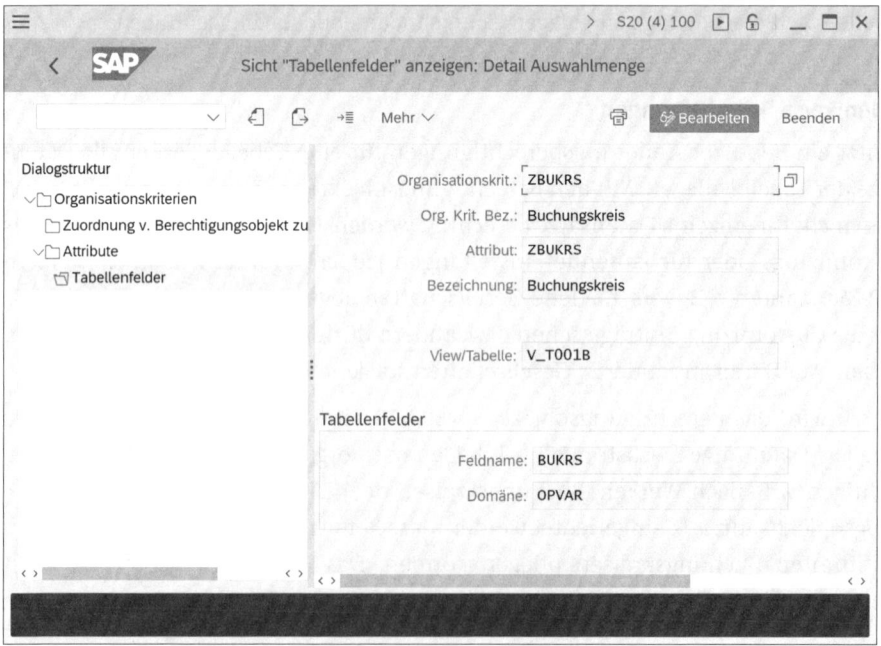

Abbildung 8.27 Organisationskriterium für Buchungsperioden

Um die Organisationskriterien in Berechtigungen nutzen zu können, müssen sie nach der Definition aktiviert werden. Die Aktivierung erfolgt über Transaktion SM30 mit dem View V_ORGCRACT. Nach der Aktivierung ist eine Berechtigung für das Objekt S_TABU_LIN zwingend erforderlich, um auf die Daten zuzugreifen. Vor dem Transport dieser Einstellung müssen daher zwingend auch die Berechtigungen von einem Berechtigungsadministrator überarbeitet werden.

Die Organisationskriterien werden in den folgenden Tabellen gespeichert:

- Tabelle ORGCRIT: Organisationskriterien
- Tabelle ORGCRIT_T: Texte zu Organisationskriterien
- Tabelle ORGCRATT: Attribute in Organisationskriterien
- Tabelle ORGCRATT_T: Texte zu Attributen in Organisationskriterien
- Tabelle ORGCRFLD: Tabellenfelder in Organisationskriterien
- Tabelle ORGCRACT: aktivierte Organisationskriterien

Basierend auf den definierten Organisationskriterien können nun Berechtigungen angelegt werden. Im vorangehenden Beispiel wurde das Organisationskriterium ZBUKRS definiert, um Berechtigungen zum Pflegen von Buchungsperioden für einzelne Buchungskreise einrichten zu können. Abbildung 8.28 zeigt eine Berechtigung für das Objekt S_TABU_LIN für dieses Organisationskriterium für den Buchungskreis 1710 (hinterlegt im Feld **1. Attribut für Org. Krit.**). Zu dieser Berechtigung wird außerdem auch eine Berechtigung für das Objekt S_TABU_DIS oder das Objekt S_TABU_NAM benötigt.

Berechtigungsobjekt S_TABU_LIN	Manuell			Berechtigung für organisatorische Einheit
Berechtigung T-S026049100	Manuell			Berechtigung für organisatorische Einheit
ORG_CRIT	Manuell	👓	ZBUKRS	Organisationskriterium für schlüsselspezifische Berechtigung
ACTVT	Manuell	👓	02	Aktivität
ORG_FIELD1	Manuell	👓	1710	1. Attribut für Org. Krit.
ORG_FIELD2	Manuell	👓	*	2. Attribut für Org. Krit.
ORG_FIELD3	Manuell	👓	*	3. Attribut für Org. Krit.
ORG_FIELD4	Manuell	👓	*	4. Attribut für Org. Krit.
ORG_FIELD5	Manuell	👓	*	5. Attribut für Org. Krit.
ORG_FIELD6	Manuell	👓	*	6. Attribut für Org. Krit.
ORG_FIELD7	Manuell	👓	*	7. Attribut für Org. Krit.
ORG_FIELD8	Manuell	👓	*	8. Attribut für Org. Krit.

Abbildung 8.28 Berechtigung für Buchungsperioden im Buchungskreis 1710

Wird einem Benutzer diese Berechtigung zugeordnet, hat er die Pflegeberechtigung für die Buchungsperioden ausschließlich für den Buchungskreis 1710. Alle anderen Buchungskreise werden ihm nicht mehr angezeigt. Ruft ein Benutzer die Pflege ohne eine Berechtigung für das Objekt S_TABU_LIN auf, wird der Zugriff mit der Fehlermeldung »Sie haben keine zeilenbezogene Anzeigeberechtigung für die Daten« verweigert.

8.4.3 Schutz von Tabellen ohne Berechtigungsgruppe

Das Zuordnen einer Berechtigungsgruppe zu einer Tabelle ist nicht zwingend erforderlich. Damit auch Tabellen ohne Berechtigungsgruppen vor unberechtigten Zugriffen geschützt sind, überprüft das SAP-System beim lesenden oder ändernden Zugriff auf diese Tabellen die direkte Berechtigung für das Objekt S_TABU_NAM oder (falls nicht vorhanden) eine Berechtigung für das Objekt S_TABU_DIS mit der Berechtigungsgruppe &NC&. Einige SAP-Standardtabellen sind auch direkt dieser Gruppe zugeordnet. Berechtigungen für diese Berechtigungsgruppe dürfen nur sehr restriktiv vergeben werden, da hiermit der Zugriff auf eine große Anzahl Tabellen ermöglicht wird. Insbesondere das Zugriffsrecht zum Ändern darf nicht vergeben werden. Abbildung 8.29 zeigt einen Ausschnitt von Tabellen ohne Berechtigungsgruppen.

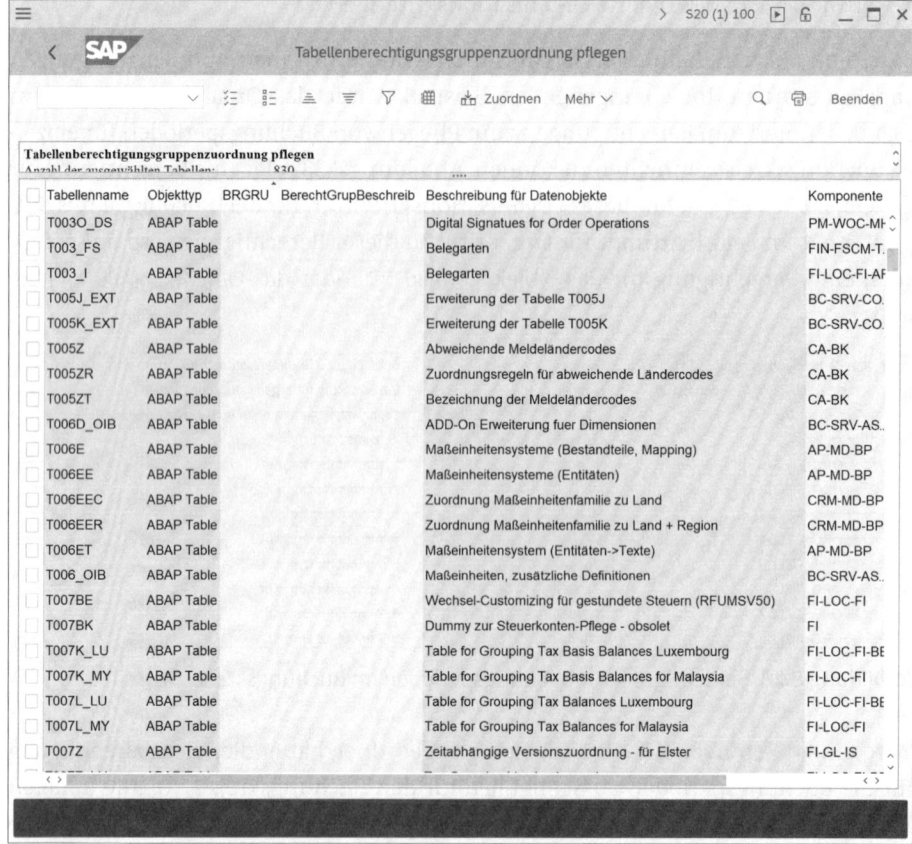

Abbildung 8.29 Beispiele für Tabellen ohne Berechtigungsgruppe

8.4.4 Prüfen der Berechtigungen zum Zugriff auf einzelne Tabellen/Views

Häufig wird bei einer Prüfung die Frage gestellt, welche Benutzer Zugriff auf einzelne Tabellen/Views haben, z. B. auf bestimmte Tabellen der Personalwirtschaft oder der Benutzerverwaltung. Im Folgenden erläutere ich, wie Sie bei dieser Prüfung vorgehen.

Im ersten Schritt ermitteln Sie, ob die Tabelle mandantenabhängig oder mandantenunabhängig ist:

1. Rufen Sie Transaktion SE16 auf, und lassen Sie sich Tabelle DD02L anzeigen.
2. Tragen Sie im Feld **Tabellenname** (TABNAME) die Tabelle ein, für die die Zugriffsrechte ermittelt werden sollen, und klicken Sie auf die Schaltfläche **Ausführen**.
3. Ist im Feld **mandantenabhängig** (CLIDEP) ein »X« eingetragen, ist die Tabelle mandantenabhängig; wenn nicht, ist sie mandantenunabhängig.

Im nächsten Schritt ermitteln Sie die Berechtigungsgruppe über Tabelle TDDAT. Findet sich kein Eintrag in dieser Tabelle, ist der View über die Berechtigungsgruppe &NC& geschützt.

Dann folgt die eigentliche Prüfung:

1. Die Berechtigungen prüfen Sie mit Transaktion SUIM bzw. über den Menüpfad **Benutzer • Benutzer nach komplexen Selektionskriterien • Benutzer nach komplexen Selektionskriterien** (Transaktion S_BCE_68001400). Geben Sie auf der Registerkarte **Berechtigungen** im Bereich **Selektion nach Werten** im Feld **Berechtigungsobjekt 1** das Objekt »S_TABU_DIS« ein, mit den folgenden Werten (siehe Abbildung 8.30):
    - **Aktivität**: »02« (Ändern) oder »03« (Anzeigen)
    - **Berechtigungsgruppe**: wie über Tabelle TDDAT ermittelt oder »&NC&«
2. Danach müssen Sie prüfen, ob Berechtigungen auch über das Objekt S_TABU_NAM vergeben sind. Geben Sie im Bereich **Selektion nach Werten** im Feld **Berechtigungsobjekt 1** das Objekt »S_TABU_NAM« ein mit den folgenden Werten:
    - **Aktivität**: »02« (Ändern) oder »03« (Anzeigen)
    - **Tabelle**: Name von Tabelle/View

Beide Ergebnislisten zusammen geben die Gesamtheit der berechtigten Benutzer wieder.

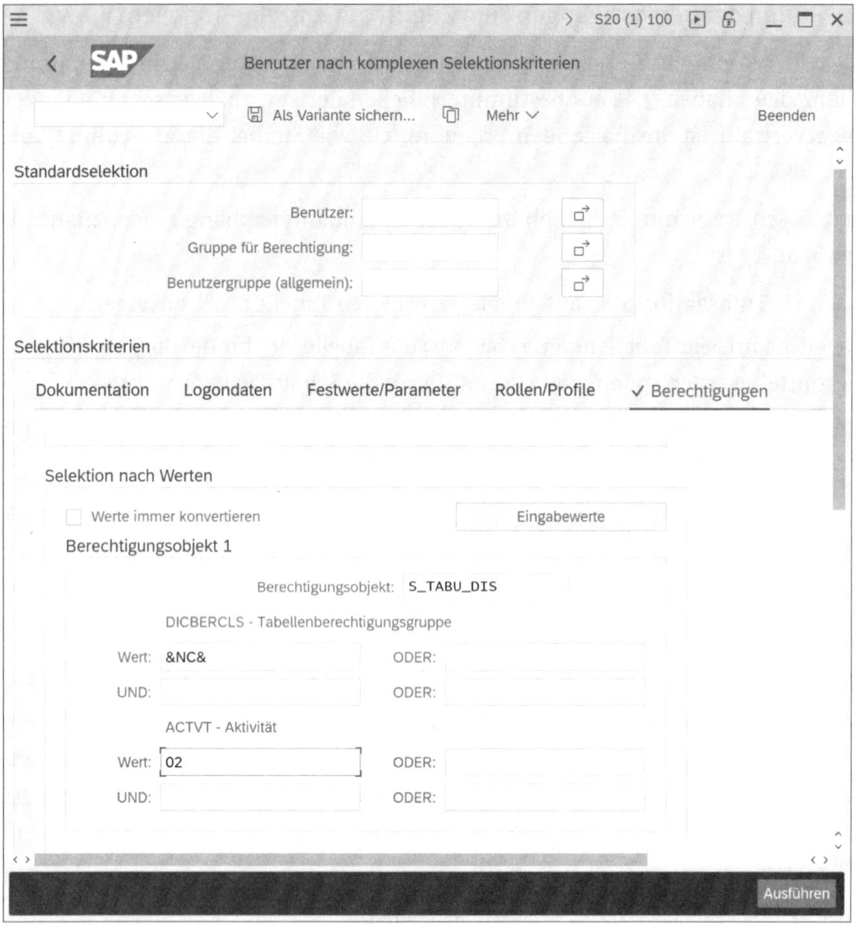

Abbildung 8.30 Tabellenberechtigungen auswerten

8.4.5 Prüfung der Tabellenberechtigungen für einzelne Rollen oder Benutzer

Zum Auswerten der Tabellenberechtigungen für einzelne Rollen oder Benutzer können Sie den Report SUSR_TABLES_WITH_AUTH nutzen. Abbildung 8.31 zeigt die Selektionsmaske des Reports. Hier können Sie einzelne Rollen oder Benutzer angeben. Außerdem sollten Sie hier angeben, ob die Tabellen gemäß Berechtigungen für das Objekt S_TABU_DIS oder für das Objekt S_TABU_NAM angezeigt werden sollen.

Das Ergebnis ist eine Liste aller Tabellen, für die entsprechende Berechtigungen existieren. Sie enthält auch die jeweils vergebene Aktivität (Anzeigen oder Ändern, siehe Abbildung 8.32).

8.4 Berechtigungen für Tabellen und Views

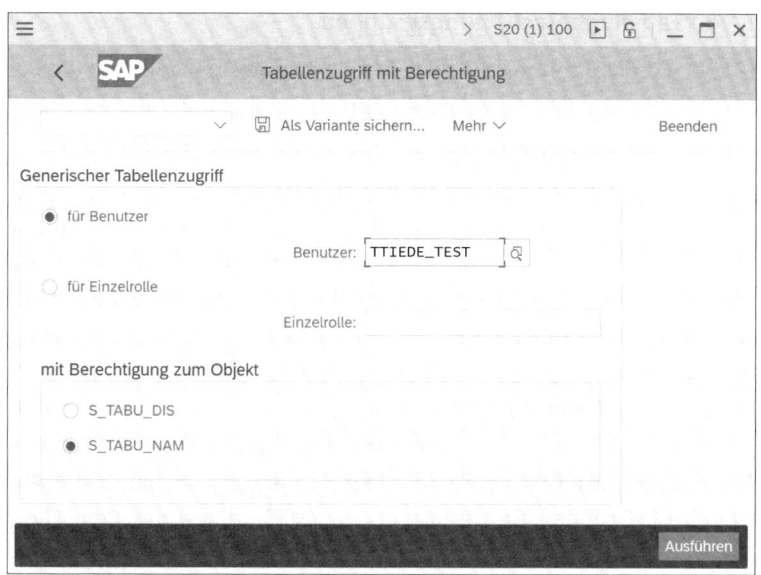

Abbildung 8.31 Report SUSR_TABLES_WITH_AUTH

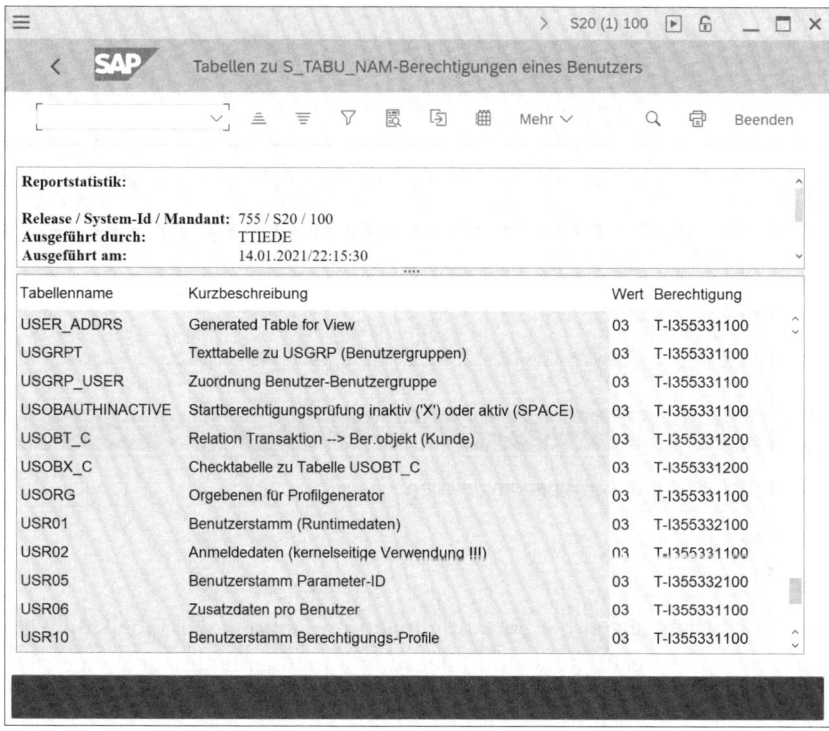

Abbildung 8.32 Report SUSR_TABLES_WITH_AUTH – Ergebnis

8.4.6 Abgleich von Tabellenberechtigungsgruppen

Mit dem Report TDDAT_COMPARE können Sie abgleichen, von welchen Tabellen die Berechtigungsgruppen nicht dem SAP-Standard entsprechen. Über eine Abgleichfunktion können die Berechtigungsgruppen wieder auf den Standard gesetzt werden.

Die Nutzung dieser Funktion ist auch nach einem Upgrade hilfreich. Die Standardberechtigungsgruppen der Tabellen werden von SAP manchmal geändert. Da Tabelle TDDAT aber vor Updates geschützt ist, können die neuen Gruppen nicht ins System eingespielt werden. Abbildung 8.33 zeigt ein Beispiel. Die markierten Tabellen enthalten Kennwort-Hashwerte und waren bis SAP-NetWeaver-Release 7.30 standardmäßig der Berechtigungsgruppe SC zugeordnet. Mit SAP-Hinweis 1484692 wurden die Tabellen der neuen Gruppe SPWD zugeordnet, um sie besser schützen zu können. Durch den Schutz von Tabelle TDDAT vor Updates konnten diese Änderungen nicht eingespielt werden. Mit dem Report TDDAT_COMPARE haben Sie über die Schaltfläche **Abgleich** die Möglichkeit, die Gruppenzuordnung auf den SAP-Standard zu setzen. Hierbei sollten Sie beachten, dass eventuell die Zugriffsrechte angepasst werden müssen.

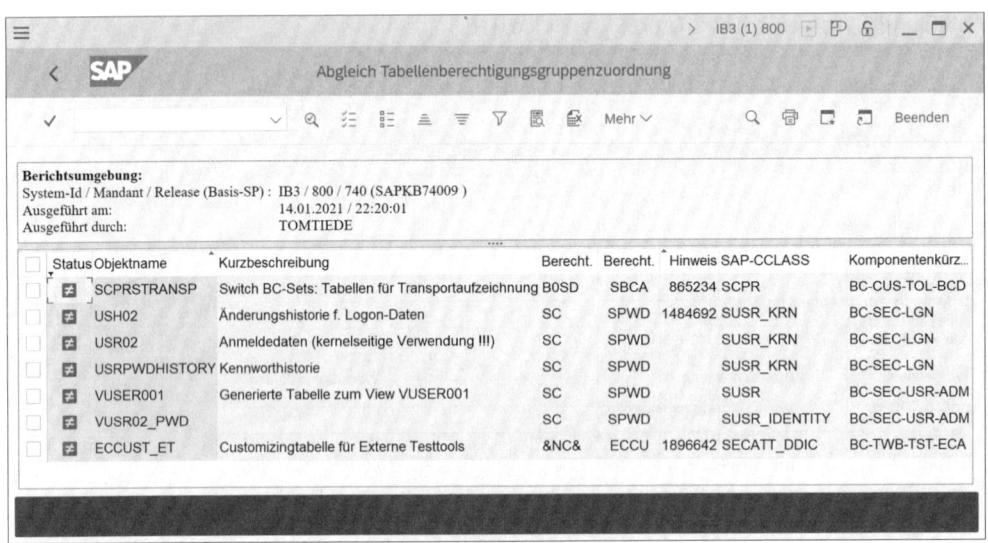

Abbildung 8.33 Berechtigungsgruppen abgleichen

8.4.7 Zugriffsrechte

Die folgenden Tabellen zeigen die Berechtigungen im Rahmen der Tabellenpflege. Tabelle 8.26 zeigt die Berechtigung zum Pflegen von mandantenunabhängigen Tabellenberechtigungsgruppen, Tabelle 8.27 die Berechtigung zum Pflegen von mandantenabhängigen Tabellenberechtigungsgruppen.

Berechtigungsobjekt	Feld	Wert
S_TCODE	TCD (Transaktion)	STBRG
S_DEVELOP	ACTVT (Aktivität)	02 (Ändern)
	OBJTYPE (Objekttyp)	SUCU

Tabelle 8.26 Berechtigung zum Pflegen von mandantenunabhängigen Tabellenberechtigungsgruppen

Berechtigungsobjekt	Feld	Wert
S_TCODE	TCD (Transaktion)	STBRG
S_DEVELOP	ACTVT (Aktivität)	02 (Ändern)
	OBJTYPE (Objekttyp)	SUCU
oder		
S_TCODE	TCD (Transaktion)	▪ SM30V_BRG ▪ SM30
S_TABU_DIS	ACTVT (Aktivität)	02 (Ändern)
	DICBERCLS (Berechtigungsgruppe)	SVIM
oder		
S_TCODE	TCD (Transaktion)	▪ SM30V_BRG ▪ SM30
S_TABU_NAM	ACTVT (Aktivität)	02 (Ändern)
	TABLE (Tabelle)	V_BRG_54

Tabelle 8.27 Berechtigung zum Pflegen von mandantenabhängigen Tabellenberechtigungsgruppen

Tabelle 8.28 zeigt die Berechtigungen zum Anzeigen aller Tabellen.

Berechtigungsobjekt	Feld	Wert
S_TABU_DIS	ACTVT (Aktivität)	03 (Anzeigen)
	DICBERCLS (Berechtigungsgruppe)	*
oder		
S_TABU_NAM	ACTVT (Aktivität)	03 (Anzeigen)
	TABLE (Tabelle)	*

Tabelle 8.28 Berechtigung zum Anzeigen aller Tabellen

Tabelle 8.29 zeigt die Berechtigung, um alle mandantenunabhängigen Tabellen zu ändern.

Berechtigungsobjekt	Feld	Wert
S_TABU_DIS	ACTVT (Aktivität)	02 (Ändern)
	DICBERCLS (Berechtigungsgruppe)	*
oder		
S_TABU_NAM	ACTVT (Aktivität)	02 (Ändern)
	TABLE (Tabelle)	*

Tabelle 8.29 Berechtigung zum Ändern aller mandantenunabhängigen Tabellen

Tabelle 8.30 zeigt die Berechtigung zum Ändern aller Tabellen.

Berechtigungsobjekt	Feld	Wert
S_TABU_DIS	ACTVT (Aktivität)	02 (Ändern)

Tabelle 8.30 Berechtigung zum Ändern aller Tabellen

Berechtigungsobjekt	Feld	Wert
S_TABU_DIS	DICBERCLS (Berechtigungsgruppe)	*
S_TABU_CLI	CLIIDMAINT (Kennzeichen)	X
oder		
S_TABU_NAM	ACTVT (Aktivität)	02 (Ändern)
	TABLE (Tabelle)	*
S_TABU_CLI	CLIIDMAINT (Kennzeichen)	X

Tabelle 8.30 Berechtigung zum Ändern aller Tabellen (Forts.)

Tabelle 8.31 zeigt die Berechtigung, um alle ungeschützten Tabellen zu ändern.

Berechtigungsobjekt	Feld	Wert
S_TABU_DIS	ACTVT (Aktivität)	02 (Ändern)
	DICBERCLS (Berechtigungsgruppe)	&NC&

Tabelle 8.31 Berechtigung zum Ändern aller ungeschützten Tabellen

8.4.8 Checkliste

In Tabelle 8.32 finden Sie die Checkliste mit den prüfungsrelevanten Fragestellungen zu den für Tabellen und Views eingerichteten Berechtigungen.

Risiko	Fragestellung
	Vorgabe oder Erläuterung
1	Welche Benutzer können mandantenunabhängige Tabellen ändern?
	Nur Administratoren dürfen mandantenunabhängige Tabellen ändern. Hier besteht das Risiko, dass Benutzer Systemeinstellungen ändern.

Tabelle 8.32 Checkliste zu den Berechtigungen für Tabellen und Views

Risiko	Fragestellung
	Vorgabe oder Erläuterung
1	Welche Benutzer können alle Tabellen des Systems ändern?
	Die Berechtigung zum Ändern aller Tabellen darf im Produktivsystem nicht vergeben werden.
	Hier besteht das Risiko, dass Benutzer Tabellen ändern, deren Inhalte rechnungslegungsrelevant sind.
2	Sind die unternehmenseigenen Tabellen Berechtigungsgruppen zugeordnet?
	Unternehmenseigene Tabellen müssen durch Berechtigungsgruppen geschützt werden.
	Hier besteht das Risiko, dass Berechtigungen für eigene Tabellen zu umfassend vergeben werden.
2	Besitzen Benutzer Zugriff auf die Berechtigungsgruppe &NC&?
	Der Zugriff auf Tabellen der Berechtigungsgruppe &NC& darf nur äußerst restriktiv vergeben werden.
	Hier besteht das Risiko, dass Benutzer auf Tabellen zugreifen können, auf die sie keinen Zugriff haben dürfen.

Tabelle 8.32 Checkliste zu den Berechtigungen für Tabellen und Views (Forts.)

Wie Sie die einzelnen Punkte praktisch am SAP-System prüfen können, erfahren Sie in Abschnitt 8.4 des Dokuments **Tiede_Checklisten_Sicherheit_und_Pruefung.pdf**.

8.5 Tabellenzugriffe auf Spalten und Feldwerte einschränken (GTB-Rollen)

In vielen Fällen kann es erforderlich sein, die Zugriffsrechte auf Tabellen noch weiter einzugrenzen, z. B. auf die anzuzeigenden Spalten oder auf bestimmte Inhalte. Beispiele aus der Praxis sind:

- Zu Analysezwecken soll ein Zugriff auf die USR-Tabellen möglich sein, auch auf die Tabelle USR02. In dieser Tabelle befinden sich aber auch die Felder mit den Hashwerten der Kennwörter. Diese Felder sollen den Benutzern nicht angezeigt werden.

- Im Mandanten sind mehrere Gesellschaften als Buchungskreise abgebildet. Jede Gesellschaft soll Berechtigungen auf bestimmte Tabellen bekommen, u. a. für Lieferanten und Belege (z. B. Tabellen LFB1, BKPF, ACDOCA, BSEC). In diesen Tabellen sollen die Benutzer aber nur die Daten ihrer eigenen Gesellschaft sehen, also des entsprechenden Buchungskreises.

8.5 Tabellenzugriffe auf Spalten und Feldwerte einschränken (GTB-Rollen)

Solche Anforderungen können Sie abbilden, wenn Sie anstelle von Transaktion SE16 oder SE16N die Funktionen des Generic Table Browsers (GTB) nutzen, siehe Tabelle 8.33. Bei der Nutzung dieser Transaktionen kann mit sogenannten *GTB-Rollen* für Benutzer eingegrenzt werden, welche Spalten und Feldwerte angezeigt werden. Diese Konfiguration ist additiv zu den Berechtigungen auf den Objekten S_TABU_DIS und S_TABU_NAM. Diese werden weiterhin für die Zugriffe auf Tabellen benötigt.

GTB-Transaktion	Beschreibung
S416N, S4H16N	Tabellenanzeige analog Transaktion SE16N
S416H, S4H16H	Tabellenanzeige analog Transaktion SE16H
S416D, S4H16D	Tabellenanzeige analog Report RK_SE16D
S416S, S4H16S	Tabellensuche analog Transaktion SE16S

Tabelle 8.33 Transaktionen des Generic Table Browsers (GTB)

SAP-Hinweis 2140958 (GTB: Berechtigung auf Spalten- und Feldwerte einschränken) zeigt diese Systematik und listet auf, in welchen Releaseständen die Funktion verfügbar ist. Bei der Nutzung dieser Funktion ist darauf zu achten, dass die herkömmlichen Transaktionen zur Tabellenanzeige (SE16, SE16N etc.) nicht mehr berechtigt werden, da mit ihnen die Konfiguration der Einschränkung auf Spalten und Feldwerte umgangen wird (siehe Abschnitt 8.5.5, »Voraussetzungen zur Nutzung von GTB-Rollen«).

Wie Änderungen, die mit dem GTB in Tabellen durchgeführt werden, protokolliert werden, erfahren Sie in Abschnitt 4.8.8, »Protokolle von Änderungen über den Generic Table Browser (GTB)«.

8.5.1 Berechtigungen auf Spalten eingrenzen

Der Generic Table Browser bietet in den GTB-Rollen die Möglichkeit, Spalten zu definieren, die Benutzern in Tabellen nicht angezeigt werden sollen. Hiermit besteht die Möglichkeit, kritische Tabelleninhalte für bestimmte Benutzer auszublenden. Dies können z. B. die Felder mit den Kennwörtern der Benutzer sein.

Gepflegt werden die GTB-Rollen mit Transaktion S416N_ROLE. Abbildung 8.34 zeigt die Oberfläche der Transaktion. Im Block **Definition von Spalten OHNE Berechtigung** werden Tabellen und Feldname angegeben, die Benutzern nicht angezeigt werden sollen. Im Beispiel in Abbildung 8.34 werden alle Felder der Tabelle USR02 ausgeblendet, die Hashwerte von Kennwörtern enthalten. Im Feld **GTB-Rolle** wird der Name der Rolle angegeben, in diesem Beispiel ZIBS_USR02_NO_PW. Wird einem Benutzer diese Rolle zugeordnet (siehe Abschnitt 8.5.3, »Zuordnung der GTB-Rollen«), so wer-

8 Customizing des SAP-Systems

den ihm in den GTB-Transaktionen diese Felder weder in der Selektionsmaske der Tabelle noch im Ergebnis angezeigt. Abbildung 8.35 zeigt den Unterschied in Transaktion S416N mit und ohne Zuordnung der GTB-Rolle ZIBS_USR02_NO_PW.

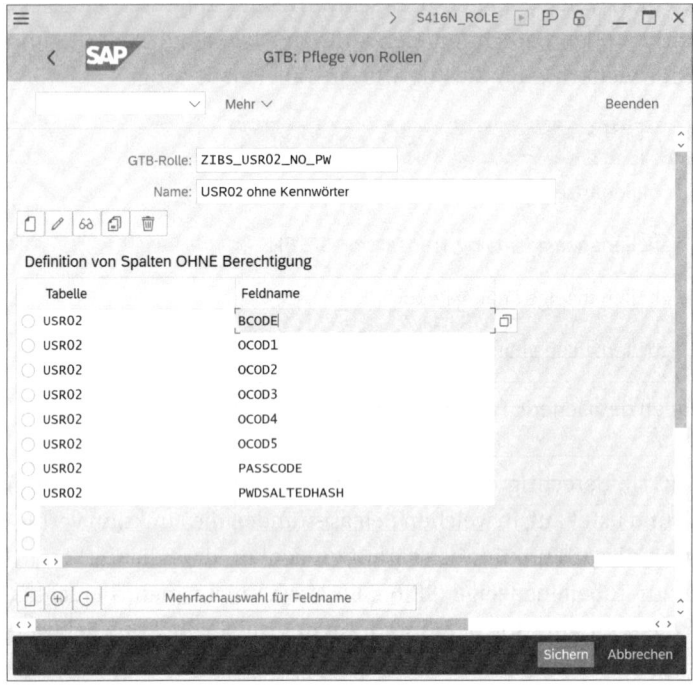

Abbildung 8.34 Spalten zur Tabelle USR02 ausblenden

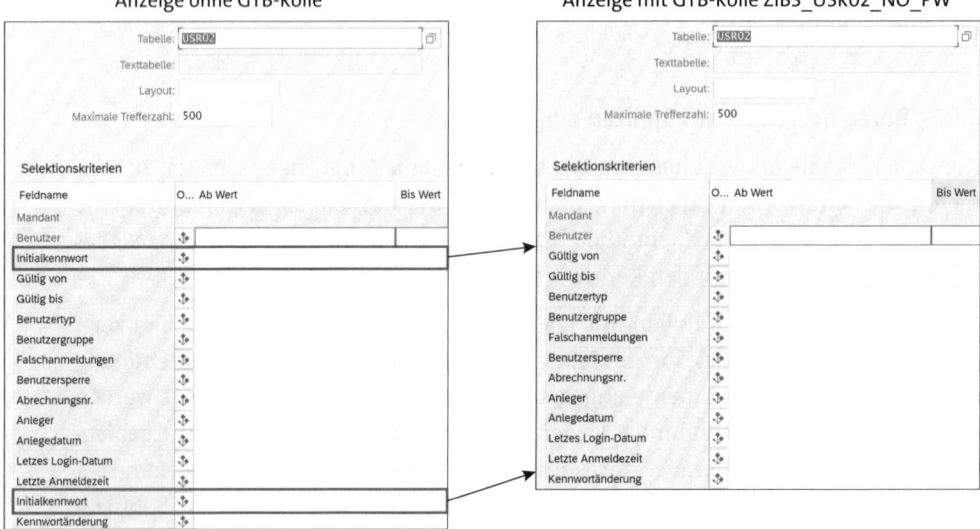

Abbildung 8.35 Tabellenanzeige mit GTB-Rolle

8.5 Tabellenzugriffe auf Spalten und Feldwerte einschränken (GTB-Rollen)

Viele Felder werden in verschiedenen Tabellen verwendet. Häufig ist die Anforderung, dass Felder mit sensiblen Inhalten grundsätzlich ausgeblendet werden sollen, unabhängig davon, in welchen Tabellen sie verwendet werden. Im obigen Beispiel werden in der Tabelle USR02 u. a. die Felder BCODE, PASSCODE und PWDSALTEDHASH ausgeblendet. Diese Felder werden auch in den Tabellen USH02, USH02_ARC_TMP und USRPWDHISTORY sowie im View VUSR02_PWD verwendet. Um diese Felder in allen Tabellen auszublenden, ohne die Tabellen einzeln anzugeben, kann in Transaktion S416N_ROLE im Feld **Tabelle** ein Stern (*) angegeben werden, siehe Abbildung 8.36. Diese Variante ist zu wählen, wenn ein Feld nicht nur in einer Tabelle, sondern generell ausgeblendet werden soll.

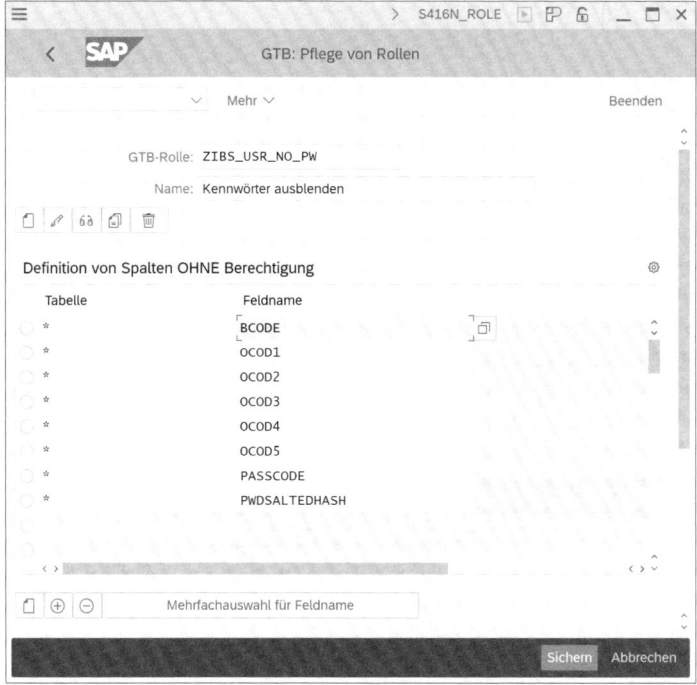

Abbildung 8.36 Spalten in allen Tabellen ausblenden

8.5.2 Berechtigungen auf Feldwerte eingrenzen

Mit dem Generic Table Browser kann die Anzeige von Tabellen zeilenweise berechtigt werden. Hierdurch können z. B. die Tabellen der Finanzbuchhaltung auf die Anzeige bestimmter Buchungskreise eingegrenzt werden. Hierfür sind im Block **Definition zulässiger Werte** die Tabellen und die Felder anzugeben, deren Werte eingegrenzt werden sollen. In Abbildung 8.37 sind z. B. die Tabellen ACDOCA, BKPF und BSEK (Buchhaltungsbelege) eingetragen. Als Feldnamen ist jeweils der Buchungskreis angegeben. Über die Schaltfläche **Werteingabe** können hier die Werte eingegeben werden, die berechtigt werden sollen. In Abbildung 8.37 ist die z. B. der Buchungskreis 1010 angegeben. Dies bedeutet, dass der Benutzer, dem diese GTB-Rolle zugeordnet wird, in den drei Tabellen jeweils nur die Datensätze des Buchungskreises 1010 angezeigt bekommt. Alle anderen Datensätze werden ausgeblendet.

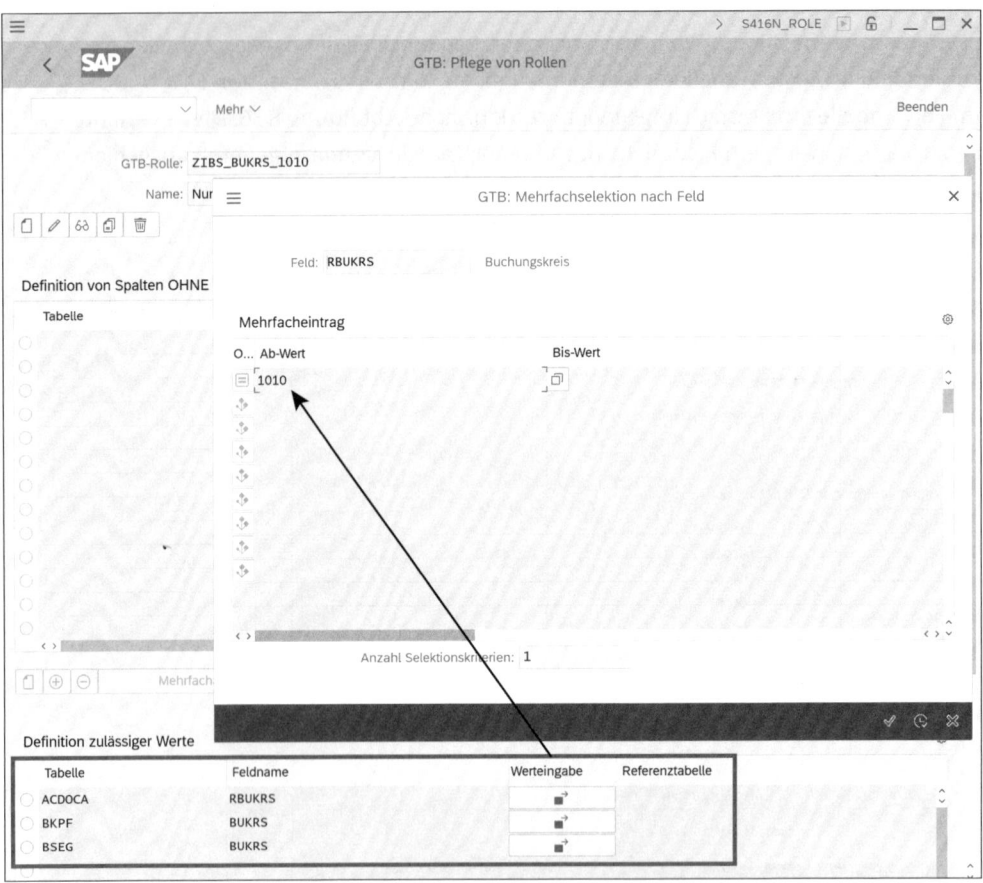

Abbildung 8.37 Eingrenzung auf Buchungskreis in einer GTB-Rolle

8.5.3 Zuordnung der GTB-Rollen

Die GTB-Rollen werden mit dem Berechtigungsobjekt S_GTB_CUS zugeordnet. Die Werte werden wie in Tabelle 8.34 angegeben. Im Feld GTB_NAME werden die Namen der GTB-Rollen angegeben. Abbildung 8.38 zeigt eine Rolle mit der Berechtigung für die GTB-Rolle ZIBS_BUKRS_1010.

8.5 Tabellenzugriffe auf Spalten und Feldwerte einschränken (GTB-Rollen)

Berechtigungsobjekt	Feld	Wert
S_GTB_CUS	ACTVT (Aktivität)	03 (Anzeigen)
	GTB_KEY (GTB: Schlüssel für Berechtigungen)	ROLE
	GTB_NAME (GTB: Objektname für Berechtigungen)	<Name der GTB-Rollen>

Tabelle 8.34 Berechtigung von GTB-Rollen

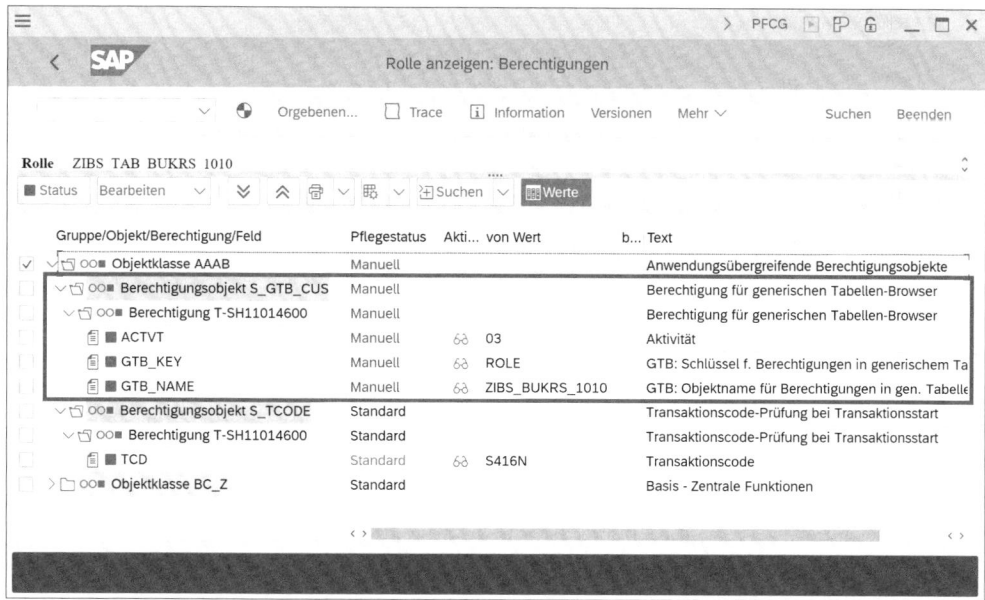

Abbildung 8.38 Zuordnung von GTB-Rollen zu PFCG-Rollen

8.5.4 Prüfung der GTB-Rollen

Zur Nutzung von Transaktion S416N_ROLE muss die Berechtigung gemäß Tabelle 8.35 vorliegen. Da hier die Aktivität 01 (Anlegen) erforderlich ist, kann die Transaktion mit rein lesenden Berechtigungen nicht aufgerufen werden. Zur Prüfung können die Tabellen genutzt werden, in denen die Konfiguration der GTB-Rollen gespeichert wird (siehe Tabelle 8.36).

Berechtigungsobjekt	Feld	Wert
S_GTB_CUS	ACTVT (Aktivität)	01 (Anlegen)
	GTB_KEY (GTB: Schlüssel für Berechtigungen)	ROLE
	GTB_NAME (GTB: Objektname für Berechtigungen)	''

Tabelle 8.35 Berechtigung zur GTB-Rollenpflege

Tabelle	Bezeichnung
GTB_ROLE_DEF	Definition der GTB-Rollen
GTB_ROLE_DEF_T	Texte zu den GTB-Rollen
GTB_ROLE_TABLE	Definition der auszublendenden Spalten
GTB_ROLE_VALUE	Definition der berechtigten Feldwerte

Tabelle 8.36 Tabellen der GTB-Rollen

Hierüber können die erforderlichen Fragestellungen für eine Analyse gestellt werden. Ob GTB-Rollen überhaupt genutzt werden, ermitteln Sie über die Tabelle GTB_ROLE_DEF (Texte zu den GTB-Rollen finden Sie in der Tabelle GTB_ROLE_DEF_T). Sind hier keine Einträge vorhanden, werden GBT-Rollen nicht genutzt.

Zur Analyse, ob für Tabellen bestimmte Spalten ausgeblendet sind, nutzen Sie die Tabelle GTB_ROLE_TABLE (siehe Abbildung 8.39). Im Feld *Tabellenname* (TABNAME) sind die Tabellen angegeben, zu denen Spalten ausgeblendet sind. Im Feld *Feldname* (FIELDNAME) sind die Spalten angegeben, die ausgeblendet werden. Ein Stern (*) in der Spalte *Tabellenname* bedeutet, dass die angegebene Spalte in allen Tabellen ausgeblendet wird.

Zur Analyse, ob die Tabellenanzeige auf bestimmte Werte eingegrenzt wird, nutzen Sie die Tabelle GTB_ROLE_VALUE (siehe Abbildung 8.40). Wie die Selektionen in der Tabelle gespeichert werden, zeigt Tabelle 8.37.

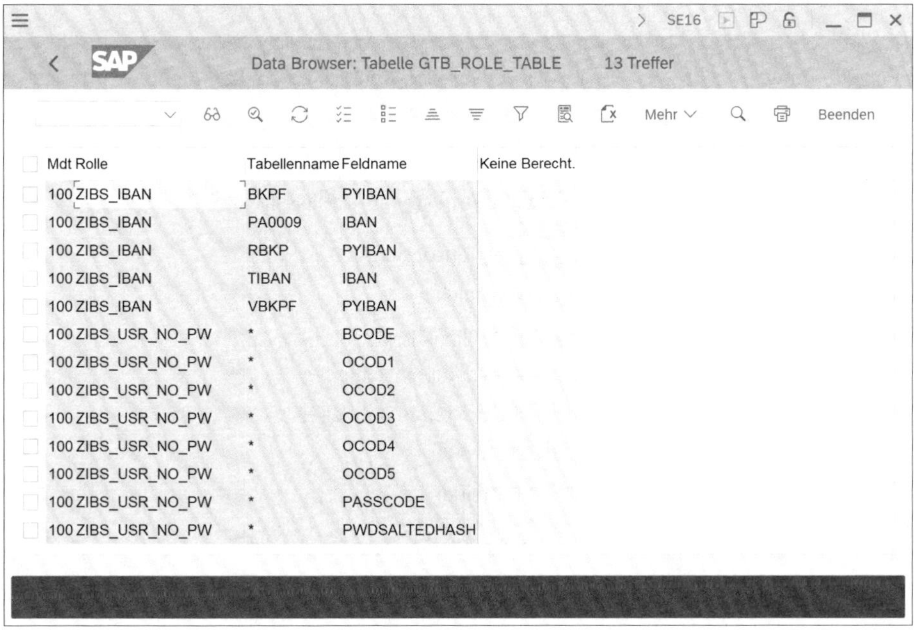

8.5 Tabellenzugriffe auf Spalten und Feldwerte einschränken (GTB-Rollen)

Mdt	Rolle	Tabellenname	Feldname	Keine Berecht.
100	ZIBS_IBAN	BKPF	PYIBAN	
100	ZIBS_IBAN	PA0009	IBAN	
100	ZIBS_IBAN	RBKP	PYIBAN	
100	ZIBS_IBAN	TIBAN	IBAN	
100	ZIBS_IBAN	VBKPF	PYIBAN	
100	ZIBS_USR_NO_PW	*	BCODE	
100	ZIBS_USR_NO_PW	*	OCOD1	
100	ZIBS_USR_NO_PW	*	OCOD2	
100	ZIBS_USR_NO_PW	*	OCOD3	
100	ZIBS_USR_NO_PW	*	OCOD4	
100	ZIBS_USR_NO_PW	*	OCOD5	
100	ZIBS_USR_NO_PW	*	PASSCODE	
100	ZIBS_USR_NO_PW	*	PWDSALTEDHASH	

Abbildung 8.39 Tabelle GTB_ROLE_TABLE: ausgeblendete Spalten

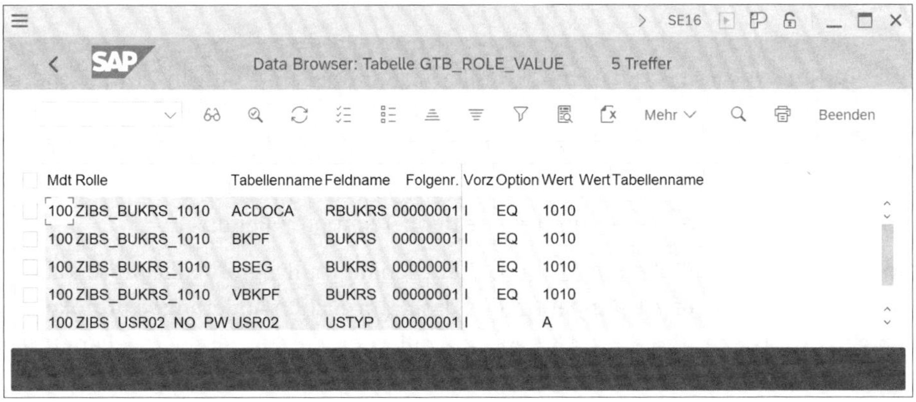

Mdt	Rolle	Tabellenname	Feldname	Folgenr.	Vorz	Option	Wert	Wert Tabellenname
100	ZIBS_BUKRS_1010	ACDOCA	RBUKRS	00000001	I	EQ	1010	
100	ZIBS_BUKRS_1010	BKPF	BUKRS	00000001	I	EQ	1010	
100	ZIBS_BUKRS_1010	BSEG	BUKRS	00000001	I	EQ	1010	
100	ZIBS_BUKRS_1010	VBKPF	BUKRS	00000001	I	EQ	1010	
100	ZIBS_USR02_NO_PW	USR02	USTYP	00000001	I		A	

Abbildung 8.40 Tabelle GTB_ROLE_VALUE: berechtigte Werte

Feld	Techn. Name	Feldinhalt
Rolle	GTB_ROLE	Name der GTB-Rolle
Tabellenname	TABNAME	Tabellenname
Feldname	FIELDNAME	Feldname

Tabelle 8.37 Felder der Tabelle GTB_ROLE_VALUE

Feld	Techn. Name	Feldinhalt
Folgenummer	POS	Reichenfolge, wenn zu einem Feld mehrere Kriterien angegeben werden
Vorzeichen	SIGN	I: Suchmuster einschließen E: Suchmuster ausschließen
Option	SEL_OPTION	Selektionsoption, z. B.: EQ: Gleich NE: Ungleich CP: Muster einschließen NP: Muster ausschließen GT: Größer LT: Kleiner
Wert von	LOW	Wert, der hier berechtigt wird
Wert bis	HIGH	Bis-Wert (bei Intervallen)
Referenztabelle	DD_REFTAB	Referenztabelle

Tabelle 8.37 Felder der Tabelle GTB_ROLE_VALUE (Forts.)

Zur Prüfung, welchen Benutzern GTB-Rollen zugeordnet sind, nutzen Sie die Reports zur Berechtigungsanalyse (siehe Abschnitt 10.5.4, »Zugriffsrechte für Benutzer auswerten«). In Abschnitt 8.5.3, »Zuordnung der GTB-Rollen«, ist beschrieben, wie GTB-Rollen mit dem Berechtigungsobjekt S_GTB_CUS vergeben werden. Nutzen Sie die Feldwerte gemäß Tabelle 8.34 zur Analyse der berechtigten Benutzer.

Änderungen an GTB-Rollen werden über Tabellenänderungsprotokolle protokolliert. Für GTB_ROLE*-Tabellen ist standardmäßig das Kennzeichen **Änderungen protokollieren** aktiviert (siehe Abschnitt 4.3.3, »Protokollierung der einzelnen Tabellen«). Die Auswertung der Tabellenänderungsprotokolle ist in Abschnitt 4.3.6, »Auswertung von Tabellenänderungen«, beschrieben.

8.5.5 Voraussetzungen zur Nutzung von GTB-Rollen

Die Einschränkungen, die mit den GTB-Rollen eingerichtet werden, greifen ausschließlich in den Transaktionen des GTB (S416N, S4H16N etc.). In den herkömmlichen Standardtransaktionen (SE16, SE16N etc.) ziehen diese Einschränkungen nicht. Daher dürfen Benutzern, deren Berechtigungen über GTB-Rollen eingeschränkt werden sollen, diese Standardtransaktionen nicht zugeordnet werden. Die wesentlichen dieser Transaktionen sind in Tabelle 8.38 aufgelistet.

8.5 Tabellenzugriffe auf Spalten und Feldwerte einschränken (GTB-Rollen)

Transaktionen	Beschreibung
SE16, SE16N, SE16H, SE17, RSSG_BROWSER, SQVI	Transaktionen zur Anzeige von Tabelleninhalten
SA38 etc. (siehe Abschnitt 1.2.2, »Aufrufen von Reports«)	Reportingtransaktionen zum Aufruf von Reports zur Tabellenanzeige, z. B. RK_SE16D
SM30, SM31, S-32, S-33, OVAP, OVFK, OVNB, OVNO etc.	Transaktionen zur Viewpflege

Tabelle 8.38 Nicht-GTB-Transaktionen zur Tabellenpflege

In der Praxis wird häufig eine Mischung der GTB-Funktionen und der herkömmlichen Funktionen verwendet. Benutzern aus den Fachbereichen werden die GTB-Transaktionen einschließlich einschränkender GTB-Rollen zugeordnet, während administrative Benutzer und Key-User/Modulbetreuer weiterhin die Transaktionen SE16/SE16N erhalten, um uneingeschränkten Zugriff auf die Tabelleninhalte zu bekommen. Werden in einem Mandanten verschiedene Gesellschaften verwaltet, für die untereinander keine Zugriffe möglich sein sollen, so werden ausschließlich die GTB-Transaktionen verwendet. Um eine versehentliche Berechtigung von Nicht-GTB-Transaktionen auszuschließen, können diese Transaktionen gesperrt werden (siehe Abschnitt 3.4, »Sperren von Transaktionscodes«).

8.5.6 Zugriffsrechte

Die folgenden Tabellen zeigen die Berechtigungen im Rahmen der Pflege von GTB-Rollen. Tabelle 8.39 zeigt die Berechtigung zur Pflege von GTB-Rollen, Tabelle 8.40 die Berechtigung zur Einbindung von GTB-Rollen in PFCG-Rollen.

Berechtigungsobjekt	Feld	Wert
S_TCODE	TCD (Transaktion)	S416N_ROLE
S_GTB_CUS	ACTVT (Aktivität)	- 01 (Anlegen) - 02 (Ändern) - 03 (Anzeigen) - 06 (Löschen) - 21 (Transportieren)

Tabelle 8.39 Berechtigung zur GTB-Rollenpflege

Berechtigungsobjekt	Feld	Wert
S_GTB_CUS (Forts.)	GTB_KEY (GTB: Schlüssel für Berechtigungen)	ROLE
	GTB_NAME (GTB: Objektname für Berechtigungen)	''

Tabelle 8.39 Berechtigung zur GTB-Rollenpflege (Forts.)

Berechtigungsobjekt	Feld	Wert
S_TCODE	TCD (Transaktion)	PFCG
S_USER_AGR	ACTVT (Aktivität)	▪ 01 (Anlegen) ▪ 02 (Ändern)
	ACT_GROUP (Rolle)	<Name der Rolle>
S_USER_TCD	TCD (Transaktion)	S416N_ROLE
S_USER_VAL	OBJECT (Berechtigungsobjekt)	S_GTB_CUS
	AUTH_FIELD (Feldname)	*
	AUTH_VALUE (Berechtigungswert)	*

Tabelle 8.40 Berechtigung zur Einbindung von GTB-Rollen in Rollen

8.5.7 Checkliste

In Tabelle 8.41 finden Sie die Checkliste mit den prüfungsrelevanten Fragestellungen zu den GTB-Rollen.

8.5 Tabellenzugriffe auf Spalten und Feldwerte einschränken (GTB-Rollen)

Risiko	Fragestellung Vorgabe oder Erläuterung
2	Werden GTB-Rollen zur Eingrenzung von Tabellenberechtigungen genutzt? GTB-Rollen bieten die Möglichkeit, Berechtigungen auf Tabellen bzgl. anzuzeigender Spalten und Inhalte weiter einzugrenzen. Hier besteht das Risiko, dass Benutzer über die klassischen Tabellenberechtigungen sensible Daten sehen oder ändern können.
1	Wer ist zur Pflege von GTB-Rollen berechtigt? Die Pflege der GTB-Rollen sollte nur einem eingeschränkten Personenkreis möglich sein. Hier besteht das Risiko, dass durch Änderungen an GTB-Rollen zu umfangreiche Berechtigungen vergeben werden.
1	Wer ist zur Nutzung von Transaktionen berechtigt, mit denen die Einschränkungen des GTB umgangen werden können? In den klassischen Transaktionen wie SE16 oder SE16N werden die Einschränkungen der GTB-Rollen nicht übernommen. Hier besteht das Risiko, dass durch die Nutzung der klassischen Tabellenanzeigetransaktionen die Einschränkungen der GTB-Rollen umgangen werden.
1	Wer ist zur Nutzung von GTB-Transaktionen berechtigt, ohne dass ihm GTB-Rollen zur Einschränkung zugeordnet sind? Werden die GTB-Transaktionen ohne GTB-Rollen zugeordnet, so können alle Tabellen angezeigt werden, die mit S_TABU_DIS und S_TAB_NAM zugeordnet sind. Hier besteht das Risiko, dass ohne Zuordnung von GTB-Rollen die Einschränkungen der GTB-Rollen umgangen werden.

Tabelle 8.41 Checkliste zu GTB-Rollen

Wie Sie die einzelnen Punkte praktisch am SAP-System prüfen können, erfahren Sie in Abschnitt 8.5 des Dokuments **Tiede_Checklisten_Sicherheit_und_Pruefung.pdf**.

Kapitel 9
Entwicklung in SAP-Systemen

Wie ist die Anwendungsentwicklung in den SAP-Systemlandschaften abgesichert? Existieren Richtlinien für die Programmiersprache ABAP? Sind die Berechtigungen korrekt vergeben? Diese komplexen Themen werden in diesem Kapitel Schritt für Schritt erläutert.

Dieses Kapitel befasst sich mit der Sicherheit und Prüfung der Entwicklungsumgebung von SAP NetWeaver. Zwar ist für eine tiefgreifende Prüfung Programmier-Know-how von Vorteil, aber auch ohne diese Kenntnisse können Sie wesentliche Punkte prüfen und bewerten, selbst die Quelltexte der eigenentwickelten Programme.

Anwendungsentwicklung ist ein wesentliches Element in SAP-Systemen. So gut wie keine SAP-Systemlandschaft wird vollständig im Standard betrieben. Teilweise werden komplexe Prozesse vollständig selbst entwickelt. Neben der technischen Prüfung sind die Richtlinien zur Anwendungsentwicklung ein wesentliches Element zur Absicherung. Hieraus ergeben sich Vorgaben, die in die Prüfung des Systems einfließen. Daher sollte die Prüfung der Richtlinien vor der Analyse der Eigenentwicklungen stehen. Eine Aufstellung der wesentlichen Inhalte solch einer Richtlinie finden Sie in Abschnitt 9.1, »Entwicklerrichtlinien«. Danach behandle ich vorgelagerte Themen wie die Systemänderbarkeit und die Entwicklerschlüssel. Mit den Themen Transportsystem und Eigenentwicklungen in ABAP geht es dann an den Kern der Prüfung.

Den Abschluss bildet der Abschnitt zu den Berechtigungen zur Anwendungsentwicklung. Schwerpunkt ist hier die Beschreibung des Berechtigungsobjekts S_DEVELOP. In SAP-S/4HANA-Systemen hat dies besondere Relevanz, da dort keine Entwicklerschlüssel mehr erforderlich sind. Auch zeige ich Ihnen, wie das Ausführen von Reports abgesichert werden kann (Berechtigungsobjekte S_PROGRAM und S_PROGNAM).

9.1 Entwicklerrichtlinien

Neben den allgemeingültigen *Entwicklerrichtlinien* eines Unternehmens sollte auch eine spezielle Richtlinie für die Entwicklung in SAP-Systemen erstellt werden. Bei der Entwicklung in SAP-Systemen gibt es viele Besonderheiten, die nicht mit einer allgemeinen Richtlinie abgedeckt werden können. Solch eine Richtlinie ist sowohl für den

ABAP- als auch für den Java-Stack erforderlich. Die Deutsche SAP-Anwendergruppe (DSAG) hat zu diesem Thema den »Best Practice Leitfaden Development – Praxistipps rund um das Thema ABAP Development« (*http://s-prs.de/v612204*) herausgebracht.

Inhalt einer Entwicklerrichtlinie für ABAP-Entwicklungen sollte mindestens sein:

- Vorgaben für ABAP-Programme und Funktionsbausteine:
  - Namenskonventionen für Programme, z. B.:
    - 1. Buchstabe:
      - Y: produktive Programme
      - Z: Testprogramme; nicht für das Produktivsystem
    - 2./3. Buchstabe: Komponente
      - BC (Basis)
      - FI (Finanzwesen)
      - CO (Controlling)
      - MM (Materialwirtschaft)
      - SD (Vertrieb)
      - HR (Personalwesen)
      - usw.
    - 4. Buchstabe: Trennstrich (Unterstrich)
    - 5./6. Buchstabe: Art des Programms
      - RP (Report; nur lesende Programme)
      - MO (Dialogprogramm zum Ändern von Daten)
      - MP (Modul-Pool)
      - IF (Schnittstellenprogramm)
      - usw.
    - 7. Buchstabe: Trennstrich (Unterstrich)
    - ab 8. Buchstabe: Beschreibung
  - Strukturierung von Programmen:
    - Namenskonventionen für Variablen und Konstanten
    - Tabellendeklarationen
    - Programmstrukturierung (Deklarationen, Includes, Unterprogramme)
    - Enqueues/Dequeues
    - Nutzung von SAP-Standardfunktionsbausteinen
  - Berechtigungsprüfungen:
    - Berechtigungsgruppen für Reportingprogramme

- Nutzung von Funktionsbausteinen für Berechtigungsprüfungen (AUTHORITY-CHECK)
  - Nutzung logischer Datenbanken
  - Nutzung eigener Berechtigungsprüfungen (AUTHORITY-CHECK) im Quelltext
- »verbotene« Befehle:
  - Nutzung von EXEC SQL
  - Nutzung von CLIENT SPECIFIED
- Vorgaben für Pakete (Entwicklungsklassen)
- Vorgaben für die Modularisierung von Programmen
- Vorgaben für Modifikationen
- Vorgaben für Dokumentationen:
  - einheitliche Dokumentation im Header jedes Programms
  - Dokumentation des Quelltextes direkt im Programm
  - externe Dokumentation der Funktion des Programms
  - Anwenderdokumentationen
  - Dokumentation von Änderungen im Programm
  - Dokumentation von Modifikationen
- Vorgaben für neue Tabellen, Views, CDS-Views, Datenelemente usw.:
  - Namenskonventionen
  - Nutzung mandantenabhängiger und mandantenunabhängige Tabellen
  - Nutzung von Indizes für Tabellen
  - Berechtigungsgruppen für Tabellen und Views
  - Protokollierung von Tabellen
- Vorgaben für neue Berechtigungsobjekte:
  - Namenskonventionen
  - Nutzung in Programmen
  - Vorgaben zur Verwendung in Transaktion SU24
- Testverfahren für Eigenentwicklungen
- Vorgaben für Transporte:
  - Funktionstrennungen im Transportprozess
  - Pflege von Aufgaben und Aufträgen im Entwicklungssystem
  - Freigabeverfahren für Transportaufträge
  - Transporte ins Konsolidierungssystem
  - Transporte ins Produktivsystem
- Vorgaben für externe Entwickler

In Tabelle 9.1 finden Sie die Checkliste mit den prüfungsrelevanten Fragestellungen zu den Entwicklerrichtlinien.

Risiko	Fragestellung
	Vorgabe oder Erläuterung
1	Existiert eine Entwicklerrichtlinie, in der das gesamte Verfahren der Transporte und Eigenentwicklungen beschrieben ist?
	Es muss eine Entwicklerrichtlinie existieren, in der Vorgaben für Eigenentwicklungen und Transporte aufgeführt sind. Hier besteht das Risiko, dass Eigenentwicklungen und Transporte ohne konkrete Vorgaben und damit ohne Kontrollen durchgeführt werden.

Tabelle 9.1 Checkliste zur Entwicklerrichtlinie

Wie Sie die einzelnen Punkte praktisch am SAP-System prüfen können, erfahren Sie in Abschnitt 9.1 des Dokuments **Tiede_Checklisten_Sicherheit_und_Pruefung.pdf**, das Sie im Downloadbereich zu diesem Buch unter *www.sap-press.de/5145* finden.

9.2 Entwickler- und Objektschlüssel

Anwendungsentwicklung bedeutet, dass bestehende Objekte (Programme, Tabellen usw.) geändert oder neue Objekte angelegt werden. Anwendungsentwicklung wird ausschließlich im Entwicklungssystem durchgeführt. Im Produktivsystem ist sie u. a. wegen gesetzlicher Vorgaben verboten (z. B. § 239 HGB, »Radierverbot«). Hier dürfen nur im Notfall Elemente der Entwicklungsumgebung geändert werden, möglichst nur nach dem Vier-Augen-Prinzip (siehe Abschnitt 11.5, »Customizing-Berechtigungen«). In SAP ERP sind ein Teil der Absicherung die Entwickler- und Objektschlüssel, welche ich nachfolgend behandle. Mit SAP S/4HANA wurden diese Schüssel abgeschafft.

9.2.1 Entwickler- und Objektschlüssel in SAP S/4HANA

In SAP S/4HANA entfällt die Systematik der Entwickler- und Objektschlüssel. Entwicklerrechte reichen aus, um sowohl unternehmenseigene Elemente (Programme, Funktionsbausteine, Tabellen usw.) als auch SAP-Originalelemente zu pflegen. Daher müssen hier die Entwicklerberechtigungen auch im Entwicklungssystem stärker eingeschränkt werden. Beschrieben wird dies in SAP-Hinweis 2309060 (SSCR-Lizenzschlüsselverfahren; in SAP S/4HANA nicht unterstützt).

Gesteuert wird die Nutzung der Entwickler- und Objektschlüssel über den Systemparameter `system/usage_flavor`. Er ist bei SAP S/4HANA auf den Wert »SIMPLE« gesetzt. In SAP-Hinweis 2309060 wird darauf hingewiesen, dass beim Umsetzen des Parameters schwerwiegende Inkonsistenzen auftreten können. Im Quelltext zur Abfrage der Entwickler- und Objektschlüssel wird dieser Parameter über die Methode `CL_COS_UTILITIES=>is_simplified_suite` geprüft (siehe Listing 9.1). Seit Kernel-Version 7.53 (SAP S/4HANA 1809) ist dieser Parameter obsolet. Das Systemverhalten entspricht dem Parameterwert »SIMPLE«.

```
DATA(lv_rc) = cl_spfl_profile_parameter=>get_value(
  EXPORTING name = 'system/usage_flavor'      "#EC NOTEXT
  IMPORTING value = lv_value).
IF lv_rc = 0 AND
   lv_value = 'SIMPLE'.
  rv_is_simplified_suite = abap_true.
ELSE.
  rv_is_simplified_suite = abap_false.
ENDIF.
```

Listing 9.1 Quelltext zur Abfrage des Parameters system/usage_flavor

Steht der Parameter auf »SIMPLE«, wird die Prüfung auf Entwickler- und Objektschlüssel übersprungen.

9.2.2 Entwicklerschlüssel

Eine Anwendungsentwicklung ist »normalen« Anwendern nicht möglich, nur den Entwicklern. Ein Entwickler ist ein Benutzer, für den ein *Entwicklerschlüssel* bei SAP angefordert wurde. Dies ist ein benutzerabhängiger Schlüssel, der einmalig von einem Entwickler ins System eingegeben werden muss.

Dieser Schlüssel wird über den SAP Service Marketplace angefordert. Dabei muss der Name des SAP-Benutzers angegeben werden, für den der Schlüssel beantragt wird. Der Schlüssel (20-stellig, numerisch) wird dann errechnet und muss von dem entsprechenden Benutzer beim erstmaligen Versuch, ein Objekt zu ändern oder zu erstellen, angegeben werden.

Entwicklerschlüssel können nicht von jedem Benutzer beantragt werden, der einen Zugang zum SAP Service Marketplace besitzt. Hierzu ist ein spezielles Zugriffsrecht im SAP Service Marketplace notwendig, das nur wenigen Benutzern zugeordnet werden sollte. Der Benutzer mit diesem Schlüssel ist in der Lage – entsprechende Berechtigungen vorausgesetzt – neue Programme anzulegen, diese zu ändern und auch wieder zu löschen.

Gespeichert werden die Entwicklerschlüssel in Tabelle `DEVACCESS`. Hier können Sie überprüfen, welche Benutzer über einen solchen Schlüssel verfügen. Lassen Sie sich diese Tabelle mit Transaktion SE16 anzeigen. In der Tabelle werden der Benutzername sowie sein 20-stelliger Entwicklerschlüssel dargestellt (siehe Abbildung 9.1). Die Schlüssel sind systemweit gültig, d. h., dass ein Benutzer den Schlüssel in jedem Mandanten einsetzen kann, in dem er existiert und für den er die entsprechenden Zugriffsrechte besitzt.

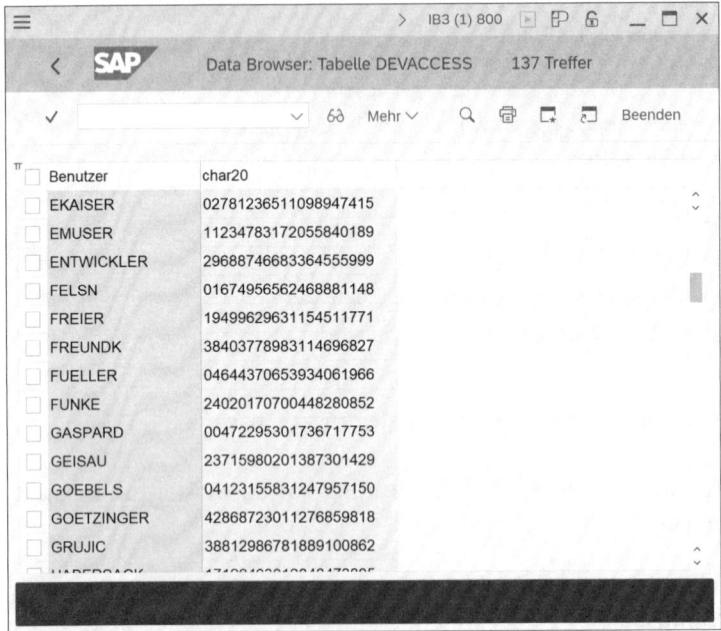

Abbildung 9.1 Tabelle DEVACCESS

Um nachvollziehen zu können, wann Entwicklerschlüssel im Produktivsystem eingegeben werden, sollte die folgende Vorgehensweise genutzt werden:

1. Tabelle DEVACCESS muss in die Tabellenprotokollierung mitaufgenommen werden (standardmäßig wird sie nicht protokolliert).

2. Danach werden alle Einträge aus der Tabelle gelöscht (durch ein ABAP-Programm oder einen Pflegeview für Tabelle DEVACCESS).

3. Die Eingabe eines Entwicklerschlüssels ist über die Tabellenprotokollauswertung nachvollziehbar.

In Tabelle DEVACCESS werden alle Entwicklerschlüssel gespeichert, die in das System eingegeben wurden. Sie werden nicht automatisch wieder gelöscht. Daher können hier auch Benutzerkonten stehen, die nicht mehr im System in irgendeinem Mandanten existent sind. Um festzustellen, welche Benutzer mit Entwicklerschlüsseln tatsächlich in den Mandanten eines Systems existieren, können Sie den Report RSUVM005 (Benutzerklassifikation Systemvermessung) nutzen. Gehen Sie hierzu folgendermaßen vor:

9.2 Entwickler- und Objektschlüssel

1. Rufen Sie den Report RSUVM005 über Transaktion SA38 oder eine andere Reportingtransaktion auf.
2. Klicken Sie im Feld **Gültigkeitszeitraum** auf die Option **Alle Nutzer**.
3. Wählen Sie im Feld **SSCR – SAP Software Change Registration** die Option **Nur Nutzer mit SSCR-Key**.
4. Führen Sie den Report aus. Es werden alle Benutzer angezeigt, die einen Entwicklerschlüssel besitzen, auch eventuell gesperrte Benutzer.
5. Führen Sie den Report nochmals aus. Ändern Sie vorher das Feld **Gültigkeitszeitraum** auf die Auswahl **Derzeit gültige Nutzer**. Sie sehen nun alle aktiven Benutzer mit Entwicklerschlüssel.

Für das Löschen von Entwicklerschlüsseln steht keine Standardfunktionalität zur Verfügung. Die einfachste Möglichkeit ist die Verwendung eines Pflegeviews für Tabelle DEVACCESS. Dieser View ermöglicht es, Entwicklerschlüssel mit den Standard-Tabellenpflegetransaktionen (SM30) zu löschen.

Der Pflegeview wird mit Transaktion SE11 im Entwicklungssystem angelegt. Die Tabelle enthält zwei Felder (UNAME, ACCESSKEY), die beide als Viewfelder genutzt werden. Spezielle Selektionsbedingungen auf der Registerkarte **Selektionsbedingungen** sind nicht notwendig. Auf der Registerkarte **Pflegestatus** müssen Sie den Pflegestatus auf **lesen, ändern, löschen und einfügen** setzen, damit die Datensätze aus Tabelle DEVACCESS gelöscht werden können. Nachdem Sie den View angelegt haben, können Sie ihn nutzen, um Datensätze aus Tabelle DEVACCESS (und somit Entwicklerschlüssel) zu löschen (siehe Abbildung 9.2).

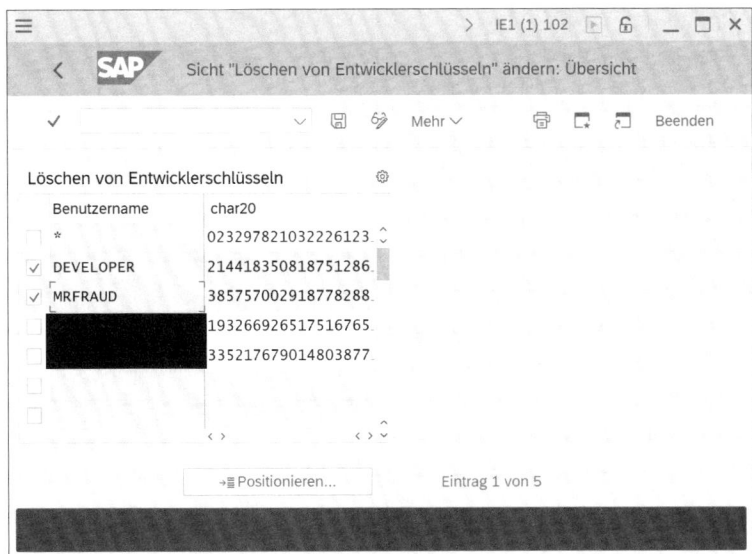

Abbildung 9.2 Entwicklerschlüssel löschen

9.2.3 Objektschlüssel

Das Ändern von originalen SAP-Objekten ist mit einem Entwicklerschlüssel alleine nicht möglich. Sollen originale SAP-Objekte geändert werden, muss für das entsprechende Objekt ein Registrierungsschlüssel bei SAP angefordert werden (*Objektschlüssel*). Dieser 20-stellige Schlüssel muss vor der Änderung des Objekts eingegeben werden. Erst danach gestattet es das SAP-System, diese Änderung durchzuführen.

Änderungen an originalen SAP-Objekten werden meist aufgrund von SAP-Hinweisen zur Fehlerbereinigung durchgeführt. Ohne die Aufforderung durch einen SAP-Hinweis sollten Original-SAP-Objekte nicht geändert werden. Müssen Standardfunktionen erweitert werden, stehen hierzu entsprechende Möglichkeiten zur Verfügung, z. B. User-Exits in Programmen oder Appends für Tabellen. Muss der Quelltext geändert werden, sollte das Programm kopiert und nur die Kopie geändert werden.

Der Registrierungsschlüssel kann über den SAP Service Marketplace angefordert werden. Dabei muss der Name des zu ändernden Objekts angegeben werden. Objektschlüssel können, ebenso wie Entwicklerschlüssel, nicht von jedem Benutzer beantragt werden, sondern nur von Benutzern mit dem entsprechenden Zugriffsrecht.

Die ins System eingegebenen Objektschlüssel werden in Tabelle ADIRACCESS gespeichert (siehe Abbildung 9.3). In dieser Tabelle können Sie überprüfen, für welche Objekte Schlüssel eingegeben und welche Objekte somit bereits geändert wurden.

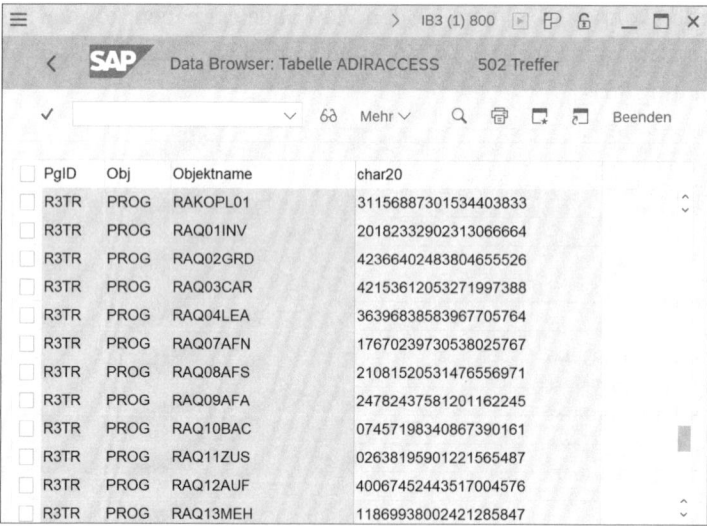

Abbildung 9.3 Tabelle ADIRACCESS

9.2.4 Umgehung der Abfrage von Entwickler- und Objektschlüsseln

Die Eingabe eines Entwickler- oder Objektschlüssels kann mit Debug-Berechtigungen umgangen werden. Damit kann die Prüfung dieser Schlüssel übersprungen werden. Eine weitere Gefahr stellen frei im Internet verfügbare Tools dar, mit denen Entwickler- und Objektschlüssel generiert werden können. Abbildung 9.4 zeigt eines dieser Tools. Durch die Angabe der SAP-Installationsnummer und des Benutzernamens generiert das Tool den gültigen Schlüssel.

Die einzige Absicherung gegen den Missbrauch der Entwicklerschlüssel ist, keine Entwicklerrechte zu vergeben, insbesondere nicht das Recht zum Debuggen. Das gilt nicht nur für den Produktivmandanten. Besitzen Benutzer im Produktivsystem im Mandanten 000 Entwicklerrechte, aber keinen Entwicklerschlüssel, können sie trotzdem als Entwickler tätig werden. Dasselbe gilt auch für Benutzer im Entwicklungssystem. Nicht alle dortigen Benutzer sollen als ABAP-Entwickler tätig sein. Daher ist darauf zu achten, dass Benutzer, die keine Entwicklertätigkeiten ausüben, keine Entwicklerrechte besitzen. Weitere Informationen zu den Entwicklerrechten finden Sie in Abschnitt 9.7, »Berechtigungen zur Anwendungsentwicklung«.

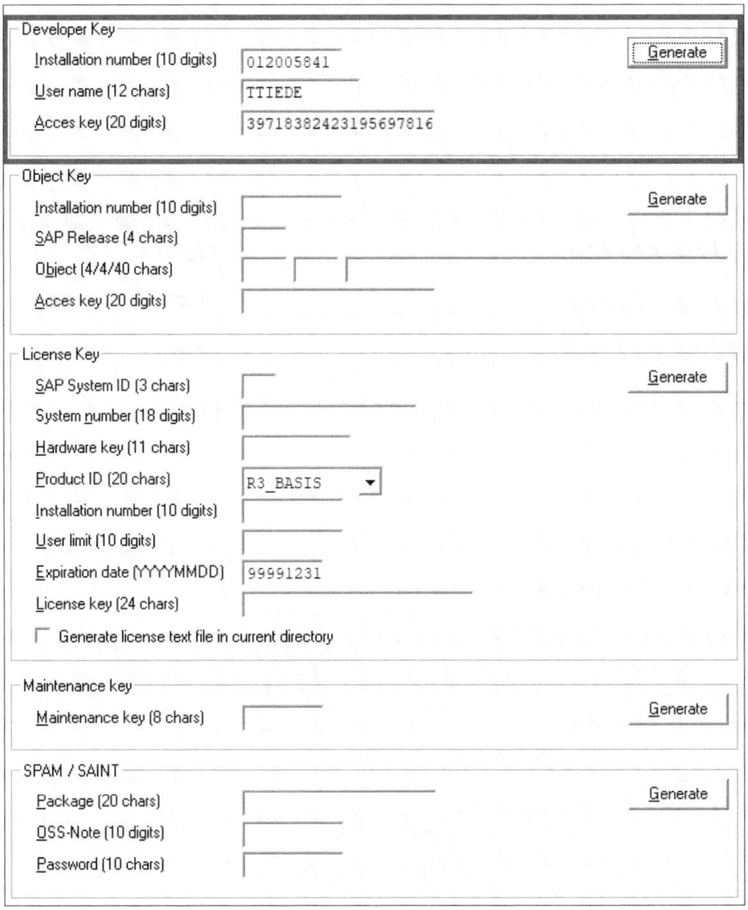

Abbildung 9.4 Tool zum Generieren von Entwicklerschlüsseln

9.2.5 Zugriffsrechte

Im SAP Service Marketplace können Sie prüfen, wer über die Berechtigung zur Beantragung von Entwickler- und Objektschlüsseln verfügt. Sollte Ihr eigenes Benutzerkonto dafür keine ausreichende Berechtigung besitzen, lassen Sie diese Prüfung von einem entsprechend berechtigten Administrator ausführen:

1. Im Launchpad des SAP Service Marketplace wählen Sie die Kachel **Benutzermanagement** aus und dort den Punkt **Reports und Updates**.
2. Wählen Sie im Feld **Berechtigungen** den Eintrag **Objekt- und Entwicklerschlüssel registrieren** aus, und klicken Sie auf die Schaltfläche **Start**.
3. Die dafür berechtigten Benutzer werden Ihnen angezeigt (siehe Abbildung 9.5).

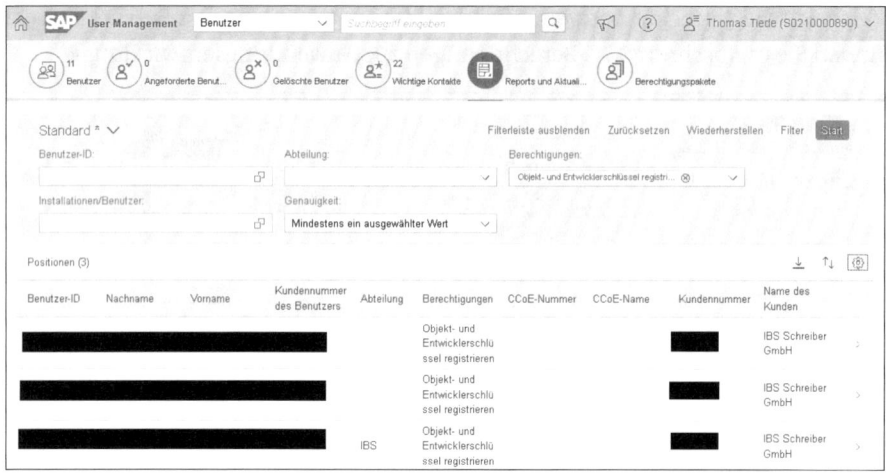

Abbildung 9.5 Berechtigungsauswertung im SAP Service Marketplace

9.2.6 Checkliste

In Tabelle 9.2 finden Sie die Checkliste mit den prüfungsrelevanten Fragestellungen zu den Entwickler- und Objektschlüsseln.

Risiko	Fragestellung
	Vorgabe oder Erläuterung
1	Besitzen Benutzer im Produktivsystem einen Entwicklerschlüssel?
	Außer einem Notfallbenutzer, der nach dem Vier-Augen-Prinzip einzusetzen ist, darf es keine Entwickler im Produktivsystem geben.
	Hier besteht das Risiko, dass durch eine Anwendungsentwicklung im Produktivsystem gegen geltende Gesetze (z. B. § 239 HGB, »Radierverbot«) verstoßen wird.

Tabelle 9.2 Checkliste zu Entwickler- und Objektschlüsseln

9.2 Entwickler- und Objektschlüssel

Risiko	Fragestellung
	Vorgabe oder Erläuterung
2	Besitzen Benutzer im Qualitätssicherungssystem einen Entwicklerschlüssel?
	Das Qualitätssicherungssystem muss bezüglich der Entwickler wie das Produktivsystem behandelt werden. Es sollte keine Entwickler in diesem System geben.
	Hier besteht das Risiko, dass Freigabeverfahren durch Eingriffe von Entwicklern beeinflusst werden.
2	Welche Benutzer besitzen im Entwicklungssystem einen Entwicklerschlüssel?
	Nur die tatsächlichen Entwickler dürfen einen Entwicklerschlüssel besitzen.
	Hier besteht das Risiko, dass unberechtigte Benutzer eine Anwendungsentwicklung betreiben dürfen.
2	Existiert eine Dokumentation darüber, welche Entwicklerkonten es in welchem System gibt?
	Die Vergabe eines Entwicklerschlüssels muss grundsätzlich dokumentiert werden.
	Hier besteht das Risiko, dass es keine Vorgaben und keine Nachvollziehbarkeit darüber gibt, welche Personen als Entwickler tätig sein sollen.
1	Wer besitzt einen Zugang zum SAP Service Marketplace mit der Berechtigung, Entwicklerschlüssel zu beantragen?
	Das Zugriffsrecht zum Anfordern neuer Schlüssel darf nur entsprechend autorisierten Personen zugeordnet sein.
	Hier besteht das Risiko, dass unberechtigt Entwicklerschlüssel angefordert und auch im Produktivsystem eingesetzt werden können.
1	Wurde für Tabelle DEVACCESS die Protokollierung aktiviert?
	Die Tabelle muss protokolliert werden, um nachzuvollziehen, welche Entwicklerschlüssel wann eingegeben wurden.
	Hier besteht das Risiko, dass die Eingabe von Entwicklerschlüsseln, insbesondere im Produktivsystem, nicht nachvollzogen werden kann.
2	Welche Objektschlüssel für SAP-eigene Objekte wurden bereits angefordert?
	Es dürfen nur Objektschlüssel für SAP-eigene Objekte angefordert werden, wenn dies unumgänglich ist. Die Anforderung muss hinreichend begründet sein.
	Hier besteht das Risiko, dass SAP-eigene Objekte ohne ausreichende Begründung geändert wurden und dadurch die Gewährleistung für die Objekte von SAP-Seite aus nicht mehr gegeben ist.

Tabelle 9.2 Checkliste zu Entwickler- und Objektschlüsseln (Forts.)

Risiko	Fragestellung
	Vorgabe oder Erläuterung
2	Existiert eine Dokumentation über die angeforderten Objektschlüssel?
	Angeforderte Objektschlüssel müssen grundsätzlich dokumentiert werden.
	Hier besteht das Risiko, dass nicht mehr nachvollziehbar ist, aus welchem Grund der Schlüssel beantragt wurde und ob das in Zukunft (z. B. bei Releasewechseln) nochmals relevant sein könnte.
2	Wurde in der Dokumentation jede Änderung am SAP-eigenen Objekt erläutert?
	Jede Änderung an SAP-eigenen Objekten muss ausführlich dokumentiert werden.
	Hier besteht das Risiko, dass diese Objekte bei Releasewechseln oder beim Einspielen von Support Packages als **Geändert** angezeigt werden und nicht nachvollzogen werden kann, ob diese Änderungen noch relevant sind und wie weiter zu verfahren ist.

Tabelle 9.2 Checkliste zu Entwickler- und Objektschlüsseln (Forts.)

Wie Sie die einzelnen Punkte praktisch am SAP-System prüfen können, erfahren Sie in Abschnitt 9.2 des Dokuments **Tiede_Checklisten_Sicherheit_und_Pruefung.pdf**.

9.3 Systemänderbarkeit

Sowohl Customizing (Pflege der Tabellen zur Steuerung des Systems und der betriebswirtschaftlichen Prozesse) als auch Anwendungsentwicklung (Pflege von Programmen, Menüs, Bildschirmmasken usw.) dürfen nicht in jedem SAP-System möglich sein. Eine Drei-System-Landschaft muss, wie in Tabelle 9.3 dargestellt, abgesichert sein.

System	Customizing	Entwicklung
Entwicklungssystem	möglich	möglich
Konsolidierungssystem	gesperrt	gesperrt
Produktivsystem	gesperrt	gesperrt

Tabelle 9.3 Absicherung der Systemlandschaft

Das SAP-System kann über die *Systemänderbarkeit* global für Entwicklungen gesperrt werden. Pro Mandant kann diese Sperre über die *Mandantenänderbarkeit* vorgenommen werden. Das Customizing von betriebswirtschaftlichen Prozessen kann ausschließlich pro Mandant gesperrt werden. Hierzu existiert kein globaler Schalter für das gesamte System.

In Produktivsystemen sollte grundsätzlich das gesamte System und somit alle Mandanten gegen Änderungen gesperrt sein. In Entwicklungssystemen können die Mandanten, in denen nicht entwickelt werden soll (z. B. die Mandanten 000 und 066), einzeln gegen Änderungen gesperrt werden. Informationen zur Mandantenänderbarkeit finden Sie in Abschnitt 2.4.2, »Eigenschaften von Mandanten«.

Sind das System oder ein Mandant nicht änderbar, können die Anwender und Administratoren trotzdem ohne Einschränkung arbeiten. Über die Transaktionen können Stamm- und Bewegungsdaten verbucht oder z. B. Benutzer eingerichtet und verwaltet werden. Die Systemänderbarkeit bezieht sich grundsätzlich auf die Entwicklungsumgebung des SAP-Systems (das ABAP Repository), z. B. das Ändern oder Anlegen von ABAP-Programmen oder das Ändern von Tabelleneigenschaften, sowie auf mandantenunabhängige Tabellen. Mandantenabhängige Tabellen können nicht global im System, sondern nur in den entsprechenden Mandanten geschützt werden.

9.3.1 Prüfung der Systemänderbarkeit

Die Einstellung zur Systemänderbarkeit, die für das gesamte System gilt, wird über Transaktion SE06 (Schaltfläche **Systemänderbarkeit**), Transaktion RSWBO004 und Transaktion SCTS_RSWBO004 oder über den Report RSWBO004 festgelegt (siehe Abbildung 9.6). Die Systemänderbarkeit wird über die Schaltfläche **Globale Einstellung** eingestellt. Zwei Einstellungen sind möglich:

- **änderbar**: Die Anwendungsentwicklung und die Pflege mandantenunabhängiger Tabellen sind für alle Mandanten freigeschaltet.
- **nicht änderbar**: Die Anwendungsentwicklung und die Pflege mandantenunabhängiger Tabellen sind in allen Mandanten des Systems nicht möglich.

Diese Einstellung umfasst das ABAP Repository sowie die mandantenunabhängigen Customizing-Objekte (Tabellen und Views), nicht jedoch die mandantenabhängigen Tabellen (siehe Kapitel 8, »Customizing des SAP-Systems«). Zur Überprüfung der Einstellung können Sie Transaktion RSWBO004 oder RSAUDIT_SYSTEM_ENV (Report RSAUDIT_SYSTEM_STATUS) nutzen.

Gespeichert wird die Einstellung der globalen Systemänderbarkeit in Tabelle TADIR. Über diese Tabelle können Sie prüfen, ob das System auf **nicht änderbar** gesetzt ist. Geben Sie dazu in der Selektionsmaske der Tabelle in Transaktion SE16 die folgenden Werte ein:

- Feld **Programm-ID** (PGMID): HEAD
- Feld **Objekttyp** (OBJECT): SYST

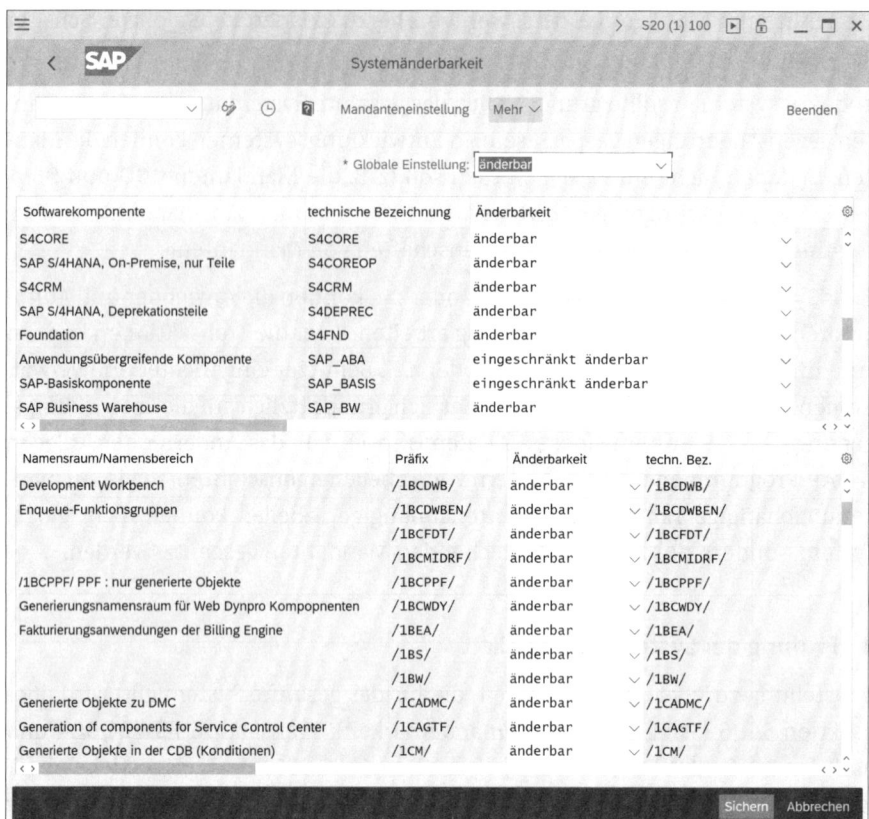

Abbildung 9.6 Die Systemänderbarkeit

Die Einstellung zur Systemänderbarkeit ist im Feld **Editierbar** (EDTFLAG) hinterlegt. Der Eintrag »N« bedeutet, dass das System nicht änderbar ist. Die Werte »C« und <leer> bedeuten, dass das System änderbar ist.

Die Vorgaben zur Einstellung der Systemänderbarkeit für die Systeme einer Drei-System-Landschaft sind:

- Entwicklungssystem: **änderbar**
- Konsolidierungssystem: **nicht änderbar**
- Produktivsystem: **nicht änderbar**

Für das Entwicklungssystem muss entschieden werden, in welchem Umfang Entwicklungen möglich sein sollen. So muss u. a. festgelegt werden, ob nur kundeneigene oder auch SAP-eigene Objekte geändert werden sollen. Dies kann differenziert werden, wenn das System auf **änderbar** eingestellt wird. Eingestellt wird dies ebenfalls über Transaktion SE06 oder Transaktion RSWBO004. Es können die folgenden Einstellungen vorgenommen werden:

- **Softwarekomponenten**
  Jede einzelne Softwarekomponente kann für Änderungen freigeschaltet werden. Dies sind z. B.:
  - Kundenentwicklungen (Entwicklungen im kundeneigenen Namensraum)
  - lokale Entwicklungen (nicht transportierbare Änderungen)
  - anwendungsübergreifende Komponenten (SAP-Standard)
  - SAP-Basiskomponenten (SAP-Standard)
  - Logistik und Rechnungswesen (SAP-Standard)
  - Personalwirtschaft (SAP-Standard)
  - SAP NetWeaver BI (SAP-Standard)
  - SAP-IS-Lösungen (IS-U, IS-M, IS-H usw.)
  - alle weiteren installierten Komponenten

- **Namensraum/Namensbereich**
  Namensräume sind z. B.:
  - *Kundennamensbereich*
    Im Kundennamensbereich sind alle kundeneigenen Entwicklungen eingeschlossen, die transportiert werden können. Die Entwicklungen können mit allen in SAP-Systemen enthaltenen Werkzeugen erfolgen; es kann sich somit z. B. um Programme, Tabellen oder Strukturen handeln.
  - *Allgemeiner SAP-Namensbereich*
    Hier sind alle Originalobjekte von SAP enthalten.
  - *ABAP + GUI Tools*
    Mit dieser Option können SAP-Objekte nur mit dem ABAP-Editor, dem Screen Painter und dem Menu Painter geändert werden. So sind z. B. Änderungen von Funktionen nicht möglich.
  - *Development Workbench*
    Mit dieser Option können SAP-Objekte mit allen in der Development Workbench enthaltenen Werkzeugen bearbeitet werden. Allerdings ist auch hier das Ändern von Funktionen nicht möglich.
  - *Enqueue-Funktionsgruppen*
    Hierdurch können die zum Sperren und Entsperren von Datensätzen erforderlichen Funktionsgruppen bearbeitet werden.
  - *ABAP-Query/SAP*
    Mit diesem Punkt können die Querys genutzt werden, mit denen auf einfache Weise eigene Reports erstellt werden können.
  - Weitere Namensbereiche von installierten Komponenten

Welche Softwarekomponenten und Namensräume änderbar sind, können Sie auch über die Tabellen TRNSPACE (Namensräume) und DLV_SYSTC (Softwarekomponenten) analysieren.

Die Änderungen an der Systemänderbarkeit werden standardmäßig vom System protokolliert, sowohl Änderungen an der generellen Systemänderbarkeit als auch an den Softwarekomponenten und Namensräumen (siehe Abschnitt 4.8.1, »Protokolle für die Systemänderbarkeit«). Das Freischalten eines Produktivsystems für Entwicklungen ist als kritisch zu betrachten; allerdings ist es in der Praxis teilweise notwendig. Dies muss entsprechend dokumentiert werden, damit sowohl der Grund für die Freischaltung als auch die vorgenommenen Änderungen jederzeit nachvollziehbar sind.

9.3.2 Zugriffsrechte

Die folgenden Tabellen zeigen Ihnen die Berechtigungen zur Konfiguration und Prüfung der Systemänderbarkeit. Tabelle 9.4 zeigt die Berechtigung zur Einstellung der Systemänderbarkeit.

Berechtigungsobjekt	Feld	Wert
S_TCODE	TCD (Transaktion)	- SE06 - RSWBO004 - SCTS_RSWBO004 - S_ALR_87101269 - <Reportingtransaktion>
S_CTS_ADMI oder S_CTS_SADM	S_ADMI_FCD (Systemadministrationsfunktion)	SYSC

Tabelle 9.4 Berechtigung zum Einstellen der Systemänderbarkeit

Tabelle 9.5 zeigt die Berechtigung zum Anzeigen der Systemänderbarkeit.

Berechtigungsobjekt	Feld	Wert
S_TCODE	TCD (Transaktion)	- SE06 - RSWBO004 - SCTS_RSWBO004 - S_ALR_87101269 - <Reportingtransaktion>

Tabelle 9.5 Berechtigung zum Anzeigen der Systemänderbarkeit

Berechtigungsobjekt	Feld	Wert
S_TRANSPRT	ACTVT (Aktivität)	03 (Anzeigen)
oder		
S_TCODE	TCD (Transaktion)	■ RSAUDIT_SYSTEM_ENV ■ <Reportingtransaktion>
S_ADMI_FCD	S_ADMI_FCD (Systemadministrationsfunktion)	AUDD

Tabelle 9.5 Berechtigung zum Anzeigen der Systemänderbarkeit (Forts.)

9.3.3 Checkliste

In Tabelle 9.6 finden Sie die Checkliste mit den prüfungsrelevanten Fragestellungen zur Systemänderbarkeit.

Risiko	Fragestellung
	Vorgabe oder Erläuterung
1	Ist das Produktivsystem gegen eine Anwendungsentwicklung gesperrt?
	Die Systemänderbarkeit muss im Produktivsystem auf **nicht änderbar** gesetzt sein.
	Hier besteht das Risiko, dass im Produktivsystem Programme angelegt oder geändert werden können und somit gegen gesetzliche Auflagen verstoßen wird.
1	Wer besitzt im Produktivsystem die Berechtigung, die Systemänderbarkeit einzustellen?
	Die Vergabe dieser Berechtigung muss äußerst restriktiv gehandhabt werden, und die Berechtigungen dürfen nur an die Administration vergeben werden.
	Hier besteht das Risiko, dass unberechtigte Personen das Produktivsystem für die Anwendungsentwicklung freischalten können.
2	Wurden in letzter Zeit Änderungen an der Systemänderbarkeit im Produktivsystem vorgenommen, und war es für einen langen Zeitraum änderbar?
	Änderungen an der Systemänderbarkeit dürfen nur in Ausnahmefällen vorgenommen und müssen zeitnah wieder zurückgesetzt werden.
	Hier besteht das Risiko, dass vergessen wurde, die Systemänderbarkeit zurückzusetzen, und dass das System für einen längeren Zeitraum änderbar war.

Tabelle 9.6 Checkliste zur Systemänderbarkeit

Risiko	Fragestellung
	Vorgabe oder Erläuterung
2	Wurden die Änderungen an der Systemänderbarkeit dokumentiert?
	Änderungen an der Systemänderbarkeit sind grundsätzlich zu dokumentieren. Hier besteht das Risiko, dass die Gründe für die Änderungen nicht nachvollzogen werden können und dadurch die Ordnungsmäßigkeit gefährdet ist.

Tabelle 9.6 Checkliste zur Systemänderbarkeit (Forts.)

Wie Sie die einzelnen Punkte praktisch am SAP-System prüfen können, erfahren Sie in Abschnitt 9.3 des Dokuments **Tiede_Checklisten_Sicherheit_und_Pruefung.pdf**.

9.4 Das Transportsystem

Das Transportsystem bildet die Grundlage für die Softwarelogistik beim Einsatz von SAP-Systemen. Mit dem Transportsystem werden die Transporte aus dem Entwicklungssystem ins Qualitätssicherungs- und Produktivsystem gesteuert. Besonders bei diesen Vorgängen sind die Rollenverteilungen und die nachgelagerten Kontrollen der Importe ins Produktivsystem sicherheitsrelevant. Angriffe auf das System sind besonders leicht möglich, wenn es gelingt, manipulierte Programme in das entsprechende System zu importieren. In diesem Abschnitt zeige ich Ihnen die Funktionsweise des Transportsystems und die Ansätze, es zu prüfen.

9.4.1 Der Transport Organizer

Der *Transport Organizer* (CTO) dokumentiert und registriert Änderungen an Objekten der Entwicklungsumgebung. Dies betrifft u. a.:

- ABAP-Programme
- Oberflächendefinitionen
- Dokumentationsbausteine
- Dictionary-Objekte
- Customizing-Objekte

Legt ein Entwickler ein neues Objekt an oder ändert er ein bestehendes Objekt, wird er aufgefordert, dieses Objekt einem *Änderungsauftrag* zuzuordnen. Dies übernimmt das Change and Transport System (CTO). Hierdurch wird das Objekt in Tabelle TADIR (Katalog der SAP-Repository-Objekte) eingetragen.

9.4 Das Transportsystem

Im Folgenden erläutere ich die maßgeblichen Elemente des CTO. Wie diese Elemente zusammenwirken, beschreibe ich in Abschnitt 9.4.3, »Der Ablauf eines Transports«.

Pakete

Beim Anlegen neuer Objekte müssen diese einem *Paket* zugeordnet werden. In einem Paket werden alle zusammengehörigen Objekte der Entwicklungsumgebung zusammengefasst. Komplexe Eigenentwicklungen werden immer innerhalb eines Pakets durchgeführt. Dies erleichtert auch die Suche nach Objekten zu bestimmten Entwicklungen. Jedes Paket wird einer Transportschicht zugeordnet, womit der Weg einer Entwicklung in andere Systeme bereits bestimmt ist.

Die Pakete werden in Tabelle TDEVC gespeichert. Sie unterliegen den Namenskonventionen für den Kundennamensraum. Eigene Pakete beginnen mit »Y« oder »Z« bzw. einem eigenen Namensraum. Abbildung 9.7 zeigt ein Paket aus dem Namensraum /CHECKAUD/.

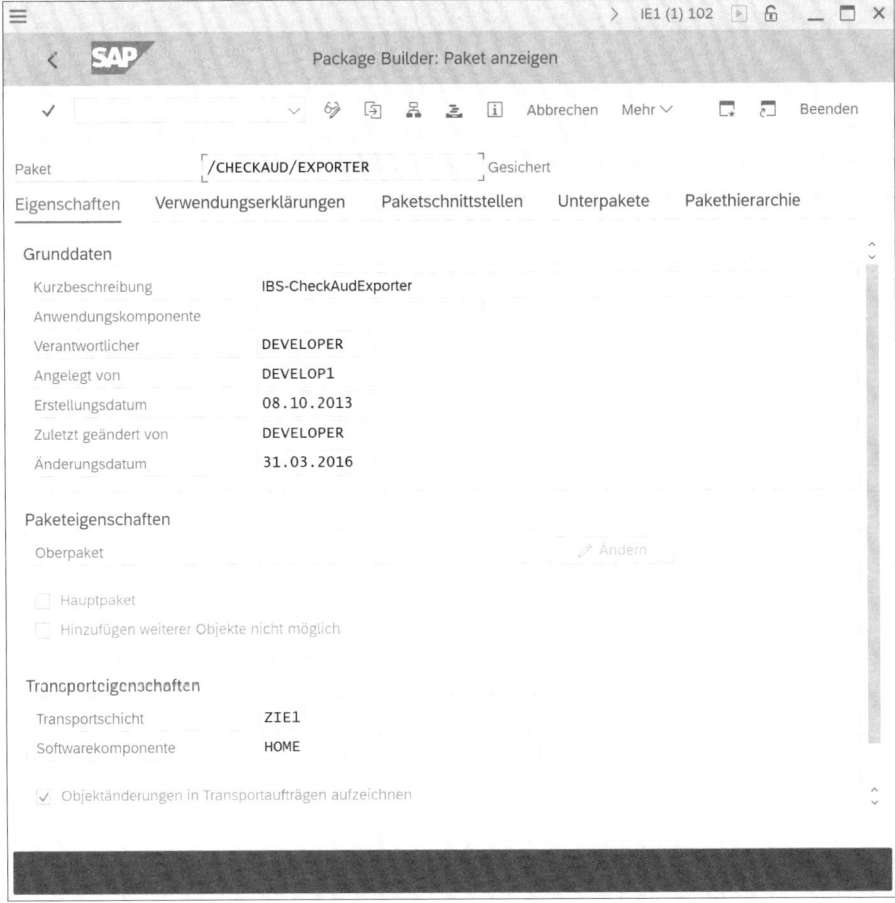

Abbildung 9.7 Paket im Unternehmensnamensraum

Aufgaben und Aufträge

Anwendungsentwicklung und Customizing werden ausschließlich im Entwicklungssystem durchgeführt. Diese Neuerungen müssen zuerst ins Qualitätssicherungssystem und danach in das Produktivsystem transportiert werden. Hierzu nutzt SAP die Aufgaben und Aufträge.

Änderungen an Customizing-Einstellungen und am Repository werden von SAP automatisch in *Aufträgen* aufgezeichnet. Diese Aufträge werden dann in die nachfolgenden Systeme transportiert. Ein Auftrag besteht aus einer oder mehreren *Aufgaben*. Eine Aufgabe ist genau einem Entwickler zugeordnet. Führt der Entwickler nun eine Änderung durch, oder legt er ein neues Element an, fordert das SAP-System ihn auf, einen Änderungsauftrag auszuwählen, in dem dies aufgezeichnet werden soll. Die Änderung selbst wird dann im Auftrag in der Aufgabe des Entwicklers gespeichert. Abbildung 9.8 zeigt einen Auftrag mit drei Aufgaben, die den Benutzern DEVELOP1, DEVELOP2 und DEVELOP3 zugeordnet sind. Unterhalb der Aufgaben befinden sich die Elemente, die die Entwickler in den Aufgaben abgelegt haben.

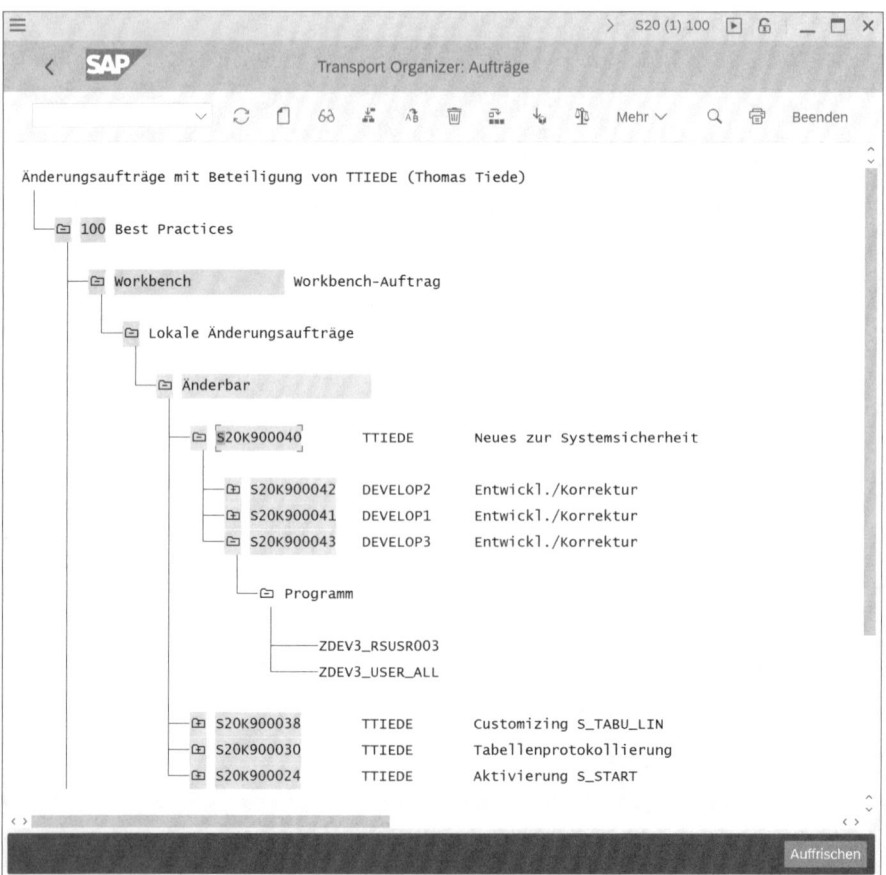

Abbildung 9.8 Änderungsauftrag mit zugeordneten Aufgaben

Es werden drei verschiedene Auftragsarten unterschieden:

- **Workbench-Aufträge**
  Hier werden alle Änderungen aufgezeichnet, die das ABAP Repository und die mandantenunabhängigen Tabellen betreffen. Die Verwaltung dieser Änderungen erfolgt über den *Transport Organizer* (Transaktion SE01/SE09/SE10). Änderungen an mandantenunabhängigen Elementen müssen zwingend in einem Workbench-Auftrag aufgezeichnet werden.

- **Customizing-Aufträge**
  Hier werden alle Änderungen an mandantenabhängigen Tabellen aufgezeichnet (Customizing). Die Verwaltung dieser Änderungen erfolgt über den Transport Organizer (Transaktionen SE01/SE09/SE10). Eine automatische Aufzeichnung erfolgt beim Customizing allerdings nur dann, wenn im Mandanten die Eigenschaft **Automatische Aufzeichnung von Änderungen** gesetzt wurde.

- **Lokale Änderungsaufträge**
  Hier werden Änderungen gespeichert, die nicht transportiert werden sollen (Testprogramme u. Ä.). Änderungen im Produktivsystem werden ebenfalls in lokalen Änderungsaufträgen aufgezeichnet.

Das Anlegen neuer Änderungsaufträge sollte nicht in der Hand der Entwickler liegen. Aufgrund einer Funktionstrennung sollte diese Berechtigung bei der Administration oder beim Projektleiter liegen. Beim Anlegen eines neuen Auftrags können auch die Projektmitarbeiter angegeben werden. Für jeden Mitarbeiter wird dann eine Aufgabe im Auftrag angelegt (siehe Abbildung 9.8).

Aufträge und Aufgaben unterliegen der folgenden Namenskonvention:

<SID>K9#####

Als Erstes wird der Name des Systems (z. B. »IE1«) angegeben. Als Nächstes folgen »K9« und dann eine fünfstellige Nummer, z. B. »IE1K900088«. Aufträge und Aufgaben werden fortlaufend nummeriert. Wird ein neuer Auftrag mit zwei neuen Aufgaben angelegt und erhält der Auftrag z. B. die Nummer IE1K900088, dann erhalten die beiden Aufgaben die Nummern IE1K900089 und IE1K900090.

Sind Aufgaben und Aufträge vollständig, können sie wie folgt transportiert werden:

1. Alle Entwickler müssen ihre eigenen Aufgaben freigeben. Dies erfolgt z. B. in Transaktion SE09 oder in Transaktion SE10.

2. Haben alle Entwickler ihre Aufgaben freigegeben, wird als Nächstes der Auftrag freigegeben. Dies erfolgt in der Regel durch die Administration. Freigabe bedeutet, dass der Auftrag aus dem System exportiert und als Datei im Betriebssystem abgelegt wird. Die Datei erhält den Namen des Auftrags. Lautet die Auftragsnummer IE1K900088, heißt die Datei **K900088.IE1**. Die Dateien werden im gemeinsa-

men Transportverzeichnis der Systemlandschaft abgelegt (siehe Abschnitt 9.4.2, »Transport Management System«).

3. Nach der Freigabe eines Auftrags können keine Änderungen mehr daran vorgenommen werden. Über den Export wird ein Protokoll angelegt, sodass dieser Vorgang jederzeit nachvollziehbar ist. Die exportierte Datei kann danach in andere Systeme importiert werden.

Tabelle 9.7 listet Transaktionen auf, mit denen Sie Aufträge und Aufgaben inklusive der enthaltenen Objekte analysieren können.

Transaktion	Beschreibung
RSWBO040	Objekte in Aufträgen/Aufgaben suchen
RSWBO040_AUDIT_PA	Aufträge mit PA-Tabellen
RSWBO040_AUDIT_USR	Aufträge mit USR-Tabellen
RSWBO050	Objekte in Aufträgen/Aufgaben analysieren
RSWBOSSR	Aufträge nach Status und Paketen suchen
SE01	Transport Organizer
SE03	Organizer Tools

Tabelle 9.7 Transaktionen zur Auftragsanalyse

Zur Analyse können Sie auch solche Tabellen nutzen, in denen Aufträge gespeichert werden:

- **Tabelle E070: Header von Aufträgen und Aufgaben**
  Die Tabelle speichert die Headerdaten der Aufträge, u. a.:
  - Typ des Auftrags (Feld TRFUNCTION)
  - Status des Auftrags (Feld TRSTATUS)
  - Zielsystem des Auftrags (Feld TARSYSTEM)
  - Kategorie (KORRDEV)
    - CUST: mandantenabhängiges Customizing
    - SYST: Repository, mandantenunabhängige Objekte
  - Benutzer, der den Auftrag angelegt hat (Feld AS4USER)
  - Datum der Anlage (Feld AS4DATE)
- **Tabelle E070C: Quell- und Zielmandant von Aufträgen**
  Dieser Tabelle können Sie entnehmen, in welchem Mandant der Auftrag angelegt wurde (Feld CLIENT).

- Tabelle E071: Enthaltene Objekte eines Auftrags
  Die Tabelle enthält die Objekte des Auftrags:
  - Objekttyp (Feld `OBJECT`), z. B.:
    - ACGR: Berechtigungsrolle
    - CDAT: Viewclusterpflege: Daten
    - FUNC: Funktionsbaustein
    - FUGR: Funktionsgruppe
    - PROG: ABAP-Programm
    - TABD: Tabellendefinition
    - TABT: technische Eigenschaften einer Tabelle
    - TABU: Tabelleninhalt
    - VIEW: View
  - Name des Objekts (Feld `OBJ_NAME`)
  - Sperrstatus (Feld `LOCKFLAG`):
    - <leer>: nicht gesperrt
    - X: gesperrt
    - 0: nicht importiert
    - 1: importiert mit Fehler
    - 2: erfolgreich importiert
    - 3: erfolgreich aktiviert/After-Import-Methode ausgeführt
    - 6: erfolgreich in Schattentabellen importiert
    - 7: erfolgreich in neue Schattentabellen importiert
    - 8: inaktiver Anteil erfolgreich importiert

Reparaturen

Der Sinn eines Systemverbunds ist es, die Anwendungsentwicklung zu organisieren und abzusichern. Daher sollen neue Elemente ausschließlich im Entwicklungssystem angelegt werden. Neu angelegte Objekte sind die *Originale*. Werden diese in ein anderes System transportiert, befinden sich dort die *Kopien*.

Änderungen an Kopien werden *Reparaturen* genannt. In ihren Eigenschaften in Tabelle `TADIR` wird dabei das sogenannte *Reparaturkennzeichen* gesetzt. Reparaturen bergen die Gefahr, dass das Original dadurch nicht automatisch mitgeändert wird. Sie sollen daher eine große Ausnahme darstellen und nur im äußersten Notfall durchgeführt werden. Werden Reparaturen durchgeführt, ist darauf zu achten, dass die Änderungen auch am Original vollzogen werden. Hierzu muss es eindeutige Verfahrensanweisungen geben.

Um zu prüfen, ob Reparaturen im Produktivsystem vorgenommen wurden, lassen Sie sich Tabelle TADIR mit Transaktion SE16 anzeigen. Geben Sie als Selektionskriterium im Feld **Reparaturkennzeichen** (SRCDEP) den Wert »R« ein (siehe Abbildung 9.9). Es werden alle Objekte angezeigt, die aktuell als Reparatur gekennzeichnet sind.

Reparaturkennzeichen können manuell zurückgenommen werden. Dies ist über eine Änderung von Tabelle TADIR möglich, z. B. mit Transaktion SM30. Das Reparaturkennzeichen wird auch dann zurückgenommen, wenn die Änderung in einem Auftrag gespeichert wurde und der Auftrag freigegeben wird.

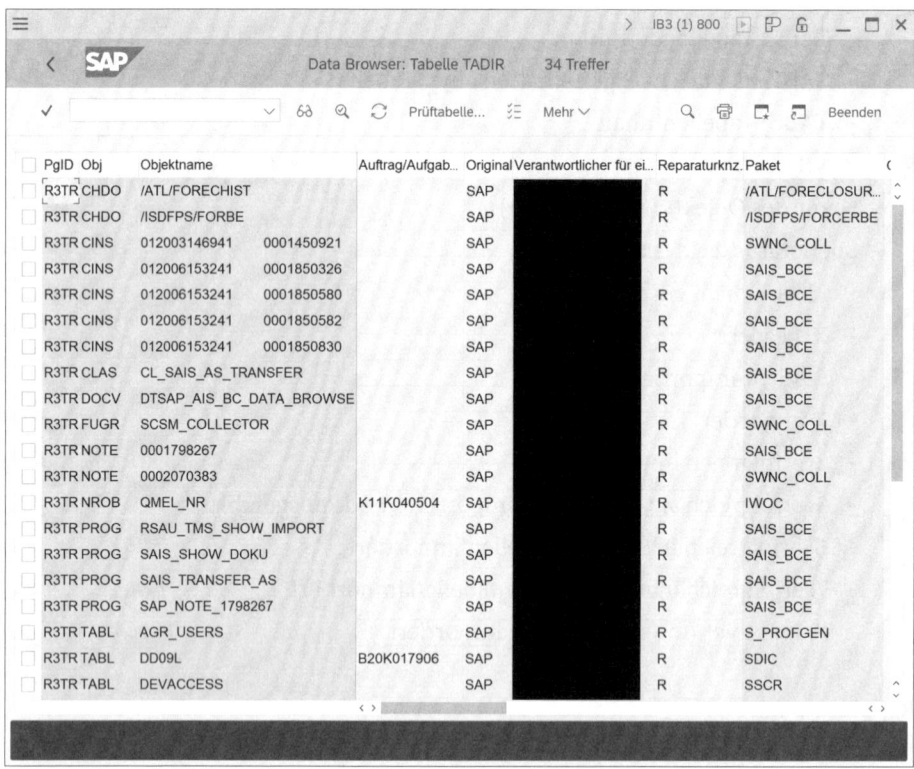

Abbildung 9.9 Reparierte Kopien im Produktivsystem anzeigen

Das Reparaturkennzeichen wird automatisch wieder zurückgesetzt, wenn das geänderte Objekt durch einen Transport neu in das System eingespielt wird. Beim Transport eines Objekts, das im Zielsystem repariert wurde, kann angegeben werden, ob die Reparatur überschrieben werden soll. In einem solchen Fall wird das Reparaturkennzeichen automatisch zurückgesetzt. Reparaturen können dann nur noch über die lokalen Änderungsaufträge nachvollzogen werden. Einen Überblick über solche Änderungsaufträge erhalten Sie in Tabelle E070. Gehen Sie folgendermaßen vor, um alle Reparaturen zu selektieren:

1. Rufen Sie Transaktion SE16 auf. Geben Sie den Tabellennamen »E070« an.
2. In der Selektionsmaske geben Sie im Feld **Typ** (TRFUNCTION) den Wert »R« (für Reparatur) ein.
3. Ihnen werden alle Reparaturaufträge des Systems angezeigt (siehe Abbildung 9.10). Im Feld **Auftrag/Aufgabe** (TRKORR) wird die Nummer der Aufgabe, im Feld **Übergeord. Auftrag** (STRKORR) der Auftrag angegeben.
4. Um sich diese Aufträge und deren Inhalt anzeigen zu lassen, nutzen Sie Transaktion SE01 oder RSWBO050.

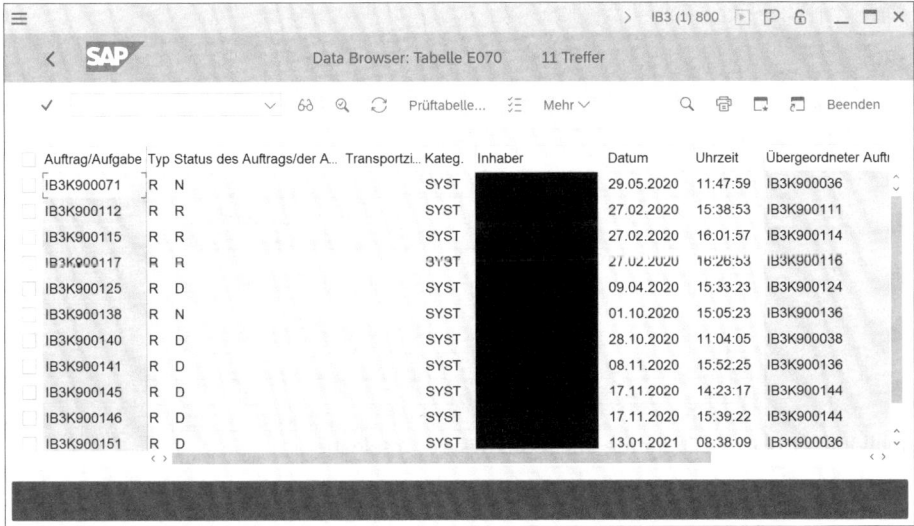

Abbildung 9.10 Reparaturaufträge

Tabelle TADIR – der Objektkatalog

Alle Elemente des SAP Repositorys werden in Tabelle TADIR gespeichert, u.a. mit den folgenden Eigenschaften:

- Originalsystem des Elements
- Verantwortlicher
- Paket
- Reparaturkennzeichen

Diese Eigenschaften werden automatisch vom System gesetzt, können aber auch manuell gepflegt werden. Dies ist z. B. mit Transaktion SM30 möglich. Hier kann auch das Reparaturkennzeichen zurückgesetzt werden.

Über Tabelle TADIR können Sie ermitteln, welche Elemente nicht vom Entwicklungssystem transportiert, sondern im Produktivsystem angelegt wurden. Lassen Sie sich dazu im Produktivsystem Tabelle TADIR mit Transaktion SE16 anzeigen. Geben Sie in der Selektionsmaske für das Feld **Objektname** (OBJ_NAME) als Kriterien über die Mehrfachselektion die kundeneigenen Namensräume für ABAP-Programme ein (siehe Abschnitt 9.5.2, »ABAP-Namensräume«). Im Feld **Originalsystem** (SRCSYSTEM) geben Sie den Namen Ihres Produktivsystems ein. Abbildung 9.11 zeigt Ihnen die Selektion. Im Feld **Objektname** sind die Werte Y* und Z* angegeben. Als Ergebnis werden nun alle Elemente angezeigt, die im Produktivsystem angelegt wurden.

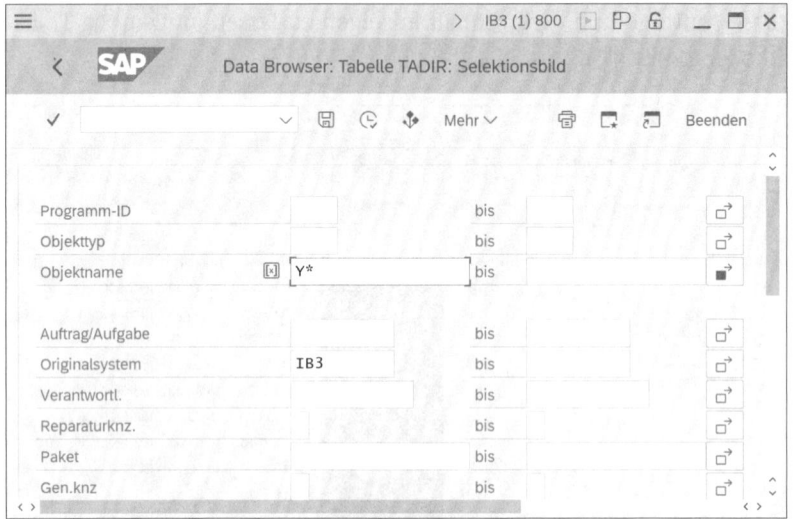

Abbildung 9.11 Neue Elemente im Produktivsystem selektieren

9.4.2 Transport Management System

Mit dem *Transport Management System* (TMS) werden die Transportwege und Transportstrategien festgelegt sowie das Quality-Assurance-Genehmigungsverfahren und die Workflow Engine konfiguriert. Von hier aus werden alle Aufträge transportiert. Das TMS wird mit Transaktion STMS aufgerufen.

Durch die Nutzung des TMS wird im Mandanten 000 der Kommunikationsbenutzer TMSADM mit dem Standardprofil S_A.TMSADM angelegt. Über diesen Benutzer laufen die Transporte des TMS. Des Weiteren werden RFC-Verbindungen für die Transporte generiert. Diese sind am Namen des Benutzers TMSADM zu erkennen, z. B.:

- TMSADM@E07.DOMAIN_P07
- TMSADM@Q07.DOMAIN_P07
- TMSADM@P07.DOMAIN_P07

Die verschiedenen Systeme eines Systemverbunds werden mit dem TMS zu einer *Domäne* zusammengefasst. Diese Domäne erhält einen frei definierbaren Namen. Eines der Systeme übernimmt die Steuerung und wird als *Domain Controller* deklariert. Die konfigurierte Domäne finden Sie in Tabelle TMSCDOM. Im Feld DOMCTL (**Systemname**) steht das System, das die Domain-Controller-Funktion hat.

Die SAP-Systeme der Domäne werden in Tabelle TMSCSYS gespeichert. Alternativ können Sie sich die Domäne und die zugehörigen Systeme auch mit Transaktion STMS anzeigen lassen. Wählen Sie hier den Menüpfad **Übersicht • Systeme** aus (Schaltfläche **Systemübersicht**). In der Spalte **Typ** können Sie ablesen, welches System der Domain Controller ist. Alternativ können Sie auch Transaktion STMS_DOM nutzen. Über den Menüpfad **Springen • Transportdomäne** gelangen Sie zur Anzeige der Konfiguration der Domäne.

Transportwege

Mit den Transportwegen wird festgelegt, in welche Systeme Transporte laufen können und welcher Weg dabei genutzt wird. Diese Konfiguration wird in sogenannten *Transportschichten* gespeichert. Es können beliebig viele Transportschichten mit unterschiedlichen Transportwegen definiert werden. Es wird jedem Entwicklungssystem eine Standardtransportschicht zugeordnet. Es ist allerdings auch möglich, einzelnen Mandanten eine eigene Standardtransportschicht zuzuordnen. Transporte können nur über definierte Transportwege durchgeführt werden.

Jedes Paket wird einer Transportschicht zugeordnet. Beim Anlegen neuer Objekte muss angegeben werden, welches Paket dem Objekt zugeordnet werden soll. Hierdurch wird bereits der Weg für einen Transport des Objekts festgelegt.

Um die im Systemverbund eingerichteten Transportwege anzuzeigen, rufen Sie Transaktion STMS auf und wählen dann den Menüpfad **Übersicht • Transportwege** aus (alternativ verwenden Sie Transaktion STMS_PATH). Abbildung 9.12 zeigt die Transportschicht ZTE1 in einem Drei-System-Verbund. Die Transportwege werden in Tabelle TCETRAL gespeichert.

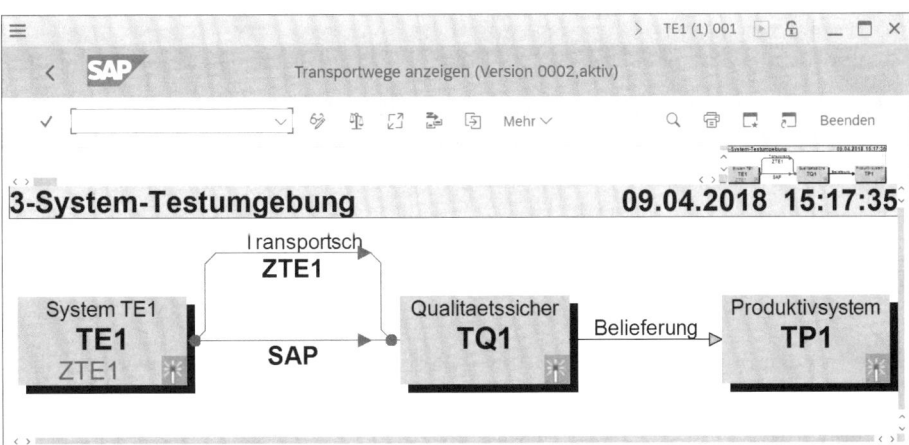

Abbildung 9.12 Transportschicht in einem Drei-System-Verbund

Das Transportverzeichnis

Der Systemverbund nutzt ein gemeinsames Transportverzeichnis, in dem die Transportdateien abgelegt werden. Dieses wird physikalisch auf einem einzigen Server eingerichtet. Wo sich das Transportverzeichnis befindet, gibt der Parameter DIR_TRANS wieder. Zur Prüfung können Sie Transaktion AL11 nutzen (siehe Abbildung 9.13). Diese Transaktion erlaubt es, per Doppelklick in das angegebene Verzeichnis zu verzweigen und sich sowohl den Verzeichnisinhalt als auch die Dateiinhalte anzeigen zu lassen. Unterhalb des Transportverzeichnisses befinden sich die Konfigurationsdateien des TMS, die Transporte selbst und die Protokolldateien. Daher ist der Zugriff auf diese Verzeichnisse auf der Betriebssystemebene besonders sensibel.

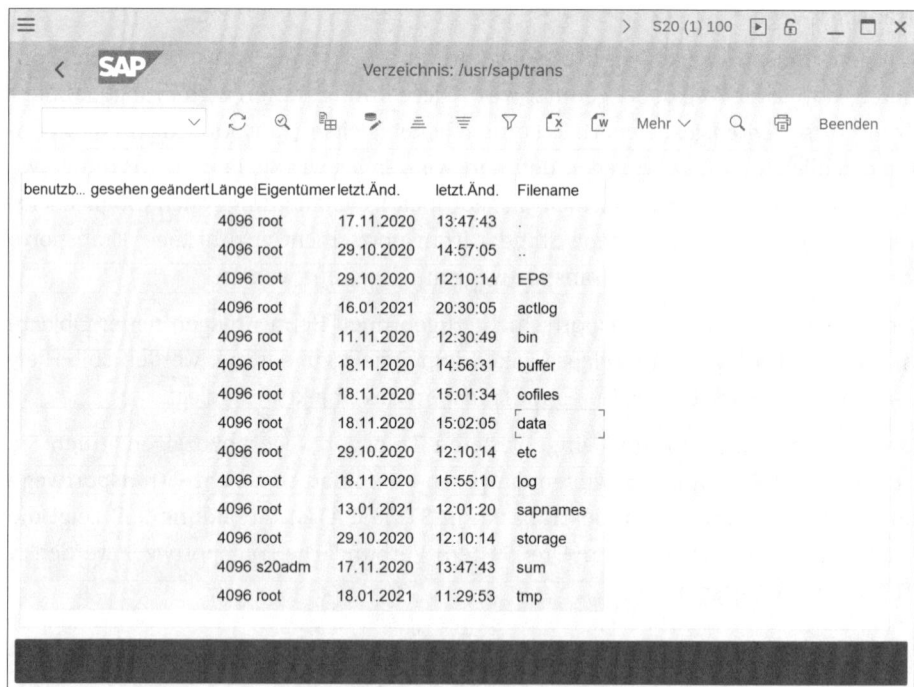

Abbildung 9.13 Das Transportverzeichnis (Transaktion AL11)

Unterhalb des Transportverzeichnisses im Unterverzeichnis **bin** befinden sich die Konfigurationsdateien des TMS:

- DOMAIN.CFG
- TP_<Transport-Domäne>.PFL

Diese Dateien dürfen beim Einsatz des TMS nicht manuell geändert werden. Überprüfen Sie daher im Betriebssystem, wie die Zugriffsrechte auf diese Dateien eingerichtet wurden.

Unterhalb des Transportverzeichnisses im Unterverzeichnis **data** befinden sich die Transporte. Diese sind zu erkennen an der Endung <SID>, d. h. der System-ID des Systems, aus dem der Transport erfolgte (siehe Abbildung 9.14). Es handelt sich hierbei um Textdateien, die verschlüsselt abgelegt werden. Der Inhalt ist hier nicht lesbar.

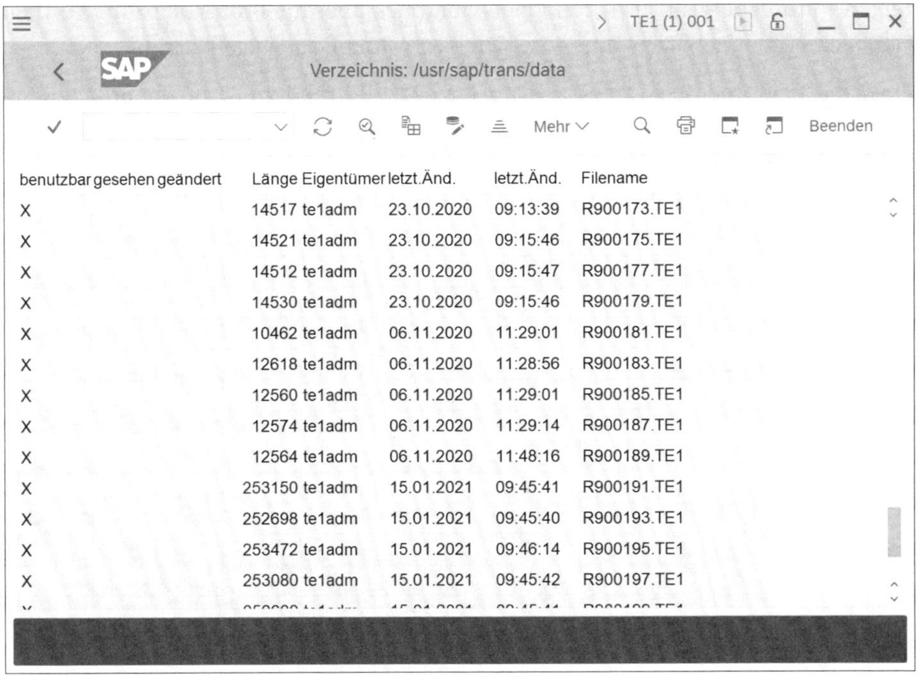

benutzbar	gesehen	geändert	Länge	Eigentümer	letzt.Änd.	letzt.Änd.	Filename
X			14517	te1adm	23.10.2020	09:13:39	R900173.TE1
X			14521	te1adm	23.10.2020	09:15:46	R900175.TE1
X			14512	te1adm	23.10.2020	09:15:47	R900177.TE1
X			14530	te1adm	23.10.2020	09:15:46	R900179.TE1
X			10462	te1adm	06.11.2020	11:29:01	R900181.TE1
X			12618	te1adm	06.11.2020	11:28:56	R900183.TE1
X			12560	te1adm	06.11.2020	11:29:01	R900185.TE1
X			12574	te1adm	06.11.2020	11:29:14	R900187.TE1
X			12564	te1adm	06.11.2020	11:48:16	R900189.TE1
X			253150	te1adm	15.01.2021	09:45:41	R900191.TE1
X			252698	te1adm	15.01.2021	09:45:40	R900193.TE1
X			253472	te1adm	15.01.2021	09:46:14	R900195.TE1
X			253080	te1adm	15.01.2021	09:45:42	R900197.TE1

Abbildung 9.14 Transportaufträge im Betriebssystem

Gemäß dem SAP-Sicherheitsleitfaden sollen die Zugriffsrechte auf das Transportverzeichnis restriktiv vergeben werden, da hier Manipulationsmöglichkeiten gegeben sind. Die folgenden Berechtigungen empfiehlt der SAP-Sicherheitsleitfaden für Unix-Systeme:

- Verzeichnis .../trans
  - Besitzer: <sid>adm
  - Gruppe: sapsys
  - Rechte: 775 (rwx rwx r–x)
- Unterverzeichnisse von .../trans
  - Besitzer: <sid>adm
  - Gruppe: sapsys
  - Rechte: 770 (rwx rwx ---)

Transportprotokolle

Beim Transport werden Protokolle angelegt. Diese können Sie z. B. mit Transaktion SE01 (Transport Organizer) einsehen. Geben Sie hier den Auftrag an, oder suchen Sie danach, und klicken Sie dann auf die Schaltfläche **Protokolle** (Menüpfad **Auftrag · Anzeigen · Protokolle**). Sie erhalten einen Überblick über die Protokolle zum Auftrag. Durch einen Doppelklick können Sie sich die Protokolle anzeigen lassen.

Eine Übersicht über alle Importe, inklusive durchführendem Benutzer, erhalten Sie über Tabelle TPLOG. Rufen Sie die Tabelle mit Transaktion SE16 auf, und geben Sie als Selektion in das Feld CMDSTRING (**Text**) die Zeichenkette »IMPORT *« ein (Leerzeichen vor dem Stern beachten). Es werden alle Importe angezeigt (siehe Abbildung 9.15).

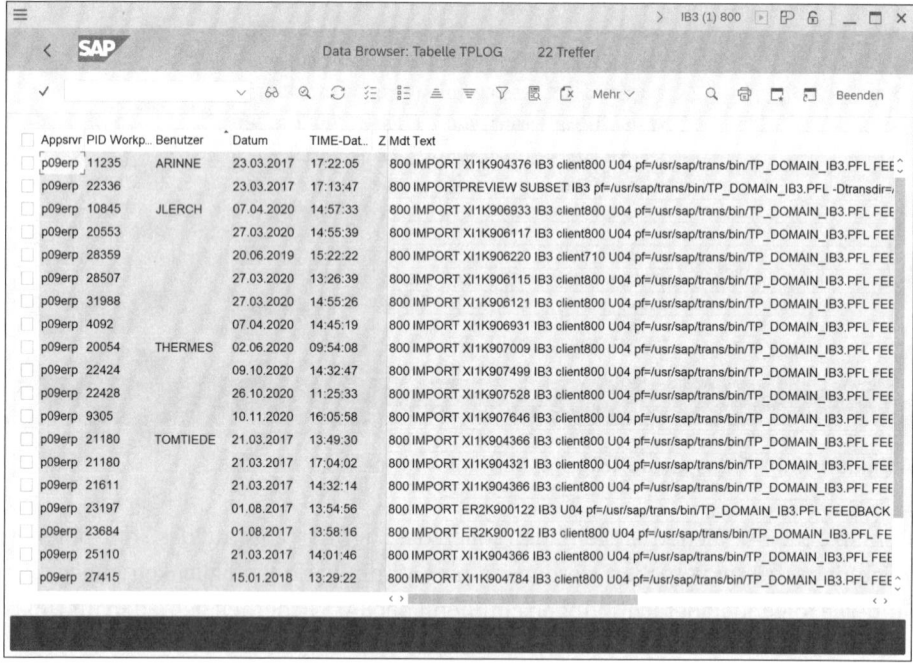

Abbildung 9.15 Übersicht aller Importe ins System

Das Quality-Assurance-Genehmigungsverfahren

Das *Quality-Assurance-Genehmigungsverfahren* (QA-Genehmigungsverfahren) kann ausschließlich in einer Drei-System-Landschaft eingesetzt werden. Um diese Funktion zu nutzen, muss im Qualitätssicherungssystem der Qualitätssicherungsprozess aktiviert werden. Nach der Aktivierung kann ein Auftrag nur dann in das Produktivsystem importiert werden, wenn alle Genehmigungsschritte abgearbeitet sind. Wie viele und welche Genehmigungsschritte durchlaufen werden müssen, wird im Qualitätssicherungssystem festgelegt.

Um zu überprüfen, ob das Genehmigungsverfahren konfiguriert ist, rufen Sie in der Einstiegsmaske von Transaktion STMS den Menüpfad **Übersicht • Systeme** auf. In der Systemübersicht rufen Sie den Menüpfad **Springen • Transportdomäne** auf. Wechseln Sie hier auf die Registerkarte **QA-Genehmigungsverfahren**. Die Konfiguration wird hier angezeigt (siehe Abbildung 9.16).

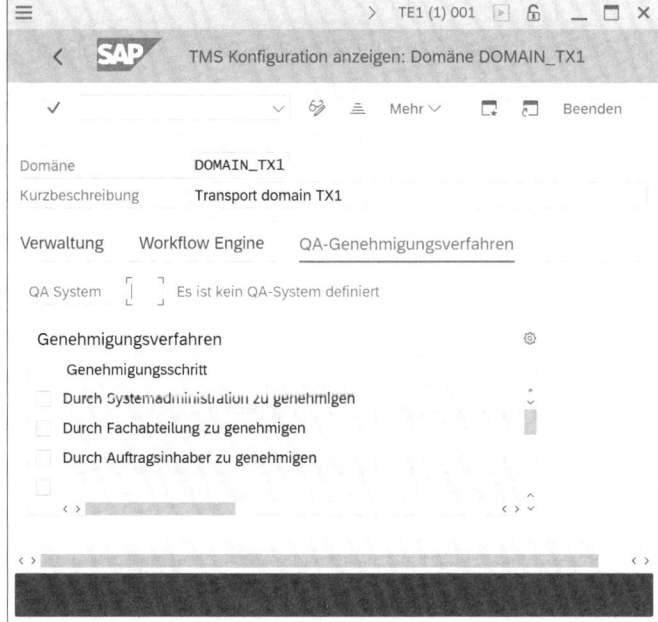

Abbildung 9.16 Konfiguration des QA-Genehmigungsverfahrens

Nach der Konfiguration des QA-Genehmigungsverfahrens wird ein Arbeitsvorrat aufgebaut. Alle in das Qualitätssicherungssystem importierten Aufträge werden in diesen Arbeitsvorrat aufgenommen. Der Arbeitsvorrat wird mit Transaktion STMS_QA bearbeitet und genehmigt. Die folgenden Genehmigungsschritte sind möglich:

1. Genehmigung durch den Auftragsinhaber (Entwickler)
   – Vorschlagswert: **Inaktiv**
   – Hier muss der Auftragsinhaber selbst den Auftrag genehmigen.
   – erforderliche Zugriffsrechte siehe Tabelle 9.8

Berechtigungsobjekt	Feld	Wert
S_CTS_ADMI oder S_CTS_SADM	CTS_ADMFCT (Administrationsaufgaben)	TQAS

Tabelle 9.8 Berechtigung zum Genehmigen von Transporten für den Auftragsinhaber

2. Genehmigung durch die Fachabteilung
   - Vorschlagswert: **Inaktiv**
   - Hier muss die Fachabteilung explizit den Auftrag genehmigen. Dieser Punkt wird in der Praxis häufig aktiviert.
   - notwendige Zugriffsrechte siehe Tabelle 9.9

Berechtigungsobjekt	Feld	Wert
S_CTS_ADMI oder S_CTS_SADM	CTS_ADMFCT (Administrationsaufgaben)	TQAS oder QTEA

Tabelle 9.9 Berechtigung zum Genehmigen von Transporten durch die Fachabteilung

3. Genehmigung durch Systemadministrator
   - Vorschlagswert: **Aktiv**
   - Hier muss ein Systemadministrator den Auftrag genehmigen. Häufig ist dies personell gleich mit dem Transportierenden. In solchen Fällen kann dieser Schritt entfallen.
   - notwendige Zugriffsrechte siehe Tabelle 9.10

Berechtigungsobjekt	Feld	Wert
S_CTS_ADMI oder S_CTS_SADM	CTS_ADMFCT (Administrationsaufgaben)	TQAS

Tabelle 9.10 Berechtigung zum Genehmigen von Transporten für den Systemadministrator

Mit den Zugriffsrechten geht hier die organisatorische Regelung des Vorgangs einher. Die Verantwortlichkeiten für die einzelnen Aufträge müssen festgelegt werden. Zu bedenken ist auch, dass gerade in einer Einführungs- oder Releasewechselphase eine Vielzahl von Aufträgen entsteht und dass die Freigabe dieser Aufträge für die Verantwortlichen mit hohem Aufwand verbunden ist.

9.4.3 Der Ablauf eines Transports

In diesem Abschnitt beschreibe ich an einem praktischen Beispiel, wie ein Transport abläuft. Dabei weise ich auf die entsprechenden Sicherheitsmechanismen hin. Im Entwicklungssystem werden neue Einträge in Tabelle USR40 (Verbotene Kennwörter) aufgenommen, die dann ins Produktivsystem transportiert werden.

Anlegen eines Auftrags

Als Erstes wird ein neuer Auftrag angelegt. Dies sollte zur Wahrung des Vier-Augen-Prinzips durch einen Administrator erfolgen, nicht durch den Entwickler. Beim Anlegen des Auftrags werden die Benutzer angegeben, die diesen Auftrag nutzen dürfen. Für jeden Benutzer wird automatisch eine Aufgabe unterhalb des Auftrags angelegt. Den Benutzern wird mitgeteilt, welche Aufträge sie nutzen können. Die Aufträge und Aufgaben werden in Tabelle E070 gespeichert.

Durchführung des Customizings/der Programmierung

Der Entwickler führt nun die entsprechenden Aufgaben durch – in diesem Fall das Eintragen der neuen Werte in Tabelle USR40 über Transaktion SM30. Beim Speichern muss er erst das Paket und dann den Auftrag auswählen, in dem die Änderungen aufgenommen werden sollen (siehe Abbildung 9.17).

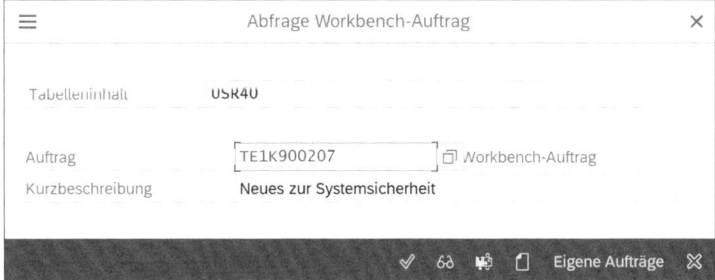

Abbildung 9.17 Auftrag auswählen

Die Freigabe der Aufgabe und des Auftrags

Danach ist es die Aufgabe des Entwicklers, die Aufgabe freizugeben. Dazu nutzt er z. B. Transaktion SE09 (Transport Organizer). Der Entwickler wählt den Auftrag aus und gibt die darunterliegende Aufgabe frei. Eine Berechtigung zur Freigabe der Aufträge sollte er nicht besitzen.

Als Nächstes muss nun ein Transportadministrator den Auftrag freigeben. Dies ist erst möglich, nachdem alle enthaltenen Aufgaben von den Entwicklern freigegeben worden sind. Diese Freigabe erfolgt mit Transaktion SE01 oder Transaktion SE09 (siehe Abbildung 9.18). Freigabe bedeutet, dass nun die Transportdatei im Transportverzeichnis im Betriebssystem erstellt wird.

Welche Datei sich im Transportverzeichnis des gerade transportierten Auftrags befindet, kann leicht aus dem Dateinamen ersehen werden, da die Nummer des Auftrags (z. B. TE1K900207) als Dateiname genutzt wird (z. B. **R900207.TE1**, siehe Abbildung 9.19).

Abbildung 9.18 Auftrag freigeben

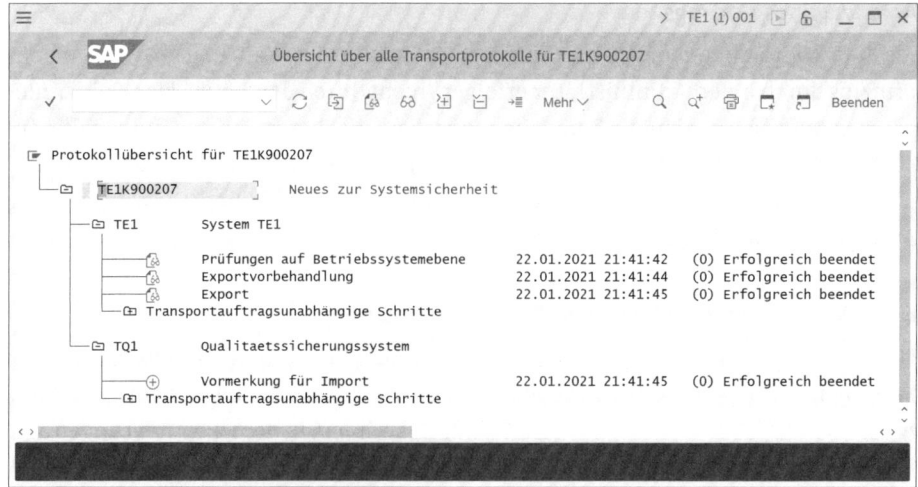

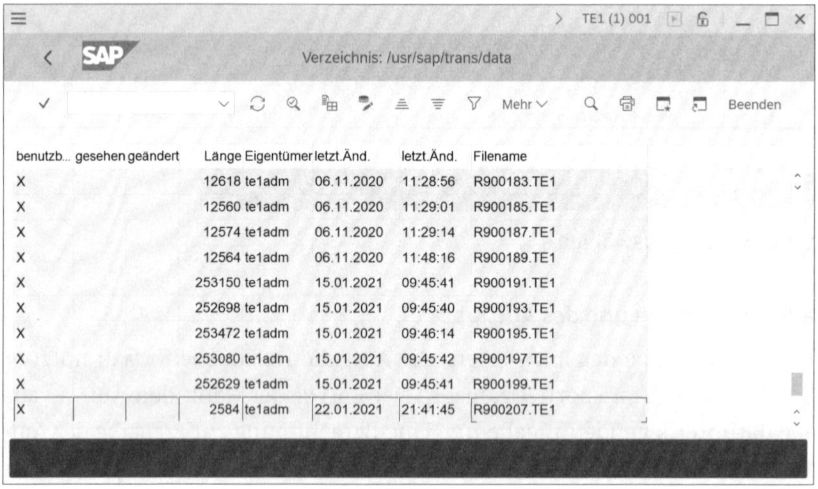

Abbildung 9.19 Der exportierte Auftrag auf der Betriebssystemebene

Eine Drei-System-Landschaft kann so konfiguriert werden, dass der Import in das Qualitätssicherungssystem automatisch vorgenommen wird. Ebenso ist es häufig der Fall, dass Entwickler ihre Transporte in das Qualitätssicherungssystem eigenständig durchführen können. Ein Transport ins Produktivsystem sollte allerdings immer manuell stattfinden.

Der Import ins Produktivsystem
Der Transport ins Produktivsystem erfolgt mit dem Transport Management System (Transaktion STMS). Von hier aus kann der Transportauftrag einzeln angestoßen

werden. Zur Wahrung eines Vier-Augen-Prinzips im Rahmen der Entwicklung sollten Transporte in die Produktivsysteme nicht durch die Entwickler erfolgen, sondern durch die Administration. Beim Transport müssen noch der Zielmandant angegeben und einige Optionen gesetzt werden. Nach einer Sicherheitsabfrage muss sich der Transportierende am Zielmandanten anmelden. Dann werden die Daten übertragen. Anschließend ist die Änderung sofort im Produktivsystem aktiv.

Nach dem Import ist der Auftrag in Tabelle E070 des Produktivsystems eingetragen. Abbildung 9.20 zeigt das Protokoll des Imports.

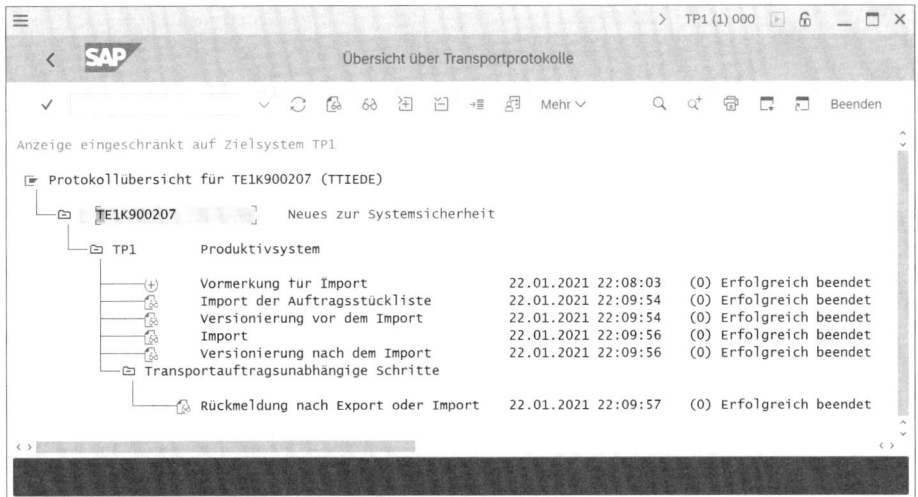

Abbildung 9.20 Protokoll des Imports in das Produktivsystem

9.4.4 Zeitnähe der Importe

Eine häufige Fragestellung im Rahmen des Transportwesens ist, ob vor den Importen in das Produktivsystem ausreichende Tests im Konsolidierungssystem stattgefunden haben. Durch technische Abfragen im System können Sie diese Frage nicht oder nur in wenigen Fällen beantworten. Einen Hinweis gibt Ihnen aber der Zeitraum zwischen dem Import ins Konsolidierungssystem und dem Import ins Produktivsystem. Liegt ein sehr kurzer Zeitraum dazwischen, kann von einem nicht ausreichenden Testverfahren ausgegangen werden.

Beim Import eines Auftrags in ein System wird ein Datensatz für den Auftrag mit Zeitstempel des Imports in Tabelle E070 erstellt. Somit können Sie den Zeitpunkt des Imports in das Konsolidierungssystem mit dem Zeitpunkt des Imports in das Produktivsystem abgleichen. Die einfachste Möglichkeit für diesen Abgleich ist es, die Tabellen aus den Systemen zu exportieren und anschließend externe Analysetools zur Gegenüberstellung zu nutzen, z. B. Microsoft Excel oder Microsoft Access. Selektieren Sie die Datensätze, die am selben Tag in beide Systeme importiert wurden

(Feld AS4DATE, **Datum**). Für diese Datensätze ermitteln Sie den Zeitraum, der zwischen den Importen liegt. Hierzu substrahieren Sie die Uhrzeit (Feld AS4TIME, **Uhrzeit**) des Imports ins Konsolidierungssystem von der Uhrzeit des Imports ins Produktivsystem. Abbildung 9.21 zeigt diese Abfrage beispielhaft in Microsoft Access.

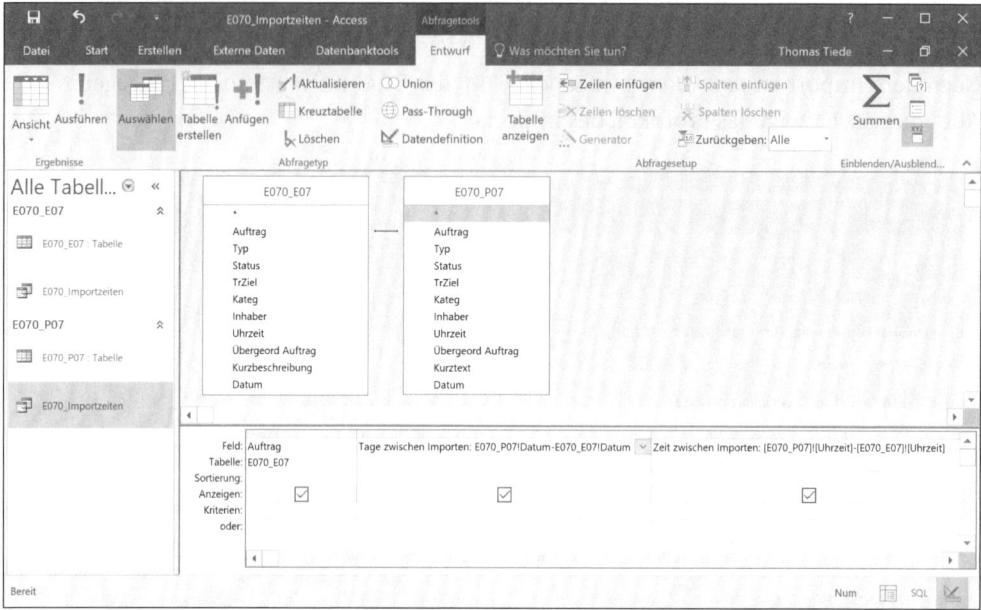

Abbildung 9.21 Abfrage in Microsoft Access zur Importzeitermittlung

Das Ergebnis zeigt an, wie viel Zeit zwischen dem Import ins Konsolidierungs- und ins Produktivsystem liegt (siehe Abbildung 9.22).

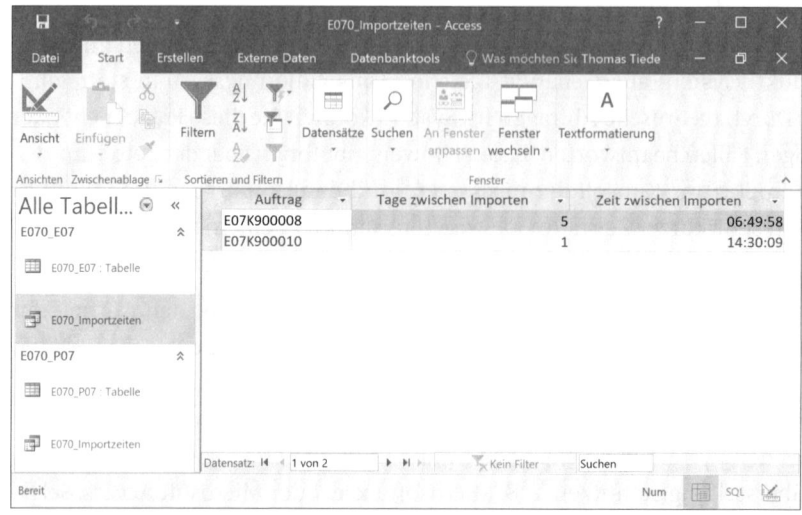

Abbildung 9.22 Zeitnähe der Importe ermitteln

Anhand des Zeitraums und der Inhalte der Transportaufträge können Sie abschätzen, ob die Tests ordnungsgemäß durchgeführt wurden. Dabei müssen Sie unterscheiden, ob es sich bei den Transportaufträgen um einfache Aufträge mit eventuell nur einem einzigen Tabelleneintrag oder um einen komplexen Auftrag mit ABAP-Programmen handelt.

9.4.5 Zugriffsrechte

Das Produktivsystem muss dahingehend geschützt werden, dass weder Anwendungsentwicklung noch Customizing betrieben werden dürfen. Dies gilt natürlich ebenso dafür, dass niemand in der Lage sein sollte, im Entwicklungssystem zu entwickeln und dies dann gleich ins Produktivsystem zu transportieren. Daher müssen hier Funktionstrennungen eingehalten werden. Im Folgenden sind die Berechtigungen im Rahmen des Transportsystems aufgeführt:

Pflege der Transportwege

Das Customizing des TMS obliegt allein der Administration. Die Berechtigung gemäß Tabelle 9.11 darf daher nur Administratoren zugeordnet werden.

Berechtigungsobjekt	Feld	Wert
S_TCODE	TCD (Transaktion)	- STMS - STMS_PATH - <Reportingtransaktion>
S_CTS_ADMI oder S_CTS_SADM	S_ADMI_FCD (Systemadministrationsfunktion)	TABL

Tabelle 9.11 Berechtigung zum Pflegen der Transportwege

Zugriffsrechte zur Anwendungsentwicklung

Entwickler sollen ausschließlich im Entwicklungssystem arbeiten. Daher benötigen Sie hier die Berechtigung zur Anwendungsentwicklung gemäß Tabelle 9.12. Auch dürfen Entwickler nur im Entwicklungssystem einen Entwicklerschlüssel besitzen. Diese werden in Tabelle DEVACCESS gespeichert. Im Produktivsystem sollte diese Tabelle leer sein, oder es sollten nur Benutzer enthalten sein, die ausschließlich nach dem Vier-Augen-Prinzip genutzt werden können.

Im Produktivsystem dürfen Entwickler keine Rechte zur Anwendungsentwicklung besitzen. Hier sollten sich die Rechte auf rein lesende Zugriffe beschränken (siehe Tabelle 9.13). Entwickler sollten nicht die Möglichkeit haben, ihre eigenen Entwicklungen transportieren zu dürfen.

Berechtigungsobjekt	Feld	Wert
S_DEVELOP	ACTVT (Aktivität)	<ul><li>01 (Anlegen)</li><li>02 (Ändern)</li><li>06 (Löschen) usw.</li></ul>
	OBJTYPE (Objekttyp)	<ul><li>PROG</li><li>FUGR</li><li>TABL usw.</li></ul>

Tabelle 9.12 Berechtigung zum Entwickeln von Anwendungen im Entwicklungssystem

Berechtigungsobjekt	Feld	Wert
S_DEVELOP	ACTVT (Aktivität)	03 (Anzeigen)
	OBJTYPE (Objekttyp)	*

Tabelle 9.13 Berechtigung zum Lesen im Produktivsystem

Zugriffsrechte zum Customizing

Das Customizing darf im Produktivsystem nicht betrieben werden; Tabellenänderungen finden ausschließlich im Entwicklungssystem statt. Daher sollen Benutzer, die das Customizing durchführen, auch nur hier verändernde Rechte bekommen. Maßgeblich wird für das Customizing das Recht für Tabellenänderungen benötigt (siehe Tabelle 9.14). Zum Ändern von mandantenunabhängigen Tabellen wird ein zusätzliches Recht für das Objekt S_TABU_CLI benötigt. Dies sollte allerdings auch im Entwicklungssystem nur selten vergeben werden, da hiermit eventuell das Ändern von Systemtabellen möglich ist.

Im Produktivsystem stellen manuelle Tabellenänderungen eine Ausnahme dar. Nur die laufenden Einstellungen müssen hier ständig gepflegt werden. Daher benötigen Benutzer, die das Customizing durchführen, generell keine Berechtigung zum Ändern von Tabellen im Produktivsystem. Tabellenzugriffe dürfen hier nur lesend stattfinden (siehe Tabelle 9.15). Customizer sollten nicht in der Lage sein, ihre eigenen Einstellungen transportieren zu dürfen.

Berechtigungsobjekt	Feld	Wert
S_TABU_DIS	ACTVT (Aktivität)	02 (Ändern)
	DICBERCLS (Berechtigungsgruppe)	<je nach Aufgabe, möglichst kein Stern>

Tabelle 9.14 Berechtigung für das Customizing im Entwicklungssystem

Berechtigungsobjekt	Feld	Wert
oder		
S_TABU_NAM	ACTVT (Aktivität)	02 (Ändern)
	TABLE (Tabelle)	<je nach Aufgabe, möglichst kein Stern>

Tabelle 9.14 Berechtigung für das Customizing im Entwicklungssystem (Forts.)

Berechtigungsobjekt	Feld	Wert
S_TABU_DIS	ACTVT (Aktivität)	03 (Anzeigen)
	DICBERCLS (Berechtigungsgruppe)	<je nach Aufgabe, möglichst kein Stern>
oder		
S_TABU_NAM	ACTVT (Aktivität)	03 (Anzeigen)
	TABLE (Tabelle)	<je nach Aufgabe, möglichst kein Stern>

Tabelle 9.15 Berechtigung für lesenden Zugriff auf das Customizing im Produktivsystem

Zugriffsrechte für Aufträge

Transporte dürfen nicht von denselben Personen durchgeführt werden, die im Entwicklungssystem entwickeln oder Customizing-Einstellungen vornehmen, sondern Transporte sind der Administration vorbehalten. Um die Transporte überschaubar und nachvollziehbar zu gestalten, sollte auch das Anlegen neuer Änderungsaufträge in der Hand der Administration oder der Projektleitung liegen. Entwickler sollten hierzu keine Berechtigung haben. Tabelle 9.16 zeigt die Berechtigung zum Anlegen von Aufträgen.

Berechtigungsobjekt	Feld	Wert
S_TCODE	TCD (Transaktion)	SE01 oder SE09 oder SE10

Tabelle 9.16 Berechtigung zum Anlegen von Aufträgen

Berechtigungsobjekt	Feld	Wert
S_TRANSPRT oder S_SYS_RWBO	ACTVT (Aktivität)	01 (Anlegen)
	TTYPE (Auftragstyp)	• DTRA (Workbench-Aufträge) • CUST (Customizing-Aufträge)

Tabelle 9.16 Berechtigung zum Anlegen von Aufträgen (Forts.)

Die Freigabe von Aufgaben liegt normalerweise in der Hand der Entwickler. Erst wenn alle Aufgaben freigegeben sind, kann auch der Auftrag freigegeben werden. Dies sollte im Bereich der Administration angesiedelt sein (siehe Tabelle 9.17).

Berechtigungsobjekt	Feld	Wert
S_TCODE	TCD (Transaktion)	SE01 oder SE09 oder SE10
S_TRANSPRT oder S_SYS_RWBO	ACTVT (Aktivität)	43 (Freigeben)
	TTYPE (Auftragstyp)	• DTRA (Workbench-Aufträge) • CUST (Customizing-Aufträge)

Tabelle 9.17 Berechtigung zum Freigeben von Aufträgen

Genehmigen von Transporten in das Produktivsystem

Die Berechtigung zur Genehmigung von Transporten in das Produktivsystem (siehe Tabelle 9.18) wird nur benötigt, wenn das QA-Genehmigungsverfahren aktiviert ist. Diese Berechtigung ist nur im Qualitätssicherungssystem erforderlich.

Berechtigungsobjekt	Feld	Wert
S_TCODE	TCD (Transaktion)	STMS_QA
S_CTS_ADMI oder S_CTS_SADM	CTS_ADMFCT (Administrationsfunktion)	QTEA (Transporte genehmigen)

Tabelle 9.18 Berechtigung zum Genehmigen von Transporten

Import ins Zielsystem

Der Import der Transporte ins Zielsystem (siehe Tabelle 9.19) ist ausschließlich der Administration vorbehalten.

Berechtigungsobjekt	Feld	Wert
S_TCODE	TCD (Transaktion)	- STMS - STMS_IMPORT - STMS_QUEUES - <Reporting>
S_CTS_ADMI oder S_CTS_SADM	CTS_ADMFCT (Administrationsfunktion)	- IMPS (Import einzelner Aufträge) - IMPA (Import aller Aufträge)

Tabelle 9.19 Berechtigung zum Importieren von Aufträgen

Reparaturkennzeichen zurücksetzen

Reparaturkennzeichen werden gesetzt, wenn Objektkopien geändert werden, z. B. Programme, die im Original im Entwicklungssystem liegen und im Produktivsystem geändert wurden. Reparaturen dürfen nur im Notfall durchgeführt werden. Das Recht zum Zurücksetzen des Reparaturkennzeichens (siehe Tabelle 9.20) darf nur der Administration zugeordnet werden.

Berechtigungsobjekt	Feld	Wert
S_TABU_DIS	ACTVT (Aktivität)	02 (Ändern)
	DICBERCLS (Berechtigungsgruppe)	STRW
S_TABU_CLI	CLIIDMAINT (Kennzeichen)	X
oder		
S_TABU_NAM	ACTVT (Aktivität)	02 (Ändern)
	TABLE (Tabelle)	TADIR
S_TABU_CLI	CLIIDMAINT (Kennzeichen)	X

Tabelle 9.20 Berechtigung zum Zurücksetzen des Reparaturkennzeichens

9.4.6 Checkliste

In Tabelle 9.21 finden Sie die Checkliste mit den prüfungsrelevanten Fragestellungen zum Transportwesen.

Risiko	Fragestellung
	Vorgabe oder Erläuterung
2	Wer ist berechtigt, im Entwicklungssystem neue Aufträge anzulegen, freizugeben und ins Produktivsystem zu importieren?
	Für diesen Vorgang muss eine Funktionstrennung implementiert sein.
	Hier besteht das Risiko, dass ohne Funktionstrennung Transporte vollständig in einer Hand liegen und somit keine Kontrolle der Transporte erfolgt.
1	Wer besitzt zusätzlich zu Punkt 1 noch das Recht zur Anwendungsentwicklung oder zum Customizing im Entwicklungssystem?
	Es muss eine Funktionstrennung zwischen Entwicklung und Transporten implementiert sein.
	Hier besteht das Risiko, dass Entwickler ihre Eigenentwicklungen ohne Freigabeverfahren ins Produktivsystem transportieren können.
1	Wurden im Produktivsystem Reparaturen durchgeführt?
	Reparaturen dürfen nur in Notfällen durchgeführt werden.
	Hier besteht das Risiko, dass Programmänderungen direkt im Produktivsystem durchgeführt wurden und somit das Freigabeverfahren umgangen wurde. Werden über solche Änderungen rechnungslegungsrelevante Tabellen geändert, kann dies gegen § 239 HGB, »Radierverbot«, verstoßen.
2	Wurden diese Reparaturen dokumentiert?
	Reparaturen müssen dokumentiert werden.
	Hier besteht das Risiko, dass Programm- oder Tabellenänderungen inhaltlich nicht nachvollzogen werden können.
2	Wer ist berechtigt, Reparaturkennzeichen im Produktivsystem zurückzusetzen?
	Dieses Zugriffsrecht darf nur der Administration zugeordnet werden.
	Hier besteht das Risiko, dass durchgeführte Reparaturen durch die Zurücknahme des Kennzeichens verschleiert werden könnten.
2	Sind die Zugriffsrechte auf das Transportverzeichnis gemäß SAP-Sicherheitsleitfaden eingestellt?
	Die Zugriffsrechte müssen gemäß SAP-Sicherheitsleitfaden eingestellt sein.
	Hier besteht das Risiko, dass Transportaufträge auf der Betriebssystemebene manipuliert oder gelöscht werden können.

Tabelle 9.21 Checkliste zum Transportsystem

Risiko	Fragestellung
	Vorgabe oder Erläuterung
2	Ist das Quality-Assurance-Genehmigungsverfahren gemäß den Unternehmensvorgaben eingerichtet?
	Es muss unternehmensbezogen entschieden werden, ob und wie das Verfahren einzusetzen ist.
	Hier besteht das Risiko, dass Aufträge ohne Freigabeverfahren in das Produktivsystem transportiert werden können.
2	Wer ist berechtigt, Importe ins Produktivsystem durchzuführen?
	Nur die Basisadministration sollte dazu berechtigt sein, Importe ins Produktivsystem durchzuführen. Entwicklern darf diese Berechtigung nicht zugeordnet werden.
	Hier besteht das Risiko, dass durch eine fehlende Funktionstrennung Entwicklungen ohne Freigabeverfahren in das Produktivsystem importiert werden. Des Weiteren besteht das Risiko, dass Aufträge, die nicht im Qualitätssicherungssystem freigegeben wurden, trotzdem in das Produktivsystem importiert werden.
1	Existiert im Produktivsystem ein Notfallbenutzer für Reparaturen?
	Es muss ein Notfallbenutzerkonzept existieren.
	Hier besteht das Risiko, dass es in Notfällen zu Zeitverzögerungen kommen kann, wenn kein Notfallbenutzer existiert, oder dass Entwickler mit Entwicklerrechten im Produktivsystem existieren.

Tabelle 9.21 Checkliste zum Transportsystem (Forts.)

Wie Sie die einzelnen Punkte praktisch am SAP-System prüfen können, erfahren Sie in Abschnitt 9.4 des Dokuments **Tiede_Checklisten_Sicherheit_und_Pruefung.pdf**.

9.5 Eigenentwicklungen in ABAP

Der ABAP-Stack von SAP NetWeaver ist in der SAP-eigenen Programmiersprache ABAP geschrieben. Der Begriff *ABAP* stammt noch aus der R/2-Zeit und stand damals für *Allgemeiner Berichtsaufbereitungsprozessor*, mit dem Auswertungen der Daten vorgenommen werden konnten. Inzwischen hat sich ABAP zu einer mächtigen Programmiersprache entwickelt und steht jetzt für *Advanced Business Application Programming*. ABAP ist eine reine Interpreter-Sprache; daher können die ABAP-Programme nicht kompiliert werden und liegen grundsätzlich im Quelltext vor. Somit kann der gesamte Quelltext des SAP-Systems eingesehen und mit entsprechenden Berechtigungen auch geändert werden.

Das Verwalten der ABAP-Programme erfolgt über Transaktion SE38 (Programme), Transaktion SE37 (Funktionsbausteine) und Transaktion SE24 (Class Builder). Diese Transaktionen werden sowohl von Entwicklern zum Erstellen oder Ändern von Programmen als auch von Prüfern zur Prüfung des Quelltextes genutzt. Es stehen außerdem verschiedene Funktionen zur Verfügung, die eine effiziente Prüfung ermöglichen (siehe Abschnitt 9.5.6, »Programmübergreifende Analyse von Quelltexten«).

Die Tatsache, dass der größte Teil des SAP-Systems in ABAP und nur ein Teil der Systemprogramme in den Sprachen C und Assembler geschrieben wurde, stellt auch den Grund für die gute Portierbarkeit vom SAP-System auf verschiedene Systeme dar. SAP läuft auf verschiedenen Betriebssystemen wie Unix, Microsoft Windows und OS/400. Für diese Plattformen mussten nur die Systemprogramme neu geschrieben werden; sämtliche Anwendungen konnten übernommen werden. Daher stellt es für den Anwender keinen Unterschied dar, auf welchem Betriebssystem das SAP-System läuft.

Nachfolgend beschreibe ich im ersten Schritt den Aufbau eines ABAP-Programms (siehe Abschnitt 9.5.1, »Die Programmiersprache ABAP«). Um eigenentwickelte Programmen zu prüfen, benötigen Sie dieses Wissen. Danach gehe ich speziell auf die Gefahrenpunkte ein, die bei einer Prüfung, aber auch im Rahmen von Vorgaben für Eigenentwicklungen in einer ABAP-Entwicklerrichtlinie zu beachten sind (siehe Abschnitt 9.5.3, »Gefahrenpunkte in der ABAP-Programmentwicklung«). Anschließend stelle ich die Methoden und Werkzeuge vor, die zur Prüfung im SAP-System benötigt werden (siehe Abschnitt 9.5.5, »Inhaltliches Prüfen einzelner ABAP-Programme«, und Abschnitt 9.5.6, »Programmübergreifende Analyse von Quelltexten«). Den Abschluss dieses Abschnitts bildet die Protokollierung der Änderungen an ABAP-Programmen (*Versionierung*, siehe Abschnitt 9.5.9, »Die Versionshistorie«).

Die DSAG hat die »Best Practice Guidelines for Development – Useful Tips for ABAP Development« herausgegeben, die viele nützliche Hinweise zur Prüfung der Entwicklungsumgebung gibt und frei verfügbar ist (*http://s-prs.de/v612205*).

Die Entwicklungsberechtigungen finden Sie in Abschnitt 9.7, »Berechtigungen zur Anwendungsentwicklung«.

9.5.1 Die Programmiersprache ABAP

Ein ausführbares Programm beginnt mit der Anweisung REPORT. Danach sollten die Datendeklarationen des Programms folgen. Hier werden meist die folgenden Anweisungen genutzt:

- TABLES: Deklaration der zu verwendenden Tabellen. Diese müssen für die Nutzung im Programm definiert werden.

- PARAMETERS: Deklaration der Eingabeparameter. Diese werden vor der Ausführung des Programms abgefragt.
- CONSTANTS: Deklaration der Konstanten
- DATA: Deklaration der Variablen

Nach diesen Deklarationen folgen die Anweisungen zur Verarbeitung der Daten. Am Ende des Programms werden die Unterprogramme (FORM) definiert, die genutzt werden sollen.

Jede ABAP-Befehlszeile muss mit einem Punkt abgeschlossen werden. Es können auch mehrere Befehle in eine Zeile geschrieben werden. Eine ABAP-Befehlszeile kann auch auf mehrere Zeilen im Programm verteilt werden.

Kommentarzeilen werden eingefügt, indem als erster Buchstabe ein Stern (*) geschrieben wird oder an beliebiger Position in der Zeile ein Anführungszeichen (") gesetzt wird. In letzterem Fall gilt alles nach dem Anführungszeichen als Bemerkung, alles davor als Quelltext.

Ein einfaches ABAP-Programm, z. B. zur Anzeige aller Benutzer, die noch ihr Initialkennwort besitzen, sieht somit wie in Listing 9.2 aus.

```
01  REPORT zinitkw.   " Benutzer mit Initialkennwort
02
03  * Tabellendefinitionen
04  * Tabelle USR02: Benutzeranmeldeinformationen
05  TABLES: usr02.
06
07  * Variablendeklaration
08  DATA:   usercount(2) TYPE p.
09
10  * Ausgabe einer Reportüberschrift
11  WRITE: 'Benutzer mit Initialkennwort am ', sy-datum.
12  ULINE.
13  SKIP.
14
15  * Selektion der Benutzer mit Initialkennwort
16  SELECT * FROM usr02.
17      IF usr02-ltime IS INITIAL.
18  *       " Ausgabe des Benutzernamens
19          WRITE: /10 usr02-bname.
20  *       " Zähler für die Anzahl der Benutzer um 1 erhöhen
21          usercount = usercount + 1.
22      ENDIF.
23  ENDSELECT.
```

```
24
25  * Ausgabe der Summenzeile
26  WRITE: / 'Es wurden', usercount, 'Benutzer gefunden'.
```

Listing 9.2 Beispiel für ein einfaches ABAP-Programm

Die einzelnen Zeilen haben die folgende Bedeutung:

- Zeile 1: Name des Reports, Bemerkung zum Reportinhalt
- Zeile 3, 4: Bemerkungszeilen
- Zeile 5: Deklaration von Tabelle USR02. Dies ist notwendig, damit diese Tabelle im Programm genutzt werden kann.
- Zeile 7: Bemerkungszeile
- Zeile 8: Deklaration der Variablen USERCOUNT vom Typ »Gepackte Zahl« in einer Länge von 2 Bytes
- Zeile 10: Bemerkungszeile
- Zeile 11: Ausgabe einer Überschrift
- Zeile 12: Ausgabe eines Trennstrichs
- Zeile 13: Zeilenvorschub um eine Zeile
- Zeile 15: Bemerkungszeile
- Zeile 16: Selektion aller Felder aus Tabelle USR02. Die SELECT-Schleife wird für jeden Datensatz (somit für jeden Benutzer) einmal durchlaufen.
- Zeile 17: Abfrage, ob das Feld LTIME noch den Initialwert enthält (Benutzer hat noch Initialkennwort)
- Zeile 18: Bemerkungszeile
- Zeile 19: Ausgabe eines Zeilenumbruchs (Zeichen /) und des Benutzernamens ab Spalte 10
- Zeile 20: Bemerkungszeile
- Zeile 21: Erhöhung der Variablen USERCOUNT um »1«. USERCOUNT enthält somit immer die aktuelle Anzahl an gefundenen Benutzern.
- Zeile 22: Ende der IF-Abfrage aus Zeile 17
- Zeile 23: Ende der SELECT-Schleife aus Zeile 16
- Zeile 25: Bemerkungszeile
- Zeile 26: Ausgabe eines Zeilenumbruchs (Zeichen /) und eines Textes, in dem die Anzahl der gefundenen Benutzer (aus der Variablen USERCOUNT) angegeben wird.

Dieses Programm erzeugt die in Abbildung 9.23 dargestellte Ausgabe.

9.5 Eigenentwicklungen in ABAP

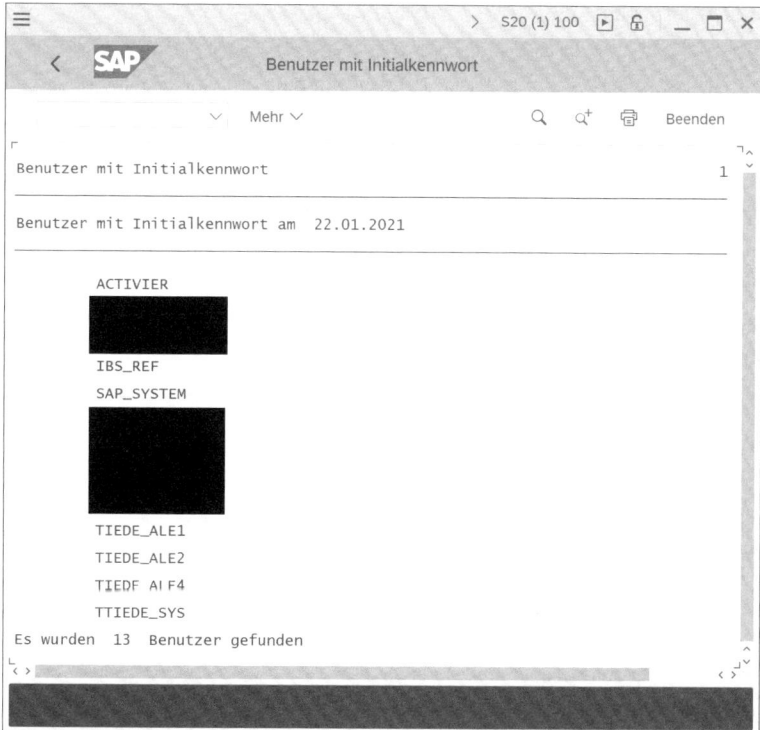

Abbildung 9.23 ABAP-Programm ZINITKW ausgeben

Systemfelder

Gerade für Prüfungen kann es wichtig sein, aktuelle Angaben zum System und zum Prüfzeitpunkt mitauszugeben. Hierzu stellt SAP eine Reihe von Systemfeldern zur Verfügung. Die verfügbaren Systemfelder werden in der Struktur SYST gespeichert. Nachfolgend finden Sie eine Auflistung von wichtigen Systemfeldern:

- SY-DATUM: das aktuelle Datum
- SY-UZEIT: die aktuelle Uhrzeit
- SY-MANDT: der aktuelle Mandant der Anmeldung
- SY-OPSYS: das Betriebssystem des Applikationsservers
- SY-SAPRL: der SAP-Releasestand
- SY-SYSID: der Name des SAP-Systems
- SY-TCODE: der aktuelle Transaktionscode
- SY-UNAME: der Name des angemeldeten Benutzers

Diese Felder können wie normale Konstanten genutzt werden, z. B. mit dem WRITE-Befehl (siehe Listing 9.3):

9 Entwicklung in SAP-Systemen

```
* Ausgabe des Benutzernamens
WRITE sy-uname.

* Ausgabe von Datum und Uhrzeit
WRITE: 'Datum: ', sy-datum, ' Uhrzeit: ', sy-uzeit.
```

Listing 9.3 Verwendung von Systemfeldern in einem ABAP-Programm

Ausgewählte ABAP-Befehle

Im Folgenden erläutere ich kurz die häufigsten Befehle anhand von Beispielen aus den ABAP-Quelltexten. Weitere Befehle verwende ich im folgenden Abschnitt.

Der SELECT-Befehl in Listing 9.4 liest ein Feld (PROFN) aus einer Tabelle (USR10) und schreibt die Inhalte in die Variable USER_PROFILE. Gemäß der WHERE-Klausel werden nur Datensätze gelesen, in denen das Feld PROFN in der Tabelle dem Inhalt der Variablen PROFILE_INCLUDE und das Feld AKTPS in der Tabelle der Variablen LC_ACTIVE entspricht. Sortiert (ORDER BY) wird aufsteigend nach dem Feld PROFN.

```
SELECT  profn INTO user_profile
    FROM usr10
    WHERE profn IN profile_include AND
          aktps EQ lc_active
    ORDER BY profn.
```

Listing 9.4 SELECT-Anweisung

Der Befehl PERFORM ruft eine Unterroutine auf, die sich im selben Quelltext oder in einem Include befinden muss. Der Befehl in Listing 9.5 ruft die Routine WRITE_STATE auf und übergibt zwei Werte: T000-MANDT (aktueller Mandant aus der Tabelle T000) und 'SAP*' (fester Wert).

Eine Unterroutine beginnt mit FORM, gefolgt vom Namen der Routine und den Übergabeparametern. Diese können in der Routine unter diesen Namen genutzt werden. Eine Unterroutine endet mit ENDFORM.

```
PERFORM write_state USING
    t000-mandt 'SAP*'.
...
FORM write_state USING mandt user.
    WRITE: 2(3)  mandt COLOR col_key INTENSIFIED.
    WRITE: 6(12) user  COLOR col_key INTENSIFIED.
ENDFORM.
```

Listing 9.5 PERFORM – Aufruf von Unterroutinen

Mit CALL FUNCTION werden Funktionsbausteine aufgerufen (siehe Listing 9.6). Dem Funktionsbaustein werden verschiedene Parameter übergeben. Im Abschnitt EXPORTING werden Werte an den Funktionsbaustein übergeben. Im Abschnitt IMPORTING werden Werte vom Funktionsbaustein zurückgegeben. Im Abschnitt TABLES werden interne Tabellen mit Inhalten zurückgegeben. Im Abschnitt EXCEPTIONS werden Fehlerwerte übergeben.

```
CALL FUNCTION 'SUSI_GET_FATHER_PROFILES'
  EXPORTING
    aktps     = lc_active
  IMPORTING
    user_logondata = user_logondata
  TABLES
    profiles = user_profile
  EXCEPTIONS
    OTHERS   = 1.
```

Listing 9.6 CALL FUNCTION – Aufruf von Funktionsbausteinen

Mit CALL werden C-Programme aufgerufen (siehe Listing 9.7). Der Quelltext dieser Programme kann (im Gegensatz zu den ABAP-Programmen) nicht eingesehen werden.

```
CALL 'C_SAPGPARAM' ID 'NAME'  FIELD 'login/no_automatic_user_sapstar'
                   ID 'VALUE' FIELD sapstar_value.
```

Listing 9.7 CALL-Anweisung

Mit den Befehlen UPDATE, INSERT, MODIFY und DELETE werden Daten in Tabellen geändert (siehe Listing 9.8).

```
UPDATE mara FROM TABLE mara_tab_upd.
INSERT INTO mara FROM mara_tab_upd.
MODIFY mara FROM mara_tab_upd.
DELETE mara FROM table mara_tab_upd.
```

Listing 9.8 Verwendung von UPDATE, INSERT, MODIFY und DELETE

9.5.2 ABAP-Namensräume

Um unternehmenseigene Programme anzulegen, wird in den meisten Fällen der bekannte Namensraum Y* bzw. Z* genutzt. Eigene Programme können allerdings auch mit anderen Kürzeln beginnen. Diese sind im Funktionsbaustein TRINT_GET_NAMESPACE aufgelistet. Bei der Prüfung der unternehmenseigenen Programme müssen Sie daher immer alle möglichen Namensräume beachten. Eigene Programme können mit den folgenden Zeichenketten beginnen:

- DY/DZ
- FY/FZ
- MC_xxxx0 – MC_xxxx9
- MC_Y/MC_Z
- MP9
- MSTHRI9/MSTHRP9/MSTHRT9
- MSTP9/MSTPA9/MSTPB9/MSTPS9/MSTPT9/MSTT9/MSTYZ
- MY/MZ
- SAPDY/SAPDZ
- SAPFY/SAPFZ
- SAPMY/SAPMZ
- SAPUY/SAPUZ
- UY/UZ

9.5.3 Gefahrenpunkte in der ABAP-Programmentwicklung

In der ABAP-Programmierung sind bestimmte Punkte zu beachten, die die Sicherheit und Konsistenz der SAP-Daten betreffen. Die wesentlichen Punkte erläutere ich in diesem Abschnitt.

Benutzer mit der Berechtigung zur ABAP-Programmentwicklung haben grundsätzlich vollen Zugriff auf alle Daten des SAP-Systems. Dies ist einer der Gründe, warum die Entwicklung nicht im Produktivsystem stattfinden darf. Mit dem einfachen SQL-Befehl SELECT können beliebige Tabellen gelesen werden, sowohl aus dem Basisbereich (z. B. die Berechtigungen von Benutzern) als auch aus allen Anwendungskomponenten (Finanzwesen, Personalwesen usw.). Ebenso wie das Lesen ist natürlich auch das Hinzufügen, Ändern und Löschen von Daten möglich.

Daher dürfen die Daten des Produktivsystems nicht als 1:1-Kopie ins Entwicklungs- und Qualitätssicherungssystem übernommen werden. Das Qualitätssicherungssystem sollte zwar grundsätzlich eine Abbildung des Produktivsystems darstellen; allerdings müssen die sensiblen Daten, die nicht von allen Benutzern gelesen werden dürfen, anonymisiert werden.

Ein Beispiel stellt Tabelle PA0008 (Basisbezüge der Mitarbeiter) dar. Um Entwicklungen effektiv vornehmen zu können und um eventuelle Fehler nachzuvollziehen, sollte im Qualitätssicherungssystem derselbe Datenbestand wie im Produktivsystem vorliegen. Allerdings müssen die kritischen Felder (z. B. mit den Angaben zum Gehalt) anonymisiert werden, sodass die Gehälter der Mitarbeiter nicht eingesehen werden können.

Direkte Zugriffe auf die Datenbank mit dem Befehl EXEC SQL

Die Verwaltung der SAP-Daten in der Datenbank erfolgt über die ABAP-Programmierung mit SQL-Befehlen. Die Programmiersprache SQL ist in ABAP eingebunden (*Embedded SQL*) und kann in vollem Funktionsumfang genutzt werden. SQL gestattet einen vollständigen Zugriff auf die Tabellen in der Datenbank, sowohl lesend als auch verändernd. Hierzu wird die *Open-SQL-Schnittstelle* genutzt, die dem SQL-2-Standard entspricht. Die SAP-Workprozesse besitzen eine integrierte Datenbankschnittstelle. Diese setzt Open SQL bei Bedarf in Native SQL um. Native SQL ist das SQL der jeweiligen Datenbank, das sich etwas von Open SQL in ABAP unterscheidet.

ABAP bietet auch die Möglichkeit, direkt über Native SQL auf die Datenbank zuzugreifen und damit die SAP-Workprozesse und alle damit verbundenen Sicherheitsmechanismen zu umgehen. Da jede Datenbank einen eigenen SQL-Sprachumfang besitzt, der sich von anderen Datenbanksystemen unterscheidet, werden diese Befehle in einem speziellen Anweisungsblock ausgeführt.

Um in einem ABAP-Programm Native-SQL-Befehle zu nutzen, müssen sie, wie in Listing 9.9 gezeigt, in ABAP eingebunden werden.

```
EXEC SQL.
    * Native-SQL-Anweisungen
ENDEXEC.
```

Listing 9.9 Native-SQL-Befehle in ABAP einbinden

Diese Art des Datenzugriffs sollte nur in Sonderfällen angewendet werden, z. B. für Datenbankmonitore. In Anwendungsprogrammen sollte diese Systematik nicht angewendet werden.

In Listing 9.10 wird der Zugriff auf SAP-Daten mit dieser Systematik dargestellt. Dieses Programm liest aus der mandantenabhängigen Tabelle USTO4 aus allen Mandanten alle Benutzer aus, denen das Profil SAP_ALL zugeordnet wurde.

```
01  REPORT zuser_all NO STANDARD PAGE HEADING.
02
03  DATA: MANDT(3),    " Variable für den Mandanten
04        BNAME(12),   " Variable für den Benutzer
05        PROFILE(12). " Variable für das Profil
06
07  * Ausgeben einer Überschrift
08  WRITE: / 'Mandant', 10 'Benutzer', 30 'Profil'.
09  ULINE.
```

```
10
11  * Selektionskriterium für Tabelle UST04 festlegen
12  PROFILE = 'SAP_ALL'.
13
14  * Ausführen des Befehls EXEC SQL. Für jeden gelesenen
15  * Datensatz wird die Routine WRITE_USERS einmal durchlaufen.
16  EXEC SQL PERFORMING write_users.
17  * Lesen aller Einträge der Tabelle UST04, in denen das
18  * Profil SAP_ALL für einen Benutzer eingetragen wurde
19    SELECT mandt, bname, profile INTO :mandt, :bname, :profile
20          FROM ust04 WHERE profile = :profile
21  ENDEXEC.
22
23  * Für jeden einzelnen Datensatz aus der EXEC SQL-Routine
24  * den Mandanten, den Benutzer und das Profil ausgeben
25  FORM write_users.
26    WRITE: / mandt, 10 bname, 30 profile.
27  ENDFORM.
```

Listing 9.10 Beispielprogramm zum Befehl EXEC SQL

Dieses Programm erzeugt die in Abbildung 9.24 dargestellte Ausgabe.

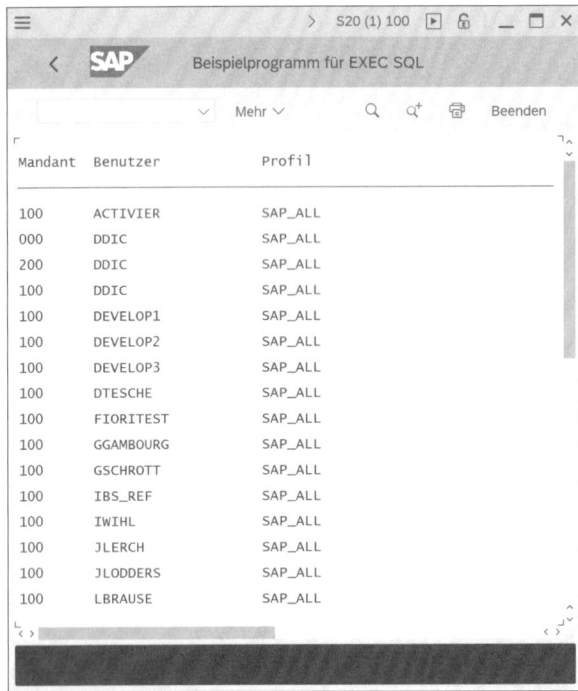

Abbildung 9.24 Programm ZUSER_ALL ausgeben

Bei der Prüfung von Eigenentwicklungen müssen Sie darauf achten, dass der Befehl EXEC SQL nicht angewandt wird. Zugriffe auf die SAP-Daten sollten grundsätzlich über das ABAP Dictionary und somit über die SAP-Workprozesse stattfinden, um die Sicherheit und Konsistenz der Daten zu gewährleisten. Für die Nutzung von Native SQL steht die Schnittstelle ABAP Database Connectivity (ADBC) zur Verfügung. Hier kann die Klasse CL_SQL_CONNECTION genutzt werden, um SQL-Befehle direkt in der Datenbank auszuführen.

Umgehung des Mandantenkonzepts

Wird in einem ABAP-Programm mit dem SELECT-Befehl auf eine mandantenabhängige Tabelle zugegriffen, wird standardmäßig ein Filter auf den aktuellen Mandanten gesetzt. Die Anweisung SELECT * FROM usr02 gibt alle Datensätze aus Tabelle USR02 des aktuellen Mandanten zurück. Es ist allerdings möglich, diesen Standardfilter mit dem Zusatz CLIENT SPECIFIED auszuschalten. Abbildung 9.25 zeigt einen Ausschnitt aus dem Quelltext des Reports RSUSR003 (Kennwörter der Standardbenutzer) zum Auslesen von Standardbenutzern. Durch die Anweisung SELECT SINGLE * FROM usr02 CLIENT SPECIFIED ... können auch die Datensätze aus anderen Mandanten gelesen werden, indem durch den WHERE-Zusatz eine Mandantennummer angegeben wird.

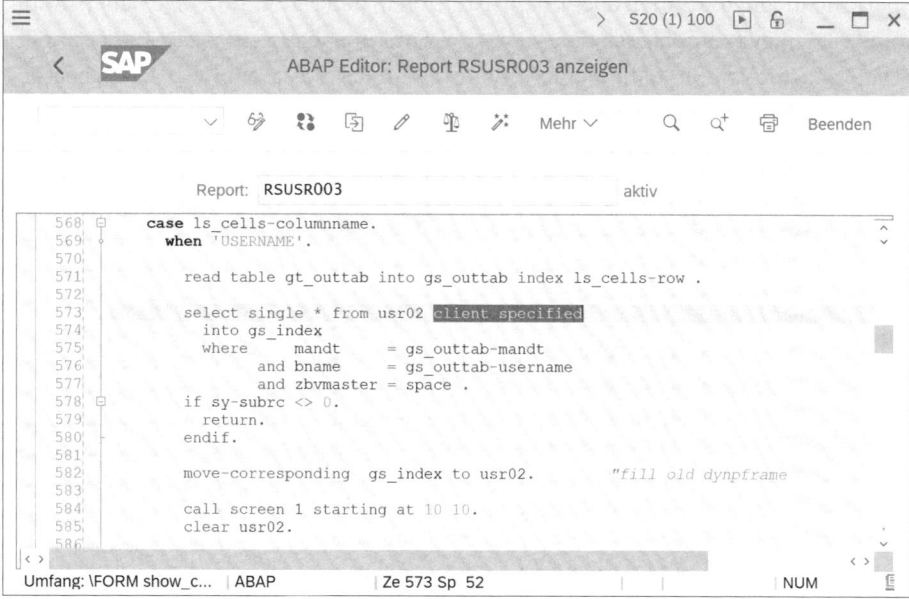

Abbildung 9.25 SELECT-Anweisung zum Zugriff auf andere Mandanten

Bei der Prüfung von Eigenentwicklungen sollten Sie darauf achten, dass diese Anweisung nicht genutzt wird. Für jede Nutzung müssen Sie klären, ob die Sicherheit der Daten dadurch nicht gefährdet wird.

Enqueue- und Dequeue-Bausteine

Um gleichzeitige verändernde Zugriffe auf denselben Datensatz einer Tabelle zu verhindern und somit Inkonsistenzen vorzubeugen, stellt SAP ein eigenes Sperrkonzept für Tabellen zur Verfügung. Es basiert darauf, dass Datensätze vor dem Ändern gesperrt werden. Wird der Datensatz vom Benutzer wieder freigegeben, wird er wieder entsperrt und kann von anderen Benutzern bearbeitet werden. Während der Sperrung haben andere Benutzer keine Möglichkeit, um den Datensatz zum Ändern aufzurufen. Teilweise ist ein lesender Modus möglich. Von Tabellen, die nicht gepuffert sind, werden immer einzelne Datensätze gesperrt. Von gepufferten Tabellen wird der gepufferte Teil gesperrt, in dem sich der Datensatz befindet.

Die folgenden Begriffe sind in diesem Zusammenhang wichtig:

- Enqueue: das Sperren eines oder mehrerer Datensätze
- Dequeue: das Entsperren der Datensätze

Diese Sperren werden nicht automatisch vom SAP-System gesetzt, sondern müssen explizit programmiert werden. Hierzu stellt SAP bereits ENQUEUE- und DEQUEUE-Funktionsbausteine zur Verfügung. Jedes Programm, das verändernd auf die Daten zugreift, muss diese Bausteine nutzen. Verändernde Zugriffe sind auch ohne vorherige Sperrung möglich, können aber Inkonsistenzen in den Daten zur Folge haben. Abbildung 9.26 zeigt exemplarisch den Aufruf des Funktionsbausteins APAR_IBAN_ENQUEUE_ALL_IBANS, mit dem im Rahmen der Debitoren- und Kreditorenpflege die zu bearbeitenden IBAN-Nummern gesperrt werden.

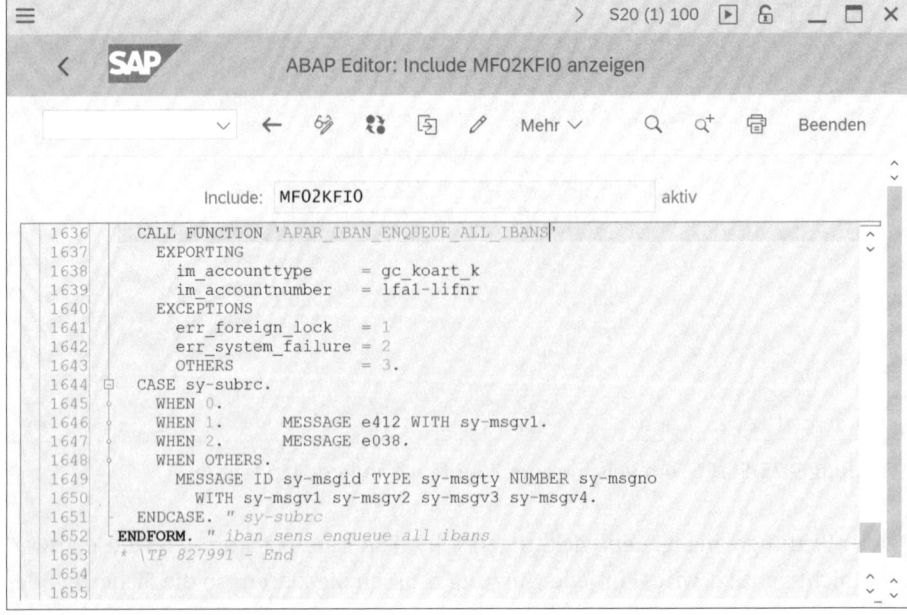

Abbildung 9.26 ENQUEUE-Funktionsbaustein aufrufen

Bei der Prüfung von eigenentwickelten Dialogprogrammen ist darauf zu achten, dass vor verändernden Tabellenzugriffen ein ENQUEUE-Baustein aufgerufen wird.

Transaktionen aufrufen mit CALL TRANSACTION

Von einer Transaktion aus können andere Transaktionen mit dem Befehl CALL TRANSACTION aufgerufen werden. In solchen Fällen soll natürlich auch geprüft werden, ob ein Anwender überhaupt über die Berechtigung für die aufgerufene Transaktion verfügt.

> **Nutzung von CALL TRANSACTION**
>
> Benutzer sollen Kreditorenstammdaten ändern dürfen (Transaktion FK02). In Transaktion FK02 kann im Menü über den Eintrag **Umfeld · Internet-Services · Zuordnung** Transaktion FDKUSER (Zuordnung von Aktionen zu Benutzern für Internetservices) aufgerufen werden. Dies soll den Benutzern aber nicht möglich sein. Transaktion FDKUSER wird aus Transaktion FK02 heraus mit CALL TRANSACTION aufgerufen. Daher muss auch hier die Transaktionsberechtigung für FDKUSER vom System geprüft werden.

Ob eine Transaktionsberechtigung bei einem CALL TRANSACTION-Aufruf geprüft wird, kann mit Transaktion SE97 konfiguriert werden (Transaktionsstartberechtigung bei CALL TRANSACTION pflegen). Abbildung 9.27 zeigt die Zuordnung von Transaktion FDKUSER zu Transaktion FK02. Die Spalte **Prüfkennzeichen** zeigt an, ob die Berechtigung für Transaktion FDKUSER geprüft wird. Die folgenden Werte sind möglich:

- X: Transaktionsberechtigung (S_TCODE) wird geprüft.
- N oder <leer>: Transaktionsberechtigung (S_TCODE) wird nicht geprüft.

In diesem Beispiel wird somit die Transaktionsberechtigung für Transaktion FDKUSER geprüft, wenn sie über Transaktion FK02 aufgerufen wird (Wert »X« in der Spalte **Prüfkennzeichen**). Wird dieser Wert auf »N« gesetzt, findet die Prüfung auf die Transaktionsberechtigung nicht statt, und jeder Benutzer mit der Berechtigung für Transaktion FK02 kann auch Transaktion FDKUSER aufrufen.

Wird CALL TRANSACTION in eigenen Programmen verwendet und wird die rufende und die aufgerufene Transaktion nicht über Transaktion SE97 bzw. den Report TASAUTH gepflegt, wird keine Transaktionsberechtigung für die aufgerufene Transaktion geprüft. Bei der Nutzung von CALL TRANSACTION in eigenen Programmen müssen Sie daher darauf achten, dass die aufgerufene Transaktion über Transaktion SE97 der rufenden Transaktion zugeordnet wird. Ansonsten besteht die Gefahr, dass Berechtigungen umgangen werden können.

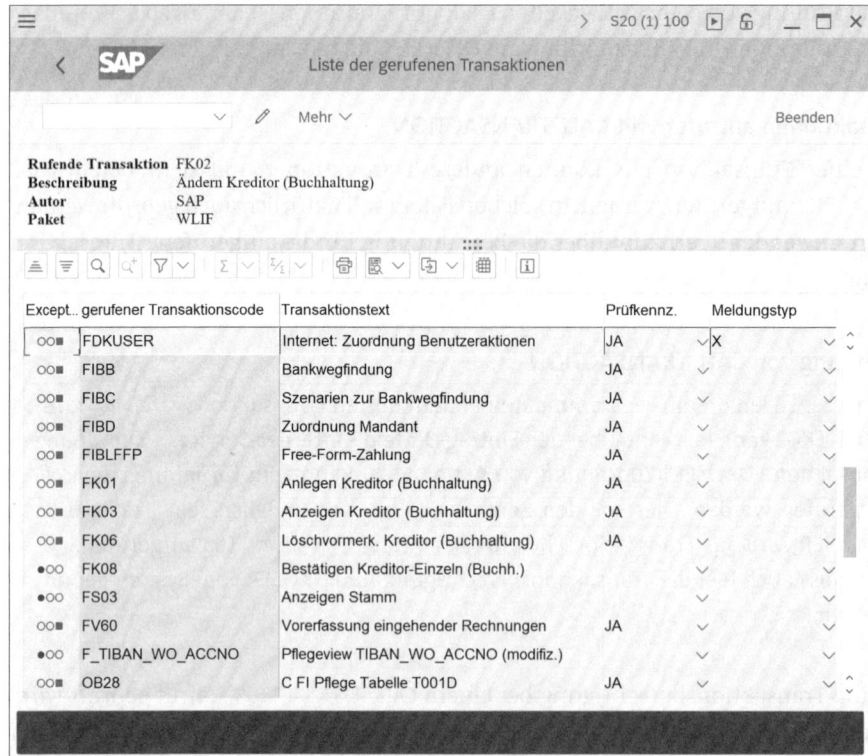

Abbildung 9.27 Zuordnungen von Transaktionen für CALL TRANSACTION

Gespeichert werden die Zuordnungen in Tabelle TCDCOUPLES. Hier können Sie im Feld **Prüfkennzeichen** prüfen, ob bei Verwendung von CALL TRANSACTION die aufgerufene Transaktion auch der rufenden Transaktion zugeordnet wurde (siehe Abschnitt 10.4.6, »Transaktionsaufrufe durch CALL TRANSACTION«).

Debuggen mit Hauptspeicheränderungen (Radieren)

Wie bei jeder anderen Programmiersprache müssen Entwickler ihre Programme debuggen, um Fehler zu finden oder um die genaue Funktion eines Programms zu ermitteln. *Debuggen* bedeutet, dass der Quellcode Zeile für Zeile vom Entwickler durchlaufen werden kann. Hierbei können auch Variableninhalte im Hauptspeicher eingesehen und geändert werden. Das Ändern bewirkt allerdings, dass das Programm mit den geänderten Inhalten weiterläuft. Abbildung 9.28 zeigt ein Programm im Debug-Modus. Der Quelltext wird zeilenweise durchlaufen. Im unteren rechten Teil können Sie Variablennamen eintragen, deren Inhalte dann angezeigt werden. Hier kann der Inhalt einer Variablen überschrieben und ihr ein neuer Wert zugewiesen werden. Im Entwicklungssystem ist dies eine gängige und notwendige Methode, um das Programmverhalten zu testen. Im Produktivsystem ist das Ändern von Hauptspeicherinhalten als sehr kritisch anzusehen, da hierbei gegen geltende Gesetze verstoßen wird, z. B. gegen § 239 HGB, Führung der Handelsbücher (»Radierverbot«):

»Eine Eintragung oder Aufzeichnung darf nicht in einer Weise verändert werden, dass ihr ursprünglicher Inhalt nicht mehr feststellbar ist. Auch solche Veränderungen dürfen nicht vorgenommen werden, deren Beschaffenheit es ungewiss lässt, ob sie ursprünglich oder erst später gemacht worden sind.« (§ 239 (3) HGB)

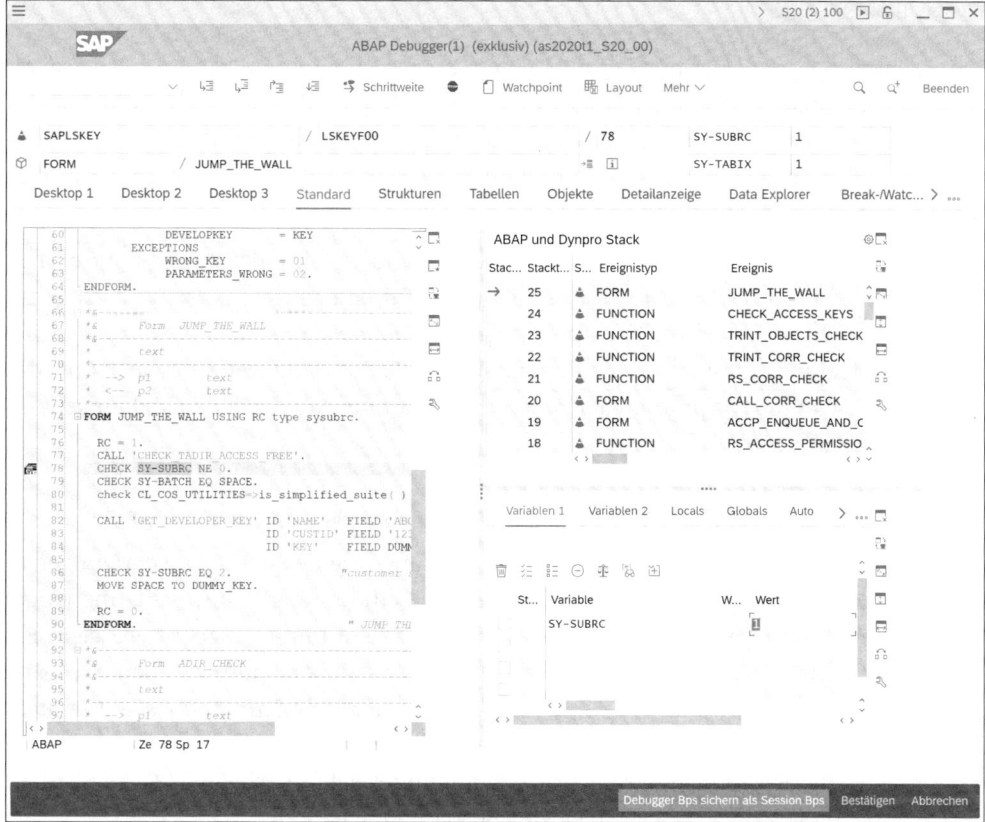

Abbildung 9.28 ABAP-Programm debuggen

Daher ist das Debuggen mit Hauptspeicheränderungen im Produktivsystem untersagt. Das Zugriffsrecht darf ausschließlich einem Notfallbenutzer zugeordnet werden, der nach dem Vier-Augen-Prinzip eingesetzt wird. Das Zugriffsrecht wird über das Berechtigungsobjekt S_DEVELOP vergeben (siehe Tabelle 9.22). Es kann in zwei Varianten aktiviert werden:

- Menüpfad **System** · **Hilfsmittel** · **Debugging ABAP** (Shortcut »/h«)
- Menüpfad **System** · **Hilfsmittel** · **Debugging System** (Shortcut »/hs«)

Der Unterschied zwischen beiden Varianten ist, dass bei **Debugging System** auch die Systemprogramme durchlaufen werden.

Berechtigungsobjekt	Feld	Wert
S_DEVELOP	ACTVT (Aktivität)	02 (Ändern)
	OBJTYPE (Objekttyp)	DEBUG

Tabelle 9.22 Berechtigung zum Debuggen mit Replace

Unkritisch ist das Debuggen mit reiner Leseberechtigung (S_DEVELOP mit Aktivität 03). Hierbei kann das Programm lediglich im Debug-Modus zeilenweise durchlaufen werden. Hauptspeicherinhalte können nicht geändert werden. Diese Berechtigung ist teilweise für Entwickler im Produktivsystem notwendig, um dort Fehler in Programmen nachzuvollziehen:

Werden im Debug-Modus Variableninhalte geändert, wird dies im Systemprotokoll (SysLog) protokolliert. Hier können Sie daher für den Zeitraum, den das SysLog zurückreicht, prüfen, ob solche Änderungen im Produktivsystem vorgekommen sind. Die Meldungsnummer für das Debugging ist A19. Das Debuggen kann auch über das Security-Audit-Log protokolliert werden. Hier können Sie es mit den Meldungsnummern BUY und CUL auswerten.

Berechtigungsprüfungen in ABAP-Programmen mittels AUTHORITY-CHECK

Meldet sich ein Benutzer an das System an, werden seine Zugriffsberechtigungen in den *Benutzerpuffer* geladen und dort für den Zeitraum der Benutzersitzung vorgehalten. Auf diesen Benutzerpuffer wird vom System immer zugegriffen, wenn Berechtigungen eines Benutzers überprüft werden müssen. Führt ein Benutzer eine Transaktion im System aus, wird vom System zuerst die *Transaktionsberechtigung* überprüft (eine Berechtigung auf dem Berechtigungsobjekt S_TCODE). Außerdem wird überprüft, ob der Transaktion ein Berechtigungsobjekt in Tabelle TSTCA zugeordnet wurde und ob der Benutzer solch eine Berechtigung besitzt.

Die eigentlichen Prüfungen der Zugriffsberechtigungen eines Benutzers (die sogenannten *Anwendungsberechtigungen*) finden zur Laufzeit der Transaktion statt. Durch den Aufruf einer Transaktion wird ein ABAP-Programm ausgeführt. Welches Programm bei einer Transaktion ausgeführt wird, können Sie den Tabellen der Transaktionen (TSTC, TSTCP) oder Transaktion SE93 entnehmen. In diesen Programmen werden die Zugriffsberechtigungen abgefragt.

Im Quelltext werden Berechtigungen durch die Anweisung AUTHORITY-CHECK überprüft (siehe Listing 9.11).

9.5 Eigenentwicklungen in ABAP

```
01   AUTHORITY-CHECK OBJECT f_bkpf_buk.
02       ID 'ACTVT' FIELD act_hinz.
03       ID 'BUKRS' FIELD neu_bukrs.
04   IF sy-subrc NE 0.
05       MESSAGE e083 WITH neu_bukrs.
06   ENDIF.
```

Listing 9.11 AUTHORITY-CHECK-Anweisung

Immer, wenn eine Berechtigung überprüft werden soll, muss solch ein Block im Quelltext eingefügt werden. Die Zeilen haben die folgende Bedeutung:

- Zeile 01: Überprüfung des Berechtigungsobjekts F_BKPF_BUK
- Zeile 02: Überprüfung, ob der Benutzer für das Feld ACTVT (Aktivität) denselben Wert besitzt wie die Variable ACT_HINZ
- Zeile 03: Überprüfung, ob der Benutzer für das Feld BUKRS (Buchungskreis) denselben Wert besitzt wie die Variable NEU_BUKRS
- Zeile 04: Vergleich des Rückgabewerts der Berechtigungsprüfung. Ist der Rückgabewert ungleich 0, ist die Prüfung fehlgeschlagen. Der Benutzer besitzt somit keine entsprechende Berechtigung.
- Zeile 05: Besitzt der Benutzer keine Berechtigung, wird eine entsprechende Fehlermeldung angezeigt.

Besonders relevant sind diese Berechtigungsprüfungen bei Eigenentwicklungen. Hier sind die Entwickler für die Implementierung der Überprüfung der Berechtigungen verantwortlich. Für jedes neue Programm muss festgelegt werden, welche Zugriffsberechtigungen zu überprüfen sind. Werden keine Berechtigungen überprüft, sind alle Benutzer des Systems in der Lage, dieses Programm auszuführen. Daher müssen für die Programmentwicklung Vorgaben dazu festgelegt werden, in welchem Umfang Berechtigungsprüfungen in Programmen implementiert werden müssen. Betriebswirtschaftliche Objekte (Buchungskreise, Geschäftsbereiche usw.) sind in kundeneigenen Programmen natürlich genauso zu schützen wie in den Standardprogrammen von SAP.

Ihre Aufgabe als Prüfer ist es, diese Programme auf die Zugriffsberechtigungen hin zu überprüfen. Hierzu ist keine tiefgreifende Kenntnis der Programmiersprache ABAP erforderlich. Sie können die Programme nach den Blöcken mit den Berechtigungsprüfungen durchsuchen. Gehen Sie hierzu folgendermaßen vor:

1. Rufen Sie Transaktion SE38 auf. Tragen Sie den Namen des zu prüfenden Programms ein, und lassen Sie sich den Quelltext anzeigen.
2. Klicken Sie auf die Schaltfläche **Suchen** (Menüpfad **Bearbeiten · Suchen/Ersetzen**).

3. Tragen Sie im Feld **Suche** das Wort AUTHORITY-CHECK ein. Wählen Sie in der Optionsgruppe **Zu berücksichtigende Programme** das Optionsfeld **im Rahmenprogramm** aus (siehe Abbildung 9.29). Bestätigen Sie mit ⏎.
4. Das Suchergebnis zeigt alle Zeilen an, in denen Berechtigungsprüfungen erfolgen.
5. Durch einen Klick auf einen Eintrag springen Sie in den Quelltext des betreffenden Programms.

Abbildung 9.29 Nach AUTHORITY-CHECK suchen

Je nach Inhalt des Programms müssen die entsprechenden Berechtigungsobjekte hier zu finden sein. Die Problematik besteht allerdings darin, dass das Vorhandensein der Berechtigungsprüfungen noch keine Garantie dafür darstellt, dass diese auch wirklich überprüft werden. Es ist möglich, dass Berechtigungsprüfungen an Stellen im Quelltext implementiert werden, die während des Programmablaufs nie angesprungen werden.

Es ist nicht zwingend erforderlich, dass Berechtigungsprüfungen direkt in den Quelltext implementiert werden. SAP stellt bereits eine Vielzahl von Funktionsbausteinen zur Verfügung, die Berechtigungsprüfungen durchführen. Sie werden mit CALL FUNCTION aufgerufen. Der Vorteil bei der Nutzung von Funktionsbausteinen besteht darin, dass diese in vielen Programmen verwendet werden können. Ändert sich die Abfrage für die Berechtigung, muss nur dieser Funktionsbaustein statt eine Vielzahl von Programmen geändert werden. Daher ist die Methode der Nutzung von Funktionsbausteinen für Berechtigungsprüfungen zu bevorzugen.

Berechtigungsprüfungen, die in Funktionsbausteinen stattfinden, lassen sich am besten durch die Nutzung von Auswertungsreports für ABAP-Quelltexte ermitteln (siehe Abschnitt 9.5.6, »Programmübergreifende Analyse von Quelltexten«).

Berechtigungsprüfungen durch schaltbare Berechtigungen

Mit den schaltbaren Berechtigungen können Berechtigungsobjekte explizit zur Nutzung freigeschaltet bzw. können für Funktionsbausteine Berechtigungsprüfungen aktiviert werden. In diesem Fall wird kein expliziter AUTHORITY-CHECK ausgeführt. Die Berechtigungsprüfung erfolgt durch eine Methode der Klasse CL_SACF. Dies bedeutet für eine Prüfung, dass eine Suche nach AUTHORITY-CHECK im Quelltext zu keinem Ergebnis führt. Die Prüfung über die Klasse CL_SACF ist generisch, d. h., je nach Szenario werden andere Berechtigungsprüfungen durchgeführt. Das folgende Beispiel verdeutlicht die Aufrufhierarchie für die Berechtigungsprüfung des Objekts S_PROGNAM, das explizit durch das Szenario BC_GENERIC_REPORT_START aktiviert werden muss:

1. Der Funktionsbaustein SUBMIT_REPORT ruft die Methode cl_sabe=>auth_check_prognam auf.

2. Die Methode cl_sabe=>auth_check_prognam ruft die Methode cl_sacf=>auth_check_spec auf.

3. Die Methode cl_sacf=>auth_check_spec ruft die Methode cl_sacf=>gen_auth_check auf.

Die Methode cl_sabe=>auth_check_prognam übergibt den Objektnamen S_PROGNAM an die Methode cl_sacf=>auth_check_spec. Diese ruft schließlich cl_sacf=>gen_auth_check auf, in der die Berechtigungsprüfung stattfindet (siehe Abbildung 9.30).

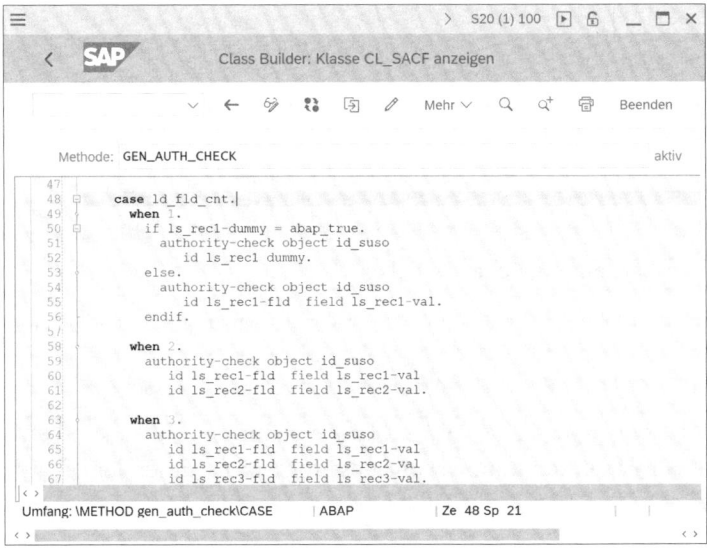

Abbildung 9.30 Berechtigungsprüfung einer schaltbaren Berechtigung

Die Prüfung, ob eine Berechtigungsprüfung stattfindet, muss in diesem Fall also über die aktivierten Szenarien erfolgen. Prüfen Sie, welche Szenarien genutzt werden und was sie jeweils schützen. Dies erfolgt über Tabelle TOBJ_CHK_CTRL_R.

Generierung von dynamischem Code

Um eigene Quellcodes auszuführen, ist es nicht zwingend erforderlich, diese fest ins System zu implementieren. Es besteht auch die Möglichkeit, Quelltexte erst zur Laufzeit zu generieren und sie dann auszuführen, ohne sie als Programme abspeichern zu müssen. Der ABAP-Befehl dazu lautet:

GENERATE SUBROUTINE POOL <Quelltext> NAME <temporärer Name>

Hiermit wird ein Quelltext, der als interne Tabelle übergeben wird, generiert, und dem generierten Programm wird ein temporärer Name gegeben, über den das Programm angesprochen und ausgeführt werden kann. Abbildung 9.31 zeigt den Beispielquelltext eines Funktionsbausteins, der diese Funktion zur Verfügung stellt.

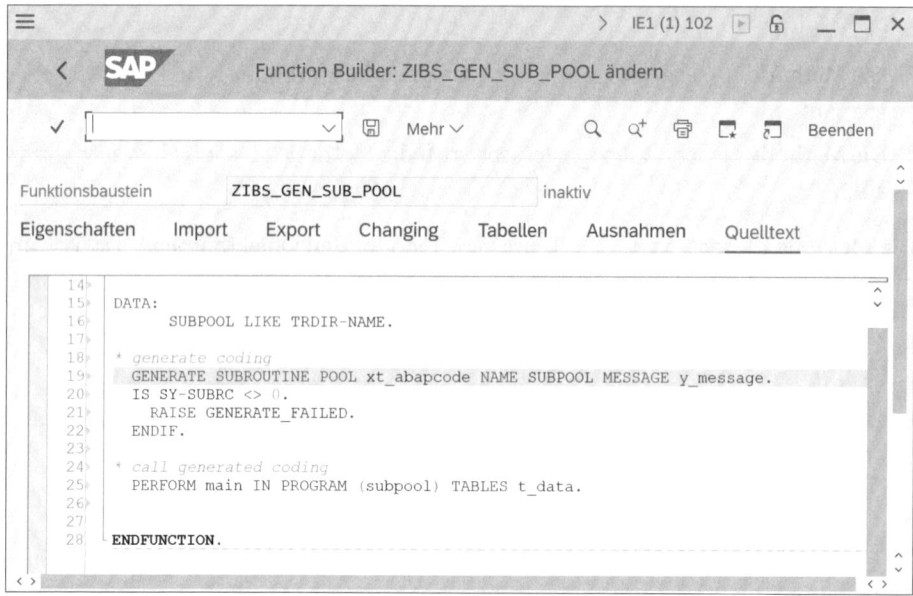

Abbildung 9.31 Funktionsbaustein zur Codeerzeugung

- Zeile 19

    GENERATE SUBROUTINE POOL xt_abapcode NAME SUBPOOL MESSAGE y_message.

    Hier wird der ABAP-Code generiert. XT_ABAPCODE ist eine interne Tabelle und enthält den Code. SUBPOOL ist der temporäre Name des Programms, unter dem es aufgerufen werden kann.

- **Zeile 25**

    `PERFORM main IN PROGRAM (subpool) TABLES t_data.`

    Hier wird das generierte Programm SUBPOOL aufgerufen; in dem Programm muss die Unterroutine MAIN existieren.

Wird der Funktionsbaustein z. B. über Transaktion SE37 ausgeführt, kann die interne Tabelle XT_ABAPCODE mit beliebigem Code gefüllt werden. Mit dieser Funktion kann beliebiger Code ohne jede weitere Berechtigungsprüfung ausgeführt werden. Solche Funktionsbausteine können auch remotefähig definiert werden. Damit ist es dann möglich, von anderen Systemen aus Quelltexte auszuführen.

Generierung von »verstecktem« Code

Werden unternehmenseigene ABAP-Programme geprüft, bezieht sich die Prüfung auf den aktiven Quelltext in den Programmen. Kommentarzeilen werden in die Prüfung normalerweise nicht einbezogen. Mit wenig Aufwand besteht aber auch die Möglichkeit, Quelltexte in Kommentarzeilen abzulegen, die dann erst zur Laufzeit temporar aktiviert werden. Solche Quelltexte werden in Prüfungen meist nicht einbezogen.

Eine Kommentarzeile in einem ABAP-Programm ist an einem Stern in der ersten Spalte zu erkennen. Ein Quelltext, der lediglich als Kommentar eingefügt ist, wird somit vom Programm auch als reiner Kommentar erkannt und nicht ausgeführt. Der Quelltext in Listing 9.12 ist z. B. komplett auskommentiert:

```
*$*$ pattern
*REPORT xy.
*
*FORM seltab TABLES t_upd
*           USING y_rc.
*
*  TABLES:
*     **********.
*
*  UPDATE **********
*         CLIENT SPECIFIED
*         FROM TABLE t_upd.
*  IF sy-subrc <> 0.
*     y_rc = sy-subrc.
*     ROLLBACK WORK.
*     EXIT.
*  ENDIF.
```

```
*
*ENDFORM.
```

Listing 9.12 Auskommentierter Quelltext

Dieser nur in Kommentarzeilen existierende Quelltext kann aktiviert und genutzt werden. Der Quelltext in Listing 9.13 erzeugt aus den Kommentarzeilen einen ausführbaren Quelltext.

```
01    DATA:
02  * Erzeugt eine interne Tabelle:
03      iabap(72) TYPE c OCCURS 0 WITH HEADER LINE,
04  * Die Variable SUBPOOL kann den Namen eines Programms aufnehmen.
05      SUBPOOL LIKE trdir-name,
06  * Datentyp für den Index interner Tabellen
07  * (Wo steht der Cursor in der Tabelle?)
08      tabix LIKE sy-tabix,
09  * Rückgabewert einer ABAP-Anweisung
10      rc LIKE sy-subrc.
11
12  * Das Programm liest seinen eigenen Quelltext in die
13  * interne Tabelle IABAP ein.
14    READ REPORT 'LEWRCU02' INTO iabap.
15  * Es wird nach dem String '*$*$ pattern' gesucht.
16  * Der String steht in Zeile 63.
17    READ TABLE iabap WITH KEY '*$*$ pattern'.
18  * In die Variable TABIX wird der aktuelle Stand des Cursors
19  * in der internen Tabelle IABAP geladen
20  * (= Stand von  *$*$ pattern).
21    TABIX = SY-TABIX.
22  * Der gesamte Quelltext oberhalb  *$*$ pattern
23  * wird gelöscht (Zeile 1 bis 63).
24    DELETE iabap FROM 1 TO tabix.
25
26  * In einer Schleife wird jede einzelne Zeile der
27  * internen Tabelle IABAP durchlaufen.
28  * IABAP enthält jetzt nur den Quelltext als Kommentarzeilen.
29    LOOP AT iabap.
30  * Jede Zeile wird um ein Zeichen nach links verrückt.
31  * Somit wird der Stern in jeder Zeile entfernt.
32      SHIFT iabap.
33  * Sind in der aktuellen Zeile 10 Sterne, werden sie mit
34  * dem Namen der Tabelle ersetzt, die geändert werden soll
35  * (wurde in X_TABNAME übergeben).
```

```
36     REPLACE '**********' WITH x_tabname INTO iabap.
37     REPLACE '**********' WITH x_tabname INTO iabap.
38     MODIFY iabap.
39   ENDLOOP.
40
41 * Aus dem nun vollständigen Quelltext wird ein temporärer
42 * Subroutinen-Pool generiert, der ausführbaren Code enthält.
43   GENERATE SUBROUTINE POOL iabap NAME subpool.
44   IF sy-subrc <> 0.
45     RAISE internal_error.
46   ENDIF.
47
48 * Der so generierte Quelltext enthält die Unterroutine
49 * SELTAB (Zeile 66). Diese wird nun ausgeführt.
50   PERFORM seltab IN PROGRAM (subpool) TABLES xt_update
51                                      USING  rc.
52   IF rc <> 0.
53     RAISE update_error.
54   ENDIF.
55 ENDFUNCTION.
56
57 * Ab hier beginnt der Quelltext, der nur als Kommentarzeile
58 * hinterlegt ist.
59 * Er enthält die Unterroutine SELTAB, die die Tabelle
60 * ändert, mit den Bedingungen, die mit XT_UPDATE übergeben
61 * werden.
62
63 *$*$ pattern
64 *REPORT xy.
65 *
66 *FORM seltab TABLES t_upd
67 *            USING  y_rc.
68 *
69 *   TABLES:
70 *     **********.
71 *
72 *   UPDATE **********
73 *          CLIENT SPECIFIED
74 *          FROM TABLE t_upd.
75 *   IF sy-subrc <> 0.
76 *     y_rc = sy-subrc.
77 *     ROLLBACK WORK.
78 *     EXIT.
```

```
79 *   ENDIF.
80 *
81 *ENDFORM.
```

Listing 9.13 Beispielprogramm zum Ausführen von verstecktem Code

Die Übergabewerte für diesen Funktionsbaustein sind:

- X_TABNAME: Name einer Tabelle, deren Inhalt geändert werden soll
- XT_UPDATE: ein 4.096 Byte langes Feld, das Zusätze (z. B. WHERE-Klauseln) enthalten kann

Suchen Sie im Rahmen einer Prüfung nach kritischen ABAP-Befehlen, sollten Sie auch die Kommentarzeilen beachten (je nach Umfang eventuell erst in einem zweiten Prüfungsschritt). Sind diese in ein vollständiges Programm eingebettet, das als Kommentar hinterlegt ist, besteht die Gefahr der temporären Nutzung zur Laufzeit.

9.5.4 Prüfen der Eigenschaften von ABAP-Programmen

Die Eigenschaften der ABAP-Programme werden in Tabelle REPOSRC gespeichert. Auf diese Daten können Sie mit dem View TRDIR zugreifen, z. B. mit Transaktion SE16 (siehe Abbildung 9.32). Über diesen View können Sie u. a. die folgenden Fragen beantworten.

- **Welche selbst erstellten ausführbaren Programme gibt es?**
  Im Feld **Programmtyp** (SUBC) wird die Art des Programms hinterlegt. Der Wert »1« steht für ausführbare Programme. Tragen Sie als Selektionskriterium diesen Wert ein sowie über die Mehrfachauswahl in das Feld **Programmname** (NAME) die Namensräume für ABAP-Programme (gemäß Abschnitt 9.5.2, »ABAP-Namensräume«).

- **Welche Benutzer haben die Programme angelegt?**
  Im Feld **Anleger** (CNAM) wird der Benutzername des Anlegers angezeigt.

- **Wann wurden die Programme angelegt?**
  Im Feld **Erstellungsdatum** (CDAT) wird das Datum angezeigt.

- **Wann war die letzte Änderung und von wem?**
  Im Feld **Letzter Änderer** (UNAM) wird der Benutzername des letzten Änderers und im Feld **Änderungsdatum** (UDAT) das Datum der letzten Änderung angezeigt.

- **Sind die Programme durch eine Berechtigungsgruppe geschützt?**
  Die Berechtigungsgruppen werden im Feld **Berechtigungsgruppe** (SECU) gespeichert. Sind hier keine Berechtigungsgruppen hinterlegt, können diese mit dem Report RSCSAUTH nachgepflegt werden.

9.5 Eigenentwicklungen in ABAP

- **In welchem Mandanten wurden die Programme angelegt?**
  Der Mandant, in dem das Programm angelegt wurde, wird im Feld **Mandant** (RMAND) gespeichert.

- **Ist dem Programm eine logische Datenbank zugeordnet?**
  Die logische Datenbank wird im Feld **LDB Name** (LDBNAME) gespeichert.

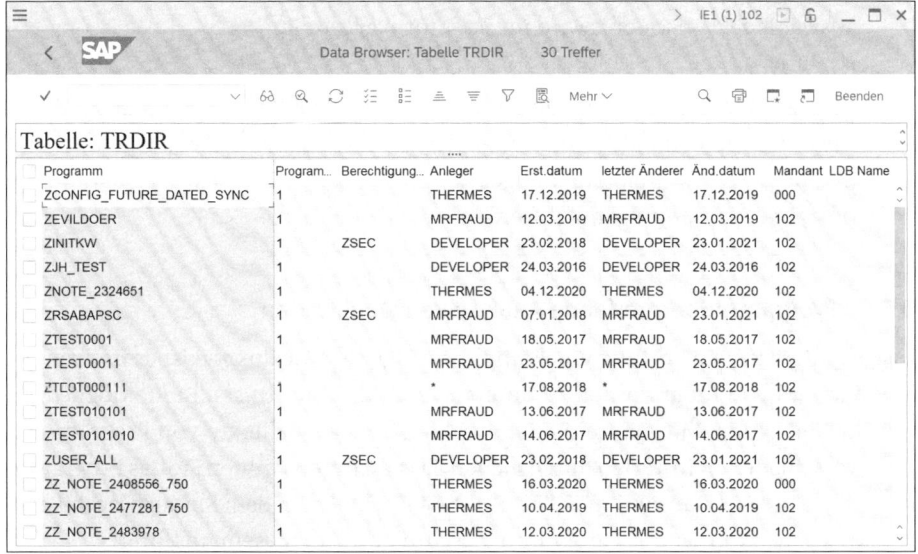

Abbildung 9.32 View TRDIR – Eigenschaften von Programmen

9.5.5 Inhaltliches Prüfen einzelner ABAP-Programme

Zur Prüfung von ABAP-Programmen stellt SAP zwei Möglichkeiten zur Verfügung: Transaktion SE38 und den Report RSANAL00.

- **Prüfen von ABAP-Programmen mit Transaktion SE38**
  Rufen Sie Transaktion SE38 auf, und tragen Sie in der Einstiegsmaske den Namen des zu prüfenden Programms ein. Im Bereich **Teilobjekte** wählen Sie aus, welches Element des Programms Sie prüfen möchten. Für die Prüfung sind die folgenden Elemente von besonderer Bedeutung:
  - *Quelltext:*
    Im Quelltext ist zu überprüfen, ob Berechtigungsprüfungen implementiert sind und ob kritische Befehle wie EXEC SQL genutzt werden. Für Dialogprogramme sind z. B. die Sperren zu überprüfen (Anweisung ENQUEUE_*).
  - *Dokumentation:*
    Jedes Programm ist ausführlich zu dokumentieren. Dies umfasst sowohl eine Dokumentation für die Anwender, die dieses Programm nutzen, als auch eine technische Dokumentation für andere Entwickler.

- **Prüfen von ABAP-Programmen mit dem Report RSANAL00**
  Zur Prüfung mit dem Report RSANAL00 rufen Sie diesen mit Transaktion SA38 auf. Im Selektionsbild geben Sie den Namen des zu prüfenden Programms an. Zur Prüfung stehen Ihnen nun zwei Möglichkeiten zur Verfügung:
  – *Interaktive Anzeige:*
    Hier können Sie über eine Schaltfläche den zu prüfenden Teil des Programms auswählen. Das Ergebnis wird in Listenform angezeigt.
  – *Batch-Liste:*
    Hier werden die zu prüfenden Teile durch die Kontrollkästchen ausgewählt. Diese werden dann beim Ausführen des Reports nacheinander ausgeführt und in einer Liste untereinander angezeigt. Diese Liste kann auch als Dokumentation zum Programm genutzt werden.

9.5.6 Programmübergreifende Analyse von Quelltexten

Insbesondere für die Prüfung von komplexen Eigenentwicklungen ist es notwendig, eine Vielzahl von Programmen zu untersuchen. Auch hierzu stellt SAP Möglichkeiten zur Verfügung. Mit mehreren Reports können Sie Quelltexte von Programmen nach verschiedenen Kriterien durchsuchen. Des Weiteren können Sie das Programm AFX_CODE_SCANNER (Transaktion CODE_SCANNER) nutzen, in dem Sie auch nach Paketen selektieren können. Das Programm beschreibe ich in diesem Abschnitt.

Nicht mehr verfügbar ist der Report RSABAPSC, der seitens SAP deaktiviert wurde. Dieser Report war sehr hilfreich zum Prüfen einzelner Programme, da er auch alle Unterprogramme rekursiv untersucht hat. Den Report beschreibe ich in diesem Abschnitt ebenfalls, da er als Eigenentwicklung wieder implementiert werden kann.

Programm RS_ABAP_SOURCE_SCAN

Mit dem Programm RS_ABAP_SOURCE_SCAN können alle Programme auf ABAP-Befehle oder beliebige Strings hin untersucht werden. Allerdings sucht der Report nur in den Programmen selbst sowie in allen Unterprogrammen und Funktionsbausteinen aus dem selektierten Namensraum. Werden z. B. Standardfunktionsbausteine für Berechtigungsprüfungen genutzt (was empfehlenswert ist), werden diese nicht gefunden. Der Report funktioniert folgendermaßen:

- Es können mehrere Programmnamen oder generische Namen (z. B. »Y*«, »Z*«) angegeben werden, die durchsucht werden sollen. Auch eine Selektion nach Programmtyp oder Entwicklungsklasse/Paket ist möglich.
- Es können mehrere Zeichenketten angegeben werden, nach denen die Quelltexte durchsucht werden sollen. Es kann nach beliebigen Zeichenketten gesucht werden.

9.5 Eigenentwicklungen in ABAP

- Es kann auch in Unterprogrammen (Includes) gesucht werden. Die Quelltexte von aufgerufenen Funktionsbausteinen werden nur durchsucht, wenn sie denselben Suchkriterien entsprechen wie die Programme (z. B. »Y*«, »Z*«). Werden in den Programmen Standardfunktionsbausteine genutzt, werden diese bei einer Suche in allen Y*- und Z*-Programmen nicht gefunden!
- Es wird automatisch in allen aufgerufenen Includes gesucht.
- Von den Suchergebnissen aus kann in den Quelltext der Programme verzweigt werden.

Suchbegriff	
Gesuchter String:	GENERATE SUBROUTINE P.
String ist regulärer Ausdruck:	☐

Report/Dynpro Selektion			
Programmname:	Z*	bis:	
Dynpro:		bis:	
Programmtyp:	1	bis:	
Anwendungen Prog., Funktionsbs:		bis:	
Programmautor:		bis:	
letzter Änderer:		bis:	

Paket Selektion		
Paket:		bis:

Funktionsgruppen Selektion		
Funktionsgruppe:		bis:

Klassen Selektion		
Klasse/Interface:		bis:

Suchkriterien	
Fundstelle +/- x Zeilen:	2
Includes auflösen:	✓
Modifikationsassistent Änder.:	☐
Kommentarzeilen ignorieren:	✓

Abbildung 9.33 Selektionsmaske des Reports RS_ABAP_SOURCE_SCAN

Abbildung 9.33 zeigt die Selektionsmaske des Reports. Achten Sie hier insbesondere auf die folgenden Punkte:

1. Geben Sie im Feld **Gesuchter String** die Zeichenkette ein, nach der Sie suchen wollen. Das Programm sucht grundsätzlich genau nach der Zeichenkette; es müssen

keine Sterne davor oder dahinter eingegeben werden. Über die Mehrfachselektion können mehrere Zeichenketten eingegeben werden.

2. Markieren Sie die Option **Includes auflösen**, wenn Sie auch die Zeichenketten in den Unterprogrammen der jeweiligen Programme suchen möchten. Dies ist in den meisten Fällen sinnvoll.
3. Markieren Sie die Option **Kommentarzeilen ignorieren**, wenn Sie nur in den Quelltexten selbst suchen möchten, nicht in den Kommentarzeilen. Diese Option sollte immer angehakt werden.
4. Wenn Sie unter **Programmname** keine einzelnen Programmnamen eintragen, sondern z. B. »Z*«, können Sie die Suche auch nur auf die ausführbaren Programme (Reports) beschränken (auch auf alle kundeneigenen Namensräume). Geben Sie hierzu im Feld **Programmtyp** den Wert »1« (ausführbares Programm) ein.

Das Ergebnis wird wie in Abbildung 9.34 dargestellt. Die Zeile, in der die Zeichenkette gefunden wurde, ist grün hinterlegt. Durch einen Klick auf die Zeile gelangen Sie in den ABAP-Editor, in dem der gesamte Quelltext des Programms angezeigt wird.

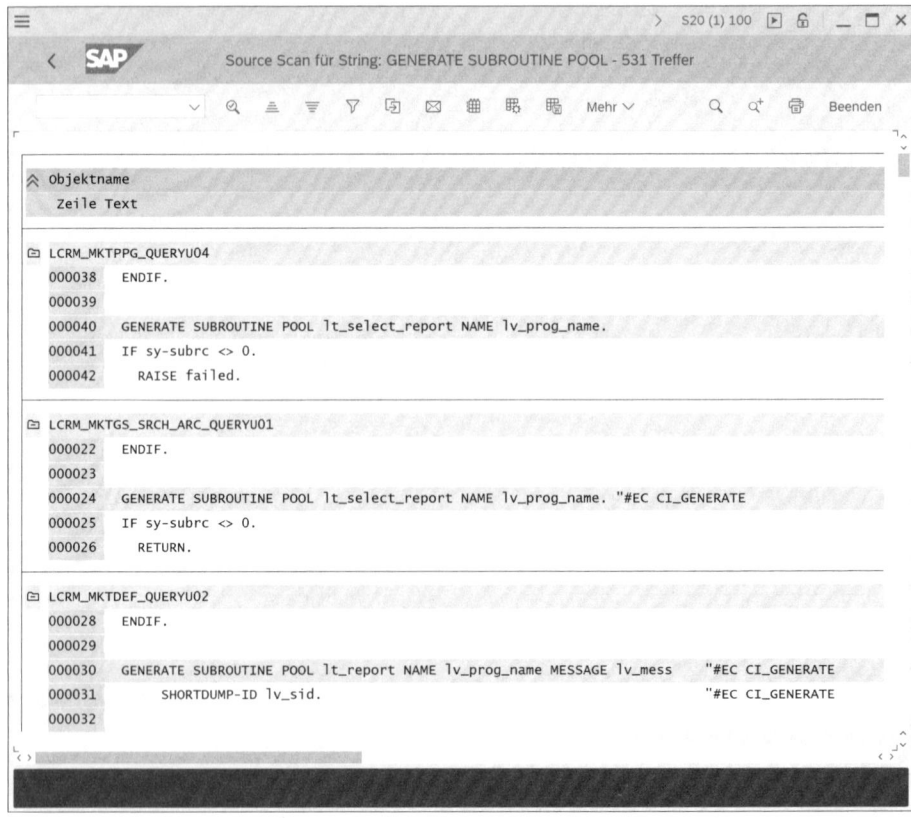

Abbildung 9.34 Ergebnisanzeige des Reports RS_ABAP_SOURCE_SCAN

9.5 Eigenentwicklungen in ABAP

Der Report RSABAPSC

Dieser Report ist inzwischen seitens SAP deaktiviert worden (siehe SAP-Hinweis 2249854). Da er aber teilweise sehr hilfreich ist, sollten Sie ihn für Prüfungen als Eigenentwicklung wieder anlegen. Die einfachste Variante ist es, den Report in einem System, in dem er noch existiert, zu kopieren und die Kopie per Transport in andere Systeme wieder einzuspielen.

Im Gegensatz zum Report RS_ABAP_SOURCE_SCAN sucht dieser Report auch in den vom Programm aufgerufenen Funktionsbausteinen. Allerdings kann hier immer nur ein einziges Programm durchsucht werden. Auch ist nicht die Suche nach allen Zeichenketten möglich, sondern nur nach ABAP-Befehlen. Dies ist allerdings sehr hilfreich, da z. B. Berechtigungsprüfungen immer weniger in die Quelltexte selbst programmiert werden. Vielmehr werden Funktionsbausteine aufgerufen, in denen die Berechtigungsprüfungen hinterlegt sind. Auch solche Berechtigungsprüfungen werden von diesem Report gefunden. Abbildung 9.35 zeigt die Selektionsmaske des Reports.

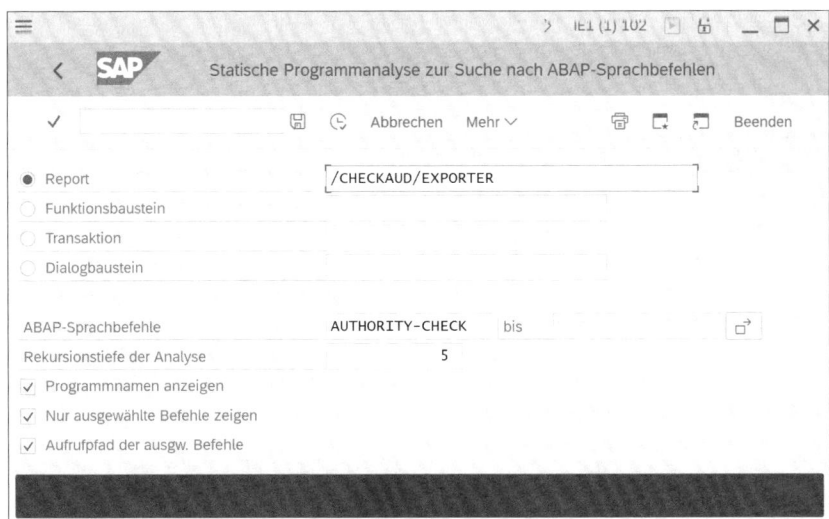

Abbildung 9.35 Die Selektionsmaske des Reports RSABAPSC

In der Selektionsmaske sollten Sie auf Folgendes achten:

1. Im Feld **ABAP-Sprachbefehle** geben Sie den gesuchten Befehl ein. Es muss exakt der Name des Befehls eingegeben werden, da ansonsten kein Ergebnis angezeigt wird, also z. B. »AUTHORITY-CHECK« statt nur »AUTHORITY«.

2. Im Feld **Rekursionstiefe der Analyse** geben Sie an, in wie vielen verschachtelten Unterprogrammen gesucht werden soll. Der Standardwert »5« ist hier in den meisten Fällen ausreichend. Führt dies zu keinem Ergebnis bei der Suche, sollte der Wert im Feld **Rekursionstiefe** auf »8« erhöht werden, damit tiefer in allen Un-

terprogrammen und Funktionsbausteinen gesucht wird. Eine größere Rekursionstiefe als »8« ist nicht sinnvoll.

3. Sie können auch überprüfen, ob in Transaktionen bestimmte Befehle (maßgeblich wohl Berechtigungsprüfungen) vorkommen. Geben Sie hierzu im Feld **Transaktion** den Namen der Transaktion ein. Ausgangspunkt für die Suche ist dann das ABAP-Programm, das zur Transaktion hinterlegt ist. Ebenso ist dies für einzelne Funktionsbausteine möglich.

4. Um ein übersichtliches Ergebnis zu erhalten, setzen Sie jeweils bei den Punkten **Programmnamen anzeigen**, **Nur ausgewählte Befehle zeigen** und **Aufrufpfad der ausgw. Befehle** einen Haken.

Abbildung 9.36 zeigt ein Suchergebnis dieses Reports. In der ersten Spalte steht jeweils der Programmname, in dem der Befehl gefunden wurde. In der zweiten Spalte sind die einzelnen verschachtelten Aufrufe der Programme zu erkennen. Die gesuchten Sprachbefehle sind jeweils grün hinterlegt.

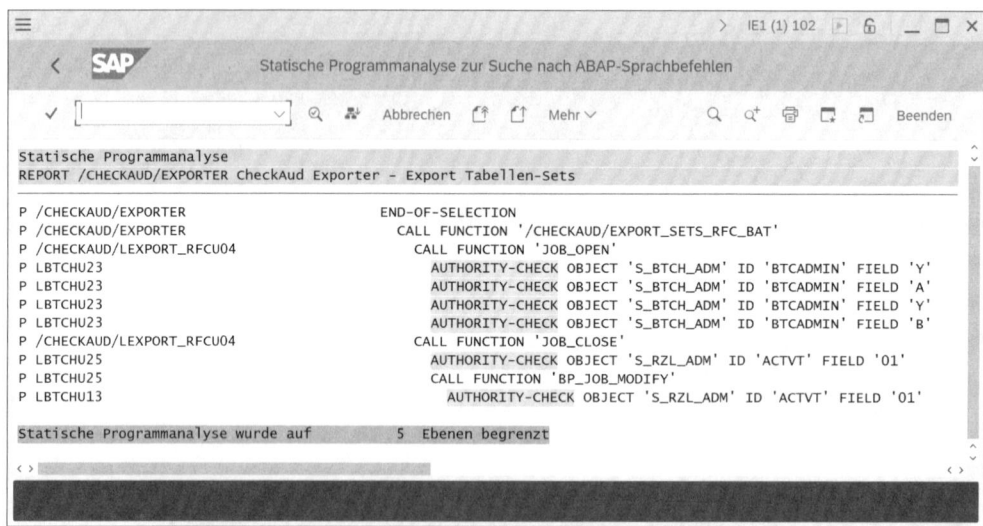

Abbildung 9.36 Das Ergebnis des Reports RSABAPSC

Transaktion CODE_SCANNER/Report AFX_CODE_SCANNER

Mit Transaktion CODE_SCANNER ist es möglich, innerhalb von ganzen Paketen in Programmen, Funktionsbausteinen und Klassen nach Zeichenketten zu suchen. Nachteil dieses Programms ist, dass ausschließlich in den Programmen selbst gesucht wird. Unterprogramme oder aufgerufene Funktionsbausteine werden nicht berücksichtigt. Trotzdem ist dieser Report hilfreich, da Eigenentwicklungen in Paketen

9.5 Eigenentwicklungen in ABAP

zusammengefasst werden und diese somit vollständig durchsucht werden können, z. B. nach den kritischen ABAP-Befehlen gemäß Abschnitt 9.5.3, »Gefahrenpunkte in der ABAP-Programmentwicklung«. In Tabelle 9.23 sind die möglichen Selektionskriterien aufgelistet, Abbildung 9.37 zeigt die Selektionsmaske.

Feld	Beschreibung
Pakete	Hier werden die Pakete angegeben; insbesondere ist dies sinnvoll für die Eigenentwicklungen (»/*«, »Y*«, »Z*«).
Objekte	Einschränkung auf die Namen von Programmen, Funktionsgruppen oder Klassen
Suchstring 1/Suchstring 2	Es kann maximal nach zwei Zeichenketten gleichzeitig gesucht werden.
Suchstring ausschließen 1/ Suchstring ausschließen 2/ Suchstring ausschließen 3	Hier können Zeichenketten explizit von der Suche ausgeschlossen werden.
Anzahl Ausgabezeilen	Gibt an, wie viele Zeilen zusätzlich zur gesuchten Zeile im Ergebnis angezeigt werden sollen.
Kommentarzeilen ignorieren	Schließt die Suche in Kommentarzeilen aus; sollte bei der Suche aktiviert werden.
Objekte ohne Treffer anzeigen	Zeigt alle Programme gemäß Selektion in Paketen und Programmen, Funktionsgruppen und Klassen an, auch die ohne den gesuchten Suchstring. Dies ist insbesondere bei der Suche nach »AUTHORITY-CHECK« interessant. Alle Objekte ohne Treffer müssen nachgelagert weiteruntersucht werden.
Objekt im Editiermodus öffnen	Öffnet bei einem Doppelklick in der Ergebnisliste das Programm im Änderungsmodus (nur sinnvoll für Entwickler). Sollte deaktiviert werden. In dem Fall wird per Doppelklick das Programm im Anzeigemodus geöffnet.
Zu scannende Objekte	Hier kann angegeben werden, ob in Programmen, Funktionsgruppen oder Klassen gesucht werden soll. Im Normalfall wird nach allen Objekten gesucht.

Tabelle 9.23 Selektionsfelder von Transaktion CODE_SCANNER

9   Entwicklung in SAP-Systemen

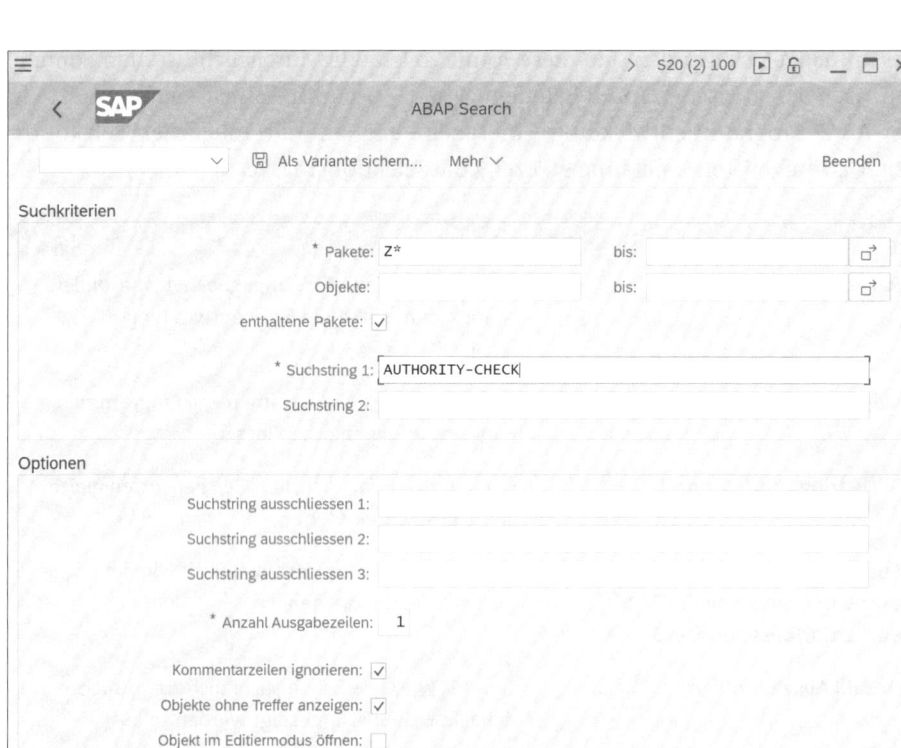

Abbildung 9.37 Selektionsmaske von Transaktion CODE_SCANNER

9.5.7 Code Inspector

Zusätzlich zu den im vorangehenden Abschnitt genannten Reports für die ABAP-Quellcode-Analyse kann auch der *Code Inspector* genutzt werden (Transaktion SCI), mit dem diverse Analysen nach verschiedenen Aspekten möglich sind. Im Gegensatz zu Reports sind im Code Inspector feste Abfragen vorkonfiguriert, die eingeschränkt, aber nicht erweitert werden können. Der Vorteil dieser Abfragevorlagen besteht darin, dass Ihnen als Prüfer nicht alle kritischen Programmiermethoden bekannt sein müssen.

Einzelne Objekte können Sie direkt über das Menü der jeweiligen Änderungstransaktion (z. B. Transaktion SE38 für Reports) starten. Für umfangreichere Analysen rufen Sie die Funktion jedoch über Transaktion SCI auf.

Nach dem Aufrufen der Transaktion erscheint zunächst eine Eingabemaske für die einzelnen Prüfschritte. Diese müssen, wie in Abbildung 9.38 abgebildet, in der folgenden Reihenfolge definiert bzw. ausgeführt werden:

1. **Prüfvariante**: Festlegung der zu überprüfenden Programmeigenschaften
2. **Objektmenge**: Eingrenzung der zu prüfenden Objekte
3. **Inspektion**: Durchführung der eigentlichen Prüfung und Auswertung der Ergebnisprotokolle

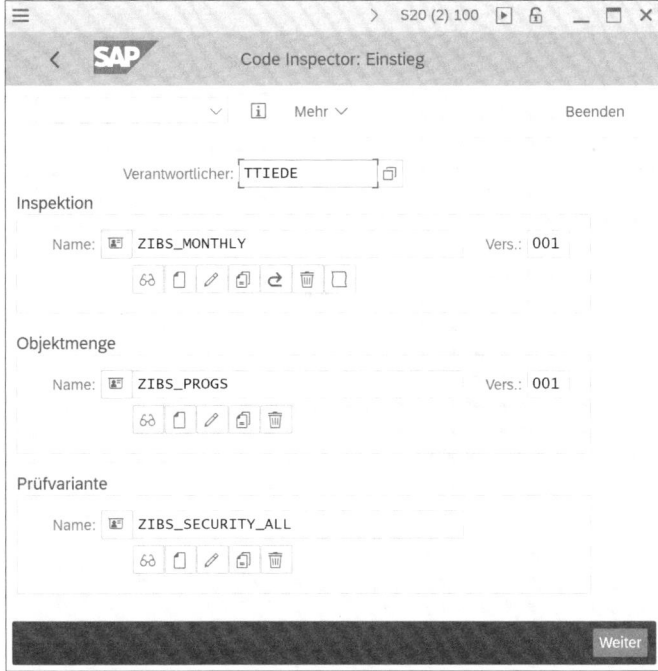

Abbildung 9.38 Einzelschritte in Transaktion SCI

Bei der Erstellung der Prüfvariante stehen diverse Kategorien für die Überprüfung der Objekte zur Verfügung. Aus Prüfersicht besonders interessant ist hier die Kategorie **Sicherheitsprüfungen** (siehe Abbildung 9.39). Über die Informationsschaltfläche (🛈) im Feld **Dokumentation** können Sie nachvollziehen, welche Punkte im Einzelnen geprüft werden. Des Weiteren können Sie die zu prüfenden Punkte im Feld **Attribute** nach eigenen Vorgaben eingrenzen.

In den Entwicklerrichtlinien sollte festgelegt sein, welche Formen der Programmierung nicht genutzt werden dürfen, welche Namenskonventionen einzuhalten sind usw. Diese Vorgaben können anschließend in einer oder mehrerer Prüfvarianten konfiguriert werden. So sind innerhalb der Sicherheitsprüfungen beispielsweise auch die Anweisungen zur mandantenübergreifenden Auswertung (SELECT ...

CLIENT SPECIFIED) und zur Nutzung von Native SQL (EXEC SQL ... END EXEC), über das u. a. auch mandantenübergreifende Datenzugriffe nötig sind, hinterlegt.

Nachdem Sie die Prüfvariante erstellt haben, müssen Sie im zweiten Schritt die zu prüfenden Objekte über die Objektmenge selektieren. Die Objekte lassen sich nach diversen Kriterien filtern. Möglich ist hier beispielsweise, nach einzelnen Aufträgen oder über die freie Objektwahl zu selektieren. Bis auf wenige Ausnahmen ist die Analyse von SAP-eigenen Objekten nicht möglich; die Auswertungen beschränken sich also auf Eigenentwicklungen.

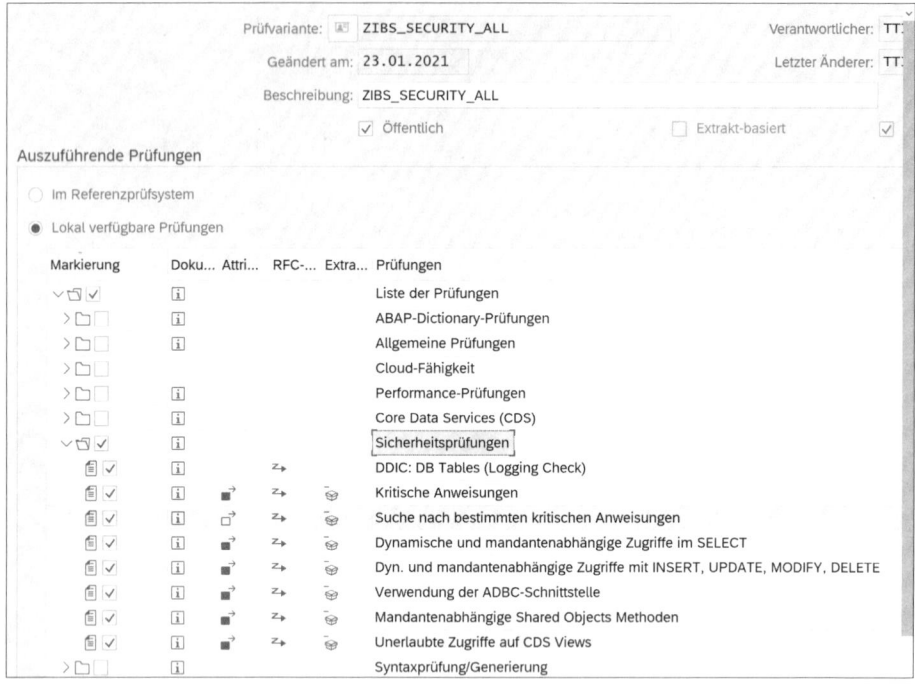

Abbildung 9.39 Prüfvariante zu Sicherheitsprüfungen

Nachdem Sie die Objekte in einer Objektmenge festgelegt haben, müssen Sie im letzten Schritt die Inspektion festlegen, in der die eigentliche Prüfung durchgeführt wird. An dieser Stelle findet die Zusammenführung der zuvor erstellten Objektmengen und Prüfvarianten statt. Nach dem Abspeichern führen Sie die Inspektion über die Schaltfläche **Ausführen** durch.

Nachdem die Inspektion im Dialog oder im Hintergrund durchgelaufen ist, können Sie im Einstiegsbild das Protokoll der Inspektion einsehen (siehe Abbildung 9.40). Die Ergebnisse werden hierarchisch sortiert und nach den verschiedenen Kategorien aufgelistet. Bei Bedarf können Sie über einen Doppelklick direkt in den Programmcode zur jeweiligen kritischen Anweisung springen.

9.5 Eigenentwicklungen in ABAP

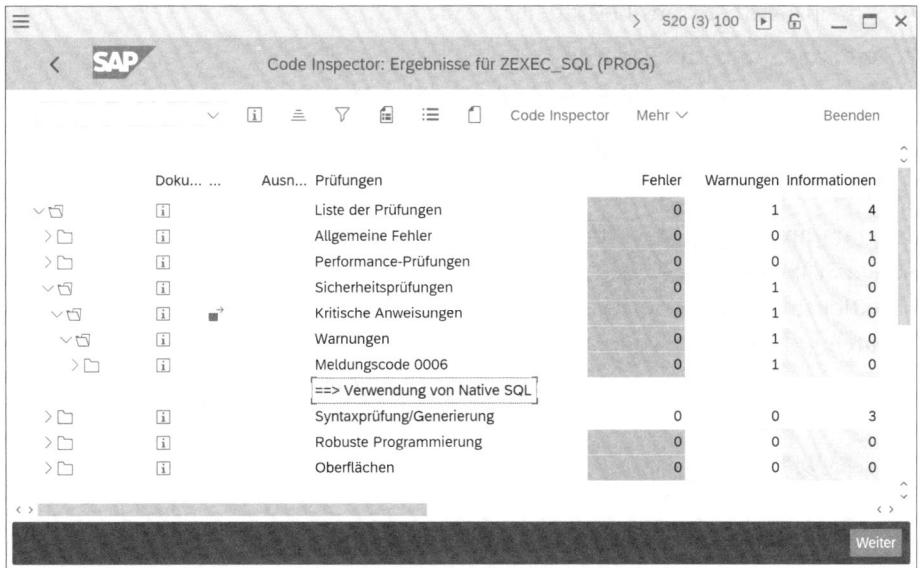

Abbildung 9.40 Ergebnis der Analyse mit dem Code Inspector

9.5.8 Code Vulnerability Analyzer

SAP bietet als kostenpflichtiges Zusatzprodukt das *SAP NetWeaver Application Server, add-on for code vulnerability analysis* an, kurz *Code Vulnerability Analyzer* (CVA). Dieser erlaubt es, komplexe Sicherheitsprüfungen in eigenentwickelten ABAP-Quelltexten durchzuführen.

Bei Einsatz des CVA müssen Sie die SAP-Hinweise 1855773 und 1949276 beachten. Standardmäßig ist der CVA deaktiviert. Die Aktivierung erfolgt mit dem Programm RSLIN_SEC_LICENSE_SETUP. Nach erfolgter Aktivierung können die Sicherheitsprüfungen z. B. im Code Inspector oder im *ABAP Test Cockpit* (ATC) genutzt werden.

Im CVA ist bereits eine Vielzahl von Prüfungen vordefiniert. Diese sind in SAP-Hinweis 1921820 beschrieben. Im Folgenden finden Sie einen Auszug der Prüfungsmöglichkeiten:

- potenzielles Directory Traversal
- potenzielle ABAP Command Injection
- potenzielle SQL Injection
- AUTHORITY-CHECK ohne sy-subrc-Behandlung
- AUTHORITY-CHECK mit expliziter Benutzerangabe
- Die dynamische WHERE-Bedingung lässt potenziell eine Code Injection zu.
- dynamischer CALL TRANSACTION ohne Berechtigungsprüfung
- Lesezugriff auf sensible Datenbanktabellen

- Schreibzugriff auf sensible Datenbanktabellen
- fest programmiertes Passwort
- fehlende Authority-Prüfung im ABAP-Report
- fehlende Authority-Prüfung im RFC-Funktionsbaustein

Der CVA ist in das ATC, in den Code Inspector (Transaktion SCI) und in die erweiterte Programmprüfung (Transaktion SLIN) integriert. Das ATC können Sie über Transaktion SE38 aufrufen. Tragen Sie den Namen des zu prüfenden Programms in die Selektionsmaske von Transaktion SE38 ein, und wählen Sie den Menüpfad **Programm • Prüfen • ABAP Test Cockpit** aus. Bei der Überprüfung wird der CVA ausgeführt, und das Ergebnis wird mitausgegeben (siehe Beispiel in Abbildung 9.41).

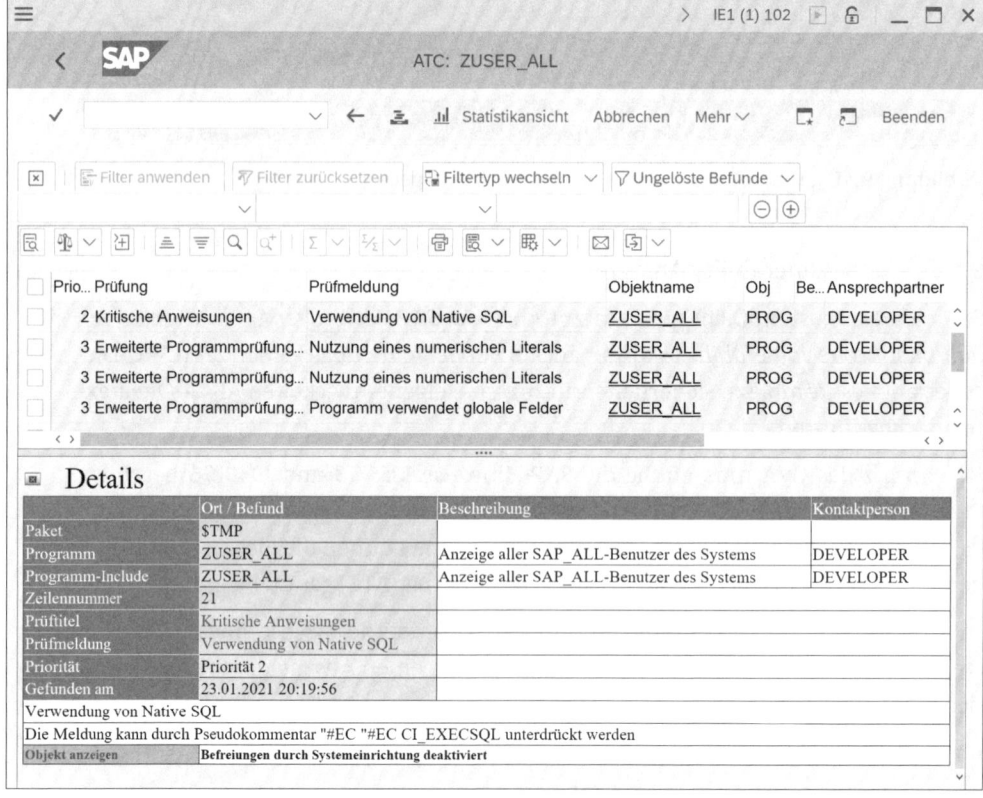

Abbildung 9.41 Ergebnisanzeige des Code Vulnerability Analyzers

Ob der CVA genutzt wird, können Sie mit Tabelle SLINSEC_LICENSE prüfen. Enthält die Tabelle keine Einträge, wird der CVA nicht genutzt. Wird der CVA genutzt, befindet sich ein Datensatz in der Tabelle mit Zeitstempel und Benutzer. Prüfen Sie in dem Fall, ob der CVA korrekt lizenziert wurde. Die Aktivierung ist ein technischer Schritt, der auch ohne vorherige Lizenzierung erfolgen kann.

9.5.9 Die Versionshistorie

SAP führt für die Elemente der Entwicklungsumgebung (Programme, Funktionsbausteine, Tabellen usw.) eine Historie. Änderungen an den Elementen werden in der Versionsdatenbank gespeichert. Die Versionen der Programme und die Programme selbst sind Bestandteil der Verfahrensdokumentation und unterliegen der Aufbewahrungspflicht von zehn Jahren gemäß § 257 HGB. Versionen werden in den folgenden Fällen gezogen:

- wenn Änderungen an einem Element vorgenommen wurden.
- wenn ein Änderungsauftrag freigegeben wurde (hierdurch ist gesichert, dass jede transportierte Version nachvollziehbar ist).
- wenn ein Entwickler manuell eine Version zieht.

Die Funktionalität der Versionsverwaltung ist in Abschnitt 4.5, »Versionsverwaltung«, beschrieben.

9.5.10 Patterns in SAP Enterprise Threat Detection

In SAP Enterprise Threat Detection werden standardmäßig die folgenden Patterns ausgeliefert, mit denen das Debugging überwacht werden kann:

- Debugging using old ABAP debugger
- Debugging with change of control flow while debugging
- Debugging in critical systems
- Debugging in systems assigned to critical roles
- Debugging using new ABAP debugger
- Debugging using ABAP in Eclipse
- Debugging with change of variable values during debugging
- Debugging by users belonging to a critical user group

9.5.11 Checkliste

In Tabelle 9.24 finden Sie die Checkliste mit den prüfungsrelevanten Fragestellungen zur Sicherheit von Eigenentwicklungen.

Risiko	Fragestellung
	Vorgabe oder Erläuterung
2	Befinden sich Originaldaten aus dem Produktivsystem im Entwicklungs-/Testsystem?
	Originaldaten dürfen nur übertragen werden, wenn sie anonymisiert wurden.
	Hier besteht das Risiko, dass im Entwicklungssystem auf produktive Daten zugegriffen werden kann. Insbesondere bei sensiblen Daten, wie z. B. Mitarbeiterdaten, ist dies äußerst kritisch.
1	Wird in neu angelegten ABAP-Programmen der Befehl EXEC SQL verwendet?
	Generell sollte dieser Befehl nicht verwendet werden, nur bei systemnahen Zugriffen auf die Datenbank, z. B. für das Monitoring.
	Hier besteht das Risiko, dass durch diese Programme Tabellen direkt in der Datenbank geändert werden können und damit die Sicherheitsmechanismen von SAP umgangen werden.
1	Wird der Zusatz CLIENT SPECIFIED zur Anweisung SELECT in neu angelegten ABAP-Programmen verwendet?
	Bei der Verwendung dieses Befehls müssen Sie genauestens prüfen, welche Daten mandantenübergreifend gelesen werden sollen.
	Hier besteht das Risiko, dass über diese Programme ein Zugriff auf Tabellen aus anderen Mandanten ermöglicht wird, z. B. vom Mandanten 000 aus auf den Produktivmandanten.
1	Werden in neu angelegten Dialoganwendungen ENQUEUE-Bausteine zur Sperrung von Daten genutzt?
	Bevor Daten von einem Programm geändert werden dürfen, müssen diese auf jeden Fall gesperrt sein.
	Hier besteht das Risiko, dass durch fehlende Sperrungen mehrere Benutzer gleichzeitig denselben Datensatz bearbeiten können und dadurch Inkonsistenzen entstehen.
1	Wird die Funktion GENERATE SUBROUTINE POOL in neu angelegten ABAP-Programmen verwendet?
	Die Funktion GENERATE SUBROUTINE POOL darf nicht verwendet werden.
	Hier besteht das Risiko, dass Quelltexte zur Laufzeit generiert und damit die Sicherheitsmechanismen des SAP-Systems umgangen werden können.
1	Sind in neu angelegten ABAP-Programmen Berechtigungsprüfungen implementiert?

Tabelle 9.24 Checkliste zu Eigenentwicklungen in ABAP

Risiko	Fragestellung
	Vorgabe oder Erläuterung
1	Alle Programme müssen über das Berechtigungskonzept geschützt werden.
	Hier besteht das Risiko, dass ungeschützte Programme von unberechtigten Benutzern ausgeführt werden können.
1	Wer besitzt das Zugriffsrecht, im Produktivsystem ABAP-Programme zu debuggen, mit Replace-Möglichkeit?
	Dieses Zugriffsrecht darf im Produktivsystem niemandem zugeordnet werden.
	Hier besteht das Risiko, dass Daten über Hauptspeicheränderungen manipuliert werden können und damit gegen § 239 HGB, »Radierverbot«, verstoßen wird.
1	Wurden in letzter Zeit im Produktivsystem im Debug-Modus Hauptspeicherinhalte geändert?
	Änderungen von Hauptspeicherinhalten im Debug-Modus dürfen im Produktivsystem nicht vorgenommen werden.
	Hier besteht das Risiko, dass Daten im Änderungsmodus manipuliert wurden.
2	Wird durch den Import neuer Programmversionen eine Versionshistorie im Produktivsystem erzeugt?
	Alle Versionen von eigenen Programmen sind aufbewahrungspflichtig (gemäß HGB zehn Jahre). Sie können aber auch im Entwicklungssystem archiviert werden.
	Hier besteht das Risiko, dass aufbewahrungspflichtige Programmversionen nicht archiviert werden.
1	Können die Reports zum Löschen von Versionen genutzt werden?
	Das Löschen der Versionshistorie ist nicht zulässig.
	Hier besteht das Risiko, dass Versionen gelöscht werden und damit zum einen gegen geltende Gesetze verstoßen wird und zum anderen keine Nachvollziehbarkeit über die Programmänderungen gegeben ist.

Tabelle 9.24 Checkliste zu Eigenentwicklungen in ABAP (Forts.)

Wie Sie die einzelnen Punkte praktisch am SAP-System prüfen können, erfahren Sie in Abschnitt 9.5 des Dokuments **Tiede_Checklisten_Sicherheit_und_Pruefung.pdf**.

9.6 Transaktionen

Das SAP-System arbeitet transaktionsgesteuert. Transaktionen werden entweder über ein Menü aufgerufen oder durch eine Eingabe in das Kommandofeld. Diesen

Transaktionen wird ein ABAP-Programm zugeordnet, das durch den Aufruf der Transaktion ausgeführt wird. Verwaltet werden die Transaktionen mit Transaktion SE93. Hier können die jeweiligen Eigenschaften festgelegt und angezeigt werden.

9.6.1 Transaktionsarten

Es gibt sechs verschiedene Arten von Transaktionen:

- **Dialogtransaktion**
  Während einer Dialogtransaktion werden verschiedene Dynpros verarbeitet. Dies sind die Transaktionen, in denen eventuell mehrere Bildschirmfenster hintereinander angezeigt werden.

- **Reporttransaktion**
  Die Reporttransaktion ruft einen Report (also ein ausführbares Programm) auf. Meistens wird erst eine Selektionsmaske und danach das Ergebnis in Listenform angezeigt. Für diese Transaktionsart kann zum Report eine Variante angegeben werden, die beim Aufruf genutzt wird.

- **Variantentransaktion**
  Zu Transaktionen können, wie zu Reports auch, Varianten angelegt werden. Hier können die Felder der Transaktion mit Werten vorbelegt werden.

- **Parametertransaktion**
  In einer Parametertransaktion können die Felder des Einstiegs-Dynpros mit Werten vorbelegt werden.

- **OO-Transaktion**
  Hier kann eine Methode einer Klasse hinterlegt werden (OO = ABAP Objects, also das objektorientierte ABAP).

- **Bereichsmenü**
  Häufig genutzte Transaktionen werden mit einem Bereichsmenü zu einer Menüstruktur zusammengefasst.

Die Eigenschaften von Transaktionen sind in Tabelle 9.25 aufgeführt.

Tabelle	Feld	Beschreibung
TSTC	TCODE	Transaktionscode
	PGMNA	ABAP-Programm, das durch die Transaktion aufgerufen wird
	DYPNO	Dynpro-Nummer bei Dialogtransaktionen
TSTCT	TCODE	Transaktionscode
	TTEXT	Beschreibungstext zur Transaktion

Tabelle 9.25 Eigenschaften von Transaktionen

Tabelle	Feld	Beschreibung
TSTCP	TCODE	Transaktionscode
	PARAM	Parameter zu Parametertransaktionen
TSTCA	TCODE	Transaktionscode
	OBJECT	Jeder Transaktion kann ein Berechtigungsobjekt zugeordnet werden. Den Feldern können Werte zugewiesen werden. Ruft ein Benutzer diese Transaktion auf, wird überprüft, ob er eine entsprechende Berechtigung besitzt.
	FIELD	Feld des Berechtigungsobjekts
	VALUE	Inhalt des Felds

Tabelle 9.25 Eigenschaften von Transaktionen (Forts.)

9.6.2 Pflege von Transaktionen

Für die Pflege von Transaktionen ist auch in SAP ERP kein Entwicklerschlüssel erforderlich. Wer eine Transaktion angelegt oder geändert hat, wird nicht in den TSTC-Tabellen gespeichert. Dies kann über Tabelle TADIR ermittelt werden:

1. Rufen Sie hierzu Tabelle TADIR mit Transaktion SE16 auf.
2. In der Selektionsmaske geben Sie im Feld **Objekttyp** (OBJECT) den Wert »TRAN« für Transaktionen ein.
3. Im Feld **Objektname** (OBJ_NAME) selektieren Sie über die Mehrfachselektion nach »Y*« und »Z*«.
4. Im Ergebnis wird im Feld **Verantwortlicher** (AUTHOR) der Benutzer angezeigt, der die Transaktion angelegt hat (siehe Abbildung 9.42). Im Feld **Originalsystem** (SRC-SYSTEM) können Sie ablesen, in welchem System die Transaktion angelegt wurde. Dort können Sie auch prüfen, ob Transaktionen direkt im Produktivsystem angelegt wurden.

Werden neue Transaktionen angelegt, beginnen diese mit einem Buchstaben aus dem Kundennamensraum, standardmäßig mit »Y« oder »Z«. Bei den neu angelegten Transaktionen ist zu prüfen, ob diese durch ein Berechtigungsobjekt abgesichert wurden. Hierzu gehen Sie folgendermaßen vor:

1. Rufen Sie Transaktion SE16 auf, und lassen Sie sich die Tabelle TSTC anzeigen.
2. Lassen Sie sich alle Transaktionen gemäß den unternehmenseigenen Namenskonventionen anzeigen (Eintrag »Y*« oder »Z*« im Feld **Transaktionscode**, TCODE).
3. Öffnen Sie ein zweites Fenster über den Menüpfad **System • Neues GUI-Fenster**.

4. Rufen Sie in diesem Fenster Transaktion SE16 auf, und lassen Sie sich Tabelle TSTCA anzeigen.
5. Lassen Sie sich alle Transaktionen gemäß den unternehmenseigenen Namenskonventionen anzeigen (Eintrag »Y*« oder »Z*« im Feld **Transaktionscode**, TCODE).
6. Überprüfen Sie, ob alle Transaktionen, die in Tabelle TSTC angezeigt werden, ebenfalls in Tabelle TSTCA existieren und ob ihnen ein Berechtigungsobjekt zugeordnet wurde.

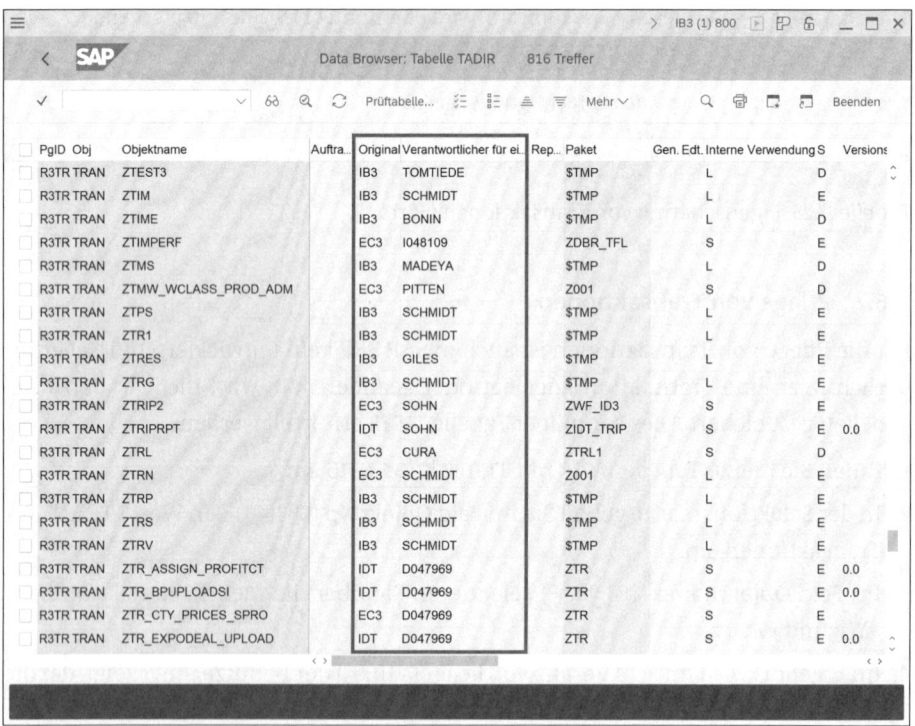

Abbildung 9.42 Eigenschaften von Transaktionen in Tabelle TADIR

9.6.3 Protokollierung von Änderungen an Tabellen

Änderungen an Transaktionen werden standardmäßig über die Tabellenprotokollierung aufgezeichnet. Die folgenden Tabellen werden protokolliert, da insbesondere Änderungen an den Parametern und an hinterlegten Berechtigungen relevant sind:

- Tabelle TSTC: Eigenschaften von Transaktionen
- Tabelle TSTCP: Parameterwerte zu Transaktionen
- Tabelle TSTCA: den Transaktionen zugeordnete Berechtigungsobjekte
- Tabelle TCDCOUPLES: **Transaktionsberechtigung bei** CALL TRANSACTION

Transaktionen können zur Ausführung gesperrt werden, sodass sie trotz Berechtigung nicht ausgeführt werden können. Dies kann für sensible Transaktionen im Produktivsystem notwendig sein. Informationen dazu finden Sie in Abschnitt 4.3, »Protokollierung von Tabellenänderungen«. Des Weiteren kann das Ausführen von Transaktionen mit dem Security-Audit-Log aufgezeichnet werden, siehe Abschnitt 4.1.1, »Konfiguration des Security-Audit-Logs«.

9.6.4 Suche nach verwandten Transaktionen

In vielen Fällen kann ein Vorgang nicht mit genau einer Transaktion durchgeführt werden, sondern es gibt dafür mehrere Transaktionen. Fehlt Ihnen z. B. eine Berechtigung für eine bestimmte Transaktion, können Sie ermitteln, ob andere Transaktionen denselben Vorgang berechtigen. Hier nutzen Sie Transaktion bzw. den Report SAIS_SEARCH_APPL. Dieser Report ermittelt zu Transaktionen weitere Transaktionen mit ähnlichen Attributen, z. B. demselben Programm, das durch die Transaktion aufgerufen wird.

Im Selektionsbild des Reports wählen Sie für die Suche den Punkt **Suche verwandte Transaktionen** aus und geben im Feld **Transaktionscode** die Transaktion ein, für die Sie weitere Transaktionen suchen. Abbildung 9.43 zeigt beispielhaft die Suche nach Alternativen zu Transaktion SM20 (Auswertung des Security-Audit-Logs).

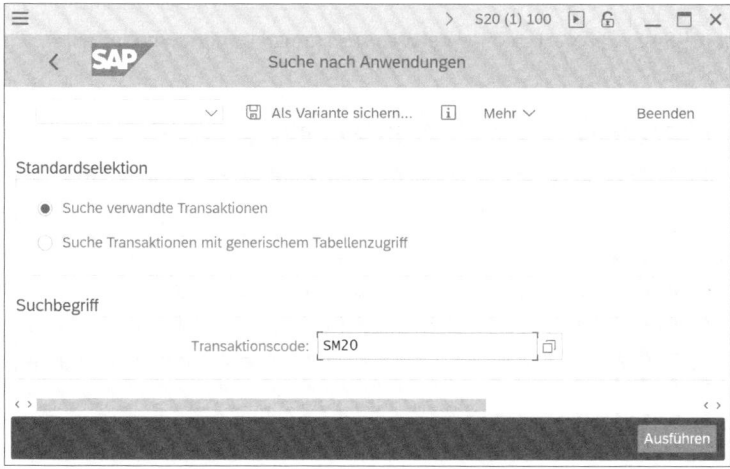

Abbildung 9.43 Report SAIS_SEARCH_APPL – Verwandte Transaktionen

Abbildung 9.44 zeigt Ihnen das Ergebnis. Im Zweig **Anwendungen mit ähnlichen Starteigenschaften (lt. WBO)** werden die verwandten Transaktionen angezeigt. In diesem Beispiel sind das die Transaktionen RSAU_READ_LOG und SM20N, welche dieselbe Funktion wie die gesuchte Transaktion SM20 zur Verfügung stellen.

9 Entwicklung in SAP-Systemen

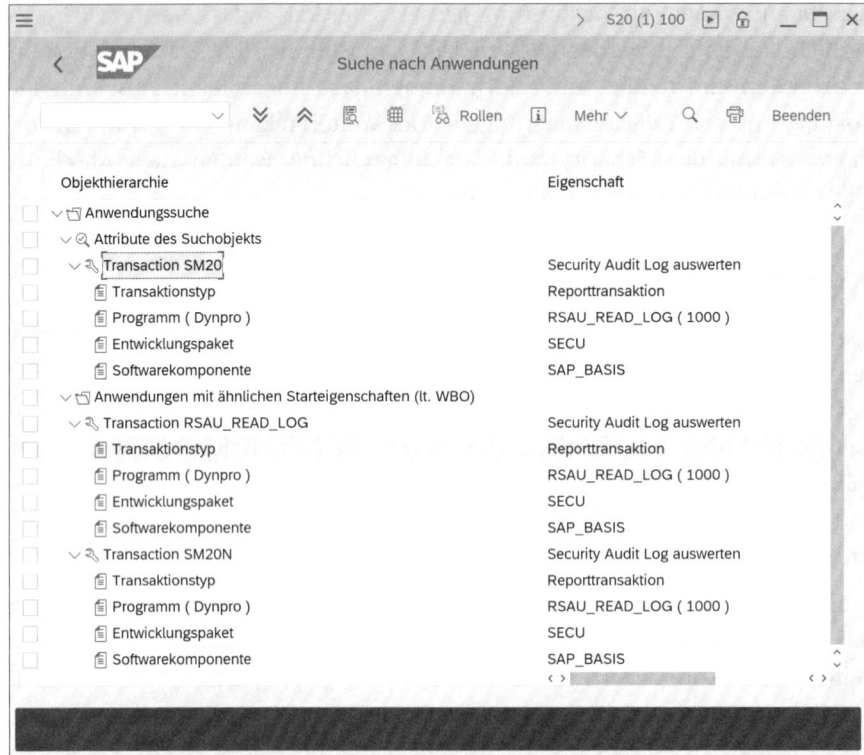

Abbildung 9.44 Report SAIS_SEARCH_APPL – Verwandte Transaktionen, Ergebnisliste

9.6.5 Suche nach Transaktionen mit generischem Tabellenzugriff

Transaktion bzw. der Report SAIS_SEARCH_APPL ermöglichen auch die Suche nach Transaktionen, die einen Zugriff auf bestimmte Tabellen erlauben. Dies ist insbesondere dann hilfreich, wenn Berechtigungen für einzelne Tabellen vergeben werden müssen, ein Zugriff auf die generischen Tabellentools wie SE16, S416N etc. aber nicht vergeben werden soll. Ist z. B. ein Zugriff auf die Tabelle T000 (Mandanten) erforderlich, listet der Report alle Transaktionen auf, mit denen auf diese Tabelle zugegriffen wird.

Im Selektionsbild des Reports wählen Sie für die Suche den Punkt **Suche Transaktionen mit generischem Tabellenzugriff** aus und geben im Feld **Tabellenname** die Tabelle ein, für die Sie Transaktionen suchen. In Abbildung 9.45 suchen wir nach Transaktionen für die Tabelle T000. Abbildung 9.46 zeigt das Ergebnis. Zur Tabelle wird angezeigt, ob es auch entsprechende Pflegeviews dazu gibt. Darunter werden dann alle Transaktionen aufgelistet, die auf die Transaktionen oder die zugehörigen Pflegeviews zugreifen.

9.6 Transaktionen

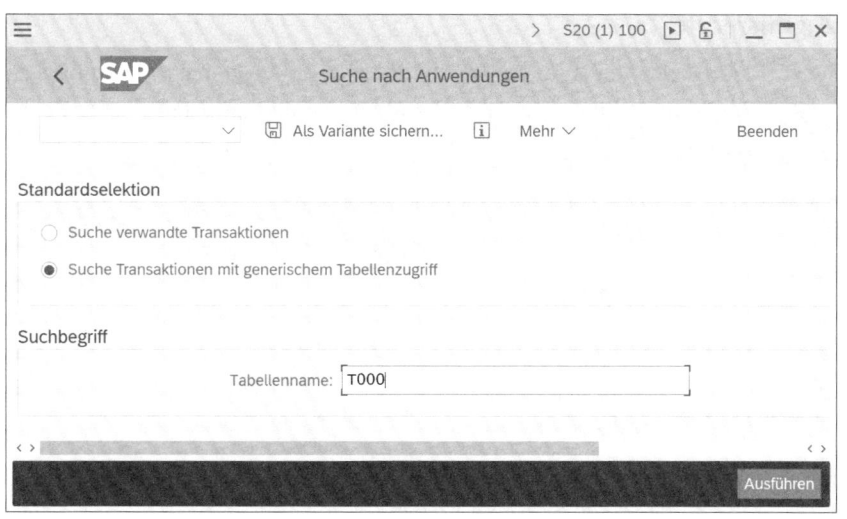

Abbildung 9.45 Report SAIS_SEARCH_APPL – Generischer Tabellenzugriff

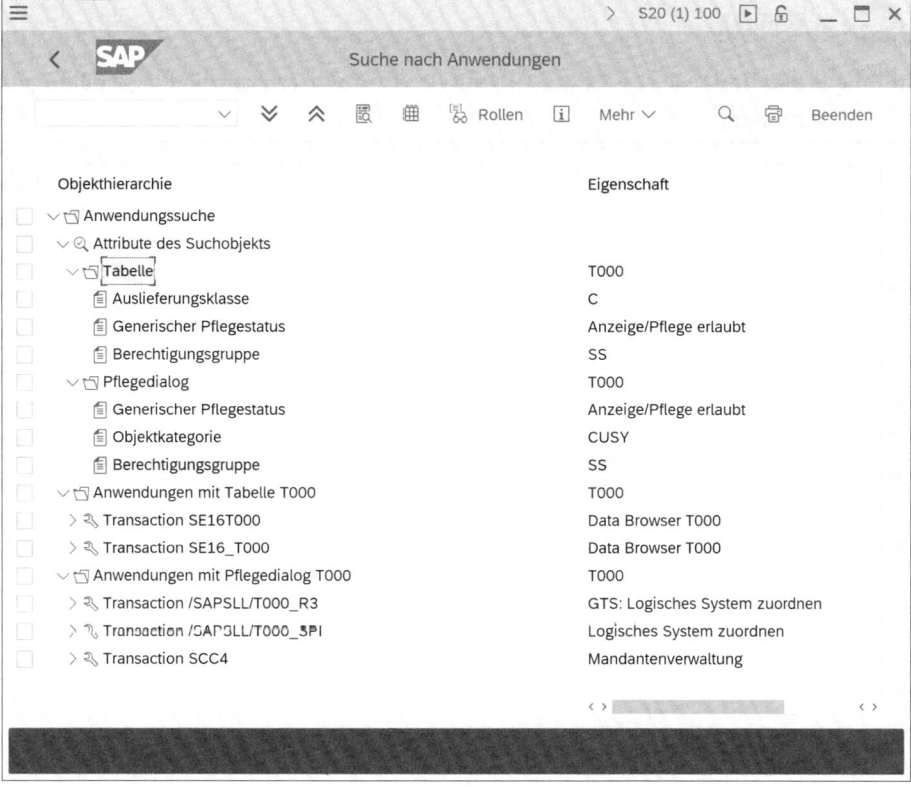

Abbildung 9.46 Report SAIS_SEARCH_APPL – Generischer Tabellenzugriff, Ergebnisliste

673

9.6.6 Zugriffsrechte

Zur Pflege von Transaktionen ist auch in SAP ERP kein Entwicklerschlüssel notwendig. Daher können Transaktionen von allen Benutzern gepflegt werden, die das Recht dazu haben (siehe Tabelle 9.26).

Berechtigungsobjekt	Feld	Wert
S_TCODE	TCD (Transaktion)	SE93
S_DEVELOP	ACTVT (Aktivität)	▪ 01 (Anlegen) ▪ 02 (Ändern) ▪ 06 (Löschen)
	OBJTYPE (Objekttyp)	TRAN

Tabelle 9.26 Berechtigung zum Pflegen von Transaktionen

9.6.7 Checkliste

In Tabelle 9.27 finden Sie die Checkliste mit den prüfungsrelevanten Fragestellungen zu Transaktionen.

Risiko	Fragestellung
	Vorgabe oder Erläuterung
2	Wer besitzt die Berechtigung, Transaktionen anzulegen oder zu ändern?
	Nur Entwickler dürfen diese Berechtigung besitzen. Hier besteht das Risiko, dass durch das Anlegen neuer Transaktionen ein Zugriff auf Programme ermöglicht wird, für die sonst keine Berechtigung vorhanden ist.
1	Wurden Transaktionen im Produktivsystem angelegt?
	Transaktionen dürfen ausschließlich im Entwicklungssystem angelegt werden. Hier besteht das Risiko, dass neue Transaktionen unbemerkt im Produktivsystem angelegt wurden.
2	Sind die neuen Transaktionen durch Berechtigungsobjekte geschützt?
	Transaktionen müssen generell durch Berechtigungsobjekte geschützt werden. Hier besteht das Risiko, dass diese Transaktionen aufgrund eines fehlenden Zugriffsschutzes von unberechtigten Benutzern ausgeführt werden können.

Tabelle 9.27 Checkliste zu Transaktionen

Risiko	Fragestellung
	Vorgabe oder Erläuterung
1	Werden Änderungen an Transaktionen protokolliert?
	Änderungen an Transaktionen müssen protokolliert werden.
	Hier besteht das Risiko, dass Parameter zu Transaktionen geändert und dadurch andere Programme oder Tabellen durch eine Transaktion aufgerufen werden.

Tabelle 9.27 Checkliste zu Transaktionen (Forts.)

Wie Sie die einzelnen Punkte praktisch am SAP-System prüfen können, erfahren Sie in Abschnitt 9.6 des Dokuments **Tiede_Checklisten_Sicherheit_und_Pruefung.pdf**.

9.7 Berechtigungen zur Anwendungsentwicklung

Da mit den Funktionen der Entwicklungsumgebung hart ins System eingegriffen werden kann, sind die Berechtigungen dafür als besonders sensibel anzusehen. Nur im Entwicklungssystem werden Berechtigungen zur Anwendungsentwicklung benötigt. Im Produktivsystem dürfen diese Berechtigungen in keinem Mandanten vergeben werden. Eine Ausnahme stellen eventuell die Notfallbenutzer dar. Dasselbe gilt auch für das Konsolidierungssystem. Die in diesem System durchgeführten Tests müssen in einer produktivnahen Umgebung durchgeführt werden, und die getesteten Funktionen dürfen nicht veränderbar sein. Daher ist ein Konsolidierungssystem in puncto Entwicklung genauso abzusichern wie ein Produktivsystem.

Im Entwicklungssystem müssen Entwicklerrechte restriktiv zugeordnet sein. Nicht jeder Benutzer sollte dort Entwicklerrechte erhalten; insbesondere, da für einige Funktionen kein Entwicklerschlüssel erforderlich ist (z. B. zur Pflege von Transaktionen und zum Debuggen). Auch wird hier berechtigungsseitig häufig zwischen Entwicklungen und Transporten unterschieden. So werden neue Aufträge, inklusive der Zuordnung der Aufgaben zu den Entwicklern, häufig von der Administration oder der Projektleitung angelegt; Entwickler bekommen diese Berechtigung nicht. Auch ist eine systemübergreifende Funktionstrennung zu beachten.

9.7.1 Das Berechtigungsobjekt S_DEVELOP

Das zentrale Berechtigungsobjekt zur Vergabe von Berechtigungen für die Anwendungsentwicklung ist S_DEVELOP. Dieses Objekt enthält die folgenden fünf Felder:

- **Aktivität (ACTVT)**
  Für dieses Feld sind die folgenden Einträge relevant:
  - 01 (Anlegen)
  - 02 (Ändern)
  - 06 (Löschen)
  - 07 (Generieren)
  - 16 (Ausführen: Programme, Funktionsbausteine)
  - 40 (Objekt auf Datenbank anlegen, z. B. Tabellen, Views)
  - 41 (Objekt auf Datenbank löschen)
- **Objekttyp (OBJTYPE)**
  Zur Definition, ob Zugriffsberechtigungen auf Tabellen, Programme, Transaktionen oder Sonstiges untersucht werden sollen, wird das Feld **Objekttyp** (OBJTYPE) benötigt. Hier wird angegeben, in welchem Bereich geprüft werden soll. Die wichtigsten Einträge für dieses Feld sind:
  - DEVC: Pakete
  - DIAL: Dialogbausteine
  - DOMA: Domänen
  - DTEL: Datenelemente
  - ENQU: Sperrobjekte
  - FUGR: Funktionsgruppen
  - FUGS: Funktionsgruppen (User-Exits)
  - LDBA: logische Datenbanken
  - MENU: Bereichsmenüs
  - PROG: ABAP-Programme
  - SQLT: Pool- und Clustertabellen
  - SQTT: technische Einstellungen zu Pool- und Clustertabellen
  - STRU: Strukturen
  - SUSO: Berechtigungsobjekte
  - SUST: Zuordnung Transaktionen – Berechtigungsobjekte
  - TABL: Tabellen
  - TABT: technische Einstellungen zu Tabellen (z. B. das Protokollkennzeichen)
  - TRAN: Transaktionen
  - VIEW: Views
- **Objektname (OBJNAME)**
  Name des Entwicklungselements

- **Berechtigungsgruppe ABAP-Programm (P_GROUP)**
  Zu Berechtigungsgruppen für ABAP-Programme siehe Abschnitt 9.7.3, »Schutz von ABAP-Programmen durch Berechtigungsgruppen (S_PROGRAM)«.
- **Paket (DEVCLASS)**
  Paket für Workbench Organizer und Transportsystem gemäß Tabelle TDEVC

Besitzt ein Entwickler nur Berechtigungen für das Berechtigungsobjekt S_DEVELOP, kann er nur lokale Objekte anlegen, die nicht in andere SAP-Systeme transportiert werden können. Da Entwickler grundsätzlich im Entwicklungssystem arbeiten und ihre Arbeiten dann ins Produktivsystem übertragen werden müssen, benötigen sie die Berechtigung, um transportierbare Objekte anzulegen. Hierzu muss beim Anlegen eines Programms, einer Tabelle oder Ähnlichem ein Paket angegeben werden. Mit der Angabe eines Pakets werden die Transporteigenschaften dieser Klasse für das neue Objekt übernommen, z. B. das Zielsystem. Die Berechtigung zur Nutzung eines Pakets wird einem Entwickler mit dem Feld **Paket** (DEVCLASS) des Berechtigungsobjekts S_DEVELOP gegeben.

Beim Anlegen eines neuen, transportierbaren Objekts muss dieses einem Auftrag zugeordnet werden. Ein Auftrag fasst alle Aufgaben einer abgeschlossenen Entwicklungsaufgabe zusammen. Für diesen Vorgang benötigt der Entwickler eine Berechtigung für das Berechtigungsobjekt S_TRANSPRT oder das Berechtigungsobjekt S_SYS_RWBO mit den Feldinhalten, die Sie in Tabelle 9.28 sehen.

Berechtigungsobjekt	Feld	Wert
S_TRANSPRT oder S_SYS_RWBO	ACTVT (Aktivität)	- 01 (Anlegen) - 43 (Freigeben)
	TTYPE (Auftragstyp)	- DLOC (lokale Änderungsaufträge) - TASK (Aufgaben)

Tabelle 9.28 Berechtigung für Aufträge

9.7.2 Weitere Berechtigungsobjekte zur Anwendungsentwicklung

Tabelle 9.29 zeigt weitere Berechtigungsobjekte für die Anwendungsentwicklung, die nur in Entwicklungssystemen zu vergeben sind.

Berechtigungsobjekt	Feld	Wert
ABAP Shared Objects		
S_SHM_ADM	ACTVT (Aktivität)	Alle Werte <> 03 (Anzeigen) sind nicht zu vergeben.

Tabelle 9.29 Berechtigungen zur Anwendungsentwicklung

Berechtigungsobjekt	Feld	Wert
Codingbasierte Erweiterungsoptionen		
S_ENH_CRE	–	Das Berechtigungsobjekt ist nicht zuzuordnen.
CDS: Annotationsdefinitionen		
S_DDLACRUD	–	Das Berechtigungsobjekt ist nicht zuzuordnen.
Ressourcenzugriff auf das ABAP Development Tool		
S_ADT_RES	–	Das Berechtigungsobjekt ist nicht zuzuordnen.

Tabelle 9.29 Berechtigungen zur Anwendungsentwicklung (Forts.)

9.7.3 Schutz von ABAP-Programmen durch Berechtigungsgruppen (S_PROGRAM)

Der Schutz von ABAP-Programmen erfolgt im Standard über *Berechtigungsgruppen*. Programme werden einer Berechtigungsgruppe zugeordnet, und Benutzer erhalten dann das Recht, Programme bestimmter Berechtigungsgruppen auszuführen.

Einen weiteren Schutz stellen die im Programmquelltext implementierten Berechtigungsprüfungen dar. Da diese die eigentlichen Berechtigungen darstellen, sind fast alle ausführbaren ABAP-Programme (ca. 95.000 in SAP ERP) nicht über Berechtigungsgruppen geschützt (nur die Hälfte der Namen dieser Programme beginnt mit »R«). Dies stellt ein Problem dar, wenn Transaktion SA38 (oder eine andere Reportingtransaktion, siehe Abschnitt 1.2.2, »Aufrufen von Reports«) Benutzern zugeordnet wird. Diese Benutzer können dann alle Reports, in denen keine Berechtigungsprüfung implementiert ist, ausführen. Es existiert eine Vielzahl von Reports, die nicht über implementierte Berechtigungsprüfungen geschützt sind. Erfahrungsgemäß gilt das auch für die unternehmenseigenen Programme. Daher stellt Transaktion SA38 eine kritische Berechtigung dar, die nur sehr selektiv vergeben werden sollte.

Die Reports, die Benutzer ausführen müssen, sollten ihnen einzeln zugeordnet werden. Dafür stehen Ihnen verschiedene Möglichkeiten zur Verfügung:

- **Zuordnung der benötigten Reports zu unternehmenseigenen Transaktionen**
  Diese Methode hat den Nachteil, dass bei vielen benötigten Reports eine Vielzahl von Transaktionen manuell angelegt und einzeln in Rollen berechtigt werden muss.

- **Zusammenstellung der benötigten Reports zu einem unternehmenseigenen Infosystem**
Hierzu werden die Reports in Bereichsmenüs zusammengefasst. Der entsprechende Aufwand ist geringer als beim Anlegen einzelner Transaktionen. Auch Berechtigungen müssen nicht mehr für einzelne Transaktionen in Rollen integriert werden, sondern es können ganze Bereichsmenüs genutzt werden.

- **Zuordnung von Transaktion SA38 zu den Benutzern und Nutzung von Berechtigungsgruppen für Reports**
Der hierfür entstehende Aufwand ist vergleichbar mit dem Aufwand für die Nutzung von Bereichsmenüs. Allerdings ist der nachträgliche Pflegeaufwand höher, da nicht nur die Reports bedacht werden müssen, die genutzt werden sollen, sondern auch nicht benötigte Reports. Auch diese sind Berechtigungsgruppen zuzuordnen. Diese Variante beschreibe ich im Folgenden.

Die definierten Berechtigungsgruppen für Reports werden in Tabelle TPGP gespeichert, die zugehörigen Texte in Tabelle TPGPT. Die Zuordnung von Programm zu Berechtigungsgruppe wird in Tabelle TRDIR gespeichert. Selbst erstellte Programme muss der Entwickler einer Berechtigungsgruppe zuordnen. Für ausführbare Programme muss daher eine entsprechende Vorgabe definiert sein.

Ausführbaren Programmen, denen keine Berechtigungsgruppe zugeordnet ist, kann ein Entwickler oder ein Berechtigungsadministrator nachträglich mit Transaktion RSCSAUTH (Report RSCSAUTH) eine Berechtigungsgruppe zuordnen. Zunächst sind alle Programme so zu schützen, dass sie niemand aufrufen kann. In weiteren Schritten werden die Reports dann so geschützt, dass den Benutzern die Zugriffsrechte für die Reports zugeteilt werden können.

In der Selektionsmaske von Transaktion RSCSAUTH geben Sie als Administrator eine Selektion wie in Abbildung 9.47 ein, wobei die Berechtigungsgruppe im Feld **Vorschlagswert** frei vergeben werden kann. Berechtigungsgruppen können bis zu acht Zeichen lang sein. Beim Ausführen und Abspeichern des Reports wird diese Berechtigungsgruppe nun allen selektierten Reports zugeordnet.

Die Berechtigungsgruppen werden mit den Reportzuordnungen in Tabelle SREPOATH gespeichert. Diese Tabelle dient der Wiederherstellung (einem Restore) von Berechtigungsgruppen, z. B. nach einem Releasewechsel, in dem die vergebenen Gruppen für SAP-Standardreports wieder überschrieben werden. In diesem Fall müssen Sie in der Selektionsmaske von Transaktion RSCSAUTH die Option **Restaurieren** auswählen. Einmal vergebene Berechtigungsgruppen gehen somit nicht verloren.

9 Entwicklung in SAP-Systemen

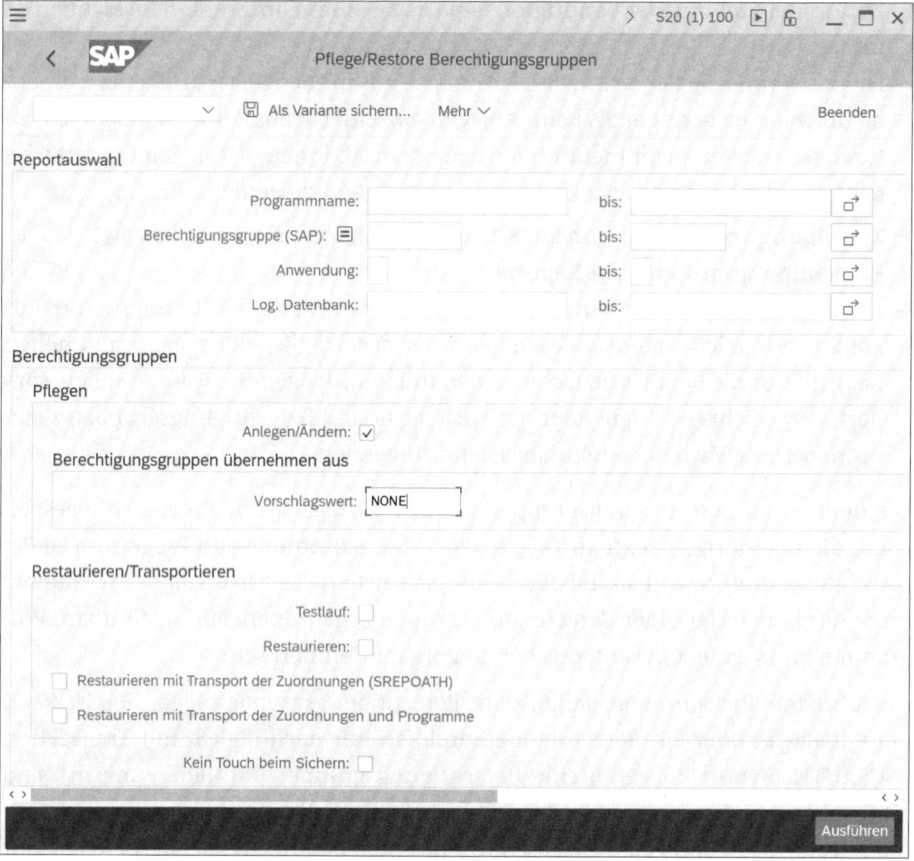

Abbildung 9.47 Selektionsmaske des Reports RSCSAUTH

Die Zugriffsrechte auf die geschützten Reports werden mit dem Berechtigungsobjekt S_PROGRAM vergeben (siehe Tabelle 9.30).

Berechtigungsobjekt	Feld	Wert
S_PROGRAM	P_ACTION (Benutzeraktion)	- SUBMIT (Ausführen) - BTCSUBMIT (Ausführungen einplanen) - VARIANT (Variantenpflege)
	P_GROUP (Berechtigungsgruppe)	<Berechtigungsgruppe der Reports>

Tabelle 9.30 Berechtigungsobjekt S_PROGRAM

Um zu prüfen, wer bestimmte Programme ausführen darf, gehen Sie folgendermaßen vor:

1. Rufen Sie Transaktion SE16 auf, und lassen Sie sich Tabelle TRDIR anzeigen. Schränken Sie die Selektion auf den Report ein, für den die Zugriffsrechte ermittelt werden sollen. Im Feld SECU wird die Berechtigungsgruppe angezeigt.
2. Rufen Sie Transaktion SUIM auf, und führen Sie die Auswertung **Benutzer • Benutzer nach komplexen Selektionskriterien • Benutzer nach komplexen Selektionskriterien** aus (alternativ Transaktion S_BCE_68001400).
3. Tragen Sie auf der Registerkarte **Berechtigungen** im Feld **Berechtigungsobjekt 1** das Berechtigungsobjekt »S_PROGRAM« ein, und klicken Sie auf die Schaltfläche **Eingabewerte**.
4. Geben Sie im Feld **P_ACTION – Benutzeraktion ABAP/4-Programm** den Wert »SUBMIT« ein und im Feld **P_GROUP – Berechtigungsgr. ABAP/4-Programm** die ermittelte Berechtigungsgruppe (siehe Abbildung 9.48).
5. Führen Sie den Report aus; es werden alle berechtigten Benutzer angezeigt.

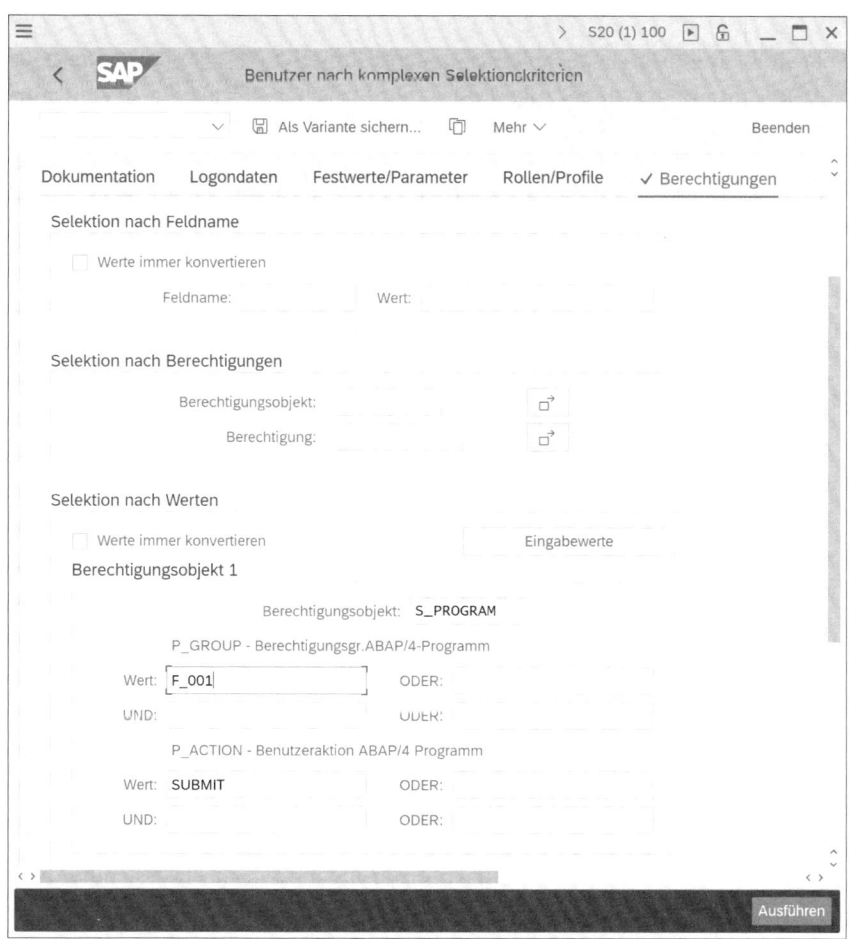

Abbildung 9.48 Prüfung von Berechtigungen zum Objekt S_PROGRAM

9.7.4 Schutz von ABAP-Programmen nach Namen (S_PROGNAM)

Neben den Berechtigungsgruppen ist es auch möglich, Reports innerhalb der Reportingtransaktionen nach ihren Namen zu schützen. Hierzu wird das Berechtigungsobjekt S_PROGNAM genutzt (siehe Tabelle 9.31). Das Objekt gehört zu den schaltbaren Berechtigungen und muss explizit mit Transaktion SACF aktiviert werden.

Berechtigungsobjekt	Feld	Wert
S_PROGNAM	P_ACTION (Benutzeraktion)	<ul><li>SUBMIT (Ausführen)</li><li>BTCSUBMIT (Ausführungen einplanen)</li><li>VARIANT (Variantenpflege)</li></ul>
	P_PROGNAM (Programmname)	<Berechtigungsgruppe der Reports>

Tabelle 9.31 Berechtigungsobjekt S_PROGNAM

Das Objekt stellt eine zusätzliche Berechtigungsprüfung zu S_PROGRAM dar. Ist dem Report eine Berechtigungsgruppe zugeordnet, wird zusätzlich auch weiterhin eine S_PROGRAM-Berechtigung benötigt.

Eine Berechtigung zum Ausführen des Reports RSUSR003 (Standardkennwörter der Standardbenutzer prüfen) wird in S_PROGNAM wie in Abbildung 9.49 ausgeprägt. Im Feld **Programmname** wird der Report angegeben. Diese Berechtigung wird grundsätzlich geprüft, wenn der Report aufgerufen wird. Dabei ist es unerheblich, ob dies über eine Reportingtransaktion erfolgt oder über Transaktion RSUSR003. Die Aktivierung von S_PROGNAM hat somit tiefgreifende Auswirkungen auf das Berechtigungskonzept.

Berechtigungsobjekt S_PROGNAM	Manuell			Generischer Programmstart
Berechtigung T-S026049300	Manuell			Generischer Programmstart
P_ACTION	Manuell		SUBMIT, VARIANT	Benutzeraktion ABAP/4 Programm
P_PROGNAM	Manuell		RSUSR003	Programmname mit Suchhilfe

Abbildung 9.49 S_PROGNAM-Berechtigung für den Report RSUSR003

Durch S_PROGNAM ist es möglich, Reportingberechtigungen wieder als Standardberechtigungen zuzulassen. Bisher wurden Reportingberechtigungen nur einem kleinen Kreis von Anwendern zugeordnet (wenn überhaupt), da eine Eingrenzung auf berechtigte Programme nur mit viel Aufwand umsetzbar und auch fehleranfällig war. Mit der S_PROGNAM-Berechtigung können explizit nur Reports aufgerufen werden, die über die Berechtigungen zugeordnet sind. Es gibt somit keine »Grauzone« mehr. Inwiefern dies die Unternehmensanforderungen abdeckt, muss individuell entschieden werden.

9.7.5 Zugriffsrechte – Einzelberechtigungen

In diesem Abschnitt liste ich exemplarisch einzelne Berechtigungen aus dem Bereich der Anwendungsentwicklung auf. Die Berechtigungen sind jeweils vollständig mit Transaktions- und Anwendungsberechtigung aufgeführt. Falls zum Einsatz der Berechtigung ein Entwicklerschlüssel notwendig ist, gebe ich dies jeweils mit an. In SAP-S/4HANA-Systemen ist grundsätzlich kein Entwicklerschlüssel erforderlich.

Tabelle 9.32 zeigt die Berechtigungen zum Pflegen von Paketen.

Berechtigungsobjekt	Feld	Wert
S_TCODE	TCD (Transaktion)	<Viewpflege>
S_TABU_DIS	ACTVT (Aktivität)	02 (Ändern)
	DICBERCLS (Berechtigungsgruppe)	STRW
oder		
S_TCODE	TCD (Transaktion)	<Viewpflege>
S_TABU_NAM	ACTVT (Aktivität)	02 (Ändern)
	TABLE (Tabelle)	TDEVC

Tabelle 9.32 Berechtigung zum Pflegen von Paketen

Tabelle 9.33 zeigt die Berechtigung zum Pflegen von ABAP-Programmen.

Berechtigungsobjekt	Feld	Wert
Entwicklerschlüssel erforderlich		
S_TCODE	TCD (Transaktion)	SE38
S_DEVELOP	ACTVT (Aktivität)	- 01 (Anlegen) - 02 (Ändern) - 06 (Löschen)
	OBJTYPE (Objekttyp)	PROG

Tabelle 9.33 Berechtigung zum Pflegen von ABAP-Programmen

Tabelle 9.34 zeigt die Berechtigung, um Tabellen und Views zu pflegen.

Berechtigungsobjekt	Feld	Wert
Entwicklerschlüssel erforderlich		
S_TCODE	TCD (Transaktion)	SE11
S_DEVELOP	ACTVT (Aktivität)	▪ 01 (Anlegen) ▪ 02 (Ändern) ▪ 06 (Löschen)
	OBJTYPE (Objekttyp)	▪ TABL ▪ VIEW

Tabelle 9.34 Berechtigung zum Pflegen von Tabellen und Views

Tabelle 9.35 zeigt die Berechtigung, um Berechtigungsobjekte zu pflegen.

Berechtigungsobjekt	Feld	Wert
Entwicklerschlüssel erforderlich		
S_TCODE	TCD (Transaktion)	SU21
S_DEVELOP	ACTVT (Aktivität)	▪ 01 (Anlegen) ▪ 02 (Ändern) ▪ 06 (Löschen)
	OBJTYPE (Objekttyp)	SUSO

Tabelle 9.35 Berechtigung zum Pflegen von Berechtigungsobjekten

9.7.6 Zugriffsrechte – Funktionstrennungen

In diesem Abschnitt führe ich exemplarisch Funktionstrennungen auf, die systemspezifisch oder systemübergreifend abgebildet werden sollten. Falls zum Einsatz der Berechtigung ein Entwicklerschlüssel notwendig ist, gebe ich dies jeweils mit an. In SAP-S/4HANA-Systemen ist grundsätzlich kein Entwicklerschlüssel erforderlich.

Tabelle 9.36 zeigt die Berechtigung, um Aufträge anzulegen, Programme zu pflegen und Aufträge freizugeben.

Berechtigungsobjekt	Feld	Wert
Entwicklerschlüssel erforderlich		
S_TCODE	TCD (Transaktion)	SE01 oder SE09 oder SE10
S_TRANSPRT oder S_SYS_RWBO	ACTVT (Aktivität)	▪ 01 (Anlegen) ▪ 43 (Freigeben)
S_TRANSPRT oder S_SYS_RWBO	TTYPE (Auftragstyp)	DTRA (Workbench-Aufträge)
S_TCODE	TCD (Transaktion)	SE38
S_DEVELOP	ACTVT (Aktivität)	▪ 01 (Anlegen) ▪ 02 (Ändern)
	OBJTYPE (Objekttyp)	PROG

Tabelle 9.36 Berechtigung zum Anlegen von Aufträgen, Pflegen von Programmen und Freigeben von Aufträgen

Tabelle 9.37 zeigt die Berechtigung, um Programme zu pflegen, Aufträge freizugeben und sie ins Produktivsystem zu importieren.

Berechtigungsobjekt	Feld	Wert
Entwicklungssystem – Entwicklerschlüssel erforderlich		
S_TCODE	TCD (Transaktion)	SE38
S_DEVELOP	ACTVT (Aktivität)	▪ 01 (Anlegen) ▪ 02 (Ändern)
	OBJTYPE (Objekttyp)	PROG
S_TCODE	TCD (Transaktion)	SE01 oder SE09 oder SE10
S_TRANSPRT oder S_SYS_RWBO	ACTVT (Aktivität)	43 (Freigeben)

Tabelle 9.37 Berechtigung zum Pflegen von Programmen, Freigeben von Aufträgen und Importieren ins Produktivsystem

Berechtigungsobjekt	Feld	Wert
S_TRANSPRT oder S_SYS_RWBO (Forts.)	TTYPE (Auftragstyp)	DTRA (Workbench-Aufträge)
Produktivsystem		
S_TCODE	TCD (Transaktion)	▪ STMS ▪ STMS_IMPORT ▪ STMS_QUEUES ▪ <Reporting>
S_CTS_ADMI oder S_CTS_SADM	CTS_ADMFCT (Administrationsfunktion)	▪ IMPS (Import einzelner Aufträge) ▪ IMPA (Import aller Aufträge)

Tabelle 9.37 Berechtigung zum Pflegen von Programmen, Freigeben von Aufträgen und Importieren ins Produktivsystem (Forts.)

9.7.7 Patterns in SAP Enterprise Threat Detection

In SAP Enterprise Threat Detection werden standardmäßig die folgenden Patterns ausgeliefert, mit denen das Ausführen von Reports überwacht werden kann:

- Blacklisted reports
- Blacklisted reports in productive system
- ABAP deactivated or deleted reports
- Sensitive data download via blacklisted reports

Kapitel 10
Berechtigungskonzept in ABAP-Systemen

Berechtigungen sind das Kernthema jeder Sicherheitsprüfung. In diesem Kapitel lernen Sie den technischen Aufbau des SAP-Berechtigungswesens kennen und erfahren, was beim Einsatz von SAP S/4HANA Neues hinzukommt, welche Konzepte erforderlich sind und welche Customizing-Einstellungen für die Berechtigungen existieren.

Das SAP-Berechtigungskonzept ist das zentrale Instrument zur Absicherung eines SAP-Systems. Mit SAP S/4HANA ist eine neue Ebene der Berechtigungen hinzugekommen: SAP-Fiori-Apps und die neue Oberfläche SAP Fiori Launchpad. Informationen zu diesen Neuerungen finden Sie in Abschnitt 10.2, »Das Berechtigungskonzept in SAP S/4HANA«.

Neben den eingerichteten Berechtigungen ist der konzeptionelle Überbau ein wesentliches Element zur Sicherheit des Berechtigungskonzepts. In Abschnitt 10.3, »Konzepte zum SAP-Berechtigungswesen«, finden Sie Informationen zu den erforderlichen Konzepten.

Vor der praktischen Prüfung steht die Analyse der Konfigurationen zu den SAP-Berechtigungen, z. B. der deaktivierten Berechtigungsobjekte. Hierzu finden Sie alles in Abschnitt 10.4, »Customizing zum Berechtigungskonzept«. Abschnitt 10.5, »Prüfung von Zugriffsrechten«, zeigt Ihnen die Möglichkeiten der praktischen Prüfung von Berechtigungen. Die praktische Anwendung finden Sie in Kapitel 11, »Praktische Prüfung von Berechtigungen«.

Implementierung von Berechtigungen

Dieses Kapitel befasst sich speziell mit dem Thema der Sicherheit und Prüfung des Berechtigungskonzepts. Zum Thema Implementierung von Berechtigungen empfehle ich Ihnen die folgenden Bücher:

- *SAP-Berechtigungswesen – Konzeption und Realisierung* von Volker Lehnert, Katharina Stelzner, Anna Otto und Dr. Peter John (3. Auflage, SAP PRESS 2016)

- *Berechtigungen in SAP – Best Practices für Administratoren* von Anna Otto und Katharina Stelzner (SAP PRESS 2019)

10.1 Funktionsweise des Berechtigungskonzepts

Das *Berechtigungskonzept* stellt die elementare Sicherheitsfunktion in SAP-Systemen dar. Es hat die Aufgabe, rechtliche und unternehmensinterne Sicherheitsvorschriften technisch abzubilden. Alle anderen Sicherheitsfunktionen werden hierüber verwaltet, wie z. B. das Einstellen der Systemänderbarkeit, das Auditing und die Funktionstrennungen innerhalb der Komponenten.

Das Berechtigungswesen basiert auf *Berechtigungsobjekten*, mit denen Zugriffsrechte für Vorgänge innerhalb des Systems vergeben werden können. In den vorangehenden Kapiteln habe ich zu den verschiedenen Vorgängen jeweils die erforderlichen Berechtigungsobjekte dargestellt.

Jedes Berechtigungsobjekt hat eine feste Struktur, einen Namen, eine Klasse und bis zu zehn Felder. Das Objekt F_LFA1_BUK (Kreditoren: Buchungskreisdaten) kommt z. B. aus der Klasse FI und hat die beiden Felder **Aktivität** und **Buchungskreis**. Die meisten Berechtigungsobjekte schützen bestimmte Bereiche der SAP-Komponenten; andere schützen administrative Aktivitäten.

Diese Objekte sind Vorlagen, aus denen die Benutzerberechtigungen generiert werden können. Beim Generieren werden in die einzelnen Felder Werte eingetragen. Eine Ableitung von F_LFA1_BUK kann beispielsweise mit der Aktivität 03 (Anzeigen) und dem Buchungskreis 1000 ausgeprägt werden. Benutzer, denen diese Berechtigung zugewiesen wurde, dürfen den buchungskreisspezifischen Teil eines Kreditors im Buchungskreis 1000 anzeigen. Ein Benutzer benötigt somit eine Vielzahl an Berechtigungen, die von den Berechtigungsobjekten abgeleitet und unterschiedlich ausgeprägt wurden. Dies sind die *Anwendungsberechtigungen*.

Um einen Vorgang auszuführen, muss eine *startbare Anwendung* aufgerufen werden. Dies können sein:

- Transaktionen
- SAP-Fiori-Apps
- Web Dynpros

Diese werden weiter unten in diesem Kapitel beschrieben. Zum Ausführen eines Vorgangs ist sowohl die *Startberechtigung* als auch die Anwendungsberechtigung notwendig.

Die Berechtigungen werden über *Rollen* verwaltet. Über die Rolle werden dann automatisch zu jedem Objekt Berechtigungen generiert, die in einem *Profil* zusammengefasst werden. Diese Berechtigungen sind meist schon mit Vorschlagswerten ausgeprägt, müssen jedoch noch vervollständigt werden. Im Benutzerstammsatz wird die Rolle vom Berechtigungsadministrator eingetragen. Das zugehörige Profil wird automatisch hinzugefügt. Auf diese Weise erhält ein Benutzer seine Berechtigungen. Abbildung 10.1 zeigt das Zusammenwirken der einzelnen Elemente des Berechtigungswesens. Zu den SAP-S/4HANA-Spezifika siehe Abschnitt 10.2, »Das Berechtigungskonzept in SAP S/4HANA«. Im Folgenden beschreibe ich die einzelnen Elemente.

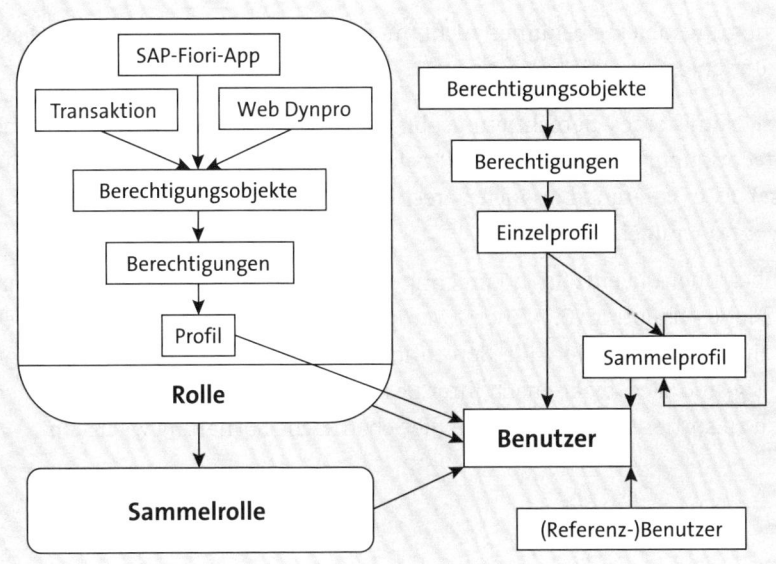

Abbildung 10.1 Die Elemente des SAP-Berechtigungskonzepts

10.1.1 Berechtigungsobjekte

Das Verwalten der Berechtigungsobjekte ist Teil der Anwendungsentwicklung und erfolgt über Transaktion SU21. Diese Transaktion können Sie als Prüfer nutzen, um Berechtigungsobjekte anzuzeigen. Die Berechtigungsobjekte für alle Vorgänge innerhalb eines standardmäßigen SAP-Systems werden bereits mit dem System ausgeliefert. In SAP S/4HANA 2020 existieren ca. 5.100 Berechtigungsobjekte. Neue Objekte können für Eigenentwicklungen angelegt werden, aber auch für Erweiterungen des SAP-Standards. Die Berechtigungsobjekte sind in *Klassen* unterteilt. Diese dienen zur Gruppierung der Objekte.

Die Berechtigungsobjekte von SAP unterliegen zum größten Teil der folgenden Namenskonvention:

- An erster Stelle steht der Name der Komponente, für die dieses Objekt angelegt wurde, z. B.:

- A: Anlagenwirtschaft
- F: Finanzwesen
- G: General Ledger
- K: Kostenrechnung
- L: Lagerverwaltung
- M: Materialwirtschaft
- P: Personalwirtschaft
- S: Basis (SAP NetWeaver)
- V: Vertrieb

- An zweiter Stelle steht ein Unterstrich. Dies ist das Merkmal für ein SAP-Standardobjekt.
- Die Berechtigungsobjekte beginnen nicht mit den Buchstaben »Y« oder »Z«. Diese sind für kundeneigene Objekte reserviert.

Ein typischer Name eines Berechtigungsobjekts ist daher z. B. S_TABU_DIS (Tabellenpflegeberechtigung) oder F_BKPF_BUK (Buchhaltungsbeleg: Berechtigung für Buchungskreise). Es existieren aber auch Berechtigungsobjekte, die nicht nach dieser Namenkonvention aufgebaut sind.

Einen Überblick über die einzelnen Berechtigungsobjekte der Klassen bietet Transaktion SU21 (siehe Abbildung 10.2). Zuerst werden die Objektklassen angezeigt. Durch das Öffnen einer Klasse werden alle Berechtigungsobjekte dieser Klasse angezeigt. Standardmäßig sind die Objekte nach ihrer Beschreibung sortiert. Um sie nach den Objektnamen zu sortieren, klicken Sie auf die Schaltfläche **Sortierung wechseln**.

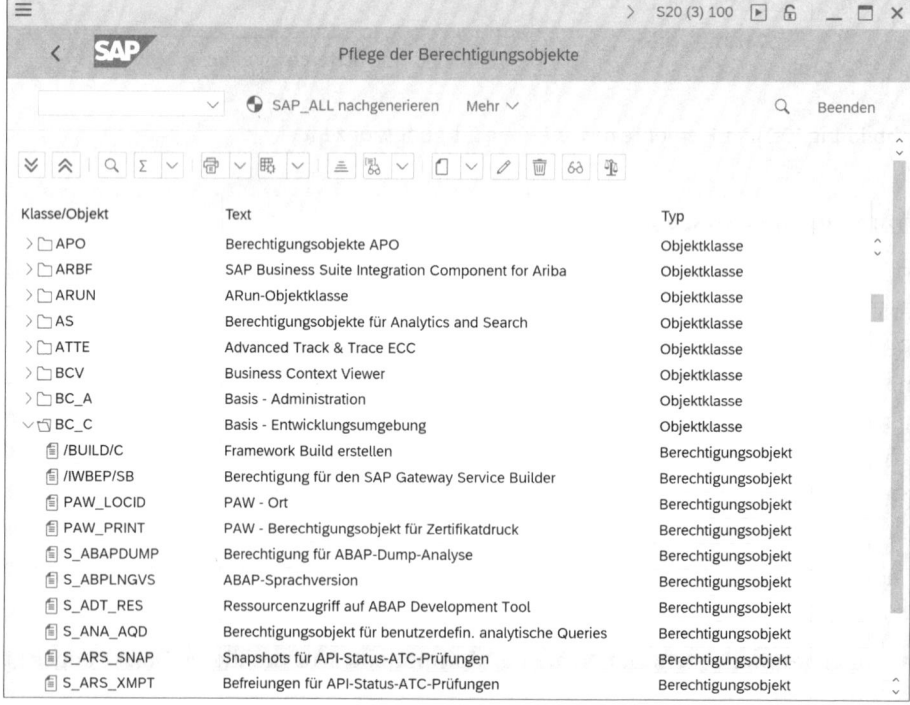

Abbildung 10.2 Transaktion SU21 – Berechtigungsobjekte

Durch einen Doppelklick auf ein Berechtigungsobjekt werden dessen Felder angezeigt. Im Eigenschaftsfenster können Sie sich über die Schaltfläche **Dokumentation** eine Beschreibung anzeigen lassen, in der meistens auch die Felder mit ihren möglichen Werten erläutert werden. Ist das Feld **Aktivität** im Berechtigungsobjekt enthalten, können Sie sich über die Schaltfläche **Zulässige Aktivitäten** anzeigen lassen, welche Aktivitäten für das Objekt verfügbar sind.

Alternativ zu Transaktion SU21 können Sie das Benutzerinfosystem nutzen, und zwar über den Eintrag **Berechtigungsobjekte • Berechtigungsobjekte nach komplexen Selektionskriterien** (Transaktion S_BCE_68001413/Report RSUSR040).

Die Berechtigungsobjekte werden über die folgenden Tabellen verwaltet:

- Tabelle TOBC: Tabelle der Objektklassen
- Tabelle TOBCT: Tabelle der Beschreibungen zu den Objektklassen
- Tabelle TOBJ: Tabelle aller Objekte mit ihren Feldern
- Tabelle TOBJT: Tabelle der Beschreibungen zu den Objekten
- Tabelle TACTZ: mögliche Aktivitäten je Berechtigungsobjekt

Felder der Objekte

Für die Berechtigungsobjekte können nur vordefinierte Felder verwendet werden. Jedes Feld basiert auf einer Domäne (zu Domänen siehe Abschnitt 8.1.2, »Domänen«). Meist können in die Felder keine beliebigen Werte eingetragen werden. Die erlaubten Werte werden in den *Prüftabellen* abgelegt oder sind als Festwerte direkt in der Domäne des Felds hinterlegt. Für die Felder, die die einzelnen Organisationsebenen im SAP-System repräsentieren (z. B. **Buchungskreis**), werden die Tabellen der Organisationsebenen als Referenz verwendet (z. B. T001 – Buchungskreise). So ist sichergestellt, dass die Anwendersicht mit der Steuerungssicht identisch ist.

Die verfügbaren Felder für die Berechtigungsobjekte werden zumeist in *Strukturen* gespeichert. Eine Struktur ist eine Auflistung von Feldern mit ihren jeweiligen technischen Eigenschaften. Sie können sich diese Strukturen mit Transaktion SE11 anzeigen lassen. Die maßgeblichen Strukturen sind:

- AUTHA: Berechtigungsfelder der Anwendungen
- AUTHABA: Berechtigungsfelder der anwendungsübergreifenden Komponenten
- AUTHB: Berechtigungsfelder der Basis
- AUTHBIW: Berechtigungsfelder für Business Information Warehouse (BIW)

Die zugeordneten Prüftabellen können in Tabelle AUTHX nachgeschlagen werden. Ist ein Feld hier nicht gelistet, kann es mit Freitext (also mit beliebigen Werten) ausgeprägt werden.

10 Berechtigungskonzept in ABAP-Systemen

Berechtigungen für Transaktionen

Eine Sonderrolle spielt das Berechtigungsobjekt S_TCODE. Es steuert, welche Transaktion aufgerufen werden darf. Es hat keinen Einfluss darauf, ob das hinterlegte Programm bis zum Ende ausgeführt bzw. in seinem vollen Umfang verwendet werden kann. Das Berechtigungsobjekt S_TCODE enthält lediglich ein Feld, TCD (**Transaktionscode**). Bei den Berechtigungen werden hier die berechtigten Transaktionen eingetragen (siehe Abbildung 10.3). Nicht aufgeführte Transaktionen können nicht aufgerufen werden. Die Prüftabelle für das Feld TCD ist die Tabelle der Transaktionen TSTC.

Die Prüfung auf Transaktionsberechtigungen ist im SAP-Kernel fest integriert und kann nicht deaktiviert werden.

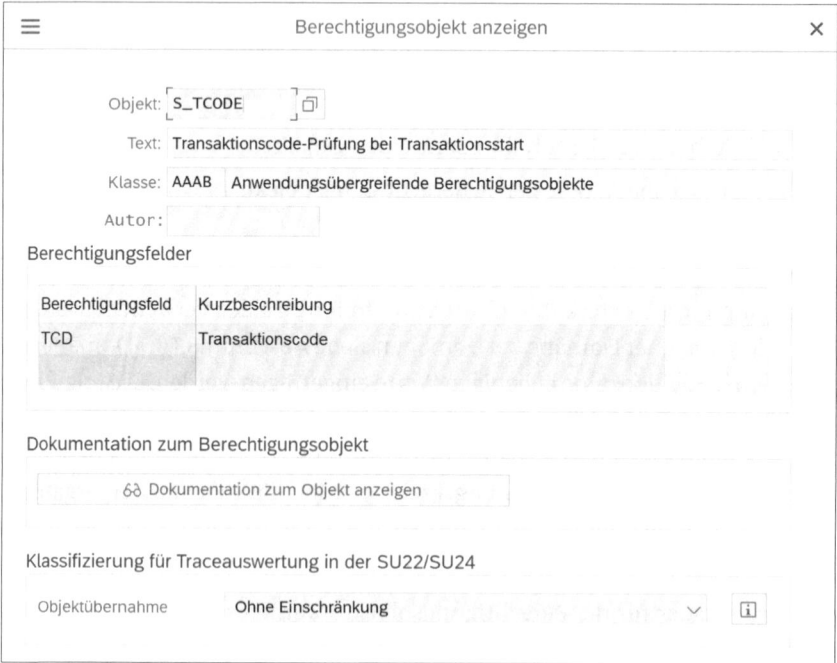

Abbildung 10.3 Berechtigungsobjekt S_TCODE

Berechtigungen für SAP-Fiori-Apps

In SAP S/4HANA werden neue Geschäftsprozessfunktionen maßgeblich als *SAP-Fiori-Apps* ausgeliefert (siehe Abschnitt 10.2.3, »Das Konzept der SAP-Fiori-Apps«). Die Apps werden als Service im SAP-System implementiert. Sie werden daher nicht, wie Transaktionen, mit dem Berechtigungsobjekt S_TCODE berechtigt, sondern mit dem Berechtigungsobjekt S_SERVICE. Dieses Objekt wird nicht manuell gepflegt, sondern über das Menü einer Rolle. Wird eine SAP-Fiori-App ins Menü integriert (bzw. ein Kachelkatalog mit Apps), so wird sie im Berechtigungsobjekt S_SERVICE automatisch berechtigt. Ein Service wird, anders als Transaktionen, nicht mit seinem Kürzel berechtigt. Jeder Service wird durch einen eindeutigen MD5-Hashwert identifiziert. Dieser Hashwert wird mit dem Objekt S_SERVICE berechtigt. Die Hashwerte der Services werden in der Tabelle USOBHASH gespeichert. Abbildung 10.4 zeigt die Ausprägung des Objekts S_SERVICE in einer Rolle mit einem Hashwert und dem dazugehörigen Eintrag in der Tabelle USOBHASH, in welcher der Name der App ermittelt werden kann.

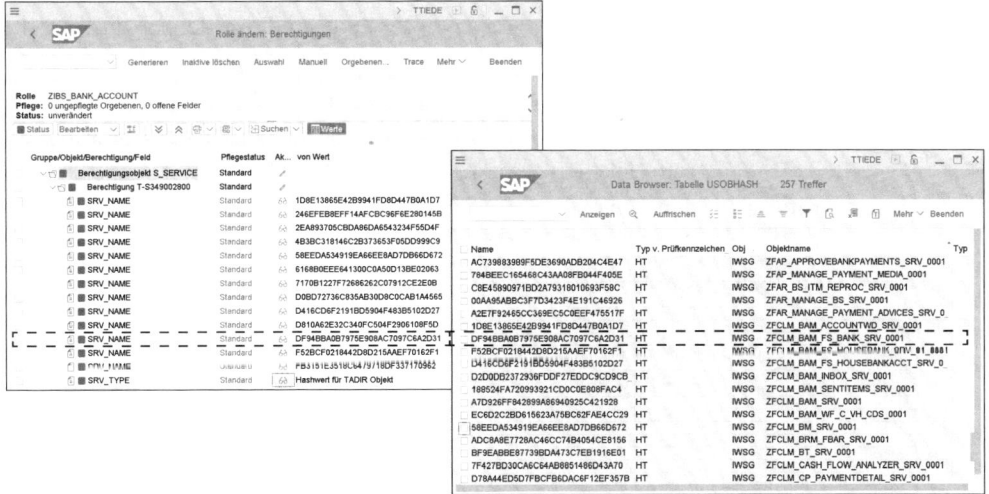

Abbildung 10.4 MD5-Hashwert einer SAP-Fiori-App

Berechtigungen für Web Dynpros

Web Dynpros sind Weboberflächen, die mit der ABAP-Entwicklungsumgebung erstellt werden. Sie können sowohl vom SAP GUI aus als auch über das SAP Fiori Launchpad aufgerufen werden. Ihr Aufruf wird mit dem Berechtigungsobjekt S_START berechtigt. Tabelle 10.1 zeigt seine Felder. Abbildung 10.5 zeigt beispielhaft die Berechtigung für das Web Dynpro LAW3_WD_SLAT_MAIN (License Audit Toolbox).

Feld	Beschreibung
AUTHPGMID	Startprüfung: Programm-ID für Web Dynpros: R3TR
AUTHOBJTYP	Startprüfung: Objekttyp für Web Dynpros: WDYA
AUTHOBJNAM	Startprüfung: Objektname Name des Web Dynpros

Tabelle 10.1 Felder des Berechtigungsobjekts S_START

✓ 🗂 OO■ Berechtigungsobjekt S_START	Standard	Neu	✏			
✓ 🗂 OO■ Berechtigung T-S026048500	Standard	Neu	✏			
🗎 ■ AUTHPGMID	Standard	⊕	👓	R3TR		
🗎 ■ AUTHOBJTYP	Standard	⊕	👓	WDYA		
🗎 ■ AUTHOBJNAM	Standard	⊕	👓	LAW3_WD_SLAT_MAIN		

Abbildung 10.5 Berechtigung für ein Web Dynpro

Im Gegensatz zu den Berechtigungsobjekten für Transaktionsstarts (S_TCODE) und SAP-Fiori-Apps (S_SERVICE) kann für Web Dynpros eingestellt werden, ob das Berechtigungsobjekt S_START überhaupt genutzt werden soll. Dies erfolgt mittels der Tabelle USOBAUTHINACTIVE. Hier kann für jeden Objekttyp, der mit S_START berechtigt wird, eingestellt werden, ob die Berechtigungsprüfung erfolgen soll. Wird in der Spalte **Inaktiv** (Feld CHECK_INACTIVE) ein Häkchen gesetzt, so wird für diesen Objekttyp keine Berechtigungsprüfung auf dem Objekt S_START durchgeführt. In Abbildung 10.6 ist z. B. zu erkennen, dass für Web Dynpros (Objekttyp WDYA) Berechtigungsprüfungen auf S_START durchgeführt werden, da das Kennzeichen im Feld **Inaktiv** nicht gesetzt ist.

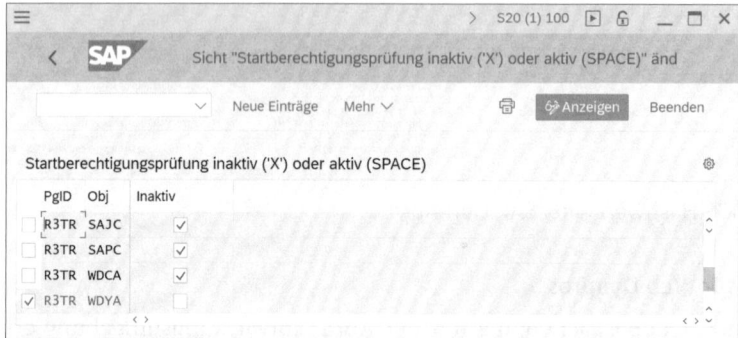

Abbildung 10.6 Berechtigungsprüfung für S_START konfigurieren

Um ein Web Dynpro auszuführen, können Sie es z. B. im SAP GUI in Ihre Favoriten aufnehmen. Klicken Sie hierfür mit der rechten Maustaste auf **Favoriten**, und wählen Sie den Eintrag **Sonstige Objekte einfügen** aus. Im darauffolgenden Fenster wählen Sie den Typ **Web Dynpro Anwendung** aus und geben den Namen des Web Dynpros ein. Das Web Dynpro wird dann in Ihren Favoriten mit dem Symbol 🌐 eingefügt.

Kernel-Berechtigungsprüfungen

Es werden auch Berechtigungsprüfungen durchgeführt, die nicht explizit über die Anweisung AUTHORITY-CHECK abgefragt werden, die sogenannten *Kernel-Berechtigungsprüfungen*. Diese werden aufgerufen, wenn eine bestimmte Aktion ausgeführt wird, z. B. ein Zugriff auf Dateien im Betriebssystem. Die ABAP-Anweisung OPEN DATASET öffnet eine Datei im Betriebssystem. Wird diese Anweisung ausgeführt, werden für den ausführenden Benutzer automatisch die folgenden Berechtigungsobjekte geprüft, ohne dass ein AUTHORITY-CHECK im Quelltext implementiert ist:

- **Prüfung, ob der Benutzer auf den Pfad zugreifen darf, in dem die Datei liegt**
  Es wird geprüft, ob der Pfad in Tabelle SPTH hinterlegt ist und ob Zugriffe darauf erlaubt sind. Ist dort eine Berechtigungsgruppe für den Pfad hinterlegt, erfolgt eine Berechtigungsprüfung für das Berechtigungsobjekt S_PATH.

- **Prüfung, ob der Benutzer auf die Datei zugreifen darf**
  Es wird geprüft, ob der Benutzer auf die Datei zugreifen darf. Dafür erfolgt eine Berechtigungsprüfung des Berechtigungsobjekts S_DATASET.

Unternehmenseigene Berechtigungsobjekte

Für komplexe Eigenentwicklungen ist ein adäquater Schutz erforderlich. Häufig müssen dafür neue Berechtigungsobjekte angelegt werden. Diese werden entweder im unternehmenseigenen Namensraum angelegt, oder sie beginnen mit Y* oder Z*. Um zu ermitteln, ob unternehmenseigene Berechtigungsobjekte existieren, können Sie Transaktion SUIM nutzen. Wählen Sie hier den Pfad **Berechtigungsobjekte • Berechtigungsobjekte nach komplexen Selektionskriterien** (Transaktion S_BCE_68001413/Report RSUSR040). In der Selektionsmaske geben Sie zum Feld **Berechtigungsobjekt** über die Mehrfachselektion die Werte »Y*« und »Z*« ein, falls vorhanden auch den Unternehmensnamensraum. Im Ergebnis werden alle Objekte aufgelistet. Per Doppelklick zeigen Sie die Felder eines Objekts an. Von dort können Sie auch zur Dokumentation und den zulässigen Aktivitäten verzweigen. Abbildung 10.7 zeigt das selbst definierte Berechtigungsobjekt ZCASA_XPRT.

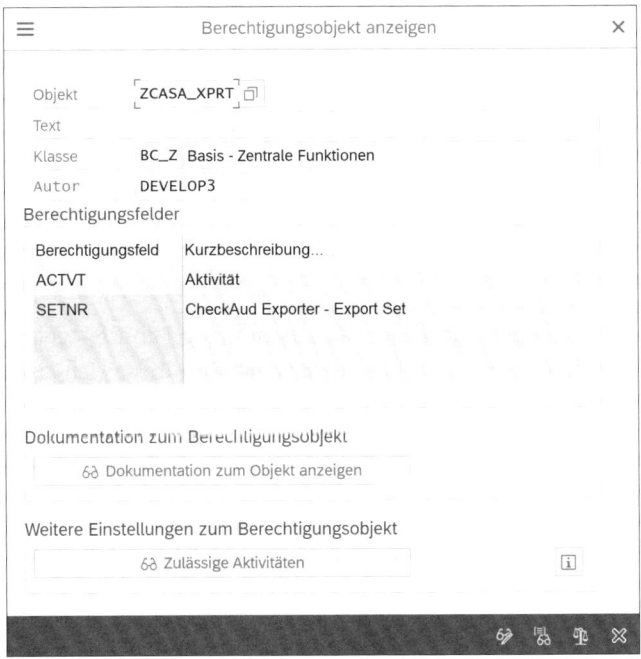

Abbildung 10.7 Berechtigungsobjekt ZCASA_XPRT

10.1.2 Rollen

Rollen stellen die Verwaltungseinheit zur Berechtigungspflege dar. Hier werden alle Informationen zusammengefasst, die zur Vergabe von Berechtigungen erforderlich sind:

- die startbaren Anwendungen, die mit der Rolle ausführbar sein sollen
- die zu den startbaren Anwendungen gehörenden Berechtigungsobjekte
- die Ausprägungen der Felder der Berechtigungsobjekte
- das Menü, in dem die startbaren Anwendungen strukturiert zusammengefasst werden können
- beim Einsatz von SAP Fiori die Kachelgruppen und -kataloge
- die Benutzer, die über die Berechtigungen verfügen sollen
- das Profil, in dem die eigentlichen Berechtigungen gespeichert werden

Rollenpflege mit Transaktion PFCG

Rollen werden mit Transaktion PFCG verwaltet und angezeigt. In der Rolle werden alle Informationen gesammelt, die zur automatischen Generierung von Profilen erforderlich sind. Benutzer erhalten ihre Berechtigungen durch diese Profile, die in ihrem Stammsatz durch die Zuordnung der Rollen eingetragen werden. Die Profile enthalten die einzelnen Berechtigungen, basierend auf den Berechtigungsobjekten. Daher wird Transaktion PFCG auch häufig noch *Profilgenerator* genannt (ihre ursprüngliche Bezeichnung). Abbildung 10.8 zeigt die Oberfläche von Transaktion PFCG. Die Eigenschaften einer Rolle sind auf einzelne Registerkarten verteilt:

- **Beschreibung**
  Hier kann eine Beschreibung zur Rolle hinterlegt werden. Des Weiteren wird der Benutzer angezeigt, der die Rolle angelegt hat, sowie der Benutzer, der die Rolle zuletzt geändert hat. Im Bereich **Vererbung der Transaktionen** wird angezeigt, ob die Rolle aus einer anderen Rolle abgeleitet wurde.

- **Menü**
  Hier wird das Menü der Rolle angezeigt. Über das Customizing kann festgelegt werden, ob Benutzern nur diese Menüs angezeigt werden, oder ob sie sich auch das SAP-Standardmenü anzeigen lassen können (siehe Abschnitt 10.4.2, »Benutzermenüs«).

- **Anwendungen**
  Hier werden alle startbaren Anwendungen aufgelistet, die ins Menü integriert wurden. Für jede Anwendung können mittels der Schaltfläche 🗐 die Vorschlagswerte (Berechtigungsobjekte mit Feldwerten) für die einzelnen Anwendungen angezeigt werden.

10.1 Funktionsweise des Berechtigungskonzepts

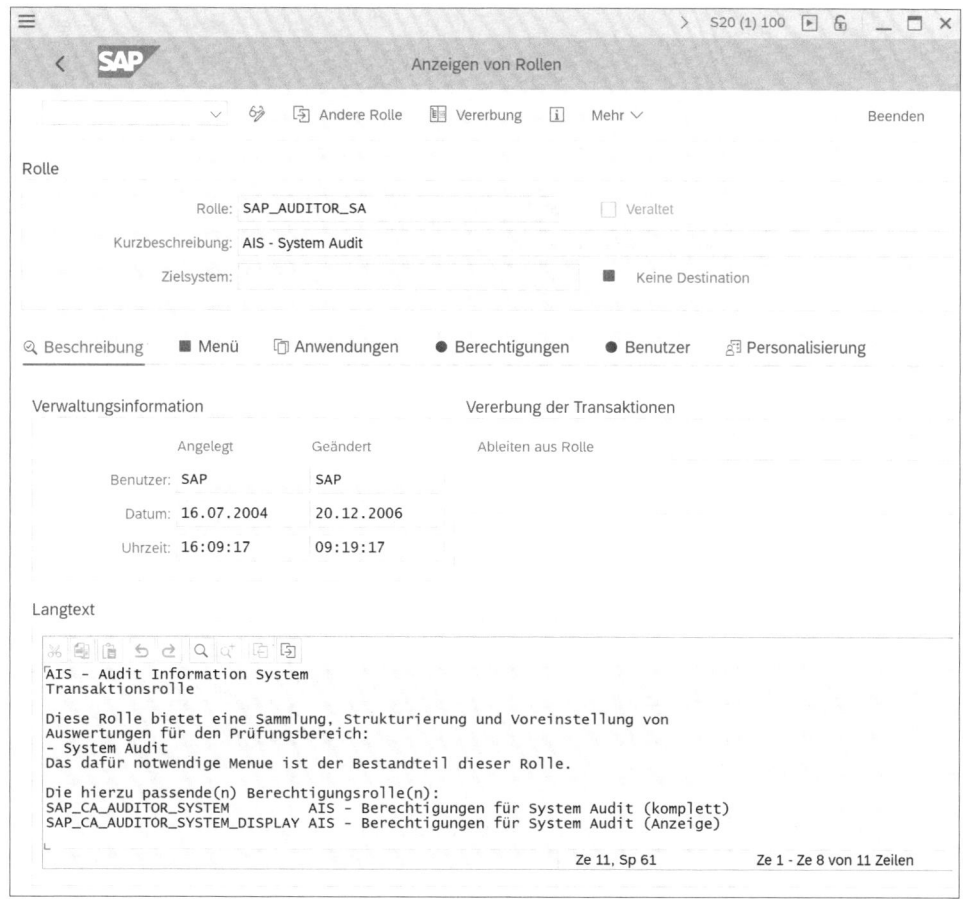

Abbildung 10.8 Transaktion PFCG

- **Berechtigungen**
  Hier wird der Name des zur Rolle generierten Profils angezeigt. Über die Schaltfläche **Berechtigungsdaten anzeigen** werden die zur Rolle hinterlegten Berechtigungsobjekte mit den eingetragenen Feldwerten angezeigt.

- **Benutzer**
  Dies sind die der Rolle zugeordneten Benutzer. Den in Schwarz hinterlegten Benutzern wurde diese Rolle direkt zugeordnet. Den in Blau eingetragenen Benutzern wurde diese Rolle über eine Sammelrolle zugeordnet. In den Spalten **von** und **bis** ist der Gültigkeitszeitraum der Rolle für den Benutzer hinterlegt (siehe Abbildung 10.9). Außerhalb dieses Zeitraums verfügt der Benutzer nicht über die Zugriffsrechte dieser Rolle.

10 Berechtigungskonzept in ABAP-Systemen

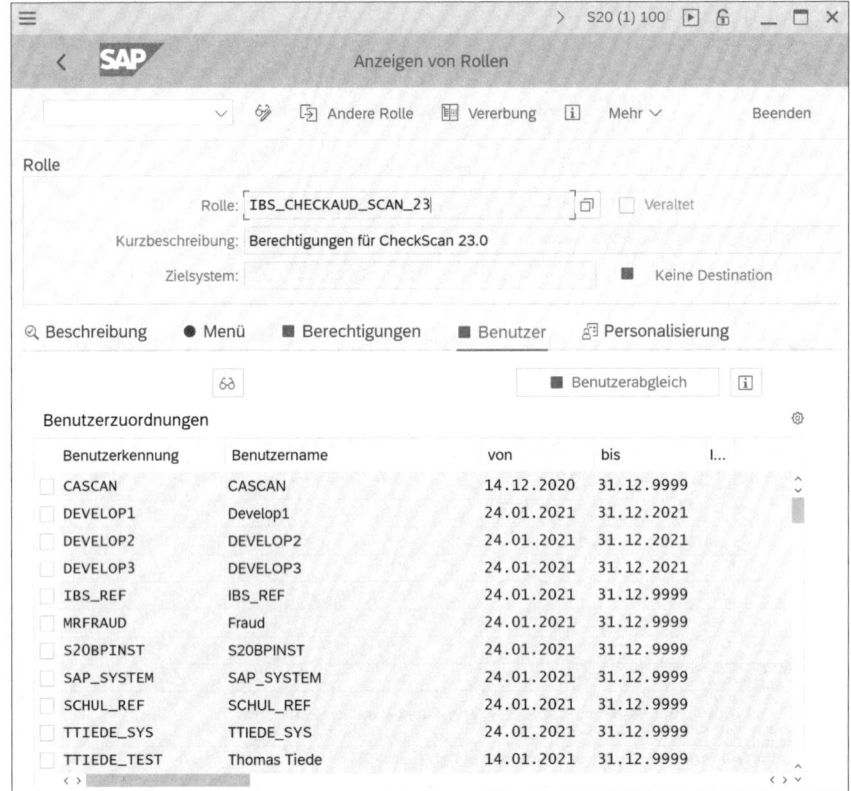

Abbildung 10.9 Transaktion PFCG – Benutzerzuordnung zu Rollen

Der Namensraum für Rollen kann beliebig gewählt werden. Mit den folgenden Zeichen können Rollennamen beginnen:

A, B, C, D, E, F, G, H, I, J, K, L, N, M, O, P, Q, R, S, T, U, V, W, X, Y, Z, _, 0, 1, 2, 3, 4, 5, 6, 7, 8, 9, &, (,), +, „ -, ., :, ;, <, >, =, ?

SAP-Standardrollen beginnen mit »SAP«. Unternehmenseigene Rollen können nicht mit »SAP« beginnen.

Massenpflege von Rollen

Die Pflege von Rollen kann über die Massenpflege vereinfacht werden. Aufgerufen wird sie mit Transaktion PFCGMASSVAL bzw. dem Report PFCG_MASS_VAL. Mit diesem Report haben Sie die Möglichkeit, an einer Vielzahl von Rollen die folgenden Änderungen vorzunehmen:

- **Organisationsebenen ändern**
  Sie können Organisationsebenen zufügen, löschen oder ersetzen. Gepflegt werden können alle definierten Organisationsebenen gemäß Tabelle USORG. Die geän-

698

derten Werte werden in Tabelle `AGR_1252` geschrieben. Wurden Organisationsebenen direkt in den Tabellen gepflegt, sind diese von den Änderungen nicht betroffen.

- **Feldwerte von Berechtigungen zu einem Objekt ändern**
  Sie können zu Berechtigungsobjekten die Feldwerte zu allen Feldern zufügen, löschen oder ersetzen.

- **Feldwerte von Berechtigungen zu einem Feld ändern (objektübergreifend)**
  Sie können zu einzelnen Feldern Werte zufügen, löschen oder ersetzen. Hiermit ist es z. B. möglich, in Rollen die Aktivität (Feld `ACTVT`) in allen enthaltenen Berechtigungsobjekten auf lesende Berechtigungen (Aktivität 03) einzuschränken.

- **Eine manuelle Berechtigung zu einem Objekt hinzufügen**
  Hiermit können Berechtigungen neu zugefügt werden.

Die Änderungen können vor der Umsetzung simuliert werden, um das Ergebnis zu überprüfen.

Sperrung der Rollenpflege im Produktivsystem

Die Rollenpflege unterliegt, genau wie die ABAP-Entwicklung, dem Change Management. Änderungen an Rollen werden ausschließlich im Entwicklungssystem vorgenommen (Ausnahme: die Zuordnung zu Benutzern) und im Qualitätssicherungssystem getestet und freigegeben. Im Produktivsystem dürfen keine Rollenänderungen vorgenommen werden. Rollenänderungen werden über das Änderungsbelegobjekt `PFCG` protokolliert.

Um die Rollenpflege im Produktivmandanten zu sperren, kann diese Funktion an die Mandantenänderbarkeit geknüpft werden. Ist der Mandant dann gegen Änderungen gesperrt (siehe Abschnitt 2.4.2, »Eigenschaften von Mandanten«), ist auch keine Rollenpflege möglich. Rollenzuordnungen funktionieren aber weiterhin. Dies ist möglich mit dem Schalter `CLIENT_SET_FOR_ROLES` in Tabelle `PRGN_CUST` (siehe SAP-Hinweis 1723881). Er kann die folgenden Werte enthalten:

- NO (Default-Einstellung): Die Mandanteneinstellung hat keinen Einfluss auf die Rollenpflege.
- YES: Die Einstellung für mandantenabhängige Objekte wird in der Rollenpflege berücksichtigt.

Auswertungen zu Rollen

Im Benutzerinformationssystem (Transaktion SUIM) sind verschiedene Auswertungen zu Rollen möglich. Tabelle 10.2 listet diese auf.

Pfad in Transaktion SUIM (Transaktion/Report)	Beschreibung
Rollen • Rollen nach komplexen Selektionskriterien • Rollen nach komplexen Selektionskriterien (S_BCE_68001425/RSUSR070)	Auswertungen zu Berechtigungsrollen
Rollen • Suche nach Einzelrollen mit Berechtigungsdaten (RSUSRAUTH/RSUSRAUTH)	Auswertungen zu Berechtigungsrollen. Es kann auch nach aktiven/inaktiven Berechtigungen in Rollen sowie nach dem Pflegestatus von Berechtigungen selektiert werden.
Rollen • Suche nach Anwendungen im Rollenmenü (RSUSR_ROLE_MENU/RSUSR_ROLE_MENU)	Auswertung von Einträgen im Rollenmenü
Rollen • Suche in Rollen nach startbaren Anwendungen (RSUSR_START_APPL/RSUSR_START_APPL)	Auswertung, welche startbaren Anwendungen in der Rolle enthalten sind, z. B. Web Dynpros und SAP-Fiori-Apps
Vergleiche • von Rollen (S_BCE_68001777/RSUSR050)	Vergleicht die Berechtigungswerte von zwei Rollen.
Änderungsbelege • für Rollenzuordnung (RSSCD100_PFCG_USER/RSSCD100_PFCG)	Wertet die Änderungsbelege für Rollenzuordnungen aus.
Änderungsbelege • für Rollen (RSSCD100_PFCG/RSSCD100_PFCG)	Wertet alle Änderungen zu Rollen aus.
Transaktionen • ausführbar für Rolle (S_BCE_68002041/RSUSR010)	Listet Transaktionen auf, die mit einer Rolle ausgeführt werden können.

Tabelle 10.2 Rollenauswertungen im Benutzerinformationssystem

Des Weiteren existieren Reports für Rollenauswertungen, die nicht in das Benutzerinformationssystem eingebunden sind. Tabelle 10.3 listet diese Reports auf.

Report	Beschreibung
PRGN_CHECK_AGR_TRANSLATION	Prüft für bis zu fünf Sprachen, welche Texte und Menüs jeweils in welcher Sprache zur Rolle existieren.

Tabelle 10.3 Reports zur Auswertung von Rollen

Report	Beschreibung
PRGN_COMPRESS_TIMES	Benutzer können einer Rolle mehrfach mit verschiedenen Gültigkeiten zugeordnet werden. Dieser Report komprimiert die Zuordnungen und kann abgelaufene Zuordnungen löschen.
PRGN_DISPLAY_AUTH	Zeigt alle Berechtigungen in Rollen tabellarisch an.
PRGN_PRINT_AGR_MENU	Zeigt Rollenmenüs in druckbarer Form an.
PRGN_ROLE_MENU_DISPLAY	Zeigt Rollenmenüs in tabellarischer Form an.
PRGN_STATUS_ALL	Gibt eine Übersicht über den Rollenstatus, u. a.: • Das Profil ist aktuell. • Die Rolle enthält ein Menü. • Die Benutzer sind zugeordnet. • Die Profile sind abgeglichen. • Sammelrollenzuordnung. • Die Zuordnung stammt aus dem Organisationsmanagement von SAP ERP HCM (indirekte Zuordnung).
PRGN_INFO_COMPOSITE_ROLES	Zeigt statistische Informationen zu Sammelrollen an, z. B. wie viele Rollen, Ordner und Transaktionen enthalten sind.
AGRS_WITH_EMPTY_FIELDS	Listet alle Rollen auf, in denen leere Felder existieren.
AGRS_WITH_EMPTY_ORGS	Listet Rollen auf, in denen die Daten der Organisationsfelder nicht gepflegt sind.
AGR_CHECK_AUTHS_DUPLICATES	Listet doppelt in Profilen vorkommende Berechtigungen auf.
PFCG_AGRS_WITH_MANUAL_S_TCODE	Listet Rollen mit manuellen S_TCODE-Berechtigungen auf.
PFCG_ORGFIELD_ROLES	Synchronisiert Rollen mit Organisationsebenendefinition.
RSUSR_CHECK_ROLE_ASSIGNMENTS	Listet Benutzer auf, denen Rollen mehrfach zugewiesen wurden.
RSUSR_AUTH_DATA_VERSION	Vergleicht zwei Versionen von Rollen.

Tabelle 10.3 Reports zur Auswertung von Rollen (Forts.)

Report	Beschreibung
RSUSR016 (Transaktion RSUSR016)	Listet startbare Anwendungen für Benutzer oder Rollen auf: • Transaktion (S_TCODE) • Funktionsbaustein (S_RFC) • TADIR-Service (S_START, S_SERVICE)
Transaktion ROLE_CMP	Vergleicht die Menüs zweier Rollen.

Tabelle 10.3 Reports zur Auswertung von Rollen (Forts.)

Die Rollen werden in den folgenden Tabellen gespeichert:

- Tabelle AGR_DEFINE: Liste aller Rollen
- Tabelle AGR_AGRS: Rollen in Sammelrollen
- Tabelle AGR_BUFFI: Internetlinks einer Rolle (listet u. a. Kachelgruppen und -kataloge auf sowie die Hashwerte der enthaltenen Services)
- Tabelle AGR_USERS: Benutzerzuordnungen zu Rollen
- Tabelle AGR_PROF: Profile der Rollen
- Tabelle AGR_1251: Berechtigungsobjekte mit Feldwerten in den Rollen
- Tabelle AGR_1252: Organisationsebenen der Rollen

10.1.3 Sammelrollen

Rollen, in denen Berechtigungen enthalten sind, werden *Einzelrollen* genannt. Einzelrollen können zu *Sammelrollen* zusammengefasst werden, um eine transparente und einfache Zuordnung zu Benutzern zu ermöglichen. So können durch die Einzelrollen z. B. einzelne Arbeitsschritte abgebildet werden, die dann in den Sammelrollen zu Prozessen zusammengesetzt werden.

Die Eigenschaften einer Sammelrolle sind auf die folgenden Registerkarten aufgeteilt:

- **Beschreibung**
  Hier kann eine Beschreibung zur Rolle hinterlegt werden. Des Weiteren wird der Benutzer angezeigt, der die Rolle angelegt hat, sowie der Benutzer, der die Rolle zuletzt geändert hat.

- **Rollen**
  Hier werden die Rollen aufgelistet, die der Sammelrolle zugeordnet sind (siehe Abbildung 10.10). Es können nur Einzelrollen in Sammelrollen zusammengefasst werden. Eine Verschachtelung von Sammelrollen ist nicht möglich.

10.1 Funktionsweise des Berechtigungskonzepts

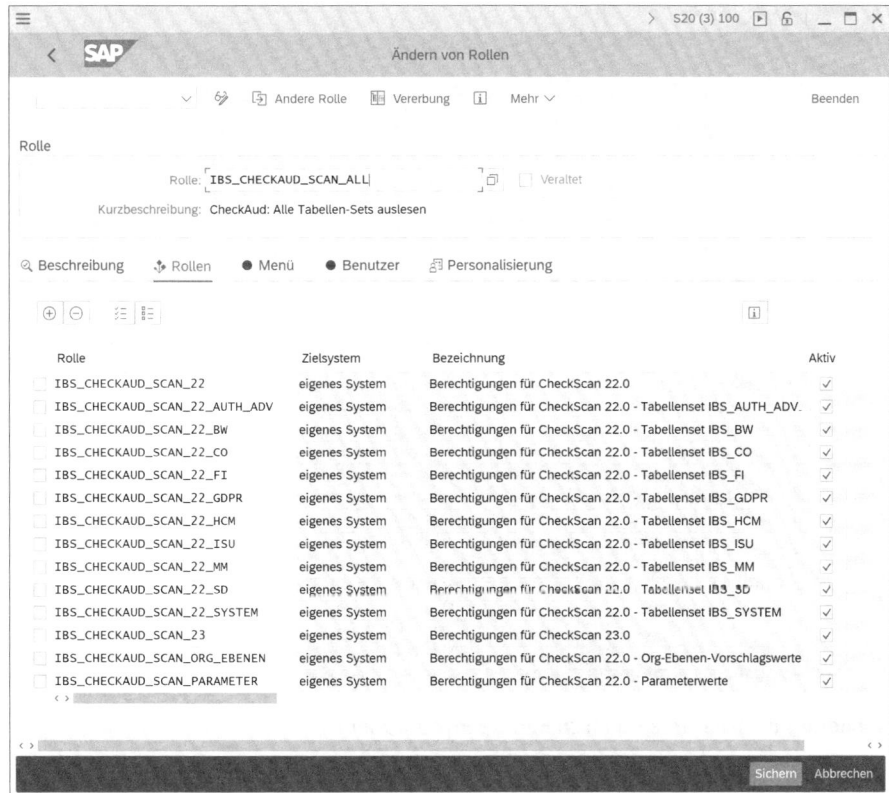

Abbildung 10.10 Einzelrollen zu Sammelrollen zuordnen

- **Menü**
  Hier wird das Menü der Sammelrolle angezeigt. Die Menüs der enthaltenen Einzelrollen können hier eingelesen werden. Hieraus kann auch eine ganz neue Menüstruktur erstellt werden, die von der Menüstruktur der Einzelrollen abweicht. Es werden für den Benutzer nur die Menüs der Sammelrollen angezeigt, nicht die Menüs der enthaltenen Einzelrollen.

- **Benutzer**
  Dies sind die der Rolle zugeordneten Benutzer. In den Spalten **von** und **bis** ist der Gültigkeitszeitraum der Rolle für den Benutzer hinterlegt (siehe Abbildung 10.11). Außerhalb dieses Zeitraums verfügt der Benutzer nicht über die Zugriffsrechte dieser Rolle. Im Stammsatz des Benutzers werden sowohl die Sammelrolle als auch die enthaltenen Einzelrollen eingetragen. Die Einzelrollen, die über eine Sammelrolle zugeordnet wurden, erhalten in der Spalte **Indirekte Benutzer-Rollen-Zuordnung** das Sammelrollensymbol ( ). Rollen, die direkt zugeordnet wurden (also auch die Sammelrollen), werden hier durch ein Gleichheitszeichen (, **Direkte Zuordnung**) dargestellt.

10 Berechtigungskonzept in ABAP-Systemen

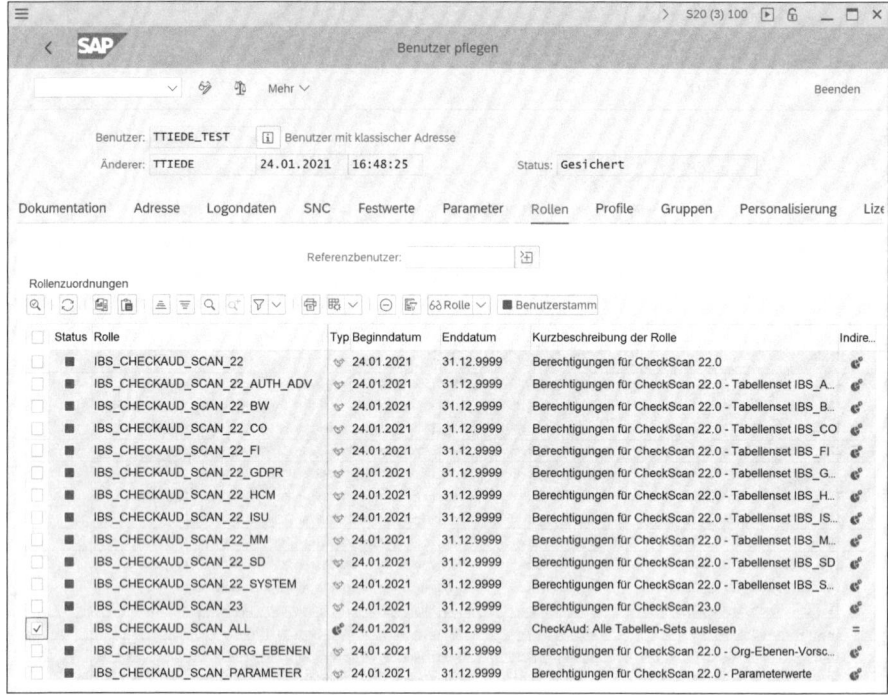

Abbildung 10.11 Sammelrollen zu Benutzern zuordnen

10.1.4 Profile

Profile enthalten die eigentlichen Berechtigungen. In jeder Rolle wird ein Profilname festgelegt, sodass das Profil zur Rolle eindeutig identifiziert werden kann. Die Zuordnung Rolle – Profil wird in Tabelle AGR_PROF gespeichert. Wird einem Benutzer eine Rolle zugeordnet, muss anschließend ein sogenannter *Benutzerstammabgleich* durchgeführt werden. Dieser Abgleich trägt das Profil der Rolle in den Benutzerstamm ein. Erst von diesem Zeitpunkt an verfügt der Benutzer über die Berechtigungen der Rolle. Wird einem Benutzer eine Rolle entzogen, wird auch das Profil wieder aus seinem Stammsatz entfernt. Abbildung 10.12 zeigt ein Profil mit den darin enthaltenen Berechtigungen.

Es gibt drei Arten von Profilen:

- **Generierte Profile**
  Diese Profile werden automatisch, wie beschrieben, über Rollen generiert. Sie können nur über die betreffende Rolle geändert werden. Manuelle Änderungen sind nicht möglich. Diese Profile werden über die Rollenpflege mit Transaktion PFCG verwaltet.

  Ein Profil kann maximal 128 Berechtigungen enthalten. Sind in einer Rolle mehr Berechtigungen enthalten, werden mehrere Profile zur Rolle generiert.

- **Einzelprofile**
Diese Profile werden manuell verwaltet und sind nicht an eine Rolle geknüpft. Anders als die generierten Profile werden die Einzelprofile direkt den Benutzern zugewiesen. Verwaltet werden sie mit Transaktion SU02.

Aus Transparenzgründen wird empfohlen, Einzelprofile nicht zu verwenden. Das Konzept der Einzelprofile ist veraltet.

- **Sammelprofile**
Diese Profile enthalten andere Profile. Sie können sowohl Einzelprofile als auch andere Sammelprofile enthalten. Sammelprofile können beliebig oft ineinander verschachtelt werden. Auch Sammelprofile sind nicht an eine Rolle geknüpft.

Ein Beispiel hierzu stellt das Sammelprofil SAP_ALL dar, das alle Berechtigungen des SAP-Systems enthält. Die Sammelprofile werden ebenfalls mit Transaktion SU02 verwaltet. Das Konzept der Nutzung von Sammelprofilen ist veraltet; Sammelprofile sollten nicht mehr verwendet werden.

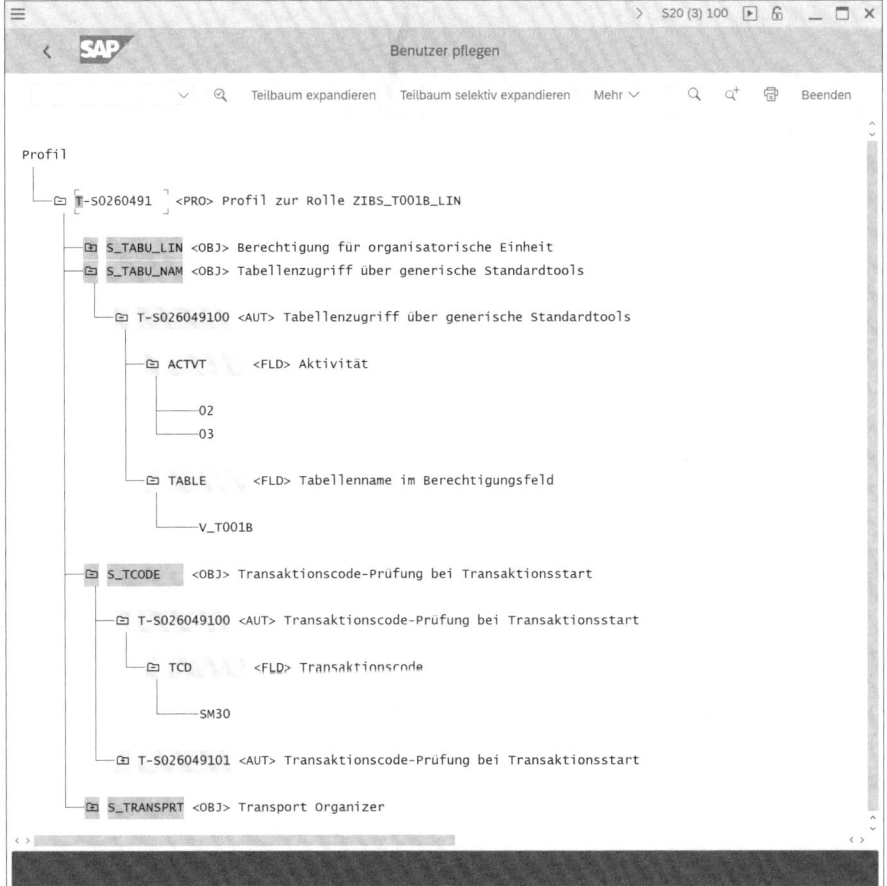

Abbildung 10.12 Berechtigungen in Profilen

Wird ein rollenbasiertes Berechtigungskonzept genutzt, sollten weder Einzel- noch Sammelprofile verwendet werden. Die Berechtigungsvergabe erfolgt dann ausschließlich über die Rollen. Um zu prüfen, ob Benutzern Einzel- oder Sammelprofile zugeordnet wurden, können Sie den QuickViewer (Transaktion SQVI) nutzen oder alternativ Transaktion SE16H. Hier müssen die Tabellen UST04 (Benutzer mit Profilen) und USR10 (Profileigenschaften, u. a. der Profiltyp) miteinander verknüpft werden. In der Selektionsmaske können Sie das Feld TYP auf Einzel- und Sammelprofile eingrenzen. Im Ergebnis werden dann nur Benutzer angezeigt, denen Einzel- oder Sammelprofile zugeordnet sind (siehe Abbildung 10.13).

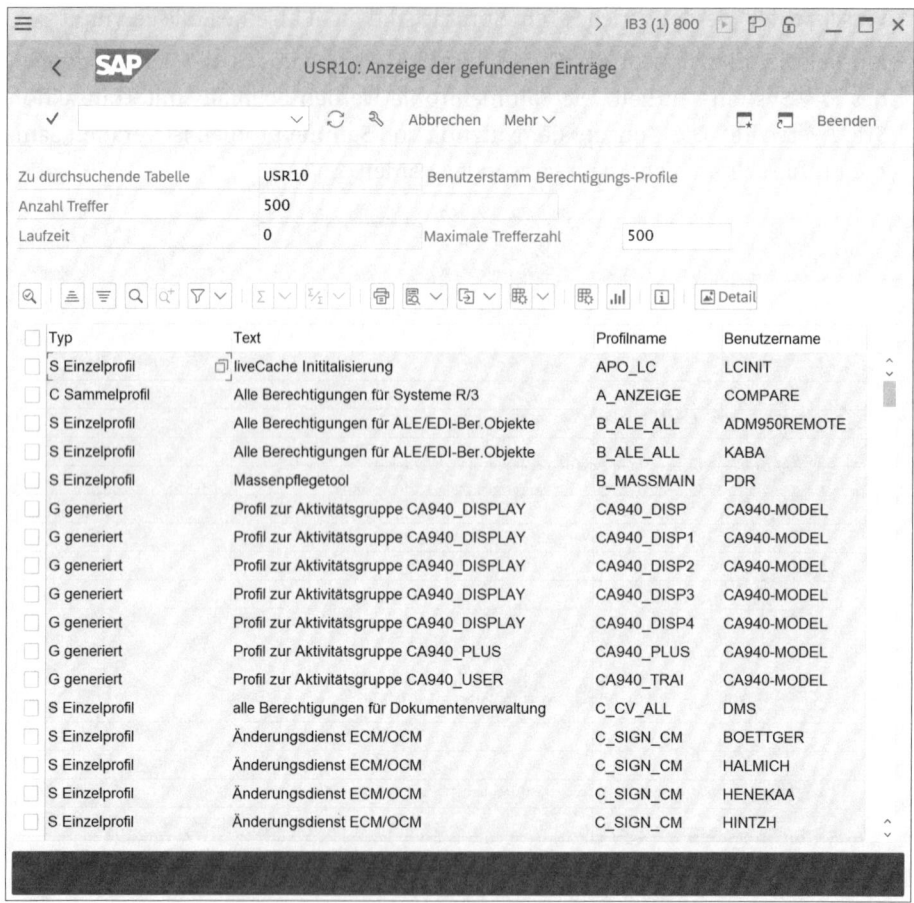

Abbildung 10.13 Die Zuordnung von Einzel- und Sammelprofilen auswerten

Im Benutzerinformationssystem (Transaktion SUIM) sind verschiedene Auswertungen zu Profilen möglich. Tabelle 10.4 listet diese auf.

Pfad in Transaktion SUIM (Transaktion/Report)	Beschreibung
Profile • Profile nach komplexen Selektionskriterien (S_BCE_68001409/RSUSR020)	Auswertungen zu Profilen
Transaktionen • ausführbar mit Profil (S_BCE_68001427/RSUSR010)	Listet Transaktionen auf, die mit einem Profil ausgeführt werden können.
Vergleiche • von Profilen (S_BCE_68001431/RSUSR050)	Vergleicht die Berechtigungswerte von zwei Profilen.
Änderungsbelege • für Profile (S_BCE_68001440/RSUSR101)	Wertet alle Änderungen zu Profilen aus.
Änderungsbelege • Benutzer – für Benutzer (S_BCE_68002311/RSUSR100N)	Wertet Änderungen am Benutzerstammsatz aus, inklusive Profilzuordnungen.

Tabelle 10.4 Profilauswertungen im Benutzerinfosystem

Tabelle 10.5 zeigt Ihnen die Tabellen, in denen die Profile gespeichert werden.

Tabelle	Beschreibung
USR10	Profile mit den enthaltenen Berechtigungen oder Profilen. Im Feld TYP wird der Profiltyp (Einzel-/Sammel-/generiertes Profil) gespeichert.
UST10S	Transparente Tabelle zu USR10. Enthält die Einzelprofile mit den enthaltenen Berechtigungen.
UST10C	Transparente Tabelle zu USR10. Enthält die Sammelprofile mit den enthaltenen Profilen.
UST04	Zuordnung von Profilen zu Benutzern
AGR_PROF	Profile der Rollen

Tabelle 10.5 Tabellen der Profile

10.1.5 Berechtigungen

Eine *Berechtigung* ist immer eine Ableitung von einem Berechtigungsobjekt. Der Name und die Felder des Objekts werden übernommen. Zusätzlich erhält die Berechtigung einen eindeutigen Namen, und in die Felder werden Werte eingetragen. Bei der Nutzung von Rollen werden Berechtigungen, basierend auf den dort gepflegten Werten, zu den Feldern der Berechtigungsobjekte automatisch generiert. Abbildung 10.14 zeigt die Pflege von Berechtigungswerten in einer Rolle. Die zur Rolle gehörenden startbaren Anwendungen liefern zusammen mit Tabelle USOBT_C (Relation Anwendungen zu Berechtigungsobjekten) die Information, von welchen Objekten Ableitungen (= Berechtigungen) erstellt werden müssen und wie diese auszuprägen sind. In den meisten Fällen sind jedoch manuelle Nacharbeiten nötig.

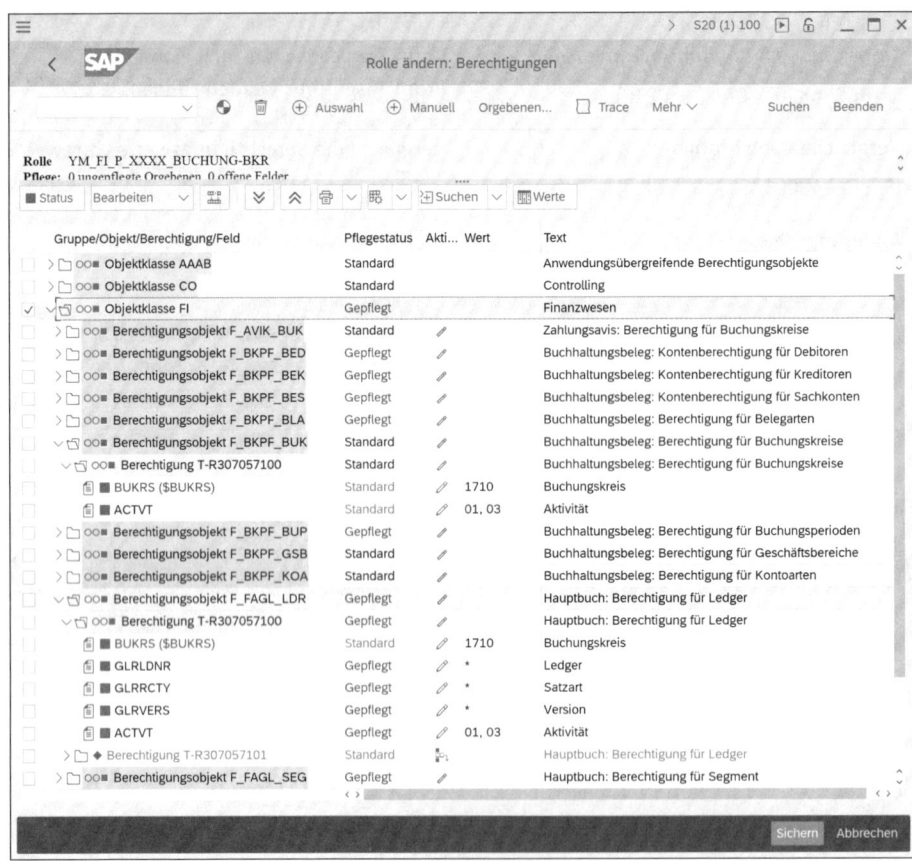

Abbildung 10.14 Berechtigungswerte in Rollen pflegen

Tabelle 10.6 zeigt Tabellen, in denen Eigenschaften von Berechtigungen gespeichert werden.

Tabelle	Beschreibung
UST12	Berechtigungen mit ihren Feldinhalten
USR13	Texte zu Berechtigungen
UST10S	Zuordnung von Berechtigungen zu Profilen

Tabelle 10.6 Tabellen der Berechtigungen

Tabelle	Beschreibung
USOBT_C	Vorschlag – Berechtigungswerte zu Transaktionen
USRBF2	Auflistung aller Berechtigungen zu allen Benutzern (Benutzerpuffer)

Tabelle 10.6 Tabellen der Berechtigungen (Forts.)

10.1.6 Ablauf einer Berechtigungsprüfung

Das Berechtigungswesen umfasst viele Komponenten. In diesem Abschnitt erläutere ich, wie eine Prüfung von Berechtigungen im System erfolgt.

Die Berechtigungen eines Benutzers werden durch den Benutzerstammabgleich in den sogenannten *Benutzerpuffer* (Tabelle USRBF2) geladen. Im Rahmen der Berechtigungsprüfung wird mit diesem Benutzerpuffer abgeglichen. Werden für den Benutzer Profil- oder Rollenzuordnungen geändert, werden diese Änderungen meistes sofort wirksam, eventuell aber auch erst nach einem erneuten Anmelden (abhängig vom Parameter auth/new_buffering, siehe Abschnitt 10.4.1, »Systemparameter«).

Der Inhalt des Benutzerpuffers kann mit Transaktion SU56 angezeigt werden (siehe Abbildung 10.15).

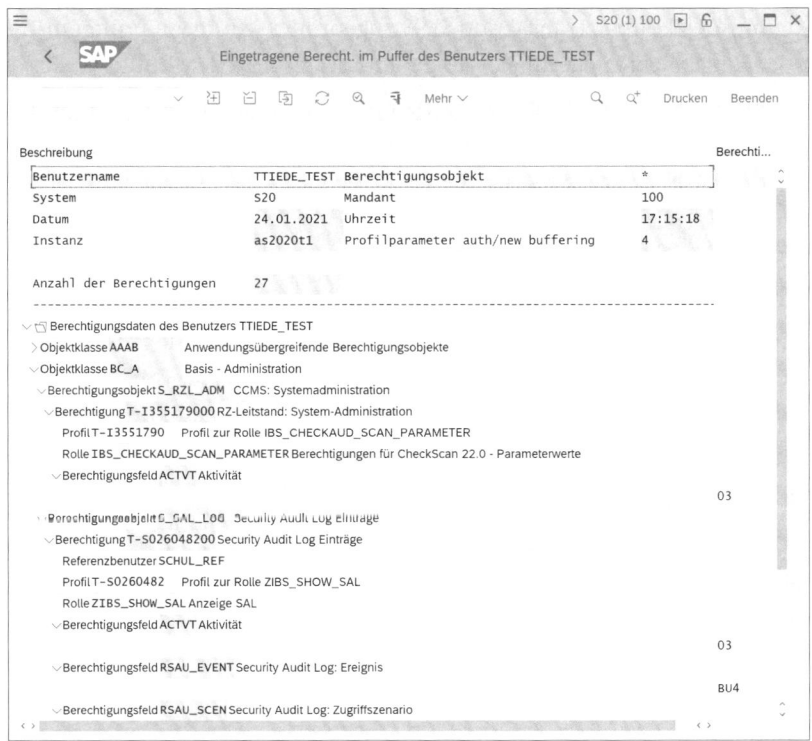

Abbildung 10.15 Den Benutzerpuffer anzeigen (Transaktion SU56)

Hierzu ist keine weitere Berechtigung erforderlich als die Transaktionsberechtigung (S_TCODE). Um den Benutzerpuffer für andere Benutzer anzuzeigen, ist zusätzlich eine lesende Berechtigung für die Objekte S_USER_GRP und S_USER_AUT erforderlich (siehe Abschnitt 10.6.1, »Transaktion SU53«).

Schritt 1: Prüfung der startbaren Anwendung

Ruft ein Benutzer eine startbare Anwendung auf, wird als Erstes überprüft, ob er eine Berechtigung hierfür besitzt. Dies bedeutet, in den Berechtigungen des Benutzers wird eine Berechtigung gesucht, die auf dem jeweiligen Objekt basiert und eine Berechtigung für die jeweilige Anwendung enthält:

- für Transaktionen: Berechtigungsobjekt S_TCODE
- für SAP-Fiori-Apps: Berechtigungsobjekt S_SERVICE
- für Web Dynpros: Berechtigungsobjekt S_START

Besitzt der Benutzer eine entsprechende Berechtigung, erfolgt der zweite Schritt der Prüfung. Besitzt er sie nicht, erhält er die Meldung »Keine Berechtigung für XXXX«.

Schritt 2: Prüfung der Berechtigung zur Transaktion

Wurde eine Transaktion ausgeführt, wird als Nächstes überprüft, ob der Transaktion ein Berechtigungsobjekt über Transaktion SE93 zugeordnet wurde (zu prüfen in Tabelle TSTCA). Ist kein Objekt zugeordnet, erfolgt der dritte Schritt der Prüfung.

Ist ein Berechtigungsobjekt zugeordnet, werden die Berechtigungen des Benutzers für dieses Objekt überprüft. Besitzt der Benutzer eine entsprechende Berechtigung, erfolgt der dritte Schritt der Prüfung. Besitzt er sie nicht, erhält er die Meldung »Keine Berechtigung für Transaktion XXXX«.

Schritt 3: Prüfungen im ABAP-Quelltext

Die eigentlichen Anwendungsberechtigungen werden zur Laufzeit der Anwendung überprüft. Im ABAP-Quelltext sind die Prüfungen hinterlegt. Jedes Mal, wenn im Quelltext ein Berechtigungsobjekt abgefragt wird (mit dem Funktionsbaustein AUTHORITY-CHECK, siehe Abschnitt 9.5.3, »Gefahrenpunkte in der ABAP-Programmentwicklung«), wird der Puffer der Berechtigungen des Benutzers für dieses Objekt mit den entsprechenden Feldinhalten geprüft. Besitzt der Benutzer die Berechtigung, wird die Anwendung weiterausgeführt. Besitzt er sie nicht, erhält der Benutzer eine Fehlermeldung und der Vorgang wird abgebrochen.

10.1.7 Patterns in SAP Enterprise Threat Detection

In SAP Enterprise Threat Detection werden standardmäßig die folgenden Patterns zur Überwachung von Rollenänderungen und Benutzerzuordnungen ausgeliefert:

- User role changed to *
- User role changed
- Authorization assignment by non-admin user

10.1.8 Checkliste

In Tabelle 10.7 finden Sie die Checkliste mit den prüfungsrelevanten Fragestellungen zur Umsetzung des Berechtigungskonzepts.

Risiko	Fragestellung
	Vorgabe oder Erläuterung
2	Existieren unternehmenseigene Berechtigungsobjekte, und sind diese dokumentiert?
	Unternehmenseigene Berechtigungsobjekte müssen ausführlich dokumentiert sein.
	Hier besteht das Risiko, dass die Berechtigungsobjekte durch fehlende Dokumentation falsch genutzt werden.
2	SAP-Standardrollen sollten nicht genutzt werden.
	Hier besteht das Risiko, dass durch die Zuordnung von SAP-Standardrollen zu umfangreiche Berechtigungen zugeordnet werden.
3	Existieren unternehmenseigene, nicht zugeordnete Rollen?
	Unternehmenseigene, nicht mehr benötigte Rollen sollten gelöscht werden.
	Hier besteht das Risiko, dass durch eine Vielzahl nicht mehr genutzter Rollen das Rollenkonzept intransparent wird.
2	Wurden Benutzern Einzel- oder Sammelprofile zugeordnet?
	Bei der Nutzung eines Rollenkonzepts dürfen keine Einzel- oder Sammelprofile zugeordnet werden.
	Hier besteht das Risiko, dass das Rollenkonzept durch die Zuordnung umgangen werden kann.

Tabelle 10.7 Checkliste zum Aufbau des SAP-Berechtigungskonzepts

Wie Sie die einzelnen Punkte praktisch am SAP-System prüfen können, erfahren Sie in Abschnitt 10.1 des Dokuments **Tiede_Checklisten_Sicherheit_und_Pruefung.pdf**, das Sie im Downloadbereich zu diesem Buch unter *www.sap-press.de/5145* finden.

10.2 Das Berechtigungskonzept in SAP S/4HANA

Die Umstellung von SAP ERP auf SAP S/4HANA stellt auch einen Umstieg auf eine neue Technologie dar. In SAP ERP werden zum größten Teil Transaktionen genutzt, entweder über das klassische SAP GUI oder das SAP GUI for Java/for HTML. Zwar werden auch in SAP ERP bereits Web Dynpros genutzt und auch Apps sind bereits verfügbar, die meisten Funktionen werden aber über die ABAP-Transaktionen ausgeführt.

Auch in SAP S/4HANA gibt es die meisten ERP-Transaktionen noch, und das SAP GUI kann weiterhin für diese Transaktionen genutzt werden. Für neue Funktionen für SAP S/4HANA werden ABAP-Transaktionen allerdings nicht mehr genutzt. Sie werden über Apps zur Verfügung gestellt. Diese Apps werden über das *SAP Fiori Launchpad* aufgerufen, nicht mehr über das SAP GUI. Auf dem Launchpad werden die Apps als Kacheln dargestellt.

Grundsätzlich werden drei Arten von Apps unterschieden:

- **SAP-Fiori-Apps**
  Neue Funktionen werden als SAP-Fiori-Apps erstellt. Für ihre Entwicklung wird SAPUI5 genutzt. SAPUI5 ist die Frontend-Technologie von SAP, die auf HTML5 und JavaScript basiert. SAP Fiori gibt dabei die Designrichtlinie dafür vor, wie die Apps zu entwickeln sind. Neben SAPUI5 gibt es auch die Open-Source-Variante OpenUI5, mit der SAP-Fiori-Apps entwickelt werden können.

  Fiori-Apps können so gestaltet werden, dass sie auch auf mobilen Geräten genutzt werden können (Responsive Design). Zum SAP-S/4HANA-Release 2020 existieren ca. 2.000 SAP-Fiori-Apps. Es gibt drei Arten von SAP-Fiori-Apps:
  - **transaktionale Apps**
    Ausführen von Aktionen in den Geschäftsprozessen wie Anlegen, Ändern und Löschen
  - **analytische Apps**
    Visualisierung von komplexen Daten und Themen
  - **Objektseiten (Fact Sheets)**
    Informationen über Objekte inklusive kontextbezogener Navigation zwischen Objekten

- **SAP-Fiori-Legacy-Apps**
  Legacy-Apps sind Apps im SAP-Fiori-Design, die aber nicht in SAPUI5 entwickelt wurden. Sie basieren z. B. auf der Web-Dynpro-Technologie oder auf Transaktionen. Zum SAP-S/4HANA-Release 2020 existieren ca. 9.500 Legacy-Apps.

- **SAP-Fiori-Suche**
  Die SAP-Fiori-Suche ist in das SAP Fiori Launchpad integriert. Es handelt sich um eine Enterprise-Search-Funktion. Das bedeutet, dass über alle Geschäftsprozesse und Anwendungen hinweg gesucht werden kann, z. B. nach Geschäftspartnern, Materialien etc.

10.2.1 Simplification List for SAP S/4HANA

Insbesondere für die Migration der Berechtigungen von SAP ERP nach SAP S/4HANA ist die *Simplification List for SAP S/4HANA* relevant. Diese ist für jedes On-Premise-Release von SAP S/4HANA verfügbar. Die Simplification List stellt die Unterschiede zwischen SAP ERP und SAP S/4HANA dar, insbesondere auch die unterstützten und die nicht mehr verfügbaren Transaktionen. Des Weiteren werden die Unterschiede in den Datenmodellen aufgeführt. Dies ist insbesondere relevant für die Analyse, ob unternehmenseigene Programme weiterhin genutzt werden können oder ob sie angepasst werden müssen. Zu allen Transaktionen aus SAP ERP wird hier dargestellt, ob sie obsolet sind, von anderen Transaktionen abgelöst oder durch SAP-Fiori-Apps ersetzt werden.

Abbildung 10.16 zeigt einen Ausschnitt aus der Simplification List. Dargestellt werden Transaktionen aus dem Bereich FI (Kreditoren und Debitoren), die durch den S/4HANA Business Partner Approach abgelöst werden.

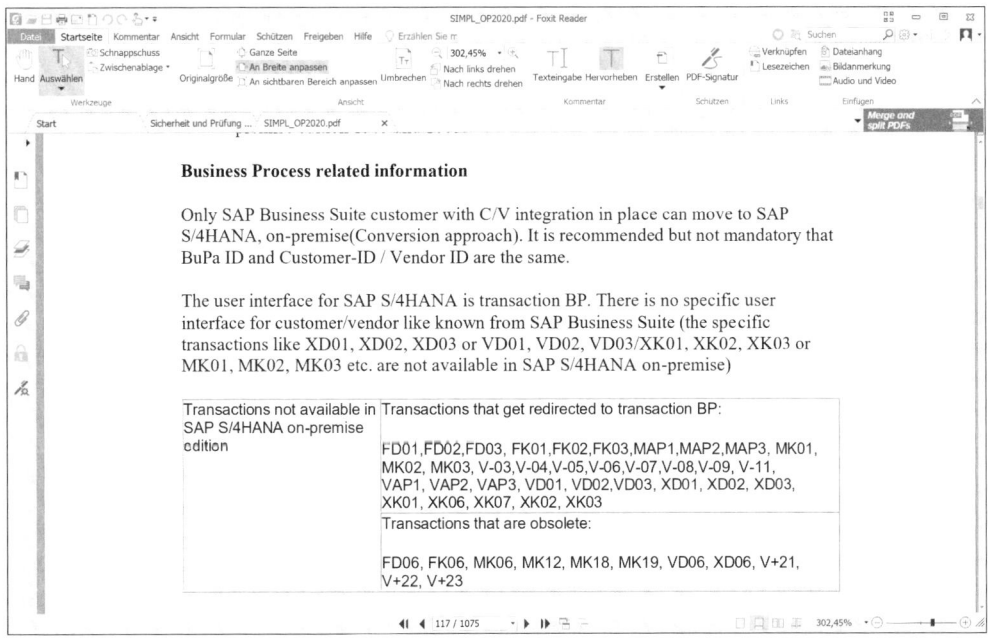

Abbildung 10.16 SAP S/4HANA Simplification List

Hieraus ergeben sich auch die Änderungen an bestehenden Rollen. So gilt z. B. für Rollen, in denen Transaktionen aus Abbildung 10.16 enthalten sind, Folgendes:

- Die Transaktionen müssen durch Transaktion BP ersetzt werden.
- Alternativ kann auch die Legacy-App **BP** genutzt werden.
- Die Rollen müssen zusätzlich um die Berechtigungsobjekte für die Pflege von Geschäftspartnern erweitert werden.

Welche Apps anstelle von Transaktionen genutzt werden können, wird in der Simplification List nicht vollständig dargestellt. Dies kann über die *SAP Fiori Apps Reference Library* ermittelt werden. In der Simplification List wird aber aufgeführt, welche Transaktionen durch Fiori-Apps oder Web Dynpros abgelöst werden. Abbildung 10.17 zeigt eine tabellarische Aufstellung der Transaktionen der Simplification List. In der Spalte **Obsolet** ist am Eintrag *X* zu erkennen, dass diese Transaktionen nicht mehr unterstützt werden. In der Spalte **Funktion Neu** ist der Ersatz für die Transaktion aufgeführt, in der Spalte **Typ** der Typ (Transaktion, Web Dynpro oder Fiori-App).

	A	B	C	D	E	F
1	Transaktion Alt	Transaktion Alt Bezeichnung	Funktion Neu	Typ	Bezeichnung	Obsolet
570	F.4A	Kred.Überf.Verz.: Buchen (ohne OP)	FINTAP	Transaktion	Postenverzinsung Kreditoren	
571	F.4B	Kred.Überf.Verz.: Buchen (mit OP)	FINTAP	Transaktion	Postenverzinsung Kreditoren	
572	F.4C	Kred.Überf.Verz.: ohne Buchungen	FINTAP	Transaktion	Postenverzinsung Kreditoren	
573	F_CZ_01	Report RFSUMB00 Tschechien				X
574	F_FR_01	Report RFSUMB00 Frankreich	FAGL_FR_03	Transaktion		
575	F_IT_01	Report RFSUMB00 Italien	FAGL_IT_01	Transaktion	FAGL_YEC_POSTINGS Italien	
576	F101	ABAP/4 Reporting: Bilanzkorrektur	FAGLF101	Transaktion	Rasterung/Umgliederung	
577	FA39	Report mit Reportvariante aufrufen	FINTAP	Transaktion	Postenverzinsung Kreditoren	
578	FAGL_FC_VAL	Fremdwährungsbewertung	FAGL_FCV	Transaktion	Fremdwährungsbewertung	
579	FAGL_PL_LC	Nummernkreispflege für Planbelege				X
580	FD01	Anlegen Debitor (Buchhaltung)	BP	Transaktion	Geschäftspartner bearbeiten	
581	FD02	Ändern Debitor (Buchhaltung)	BP	Transaktion	Geschäftspartner bearbeiten	
582	FD03	Anzeigen Debitor (Buchhaltung)	BP	Transaktion	Geschäftspartner bearbeiten	
583	FD05	Sperren Debitor (Buchhaltung)	BP	Transaktion	Geschäftspartner bearbeiten	
584	FD06	Löschvormerk. Debitor (Buchhaltung)	BP	Transaktion	Geschäftspartner bearbeiten	
585	FD08	Bestätigen Debitor-Einzeln (Buchh.)	BP	Transaktion	Geschäftspartner bearbeiten	
586	FD24	Kreditlimitänderungen				X
587	FD32	Debitor-Kreditmanagement ändern	UKM_BP	Transaktion	Geschäftspartner Kreditmanagement	
588	FF73	Bankkontenclearing	WDA_FCLM_BAM_HIERARC	WebDynpro		
589	FF74	Aufruf Kontenclearing mittels Report	WDA_FCLM_BAM_HIER_BP	WebDynpro		
590	FI01	Anlegen Bank	FCLM_BM_SRV_0001	Fiori App		
591	FI02	Ändern Bank	FCLM_BM_SRV_0001	Fiori App		
592	FI03	Anzeigen Bank	FCLM_BM_SRV_0001	Fiori App		
593	FI12	Ändern Hausbanken/Bankkonten	CB_SFIN_HOUSEBANK_ACC	Fiori App		
594	FIBKRU_MO_MIGRATION					X

Abbildung 10.17 Tabellarische Darstellung der Simplification List

10.2.2 SAP Fiori Apps Reference Library

Für SAP S/4HANA stehen eine Vielzahl von SAP-Fiori- und Legacy-Apps zur Verfügung, für SAP S/4HANA 2020 ca. 11.500. Sie erreichen den App Store unter *https://fioriappslibrary.hana.ondemand.com*. Im Einstiegsbild (Abbildung 10.18) lassen Sie sich die Apps nach Kategorien anzeigen, siehe Tabelle 10.8.

10.2 Das Berechtigungskonzept in SAP S/4HANA

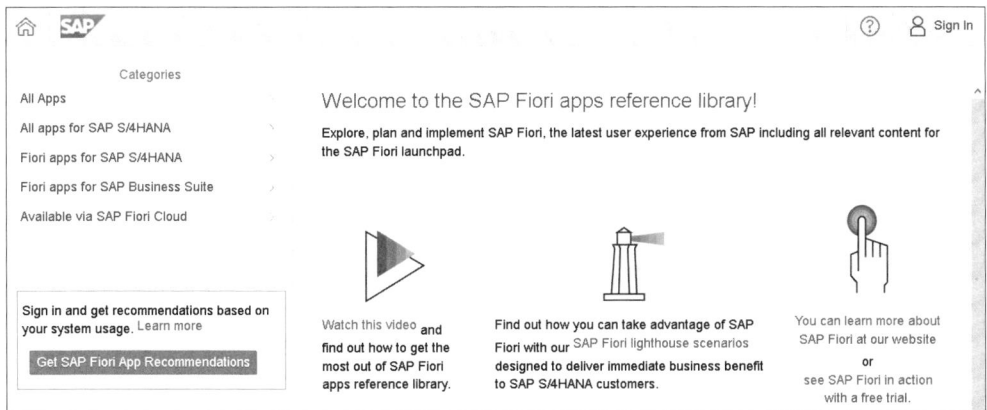

Abbildung 10.18 Einstiegsseite im SAP Fiori App Store

Kategorie	Beschreibung
All Apps	alle Fiori- und Legacy-Apps für SAP S/4HANA und SAP ERP
All apps for SAP S/4HANA	alle Fiori- und Legacy-Apps für SAP S/4HANA
Fiori apps for SAP S/4HANA	alle Fiori-Apps für SAP S/4HANA
Fiori apps for SAP Business Suite	alle Fiori-Apps für SAP ERP

Tabelle 10.8 Kategorien im SAP Fiori App Store

Abbildung 10.19 zeigt die Liste aller Apps zu SAP S/4HANA und die Details zur SAP-Fiori-App **Create Inbound Delivery**. Ob es sich um eine Fiori-App oder eine Legacy-App (Transaktion oder Web Dynpro) handelt, wird unter **Application Type** angezeigt.

Die Apps einschließlich sämtlicher Eigenschaften können im MS-Excel-Format heruntergeladen werden. Dies erleichtert die Auswahl, welche Apps eingesetzt werden sollen. Auch für Transaktionen, die nicht in der Simplification List aufgeführt werden, sind Apps verfügbar. Um die Liste der Apps zu exportieren, wählen Sie die zutreffende Kategorie aus, z. B. **All Apps for SAP S/4HANA – All Apps**. Klicken Sie im Ergebnisfenster unten auf die Schaltfläche List View. Die Apps werden in Listform angezeigt, allerdings nicht mit allen Eigenschaften. Klicken Sie auf die Schaltfläche **Column display settings** (), wählen Sie dort **Select all (4/27)** aus, und klicken Sie auf OK. Es werden alle Apps mit allen Eigenschaften angezeigt. Klicken Sie unten rechts im Fenster auf die Schaltfläche Download.

10 Berechtigungskonzept in ABAP-Systemen

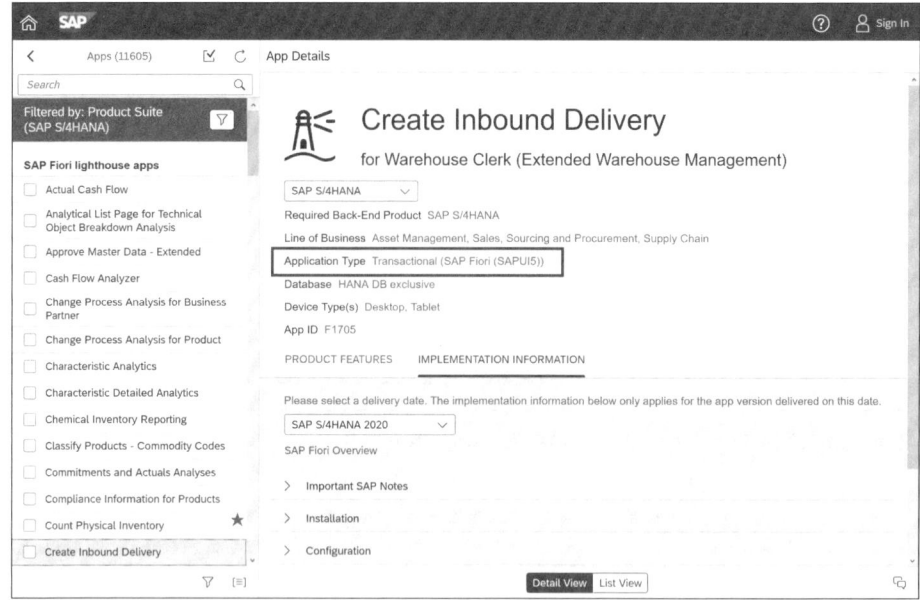

Abbildung 10.19 SAP Fiori Apps Library

Die Tabelle wird in MS Excel exportiert, siehe Abbildung 10.20. Hierüber haben Sie die Möglichkeit zu ermitteln, welche Apps Ihnen beim Upgrade auf SAP S/4HANA zur Verfügung stehen. Tabelle 10.9 zeigt wesentliche Spalten, die Sie für Auswertungen nutzen können.

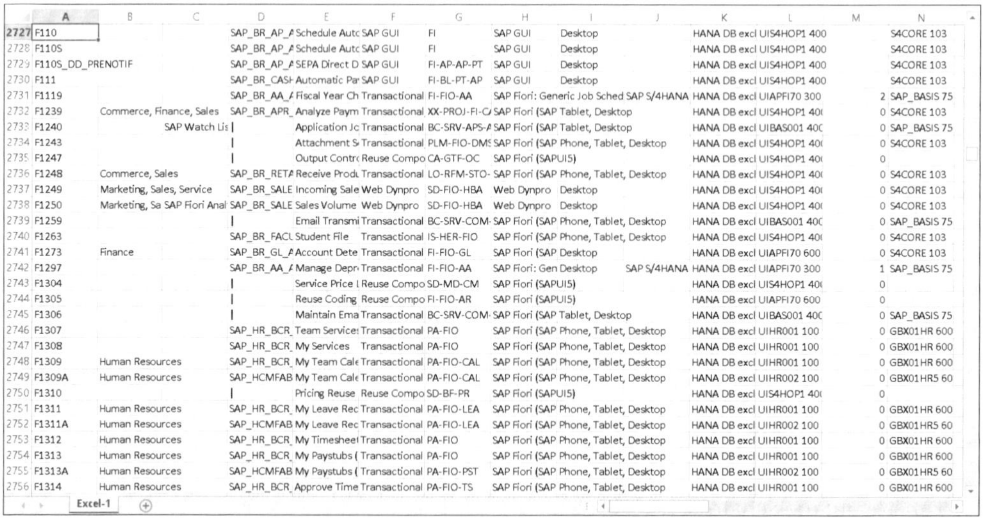

Abbildung 10.20 Liste aller Apps in MS Excel

Spalte	Beschreibung
App ID	eindeutige ID der App
Application Type	Zeigt die Art der App an, z. B.: - *SAP GUI (Legacy App SAPgui)* - *Web Dynpro* - *Transactional (Fiori App)*
Important SAP Notes	Zeigt die zugehörigen SAP Notes an.
Product Version	Zeigt an, für welche S/4HANA-Version die App verfügbar ist (wird für Frontend und Backend angezeigt).
Support Package Stack	Zeigt das SPS zur Version an (wird für Frontend und Backend angezeigt).
PrimaryODataServiceName	Name des OData Service, der auf dem Frontend aktiviert werden muss. Dies ist dann der App-Name, dem u. a. der Hashwert in der Tabelle USOBHASH zugeordnet wird.
WDAConfiguration	Name des Web Dynpros (nur für Web-Dynpro-Legacy-Apps)
LeadingTransactionCodes	Korrespondierende Transaktion zur App. Nutzen Sie dieses Feld, um zu ermitteln, welche Transaktionen durch Fiori-Apps abgelöst werden können.

Tabelle 10.9 Spalten des Exports der Fiori-Apps

10.2.3 Das Konzept der SAP-Fiori-Apps

SAP Fiori ist ein neues Designkonzept für SAP-Anwendungen. Es existiert zwar schon länger und auch für SAP ERP waren bereits Fiori-Apps verfügbar, aber erst mit SAP S/4HANA wurde SAP Fiori als führendes Designkonzept eingeführt. SAP Fiori basiert auf der UI5-Technologie. Diese ermöglicht es, Apps geräteübergreifend zu programmieren. Eine Fiori-App kann daher sowohl auf einem Desktop-PC als auch auf einem Tablet oder Smartphone genutzt werden.

Als Oberfläche dient das SAP Fiori Launchpad. Es wird mittels Transaktion /UI2/FLP aufgerufen oder direkt mit einem Link: https://**FioriURL**/sap/bc/ui2/flp?sap-client=**XXX**&sap-language=DE

Abbildung 10.21 zeigt die Oberfläche des SAP Fiori Launchpads. Eine Kachel ist hier eine App (Fiori-App oder Legacy-App). Die Apps sind zu sogenannten *Kachelgruppen* zusammengefasst. In Abbildung 10.21 sind z. B. die Kachelgruppen **Gruppe Finanz** und **Analytische Funktionen für das Hauptbuch** zu sehen.

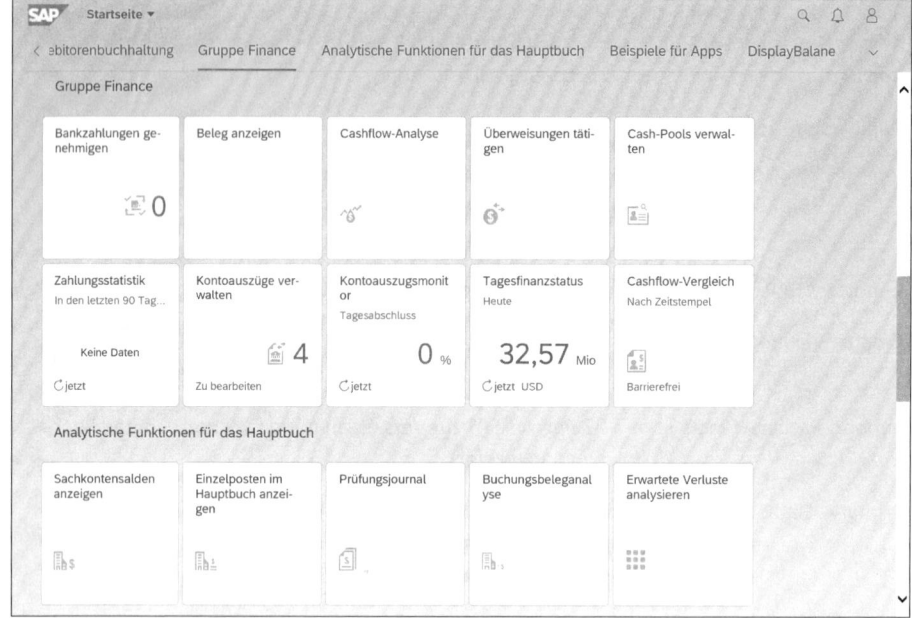

Abbildung 10.21 Das SAP Fiori Launchpad

Das SAP Fiori Launchpad läuft in einer SAP-S/4HANA-Landschaft auf dem Frontend-Server (siehe dazu auch Abschnitt 2.3.2, »SAP-Fiori-Systemlandschaften«). Auf dem Frontend-System werden den Benutzern die Berechtigungen für die Apps zugeordnet, die sie ausführen sollen. Die eigentlichen Berechtigungen für die Geschäftsprozesse, wie die Aktivitäten und die Berechtigungen auf Organisationseinheiten, werden im Backend zugeordnet. Von jeder Fiori-App gibt es zwei Versionen:

- eine Frontend-App (Objekttyp IWSG)
- eine Backend-App (Objekttyp IWSV)

Ein Benutzer muss für beide Apps berechtigt sein, unabhängig davon, ob das Frontend-System ein eigenes SAP-System ist oder ob es ins Backend integriert ist (Embedded). Eine Übersicht über die im System installierten Apps geben die Tabellen gemäß Tabelle 10.10.

Tabelle	Beschreibung
/IWBEP/I_MGW_SRT	installierte Backend-Apps inklusive Langtext
/IWFND/I_MED_SRT	installierte Frontend-Apps inklusive Langtext
USOBHASH	MD5-Hashwerte zu den Apps; diese werden mit dem Berechtigungsobjekt S_SERVICE berechtigt.

Tabelle 10.10 Tabellen zur Übersicht installierter Apps

Das Fiori Launchpad ist der zentrale Einstiegspunkt für die Benutzer. Je nach App-Art werden verschiedene Berechtigungen benötigt. Die Fiori-Apps werden über das *OData-Protokoll* berechtigt, die Legacy-Apps klassisch wie Transaktionen bzw. Web Dynpros.

10.2.4 Kachelgruppen und -kataloge

Im SAP Fiori Launchpad werden dem Benutzer die Funktionen angezeigt, für die er über Rollen im Frontend-System berechtigt wurde. In die Rollen werden folgende Elemente integriert:

- **Kachelgruppen**

  Kachelgruppen enthalten Kacheln, die dem Benutzer dann auf dem SAP Fiori Launchpad in der Gruppe angezeigt werden.

- **Kachelkataloge**

  Kachelkataloge enthalten die Definition der Kacheln, wie Titel, Untertitel, Symbol etc. Des Weiteren enthalten sie die Zielzuordnung, welche auf die Implementierung der SAP-Fiori-App verweist. Damit wird über den Kachelkatalog auch die Startberechtigung für die App vergeben. Für die Nutzung der Apps ist, zusätzlich zum Katalog, der entsprechende OData-Service notwendig.

- **OData-Services für die Startberechtigung der Apps**

  Das Open-Data-Protokoll (OData) ist ein auf HTTP basierendes Protokoll, das den plattformübergreifenden Datenaustausch zwischen kompatiblen Anwendungen und Services ermöglicht. Zu jedem OData-Service wird ein MD5-Hashwert generiert und in der Tabelle USOBHASH gespeichert. Dieser Hashwert wird dann mit dem Berechtigungsobjekt S_SERVICE berechtigt. Damit erhält ein Benutzer die Berechtigung zum Aufruf der App. Die OData-Services können direkt über die Kachelkataloge mit in das Rollenmenü importiert werden.

Kachelgruppen und Kachelkataloge werden mit dem *SAP Fiori Launchpad Designer* definiert. Das Launchpad und der Launchpad Designer können über folgende Transaktionen aufgerufen werden:

- /UI2/FLP – SAP Fiori Launchpad
- /UI2/FLPD_CUST – Fiori Launchpad Designer (mandantenabhängig)
- /UI2/FLPD_CONF – Fiori Launchpad Designer (mandantenunabhängig)

Im SAP-Standard werden bereits zwei Rollen ausgeliefert:

- SAP_UI2_USER_700 – Ausführung des Fiori Launchpads
- SAP_UI2_ADMIN_700 - Ausführung des Fiori Launchpad Designers

Zur Ausführung des Launchpads sowie des Launchpad Designers sind Standardberechtigungen auf Services erforderlich, die in den Rollen bereits enthalten sind. Tabelle 10.11 zeigt die Services und die Zuordnung zu den Rollen.

Service	Erforderlich für Launchpad	Erforderlich für Launchpad Designer	Rolle USER	Rolle ADMIN
/UI2/LAUNCHPAD			X	X
/UI2/INTEROP	X	X	X	X
/UI2/TRANSPORT		X		X
/UI2/PAGE_BUILDER_PERS	X		X	X
/UI2/PAGE_BUILDER_CONF		X		X
/UI2/PAGE_BUILDER_CUST		X		X

Tabelle 10.11 Erforderliche Services für das Fiori Launchpad

Zur Analyse, welche Kachelgruppen und -kataloge existieren, können die Tabellen genutzt werden, in denen sie gespeichert werden (siehe Tabelle 10.12).

Tabelle	Beschreibung
/UI2/PB_C_PAGE	Liste aller Standardkachelgruppen und -kataloge: Kataloge: Feld IS_CATALOG_PAGE = X Gruppen: Feld IS_CATALOG_PAGE = <leer>
/UI2/PB_C_PAGET	Texte zu den Standardkachelgruppen und -katalogen
/UI2/PB_C_PAGEM	Liste aller veränderten sowie aller selbst erstellten Kachelgruppen und -kataloge: Kataloge: Feld IS_CATALOG_PAGE = X Gruppen: Feld IS_CATALOG_PAGE = <leer>
/UI2/PB_C_PAGEMT	Texte zu den veränderten und selbst erstellen Kachelgruppen und -katalogen

Tabelle 10.12 Tabellen mit Kachelgruppen und -katalogen

Alternativ dazu gibt Transaktion bzw. der Report /UI2/FLT einen tabellarischen Überblick über alle Kachelkataloge, -gruppen und Apps. Lassen Sie in der Selektionsmaske des Reports alle Felder leer. Der Report kann unter Umständen einige Minuten laufen, bevor das Ergebnis angezeigt wird. Abbildung 10.22 zeigt das Ergebnis des Reports. Die erste Spalte zeigt den Typ des jeweiligen Eintrags an:

- **TILE**: Kachel
- **CAT**: Katalog
- **GRP**: Gruppe

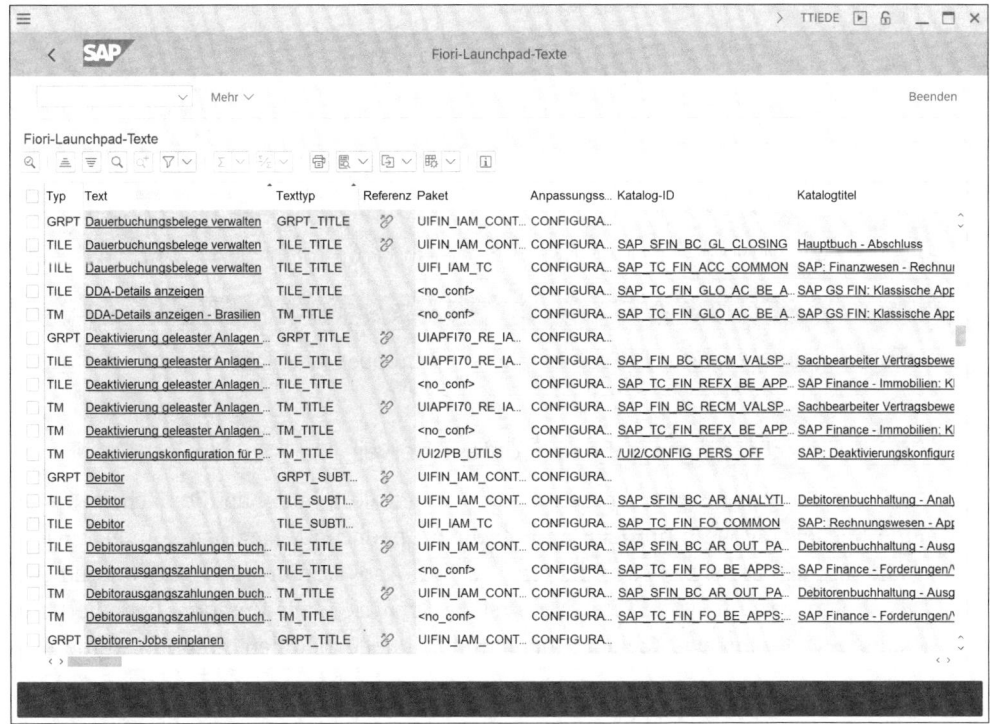

Abbildung 10.22 Report /UI2/FLT – Auflistung aller Kataloge/Gruppen/Kacheln

Mit Transaktion bzw. dem Report /UI2/FLC können Sie sich eine Auflistung von Gruppen, Katalogen und Kacheln in Rollen anzeigen lassen. In der Selektionsmaske des Reports geben Sie Ihre Rollennamenskonvention (z. B. Z*) oder einzelnen Rollennamen ein. Im Ergebnis werden die Rollennamen standardmäßig nicht angezeigt. Sie müssen die Felder **PFCG-Rolle** und **PFCG-Rollenbeschreibung** über die Schaltfläche **Layout ändern** einfügen. Abbildung 10.23 zeigt das Ergebnis.

10 Berechtigungskonzept in ABAP-Systemen

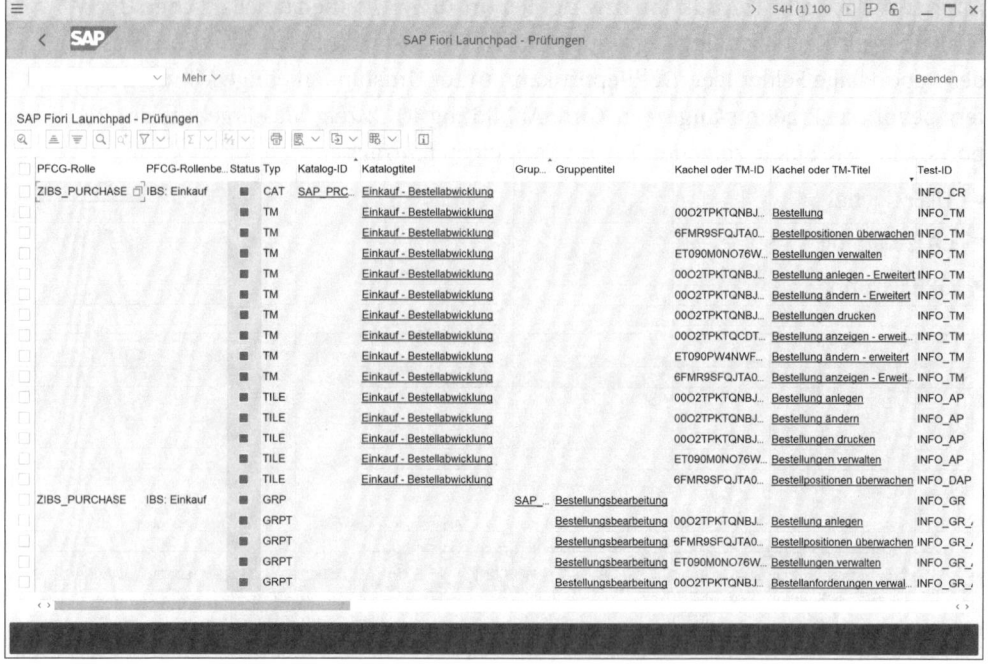

Abbildung 10.23 Report /UI2/FLC – Kataloge und Gruppen in Rollen

10.2.5 Berechtigungen auf dem Frontend-Server

Auf dem Frontend-Server werden die Rollen definiert, in denen die Kachelgruppen und Kachelkataloge hinterlegt sind. Kachelgruppen und -kataloge können sowohl Fiori- als auch Legacy-Apps enthalten. Die Fiori-Apps werden auf dem Frontend-Server als Service vom Typ *IWSG – SAP Gateway: Service Groups Metadata* installiert. Abbildung 10.24 zeigt, wie Kachelgruppen und -kataloge in Rollen integriert werden.

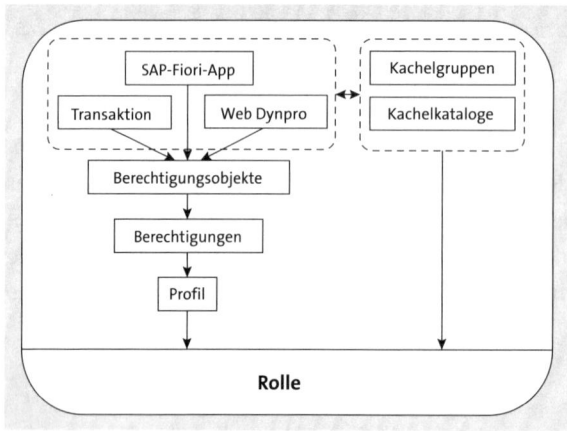

Abbildung 10.24 Kachelgruppen und -kataloge in Rollen

10.2 Das Berechtigungskonzept in SAP S/4HANA

Zu jedem Service wird ein eindeutiger, 30-stelliger Hashwert generiert. Einen Überblick über alle installierten Apps mit den zugehörigen Hashwerten können Sie sich mit der Tabelle USOBHASH anzeigen lassen (siehe Abbildung 10.25).

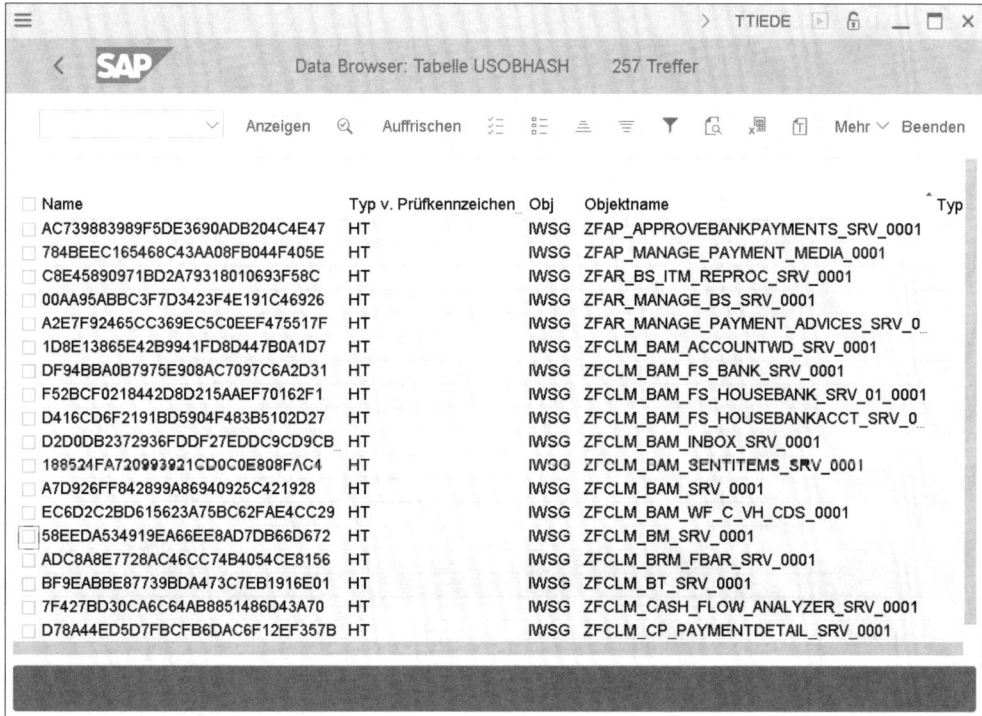

Abbildung 10.25 Tabelle USOBHASH

SAP-Fiori-Apps sind Services und werden in den Rollen mit dem Berechtigungsobjekt S_SERVICE berechtigt.

Das Berechtigungsobjekt besteht aus folgenden Feldern:

- SRV_NAME: Hashwert aus der Tabelle USOBHASH
- SRV_TYPE: Typ Prüfkennzeichen (für Apps: Typ *HT*)

Werden Kataloge im Menü der Rolle hinterlegt, so werden die zu den Apps zugehörigen Hashwerte in das Objekt S_SERVICE generiert. Das Objekt ist manuell nicht pflegbar. Es wird nur über die Einträge im Rollenmenü gepflegt.

Abbildung 10.26 zeigt Einträge zu dem Objekt.

10 Berechtigungskonzept in ABAP-Systemen

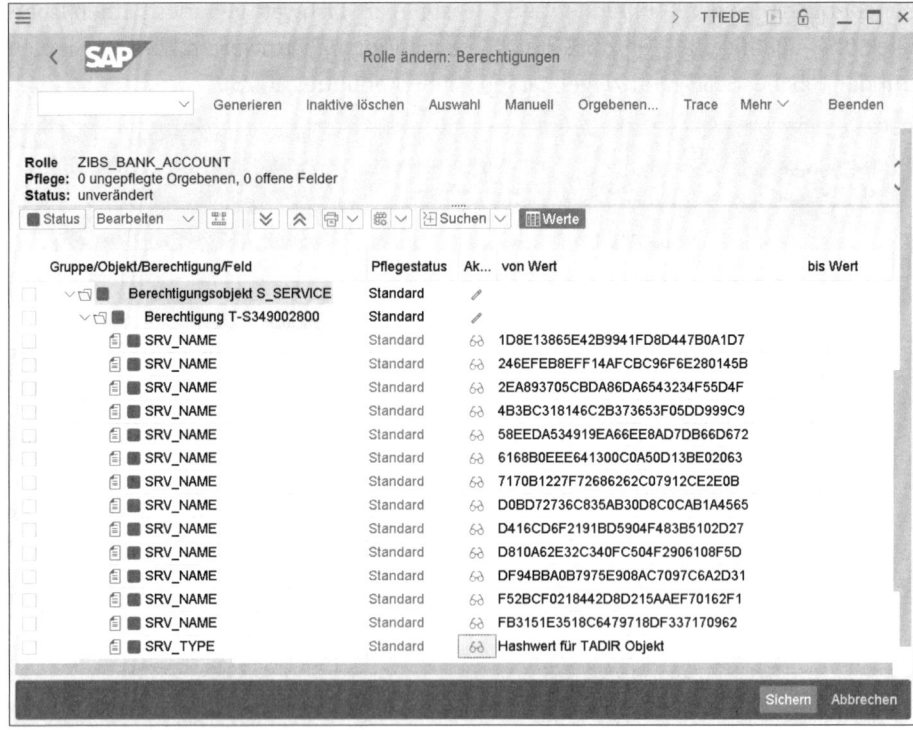

Abbildung 10.26 Berechtigungsobjekt S_SERVICE

10.2.6 Berechtigungen auf dem Backend-Server

Führt ein Benutzer im SAP Fiori Launchpad eine Fiori-App aus, wird auf dem Frontend-Server geprüft, ob er die Berechtigung zur Ausführung besitzt. Ist ihm dort die Berechtigung zugeordnet, so wird die Anforderung über das OData-Protokoll an das Backend-System übertragen. Hier wird geprüft, ob er die Berechtigung für den Vorgang besitzt. Nach erfolgreicher Berechtigungsprüfung wird der Vorgang ausgeführt.

Dafür sind dem Benutzer ebenfalls Berechtigungen für die Apps zuzuordnen. Dafür werden bei der Installation der App die Vorgaben von Transaktion SU24 mit ausgeliefert und installiert. Daher werden beim Einfügen einer App in eine Rolle diese Vorgabewerte gezogen.

Im Backend können ebenfalls Kachelkataloge genutzt werden. Mit dem Einfügen eines Kachelkatalogs werden in die Rolle nicht nur die S_SERVICE-Berechtigung eingefügt, sondern auch die Vorschlagswerte gemäß Transaktion SU24. Apps können aber auch einzeln in die Rollen übernommen werden. Die Apps werden auf dem Backend-Server als Service vom Typ *IWSV – SAP Gateway Business Suite Enablement* installiert.

10.2 Das Berechtigungskonzept in SAP S/4HANA

Diese können manuell in Rollen integriert werden, ohne Kataloge. Berechtigungsprüfungen zielen daher immer auf die Ausprägung des Berechtigungsobjekts S_SERVICE ab, nicht auf Kataloge.

Mit dem Programm PRGN_CREATE_FIORI_BACKENDROLES können Backend-Rollen aus bestehenden Frontend-Rollen erstellt werden (siehe SAP-Hinweis 2533007). Die Menüeinträge der Frontend-Rolle werden dabei in die neue Backend-Rolle übernommen. Gibt es die Backend-Rolle bereits, wird das Menü überschrieben. Abbildung 10.27 zeigt die Selektionsmaske des Reports. Mit der Option **Namenskonventionen für Backend-Rollen** können die Rollen automatisch basierend auf den Frontend-Rollen erzeugt werden. Dies ist möglich, wenn die Rollennamenskonventionen ein Präfix enthalten, an dem Frontend- und Backend-Rollen unterschieden werden können.

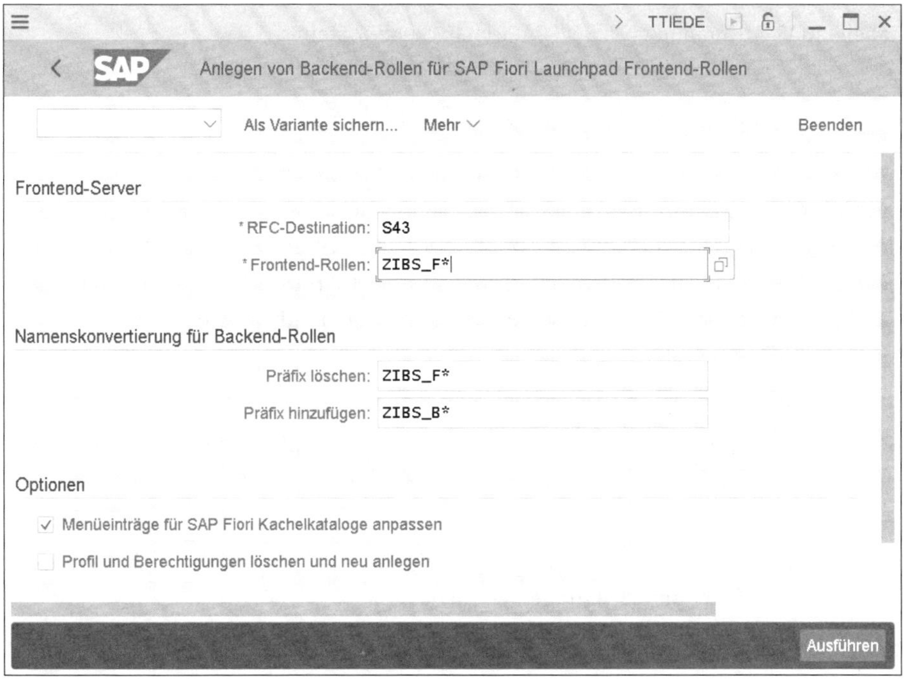

Abbildung 10.27 Report PRGN_CREATE_FIORI_BACKENDROLES

Vom Frontend greifen die Benutzer per Trusted RFC (siehe Abschnitt 5.3, »Trusted Systems«) auf das Backend-System zu. Für diesen Zugriff ist eine Berechtigung auf dem Berechtigungsobjekt S_RFCACL erforderlich. Hierbei ist darauf zu achten, dass die Berechtigungen so ausgeprägt sind, dass nur mit derselben Benutzer-ID auf das Backend zugegriffen werden kann. Tabelle 10.13 zeigt die Ausprägung für S_RFCACL. Insbesondere das Feld RFC_USER darf nicht mit einem Stern ausgeprägt werden.

Berechtigungsobjekt	Feld	Wert
S_RFCACL	ACTVT (Aktivität)	16 (Ausführen)
	RFC_EQUSER (gleiche Benutzerkennung)	Y
	RFC_SYSID (System-ID)	<SID des SAP-Systems>
	RFC_USER (RFC-Benutzer)	sy-uname oder <leer>

Tabelle 10.13 Ausprägung von S_RFCACL im Backend-System

10.2.7 Auswertung von App-Berechtigungen für Benutzer

Mit dem Benutzerinfosystem lassen sich Berechtigungen auf Apps auswerten. Mit herkömmlichen Reports kann allerdings nicht nach App-Namen ausgewertet werden. Zur Analyse, welche Benutzer oder Rollen Berechtigungen für bestimmte Apps besitzen, werten Sie das Berechtigungsobjekt S_SERVICE aus. Hier sind die Hashwerte der Apps anzugeben. Zur Analyse der Berechtigungen auf Apps für Benutzer gehen Sie folgendermaßen vor:

1. Rufen Sie Transaktion SUIM auf.
2. Wählen Sie den Eintrag **Benutzer** • **Benutzer nach komplexen Selektionskriterien** • **Benutzer nach komplexen Selektionskriterien** aus (Transaktion S_BCE_68001400).
3. Für die Auswertung von Berechtigungen wird der Block **Selektion nach Werten** auf der Registerkarte **Berechtigungen** genutzt.
4. Tragen Sie in das Feld **Berechtigungsobjekt 1** das Objekt S_SERVICE ein, und drücken Sie ⏎.
5. In das Feld SRV_NAME muss nun der Hashwert der App eingetragen werden. Um diesen zu ermitteln, rufen Sie Transaktion SE16 auf, lassen sich die Tabelle USOBHASH anzeigen und suchen nach dem Namen der App (siehe Abbildung 10.28).
6. Kopieren Sie den 30-stelligen Hashwert aus dem Feld **Name**, und tragen Sie ihn in das Feld SRV_NAME ein.
7. Führen Sie den Report aus. Als Ergebnis werden Ihnen alle Benutzer angezeigt, die die App ausführen können.
8. Zu Analyse, aus welchen Rollen die Berechtigung stammt, markieren Sie die zu analysierenden Benutzer und klicken auf die Schaltfläche [Lt. Selektion]. Zu den Be-

10.2 Das Berechtigungskonzept in SAP S/4HANA

nutzern werden die Rollen angezeigt, aus denen sie die Berechtigung erhalten haben.

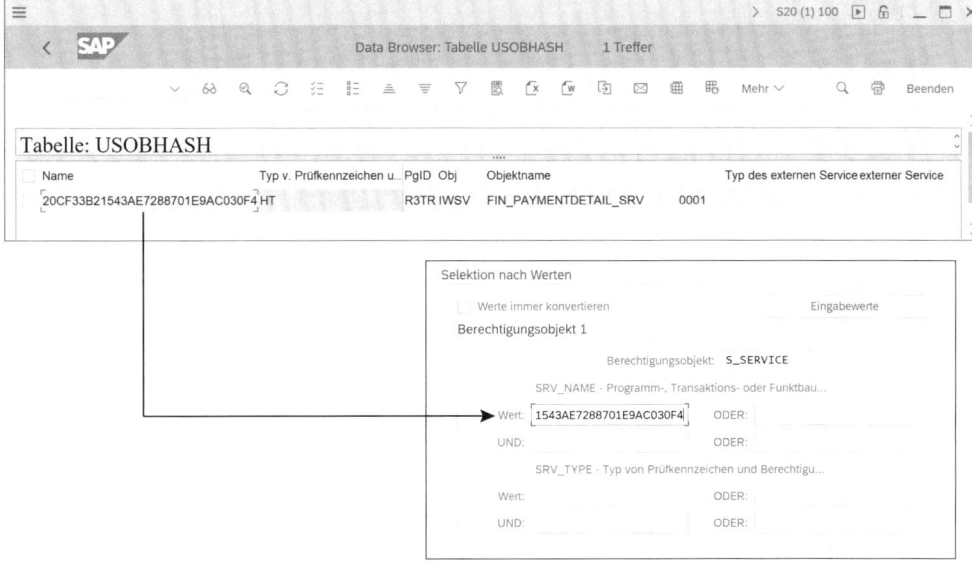

Abbildung 10.28 Auswertung von Berechtigungen auf S_SERVICE

10.2.8 Auswertung von App-Berechtigungen in Rollen

Zur Analyse von App-Berechtigungen in Rollen kann der Report *Suche in Rollen nach startbaren Anwendungen* (Transaktion bzw. Report RSUSR_START_APPL) genutzt werden (SAP-Hinweis 2449011). Mit ihm ist es möglich, direkt nach berechtigten Apps in Rollen zu suchen.

1. Rufen Sie Transaktion SUIM auf.
2. Wählen Sie den Eintrag **Rollen • Suche in Rollen nach startbaren Anwendungen** aus.
3. Selektieren Sie im Feld **Anwendungstyp** den Eintrag *SAP Gateway Business Suite Enablement – Service* (für Backend-Berechtigungen) bzw. *SAP Gateway: Service Groups Metadata* (für Frontend-Berechtigungen).
4. Im Feld **Anwendung** können Sie dann die App auswählen (siehe Abbildung 10.29).
5. Abbildung 10.30 zeigt das Ergebnis dieses Reports. Zu den gefundenen Apps werden folgende Eigenschaften mit ausgegeben:
   - **Menüeintrag**: Die App ist im Menü enthalten.
   - **Anwendung ist in den Berechtigungsdaten**: Der Hashwert der App ist mit dem Berechtigungsobjekt S_SERVICE berechtigt.
   - **Profilstatus**: Profil ist generiert.

10   Berechtigungskonzept in ABAP-Systemen

– **Startbar (im Profil enthalten)**: Die S_SERVICE-Berechtigung zur App ist im Profil enthalten.

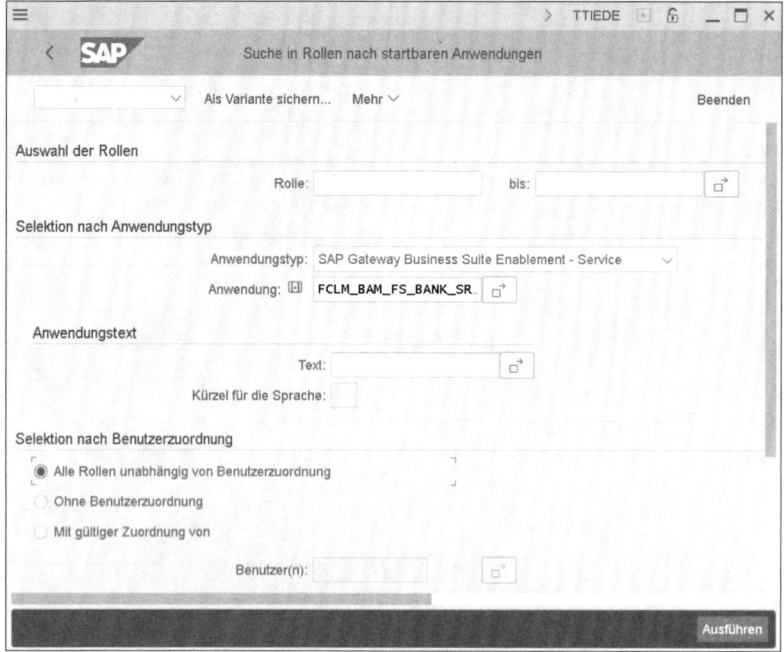

Abbildung 10.29 Suche nach Apps in Rollen – Selektion

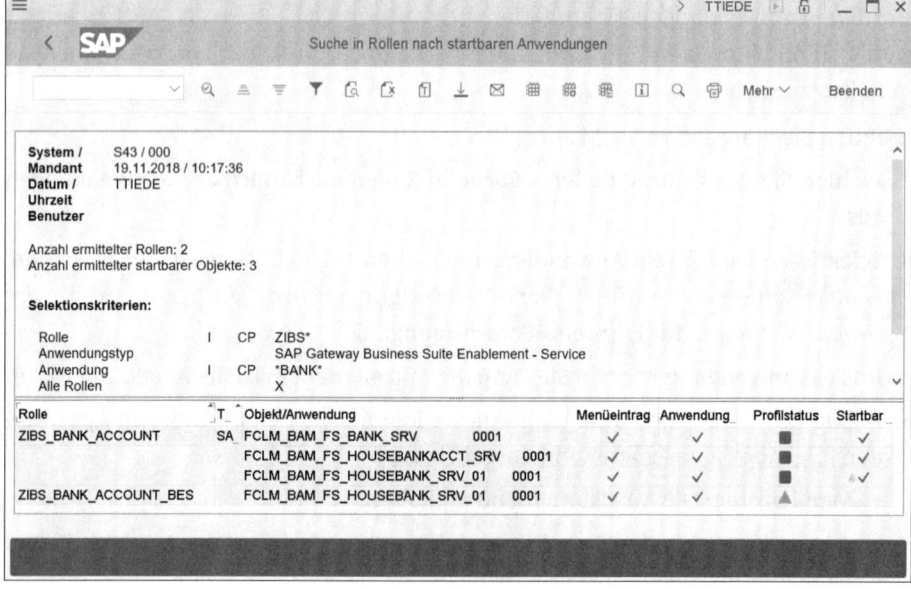

Abbildung 10.30 Suche nach Apps in Rollen – Ergebnisdarstellung

Nach derselben Systematik kann auch explizit nach Einträgen im Rollenmenü gesucht werden. Nutzen Sie hierfür Transaktion RSUSR_ROLE_MENU (SAP-Hinweis 2341600).

10.2.9 Zugriffsrechte

Tabelle 10.14 zeigt die Berechtigung zur Pflege von Kachelkatalogen und -gruppen mit dem SAP Fiori Launchpad Designer.

Berechtigungsobjekt	Feld	Wert
S_SERVICE	SRV_NAME (Programmname)	*SAP-Fiori-Apps (Hashwert gemäß Tabelle USOBHASH einfügen):* - ZINTEROP_0001 - /UI2/INTEROP - ZPAGE_BUILDER_CUST_0001 - /UI2/PAGE_BUILDER_CUST - ZTRANSPORT_0001 - /UI2/TRANSPORT
	SRV_TYPE (Typ)	HT
S_DEVELOP	ACTVT (Aktivität)	02 (Ändern)
	OBJTYPE (Objekttyp)	WDCC
S_TRANSPRT	ACTVT (Aktivität)	03 (Anzeigen)
	TTYPE (Auftragstyp)	CUST, TASK

Tabelle 10.14 Pflege von Kachelkatalogen und -gruppen

Tabelle 10.15 zeigt die Berechtigung, um einen Benutzer mit der gleichen Kennung im Backend-System zu nutzen.

Berechtigungsobjekt	Feld	Wert
S_RFCACL	ACTVT (Aktivität)	16 (Ausführen)

Tabelle 10.15 Berechtigung zur Verwendung eines Benutzers im Backend-System mit derselben Benutzerkennung

Berechtigungsobjekt	Feld	Wert
S_RFCACL (Forts.)	RFC_EQUSER (gleiche Benutzerkennung)	Y
	RFC_SYSID (System-ID)	<SID des SAP-Systems>
	RFC_USER (RFC-Benutzer)	sy-uname oder <leer>

Tabelle 10.15 Berechtigung zur Verwendung eines Benutzers im Backend-System mit derselben Benutzerkennung (Forts.)

Tabelle 10.16 zeigt die Berechtigung, um vom Frontend aus mit einer beliebigen Benutzerkennung auf das Backend-System zuzugreifen.

Berechtigungsobjekt	Feld	Wert
S_RFCACL	ACTVT (Aktivität)	16 (Ausführen)
	RFC_EQUSER (gleiche Benutzerkennung)	Y
	RFC_SYSID (System-ID)	<SID des SAP-Systems>
	RFC_USER (RFC-Benutzer)	*

Tabelle 10.16 Berechtigung zum Zugreifen auf das Backend-System mit einer beliebigen Benutzerkennung vom Frontend aus

Tabelle 10.17 zeigt die Berechtigung zum Starten aller Apps.

Berechtigungsobjekt	Feld	Wert
S_SERVICE	SRV_NAME (Programmname)	*
	SRV_TYPE (Typ)	HT

Tabelle 10.17 Berechtigung zum Starten aller Apps

10.2.10 Checkliste

In Tabelle 10.18 finden Sie die Checkliste mit den prüfungsrelevanten Fragestellungen zur Umsetzung des Berechtigungskonzepts.

Risiko	Fragestellung
	Vorgabe oder Erläuterung
3	Wird SAP S/4HANA eingesetzt?
	Informativer Punkt für nachfolgende Prüfungen. Die nachfolgenden Prüfungen sind nur für SAP-S/4HANA-Systeme relevant.
3	Sind Frontend- und Backend-Systeme getrennt oder handelt es sich um integrierte Systeme (Embedded Systems)?
	Informativer Punkt für nachfolgende Prüfungen.
1	Existieren Vorgaben für die Pflege von Kachelkatalogen und -gruppen?
	Für die Pflege von Kachelkatalogen und -gruppen sind Vorgaben zu definieren.
	Hier besteht das Risiko, dass durch ein falsches Design der Kachelkataloge und -gruppen die Anforderungen ans Berechtigungskonzept nicht erfüllt werden können und keine Akzeptanz seitens der Fachbereiche für die neuen Oberflächen besteht.
1	Ist die Berechtigung zur Nutzung des SAP Fiori Launchpad Designers im Produktivsystem zugeordnet?
	Berechtigungen zur Nutzung des Launchpad Designers sind im Produktivsystemen nicht zu vergeben.
	Bei der Zuordnung dieser Berechtigung im Produktivsystem besteht das Risiko, dass Kachelkataloge und -gruppen geändert und damit Berechtigungen beeinflusst werden können.

Tabelle 10.18 Checkliste zum Berechtigungskonzept in SAP S/4HANA

Wie Sie die einzelnen Punkte praktisch am SAP-System prüfen können, erfahren Sie in Abschnitt 10.2 des Dokuments **Tiede_Checklisten_Sicherheit_und_Pruefung.pdf**.

10.3 Konzepte zum SAP-Berechtigungswesen

Vor der technischen Implementierung eines SAP-Berechtigungskonzepts steht das konzeptionelle Design. Es müssen Verfahren entwickelt werden, wie die zukünftige Berechtigungsvergabe ablaufen soll, welche Verantwortlichkeiten es hierbei gibt und wie die Rollen technisch aufgebaut werden sollen. Dieser konzeptionelle Unterbau bildet die Grundlage für ein zukunftsfähiges, flexibles und transparentes Berechtigungskonzept. Dazu gehören:

- das Dateneigentümerkonzept
- das Antrags-, Test- und Freigabeverfahren für Berechtigungen
- das Konzept für übergreifende Berechtigungen
- das interne Kontrollsystem für SAP-Berechtigungen
- Rollen:
  - Rollenkonzepte
  - Namenskonventionen für Rollen
  - Konventionen für die technische Rollenausprägung
- modul- und systemspezifische Teilkonzepte
- Schutz der Eigenentwicklungen
- Das Sicherheitskonzept zum Berechtigungskonzept

Im Folgenden beschreibe ich die Inhalte der maßgeblichen Konzepte.

10.3.1 Das Dateneigentümerkonzept

Eine Voraussetzung für jedes Berechtigungskonzept ist die Festlegung der Verantwortlichkeiten (*Dateneigentümer*). Im Bereich des SAP-Berechtigungskonzepts müssen klare und eindeutige Verantwortlichkeiten festgelegt werden für:

- die Anwendungen der genutzten Komponenten:
- Transaktionen
- SAP-Fiori-Apps
- Web Dynpros
- die einzelnen Organisationsebenen wie Buchungskreise, Einkaufsorganisationen usw.
- die Tabellen/Views, mit denen auf einzelne Daten zugegriffen werden kann
- die Berechtigungsobjekte, die die Daten der Fachabteilung schützen
- sonstige zu schützende Elemente wie Belegarten, Freigabecodes usw.
- evtl. SAP-Fiori-Kachelgruppen und -kataloge

Diese Verantwortlichkeiten müssen definiert werden, bevor mit dem Rollendesign begonnen wird. Bei jeder Nutzung einer Transaktion/Organisationsebene usw. muss der festgelegte Dateneigentümer zustimmen.

Zusätzlich zu den Verantwortlichkeiten müssen die konkreten Aufgaben der Dateneigentümer spezifiziert werden. Dies sind u. a.:

- Genehmigung der Zuordnung der eigenen Rollen zu Benutzern
- Genehmigung der Änderungen an eigenen Rollen
- Genehmigung der Nutzung eigener startbarer Anwendungen und Organisationsebenen in Rollen anderer Dateneigentümer
- Genehmigung von Eigenentwicklungen, die auf die eigenen Daten zugreifen, sowie Festlegung, wie die Daten innerhalb der Eigenentwicklung zu schützen sind (Berechtigungsobjekte, Berechtigungsgruppen usw.)
- Aufbewahrung der Berechtigungs- und Rollenanträge für zehn Jahre (Anforderung gemäß § 257 HGB)
- Erstellung und Überwachung eines internen Kontrollsystems für die SAP-Berechtigungen

Es muss festgelegt werden, welche dieser Aufgaben ausschließlich vom Dateneigentümer selbst ausgeführt werden dürfen und welche delegiert werden können.

Des Weiteren ist im Konzept festzulegen, wie die Dateneigentümerschaft bei der Implementierung neuer Funktionalitäten bzw. Eigenentwicklungen zu gestalten ist. Neue Transaktionen, SAP-Fiori-Apps oder Reports dürfen erst produktiv gesetzt werden, wenn die Dateneigentümerschaft geklärt ist.

Ferner muss sichergestellt werden, dass die Dateneigentümer das notwendige Know-how besitzen, um ihre Aufgaben innerhalb des SAP-Berechtigungswesens durchführen zu können. Hierzu sind Schulungen notwendig. Nach der Erstellung des Dateneigentümerkonzepts sind Schulungen für die Dateneigentümer und ihre Stellvertreter empfehlenswert. Die Schulung sollte einzeln für die jeweiligen Dateneigentümer durchgeführt werden, jeweils abgestimmt auf die von ihm genutzten Komponenten. Sie sollte als Zeitraum einen Tag umfassen. Die Inhalte der Schulung sollten sein:

- die Funktionsweise des SAP-Berechtigungswesens im Überblick
- die relevantesten Berechtigungsobjekte des jeweiligen Bereichs
- das Konzept von Kachelgruppen und -katalogen
- Auswertungsmöglichkeiten zu Benutzern, Rollen und Berechtigungen (SAP-Benutzerinformationssystem)
- konkrete Abfragemöglichkeiten für die häufigsten Fragen zu Berechtigungen:
  - Welche Rollen hat ein Benutzer?
  - Welche Benutzer sind einer Rolle zugeordnet?
  - Welche Anwendungen (Transaktionen, SAP-Fiori-Apps, Web Dynpros) kann ein Benutzer ausführen?
  - Welche Aktionen kann ein Benutzer innerhalb einer Anwendung durchführen?
  - Wer hat Zugriff auf eine bestimmte Organisationsebene?
  - Mit welchen Rollen werden Rechte auf bestimmte Organisationsebenen vergeben?

- Wer kann eine bestimmte Anwendung (Transaktion, SAP-Fiori-App, Web Dynpro) ausführen?
- Welche Kachelgruppen und -kataloge sind in Rollen integriert?
- Wer kann auf bestimmte Tabellen zugreifen?
- An wen wurde eine bestimmte Rolle vergeben (Änderungsprotokolle zu Rollen)?

10.3.2 Das Antrags-, Test- und Freigabeverfahren

Basierend auf dem Dateneigentümerkonzept muss das Antragsverfahren für Berechtigungen abgebildet werden. Hier ist festzulegen, wie Berechtigungen beantragt werden (Workflow) und wer was genehmigen darf.

Das Antragsverfahren für Benutzer

Es muss festgelegt werden, welche Daten auf dem Antrag mindestens anzugeben sind. Dies können z. B. die folgenden Daten sein:

- System/Mandant
- Antragsteller
- Datum
- Dateneigentümer
- Rollen gültig von/gültig bis
- Rollen

Die Rollen sollten mit technischem Namen und Beschreibung vorgegeben werden, sodass sie für die Fachabteilungen transparent sind. Außerdem sollte mit dem Antrag nicht nur das Zuordnen von Rollen möglich sein, sondern auch das Entziehen von Rollen. Tabelle 10.19 zeigt ein Beispiel, wie Rollen in einem Antrag aufgelistet werden könnten.

Rolle	Bezeichnung	Hinzufügen	Entfernen
Rechte gültig von: bis: (leer lassen, wenn unbegrenzte Gültigkeit)			
Anzeigeberechtigungen			
IBS_FI_K_BK1000_ANZEIGE	Anzeigeberechtigungen für Kreditoren im Buchungskreis 1000	☐	☐

Tabelle 10.19 Beispiel für einen Rollenantrag

10.3 Konzepte zum SAP-Berechtigungswesen

Rolle	Bezeichnung	Hinzufügen	Entfernen
IBS_FI_D_BK1000_ANZEIGE	Anzeigeberechtigungen für Debitoren im Buchungskreis 1000	☐	☐
Änderungsberechtigungen			
IBS_FI_K_BK1000_ANLAGE	Kreditoren anlegen im Buchungskreis 1000	☐	☐
IBS_FI_D_BK1000_ANLAGE	Debitoren anlegen im Buchungskreis 1000	☐	☐
IBS_FI_D_BK1000_SPERREN	Debitoren sperren im Buchungskreis 1000	☐	☐

Tabelle 10.19 Beispiel für einen Rollenantrag (Forts.)

Ein Berechtigungsantrag wird meistens vom Vorgesetzten bzw. einem Key-User ausgefüllt. Er gibt an, aus welchen Bereichen der Benutzer welche Rollen benötigt. Im nächsten Schritt werden die beantragten Rollen an die zuständigen Dateneigentümer weitergeleitet. Diese prüfen, ob die beantragten Rollen dem Benutzer zugeordnet werden dürfen. Sinnvollerweise sollten Liste und Reihenfolge der zu genehmigenden Personen mit auf dem Antrag aufgelistet werden. Ein Beispiel zeigt Tabelle 10.20.

Laufweg	Tätigkeit	Datum	Unterschrift
1. Antragsteller	Beauftragung		
2. Dateneigentümer	Genehmigung		
3. Administration	Umsetzung in E, Transport nach K		
4. Antragsteller	Test und Freigabe in K		
5. Administration	Transport nach P		
6. Administration	Archivierung		

Tabelle 10.20 Laufzettel für einen Berechtigungsantrag

Im Rahmen des Antragsverfahrens müssen auch Sonderfälle eingeplant werden. Dies können z. B. sein:

- **Austritt eines Mitarbeiters**
  Verlässt ein Mitarbeiter das Unternehmen, ist sicherzustellen, dass eine Nutzung seines Benutzerkontos nicht weiterhin möglich ist. Hierzu ist ein Verfahren zu implementieren, das eine Löschung oder Sperrung der Benutzer gewährleistet. Vor dem Löschen ist zu dokumentieren, um welchen Benutzer es sich dabei gehandelt hat.

- **Längerfristige Abwesenheit**
  Fällt ein Mitarbeiter längerfristig aus (z. B. durch Elternzeit), muss ein Ablaufdatum für seinen Benutzerstammsatz eingegeben werden oder der Benutzer gesperrt werden. Den Antrag für diese Sperre muss der Vorgesetzte stellen. Dieser stellt auch den Antrag für eine Entsperrung, wenn der Mitarbeiter seine Arbeit wiederaufnimmt.

- **Versetzungen**
  Um eine Summierung von Zugriffsrechten zu verhindern, müssen die alten Rollen des Benutzers bei Versetzungen vollständig entzogen werden. Den Entzug der Rollen beantragt der Vorgesetzte. Der neue Vorgesetzte muss die notwendigen Berechtigungen für den Benutzer neu beantragen. Dies sollte bereits im Vorfeld erfolgen. Der Vorgänger hat dafür zu sorgen, dass die Rollen bis zum Tag des Wechsels des Benutzers entzogen werden. Der neue Vorgesetzte sollte die neuen Rollen bereits am Vortag des Wechsels beantragen.

- **Namensänderungen**
  Bei Namensänderungen, z. B. durch Heirat, muss festgelegt werden, ob Benutzernamen geändert werden oder nicht.

- **Zugriffsrecht für Auszubildende**
  Für Auszubildende sollten die Berechtigungen pro Fachabteilung immer nur für den Zeitraum beantragt werden, in dem der Auszubildende dort tätig ist. Über das Ablaufdatum der Rollengültigkeit muss dann das Enddatum festgelegt werden. Dadurch wird verhindert, dass sich die Berechtigungen von Auszubildenden im Laufe ihrer Ausbildung summieren und sie am Ende der Ausbildung die Berechtigungen aller Fachabteilungen besitzen, die sie durchlaufen haben.

- **Zugriffsrechte für Externe**
  Externe Benutzer sollten hinsichtlich der Berechtigungen behandelt werden wie interne Benutzer. Auch für sie müssen explizite Rechte beantragt werden. Hierbei sollte immer ein Ablaufdatum mitangegeben werden, entweder für die Berechtigungen oder für den Benutzerstammsatz selbst.

Das Antragsverfahren für Rollen

Neue Rollen bzw. Änderungen an bestehenden Rollen müssen ebenso beantragt werden wie Rechteänderungen bei Benutzern. Generell gilt, dass für jede Rolle alle Inhal-

10.3 Konzepte zum SAP-Berechtigungswesen

te (Transaktionen, Kachelgruppen/-kataloge, Organisationsebenen) beantragt werden können, dass aber alle Änderungen von den Dateneigentümern genehmigt werden müssen. Genehmigungen erteilen müssen immer alle beteiligten Dateneigentümer: derjenige, dessen Rolle geändert werden soll und diejenigen, dessen Kachelgruppen/-kataloge/Transaktionen/Objekte/Organisationsebenen in die Rolle aufgenommen werden sollen. Welchem Dateneigentümer welche Elemente zugeordnet sind, ergibt sich aus dem Dateneigentümerkonzept.

Mit einem Rollenantrag wird Folgendes beantragt:

- neue Rollen
- Änderungen an Rollen
- Löschung von Rollen

Ein Rollenantrag muss die folgenden Informationen enthalten:

- System/Mandant
- Antragsteller
- Datum
- Dateneigentümer der zu ändernden Rolle
- Rollenname
- Beschreibung der Rolle (bei neuen Rollen)
- Was soll zugefügt/geändert/gelöscht werden (Transaktionen, Reports, Organisationsebenen, Berechtigungsobjekte, Feldwerte usw.)?
- Dateneigentümer der neuen Inhalte

Abbildung 10.31 zeigt ein Beispiel für einen Rollenantrag.

O Rolle löschen			
Name der Rolle: _____			
O Rolle anlegen			
Name der Rolle: _____			
Beschreibung _____			
O Rolle ändern			
Name der Rolle: _____			
Rolleninhalte (z. B. Kachelgruppe/-katalog, Transaktion, Report, Organisationsebene oder Werte):			
☐ Hinzufügen ☐ Entfernen			
FI (A*, F*, G*)	CO (K*)	Logistik (M*, L*, V*)	
Dateneigentümer FI	Dateneigentümer CO	Dateneigentümer Einkauf (M*)	
		Dateneigentümer Vertrieb (V*)	
		Dateneigentümer Lager (L*)	

Abbildung 10.31 Beispiel für einen Rollenantrag

Auch auf dem Rollenantrag müssen die Genehmigungsschritte aufgelistet werden. Ein Beispiel zeigt Tabelle 10.21.

Laufweg	Tätigkeit	Datum	Unterschrift
1. Antragsteller	Beauftragung		
2. Dateneigentümer	Genehmigung		
3. Administration	Umsetzung in E, Transport nach K		
4. Antragsteller	Test und Freigabe in K		
5. Administration	Transport nach P		
6. Administration	Archivierung		

Tabelle 10.21 Laufzettel für einen Rollenantrag

Eine Ausnahme zu diesem Antragsverfahren stellt das Anlegen neuer Rollen im Rahmen von Projekten dar. Für neue Prozesse muss häufig eine Vielzahl neuer Rollen definiert werden. In solchen Fällen ist es sinnvoller, alle benötigten Rollen z. B. in Microsoft Excel zu dokumentieren und diese Liste dann einmalig von den Dateneigentümern genehmigen zu lassen.

10.3.3 Der Ablauf der Benutzerverwaltung

In dem Konzept für den Ablauf der Benutzerverwaltung müssen u. a. die folgenden Verfahren beschrieben werden:

- das Antragsverfahren für die Neuanlage von Benutzerkonten
- Synchronisation von Benutzerkonten in Frontend- und Backend-Systemen
- Rechteänderungen beim Tätigkeitswechsel eines Benutzers
- Löschung/Sperrung eines Benutzers bei Austritt aus der Unternehmung
- Sperrung von Benutzern bei längerfristiger Abwesenheit
- Namensänderungen von Benutzern
- das Verfahren für:
  - nicht personifizierte Benutzerkonten (Hotline, Support usw.)
  - technische Benutzer
  - Auszubildende
  - Sonderbenutzer wie Prüfer, externe Berater usw.
  - SAP-Standardbenutzer wie SAP*, DDIC, SAPCPIC, TMSADM
- das Notfallbenutzerverfahren

10.3.4 Konzept für übergreifende Berechtigungen

Im Rahmen des Dateneigentümerkonzepts wird festgelegt, wer für welche Anwendungen verantwortlich ist. Es wird aber auch eine Vielzahl von Anwendungen genutzt, die keinem Dateneigentümer zugeordnet werden können. Diese Anwendungen (zumeist handelt es sich um Transaktionen) müssen daher in einem Berechtigungskonzept gesondert behandelt werden. Solche übergreifenden Berechtigungen sind z. B.:

- **Reportingberechtigungen**
  Transaktionen wie SA38 sind als kritisch anzusehen, da die einzelnen Berechtigungen für Reports aufwendig zu pflegen sind. Die für die Benutzer erforderlichen Reports werden ihnen über Transaktionen zur Verfügung gestellt. Hier ist festzulegen, wie mit Reportingberechtigungen verfahren wird (siehe Abschnitt 9.7.3, »Schutz von ABAP-Programmen durch Berechtigungsgruppen (S_PROGRAM)«).

- **Tabellenberechtigungen**
  Tabellenberechtigungen sollten nicht zu umfassend vergeben werden. Nur eine kleine Anzahl an Benutzern benötigt einen direkten Zugriff auf Tabellen. Zu bedenken ist hierbei auch, dass bei Tabellenzugriffen keine Trennung nach Organisationseinheiten möglich ist. Daher ist hier zu definieren, wie Tabellenberechtigungen eingesetzt werden (siehe Abschnitt 8.4, »Berechtigungen für Tabellen und Views«).

- **Batch-Input-Berechtigungen**
  Batch-Input-Mappen werden von unterschiedlichen Fachbereichen genutzt, die dann entsprechende Berechtigungen für Transaktion SM35 benötigen. Die Berechtigungen können lediglich für die Mappennamen vergeben werden. Daher ist hier ein explizites Konzept für die Mappennamen und die zugehörigen Berechtigungen erforderlich (siehe Abschnitt 3.7, »Batch-Input«).

- **Spool- und Druckerberechtigungen**
  Es ist ein Druckerkonzept erforderlich, aus dem hervorgeht, wer auf welchen Druckern drucken und wer welche Druckaufträge im Drucker-Spool anzeigen darf (siehe Abschnitt 3.6, »Drucken und Speichern«).

10.3.5 Das interne Kontrollsystem

Im Rahmen eines unternehmensweiten internen Kontrollsystems ist ein eigenes Kontrollsystem für die SAP-Berechtigungen unerlässlich. Häufig sind sensible Geschäftsprozesse in den SAP-Systemen abgebildet. Die Berechtigungen für diese Prozesse müssen restriktiv vergeben und fortlaufend überwacht werden.

Die Abbildung eines internen Kontrollsystems für SAP-Berechtigungen unterteilt sich in den meisten Fällen in zehn Schritte:

1. **Auflistung der genutzten Funktionen**
   Im ersten Schritt müssen die Fachabteilungen auflisten, welche Funktionen des SAP-Systems genutzt werden, z. B. Kreditorenpflege, Wareneingänge usw.

2. **Ermittlung der zugehörigen SAP-Anwendungen**
   Der zweite Schritt besteht darin, den Funktionen die SAP-Anwendungen (Transaktionen, SAP-Fiori-Apps, Web Dynpros) zuzuordnen, die dafür genutzt werden.

3. **Zuordnung der Risiken**
   Der dritte Schritt besteht darin, den Funktionen sowie Kombinationen von Funktionen Risiken zuzuordnen. Dies muss fachabteilungsübergreifend erfolgen, da sich viele kritische Berechtigungskombinationen erst aus den Berechtigungen verschiedener Fachbereiche ergeben (z. B. Wareneingang und Rechnungsprüfung).

4. **Festlegung der Kritikalität**
   Im vierten Schritt werden den Risiken Kritikalitätsgrade zugeordnet, wie *High Risk*, *Medium Risk* usw. Hierbei müssen eventuell auch kompensierende Kontrollen beachtet werden, also Kontrollen, die außerhalb der SAP-Berechtigungen implementiert sind.

5. **Festlegung der Verantwortlichkeiten**
   Der fünfte Schritt ist die Festlegung der Verantwortlichkeiten für die Funktionen und Risiken. In den meisten Fällen sind die Dateneigentümer verantwortlich. Insbesondere sind aber bei fachabteilungsübergreifenden Berechtigungen die Verantwortlichkeiten explizit festzulegen.

6. **Planung der Risikoüberwachung**
   Schritt sechs ist die Planung der Überwachung der Risiken. Für die Fachabteilungen müssen Kontrollzyklen sowie eventuell Funktionen, um Risikoverstöße bereits im Vorfeld einer Rechtezuteilung prüfen zu können, festgelegt werden. Hierbei ist auch festzulegen, wie die Überwachung technisch erfolgen soll. Ein weiterer wichtiger Punkt ist die Festlegung von Eskalationsstufen bei Risikoverstößen.

7. **Planung der technischen Umsetzung**
   Basierend aus den Anforderungen aus Punkt 6 sowie aus der Komplexität der definierten Risiken (Berechtigungsabfragen) muss im siebten Schritt die technische Realisierung geplant werden. In den meisten Fällen wird das interne Kontrollsystem über ein eigenes Tool abgebildet, da die SAP-Funktionen hierzu nicht ausreichend sind und einen zu hohen Aufwand erfordern würden. Damit die betreffenden Fachabteilungen das Kontrollsystem akzeptieren, ist es wichtig, dass die technische Umsetzung mit wenig Aufwand für die Fachabteilungen erfolgt und dass die Kontrolle der Ergebnisse der Überwachung nicht mit hohen personellen Ressourcen in den Fachabteilungen verbunden ist.

8. **Technische Realisierung**

   Im achten Schritt wird, basierend auf der Planung in Punkt 7, das interne Kontrollsystem für SAP-Berechtigungen technisch abgebildet und damit prüfbar gemacht.

9. **Erster Kontrolllauf**

   Ein erster Kontrolllauf ist im neunten Schritt notwendig, da in den meisten Fällen die Anforderungen an das interne Kontrollsystem noch nicht mit den tatsächlich vergebenen Berechtigungen übereinstimmen. Die Ergebnisse dieser ersten Kontrolle müssen dann von der Berechtigungsadministration und den Fachabteilungen gemeinsam überarbeitet werden. Ein Ergebnis kann sein, dass sowohl Rollenzuordnungen als auch Rollen inhaltlich geändert werden müssen. Das Ergebnis der Überarbeitung muss von den Verantwortlichen für die Kontrollen abgenommen werden.

10. **Produktivnahme des internen Kontrollsystems für SAP-Berechtigungen**

    Der letzte Schritt ist die Produktivnahme. Gemäß den definierten Kontrollzyklen werden die Berechtigungen (und damit die Risiken) von den Verantwortlichen geprüft. Eventuell werden Berechtigungszuordnungen in diesem Rahmen bereits vor der eigentlichen Zuordnung auf Risiken hin untersucht, indem die Zuordnung simuliert wird. In solchen Fällen verringert sich der Aufwand für eine nachgelagerte Kontrolle durch die Fachabteilungen erheblich. Allerdings werden sie dann häufiger in den laufenden Prozess der Berechtigungsvergabe eingebunden, wenn Risiken durch beantragte Berechtigungen entstehen.

10.3.6 Namenskonventionen für Rollen

Rollen müssen einer festen Namenskonvention unterliegen. Auf der Kombination aus Rollenname und Beschreibung sollte hervorgehen, was der Inhalt der Rolle ist. Dafür werden die verfügbaren 30 Zeichen in Bereiche eingeteilt, die jeweils eine bestimmte Ausprägung darstellen. Wie die Namen aufzubauen sind, entscheidet jedes Unternehmen unterschiedlich. Ein Muster, das für alle Unternehmen einsetzbar ist, existiert nicht. Allerdings gleichen sich viele Namenskonventionen in vielen Bereichen. Tabelle 10.22 zeigt ein typisches Beispiel aus der Praxis.

Position	Inhalt
1–2	Art der Rollen, z. B.: • ZM: Vorlagerollen • ZT: abgeleitete Rollen • ZK: kritische Rollen

Tabelle 10.22 Beispiel für eine Rollennamenskonvention

Position	Inhalt
3	Unterstrich
4–5	SAP-Komponente, z. B.: - BC: Basis - FI: Finanzwesen - CO: Controlling - SAP ERP HCM: Personalwirtschaft
6	Unterstrich
7	Aktivität: - A: Rolle mit reinen Anzeigerechten - P: Rollen mit Pflegerechten
8	Unterstrich
9–12	Organisationsebene
13	Unterstrich
14–30	Funktion der Rolle

Tabelle 10.22 Beispiel für eine Rollennamenskonvention (Forts.)

Tabelle 10.23 zeigt Beispiele für diese Namenskonvention.

Rollenname	Beschreibung
YM_FI_A_XXXX_KR_BUCH	Vorlagerolle Finanzbuchhaltung – Anzeige Kreditorenbuchungen
YM_FI_P_XXXX_KR_STAMMD	Vorlagerolle Finanzbuchhaltung – Pflege Kreditorenstammdaten
YT_FI_A_1000_KR_BUCH	abgeleitete Rolle Finanzbuchhaltung – Anzeige Kreditorenbuchungen für Buchungskreis 1000
YT_FI_P_2000_KR_STAMMD	abgeleitete Rolle Finanzbuchhaltung – Pflege Kreditorenstammdaten für Buchungskreis 2000

Tabelle 10.23 Beispiele für Rollennamen

10.3.7 Konventionen für die technische Rollenausprägung

Für die technische Ausprägung der Rollen müssen ebenfalls Vorgaben definiert werden, u. a.:

- Vorgaben für die Nutzung der Rollenmenüs
  - Integration von Kachelgruppen und -katalogen
  - Integration einzelner Services in Rollen
  - Aufbau von Ordnerstrukturen für die Nutzung des SAP GUI
- Vorgaben für die Ausprägung der Organisationsebenen
  - nur Einzelwerte oder auch generische Werte
  - Ausprägung ausschließlich über die Schaltfläche **Organisationsebenen**, nicht in den Berechtigungsobjekten selbst
  - Welche Organisationsebenen müssen zwingend ausgeprägt werden, welche nicht?
- Vorgaben für die Ausprägung der Aktivitäten
  - nur einzelne Ausprägungen
  - Sind Bereiche (von ... bis) zulässig?
  - Ist ein Stern zulässig?
- Vorgaben für die Ausprägung von spezifischen Berechtigungswerten wie z. B.:
  - Berechtigungsgruppen
  - Belegarten
  - Kontengruppen
- Konventionen für Beschreibungen und Dokumentationen in Rollen
- Nutzung und Aufbau der Rollenmenüs
- Verfahren für nicht genutzte Objekte (Deaktivieren oder Löschen)

10.3.8 Rollenkonzepte

Es existiert eine Vielzahl von Möglichkeiten für die Ausprägung von Rollenkonzepten. Je nach unternehmensspezifischen Anforderungen muss im Rahmen des Berechtigungsprojekts entschieden werden, wie die Rollen aufgebaut werden sollen. Beispiele für solche Konzepte sind:

- **Einzelne Rollen pro Funktion**
  Hier werden für die analysierten Funktionen in den Fachbereichen jeweils einzelne Rollen angelegt, die dann individuell den Benutzern zugeordnet werden.
- **Nutzung von Sammelrollen**
  In diesem Konzept werden die Einzelrollen weiterhin gemäß den analysierten einzelnen Funktionen definiert, aber dann in logisch zusammengehörigen Gruppen zu Sammelrollen zusammengefasst. Den Benutzern werden dann die Sammelrollen zugeordnet.

- **Vererbung von Rollen**
  Da für verschiedene Organisationseinheiten häufig dieselben Rollen benötigt werden, nur eben für ihre eigene Organisation, stellt die Vererbung von Rollen eine häufige konzeptionelle Variante dar. Hier werden *Masterrollen* erstellt, die bis auf die Organisationseinheiten vollständig ausgeprägt werden. Von diesen Rollen werden dann Rollen abgeleitet, in denen nur noch die Organisationseinheiten ergänzt werden. Der Vorteil liegt darin, dass bei Änderungen nur die Masterrollen geändert werden müssen und die Änderungen an die abgeleiteten Rollen weitervererbt werden können. Die abgeleiteten Rollen können dann wieder in Sammelrollen zusammengefasst werden, um sie Benutzern zuzuordnen.

- **Funktionale und organisatorische Rollen**
  Auch hier steht das Prinzip, dass dieselben Rollen für verschiedene Organisationseinheiten benötigt werden, im Vordergrund. Allerdings geht dieses Konzept noch weiter und kann auch für Elemente eingesetzt werden, die nicht als Organisationseinheit definiert sind, z. B. Belegarten. Funktionale Rollen enthalten die Anwendungsberechtigungen (S_TCODE, S_SERVICE, S_START) sowie die grundlegenden Berechtigungsobjekte. In den organisatorischen Rollen sind nur die Berechtigungsobjekte integriert, nach denen organisatorisch getrennt wird, also z. B. die Buchungskreisobjekte. Vorteil ist die extrem hohe Flexibilität. Nachteil ist zum einen der hohe Pflegeaufwand, zum anderen die Tatsache, dass die SU24-Funktionalität hier nicht genutzt werden kann.

10.3.9 Pflege von Kachelgruppen und -katalogen

Erfahrungsgemäß kommt es beim erstmaligen Einsatz von Kachelgruppen und -katalogen häufig zu Diskussionen, wer für die Konzeptionierung und Pflege zuständig ist. Da es sich hier um neue Elemente handelt, die bei den meisten Unternehmen mit der Einführung von SAP S/4HANA erstmalig zum Einsatz kommen, sind die Verantwortlichkeiten hierfür häufig ungeklärt. Da Kachelgruppen und -kataloge u. a. zur Vergabe von Berechtigungen genutzt werden, ist eine vielgehörte Meinung, dass deren Konzeptionierung bei der Berechtigungsadministration liegt, da sie ja auch die Rollen pflegen. Mag dies für die Kachelkataloge als technische Elemente noch halbwegs korrekt sein, so gilt es nur eingeschränkt für die Kachelgruppen. Diese stellen die Oberfläche für die Anwender auf dem SAP Fiori Launchpad dar. Daher müssen diese nicht aus Sicht der Berechtigungsadministration designed werden. Sie müssen aus dem Projekt, meist aus der Prozessmodellierung heraus, erstellt werden. Kachelgruppen sind maßgeblich für die Akzeptanz des für die Anwender neuen SAP Fiori Launchpads verantwortlich. Daher darf die Relevanz ihres Aufbaus nicht unterschätzt werden. Die Berechtigungsadministration setzt mit dem Rollendesign dann auf den Kachelgruppen auf und ist meist auch beim Aufbau der Kachelkataloge beteiligt, da diese einen anderen Aufbau bezüglich der integrierten Anwendungen haben können als die Kachelgruppen. Daher ist es unerlässlich, die Verantwortlichkeiten für die Pflege von Kachelgruppen und -katalogen konzeptionell festzulegen.

10.3.10 Komponenten- und systemspezifische Teilkonzepte

Einige SAP-Komponenten bzw. -systeme haben berechtigungsseitige Spezifika, die durch die Vorgaben für das allgemeine Berechtigungskonzept nicht abgedeckt sind. Diese Spezifika müssen in einem Berechtigungskonzept gesondert beschrieben werden. Solche Spezifika können z. B. sein:

- **Analyseberechtigungen in SAP BW**
  Analyseberechtigungen basieren nicht auf herkömmlichen Berechtigungsobjekten, sondern werden individuell auf der Basis von *InfoObjects* (Merkmalen) definiert. Für welche InfoObjects überhaupt Analyseberechtigungen definiert werden können, wird in deren Eigenschaften festgelegt. Der Einsatz dieser Analyseberechtigungen erfolgt maßgeblich beim Ausführen der BW-Querys. Hierzu werden keine Transaktionsberechtigungen benötigt, sondern Berechtigungen zur Query-Ausführung. Diese Systematik unterscheidet sich somit vollständig vom herkömmlichen Berechtigungskonzept und erfordert ein eigenes Konzept.

- **Strukturelle Berechtigungen in SAP ERP HCM**
  Berechtigungen in SAP ERP HCM können zusätzlich zu den Berechtigungsobjekten auch auf der Ebene der Organisationsstruktur vergeben werden. So kann z. B. definiert werden, dass Mitarbeiter in Leitungsfunktionen innerhalb der Organisationsstruktur ab ihrer Abteilung abwärts für den Zugriff auf Personaldaten berechtigt sind. Für welche Mitarbeiterdaten sie welche konkreten Berechtigungen besitzen, wird weiterhin über die SAP-ERP-HCM-Berechtigungsobjekte festgelegt. Außerdem können innerhalb der Organisationsstruktur auch Berechtigungen für einen anderen Kontext als den eigenen vergeben werden. Somit muss der Einsatz von strukturellen Berechtigungen in einem eigenen Konzept beschrieben werden.

10.3.11 Berechtigungen in Eigenentwicklungen

Im Rahmen von Eigenentwicklungen sind Richtlinien einzuhalten, um unerlaubte Datenzugriffe über die erstellten Programme zu verhindern. Nachfolgend liste ich die wesentlichen Elemente auf, die Sie speziell für das Berechtigungskonzept bei Eigenentwicklungen beachten müssen:

- **Implementierung von Berechtigungsprüfungen**
  Die wesentlichste Anforderung ist die Implementierung von Berechtigungsprüfungen in die Quelltexte. Programme ohne Berechtigungsprüfung dürfen nicht existieren. Hierzu ist der Prozess zu definieren, wie die Ermittlung der erforderlichen Berechtigungsprüfungen abläuft. Häufig ist es den Entwicklern allein nicht

möglich, die erforderlichen Berechtigungsobjekte festzulegen. Dies muss in Zusammenarbeit mit den Fachbereichen erfolgen. Bereits im Antragsprozess für neue Programme muss der Berechtigungsschutz integriert sein.

- **Vorgaben für ABAP-Befehle**
  Mit einigen ABAP-Befehlen können Berechtigungsprüfungen umgangen werden (z. B. mit CALL TRANSACTION), mit anderen sogar das ganze Mandantenkonzept (z. B. EXEC SQL). Daher sind Vorgaben zu definieren, wie solche Befehle einzusetzen sind und welche Voraussetzungen jeweils erfüllt sein müssen, z. B. die Pflege von Tabelle TCDCOUPLES bei der Nutzung von CALL TRANSACTION. Zu den wesentlichen Befehlen siehe Abschnitt 9.5.3, »Gefahrenpunkte in der ABAP-Programmentwicklung«.

- **Schutz von Tabellen und Views durch Berechtigungsgruppen**
  Da Berechtigungen für Tabellen und Views nicht nur für den Namen, sondern auch für die Berechtigungsgruppe vergeben werden können, sind die eigenen Tabellen und Views konkreten Berechtigungsgruppen zuzuordnen. Dafür muss ein Gruppenkonzept erstellt werden. Die Gruppe &NC& sollte hier nicht genutzt werden. Zum Berechtigungskonzept für Tabellen und Views siehe Abschnitt 8.4, »Berechtigungen für Tabellen und Views«.

10.3.12 Sicherheitskonzept zum Berechtigungskonzept

Im Sicherheitskonzept zum SAP-Berechtigungskonzept müssen die individuellen Einstellungen definiert sein, die zum Schutz des Berechtigungskonzepts getroffen werden. Das allgemeine Sicherheitskonzept für die SAP-Systeme ist hier nicht Bestandteil. Inhalte des Sicherheitskonzepts für das SAP-Berechtigungswesen sind u. a.:

- **Sicherheitskonzept für Frontend- und Backend-Server**
  Beim Einsatz getrennter Frontend- und Backend-Systeme sind die Zugriffe der Systeme untereinander (Trusted RFC) entsprechend abzusichern.

- **Parameter für Berechtigungsprüfungen**
  Für die Systemparameter, mit denen Berechtigungen gesteuert werden können, müssen Vorgaben definiert werden (siehe Abschnitt 10.4.1, »Systemparameter«).

- **Deaktivierung von Berechtigungsprüfungen**
  Ob und wie Berechtigungsprüfungen deaktiviert werden dürfen, muss explizit festgelegt werden. Es können z. B. ganze Berechtigungsobjekte oder Berechtigungsprüfungen in einzelnen Transaktionen deaktiviert werden. Zu dieser Systematik siehe Abschnitt 10.4.4, »Deaktivierte Berechtigungsobjekte«, und Abschnitt 10.4.5, »Deaktivierung von einzelnen Berechtigungsprüfungen«.

- **Customizing in Tabelle PRGN_CUST**
  In Tabelle PRGN_CUST können verschiedene Konfigurationen vorgenommen werden, z. B. ob das Berechtigungsobjekt S_RFCACL in das Profil SAP_ALL aufgenommen

wird, ob das Berechtigungsobjekt S_USER_SAS genutzt wird und ob Dialogbenutzer anderen Benutzern als Referenzbenutzer zugeordnet werden können. Es muss explizit festgelegt werden, wie die Schalter gesetzt werden sollen. Zu den Konfigurationsmöglichkeiten siehe Abschnitt 10.4.3, »Customizing-Schalter in Tabelle PRGN_CUST«.

- **Festlegung der Berechtigungsprüfung für aufgerufene Transaktionen**
  Mit dem ABAP-Befehl CALL TRANSACTION können aus einem ABAP-Programm heraus Transaktionen aufgerufen werden, ohne dass eine S_TCODE-Berechtigung geprüft wird. Es müssen daher Vorgaben definiert werden, wie aufgerufene Transaktionen vor unberechtigtem Zugriff geschützt werden (siehe Abschnitt 10.4.6, »Transaktionsaufrufe durch CALL TRANSACTION«).

- **Systemtrennung bei der Berechtigungspflege**
  Rollen dürfen nur im Entwicklungssystem gepflegt werden. Eine Pflege im Produktivsystem darf nicht möglich sein. Daher muss in diesem Zusammenhang festgelegt werden, wie diese Systemtrennung erfolgt und mit welchen Mitteln sie abgesichert wird. Des Weiteren müssen die Funktionstrennungen zwischen Entwicklungen und Transporten definiert werden.

- **Auswertung der Protokollierungskomponenten**
  Alle Rollenänderungen und -zuordnungen werden über Änderungsbelege protokolliert, ebenso Einstellungen wie die Deaktivierung von Berechtigungsprüfungen. Es muss festgelegt werden, wie diese Protokolle hinsichtlich Manipulationen an Berechtigungen ausgewertet werden.

10.3.13 Checkliste

In Tabelle 10.24 finden Sie die Checkliste mit den prüfungsrelevanten Fragestellungen zum Berechtigungskonzept.

Risiko	Fragestellung
	Vorgabe oder Erläuterung
1	Existiert ein Dateneigentümerkonzept zum SAP-Berechtigungswesen?
	Es muss ein Dateneigentümerkonzept zum SAP-Berechtigungswesen existieren. Hier besteht das Risiko, dass die Verantwortlichkeiten durch ein fehlendes Dateneigentümerkonzept für die Beantragung von Rollen und Rollenzuordnungen nicht geregelt sind und dadurch Berechtigungen falsch beantragt werden.
2	Entspricht das Dateneigentümerkonzept den Anforderungen hinsichtlich Verantwortlichkeiten und Aufgaben?

Tabelle 10.24 Checkliste zu den Konzepten zu SAP-Berechtigungen

Risiko	Fragestellung
	Vorgabe oder Erläuterung
2	Das Dateneigentümerkonzept zum SAP-Berechtigungswesen muss hinsichtlich Verantwortlichkeiten und Aufgaben detailliert ausgeprägt sein.
	Hier besteht das Risiko, dass die Verantwortlichkeiten durch eine falsche Ausprägung des Dateneigentümerkonzepts für die Beantragung von Rollen und Rollenzuordnungen nicht geregelt sind und dadurch Berechtigungen falsch beantragt werden.
1	Existiert ein Antragsverfahren zum SAP-Berechtigungswesen?
	Es muss ein Antragsverfahren zum SAP-Berechtigungswesen existieren.
	Hier besteht das Risiko, dass durch ein fehlendes Antragsverfahren Berechtigungen ohne Genehmigung und Wissen der Verantwortlichen zugeteilt werden. Des Weiteren besteht das Risiko, dass Berechtigungen nicht entzogen werden, wenn ein Benutzer sie nicht mehr benötigt.
2	Existieren benutzerfreundliche Formulare für die Berechtigungsanträge?
	Im Rahmen des Antragsverfahrens müssen benutzerfreundliche Formulare verwendet werden.
	Hier besteht das Risiko, dass Berechtigungen durch fehlende Formulare falsch beantragt oder umgesetzt werden.
1	Existiert ein Konzept für übergreifende Berechtigungen?
	Es muss ein Konzept für die übergreifenden Berechtigungen existieren.
	Hier besteht das Risiko, dass durch übergreifende Berechtigungen ein Zugriff auf nicht berechtigte Daten möglich ist.
1	Existiert ein internes Kontrollsystem zum SAP-Berechtigungswesen?
	Es muss ein internes Kontrollsystem zum SAP-Berechtigungswesen existieren.
	Hier besteht das Risiko, dass durch ein fehlendes internes Kontrollsystem Berechtigungen für kritische Geschäftsprozesse ohne Genehmigung und Wissen der Verantwortlichen zugeordnet werden und dass diese Zuordnungen nicht zeitnah aufgedeckt werden.
1	Existieren explizite Namenskonventionen für Rollen?
	Es müssen explizite Namenskonventionen für Rollen existieren.
	Hier besteht das Risiko, dass das Berechtigungskonzept durch fehlende Namenskonventionen intransparent wird.

Tabelle 10.24 Checkliste zu den Konzepten zu SAP-Berechtigungen (Forts.)

Risiko	Fragestellung
	Vorgabe oder Erläuterung
2	Existieren Vorgaben für die technische Ausprägung der Rollen?
	Es müssen Vorgaben für die technische Ausprägung der Rollen existieren.
	Hier besteht das Risiko, dass Rollen durch fehlende Vorgaben falsch ausgeprägt werden.
2	Ist das verwendete Rollenkonzept festgelegt?
	Das verwendete Rollenkonzept muss definiert werden.
	Hier besteht das Risiko, dass verschiedene Rollenkonzepte miteinander vermischt werden und dass das Berechtigungskonzept dadurch intransparent wird.
2	Ist die Pflege von Kachelgruppen und -katalogen konzeptionell festgelegt?
	Die Verantwortlichkeiten für die Pflege von Kachelgruppen und -katalogen müssen festgelegt werden.
	Hier besteht das Risiko, dass durch fehlende Verantwortlichkeiten die Kachelgruppen und -kataloge falsch definiert werden, sodass sie nicht für das genutzte Rollenkonzept passen und/oder die Akzeptanz der Anwender gefährdet ist.
2	Existieren komponenten-/systemspezifische Teilkonzepte?
	Für bestimmte Komponenten/Systeme müssen spezifische Teilkonzepte für die Berechtigungen erstellt werden.
	Hier besteht das Risiko, dass das Berechtigungskonzept für diese Komponenten/Systeme nicht definiert ist und es dadurch zu Fehlern kommen kann.
1	Existieren Vorgaben für den berechtigungsseitigen Schutz von Eigenentwicklungen?
	Es müssen Vorgaben für den berechtigungsseitigen Schutz von Eigenentwicklungen existieren.
	Hier besteht das Risiko, dass Eigenentwicklungen berechtigungsseitig nicht ausreichend geschützt sind.
2	Existiert ein Sicherheitskonzept zum Berechtigungskonzept?
	Es muss ein Sicherheitskonzept zum Berechtigungskonzept existieren.
	Hier besteht das Risiko, dass Berechtigungsprüfungen durch eine falsche Konfiguration fehlerhaft durchgeführt werden.

Tabelle 10.24 Checkliste zu den Konzepten zu SAP-Berechtigungen (Forts.)

Wie Sie die einzelnen Punkte praktisch am SAP-System prüfen können, erfahren Sie in Abschnitt 10.3 des Dokuments **Tiede_Checklisten_Sicherheit_und_Pruefung.pdf**.

10.4 Customizing zum Berechtigungskonzept

Zum SAP-Berechtigungskonzept gibt es eine Vielzahl an Customizing-Möglichkeiten. So existieren z. B. optionale Berechtigungsobjekte, die bei Bedarf aktiviert werden können, Customizing-Schalter zur Steuerung einzelner Berechtigungen und nicht zuletzt die Möglichkeit, den ganzen SAP-Berechtigungsstandard »auszuhebeln«. Erfahren Sie in diesem Abschnitt, welche Möglichkeiten existieren und wie sie unternehmensindividuell genutzt werden können.

10.4.1 Systemparameter

Zur Konfiguration des Umfelds von Berechtigungen werden u. a. Systemparameter genutzt. Tabelle 10.25 zeigt die relevanten Parameter in diesem Umfeld.

Parameter	Beschreibung	Default-Wert
auth/new_buffering	Legt fest, zu welchem Zeitpunkt der Benutzerpuffer, in dem die aktuellen Berechtigungen eines Benutzers zur Laufzeit gespeichert werden, aktualisiert wird. Benutzerberechtigungen können sich durch die Zuordnung/den Entzug von Rollen oder Profilen und durch die Änderung von Rollen/Profilen ändern. Der Standardwert »4« bedeutet, dass bei Änderungen sofort der Benutzerpuffer aktualisiert wird und Änderungen somit sofort gültig werden.	4
auth/authorization_trace	Durch das Setzen dieses Parameters auf »Y« wird die Kombination von Transaktion und Berechtigungsobjekt bei einer Berechtigungsprüfung in Tabelle USOBX geschrieben, falls sie dort noch nicht existiert. Standardmäßig sind bereits alle Einträge in USOBX vorhanden, sodass dieser Parameter nur noch in Sonderfällen (z. B. wenn eigene Berechtigungsobjekte angelegt wurden) gesetzt werden muss. Das Setzen dieses Parameters belastet eventuell stark die Systemperformance. Durch das Setzen des Werts »F« kann in Transaktion STUSOBTRACE festgelegt werden, für welche Benutzer der Trace aktiviert werden soll.	N

Tabelle 10.25 Systemparameter zum SAP-Berechtigungskonzept

Parameter	Beschreibung	Default-Wert
auth/auth_user_trace	Durch das Setzen dieses Parameters auf »Y« wird ein benutzerspezifischer Langzeit-Trace aktiviert. Die Trace-Daten werden redundanzfrei gespeichert, wodurch eine lange Laufzeit des Trace möglich ist. Dies ist maßgeblich dafür relevant, um für technische Benutzer die erforderlichen Berechtigungen zu ermitteln. Das Setzen dieses Parameters belastet eventuell stark die Systemperformance. Durch das Setzen des Werts »F« kann in Transaktion STUSERTRACE festgelegt werden, für welche Benutzer der Trace aktiviert werden soll.	N
auth/check/calltransaction	Legt in Kombination mit Tabelle TCDCOUPLES fest, ob eine S_TCODE-Berechtigung beim Aufruf von CALL TRANSACTION erfolgen soll. ■ 0: Es findet keine S_TCODE-Prüfung statt, unabhängig von der Einstellung in Tabelle TCDCOUPLES. ■ 1: Es findet immer eine S_TCODE-Prüfung statt, unabhängig von der Einstellung in Tabelle TCDCOUPLES. ■ 2: S_TCODE-Prüfung erfolgt gemäß Einstellung in Tabelle TCDCOUPLES.	2
auth/no_check_in_some_cases	Legt fest, ob der Profilgenerator und Transaktion SU24 (Deaktivieren von Berechtigungsprüfungen) genutzt werden können: ■ Y: Profilgenerator kann genutzt werden. ■ N: Profilgenerator kann nicht genutzt werden. Der Parameter sollte im Rahmen einer Systemlandschaft gleich gesetzt werden, meist somit auf »Y«.	Y
auth/object_disabling_active	Gestattet beim Wert »Y« die Deaktivierung von Berechtigungsobjekten (Transaktion AUTH_SWITCH_OBJECTS). Sollte im Produktivsystem daher auf »N« stehen.	Y
auth/tcodes_not_checked	Mit diesem Parameter kann die Berechtigungsprüfung für Transaktionscodes für die Transaktionen SU53 und SU56 deaktiviert werden.	

Tabelle 10.25 Systemparameter zum SAP-Berechtigungskonzept (Forts.)

Parameter	Beschreibung	Default-Wert
auth/rfc_authority_check	Legt fest, ob bei Anmeldungen über eine RFC-Verbindung die Berechtigung zur Anmeldung überprüft wird (Berechtigungsobjekt S_RFC). Der Parameter kann die folgenden Werte enthalten: - Wert »0«: Der Wert »0« bedeutet, dass das Objekt S_RFC nicht geprüft wird. - Wert »1«: Beim RFC-Zugriff werden Berechtigungen überprüft außer für den gleichen User, den gleichen Benutzerkontext und Funktionsbausteine der Funktionsgruppe SRFC. Dieser Wert entspricht den Anforderungen der Revision. - Wert »2«: Beim RFC-Zugriff werden Berechtigungen überprüft außer für Funktionsbausteine der Funktionsgruppe SRFC. - Wert »3«: Login zum Ausführen der Funktionsbausteine RFC_PING und RFC_SYSTEM_INFO erforderlich, es findet aber keine Berechtigungsprüfung statt. - Wert »4«: Es findet eine Berechtigungsprüfung für alle Funktionsbausteine statt außer für RFC_PING und RFC_SYSTEM_INFO. - Wert »5«: Es ist ein Login zum Ausführen des Funktionsbausteins RFC_PING erforderlich, es findet aber keine Berechtigungsprüfung statt. - Wert »6«: Es findet eine Berechtigungsprüfung für alle Funktionsbausteine statt außer für RFC_PING. - Wert »8«: Es ist ein Login für alle Funktionsbausteine erforderlich, es findet aber keine Berechtigungsprüfung statt. - Wert »9«: Beim RFC-Zugriff werden Berechtigungen für alle Funktionsbausteine überprüft.	1
auth/su53_buffer_entries	Gibt an, wie viele fehlgeschlagene Berechtigungsprüfungen (Transaktion SU53) gespeichert werden können.	100

Tabelle 10.25 Systemparameter zum SAP-Berechtigungskonzept (Forts.)

Parameter	Beschreibung	Default-Wert
bdc/bdel_auth_check	Wird der Parameter auf TRUE gesetzt, wird beim Löschen einzelner Transaktionen aus einer BI-Mappe der Wert »DELE« zum Berechtigungsobjekt S_BDC_MONI geprüft. Beim Wert FALSE erfolgt keine Berechtigungsprüfung.	FALSE
rspo/auth/pagelimit	Aktiviert das Berechtigungsobjekt S_SPO_PAGE: • 0: S_SPO_PAGE ist deaktiviert. • 1: S_SPO_PAGE ist aktiv.	0

Tabelle 10.25 Systemparameter zum SAP-Berechtigungskonzept (Forts.)

10.4.2 Benutzermenüs

Welche Menüs die Benutzer im SAP GUI aufrufen können, kann individuell konfiguriert werden. So kann z. B. eingerichtet werden, dass Benutzer das SAP-Menü nicht aufrufen können, sondern ihnen stattdessen nur ihre Rollenmenüs angezeigt werden oder ein individuell hinterlegtes Menü. Die Konfiguration erfolgt über zwei Tabellen:

- Tabelle SSM_CUST: systemweite Einstellungen für alle Benutzer
- Tabelle USERS_SSM: benutzerspezifische Einstellungen

Konfiguration der systemweiten Einstellungen für alle Benutzer

In Tabelle SSM_CUST können eine Vielzahl von Konfigurationen vorgenommen werden. In Tabelle 10.26 sind die wesentlichen Konfigurationen aufgeführt. Sind Einträge nicht in Tabelle 10.26 vorhanden, gilt für diese grundsätzlich die Default-Einstellung.

Schalter	Beschreibung
ALL_USER_MENUS_OFF	Legt fest, ob Benutzermenüs angezeigt werden können: • NO (Default-Einstellung): Benutzermenüs werden angezeigt. • YES oder X: Benutzermenüs können nicht angezeigt werden.
ALLOW_WEB_ACCESS	Legt fest, ob ins Menü eingebundene Internetlinks angezeigt werden: • YES (Default-Einstellung): Internetlinks werden angezeigt. • NO: Internetlinks werden nicht angezeigt.

Tabelle 10.26 Systemweite Einstellungen für Benutzermenüs

Schalter	Beschreibung
CUSTOMER_MENU_OFF	Legt fest, ob kundenspezifische Menüs angezeigt werden können: ■ NO (Default-Einstellung): Kundenspezifische Menüs werden angezeigt. ■ YES oder X: Kundenspezifische Menüs werden nicht angezeigt.
INTERNET_MENU_OFF	Legt fest, ob Webmenüs angezeigt werden können. ■ NO (Default-Einstellung): Webmenüs werden angezeigt. ■ YES oder X: Webmenüs werden nicht angezeigt.
REFUS_EASY	Legt fest, ob auch die Menüs der Rollen von zugeordneten Referenzbenutzern im Benutzermenü mitangezeigt werden. Der Wert »YES« bedeutet, dass die Rollenmenüs des Referenzbenutzers mitangezeigt werden.
REFUS_NWBC	Legt fest, ob auch die Menüs der Rollen von zugeordneten Referenzbenutzern im SAP Business Client (vormals SAP NetWeaver Business Client, NWBC) im Benutzermenü mitangezeigt werden. Der Wert »YES« bedeutet, dass die Rollenmenüs des Referenzbenutzers mitangezeigt werden.
SAP_MENU_OFF	Legt fest, ob das SAP-Menü angezeigt werden kann: ■ NO (Default-Einstellung): Das SAP-Menü kann angezeigt werden. ■ YES oder X: Das SAP-Menü kann nicht angezeigt werden.
SSM_AUTH_CHECK	Legt fest, ob explizit geprüft wird, dass die Schaltflächen für administrative Funktionen (z. B. Rolle anlegen, Benutzer zuordnen) angezeigt werden: ■ NO (Default-Einstellung): Es wird nicht geprüft, ob ein Anwender die Berechtigung für Administrationsfunktionen besitzt. Die Schaltflächen werden immer angezeigt. ■ YES oder ADMIN: Es findet eine Berechtigungsprüfung für die Administrationsfunktionen statt, aufgrund derer die Schaltflächen eingeblendet werden oder nicht.

Tabelle 10.26 Systemweite Einstellungen für Benutzermenüs (Forts.)

Konfiguration der benutzerspezifischen Einstellungen

In Tabelle USERS_SSM können für jeden Benutzer individuell die vier Menüs aktiviert bzw. deaktiviert werden. Dies erfolgt über die folgenden vier Felder:

10.4 Customizing zum Berechtigungskonzept

- `USER_MENU`: Benutzermenü
- `CUST_MENU`: kundenspezifisches Menü
- `SAP_MENU`: SAP-Menü
- `WEB_MENU`: Webmenü

Zu jedem Menü kann angegeben werden, ob der Benutzer es aufrufen darf. Der Aufruf der markierten Menüs ist ihm erlaubt (siehe Beispiel in Abbildung 10.32). Benutzer, die nicht in der Tabelle eingetragen sind, dürfen alle Menüs aufrufen.

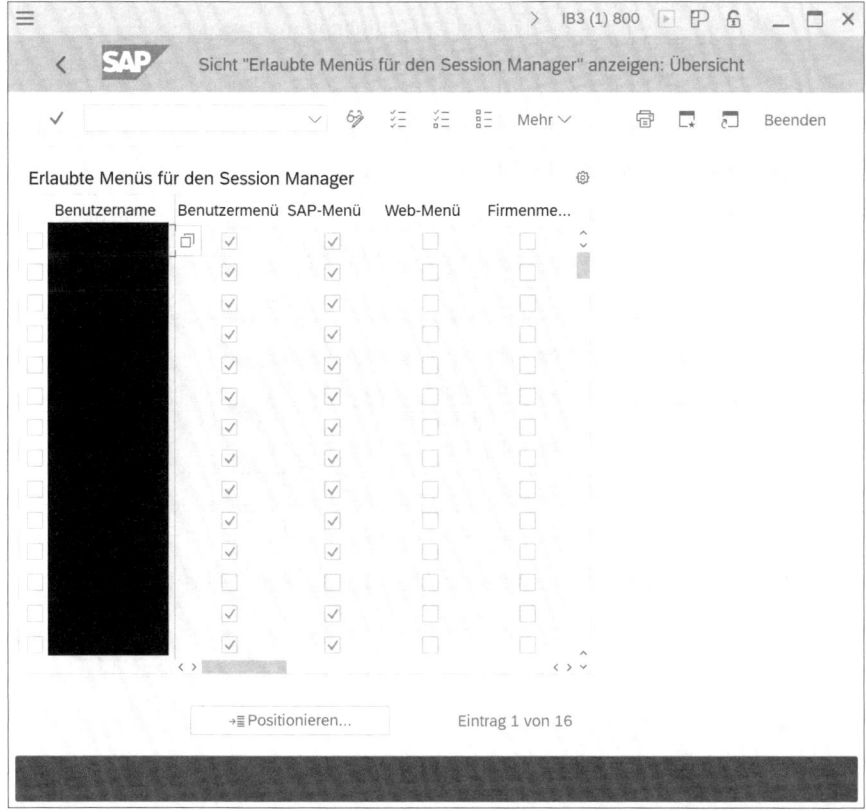

Abbildung 10.32 Tabelle USERS_SSM – Konfiguration der Benutzermenüs

10.4.3 Customizing-Schalter in Tabelle PRGN_CUST

Tabelle `PRGN_CUST` ist die Customizing-Tabelle für das Berechtigungskonzept. Hier können verschiedene Einstellungen vorgenommen werden, von denen Sie viele bei einer Prüfung beachten müssen. In Tabelle 10.27 sind die wesentlichen Einstellungen aufgeführt.

Schalter	Beschreibung
ADD_ALL_CUST_OBJECTS	Legt fest, ob kundeneigene Berechtigungsobjekte in das Profil SAP_ALL mitaufgenommen werden: ■ YES (Default-Einstellung): Kundeneigene Berechtigungsobjekte werden in SAP_ALL aufgenommen. ■ NO: Kundeneigene Berechtigungsobjekte werden nicht in SAP_ALL aufgenommen.
ADD_OLD_AUTH_OBJECTS	Legt fest, ob veraltete Berechtigungsobjekte (Objektklasse AAAA) in das Profil SAP_ALL mitaufgenommen werden: ■ NO (Default-Einstellung): Veraltete Berechtigungsobjekte werden nicht in SAP_ALL aufgenommen. ■ YES: Veraltete Berechtigungsobjekte werden in SAP_ALL aufgenommen.
ADD_S_RFCACL	Legt fest, ob eine Gesamtberechtigung für S_RFCACL in das Profil SAP_ALL mitaufgenommen wird (siehe Abschnitt 5.3.2, »Zugriffsrechte«): ■ NO (Default-Einstellung): Gesamtberechtigung für S_RFCACL wird nicht in SAP_ALL aufgenommen. ■ YES: Gesamtberechtigung für S_RFCACL wird nicht in SAP_ALL aufgenommen.
ASSIGN_ROLE_AUTH	Legt fest, welche Aktivität zu den Objekten S_USER_GRP und S_USER_SAS beim Zuordnen von Rollen zu Benutzern geprüft wird: ■ ASSIGN (Default-Einstellung): Aktivität 22 (Zuordnen) ■ CHANGE: Aktivität 02 (Ändern)
CHECK_S_USER_SAS	Legt fest, ob das Berechtigungsobjekt S_USER_SAS genutzt wird: ■ YES (Default-Einstellung): S_USER_SAS ist aktiviert. ■ NO: S_USER_SAS ist nicht aktiviert.
CLIENT_SET_FOR_ROLES	Legt fest, ob die Rollenpflege an die Mandantenänderbarkeit geknüpft ist: ■ NO (Default-Einstellung): Die Mandanteneinstellung hat keinen Einfluss auf die Rollenpflege. ■ YES: Die Einstellung für mandantenabhängige Objekte wird in der Rollenpflege berücksichtigt.
GEN_PSW_MAX_DIGITS	Legt die maximale Anzahl an Zahlen in einem generierten Kennwort fest.
GEN_PSW_MAX_LENGTH	Legt die maximale Länge eines generierten Kennworts fest.

Tabelle 10.27 Customizing-Schalter in Tabelle PRGN_CUST

10.4 Customizing zum Berechtigungskonzept

Schalter	Beschreibung
GEN_PSW_MAX_LETTERS	Legt die maximale Anzahl an Buchstaben in einem generierten Kennwort fest.
GEN_PSW_MAX_SPECIALS	Legt die maximale Anzahl an Sonderzeichen in einem generierten Kennwort fest.
HR_ORG_ACTIVE	Legt fest, ob Rollenzuordnungen über das Organisationsmanagement in SAP ERP HCM möglich sind. Mögliche Werte sind: YES (Default-Einstellung), NO.
PD_ORG_ACTIVE	Legt fest, ob Rollenzuordnungen über das Organisationsmanagement in SAP ERP HCM im Global User Manager (GUM) möglich sind. Mögliche Werte sind: YES (Default-Einstellung), NO.
PFCG_EASY_MODE_ON	Legt fest, ob Transaktion PFCG_EASY genutzt werden kann. Mögliche Werte sind: NO (Default-Einstellung), YES. Mit Transaktion PFCG_EASY können Rollen direkt für Benutzer generiert werden, indem die Transaktionen angegeben werden. Die Rollen enthalten generierte Namen, z. B. TOMTIEDE_T-I2670098. Diese Funktion sollte nicht genutzt werden, da dadurch kein sauberes Berechtigungskonzept abgebildet werden kann.
REF_USER_CHECK	Legt fest, ob als Referenzbenutzer nur Benutzer vom Typ **Referenz** genutzt werden können oder auch andere Benutzertypen: - W (Default-Einstellung), S, I: Zuordnung anderer Benutzertypen ist möglich. - E: Zuordnung ist nicht möglich.

Tabelle 10.27 Customizing-Schalter in Tabelle PRGN_CUST (Forts.)

10.4.4 Deaktivierte Berechtigungsobjekte

Über Transaktion AUTH_SWITCH_OBJECTS ist es möglich, Berechtigungsobjekte vollständig zu deaktivieren, sodass diese nicht mehr geprüft werden (Anzeige über Transaktion AUTH_DISPLAY_OBJECTS). Das Verhalten des SAP-Systems entspricht anschließend nicht mehr dem SAP-Standard. Auch in diesem Buch beschriebene Prüfschritte könnten davon betroffen sein. Im ersten Schritt sollten Sie sich hier einen Überblick verschaffen.

Deaktivierte Berechtigungsobjekte werden in Tabelle TOBJ_OFF gespeichert (siehe Abbildung 10.33). Zwei Arten von Berechtigungsobjekten können allerdings nicht deaktiviert werden:

- P_*-Objekte (Objekte des Personalwesens)
- S_*-Objekte (Objekte der Basis)

Vor der Prüfung von Zugriffsrechten vergewissern Sie sich, ob in Tabelle TOBJ_OFF Einträge enthalten sind. Diese Objekte dürfen dann bei den Berechtigungsprüfungen nicht beachtet werden. Im Berechtigungskonzept muss eine Dokumentation erstellt werden, aus welchem Grund die betreffenden Objekte deaktiviert wurden.

Manda...	Berechtigungsobjekt	Datum	Uhrzeit	Benutzer	Programm	Rel.
200	F_BKPF_BED	24.01.2021	19:59:31	TTIEDE		753
200	F_BKPF_BEK	24.01.2021	19:59:31	TTIEDE		753
200	F_BKPF_BES	24.01.2021	19:59:31	TTIEDE		753
200	F_KNA1_BED	24.01.2021	19:59:31	TTIEDE		753
200	F_LFA1_BEK	24.01.2021	19:59:31	TTIEDE		753

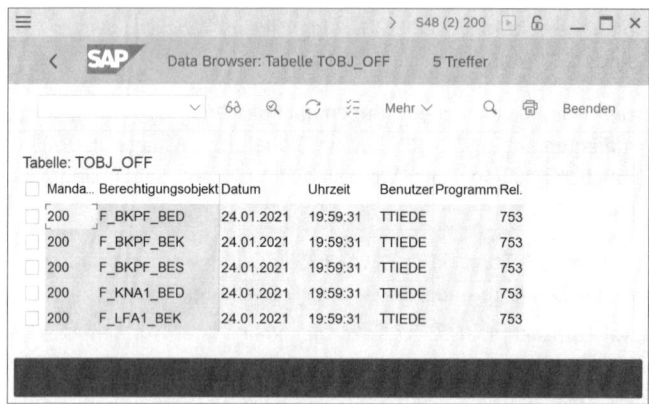

Abbildung 10.33 Tabelle TOBJ_OFF – deaktivierte Berechtigungsobjekte

Das Deaktivieren und Aktivieren wird automatisch in Tabelle TOBJ_CD protokolliert (siehe Abbildung 10.34).

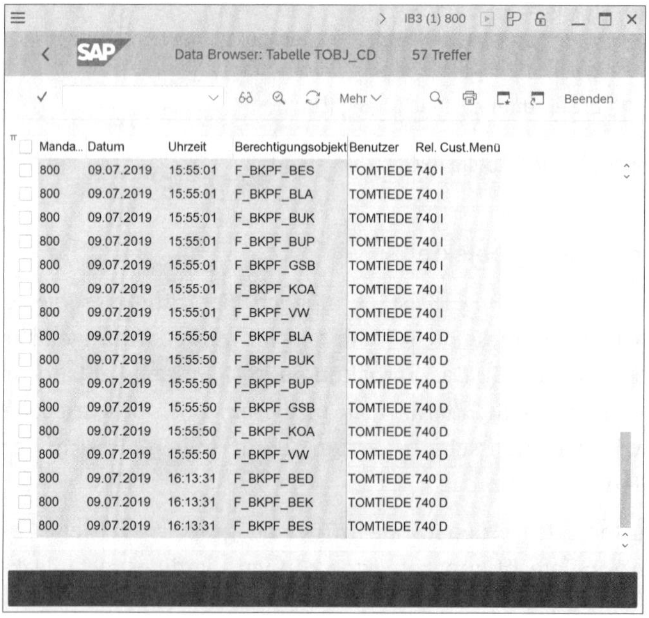

Manda...	Datum	Uhrzeit	Berechtigungsobjekt	Benutzer	Rel.	Cust.	Menü
800	09.07.2019	15:55:01	F_BKPF_BES	TOMTIEDE	740	I	
800	09.07.2019	15:55:01	F_BKPF_BLA	TOMTIEDE	740	I	
800	09.07.2019	15:55:01	F_BKPF_BUK	TOMTIEDE	740	I	
800	09.07.2019	15:55:01	F_BKPF_BUP	TOMTIEDE	740	I	
800	09.07.2019	15:55:01	F_BKPF_GSB	TOMTIEDE	740	I	
800	09.07.2019	15:55:01	F_BKPF_KOA	TOMTIEDE	740	I	
800	09.07.2019	15:55:01	F_BKPF_VW	TOMTIEDE	740	I	
800	09.07.2019	15:55:50	F_BKPF_BLA	TOMTIEDE	740	D	
800	09.07.2019	15:55:50	F_BKPF_BUK	TOMTIEDE	740	D	
800	09.07.2019	15:55:50	F_BKPF_BUP	TOMTIEDE	740	D	
800	09.07.2019	15:55:50	F_BKPF_GSB	TOMTIEDE	740	D	
800	09.07.2019	15:55:50	F_BKPF_KOA	TOMTIEDE	740	D	
800	09.07.2019	15:55:50	F_BKPF_VW	TOMTIEDE	740	D	
800	09.07.2019	16:13:31	F_BKPF_BED	TOMTIEDE	740	D	
800	09.07.2019	16:13:31	F_BKPF_BEK	TOMTIEDE	740	D	
800	09.07.2019	16:13:31	F_BKPF_BES	TOMTIEDE	740	D	

Abbildung 10.34 Tabelle TOBJ_CD – Historie der Objektdeaktivierung

10.4 Customizing zum Berechtigungskonzept

Vergewissern Sie sich über diese Tabelle, ob vor der Prüfung bereits Berechtigungsobjekte deaktiviert waren.

Die Einträge im Feld **Cust.Menü** (INS_DELE) haben die folgende Bedeutung:

- I: Das angegebene Objekt wurde deaktiviert.
- D: Das angegebene Objekt wurde wieder aktiviert.

10.4.5 Deaktivierung von einzelnen Berechtigungsprüfungen

In Tabelle USOBX_C sind zu fast jeder Transaktion die zugehörigen Berechtigungsobjekte hinterlegt. Jedes dieser Objekte verfügt dort über ein Prüfkennzeichen, das festlegt, wie das Objekt in der Transaktion geprüft werden soll (Feld **OK-Kennz**, OKFLAG). Abbildung 10.35 zeigt beispielhaft die Prüfkennzeichen für Transaktion SU01. Die Bedeutung der Kennzeichen im Feld OKFLAG finden Sie in Tabelle 10.28.

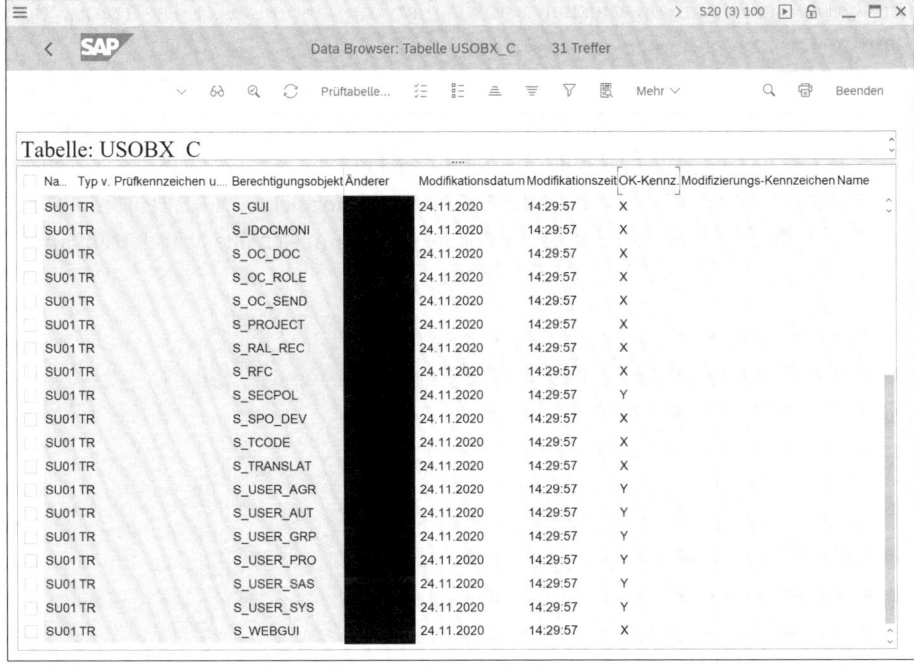

Abbildung 10.35 Tabelle USOBX_C – Prüfkennzeichen zu Berechtigungsobjekten

Kennzeichen	Bedeutung
N	Es findet keine Berechtigungsprüfung für dieses Objekt statt. Diese Berechtigungsobjekte müssen bei Prüfungen für Berechtigungen für die betreffende Transaktion nicht beachtet werden.

Tabelle 10.28 Kennzeichen in Tabelle USOBX_C

Kennzeichen	Bedeutung
Y	Für diese Berechtigungsobjekte werden Zugriffsrechte überprüft, wenn die Objekte beim Ausführen der Transaktion geprüft werden. Zu diesen Objekten sind in Tabelle USOBT_C Prüfwerte zu den Feldern hinterlegt. Diese Prüfwerte dienen auch als Vorschlagswerte für den Profilgenerator, wenn die betreffende Transaktion in eine Rolle übernommen wird.
X	Für diese Berechtigungsobjekte werden Zugriffsrechte überprüft, wenn die Objekte beim Ausführen der Transaktion geprüft werden.
U	Für diese Objekte wurden keine Vorgaben hinterlegt.
<leer>	Für diese Objekte wurden keine Vorgaben hinterlegt.

Tabelle 10.28 Kennzeichen in Tabelle USOBX_C (Forts.)

Die Pflege dieser Prüfkennzeichen erfolgt über Transaktion SU24. Die Transaktion kann auch mit reinen Anzeigerechten aufgerufen werden.

Änderungen an diesen Prüfkennzeichen werden automatisch von SAP protokolliert. Über Tabelle USOBX_C kann ermittelt werden, welche Einträge bereits geändert wurden und wie der aktuelle Stand des Prüfkennzeichens ist. Wird ein Eintrag geändert, wird in Tabelle USOBX_C in das Feld **Modifizierungs-Kennzeichen** (MODIFIED) ein »X« gesetzt. Nach diesem Wert können Sie also selektieren, um sich alle geänderten Einträge anzeigen zu lassen (siehe Abbildung 10.36).

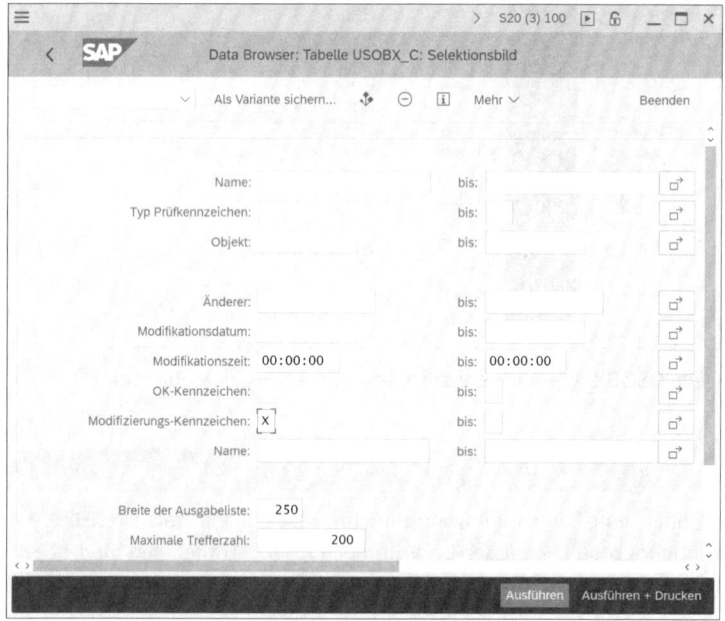

Abbildung 10.36 Tabelle USOBX_C – geänderte Einträge anzeigen

10.4 Customizing zum Berechtigungskonzept

Über die genannte Selektion wird in Tabelle USOBX_C jeweils nur der aktuelle Stand der Einträge angezeigt. Um die Historie der Einträge verfolgen zu können, können Sie Tabelle USOBX_CD nutzen. Hier werden die Änderungsbelege zu Tabelle USOBX_C gespeichert. Abbildung 10.37 zeigt einen Ausschnitt aus dieser Tabelle. Es ist zu erkennen, welches Objekt wann von wem geändert wurde. Über die Felder **OK-Kennz.** (OKFLAG_OLD und OKFLAG_NEW) ist ersichtlich, welche Änderungen vorgenommen wurden. Im ersten Feld wird der alte Wert und im zweiten Feld der neue Wert angezeigt.

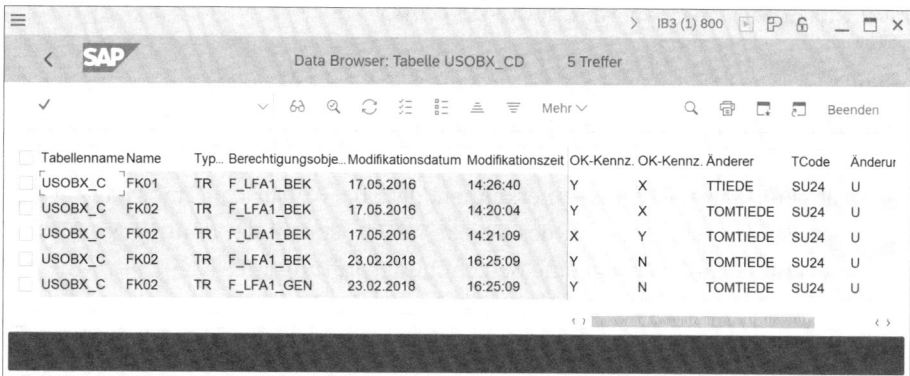

Abbildung 10.37 USOBX_CD – Änderungsbelege zu Tabelle USOBX_C

10.4.6 Transaktionsaufrufe durch CALL TRANSACTION

Innerhalb eines ABAP-Programms können weitere Transaktionen aufgerufen werden. Dies erfolgt mit dem Befehl CALL TRANSACTION <Transaktionscode>. Ob dann auch eine entsprechende S_TCODE-Berechtigung geprüft wird, kann individuell konfiguriert werden. Hierzu werden der Systemparameter auth/check/calltransaction und Tabelle TCDCOUPLES verwendet.

Tabelle 10.29 zeigt Ihnen die Felder von Tabelle TCDCOUPLES.

Feld	Beschreibung
TCODE (rufende Transaktion)	die Transaktion, von der aus mit CALL TRANSACTION eine Transaktion aufgerufen wird
CALLED (gerufene Transaktion)	die mit CALL TRANSACTION aufgerufene Transaktion
MODIFIER (letzter Änderer)	letzter Änderer
MODDATE (Modifikationsdatum)	Änderungsdatum

Tabelle 10.29 Felder der Tabelle TCDCOUPLES

Feld	Beschreibung
OKFLAG (Prüfkennzeichen)	Art der Berechtigungsprüfung: • <leer>: ungepflegt (entspricht zurzeit »nicht prüfen«) • N: Berechtigung für S_TCODE nicht prüfen • X: Berechtigung für S_TCODE prüfen

Tabelle 10.29 Felder der Tabelle TCDCOUPLES (Forts.)

Abbildung 10.38 zeigt die Einträge in Tabelle TCDCOUPLES für Transaktion FS01 (Sachkonten bearbeiten). In der Spalte **gerufener Transaktionscode** werden die Transaktionen angezeigt, die von Transaktion FS01 mit CALL TRANSACTION aufgerufen werden. In der Spalte **Prüfkennzeichen** ist zu erkennen, dass bei Aufruf von Transaktion FS00 keine Berechtigungsprüfung für das Objekt S_TCODE stattfindet (Eintrag N). Für alle anderen Transaktionen erfolgt eine Berechtigungsprüfung auf S_TCODE.

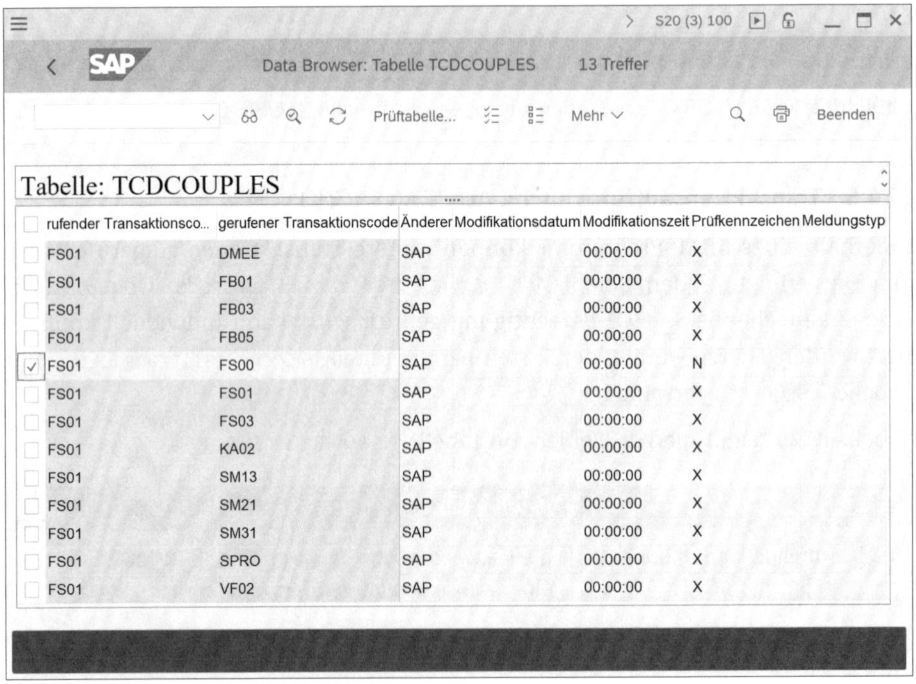

rufender Transaktionsco...	gerufener Transaktionscode	Änderer	Modifikationsdatum	Modifikationszeit	Prüfkennzeichen	Meldungstyp
FS01	DMEE	SAP		00:00:00	X	
FS01	FB01	SAP		00:00:00	X	
FS01	FB03	SAP		00:00:00	X	
FS01	FB05	SAP		00:00:00	X	
FS01	FS00	SAP		00:00:00	N	
FS01	FS01	SAP		00:00:00	X	
FS01	FS03	SAP		00:00:00	X	
FS01	KA02	SAP		00:00:00	X	
FS01	SM13	SAP		00:00:00	X	
FS01	SM21	SAP		00:00:00	X	
FS01	SM31	SAP		00:00:00	X	
FS01	SPRO	SAP		00:00:00	X	
FS01	VF02	SAP		00:00:00	X	

Abbildung 10.38 Tabelle TCDCOUPLES

Die Einträge in Tabelle TCDCOUPLES werden mit dem Parameter auth/check/call-transaction übersteuert:

10.4 Customizing zum Berechtigungskonzept

- 0: Bei CALL TRANSACTION findet keine Prüfung des Objekts S_TCODE statt (unabhängig von der Konfiguration in TCDCOUPLES).
- 1: Bei CALL TRANSACTION findet immer eine Prüfung des Objekts S_TCODE statt (unabhängig von der Konfiguration in TCDCOUPLES).

Die Berechtigungsprüfung für das Objekt S_TCODE erfolgt über den Funktionsbaustein AUTHORITY_CHECK_TCODE. Dieser kann entweder explizit vor CALL TRANSACTION aufgerufen werden oder implizit während des Aufrufs. Der Unterschied besteht in der Interpretation des Parameters auth/check/calltransaction, wenn der Wert auf »2« oder »3« gesetzt ist. Die Standardeinstellung ist »2«.

Tabelle 10.30 zeigt an, bei welcher Einstellung eine S_TCODE-Prüfung stattfindet (J) und bei welcher nicht (N).

Parameter auth/check/calltransaction	TCDCOUPLES	Prüfkennzeichen = Y	Prüfkennzeichen = N	<kein Eintrag>
2	Aufruf vor CALL TRANSACTION	J	N	J
3		J	N	J
2	Aufruf während CALL TRANSACTION	J	N	N
3		J	N	N

Tabelle 10.30 Kombination von TCDCOUPLES und auth/check/calltransaction

10.4.7 Zugriffsrechte

Die folgenden Tabellen zeigen Ihnen die Berechtigungen zum Customizing des Berechtigungswesens. Tabelle 10.31 zeigt die Berechtigungen zum Pflegen von Tabelle SSM_CUST (Systemweite Einstellungen für alle Benutzer).

Berechtigungsobjekt	Feld	Wert
S_TCODE	TCD (Transaktion)	SM30 oder SM31 oder SM30_SSM_CUST
S_TABU_DIS	ACTVT (Aktivität)	02 (Ändern)
	DICBERCLS (Berechtigungsgruppe)	SCUS (Systemtabellen)

Tabelle 10.31 Berechtigung zum Pflegen von Tabelle SSM_CUST (Systemweite Einstellungen für alle Benutzer)

Berechtigungsobjekt	Feld	Wert
oder		
S_TCODE	TCD (Transaktion)	SM30 oder SM31 oder SM30_SSM_CUST
S_TABU_NAM	ACTVT (Aktivität)	02 (Ändern)
	TABLE (Tabelle)	SSM_CUST

Tabelle 10.31 Berechtigung zum Pflegen von Tabelle SSM_CUST (Systemweite Einstellungen für alle Benutzer) (Forts.)

Tabelle 10.32 zeigt die Berechtigungen zum Pflegen von Tabelle USERS_SSM (Benutzerspezifische Einstellungen).

Berechtigungsobjekt	Feld	Wert
S_TCODE	TCD (Transaktion)	SM30 oder SM31
S_TABU_DIS	ACTVT (Aktivität)	02 (Ändern)
	DICBERCLS (Berechtigungsgruppe)	SS (Systemtabellen)
oder		
S_TCODE	TCD (Transaktion)	SM30 oder SM31
S_TABU_NAM	ACTVT (Aktivität)	02 (Ändern)
	TABLE (Tabelle)	USERS_SSM

Tabelle 10.32 Berechtigung zum Pflegen von Tabelle USERS_SSM (Benutzerspezifische Einstellungen)

Tabelle 10.33 zeigt die Berechtigungen zum Pflegen von Tabelle PRGN_CUST (Customizing-Einstellungen zum Berechtigungskonzept).

Berechtigungsobjekt	Feld	Wert
S_TCODE	TCD (Transaktion)	SM30 oder SM31 oder SM30_PRGN_CUST
S_TABU_CLI	CLIIDMAINT (Kennzeichen)	X
S_TABU_DIS	ACTVT (Aktivität)	02 (Ändern)
	DICBERCLS (Berechtigungsgruppe)	SS (Systemtabellen)
oder		
S_TCODE	TCD (Transaktion)	SM30 oder SM31 oder SM30_PRGN_CUST
S_TABU_CLI	CLIIDMAINT (Kennzeichen)	X
S_TABU_NAM	ACTVT (Aktivität)	02 (Ändern)
	TABLE (Tabelle)	PRGN_CUST

Tabelle 10.33 Berechtigung zum Pflegen von Tabelle PRGN_CUST (Customizing-Einstellungen zum Berechtigungskonzept)

Tabelle 10.34 zeigt die Berechtigung zur Deaktivierung von Berechtigungsobjekten.

Berechtigungsobjekt	Feld	Wert
S_TCODE	TCD (Transaktion)	AUTH_SWITCH_OBJECTS
S_USER_OBJ	ACTVT (Aktivität)	- 02 (Ändern) - 07 (Aktivieren)
	OBJECT (Berechtigungsobjekt)	<Berechtigungsobjekt>

Tabelle 10.34 Berechtigung zum Deaktivieren von Berechtigungsobjekten

Tabelle 10.35 zeigt die Berechtigung, um die Prüfkennzeichen von Berechtigungsobjekten zu ändern.

Berechtigungsobjekt	Feld	Wert
S_TCODE	TCD (Transaktion)	SU24
S_DEVELOP	ACTVT (Aktivität)	02 (Ändern)
	OBJTYPE (Objekttyp)	SUSK (Zuordnung Transaktion – Berechtigungsobjekte)
	OBJNAME (Objektname)	<Berechtigungsobjekt>
	DEVCLASS (Paket)	<Paket>

Tabelle 10.35 Berechtigung zum Ändern des Prüfkennzeichens von Berechtigungsobjekten

Tabelle 10.36 zeigt die Berechtigung zum Pflegen der Transaktionsstartberechtigung beim Befehl CALL TRANSACTION (Tabelle TCDCOUPLES).

Berechtigungsobjekt	Feld	Wert
S_TCODE	TCD (Transaktion)	SE97
S_DEVELOP	ACTVT (Aktivität)	02 (Ändern)
	OBJTYPE (Objekttyp)	TRAN (Transaktion)
	OBJNAME (Objektname)	<Transaktion>
	DEVCLASS (Paket)	<Paket>

Tabelle 10.36 Berechtigung zum Pflegen von Transaktionsstartberechtigung bei CALL TRANSACTION (Tabelle TCDCOUPLES)

10.4.8 Checkliste

In Tabelle 10.37 finden Sie die Checkliste mit den prüfungsrelevanten Fragestellungen zum Customizing des SAP-Berechtigungskonzepts.

10.4 Customizing zum Berechtigungskonzept

Risiko	Fragestellung
	Vorgabe oder Erläuterung
2	Werden S_TCODE-Berechtigungen beim Aufruf einer Transaktion durch CALL TRANSACTION geprüft?
	Bei CALL TRANSACTION-Aufrufen muss die S_TCODE-Berechtigung geprüft werden.
	Hier besteht das Risiko, dass unberechtigte Funktionen ausgeführt werden können.
2	Wurde für Eigenentwicklungen, bei denen CALL TRANSACTION genutzt wird, Tabelle TCDCOUPLES entsprechend gepflegt?
	Für Eigenentwicklungen, in denen der Befehl CALL TRANSACTION genutzt wird, muss Tabelle TCDCOUPLES entsprechend gepflegt werden.
	Hier besteht das Risiko, dass unberechtigte Funktionen ausgeführt werden können.
1	Können Berechtigungsobjekte im Produktivsystem deaktiviert werden?
	Berechtigungsobjekte dürfen im Produktivsystem nicht deaktiviert werden.
	Hier besteht das Risiko, dass Berechtigungsprüfungen deaktiviert und dadurch manipuliert werden können.
1	Werden beim Aufruf von Funktionsbausteinen RFC-Berechtigungen geprüft?
	Beim Aufruf von Funktionsbausteinen sind grundsätzlich die RFC-Berechtigungen zu prüfen.
	Hier besteht das Risiko, dass Funktionsbausteine ohne Berechtigungen aufgerufen werden können.
3	Existieren Vorgaben zur Nutzung der Menüs, und sind diese im System umgesetzt?
	Die Nutzung der verschiedenen Menüvarianten sollte festgelegt sein.
	Hier besteht das Risiko, dass Benutzern falsche Menüstrukturen angezeigt werden.
1	Wird das Berechtigungsobjekt S_RFCACL automatisch mit einer vollen Berechtigung in SAP_ALL aufgenommen?
	Das Berechtigungsobjekt S_RFCACL darf nicht in das Profil SAP_ALL aufgenommen werden.
	Hier besteht das Risiko, dass von anderen Systemen aus ein uneingeschränkter Zugriff möglich ist.

Tabelle 10.37 Checkliste zum Customizing des SAP-Berechtigungskonzepts

Risiko	Fragestellung
	Vorgabe oder Erläuterung
2	Können außer dem Benutzertyp **Referenz** auch andere Benutzer als Referenzbenutzer zugeordnet werden?
	Es dürfen nur Benutzer vom Typ **Referenz** als Referenzbenutzer zugeordnet werden. Hier besteht das Risiko, dass Benutzer Berechtigungen von sehr hoch berechtigten Benutzern erhalten können.
1	Wurden Berechtigungsobjekte deaktiviert?
	Deaktivierte Berechtigungsobjekte müssen dokumentiert und im Berechtigungskonzept beschrieben und begründet sein. Hier besteht das Risiko, dass Benutzer Vorgänge ohne Berechtigungsprüfungen durchführen können.
1	Wurden Berechtigungsobjekte deaktiviert und später wieder aktiviert?
	Deaktivierte Berechtigungsobjekte müssen dokumentiert und im Berechtigungskonzept beschrieben und begründet sein. Hier besteht das Risiko, dass Benutzer Vorgänge ohne Berechtigungsprüfungen durchführen konnten.
1	Wurden Berechtigungsobjekte in einzelnen Transaktionen deaktiviert?
	Deaktivierte Berechtigungsobjekte müssen dokumentiert und im Berechtigungskonzept beschrieben und begründet sein. Hier besteht das Risiko, dass Benutzer Vorgänge ohne Berechtigungsprüfungen durchführen konnten.

Tabelle 10.37 Checkliste zum Customizing des SAP-Berechtigungskonzepts (Forts.)

Wie Sie die einzelnen Punkte praktisch am SAP-System prüfen können, erfahren Sie in Abschnitt 10.4 des Dokuments **Tiede_Checklisten_Sicherheit_und_Pruefung.pdf**.

10.5 Prüfung von Zugriffsrechten

Die eigentliche Prüfung der Berechtigungen (Welcher Benutzer hat bestimmte Zugriffsrechte?) erfolgt maßgeblich mit dem Benutzerinformationssystem (Transaktion SUIM, Report RSUSR002). Dies wird in Abschnitt 10.5.4, »Zugriffsrechte für Benutzer auswerten«, beschrieben. Vorher müssen Sie die Customizing-Einstellungen (Abschnitt 10.4, »Customizing zum Berechtigungskonzept«) prüfen, da sie maßgeblichen Einfluss auf die Berechtigungsauswertungen haben können. Des Weiteren sollten Sie vor der detaillierten Rechteauswertung ermitteln, ob Benutzern Referenz-

10.5 Prüfung von Zugriffsrechten

benutzer zugeordnet wurden und ob sie über kritische Standardprofile verfügen. Dies beschreibe ich im folgenden Abschnitt.

10.5.1 Referenzbenutzer

Benutzern können Referenzbenutzer zugeordnet werden, deren Berechtigungen sie dann erben (siehe Abschnitt 7.4, »Referenzbenutzer«). Wird diese Funktion genutzt, muss sie sorgfältig geplant und im Berechtigungskonzept berücksichtigt werden. Grundsätzlich sollten nur Benutzer vom Typ **Referenz** als Referenzbenutzer zugeordnet werden (Eintrag REF_USER_CHECK = E in Tabelle PRGN_CUST; siehe Abschnitt 10.4.3, »Customizing-Schalter in Tabelle PRGN_CUST«).

Im Benutzerinformationssystem werden Berechtigungen, die über Referenzbenutzer zugeordnet wurden, automatisch mitausgewertet. Abbildung 10.39 zeigt beispielhaft eine Auswertung. In der Spalte **Zuordnungstyp** wird in diesem Fall der Wert »Referenzbenutzer« zu den geerbten Rollen angezeigt.

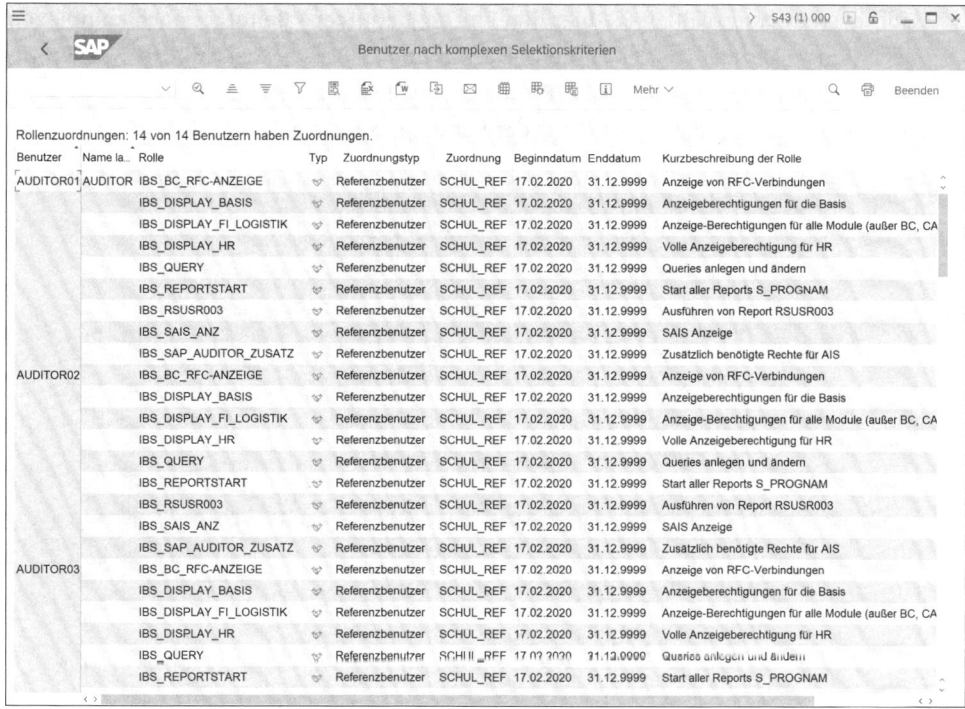

Abbildung 10.39 Von Referenzbenutzern geerbte Rollen anzeigen

10.5.2 Kritische Standardprofile

SAP liefert bereits eine Reihe von Profilen aus, die für die Einführungsphase des Systems genutzt werden können. Nach dem Produktivstart dürfen diese Profile keinem

Benutzer mehr zugeordnet werden, da sie Berechtigungen enthalten, mit denen Funktionstrennungen in vielen Bereichen nicht mehr möglich sind. Die maßgeblichen Profile erläutere ich in diesem Abschnitt.

> **Standardprofile und generierte Profile**
>
> Alle in diesem Abschnitt genannten Profile sind nicht über eine Rolle generiert worden, sind also keine Profile vom Typ **Generiert**. Über die genannten Profile hinaus gibt es diverse weitere nicht generierte Profile. Gegebenenfalls sind von der Administration auch nach der Einführung noch weitere Profile manuell angelegt worden.
>
> Aus Transparenzgründen sollte auf die Verwendung von Einzel- und Sammelprofilen vollständig verzichtet werden. Die in diesem Abschnitt genannten kritischen Profile werden auf diesem Wege auch mitberücksichtigt.

Um zu ermitteln, ob und welche Benutzer Standardprofile besitzen, können Sie den Report RSUSR002 nutzen. Sie rufen ihn über Transaktion SUIM (Benutzerinformationssystem) auf. Wählen Sie hier den Eintrag **Benutzer** • **Benutzer nach komplexen Selektionskriterien** • **nach Profilen** (Transaktion S_BCE_68001395). Im Feld **Profilname** auf der Registerkarte **Rolle/Profile** geben Sie das auszuwertende Profil ein. Abbildung 10.40 zeigt die Auswertung der Benutzer mit dem Profil SAP_ALL.

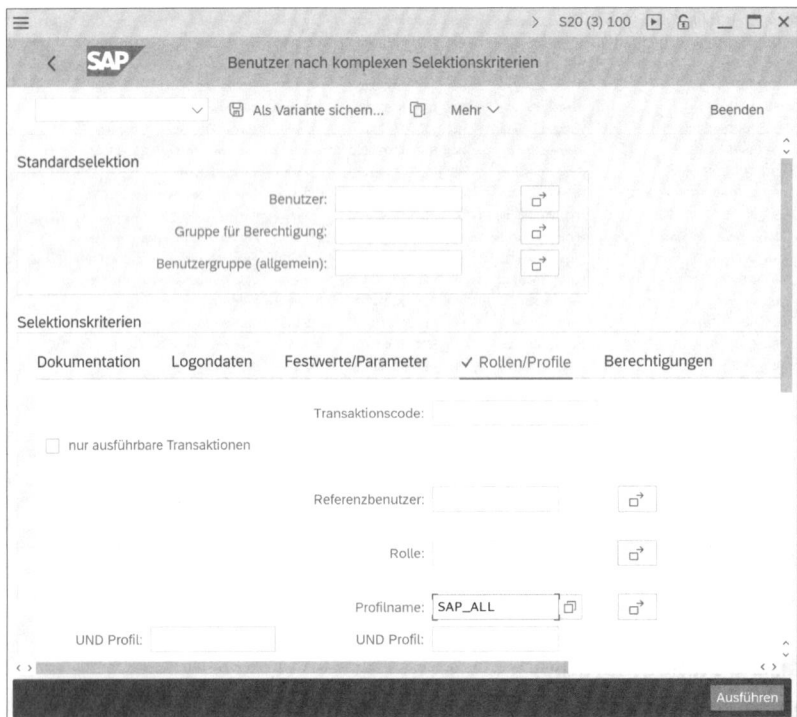

Abbildung 10.40 Report RSUSR002 – Benutzer mit dem Profil SAP_ALL

Das Profil SAP_ALL

Dieses Profil beinhaltet alle Berechtigungen des SAP-Systems, z. B. die der Basiskomponente (Benutzer anlegen und verwalten, die komplette Rechtevergabe, Einstellen der Systemparameter), die Berechtigungen fürs Customizing und für die Entwicklung (komplette ABAP-Berechtigungen) sowie fast alle Berechtigungen für die einzelnen SAP-ERP-Komponenten (u. a. komplette Berechtigungen in FI, MM, SD und SAP ERP HCM).

In einem SAP-BW-System beinhaltet dieses Profil außerdem die Berechtigung für das Profil OBI_ALL und damit die Gesamtberechtigung für alle Analyseberechtigungen.

- **Risiko**
  Die Implementierung einer Funktionstrennung oder eines Vier-Augen-Prinzips ist mit diesem Profil nicht mehr möglich.

- **Verfahrensanweisung**
  Das Profil SAP_ALL darf in einem Produktivsystem keinem Benutzer zugeordnet werden. Eine Ausnahme stellt hier der Notfallbenutzer dar, der nur nach dem Vier-Augen-Prinzip genutzt werden darf. Für technische Benutzer kann unter der Nutzung der Vorlage SAP_ALL eine Rolle erstellt werden. Aus dieser Rolle müssen mindestens die gesetzeskritischen Berechtigungen entfernt werden.

Das Profil SAP_NEW (auch: Rolle SAP_NEW)

Dieses Profil wurde bis zum SAP-NetWeaver-Release 7.31 nach einem Releasewechsel eingesetzt. SAP_NEW ist ein Sammelprofil und beinhaltet Einzelprofile, die für SAP-Releasestände ab 2.1C für die jeweils neu hinzugekommenen Berechtigungsobjekte Berechtigungen enthalten. Zuletzt wurde dieses Profil 2011 aktualisiert. Seitdem wird nicht mehr das Profil SAP_NEW genutzt, sondern eine selbst generierte Rolle, die mit dem Report REGENERATE_SAP_NEW erzeugt wird. Mit diesem Report wird eine Rolle mit dem Delta zwischen dem alten und neuen Release eines Systems erzeugt. Abbildung 10.41 zeigt die Selektionsmaske des Reports. Im Feld **Ausgangsrelease** geben Sie den Releasestand vor dem Upgrade ein, im Feld **Zielrelease** das neue Release. Hiermit wird die Rolle SAP_NEW erzeugt.

- **Risiko**
  In diesem Profil/dieser Rolle sind die Berechtigungsobjekte jeweils mit einem Stern in den Feldern ausgeprägt. Daher werden hiermit sehr umfangreiche Berechtigungen vergeben.

- **Verfahrensweise**
  Dieses Profil darf Benutzern nur übergangsweise nach einem Releasewechsel zugeordnet werden.

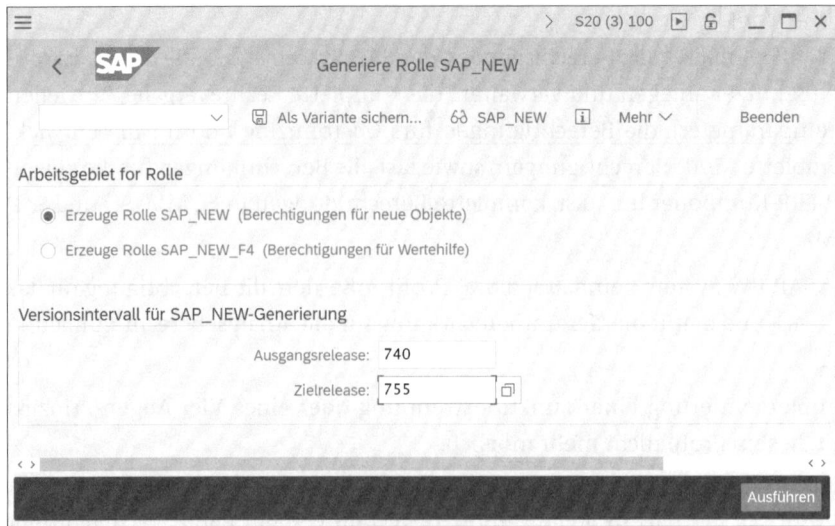

Abbildung 10.41 Report REGENERATE_SAP_NEW

Das Profil S_A.ADMIN

Im Profil S_A.ADMIN sind die Berechtigungen für einen Basisadministrator zusammengefasst. Dazu gehören u. a. das Verwalten und Ausführen von externen Kommandos, die Verwaltung aller mandantenunabhängigen Tabellen sowie die Batchadministration.

- **Risiko**
  Die Implementierung einer Funktionstrennung oder eines Vier-Augen-Prinzips im Bereich der Basisadministration ist mit diesem Profil nicht mehr möglich.

- **Verfahrensweise**
  Dieses Profil kann teilweise für Basisadministratoren eingesetzt werden. Aus Sicherheitsgründen sollten allerdings stattdessen eigene Rollen erstellt werden.

Das Profil S_A.DEVELOP

Im Profil S_A.DEVELOP ist die Komplettberechtigung für die Anwendungsentwicklung enthalten.

- **Risiko**
  Benutzer mit diesem Profil können u. a. Tabellen manuell ändern oder Programme im Debug-Modus ausführen.

- **Verfahrensweise**
  Dieses Profil darf im Produktivsystem keinem Benutzer zugeordnet werden.

Das Profil S_A.SYSTEM

Im Profil S_A.SYSTEM ist die vollständige Berechtigung für die Basis enthalten.

- **Risiko**
  Benutzer mit diesem Profil haben Rechte auf die uneingeschränkte Benutzerverwaltung, die vollständige Anwendungsentwicklung, das Lesen und Ändern aller Tabellen, das Anlegen und Ausführen externer Kommandos und auf die Batchadministration. Die Implementierung einer Funktionstrennung oder eines Vier-Augen-Prinzips im Bereich der Administration ist mit diesem Profil nicht mehr möglich.

- **Verfahrensweise**
  Das Profil S_A.SYSTEM darf im Produktivsystem keinem Benutzer zugeordnet werden.

Das Profil F_BUCH_ALL

Im Profil F_BUCH_ALL ist die Komplettberechtigung für die Finanzbuchhaltung enthalten, z. B. zum Anlegen von Kreditoren, zum Buchen sämtlicher Belege und zum Ausführen aller Zahlläufe. Des Weiteren sind hier auch Customizing-Berechtigungen enthalten, z. B. das Verwalten aller mandantenunabhängigen Tabellen, das Ausführen aller Reports und das Pflegen der Nummernkreise der Finanzbuchhaltung.

- **Risiko**
  Eine Funktionstrennung oder die Implementierung eines Vier-Augen-Prinzips innerhalb der einzelnen Arbeitsbereiche der Finanzbuchhaltung ist damit nicht möglich.

- **Verfahrensweise**
  Das Profil F_BUCH_ALL darf im Produktivsystem keinem Benutzer zugeordnet werden.

Das Profil Z_ANWEND

In diesem Profil sind alle Berechtigungen der Anwendungskomponenten enthalten, u. a. der Finanzbuchhaltung, der Materialwirtschaft, des Personalwesens und der Qualitätssicherung. Basisberechtigungen sind nur eingeschränkt enthalten.

- **Risiko**
  Eine Funktionstrennung oder die Implementierung eines Vier-Augen-Prinzips innerhalb der einzelnen Komponenten und Arbeitsgebiete ist damit nicht möglich. Als besonders kritisch sind die enthaltenen Berechtigungen des Personalwesens zu sehen.

- **Verfahrensweise**
  Dieses Profil darf im Produktivsystem keinem Benutzer zugeordnet werden.

Das Profil SAP_APP

Das Standardprofil SAP_APP wird nicht mit dem SAP-System ausgeliefert. Es kann aber mit dem Report REGENERATE_SAP_APP über Transaktion SA38 automatisch generiert werden. Bei der Generierung besteht die Möglichkeit, Basis- und SAP-HCM-Objekte zu integrieren. Das Profil würde dann dem Profil SAP_ALL entsprechen.

- **Risiko**
  Eine Funktionstrennung oder die Implementierung eines Vier-Augen-Prinzips innerhalb der einzelnen Komponenten und Arbeitsgebiete ist damit nicht möglich. Besonders kritisch ist zu sehen, dass Basis- und/oder SAP-HCM-Objekte in diesem Profil enthalten sein können.

- **Verfahrensweise**
  Dieses Profil darf im Produktivsystem keinem Benutzer zugeordnet werden.

10.5.3 Berechtigungsobjekte zu startbaren Anwendungen suchen

Mit Transaktion SU24 wird festgelegt, welche Berechtigungsobjekte mit welchen Werten zu einer startbaren Anwendung gezogen werden, wenn sie in eine Rolle integriert wird. Wird z. B. Transaktion SU01 (Benutzerpflege) ins Menü einer Rolle gezogen, so werden automatisch alle Berechtigungsobjekte in die Rolle integriert, die mit Transaktion SU24 der Transaktion SU01 zugeordnet sind. Die Grundkonfiguration wird von SAP ausgeliefert, muss aber in den meisten Fällen nachgesteuert werden. Allerdings lassen sich diese Informationen nutzen, um für Transaktionen die zugehörigen Berechtigungsobjekte zu ermitteln, die für Berechtigungsprüfungen erforderlich sind. Dafür bietet sich die Nutzung der Tabelle USOBT_C an, in die die Informationen aus Transaktion SU24 gespeichert werden.

Die zwei wesentlichen Fragestellungen für die Nutzung der Tabelle USOBT_C sind:

- **Welche Berechtigungsobjekte gehören zu einer Transaktion?**

  Rufen Sie Transaktion SE16 auf, und lassen Sie sich die Selektionsmaske der Tabelle USOBT_C anzeigen. Tragen Sie im Feld **Name** (NAME) die Transaktion ein. Im Ergebnis werden die Berechtigungsobjekte angezeigt, die in dieser Transaktion geprüft werden. Abbildung 10.42 zeigt die Suche nach den Berechtigungsobjekten zu Transaktion F110 (FI Zahllauf).

- **Welche Transaktionen prüfen ein bestimmtes Objekt?**

  Rufen Sie Transaktion SE16 auf, und lassen Sie sich die Selektionsmaske der Tabelle USOBT_C anzeigen. Tragen Sie im Feld **Objekt** (OBJECT) das Berechtigungsobjekt ein. Im Ergebnis werden die Transaktionen angezeigt, in denen dieses Berechtigungsobjekt geprüft wird.

10.5 Prüfung von Zugriffsrechten

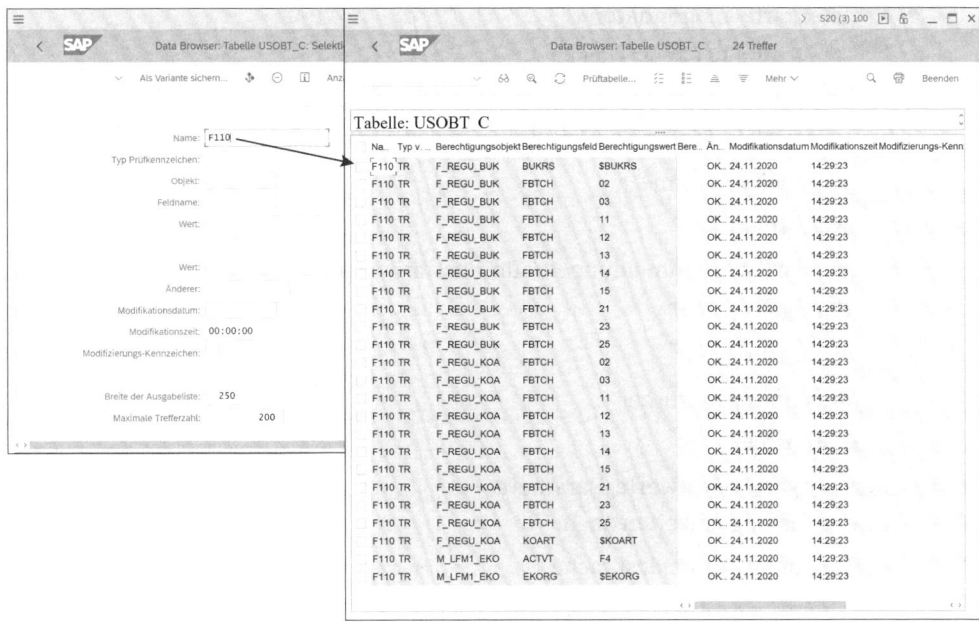

Abbildung 10.42 Berechtigungsobjekte zu Transaktionen suchen

10.5.4 Zugriffsrechte für Benutzer auswerten

Der Standardauswertungsreport für Benutzerberechtigungen ist RSUSR002. Mit dem SAP-Basis-Release 7.55 wurde der aktualisierte Report RSUSR002_NEW ausgeliefert. Eine weitere Möglichkeit zur Auswertung von Berechtigungen ist der CDS-View SUSRUSR-AUTOBJVAL, der seit dem SAP-Basis-Release 7.54 verfügbar ist. Die Möglichkeiten der Nutzung stelle ich Ihnen in diesem Abschnitt vor.

Auswertungen mit dem Benutzerinfosystem (Report RSUSR002)

Um die Berechtigungen zu Benutzern zu prüfen, nutzen sie den Report RSUSR002. Sie können ihn über Transaktion SUIM (Benutzerinformationssystem) aufrufen. Wählen Sie hier den Eintrag **Benutzer** • **Benutzer nach komplexen Selektionskriterien** • **Benutzer nach komplexen Selektionskriterien** (Transaktion S_BCE_68001400). Zu diesem Report können Sie verschiedene Kriterien angeben. Im oberen Teil der Selektionsmaske (Bereich **Standardselektion**) können Sie Selektionen zu Benutzern und Gruppen eingeben. Darunter können Sie auf den fünf Registerkarten die weiteren Selektionskriterien angeben:

- **Registerkarte »Dokumentation«**
  Selektionsmöglichkeiten nach:
  - Kurzbeschreibung
  - Verantwortlichem

- **Registerkarte »Logondaten«**
  Selektionsmöglichkeiten nach:
  - Aliasnamen
  - Benutzertyp (**Dialog, System, Kommunikation, Referenz, Service**)
  - Sicherheitsrichtlinie
  - SNC-Namen
  - Sperren (Falschanmeldungen/administrative Sperren)
  - Gültigkeit (von/bis)
  - Vermessungstyp
  - Abrechnungsnummer
  - Kostenstelle
- **Registerkarte »Festwerte/Parameter«**
  Selektionsmöglichkeiten nach:
  - Startmenü/Anmeldesprache
  - Zahlen-/Zeitformat
  - Standarddrucker
  - Set-/Get-Parameter
- **Registerkarte »Rollen/Profile«**
  Selektionsmöglichkeiten nach:
  - Rollen
  - Profilen
  - Referenzbenutzern
  - Transaktionen im Rollenmenü
- **Registerkarte »Berechtigungen«**
  Selektionsmöglichkeiten nach:
  - maximal vier Berechtigungsobjekten mit Werten
  - einzelnen Berechtigungen
  - Werten zu einzelnen Feldern

Um die Berechtigungen auszuwerten, nutzen Sie den Bereich **Selektion nach Werten** auf der Registerkarte **Berechtigungen**. Dort können Sie bis zu vier Berechtigungsobjekte mit Feldwerten abfragen. Nachdem Sie die Berechtigungsobjekte in die Felder **Berechtigungsobjekt 1** bis **Berechtigungsobjekt 4** eingegeben haben, drücken Sie die Taste ⏎ oder klicken auf die Schaltfläche **Eingabewerte**. Dadurch werden Ihnen die Felder der Berechtigungsobjekte angezeigt, in denen Sie die abzufragenden Feldwerte eingeben können. In diesem Buch liste ich die Berechtigungen jeweils im Ab-

10.5 Prüfung von Zugriffsrechten

schnitt »Zugriffsrechte« auf. Dort stelle ich die Berechtigungen wie in Tabelle 10.38 aufgeführt dar.

Berechtigungsobjekt	Feld	Wert
S_TCODE	TCD (Transaktion)	RZ10 oder RZ11
S_RZL_ADM	ACTVT (Aktivität)	01 (Anlegen)

Tabelle 10.38 Beispiel: Berechtigungsabfrage zur Pflege von Systemparametern

Abbildung 10.43 zeigt beispielhaft die Berechtigung aus Tabelle 10.38, wie sie im Report RSUSR002 abgebildet wird.

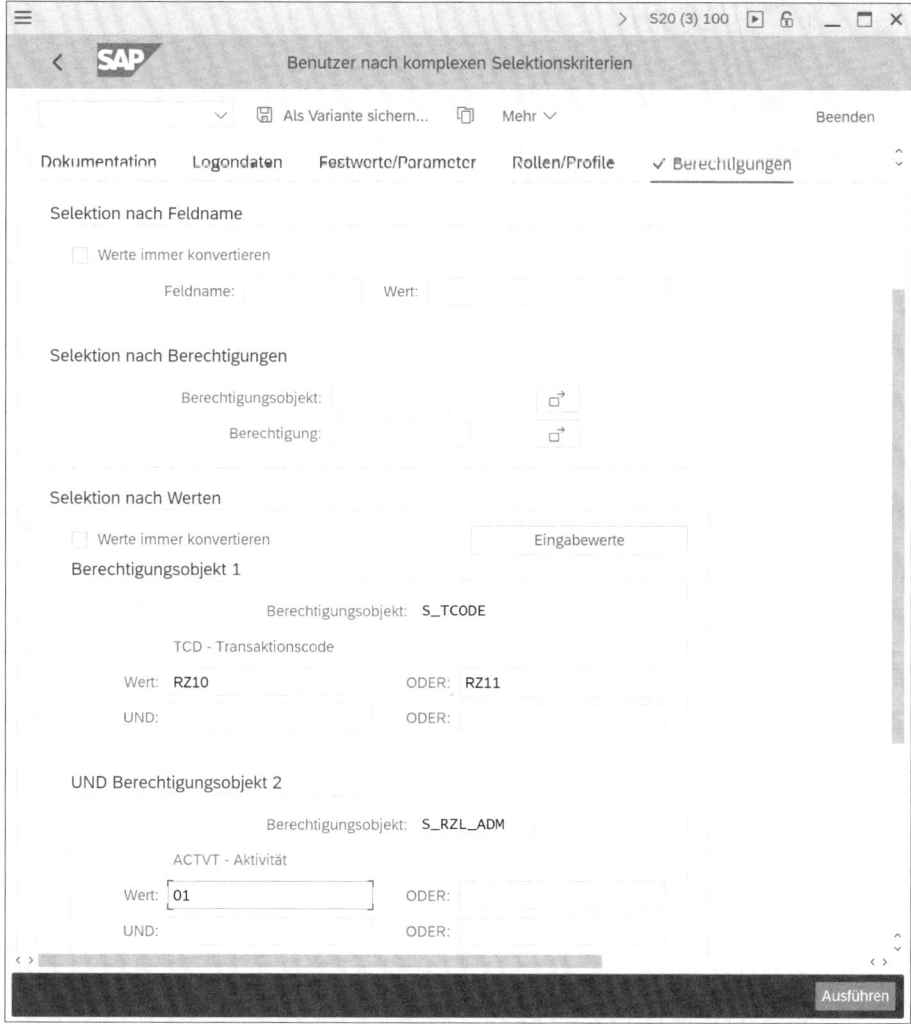

Abbildung 10.43 Berechtigungsauswertung mit dem Report RSUSR002

Als Ergebnis wird Ihnen die Liste der Benutzer angezeigt, die über das geprüfte Zugriffsrecht verfügen (siehe Abbildung 10.44). Die angezeigten Spalten der Ergebnisliste können Sie noch individuell über die Schaltfläche **Layout ändern** (🔲) anpassen. Sie können Spalten entfernen und weitere Spalten mit zusätzlichen Benutzereigenschaften hinzufügen.

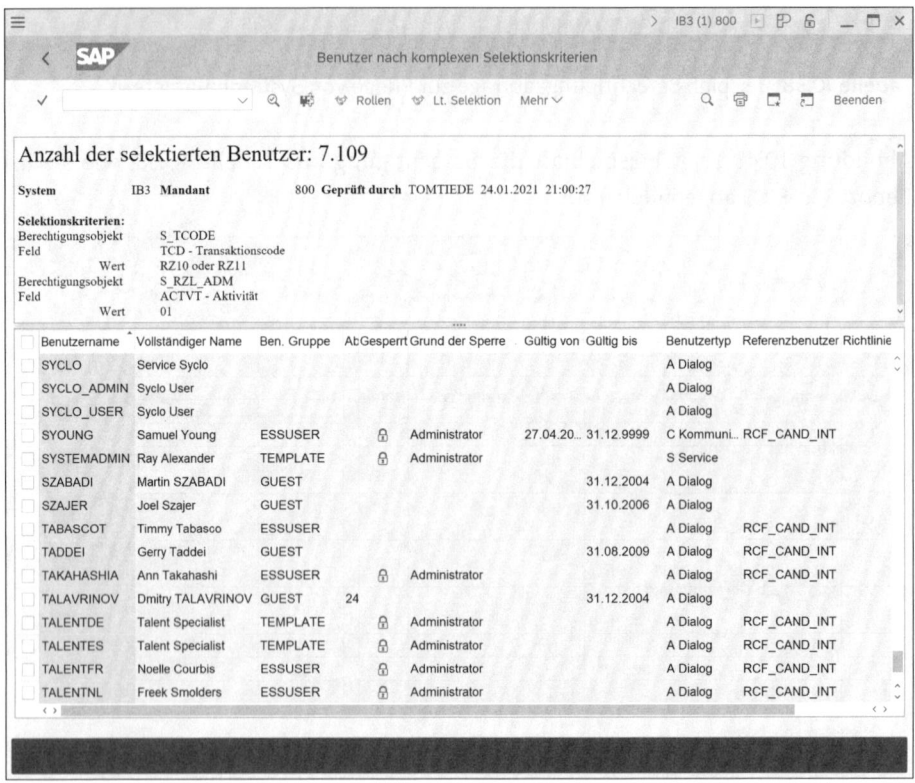

Abbildung 10.44 Ergebnisliste der Berechtigungsauswertung

Durch einen Klick auf die Schaltfläche **Rollen** werden Ihnen die Rollen angezeigt, die den Benutzern zugeordnet sind. Über die Schaltfläche **Profile** zeigen Sie entsprechend die Profile an. Hierbei werden Ihnen allerdings jeweils alle Rollen bzw. Profile angezeigt, die den Benutzern zugeordnet sind. Interessanter ist die Anzeige der Rollen bzw. Profile, aus denen die abgefragten Berechtigungen stammen. Dies ist über die Schaltflächen **Rollen Lt. Selektion** bzw. **Profile Lt. Selektion** möglich.

Wurden mehrere Berechtigungsobjekte abgefragt, wird allerdings nicht dargestellt, aus welcher Rolle/welchem Profil welche Berechtigung stammt. Markieren Sie vorher alle Benutzer, damit Ihnen jeweils die vollständige Liste angezeigt wird. Abbildung 10.45 zeigt das Ergebnis. Die Spalte **Typ** zeigt an, um was es sich handelt (Rolle, Sammelrolle, Einzelprofil, Sammelprofil, generiertes Profil). In der Spalte **Zuord-

10.5 Prüfung von Zugriffsrechten

nungstyp wird angegeben, ob es sich um eine direkte oder um eine indirekte Zuordnung (über Sammelrolle/Sammelprofil) handelt oder ob die Zuordnung über einen Referenzbenutzer erfolgt ist.

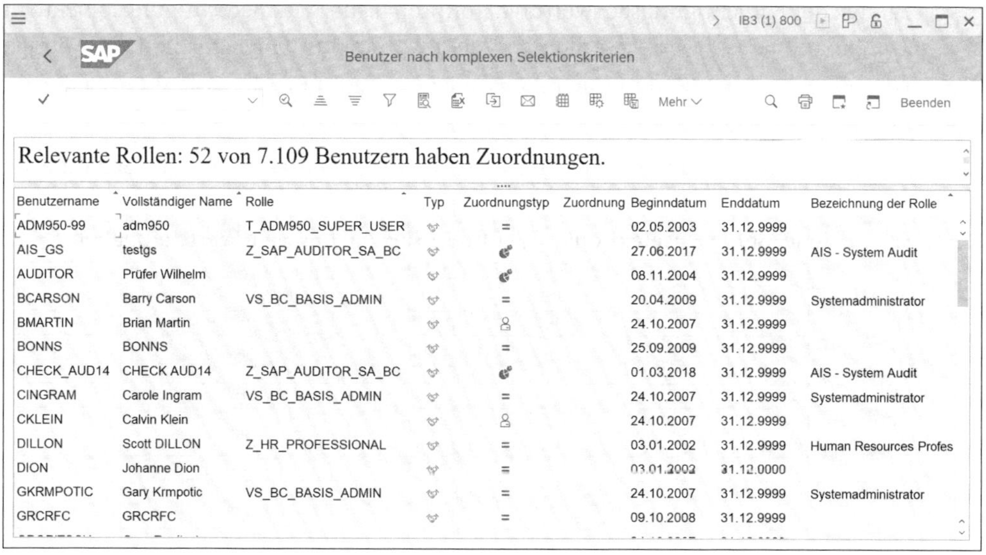

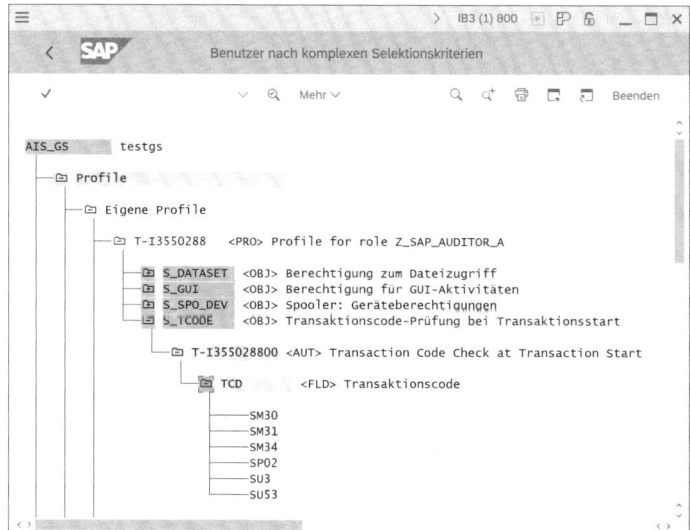

Abbildung 10.45 Ergebnisanzeige der Rolle laut Selektion

Klicken Sie auf einen Benutzer, und wählen Sie die Schaltfläche **Details anzeigen**. Bei einem Doppelklick auf den Benutzernamen werden Ihnen die Profile des Benutzers in einer Baumstruktur angezeigt. In dieser Baumstruktur können Sie sich alle Inhalte bis zu den Feldwerten anzeigen lassen (siehe Abbildung 10.46).

Abbildung 10.46 Details der Berechtigungsprofile eines Benutzers

779

10 Berechtigungskonzept in ABAP-Systemen

Auswertung mit dem Report RSUSR002_NEW

Der Report RSUSR002_NEW ist ab dem SAP-Basis-Release 7.55 verfügbar. Er bietet die gleichen Auswertungsmöglichkeiten wie der Report RSUSR002. Erweitert wurde er im Bereich der Berechtigungsauswertung. Konnten bisher vier Berechtigungsobjekte in Kombination ausgewertet werden, mit eingeschränkten Möglichkeiten zur Abfrage von Feldwerten, können mit dem neuen Report nun fünf Berechtigungsobjekte abgefragt werden.

Abbildung 10.47 zeigt die Selektionsmaske des Reports. Über die Schaltfläche Feldwerte geben Sie die abzufragenden Werte ein, siehe Abbildung 10.48. Über die Schaltfläche **Mehrfachselektion** ( ) können Sie beliebig viele Werte eingeben.

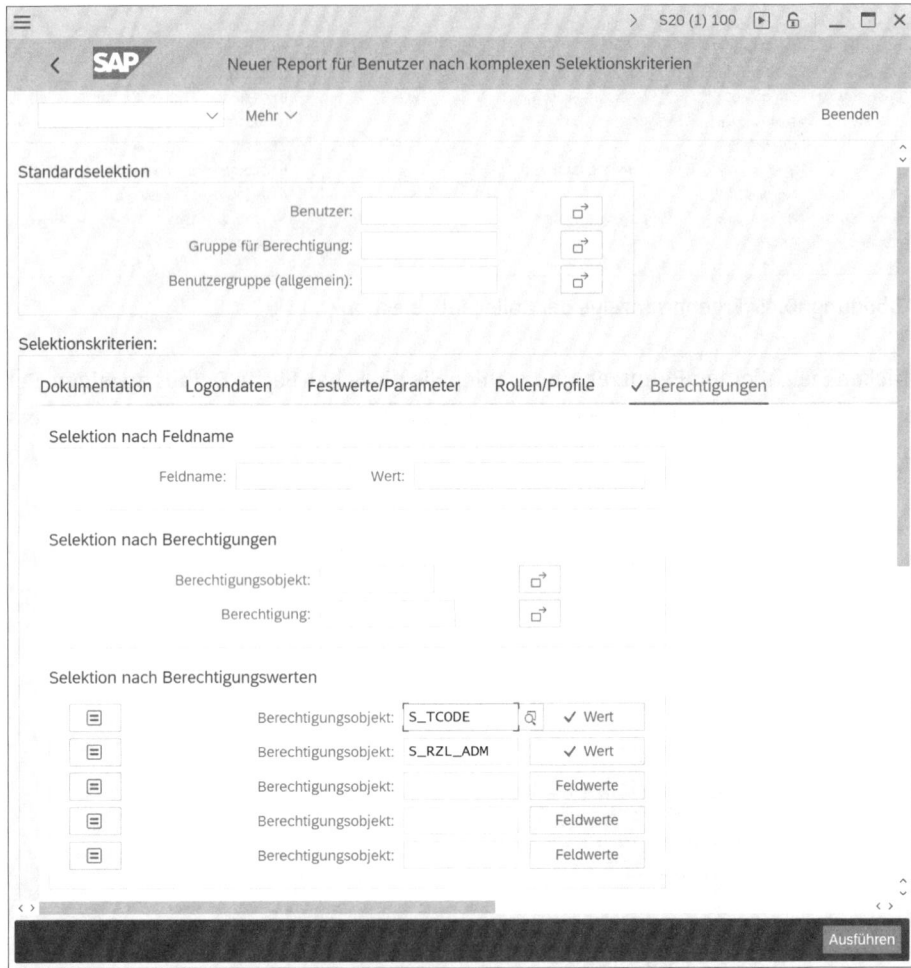

Abbildung 10.47 Report RSUSR002_NEW

10.5 Prüfung von Zugriffsrechten

Neu ist, dass Berechtigungsobjekte auch mit einem **NICHT** miteinander verknüpft werden können. Dadurch können Fragen wie »hat ein Benutzer eine bestimmte Berechtigung und eine andere explizit nicht« abgebildet werden. Standardmäßig werden die Berechtigungsobjekte mit einem logischen **UND** verknüpft (Schaltfläche ▭). Klicken Sie auf die Schaltfläche **UND**, um die Zeile mit einem **UND NICHT** auszuwerten (▭).

![Berechtigungswerte pflegen - F_BKPF_BUK mit Feld ACTVT und UND Feld BUKRS]

Abbildung 10.48 Report RSUSR002_NEW – Eingabe der Feldwerte

Neu ist auch, dass in der Selektionsmaske nur nach Berechtigungswerten zu bestimmten Feldern gesucht werden kann, ohne die Angabe von Berechtigungsobjekten. Dies ermöglicht Abfragen z. B. nach dem Zugriff auf bestimmte Organisationsebenen. Abbildung 10.49 zeigt eine Anfrage für die Felder Buchungskreis (BUKRS), Einkaufsorganisation (EKORG) und Werk (WERKS). Sie geben hier die technischen Feldnamen an. Der Report sucht nun in allen Berechtigungsobjekten nach einem dieser Felder mit dem entsprechenden Berechtigungswert.

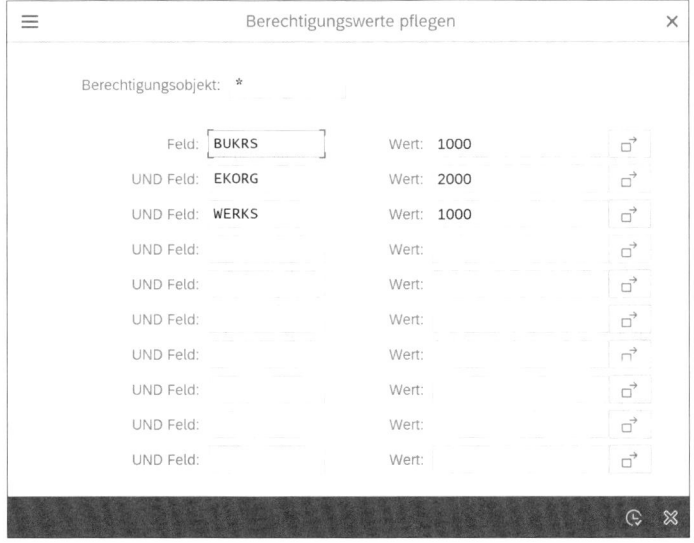

Abbildung 10.49 Abfrage auf Feldwerte ohne Berechtigungsobjekt

10 Berechtigungskonzept in ABAP-Systemen

Auswertungen mit dem CDS-View SUSRUSRAUTOBJVAL

Der CDS-View SUSRUSRAUTOBJVAL zeigt alle Benutzer mit allen Berechtigungen an, unabhängig davon, über welche Profile und Rollen sie zugeordnet sind. Hierüber kann tabellarisch ausgewertet werden, welche Berechtigungsobjekte mit welchen Werten den Benutzern zugeordnet sind. Abbildung 10.50 zeigt beispielhaft den Inhalt des Views SUSRUSRAUTOBJVAL für einen Benutzer.

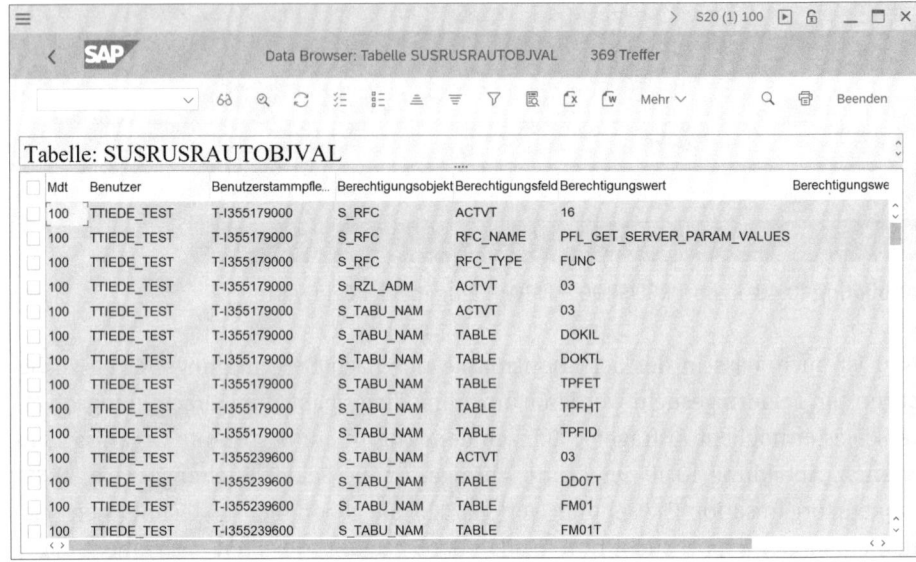

Abbildung 10.50 CDS-View SUSRUSRAUTOBJVAL

10.5.5 Zugriffsrechte für Rollen auswerten

Berechtigungen in Rollen können mit verschiedenen Reports ausgewertet werden. Nachfolgend stelle ich Ihnen die verschiedenen Möglichkeiten vor.

Rollen nach komplexen Selektionskriterien

Den Report RSUSR070 rufen Sie über Transaktion SUIM (Benutzerinformationssystem) auf. Wählen Sie hier den Eintrag **Benutzer • Rollen nach komplexen Selektionskriterien • Rollen nach komplexen Selektionskriterien** (Transaktion S_BCE_68001425). Zu diesem Report können Sie verschiedene Kriterien angeben. Die Eingabe der Berechtigungsobjekte und -werte funktioniert identisch wie bei Report RSUSR002. Auch hier tragen Sie die zu prüfenden Berechtigungsobjekte mit ihren Werten in den Bereich **Selektion nach Berechtigungswerten** ein. Im Ergebnis werden dann alle Rollen angezeigt, in denen die abgefragte Berechtigung vollständig enthalten ist. Wichtig sind hier zusätzlich noch die Selektionskriterien im Bereich **Selektion nach Benutzerzuordnung** (siehe Abbildung 10.51):

- **Alle Rollen unabhängig von Benutzerzuordnung**: Alle Rollen werden ausgewertet.
- **Ohne Benutzerzuordnung**: Es werden nur Rollen ausgewertet, die keinem Benutzer zugeordnet sind.
- **Mit gültiger Zuordnung von**: Hier können Sie Benutzernamen eingeben. Dadurch können Sie z. B. ermitteln, aus welchen Rollen ein Benutzer bestimmte Berechtigungen erhält. Wählen Sie die Option **Liste mit Benutzer-Rolle-Zuordnung anzeigen**, wird im Ergebnis vor den Rollen auch der Benutzername ausgegeben.

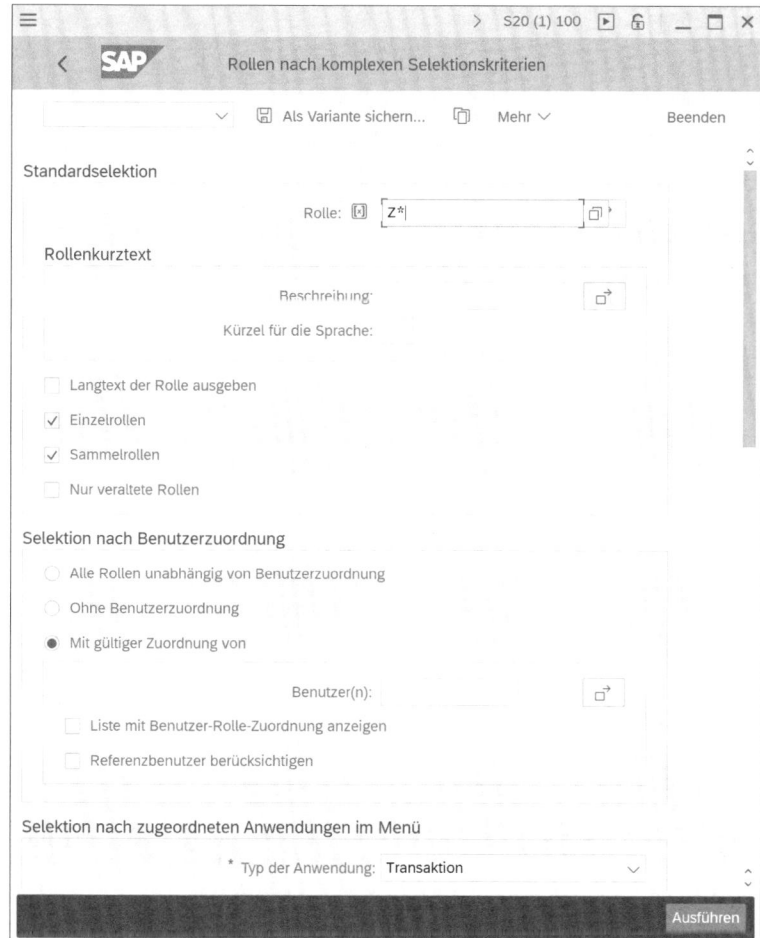

Abbildung 10.51 Selektionsmaske des Reports »Rollen nach komplexen Selektionskriterien«

Abbildung 10.52 zeigt das Ergebnis des Reports. Hier stehen Ihnen verschiedene Optionen zur Auswahl, um weitere Informationen zu erhalten:

- Schaltfläche **Details anzeigen** ( ): Öffnet die selektierte Rolle im Profilgenerator (PFCG).

- Schaltfläche **Benutzerzuordnung** (): Zeigt alle Benutzer an, denen die selektierte Rolle zugeordnet ist.
- Schaltfläche **Enthalten in Sammelrollen** (): Zeigt alle Sammelrollen an, in denen die Rolle enthalten ist (bei Einzelrollen).
- Schaltfläche **Enthaltene Einzelrollen** (): Zeigt zu einer Sammelrolle alle enthaltenen Einzelrollen an.
- Schaltfläche Transaktionszuordnungen : Zeigt alle Transaktionen aus dem Menü der Rolle an.

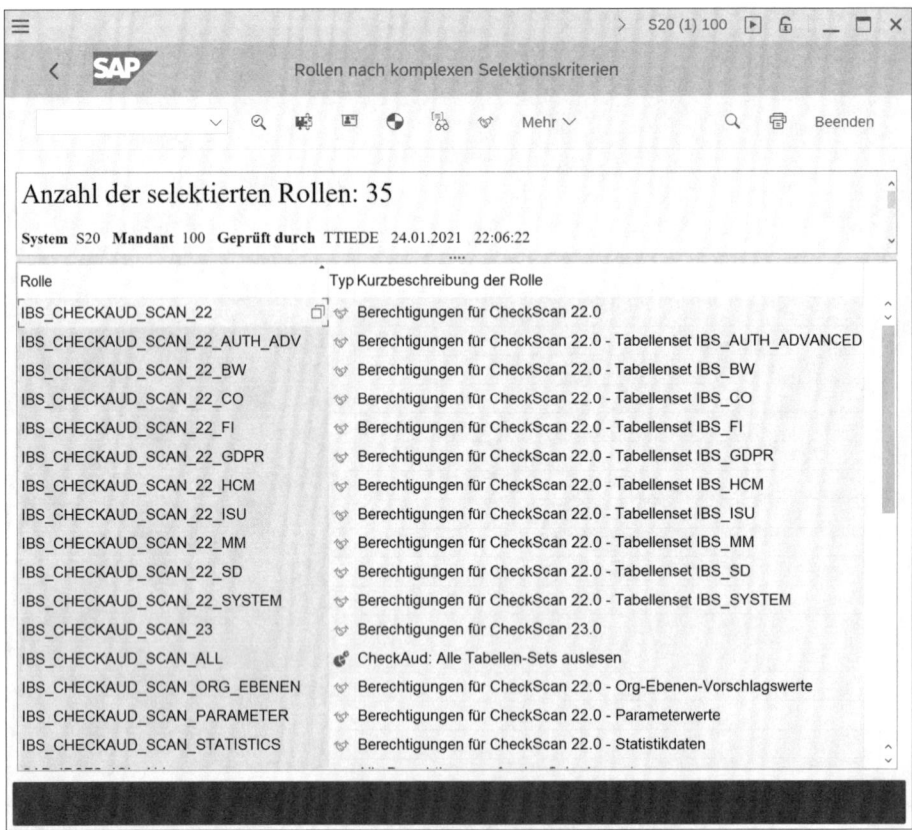

Abbildung 10.52 Ergebnisliste der Berechtigungsauswertung zu Rollen

Suche nach Einzelrollen mit Berechtigungsdaten

Mit Transaktion bzw. dem Report RSUSRAUTH können bis zu fünf Berechtigungsobjekte ausgewertet werden, mit derselben Funktionalität wie im Report RSUSR002_NEW (siehe Abschnitt 10.5.4, »Zugriffsrechte für Benutzer auswerten«). Außerdem kann nach aktiven/inaktiven Berechtigungen sowie nach dem Pflegestatus von Berechtigungen oder deren Feldern selektiert werden. Die Selektion in Abbildung 10.53 wertet z. B. alle Rollen aus, die mit Z beginnen und aktive manuelle Berechtigungen enthalten.

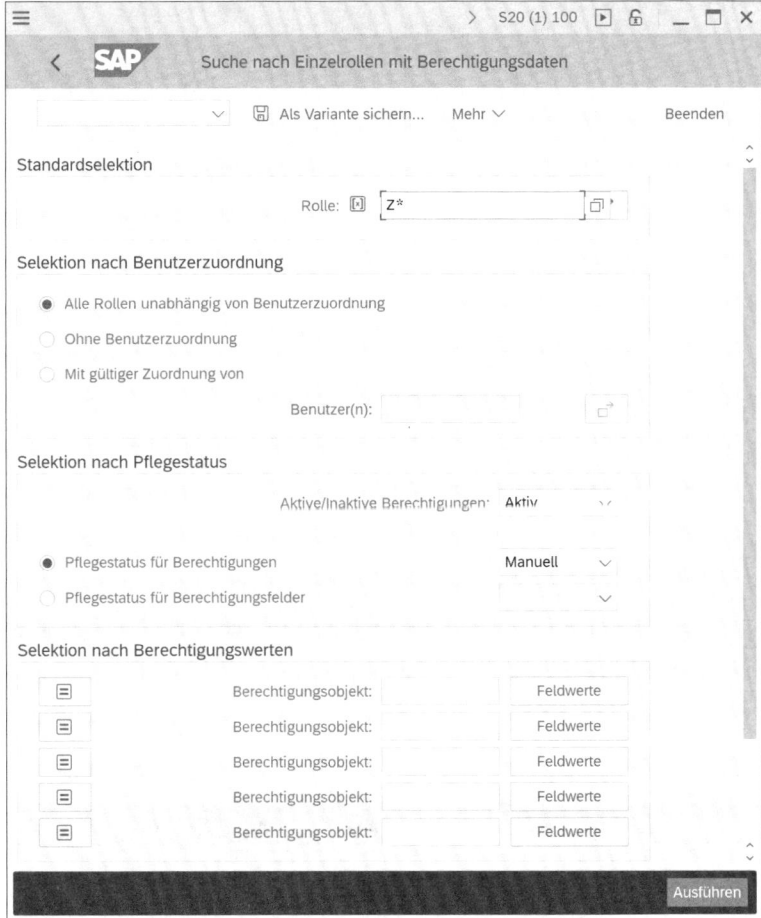

Abbildung 10.53 Transaktion RSUSRAUTH

Suche in Rollen nach startbaren Anwendungen

Startbare Anwendungen sind nicht nur Transaktionen, sondern z. B. auch SAP-Fiori-Apps, Web Dynpros und Funktionsbausteine. Transaktion bzw. der Report RSUSR_START_APPL ermöglicht die Auswertung von Berechtigungen für startbare Anwendungen, ohne dass z. B. für Fiori-Apps das Objekt S_SERVICE manuell mit dem Hashwert der gesuchten App ausgeprägt werden muss.

Abbildung 10.54 zeigt die Selektionsmaske des Reports. Im Feld **Anwendungstyp** wählen Sie die Art der startbaren Anwendung aus, für Fiori-Apps z. B.:

- Backend-Apps: **SAP Gateway Business Suite Enablement – Service**
- Frontend-Apps: **SAP Gateway: Service Groups Metadata**

Im Feld **Anwendung** können Sie über die Mehrfachselektion nach den Anwendungen suchen und mehrere auswählen. Im Ergebnis gelangen Sie per Doppelklick auf eine Rolle in Transaktion PFCG.

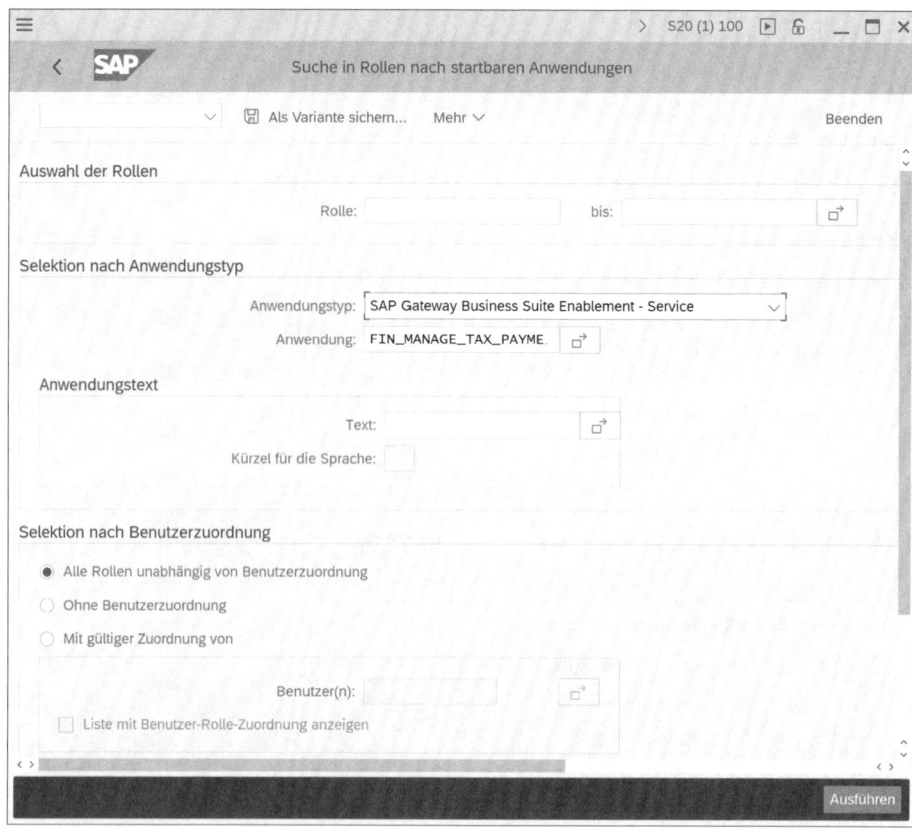

Abbildung 10.54 Transaktion/Report RSUSR_START_APPL

10.5.6 Patterns in SAP Enterprise Threat Detection

In SAP Enterprise Threat Detection werden standardmäßig die folgenden Patterns zur Überwachung von kritischen Profil-, Rollen- und Referenzbenutzerzuordnungen ausgeliefert:

- Authorization assign SAP_ALL or SAP_NEW and logon
- Authorization assign SAP_ALL or SAP_NEW
- Critical authorization assignment
- Reference user assignment
- Authorization assignment by non-admin user

10.6 Trace von Benutzerberechtigungen

Durch Traces können Sie Berechtigungsprüfungen protokollieren lassen. Dabei werden für bestimmte Benutzer alle Berechtigungsobjekte aufgezeichnet, die während des Arbeitens am SAP-System geprüft werden. Zu jedem Berechtigungsobjekt werden die Feldinhalte, die zum Ausführen der Transaktion notwendig waren, ebenfalls protokolliert. Diese Informationen können dann in Rollen übernommen werden, um diese einfacher ausprägen zu können. In diesem Abschnitt zeige ich Ihnen die verschiedenen Trace-Möglichkeiten und nachgelagerten Funktionen.

10.6.1 Transaktion SU53

Transaktion SU53 dient der Fehlersuche bei fehlgeschlagenen Berechtigungsprüfungen. In älteren Releaseständen wurde jeweils nur die letzte fehlgeschlagene Berechtigungsprüfung angezeigt. Inzwischen wurde die Transaktion aber dahingehend erweitert, dass eine Historie der Berechtigungsfehler pro Benutzer angezeigt werden kann. Wie viele fehlgeschlagene Berechtigungsprüfungen gespeichert werden, wird mit dem Systemparameter auth/su53_buffer_entries konfiguriert (Standardwert: 100).

Nach dem Aufruf von Transaktion SU53 können Sie über die Schaltfläche **Anzeige für anderen Benutzer** ( ) einen anderen Benutzer auswählen. Es werden dessen fehlgeschlagenen Berechtigungsprüfungen angezeigt (siehe Abbildung 10.55).

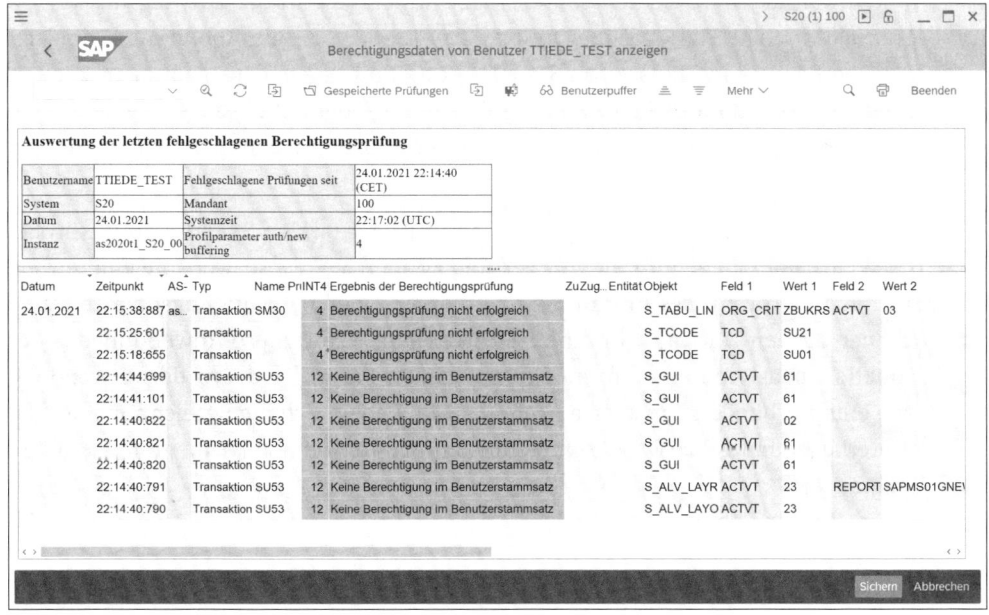

Abbildung 10.55 Transaktion SU53 – Anzeige der Berechtigungsprüfungen anderer Benutzer

Um diese Funktion nutzen zu können, sind Berechtigungen (Aktivität 03) für die folgenden Berechtigungsobjekte erforderlich:

- S_USER_GRP: Benutzerstammpflege: Benutzergruppen
- S_USER_AUT: Benutzerstammpflege: Berechtigungen

10.6.2 Der Berechtigungs-Trace

Mit dem *Berechtigungs-Trace* besteht die Möglichkeit, alle Berechtigungsprüfungen für Benutzer vollständig protokollieren zu lassen. Es wird aufgezeichnet, welche Berechtigungsobjekte mit welchen Werten innerhalb einer Transaktion geprüft wurden und ob die Berechtigungsprüfung erfolgreich war. Diese Funktionalität wird häufig im Rahmen von Berechtigungsprojekten eingesetzt, um erforderliche Berechtigungen für bestimmte Vorgänge zu ermitteln. Auch der Einsatz im Rahmen von Prüfungen ist gängig. Dabei wird der Trace zumeist im Entwicklungs- oder Qualitätssicherungssystem durchgeführt. Basierend auf dem Ergebnis können dann die Berechtigungsprüfungen im Produktivsystem durchgeführt werden.

Sie aktivieren den Berechtigungs-Trace mit Transaktion ST01 oder mit Transaktion STAUTHTRACE. Im Folgenden erläutere ich den Trace anhand Transaktion STAUTHTRACE.

In einem System mit mehreren Instanzen müssen Sie darauf achten, dass der Trace systemweit aktiviert werden sollte. Hierzu wählen Sie in der Einstiegsmaske von Transaktion STAUTHTRACE die Option `Systemweiter Trace` aus. Abbildung 10.56 zeigt die Oberfläche von Transaktion STAUTHTRACE. Im Bereich **Traceoptionen** können Sie den Trace auf einen Benutzer eingrenzen und/oder auf die ausschließliche Protokollierung von Fehlern. Mit der Schaltfläche **Trace einschalten** aktivieren Sie den Trace.

Die Auswertung des Trace erfolgt ebenfalls mit Transaktion STAUTHTRACE. Im Bereich **Einschränkungen für die Auswertung** können Sie die Auswertung eingrenzen, z. B. den Zeitraum, bestimmte Benutzernamen oder Berechtigungsobjekte. Auch können Sie den Trace auf einzelne Transaktionen, Web-Dynpro-Anwendungen oder Funktionsbausteine eingrenzen. Hierzu wählen Sie im Feld **Typ der Anwendung** den entsprechenden Typ aus. Je nach Auswahl ändert sich die Bezeichnung des darunterliegenden Felds. Dort können Sie dann auf einzelne oder mehrere Elemente eingrenzen.

10.6 Trace von Benutzerberechtigungen

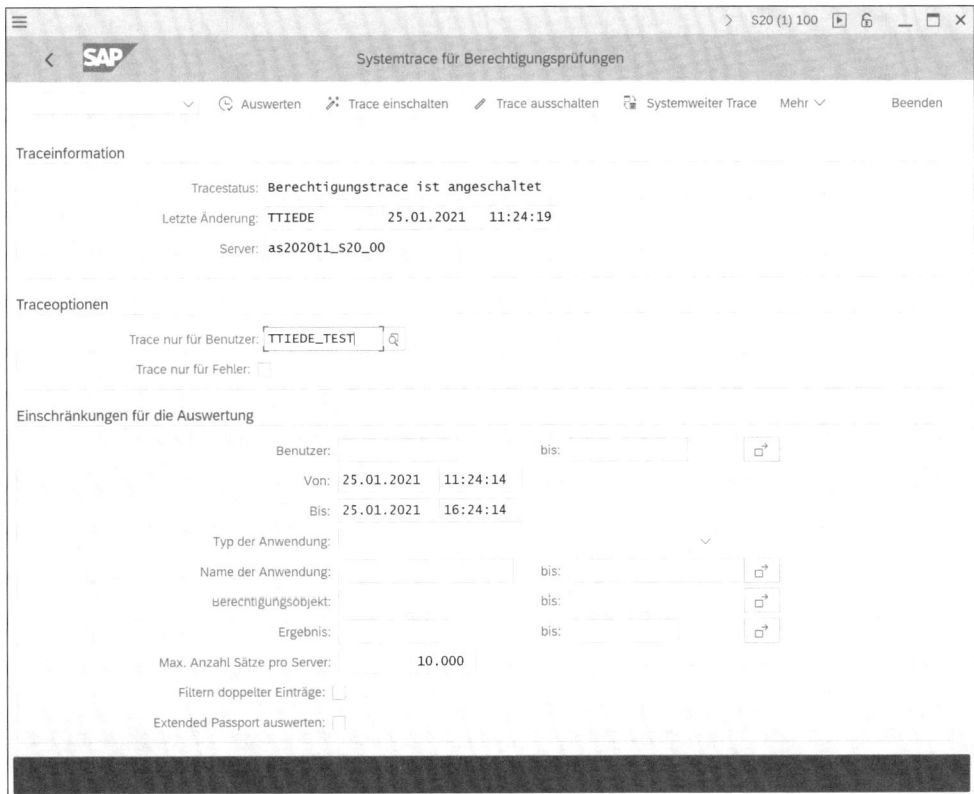

Abbildung 10.56 Transaktion STAUTHTRACE

Das Ergebnis wird tabellarisch angezeigt (siehe Abbildung 10.57). In der Spalte **Ergebnis** wird angezeigt, ob die Berechtigungsprüfung erfolgreich war oder nicht. Dahinter werden die jeweils geprüften Berechtigungsobjekte und die geprüften Werte aufgelistet. Von hier aus können Sie für jeden Eintrag wie folgt weiter verzweigen:

- Schaltfläche **Aufrufstellen in ABAP-Programmen anzeigen**: Zeigt den Quelltext der Berechtigungsprüfung an.
- Schaltfläche **Berechtigungsobjekt anzeigen**: Zeigt die Details zum Berechtigungsobjekt an.
- Schaltfläche **Dokumentation zum Berechtigungsobjekt**: Zeigt die Dokumentation zum Berechtigungsobjekt an.
- Schaltfläche **Benutzer anzeigen**: Zeigt den Benutzerstammsatz an.
- Schaltfläche **Benutzerpuffer**: Zeigt den Benutzerpuffer des Benutzers zum Objekt in der ausgewählten Zeile an.

10   Berechtigungskonzept in ABAP-Systemen

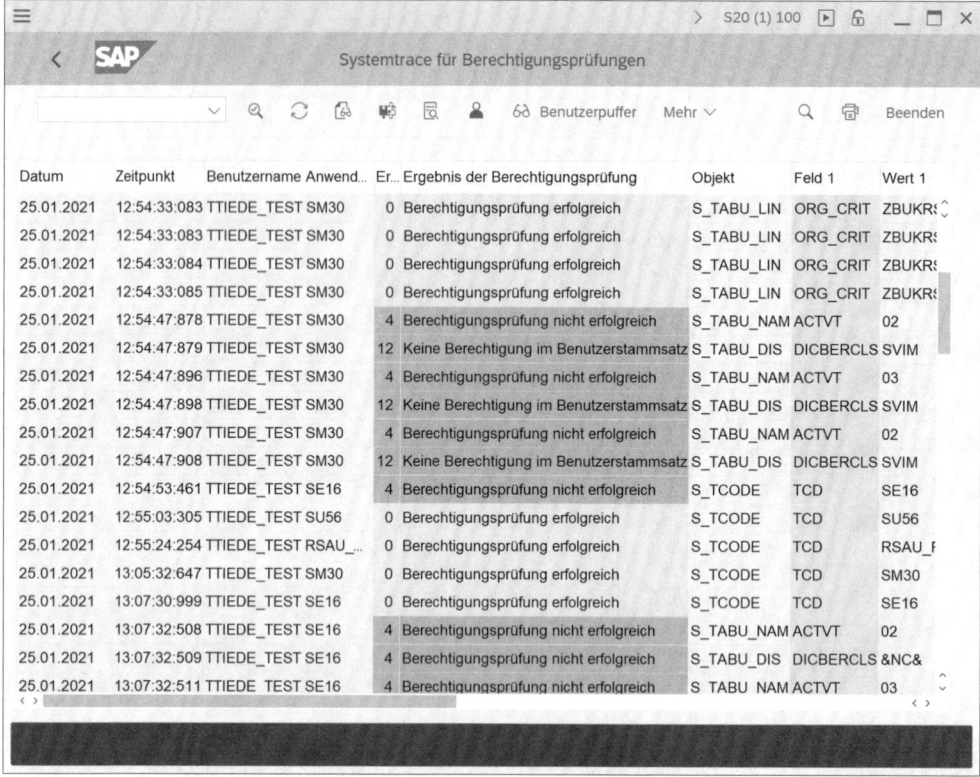

Abbildung 10.57 Transaktion STAUTHTRACE – Auswertung

10.6.3 Der Benutzer-Langzeit-Trace

Mit dem Benutzer-Langzeit-Trace ist es möglich, die Berechtigungsprüfungen von mehreren Benutzern über einen längeren Zeitraum aufzuzeichnen. Die Ergebnisse werden redundanzfrei in der Datenbank abgelegt. Sie aktivieren den Trace mit dem Systemparameter auth/auth_user_trace. Der Parameter ist dynamisch schaltbar; Sie können ihn somit zur Laufzeit mit Transaktzion RZ11 setzen.

Der Trace wird mit Transaktion STUSERTRACE konfiguriert und ausgewertet. Abbildung 10.58 zeigt die Oberfläche der Transaktion. Standardmäßig können maximal zehn Benutzer gleichzeitig protokolliert werden. Mit dem Schalter STUSERTRACE_MAX_USER in der Tabelle USR_CUST kann dieser Wert auf maximal 1.000 Benutzer hochgesetzt werden (siehe auch SAP-Hinweis 2421733).

Zwar können damit auch »normale« Benutzer protokolliert werden, das maßgebliche Einsatzgebiet sind allerdings technische Benutzer, insbesondere Schnittstellen-

10.6 Trace von Benutzerberechtigungen

benutzer. Dieser Trace kann über mehrere Monate für technische Benutzer aktiviert werden. Die erfassten Berechtigungen können dann (ebenso wie von den Transaktionen STAUTHTRACE und STUSOBTRACE) direkt in eine Rolle übernommen werden, wie im folgenden Abschnitt beschrieben.

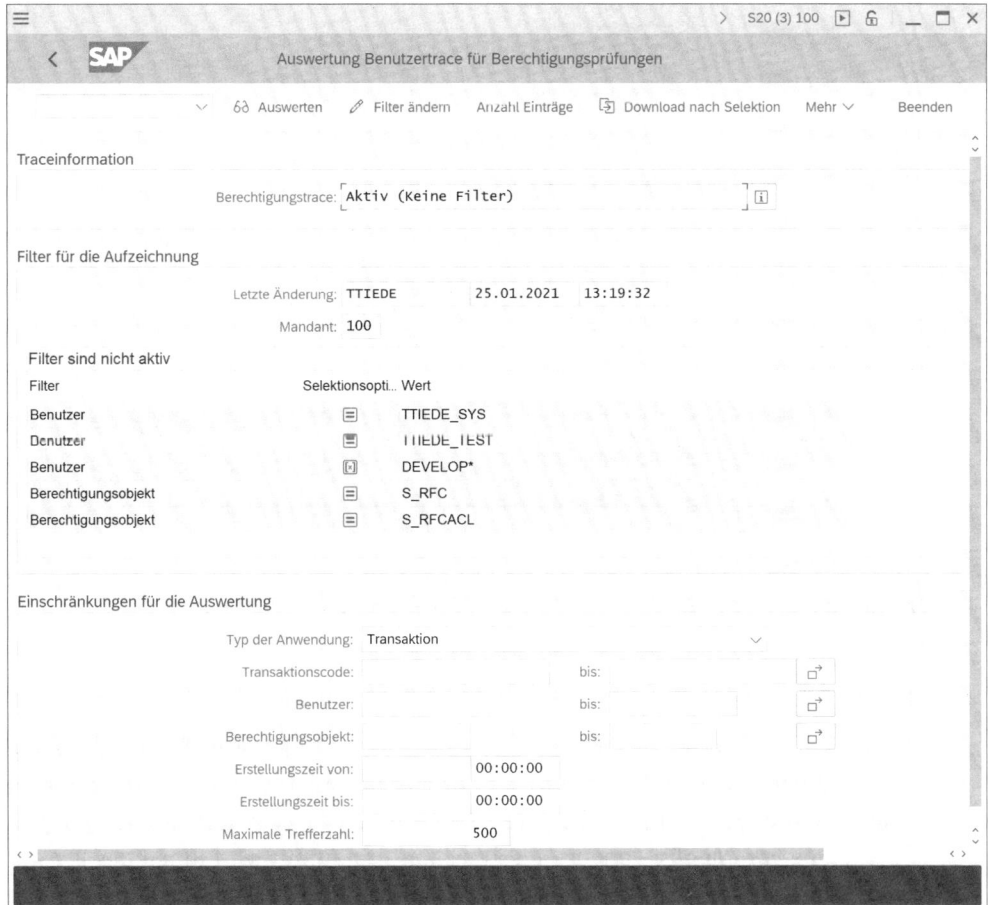

Abbildung 10.58 Transaktion STUSERTRACE

Abbildung 10.59 zeigt die Auswertung des Trace. Zu den Transaktionen werden die Berechtigungsobjekte mit allen abgefragten Werten angezeigt.

Gespeichert werden die Trace-Ergebnisse in der Tabelle SUAUTHVALTRC. Zur Reorganisation dieser Tabelle bzw. zum Löschen von Inhalten wird der Report RSUSR_SUAUTHVALTRC_REORG genutzt. Diesen erreichen Sie in Transaktion STUSERTRACE über den Menüpfad **Springen • Reorganisieren**. Sie können die Inhalte u. a. nach Benutzer, Berechtigungsobjekten oder Zeiträumen löschen.

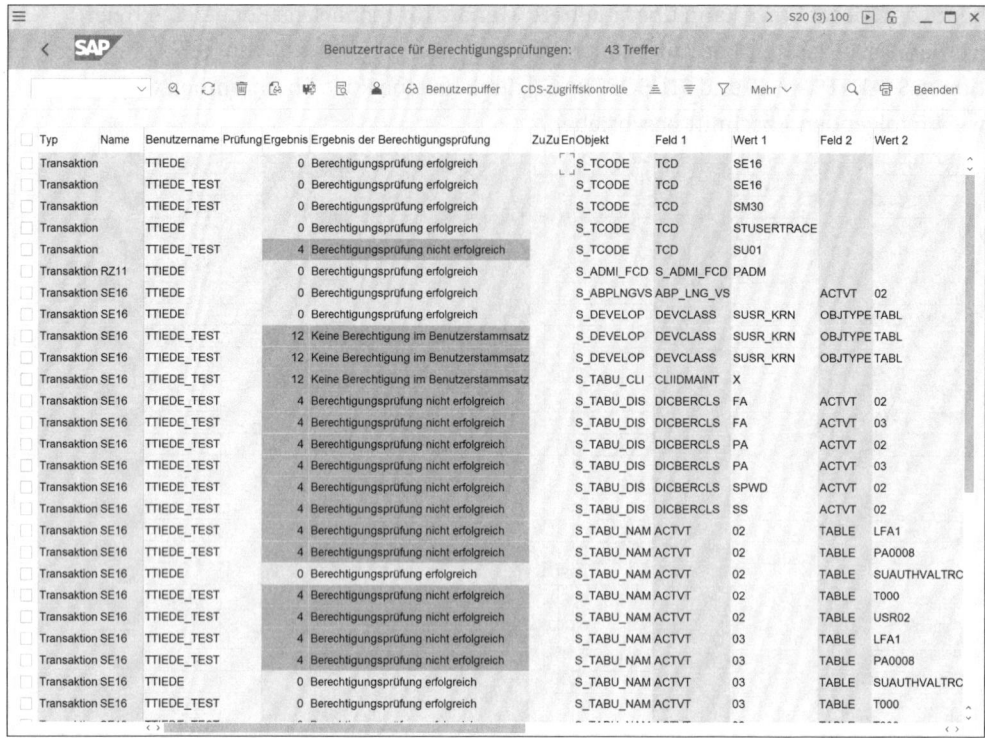

Abbildung 10.59 Transaktion STUSERTRACE – Auswertung

10.6.4 Übernahme von Trace-Ergebnissen in eine Rolle

Trace-Ergebnisse können direkt in eine Rolle übernommen werden. Insbesondere bei Schnittstellenbenutzern stellt dies eine Erleichterung dar. Zur Übernahme von Trace-Daten wählen Sie in Transaktion PFCG auf der Registerkarte **Menü** den Pfad **Übernahme von Menüs • Import aus Trace** aus. Daraufhin wird Ihnen das Fenster **Trace-Daten auswerten** angezeigt (siehe Abbildung 10.60). Mit der Schaltfläche **Trace auswerten** wählen Sie den Trace aus:

- Berechtigungs-Trace (Transaktion STUSOBTRACE)
- System-Trace (Transaktion STAUTHTRACE)
- RFC-Statistik (Transaktion STRFCTRACE)
- Benutzer-Trace (Transaktion STUSERTRACE)

Aus den Trace-Daten können Sie einzelne oder alle Einträge (Transaktionen, Funktionsbausteine) selektieren und in die Rolle übernehmen. Sie werden daraufhin ins Rollenmenü eingetragen. Im nächsten Schritt pflegen Sie die Werte zu den Berechtigungsobjekten. Haben Sie die Einträge aus dem Trace übernommen, wechseln Sie in die Pflege der Berechtigungswerte (Registerkarte **Berechtigungen**, Schaltfläche **Be-**

10.6 Trace von Benutzerberechtigungen

rechtigungsdaten ändern). Hier können Sie die Trace-Daten zu den Berechtigungsobjekten übernehmen.

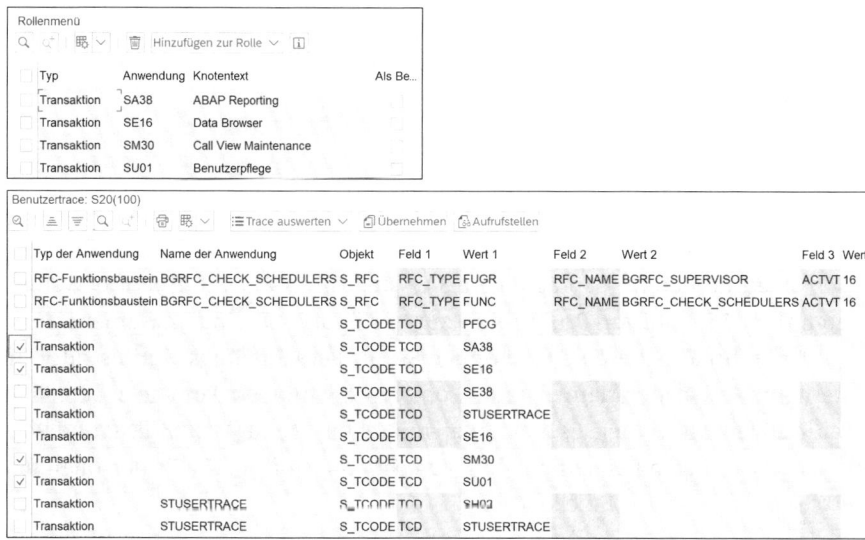

Abbildung 10.60 Trace-Ergebnisse in eine Rolle einfügen

Klicken Sie dafür auf die Schaltfläche **Trace**, bzw. wählen Sie den Menüpfad **Hilfsmittel • Trace** aus. Hier wählen Sie als Erstes wieder den Trace aus, mit dem Sie abgleichen möchten. Dann haben Sie die Möglichkeit, die Vorschlagswerte der Berechtigungsobjekte mit den Trace-Daten abzugleichen (siehe Abbildung 10.61).

Abbildung 10.61 Berechtigungswerte aus dem Trace übernehmen

Im Feld **Berechtigungsobjekt** wählen Sie jeweils das Berechtigungsobjekt aus. Pro Objekt können mehrere Berechtigungen vorhanden sein. Im rechten Teil des Fensters werden die Trace-Ergebnisse zum Objekt angezeigt. Markieren Sie dort die Werte, die übernommen werden sollen, und klicken Sie auf die Schaltfläche **Übernehmen**. So können Sie die Trace-Ergebnisse in die Rolle übernehmen.

10.7 Berechtigungen für Prüfer

Die Einrichtung von Rollen für Prüfer erfordert großes Know-how über Basisberechtigungsobjekte und deren Ausprägungen. SAP stellt im Audit Information System (AIS) bereits eine Vielzahl von Prüferrollen zur Verfügung. Sie sind im Namensraum SAP*AUDITOR* zu finden. Diese Rollen können Sie als Berechtigungsadministrator in den unternehmenseigenen Namensraum kopieren. Sie müssen dann noch berechtigungsseitig angepasst werden. Es gibt Rollen mit einem Menü (*Menürollen*) und Rollen mit den zugehörigen Berechtigungen (*Berechtigungsrollen*). Die Prüferrollen für SAP NetWeaver zeigt Ihnen Tabelle 10.39.

Rolle	Beschreibung
Menürollen	
SAP_AUDITOR_SA	AIS – Systemaudit
SAP_AUDITOR_SA_CCM_USR	AIS – Systemaudit – Benutzer und Berechtigungen
SAP_AUDITOR_SA_CUS_TOL	AIS – System-audit – Repository/Tabellen
Berechtigungsrollen	
SAP_CA_AUDITOR_SYSTEM	AIS – Berechtigungen für Systemaudit (komplett)
SAP_CA_AUDITOR_SYSTEM_DISPLAY	AIS – Berechtigungen für Systemaudit (Anzeige)

Tabelle 10.39 Auditorrollen in SAP NetWeaver

Um Prüfungen nach diesem Buch durchzuführen, können Sie die Rolle IBS_SICHERHEIT_PRUEFUNG_NW755 unter *www.sap-press.de/5145* herunterladen. Sie enthält ein Menü entsprechend der Struktur dieses Buches und alle erforderlichen Berechtigungen. Abbildung 10.62 zeigt das Menü der Rolle. Die Rolle können Sie in Ihr SAP-System importieren.

10.7 Berechtigungen für Prüfer

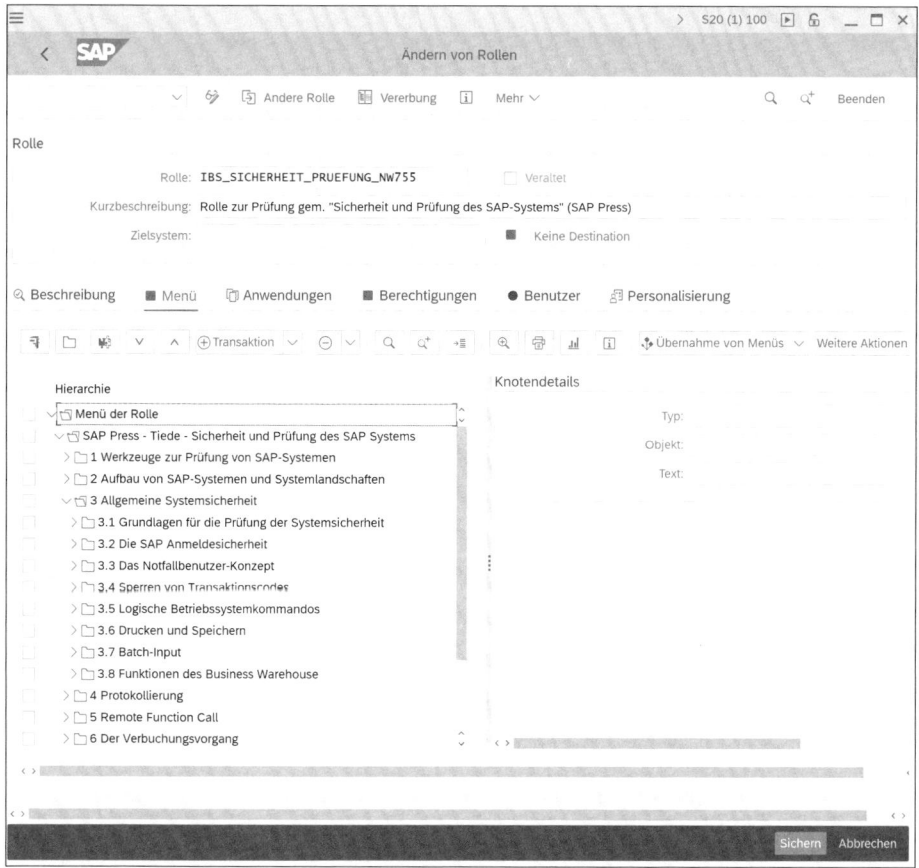

Abbildung 10.62 Menü der Rolle zu diesem Buch

Kapitel 11
Praktische Prüfung von Berechtigungen

Wenden Sie Ihre Kenntnisse in der Praxis an! Dieses Kapitel zeigt anhand konkreter Fragestellungen, wie Sie Berechtigungen prüfen und die Qualität eines Berechtigungskonzepts analysieren können.

In diesem Kapitel finden Sie konkrete Berechtigungsprüfungen zu den Themen Benutzerverwaltung, gesetzeskritische Berechtigungen und Basisberechtigungen, die nicht in den anderen Kapiteln dieses Buches behandelt werden.

In Abschnitt 11.4, »Berechtigungen für das Hacking von SAP-Systemen«, zeige ich Ihnen im Anschluss Berechtigungsprüfungen, die häufig im Umfeld von Hacking-Angriffen auf SAP-Systeme genutzt werden. Neben Datendiebstahl und -manipulation finden Sie hier Berechtigungsabfragen zum Password-Cracking und Code-Insert.

In Abschnitt 11.5, »Customizing-Berechtigungen«, sind ausgewählte Berechtigungen zu einigen wesentlichen Customizing-Einstellungen in den Komponenten FI (Finanzwesen), MM (Materialwirtschaft) und SAP ERP HCM (Personalwirtschaft) aufgeführt. Die Zusammenstellung entstammt den Erfahrungen aus einer Vielzahl von Prüfungen, in denen sich diese Einstellungen als wesentlich erwiesen haben.

Abschnitt 11.6, »Analyse der Qualität des Berechtigungskonzepts«, zeigt Auswertungen, die zur Analyse der Qualität des Rollenkonzepts genutzt werden können. Hier werden z. B. manuelle Berechtigungen und Sternberechtigungen in Rollen sowie die SU24-Pflege für kundeneigene Transaktionen ausgewertet.

Abschnitt 11.7, »Analyse von Berechtigungen in SAP Business Warehouse«, erklärt Berechtigungen in SAP Business Warehouse (SAP BW). Zwar setzen fast alle Unternehmen dieses Produkt ein, die Priorität bei den Prüfern ist aber eher untergeordnet. Dabei werden in diesen Systemen zumeist sehr sensible Unternehmensdaten gespeichert. Anhand der Beispiele in diesem Kapitel ist es Ihnen möglich, auch ein Berechtigungskonzept für SAP BW zu prüfen.

11.1 Zugriffsrechte im Bereich der Berechtigungsverwaltung

Die Berechtigungen zum Verwalten von Rollen und für deren Zuordnung zu Benutzern müssen gemäß den konzeptionellen Vorgaben eingerichtet werden (siehe Abschnitt 10.3, »Konzepte zum SAP-Berechtigungswesen«). Dabei sollte eine Funktionstrennung zwischen der Pflege von Rollen und deren Zuordnung zu Benutzern eingerichtet werden. Die Berechtigungen zur Rollenzuordnung werden in allen SAP-Systemen benötigt. Lediglich beim Einsatz einer Zentralen Benutzerverwaltung (ZBV) können diese Berechtigungen auf das ZBV-System eingeschränkt werden. Berechtigungen zur Rollenpflege sind nur in Entwicklungssystemen erforderlich. In Qualitätssicherungs- und Produktivsystemen dürfen diese Rechte nicht vergeben werden. Die einzelnen Berechtigungen sehen wir uns in diesem Abschnitt an.

11.1.1 Zugriffsrechte zur Benutzerverwaltung

Zur Auswertung der Berechtigungen zur Benutzerverwaltung muss immer auch eine Transaktionsberechtigung (Objekt S_TCODE) geprüft werden. Standardmäßig erfolgt die Benutzerpflege mit Transaktion SU01 (siehe Abbildung 11.1).

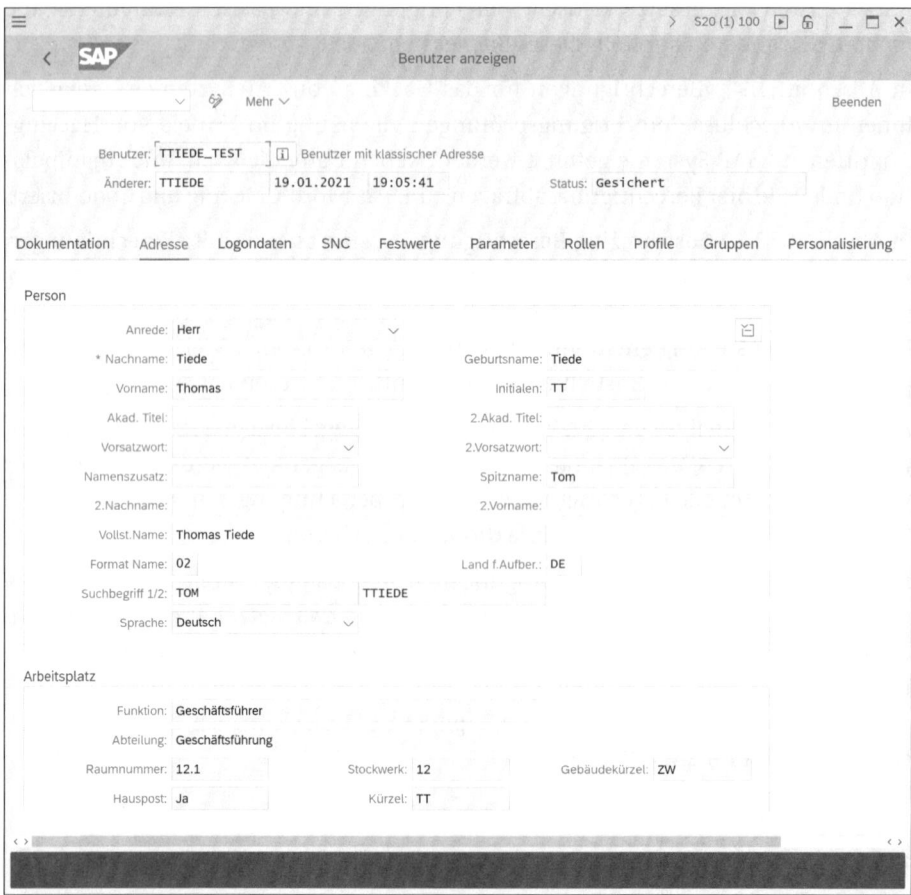

Abbildung 11.1 Transaktion SU01 – Benutzerpflege

11.1 Zugriffsrechte im Bereich der Berechtigungsverwaltung

Allerdings können auch mit anderen Transaktionen Benutzerstammsätze gepflegt werden. Die Berechtigungen für die betreffenden Transaktionen müssen Sie ebenfalls auswerten; es handelt sich dabei um die folgenden Transaktionen:

- SU01
- SU01_NAV
- SU10
- SUID01
- SUID10

In den folgenden Tabellen sind die Berechtigungen im Rahmen der Benutzerpflege aufgeführt. Tabelle 11.1 zeigt die Berechtigung zum Anlegen, Ändern bzw. Löschen von Benutzern.

Berechtigungsobjekt	Feld	Wert
S_TCODE	TCD (Transaktion)	- SU01 - SU01_NAV - SU10 - SUID01 - SUID10
S_USER_GRP	ACTVT (Aktivität)	- 01 (Anlegen) - 02 (Ändern) - 06 (Löschen)
	CLASS (Benutzergruppe)	<spezielle Benutzergruppe oder leer lassen>

Tabelle 11.1 Berechtigung zum Anlegen/Ändern/Löschen von Benutzern

Tabelle 11.2 zeigt die Berechtigungen, um Benutzern Profile zuzuordnen bzw. sie ihnen zu entziehen.

Berechtigungsobjekt	Feld	Wert
Schalter CHECK_S_USER_SAS in Tabelle PRGN_CUST = NO		
S_TCODE	TCD (Transaktion)	- SU01 - SU01_NAV - SU10 - SUID01 - SUID10

Tabelle 11.2 Berechtigung zum Zuordnen und Entziehen von Profilen zu bzw. von Benutzern

Berechtigungsobjekt	Feld	Wert
S_USER_GRP	ACTVT (Aktivität)	02 (Ändern)
	CLASS (Benutzergruppe)	<spezielle Benutzergruppe oder leer lassen>
S_USER_PRO	ACTVT (Aktivität)	22 (Zuordnen)
	PROFILE (Profil)	<Name des Profils>
Schalter CHECK_S_USER_SAS in Tabelle PRGN_CUST = YES		
S_TCODE	TCD (Transaktion)	■ SU01 ■ SU01_NAV ■ SU10 ■ SUID01 ■ SUID10
S_USER_GRP	ACTVT (Aktivität)	02 (Ändern)
	CLASS (Benutzergruppe)	<spezielle Benutzergruppe oder leer lassen>
S_USER_SAS	ACTVT (Aktivität)	22 (Zuordnen)
	SUBSYSTEM (Empfängersystem)	<Name des logischen Systems gemäß Tabelle TBDLS>
	CLASS (Benutzergruppe)	<Benutzergruppe>
	ACT_GROUP (Name der Rolle)	<hier nicht relevant>
	PROFILE (Profil)	<Name des Profils>

Tabelle 11.2 Berechtigung zum Zuordnen und Entziehen von Profilen zu bzw. von Benutzern (Forts.)

Tabelle 11.3 zeigt die Berechtigungen, um Benutzern das Profil SAP_ALL zuzuordnen.

11.1 Zugriffsrechte im Bereich der Berechtigungsverwaltung

Berechtigungsobjekt	Feld	Wert
Schalter CHECK_S_USER_SAS in Tabelle PRGN_CUST = NO		
S_TCODE	TCD (Transaktion)	- SU01 - SU01_NAV - SU10 - SUID01 - SUID10
S_USER_GRP	ACTVT (Aktivität)	02 (Ändern)
	CLASS (Benutzergruppe)	<spezielle Benutzergruppe oder leer lassen>
S_USER_PRO	ACTVT (Aktivität)	22 (Zuordnen)
	PROFILE (Profil)	SAP_ALL
Schalter CHECK_S_USER_SAS in Tabelle PRGN_CUST = YES		
S_TCODE	TCD (Transaktion)	- SU01 - SU01_NAV - SU10 - SUID01 - SUID10
S_USER_GRP	ACTVT (Aktivität)	02 (Ändern)
	CLASS (Benutzergruppe)	<spezielle Benutzergruppe oder leer lassen>
S_USER_SAS	ACTVT (Aktivität)	22 (Zuordnen)
	SUBSYSTEM (Empfängersystem)	<Name des logischen Systems gemäß Tabelle TBDLS>
	CLASS (Benutzergruppe)	<Benutzergruppe>
	ACT_GROUP (Name der Rolle)	<hier nicht relevant>

Tabelle 11.3 Berechtigung zum Zuordnen des Profils SAP_ALL zu Benutzern

Berechtigungsobjekt	Feld	Wert
S_USER_SAS (Forts.)	PROFILE (Profil)	SAP_ALL

Tabelle 11.3 Berechtigung zum Zuordnen des Profils SAP_ALL zu Benutzern (Forts.)

Tabelle 11.4 zeigt die Berechtigungen, um Benutzern Rollen zuzuordnen bzw. sie ihnen zu entziehen.

Berechtigungsobjekt	Feld	Wert
Schalter CHECK_S_USER_SAS in Tabelle PRGN_CUST = NO		
S_TCODE	TCD (Transaktion)	▪ SU01 ▪ SU01_NAV ▪ SU10 ▪ SUID01 ▪ SUID10
S_USER_GRP	ACTVT (Aktivität)	02 (Ändern)
	CLASS (Benutzergruppe)	<spezielle Benutzergruppe oder leer lassen>
S_USER_AGR	ACTVT (Aktivität)	22 (Zuordnen)
	ACT_GROUP (Rolle)	<Name der Rolle>
S_USER_PRO	ACTVT (Aktivität)	22 (Zuordnen)
	PROFILE (Profil)	<Name des Profils>
Schalter CHECK_S_USER_SAS in Tabelle PRGN_CUST = YES		
S_TCODE	TCD (Transaktion)	▪ SU01 ▪ SU01_NAV ▪ SU10 ▪ SUID01 ▪ SUID10

Tabelle 11.4 Berechtigung zum Zuordnen und Entziehen von Rollen zu bzw. von Benutzern

Berechtigungsobjekt	Feld	Wert
S_USER_GRP	ACTVT (Aktivität)	02 (Ändern)
	CLASS (Benutzergruppe)	<spezielle Benutzergruppe oder leer lassen>
S_USER_SAS	ACTVT (Aktivität)	22 (Zuordnen)
	SUBSYSTEM (Empfängersystem)	<Name des logischen Systems gemäß Tabelle TBDLS>
	CLASS (Benutzergruppe)	<Benutzergruppe>
	ACT_GROUP (Name der Rolle)	<Name der Rolle>
	PROFILE (Profil)	<hier nicht relevant>

Tabelle 11.4 Berechtigung zum Zuordnen und Entziehen von Rollen zu bzw. von Benutzern (Forts.)

11.1.2 Zugriffsrechte zur Rollenverwaltung

Im Folgenden finden Sie die Berechtigungen im Rahmen der Rollenverwaltung. Tabelle 11.5 zeigt die Berechtigungen zur Rollenpflege. Beim Anlegen und Ändern können mit dieser Berechtigung jeweils Eigenschaften wie die Kurzbeschreibung und der Langtext gepflegt werden. Zur Pflege der Berechtigungswerte ist diese Berechtigung nicht ausreichend. Dazu sind die Berechtigungen aus Tabelle 11.6 erforderlich. Das vollständige Löschen von Rollen ist mit dieser Berechtigung möglich.

Berechtigungsobjekt	Feld	Wert
S_TCODE	TCD (Transaktion)	PFCG
S_USER_AGR	ACTVT (Aktivität)	■ 01 (Anlegen) ■ 02 (Ändern) ■ 06 (Löschen)
	ACT_GROUP (Rolle)	<Name der Rolle>

Tabelle 11.5 Berechtigung zum Pflegen von Rollen

Tabelle 11.6 zeigt die Berechtigungen, um Rollen mit allen Berechtigungswerten zu pflegen.

Berechtigungsobjekt	Feld	Wert
S_TCODE	TCD (Transaktion)	PFCG
S_USER_AGR	ACTVT (Aktivität)	▪ 01 (Anlegen) ▪ 02 (Ändern) ▪ 06 (Löschen)
	ACT_GROUP (Rolle)	<Name der Rolle>
S_USER_TCD	TCD (Transaktion)	*
S_USER_VAL	OBJECT (Berechtigungsobjekt)	*
	AUTH_FIELD (Feldname)	*
	AUTH_VALUE (Berechtigungswert)	*

Tabelle 11.6 Berechtigung zum Pflegen von Rollen mit allen Berechtigungswerten

11.1.3 Zugriffsrechte zu Profilen

Tabelle 11.7 zeigt die Berechtigungen zum Pflegen von Profilen.

Berechtigungsobjekt	Feld	Wert
S_TCODE	TCD (Transaktion)	PFCG
S_USER_PRO	ACTVT (Aktivität)	▪ 01 (Anlegen) ▪ 02 (Ändern) ▪ 06 (Löschen)
	PROFILE (Profil)	<Name des Profils>

Tabelle 11.7 Berechtigung zum Pflegen von Profilen

11.1.4 Zugriffsrechte für Kachelkataloge und -gruppen

Tabelle 11.8 zeigt die Berechtigungen zur Pflege von Kachelkatalogen und -gruppen.

Berechtigungsobjekt	Feld	Wert
S_TCODE	TCD (Transaktion)	/UI2/FLPD_CUST oder /UI2/FLPD_CONF
S_SERVICE	SRV_NAME (Programmname)	SAP-Fiori-Apps: • ZINTEROP_0001 • /UI2/INTEROP • ZPAGE_BUILDER_CUST_0001 • /UI2/PAGE_BUILDER_CUST • ZTRANSPORT_0001 • /UI2/TRANSPORT
	SRV_TYPE (Typ)	HT
S_DEVELOP	ACTVT (Aktivität)	02 (Ändern)
	OBJTYPE (Objekttyp)	WDCC
S_TRANSPRT	ACTVT (Aktivität)	03 (Anzeigen)
	TTYPE (Auftragstyp)	CUST, TASK

Tabelle 11.8 Berechtigung zum Pflegen von Kachelkatalogen und -gruppen

11.2 Gesetzeskritische Berechtigungen

Als *gesetzeskritische Berechtigungen* werden Berechtigungen bezeichnet, mit denen gegen geltende Gesetze verstoßen werden kann. Dies betrifft insbesondere Elemente der Anwendungsentwicklung sowie das Löschen aufbewahrungspflichtiger Protokolle. Die Anwendungsentwicklung ist mandantenübergreifend; daher ist sie in einem Produktivsystem in allen Mandanten untersagt. Viele Protokolle sind ebenfalls mandantenübergreifend; daher ist das Löschen dieser Protokolle von allen Mandanten aus verboten. Da der Einsatz von gesetzeskritischen Berechtigungen standardmäßig nicht protokolliert wird, sollten sie nicht verwendet werden.

Tabelle 11.9 zeigt die Berechtigungen, die in keinem Mandanten eines Produktivsystems vergeben werden dürfen. Zu den Berechtigungen ist jeweils auch angegeben, welche Paragrafen des Handelsgesetzbuches bei Einsatz des jeweiligen Rechtes betroffen sind. Außerdem gibt es aber auch noch weitere, hier nicht genannte Vorgaben, z. B. aus der Abgabenordnung.

Berechtigungsobjekt	Feld	Wert
Debuggen mit Replace (§ 239 HGB, Führung der Handelsbücher)		
S_DEVELOP	ACTVT (Aktivität)	02 (Ändern)
	OBJTYPE (Objekttyp)	DEBUG
Entwicklerberechtigungen (§ 239 HGB, Führung der Handelsbücher)		
S_DEVELOP	ACTVT (Aktivität)	▪ 01 (Anlegen) ▪ 02 (Ändern) ▪ 06 (Löschen)
Löschen von Tabellenänderungsversionen (S_TABU_DIS; § 257 HGB, Aufbewahrung von Unterlagen)		
S_TABU_DIS	ACTVT (Aktivität)	02 (Ändern)
	DICBERCLS (Berechtigungsgruppe)	SA
S_TABU_CLI	CLIIDMAINT (Kennzeichen)	X
Löschen von Tabellenänderungsversionen (S_TABU_NAM; § 257 HGB, Aufbewahrung von Unterlagen)		
S_TABU_NAM	ACTVT (Aktivität)	02 (Ändern)
	TABLE (Tabelle)	DBTABLOG
S_TABU_CLI	CLIIDMAINT (Kennzeichen)	X
Löschen von Änderungsbelegen (§ 257 HGB, Aufbewahrung von Unterlagen)		
S_SCDO oder S_SCDO_OBJ	ACTVT (Aktivität)	06 (Löschen)

Tabelle 11.9 Gesetzeskritische Berechtigungen

Berechtigungsobjekt	Feld	Wert
Installieren und Ausführen von ABAP-Quelltexten über RFC (§ 239 HGB, Führung der Handelsbücher)		
S_RFCRAIAR	RFC_RAIAR (Aktivität)	16 (Ausführen)
Notfall-Editiermodus der SE16N (§ 239 HGB, Führung der Handelsbücher)		
S_TCODE	TCD (Transaktion)	SE16N_EMERGENCY
S_TABU_DIS	ACTVT (Aktivität)	02 (Ändern)
	DICBERCLS (Berechtigungsgruppe)	*
Notfall-Editiermodus der SE16N (§ 239 HGB, Führung der Handelsbücher)		
S_TCODE	TCD (Transaktion)	SE16N_EMERGENCY
S_TABU_NAM	ACTVT (Aktivität)	02 (Ändern)
	TABLE (Tabelle)	*

Tabelle 11.9 Gesetzeskritische Berechtigungen (Forts.)

In SAP Enterprise Threat Detection werden standardmäßig die folgenden Patterns ausgeliefert, mit denen Aktionen zu gesetzeskritischen Berechtigungen überwacht werden können:

- Debugging using old ABAP debugger
- Debugging with change of control flow while debugging
- Debugging in critical systems
- Debugging in systems assigned to critical roles
- Debugging using new ABAP debugger
- Debugging using ABAP in Eclipse
- Debugging with change of variable values during debugging
- Debugging by users belonging to a critical user group
- Authorization assign SAP_ALL or SAP_NEW per debugging

11.3 Kritische Basisberechtigungen

In diesem Abschnitt führe ich weitere Berechtigungen aus dem Bereich der SAP-Basis im ABAP-Stack auf, die ich in den vorangehenden Abschnitten nicht explizit behandelt habe. Jede Berechtigung beschreibe ich kurz und liste die dazugehörigen Berechtigungsabfragen auf. Zum Prüfen der Berechtigungen gehen Sie vor, wie in Abschnitt 10.5.4, »Zugriffsrechte für Benutzer auswerten«, beschrieben.

11.3.1 Löschen von Sperreinträgen anderer Benutzer

Wird ein Datensatz von einem Benutzer bearbeitet, wird dieser für andere Benutzer zur Pflege gesperrt. Diese Sperren können mit Transaktion SM12 gelöscht werden. Diese Berechtigung (siehe Tabelle 11.10) ist als kritisch anzusehen, da dadurch Schiefstände in den Datensätzen entstehen können. Sie darf nur wenigen Key-Usern zugeordnet werden.

Berechtigungsobjekt	Feld	Wert
S_TCODE	TCD (Transaktion)	SM12 (Sperren verwalten)
S_ENQUE	S_ENQ_ACT (Enqueue: erlaubte Aktivitäten)	DLFU (Sperreinträge anderer Benutzer löschen)

Tabelle 11.10 Berechtigung zum Löschen von Sperreinträgen anderer Benutzer

11.3.2 Administration der Sperrverwaltung

Die Administration der Sperrverwaltung ist ein äußerst sensibler Vorgang. Die Sperrverwaltung kann z. B. vollständig deaktiviert werden. Diese Berechtigung darf nur an wenige Administratoren vergeben werden (siehe Tabelle 11.11). Des Weiteren erlaubt diese Berechtigung auch, Sperreinträge aller Benutzer in allen Mandanten zu löschen. Die Administration der Sperrverwaltung rufen Sie auf, indem Sie in Transaktion SM12 im Feld zur Transaktionseingabe den Wert »TEST« eingeben. Es wird dann der neue Menüeintrag **Fehlerbehandlung** eingeblendet, der die administrativen Funktionen enthält.

Berechtigungsobjekt	Feld	Wert
S_TCODE	TCD (Transaktion)	• SM12 (Sperren verwalten) • SMENQ (Enqueue-Administration)

Tabelle 11.11 Berechtigung zum Administrieren der Sperrverwaltung

Berechtigungsobjekt	Feld	Wert
S_ENQUE	S_ENQ_ACT (Enqueue: erlaubte Aktivitäten)	ALL (alle Berechtigungen)

Tabelle 11.11 Berechtigung zum Administrieren der Sperrverwaltung (Forts.)

11.3.3 LDAP-Zugriffe

Mit der in Tabelle 11.12 beschriebenen Berechtigung kann die Anbindung an den Verzeichnisdienst des Lightweight Directory Access Protocols (LDAP) konfiguriert werden (z. B. Microsoft Windows Active Directory Services). Diese Berechtigung darf nur an die Basisadministration vergeben werden.

Berechtigungsobjekt	Feld	Wert
S_TCODE	TCD (Transaktion)	LDAP (Verzeichnisdienstanbindung)
S_LDAP	ACTVT (Aktivität)	• 01 (Hinzufügen oder Erzeugen) • 02 (Ändern) • 06 (Löschen) • 51 (Initialisieren)
	LDAP_SERV (symbolischer Name des LDAP-Servers)	<Name des LDAP-Servers>

Tabelle 11.12 Berechtigung für LDAP-Zugriffe

11.3.4 Verwaltung der Ein- und Ausgabe-Queue

Über die Queue-Verwaltung werden Daten ins SAP System eingelesen und auch versendet, z. B. Batch-Input-Daten. Die Berechtigung zum Verwalten dieser Queues (siehe Tabelle 11.13) darf nur der Basisadministration zugeordnet werden.

Berechtigungsobjekt	Feld	Wert
S_TCODE	TCD (Transaktion)	SM38 (Queue – Verwaltungstransaktion)

Tabelle 11.13 Berechtigung zum Verwalten der Eingabe- und Ausgabe-Queue

Berechtigungsobjekt	Feld	Wert
S_QIO_MONI	QIOAKTI (Queue – Verwaltung Aktivitäten)	▪ QAEN (Queue ändern) ▪ QANL (Queue anlegen) ▪ QDEL (Queue löschen) ▪ QSTA (Queue starten)
	QIOQID (Queue – Identification Unique Key)	<Name der Queue>

Tabelle 11.13 Berechtigung zum Verwalten der Eingabe- und Ausgabe-Queue (Forts.)

11.3.5 Administration der Datenarchivierung

Die Datenarchivierung ist ein sensibler Vorgang, da hier neben der reinen Datensicherung auch ein Rückladen der Daten sowie das Löschen von Daten aus den Archiven möglich ist. Diese Berechtigung (siehe Tabelle 11.14) darf nur der Basisadministration zugeordnet werden.

Berechtigungsobjekt	Feld	Wert
S_TCODE	TCD (Transaktion)	SARA (Archivadministration)
S_QIO_MONI	ACTVT (Aktivität)	01 (Archiv erzeugen/löschen/rückladen)
	ARCH_OBJ (Archivierungsobjekt)	*
	APPLIC (Arbeitsgebiet)	*

Tabelle 11.14 Berechtigung zum Administrieren der Datenarchivierung

11.3.6 Löschen von laufenden Prozessen

Die Berechtigung in Tabelle 11.15 gestattet den Abbruch laufender Prozesse (z. B. den Abbruch laufender Transaktionen). Diese Berechtigung darf nur der Basisadministration zugeordnet werden.

Berechtigungsobjekt	Feld	Wert
S_TCODE	TCD (Transaktion)	SM04 oder SM50

Tabelle 11.15 Berechtigung zum Löschen laufender Prozesse

Berechtigungsobjekt	Feld	Wert
S_ADMI_FCD	S_ADMI_FCD (Systemadministrationsfunktion)	PADM (Prozessadministration)

Tabelle 11.15 Berechtigung zum Löschen laufender Prozesse (Forts.)

11.3.7 Verwaltung der TemSe-Dateien

Die temporären sequenziellen Dateien (TemSe) enthalten die Daten der laufenden Jobs und Spool-Aufträge. Mit der Verwaltungsberechtigung in Tabelle 11.16 ist es möglich, diese Daten zu löschen und auch einzusehen, was bei sensiblen Daten wie Personaldaten kritisch sein kann. Daher darf diese Berechtigung ausschließlich an die Basisadministration vergeben werden.

Berechtigungsobjekt	Feld	Wert
S_TCODE	TCD (Transaktion)	SP12 (TemSe-Verwaltung)
S_ADMI_FCD	S_ADMI_FCD (Systemadministrationsfunktion)	• SPTD (mandantenübergreifend) • SPTR (mandantenspezifisch)

Tabelle 11.16 Berechtigung zum Verwalten der TemSe-Dateien

11.3.8 Anlegen von Jobs unter anderem Benutzernamen

Durch die in Tabelle 11.17 dargestellte Berechtigung ist es Benutzern möglich, Jobs mit den Berechtigungen anderer Benutzer einzuplanen und so Aktionen auszuführen, zu denen sie selbst nicht berechtigt sind. Wird diese Berechtigung benötigt, dürfen immer nur einzelne Benutzer berechtigt werden. Die Berechtigung zur Nutzung aller Benutzer (*) sollte nicht vergeben werden. Das Berechtigungsobjekt S_BTCH_NAM sollten Sie einzeln prüfen, da es auch im Zusammenhang mit anderen Transaktionen genutzt wird (z. B. Batch-Input-Mappenverwaltung) und hier genauso kritisch einzustufen ist.

Berechtigungsobjekt	Feld	Wert
S_TCODE	TCD (Transaktion)	SM36 (Jobs definieren)

Tabelle 11.17 Berechtigung zum Anlegen von Jobs unter anderem Benutzernamen

Berechtigungsobjekt	Feld	Wert
S_BTCH_NAM	BTCUNAME (Hintergrundbenutzername für Berechtigungsüberprüfung)	<Name eines Benutzers; besonders kritisch: *>
oder		
S_BTCH_NA1	BTCUNAME (Hintergrundbenutzername für Berechtigungsüberprüfung)	<Name eines Benutzers; besonders kritisch: *>
	PROGRAM (Programmname)	<Programmname>

Tabelle 11.17 Berechtigung zum Anlegen von Jobs unter anderem Benutzernamen (Forts.)

11.3.9 Verwaltung der Hintergrundjobs

Die in Tabelle 11.18 aufgeführte Berechtigung berechtigt zum Verwalten aller Jobs in allen Mandanten. Diese Berechtigung darf nur der Basisadministration zugeordnet werden.

Berechtigungsobjekt	Feld	Wert
S_TCODE	TCD (Transaktion)	SM37 (Jobs – Übersicht und Verwaltung)
S_BTCH_ADM	BTCADMIN (Kennung für Batchadministrator)	Y

Tabelle 11.18 Berechtigung zum Verwalten der Hintergrundjobs

11.3.10 Zurücksetzen und Löschen von Daten ohne Archivierung

Mit der in Tabelle 11.19 gezeigten Berechtigung sind u. a. die folgenden Vorgänge möglich:

- Geschäftsprozesse löschen
- Bewegungsdaten löschen (EC-CS-Ledger)
- Bewegungsdaten löschen
- Musterkalkulationstestdaten löschen
- alle Materialien löschen

Mit dieser Berechtigung ist kein Zugriff auf die Archivierungsobjekte möglich. Ebenso werden innerhalb der einzelnen Komponenten eigene Berechtigungsobjekte zum Löschen von Daten genutzt.

Bei der Archivierung über die entsprechenden SAP-Anwendungen werden Daten aus der Datenbank entfernt und in sequenzielle Textdateien auf der Betriebssystemebene geschrieben. Dies dient dazu, nicht mehr benötigte Daten zu entfernen oder die Größe der Datenbank herabzusetzen. Werden die Archivdateien auf der Betriebssystemebene gelöscht, sind sie endgültig aus dem System entfernt.

Bei dieser geprüften Funktion werden die Daten gelöscht, ohne vorher entsprechende Archivdateien zu erzeugen. Diese Berechtigung darf nur sehr restriktiv vergeben werden.

Berechtigungsobjekt	Feld	Wert
S_TCODE	TCD (Transaktion)	0KWD, CXDL, CXDL1, GCU9, KKE5, KKPV, MMDE, OKC3, OKC4, OKC5, OKC6, OKO5
S_ADMI_FCD	S_ADMI_FCD (Systemadministrationsfunktion)	RSET (Daten ohne Archivierung zurücksetzen/löschen)

Tabelle 11.19 Berechtigung zum Zurücksetzen und Löschen von Daten ohne Archivierung

11.3.11 Kopieren von Dateien vom SAP-Server auf den Client

Mit der in Tabelle 11.20 gezeigten Berechtigung können beliebige Dateien von einem SAP-Server direkt auf einer Workstation oder einem Netzlaufwerk gespeichert werden. Das Lesen der Dateien auf den SAP-Servern erfolgt unter der Kennung des Betriebssystembenutzers <sid>adm, der ein Leserecht für die gesamte SAP-Installation besitzt. Es ist daher möglich, mit dieser Berechtigung sämtliche Dateien der SAP-Installation sowie alle sonstigen Dateien, für die der Benutzer Leserechte besitzt, zu kopieren. Auf einem Unix-Server sind dies z. B. sämtliche Konfigurationsdateien (Verzeichnis /etc). Der Zugriff kann über das Berechtigungsobjekt S_DATASET weiter eingeschränkt werden.

Diverse Informationen, wie beispielsweise Protokoll- und Profilparameterdateien, werden lesbar und anderbar auf der Betriebssystemebene abgelegt. Eventuell werden hier zusätzlich vom Kunden erstellte Daten abgespeichert. Bei SAP-Installationen kann aus SAP heraus auf die Betriebssystemebene zugegriffen werden. Hier lassen sich Dateien lesen, ändern oder löschen. Wichtige SAP-Installationspfade werden über die Systemparameter DIR_* ausgegeben. Diese gibt im SAP-System Transaktion RSPFPAR wieder.

Die Berechtigung darf nur sehr restriktiv vergeben werden. Wird sie an Benutzer vergeben, muss der Zugriff über das Berechtigungsobjekt S_DATASET auf die Verzeichnisse, aus denen die Benutzer Dateien kopieren müssen, beschränkt werden.

Berechtigungsobjekt	Feld	Wert
S_TCODE	TCD (Transaktion)	CG3Y oder <Reporting>
S_DATASET	ACTVT (Aktivität)	33 (Lesen)
	PROGRAM (Programmname mit Suchhilfe)	SAPLC13Z
S_GUI	ACTVT (Aktivität)	61 (Exportieren)

Tabelle 11.20 Berechtigung zum Kopieren von Dateien vom SAP-Server auf den Client

11.3.12 Kopieren von Dateien vom Client auf den SAP-Server

Mit der in Tabelle 11.21 dargestellten Berechtigung können beliebige Dateien von einer Workstation oder einem Netzlaufwerk auf den SAP-Server hochgeladen werden. Das Schreiben von Dateien auf den SAP-Servern erfolgt unter der Kennung des Betriebssystembenutzers <sid>adm, der ein Änderungsrecht für die gesamte SAP-Installation besitzt. Es ist daher möglich, mit dieser Berechtigung Dateien in die SAP-Installation hochzuladen. Außerdem können existierende Dateien überschrieben und somit z. B. die Profildateien, in denen die Systemparameter gespeichert sind, überschrieben werden. Der Zugriff kann über das Berechtigungsobjekt S_DATASET weiter eingeschränkt werden.

Diverse Informationen, wie beispielsweise Protokoll- und Profilparameterdateien, werden lesbar und änderbar auf der Betriebssystemebene abgelegt. Diese können also auch durch Kopieren überschrieben werden. Eventuell werden hier zusätzlich vom Kunden erstellte Daten abgespeichert. Bei SAP-Installationen kann aus SAP heraus auf die Betriebssystemebene zugegriffen werden. Hier lassen sich Dateien lesen, ändern oder löschen. Wichtige SAP-Installationspfade werden über die Systemparameter DIR_* ausgegeben. Diese gibt im SAP-System Transaktion RSPFPAR wieder.

Die Berechtigung darf nur sehr restriktiv vergeben werden. Wird sie an Benutzer vergeben, muss der Zugriff über das Berechtigungsobjekt S_DATASET auf die Verzeichnisse beschränkt werden, in die die Benutzer Dateien kopieren müssen.

Berechtigungsobjekt	Feld	Wert
S_TCODE	TCD (Transaktion)	CG3Z oder <Reporting>
S_DATASET	ACTVT (Aktivität)	33 (Lesen) und 34 (Schreiben)
	PROGRAM (Programmname mit Suchhilfe)	SAPLC13Z
S_GUI	ACTVT (Aktivität)	60 (Importieren)

Tabelle 11.21 Berechtigung zum Kopieren von Dateien vom Client auf den SAP-Server

11.4 Berechtigungen für das Hacking von SAP-Systemen

Fraud-Delikte nehmen in ERP-Systemen immer mehr zu, befinden sich dort doch meist die wirklich interessanten Daten. Um in einem SAP-System Daten zu lesen bzw. zu manipulieren, sind keine »Hacking-Tools« erforderlich. Man benötigt lediglich Standardfunktionen von SAP NetWeaver – und dieses Wissen ist frei im Internet verfügbar. Daher habe ich Ihnen in diesem Abschnitt Berechtigungen zusammengestellt, mit denen Fraud-Delikte begangen werden können. Bei vielen Betrugsfällen, zu denen ich für forensische Analysen hinzugezogen wurde, wurde im Nachgang festgestellt, dass hier aufgeführte Berechtigungen eingesetzt wurden. Diese Berechtigungen sollten in einem Produktivsystem in keinem Mandanten vergeben werden!

11.4.1 Datendiebstahl

Know-how-Diebstahl ist eine häufige Variante von Betrugsfällen im SAP-Umfeld. Besonders einfach ist dies durch den direkten Zugriff auf die Tabellen. Besitzen Benutzer die Berechtigung zum Lesen aller Tabellen, so ist ein Datenabfluss in unbegrenztem Maße möglich. Tabelle 11.22 zeigt die Berechtigungen zum Lesen aller Tabellen.

Berechtigungsobjekt	Feld	Wert
S_TABU_DIS	ACTVT (Aktivität)	03 (Anzeigen)
	DICBERCLS (Berechtigungsgruppe)	*

Tabelle 11.22 Berechtigungen für den Datendiebstahl

Berechtigungsobjekt	Feld	Wert
oder		
S_TABU_NAM	ACTVT (Aktivität)	03 (Anzeigen)
	TABLE (Tabelle)	*
oder		
S_TABU_SQL	ACTVT (Aktivität)	03 (Anzeigen)
	TABLE (Tabelle)	*
	DBSID (Datenbankverbindung)	SID Datenbank
	TABOWNER (Eigner der Tabelle)	* oder <Name des Besitzers des ABAP-Schemas in der DB>

Tabelle 11.22 Berechtigungen für den Datendiebstahl (Forts.)

11.4.2 Datenmanipulation

Neben den Entwicklerberechtigungen, die in einem Produktivsystem nicht zu vergeben sind, gibt es weitere Möglichkeiten, Daten zu manipulieren (siehe Tabelle 11.23). Diese Berechtigungen dürfen daher in einem Produktivsystem in keinem Mandanten vergeben werden.

Berechtigungsobjekt	Feld	Wert
Debuggen mit Replace		
S_DEVELOP	ACTVT (Aktivität)	02 (Ändern)
	OBJTYPE (Objekttyp)	DEBUG
Ändern aller Tabellen		
S_TABU_DIS	ACTVT (Aktivität)	02 (Ändern)

Tabelle 11.23 Berechtigungen zur Datenmanipulation

Berechtigungsobjekt	Feld	Wert
S_TABU_DIS (Forts.)	DICBERCLS (Berechtigungsgruppe)	*
oder		
S_TABU_NAM	ACTVT (Aktivität)	02 (Ändern)
	TABLE (Tabelle)	*
S_TABU_CLI	CLIIDMAINT (Kennzeichen)	X
Ändern von Datenbanktabellen vom SAP-System aus		
S_RZL_ADM	ACTVT (Aktivität)	01 (Hinzufügen/Erzeugen)
S_DBCON	ACTVT (Aktivität)	36 (Erweiterte Pflege)
	DBA_DBHOST (DBA Cockpit: Servername)	<Servername>
	DBA_DBSID (DBA Cockpit: Datenbankname)	<Datenbank SID>
	DBA_DBUSER (Datenbankbenutzer)	* oder <Name des Besitzers des ABAP-Schemas in der DB>
Ändern aller Daten mit Funktionsbaustein SE16N_INTERFACE oder GTB_INTERFACE		
S_TABU_DIS	ACTVT (Aktivität)	02 (Ändern)
	DICBERCLS (Berechtigungsgruppe)	*
oder		
S_TABU_NAM	ACTVT (Aktivität)	02 (Ändern)
	TABLE (Tabelle)	*

Tabelle 11.23 Berechtigungen zur Datenmanipulation (Forts.)

Berechtigungsobjekt	Feld	Wert
S_DEVELOP	ACTVT (Aktivität)	16 (Ausführen)
	DEVCLASS (Paket)	WUSL oder CAWUSL
	OBJTYPE (Objekttyp)	FUGR
	OBJNAME (Objektname)	SE16N oder S4H16N
	P_GROUP (Berechtigungsgruppe)	"
S_DEVELOP	ACTVT (Aktivität)	▪ 01 (Anlegen) ▪ 02 (Ändern) ▪ 03 (Anzeigen)
	OBJTYPE (Objekttyp)	DEBUG
Ändern aller Daten mit Transaktion SE16N_EMERGENCY		
S_TCODE	TCD (Transaktion)	SE16N_EMERGENCY
S_TABU_DIS	ACTVT (Aktivität)	02 (Ändern)
	DICBERCLS (Berechtigungsgruppe)	*
oder		
S_TABU_NAM	ACTVT (Aktivität)	02 (Ändern)
	TABLE (Tabelle)	*

Tabelle 11.23 Berechtigungen zur Datenmanipulation (Forts.)

11.4.3 Password-Cracking

Das Entschlüsseln von Kennwörtern ist sehr simpel, im Internet finden sich zahlreiche Anleitungen. Aus einem SAP-System werden lediglich die Hashwerte der Kennwörter benötigt. Password-Cracker-Programme wie *John the Ripper* sind dann in der Lage, per Brute-Force diese Kennwörter zu knacken. Tabelle 11.24 zeigt die Berechtigungen zum Lesen von Kennwort-Hashwerten in den Tabellen.

Berechtigungsobjekt	Feld	Wert
S_TABU_DIS	ACTVT (Aktivität)	03 (Anzeigen)
	DICBERCLS (Berechtigungsgruppe)	SPWD
oder		
S_TABU_NAM	ACTVT (Aktivität)	03 (Anzeigen)
	TABLE (Tabelle)	<ul><li>USR02</li><li>USH02</li><li>USRPWDHISTORY</li><li>USH02_ARC_TMP</li><li>VUSER001</li><li>VUSR02_PWD</li></ul>
oder		
S_TABU_SQL	ACTVT (Aktivität)	03 (Anzeigen)
	TABLE (Tabelle)	<ul><li>USR02</li><li>USH02</li><li>USRPWDHISTORY</li><li>USH02_ARC_TMP</li><li>VUSER001</li><li>VUSR02_PWD</li></ul>
	DBSID (Datenbankverbindung)	SID-Datenbank
	TABOWNER (Figner der Tabelle)	* oder <Name des Besitzers des ABAP-Schemas in der DB>

Tabelle 11.24 Berechtigung zum Lesen von Kennwort-Hashwerten

11.4.4 Verschleierung von Aktionen

Fast alle Benutzeraktionen werden in SAP-Systemen automatisch protokolliert bzw. können optional protokolliert werden. Durch das Löschen dieser Protokolle können Aktionen verschleiert werden. Tabelle 11.25 zeigt Berechtigungen zum Löschen verschiedener Protokolle. Diese Berechtigungen dürfen in einem Produktivsystem in keinem Mandanten vergeben werden.

Berechtigungsobjekt	Feld	Wert
Löschen von Tabellenänderungsprotokollen		
S_TCODE	TCD (Transaktion)	SCU3_DEL
S_TABU_CLI	CLIIDMAINT (Kennzeichen)	X
S_TABU_DIS	ACTVT (Aktivität)	02 (Ändern)
	DICBERCLS (Berechtigungsgruppe)	*
oder		
S_TABU_NAM	ACTVT (Aktivität)	02 (Ändern)
	TABLE (Tabelle)	*
Löschen aller Änderungsbelege		
S_SCDO oder S_SCDO_OBJ	ACTVT (Aktivität)	06 (Löschen)
S_DBCON	ACTVT (Aktivität)	06 (Löschen)
	OBJECTCLAS (Objektklasse)	*
Löschen alter Security-Audit-Log-Dateien		
S_ADMI_FCD	S_ADMI_FCD (Administrationsfunktion)	AUDA
S_TCODE	TCD (Transaktion)	SM18

Tabelle 11.25 Berechtigungen zur Verschleierung von Aktionen

Berechtigungsobjekt	Feld	Wert
oder		
S_SAL	SAL_ACTVT (SAL-Aktivität)	DELE_LOG_F
S_TCODE	TCD (Transaktion)	RSAU_ADMIN
Löschen der Security-Audit-Log-Tabelle RSAU_BUF_DATA		
S_SAL	SAL_ACTVT (SAL Aktivität)	▪ DELE_LOG_D ▪ ARCH_REORG
S_TCODE	TCD (Transaktion)	RSAU_ADMIN
Löschen der Nutzerstatistik		
S_DEVELOP	ACTVT (Aktivität)	16 (Ausführen)
	DEVCLASS (Paket)	SWNC_COLL
	OBJTYPE (Objekttyp)	FUGR
	OBJNAME (Objektname)	SCSM_COLLECTOR
	P_GROUP (Berechtigungsgruppe)	''

Tabelle 11.25 Berechtigungen zur Verschleierung von Aktionen (Forts.)

11.4.5 Code-Insert

Das Anlegen oder Ändern von Quelltexten ist in Produktivsystemen zu untersagen, da hierdurch das System manipuliert werden kann. Tabelle 11.26 zeigt Berechtigungen, die in Produktivsystemen in keinem Mandanten vergeben werden dürfen.

Berechtigungsobjekt	Feld	Wert
Pflegen von ABAP-Programmen		
S_TCODE	TCD (Transaktion)	▪ SE24 ▪ SE38

Tabelle 11.26 Berechtigungen zum Code-Insert

Berechtigungsobjekt	Feld	Wert
S_DEVELOP	ACTVT (Aktivität)	• 01 (Anlegen) • 02 (Ändern)
	DEVCLASS (Paket)	<Paket>
	OBJTYPE (Objekttyp)	• PROG • CLAS
	OBJNAME (Objektname)	<Programmname>
	P_GROUP (Berechtigungsgruppe)	''
Entwicklungen mit dem ABAP Development Tool		
S_ADT_RES	URI (REST-Ressourcen-URI-Präfix)	<alle Werte>
Installieren und Ausführen von ABAP-Quelltexten über RFC, Version 1 (ab SAP S/4HANA 1809 ist diese Funktion deaktiviert)		
S_RFCRAIAR	RFC_RAIAR (Aktivität)	16 (Ausführen)
Installieren und Ausführen von ABAP-Quelltexten über RFC, Version 2		
S_TCODE	TCD (Transaktion)	SE38
S_DEVELOP	ACTVT (Aktivität)	• 01 (Anlegen) • 02 (Ändern)
	DEVCLASS (Paket)	''
	OBJTYPE (Objekttyp)	PROG
	OBJNAME (Objektname)	Z$$$XRFC
	P_GROUP (Berechtigungsgruppe)	''

Tabelle 11.26 Berechtigungen zum Code-Insert (Forts.)

11.4 Berechtigungen für das Hacking von SAP-Systemen

Berechtigungsobjekt	Feld	Wert
S_RFC	ACTVT (Aktivität)	16 (Ausführen)
	RFC_TYPE (RFC-Typ)	FUGR
	RFC_NAME (Name des RFC-Objekts)	/BODS/RS_DS_BASIS, /SAPDS/RS_BASIS
oder		
S_RFC	ACTVT (Aktivität)	16 (Ausführen)
	RFC_TYPE (RFC-Typ)	FUNC
	RFC_NAME (Name des RFC-Objekts)	/BODS/RFC_ABAP_INSTALL_AND_RUN, /SAPDS/RFC_ABAP_INSTALL_RUN
Anlegen von Funktionsbausteinen mit Funktionsbaustein RS_FUNCTIONMODULE_INSERT		
S_RFC	ACTVT (Aktivität)	16 (Ausführen)
	RFC_TYPE (RFC-Typ)	FUGR
	RFC_NAME (Name des RFC-Objekts)	SEUF
oder		
S_RFC	ACTVT (Aktivität)	16 (Ausführen)
	RFC_TYPE (RFC-Typ)	FUNC
	RFC_NAME (Name des RFC-Objekts)	RS_FUNCTIONMODULE_INSERT

Tabelle 11.26 Berechtigungen zum Code-Insert (Forts.)

Berechtigungsobjekt	Feld	Wert
oder		
S_DEVELOP	ACTVT (Aktivität)	16 (Ausführen)
	DEVCLASS (Paket)	SFUNC
	OBJTYPE (Objekttyp)	FUGR
	OBJNAME (Objektname)	SEUF
	P_GROUP (Berechtigungsgruppe)	"

Tabelle 11.26 Berechtigungen zum Code-Insert (Forts.)

11.5 Customizing-Berechtigungen

Customizing bedeutet in den meisten Fällen das Pflegen von Tabellen; dieses findet im Entwicklungssystem statt. Im Produktivsystem werden nur die laufenden Einstellungen gepflegt. In diesem Abschnitt beschreibe ich wesentliche Customizing-Berechtigungen zu verschiedenen SAP-Komponenten.

11.5.1 Transaktionen zur Tabellen- und Viewpflege

Die Standardtransaktion für das Customizing ist SM30. Es existieren allerdings noch andere Transaktionen, die genutzt werden können. Dies sind maßgeblich Parametertransaktionen (siehe Abschnitt 9.6, »Transaktionen«), bei denen die Transaktionen SM30/SM31 genutzt werden und das Kennzeichen **Einstiegsbild überspringen** nicht gesetzt ist (siehe Abbildung 11.2). Dies bedeutet, dass das Selektionsbild der Transaktion angezeigt wird und der Tabellenname geändert werden kann.

11.5 Customizing-Berechtigungen

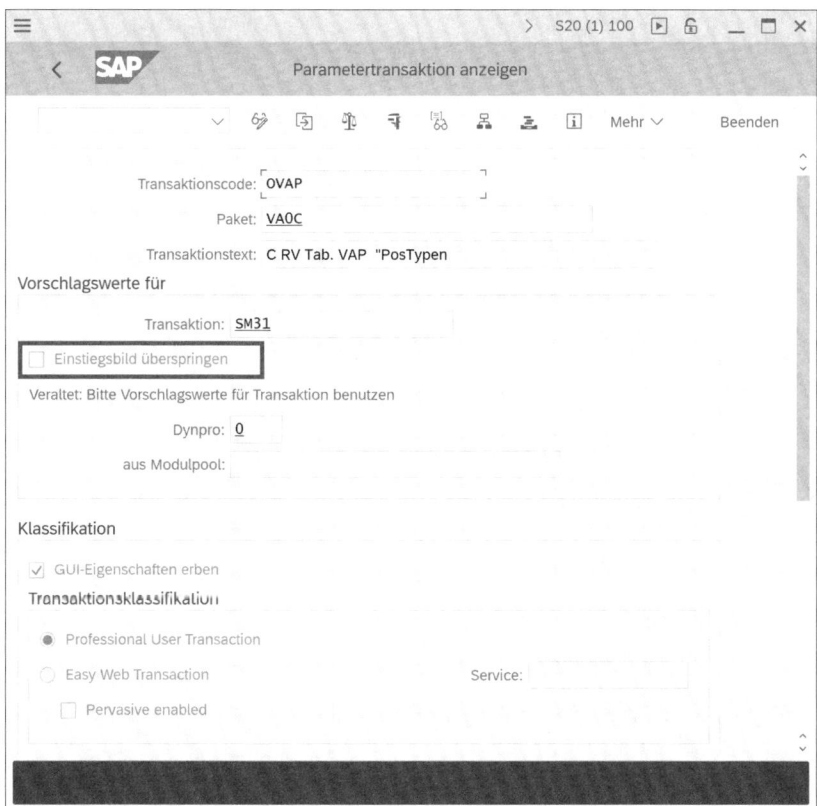

Abbildung 11.2 Parametertransaktion für Transaktion SM31

Tabelle 11.27 zeigt die Transaktionen, die zur Tabellenpflege genutzt werden können. Die Transaktionen sind teilweise releaseabhängig. In den nachfolgenden Abschnitten gebe ich zum Objekt S_TCODE jeweils den Vermerk »<Viewpflege>« an. In diesen Fällen ist die Pflege auch über die Transaktionen aus Tabelle 11.27 möglich.

Transaktion	Bezeichnung
CACS_DET_ACCAS_30	generierte Tabellen/Views aufrufen
HTTP_WHL_TMP	Hilfstransaktion HTTP_WHITELIST_S
J1ITDUE	Payment Due Date Customizing
J1IY	Maintain W. Tax Code and Section
J1IZ	Maintain W. Tax Section Information
KCS0	Stammdaten pflegen

Tabelle 11.27 Transaktionen zur Tabellen- und Viewpflege

Transaktion	Bezeichnung
OVAP	C_RV_Tab. VAP »PosTypen«
OVFK	C_RV_Tab. VFK »Fakturen«
OVNB	C_RV_Tab. VST »Formul je VStel«
OVNE	C_RV_Tab. VKO »Form je Vkorg«
OVNG	C_RV_Tab. TVAK »Zuord. Nachrichten«
OVNI	C_RV_Tab. TVLK »Zuord. Nachrichten«
OVNJ	C_RV_Tab. TVFK »Zuord. Nachrichten«
OVNO	C_RV_Tab. VKO »Form je VKBUR«
PRP_UNIT	PP: zulässige Dimensionen
S-32	Tabelle pflegen
S-33	Tabelle anzeigen
SM30	Viewpflege aufrufen
SM31	Viewpflege analog SM30 aufrufen

Tabelle 11.27 Transaktionen zur Tabellen- und Viewpflege (Forts.)

In den Berechtigungen ist in den meisten Fällen auch das Berechtigungsobjekt S_TABU_DIS angegeben. In den Berechtigungen sind die Standardberechtigungsgruppen hinterlegt, die aber kundenindividuell geändert werden können. Im Rahmen der Prüfung müssen Sie vergleichen, ob diese Berechtigungsgruppen geändert wurden. Die Zuordnung erfolgt in Tabelle TDDAT (siehe Abschnitt 8.4.1, »Berechtigungsgruppen«).

11.5.2 Customizing im Finanzwesen

In diesem Abschnitt führe ich wesentliche Customizing-Einstellungen der Finanzbuchhaltung (FI) auf. Die Berechtigungen für diese Einstellungen dürfen in Produktivsystemen nicht vergeben werden. Ausnahmen sind die laufenden Einstellungen; diese weise ich gesondert aus.

Pflege der Buchungsperioden (laufende Einstellung)

Ein Geschäftsjahr wird in Buchungsperioden aufgeteilt; Buchungsperioden werden monatsweise definiert. Es können außerdem vier Sonderperioden definiert werden.

Beim Buchen eines Belegs prüft das System, ob der aktuelle Monat geöffnet ist und somit die Buchung durchgeführt werden kann. Diese Berechtigung (siehe Tabelle 11.28) sollte nur wenigen Key-Usern in der Finanzbuchhaltung zugeordnet werden.

Berechtigungsobjekt	Feld	Wert
S_TCODE	TCD (Transaktion)	- OB52 - F-60 - S_ALR_87003642 - FAGL_EHP4_T001B_COFI - <Viewpflege>
oder		
S_SERVICE	SRV_NAME (Programmname)	SAP-Fiori-Apps: - FAC_GL_PPV_SRV - FAC_GL_MAINT_POSTING_PERIOD_SRV
	SRV_TYPE (Typ)	HI
und		
S_TABU_DIS	ACTVT (Aktivität)	02 (Ändern)
	DICBERCLS (Berechtigungsgruppe)	FC31
oder		
S_TABU_NAM	ACTVT (Aktivität)	02 (Ändern)
	TABLE (Tabelle)	- V_T001B - V_T001B_COFIB

Tabelle 11.28 Berechtigung zum Pflegen der Buchungsperioden

Pflege von Umrechnungskursen

Mit Umrechnungskursen werden die Fremdwährungskurse gepflegt. Diese Berechtigung (siehe Tabelle 11.29) sollte nur wenigen Key-Usern in der Finanzbuchhaltung zugeordnet werden.

Berechtigungsobjekt	Feld	Wert
S_TCODE	TCD (Transaktion)	- F-62 - GCW6 - OB08 - OC41 - OKC8 - OKUS - S_BCE_68000174 - <Viewpflege>
oder		
S_SERVICE	SRV_NAME (Programmname)	SAP-Fiori-Apps: - FAC_CURRENCY_EXCHANGE_RATE_SRV
	SRV_TYPE (Typ)	HT
und		
S_TABU_DIS	ACTVT (Aktivität)	02 (Ändern)
	DICBERCLS (Berechtigungsgruppe)	FC32
oder		
S_TABU_NAM	ACTVT (Aktivität)	02 (Ändern)
	TABLE (Tabelle)	V_TCURR

Tabelle 11.29 Berechtigung zum Pflegen von Umrechnungskursen

Pflege von Buchungskreisen

Buchungskreise werden in Tabelle T001 gespeichert. Die Tabelle selbst ist nicht änderbar. Die Pflege erfolgt über ca. 70 Views, auf die die Eigenschaften aufgeteilt sind. Nachfolgend sind die aus Berechtigungssicht wesentlichen Views aufgeführt:

- V_T001: Adresse, Land, Währung (Gruppe FCOR)
- V_001_C: Produktivkennzeichen der Buchungskreise (Gruppe FC01)

11.5 Customizing-Berechtigungen

- V_001_Q: Zuordnung Buchungskreis zum Umsatzsteuerkreis (Gruppe FC01)
- V_001_S: Zuordnung Buchungskreis zum Kontenplan (Gruppe FC01)
- V_001_U: Zuordnung Buchungskreis zur Geschäftsjahresvariante (Gruppe FC01)
- V_001_X: Zuordnung Buchungskreis zur Gesellschaft (Gruppe FC01)

Tabelle 11.30 zeigt die Berechtigungen zum Pflegen von Buchungskreisen.

Berechtigungsobjekt	Feld	Wert
S_TCODE	TCD (Transaktion)	<ul><li>OB37</li><li>OB38</li><li>OB62</li><li>OBC6</li><li>OBR3</li><li><Viewpflege></li></ul>
S_TABU_DIS	ACTVT (Aktivität)	02 (Ändern)
	DICBERCLS (Berechtigungsgruppe)	<ul><li>FC01</li><li>FCOR</li></ul>
oder		
S_TABU_NAM	ACTVT (Aktivität)	02 (Ändern)
	TABLE (Tabelle)	<ul><li>V_T001</li><li>V_001_C</li><li>V_001_Q</li><li>V_001_S</li><li>V_001_U</li><li>V_001_X</li></ul>

Tabelle 11.30 Berechtigung zum Pflegen von Buchungskreisen

Pflege der Belegänderungsregeln

Mit den Belegänderungsregeln wird festgelegt, welche Felder nach dem Buchen (aber vor dem Ausgleichen) noch im Beleg geändert werden dürfen. Grundsätzlich nicht änderbar sind aber die Felder des Belegkopfes (außer **Belegtext** und **Referenznummer**) sowie die Felder **Buchungsbetrag**, **Konto**, **Schlüssel**, **Buchungsschlüssel** und **Steuerbetrag**. Tabelle 11.31 zeigt die Berechtigungen zum Pflegen der Belegänderungsregeln.

Berechtigungsobjekt	Feld	Wert
S_TCODE	TCD (Transaktion)	■ OB32 ■ <Viewpflege>
S_TABU_DIS	ACTVT (Aktivität)	02 (Ändern)
	DICBERCLS (Berechtigungsgruppe)	FC03
oder		
S_TABU_NAM	ACTVT (Aktivität)	02 (Ändern)
	TABLE (Tabelle)	V_TBAER

Tabelle 11.31 Berechtigung zum Pflegen der Belegänderungsregeln

Pflege der Steuerung für Vier-Augen-Prinzipien bei Stammdaten

Für Stammdaten in der Finanzbuchhaltung (Debitoren und Kreditoren) kann ein asymmetrisches Vier-Augen-Prinzip eingerichtet werden. Hierzu müssen einzelne Felder bestimmt werden, für deren Änderungen dies gelten soll. Das bedeutet, dass die Stammdaten nach der Änderung zur Zahlung gesperrt werden. Sie müssen explizit von einem anderen Benutzer als dem Änderer freigegeben werden. Die Felder werden in Tabelle T055 (View V_T055F) gepflegt. Tabelle 11.32 zeigt die entsprechenden Berechtigungen.

Berechtigungsobjekt	Feld	Wert
S_TCODE	TCD (Transaktion)	<Viewpflege>
S_TABU_DIS	ACTVT (Aktivität)	02 (Ändern)
	DICBERCLS (Berechtigungsgruppe)	FC02

Tabelle 11.32 Berechtigung zum Pflegen der Steuerung für Vier-Augen-Prinzipien bei Stammdaten

Berechtigungsobjekt	Feld	Wert
oder		
S_TABU_NAM	ACTVT (Aktivität)	02 (Ändern)
	TABLE (Tabelle)	V_T055F

Tabelle 11.32 Berechtigung zum Pflegen der Steuerung für Vier-Augen-Prinzipien bei Stammdaten (Forts.)

Schutz sensibler Felder zu Stammdaten und Belegen

Felder zu Stammdaten und Belegen können zu Feldgruppen zusammengefasst werden. Für diese Feldgruppen können explizit Berechtigungen eingerichtet werden. Zur Definition der Feldgruppen werden die folgenden Views genutzt:

- Sachkonten
    - V_055G_D: Sachkontenfeldgruppen (Gruppe FC02)
    - V_055_D: Felder der Sachkontenfeldgruppen (Gruppe FC02)
- Musterkonten
    - V_055G_DM: Musterkontenfeldgruppen (Gruppe FC02)
    - V_055_DM: Felder der Musterkontenfeldgruppen (Gruppe FC02)
- Banken
    - V_055G_E: Bankenfeldgruppen (Gruppe FC02)
    - V_055_E: Felder der Bankenfeldgruppen (Gruppe FC02)
- Belege
    - V_055G_F: Belegfeldgruppen (Gruppe FC02)
    - V_055_F: Felder der Belegfeldgruppen (Gruppe FC02)
- Kreditoren
    - V_055G_B: Kreditorenfeldgruppen (Gruppe FC03)
    - V_055_B: Felder der Kreditorenfeldgruppen (Gruppe FC03)
- Kreditmanagement
    - V_055G_C: Kreditmanagementfeldgruppen (Gruppe FC03)
    - V_055_C: Felder der Kreditmanagementfeldgruppen (Gruppe FC03)
- Debitoren
    - V_T055G: Debitorenfeldgruppen (Gruppe FC03)
    - V_T055: Felder der Debitorenfeldgruppen (Gruppe FC03)

Tabelle 11.33 zeigt die Berechtigungen zum Pflegen bestimmter Feldgruppen.

Berechtigungsobjekt	Feld	Wert
S_TCODE	TCD (Transaktion)	- OB31 - OB33 - OB34 - OBAT - OBAU - OBBK - OBBL - OBBM - OBBN - <Viewpflege>
S_TABU_DIS	ACTVT (Aktivität)	02 (Ändern)
	DICBERCLS (Berechtigungsgruppe)	- FC02 - FC03
oder		
S_TABU_NAM	ACTVT (Aktivität)	02 (Ändern)
	TABLE (Tabelle)	- V_055G_D - V_055G_DM - V_055G_E - V_055G_F - V_055_D - V_055_DM - V_055_E - V_055_F - V_055G_B - V_055G_C - V_055_B - V_055_C - V_T055 - V_T055G

Tabelle 11.33 Berechtigung zum Schützen von sensiblen Feldern zu Stammdaten und Belegen

11.5 Customizing-Berechtigungen

Definition von Kontengruppen mit Bildaufbau für Stammdaten

Zu den Kontengruppen wird u. a. definiert, welche Felder beim Anlegen und Ändern von Stammsätzen gepflegt werden können oder müssen und welche nur angezeigt werden sollen. Dies erfolgt über die folgenden Views:

- V_T077K/V_T077K_M: Kreditoren
- V_T077D/V_T077D_V: Debitoren
- V_T077S: Sachkonten

Diese Views werden durch die Berechtigungen aus Tabelle 11.34 geschützt.

Berechtigungsobjekt	Feld	Wert
S_TCODE	TCD (Transaktion)	- OBD2 - OBD3 - OBD4 - OMSG - OT10 - OT11 - OT37 - OVT0 - OVT5 - \<Viewpflege\>
S_TABU_DIS	ACTVT (Aktivität)	02 (Ändern)
	DICBERCLS (Berechtigungsgruppe)	- FC - FC02 - WCZK
oder		
S_TABU_NAM	ACTVT (Aktivität)	02 (Ändern)
	TABLE (Tabelle)	- V_T077K - V_T077K_M - V_T077D - V_T077D_V - V_T077S

Tabelle 11.34 Berechtigung zum Definieren von Kontengruppen mit Bildaufbau für die Stammdaten

11.5.3 Customizing in der Materialwirtschaft

In diesem Abschnitt führe ich einige Customizing-Einstellungen der Materialwirtschaft (Komponente MM) auf. Die Berechtigungen dürfen in Produktivsystemen nicht vergeben werden.

Pflege der Organisationsebenen in der Materialwirtschaft

Die wesentlichen Organisationsebenen in der Materialwirtschaft sind die Einkaufsorganisation (Tabelle T024E) und das Werk (Tabelle T001W). Die Pflege der Eigenschaften erfolgt über Views; die Tabellen selbst sind nicht änderbar. Wesentliche Views sind:

- V_T024E: Einkaufsorganisationen
- V_T024E_ASSIGN: Einkaufsorganisation – Buchungskreis zuordnen
- V_T001W: Werke
- V_001W_E: Default-Einkaufsorganisation zum Werk

Tabelle 11.35 zeigt die Berechtigungen zum Pflegen der Organisationsebenen.

Berechtigungsobjekt	Feld	Wert
S_TCODE	TCD (Transaktion)	▪ OMKI ▪ OX01 ▪ OX08 ▪ OX10 ▪ <Viewpflege>
S_TABU_DIS	ACTVT (Aktivität)	02 (Ändern)
	DICBERCLS (Berechtigungsgruppe)	▪ MC ▪ MCME ▪ MCOR
oder		
S_TABU_NAM	ACTVT (Aktivität)	02 (Ändern)
	TABLE (Tabelle)	▪ V_T024E ▪ V_T024E_ASSIGN ▪ V_T001W ▪ V_001W_E

Tabelle 11.35 Berechtigung zum Pflegen der Organisationsebenen in der Materialwirtschaft

11.5 Customizing-Berechtigungen

Pflege der automatischen Kontenfindung

Mit der Kontenfindung wird definiert, auf welche Sachkonten im Hauptbuch die wert- und mengenmäßigen Änderungen in der Materialwirtschaft verbucht werden. Gespeichert werden die Einstellungen zur Kontenfindung in den T030-Tabellen. Die Pflege erfolgt über eine der folgenden Transaktionen:

- OBYC: C MM-IV (Automatische Kontierung)
- OMR0: MM-IV (Automatische Kontierung)
- OMR0H: C MM-IV (Automatische Kontierung)
- OMWB: C MM-IV (Automatische Kontierung)

Tabelle 11.36 zeigt die Berechtigungen zum Pflegen der automatischen Kontenfindung.

Berechtigungsobjekt	Feld	Wert
S_TCODE	TCD (Transaktion)	- OBYC - OMR0 - OMR0H - OMWB
S_TABU_DIS	ACTVT (Aktivität)	02 (Ändern)
	DICBERCLS (Berechtigungsgruppe)	FC02
oder		
S_TABU_NAM	ACTVT (Aktivität)	02 (Ändern)
	TABLE (Tabelle)	- T030 - T030B - T030R

Tabelle 11.36 Berechtigung zum Pflegen der automatischen Kontenfindung

Pflege von Toleranzgrenzen für die Rechnungsprüfung

Mit dieser Berechtigung werden die Toleranzgrenzen festgelegt, die bei der Rechnungsprüfung angewandt werden dürfen. Wird die Toleranzgrenze überschritten, kann die Rechnung nicht freigegeben werden. Genutzt werden die Toleranzgrenzen maßgeblich für das automatische Ausbuchen von Kleindifferenzen. Es können aber auch höhere Toleranzgrenzen eingetragen werden. Die Toleranzgrenzen werden in Tabelle T169G gespeichert. Die Pflege erfolgt in den folgenden Views:

- V_169G: Toleranzgrenzen (Gruppe MCMR)
- VV_169G_PS: Toleranzgrenzen (Gruppe &NC&)

Tabelle 11.37 zeigt die Berechtigungen zum Pflegen der Toleranzgrenzen.

Berechtigungsobjekt	Feld	Wert
S_TCODE	TCD (Transaktion)	<Viewpflege>
S_TABU_DIS	ACTVT (Aktivität)	02 (Ändern)
	DICBERCLS (Berechtigungsgruppe)	- MCMR - &NC&
oder		
S_TABU_NAM	ACTVT (Aktivität)	02 (Ändern)
	TABLE (Tabelle)	- V_169G - VV_169G_PS

Tabelle 11.37 Berechtigung zum Pflegen von Toleranzgrenzen für die Rechnungsprüfung

11.5.4 Customizing in SAP ERP HCM

In diesem Abschnitt erkläre ich einige Customizing-Einstellungen der Personalwirtschaft. Die Berechtigungen für diese Einstellungen dürfen in Produktivsystemen nicht vergeben werden.

Aktivieren/Deaktivieren von HCM-Berechtigungsobjekten

Die Berechtigungsobjekte zur Stammdatenpflege in SAP ERP HCM und die Einstellungen für die Nutzung struktureller Berechtigungen können individuell konfiguriert werden (siehe Tabelle 11.38). Dies erfolgt über Tabelle T77SO, welche manuell gepflegt werden kann, entweder über Transaktion OOAC oder den Report RHCUST01.

Berechtigungsobjekt	Feld	Wert
S_TCODE	TCD (Transaktion)	- OOAC - <Reporting> - <Viewpflege>

Tabelle 11.38 Berechtigung zum Aktivieren/Deaktivieren von HCM-Berechtigungsobjekten

Berechtigungsobjekt	Feld	Wert
S_TABU_DIS	ACTVT (Aktivität)	02 (Ändern)
	DICBERCLS (Berechtigungsgruppe)	PS
oder		
S_TABU_NAM	ACTVT (Aktivität)	02 (Ändern)
	TABLE (Tabelle)	T77S0

Tabelle 11.38 Berechtigung zum Aktivieren/Deaktivieren von HCM-Berechtigungsobjekten (Forts.)

Pflege der Änderungsprotokollierung von Mitarbeiterstammdaten

Änderungen an Infotypen werden standardmäßig nicht protokolliert. Es gibt also keine Nachvollziehbarkeit über Änderungen an Mitarbeiterdaten, diese müssen daher kundenindividuell definiert werden. Dies erfolgt über die Tabellen T585A/B/C, die über die folgenden Views gepflegt werden:

- V_T585A: HR-Belege: Belegrelevante Infotypen
- V_T585B: HR-Belege: Feldgruppendefinition
- V_T585C: HR-Belege: Feldgruppeneigenschaften

Tabelle 11.39 zeigt die Berechtigungen zum Pflegen der Änderungsprotokollierung von Mitarbeiterstammdaten.

Berechtigungsobjekt	Feld	Wert
S_TCODE	TCD (Transaktion)	- SM30_V_T585A - SM30_V_T585B - SM30_V_T585C - <Viewpflege>
S_TABU_DIS	ACTVT (Aktivität)	02 (Ändern)
	DICBERCLS (Berechtigungsgruppe)	PC

Tabelle 11.39 Berechtigung zum Pflegen der Änderungsprotokollierung von Mitarbeiterstammdaten

Berechtigungsobjekt	Feld	Wert
oder		
S_TABU_NAM	ACTVT (Aktivität)	02 (Ändern)
	TABLE (Tabelle)	- V_T585A - V_T585B - V_T585C

Tabelle 11.39 Berechtigung zum Pflegen der Änderungsprotokollierung von Mitarbeiterstammdaten (Forts.)

Protokollierung von Reportstarts in SAP ERP HCM

Das Ausführen von Reports kann in SAP ERP HCM protokolliert werden. Dies erlaubt nachgelagerte Kontrollen dazu, wer welchen Report mit welchen Selektionskriterien aufgerufen hat. Konfiguriert wird dies in Tabelle T599R. Die Pflege erfolgt über den View V_T599R. Die entsprechenden Berechtigungen sehen Sie in Tabelle 11.40.

Berechtigungsobjekt	Feld	Wert
S_TCODE	TCD (Transaktion)	- SE16V_T599R - SE16_V_T599R - SM30_V_T599R - <Viewpflege>
S_TABU_DIS	ACTVT (Aktivität)	02 (Ändern)
	DICBERCLS (Berechtigungsgruppe)	PC
oder		
S_TABU_NAM	ACTVT (Aktivität)	02 (Ändern)
	TABLE (Tabelle)	V_T599R

Tabelle 11.40 Berechtigung zum Protokollieren von Reportstarts in SAP ERP HCM

11.6 Analyse der Qualität des Berechtigungskonzepts

Ein Rollenkonzept sollte nach strikten Vorgaben aufgebaut werden (zu konzeptionellen Vorgaben siehe Abschnitt 10.3, »Konzepte zum SAP-Berechtigungswesen«).

11.6 Analyse der Qualität des Berechtigungskonzepts

Unter anderem ist zu definieren, wie mit manuellen Berechtigungsobjekten zu verfahren ist, ob Felder mit einem Stern (*) als Wert ausgeprägt werden dürfen und ob Bereichsangaben (von/bis) in Rollen zulässig sind. Dieser Abschnitt zeigt Ihnen die Aspekte, die bei der Ausprägung von Rollen zu beachten sind und wie Sie diese prüfen können.

11.6.1 Manuelle Berechtigungen

Berechtigungsobjekte manuell in Rollen hinzuzufügen, ist teilweise unumgänglich. Die Startberechtigungen einer Rolle für Aktionen sollten allerdings ausschließlich über das Rollenmenü generiert werden. Für die im Folgenden beschriebenen Auswertungen wird Tabelle AGR_1251 genutzt, in der die Berechtigungsobjekte mit ihren Werten zu den Rollen gespeichert werden.

Prüfen Sie, ob eines der folgenden Berechtigungsobjekte manuell in Rollen eingefügt wurde:

- S_TCODE: Transaktionscodeprüfung bei Transaktionsstart
- S_START: Startberechtigungsprüfung für TADIR-Objekte
- S_SERVICE: Prüfung beim Start von externen Services

Zur Prüfung rufen Sie Tabelle AGR_1251 mit Transaktion SE16 auf und geben die Selektionskriterien gemäß Tabelle 11.41 ein. Abbildung 11.3 zeigt diese Selektion.

Feldname	Bezeichnung	Selektion
AGR_NAME	Rolle	<>SAP* (Auswertung aller Rollen außer den SAP-Standardrollen)
OBJECT	Berechtigungsobjekt	- S_TCODE - S_START - S_SERVICE (Mehrfachselektion)
MODIFIED	Status des Objekts	U (manuell)
DELETED	Kennzeichen, ob Objekt gelöscht ist	<> X (nur aktive Objekte)

Tabelle 11.41 Selektionskriterien zum Analysieren von manuellen Berechtigungen

Im Ergebnis werden alle Rollen angezeigt, in denen mindestens eines der abgefragten Berechtigungsobjekte manuell eingefügt wurde. Die Objekte sollten über das Rollenmenü in der Rolle generiert werden. Abbildung 11.4 zeigt das Ergebnis der Abfrage. Dort ist ersichtlich, dass zum Objekt S_TCODE teilweise generische Werte (z. B. »S*«) und Bereiche (z. B. »A*–P*«) angegeben wurden. Solche Einträge sollten nicht existieren. Bei der automatischen Pflege des Objekts S_TCODE durch die Nutzung der Rollenmenüs werden nur einzelne Transaktionscodes als Berechtigungswerte eingetragen.

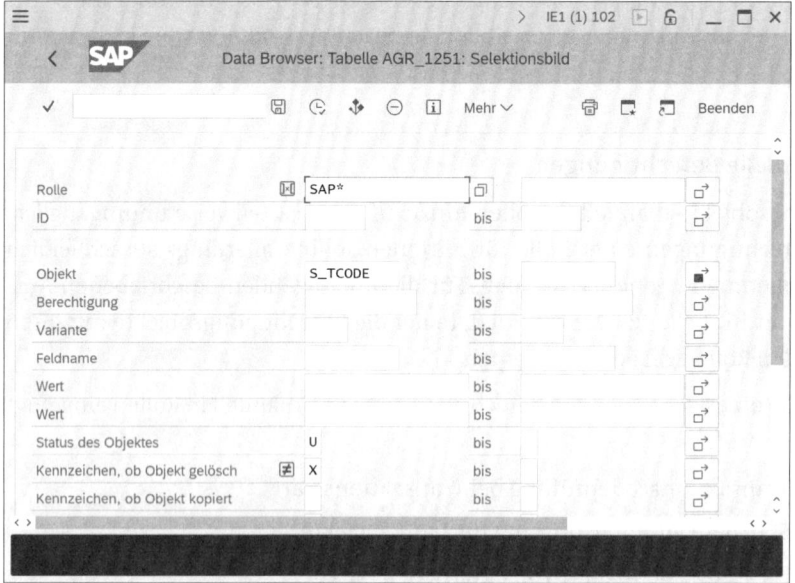

Abbildung 11.3 Selektionskriterien zum Analysieren von manuellen Berechtigungen

Manda...	Rolle	ID	Objekt	Benutzerstam...	Va	Feldname	Berechtigungswert	Berechtigu...	Status
102	IBS_BC_SEC_MON_ADMINISTRATOR	000007	S_TCODE	T-I163007500		TCD	SECM_CONFIGURATION		U
102	IBS_BC_SEC_MON_ADMINISTRATOR	000008	S_TCODE	T-I163007500		TCD	SECM_LOG_2_ESP		U
102	IBS_BC_SEC_MON_ADMINISTRATOR	000009	S_TCODE	T-I163007500		TCD	SECM_MD_2_ESP		U
102	IBS_BC_SEC_MON_ADMINISTRATOR	000010	S_TCODE	T-I163007500		TCD	SECM_TRACE_DOWNLO...		U
102	IBS_BC_SEC_MON_ADMINISTRATOR	000011	S_TCODE	T-I163007500		TCD	SM30		U
102	IBS_BC_SEC_MON_ADMINISTRATOR	000022	S_TCODE	T-I163007500		TCD	SE16		U
102	IBS_BC_SEC_MON_EXTRACTOR	000006	S_SERVIC...	T-I163007300		SRV_TYPE	*		U
102	IBS_BC_SEC_MON_EXTRACTOR	000007	S_SERVIC...	T-I163007300		SRV_NAME	*		U
102	IBS_BC_SEC_MON_EXTRACTOR	000045	S_TCODE	T-I163007300		TCD	RZ11		U
102	IBS_DISPLAY_BASIS	000162	S_TCODE	T-P755074100		TCD	OSS1		U
102	IBS_DISPLAY_BASIS	000163	S_TCODE	T-P755074100		TCD	PFCG		U
102	IBS_DISPLAY_BASIS	000164	S_TCODE	T-P755074100		TCD	S*		U
102	IBS_DISPLAY_BASIS_O_PA	000122	S_TCODE	T-I114002500		TCD	OSS1		U
102	IBS_DISPLAY_BASIS_O_PA	000123	S_TCODE	T-I114002500		TCD	PFCG		U
102	IBS_DISPLAY_BASIS_O_PA	000124	S_TCODE	T-I114002500		TCD	S*		U
102	IBS_DISPLAY_FI_LOGISTIK	001678	S_TCODE	T-P755074200		TCD	$*		U
102	IBS_DISPLAY_FI_LOGISTIK	001679	S_TCODE	T-P755074200		TCD	/*		U
102	IBS_DISPLAY_FI_LOGISTIK	001680	S_TCODE	T-P755074200		TCD	0*	9*	U
102	IBS_DISPLAY_FI_LOGISTIK	001681	S_TCODE	T-P755074200		TCD	@*		U

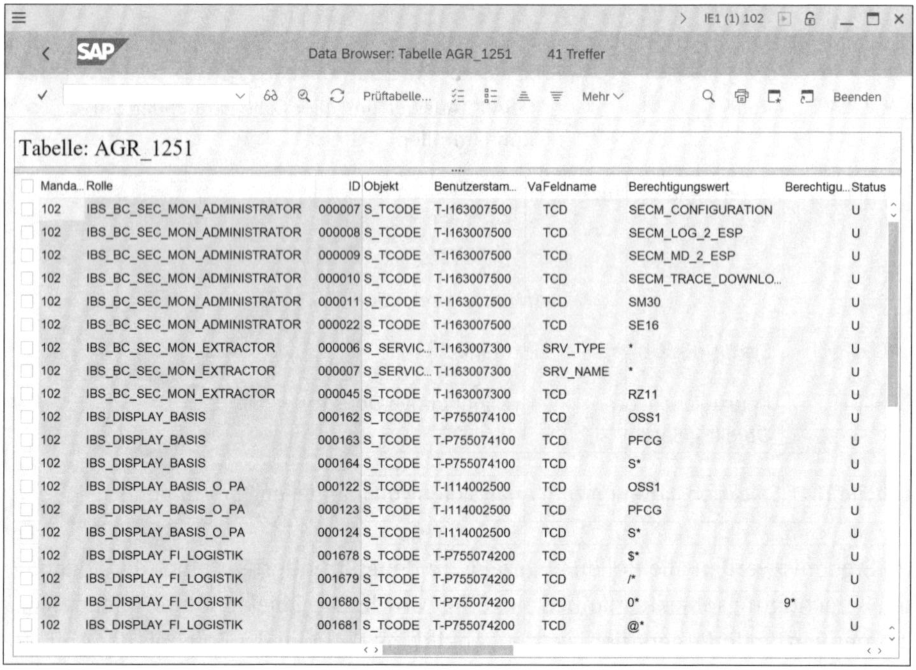

Abbildung 11.4 Manuelle Berechtigungen in Rollen

Wurden die Berechtigungsvorschlagswerte vor der Rollenerstellung mit Transaktion SU24 gepflegt, ist auch eine Auswertung nach allen manuellen Berechtigungsobjekten möglich. Hierzu nutzen Sie die Selektionskriterien gemäß Tabelle 11.41. Das Feld OBJECT lassen Sie dabei leer.

11.6.2 Manuell gepflegte Organisationsebenen

Organisationsebenen werden in Rollen über die Schaltfläche **OrgEbenen** gepflegt (siehe Abbildung 11.5). Der Vorteil ist, dass diese Organisationsebenen dann in allen Berechtigungsobjekten in der Rolle einheitlich genutzt werden. Organisationsebenen sollten nicht direkt in die Felder der Berechtigungsobjekte eingetragen werden.

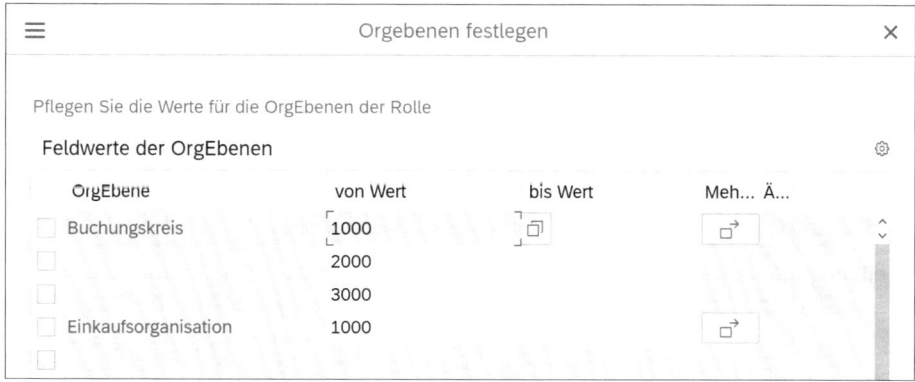

Abbildung 11.5 Organisationsebenen in Rollen pflegen

Die im System definierten Organisationsebenen werden in Tabelle USORG gespeichert. Diese Tabelle kann in Verbindung mit Tabelle AGR_1251 genutzt werden, um manuell gepflegte Organisationsebenen auszuwerten. Nutzen Sie hierzu Transaktion SQVI (siehe Abschnitt 1.7, »Tabelleninhalte mit dem QuickViewer auswerten«).

Abbildung 11.6 zeigt die Verknüpfung der beiden Tabellen. Durch diese Verknüpfung werden im Ergebnis aus Tabelle AGR_1251 nur Datensätze angezeigt, zu denen ein Datensatz in Tabelle USORG existiert, somit also nur Datensätze mit Organisationsebenen. Im Ergebnis werden daher nur Einträge aus Tabelle AGR_1251 benötigt.

Abbildung 11.7 zeigt die Konfiguration des QuickViews. Bei dessen Ausführung können Sie in der Selektionsmaske nach manuell gepflegten Organisationsebenen selektieren (siehe Abbildung 11.8).

11   Praktische Prüfung von Berechtigungen

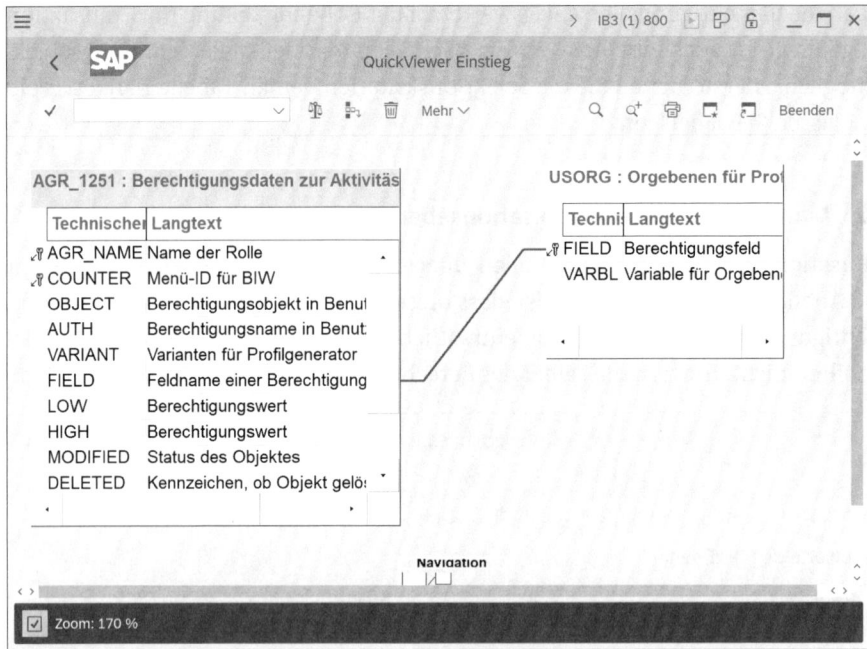

Abbildung 11.6 Tabellen zum Auswerten von manuell gepflegten Organisationsebenen

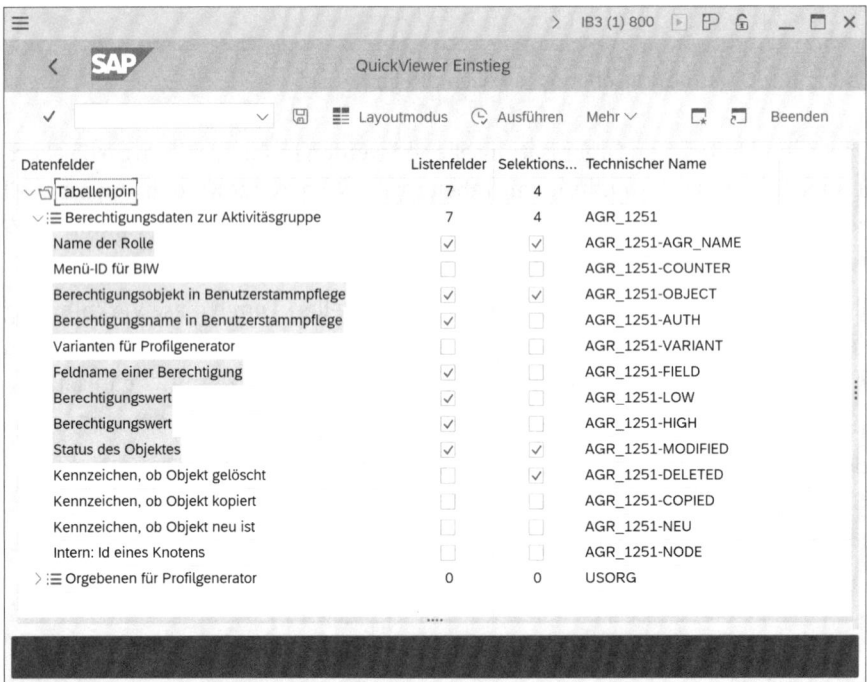

Abbildung 11.7 Felder zum Auswerten von manuell gepflegten Organisationsebenen

11.6 Analyse der Qualität des Berechtigungskonzepts

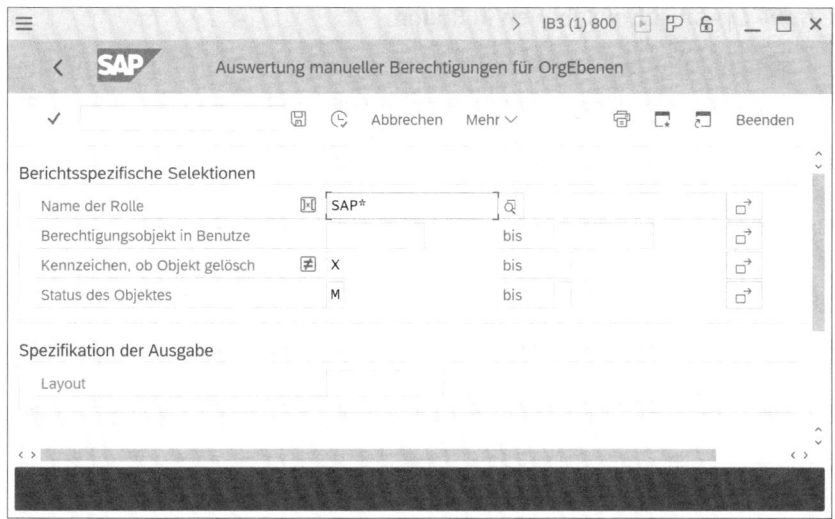

Abbildung 11.8 Selektionsmaske zum Auswerten von manuell gepflegten Organisationsebenen

Abbildung 11.9 zeigt das Ergebnis der Auswertung. Hier sind die Rollen und die darin enthaltenen Berechtigungsobjekte aufgelistet, zu denen Organisationsebenen manuell gepflegt wurden.

Rolle	Objekt	Benutzerstamm...	Feldname	Berechtigungswe...	Berechtigungswe...	AGR_125'
Z_CASAP_GS	F_BKPF_BUK	T-I355243400	BUKRS	1000		M
Z_BAIO_DEMO_BASELINE_EHP5	M_MSEG_WWF	T-E490006600	WERKS	1000		M
	F_KNKA_KKB	T-E490006600	KKBER	*		M
	PLOG	T-E490006600	PLVAR	*		M
	M_MSEG_WWF	T-E490006601	WERKS	1000		M
Z_1213_TEST	F_BKPF_BUK	T-I355191900	BUKRS			M
YK_FI_1000_KREDZAHLLAUF_C	F_BKPF_KOA	T-I355252000	KOART	K		M
Y_TEST_SSC_100	F_LFA1_BUK	T-I355197500	BUKRS	2700		M
Y_SAP_AUDITOR_TAX_TR_A	T_BP_DEAL	T_PN34001400	BUKRS	*		M
	F_BKPF_KOA	T_PN34001400	KOART	A		M
	F_BKPF_KOA	T_PN34001400	KOART	D		M
	F_BKPF_KOA	T_PN34001400	KOART	K		M
	F_BKPF_KOA	T_PN34001400	KOART	M		M

Abbildung 11.9 Ergebnis der Auswertung von manuell gepflegten Organisationsebenen

11.6.3 Offene Organisationsebenen in Rollen

Ungepflegte Organisationsebenen in Rollen können nicht für Berechtigungsprüfungen genutzt werden. Es ist aber trotzdem möglich, das Profil zu generieren. Zur Analyse der offenen Organisationsebenen benötigen Sie die Tabellen AGR_1251 und AGR_1252. Diese müssen Sie im QuickViewer verknüpfen.

Abbildung 11.10 zeigt die Konfiguration der Listen- und Selektionsfelder, Abbildung 11.11 die erforderlichen Selektionsbedingungen. Im Ergebnis werden Ihnen alle Rollen mit ungepflegten Organisationsebenen angezeigt.

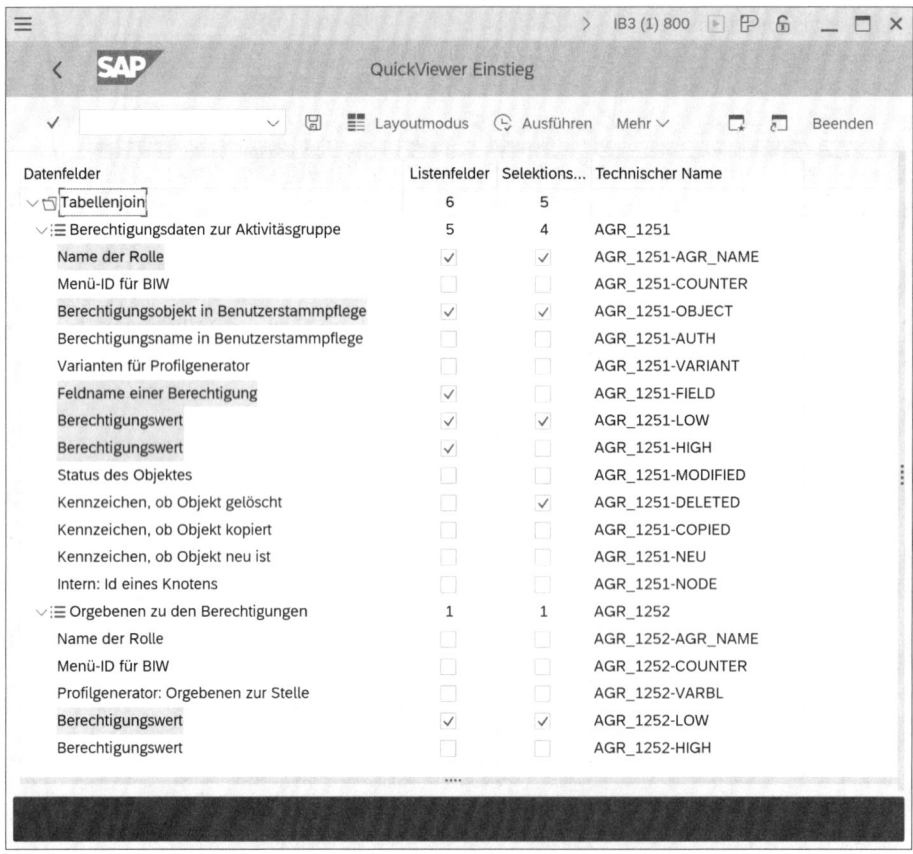

Abbildung 11.10 Konfiguration zum Anzeigen von offenen Organisationsebenen

11.6 Analyse der Qualität des Berechtigungskonzepts

Abbildung 11.11 Selektionskriterien zum Anzeigen von offenen Organisationsebenen

11.6.4 Offene Berechtigungen in Rollen

Offene Berechtigungswerte in Rollen können nicht für Berechtigungsprüfungen genutzt werden. Es ist aber trotzdem möglich, das Profil zu generieren. Offene Berechtigungswerte können Sie über Tabelle AGR_1251 ermitteln. Rufen Sie die Tabelle mit Transaktion SE16 auf, und geben Sie in der Selektionsmaske die Werte gemäß Abbildung 11.12 ein. Ihnen werden alle Rollen mit den aktiven Berechtigungsobjekten angezeigt, zu denen keine Werte gepflegt sind.

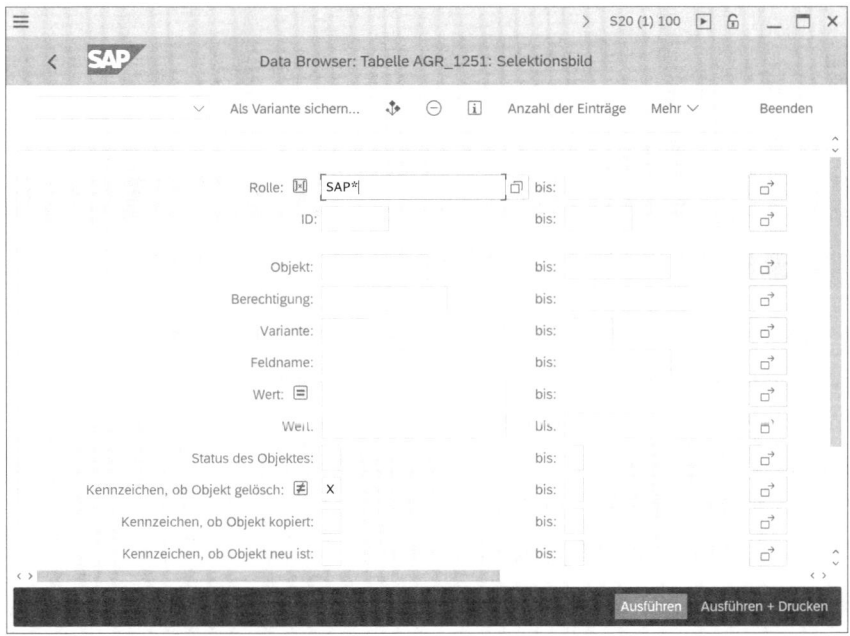

Abbildung 11.12 Selektionskriterien zum Anzeigen von offenen Berechtigungen

845

11.6.5 Sternberechtigungen in Berechtigungswerten

Durch eine Sternausprägung in Berechtigungsfeldern besteht das Risiko, dass zu umfangreiche Berechtigungen vergeben werden. Daher sollten nur einzelne Berechtigungswerte ausgeprägt werden. Sternberechtigungen können Sie über Tabelle AGR_1251 ermitteln. Rufen Sie die Tabelle mit Transaktion SE16 auf, und geben Sie in der Selektionsmaske die Werte gemäß Abbildung 11.13 ein. Ihnen werden alle Rollen mit den aktiven Berechtigungsobjekten und ihren Feldern angezeigt, die mit einem Stern ausgeprägt wurden.

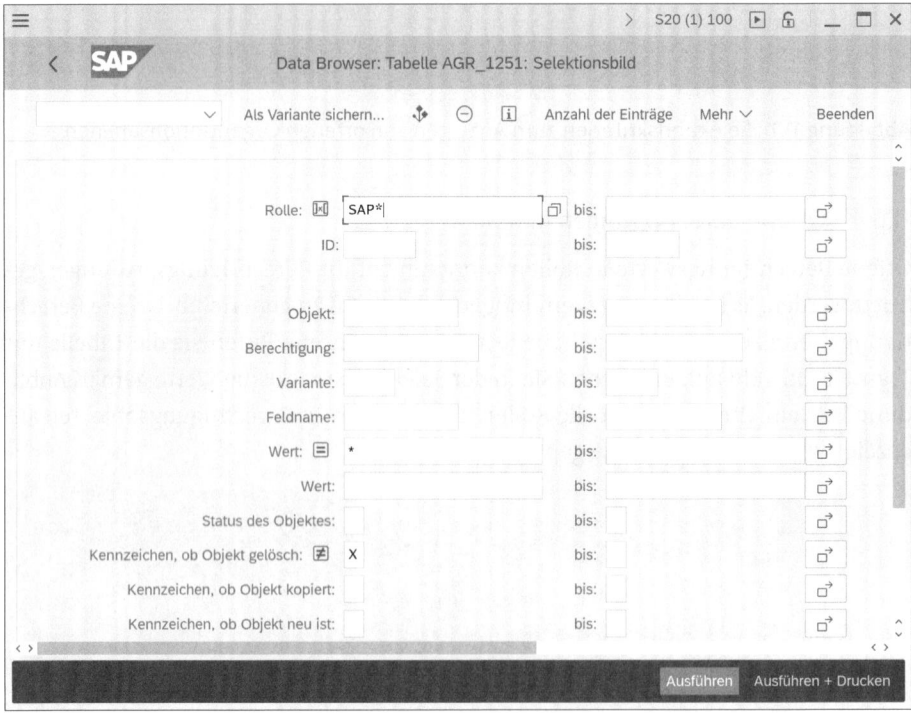

Abbildung 11.13 Selektionskriterien zum Anzeigen von Sternberechtigungen

Besonders kritisch sind Sternausprägungen in den folgenden Objekten:

- S_TCODE: Transaktionscodeprüfung bei Transaktionsstart
- S_START: Startberechtigungsprüfung für TADIR-Objekte
- S_SERVICE: Prüfung beim Start von externen Services
- S_RFC: Berechtigungsprüfung für RFC-Zugriff
- S_RFCACL: Berechtigungsprüfung für RFC-Benutzer

Um Sternberechtigungen für diese Objekte zu prüfen, nutzen Sie die Selektion aus Abbildung 11.13 und tragen die Objekte über die Mehrfachselektion in das Feld **Berechtigungsobjekt** (OBJECT) ein.

11.6.6 Fehlende Pflege der Berechtigungen in Transaktion SU24 für kundeneigene Transaktionen

Zu von Kunden selbst entwickelten Transaktionen müssen die erforderlichen Berechtigungsobjekte über Transaktion SU24 gepflegt werden. Dies gewährleistet eine konsistente Ausprägung der Rollen. Sind die Werte in Transaktion SU24 nicht gepflegt, besteht das Risiko, dass die Rollenpflege und die Testverfahren dadurch erheblich aufwendiger werden.

Zur Auswertung benötigen Sie die Tabellen TSTC und USOBT_C. Aufgrund unterschiedlicher Feldeigenschaften können Sie diese nicht im QuickViewer miteinander verknüpfen. Daher zeige ich Ihnen in diesem Abschnitt, wie Sie Microsoft Access zur Auswertung nutzen.

Zur Auswertung exportieren Sie die Tabellen TSTC, USOBT_C und TSTCT. In letzterer Tabelle werden die Texte zu den Transaktionen gespeichert. Diese Tabelle müssen Sie nicht zwingend auswerten, sie macht das Ergebnis aber transparenter. Beim Export können Sie die Transaktionen jeweils auf die Anfangsbuchstaben »Y*« und »Z*« für den Kundennamensraum eingrenzen. Abbildung 11.14 zeigt die Abfrage der Tabellen in Microsoft Access. Achten Sie bei der Definition der Beziehungen darauf, diese als Left Outer Join zu definieren. Klicken Sie dazu auf die Beziehung, und öffnen Sie das Kontextmenü mit der rechten Maustaste. Wählen Sie hier **Verknüpfungseigenschaften • Nr. 2**.

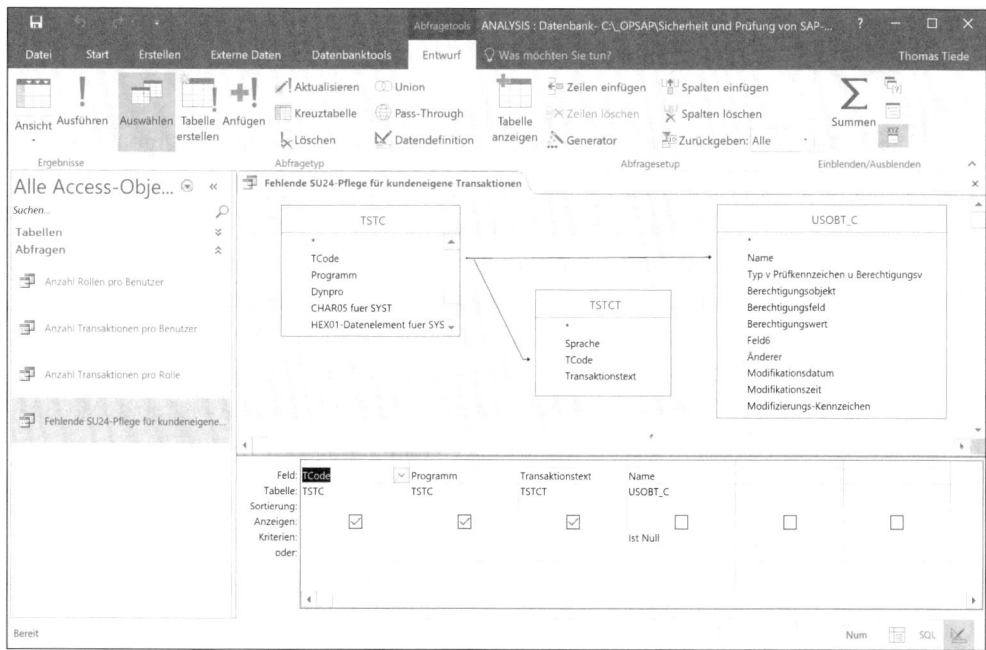

Abbildung 11.14 Verknüpfung in Microsoft Access

Abbildung 11.15 zeigt das Ergebnis der Abfrage, also alle Transaktionen ohne Pflege der Berechtigungsobjekte in Transaktion SU24.

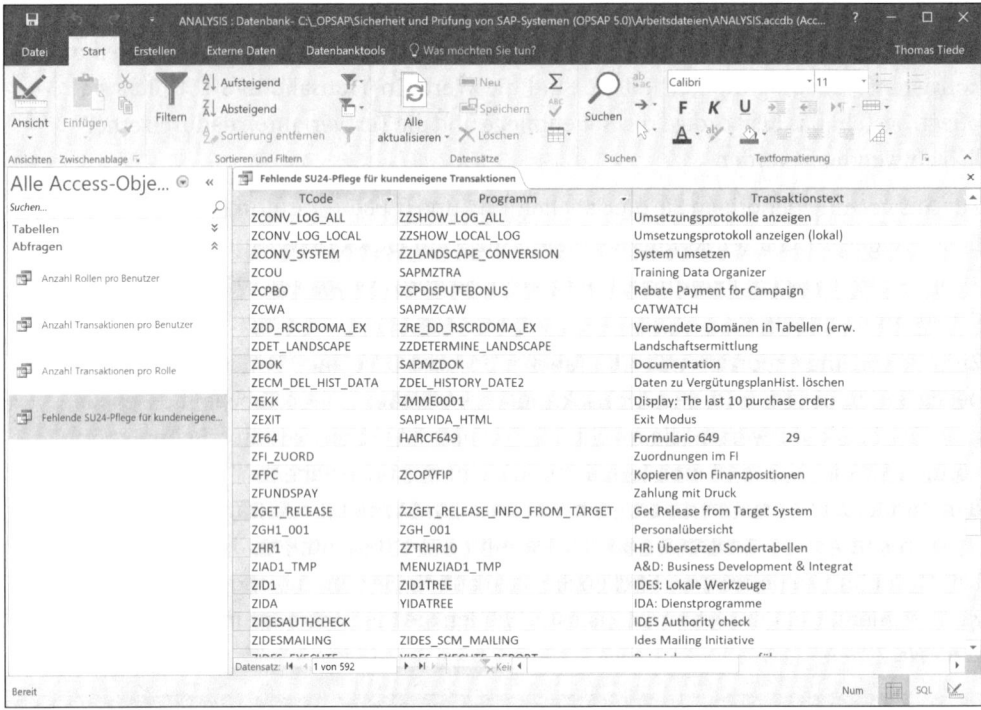

Abbildung 11.15 Eigene Transaktionen ohne SU24-Pflege

11.6.7 Quantitative Auswertungen zu Rollen und Rollenzuordnungen

Anhand quantitativer Analysen können teilweise auch Aussagen zur Qualität des Rollenkonzepts getroffen werden. Hierbei müssen Sie allerdings das zugrunde liegende Rollenkonzept beachten (siehe Abschnitt 10.3.8, »Rollenkonzepte«). Werden Rollen sehr granular aufgebaut und den Benutzern eventuell über Sammelrollen zugeordnet, können Benutzer über eine hohe Anzahl an Rollen verfügen. Bis zu SAP-NetWeaver-Release 7.40 gab es eine Grenze von 312 Profilen, die einem Benutzer zugeordnet werden konnten. Dadurch war auch die Rollenanzahl begrenzt. Mit SAP-NetWeaver-Release 7.50 wurde diese Grenze aufgehoben.

Auswertungen können hier z. B. sein:

- Anzahl der Rollen pro Benutzer (Definition in Abbildung 11.16)
- Anzahl der Transaktionen pro Rolle (Definition in Abbildung 11.17)
- Anzahl der Transaktionen pro Benutzer (Definition in Abbildung 11.18)

11.6 Analyse der Qualität des Berechtigungskonzepts

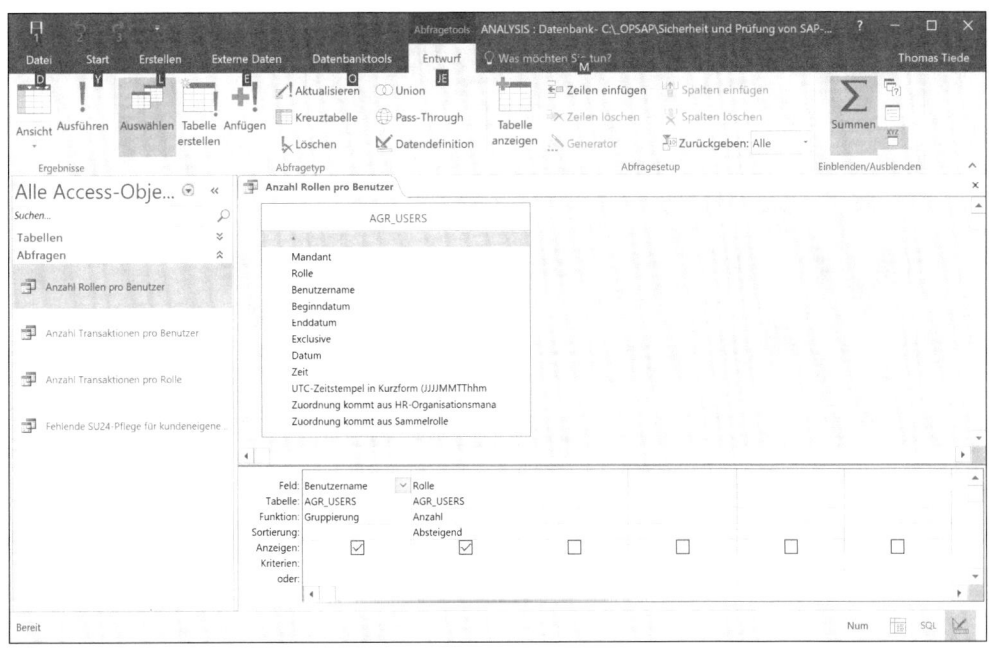

Abbildung 11.16 Anzahl der Rollen pro Benutzer

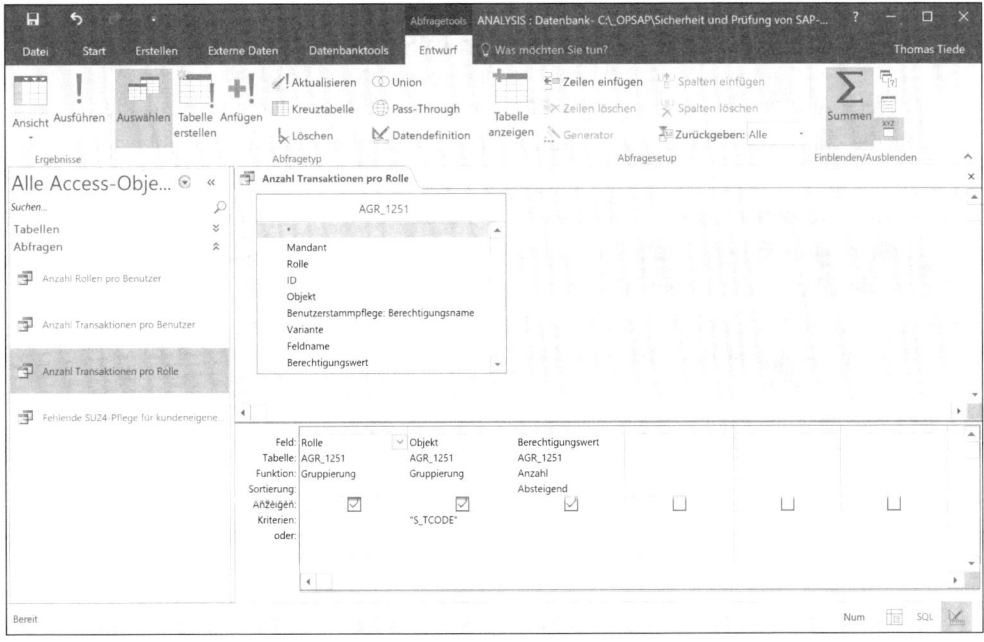

Abbildung 11.17 Anzahl der Transaktionen pro Rolle

11 Praktische Prüfung von Berechtigungen

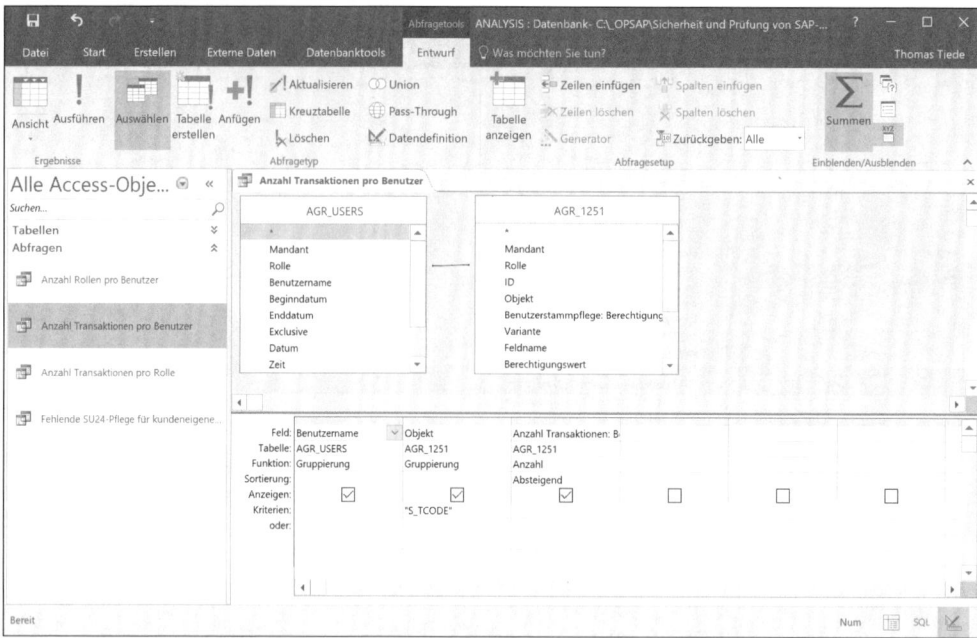

Abbildung 11.18 Anzahl der Transaktionen pro Benutzer

11.7 Analyse von Berechtigungen in SAP Business Warehouse

Berechtigungen in SAP Business Warehouse (SAP BW) stellen eine Besonderheit dar, da die Zugriffe auf die Daten nicht über die Standardberechtigungen abgesichert werden. Hier werden Analyseberechtigungen genutzt, die unternehmensindividuell definiert werden müssen. Prüfungsseitig werden SAP-BW-Systeme häufig nicht mit hoher Priorität behandelt. Da in ihnen aber zumeist sehr sensible Daten gespeichert werden, behandle ich sie hier in einem eigenen Abschnitt. Die relevanten Berechtigungen in den Quellsystemen werden in Abschnitt 3.8, »Funktionen von SAP Business Warehouse«, thematisiert.

11.7.1 Administrative Berechtigungen

Die Berechtigungen dieses Abschnitts sind im SAP-BW-System dem Bereich der Administration zugeordnet.

Quellsysteme pflegen

Die Berechtigung in Tabelle 11.42 gestattet die Pflege der Quellsysteme. Quellsysteme können sein:

- SAP-Systeme
- flache Dateien
- Datenbanksysteme (Oracle, DB2 usw.)
- Fremdsysteme, bei denen der Daten- und Metadatentransfer über die BAPI-Schnittstelle (BAPI = Business Application Programming Interface) erfolgt

Aus diesen Systemen können Daten extrahiert und ins SAP-BW-System übertragen werden. Bei der Zuordnung dieser Berechtigung besteht das Risiko, dass Systeme angebunden werden, von denen keine Daten ins SAP-BW-System übertragen werden sollen.

Berechtigungsobjekt	Feld	Wert
S_TCODE	TCD (Transaktion)	RSA1
S_RS_ADMWB	ACTVT (Aktivität)	23 (Pflegen)
	RSADMWBOBJ (Administrator-Workbench-Objekt)	SOURCESYS

Tabelle 11.42 Berechtigung zum Pflegen von Quellsystemen

Quellsystemanbindungen prüfen

Mit Transaktion RS_LOGSYS_CHECK können drei Funktionen ausgeführt werden:
- Prüfen, ob die angebundenen Systeme verfügbar sind
- Aktivieren von angebundenen Systemen
- Replizieren der verfügbaren DataSources aus den Quellsystemen

Über den Benutzer BWREMOTE läuft die Kommunikation mit dem SAP-Quellsystem. Ihm sollte das Profil S_BI-WHM_RFC zugeordnet sein. Dieses Profil gewährt dem Benutzer BWREMOTE den erforderlichen Zugang zur Extraktion aus einem OLTP-System (OLTP = Online Transaction Processing). Das Profil bietet außerdem den erforderlichen Zugang, damit die Staging-Schritte die Daten in InfoCubes ablegen können. Der Benutzertyp des Benutzers muss **System** oder **Kommunikation** sein. Er darf aus der Sicherheitssicht nicht als Dialog- oder Servicebenutzer eingerichtet sein.

Die Berechtigung zum Prüfen der Quellsystemanbindungen (siehe Tabelle 11.43) sollte nur der SAP-Basisadministration zugeordnet werden.

Berechtigungsobjekt	Feld	Wert
S_TCODE	TCD (Transaktion)	RS_LOGSYS_CHECK
S_RFC_ADM	ACTVT (Aktivität)	36 (erweiterte Pflege)

Tabelle 11.43 Berechtigung zum Prüfen von Quellsystemanbindungen

Globale Einstellungen übernehmen

Die in Tabelle 11.44 gezeigte Berechtigung berechtigt zum Pflegen der globalen Einstellungen. Dies sind:

- **Währungen**
  Für die Währungsumrechnung relevante Einstellungen aus dem Quellsystem
- **Maßeinheiten**
  Einstellungen für Maßeinheiten aus dem Quellsystem
- **Geschäftsjahresvarianten**
  Einstellungen für Geschäftsjahresvarianten aus dem Quellsystem
- **Fabrikkalender**
  Einstellungen für Fabrikkalender aus dem Quellsystem

Diese Berechtigung darf nur dem entsprechend verantwortlichen Personenkreis zugeordnet werden.

Berechtigungsobjekt	Feld	Wert
S_TCODE	TCD (Transaktion)	RSA1
S_RS_ADMWB	ACTVT (Aktivität)	23 (Pflegen)
	RSADMWBOBJ (Administrator-Workbench-Objekt)	SETTINGS

Tabelle 11.44 Berechtigung zum Übernehmen von globalen Einstellungen

Prozessketten für Datentransferprozesse pflegen

Über Datentransferprozesse (DTPs) wird gesteuert, welche Daten wo extrahiert und in welche Datenziele geschrieben werden. Sie können über Jobs eingeplant werden, sodass die Extraktionen jobgesteuert ausgeführt werden. Die Pflege erfolgt mit Transaktion RSPC, die auch über Transaktion RSA1 aufgerufen werden kann. Tabelle 11.45 zeigt die Berechtigung zum Pflegen der Prozessketten.

Berechtigungsobjekt	Feld	Wert
S_TCODE	TCD (Transaktion)	RSPC
S_RS_PC	ACTVT (Aktivität)	23 (Pflegen)
	RSPCPART (Teilobjekt zu den Prozessketten)	DEFINITION
S_RS_DTP	ACTVT (Aktivität)	23 (Pflegen)

Tabelle 11.45 Berechtigung zum Pflegen von Prozessketten für Datentransferprozesse

11.7.2 Berechtigungen für PSA-Tabellen

Die Persistent-Staging-Area-Tabelle (PSA-Tabelle) ist in SAP BW die physische Eingangsablage für Daten aus den Quellsystemen. Die Speicherung der Daten erfolgt in einer transparenten, relationalen Datenbanktabelle von SAP BW.

Das Datenformat bleibt in der PSA-Tabelle im Wesentlichen unverändert zum Quellsystem, d. h., es erfolgen keinerlei Verdichtungen oder Transformationen. Unter Umständen können Konvertierungen notwendig werden, um eine Einheitlichkeit der Daten im SAP-BW-System zu gewährleisten, z. B. wenn das Datumsformat im Quellsystem von dem in SAP BW verwendeten Format JJJJMMTT abweicht.

Pro DataSource eines Quellsystems wird eine PSA-Tabelle angelegt. Die Daten der Anforderung werden in der PSA-Tabelle im Format der Transferstruktur der DataSource abgelegt. Zusätzlich enthält die PSA-Tabelle Systemfelder. Bei jeder Änderung der Transferstruktur wird eine neue PSA-Tabelle angelegt.

PSA-Tabellen anzeigen

Beim Anzeigen der PSA-Tabellen, z. B. mittels Transaktion SE16, werden die Tabellenanzeigeberechtigungen geprüft. Durch welche Berechtigungsgruppe die PSA-Tabellen geschützt sind, ist vom SAP-BW-Releasestand abhängig. Benutzer mit einer Anzeigeberechtigung für diese Gruppen können sich über die PSA-Tabellen sämtliche Daten im SAP-BW-System anzeigen lassen.

Zum Schutz vor der unbefugten Anzeige sensibler Daten können zwei Maßnahmen getroffen werden:

- Berechtigungen für die Tabellenberechtigungsgruppen &NC&/BWG nicht vergeben (siehe Tabelle 11.46)

- Die PSA-Tabellen mit den sensiblen Inhalten eigenen Berechtigungsgruppen zuordnen. Hierbei ist zu beachten, dass die neu angelegte PSA-Tabelle nach jeder Änderung der Transferstruktur dieser Gruppe zuzuordnen ist.

Berechtigungsobjekt	Feld	Wert
S_TCODE	TCD (Transaktion)	<Transaktionen gemäß Abschnitt 1.3.1, »Anzeigetransaktionen für Tabellen«>
S_TABU_DIS	ACTVT (Aktivität)	03 (Anzeigen)
	DICBERCLS (Berechtigungsgruppe)	- &NC& (bis SAP NetWeaver 7.31) - BWG (ab SAP NetWeaver 7.40)
oder		
S_TABU_NAM	ACTVT (Aktivität)	03 (Anzeigen)
	TABLE (Tabelle)	/BI*

Tabelle 11.46 Berechtigung zum Anzeigen der PSA-Tabellen

PSA-Tabellen ändern

Kritisch, aber teilweise erforderlich ist die Funktionalität zum Ändern von PSA-Tabellen vor der Übertragung der Daten in die Datenziele. Erforderlich kann dies sein, wenn z. B. fehlerhafte Datensätze übertragen werden. Diese können dann auf einfachem Wege korrigiert werden. Kritisch ist dies, da hierdurch auch Manipulationen an den Daten vorgenommen werden können. Daher muss die Berechtigung zum Ändern der PSA-Tabellen sehr restriktiv vergeben werden. Ein Ändern der Daten der PSA-Tabellen ist nur möglich, bevor die Daten in ein Datenziel übertragen werden. Hier besteht das Risiko, dass aus den Quellsystemen übertragene Daten manipuliert werden, bevor sie in die Datenziele geschrieben werden. In solchen Fällen erfolgen die Auswertungen anhand der manipulierten Daten.

Welche Datensätze manuell in den PSA-Tabellen geändert wurden, wird in Tabelle RSERRORHEAD gespeichert. Zu jeder Änderung wird die Nummer des geänderten Datensatzes angegeben. Die Berechtigung sollte nur an einen eingeschränkten Personenkreis vergeben werden. Über die Felder **DataSource** und **Quellsystem** zum Objekt S_RS_DS sollte eingeschränkt werden, welche Daten geändert werden dürfen (siehe Tabelle 11.47 und Tabelle 11.48).

Berechtigungsobjekt	Feld	Wert
S_TCODE	TCD (Transaktion)	RSA1
S_RS_DS	ACTVT (Aktivität)	23 (Pflegen)
	RSDSPART (Teilobjekt zur DataSource)	DATA

Tabelle 11.47 Berechtigung zum Ändern von PSA-Tabellen

Berechtigungsobjekt	Feld	Wert
S_TCODE	TCD (Transaktion)	RSA1
S_RS_DS	ACTVT (Aktivität)	23 (Pflegen)
	RSDSPART (Teilobjekt zur DataSource)	DATA
	RSDS (DataSource)	*
	RSLOGSYS (Quellsystem)	*

Tabelle 11.48 Berechtigung zum Ändern aller PSA-Tabellen

11.7.3 Testen der Berechtigungen anderer Benutzer

Mit Transaktion RSUDO besteht die Möglichkeit, die Berechtigungen anderer Benutzer zu testen, ohne dass diese sich anmelden müssen und ohne dass deren Kennwort benötigt wird. Hier besteht somit das Risiko, dass Daten unerlaubt und ohne eigene Berechtigung eingesehen werden können.

In der Einstiegsmaske von Transaktion RSUDO kann der Benutzername eingegeben und die zu testende Aktion ausgewählt werden. Ausgeführt werden können u. a.:

- der Query-Monitor (Ausführen aller Querys, für die der ausgewählte Benutzer berechtigt ist)
- Reporting-Agent-Monitor
- Planungsmappen

Die hier beschriebene Berechtigung (siehe Tabelle 11.49) sollte im Produktivsystem nur vergeben werden, wenn andere Wege nicht zum Erfolg führen.

Berechtigungsobjekt	Feld	Wert
S_TCODE	TCD (Transaktion)	- RSECADMIN - RSUDO
S_RSEC	ACTVT (Aktivität)	16 (Ausführen)
	RSECADMOBJ (Objekttyp: Infrastruktur Analyseberechtigungen)	RSUDO

Tabelle 11.49 Berechtigungen von anderen Benutzern testen

11.7.4 Berechtigungen zur Datenmodellierung

Die Datenmodellierung findet im Entwicklungssystem statt und wird über das Transportsystem in das Produktivsystem übertragen. Die Berechtigungen in diesem Abschnitt sollten daher im Produktivsystem nicht bzw. nur an Notfallbenutzer vergeben werden.

Die Aktivitäten, die in den entsprechenden Berechtigungsobjekten geprüft werden, sind in fast allen Berechtigungsobjekten identisch:

- 03: Anzeigen
- 06: Löschen
- 16: Ausführen
- 23: Pflegen

Die Aktivitäten 01 (Anlegen) und 02 (Ändern) werden im Bereich der Modellierung selten genutzt. Sie werden durch die Aktivität 23 (Pflegen) abgedeckt.

DataSources pflegen

DataSources (also Datenquellen) beschreiben die Daten, die aus einem Quellsystem extrahiert werden sollen. Technisch enthält eine DataSource logisch zusammengehörige Felder, die in einer flachen Struktur, der *Extraktstruktur*, zur Datenübertragung ins SAP-BW-System genutzt werden. DataSources können in SAP BW gepflegt werden, z. B. wenn eine Datei im Betriebssystem als Datenquelle fungiert.

Die Berechtigung zum Pflegen der DataSources darf im Entwicklungssystem nur an den Personenkreis vergeben werden, der für die Konfiguration der Datenübertragung ans SAP-BW-System (technisch und inhaltlich) verantwortlich ist. In Produktivsystemen sollte die Berechtigung nicht vergeben werden.

Berechtigungsobjekt	Feld	Wert
S_TCODE	TCD (Transaktion)	RSA1
S_RS_DS	ACTVT (Aktivität)	23 (Pflegen)
	RSDSPART (Teilobjekt zur DataSource)	DEFINITION

Tabelle 11.50 Berechtigung zum Pflegen von DataSources

DataSources aus dem Quellsystem replizieren

Durch die Replizierung der DataSources wird die DataSource im SAP-BW-System mit den Einstellungen der DataSource aus dem Quellsystem aktualisiert. Die DataSources werden (in SAP-Systemen) in den Quellsystemen gepflegt und hierüber in die SAP-BW-Systeme übertragen.

Die Berechtigung zum Replizieren der DataSources (siehe Tabelle 11.51) darf im Entwicklungssystem nur an den Personenkreis vergeben werden, der für die Konfiguration der Datenübertragung ans SAP-BW-System (technisch und inhaltlich) verantwortlich ist. In Produktivsystemen sollte die Berechtigung nicht vergeben werden.

Berechtigungsobjekt	Feld	Wert
S_TCODE	TCD (Transaktion)	RSA1
S_RS_DS	ACTVT (Aktivität)	23 (Pflegen)
	RSDSPART (Teilobjekt zur DataSource)	DEFINITION
S_RS_ADMWB	ACTVT (Aktivität)	66 (Aktualisieren)
	RSADMWBOBJ (Administrator-Workbench-Objekt)	METADATA

Tabelle 11.51 Berechtigung zum Replizieren von DataSources aus dem Quellsystem

Definition von InfoProvidern pflegen

Diese in Tabelle 11.52 gezeigte Berechtigung fragt ab, wer die Definition von InfoProvidern ändern darf. Zu den InfoProvidern zählen:

- InfoCubes
- ODS-Objekte
- Open ODS Views
- erweiterte DataStore-Objekte
- semantische partitionierte Objekte
- InfoSets
- MultiProvider
- HybridProvider
- zentraler CompositeProvider
- InfoObjects

Die Pflege der InfoProvider erfolgt im Entwicklungssystem mit anschließendem Transport in die nachgelagerten Systeme. Pflegerechte für InfoProvider im Produktivsystem sollten nicht vergeben werden.

Die Berechtigungsobjekte in Tabelle 11.52 müssen Sie jeweils einzeln prüfen, da jeder InfoProvider über ein eigenes Berechtigungsobjekt geschützt wird.

Berechtigungsobjekt	Feld	Wert
S_TCODE	TCD (Transaktion)	RSA1
- S_RS_ICUBE - S_RS_ODSO	ACTVT (Aktivität)	23 (Pflegen)
- S_RS_ADSO - S_RS_ODSV - S_RS_ISET - S_RS_MPRO - S_RS_IOBJ - S_RS_LPOA - S_RS_HYBR - S_RS_HCPR - S_RS_ODSV - S_RS_OHDST	RSDSPART (Teilobjekt zur DataSource) oder RSFBPOBJ (Teilobjekt des Views) oder RSOHDTPART (Unterobjekt zur Open-Hub-Destination)	DEFINITION

Tabelle 11.52 Berechtigung zum Pflegen der Definition von InfoProvidern

Betriebswirtschaftliche Daten von InfoProvidern anzeigen

Die in Tabelle 11.53 dargestellte Berechtigung fragt ab, wer die betriebswirtschaftlichen Daten von InfoProvidern über die Administrator Workbench (Transaktion RSA1) anzeigen darf. Diese Berechtigung darf nur an Personen vergeben werden, die diese Daten lesen dürfen. Denn es besteht das Risiko, dass Benutzer sensible Daten einsehen können.

Berechtigungsobjekt	Feld	Wert
S_TCODE	TCD (Transaktion)	RSA1
- S_RS_ICUBE - S_RS_ODSO - S_RS_ADSO - S_RS_ODSV - S_RS_ISET - S_RS_MPRO - S_RS_LPOA - S_RS_HCPR - S_RS_ODSV - S_RS_OHDST - S_RS_CDS_X	ACTVT (Aktivität) RSDSPART (Teilobjekt zur DataSource) *oder* RSFBPOBJ (Teilobjekt des Views) *oder* RSOHDTPART (Unterobjekt zur Open-Hub-Destination)	03 (Anzeigen) DATA

Tabelle 11.53 Berechtigung zum Anzeigen von betriebswirtschaftlichen Daten von InfoProvidern

Transformationen pflegen

Die *Transformation* verfügt über eine grafische Benutzeroberfläche und ersetzt die Funktionalität der Übertragungs- und Fortschreibungsregeln im Datentransferprozess. Transformationen werden im Allgemeinen verwendet, um ein Eingangsdatenformat in ein Ausgangsdatenformat zu transformieren.

Eine Transformation besteht aus Regeln. Eine Regel definiert, wie der Dateninhalt eines Zielfelds ermittelt wird. Hierzu stehen dem Anwender verschiedene Regeltypen, wie z. B. direkte Übertragung, Währungsumrechnung, Mengeneinheitenumrechnung, Routine, Nachlesen aus Stammdaten, zur Verfügung. Blocktransformationen können mittels verschiedener datenpaketbasierter Regeltypen, wie z. B. Startroutinen, realisiert werden. Falls das Ausgangsformat über Schlüsselfelder verfügt, erfolgt die Transformation in das Ausgangsformat unter Beachtung des eingestellten Aggregationsverhaltens.

Mittels der Transformation kann jede (Daten-)Quelle durch die Anwendung einer einzigen Transformation (*Einschrittverfahren*) in das Format des Ziels überführt werden. Diese in Tabelle 11.54 beschriebene Berechtigung darf nur dem entsprechend verantwortlichen Personenkreis zugeordnet werden. Es besteht das Risiko, dass Daten falsch extrahiert und in falsche Datenziele geschrieben werden.

Berechtigungsobjekt	Feld	Wert
S_TCODE	TCD (Transaktion)	RSA1
S_RS_ISNEW	ACTVT (Aktivität)	23 (Pflegen)
S_RS_TR	ACTVT (Aktivität)	23 (Pflegen)

Tabelle 11.54 Berechtigung zum Pflegen von Transformationen

Analyseprozesse pflegen

Der *Analyseprozessdesigner* stellt Funktionen zur Verfügung, um komplexe Modellierungs- und Analyseprozesse einfach, übersichtlich und transparent erstellen zu können. Es handelt sich dabei um die Anwendungsumgebung für die SAP-Data-Mining-Lösung.

Pflegerechte für Analyseprozesse (siehe Tabelle 11.55) sollten im Produktivsystem nicht vergeben werden. Es besteht das Risiko, dass Änderungen ohne Testverfahren durchgeführt und Auswertungen durch diese Änderungen manipuliert werden können.

Berechtigungsobjekt	Feld	Wert
S_TCODE	TCD (Transaktion)	• RSA1 • RSANWB
RSANPR	ACTVT (Aktivität)	02 (Ändern)

Tabelle 11.55 Berechtigung zum Pflegen von Analyseprozessen

11.7.5 Verwaltung von Analyseberechtigungen

Analyseberechtigungen werden auf Merkmalen (= *InfoObjects*) definiert. Für diese Merkmale können die Werte eingeschränkt werden. Für verschiedene Ausprägungen müssen mehrere Berechtigungen erstellt werden. Diese Analyseberechtigungen basieren nicht auf dem SAP-Standardberechtigungskonzept mit Berechtigungsobjekten, sondern auf einem eigenen Konzept, das die Besonderheiten von Reporting und Analyse berücksichtigt.

Die Analyseberechtigungen können beliebige berechtigungsrelevante Merkmale beinhalten und Einzelwerte, Intervalle und Hierarchieberechtigungen gleichwertig behandeln. Auch Navigationsattribute können in der Attributpflege für Merkmale als berechtigungsrelevant gekennzeichnet und in Berechtigungen als eigene Merkmale übernommen werden. Diese Berechtigungen können dann Benutzern zugeordnet werden.

Eine *BW-Query* stellt immer eine Menge von Daten aus der SAP-BW-Datenbank zur Verfügung. Wenn darunter berechtigungsrelevante Merkmale sind, benötigt der Anwender entsprechende Berechtigungen zum Anzeigen der enthaltenen Daten.

Analyseberechtigungen pflegen

Analyseberechtigungen werden (wie Berechtigungsrollen) im Entwicklungssystem gepflegt und ins Produktivsystem transportiert. Daher dürfen im Produktivsystem keine Berechtigungen zum Pflegen von Analyseberechtigungen vergeben werden (siehe Tabelle 11.56). Es besteht das Risiko, dass Analyseberechtigungen ohne Freigabeverfahren verändert werden und sich dadurch die Berechtigungen der Anwender ändern.

Berechtigungsobjekt	Feld	Wert
S_TCODE	TCD (Transaktion)	• RSECADMIN • RSECAUTH
S_RSEC	ACTVT (Aktivität)	• 01 (Anlegen) • 02 (Ändern) • 06 (Löschen)
	RSECADMOBJ (Objekttyp Infrastruktur Analyseberechtigungen)	AUTH

Tabelle 11.56 Berechtigung zum Pflegen von Analyseberechtigungen

Analyseberechtigungen generieren

Berechtigungswerte für Analyseberechtigungen können auch in anderen Systemen erzeugt und dann ins SAP-BW-System übertragen werden. Klassische Anwendungsbereiche sind Kostenstellenberechtigungen und Berechtigungen aus SAP ERP HCM. Hiermit wird erreicht, dass Benutzer im SAP-BW-System die gleichen Daten sehen dürfen bzw. nicht sehen dürfen wie in den Transaktionen der Anwendung, auch wenn die Berechtigungskonzepte unterschiedlich sind.

Die Werte werden ins SAP-BW-System in ein spezielles ODS-Objekt (ODS = Operational Data Store) geladen. Per Generierungslauf werden dann die Analyseberechtigungen und eventuell auch die Benutzerzuordnungen daraus erzeugt. SAP liefert Kopiervorlagen für die ODS-Objekte aus, die für die Generierung der Analyseberechtigungen genutzt werden können:

- 0TCA_DS01: Berechtigungsdaten: Werte
- 0TCA_DS02: Berechtigungsdaten: Hierarchie
- 0TCA_DS03: Beschreibungstexte Berechtigungen
- 0TCA_DS04: Zuordnung Berechtigung Benutzer
- 0TCA_DS05: Generierung Benutzer zu Berechtigungen

Die Berechtigungen werden im Generierungslauf von den ODS-Objekten in die Tabellen für die Analyseberechtigungen geschrieben (RSECVAL_STRING usw.). Zusätzlich werden die Benutzerzuordnungen in Tabelle RSECAUTHGENERATD abgelegt.

Die Berechtigung zum Generieren von Analyseberechtigungen (siehe Tabelle 11.57) darf nur den entsprechend verantwortlichen Benutzern zugeordnet werden. Es besteht das Risiko, dass den Benutzern durch die Generierung zu umfangreiche Berechtigungen zugeordnet werden.

Berechtigungsobjekt	Feld	Wert
S_TCODE	TCD (Transaktion)	- RSECADMIN - RSECAUTH
S_RSEC	ACTVT (Aktivität)	64 (Generieren)
	RSECADMOBJ (Objekttyp Infrastruktur Analyseberechtigungen)	AUTH

Tabelle 11.57 Berechtigung zum Generieren von Analyseberechtigungen

Benutzern manuell Analyseberechtigungen zuordnen

Die Zuordnung der Analyseberechtigungen erfolgt in Rollen über das Berechtigungsobjekt S_RS_AUTH. Zusätzlich zur Nutzung des Berechtigungsobjekts besteht auch die Möglichkeit, Analyseberechtigungen manuell zu Benutzern zuzuordnen. Hierbei werden die Analyseberechtigungen den Benutzern nicht über das »normale« Berechtigungskonzept (über Rollen) zugeordnet, sondern sie werden in einer gesonderten Berechtigungsverwaltung gespeichert (in Tabelle RSECUSERAUTH). Aufgerufen wird diese Berechtigungsverwaltung mit Transaktion RSU01.

Maßgeblich wird diese Systematik im Rahmen der Generierung von Berechtigungen genutzt. Eine manuelle Nutzung ist nicht erforderlich. Diese Zuordnung von Analyseberechtigungen kann mit dem Benutzerinformationssystem nicht ausgewertet werden. Hier besteht das Risiko, dass Benutzern ohne Nachvollziehbarkeit Analyseberechtigungen zugeordnet werden. Tabelle 11.58 zeigt die Berechtigung, um Benutzern Analyseberechtigungen manuell zuzuordnen.

Berechtigungsobjekt	Feld	Wert
S_TCODE	TCD (Transaktion)	- RSECADMIN - RSU01
S_RSEC	ACTVT (Aktivität)	02 (Ändern)
	RSECADMOBJ (Objekttyp Infrastruktur Analyseberechtigungen)	USER

Tabelle 11.58 Berechtigung zum manuellen Zuordnen von Analyseberechtigungen zu Benutzern

11.7.6 Reportingberechtigungen

Berechtigungen für Reportingbenutzer unterscheiden sich maßgeblich von den herkömmlichen Berechtigungen, die in OLTP-Systemen genutzt werden. Dort basiert die Berechtigungsvergabe hauptsächlich darauf, welche Transaktionen ein Anwender ausführen darf. Innerhalb der Transaktionen wird über weitere Berechtigungsobjekte gesteuert, welche Daten der Anwender innerhalb der Transaktion anzeigen bzw. pflegen darf. In OLAP-Systemen (OLAP = Online Analytical Processing) werden Berechtigungen nicht funktionsbasierend, sondern auf den zu berechtigenden Daten basierend vergeben. Tabelle 11.59 verdeutlicht den Unterschied. In SAP BW benötigt ein Reportingbenutzer somit keine Transaktionsberechtigungen, sondern Berechtigungen für BW-Querys.

OLTP-System (SAP ERP)	OLAP-System (SAP BW)
Transaktionsberechtigungen legen fest, auf welche Funktionen der Benutzer zugreifen darf. Objekt: S_TCODE	Über Berechtigungen für BW-Querys wird festgelegt, auf welche Daten ein Anwender zugreifen darf. Objekt: S_RS_COMP

Tabelle 11.59 Gegenüberstellung von OLTP-/OLAP-Systemen

OLTP-System (SAP ERP)	OLAP-System (SAP BW)
Mit Berechtigungsobjekten wird festgelegt, welche Daten innerhalb der Transaktion angezeigt/gepflegt werden dürfen.	Analyseberechtigungen legen fest, auf welche Daten innerhalb der BW-Query zugegriffen werden darf (Buchungskreis, Kostenstellen usw.).

Tabelle 11.59 Gegenüberstellung von OLTP-/OLAP-Systemen (Forts.)

RFC-Berechtigungen für Reportingbenutzer

Um z. B. mit dem BEx Analyzer (BEx = SAP Business Explorer) auf ein SAP-BW-System zuzugreifen, sind RFC-Berechtigungen für das Berechtigungsobjekt S_RFC erforderlich. Die Funktionsbausteine oder Funktionsgruppen müssen dabei explizit angegeben sein. Eine Sternberechtigung darf nicht vergeben werden. Tabelle 11.60 zeigt eine RFC-Grundberechtigung für Reportingbenutzer.

Berechtigungsobjekt	Feld	Wert
S_RFC	ACTVT (Aktivität)	16 (Ausführen)
	RFC_NAME (Name des RFC-Objekts, Whitelist)	▪ RFC1 ▪ RFCH ▪ RRMX ▪ RS_PERS_BOD ▪ RSAH ▪ RZX0 ▪ RZX2 ▪ SUSO ▪ SYST
	RFC_TYPE (Typ des RFC-Objekts)	FUGR

Tabelle 11.60 RFC-Berechtigung für Reportingbenutzer

Pflegen von BW-Querys

Die in Tabelle 11.61 gezeigte Berechtigung gestattet es, BW-Querys zu pflegen. Eine Transaktionsberechtigung ist hierzu nicht erforderlich, da die Pflege auch über den BEx Analyzer erfolgen kann. Die Query-Pflege sollte nur von entsprechend ausgebildeten Key-Usern ausgeführt werden, da die Ergebnisse durch unsachgemäße Änderungen maßgeblich beeinflusst werden.

11.7 Analyse von Berechtigungen in SAP Business Warehouse

Berechtigungsobjekt	Feld	Wert
S_RS_COMP	ACTVT (Aktivität)	- 01 (Anlegen) - 02 (Ändern) - 06 (Löschen)
	RSINFOAREA (InfoArea)	<Name einer InfoArea>
	RSINFOCUBE (InfoProvider)	<Name eines InfoProviders>
	RSZCOMPTP (Typ einer Reportingkomponente)	REP
	RSZCOMPID (Name bzw. ID einer Reportingkomponente)	<ID einer Query>

Tabelle 11.61 Berechtigung zum Pflegen von Querys

Ausführen aller BW-Querys

Diese Berechtigung prüft, wem das Recht zum Ausführen aller BW-Querys (zu allen InfoProvidern in allen InfoAreas) zugeordnet wurde. Zur tatsächlichen Ausführung von BW-Querys sind zusätzlich die Anzeigeberechtigung für die entsprechenden InfoProvider sowie die Analyseberechtigungen für das Objekt S_RS_AUTH erforderlich. In produktiven Systemen sollte die in Tabelle 11.62 beschriebene Berechtigung entweder niemandem zugeordnet werden oder nur sehr wenigen Key-Usern, die das Recht erhalten dürfen, uneingeschränkt alle Daten anzuzeigen.

Berechtigungsobjekt	Feld	Wert
S_RS_COMP	ACTVT (Aktivität)	16 (Ausführen)
	RSINFOAREA (InfoArea)	*
	RSINFOCUBE (InfoProvider)	*
	RSZCOMPTP (Typ einer Reportingkomponente)	REP

Tabelle 11.62 Berechtigung zum Ausführen aller Querys

Berechtigungsobjekt	Feld	Wert
S_RS_COMP (Forts.)	RSZCOMPID (Name bzw. ID einer Reportingkomponente)	*

Tabelle 11.62 Berechtigung zum Ausführen aller Querys (Forts.)

Berechtigung für alle Analyseberechtigungen

Diese Berechtigung prüft, wem alle Analyseberechtigungen zugeordnet wurden (Analyseberechtigung OBI_ALL im Berechtigungsobjekt S_RS_AUTH). Die Analyseberechtigung OBI_ALL ist eine Standardberechtigung in SAP BW. Sie wird nicht manuell gepflegt, sondern automatisch generiert. Sie enthält alle berechtigungsrelevanten Merkmale. Wird ein Merkmal als berechtigungsrelevant markiert, wird automatisch auch die Berechtigung OBI_ALL neu generiert, inklusive dieses Merkmals. Eine manuelle Pflege dieser Berechtigung ist nicht möglich; es wird die Fehlermeldung »Berechtigung OBI_ALL ist im SAP-Namensraum. Anlegen und Ändern nicht möglich« ausgegeben. OBI_ALL kann auch manuell mit dem Report RSEC_GENERATE_BI_ALL neu generiert werden.

Da mit dieser Berechtigung (siehe Tabelle 11.63) der Zugriff auf alle Daten möglich ist (entsprechende Berechtigungen für die InfoProvider und BW-Querys vorausgesetzt), ist die Vergabe als kritisch anzusehen. Sie darf nur Personen zugeordnet werden, die aufgrund ihres Aufgabengebiets zum Anzeigen bzw. zum Auswerten aller Daten berechtigt sind.

Berechtigungsobjekt	Feld	Wert
S_RS_AUTH	BIAUTH (Name einer Berechtigung)	OBI_ALL

Tabelle 11.63 Berechtigung für alle Analyseberechtigungen

Die Analyseberechtigung OBI_ALL kann einem Benutzer auch über Tabelle RSECUSERAUTH manuell zugeordnet werden. Zum Prüfen der Zuordnung rufen Sie die Tabelle mit Transaktion SE16 auf. In der Selektionsmaske geben Sie im Feld **Berechtigung** (AUTH) den Wert »OBI_ALL« ein und lassen sich das Ergebnis anzeigen.

Kapitel 12
SAP HANA

SAP HANA ist für viele Prüfer noch Neuland. Machen Sie sich in diesem Kapitel mit dem Aufbau und den Sicherheitsaspekten von SAP HANA vertraut. Nach der Lektüre sind Sie in der Lage, wesentliche Sicherheits-Aspekte einer SAP-HANA-Datenbank zu prüfen.

Die Prüfung der SAP-HANA-Datenbank gewinnt zunehmend an Bedeutung, da mit ihr die im SAP-Umfeld bisher klare Grenze zwischen Datenhaltungs- und Anwendungsebene aufgelöst wird. Auch wenn die Anwendungen weiterhin über den ABAP-Stack genutzt werden, finden doch viele Entwicklungen bereits in der SAP-HANA-Datenbank statt. Daher sind dort in vielen Fällen nicht nur Datenbankadministratoren als Benutzer tätig, sondern auch Entwickler und zukünftig vermehrt auch Key-User und evtl. Endanwender.

In diesem Kapitel erläutere ich grundlegende Prüfungsthemen rund um die SAP-HANA-Datenbank sowie die praktische Vorgehensweise bei der Durchführung einer Prüfung. Ich stelle Ihnen die Tools und Möglichkeiten vor, die Sie im Rahmen einer Prüfung nutzen können.

SAP-HANA-Sicherheit und -Berechtigungen

Dieses Kapitel zeigt grundlegende Prüfaspekte zur SAP-HANA-Datenbank auf. Die Themen zu Sicherheit und Berechtigungen vertiefe ich in meinem Buch *SAP HANA – Sicherheit und Berechtigungen* (SAP PRESS 2019).

12.1 Einführung in SAP HANA

SAP HANA ist eine SAP-eigene Datenbankanwendung. Über die *In-Memory-Technologie* und eine *spaltenorientierte Speichertechnologie* ermöglicht sie schnellere Datenzugriffe und -verarbeitungen. Merkmale von In-Memory-Datenbanken sind:

- Der gesamte Datenbestand wird im Hauptspeicher gehalten.
- Durch die Datenhaltung im Hauptspeicher werden sehr viel schnellere Zugriffszeiten als bei herkömmlichen magnetischen Festplatten erzeugt.

- In-Memory-Datenbanken werden eingesetzt, wenn ein sehr schneller Zugriff auf große Datenmengen gewährleistet werden soll.
- Ein Zugriff auf den Arbeitsspeicher ist im Mittel 100.000 Mal schneller als der Zugriff auf eine Festplatte.

Diese Technologie ist der Schlüssel zur Performance von SAP HANA. Die Zugriffs- und Verarbeitungsgeschwindigkeiten sind teilweise um ein Vielfaches höher ist als bei herkömmlichen Datenbanken.

12.1.1 Der Systemtyp einer SAP-HANA-Datenbank

Mit dem *Systemparameter* usage (Abschnitt system_information, Datei **global.ini**) legen Sie den Systemtyp der Datenbank fest (zu Systemparametern siehe Abschnitt 12.2.2). Folgende Einträge sind möglich:

- production
- test
- development
- custom (default)

Der Systemtyp wird u. a. genutzt, um die Systeme im *SAP HANA Cockpit* automatisch den Apps **Production**, **Test** und **Development** zuzuordnen. Des Weiteren wird über den Systemtyp production im SAP HANA Cockpit gesteuert, dass bei der Ausführung kritischer Funktionen (z. B. Start/Stopp der Datenbank, Ausführen von Backups etc.) Warnmeldungen ausgegeben werden. Zum Setzen dieses Parameters ist das *System Privilege* (die Systemberechtigung) INIFILE ADMIN erforderlich.

12.1.2 Schemata

In einem *Schema* werden Objekte wie Tabellen, Views und Prozeduren gebündelt. Wird ein neuer Benutzer angelegt, kann automatisch auch ein Schema mit seinem Namen erstellt werden, dessen Besitzer er ist (wird beim Anlegen des Benutzers entschieden). Auf seinem Schema besitzt er die Berechtigung CREATE ANY. Er kann somit beliebige Objekte, wie Tabellen und Views, in seinem Schema erstellen. Außerdem ist er in der Lage, anderen Benutzern Berechtigungen auf sein Schema oder einzelne Objekte in seinem Schema zuzuordnen.

Schemata können auch manuell angelegt werden. Sie müssen aber immer einem Benutzer zugeordnet werden, der dann der Besitzer des Schemas ist. Die folgende Anweisung erstellt z. B. das Schema IBS_CASA und ordnet es dem Benutzer TTIEDE zu:

```
CREATE SCHEMA IBS_CASA OWNED BY TTIEDE
```

12.1 Einführung in SAP HANA

Die Schemata werden im SAP HANA Studio und SAP HANA Database Explorer unterhalb der SAP-HANA-Systeme im Ordner **Catalog** angezeigt ( ). Unterhalb der Schemata werden die Objekttypen aufgelistet, die in einem Schema angelegt werden können. Darunter befinden sich die Objekte. Abbildung 12.1 zeigt auf der linken Seite die Liste der Schemata. Im Hauptfenster wird die Tabelle CUSTOMER_CREDITCARTS angezeigt. Sie befindet sich im Schema des Benutzers TTIEDE.

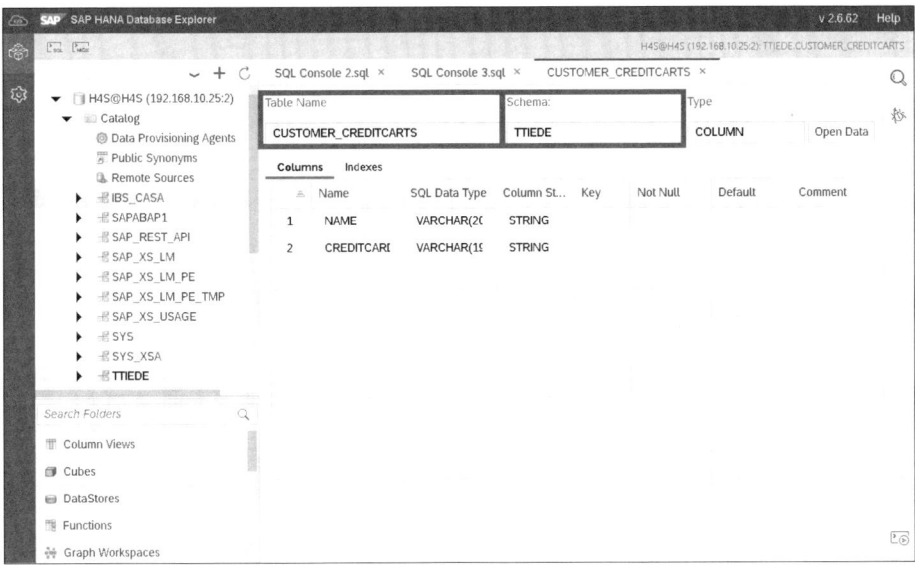

Abbildung 12.1 Zeilenorientierte Datenbank – physische Sicht der Daten

Tabelle 12.1 zeigt die physische Ablage der Daten in einer spaltenorientierten Datenbank. Hier sind die einzelnen Spalten zusammengefasst, also **Land**, **Ort**, **Kundennummer** usw. Zum Analysieren des Rechnungsbetrags ist somit lediglich der Zugriff auf das Feld (also die Spalte) **Betrag** erforderlich. Dies hat einen erheblichen Geschwindigkeitsgewinn zur Folge.

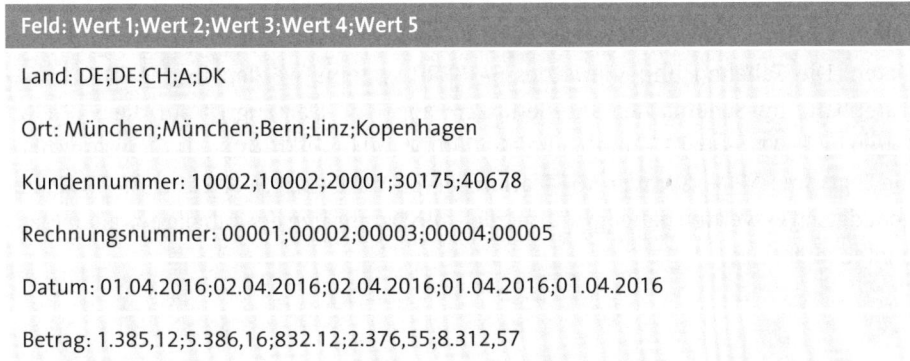

Tabelle 12.1 Spaltenorientierte Datenbank – physikalische Sicht der Daten

Tabelle 12.2 stellt die Anwendungsgebiete von zeilen- und spaltenorientierten Datenbanken gegenüber.

Anwendung	Zeilenorientiert	Spaltenorientiert
mathematische Funktionen (z. B. Summe oder Mittelwert aller Rechnungen, OLAP)	Zugriff auf alle Datensätze erforderlich	Zugriff nur auf einen einzelnen Datensatz erforderlich
Einfügen von neuen Zeilen in die Tabelle (OLTP)	Neuer Datensatz wird erzeugt.	Pro Spalte wird ein neuer Datensatz angehängt.
Einsatz von Datenbankfunktionen	Operationen auf einzelne Datensätze anwendbar	Operationen wirken sich auf alle Datensätze aus.

Tabelle 12.2 Vergleich der beiden Datenbankmodelle

SAP HANA unterstützt sowohl zeilen- als auch spaltenorientierte Tabellen. So befinden sich beispielsweise in einer SAP-HANA-Datenbank, auf der ein SAP-ERP-System mit EHP 7 installiert ist, ca. 125.000 Tabellen. Davon sind ca. 2.800 Tabellen zeilenorientiert und ca. 122.200 Tabellen spaltenorientiert.

12.1.3 Zugriff auf Daten in der SAP-HANA-Datenbank

Wie Sie auf eine SAP-HANA-Datenbank zugreifen, habe ich grundlegend in Abschnitt 1.12, »Zugriff auf SAP HANA für Prüfer«, beschrieben. Tabellen, Views, Prozeduren usw. sind in SAP HANA in sogenannten *Schemata* abgelegt. Datenbankbenutzer besitzen jeweils ihr eigenes Schema. In der Arbeitsumgebung *SAP HANA Studio* finden Sie die Schemata auf der Registerkarte **Systems** im Ordner **Catalog** (siehe Abbildung 12.2).

In einem SAP-ERP-System gibt es den Benutzer SAP<sid>, unter dessen Schema alle Tabellen des SAP-Systems abgelegt sind. In Abbildung 12.2 ist dies das Schema SAPABAP1. Dieser Benutzer (also der Besitzer des Schemas) hat vollen Zugriff auf seine Daten. Die Tabellen und Views des SAP-ERP-Systems werden in der SAP-HANA-Datenbank im Schema des SAP-Benutzers abgelegt. Der Zugriff auf die SAP-ERP-Daten in der Datenbank unterliegt nicht dem Mandantenkonzept, da dieses nur über die Logik im SAP NetWeaver Application Server ABAP (SAP NetWeaver AS ABAP) abgebildet ist. Es werden daher grundsätzlich alle Datensätze der Tabelle aus allen Mandanten angezeigt.

12.1 Einführung in SAP HANA

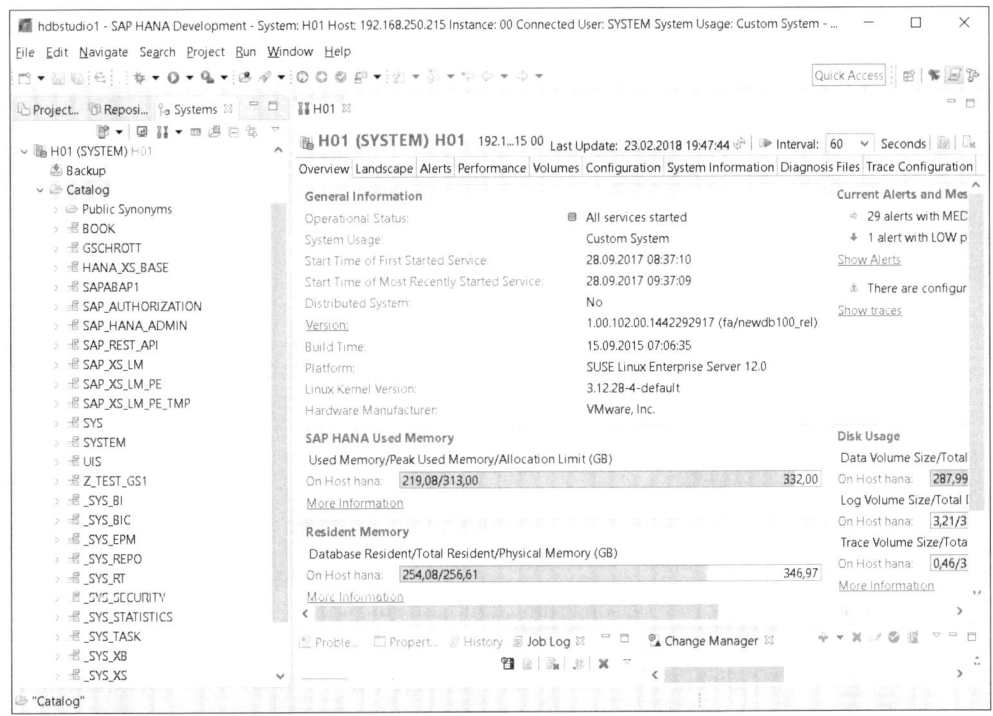

Abbildung 12.2 Schemata im SAP HANA Studio anzeigen

Um auf Tabellen aus dem Schema eines Benutzers zuzugreifen, können Sie den *SQL-Editor* nutzen. Durch einen Rechtsklick auf das Schema eines Benutzers öffnen Sie diesen SQL-Editor. Mit einem SELECT-Befehl können Sie dann die Inhalte beliebiger Tabellen anzeigen (abhängig von Ihren Berechtigungen). Tabellen, die dem ausgewählten Schema zugeordnet sind, können Sie direkt aufrufen. Für das Schema SAP<sid> lautet der Aufruf von Daten aus Tabelle USR02 beispielsweise wie folgt:

SELECT * FROM USR02

Sollen Tabellen aus einem anderen Schema angezeigt werden, stellen Sie der Tabelle den Namen des Schemas voran (siehe Abbildung 12.3), z. B.:

SELECT * FROM _SYS_SECURITY._SYS_PASSWORD_BLACKLIST

Eine Besonderheit stellen hier die PUBLIC-Views dar. Dabei handelt es sich um Sichten zu Tabellen aus verschiedenen Schemata, die von allen Benutzern eingesehen werden können (die Berechtigung dafür erfolgt standardmäßig über die Katalogrolle PUBLIC). Als Besitzer dieser Views wird daher die Rolle PUBLIC angezeigt. Eine Auflistung aller PUBLIC-Views finden Sie in dem Ordner **Catalog** unter **Public Synonyms**. Sie können diese Views grundsätzlich ohne Angabe eines Besitzers anzeigen.

12 SAP HANA

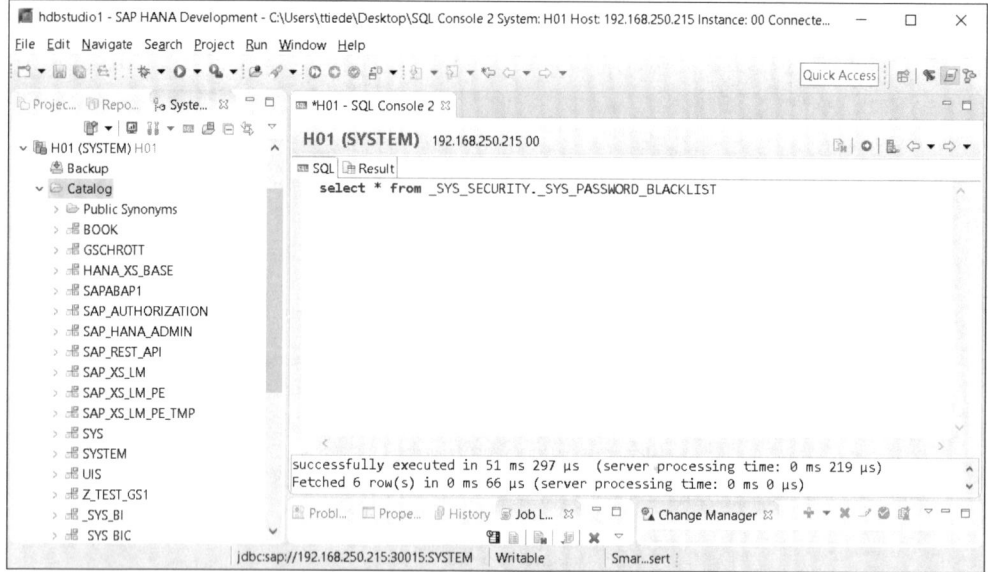

Abbildung 12.3 SELECT-Anweisung zum Zugriff auf ein anderes Schema

Eine weitere Möglichkeit zur Suche und Anzeige von Tabellen zeigt Abbildung 12.4. Durch einen Rechtsklick auf die Schaltfläche **Catalog** können Sie den Kontextmenüeintrag **Find Table** aufrufen.

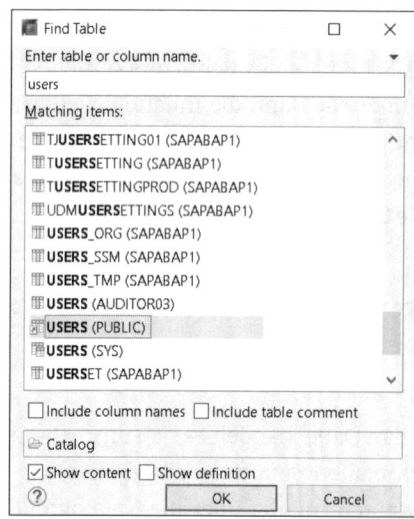

Abbildung 12.4 Eine Tabelle in SAP HANA suchen und anzeigen

Geben Sie dann einen Suchbegriff an, und es werden schemaübergreifend alle Tabellen aufgelistet. Im unteren Teil des Fensters können Sie über die Optionen **Show content** und **Show definition** auswählen, ob der Inhalt der Tabelle, die Tabellenstruktur oder beides angezeigt werden soll. Um die Inhalte der Tabelle zu exportieren, rufen Sie das Kontextmenü auf und wählen den Eintrag **Export Result**. Die Daten werden standardmäßig im Textformat ausgegeben, mit festen Feldlängen und einem Semikolon als Trennzeichen.

Weitere Möglichkeiten zum Zugriff auf SAP HANA beschreibe ich in Abschnitt 1.12, »Zugriff auf SAP HANA für Prüfer«.

Eine Auflistung der existierenden Schemata mit ihren Eigenschaften erhalten Sie über den View SYS.SCHEMAS. Eine Besonderheit dieses Views ist das Feld HAS_PRIVILEGES. Es wird erst beim Ausführen des Views benutzerindividuell gefüllt. Der View prüft, ob der Benutzer eine Berechtigung für ein Schema oder ein Objekt in dem Schema besitzt. In dem Fall enthält das Feld den Wert TRUE. Besitzt der Benutzer keine Berechtigung für das Schema oder ein enthaltenes Objekt, so ist der Wert FALSE. Hierüber wird auch gesteuert, welche Schemata standardmäßig im SAP HANA Studio oder SAP HANA Cockpit angezeigt werden. Um alle Schemata zu sehen, benötigt ein Benutzer das System Privilege CATALOG READ.

12.1.4 Entwicklungsumgebung SAP HANA XS (Repository)

Die Entwicklungsumgebung *SAP HANA Extended Application Services* (XS) ist ein integrativer Bestandteil der SAP-HANA-Datenbank. Mit SAP HANA 1.0 SPS11 wurde *SAP HANA Extended Application Services, Advanced Model* (*SAP HANA XSA*) eingeführt, das die Entwicklungsumgebung SAP HANA XS ablöste. Informationen dazu finden Sie in SAP-Hinweis 2609527. Das *Repository* von SAP HANA XS wird aber weiter für die Pflege von Berechtigungsrollen verwendet, wenn SAP HANA XSA nicht im Einsatz ist. SAP HANA XS wird seit der Einführung von SAP HANA XSA auch als SAP HANA XS Classic bezeichnet.

Das Repository wird mit dem SAP HANA Studio aufgerufen. Öffnen Sie hierfür im SAP HANA Studio die Sicht **SAP HANA Development** (Schaltfläche **Open Perspective**), und wählen Sie diese Sicht aus. Wechseln Sie hier auf die Registerkarte **Repositories**. Hier werden Ihnen die SAP-HANA-Systeme angezeigt, die Sie ins SAP HANA Studio eingebunden haben. Unterhalb der Systeme finden Sie die Entwicklungsumgebung. Die einzelnen Entwicklungen sind in einer Paketstruktur abgebildet (siehe Abbildung 12.5). Eigenentwicklungen in SAP HANA werden Paketen zugeordnet, ähnlich wie die Eigenentwicklungen im ABAP-Stack. An der Endung der einzelnen Entwicklungsobjekte ist jeweils ihr Typ zu erkennen. Die Endung **.hdbrole** zeigt, dass es sich um eine Repository-Berechtigungsrolle handelt.

Ein Element des SAP-HANA-Repositorys wird jeweils durch den gesamten *Repository-Pfad* identifiziert. In diesem Pfad werden alle übergeordneten Pakete (getrennt durch einen Punkt) sowie der Name des Elements (getrennt durch zwei Doppelpunkte) angegeben. Die Syntax eines Repository-Pfads lautet somit:

<Paket_1>.<Paket_2>.<Paket_x>::<Name>

Beispiele für Repository-Pfade sind:

sap.hana.admin.cockpit::index.html
sap.hana.admin.cockpit.services::Privileges.xsjs
sap.secmon.db::Log.hdbdd

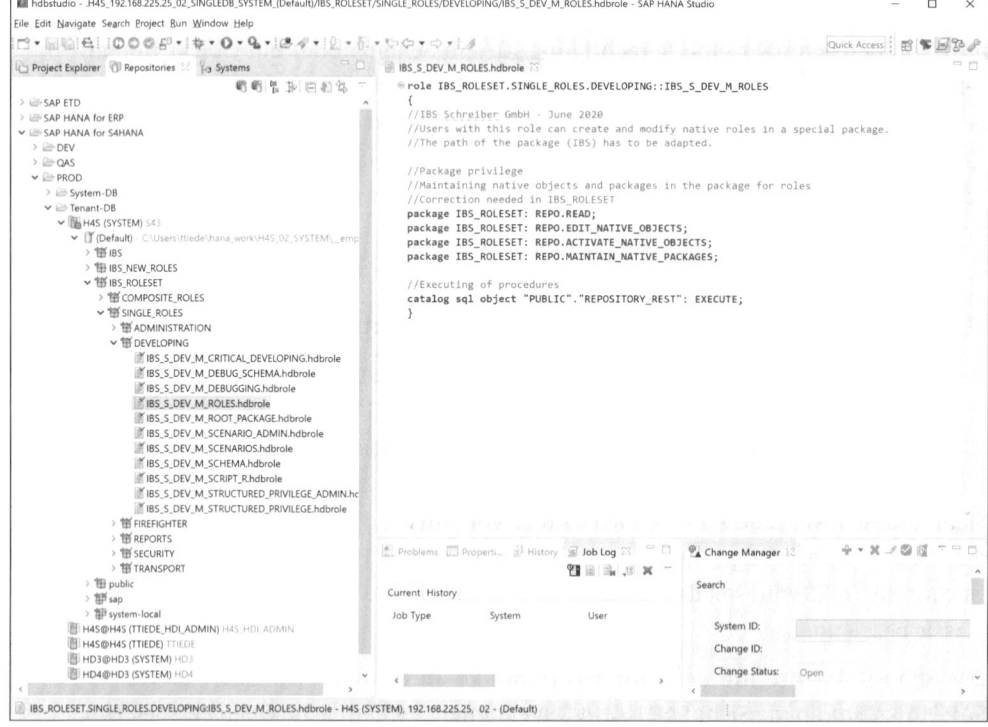

Abbildung 12.5 Das SAP-HANA-Repository

12.1.5 Entwicklungsumgebung SAP HANA XSA

Mit SAP HANA 1.0 SPS11 wurde SAP HANA XSA eingeführt. Dieses Modell basiert auf dem *Microservice-Ansatz*, der eine Modularisierung der Softwareentwicklung ermöglicht. Hierdurch sind unterschiedliche *Deployments* (voneinander getrennte Entwicklungsumgebungen) innerhalb einer einzigen SAP-HANA-Datenbank möglich. SAP HANA XSA ist kein Bestandteil der Standardinstallation einer SAP-HANA-Datenbank.

Der zentrale Einstieg in SAP HANA XSA erfolgt über den *Platform Controller*. Hierüber können alle XSA-Komponenten angesteuert werden. Das Administrationstool ist das *SAP HANA XS Advanced Cockpit*. Hierüber werden u. a. die XSA-Benutzer und -Rollen verwaltet. Die zentrale Entwicklungsplattform ist die *SAP Web IDE*. Sie unterstützt verschiedene Sprachen, wie Java, JavaScript, SAPUI5, HTML5, Node.js etc. Die SAP Web IDE kann sowohl für On-Premise-Applikationen (SAP HANA XSA) als auch als zentrale Entwicklungsanwendung für die Cloud-Foundry-Umgebung der SAP Business Technology Platform (SAP BTP) genutzt werden.

12.1.6 Aufruf von Tabellen und Views

Die Prüfung einer SAP-HANA-Datenbank besteht im Wesentlichen daraus, sich die Tabellen und Views anzeigen zu lassen. Dazu verwenden Sie SQL-Befehle, mit denen sich die Prüfungsfragestellungen beantworten lassen. Infosysteme wie im ABAP-Stack existieren nicht.

Tabellen und Views sind einem Schema zugeordnet. Um sie aufzurufen, muss der Name des Schemas mit angegeben werden: `<Schemaname>.<Objektname>`, z. B.:

`SELECT * FROM TTIEDE.CUSTOMER_CREDITCARTS`

Ohne Angabe des Schemanamens wird folgende Fehlermeldung ausgegeben:

```
Could not execute 'select * from CUSTOMER_CREDITCARTS'
Error: (dberror) [259]: invalid table name: Could not find table/view
```

In folgenden Fällen kann allerdings der Name des Schemas weggelassen werden:

- Der Benutzer ruft ein Element in seinem eigenen Schema auf.
- Die Tabelle oder der View ist als PUBLIC definiert (dies sind die meisten Tabellen und Views, die für Prüfungen benötigt werden).
- Der SQL-Editor wurde über dem Schema mit dem Kontextmenüeintrag **Open SQL Console** geöffnet.
- Das Schema wurde explizit mit dem Befehl `SET SCHEMA <Schemaname>` als aktueller Kontext gesetzt.

Auch hier können Sie natürlich nur Tabellen anzeigen, für die Sie berechtigt sind. Bei fehlender Berechtigung erhalten Sie die Fehlermeldung `insufficient privilege: Not authorized`.

12.1.7 Zugriff auf Daten in der SAP-HANA-Datenbank

Es gibt verschiedene Tools, um auf Daten in der SAP-HANA-Datenbank zuzugreifen:

- SAP HANA Cockpit
- SAP HANA Database Explorer
- SAP HANA Studio (bei der Nutzung von Repository-Rollen, siehe Abschnitt 12.1.4)
- das Programm HDBSQL
- ABAP DBA Cockpit

Das SAP HANA Cockpit ist das Standardtool für SAP-HANA-2.0-Datenbanken. Das SAP HANA Studio wurde maßgeblich in der Version SAP HANA 1.0 genutzt, ist aber auch für 2.0-Datenbanken noch kompatibel. Es ist erforderlich, wenn noch Repository-Entwicklungen (SAP HANA XS) genutzt werden.

12.2 Systemsicherheit in SAP HANA

Ein wesentlicher Bestandteil jeder SAP-HANA-Prüfung ist die Systemsicherheit. Wie in einem ABAP-System gibt es auch in SAP HANA eine Vielzahl von Einstellungen, die für die Sicherheit von Bedeutung sind.

12.2.1 Tenant-Datenbanken

Bis zum Release SAP HANA 2.0 SPS0 gab es zwei mögliche Installationen einer SAP-HANA-Datenbank:

- **Single-Container-Systeme**
  Single-Container-Systeme sind Datenbanken mit nur einem Container, in dem alle Benutzer eingerichtet sind, in dem die produktiven Daten liegen und in dem die Entwicklung stattfindet.
- **Multi-Tenant-Systeme**
  Multi-Tenant-Systeme sind Datenbanken mit einer Systemdatenbank und einer bis n *Tenant-Datenbanken*. Die Verwaltung der Datenbank selbst erfolgt über die Systemdatenbank. Die betriebswirtschaftlichen Daten werden in den Tenants verwaltet, ebenso finden dort die Entwicklungen statt.

Seit SAP HANA 2.0 SPS1 werden nur noch Multi-Tenant-Datenbanken unterstützt. Erfolgt ein Update eines Single-Container-Systems auf Release 2.0 SPS1 oder höher, wird das System in eine Multi-Tenant-Datenbank konvertiert.

Ein Multi-Tenant-System hat u. a. folgende Eigenschaften:

- **Benutzer- und Berechtigungsverwaltung:**
  - Jeder Tenant hat eine eigene Benutzer- und Berechtigungsverwaltung.
  - Der Benutzer SYSTEM existiert in der Systemdatenbank sowie in allen Tenant-Datenbanken. In der Systemdatenbank verfügt er über erweiterte Rechte für Tenant-übergreifende Tätigkeiten.
  - Auf der Betriebssystemebene kann pro Tenant ein Benutzer definiert und ein *High Isolation Level* eingerichtet werden. Das bedeutet, dass Berechtigungen für Betriebssystemdateien der SAP-HANA-Datenbank pro Tenant vergeben werden können.

- In der Systemdatenbank gibt es die Berechtigung `DATABASE ADMIN` für die Administration der Tenant-Datenbanken.
- Berechtigungen sind nur innerhalb der jeweiligen Tenant-Datenbank gültig.
- Lesezugriffe zwischen Tenant-Datenbanken sind möglich, müssen aber explizit eingerichtet werden. Standardmäßig sind sie deaktiviert.

- **Authentifizierung und Single Sign-on:**
  - Die Authentifizierungsmechanismen können pro Tenant unterschiedlich eingesetzt werden.
  - Die Anmeldeparameter können individuell pro Tenant (Datei **indexserver.ini**) und Systemdatenbank (Datei **namesever.ini**) definiert werden.

- **Verschlüsselung:**
  - Die Verschlüsselung der Kommunikation (Secure Sockets Layer, SSL) kann pro Tenant individuell konfiguriert werden.
  - Die Verschlüsselung der Dateien auf der Betriebssystemebene kann pro Tenant konfiguriert werden.

- **Security-Audit-Log:**
  - Das Security-Audit-Log (siehe Abschnitt 12.9, »Auditing in SAP HANA«) kann pro Tenant konfiguriert werden.
  - Standardmäßig werden die Log-Einträge in einer lokalen Tabelle der Tenants gespeichert. Der lokale Tenant-Administrator kann dies nicht ändern (gemäß der Konfiguration in der Datei **multidb.ini**). Lediglich der Administrator der Systemdatenbank ist dazu berechtigt. Wird das Security-Audit-Log ins Unix-Systemprotokoll geschrieben, können die Einträge der verschiedenen Tenants über das Feld **Database Name** unterschieden werden.

Abbildung 12.6 zeigt den Aufbau einer Multi-Tenant-Datenbank. Die Systemdatenbank dient zur Verwaltung der gesamten Datenbank, daher sind hier als Benutzerkonten meist nur die Systemadministratoren eingerichtet. In den Tenants laufen die produktiven Prozesse. Auch zur Verwaltung der Tenants gibt es Administratoren. Sie haben aber keinen Zugriff auf andere Tenants oder die Systemdatenbank. Die Entwickler sind ebenfalls in den Tenants eingerichtet. Entwicklungen werden mit SAP HANA XSA erstellt. Auch das Berechtigungskonzept ist Tenant-spezifisch. Rollen können über die verschiedenen Tenants hinweg nur durch Export und Import ausgetauscht werden.

Der View `M_DATABASES` listet die existierenden Tenants und ihre Eigenschaften auf. Er muss in der Systemdatenbank aufgerufen werden. Wird er in einem Tenant aufgerufen, wird nur dieser Tenant als Eintrag angezeigt. Das Feld `ACTIVE_STATUS` zeigt an, ob der Tenant gestartet, also erreichbar ist (Eintrag YES).

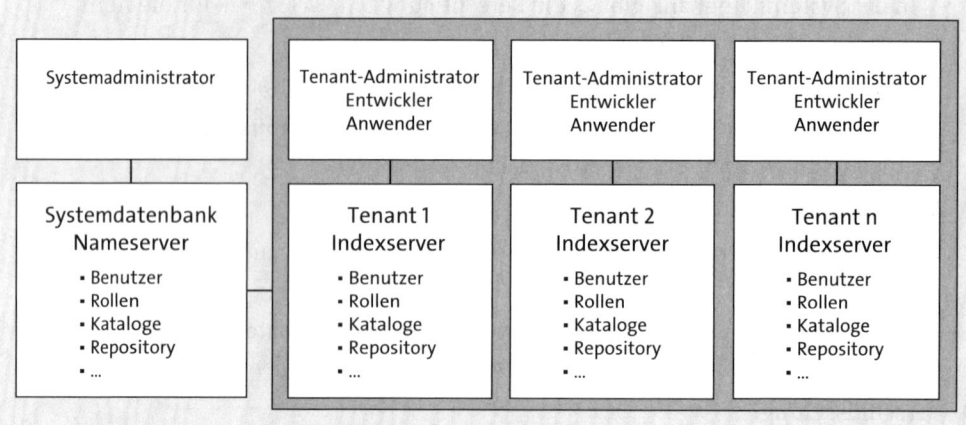

Abbildung 12.6 Aufbau einer Multi-Tenant-Datenbank

12.2.2 Systemparameter

Wie der ABAP-Stack wird auch die SAP-HANA-Datenbank über Parameter gesteuert, die in Textdateien auf der Betriebssystemebene gespeichert werden (siehe dazu auch SAP-Hinweis 2186744. Bei diesen Dateien handelt es sich um .*INI-Dateien*. Viele sicherheitsrelevante Eigenschaften werden über Systemparameter gesetzt. Dieser Abschnitt zeigt Ihnen, wie Sie Systemparameter pflegen und wie die Änderungen protokolliert werden können. Grundsätzliche Empfehlungen zu Parametereinstellungen finden Sie in SAP-Hinweis 2600030. Zur Pflege von Systemparametern wird das System Privilege `INIFILE ADMIN` benötigt.

Die INI-Dateien sind in Abschnitte (*Sections*) unterteilt. Der Abschnitt für die Kennwortkonfiguration in der Datei **indexserver.ini** heißt z. B. `password policy`. Listing 12.1 zeigt einen Auszug aus der Datei **indexserver.ini**.

```
[password policy]
password_layout = 1a
password_lock_time = -1
last_used_passwords = 5
password_lock_for_system_user = false
maximum_invalid_connect_attempts = 6
```

Listing 12.1 Auszug aus der Datei indexserver.ini zur Kennwortkonfiguration

INI-Dateien mit sicherheitsrelevanten Parametern sind:

- **global.ini**
  Enthält u. a. die Konfiguration des Security-Audit-Logs, der Verschlüsselung und des persistenten Speichers.

- indexserver.ini

  Enthält u. a. die Konfiguration der Authentifizierungsmechanismen und der Anmeldesicherheit in den Tenant-Datenbanken.

- nameserver.ini

  Nur relevant in der Systemdatenbank; enthält u. a. die Konfiguration der Anmeldesicherheit der Systemdatenbank.

- multidb.ini

  Enthält die Parameter, die nicht in Tenant-Datenbanken gesetzt werden können.

Die aktuellen Werte aller Parameter können Sie über den PUBLIC-View SYS.M_INIFILE_CONTENTS prüfen. Tabelle 12.3 enthält die Felder dieses Views.

Feld	Beschreibung
FILE_NAME	Name der INI-Datei
LAYER_NAME	Gültigkeitsbereich: - DEFAULT: Default-Einstellung - SYSTEM: Einstellung für Systemdatenbank in einem Multi-Tenant-System - HOST: Gültig für eine bestimmten Server; Servername im Feld HOST - DATABASE: Einstellung für eine Tenant-Datenbank
TENANT_NAME	wird nicht mehr genutzt
HOST	Servername (wenn LAYER_NAME = HOST)
SECTION	Abschnitt
KEY	Parametername
VALUE	Parameterwert

Tabelle 12.3 Felder des Views M_INIFILE_CONTENTS

Von der Systemdatenbank aus haben Sie auch die Möglichkeit, sich die Parameterwerte der Systemdatenbank selbst sowie aller aktiven Tenants anzeigen zu lassen. Hierfür nutzen Sie den View SYS_DATABASES.M_INIFILE_CONTENTS. Tabelle 12.4 zeigt die Felder dieses Views.

Feld	Beschreibung
FILE_NAME	Name der INI-Datei

Tabelle 12.4 Felder des Views ENCRYPTION_ROOT_KEYS

Feld	Beschreibung
LAYER_NAME	Gültigkeitsbereich: • DEFAULT: Default-Einstellung • SYSTEM: Einstellung für Systemdatenbank in einem Multi-Tenant-System • HOST: Gültig für eine bestimmten Server; Servername im Feld HOST • DATABASE: Einstellung für eine Tenant-Datenbank
DATABASE_NAME	Wenn LAYER_NAME = DATABASE, wird hier der Name des Tenants angezeigt, in dem dieser Parameter gesetzt ist.
HOST	Servername (wenn LAYER_NAME = HOST)
SECTION	Abschnitt
KEY	Parametername
VALUE	Parameterwert

Tabelle 12.4 Felder des Views ENCRYPTION_ROOT_KEYS (Forts.)

Änderungen an Parametern werden standardmäßig protokolliert. Die Änderungen werden in die Tabelle SYS.M_INIFILE_CONTENT_HISTORY geschrieben. Tabelle 12.5 zeigt die Felder dieser Tabelle.

Tabelle 12.6 zeigt zwei Beispiele für Änderungen an Parametern:

- **Setzen der max. Kennwortgültigkeit auf 30 Tage**
  Der Benutzer SYSTEM hat am 20.11.2020 um 14:08 Uhr in der Datei indexserver.ini den Parameter password policy - maximum_password_lifetime vom Standardwert auf »30« geändert. Die Änderung wurde mit dem SAP HANA Cockpit durchgeführt, der Cockpit-Benutzer war COCKPIT_ADMIN.

- **Aktivieren der Tenant-übergreifenden Zugriffe**
  Der Benutzer SYSTEM hat am 21.11.2020 16:57 Uhr in der Datei global.ini den Parameter cross_database_access - enabled vom Wert FALSE auf TRUE geändert. Die Änderung wurde mit dem SAP HANA Studio durchgeführt, der Windows-AD-Benutzer war TTiede. Der Benutzer hat seine Änderung kommentiert.

Feld	Beschreibung
TIME	Datum und Uhrzeit der Änderung
FILE_NAME	Name der INI-Datei

Tabelle 12.5 Felder der Tabelle SYS.M_INIFILE_CONTENT_HISTORY

Feld	Beschreibung
LAYER_NAME	Layer-Name: • SYSTEM: Systemdatenbank • DATABASE: Tenant-Datenbank • HOST: Host der Datenbank
HOST	Hostname (wenn Layer = HOST)
USER_NAME	Name des Benutzers, der die Änderung durchgeführt hat
APPLICATION_NAME	Anwendung, mit der die Änderung durchgeführt wurde, z. B.: • HANACockpit • HDBStudio
APPLICATION_USER_NAME	Benutzer der Anwendung. Beim SAP HANA Studio wird hier der Active-Directory-Benutzer gespeichert, beim SAP HANA Cockpit der Cockpit-Benutzer.
APPLICATION_SOURCE	Komponente, mit der die Änderung durchgeführt wurde
SECTION	Bereich der INI-Datei
KEY	Parametername
VALUE	Neuer Wert
PREV_VALUE	Alter Wert. Wird nur angezeigt, wenn der Wert vorher schon gesetzt wurde. Stand der Parameter noch auf dem Standardwert, ist dieses Feld leer.
COMMENTS	Kommentar der Änderung

Tabelle 12.5 Felder der Tabelle SYS.M_INIFILE_CONTENT_HISTORY (Forts.)

Feld	Setzen der max. Kennwortgültigkeit auf 30 Tage	Aktivieren der Tenant-übergreifenden Zugriffe
TIME	20.11.2020 14:08	21.11.2020 16:57
FILE_NAME	indexserver.ini	global.ini
LAYER_NAME	SYSTEM	SYSTEM
HOST	–	–
USER_NAME	SYSTEM	SYSTEM
APPLICATION_NAME	HANACockpit	HDBStudio

Tabelle 12.6 Beispiele für Parameteränderungen

Feld	Setzen der max. Kennwortgültigkeit auf 30 Tage	Aktivieren der Tenant-übergreifenden Zugriffe
APPLICATION_USER_NAME	COCKPIT_ADMIN	TTiede
APPLICATION_SOURCE	–	csns.sql.editor.SQLExecuteFormEditor$2$1.run(SQLExecuteFormEditor.java:920);
SECTION	password policy	cross_database_access
KEY	maximum_password_lifetime	enabled
VALUE	30	TRUE
PREV_VALUE	?	FALSE
COMMENTS	–	Aktivierung Tenant-übergreifender Zugriffe

Tabelle 12.6 Beispiele für Parameteränderungen (Forts.)

Die Änderungshistorie kann aus der Tabelle SYS.M_INIFILE_CONTENT_HISTORY wieder gelöscht werden. Hierfür ist das System Privilege MONITOR ADMIN erforderlich. Um eine vollständige Protokollierung von Parameteränderungen zu gewährleisten, sollten diese über das Auditing protokolliert werden (siehe Abschnitt 12.9).

12.2.3 Verschlüsselung von Daten

Um einen unberechtigten Zugriff auf Daten zu unterbinden, sollten Daten nur verschlüsselt abgelegt werden. In SAP HANA befinden sich die Daten zwar weitestgehend im Hauptspeicher, aber es werden auch im Betriebssystem Daten abgelegt, u. a.

- persistente Daten
- Redo-Logs
- Backups

Diese sollten verschlüsselt werden, um einen unberechtigten Zugriff auf die Daten zu verhindern. Zur Aktivierung und Deaktivierung der Verschlüsselung ist das System Privilege ENCRYPTION ROOT KEY ADMIN erforderlich. Die Verschlüsselung kann auch ausgehend von der Systemdatenbank in den Tenants erfolgen. In dem Fall wird zusätzlich das System Privilege DATABASE ADMIN benötigt.

Die Aktivierung und Deaktivierung der Verschlüsselung werden standardmäßig nicht protokolliert. Die Protokollierung kann über das Auditing aktiviert werden (siehe Abschnitt 12.9, »Auditing in SAP HANA«).

Verschlüsselung der persistenten Daten

Zu Wiederherstellungszwecken speichert SAP HANA in regelmäßigen Abständen die sogenannten *Savepoints*, Abbilder der Datenbank auf der Festplatte des SAP-HANA-Servers, also im persistenten Speicher. Die Konfiguration dieser Savepoints erfolgt über Systemparameter in der Datei **global.ini**, im Abschnitt `persistence`. Der Parameter `savepoint_interval_s` gibt hier an, wie häufig ein Savepoint geschrieben wird (in Sekunden). Der Standardwert des Parameters ist »300«. Es wird somit alle fünf Minuten ein Savepoint geschrieben.

Standardmäßig werden die persistenten Daten unverschlüsselt auf die Festplatte geschrieben. Da hierdurch ein Lesen der Daten ermöglicht wird, sollten sie verschlüsselt werden. Zur Analyse können Sie den View `M_PERSISTENCE_ENCRYPTION_STATUS` verwenden (siehe Tabelle 12.7). Über den View `M_PERSISTENCE_ENCRYPTION_KEYS` können Sie analysieren, seit wann die aktuellen Schlüssel zur Verschlüsselung genutzt werden. Tabelle 12.8 zeigt die Felder des Views. Abbildung 12.7 zeigt Inhalte der Tabelle. In Datensatz 1 ist zu erkennen, dass die Datensätze ab dem Savepoint 0 nicht verschlüsselt wurden. Ab dem Savepoint 18.750 erfolgt eine Verschlüsselung.

Feld	Beschreibung
HOST	Hostname
PORT	Portnummer des Service
ENCRYPTION_ACTIVE	Verschlüsselung ist aktiviert (TRUE/FALSE).
ENCRYPTION_ACTIVE_AFTER_NEXT_SAVEPOINT	Verschlüsselung wird für den nächsten Savepoint aktiviert (TRUE/FALSE).
KEY_CHANGE_WITH_NEXT_SAVEPOINT	Ab dem nächsten Savepoint wird ein neuer Schlüssel genutzt.
ROOT_KEY_CHANGE_WITH_NEXT_SAVEPOINT	Ab dem nächsten Savepoint wird ein neuer Root Key genutzt.
IS_LATEST_ROOT_KEY_VERSION	■ TRUE: Die aktuelle Version des Root Keys wird genutzt. ■ FALSE: Eine ältere Version des Root Keys wird genutzt.
USED_ROOT_KEY_VERSION	Feld wird nicht mehr genutzt.

Tabelle 12.7 Felder der Tabelle M_PERSISTENCE_ENCRYPTION_STATUS

Feld	Beschreibung
DATA_CONVERSION_ACTIVE	■ TRUE: Daten werden konvertiert, wenn Status oder Schlüssel geändert werden. ■ FALSE: Es erfolgt keine Datenkonvertierung.
USED_ROOT_KEY_HASH	Hashwert des genutzten Root Keys

Tabelle 12.7 Felder der Tabelle M_PERSISTENCE_ENCRYPTION_STATUS (Forts.)

Feld	Beschreibung
HOST	Hostname
PORT	Portnummer des Service
VALID_FROM_SAVEPOINT	Status gilt ab diesem Savepoint.
VALID_FROM_TIMESTAMP	Status gilt ab diesem Zeitpunkt.
IS_ENCRYPTED	■ TRUE: Daten werden verschlüsselt. ■ FALSE: Daten werden nicht verschlüsselt.

Tabelle 12.8 Felder der Tabelle M_PERSISTENCE_ENCRYPTION_KEYS

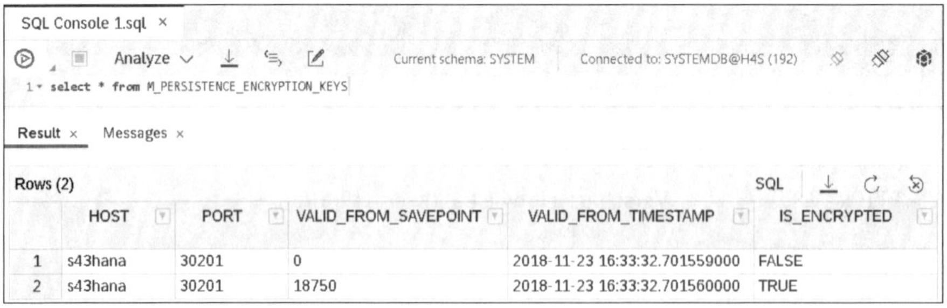

Abbildung 12.7 Einträge in Tabelle M_PERSISTENCE_ENCRYPTION_KEYS

Verschlüsselung der Redo-Logs

Neben den persistenten Daten werden auch *Redo-Logs* von der SAP-HANA-Datenbank geschrieben. Redo-Logs speichern Änderungen direkt nach der Ausführung eines Befehls. Mit Redo-Logs können u. a. die Änderungen seit dem letzten Savepoint wiederhergestellt werden. Die Redo-Logs werden standardmäßig nicht verschlüsselt.

Um zu analysieren, ob die Redo-Logs verschlüsselt werden, nutzen Sie den View M_ENCRYPTION_OVERVIEW (Public):

```
select * from M_ENCRYPTION_OVERVIEW where SCOPE = 'LOG'
```

Das Feld IS_ENCRYPTION_ACTIVE zeigt an, ob die Verschlüsselung aktiv ist:

- Wert TRUE: Verschlüsselung ist aktiv.
- Wert FALSE: Verschlüsselung ist nicht aktiv.

Verschlüsselung der Backups

Die Verschlüsselung von *Backups* ist standardmäßig deaktiviert. Bei Einsatz eines Drittanbietertools für Backups ist es auch möglich, dessen Verschlüsselungsmechanismus zu nutzen. Bei der Aktivierung der Backupverschlüsselung ist zu beachten, dass sowohl das Erstellen der Backups als auch *Recoverys* einen größeren Zeitraum benötigen als bei unverschlüsselten Backups. Aus Sicht der Datensicherheit ist eine Verschlüsselung der Backups aber empfehlenswert.

Um zu analysieren, ob die Redo-Logs verschlüsselt werden, nutzen Sie den View M_ENCRYPTION_OVERVIEW (Public):

SELECT * FROM M_ENCRYPTION_OVERVIEW WHERE SCOPE = 'BACKUP'

Das Feld IS_ENCRYPTION_ACTIVE zeigt an, ob die Verschlüsselung aktiv ist:

- Wert TRUE: Verschlüsselung ist aktiv.
- Wert FALSE: Verschlüsselung ist nicht aktiv.

12.2.4 Verschlüsselung der Kommunikation

Zur Verschlüsselung der internen und externen Kommunikation wird das Protokoll *Transport Layer Security* (TLS) bzw. *Secure Sockets Layer* (SSL) genutzt. Die Standardzugriffe über das SAP HANA Studio und SAP NetWeaver erfolgen über die SQL-Schnittstelle und somit über einen ODBC-/JDBC-Zugriff. Die SSL-Konfiguration hierfür erfolgt in der Datei **global.ini**, im Abschnitt communication. Die sicherheitsrelevanten Parameter zeigt Tabelle 12.9.

Parameter	Beschreibung
sslCryptoProvider	Zeigt den verwendeten Cryptographic Service Provider an. Genutzt werden können OpenSSL oder die SAP CommonCryptoLib. SAP empfiehlt den Einsatz der CommonCryptoLib (Parameterwert »commoncrypto«).
sslEnforce	Anforderung sicherer SSL-Verbindungen ■ TRUE: Es werden nur SSL-Verbindungen zugelassen. ■ FALSE: Auch unsichere Verbindungen werden akzeptiert.

Tabelle 12.9 Parameter zur SSL-Konfiguration

Parameter	Beschreibung
sslCreateSelfSigned-Certificate	Zulassen von selbst signierten Zertifikaten. Die Nutzung ist kritisch, da hierdurch die Gefahr von *Man-in-the-Middle-Angriffen* erhöht wird. ■ TRUE: Selbst signierte Zertifikate sind zugelassen. ■ FALSE: Selbst signierte Zertifikate sind nicht zugelassen.

Tabelle 12.9 Parameter zur SSL-Konfiguration (Forts.)

Einen Überblick über die aktuellen Verbindungen geben Ihnen die folgenden Monitoring-Tabellen:

- **Tabelle M_CONNECTIONS**
  Zeigt die aktuellen Verbindungen von Clients zur Datenbank an. Über das Feld IS_ENCRYPTED können Sie prüfen, ob die Verbindung verschlüsselt (TRUE) oder unverschlüsselt (FALSE) ist.

- **Tabelle M_REMOTE_CONNECTIONS**
  Zeigt die aktuellen Remoteverbindungen inklusive des Namens der Remotequelle, des SAP-HANA-Benutzers und der Anzahl der Zugriffe an.

- **Tabelle M_REMOTE_STATEMENTS**
  Zeigt die vollständigen SQL-Anweisungen an, die über die Verbindungen ausgeführt wurden, inklusive der Laufzeit und der Anzahl zurückgegebener Datensätze.

12.2.5 Verbindungen zu anderen Systemen – Remote Sources

Verbindungen zu anderen Systemen können als *Remote Sources* definiert werden. Diese fest definierten Verbindungen sind vergleichbar mit den RFC-Verbindungen in ABAP-Systemen. Remote Sources bilden die Grundlage für Schnittstellen zu anderen Systemen. In ihnen werden die Verbindungsdaten zum anderen System fest hinterlegt, optional auch Benutzer und Kennwort. Es können aber auch *Secondary Credentials* genutzt werden. In dem Fall werden Benutzern feste Zugangsdaten für Remote Sources zugeordnet. Damit besteht gleichzeitig die Möglichkeit, die Nutzung der Remote Source auf spezielle Benutzer festzulegen. Benutzer, für die keine Secondary Credentials anlegt sind, haben keine Möglichkeit zur Nutzung der Remote Source.

Abbildung 12.8 zeigt die Definition einer Remote Source für eine andere SAP-HANA-Datenbank. Hier ist beispielhaft ein Benutzer S4TEC im Feld **User Name** mit Kennwort fest hinterlegt. Bei der Nutzung dieser Remote Source arbeiten alle Benutzer mit den Berechtigungen dieses Benutzers in der Remotedatenbank.

Eine weitere wichtige Eigenschaft ist der **DML Mode** (Data Manipulation Language). Damit wird festgelegt, ob Daten aus der Remote Source nur gelesen oder auch geändert werden können. Folgende Einstellungen sind möglich:

- readonly
- readwrite

Für Remote Sources, über die Daten ausschließlich gelesen werden sollen, stellen Sie den Wert readonly ein.

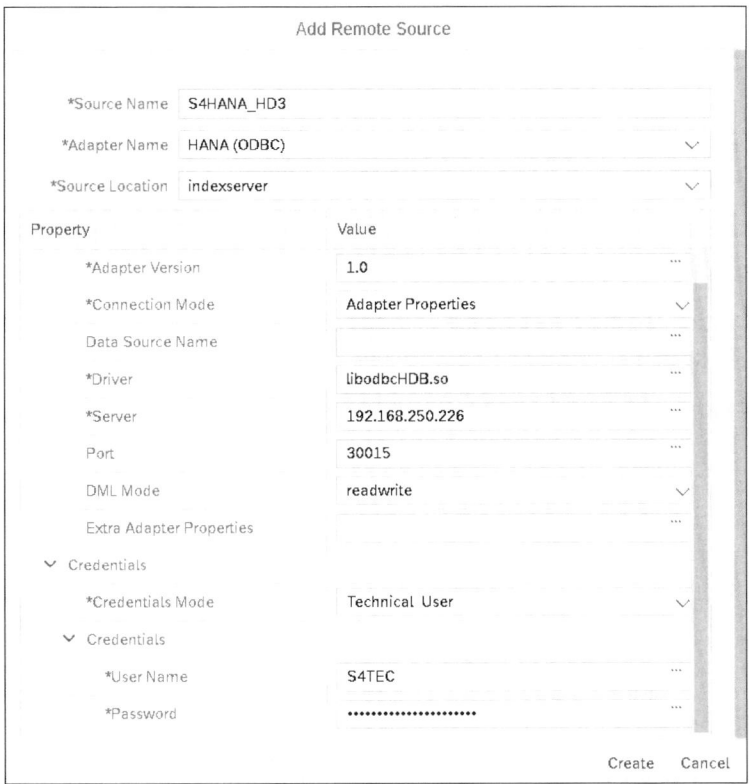

Abbildung 12.8 Definition einer Remote Source zu einem SAP-HANA-System

Remote Sources können mit dem View REMOTE_SOURCES analysiert werden. Das Feld ADAPTER_NAME gibt an, zu welcher Art von System die Verbindung besteht. Die Verbindungseigenschaften sind im Feld CONNECTION_INFO im XML-Format hinterlegt. Je nach Adapter werden hier die Eigenschaften aufgeführt.

Listing 12.2 zeigt beispielhaft die Eigenschaften einer Verbindung zu einer SAP-HANA-Datenbank. Die Eigenschaft dml_mode zeigt an, ob es sich um eine Readonly-Verbindung handelt oder ob Daten über die Verbindung auch geändert werden können (readwrite).

```xml
<?xml version="1.0" encoding="UTF-8"?>
<ConnectionProperties name="connectionproperties">
<PropertyEntry name="adapterversion">1.0 </PropertyEntry>
<PropertyEntry name="connectionmode">adapterproperties </PropertyEntry>
<PropertyEntry name="driver">libodbcHDB.so </PropertyEntry>
<PropertyEntry name="server">192.168.250.215 </PropertyEntry>
<PropertyEntry name="port">30015 </PropertyEntry>
<PropertyEntry name="dml_mode">readonly </PropertyEntry>
<PropertyEntry name="extraadapterproperties"> </PropertyEntry>
</ConnectionProperties>
```

Listing 12.2 Verbindungsinformationen zu einer SAP-HANA-Datenbank

Änderungen an Remote Sources werden standardmäßig nicht protokolliert. Die Protokollierung kann über das Auditing aktiviert werden, siehe Abschnitt 12.9.

12.2.6 Checkliste

In Tabelle 12.10 finden Sie die Checkliste mit den prüfungsrelevanten Fragestellungen zur SAP HANA Systemsicherheit.

Risiko	Fragestellung
	Vorgabe oder Erläuterung
1	Sind die Berechtigungen zur Tenant-Verwaltung nur an die verantwortlichen Administratoren vergeben?
	Die Berechtigungen zur Tenant-Verwaltung dürfen nur an Personen vergeben werden, die hierfür zuständig sind. Hier besteht das Risiko, dass produktive Tenants beeinträchtigt werden.
1	Werden Änderungen an Tenants protokolliert?
	Änderungen an Tenants sind zu protokollieren. Hier besteht das Risiko, dass Tenants mit produktiven Daten ohne Nachvollziehbarkeit geändert oder runtergefahren werden.
1	Existieren Vorgaben für die Einstellungen der Systemparameter?
	Es müssen Vorgaben für die Einstellungen der relevantesten Systemparameter vorliegen. Hier besteht die Gefahr, dass durch fehlende Vorgaben die Parameter falsch konfiguriert werden. Die Vorgaben müssen zentral dokumentiert sein, damit die Systeme einheitlich konfiguriert werden.

Tabelle 12.10 Checkliste zur SAP-HANA-Systemsicherheit

Risiko	Fragestellung
	Vorgabe oder Erläuterung
1	Entsprechen die aktuellen Parameterwerte den Unternehmensvorgaben?
	Die aktuellen Einstellungen müssen den Vorgaben entsprechen. Abweichungen müssen dokumentiert und begründet sein. Hier besteht die Gefahr, dass durch eine falsche Parametrisierung Sicherheitslücken entstehen.
2	Existieren Vorgaben für die Kontrolle der Parametereinstellungen nach Releasewechseln, Kernel-Updates etc.?
	Es müssen Vorgaben und Verantwortlichkeiten zur nachgelagerten Kontrolle der Systemparameter nach dem Einspielen von Updates existieren. Hier besteht die Gefahr, dass durch Updates Parameter falsche oder ungültige Werte enthalten bzw. auf den Standardwert zurückgesetzt wurden.
	Die Vorgaben müssen zentral dokumentiert sein, damit die Systeme einheitlich nach Updates behandelt werden.
1	Werden Änderungen an den Systemparametern protokolliert?
	Änderungen an Systemparametern sind über das Auditing zu protokollieren. Zwar werden Änderungen automatisch in der Tabelle SYS.M_INIFILE_CONTENT_HISTORY gespeichert, diese Inhalte können aber gelöscht werden. Hier besteht das Risiko, dass sicherheitsrelevante Änderungen ohne Nachvollziehbarkeit vorgenommen werden.
1	Wurden Änderungen an Parameterwerten nur von berechtigten Personen durchgeführt?
	Änderungen an Parametern dürfen ausschließlich von berechtigten Administratoren durchgeführt werden. Hier besteht die Gefahr, dass unberechtigte Personen Parameter ändern und dadurch die Systemstabilität und -sicherheit gefährden.
1	Sind die Daten des persistenten Speichers in SAP HANA auf der Betriebssystemebene verschlüsselt?
	Die persistenten Daten müssen verschlüsselt werden. Hier besteht das Risiko, dass vom Betriebssystem aus auf sensible Daten zugegriffen werden kann.
1	Sind die Daten der Redo-Logs und der Backups in SAP HANA auf der Betriebssystemebene verschlüsselt?
	Die Redo-Logs und die Backups müssen verschlüsselt werden. Hier besteht das Risiko, dass vom Betriebssystem aus auf sensible Daten zugegriffen werden kann.

Tabelle 12.10 Checkliste zur SAP-HANA-Systemsicherheit (Forts.)

Risiko	Fragestellung
	Vorgabe oder Erläuterung
1	Werden Änderungen an den Einstellungen zur Verschlüsselung protokolliert?
	Änderungen an den Einstellungen zur Verschlüsselung sind zu protokollieren. Hier besteht das Risiko, dass Daten ohne Nachvollziehbarkeit unverschlüsselt gespeichert werden.
2	Werden interne und externe Datenübertragungen verschlüsselt?
	Verbindungen zur SAP-HANA-Datenbank sollten grundsätzlich verschlüsselt werden. Hier besteht das Risiko, dass der Datenverkehr auf unverschlüsselten Verbindungen abgehört werden kann.
2	Sind die aktiven (und ruhenden) Verbindungen verschlüsselt?
	Verbindungen zur SAP-HANA-Datenbank sollten grundsätzlich verschlüsselt werden. Hier besteht das Risiko, dass der Datenverkehr auf unverschlüsselten Verbindungen abgehört werden kann.
3	Welche Schnittstellen existieren zu anderen Systemen?
	Es dürfen nur Schnittstellen gemäß der Dokumentation vorhanden sein. Hier besteht das Risiko, dass durch ungesicherte Verbindungen auf Daten zugegriffen werden kann.
2	Sind Schnittstellen zu Systemen mit sensiblen Daten als Readonly-Verbindungen definiert?
	Schnittstellen zu Systemen mit sensiblen Daten sollten keine Änderungen an Daten ermöglichen. Hier besteht das Risiko, dass durch die Verbindungen Daten manipuliert werden können.
2	Sind den Remote Sources explizit Benutzern zugeordnet, die sie nutzen dürfen?
	Insbesondere bei Systemen mit sensiblen Daten sollten die Benutzer, die die Remote Source nutzen können, explizit angegeben werden. Hier besteht das Risiko, dass Remote Sources von Benutzern unberechtigt genutzt werden.
1	Werden Änderungen an Remote Sources protokolliert?
	Änderungen an Remote Sources sind zu protokollieren. Hier besteht das Risiko, dass über Remote Sources nicht nachvollziehbare Zugriffe auf andere Systeme ermöglicht werden.

Tabelle 12.10 Checkliste zur SAP-HANA-Systemsicherheit (Forts.)

Wie Sie die einzelnen Punkte praktisch am SAP-System prüfen können, erfahren Sie in Abschnitt 12.2 des Dokuments **Tiede_Checklisten_Sicherheit_und_Pruefung.pdf**, das Sie im Downloadbereich dieses Buches unter *www.sap-press.de/5145* finden.

12.3 Anmeldesicherheit

Die Absicherung des Anmeldevorgangs ist ein wesentlicher Sicherheitsaspekt in jedem System. Da SAP HANA nicht »nur« als reine Datenbank betrieben wird, sondern auch als Applikation, existiert dort eine Vielzahl von Benutzerkonten. Daher muss der Anmeldevorgang ebenso restriktiv abgesichert werden wie der Anmeldevorgang des SAP NetWeaver AS ABAP. Dieser Abschnitt zeigt Ihnen, wie Sie den Anmeldevorgang absichern und dies prüfen können. Nachfolgend stelle ich Ihnen die möglichen Authentifizierungsmethoden sowie die Parameter zur Anmeldesicherheit vor.

12.3.1 Authentifizierungsmethoden

Für Benutzer sind verschiedene Authentifizierungsverfahren möglich. Pro Benutzer sollte nach Möglichkeit nur ein Verfahren eingestellt sein. Bei der Nutzung von Kerberos ist sicherzustellen, dass keine doppelten *External IDs* (vom Kerberos-Server vergebener Name des Benutzers) genutzt werden. Dies wird technisch in SAP HANA nicht unterbunden.

Die den Benutzern zugeordneten Authentifizierungsmethoden können mit dem View USERS analysiert werden. Tabelle 12.11 zeigt die Felder dieses Views, die Authentifizierungseigenschaften enthalten.

Feld	Beschreibung
USER_NAME	Benutzername
USER_MODE	Benutzermodus: LOCAL/GLOBAL/EXTERNAL
EXTERNAL_IDENTITY	Externe ID (Kerberos)
IS_PASSWORD_ENABLED	Passwortanmeldung erlaubt
IS_KERBEROS_ENABLED	Anmeldung via Kerberos
IS_SAML_ENABLED	Anmeldung via SAML
IS_JWT_ENABLED	Anmeldung via JSON Webtoken

Tabelle 12.11 Authentifizierungseigenschaften im View USERS

Feld	Beschreibung
IS_X509_ENABLED	Anmeldung via X509
IS_SAP_LOGON_TICKET_ENABLED	Anmeldung via SAP Logon Ticket
IS_SAP_ASSERTION_TICKET_ENABLED	Anmeldung via SAP Assertion Ticket
AUTHORIZATION_MODE	Berechtigungsmodus (LOCAL/LDAP)

Tabelle 12.11 Authentifizierungseigenschaften im View USERS (Forts.)

Um zu ermitteln, ob verschiedene Authentifizierungsmechanismen für die gleichen Benutzer angegeben wurden, können Sie die SQL-Anweisung aus Listing 12.3 nutzen:

```
SELECT * FROM USERS
WHERE LENGTH(IS_PASSWORD_ENABLED || IS_KERBEROS_ENABLED ||
IS_SAML_ENABLED || IS_JWT_ENABLED || IS_X509_ENABLED ||
IS_SAP_LOGON_TICKET_ENABLED || IS_SAP_ASSERTION_TICKET_ENABLED)<34
```

Listing 12.3 Mehrere Authentifizierungsmethoden für Benutzer

Die Prüfung, ob dieselbe Kerberos-ID an verschiedene Benutzer vergeben wurde, ist mit dem SQL-Statement in Listing 12.4 möglich.

```
SELECT * FROM USERS WHERE EXTERNAL_IDENTITY IN (
SELECT EXTERNAL_IDENTITY FROM USERS
WHERE EXTERNAL_IDENTITY IS NOT NULL
GROUP BY EXTERNAL_IDENTITY
HAVING COUNT(*)>1)
```

Listing 12.4 Benutzer mit derselben Kerberos-ID

Damit die Authentifizierung nachvollziehbar wird, müssen verschiedene Protokolle im Auditing aktiviert werden (siehe Abschnitt 12.9).

12.3.2 Systemparameter für Kennwortrichtlinien

Die *Kennwortrichtlinien* sind ein wesentlicher Sicherheitsaspekt in jedem System. Da SAP HANA auch als Applikation betrieben wird, existieren dort evtl. eine Vielzahl von Benutzerkonten. Daher ist es wichtig, die Kennwortrichtlinien an die Unternehmensvorgaben anzupassen. Häufig gibt es unterschiedliche interne Vorgaben für

»schwache« und »starke« Systeme. Produktive SAP-HANA-Systeme sind als starke Systeme einzustufen. Auch sind die Vorgaben für die Kennwortrichtlinien häufig nach Benutzergruppen unterschiedlich. So wird von Administratoren, die über sehr umfangreiche Berechtigungen verfügen, ein komplexeres Kennwort gefordert als von Anwendern.

Die Kennwortrichtlinien werden über Systemparameter konfiguriert. Die Parameter für die Tenant-Datenbanken werden im Abschnitt password policy der Datei **indexserver.ini** gesetzt. Für Systemdatenbanken werden sie im Abschnitt password policy der Datei **nameserver.ini** gespeichert. Tabelle 12.12 zeigt die verfügbaren Parameter. Diese sind mit den Unternehmensrichtlinien abzugleichen.

Zur Pflege der Richtlinien ist das System Privilege INIFILE ADMIN erforderlich.

Parameter	Beschreibung	Default-Wert
detailed_error_on_connect	Bei der Einstellung FALSE wird nur die Meldung »authentication failed« bei Anmeldefehlern ausgegeben. Ansonsten werden Details angezeigt: • Invalid user or password • User is locked. • Connect try is outside validity period. • User is deactivated. Der Parameter sollte den Wert FALSE enthalten.	FALSE
force_first_password_change	Legt fest, ob Benutzer ihr Initialkennwort bei der ersten Anmeldung ändern müssen. Der Parameter sollte den Wert TRUE enthalten.	TRUE
last_used_passwords	Anzahl der letzten Kennwörter, die nicht erneut genutzt werden dürfen. Der Wert »0« bedeutet, dass alle letzten Kennwörter wieder genutzt werden können.	5
maximum_invalid_connect_attempts	Anzahl möglicher Falschanmeldungen bis zur Sperrung eines Benutzers	6
maximum_password_lifetime	Anzahl der Tage, bis ein neues Kennwort erzwungen wird	182

Tabelle 12.12 Anmeldeparameter der SAP-HANA-Datenbank

Parameter	Beschreibung	Default-Wert
maximum_unused_initial_password_lifetime	Anzahl der Tage, bis ein Initialkennwort abläuft. Danach ist keine Anmeldung mehr möglich; es muss ein neues Initialkennwort vergeben werden.	7
maximum_unused_productive_password_lifetime	Anzahl der Tage, bis ein produktives Kennwort abläuft. Danach ist keine Anmeldung mehr möglich; es muss ein neues Initialkennwort vergeben werden.	365
minimal_password_length	Minimale Kennwortlänge	8
minimum_password_lifetime	Anzahl der Tage, bevor ein Benutzer nach einer Kennwortänderung sein Kennwort erneut ändern kann	1
password_expire_warning_time	Anzahl der Tage vor Ablauf der Kennwortgültigkeit, an denen Benutzer einen Warnhinweis bekommen. Der Wert »0« bedeutet, dass keine Warnmeldung ausgegeben wird.	14
password_layout	Legt die Kennwortkomplexität fest. Die folgenden Bestandteile können angefordert werden: - Großbuchstaben (A-Z) - Kleinbuchstaben (a-z) - Zahlen (0–9) - Sonderzeichen (!, §, $, %, &, -, _, /, usw.) Zur Konfiguration muss aus jeder Kategorie, die genutzt werden soll, ein Zeichen angegeben werden. Der Standardwert »Aa1« bedeutet somit, dass Groß- und Kleinbuchstaben sowie Zahlen im Kennwort enthalten sein müssen. Dieser Wert ist gleichbedeutend mit z. B. »h2O«, »5Gf« und »Lu9«.	Aa1

Tabelle 12.12 Anmeldeparameter der SAP-HANA-Datenbank (Forts.)

Parameter	Beschreibung	Default-Wert
password_lock_for_system_user	Legt fest, ob der Benutzer SYSTEM durch Falschanmeldungen gesperrt wird (für den mit dem Parameter password_lock_time festgelegten Zeitraum). Der Wert FALSE bewirkt, dass der Benutzer nie gesperrt wird. Der Parameter sollte auf dem Standardwert TRUE belassen werden, da ansonsten Brute-Force-Attacken mit diesem Benutzer ermöglicht werden. Brute-Force-Attacken sind programmgesteuerte Anmeldeversuche mit beliebig vielen verschiedenen Kennwörtern.	TRUE
password_lock_time	Zeitraum in Minuten, nachdem ein Benutzer, der wegen einer Falschanmeldung gesperrt wurde, wieder entsperrt wird. Neben der Angabe der Minuten sind die folgenden Werte möglich: • 0: sofort wieder entsperren • –1: keine automatische Entsperrung Der Parameter sollte auf den Wert »–1« gesetzt werden.	1440

Tabelle 12.12 Anmeldeparameter der SAP-HANA-Datenbank (Forts.)

Zur Analyse der Kennwortrichtlinien können Sie den View M_PASSWORD_POLICY (Public) nutzen, der den aktuellen Stand der Anmeldeparameter für die aktuelle Datenbank ausgibt.

Änderungen an den Login-Parametern werden standardmäßig nicht protokolliert. Die Protokollierung kann über das Auditing aktiviert werden (siehe Abschnitt 12.9).

12.3.3 Benutzergruppenspezifische Kennwortrichtlinien

Die Parameter für die Kennwortkonventionen werden in der Datenbank global für alle Benutzer gesetzt. Es kann erforderlich sein, diese Richtlinien für bestimmte Benutzer individuell anzupassen. Beispielsweise werden für Administratoren aufgrund ihrer umfangreichen Berechtigungen häufig komplexere Kennwörter angefordert. Dies kann mit den Benutzergruppen eingerichtet werden. Die Kennwortrichtlinien können für jede Benutzergruppe individuell ausgeprägt werden. Für einen Benutzer gilt dann jeweils die Richtlinie seiner Benutzergruppe, nicht die global gesetzte Richtlinie. Alle Parameter können gruppenspezifisch gesetzt werden, außer password_lock_for_system_user. Dieser wird nur global gesetzt.

Eine Übersicht über die definierten Richtlinien aller Benutzergruppen erhalten Sie über den View USERGROUP_PARAMETERS. Tabelle 12.13 zeigt Ihnen die Felder des Views. Sie benötigen das System Privilege CATALOG READ zur Anzeige dieses Views.

Feldname	Beschreibung
USERGROUP_NAME	Name der Benutzergruppe
PARAMETER_SET_NAME	Name des Parametersets
IS_ACTIVATED	Zeigt an, ob der Parameter aktiv ist: ■ TRUE: Parameter ist aktiv. ■ FALSE: Parameter ist nicht aktiv.
PARAMETER_NAME	Parametername
PARAMETER_VALUE	Parameterwert

Tabelle 12.13 Die Felder von Tabelle USERGROUP_PARAMETERS

12.3.4 Liste der verbotenen Kennwörter

Zeichenketten, die nicht in Kennwörtern genutzt werden sollen, können in der Tabelle _SYS_SECURITY._SYS_PASSWORD_BLACKLIST hinterlegt werden. Tabelle 12.14 beschreibt die Felder dieser Tabelle.

Feldname	Beschreibung
BLACKLIST_TERM	Zeichenkette bzw. Kennwort
CHECK_PARTIAL_PASSWORD	Legt fest, ob der Wert in Feld BLACKLIST_TERM als Zeichenkette in Kennwörtern (TRUE) oder nur als ganzes Kennwort (FALSE) verboten ist.
CHECK_CASE_SENSITIVE	Legt fest, ob Groß-/Kleinschreibung beachtet wird (FALSE = wird nicht beachtet).

Tabelle 12.14 Die Felder von Tabelle _SYS_SECURITY._SYS_PASSWORD_BLACKLIST

Zur Anzeige der Sperrliste benötigen Sie die das Object Privilege SELECT für die Tabelle _SYS_SECURITY._SYS_PASSWORD_BLACKLIST.

12.3.5 Checkliste

In Tabelle 12.15 finden Sie die Checkliste mit den prüfungsrelevanten Fragestellungen zur Anmeldesicherheit in SAP HANA.

Risiko	Fragestellung
	Vorgabe oder Erläuterung
1	Wer ist berechtigt, die zulässigen Authentifizierungsmechanismen zu konfigurieren?
	Die Berechtigung zur Konfiguration zulässigen Authentifizierungsmechanismen darf nur an die dafür verantwortlichen Administratoren vergeben werden. Hier besteht das Risiko, dass Authentifizierungsmethoden freigeschaltet werden, die gemäß Unternehmensrichtlinie unzulässig sind.
1	Wer ist berechtigt, die Authentifizierungsmechanismen im Benutzerstammsatz zu setzen?
	Die Berechtigung zur Konfiguration der Authentifizierungsmechanismen im Benutzerstammsatz darf nur an die Benutzeradministratoren vergeben werden. Hier besteht das Risiko, dass für Benutzer Authentifizierungsmethoden freigeschaltet werden, die gemäß Unternehmensrichtlinie unzulässig sind.
1	Bei Einsatz von Kerberos: Gibt es unterschiedliche Benutzer mit derselben External ID (Kerberos-ID)?
	Die Kerberos-ID ist eindeutig, daher darf es keine zwei Benutzerkonten mit derselben Kerberos-ID geben. Hier besteht das Risiko, dass eine falsche Kerberos-ID mit den Benutzerkonten genutzt werden kann.
1	Werden Änderungen an den Authentifizierungsmethoden protokolliert?
	Änderungen an den Authentifizierungsmethoden sind zu protokollieren. Hier besteht das Risiko, dass über die Manipulation von Authentifizierungsmethoden unberechtigte Zugriffe auf die Datenbank ermöglicht werden.
1	Sind die Anmeldeparameter gemäß den Unternehmensrichtlinien eingestellt?
	Die Anmeldeparameter müssen gemäß den Vorgaben und Sicherheitsrichtlinien eingestellt sein. Hier besteht das Risiko, dass der Anmeldevorgang nicht gemäß den Unternehmensrichtlinien abgesichert ist.

Tabelle 12.15 Checkliste zur Anmeldesicherheit

Risiko	Fragestellung
	Vorgabe oder Erläuterung
2	Wurden Anmeldeparameter individuell für Benutzergruppen eingerichtet, und entsprechen diese den Vorgaben?
	Die Anmeldeparameter müssen gemäß den Vorgaben und Sicherheitsrichtlinien auch individuell für Benutzergruppen eingestellt sein. Hier besteht das Risiko, dass der Anmeldevorgang nicht gemäß den Unternehmensrichtlinien abgesichert ist.
2	Sind die verbotenen Kennwörter gemäß den Unternehmensrichtlinien hinterlegt?
	Unzulässige Kennwörter (Firmenname usw.) müssen in Tabelle _SYS_SECURITY._SYS_PASSWORD_BLACKLIST eingetragen sein. Hier besteht das Risiko, dass Benutzer triviale Kennwörter nutzen, die leicht zu hacken sind.
1	Werden Änderungen an den Kennwortrichtlinien protokolliert?
	Änderungen an den Parametern für die Kennwortrichtlinien sind über das Auditing zu protokollieren. Zwar werden Änderungen automatisch in der Tabelle SYS.M_INIFILE_CONTENT_HISTORY gespeichert, diese Inhalte können aber gelöscht werden. Hier besteht das Risiko, dass Änderungen an der Konfiguration des Anmeldevorgangs ohne Nachvollziehbarkeit vorgenommen werden.

Tabelle 12.15 Checkliste zur Anmeldesicherheit (Forts.)

Wie Sie die einzelnen Punkte praktisch am SAP-System prüfen können, erfahren Sie in Abschnitt 12.3 des Dokuments **Tiede_Checklisten_Sicherheit_und_Pruefung.pdf**.

12.4 Benutzerverwaltung in SAP HANA

In diesem Abschnitt erfahren Sie, wie Benutzerstammsätze in SAP HANA ausgewertet werden können, was bei Benutzergruppen zu beachten ist und wie Sie die Standardbenutzer absichern.

12.4.1 Der Benutzerstammsatz

Alle, die in der SAP-HANA-Datenbank arbeiten sollen, benötigen einen *Benutzerstammsatz*. In diesem Kontext sind auch die organisatorischen Verfahren zur Benutzerverwaltung relevant (siehe Abschnitt 7.1, »Organisatorische Regelungen«). Die Eigenschaften der Benutzer werden in dem View SYS.USERS gespeichert (System View USERS). Tabelle 12.16 listet die Felder der Tabelle auf.

Zur Pflege von Benutzerstammsätzen ist das System Privilege USER ADMIN erforderlich. Änderungen am Benutzerstammsatz werden standardmäßig nicht protokolliert. Die Protokollierung wird mit dem Auditing aktiviert (siehe Abschnitt 12.9).

Feld	Beschreibung
USER_NAME	Benutzername
USER_ID	Benutzerkennung
USERGROUP_NAME	Benutzergruppe
USER_MODE	Benutzermodus: LOCAL/GLOBAL/EXTERNAL
EXTERNAL_IDENTITY	externe ID (Kerberos)
CREATOR	Anleger
CREATE_TIME	Anlagedatum und -uhrzeit
VALID_FROM	gültig von
VALID_UNTIL	gültig bis
LAST_SUCCESSFUL_CONNECT	letzte erfolgreiche Anmeldung
LAST_INVALID_CONNECT_ATTEMPT	letzte nicht erfolgreiche Anmeldung
INVALID_CONNECT_ATTEMPTS	Anzahl fehlgeschlagener Anmeldeversuche seit der letzten gültigen Anmeldung
ADMIN_GIVEN_PASSWORD	Gibt an, ob der Benutzer ein Initialkennwort besitzt (TRUE = Initialkennwort).
PASSWORD_CHANGE_TIME	Zeitpunkt der letzten Kennwortänderung
PASSWORD_CHANGE_NEEDED	Kennwortänderung erforderlich
IS_PASSWORD_LIFETIME_CHECK_ENABLED	Zeigt an, ob das Kennwort des Benutzers nach dem mit dem Parameter maximum_password_lifetime gesetzten Wert abläuft: • TRUE: Kennwort läuft nach dem gesetzten Wert ab. • FALSE: Kennwort läuft nicht ab. Diese Einstellung sollte nur für technische Benutzer gesetzt werden.

Tabelle 12.16 Felder der Tabelle USERS

Feld	Beschreibung
USER_DEACTIVATED	Benutzer ist deaktiviert. Wurde der Benutzer automatisch wegen eines abgelaufenen Kennwortes gesperrt, wurde dafür ein Alarm mit der ID 62 (*Expiration of database user passwords*) erzeugt.
DEACTIVATION_TIME	Zeitpunkt der Deaktivierung
IS_PASSWORD_ENABLED	Passwortanmeldung erlaubt
IS_KERBEROS_ENABLED	Anmeldung via Kerberos
IS_SAML_ENABLED	Anmeldung via SAML
IS_JWT_ENABLED	Anmeldung via JSON Web Token
IS_X509_ENABLED	Anmeldung via X509
IS_SAP_LOGON_TICKET_ENABLED	Anmeldung via SAP Logon Ticket
IS_SAP_ASSERTION_TICKET_ENABLED	Anmeldung via SAP Assertion Ticket
IS_RESTRICTED	Restricted User (Wert TRUE) haben nur eingeschränkten Zugriff auf die SAP-HANA-Datenbank (siehe Abschnitt 12.4.2, »Restricted User (Eingeschränkte Benutzer)«). Anmeldungen sind nur über HTTP/HTTPS möglich. Sie besitzen keine Rechte zum Anlegen neuer Objekte in ihrem eigenen Schema. Sie besitzen keine Leseberechtigungen in der Datenbank. Die Rolle PUBLIC (Anzeige aller PUBLIC-Views) kann ihnen nicht zugeordnet werden.
IS_RESTRICTED_DETAILS	Listet auf, ob *Restricted Usern* die Rolle PUBLIC zugeordnet ist und ob sie das CREATE-Privilege auf ihr eigenes Schema besitzen.
IS_CLIENT_CONNECT_ENABLED	▪ TRUE: Benutzer kann sich direkt an der Datenbank anmelden, via ODBC/JDBC. ▪ FALSE: Benutzer kann sich nur über eine Anwendung anmelden.
HAS_REMOTE_USERS	Benutzer besitzt einen Remotebenutzer in einem anderen Tenant.

Tabelle 12.16 Felder der Tabelle USERS (Forts.)

Feld	Beschreibung
AUTHORIZATION_MODE	Berechtigungsmodus (LOCAL/LDAP)
COMMENTS	Beschreibung des Benutzers
CREATE_PROVIDER_TYPE	Provider, über den dieser Benutzer angelegt wurde: • SAML PROVIDER • LDAP PROVIDER • NULL (direkt in der SAP-HANA-Datenbank angelegt)
CREATE_PROVIDER_NAME	Name des Providers

Tabelle 12.16 Felder der Tabelle USERS (Forts.)

Fehlgeschlagene Anmeldungen von Benutzern werden in der Tabelle SYS.INVALID_CONNECT_ATTEMPTS (System View INVALID_CONNECT_ATTEMPTS) gespeichert. Sie enthält folgende Felder:

- USER_NAME: Benutzername
- SUCCESSFUL_CONNECT_TIME: letzte gültige Anmeldung
- INVALID_CONNECT_ATTEMPTS: Anzahl fehlgeschlagener Anmeldeversuche seit der letzten gültigen Anmeldung

12.4.2 Restricted User (Eingeschränkte Benutzer)

SAP HANA kennt zwei Arten von Benutzern, *Datenbankbenutzer* und *Restricted User*. Restricted User (eingeschränkte Benutzer) haben nur eingeschränkten Zugriff auf die SAP-HANA-Datenbank. Beim Anlegen eines neuen Benutzers wird zwischen einem »normalen« Benutzer (kann sich an die Datenbank direkt anmelden) und einem Restricted User unterschieden. Anmeldungen sind diesen Benutzern nur über HTTP/HTTPS möglich (nicht via ODBC/JDBC direkt an der Datenbank).

Neu angelegten Restricted Usern wird nicht automatisch die Rolle PUBLIC (Anzeige aller Public-Views) zugeordnet. Auch ein manuelles Zuordnen dieser Rolle ist nicht möglich (Option **PUBLIC role**). Des Weiteren werden Restricted Usern nicht automatisch die Rechte zum Anlegen neuer Objekte in ihrem eigenen Schema zugeordnet (Option **Creation of objects in own schema**). Wird eine dieser Optionen ausgewählt, wird die Meldung »This setting changes the user into a standard user« ausgegeben (siehe Abbildung 12.9).

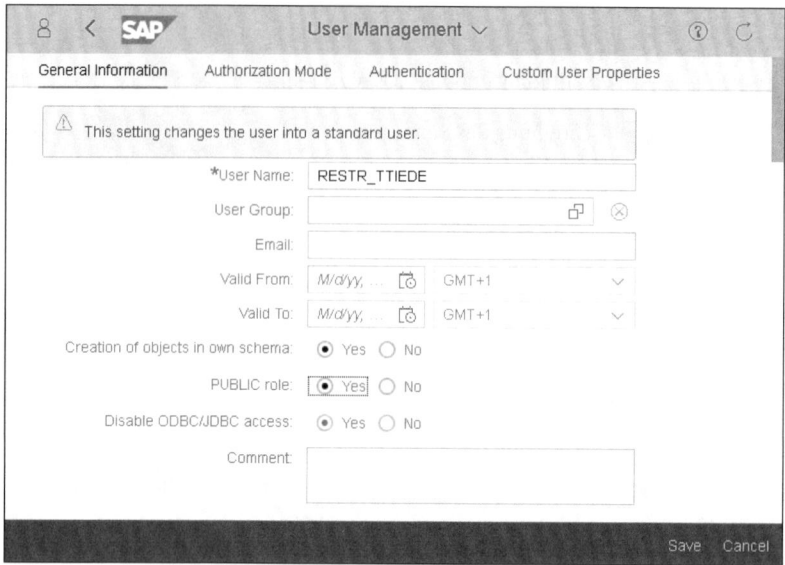

Abbildung 12.9 Anlage eines Restricted Users

Eine Ausnahme stellen hier folgende Restricted User dar:

- Restricted User, die im SAP-HANA-Standard ausgeliefert werden
- Restricted User, die automatisch bei der Anlage von Containern eingerichtet werden

Diesen eingeschränkten Benutzern sind teilweise beide Eigenschaften zugeordnet. Das Feld IS_RESTRICTED_DETAILS in der Tabelle SYS.USERS (System View USERS) zeigt diese Ausnahmen an, also die Eigenschaften, die dem Benutzer nicht zugeordnet sind. Tabelle 12.17 zeigt die möglichen Inhalte des Felds.

Feldinhalt	Beschreibung
ROLE PUBLIC, CREATE ANY ON OWN SCHEMA	Die Rolle PUBLIC ist nicht zugeordnet. Das Recht zum Anlegen von Objekten in seinem Schema ist nicht zugeordnet.
ROLE PUBLIC	Die Rolle PUBLIC ist nicht zugeordnet. Das Recht zum Anlegen von Objekten in seinem Schema ist zugeordnet.
CREATE ANY ON OWN SCHEMA	Die Rolle PUBLIC ist zugeordnet. Das Recht zum Anlegen von Objekten in seinem Schema ist nicht zugeordnet.

Tabelle 12.17 Eigenschaften von eingeschränkten Benutzern

Feldinhalt	Beschreibung
NULL	Die Rolle PUBLIC ist zugeordnet.
	Das Recht zum Anlegen von Objekten in seinem Schema ist zugeordnet.

Tabelle 12.17 Eigenschaften von eingeschränkten Benutzern (Forts.)

12.4.3 Standardbenutzer in SAP HANA

In einer SAP-HANA-Datenbank existieren verschiedene Standardbenutzer. Der Benutzer SYSTEM ist der einzige dieser Benutzer, mit dem eine direkte Anmeldung möglich ist; mit allen anderen Standardbenutzern sind Anmeldungen nicht möglich.

Der Benutzer SYSTEM

Der Benutzer SYSTEM ist der Standardadministrationsbenutzer der SAP-HANA-Datenbank. Er verfügt standardmäßig über alle System Privileges, besitzt aber keine Rechte zum Zugriff auf die Tabelleninhalte der Tabellen eines SAP-Systems, z. B. SAP ERP oder SAP S/4HANA, sowie auf die Schemata von HDI-Containern. Sein Kennwort wird während der Installation festgelegt; ein Standardkennwort besitzt er nicht.

Der Benutzer SYSTEM sollte im Tagesgeschäft nicht genutzt werden, da mit diesem Benutzer anonyme Aktionen durchgeführt werden können. Gemäß SAP-Sicherheitsleitfaden muss der Benutzer nach der Installation und der Einrichtung personifizierter Administrationskonten deaktiviert werden. Es ist auf jeden Fall sicherzustellen, dass eine Nutzung des Benutzers SYSTEM im Tagesgeschäft nicht möglich ist. Allerdings wird der Benutzer SYSTEM teilweise auch für das Einspielen von Support Package Stacks oder Enhancement Packages mittels des Software Update Managers benötigt.

Um die Aktionen, die mit dem Benutzer SYSTEM durchgeführt werden, nachvollziehen zu können, ist er über das Auditing zu protokollieren (siehe Abschnitt 12.9). Abbildung 12.10 zeigt, wie der Benutzer protokolliert werden kann. Dort sind zwei Policys abgebildet:

- **Policy »ALTER USERS«**
  Alle Änderungen an Benutzerstammsätzen werden protokolliert:
  - **Audited Actions · ALTER USER**: Änderungen an Benutzerstammsätzen werden protokolliert.
  - **Users · All users**: Es werden Änderungen von allen Benutzern protokolliert.

  Hierdurch werden somit auch die Änderungen am Benutzer SYSTEM protokolliert, z. B. Sperren und Entsperren. Eine explizite Protokollierung von Änderungen nur am Benutzer SYSTEM kann nicht eingerichtet werden.

- **Policy »User SYSTEM«**
  Alle Aktionen, die mit dem Benutzer SYSTEM durchgeführt werden, werden protokolliert:

  – **Audited Actions · All actions**: Es werden alle Aktionen aufgezeichnet.
  – **User included in Policy · SYSTEM**: Es wird nur der Benutzer SYSTEM protokolliert.

  Wichtig ist hierbei, dass der Benutzer SYSTEM nicht für Hintergrundaufgaben eingeplant ist, nicht in Schnittstellen verwendet wird und dass seine Anmeldedaten nicht für Verbindungen (z. B. im SAP HANA Cockpit) genutzt werden. Das Auditing würde in diesen Fällen zu viele Einträge erzeugen. Wählen Sie in so einem Fall in der Policy anstelle von **All actions** einzelne zu protokollierende Aktionen aus.

Der Systemparameter password_lock_for_system_user im Abschnitt password policy der Datei indexserver.ini stellt eine Besonderheit dar (Standardwert: TRUE). Durch den Wert FALSE kann eingestellt werden, dass der Benutzer SYSTEM nicht durch Falschanmeldungen gesperrt werden kann. Dies ermöglicht Brute-Force-Attacken auf diesen Benutzer; daher sollte der Parameterwert auf dem Standardwert TRUE eingestellt bleiben.

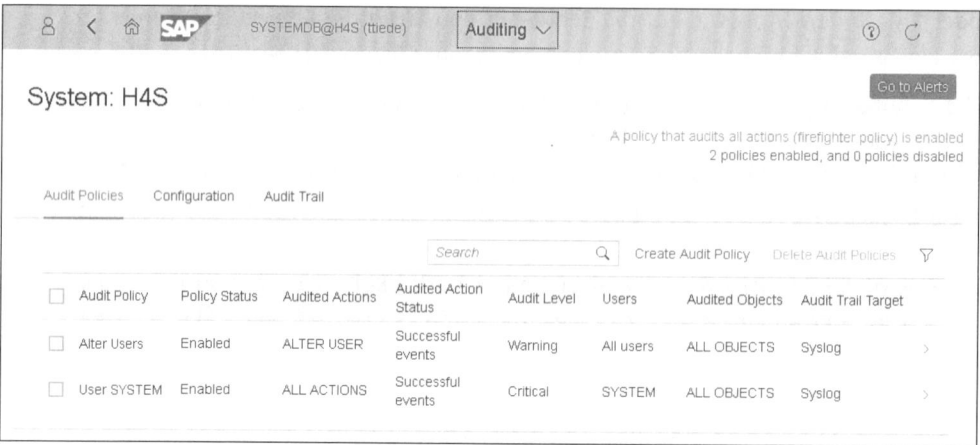

Abbildung 12.10 Protokollierung des Benutzers SYSTEM

Systembenutzer

Systembenutzer sind deaktivierte Benutzer, die systemseitig nicht aktiviert werden können (siehe Tabelle 12.18). Das heißt, der Befehl ALTER USER <user_name> ACTIVATE kann für diese Benutzer nicht angewandt werden. Die Systembenutzer können somit nur von der Datenbank im Hintergrund genutzt werden.

12.4 Benutzerverwaltung in SAP HANA

Benutzer	Beschreibung
SYS	Besitzer von Datenbankobjekten, wie z. B. Systemtabellen und Monitoring-Views
_SYS_AFL	Besitzer aller Applikationsfunktionsbibliotheken
_SYS_EPM	Wird von der Applikation SAP Enterprise Performance Management (SAP EPM) genutzt.
_SYS_REPO	Wird vom SAP HANA Repository genutzt. Dieser Benutzer ist Besitzer aller Objekte des Repositorys und dessen aktivierter Laufzeitobjekte, somit auch der Repository-Berechtigungsrollen.
_SYS_SQL_ANALYZER	Wird vom SQL Analyzer zur Analyse der Query-Performance genutzt.
_SYS_STATISTICS	Wird für interne Monitoring-Vorgänge genutzt.
_SYS_TASK	Ist der Besitzer aller Task-Framework-Objekte.
_SYS_XB	technischer Benutzer, nur für den internen Gebrauch
XSSQLCC_AUTO_USER_<generated_ID>	Wird automatisch bei der Installation einer SAP-HANA-XS-Applikation generiert, wenn kein anderer Benutzer angegeben wird.

Tabelle 12.18 Systembenutzer in der SAP-HANA-Datenbank (Auszug)

Der Benutzer SAP<sid>

Der Benutzer SAP<sid> existiert in einer SAP-HANA-Datenbank, wenn eine ABAP-Applikation (z. B. SAP ERP, SAP S/4HANA) installiert ist. Bei der Installation kann als Name auch z. B. SAPABAP1 festgelegt werden, was aber unüblich für produktive SAP-HANA-Datenbanken ist. Der Benutzer wird für die Kommunikation mit einem SAP-NetWeaver-System angelegt. Jegliche Kommunikation des SAP-NetWeaver-Systems mit der Datenbank erfolgt über diesen Benutzer. Er ist der Besitzer aller Elemente des SAP-Systems und hat somit u. a. Vollzugriff auf alle Tabellen. Die erforderlichen SAP-HANA-Berechtigungen werden diesem Benutzer automatisch beim Anlegen zugeordnet. Welche Berechtigungen erforderlich sind, listet SAP-Hinweis 2101316 auf.

Anmeldungen mit dem Benutzer SAP<sid> sind möglich, aber im Tagesgeschäft nicht erforderlich. Dieser Benutzer muss so abgesichert werden, dass Anmeldungen mit ihm möglichst nur nach dem Vier-Augen-Prinzip erfolgen können. Des Weiteren sollten Zugriffe auf die Tabellen seines Schemas protokolliert werden. Hierfür kann eine Auditing-Policy wie in Abbildung 12.11 eingerichtet werden. Diese ist folgendermaßen konfiguriert (der Name des Benutzers, dem die Objekte des ABAP-Stacks gehören, ist hier SAPABAP1):

- **Audited Actions**: DELETE, INSERT, SELECT, UPDATE
- **Audited Objects**: alle Objekte im Schema SAPABAP1
- **User Excluded from Policy**: alle Benutzer außer SAPABAP1

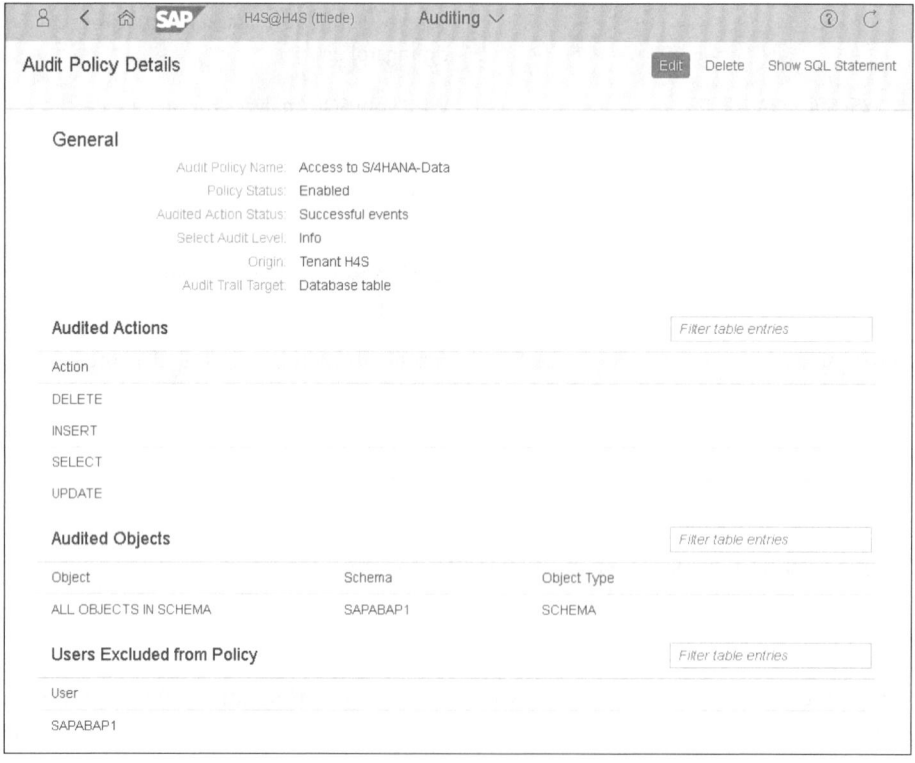

Abbildung 12.11 Auditing-Policy für den SAP-ABAP-Benutzer

Diese Policy bewirkt, dass alle Zugriffe per SQL auf die ABAP-Systemdaten protokolliert werden, außer den Zugriffen des Benutzers SAPABAP1. Abbildung 12.12 zeigt beispielhaft zwei Protokolleinträge. Hier ist zu erkennen, dass der Benutzer TTIEDE per SELECT-Anweisung auf die Tabellen PA0008 (Basisgehälter aus SAP HCM) und USR02 (Benutzeranmeldedaten inklusive Kennwort-Hashwerte) des Schemas SAPABAP1 zugegriffen hat.

12.4 Benutzerverwaltung in SAP HANA

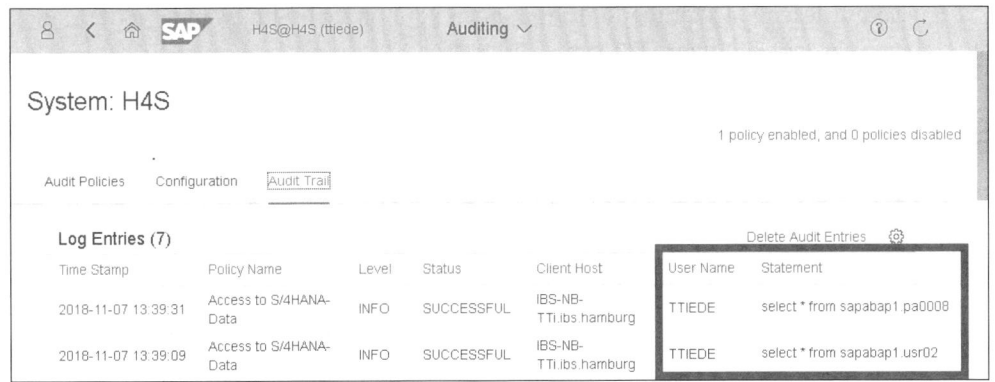

Abbildung 12.12 Auswertung der Auditing-Policy für den SAP-ABAP-Benutzer

12.4.4 Remotebenutzer

In einer Multi-Tenant-Datenbank sind die einzelnen Datenbanken (Tenants) so voneinander getrennt, dass gegenseitige Zugriffe standardmäßig nicht möglich sind. Dadurch ist gewährleistet, dass die Daten einer Datenbank nicht von einer anderen Datenbank aus gelesen werden können. In der Praxis kann es aber vorkommen, dass solche datenbankübergreifenden Zugriffe erforderlich bzw. gewünscht sind. In dem Fall ist es möglich, solche Zugriffe zuzulassen und zu konfigurieren.

Ein Beispiel dafür ist eine SAP-HANA-Datenbank mit einer Vielzahl von Tenant-Datenbanken. Hier gibt es eine Systemdatenbank, in der die Administratoren ihre Benutzerkonten mit entsprechenden Systemberechtigungen haben. Die Administratoren benötigen aber auch in den anderen Tenant-Datenbanken Benutzerkonten, um die dortigen Tenant-Spezifika zu verwalten. Dafür ist es möglich, die Benutzerkonten jeweils als Remotebenutzer zu deklarieren. In dem Fall können bestimmte lesende Aktionen in allen Tenant-Datenbanken von der Systemdatenbank aus durchgeführt werden.

Ein weiteres Einsatzgebiet ist die datenbankübergreifende Definition von Views (SQL-Views und Calculation Views). Damit ist es möglich, Daten aus verschiedenen Datenbanken in einer View zusammenfassend darzustellen und auszuwerten. Auch über Prozeduren ist es möglich, auf Daten in anderen Datenbanken zuzugreifen.

Ob datenbankübergreifende Zugriffe möglich sind, wird über den Systemparameter `cross_database_access` (Wert »enabled«) in der Datei **global.ini** gesteuert. Standardmäßig enthält der Parameter den Wert FALSE. Durch das Setzen auf den Wert TRUE sind datenbankübergreifende Zugriffe möglich. Das Ändern dieses Parameters ist nur von der Systemdatenbank aus möglich, nicht von einzelnen Tenant-Datenbanken aus. Der Zugriff ist grundsätzlich auf SELECT-Anweisungen beschränkt, erfolgt also nur lesend. Ändernde Berechtigungen können nicht angewandt werden, auch wenn sie dem Benutzer zugeordnet sind.

Um Funktionen datenbankübergreifend auszuführen, benötigt ein Benutzer in der Zieldatenbank einen *Remotebenutzer*. Dieser wird wie folgt eingerichtet:

1. Der Benutzer TTIEDE soll von der Systemdatenbank aus auf die Remote-Tenant-Datenbank H4S zugreifen.
2. In der Zieldatenbank (H4S) wird eingerichtet, dass Benutzer TTIEDE von der Systemdatenbank aus zugreifen darf. Dafür wird dem Benutzer in der Datenbank H4S der Benutzer TTIEDE aus der Systemdatenbank als Remotebenutzer zugeordnet.
3. Der Benutzer TTIEDE kann nun von der Systemdatenbank aus auf Daten in der Tenant-Datenbank H4S zugreifen. Hierfür wird sein Benutzerkonto in der Datenbank H4S genutzt.

Hierdurch werden folgende Änderungen im Datenbank-Tenant H4S wirksam:

- Im Benutzerstammsatz von TTIEDE (Tabelle USERS) wird im Feld HAS_REMOTE_USERS der Wert von FALSE (Standard) auf TRUE gesetzt. Hieran ist zu erkennen, dass der Benutzer von einer anderen Datenbank aus remote genutzt werden kann.
- Der Benutzer TTIEDE wird mit dem Remotebenutzer und der Datenbank in die Tabelle SYS.REMOTE_USERS eingetragen. Ihre Felder finden Sie in Tabelle 12.19.

Feld	Beschreibung
USER_NAME	Name des Benutzers
REMOTE_USER_NAME	Name des Benutzers, der von einer anderen Datenbank aus zugreifen darf
REMOTE_DATABASE_NAME	Name der Datenbank, von der aus zugegriffen werden darf

Tabelle 12.19 Felder der Tabelle SYS.REMOTE_USERS

Abbildung 12.13 zeigt die Tabelle SYS.REMOTE_USERS (System View REMOTE_USERS) in der Tenant-Datenbank H4S zu unserem Beispiel.

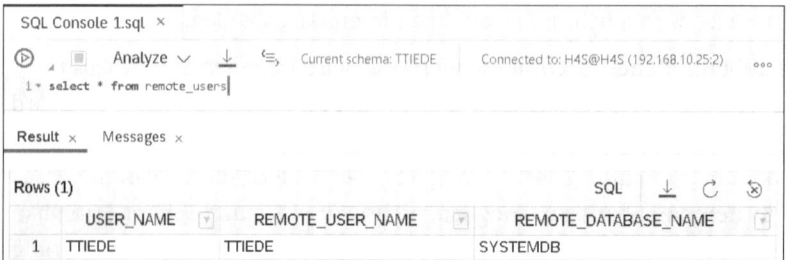

Abbildung 12.13 Die Tabelle REMOTE_USERS in einer Tenant-Datenbank

12.4 Benutzerverwaltung in SAP HANA

Der Remotezugriff ist z. B. per SQL möglich. In Abbildung 12.14 ist zu erkennen, dass der Benutzer TTIEDE aktuell an der Systemdatenbank angemeldet ist (»Connected to: SYSTEMDB@H4S«). In der SQL-Anweisung ist vor dem Viewnamen der Name der Tenant-Datenbank (H4S) angegeben:

SELECT * FROM H4S.TTIEDE.CUST_CREDIT_VIEW

Dadurch werden die Daten aus der Tenant-Datenbank angezeigt.

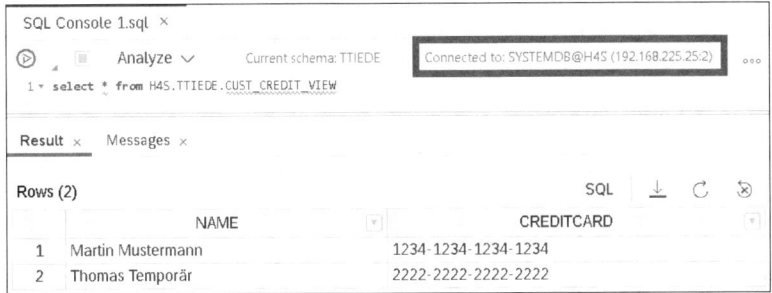

Abbildung 12.14 Zugriff auf eine View in einer anderen Datenbank

12.4.5 Benutzergruppen

Benutzer können einer *Benutzergruppe* zugeordnet werden (Feld USERGROUP_NAME in der Tabelle USERS). Dadurch kann die Benutzerverwaltung dezentralisiert werden. Eine Zuordnung zu mehreren Gruppen ist nicht möglich.

Die Gruppen werden in der Tabelle USERGROUPS gespeichert (siehe Tabelle 12.20). Dort lässt sich im Feld IS_USER_ADMIN_ENABLED festlegen, ob weiterhin auch noch die Berechtigung USER ADMIN zur Verwaltung der Benutzer genutzt werden kann. Hiermit kann dann sowohl eine zentrale als auch eine dezentrale Verwaltung von Benutzern eingerichtet werden. Benutzergruppen können auch individuelle Kennwortrichtlinien zugeordnet werden (siehe Abschnitt 12.3.3).

Feld	Beschreibung
USERGROUP_NAME	Name der Benutzergruppe
USERGROUP_ID	Gruppen-ID
CREATOR	Anleger der Gruppe
IS_USER_ADMIN_ENABLED	FALSE: Nur Gruppenadministratoren können die Gruppe verwalten. TRUE: Gruppenadministratoren und Benutzer mit dem System Privilege USER ADMIN können die Gruppe verwalten.
COMMENTS	Beschreibung der Gruppe

Tabelle 12.20 Felder der Gruppe USERGROUPS

Beim Anlegen einer Gruppe kann entschieden werden, mit welchen Berechtigungen die Gruppe verwaltet werden kann, siehe Abbildung 12.15. Diese Einstellung kann auch nachträglich noch geändert werden. Hier gibt es folgende Optionen:

- **Only a group administrator can manage this user group**
  Nur Benutzer mit dem Object Privilege USERGROUP OPERATOR für diese Gruppe können die Gruppe verwalten.

- **Both group administrators and user administrators can manage this user group**
  Zusätzlich zu den Benutzern mit dem Object Privilege USERGROUP OPERATOR können auch Benutzer mit dem System Privilege USER ADMIN die Gruppe verwalten.

- **Group creator can manage group**
  Der Ersteller der Gruppe erhält das Recht zur Verwaltung der Gruppe.

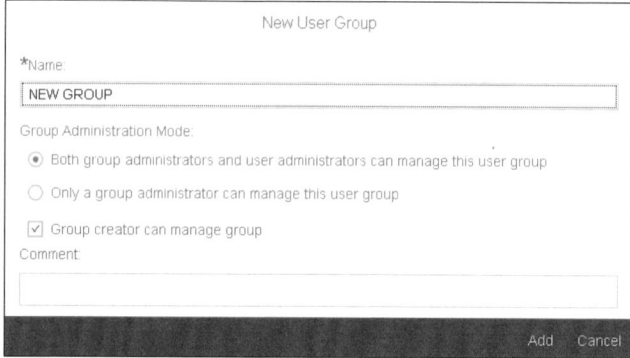

Abbildung 12.15 Eigenschaften einer Benutzergruppe

Änderungen an Benutzergruppen werden nicht protokolliert. Die Protokollierung kann mit dem Auditing aktiviert werden (siehe Abschnitt 12.9).

12.4.6 Checkliste

In Tabelle 12.21 finden Sie die Checkliste mit den prüfungsrelevanten Fragestellungen zur Benutzerverwaltung in SAP HANA.

Risiko	Fragestellung
	Vorgabe oder Erläuterung
1	Wem sind Berechtigungen zur Pflege von Benutzern zugeordnet?
	Die Berechtigung zur Benutzerverwaltung darf nur an die dafür verantwortlichen Administratoren vergeben werden. Hier besteht das Risiko, dass fiktive Benutzer angelegt oder bestehende Benutzer manipuliert werden.

Tabelle 12.21 Checkliste zur Benutzerverwaltung

Risiko	Fragestellung
	Vorgabe oder Erläuterung
3	Existieren abgelaufene Benutzerkonten?
	Es sollte keine abgelaufenen Benutzer geben. Hier besteht das Risiko, dass diese Benutzer jederzeit mit ihren Zugriffsrechten und einem neuen Kennwort wieder aktiviert und genutzt werden können.
3	Gibt es Benutzer mit Initialkennwort?
	Es darf nur wenige oder gar keine Benutzer geben, die noch ein Initialkennwort besitzen. Hier besteht das Risiko, dass Anmeldungen mit diesen Benutzern mit einem trivialen Kennwort möglich sind.
2	Liegen für bestimmte Benutzer viele fehlgeschlagene Anmeldeversuche vor?
	Falschanmeldungen von Benutzern sollten überwacht werden. Hier besteht das Risiko, dass versucht wurde, unter dieser Benutzerkennung ins System einzudringen.
1	Werden Änderungen am Benutzerstammsatz protokolliert?
	Änderungen am Benutzerstammsatz sind zu protokollieren. Hier besteht das Risiko, dass Änderungen an Benutzerstammsätzen sowie das Anlegen und Löschen nicht nachvollziehbar sind.
1	Existiert eine Verfahrensanweisung zur Nutzung des Benutzers SYSTEM?
	Es muss festgelegt werden, wie der Benutzer SYSTEM abzusichern ist. Hier besteht das Risiko, dass der Benutzer SYSTEM anonym für Anmeldungen genutzt werden kann.
1	Ist der Benutzer SYSTEM deaktiviert?
	Gemäß SAP-Sicherheitsleitfaden muss der Benutzer SYSTEM deaktiviert werden. Hier besteht das Risiko, dass der Benutzer SYSTEM anonym für Anmeldungen genutzt werden kann.
1	Wird der Benutzer SYSTEM durch Falschanmeldungen deaktiviert?
	Der Parameter `password_lock_for_system_user` muss auf den Wert TRUE gesetzt werden, um Brute-Force-Attacken zu verhindern. Hier besteht das Risiko, dass das Kennwort des Benutzers SYSTEM durch Brute-Force-Attacken gehackt werden kann.

Tabelle 12.21 Checkliste zur Benutzerverwaltung (Forts.)

Risiko	Fragestellung
	Vorgabe oder Erläuterung
3	Wann wurde der Benutzer SYSTEM zuletzt eingesetzt?
	Die Nutzung des Benutzers SYSTEM muss dokumentiert werden. Hier besteht das Risiko, dass der Benutzer SYSTEM anonym für Anmeldungen genutzt werden kann.
2	Sind die Benutzer den korrekten Benutzergruppen zugeordnet?
	Wird ein Gruppenkonzept sowie eventuell eine dezentrale Benutzerverwaltung angewandt, müssen die Benutzer den jeweils korrekten Gruppen zugeordnet sein.
	Hier besteht das Risiko, dass Benutzer von einem falschen Personenkreis gepflegt werden können.
2	Werden Änderungen an Benutzergruppen protokolliert?
	Änderungen an Benutzergruppen sind zu protokollieren. Hier besteht das Risiko, dass Änderungen an der Benutzerzuordnung auch die Berechtigungen zur Pflege der Benutzer beeinflussen.
1	Wer ist zur Benutzerpflege für bestimmte Benutzergruppen berechtigt?
	Die Berechtigung zur Benutzerverwaltung für bestimmte Benutzergruppen darf nur an die dafür verantwortlichen Administratoren vergeben werden. Hier besteht das Risiko, dass fiktive Benutzer angelegt oder bestehende Benutzer manipuliert werden.

Tabelle 12.21 Checkliste zur Benutzerverwaltung (Forts.)

Wie Sie die einzelnen Punkte praktisch am SAP-System prüfen können, erfahren Sie in Abschnitt 12.4 des Dokuments **Tiede_Checklisten_Sicherheit_und_Pruefung.pdf**.

12.5 SAP HANA XSA

SAP HANA Extended Application Services, Advanced Model (SAP HANA XSA) löst das bisherige SAP HANA XS (Repository) im Bereich der Eigenentwicklungen ab. SAP HANA XSA setzt auf einer SAP-HANA-Datenbank auf. Zwar gibt es eine eigene Benutzerverwaltung, allerdings werden die Benutzer in der darunterliegenden SAP-HANA-Datenbank angelegt und in XSA mit zusätzlichen Eigenschaften ausgestattet. Eine Prüfung der SAP-HANA-XSA-Benutzer ist somit auch in der SAP-HANA-Datenbank möglich.

12.5.1 Struktur in SAP HANA XSA

Um zu verstehen, wie Anwendungen innerhalb einer Datenbank separiert werden können, ist ein Verständnis der Struktur von SAP HANA XSA erforderlich. Die Grundstruktur besteht aus zwei Elementen:

- **Organizations**
  Organizations sind Container zur Strukturierung der Spaces. Eine Unternehmung kann als Organization abgebildet werden. Es können aber auch z. B. einzelne Bereiche einer Unternehmung als Organization definiert werden.

- **Spaces**
  Innerhalb der Spaces werden die Applikationen entwickelt. Entwicklerberechtigungen können auf einzelne Spaces vergeben werden. Legt ein Entwickler eine neue Applikation an, muss er sie explizit einem Space zuordnen (siehe Abbildung 12.16). Er kann Applikationen nur in den Spaces erstellen, für die er explizit berechtigt wurde.

Abbildung 12.17 zeigt die Struktur der Organizations und Spaces. In den einzelnen Spaces werden Applikationen entwickelt. Diese sind im jeweiligen Space gekapselt und in anderen Spaces nicht sichtbar.

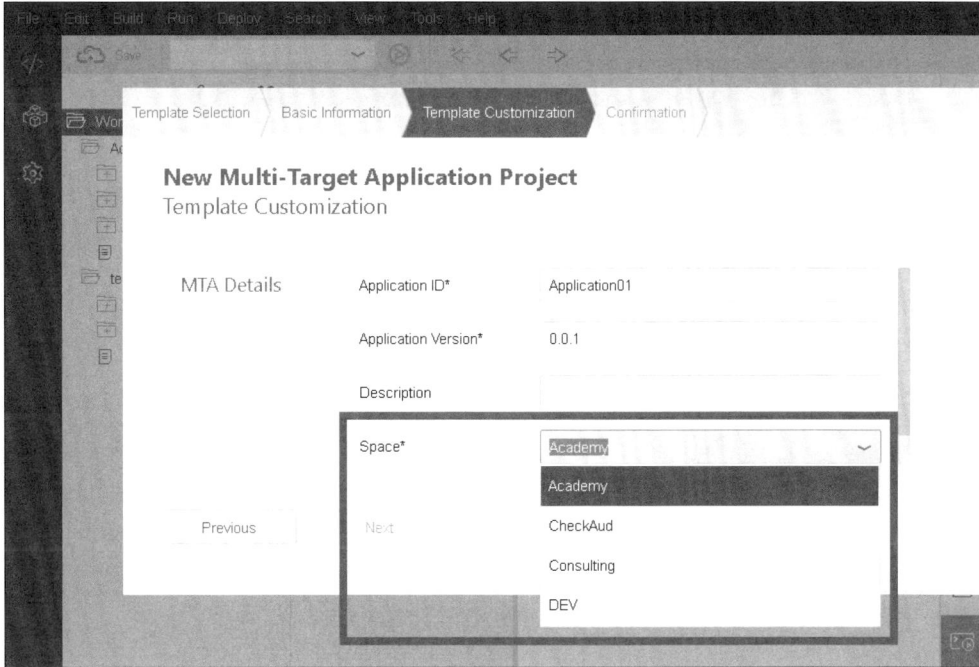

Abbildung 12.16 Anlegen einer Applikation in einem Space

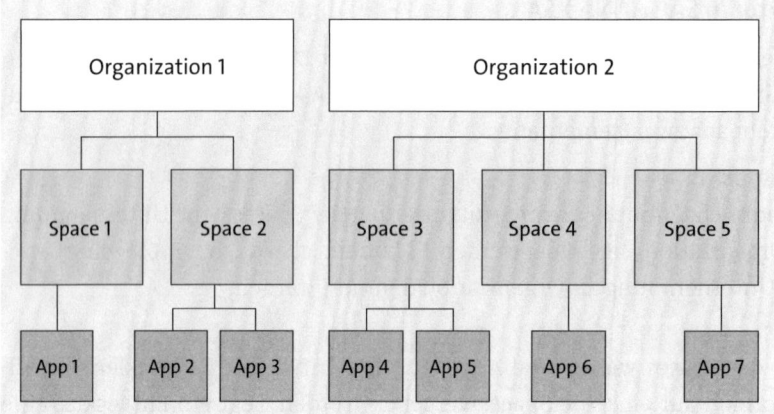

Abbildung 12.17 Struktur in SAP HANA XSA

12.5.2 SAP HANA XSA Cockpit

Die zentrale Verwaltung der Organizations und Spaces, der Benutzer und Rollen sowie der gesamten SAP-HANA-XSA-Konfiguration erfolgt über das SAP HANA XSA Cockpit. Informationen zu Verfügbarkeit und Installation finden Sie in SAP-Hinweis 2447422. Abbildung 12.18 zeigt die Oberfläche des SAP HANA XSA Cockpits.

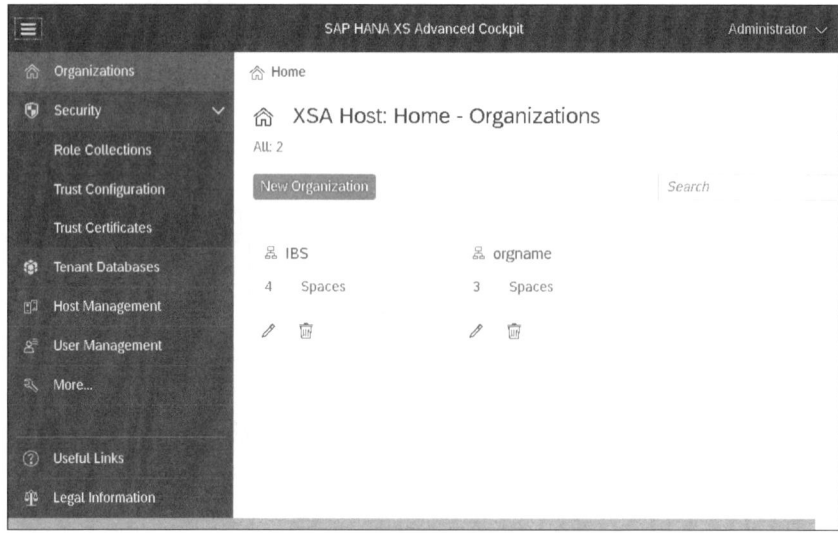

Abbildung 12.18 Oberfläche des SAP HANA XSA Cockpits

12.5.3 SAP Web IDE

Die *SAP Web IDE* (IDE = Integrated Development Environment) ist die zentrale Entwicklungsplattform für SAPUI5-Anwendungen. Unterstützt werden verschiedene

Sprachen, wie Java, JavaScript, SAPUI5 HTML5, Node.js etc. Die SAP Web IDE kann sowohl für On-Premise-Applikationen (SAP HANA XSA) als auch als zentrale Entwicklungsanwendung für die SAP BTP (Cloud Foundry) genutzt werden. Abbildung 12.19 zeigt die Oberfläche der SAP Web IDE.

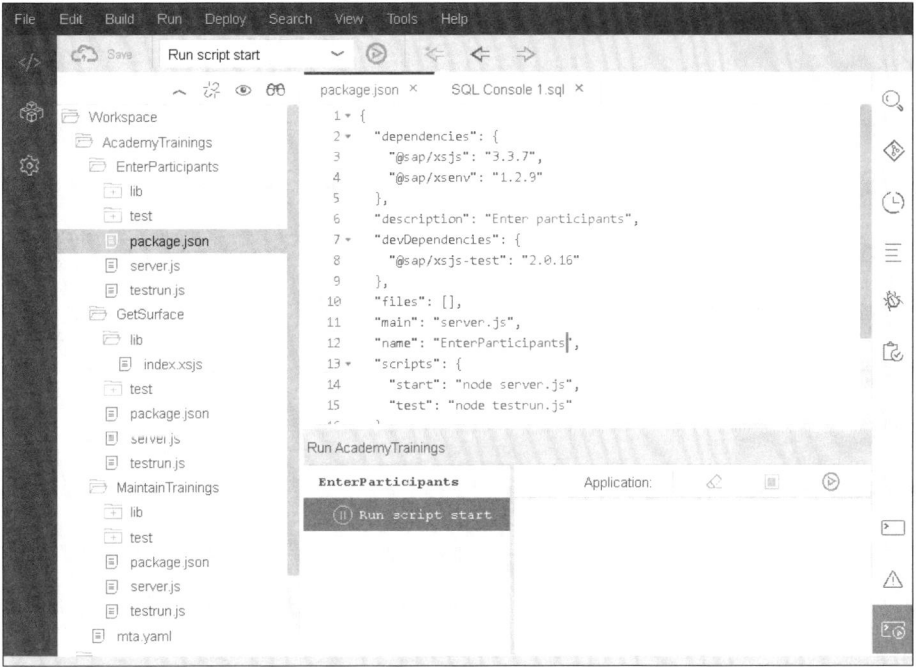

Abbildung 12.19 Oberfläche der SAP Web IDE

Weiterführende Informationen zur SAP Web IDE

Einen Überblick über den Einsatz der SAP Web IDE für SAP HANA XSA erhalten Sie in dem Buch *SAP HANA XSA Native Development for SAP HANA* von Alborghetti et al. (SAP PRESS 2018). Eine Dokumentation zu SAPUI5-Entwicklungen finden Sie hier: *https://sapui5.hana.ondemand.com/*.

12.5.4 Benutzer in SAP HANA XSA

Für die Nutzung von SAP HANA XSA müssen Benutzer über das SAP HANA XS Advanced Cockpit angelegt werden. Es können sowohl neue Benutzer angelegt als auch bestehende Benutzer der SAP-HANA-Datenbank migriert werden. Die SAP-HANA-XSA-Benutzerkonten werden, wie die Datenbankbenutzer auch, in der Tabelle SYS.USERS gespeichert und können teilweise auch über das SAP HANA Cockpit oder das SAP HANA Studio verwaltet werden. Die Zuordnung von Berechtigungen für SAP

HANA XSA muss aber direkt über SAP HANA XSA erfolgen. Abbildung 12.20 zeigt den Bereich **User Management** des SAP HANA XS Advanced Cockpits.

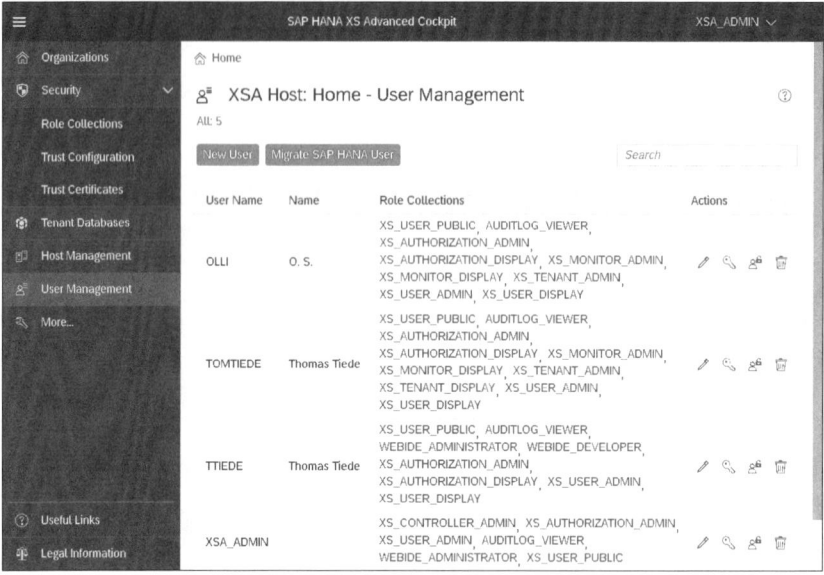

Abbildung 12.20 Das SAP HANA XS Advanced Cockpit

Im SAP HANA XS Advanced Cockpit haben Benutzerstammsätze folgende Eigenschaften:

- Vorname
- Nachname
- E-Mail-Adresse
- *Role Collections* (Berechtigungen)

Die Eigenschaften werden als Benutzerparameter im Stammsatz des Datenbankbenutzers gespeichert (siehe Tabelle 12.22). Abbildung 12.21 zeigt einen SAP-HANA-XSA-Benutzer im SAP HANA Cockpit. Die XS_RC-Einträge zeigen die dem Benutzer zugeordneten Role Collections.

Parameter	Beschreibung
XS_GIVEN_NAME	Vorname des Benutzers
XS_FAMILY_NAME	Nachname des Benutzers
EMAIL_ADDRESS	E-Mail-Adresse des Benutzers
XS_RC_...	Zuordnung von XSA Role Collections

Tabelle 12.22 SAP-HANA-XSA-Parameter im Benutzerstammsatz

12.5 SAP HANA XSA

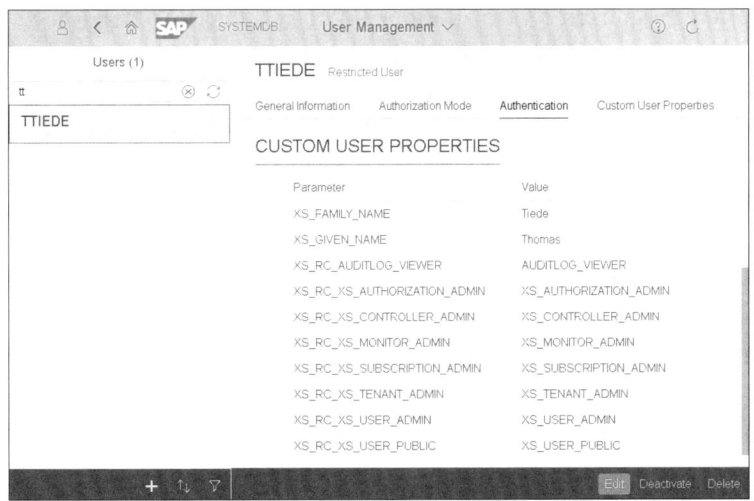

Abbildung 12.21 SAP-HANA-XSA-Parameter im Benutzerstammsatz

Die Berechtigungen in SAP HANA XSA werden über Rollen vergeben, die in Role Collections zusammengefasst werden. Für die Verwaltung von Benutzern benötigen Sie die SAP-HANA-XSA-Standardrolle XS_USER_ADMIN, die in der Role Collection XS_USER_ADMIN enthalten ist. Mit dieser Rolle können Benutzer in SAP HANA XSA angelegt, geändert und gelöscht werden. Die Benutzer werden in SAP HANA als Restricted User angelegt (siehe Abschnitt 12.4.2). Daher werden durch die Zuordnung der Rolle XS_USER_ADMIN auch folgende SAP-HANA-Privileges in den Benutzerstammsatz eingetragen:

- System Privilege USER ADMIN (Verwaltung von Benutzern)
- System Privilege ROLE ADMIN (Verwaltung von Katalogrollen)
- Object Privilege EXECUTE für folgende Prozeduren:
  - SYS_XS_UAA_USER_ADMIN.PROC_GRANT_USERROLE_ADMIN_TO_USER
  - SYS_XS_UAA_USER_ADMIN.PROC_REVOKE_USERROLE_ADMIN_FROM_USER

Die Protokollierung der Änderungen an SAP-HANA-XSA-Benutzern erfolgt über das *SAP HANA Auditing*. Folgende Auditing-Aktionen müssen dafür aktiviert werden:

- ALTER USER (Ändern des Benutzerstammsatzes)
- CREATE USER (Anlegen eines Benutzerstammsatzes)
- DROP USER (Löschen eines Benutzerstammsatzes)

12.5.5 Berechtigungen in SAP HANA XSA

In SAP HANA XSA werden Benutzern Berechtigungen über Role Collections zugeordnet, denen wiederum die eigentlichen Rollen zugeordnet sind. Mit den Role Collections werden die Berechtigungen zur Nutzung des SAP HANA XSA Cockpits sowie für die SAP Web IDE vergeben. Im SAP HANA XSA Cockpit werden damit z. B. Berechtigungen zur Benutzerverwaltung, für die Tenant-Verwaltung, für die Zertifikate und zur Anlage von Organizations erteilt. Die Berechtigungen innerhalb der Organizations und Spaces erfolgt dann nicht mehr über die Role Collections, sondern über spezielle *Organization Roles* und *Space Roles*.

Role Collections

Die Role Collections werden im SAP HANA XSA Cockpit über den Eintrag **Role Collections** verwaltet (siehe Abbildung 12.22). Hier werden die Role Collections angezeigt, die bereits mit dem SAP HANA XSA Cockpit ausgeliefert werden. Dies sind die Rollen, die zur Nutzung des Cockpits erforderlich sind. Tabelle 12.23 listet Standard-Role-Collections auf.

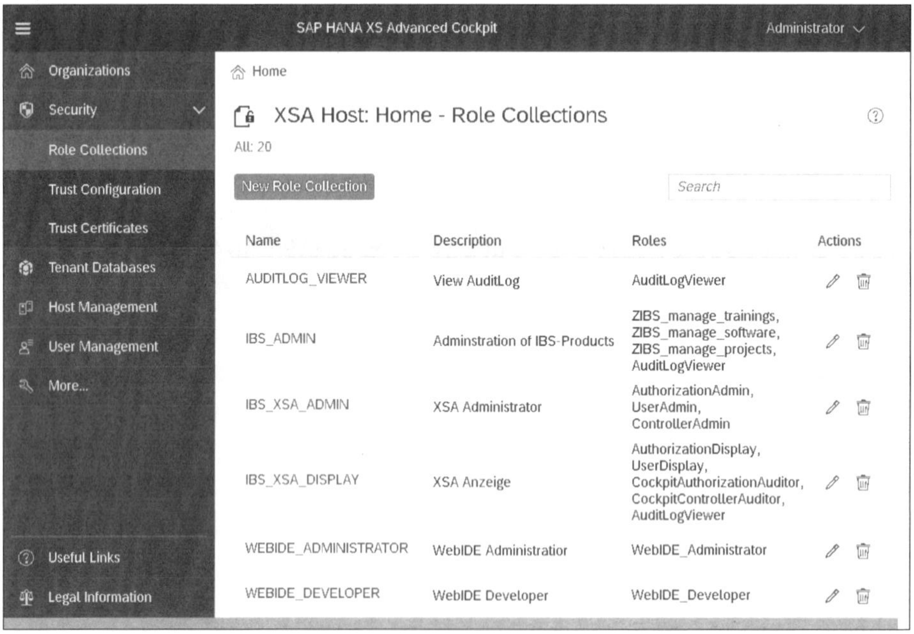

Abbildung 12.22 Verwaltung der Role Collections

Role Collection	Berechtigung
XS_AUTHORIZATION_ADMIN	Berechtigungen zur Pflege von Rollen und Role Collections
XS_AUTHORIZATION_DISPLAY	Berechtigungen zur Anzeige von Rollen und Role Collections

Tabelle 12.23 Standard-Role-Collections in SAP HANA XSA

Role Collection	Berechtigung
XS_CONTROLLER_ADMIN	Administrationsberechtigung für den XS Controller, u. a. können alle Organizations und Spaces verwaltet werden
XS_CONTROLLER_AUDITOR	Anzeigeberechtigung für die dem Benutzer zugeordneten Organizations und Spaces
XS_CONTROLLER_USER	Berechtigung zur Pflege der zugeordneten Organizations und Spaces
XS_TENANT_ADMIN	Berechtigung zur Verwaltung der Tenants in SAP HANA XSA (in SAP HANA ist außerdem das System Privilege TENANT ADMIN erforderlich)
XS_TENANT_DISPLAY	Berechtigung zur Anzeige der Tenants in SAP HANA XSA
XS_USER_ADMIN	Berechtigung zur Verwaltung der Benutzer in SAP HANA XSA (in SAP HANA benötigt der Benutzer das System Privilege USER ADMIN und einige weitere Berechtigungen, siehe Abschnitt 12.5.4)
XS_USER_DISPLAY	Berechtigung zur Anzeige der Benutzer in SAP HANA XSA
XS_USER_PUBLIC	Grundberechtigungen für Benutzer in SAP HANA XSA

Tabelle 12.23 Standard-Role-Collections in SAP HANA XSA (Forts.)

Scopes und Attributes

Berechtigungsprüfungen in SAP HANA XSA erfolgen auf der Grundlage von *Scopes* und *Attributen*. Beides wird in den Anwendungen individuell definiert und kann dann in Rollen zusammengefasst werden. Die Anwendungen erreichen Sie über die Spaces, denen sie zugeordnet sind. Im SAP HANA XSA Cockpit wählen Sie den Eintrag **Organizations**. Wählen Sie dann eine Organization, einen Space und eine Anwendung unter **Applications** aus. Unter **Security** (siehe Abbildung 12.23) finden Sie die Einträge **Roles**, **Scopes**, **Attributes** und **Role Templates**.

Mit Scopes werden die Aktionen berechtigt, die ein Benutzer innerhalb einer Anwendung durchführen kann. Scopes sind daher häufig Aufgabenbereiche wie **Administrator**, **User**, **Developer** oder **Manager**. Abbildung 12.23 zeigt beispielhaft die Scopes der SAP Web IDE. Damit ein Benutzer die SAP Web IDE als Entwickler nutzen kann, ist ihm daher der Scope webide!i1.webide_dev (*Web IDE Developer*) über eine Rolle zuzuordnen. Dieser Scope wird im Quelltext der SAP Web IDE abgefragt. Wie Scopes definiert werden, ist allerdings individuell. Häufig werden Scopes in Eigenentwicklungen auch als Aktivitäten erstellt (siehe Abbildung 12.24).

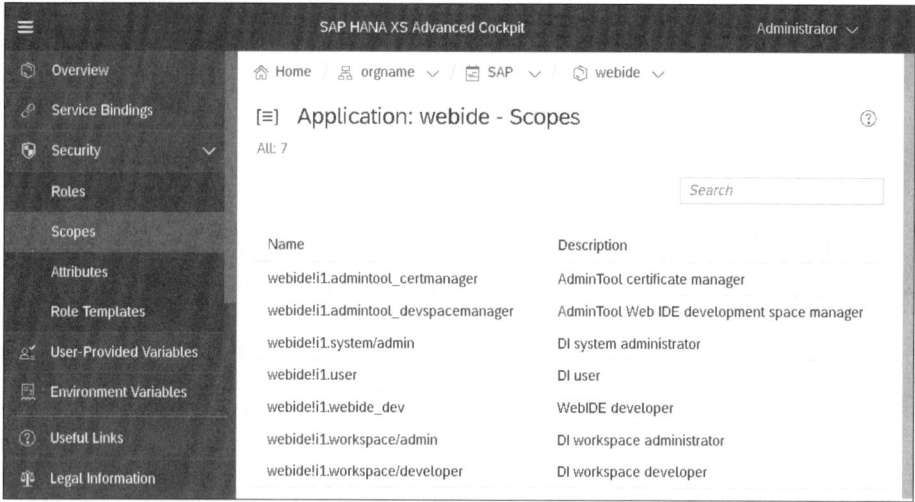

Abbildung 12.23 Scopes der Anwendung SAP Web IDE

Abbildung 12.24 Scopes einer Eigenentwicklung

Während mit den Scopes die Aktionen definiert werden, die ein Benutzer ausführen kann, werden mit den Attributen die Bereiche berechtigt, auf die er zugreifen kann. Diese können mit den Organisationseinheiten in SAP ERP bzw. SAP S/4HANA verglichen werden. So kann ein Attribut z. B. ein Buchungskreis oder eine Kostenstelle sein. Abbildung 12.25 zeigt eine Anwendung mit den beiden Attributen CostCenter und Training. Diese Attribute können in den Rollen dann ausgeprägt werden.

12.5 SAP HANA XSA

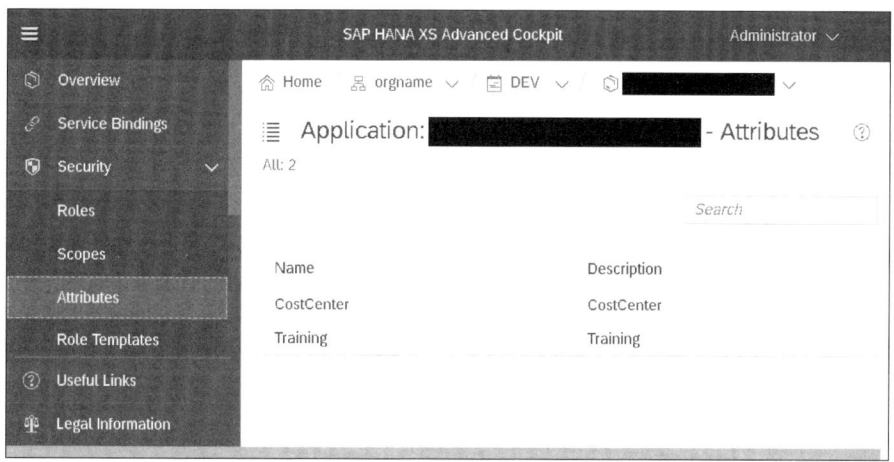

Abbildung 12.25 Attribute einer Anwendung

Rollen-Templates und Rollen

Die Scopes und Attribute werden zu Rollen-Templates zusammengefasst. Diese werden ebenfalls in der Anwendung selbst definiert. Abbildung 12.26 zeigt zu einer Anwendung die beiden Rollen-Templates **Editor** und **Viewer**, denen Scopes und Attribute zugeordnet sind. Attribute sind dabei optional.

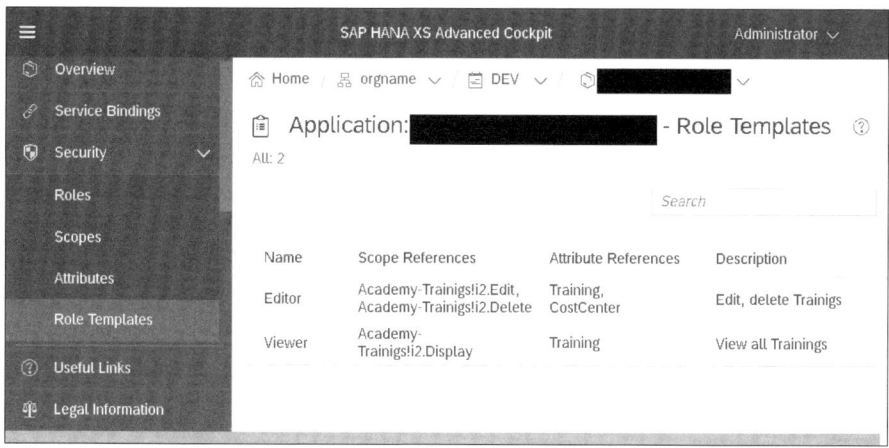

Abbildung 12.26 Rollen-Templates einer Anwendung

Aus diesen Templates können nun die Rollen abgeleitet werden. Während Scopes, Attribute und Rollen-Templates in den Anwendungen selbst definiert werden, können die Rollen im SAP HANA XSA Cockpit gepflegt werden. Abbildung 12.27 zeigt die Anlage einer neuen Rolle. Hier muss im Feld **Template** das Rollen-Template ausgewählt werden. Sind in dem Rollen-Template Attribute definiert, werden sie unter **Attributes** aufgelistet und können mit Werten ausgeprägt werden.

921

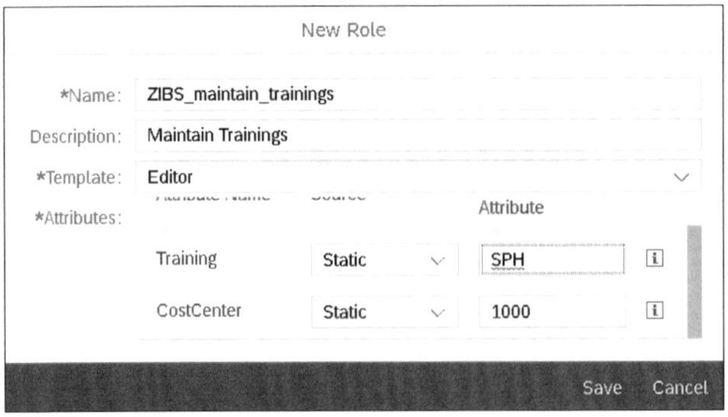

12 SAP HANA

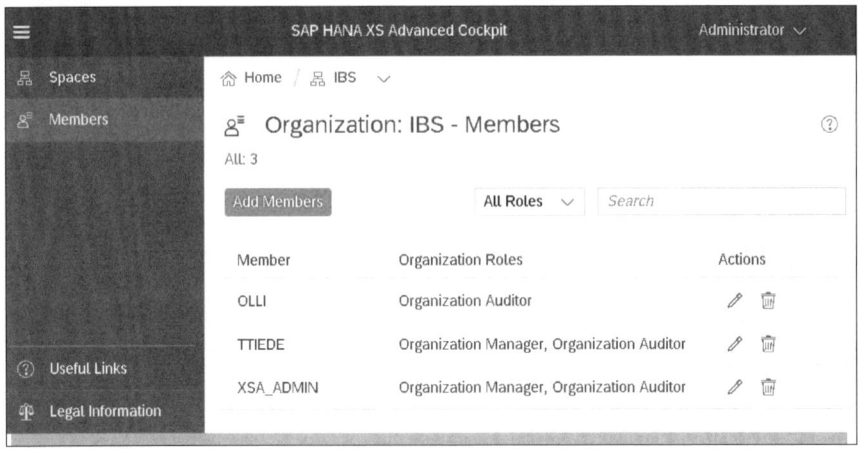

Abbildung 12.27 Anlage einer neuen Rolle

Berechtigungen für Organizations und Spaces

Werden Organizations und Spaces genutzt, um organisatorische Abgrenzungen abzubilden, muss die Berechtigungsvergabe auf Ebene einzelner Organizations und Spaces möglich sein. Hierfür können jeweils Benutzer als *Member* zugeordnet werden. Zu Organizations und Spaces werden bereits vordefinierte Rollen ausgeliefert, die diesen Members zugeordnet werden. Abbildung 12.28 zeigt die Sicht der Zuordnung der Benutzer zu den Organizations mit ihren zugeordneten Rollen. Tabelle 12.24 listet auf, welche Berechtigungen durch die Zuordnung dieser Rollen vergeben werden.

Abbildung 12.28 Members mit Organization Roles

Zu Spaces werden Benutzer nach demselben Prinzip zugeordnet. Zu jedem Space werden über den Menüeintrag **Members** die Benutzer und ihre Rollen festgelegt. Die Space-Rollen und die enthaltenen Berechtigungen listet Tabelle 12.24 auf.

Rolle	Berechtigung
Organization Manager	- Pflege der Benutzerzuordnung zur Organization (Members) - Pflege der Spaces in der Organization - Zuordnung von Domains zur Organization
Organization Auditor	- Anzeige aller der Organization zugeordneten Benutzer - Anzeige aller zugeordneten Rollen zu Benutzer in der Organization - Anzeige aller Spaces in der Organization
Space Manager	- Pflege der Benutzerzuordnung zum Space (Members) - Anzeige und Auswertung der Anwendungen des Space
Space Developer	- Einbinden, Starten und Stoppen von Anwendungen - Zuordnung von Anwendungen zu Services - Anzeige und Auswertung der Anwendungen des Space
Space Auditor	- Pflege der Benutzerzuordnung zum Space (Members) - Anzeige und Auswertung der Anwendungen des Space

Tabelle 12.24 Rollen für Organizations und Spaces

12.5.6 Checkliste

In Tabelle 12.25 finden Sie die Checkliste mit den prüfungsrelevanten Fragestellungen zu SAP HANA XSA.

Risiko	Fragestellung
	Vorgabe oder Erläuterung
1	Entspricht die Struktur der Organizations und Spaces der Unternehmensstruktur?
	Die Struktur der Organizations und Spaces muss der angeforderten Struktur für die Abbildung von Eigenentwicklungen entsprechen. Hier besteht das Risiko, dass Entwickler und Eigenentwicklungen falschen Bereichen zugeordnet werden.
1	Haben nur die zugelassenen Entwickler Berechtigungen zur Nutzung der SAP Web IDE?
	Da mit der SAP Web IDE direkt Eigenentwicklungen in SAP HANA erstellt werden, dürfen nur zugelassene Entwickler Zugriff darauf haben. Hier besteht das Risiko, dass unautorisierte Eigenentwicklungen in die Datenbank eingebracht werden.

Tabelle 12.25 Checkliste zu SAP HANA XSA

Risiko	Fragestellung
	Vorgabe oder Erläuterung
1	Wem sind Berechtigungen zur Pflege von SAP-HANA-XSA-Benutzern zugeordnet?
	Die Berechtigung zur Benutzerverwaltung darf nur an die dafür verantwortlichen Administratoren vergeben werden. Hier besteht das Risiko, dass fiktive Benutzer angelegt oder bestehende Benutzer manipuliert werden.
1	Werden Änderungen an SAP-HANA-XSA-Benutzern protokolliert?
	Änderungen an SAP HANA XSA sind zu protokollieren. Hier besteht das Risiko, dass Änderungen an Benutzerstammsätzen sowie die Zuordnung von Berechtigungen nicht nachvollziehbar sind.
1	Sind die Berechtigungen auf die Organizations korrekt vergeben?
	Die Berechtigungen auf den Organizations werden direkt in SAP HANA XSA vergeben. Hier besteht das Risiko, dass bei falscher Zuordnung der Berechtigungen Benutzer und Spaces von nicht autorisierten Benutzern gepflegt werden können.
1	Sind die Berechtigungen auf die Spaces korrekt vergeben?
	Die Berechtigungen auf den Spaces werden direkt in SAP HANA XSA vergeben. Hier besteht das Risiko, dass bei falscher Zuordnung der Berechtigungen Benutzer und Anwendungen von nicht autorisierten Benutzern gepflegt werden können.

Tabelle 12.25 Checkliste zu SAP HANA XSA (Forts.)

Wie Sie die einzelnen Punkte praktisch am SAP-System prüfen können, erfahren Sie in Abschnitt 12.5 des Dokuments **Tiede_Checklisten_Sicherheit_und_Pruefung.pdf**.

12.6 Das Berechtigungskonzept von SAP HANA

Das *Berechtigungskonzept* ist das zentrale Element zur Absicherung von SAP HANA. Ein tiefgehendes Verständnis der verschiedenen Berechtigungsarten ist erforderlich, um die zugeordneten Berechtigungen von verschiedenen Benutzergruppen (Administratoren, Entwicklern, Key-Usern, Endanwendern etc.) analysieren zu können.

12.6.1 Berechtigungen in SAP HANA

Um Aktivitäten auf der Datenbank durchführen zu können, werden entsprechende Berechtigungen benötigt. Ein Benutzer kann zwar ohne Berechtigungen in der SAP-HANA-Datenbank existieren, kann dort jedoch weder Objekte anzeigen, noch verändern. Grundsätzlich gilt im Benutzer-/Berechtigungsumfeld für SAP HANA:

- Berechtigungen (*Privileges*) können in Rollen zusammengefasst werden (zu Rollen siehe Kapitel 8, »Customizing des SAP-Systems«). Hierdurch können sie logisch gruppiert werden.
- *Rollen* können in beliebiger Tiefe ineinander verschachtelt werden. Hierdurch kann ein Konzept von *Sammelrollen* umgesetzt werden. Rollen können sowohl andere Rollen und gleichzeitig auch weitere Berechtigungen enthalten.
- Benutzern können sowohl Rollen als auch Berechtigungen (Privileges) direkt zugeordnet werden. Dies ist insbesondere bei den SAP-HANA-Standardbenutzern so vordefiniert. Im unternehmenseigenen Berechtigungskonzept sollten Privileges Benutzern nur in Ausnahmefällen direkt zugeordnet werden.
- Privileges definieren die Berechtigungen auf bestimmte Objekte.

Um die unterschiedlichen Benutzergruppen (Endanwender, Entwickler, Administratoren usw.) berechtigungsseitig abbilden zu können, wurde ein neues Konzept für Berechtigungen entwickelt. In SAP HANA werden fünf Arten von Berechtigungen genutzt (siehe Tabelle 12.26). In den folgenden Abschnitten gehe ich ausführlicher auf diese Berechtigungstypen ein.

Berechtigungstyp	Beschreibung
System Privileges (Systemberechtigungen)	Berechtigungen zur Systemadministration
Object Privileges (Objektberechtigungen)	Berechtigungen für den Zugriff auf Schemata, Tabellen, Views, Prozeduren usw.
Package Privileges (Paketberechtigungen)	Berechtigungen für Entwickler innerhalb des Repositorys
Analytic Privileges (Analyseberechtigungen)	Berechtigungen für den Zugriff auf Analytic Views (Reportingberechtigungen)
Application Privileges (Anwendungsberechtigungen)	Berechtigungen für den Aufruf von SAP-HANA-XS-Anwendungen

Tabelle 12.26 Berechtigungstypen in SAP HANA

12.6.2 System Privileges (Systemberechtigungen)

Über *System Privileges* (Systemberechtigungen) werden Zugriffsrechte zum Verwalten der Datenbank vergeben, u. a. zum Pflegen von Schemata, Benutzern, Katalogrollen, Backup-Aktivitäten, Lizenzierungen usw. Die Anwendergruppe für Systemberechtigungen sind Datenbankadministratoren. Die SAP-HANA-Standardbenutzer SYSTEM und _SYS_REPO verfügen standardmäßig über alle Systemberechtigungen.

Eine Auflistung der verfügbaren System Privileges erhalten Sie im System View PRIVILEGES (Tabelle SYS.PRIVILEGES):

SELECT * FROM PRIVILEGES WHERE TYPE = 'SYSTEMPRIVILEGE' ORDER BY NAME

System Privileges werden von verschiedenen Anwendergruppen benötigt. Administratoren erhalten hierüber die Berechtigungen zur Systemverwaltung und für Transporte. Berechtigungsverwaltern werden die Rechte zur Benutzerpflege hiermit zugeordnet. Entwickler benötigen System Privileges, um Entwicklungen zu exportieren oder Objekte zu importieren. Auditoren können hiermit zur Anzeige aller Kataloge berechtigt werden.

Abbildung 12.29 zeigt die Standardkatalogrolle DBA_COCKPIT. Hier sind verschiedene System Privileges standardmäßig enthalten, u. a. zur Pflege von Lizenzen (LICENSE ADMIN) und Systemparametern (INIFILE ADMIN). In Tabelle 12.27 sind einige wesentliche System Privileges aufgelistet. Auditoren benötigen für Prüfungen die System Privileges CATALOG READ und AUDIT READ.

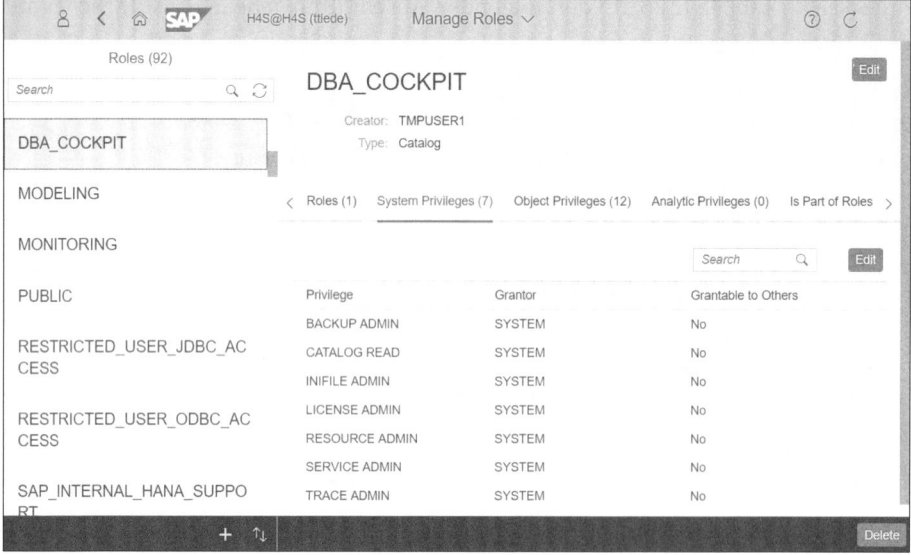

Abbildung 12.29 System Privileges in der Rolle DBA_COCKPIT

System Privilege	Beschreibung
CATALOG READ	Vergibt die Leseberechtigung für alle Views im Schema SYS.
AUDIT READ	Berechtigt zur Anzeige der Auditing-Protokolleinträge (siehe Abschnitt 12.9, »Auditing in SAP HANA«).

Tabelle 12.27 Ausgewählte System Privileges

System Privilege	Beschreibung
ROLE ADMIN	Berechtigt zur Pflege und Zuordnung von Katalogrollen (siehe Abschnitt 12.7.2, »Runtime-Katalogrollen«). Bei der Nutzung von Repository-Rollen wird diese Berechtigung nicht benötigt. In produktiven Systemen ist diese Berechtigung nicht zu vergeben.
USER ADMIN	Berechtigt zum Anlegen, Ändern und Löschen von Benutzern.
AUDIT ADMIN	Berechtigt zur Pflege der Auditkonfiguration sowie zur Anzeige der Auditing-Ergebnisse (siehe Abschnitt 12.9, »Auditing in SAP HANA«). Ein Löschen der Auditing-Einträge ist hiermit nicht möglich.
AUDIT OPERATOR	Berechtigt zum Anzeigen und Löschen der Auditing-Einträge. Durch die Privileges AUDIT ADMIN und AUDIT OPERATOR kann eine Funktionstrennung zwischen Konfiguration des Auditings und dem Verwalten der Ergebnisse implementiert werden.
CREATE REMOTE SOURCE	Berechtigt zur Anlage von Remote Sources (Schnittstellen) für SAP HANA Smart Data Access und SAP HANA Smart Data Integration (siehe Abschnitt 12.2.5, »Verbindungen zu anderen Systemen – Remote Sources«).
EXPORT	Berechtigt zum Export von Daten per SQL (Befehl EXPORT). Zusätzlich ist die SELECT-Berechtigung für die zu exportierenden Daten erforderlich.
IMPORT	Berechtigt zum Import von Daten per SQL (Befehl IMPORT). Zusätzlich ist die INSERT-Berechtigung für die Tabelle erforderlich, in der die Daten importiert werden.
INIFILE ADMIN	Berechtigt zur Pflege der Systemparameter (siehe Abschnitt 12.2.2, »Systemparameter«).
DATA ADMIN	Diese Berechtigung erlaubt das Ausführen aller DDL-Befehle. Hiermit können z. B. neue Tabellen angelegt und bestehende Tabellen gelöscht werden. SQL-Befehle sind z. B.: • CREATE TABLE (Anlegen einer Tabelle) • ALTER TABLE (Ändern des Aufbaus einer Tabelle) • DROP TABLE (Löschen einer Tabelle)

Tabelle 12.27 Ausgewählte System Privileges (Forts.)

System Privilege	Beschreibung
DATA ADMIN (Forts.)	Zur Nutzung dieser Befehle ist es nicht erforderlich, dass der Benutzer für das betreffende Schema berechtigt ist (z. B. mit dem Recht CREATE ANY) oder dass er Rechte für das Objekt selbst besitzt. Diese Berechtigung ist lediglich einem Notfallbenutzer zuzuordnen.
LOG ADMIN	Berechtigt zur Aktivierung und Deaktivierung der Redo-Logs. Eine Deaktivierung ist kritisch, da dann eine Wiederherstellung von Daten nach einem Systemausfall nur noch basierend auf den Savepoints möglich ist, was einen Verlust an Daten bedeutet.
CREATE SCHEMA	Berechtigt zur Anlage von Katalogschemata. Diese Berechtigung ist nur bei Bedarf zuzuordnen. Im administrativen Tagesgeschäft ist sie im Produktivsystem nicht erforderlich.
ENCRYPTION ROOT KEY ADMIN	Berechtigt zur Verwaltung der Root Keys für die Verschlüsselungen. Dies gilt für die Verschlüsselung der persistenten Daten, der Redo-Logs und der Backups (siehe Abschnitt 12.2.3, »Verschlüsselung von Daten«).
REPO.EXPORT	Berechtigt zum Export von Eigenentwicklungen im Repository, z. B. über Delivery Units. Diese Berechtigung wird nur in Entwicklungssystemen benötigt.
REPO.IMPORT	Berechtigt zum Import von Repository-Eigenentwicklungen aus Transporten.
REPO.MAINTAIN_DELIVERY_UNITS	Berechtigt zur Pflege von Delivery Units. Diese sind ähnlich den Transportaufträgen in ABAP.
DATABASE ADMIN	Berechtigt zur Verwaltung der Tenants (Anlegen, Ändern, Löschen, Backup, Recovery). Dieses Privilege existiert nur in der Systemdatenbank.

Tabelle 12.27 Ausgewählte System Privileges (Forts.)

12.6.3 Object Privileges (Objektberechtigungen)

Über *Object Privileges* (Objektberechtigungen) werden Zugriffe auf Datenbankobjekte vergeben; dazu gehören u. a. Schemata, Tabellen, Views und Prozeduren. Für jeden SQL-Befehlstyp (z. B. SELECT, UPDATE, EXECUTE usw.) existiert ein eigenes Object Privilege. So ist für das SQL-Statement

SELECT * FROM USERS

die SELECT-Berechtigung für den System View USERS erforderlich. Abbildung 12.30 zeigt diese Berechtigung.

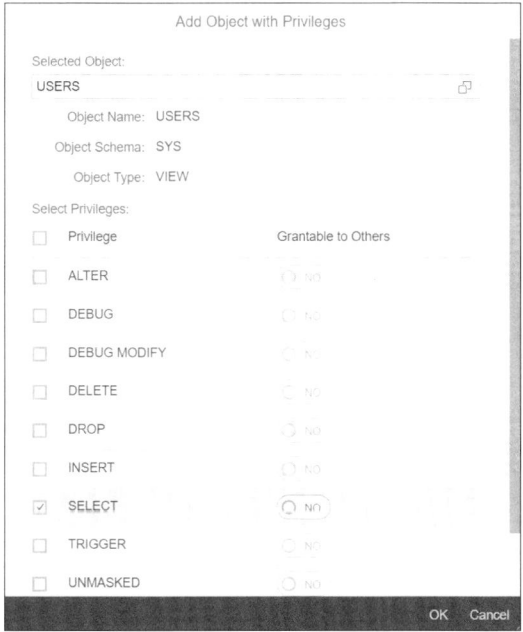

Abbildung 12.30 SELECT-Berechtigung auf den System View USERS

Benutzer benötigen Object Privileges, um in SAP HANA auf Daten zuzugreifen und um Prozeduren ausführen zu können. In der Rolle PUBLIC, die Benutzern standardmäßig bei der Anlage zugeordnet wird (siehe Abschnitt 12.7.5, »Standardrollen in SAP HANA«), ist bereits eine Vielzahl von Object Privileges enthalten, z. B. die Anzeigeberechtigung (SELECT) für alle System Views.

Auch der Zugriff auf die Daten eines SAP-ERP- oder SAP-S/4HANA-Systems wird über die Object Privileges gesteuert. Kritisch ist der Zugriff auf das Schema, in dem die Daten abgelegt sind. Für einen lesenden Zugriff auf alle Daten in dem Schema ist folgende Berechtigung erforderlich:

Schema SAP<sid>: Object Privilege SELECT

Zur Änderung von Tabelleninhalten des SAP-ERP- bzw. SAP-S/4HANA-Systems ist die UPDATE-Berechtigung auf das Schema erforderlich:

Schema SAP<sid>: Object Privilege UPDATE

Aber auch für einzelne Tabellen kann eine entsprechende Berechtigung vergeben werden. Um z. B. die Kennwort-Hashwerte der Benutzer des SAP-ERP- bzw. SAP-S/4HANA-Systems auszulesen, ist folgende Berechtigung erforderlich:

Tabelle SAP<sid>.USR02: Object Privilege SELECT

Tabelle 12.28 listet die am häufigsten genutzten Object Privileges auf. Einen Überblick über die möglichen Object Privileges pro Objekttyp gibt die Tabelle OBJECT_PRIVI-LEGES (Public). Darin sind für alle Objekttypen (Schemata, Tabellen, Views, Prozeduren etc.) alle verfügbaren Object Privileges aufgeführt.

Objekt Privilege	Beschreibung
ALTER	Berechtigt zum Ändern der Struktur für Schemata, Tabellen und Views.
CREATE ANY	Berechtigt zum Anlegen beliebiger neuer Elemente (Tabellen, Views, Prozeduren etc.) in einem Schema.
DEBUG	Berechtigt zum Debuggen von Calculation Views und Prozeduren. Diese Berechtigung ist in einem produktiven System keinem Benutzer zuzuordnen.
DELETE	Berechtigt zum Löschen von Inhalten.
DROP	Berechtigt zum Löschen von Objekten (Tabellen, Views, Schemata, Prozeduren etc.).
EXECUTE	Berechtigt zum Ausführen von Prozeduren.
INSERT	Berechtigt zum Einfügen neuer Datensätze in Tabellen oder Views.
SELECT	Berechtigt zum Lesen von Daten in Tabellen und Views.
UPDATE	Berechtigt zum Ändern von Datensätze in Tabellen oder Views.

Tabelle 12.28 Object Privileges in SAP HANA

12.6.4 Package Privileges (Paketberechtigungen)

Entwicklerrechte werden in SAP HANA XS über *Package Privileges* (Paketberechtigungen) vergeben. Bei der Nutzung von SAP HANA XSA werden diese Berechtigungen nicht genutzt.

Diese Entwicklungsumgebung ist in logisch zusammengehörige Objekte untergliedert, sogenannte *Pakete*. Ein Benutzer, der eine Berechtigung für den Zugriff auf ein Repository-Paket besitzt, ist automatisch für den Zugriff auf alle darin enthaltenen Objekte und Unterpakete berechtigt. Für Berechtigungen zum Zugriff auf alle Objekte des Repositorys wird die Berechtigung für das Root-Paket .REPO_PACKAGE_ROOT benötigt.

Es gibt zwei unterschiedliche Arten von Paketen in SAP HANA:

- **Native Pakete**
  Native Pakete wurden im aktuellen System erstellt und anschließend transportiert. Sie existieren somit in Entwicklungssystemen.

12.6 Das Berechtigungskonzept von SAP HANA

- **Importierte Pakete**
  Importiert Pakete sind in Fremdsystemen erstellte und ins aktuelle System importierte Pakete, z. B. die von SAP ausgelieferten Pakete und die unternehmenseigenen Pakete im Qualitätssicherungs- und Produktivsystem. Importierte Pakete sind in der Entwicklungsumgebung an ihrem Symbol zu erkennen. Sie werden mit einem blauen Pfeil ([image]) dargestellt (siehe Abbildung 12.31).

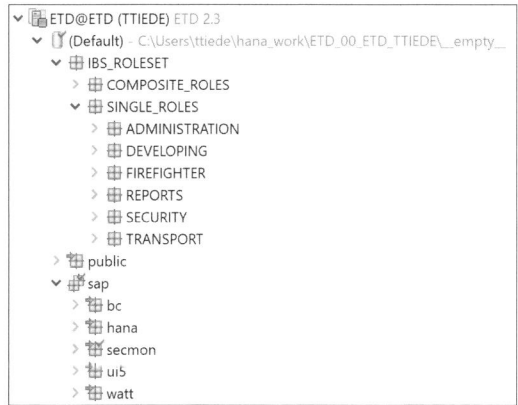

Abbildung 12.31 Darstellung von nativen und importierten Paketen

Welche Pakete existieren und welche importiert sind, können Sie über Tabelle _SYS_REPO.PACKAGE_CATALOG prüfen. Im Feld SRC_SYSTEM geben Sie das System an, aus dem das Paket stammt (siehe Abbildung 12.32). Wenn das hier angegebene System dem aktuellen System entspricht, handelt es sich um ein natives Paket. In Abbildung 12.32 ist zu erkennen, dass zu einigen Paketen als Source-System H4S@H4S angegeben ist. Dies ist der Name des aktuellen Tenants, daher sind dies native Pakete.

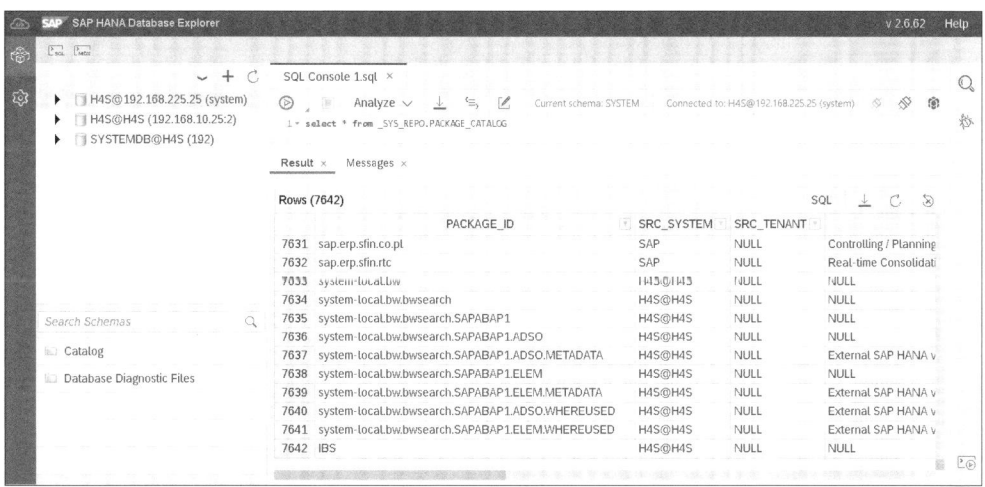

Abbildung 12.32 Liste der Pakete

12 SAP HANA

Tabelle 12.29 zeigt die Package Privileges. Diese können für den Zugriff auf die einzelnen Pakete vergeben werden. Generell wird zwischen Berechtigungen für native Objekte und Berechtigungen für importierte Objekte unterschieden. Zu jeder Paketart können Berechtigungen zum Pflegen von Objekten (Anlegen, Ändern, Löschen) sowie zum Aktivieren und zum Pflegen der Pakete selbst vergeben werden. Hierdurch kann eine Funktionstrennung erreicht werden, z. B. dahingehend, dass nur Projektleiter eine Berechtigung zum Pflegen von Paketen bekommen. Um alle Objekte im Repository anzeigen zu dürfen, ist die Berechtigung REPO.READ für das Paket .REPO_PACKAGE_ROOT (Root Package) erforderlich (siehe Abbildung 12.33).

Package Privilege	Beschreibung
REPO.READ	Anzeige der Pakete und der darin enthaltenen Objekte
REPO.EDIT_NATIVE_OBJECTS	Pflege von Repository-Objekten im Originalsystem
REPO.ACTIVATE_NATIVE_OBJECTS	Aktivierung von Repository-Objekten im Originalsystem
REPO.MAINTAIN_NATIVE_PACKAGES	Pflege von Paketen im Originalsystem
REPO.EDIT_IMPORTED_OBJECTS	Pflege von Repository-Objekten aus importierten Paketen
REPO.ACTIVATE_IMPORTED_OBJECTS	Aktivierung von Repository-Objekten aus importierten Paketen
REPO.MAINTAIN_IMPORTED_PACKAGES	Pflege von importierten Paketen

Tabelle 12.29 Package Privileges

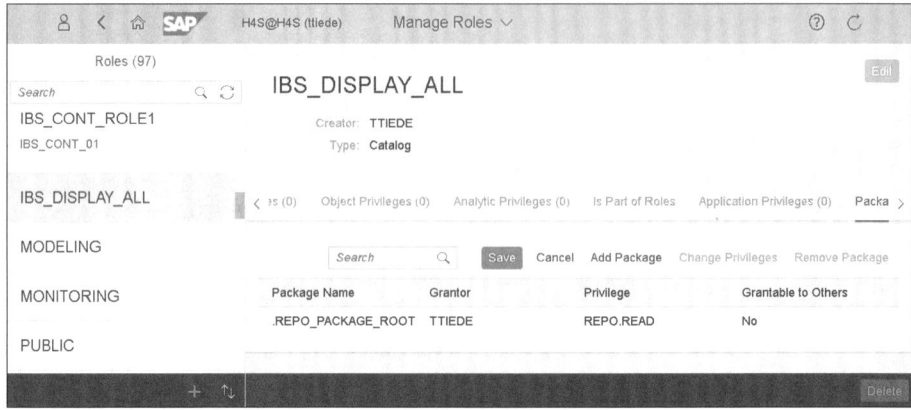

Abbildung 12.33 Package Privilege zum Anzeigen des Repositorys

In einem Produktivsystem dürfen keine Berechtigungen zur Anwendungsentwicklung vergeben werden. In einem Entwicklungssystem dürfen keine Entwicklerberechtigungen für importierte Pakete vergeben werden, da diese ausschließlich durch Updates aktualisiert werden sollten. Es gilt:

- In Produktivsystemen ist nur das Package Privilege REPO.READ zuzuordnen. Die weiteren Package Privileges sind einem Notfallbenutzer vorbehalten.
- In Entwicklungssystemen sind (neben REPO.READ) nur die Package Privileges für die nativen Objekte zu vergeben:
  – REPO.EDIT_NATIVE_OBJECTS
  – REPO.ACTIVATE_NATIVE_OBJECTS
  – REPO.MAINTAIN_NATIVE_PACKAGES
- Die Privileges für die importierten Objekte sind nur einem Notfallbenutzer zuzuordnen:
  – REPO.EDIT_IMPORTED_OBJECTS
  – REPO.ACTIVATE_IMPORTED_OBJECTS
  – REPO.MAINTAIN_IMPORTED_PACKAGES

Da mit Entwicklerberechtigungen in produktiven Systemen gegen geltende Gesetze verstoßen werden kann (z. B. § 239 HGB, »Radierverbot«), sollte regelmäßig die Zuordnung dieser Berechtigungen überprüft werden.

12.6.5 Analytic Privileges (Analyseberechtigungen)

Über *Analytic Privileges* (Analyseberechtigungen) werden Zugriffe auf Applikationsdaten vergeben, z. B. über Analytic Views, Attribute Views und die drei Arten von Calculation Views (Standard, Dimensional, Star Join). Hiermit wird gesteuert, auf welche Daten des Views ein Benutzer zugreifen darf. Die Abgrenzung erfolgt über zeilenweise Berechtigungen. Dadurch sind z. B. organisatorische Abgrenzungen möglich. Auch kann der Gültigkeitszeitraum innerhalb der Analytic Privileges festgelegt werden.

Abbildung 12.34 zeigt den Aufbau eines Analytic Privileges in SAP HANA 1.0. Analytic Privileges sind hier XML-basiert und wurden als Design-Time-Objekte im SAP HANA Modeler oder der SAP HANA Development Workbench erstellt. Dabei wurden die Berechtigungen technisch im Hintergrund über den Benutzer _SYS_REPO erstellt. Diese XML-basierten Analytic Privileges werden weiterhin von SAP HANA 2.0 unterstützt. Dort werden allerdings die SQL-basierten Analytic Privileges genutzt.

Abbildung 12.34 Analytic Privilege in SAP HANA 1.0

12.6.6 Application Privileges (Anwendungsberechtigungen)

Application Privileges (Anwendungsberechtigungen) werden für den Aufruf von Anwendungen benötigt, die mit SAP HANA XS entwickelt wurden. Da diese XS-Services nun nach und nach durch das SAP HANA Cockpit und die SAP Web IDE abgelöst werden, werden sie zukünftig immer weniger genutzt. SAP HANA Cockpit und SAP Web IDE sind in SAP HANA XSA mit einem eigenen Berechtigungskonzept für Zugriffe auf Applikationen abgebildet. Application Privileges sind hierfür nicht weiter erforderlich. Da in vielen Systemen aber noch Application Privileges eingesetzt werden, gehe ich hier auf deren Systematik ein.

Application Privileges werden meistens in demselben Paket definiert, in dem auch die Applikation liegt. Sie haben frei definierbare Namen, die in einer Datei mit dem festen Namen **.xsprivileges** definiert werden. Diese werden dann im Quelltext der Anwendung abgefragt.

Abbildung 12.35 zeigt ein Beispiel aus SAP HANA 2.0 SPS03. Die Datei **.xsprivileges** enthält sechs Berechtigungen (LandingPage, Editor, Security, Catalog, Trace und EclipseWebBridge). Sie liegt im Repository unter dem Pfad **sap.hana.ide**.

Diese Berechtigungen werden im Quelltext der Anwendung über die Syntax

`<Repository-Pfad der Datei .xsprivileges>::<Berechtigungsname>`

abgefragt, für die Berechtigungen in Abbildung 12.35 also z. B. mit:

```
sap.hana.ide::LandingPage
sap.hana.ide::Editor
```

12.6 Das Berechtigungskonzept von SAP HANA

Abbildung 12.35 Definition von Application Privileges

12.6.7 Privileges on Users (Debugging des eigenen Benutzers zulassen)

Benutzer können anderen Benutzern erlauben, Debugging-Aktionen für ihre eigenen Funktionen durchzuführen. Dies ist über die Berechtigung ATTACH DEBUGGER möglich. Der andere Benutzer benötigt zusätzlich das Object Privilege DEBUG für die Objekte, die im Debugger überwacht werden sollen. In Abbildung 12.36 ist ersichtlich, dass der Benutzer TTIEDE die Berechtigung ATTACH DEBUGGER für die Benutzer SYSTEM und TTIEDE_HDI_ADMIN besitzt.

Abbildung 12.36 Zuordnung der Berechtigung ATTACH DEBUGGER

Jeder Benutzer mit Zugang zum SAP HANA Studio oder zum SAP HANA Cockpit hat die Möglichkeit, anderen Benutzern die Berechtigung ATTACH DEBUGGER für sich selbst zuzuordnen. Hierfür wählt er den zu berechtigenden Benutzer aus. Im SAP HANA Studio erfolgt die Benutzerauswahl unter dem Ordner **Security · Users**. Im SAP HANA Cockpit wählen Sie unter **User & Role Management** den Punkt **Assign privileges to users** aus. Auf der Registerkarte **Privileges on Users** kann dann ausschließlich der eigene Benutzer hinzugefügt werden. Dadurch wird die Berechtigung ATTACH DEBUGGER dem ausgewählten Benutzer für den eigenen Benutzer zugeordnet.

12.6.8 Weitergabe von Berechtigungen

Bei der Nutzung von Katalogrollen (siehe Abschnitt 12.7.2, »Runtime-Katalogrollen«) sowie beim direkten Zuordnen von Berechtigungen zu Benutzern besteht die Möglichkeit, ein Recht zur Weitergabe der zugeordneten Berechtigungen einzuräumen. Dies erfolgt über das Kennzeichen **Grantable to Others**. Dieses Kennzeichen kann für folgende Elemente vergeben werden:

- Katalogrollen
- System Privileges
- Object Privileges
- Analytic Privileges
- Package Privileges

Ein Beispiel stellen die Berechtigungen des Benutzers SYSTEM dar. Ihm sind standardmäßig alle System Privileges zugeordnet. In Abbildung 12.37 ist zu erkennen, dass zu jedem Privilege das Kennzeichen **Grantable to Others** auf »Yes« gesetzt ist.

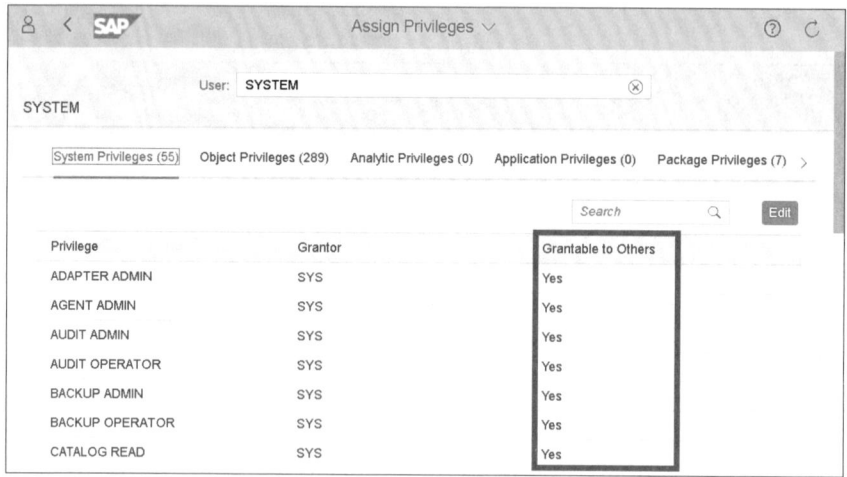

Abbildung 12.37 Kennzeichen zur Weitergabe von Berechtigungen

Das bedeutet, dass der Benutzer SYSTEM diese Privileges beliebigen anderen Benutzern zuordnen und sie auch in Katalogrollen integrieren kann. Er kann außerdem das

Kennzeichen selbst dort wieder setzen, kann also bestimmen, dass andere Benutzer das Recht ebenfalls weitergeben dürfen.

Dieses Kennzeichen kann für Berechtigungsadministratoren von Vorteil sein. Jedes Katalogobjekt hat nur einen Eigentümer, der dann auch Berechtigungen dafür vergeben darf. Damit andere Benutzer ebenfalls Rechte auf den Objekten vergeben dürfen, muss bei ihnen das Kennzeichen **Grantable to Others** gesetzt werden. Dies wird insbesondere auch für die Weitergabe von Rollen genutzt.

Abbildung 12.38 zeigt, dass das Kennzeichen **Grantable to Others** auch für Katalogrollen genutzt werden kann. Dort ist zu erkennen, dass der Benutzer für vier Rollen die Berechtigung besitzt, diese an andere Benutzer weiterzugeben (**Grantable to Others** = **Yes**).

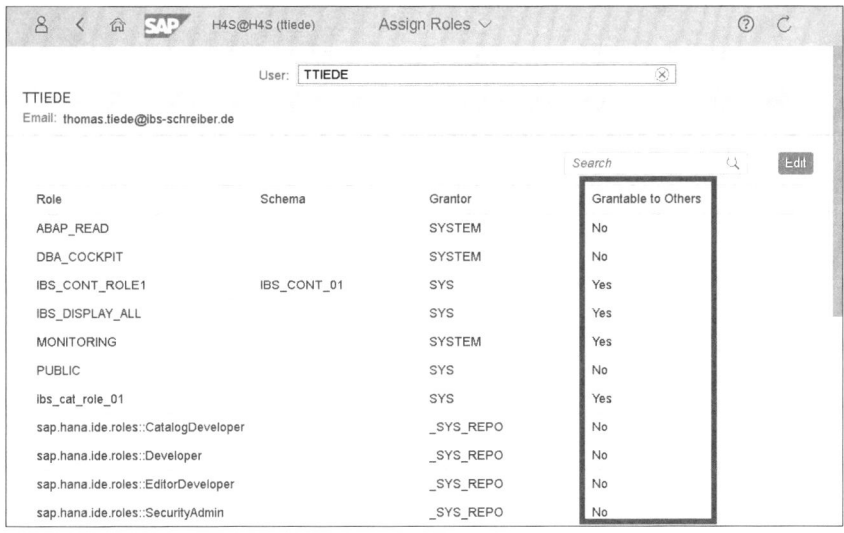

Abbildung 12.38 Kennzeichen zur Weitergabe von Rollen

12.6.9 Checkliste

In Tabelle 12.30 finden Sie die Checkliste mit den prüfungsrelevanten Fragestellungen zum SAP-HANA-Berechtigungskonzept.

Risiko	Fragestellung
	Vorgabe oder Erläuterung
1	Existiert ein Berechtigungskonzept für die SAP-HANA-Datenbank?
	Es muss ein Berechtigungskonzept für die SAP-HANA-Datenbank erstellt werden, da sie auch als Applikation anzusehen ist, nicht als reine Datenbank.

Tabelle 12.30 Checkliste zum SAP-HANA-Berechtigungskonzept

Risiko	Fragestellung
	Vorgabe oder Erläuterung
1	Hier besteht das Risiko, dass ohne definiertes Konzept Zugriffe und Berechtigungen intransparent vergeben werden und dadurch unberechtigte Zugriffe möglich sind.
1	Existiert ein internes Kontrollsystem für die Berechtigungen der SAP-HANA-Datenbank?
	Es muss ein internes Kontrollsystem für die SAP-HANA-Berechtigungen definiert werden.
	Hier besteht das Risiko, dass systemkritische Berechtigungen aufgrund fehlender Vorgaben vergeben werden.
1	Sind System Privileges nur der Administration zugeordnet?
	System Privileges dürfen (mit wenigen Ausnahmen, z. B CATALOG READ und AUDIT READ) nur der Administration zugeordnet werden.
	Hier besteht das Risiko, dass kritische Systemberechtigungen außerhalb der Administration eingesetzt werden.
1	Sind System Privileges für die Entwicklung und Modellierung im Produktivsystem zugeordnet?
	System Privileges, mit denen Entwicklung und Modellierung möglich sind, dürfen in Produktivsystemen nicht vergeben werden. Hier besteht das Risiko, dass Entwicklungen ohne Freigabeprozess in das Produktivsystem eingebracht werden.
1	Sind Object Privileges für DDL-Befehle vergeben?
	Mit DDL-Befehlen (Data Definition Language) kann der Aufbau von Objekten geändert werden. So können z. B. Felder zu Tabellen und Views zugeführt oder gelöscht werden. Auch das Löschen ganzer Tabellen wäre mit dem DROP-Befehl möglich. Hier besteht das Risiko, dass Objekte ohne einen Freigabeprozess manipuliert werden.
1	Sind Object Privileges auf das Schema des SAP-Benutzers vergeben?
	Beim Einsatz von SAP ERP bzw. SAP S/4HANA werden die Daten im Schema des Benutzer SAP<sid> gespeichert. Zugriffe auf dieses Schema dürfen nicht an Benutzer vergeben werden. Hier besteht das Risiko, dass ein Zugriff auf sensible Daten möglich ist oder die Daten manipuliert werden können.

Tabelle 12.30 Checkliste zum SAP-HANA-Berechtigungskonzept (Forts.)

Risiko	Fragestellung
	Vorgabe oder Erläuterung
1	Welche Benutzer haben Entwicklerrechte im Produktivsystem?
	Entwicklerrechte dürfen im Produktivsystem nur im Notfall zugeordnet werden. Hier besteht das Risiko, dass eine Entwicklung im Produktivsystem möglich ist und dadurch gegen geltende Gesetze (u. a. § 239 HGB, »Radierverbot«) verstoßen wird.
2	Welche Benutzer dürfen importierte Repository-Objekte ändern?
	Berechtigungen zum Ändern importierter Repository-Objekte dürfen nur im Notfall zugeordnet werden. Hier besteht das Risiko, dass ausgelieferte Objekte geändert und deren Funktionalitäten dadurch beeinträchtigt werden.
2	Ist Benutzern die Berechtigung für alle Analytic Privileges zugeordnet?
	Mit dem Standard-Analytic-Privilege _SYS_BI_CP_ALL wird die Berechtigung für alle definierten Analytic Privileges vergeben. Hier besteht das Risiko, dass Benutzer durch die Zuordnung dieser Berechtigung Zugriff auf Daten erhalten, für die sie nicht autorisiert sind.
2	Wurden Privileges Benutzern direkt zugeordnet?
	Berechtigungen müssen den Benutzern über Rollen zugeordnet werden. Eine direkte Zuordnung sollte im Berechtigungskonzept ausgeschlossen werden. Hier besteht das Risiko der Intransparenz des Berechtigungskonzepts.

Tabelle 12.30 Checkliste zum SAP-HANA-Berechtigungskonzept (Forts.)

Wie Sie die einzelnen Punkte praktisch am SAP-System prüfen können, erfahren Sie in Abschnitt 12.6 des Dokuments **Tiede_Checklisten_Sicherheit_und_Pruefung.pdf**.

12.7 Das Rollenkonzept von SAP HANA

Für jede Applikation muss ein transparentes, sicheres und zukunftsorientiertes Berechtigungskonzept umgesetzt werden. In SAP HANA wird dies über die Nutzung von Rollen erreicht. Mit SAP HANA 2.0 und der Einführung der HDI Rollen hat SAP das Rollenkonzept grundlegend erneuert.

12.7.1 Eigenschaften von Rollen

Eine *Rolle* ist eine Sammlung von Berechtigungen, die Benutzern oder anderen Rollen zur Laufzeit zugeordnet werden kann. In SAP HANA wird zwischen drei Arten von Rollen unterschieden:

- Katalogrollen (Runtime-Rollen)
- Repository-Rollen (Design-Time-Rollen)
- Design-Time-HANA-DI-Rollen

Rollen können in beliebiger Tiefe ineinander verschachtelt werden. Die SAP-Standardrollen für SAP HANA sind in bis zu fünf Ebenen ineinander verschachtelt. Rollen können enthalten:

- Rollen
  - Katalogrollen
  - Repository-Rollen
  - HDI-Rollen
- System Privileges
- Object Privileges
- Analytic Privileges
- Package Privileges
- Application Privileges
- Privileges on Users

Allerdings können nicht alle Privileges in Rollen gespeichert werden. So wird z. B. die Berechtigung ATTACHE DEBUGGER (siehe Abschnitt 12.6.7, »Privileges on Users (Debugging des eigenen Benutzers zulassen)«) direkt im Stammsatz eines Benutzers gesetzt. Auch die Weitergabe von Berechtigungen ist nur für direkt zugeordnete Privileges und Katalogrollen möglich. Für Repository-Rollen kann diese Systematik nicht genutzt werden.

Der View ROLES enthält die Rollen mit ihren Eigenschaften, siehe Tabelle 12.31. Welche Berechtigungen in den Rollen enthalten sind, ermitteln Sie mit dem View GRANTED_PRIVILEGES (siehe Abschnitt 12.8.2, »Benutzerauswertungen«).

Feldname	Beschreibung
ROLE_SCHEMA_NAME	Schema der Rolle (Katalogrollen und HDI-Rollen)
	Rollen, bei denen hier der Wert NULL steht, sind entweder Katalogrollen ohne Schemaangabe oder Repository-Rollen.
ROLE_NAME	Rollenname
	Bei Repository-Rollen wird immer der vollständige Repository-Pfad angegeben.
ROLE_ID	Rollen-ID

Tabelle 12.31 Felder des Views ROLES

Feldname	Beschreibung
ROLE_MODE	Kennzeichnung für lokale Rollen (LOCAL)
GLOBAL_IDENTITY	Kennzeichnung für globale Rollen (Multi-Tenant)
CREATOR	Anleger der Rolle • Bei Repository-Rollen ist der Anleger immer _SYS_REPO. • Bei Katalogrollen steht hier der Benutzername, der die Rolle angelegt. • Bei HDI-Rollen steht hier der Besitzer (ObjectOwner) der Datenbankobjekte des Containerschemas (Endung #OO)
CREATE_TIME	Anlegezeitpunkt
COMMENTS	Beschreibung
CONTEXT	Gültigkeitsbereich der Rolle

Tabelle 12.31 Felder des Views ROLES (Forts.)

12.7.2 Runtime-Katalogrollen

Katalogrollen können direkt durch einen Rollenadministrator mit dem System Privilege ROLE ADMIN angelegt werden. Diese Methode hat jedoch wesentliche Nachteile, da die Rollen in einem Schema gespeichert werden. Das Schema wird beim Anlegen der Katalogrolle angegeben. Ohne Angabe eines Schemas wird die Rolle im Schema des Anlegers gespeichert. Wird das Schema gelöscht, werden dadurch auch die zugehörigen Rollen und sämtliche Zuordnungen zu Benutzern gelöscht. Katalogrollen sollten also, wenn überhaupt, nur genutzt werden, falls die Benutzer- und Rollenpflege über eine übergeordnete Applikation und somit einen technischen Benutzer stattfindet. Weitere Nachteile von Katalogrollen sind:

- Sie sind nicht transportierbar.
- Es findet keine automatische Versionierung bei Änderungen statt.
- Der Ersteller muss die Berechtigungen, die er in die Rolle integriert, selbst besitzen.
- Wenn dem Benutzer eine Berechtigung entzogen wird, wird sie auch aus seinen Katalogrollen entfernt.

Katalogrollen sollten daher nur eingeschränkt verwendet werden. Eine Ausnahme stellen die Standardkatalogrollen von SAP HANA bzw. von den installierten Komponenten dar.

Katalogrollen lassen Sie sich mit folgender Anweisung anzeigen:

```
SELECT * FROM ROLES WHERE ROLE_NAME NOT LIKE '%::%'
```

Durch die WHERE-Klausel werden Repository- und HDI-Rollen aus dem Ergebnis gefiltert. Die meisten Standardrollen haben in SAP HANA keine Beschreibung, sondern lediglich einen technischen Namen, z. B.:

- ABAP_ADMIN
- ABAP_DEV
- ABAP_READ
- DBA_COCKPIT
- TABLE_REDISTRIBUTION
- USER

Legt ein Benutzer eine Katalogrolle an, wird sie ihm automatisch auch zugeordnet. Im SAP HANA Cockpit und im SAP HANA Studio erfolgt dies automatisch und kann nicht beeinflusst werden. Mit SQL kann bei der Anweisung CREATE ROLE die Option NO GRANT TO CREATOR mitgegeben werden. In dem Fall wird die neue Rolle dem Anleger nicht zugeordnet.

Katalogrollen werden standardmäßig nicht protokolliert. Die Protokollierung kann über das Auditing aktiviert werden (siehe Abschnitt 12.9, »Auditing in SAP HANA«).

12.7.3 Design-Time-Repository-Rollen in SAP HANA XS

Repository-Rollen werden als Entwicklungsobjekte mit entsprechenden Entwicklerberechtigungen (siehe Abschnitt 12.6.4, »Package Privileges (Paketberechtigungen)«) im SAP HANA Repository erstellt. Entwicklungen im Repository werden für SAP-HANA-XS-Classic-Anwendungen genutzt. Beim Einsatz von SAP HANA XSA werden Repository-Rollen nicht genutzt.

Zur Verwendung von Repository-Rollen müssen diese zunächst aktiviert werden. Die aktivierte Version kann anschließend Benutzern zugeordnet werden. Die Pflege von Rollen ist in SAP HANA somit eine Aufgabe der Entwicklung. Repository-Rollen sind transportierbar und unterliegen einer automatischen Versionierung.

Die Erstellung und Zuordnung läuft nicht direkt über den Entwickler bzw. Administrator, sondern durch Prozeduren über den Benutzer _SYS_REPO. Ihm gehören alle erstellten Repository-Rollen. Dadurch sind diese Objekte von dem erstellenden Benutzer entkoppelt, und ein Entwickler kann auch Rollen mit Inhalten erstellen, für die er selbst gar keine Berechtigungen besitzt, solange der Benutzer _SYS_REPO über die Berechtigungen verfügt. Vor der Einführung von SAP HANA XSA und der *SAP HANA Deployment Infrastructure* (HDI) wurde _SYS_REPO automatisch für neue Objekte in SAP HANA berechtigt, sodass über Repository-Rollen uneingeschränkt alle Objekte berechtigt werden konnten.

Dies ist insbesondere für Tenants relevant, die als Datenbank für SAP ERP oder SAP S/4HANA genutzt werden. Der Benutzer _SYS_REPO verfügt standardmäßig über volle Berechtigungen auf das Schema des Datenbankbenutzers SAP<sid> und somit über lesende und ändernde Berechtigungen auf alle SAP-ERP- bzw. S/4HANA-Tabellen. Diese sind als Object Privileges mit dem Kennzeichen **Grantable to Others** in seinem Stammsatz eingetragen. Daher können diese Berechtigungen in Repository-Rollen integriert werden und damit Zugriffe auf die SAP-ERP- bzw. S/4HANA-Daten ermöglichen.

Aktivierte Repository-Rollen sind in der Auflistung in der Tabelle ROLES am Namensraum zu erkennen. Das Feld ROLE_SCHEMA_NAME ist leer, und im Rollennamen (Feld ROLE_NAME) ist der Repository-Pfad der Rolle vor dem eigentlichen Rollennamen angegeben, getrennt durch zwei Doppelpunkte, z. B.:

- sap.hana.security.cockpit.roles::DisplayAssignedRoles
- sap.hana.admin.roles::Monitoring
- sap.hana.admin.roles::Administrator
- sap.hana.admin.cockpit.sysrep.roles::SysRepAdmin

Auch HDI-Rollen haben diese Namenskonvention, allerdings ist bei HDI-Rollen in der Tabelle ROLES im Feld ROLE_SCHEMA_NAME das HDI-Schema enthalten.

Für die Elemente der Entwicklungsumgebung erfolgt eine automatische Versionierung. Diese wird für fast alle Elemente in der Tabelle _SYS_REPO.OBJECT_HISTORY gespeichert. Tabelle 12.32 zeigt die Felder dieser Tabelle, die für eine Analyse genutzt werden können.

Feld	Beschreibung
PACKAGE_ID	das übergeordnete Paket
OBJECT_NAME	Name des Objekts
OBJECT_SUFFIX	Typ des Objekts, z. B.: - hdbrole: Repository-Berechtigungsrolle - procedure: Prozedur der SAP-HANA-Datenbank - attributeview: Attribute View - analyticview: Analytic View - calculationview: Calculation View - analyticprivilege: Analytic Privilege - xsprivileges: Application Privileges - hdbtable: Tabelle
VERSION_ID	Versionsnummer

Tabelle 12.32 Felder der Tabelle _SYS_REPO.OBJECT_HISTORY

Feld	Beschreibung
ACTIVATED_AT	Aktivierungszeitpunkt
ACTIVATED_BY	Benutzer, der das Objekt aktiviert hat
IS_DELETION	Kennzeichen, dass das Objekt gelöscht wurde

Tabelle 12.32 Felder der Tabelle _SYS_REPO.OBJECT_HISTORY (Forts.)

Mit folgender SQL-Anweisung zeigen Sie die Änderungshistorie für alle Rollen an:

SELECT * FROM _SYS_REPO.OBJECT_HISTORY WHERE OBJECT_SUFFIX = 'hdbrole'

Um die Änderungshistorie zu einer einzelnen Rolle anzuzeigen, können Sie die folgende SQL-Anweisung nutzen:

SELECT * FROM _SYS_REPO.OBJECT_HISTORY WHERE OBJECT_NAME = 'Rollenname'

Über das Repository ist es möglich, die historischen Versionen mit der jeweils aktiven Version abzugleichen. Hierzu rufen Sie das Kontextmenü zur Rolle auf und wählen den Eintrag **Show in History**. Auf der Registerkarte **History** werden Ihnen die Versionen der Rolle angezeigt. Durch einen Doppelklick auf eine Rolle wird in einem Split-Editor der Unterschied zur aktiven Version angezeigt (siehe Abbildung 12.39).

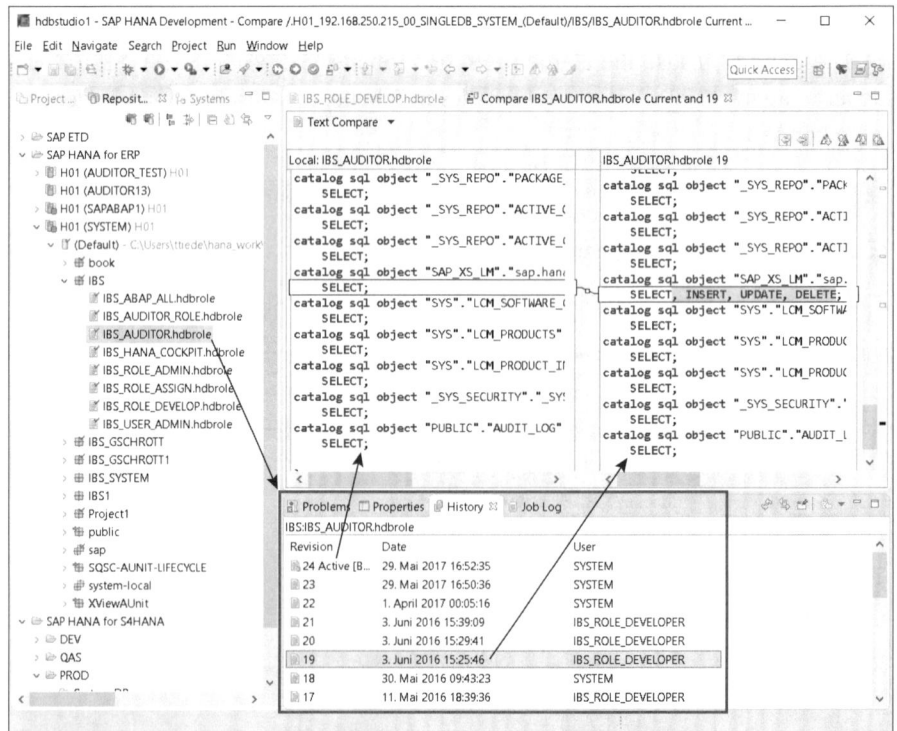

Abbildung 12.39 Vergleich zweier Versionen einer Repository-Rolle

12.7.4 Design-Time-HDI-Rollen in SAP HANA XSA

HDI-Rollen (HANA Deployment Infrastructure) werden in HDI-Containern gespeichert. Technisch sind dies Schemata. HDI-Container werden mit der SAP Web IDE angelegt und dienen dazu, Eigenentwicklungen darin durchzuführen.

Zum HDI-Container werden verschiedene Benutzer angelegt. Tabelle 12.33 zeigt die Bedeutung der Benutzer.

Benutzer	Beschreibung
<Container-Name>	Besitzer des Containerschemas
<Container-Name>#DI	Besitzer des Schemas, in dem sich die Metadaten (Tabellen/Views) und APIs (Prozeduren) des Containers befinden (Schema <Container-Name>#DI)
<Container-Name>#OO	Besitzer (Object Owner) der Datenbankobjekte des Containerschemas. HDI-Rollen werden ihm automatisch bei der Erstellung mit dem Kennzeichen **Grantable to others** zugeordnet. Mit diesem Benutzer werden im Hintergrund HDI-Rollen Benutzern zugeordnet.

Tabelle 12.33 Standardbenutzer von HDI-Containern

HDI-Rollen werden mit der SAP Web IDE angelegt. In die HDI-Rollen können die verschiedenen Privileges integriert werden. Die HDI-Rollen werden mit den Berechtigungen des #OO-Benutzers des HDI-Containers erstellt. Diesem Benutzer müssen die Berechtigungen zugeordnet sein, die in die Rollen integriert werden sollen. Um z. B. System Privileges in HDI-Rollen zu integrieren, müssen diese vorher dem #OO-Benutzer mit der Option **Grantable to others** zugeordnet werden.

HDI-Rollen werden standardmäßig nicht protokolliert. Die Protokollierung kann über das Auditing aktiviert werden (siehe Abschnitt 12.9, »Auditing in SAP HANA«).

12.7.5 Standardrollen in SAP HANA

In diesem Abschnitt stelle ich Ihnen einige *SAP-HANA-Standardrollen* vor. Es handelt sich hierbei um Katalogrollen, deren Inhalt sich innerhalb der verschiedenen Releasestände unterscheiden kann.

Die Rolle PUBLIC

Eine Sonderstellung nimmt die Katalogrolle PUBLIC ein. Sie wird einem Datenbankbenutzer standardmäßig bei dessen Anlage zugeordnet. Abbildung 12.40 zeigt die Maske zur Anlage neuer Benutzer im SAP HANA Cockpit. Der Schalter für die Zuordnung der PUBLIC-Rolle ist auf »YES« gesetzt. Ist die Rolle für Benutzer nicht erforderlich, so kann der Schalter auch auf den Wert »NO« gesetzt werden. Dem Benutzer wird die Rolle PUBLIC dann nicht zugeordnet. Bei der Anlage neuer Restricted User ist der Schalter standardmäßig auf den Wert »NO« gesetzt. Durch ein Setzen auf »YES« wird der Benutzertyp automatisch auf Standardbenutzer geändert, und es wird die Meldung »This setting changes the user into a standard user« ausgegeben.

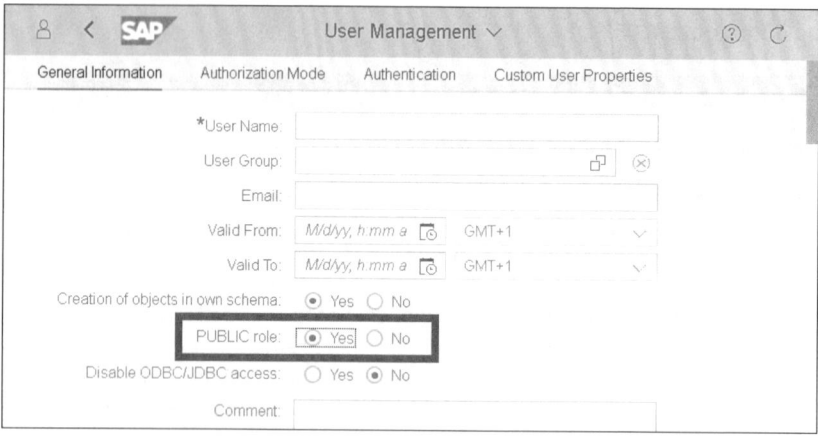

Abbildung 12.40 Zuordnung der Rolle PUBLIC bei der Anlage von Benutzern

Die Rolle PUBLIC enthält die Leseberechtigung für alle PUBLIC-Views und -Prozeduren, die als Grundfunktionalität zur Nutzung von SAP HANA definiert sind. Im SAP HANA Database Explorer können Sie sich die PUBLIC-Views zu den einzelnen Systemen anzeigen lassen, in dem Sie unterhalb eines Systems den Ordner **Catalog** öffnen und den Eintrag **Public Synonyms** anklicken. Im Bereich darunter werden die PUBLIC-Objekte angezeigt, siehe Abbildung 12.41. Im SAP HANA Studio finden Sie die PUBLIC-Objekte ebenfalls unterhalb der Systeme unter dem Pfad **Catalog • Public Synonyms**.

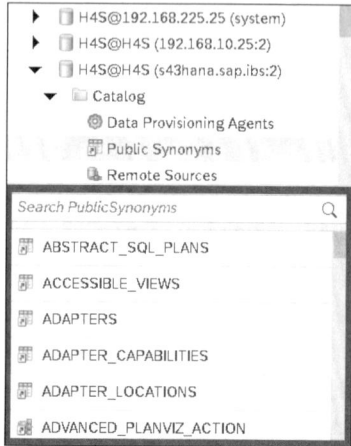

Abbildung 12.41 Anzeige der PUBLIC-Objekte

Ist diese Rolle auch dem Benutzer zugeordnet, mit dem das DBA Cockpit des ABAP-Stacks auf die Datenbank zugreift, können Sie sich alle PUBLIC-Views z. B. mit Transaktion DBACOCKPIT anzeigen lassen.

Die Rolle SAP_INTERNAL_HANA_SUPPORT

Die Rolle SAP_INTERNAL_HANA_SUPPORT enthält Berechtigungen für den Lesezugriff auf alle Metadaten der Datenbank (System Privilege CATALOG READ), auf den aktuellen Systemstatus, auf die Trace-Konfiguration und die Daten des Statistikservers (Schema _SYS_STATISTICS). Diese Rolle darf nur im Supportfall und nur ausgewählten Benutzer für einen kurzen Zeitraum zugeordnet werden. Für die Rolle gelten folgende Beschränkungen:

- Der Rolle können keine weiteren Object Privileges zugeordnet werden.
- Sie kann nicht in eine andere Rolle integriert werden.
- Bei jedem Upgrade wird die Rolle überschrieben.
- Sie kann nicht dem Benutzer SYSTEM zugeordnet werden (dieser verfügt bereits über die Berechtigungen aus der Rolle).
- Sie kann nur einer definierten Anzahl von Benutzern gleichzeitig zugeordnet werden. Die Anzahl wird mit dem Systemparameter internal_support_user_limit (Datei **nameserver.ini** für Systemdatenbanken bzw. **indexserver.ini** für Tenant-Datenbanken, Abschnitt authorization) festgelegt. Der Standardwert ist 1, somit kann nur ein Benutzer zur selben Zeit diese Rolle erhalten. Beim Versuch, die Rolle einem weiteren Benutzer zuzuordnen, erhalten Sie die Fehlermeldung »SQL (456) – not allowed for this role: grant to more than the preconfigured number (1) of users at a time«.
- Zuordnungen der Rolle erzeugen automatisch einen Alarm (ID 63: Granting of SAP_INTERNAL_HANA_SUPPORT role).

Die Rolle CONTENT_ADMIN

Die Rolle CONTENT_ADMIN enthält hohe Entwicklerberechtigungen, u. a.:

- Repository-Rechte zur Anlage und Pflege von Objekten direkt im System (native Objekte) in allen Paketen
- Repository-Rechte zur Pflege von importierten Objekten
- Berechtigungen zum Import und Export von Repository-Objekten
- vollständige Modellierungsberechtigungen
- Berechtigung für alle Analytic Privileges (_SYS_BI_CP_ALL)

Diese Rolle ist in Produktivsystemen nicht zuzuordnen. In Entwicklungssystemen kann sie als Vorlagerolle für eigene Rollen genutzt werden, wenn Repository-Entwicklungen genutzt werden. Dabei sind mindestens die Paketberechtigungen anzupassen.

Die Rolle MODELING

Die Rolle `MODELING` enthält vollständige Modellierungsberechtigungen, analog der Rolle `CONTENT_ADMIN`. Sie enthält allerdings nur Repository-Berechtigungen für native Objekte, nicht für importierte Objekte. Außerdem enthält sie sich das Analytic Privilege `_SYS_BI_CP_ALL`.

Diese Rolle ist in Produktivsystemen ebenfalls nicht zuzuordnen. In Entwicklungssystemen kann sie als Vorlagerolle für eigene Rollen genutzt werden, wenn Repository-Entwicklungen genutzt werden. Dabei sind mindestens die Paketberechtigungen anzupassen.

12.7.6 Checkliste

In Tabelle 12.34 finden Sie die Checkliste mit den prüfungsrelevanten Fragestellungen zum SAP-HANA-Rollenkonzept.

Risiko	Fragestellung
	Vorgabe oder Erläuterung
1	Existiert ein Konzept zur Rollenpflege?
	Es muss ein Konzept zur Rollenpflege für die SAP-HANA-Datenbank erstellt werden, da sie auch als Applikation anzusehen ist, nicht nur als reine Datenbank. Hier besteht das Risiko, dass ohne definiertes Konzept Zugriffe und Berechtigungen intransparent vergeben werden und dadurch unberechtigte Zugriffe möglich sind.
1	Sind die Berechtigungen zur Pflege von Katalogrollen korrekt vergeben?
	Rollenpflege findet im Entwicklungssystem statt. In Produktivsystemen darf diese Berechtigung nur in Ausnahmefällen vergeben werden. Hier besteht das Risiko, dass Berechtigungen ohne Freigabeprozess geändert werden.
1	Werden Änderungen an Katalogrollen protokolliert?
	Änderungen an Rollen sind zu protokollieren. Hier besteht das Risiko, dass Änderungen an Rollen, und somit an den Berechtigungen, nicht nachvollziehbar sind.
1	Sind die Berechtigungen zur Pflege von Repository-Rollen vergeben?

Tabelle 12.34 Checkliste zum SAP-HANA-Rollenkonzept

Risiko	Fragestellung
	Vorgabe oder Erläuterung
1	Die Berechtigungen zur Rollenpflege dürfen nur den entsprechend verantwortlichen Benutzern zugeordnet werden. Hier besteht das Risiko, dass Rollen von nicht dafür verantwortlichen Benutzern manipuliert oder versehentlich geändert werden können. Im Produktivsystem dürfen diese Berechtigungen nicht vergeben werden. Im Entwicklungssystem vergeben Sie sie nur, wenn gemäß dem Berechtigungskonzept Repository-Rollen verwendet werden.
2	Wurden Rollen nur von dafür zuständigen Benutzern gepflegt?
	Rollen dürfen nur von den dafür verantwortlichen Benutzern gepflegt werden. Hier besteht das Risiko, dass Rollen von nicht dafür verantwortlichen Benutzern manipuliert oder versehentlich geändert wurden.
1	Wer besitzt die Berechtigung zur Zuordnung von Repository-Rollen?
	Berechtigungen zur Zuordnung von Repository-Rollen dürfen nur an die dafür verantwortlichen Administratoren vergeben werden. Voraussetzung ist, dass Repository-Rollen gemäß dem Berechtigungskonzept genutzt werden. Hier besteht das Risiko, dass Rollen falsch zugeordnet werden.
1	Werden der Import und die Aktivierung von Repository-Rollen protokolliert?
	Durch den Import von Repository-Content können Programme und andere Repository-Elemente in das System unter Umgehung des Transportprozesses eingebracht werden. Hier besteht das Risiko, dass neben Eigenentwicklungen auch Rollen importiert werden, wodurch erweiterte Berechtigungen vergeben werden können.
1	Wer besitzt die Berechtigung zur Anlage neuer HDI-Container?
	Die Berechtigung zur Anlage neuer HDI-Container (und damit neuer Schemata) darf nur in Entwicklungssystemen vergeben werden. In Produktivsystemen ist diese Berechtigung nur in Ausnahmefällen zuzuordnen. Hier besteht das Risiko, dass Berechtigungsstrukturen geändert werden können.
1	Werden Änderungen an HDI-Rollen protokolliert?
	Änderungen an Rollen müssen protokolliert werden. Hier besteht das Risiko, dass Änderungen an Rollen, und somit an den Berechtigungen, nicht nachvollziehbar sind.

Tabelle 12.34 Checkliste zum SAP-HANA-Rollenkonzept (Forts.)

Risiko	Fragestellung
	Vorgabe oder Erläuterung
2	Ist die Rolle SAP_INTERNAL_HANA_SUPPORT zugeordnet?
	Die Rolle SAP_INTERNAL_HANA_SUPPORT darf nur im Supportfall für einen kurzen Zeitraum ausgewählten Benutzern zugeordnet werden. Hier besteht das Risiko, dass Benutzer dadurch Zugriff auf sensible Systemdaten erhalten.
2	Kann die Rolle SAP_INTERNAL_HANA_SUPPORT mehreren Benutzern zugeordnet werden?
	Aufgrund ihrer Kritikalität sollte die Rolle SAP_INTERNAL_HANA_SUPPORT maximal einem Benutzer und nur für einen kurzen Zeitraum zugeordnet werden. Hier besteht das Risiko, dass Benutzer durch die Zuordnung der Rolle Zugriff auf sensible Systemdaten erhalten.
1	Ist die Rolle CONTENT_ADMIN im Produktivsystem zugeordnet?
	Die Rolle CONTENT_ADMIN enthält hohe Entwicklerberechtigungen und darf daher in Produktivsystemen nicht vergeben werden. Hier besteht das Risiko, dass eine Entwicklung im Produktivsystem möglich ist und dadurch gegen geltende Gesetze (u. a. § 239 HGB, »Radierverbot«) verstoßen wird.
1	Ist die Rolle MODELING im Produktivsystem zugeordnet?
	Die Rolle MODELING enthält hohe Entwicklerberechtigungen und ist daher in Produktivsystemen nicht zu vergeben. Hier besteht das Risiko, dass eine Entwicklung im Produktivsystem möglich ist und dadurch gegen geltende Gesetze (u. a. § 239 HGB, »Radierverbot«) verstoßen wird.

Tabelle 12.34 Checkliste zum SAP-HANA-Rollenkonzept (Forts.)

Wie Sie die einzelnen Punkte praktisch am SAP-System prüfen können, erfahren Sie in Abschnitt 12.7 des Dokuments **Tiede_Checklisten_Sicherheit_und_Pruefung.pdf**.

12.8 Analyse des SAP-HANA-Berechtigungskonzepts

Berechtigungsanalysen in SAP HANA erfolgen durch vordefinierte Views oder Skripte. Ein Infosystem, vergleichbar mit dem Benutzerinfosystem im ABAP-Stack, existiert nicht. Als Prüfer ist man hier auf die Nutzung von SQL angewiesen. In diesem Abschnitt beschreibe ich, welche Tabellen und Views Sie für die Prüfung des Berechtigungskonzepts nutzen können.

12.8 Analyse des SAP-HANA-Berechtigungskonzepts

12.8.1 Tabellen und Views zur Analyse von Berechtigungen

Tabelle 12.35 zeigt Tabellen bzw. Views, die für Berechtigungsprüfungen erforderlich sind. Die erforderlichen Berechtigungen für die entsprechenden Tabellen, in denen die Berechtigungen gespeichert werden, sind Bestandteil der Rolle PUBLIC.

Tabelle	Beschreibung
SYS.USERS	Liste der Benutzer
SYS.ROLES	Liste der Rollen
SYS.GRANTED_PRIVILEGES	zugeordnete Berechtigungen zu Rollen und Benutzern
SYS.GRANTED_ROLES	zugeordnete Rollen zu Rollen und Benutzern
SYS.PRIVILEGES	Auflistung der möglichen Berechtigungen
SYS.USERGROUPS	Benutzergruppen

Tabelle 12.35 Tabellen für die Berechtigungsprüfung

12.8.2 Benutzerauswertungen

SAP HANA bietet die Möglichkeit, Berechtigungen direkt in die Benutzerstammsätze einzutragen, anstatt sie über Rollen zuzuordnen. Da hierüber keine strukturierte, nachvollziehbare Berechtigungsvergabe möglich ist, sollte dies im Berechtigungskonzept ausgeschlossen werden.

Wurden Berechtigungen direkt in den Benutzerstammsatz eingetragen?

Um zu prüfen, ob Benutzern Berechtigungen direkt zugeordnet wurden, können Sie die in Listing 12.5 gezeigte Abfrage für Tabelle GRANTED_PRIVILEGES nutzen. Ausgenommen sind dort die HANA-Standardbenutzer (wie SYSTEM und SYS) und die HDI-spezifischen Benutzer, denen standardmäßig Berechtigungen direkt zugeordnet sind. Auch sind die Berechtigungen der Benutzer auf die eigenen Schemata herausgefiltert (SCHEMA_NAME Is Null OR GRANTEE <> SCHEMA_NAME). Die maßgeblichen Felder des Views GRANTED_PRIVILEGES finden Sie in Tabelle 12.36.

```
SELECT *
FROM GRANTED_PRIVILEGES
WHERE GRANTEE_TYPE = 'USER'
      AND GRANTEE <> 'SYSTEM'
      AND GRANTEE NOT LIKE '_SYS%'
      AND GRANTEE NOT LIKE 'SYS%'
      AND GRANTEE NOT LIKE '%_RT'
      AND GRANTEE NOT LIKE '%_DT'
```

```
            AND GRANTEE NOT LIKE '%#DI'
            AND GRANTEE NOT LIKE '%#OO'
            AND GRANTEE NOT LIKE 'HDI_%'
            AND GRANTEE NOT LIKE 'SBSS%'
            AND GRANTEE NOT LIKE 'USR_%'
            AND GRANTEE NOT LIKE 'XSSQL%'
            AND (SCHEMA_NAME IS NULL
                 OR GRANTEE <> SCHEMA_NAME)
ORDER BY GRANTEE ASC,
         OBJECT_TYPE ASC;
```

Listing 12.5 Abfrage direkter Berechtigungszuordnungen

Feld	Beschreibung
GRANTEE_SCHEMA_NAME	Schema der Rolle
GRANTEE	Benutzer oder Rolle
GRANTEE_TYPE	Typ: 'USER' = Benutzer; Typ 'ROLE' = Rolle
GRANTOR	Zuordner der Berechtigung
OBJECT_TYPE	Typ der Berechtigung
SCHEMA_NAME	Schemaname (falls OBJECT_TYPE = SCHEMA)
OBJECT_NAME	Objektname
COLUMN_NAME	Spaltenname
PRIVILEGE	vergebene Berechtigung
IS_GRANTABLE	Kennzeichen: Zuordnung zu anderen Benutzern erlaubt
IS_VALID	Berechtigung ist gültig

Tabelle 12.36 Felder des Views GRANTED_PRIVILEGES

Welche Rollen wurden den Benutzern zugeordnet?

Um die Rollenzuordnung zu prüfen, nutzen Sie die Tabelle GRANTED_ROLES. Mit der Abfrage in Listing 12.6 werden alle Benutzer (außer die SAP-Standardbenutzer) mit ihren direkt zugeordneten Rollen aufgelistet.

```
SELECT *
FROM GRANTED_ROLES
WHERE GRANTEE_TYPE = 'USER'
    AND GRANTEE <> 'SYSTEM'
```

```
        AND GRANTEE NOT LIKE '_SYS%'
        AND GRANTEE NOT LIKE 'SYS%'
        AND GRANTEE NOT LIKE '%_RT'
        AND GRANTEE NOT LIKE '%_DT'
        AND GRANTEE NOT LIKE '%#DI'
        AND GRANTEE NOT LIKE '%#OO'
        AND GRANTEE NOT LIKE 'HDI_%'
        AND GRANTEE NOT LIKE 'SBSS%'
        AND GRANTEE NOT LIKE 'USR_%'
        AND GRANTEE NOT LIKE 'XSSQL%'
ORDER BY GRANTEE ASC,
    ROLE_NAME ASC
```

Listing 12.6 Abfrage der Benutzer und der ihnen zugeordneten Rollen

In Tabelle 12.37 sehen Sie die Felder der Tabelle GRANTED_ROLES.

Feld	Beschreibung
GRANTEE	Benutzer oder Rolle
GRANTEE_TYPE	Typ: 'USER' = Benutzer; Typ 'ROLE' = Rolle
ROLE_SCHEMA_NAME	Schema der Rolle
ROLE_NAME	Name der zugeordneten Rolle
GRANTOR	Zuordner der Rolle
IS_GRANTABLE	Kennzeichen: Zuordnung zu anderen Benutzern erlaubt

Tabelle 12.37 Felder der Tabelle GRANTED_ROLES

Welche Katalogrollen wurden Benutzern zugeordnet?

Um zu analysieren, welche Katalogrollen Benutzern zugeordnet sind, müssen Sie alle Rollenzuordnungen auswerten, die nicht von den Benutzern _SYS_REPO (Zuordner von Repository-Rollen) und SYS (Zuordner der Standardkatalogrollen im Auslieferungszustand) vorgenommen wurden. Rausgefiltert werden wieder die Standardbenutzer, siehe Listing 12.7.

```
SELECT *
FROM GRANTED_ROLES
WHERE GRANTEE_TYPE = 'USER'
        AND (GRANTOR NOT IN ('_SYS_REPO', 'SYS'))
        AND GRANTEE <> 'SYSTEM'
        AND GRANTEE NOT LIKE '_SYS%'
```

```
          AND GRANTEE NOT LIKE 'SYS%'
          AND GRANTEE NOT LIKE '%_RT'
          AND GRANTEE NOT LIKE '%_DT'
          AND GRANTEE NOT LIKE '%#DI'
          AND GRANTEE NOT LIKE '%#OO'
          AND GRANTEE NOT LIKE 'HDI_%'
          AND GRANTEE NOT LIKE 'SBSS%'
          AND GRANTEE NOT LIKE 'USR_%'
          AND GRANTEE NOT LIKE 'XSSQL%'
ORDER BY GRANTEE ASC,
         ROLE_NAME ASC
```

Listing 12.7 Abfrage der Zuordnung von Katalogrollen

12.8.3 Welche Berechtigungen haben einzelne Benutzer (View EFFECTIVE_PRIVILEGES)?

Mit dem View EFFECTIVE_PRIVILEGES werten Sie aus, welche Berechtigungen (Privileges) einem Benutzer effektiv zugeordnet sind. Das heißt, es werden auch die Privileges aufgelistet, die durch Rollen zugeordnet sind. Beim Aufruf des Views muss ein Benutzername in der WHERE-Klausel angeben werden:

```
SELECT * FROM EFFECTIVE_PRIVILEGES WHERE USER_NAME = 'USERNAME'
```

Möchten Sie z. B. die effektiven Berechtigungen des Benutzers TTIEDE anzeigen, rufen Sie den View mit dem Zusatz WHERE USER_NAME = 'TTIEDE' auf:

```
SELECT * FROM EFFECTIVE_PRIVILEGES WHERE USER_NAME = 'TTIEDE'
```

Mehrere Benutzer können Sie mit dem Operator IN angeben:

```
SELECT * FROM EFFECTIVE_PRIVILEGES
WHERE USER_NAME IN ('USER01', 'USER02', 'USER03')
```

Eine Unterselektion kann hier nicht genutzt werden. Eine Selektion wie die folgende ist somit nicht möglich:

```
SELECT * FROM EFFECTIVE_PRIVILEGES
WHERE USER_NAME IN (SELECT USER_NAME FROM USERS)
```

Die Abfrage kann auch um die Selektion auf Privileges erweitert werden. Um z. B. unter den ausgewählten Benutzern diejenigen zu ermitteln, die über das System Privilege USER ADMIN verfügen, rufen Sie den View folgendermaßen auf:

```
SELECT * FROM EFFECTIVE_PRIVILEGES
WHERE USER_NAME IN ('USER01', 'USER02', 'USER03')
AND PRIVILEGE = 'USER ADMIN'
```

Auch für die Privileges können Sie den Operator IN nutzen, um mehrere Privileges abzufragen:

12.8 Analyse des SAP-HANA-Berechtigungskonzepts

```
SELECT * FROM EFFECTIVE_PRIVILEGES
WHERE USER_NAME IN ('USER01', 'USER02', 'USER03')
AND PRIVILEGE IN ('USER ADMIN', 'ROLE ADMIN')
```

Nach Object Privileges können Sie auch selektieren. Hierfür nutzen Sie die Felder OBJECT_TYPE, OBJECT_NAME und SCHEMA_NAME. Zur Analyse, wer auf das Schema eines SAP-ERP-/SAP-S/4HANA-Benutzers zugreifen darf, nutzen Sie folgende Syntax:

```
SELECT * FROM EFFECTIVE_PRIVILEGES
WHERE USER_NAME IN ('USER01', 'USER02', 'USER03')
AND OBJECT_TYPE = 'SCHEMA' AND SCHEMA_NAME = 'SAP<sid>'
```

Abbildung 12.42 zeigt das Ergebnis des Views. Tabelle 12.38 zeigt die wesentlichen Felder des Views.

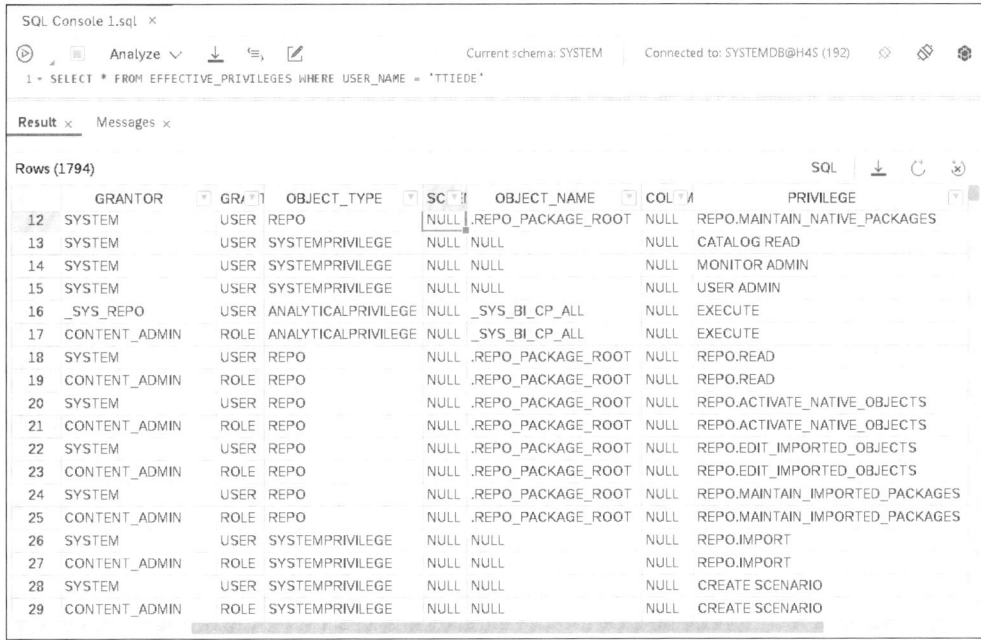

Abbildung 12.42 Auswertung des Views EFFECTIVE_PRIVILEGES

Feld	Beschreibung
USER_NAME	ausgewerteter Benutzer
GRANTEE_SCHEMA_NAME	Schema der Rolle, aus der das Privilege stammt
GRANTEE	Benutzer oder Rolle mit dem ausgewerteten Privilege
GRANTEE_TYPE	Typ: 'USER' = Benutzer; Typ 'ROLE' = Rolle

Tabelle 12.38 Felder des Views EFFECTIVE_PRIVILEGES

Feld	Beschreibung
GRANTOR	Benutzer oder Rolle, durch den das Privilege zugeordnet wurde
GRANTOR_SCHEMA_NAME	Schema des Zuordners
GRANTOR_TYPE	Typ: 'USER' = Benutzer; Typ 'ROLE' = Rolle
OBJECT_TYPE	Typ des berechtigten Objekts
SCHEMA_NAME	Schemaname (falls OBJECT_TYPE = SCHEMA)
OBJECT_NAME	Objektname des berechtigten Objekts
COLUMN_NAME	Spaltenname
PRIVILEGE	vergebene Berechtigung
IS_GRANTABLE	Kennzeichen: Weitergabe der Berechtigung an andere Benutzer möglich
IS_VALID	Berechtigung ist gültig.

Tabelle 12.38 Felder des Views EFFECTIVE_PRIVILEGES (Forts.)

12.8.4 Welchen Benutzern und Rollen sind bestimmte Berechtigungen zugeordnet (View EFFECTIVE_PRIVILEGE_GRANTEES)?

Mit dem View EFFECTIVE_PRIVILEGE_GRANTEES wird ausgewertet, welchen Benutzer und Rollen eine bestimmte Berechtigung zugeordnet ist. Beispielsweise kann analysiert werden, welchen Benutzern und Rollen bestimmte System Privileges zugeordnet sind. Die Syntax für die Abfrage von System Privileges ist:

```
SELECT * FROM EFFECTIVE_PRIVILEGE_GRANTEES WHERE
PRIVILEGE = <Privilege> AND OBJECT_TYPE = 'SYSTEMPRIVILEGE'
```

Um die berechtigten Benutzer für die Berechtigung USER ADMIN abzufragen, prägen Sie die Abfrage folgendermaßen aus:

```
SELECT * FROM EFFECTIVE_PRIVILEGE_GRANTEES WHERE
PRIVILEGE = 'USER ADMIN' and OBJECT_TYPE = 'SYSTEMPRIVILEGE'
```

Über den IN-Operator können Sie auch mehrere Berechtigungen gleichzeitig abfragen:

```
SELECT * FROM EFFECTIVE_PRIVILEGE_GRANTEES WHERE
PRIVILEGE IN ('USER ADMIN', 'ROLE ADMIN', 'AUDIT ADMIN', 'AUDIT OPERATOR') AND
OBJECT_TYPE = 'SYSTEMPRIVILEGE'
```

Tabelle 12.39 zeigt die Felder des Views, Abbildung 12.43 eine Ergebnisdarstellung. Hier ist im Feld PRIVILEGE die ausgewertete Berechtigung abzulesen, im Feld GRANTEE der Benutzer bzw. die Rolle.

12.8 Analyse des SAP-HANA-Berechtigungskonzepts

Feld	Beschreibung
GRANTEE_SCHEMA_NAME	Schema der Rolle, aus der das Privilege stammt
GRANTEE	Benutzer oder Rolle mit der abgefragten Berechtigung
GRANTEE_TYPE	Typ: 'USER' = Benutzer; Typ 'ROLE' = Rolle
GRANTOR_SCHEMA_NAME	Schema des Zuordners
GRANTOR	Benutzer oder Rolle, durch den das Privilege zugeordnet wurde
GRANTOR_TYPE	Typ: 'USER' = Benutzer; Typ 'ROLE' = Rolle
OBJECT_TYPE	Typ der Berechtigung (Privilege-Typ)
SCHEMA_NAME	Schemaname
OBJECT_NAME	Objektname des berechtigten Objekts
PRIVILEGE	vergebene Berechtigung
IS_GRANTABLE	Kennzeichen: Weitergabe der Berechtigung an andere Benutzer möglich

Tabelle 12.39 Felder des Views EFFECTIVE_PRIVILEGE_GRANTEES

Abbildung 12.43 Auswertung des Views EFFECTIVE_PRIVILEGE_GRANTEES

Um Berechtigungen auf Object Privileges auszuwerten, sind für den View Selektionskriterien zu folgenden Feldern anzugeben:

- PRIVILEGE – Object Privilege, z. B. INSERT, SELECT, EXECUTE etc.
- OBJECT_TYPE – Objekttyp, z. B. TABLE, VIEW, PROCEDURE etc.
- OBJECT_NAME – Name des Objekts
- SCHEMA_NAME – Schema des Objekts

Listing 12.8 zeigt die Fragestellung, welcher Benutzer die Berechtigung zur Zuordnung von Repository-Rollen besitzt (EXECUTE auf der Prozedur GRANT_ACTIVATED_ROLE im Schema _SYS_REPO).

```
SELECT * FROM EFFECTIVE_PRIVILEGE_GRANTEES
WHERE PRIVILEGE = 'EXECUTE'
AND OBJECT_TYPE = 'PROCEDURE'
AND OBJECT_NAME = 'GRANT_ACTIVATED_ROLE'
AND SCHEMA_NAME = '_SYS_REPO'
```

Listing 12.8 Auswertung eines Object Privileges

Um Berechtigungen auf Schemata auszuwerten, sind für den View Selektionskriterien zu folgenden Feldern anzugeben:

- PRIVILEGE – Object Privilege, z. B. INSERT, SELECT, EXECUTE etc.
- OBJECT_TYPE – SCHEMA
- SCHEMA_NAME – Schema des Objekts

Um z. B. die Berechtigung zur Anzeige der Daten im Schema SAP<sid> auszuwerten, nutzen Sie eine Abfrage wie in Listing 12.9.

```
SELECT * FROM EFFECTIVE_PRIVILEGE_GRANTEES
WHERE PRIVILEGE = 'SELECT'
AND OBJECT_TYPE = 'SCHEMA'
AND SCHEMA_NAME = 'SAP<sid>'
```

Listing 12.9 Auswertung von Berechtigungen auf ein Schema

12.8.5 Welche Rollen sind einem Benutzer oder einer Rolle zugeordnet (View EFFECTIVE_ROLES)?

Mit dem View EFFECTIVE_ROLES werten Sie aus, welche Rollen einem Benutzer effektiv zugeordnet sind, also auch durch andere Rollen. Beim Aufruf des Views muss ein Benutzername in der WHERE-Klausel angeben werden:

```
SELECT * FROM EFFECTIVE_ROLES WHERE USER_NAME = 'USERNAME'
```

Tabelle 12.40 zeigt die Felder des Views EFFECTIVE_ROLES in der Übersicht.

Feld	Beschreibung
USER_NAME	ausgewerteter Benutzer
GRANTEE_SCHEMA_NAME	Schema der Rolle, aus der die Rolle stammt
GRANTEE	Benutzer oder Rolle mit der abgefragten Rolle
GRANTEE_TYPE	Typ: 'USER' = Benutzer; Typ 'ROLE' = Rolle
GRANTOR	Benutzer oder Rolle, durch den die Rolle zugeordnet wurde
ROLE_SCHEMA_NAME	Schema der zugeordneten Rolle
ROLE_NAME	Name der zugeordneten Rolle
IS_GRANTABLE	Kennzeichen: Weitergabe der Rolle an andere Benutzer möglich

Tabelle 12.40 Felder des Views EFFECTIVE_ROLES

12.8.6 Welchen Benutzern und Rollen sind bestimmte Rollen zugeordnet (View EFFECTIVE_ROLE_GRANTEES)?

Mit dem View EFFECTIVE_ROLE_GRANTEES werten Sie aus, ob eine bestimmte Rolle einem Benutzer oder einer Rolle effektiv zugeordnet ist. Als Selektion geben Sie den Rollennamen an:

SELECT * FROM EFFECTIVE_ROLE_GRANTEES WHERE ROLE_NAME = <Rollenname>

Tabelle 12.41 zeigt die Felder des Views EFFECTIVE_ROLES_GRANTEES in der Übersicht.

Feld	Beschreibung
ROLE_SCHEMA_NAME	Schema der ausgewerteten Rolle
ROLE_NAME	Name der ausgewerteten Rolle
GRANTEE_SCHEMA_NAME	Schema der Rolle, in der die ausgewertete Rolle enthalten ist
GRANTEE	Benutzer oder Rolle mit der abgefragten Rolle
GRANTEE_TYPE	Typ: 'USER' = Benutzer; Typ 'ROLE' = Rolle
GRANTOR	Benutzer oder Rolle, durch den die Rolle zugeordnet wurde

Tabelle 12.41 Felder des Views EFFECTIVE_ROLE_GRANTEES

Feld	Beschreibung
GRANTED_ROLE_SCHEMA_NAME	Schema der zugeordneten Rolle
GRANTED_ROLE_NAME	Name der zugeordneten Rolle
IS_GRANTABLE	Kennzeichen: Weitergabe der Rolle an andere Benutzer möglich

Tabelle 12.41 Felder des Views EFFECTIVE_ROLE_GRANTEES (Forts.)

12.8.7 Das Skript HANA_Security_GrantedRolesAndPrivileges

Mit SAP-Hinweis 1969700 liefert SAP das Skript **HANA_Security_GrantedRolesAndPrivileges** aus. Dieses können Sie im SAP HANA Database Explorer auch über die Statement Library unter **Security** • **GrantedRolesAndPrivileges** • **2.00.000+** aufrufen.

Das Skript zeigt zu den ausgewerteten Benutzern und Rollen alle Berechtigungen an. Dabei können die Berechtigungen in den Rollen bis zu einer Rekursionstiefe von fünf Stufen ausgewertet werden. Werden keine Selektionskriterien angegeben, listet das Skript alle Benutzer und Rollen mit jeweils allen Berechtigungen auf. Das Ergebnis kann dann mit anderen Programmen, z. B. Microsoft Excel, noch weiter ausgewertet werden.

Das Skript kann vor der Ausführung eingegrenzt werden. Suchen Sie im Quelltext des Skripts nach /* Modification section */ (siehe Listing 12.10).

Tabelle 12.42 zeigt die Felder, nach denen das Skript eingegrenzt werden kann. Die Spalte **Ausgabe** zeigt an, ob das Feld im Ergebnis ausgegeben wird.

```
( SELECT                  /* Modification section */
    '%' GRANTEE_SCHEMA_NAME,
    '%' GRANTEE,
    '%' GRANTEE_TYPE,         /* ROLE, USER, % */
    5 ROLE_RECURSION_DEPTH,    /
* 0, 1, 2, 3, 4 or 5, maximum recursion level for role -> role grants */
    '%' ROLE_SCHEMA_NAME,
    '%' ROLE_NAME,
    '%' PRIVILEGE,
    '%' PRIVILEGE_DETAILS,
    '%' OBJECT_NAME,
    '%' OBJECT_TYPE,
```

```
    'X' EXCLUDE_SYSTEM_USERS,
    'X' EXCLUDE_DEACTIVATED_USERS,
    ' ' ONLY_CURRENT_USER
…
```

Listing 12.10 Modification Section zur Angabe von Selektionen

Feld	Ausgabe	Beschreibung
GRANTEE_SCHEMA	X	Schema der Rolle, in der die ausgewertete Rolle enthalten ist
GRANTEE_TYPE	X	Typ: 'USER' = Benutzer; Typ 'ROLE' = Rolle
GRANTEE	X	Benutzer oder Rolle
ROLE_RECURSION_DEPTH		Rekursionstiefe der Auswertung von Rollen
ROLE_SCHEMA_NAME	X	Schema der zugeordneten Rolle
ROLE_NAME	X	Name der zugeordneten Rolle
PRIVILEGE	X	Privilege
PRIVILEGE_DETAILS	X	Details, z. B. Tabellen-/View-/Schemanamen bei Object Privileges
OBJECT_NAME		auszuwertende Objekte
OBJECT_TYPE	X	Objekttyp bei Object Privileges (TABLE, VIEW, SCHEMA, PROCEDURE etc.)
		Privilege-Typ (SYSTEM PRIVILEGE, APPLICATION PRIVILEGE, ANALYTIC PRIVILEGE, REPO)
EXCLUDE_SYSTEM_USERS		Ausschluss von Systembenutzern im Ergebnis
EXCLUDE_DEACTIVATED_USERS		Ausschluss von deaktivierten Benutzern im Ergebnis
ONLY_CURRENT_USER		nur Auswertung des aktuellen Benutzers

Tabelle 12.42 Felder des Skripts »GrantedRolesAndPrivileges«

Abbildung 12.44 zeigt das Ergebnis des Skripts. Mit der Schaltfläche **Download** (⬇) exportieren Sie die Daten.

12 SAP HANA

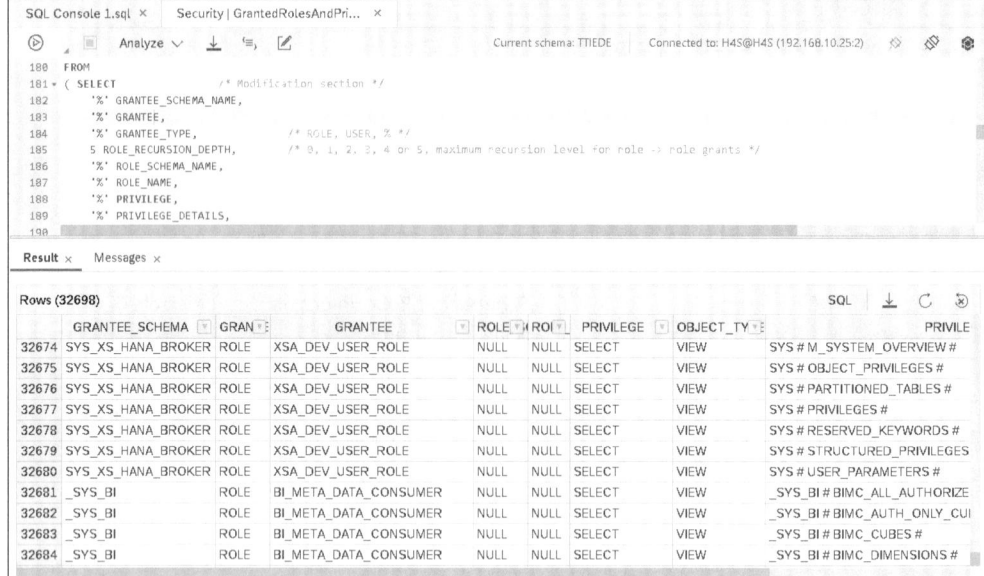

Abbildung 12.44 Ergebnis des Skripts »GrantedRolesAndPrivileges«

12.8.8 Checkliste

In Tabelle 12.43 finden Sie die Checkliste mit den prüfungsrelevanten Fragestellungen zur Analyse des SAP-HANA-Berechtigungskonzepts.

Risiko	Fragestellung
	Vorgabe oder Erläuterung
1	In welchen Rollen sind kritische Systemberechtigungen enthalten?
	Systemberechtigungen dürfen nur den SAP-HANA-Administratoren zugeordnet werden. Hier besteht das Risiko, dass Systemberechtigungen durch die Integration in falsche Rollen außerhalb der Administration zugeordnet werden.
1	In welchen Rollen sind DEBUG-Berechtigungen enthalten?
	DEBUG-Berechtigungen dürfen im Produktivsystem nur in Notfallrollen enthalten sein. Hier besteht das Risiko, dass DEBUG-Berechtigungen durch die Integration in falsche Rollen im Produktivsystem zugeordnet werden.

Tabelle 12.43 Checkliste zur Analyse des SAP-HANA-Berechtigungskonzepts

Risiko	Fragestellung
	Vorgabe oder Erläuterung
1	In welchen Rollen sind Entwicklerberechtigungen für das Repository enthalten?
	Entwicklerberechtigungen dürfen nur im Entwicklungssystem vergeben werden, im Notfall eventuell auch zeitbegrenzt im Produktivsystem. Hier besteht das Risiko, dass Entwicklerberechtigungen durch die Integration in falsche Rollen im Produktivsystem zugeordnet werden.
1	Welchen Benutzern sind kritische Systemberechtigungen zugeordnet?
	Systemberechtigungen dürfen nur der Administration zugeordnet werden. Hier besteht das Risiko, dass die Datenbank durch die Nutzung kritischer Systemberechtigungen beschädigt wird.

Tabelle 12.43 Checkliste zur Analyse des SAP-HANA-Berechtigungskonzepts (Forts.)

Wie Sie die einzelnen Punkte praktisch am SAP-System prüfen können, erfahren Sie in Abschnitt 12.8 des Dokuments **Tiede_Checklisten_Sicherheit_und_Pruefung.pdf**.

12.9 Auditing in SAP HANA

Mit dem *Auditing* können sicherheitsrelevante Vorgänge in SAP HANA protokolliert werden. Standardmäßig ist das Auditing deaktiviert. Beim Einsatz von SAP HANA muss ein *Protokollierungskonzept* erstellt werden, um alle relevanten Vorgänge aufzuzeichnen.

12.9.1 Konfiguration des Auditings in SAP HANA

In diesem Abschnitt erfahren Sie, wie das Auditing aktiviert wird, wo es gespeichert werden kann und wie es in Multi-Tenant-Systemen konfiguriert wird. Diese Grundeinstellungen sind erforderlich, bevor die zu protokollierenden Aktionen (Policys, siehe Abschnitt 12.9.2, »Einrichten von Policys«) definiert werden können.

Das Auditing wird Tenant-spezifisch aktiviert, sodass in den Tenants verschiedene Auditing-Einstellungen genutzt werden können. Die Protokolleinträge können in vier verschiedenen Zielen abgelegt werden:

- **SysLog (Default-Einstellung)**
  Speichert die Log-Daten im SysLog des UNIX-Systems. Wird diese Ablage gewählt, sollte der SysLog-Daemon so konfiguriert werden, dass das SysLog automatisch an einen zentralen Server gesendet wird, damit keine Manipulationsmöglichkeit besteht. Eine Echtzeitüberwachung der Logs über entsprechende Tools (z. B. SAP Enterprise Threat Detection) oder Agentensysteme wird empfohlen.

- **Database Table**

  Die Auditeinträge werden in den View `SYS.AUDIT_LOG` geschrieben (Zugriff auch über den Public View `AUDIT_LOG`). Der Vorteil dieser Ablage ist die gute Auswertbarkeit über das SAP HANA Studio. Allerdings können Log-Einträge aus dieser Tabelle mit der Berechtigung `AUDIT OPERATOR` gelöscht werden (was aufgrund der möglichen Größe des Logs auch erforderlich werden kann). Das Löschen selbst wird im Auditing protokolliert (`EVENT_ACTION` = `CLEAR AUDIT LOG`). Die Protokolleinträge können auch mit dem View `ALL_AUDIT_LOG` ausgewertet werden. Dieser View zeigt sowohl die Einträge des Datenbank-Auditings als auch die des XSA-Auditings an.

  Die Views `AUDIT_LOG` und `ALL_AUDIT_LOG` sind zwar in der Rolle `PUBLIC` enthalten, mit einer reinen Leseberechtigung können die Inhalte allerdings nicht ausgewertet werden. Eine Anzeige der Protokolleinträge ist nur mit den Berechtigungen `AUDIT ADMIN`, `AUDIT OPERATOR` oder `AUDIT READ` möglich.

- **CSV Text File**

  Die Log-Einträge werden in eine CSV-Datei geschrieben. Diese Einstellung darf für Produktivsysteme nicht genutzt werden, da die Datei auf der UNIX-Ebene geändert werden kann. Die Einstellung kann zu Testzwecken in nicht-produktiven Systemen genutzt werden.

  Mit dem Parameter `default_audit_trail_path` wird der Verzeichnisname angegeben, in dem die CSV-Datei gespeichert wird. Wird kein Verzeichnis angegeben, so wird die Datei in dasselbe Verzeichnis gespeichert wie die Trace-Dateien.

- **Kernel Trace**

  Die Log-Einträge werden in einer Trace-Datei (Dateiendung *.ltc) in folgendem Pfad gespeichert:

  /usr/sap/<SID>/HDB<Instanz>/<Host>/trace

  Die Datei kann mit Standardtools wie **cat** oder **vi** nicht angezeigt werden. Sie kann mit dem Tool **hdbtracediag** in eine CSV-Datei umgewandelt werden.

Gesteuert wird die Auditing-Konfiguration mit Systemparametern, siehe Tabelle 12.44. In der Systemdatenbank werden diese Parameter in der Datei **nameserver.ini** gepflegt, in Tenant-Datenbanken in der Datei **global.ini**, jeweils im Abschnitt `auditing configuration`.

Parameter	Beschreibung
`global_auditing_state`	Mit diesem Parameter aktivieren und deaktivieren Sie das Auditing: - FALSE: Das Auditing ist deaktiviert (Standardwert). - TRUE: Das Auditing ist aktiviert.

Tabelle 12.44 Steuerungsparameter des Auditings

Parameter	Beschreibung
audit_statement_length	Im Auditing wird das SQL-Statement gespeichert, welches den Eintrag ausgelöst hat. Mit diesem Parameter kann eingestellt werden, dass die Statements nur bis zur definierten Länge gespeichert werden. Längere Statements werden abgeschnitten. Dies birgt die Gefahr, dass kritische Statements nicht nachvollziehbar sind, wenn sie abgeschnitten werden. Der Standardwert des Parameters ist »–1«. Hiermit werden die Statements in voller Länge im Auditing gespeichert.
default_audit_trail_type	Legt fest, wo die Protokolleinträge standardmäßig gespeichert werden: - SYSLOGPROTOCOL: im SysLog des UNIX-Servers (Standardwert) - CSTABLE: im View SYS.AUDIT_LOG - CSVTEXTFILE: in einer CSV-Textdatei auf UNIX-Ebene (der Pfad wird mit dem Parameter default_audit_trail_path angegeben) - KERNELTRACE: in einer Trace-Datei (*.ltc) im Pfad **/usr/sap/<SID>/HDB<Instanz>/<Host>/trace**
default_audit_trail_path	Werden die Protokolldateien in eine CSV-Datei geschrieben (default_audit_trail_type = CSVTEXTFILE), gibt dieser Parameter den Pfad an, unter dem die Datei gespeichert wird.
emergency_audit_trail_type	Legt fest, wo Einträge des Auditlevels *Emergency* gespeichert werden: - SYSLOGPROTOCOL - CSTABLE - CSVTEXTFILE - KERNELTRACE
alert_audit_trail_type	Legt fest, wo Einträge des Auditlevels *Alert* gespeichert werden: - SYSLOGPROTOCOL - CSTABLE - CSVTEXTFILE - KERNELTRACE

Tabelle 12.44 Steuerungsparameter des Auditings (Forts.)

Parameter	Beschreibung
critical_audit_trail_type	Legt fest, wo Einträge des Auditlevels *Critical* gespeichert werden: - SYSLOGPROTOCOL - CSTABLE - CSVTEXTFILE - KERNELTRACE
minimal_retention_period	Gibt die maximale Aufbewahrungsdauer der Auditing-Protokolleinträge an. Nach Ablauf dieses Zeitraums werden die Einträge automatisch gelöscht. Dieser Parameter ist nur wirksam, wenn die Auditing-Protokolle in die Datenbanktabelle geschrieben werden (Parameter default_audit_trail_type = CSTABLE).
sr_audit_trail_type_cstable_override	Ist bei einer Systemreplikation als default_audit_trail_type der Wert »CSTABLE« (Datenbanktabelle) angegeben, so gibt dieser Parameter an, wo im Sekundärsystem die Auditing-Protokolle geschrieben werden sollen. Ein schreibender Zugriff auf die Datenbanktabelle ist hier nicht möglich. Der Standardwert ist hier »SYSLOGPROTOCOL« (UNIX SysLog). Zwar kann der Wert auch auf »CSVTEXTFILE« (CSV-Datei) gesetzt werden, dies ist aufgrund der Änderbarkeit der CSV-Dateien nicht ratsam.

Tabelle 12.44 Steuerungsparameter des Auditings (Forts.)

12.9.2 Einrichten von Policys

Welche Aktionen in SAP HANA protokolliert werden sollen, wird mit *Policys* festgelegt. Es können beliebig viele Policys angelegt werden. Eine Policy hat verschiedene Eigenschaften (siehe Abbildung 12.45):

- Abschnitt **General**:
  Allgemeine Eigenschaften der Policy (siehe Tabelle 12.45)

- Abschnitt **Audited Actions**:
  Zu protokollierende Aktionen (siehe Tabelle 12.46). Die Aktionen sind in Kategorien eingeteilt. Jede Policy kann nur Aktionen einer Kategorie enthalten. Daher müssen mehrere Policys erstellt werden, um alle Anforderungen an Protokollierungen umzusetzen. Eine Auflistung aller in Ihrem System vorhandenen Aktionen erhalten Sie mit dem View AUDIT_ACTIONS.

- Abschnitt **Audited Objects**:
  In diesem Abschnitt kann die Protokollierung auf bestimmte Datenbankobjekte eingegrenzt werden.

12.9 Auditing in SAP HANA

- Abschnitt **Audited Users**:
  Hierüber können bestimmte Benutzer in die Protokollierung eingeschlossen oder ausgeschlossen werden.

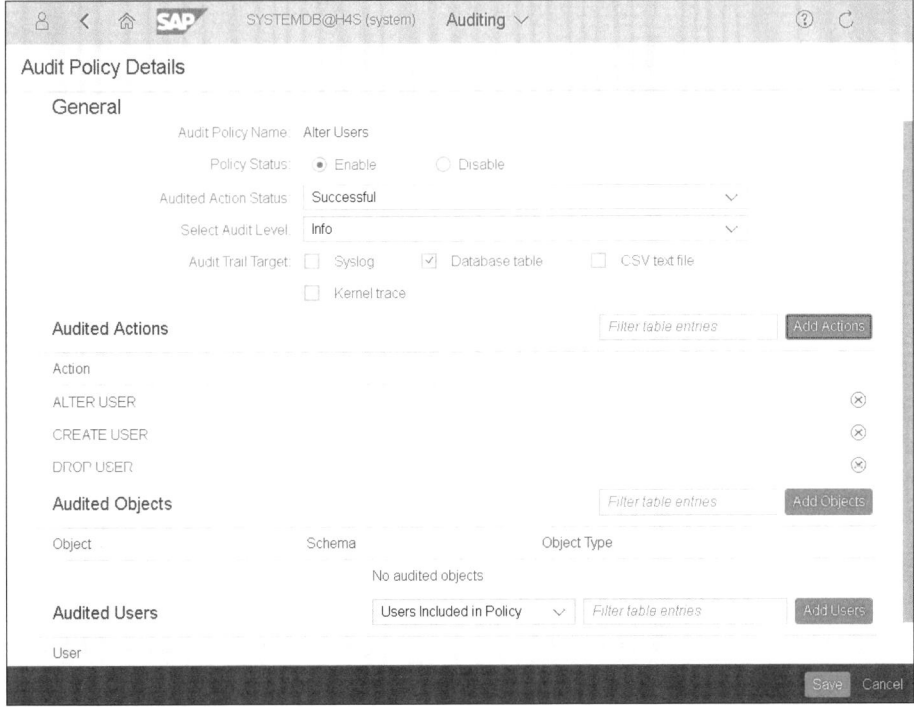

Abbildung 12.45 Eigenschaften einer Auditing-Policy

Eigenschaft	Beschreibung
Audit Policy Name	Name der Policy, die beim Anlegen vergeben wird. Der Name kann nachträglich nicht mehr geändert werden.
Policy Status	Hier können die Policys einzeln aktiviert (**Enable**) und deaktiviert (**Disable**) werden.
Audited Action Status	Hiermit legen Sie fest, was beim Eintreten eines Ereignisses protokolliert werden soll: - **All**: Es werden sowohl erfolgreiche als auch nicht erfolgreiche Aktionen protokolliert. - **Successful**: Ein Protokoll wird nur erstellt, wenn das Ereignis erfolgreich durchgeführt werden konnte. - **Unsuccessful**: Ein Protokoll wird nur erstellt, wenn das Ereignis nicht durchgeführt werden konnte.

Tabelle 12.45 Allgemeine Eigenschaften einer Policy

Eigenschaft	Beschreibung
Select Audit Level	Hier stellen Sie das Auditlevel für die Protokollierung ein. Anhand dieses Levels können die Protokolle dann ausgewertet werden. Folgende Auditlevel können ausgewählt werden: - *Info* - *Warning* - *Alert* - *Critical* - *Emergency*
Audit Trail Target	Hiermit legen Sie fest, wo die Protokolle dieser Policy gespeichert werden sollen: - *SysLog* (SYSLOGPROTOCOL) - *Database table* (CSTABLE) - *CSV Text file* (CSVTEXTFILE) - *Kernel Trace* (KERNELTRACE)

Tabelle 12.45 Allgemeine Eigenschaften einer Policy (Forts.)

Aktion	Beschreibung
All Actions	Alle nachfolgend aufgeführten Aktionen werden hierüber protokolliert. Diese Aktion kann ausgewählt werden, wenn bestimmte Objekte oder Benutzer protokolliert werden sollen, z. B. ein Notfallbenutzer. Aktivieren Sie diese Aktion nicht, ohne weitere Einschränkungen vorzunehmen. Da in dem Fall auch alle SELECT-Statements aller Benutzer auf alle Tabellen protokolliert werden, entsteht hierbei ein sehr großes Protokollaufkommen.
Application Auditing	Protokolliert Aktionen in SAP-HANA-XSA-Anwendungen. In XSA-Eigenentwicklungen sollte das Erzeugen dieser Meldungen integriert werden.
Authentication Provider Management	Protokolliert Aktionen (Anlegen, Ändern, Löschen) zu den Authentifizierungsprovidern: - JSON Web Token - LDAP-Anbindungen - SAML-Provider
Backup Deletion	Protokolliert das Löschen von Backups inklusive der Dateien im Betriebssystem.

Tabelle 12.46 Protokollierbare Aktionen des Auditings

Aktion	Beschreibung
Certificates and PSE Store	Protokolliert das Anlegen und Löschen von Zertifikaten sowie die Pflege der Trust Stores (PSE, *Personal Security Environment*).
Clientside Encryption	Protokolliert Aktionen der *Client-side Data Encryption*. Bei dieser Verschlüsselung kann die Entschlüsselung nur durch den SAP-HANA-Client erfolgen. Ohne Zugriff auf den Client können die Daten auf dem Server nicht entschlüsselt werden.
Data Definition	Protokolliert alle Aktionen, mit denen Datenbankelemente angelegt, gelöscht oder geändert werden. DDL-Elemente sind u. a.: - Functions - Indexes - Procedures - Schemas - Tabellen - Views
Data Provisioning	Protokolliert Aktionen im Rahmen der Schnittstellenverwaltung: - Adapter - Agenten - Agent Groups - Remote Sources - Remote Subscriptions
Data Query and Manipulation	Protokolliert die SQL-Statements, mit denen Daten gepflegt bzw. Funktionen ausgeführt werden können. Hierüber können z. B. Zugriffe auf sensible Daten protokolliert werden. Dafür sind zusätzlich die Objekte (Tabellen, Views, Funktionen, Prozeduren) anzugeben. Eine Protokollierung der Zugriffe auf alle Objekte ist nicht ratsam, da hierdurch eine große Menge von Protokolleinträgen erzeugt wird.
Granting and Revoking of Authorizations	Protokolliert die Zuordnung und den Entzug von Berechtigungen: - Zuordnung/Entzug von Privileges zu Benutzern und Rollen - Zuordnung/Entzug von Rollen zu Benutzern und Rollen - Zuordnung/Entzug von Application Privileges zu Benutzern und Rollen - Zuordnung/Entzug von Analytic Privileges zu Benutzern und Rollen Um alle Zuordnungen zu protokollieren, wählen Sie die Aktionen GRANT ANY und REVOKE ANY aus.
License Deletion	Protokolliert das Löschen von Lizenzen.

Tabelle 12.46 Protokollierbare Aktionen des Auditings (Forts.)

Aktion	Beschreibung
License Installation	Protokolliert das Installieren von Lizenzen.
Operations on Multi-tenant Databases	Protokolliert Aktionen auf Tenant-Datenbanken: • Anlegen/Ändern/Löschen von Tenant-Datenbanken • Umbenennen von Tenant-Datenbanken • Starten/Stoppen von Tenant-Datenbanken
Repository Content Operations	Protokolliert Aktionen im Repository: • Aktivieren von Repository-Content • Exportieren von Repository-Content • Importieren von Repository-Content
SAP HANA Dynamic Tiering	Protokolliert Aktionen im Rahmen des *SAP HANA Dynamic Tierings*. Der SAP-HANA-Hauptspeicher kann erweitert werden, indem selten benutzte (»warme«) Daten persistent auf Festplatten ausgelagert werden. Diese Festplatten werden von SAP HANA als Teil des Hauptspeichers verwaltet.
Session Management and System Configuration	Protokolliert folgende Aktionen: • An- und Abmeldungen • Stoppen von Services • Ändern von Systemparametern (SYSTEM CONFIGURATION CHANGE) • Prüfen des Kennworts eines Benutzers (VALIDATE USER)
Structured Privilege Management	Protokolliert die Verwaltung (Anlegen/Ändern/Löschen) von Analytic Privileges.
User and Role Management	Protokolliert die Benutzer- und Rollenpflege: • Anlegen/Ändern/Löschen von Benutzern • Anlegen/Ändern/Löschen von Katalogrollen • Anlegen/Ändern/Löschen von Benutzergruppen
Volume Encryption	Protokolliert Aktionen im Rahmen der Datenverschlüsselung (siehe auch Abschnitt 12.2.3, »Verschlüsselung von Daten«): • Änderungen an der Einstellung der Verschlüsselung zu Applications, Backups, Root Keys, Redo-Logs und persistentem Speicher • Änderungen des Kennworts für Backups • Änderung der Verantwortlichkeit für Verschlüsselungen in Systemdatenbank und Tenant

Tabelle 12.46 Protokollierbare Aktionen des Auditings (Forts.)

Zur Pflege von Policys ist das System Privilege AUDIT ADMIN erforderlich. Änderungen an den Einstellungen des Auditings werden automatisch durch die interne *Mandatory Audit Policy* protokolliert, ohne dass dies explizit eingerichtet werden muss. Folgende Aktionen werden protokolliert:

- Anlegen, Ändern und Löschen von Policys
- Ändern der Konfiguration des Auditings
- Ändern der Authentifizierungsmethoden
- Löschen von Auditing-Einträgen
- Ändern des Kennworts des Benutzers SYSTEM in einem Tenant von der Systemdatenbank aus

Diese Aktionen werden als Auditlevel *Critical* protokolliert. Somit ist die letzte Aktion (Ändern der Auditing-Konfiguration oder Löschen der Protokolle) grundsätzlich nachvollziehbar, da jeweils nach dem Vorgang erst dieses Protokoll geschrieben wird.

12.9.3 Auswertung der eingerichteten Policys

Die Policys werden in dem View AUDIT_POLICIES gespeichert. Tabelle 12.47 zeigt die Felder des Views. Sind viele Policys eingerichtet, bietet dieser View einen guten Überblick über alle Policys.

Spalte	Beschreibung
AUDIT_POLICY_NAME	Name der Policy
AUDIT_POLICY_OID	Objekt-ID (nur zur internen Verwendung)
EVENT_STATUS	Zeigt an, was protokolliert werden soll: - ALL EVENTS: alle Ereignisse - SUCCESSFUL EVENTS: nur erfolgreiche Ereignisse - UNSUCCESSFUL EVENTS: nur fehlgeschlagene Ereignisse
EVENT_LEVEL	Das definierte Auditlevel (dient nur zur Einordnung/Auswertung der Protokolleinträge): - EMERGENCY - CRITICAL - ALERT - WARNING - INFO
IS_AUDIT_POLICY_ACTIVE	Die Policy ist aktiv (TRUE/FALSE).

Tabelle 12.47 Felder der Tabelle AUDIT_POLICIES

Spalte	Beschreibung
IS_VALID	Die Policy ist gültig (TRUE/FALSE). Eine Policy kann ungültig sein, wenn z. B. ein zu protokollierender Benutzer nicht mehr existiert.
EVENT_ACTION	Aktion, die protokolliert wird
USER_NAME	Benutzer, die protokolliert werden
EXCEPT_USER_NAME	Benutzer, die explizit von der Protokollierung ausgeschlossen wurden
OBJECT_TYPE	Objekttyp, der protokolliert wird (z. B. SCHEMA oder TABLE)
OBJECT_SCHEMA	Wenn OBJECT_TYPE = SCHEMA, wird hier das zu protokollierende Schema angegeben.
OBJECT_NAME	Wenn OBJECT_TYPE <> SCHEMA, wird hier das zu protokollierende Objekt angegeben.
TRAIL_TYPE	Zeigt an, wo die Protokolleinträge gespeichert werden: - TABLE - SYSLOG - CSV - KERNELTRACE Wird für eine Policy eingestellt, dass sie in verschiedene Ziele geschrieben werden soll, so wird für jedes Ziel ein Datensatz in diese Tabelle geschrieben. Werden alle vier Ziele angegeben, hat die Policy vier Datensätze.

Tabelle 12.47 Felder der Tabelle AUDIT_POLICIES (Forts.)

12.9.4 Auswertung des Auditings

Die Protokolleinträge des Auditings können in verschiedenen Zielen gespeichert werden. In den meisten Fällen werden die Protokolle im SysLog des UNIX-Systems gespeichert und gleichzeitig auch in der Tabelle der Datenbank (View AUDIT_LOG). Für die Auswertung des Views AUDIT_LOG steht im SAP HANA Cockpit eine eigene Oberfläche zur Verfügung.

Eine Berechtigung zur reinen Auswertung des Auditings existiert bis SAP HANA 2.0 SPS03 nicht. Es wird entweder das System Privilege AUDIT ADMIN oder das System Privilege AUDIT OPERATOR benötigt. Ab SAP HANA 2.0 SPS04 ist das System Privilege AUDIT READ verfügbar, mit dem eine Leseberechtigung auf die Views AUDIT_LOG, XSA_AUDIT_LOG, and ALL_AUDIT_LOG vergeben wird.

Werden die Protokolle in der Datenbank gespeichert, stehen sie im View SYS.AUDIT_LOG (Public View AUDIT_LOG). Tabelle 12.48 zeigt die Felder des Views.

Feld	Beschreibung
TIMESTAMP	Zeitstempel (Datum, Uhrzeit)
HOST	Name des Hosts, auf dem das Event aufgetreten ist
PORT	Portadresse des Servers
SERVICE_NAME	Name des aufgerufenen Service
CONNECTION_ID	ID der Verbindung
CLIENT_HOST	Name des Rechners, von dem aus der Eintrag erzeugt wurde
CLIENT_IP	IP-Adresse des Rechners, von dem aus der Eintrag erzeugt wurde
CLIENT_PID	Prozess-ID des Clientprozesses
CLIENT_PORT	Portnummer des Clientprozesses
USER_NAME	Benutzer, der mit der Datenbank verbunden war
STATEMENT_USER_NAME	Benutzer, der den Eintrag erzeugt hat
APPLICATION_NAME	Anwendung, die den Protokolleintrag erzeugt hat
APPLICATION_USER_NAME	Benutzername in der auslösenden Anwendung
XS_APPLICATION_USER_NAME	Benutzername in der auslösenden XS-Anwendung
AUDIT_POLICY_NAME	Name der Audit-Policy; der Eintrag MandatoryAuditPolicy zeigt an, dass die Auditing-Konfiguration geändert wurde.
EVENT_STATUS	Gibt an, ob das Ereignis erfolgreich war oder nicht.
EVENT_LEVEL	Zeigt das Auditlevel an: ■ EMERGENCY ■ CRITICAL ■ ALERT ■ WARNING ■ INFO
EVENT_ACTION	Aktion, die protokolliert wurde
SCHEMA_NAME	beim Zugriff auf Daten: Schemaname

Tabelle 12.48 Felder des Views AUDIT_LOG

Feld	Beschreibung
OBJECT_NAME	Element, auf welches zugegriffen wurde. Dies können z. B. sein: ■ USERS (Rechteänderungen) ■ <Name Audit-Policy> (Änderung einer Audit-Policy) ■ <Name eines Pakets> (Import/Export/Aktivierung von Repository-Inhalten; Zuordnung von Entwicklerrechten auf dem Paket)
PRIVILEGE_NAME	Berechtigung, die zugewiesen wurde
ROLE_SCHEMA_NAME	Schema der betroffenen Rolle
ROLE_NAME	Name der Rolle, die geändert, zugewiesen oder entzogen wurde
GRANTEE_SCHEMA_NAME	Name des Schemas in GRANT-/REVOKE-Statements
GRANTEE	Benutzer oder Rollen, denen Rechte zugewiesen oder entzogen wurden
GRANTABLE	Bei Rechtezuordnung: Das Recht darf weitergegeben werden.
FILE_NAME	Name der geänderten Konfigurationsdatei (z. B. **global.ini**, **indexserver.ini** etc.)
SECTION	Abschnitt der Konfigurationsdatei, in dem die Änderung vorgenommen wurde (z. B. communication, password_policy etc.)
KEY	Eigenschaft, die geändert wurde (z. B. Passwortparameter wie minimal_password_length)
PREV_VALUE	alter Wert
VALUE	neuer Wert
STATEMENT_STRING	SQL-Statement, mit dem die Änderung vorgenommen wurde (z. B. create role "ibs_test123").
COMMENT	Zusatzinformationen zum Protokolleintrag
ORIGIN_DATABASE_NAME	Quelldatenbank bei datenbankübergreifenden Querys
ORIGIN_USER_NAME	Benutzername in der Quelldatenbank bei datenbankübergreifenden Querys

Tabelle 12.48 Felder des Views AUDIT_LOG (Forts.)

12.9.5 Löschen von Auditing-Protokollen

Zum Löschen der Auditing-Protokolle ist das System Privilege AUDIT OPERATOR erforderlich. Ab SAP HANA 2.0 SPS 04 kann eine maximale Aufbewahrungsfrist für Auditing-Einträge definiert werden. Dies erfolgt mit dem Parameter minimal_retention_period im Abschnitt auditing configuration in der Datei **global.ini**. Er gibt die maximale Aufbewahrungsdauer der Auditing-Protokolleinträge an. Nach Ablauf dieses Zeitraums werden die Einträge automatisch gelöscht. Dieser Parameter ist nur wirksam, wenn die Auditing-Protokolle in die Datenbanktabelle geschrieben werden (Parameter default_audit_trail_type = CSTABLE).

12.9.6 Konzept zur Auswertung

Sie benötigen ein Konzept zum Auditing, in dem Themen wie Konfigurationsvorgaben, Verantwortlichkeiten, Auswertezyklen und Aufbewahrungszeiträume geregelt sind. Dies umfasst mindestens die Erstellung eines Konzepts zur Protokollierung:

- Gibt es gesetzliche Anforderungen für die Protokollierung?
- Gibt es unternehmensspezifische Anforderungen für die Protokollierung?
- Was muss/soll protokolliert werden?
- Wie lange müssen/sollen die Daten aufbewahrt werden?

Darüber hinaus wird ein Sicherungskonzept für die Protokolldaten benötigt. Im Rahmen dieses Konzepts muss für die regelmäßige Auswertung mindestens definiert werden:

- Was soll regelhaft ausgewertet werden?
- Wer ist für die Auswertungen verantwortlich?
- Können die Auswertungen automatisiert werden?
- Werden die Auswertungen ausreichend dokumentiert?
- Existieren Eskalationsstufen für die Ergebnisse der Auswertung?

Sollen personifizierte Benutzerkonten protokolliert werden, muss dies von den Anwendern genehmigt und evtl. mit dem Betriebsrat abgestimmt werden.

12.9.7 Checkliste

In Tabelle 12.49 finden Sie die Checkliste mit den prüfungsrelevanten Fragestellungen zum Auditing in SAP HANA.

Risiko	Fragestellung
	Vorgabe oder Erläuterung
1	Ist das Auditing im Produktivsystem aktiviert?
	Das Auditing muss aktiviert sein. Hier besteht das Risiko, dass gegen gesetzliche Auflagen zur Nachvollziehbarkeit verstoßen wird.
2	Werden die Auditing-Protokolle im Betriebssystem gespeichert?
	Die Auditing-Protokolle sollten im Betriebssystem gespeichert werden, um Manipulationen zu verhindern. Hier besteht das Risiko, dass die Protokolle in der Datenbank manipuliert oder gelöscht werden können.
1	Wer ist berechtigt, die Konfiguration des Auditings einzustellen?
	Die Berechtigung zur Konfiguration des Auditings ist nur an die dafür verantwortlichen Administratoren vergeben werden. Hier besteht das Risiko, dass durch eine falsche Auditing-Konfiguration gegen Protokollierungsauflagen verstoßen wird.
1	Welche Benutzer sind zur Konfiguration der Policys berechtigt?
	Nur die verantwortlichen Administratoren dürfen die Berechtigung zur Konfiguration der Policys besitzen. Hier besteht das Risiko, dass die Audit-Log-Einstellungen manipuliert werden können.
1	Entsprechen die Einstellungen des Auditings den Unternehmensrichtlinien?
	Es muss schriftliche Vorgaben zur Einstellung des Auditings geben, die im System abzubilden sind. Hier besteht das Risiko, dass das Auditing unzureichend definiert und dadurch gegen gesetzliche Auflagen zur Nachvollziehbarkeit verstoßen wird.
1	Werden alle kritischen Aktionen über das Auditing protokolliert?
	Fast alle Protokolle einer SAP-HANA-Datenbank werden über das Auditing erzeugt, im Gegensatz zu einem ABAP-System, in dem die meisten Protokolle automatisch erzeugt werden. Daher sind alle Aktionen, die kritisch sein können, in das Auditing aufzunehmen. Ohne diese Protokollierung besteht das Risiko, dass kritische Aktionen nicht nachvollziehbar sind und dass gegen gesetzliche Auflagen zu Aufbewahrungsfristen verstoßen wird.
2	Gibt es ein Konzept zur Auswertung der Auditing-Protokolle?
	Im Konzept zur Auswertung der Auditing-Protokolle müssen Verantwortlichkeiten, Auswertungszeiträume und Auswertungsinhalte definiert sein. Hier besteht das Risiko, dass kritische Vorgänge nicht zeitnah erkannt werden.

Tabelle 12.49 Checkliste zum Auditing in SAP HANA

Risiko	Fragestellung
	Vorgabe oder Erläuterung
1	Welche Benutzer sind zum Löschen der Auditing-Protokolle berechtigt?
	Nur die verantwortlichen Administratoren dürfen die Berechtigung zum Löschen der Auditing-Protokolle besitzen. Hier besteht das Risiko, dass die Protokolle gelöscht werden und dadurch gegen gesetzliche Auflagen zur Nachvollziehbarkeit verstoßen wird.
1	Wurden Protokolle des Auditings gelöscht?
	Protokolle dürfen nur aus der Datenbank gelöscht werden, wenn sie vorher archiviert oder in andere Systeme ausgelagert wurden, z. B. ins UNIX-SysLog oder in eine SIEM-Software. Hier besteht das Risiko, dass aufbewahrungspflichtige Protokolle gelöscht werden und kritische Aktionen nicht mehr nachvollziehbar sind.

Tabelle 12.49 Checkliste zum Auditing in SAP HANA (Forts.)

Wie Sie die einzelnen Punkte praktisch am SAP-System prüfen können, erfahren Sie in Abschnitt 12.9 des Dokuments **Tiede_Checklisten_Sicherheit_und_Pruefung.pdf**.

Anhang A
Leitfäden zur SAP-Systemsicherheit

Rund um das Thema SAP-Sicherheit stehen eine Vielzahl von frei verfügbaren Leitfäden zur Verfügung. Die folgende Auflistung hat keinen Anspruch auf Vollständigkeit:

- DSAG-Prüfleitfaden SAP ERP 6.0:
  https://www.dsag.de/sites/default/files/2020-10/150505_leitfaden_best-practice-sap-erp_rz.pdf [aufgerufen am 03.02.2021]
- DSAG: Leitfaden Datenschutz SAP ERP 6.0:
  https://www.dsag.de/sites/default/files/2020-10/dsag_-_leitfaden_datenschutz_sap_erp_-_2014.pdf [aufgerufen am 03.02.2021]
- DSAG Recommendations. Best Practice Guidelines for Development:
  https://www.dsag.de/sites/default/files/2020-12/dsag_recommendation_abap_development.pdf [aufgerufen am 03.02.2021]
- DSAG-Best-Practice-Leitfaden Rollenmanagement in SAP HANA:
  https://www.dsag.de/sites/default/files/2020-10/leitfaden_sap_hana_rollen-management.pdf [aufgerufen am 03.02.2021]
- DSAG-Leitfaden Einsatz des ABAP Test Cockpit (ATC):
  https://www.dsag.de/sites/default/files/2020-10/dsag_leitfaden_atc_2020_06.pdf [aufgerufen am 10.02.2021]
- BSI-IT-Grundschutzhandbuch APP.4.2 SAP-ERP-System: *https://www.bsi.bund.de/SharedDocs/Downloads/DE/BSI/Grundschutz/Kompendium_Einzel_PDFs_2021/06_APP_Anwendungen/APP_4_2_SAP_ERP_System_Edition_2021.html* [aufgerufen am 10.02.2021]
- BSI-IT-Grundschutzhandbuch APP.4.6 SAP ABAP-Programmierung: *https://www.bsi.bund.de/SharedDocs/Downloads/DE/BSI/Grundschutz/Kompendium_Einzel_PDFs_2021/06_APP_Anwendungen/APP_4_6_SAP_ABAP_Programmierung_Edition_2021.html* [aufgerufen am 10.02.2021]
- SAP HANA Security Guide (verfügbar für alle aktuellen SAP HANA Releasestände):
  https://help.sap.com/viewer/b3ee5778bc2e4a089d3299b82ec762a7/2.0.05/en-US [aufgerufen am 03.02.2021]
- SAP HANA Security Checklists and Recommendations (verfügbar für alle aktuellen SAP-HANA-Releasestände): *https://help.sap.com/viewer/742945a940f240f4a2a0e39f93d3e2d4/2.0.05/en-US/54ef197af0e442-fe80c8ef387dd83939.html* [aufgerufen am 03.02.2021]

- SAP HANA Academy auf YouTube:
  https://www.youtube.com/user/saphanaacademy [aufgerufen am 03.02.2021]
- SAP-ERP-Sicherheitsleitfäden:
  https://help.sap.com/viewer/8d2616733ef24c92bc065b4f4be66ce3/6.18.15/de-DE/98266752ad57f35fe10000000a423f68.html [aufgerufen am 03.02.2021]
- SAP-S/4HANA-Leitfäden (inklusive Security Guide):
  https://help.sap.com/viewer/product/SAP_S4HANA_ON-PREMISE/2020/en-US?task=implement_task [aufgerufen am 10.02.2021]
- SAP Security Notes & News (Anmeldung am SAP Support Portal erforderlich):
  http://support.sap.com/securitynotes [aufgerufen am 03.02.2021]

Anhang B
Glossar

ABAP Advanced Business Application Programming. Programmiersprache des SAP-Systems.

ABAP-CDS-Views → CDS-Views, die in ABAP genutzt werden können.

ABAP Code Inspector Tool zur Analyse von ABAP-Quelltexten.

ABAP Dictionary Speichert die Metadaten (Beschreibungsdaten) aller SAP-Objekte, wie Tabellen und Reports.

ABAP Editor Transaktionen SE24, SE38 usw. Werkzeug zur ABAP-Programmierung im SAP-System.

ABAP-Stack Die ABAP-Komponente von SAP NetWeaver.

ABAP Workbench Umfassende Entwicklungsumgebung, vergleichbar mit komplexen Compilern.

Änderungsbelege Protokolle, die standardmäßig vom SAP-System erzeugt werden.

AIS Audit Information System. Speziell für Prüfer entwickelter Zusatz zum SAP-System. Wird über Transaktion SAIS aufgerufen.

ALE Application Link Enabling. Ermöglicht den Betrieb von verteilten Anwendungen. Hier findet die Integration der Anwendungen nicht über eine gemeinsame Datenbank statt, sondern über synchrone und asynchrone Kommunikation.

Alert-Monitor Grafischer Bildschirm zur Auswertung von Systemzuständen und -ereignissen.

Append-Struktur Erlaubt die Definition neuer Felder in bereits vorhandenen Tabellen. Die Felder werden logisch an die Tabelle gehangen, stellen aber eine eigene Verwaltungseinheit dar.

API Application Programming Interface. Schnittstelle für die Softwareentwicklung, die es erlaubt, vorhandene Routinen zu nutzen.

Application Privileges Berechtigungen zum Aufruf von XS-Anwendungen in → SAP HANA.

ArchiveLink Schnittstelle zur Verbindung von SAP-Systemen mit optischen Speicherarchiven.

ASAP AcceleratedSAP. Standardisiertes Vorgehensmodell zur Einführung von SAP-Systemen.

Audit-Log → Security-Audit-Log.

Aufgabe Ein im Transportsystem einem Benutzer zugeordnetes Element, in dem Eigenentwicklungen und Tabellenänderungen aufgezeichnet werden. Mehrere Aufgaben werden zu einem → Transportauftrag zusammengefasst.

Backend-Server SAP-S/4HANA-System; bei der Nutzung des SAP Fiori Launchpads erfolgt der Zugriff über den → SAP Fiori Frontend Server.

Batch-Input Methode, um Daten aus sequenziellen Dateien in die SAP-Datenbank zu importieren.

Belieferungssystem SAP-System, das Daten aus einem Konsolidierungssystem erhält; in einer Drei-System-Landschaft das Produktivsystem.

Benutzer Konto eines Anwenders, der mit dem SAP-System arbeitet.

Benutzergruppe Zusammenfassung von verschiedenen Benutzern. Über die Benutzergruppen kann eine dezentrale Benutzerverwaltung implementiert werden.

Benutzervermessung Lizenzierungsvorgang im SAP-System.

Berechtigung Kleinste Einheit im SAP-Berechtigungskonzept. Basiert auf jeweils einem Berechtigungsobjekt. Zu jedem Feld des Objekts sind entsprechende Feldwerte hinterlegt.

Berechtigungsgruppen (ABAP) Werden zur Berechtigungsvergabe für verschiedene Elemente genutzt, z. B. für Reports und Tabellen.

Berechtigungsgruppen (SAP HANA) Werden für eine dezentrale Benutzerpflege genutzt.

Berechtigungsobjekt Strukturelles Element zum Schutz der Verfahren. Kann bis zu zehn Felder umfassen, die mit verschiedenen Werten ausgeprägt werden können.

Berechtigungs-Trace SAP-internes Programm (aufzurufen über Transaktion STO1 oder STAUTHTRACE), mit dem Berechtigungsprüfungen beim Aufruf von Programmen protokolliert werden können.

Brute-Force-Attacke Angriff auf ein SAP-System, um Kennwörter von Benutzern zu hacken.

BSI Bundesamt für Sicherheit in der Informationstechnik.

CATT Computer Aided Test Tool. Werkzeug, mit dem Testdaten erzeugt und betriebswirtschaftliche Vorgänge automatisiert und getestet werden können.

CCMS Computer Center Management System. Werkzeug zur Überwachung, Steuerung und Konfiguration des SAP-Systems.

CDS-Views CDS-Views (Core Data Services) sind Bestandteil des SAP-S/4HANA-Datenmodells. Es gibt → ABAP-CDS-Views und → HANA-CDS-Views.

CheckAud for SAP Systems Produkt der IBS Schreiber GmbH zur automatisierten Auswertung und Bewertung der SAP-Berechtigungen und der SAP-Systemsicherheit.

Classification Browser Klassifizierung von Tabellen für die Tabellenprotokollierung.

Clustertabellen Tabellen, die Datensätze mit variablen Längen aufnehmen können (z. B. Buchhaltungsbelege mit verschiedenen Belegpositionen). Auf diese Tabellen kann nur über das ABAP Dictionary zugegriffen werden. Diese Tabellenart wird in SAP S/4HANA nicht mehr genutzt.

Code Vulnerability Analyzer Schwachstellenscanner für ABAP-Programme.

CPI-C Common Programming Interface for Communications. Programmierer-Interface für synchrone und systemübergreifende Programm-zu-Programm-Kommunikation.

Customizing Anpassung des SAP-Systems an spezifische Unternehmensanforderungen.

Data Browser Transaktion SE16. Programm zur Anzeige von Tabelleninhalten. Änderbare Tabellen können über dieses Programm geändert werden.

Data Dictionary → ABAP Dictionary

Datenbank Dient zur permanenten Speicherung der SAP-Daten.

Dateneigentümer Ist verantwortlich für die Genehmigung von Berechtigungen für die Daten in seinem Verantwortungsbereich.

Datenelement In einem Datenelement werden die Bezeichnungen der Felder hinterlegt, die Dokumentation sowie das Kennzeichen zum Schreiben von Änderungsbelegen.

DB → Datenbank.

DBA Datenbankadministrator.

DBA Cockpit ABAP-Transaktion (DBACOCKPIT) für den Zugriff auf die Datenbank.

DBMS Datenbankmanagementsystem.

DDIC SAP-Standardbenutzer. Wird im Produktivmandanten nicht als Dialogbenutzer benötigt. Sollte hier zur Absicherung auf den Benutzertyp System gesetzt werden.

Debugging Zeilenweises Ablaufen eines ABAP-Programms zur Fehlersuche. Im Änderungsmodus können hier zur Laufzeit Variableninhalte geändert werden. Im → Produktivsystem darf das Debugging nur im Anzeigemodus zugelassen werden.

Dequeue-Prozess Entsperren von Daten innerhalb des SAP-Systems, die mit einem → Enqueue-Prozess gesperrt wurden.

Dialogbenutzer Benutzer, der interaktiv mit dem SAP-System arbeiten kann. Kann auch für Kommunikationsschnittstellen genutzt bzw. für Hintergrundprozesse eingeplant werden.

Domäne 1. Technische Beschreibung eines Felds.

2. Übergeordnete Einheit eines Transportverbunds.

Dumps Abbildung des Hauptspeicherinhalts nach einem Programmfehler. Dient zur Fehleranalyse.

Dynpro Dynamisches Programm, das aus einem Bildschirmbild und der unterliegenden Ablauflogik (ABAP-Quellcode) besteht.

EDI Electronic Data Interchange. Elektronischer Datenaustausch.

Einführungsleitfaden → IMG

Einzelprofil Einzelprofile werden im SAP-System manuell gepflegt und enthalten einzelne Berechtigungen (maximal 128). Bei der Nutzung von Rollen werden → generierte Profile genutzt.

Enqueue-Prozess Prozess zum Sperren von Daten innerhalb des SAP-Systems.

Entwicklerschlüssel 20-stelliger, numerischer Schlüssel, der bei SAP für Benutzer beantragt werden muss, die als Entwickler im SAP-System arbeiten sollen. Diese müssen den Schlüssel einmalig ins System eingeben. Gespeichert wird er in Tabelle DEVACCESS. Standardmäßig wird dieser Schlüssel von SAP nie wieder aus dem System gelöscht. In SAP-S/4HANA-Systemen ist der Entwicklerschlüssel obsolet.

Entwicklungssystem SAP-System, in dem Entwicklung und Customizing betrieben wird. In diesem System sollen sich keine produktiven Daten befinden.

Extraktorchecker Transaktion RSA. Dient zum Testen der Datenextraktion für SAP BW.

Funktionsbausteine ABAP-Programme, die in andere Programme eingebunden werden können und auch eine Remoteeigenschaft besitzen. Funktionsbausteine, bei denen diese Eigenschaft gesetzt ist, können von Programmen außerhalb des SAP-Systems aufgerufen werden.

Gateway Technische Komponente des Applikationsservers, über den die gesamte RFC-Kommunikation abgewickelt wird.

Generic Table Browser (GTB) Transaktionen zur Anzeige und Pflege von Tabellen, mit denen Tabellen u. a. spalten- und zeilenweise berechtigt werden können.

Generierte Profile Profile, die durch die Berechtigungsinformationen in Rollen automatisch generiert werden und direkt an die Rollen geknüpft sind.

Gesetzeskritische Berechtigungen Berechtigungen, mit denen gegen geltende Gesetze verstoßen werden kann, z. B. → Debuggen mit Replace oder das Löschen von Änderungsbelegen.

GTB-Rollen Rollen zur Nutzung des → Generic Table Browsers (GTB).

GUI Graphical User Interface. Grafische Benutzeroberfläche. Dient zur Kommunikation zwischen Benutzer und Anwendungsprogramm.

HANA-CDS-Views → CDS-Views, die nur in → SAP HANA genutzt werden können.

HDB SAP-HANA-Datenbank → SAP HANA

HDI HANA Deployment Infrastructure.

Hintergrundverarbeitung Automatisch ablaufende Jobs ohne Benutzereingaben.

IDES International Demo and Education System. Kann als Schulungssystem genutzt werden.

IKS Internes Kontrollsystem.

IMG Implementation Guide – Einführungsleitfaden. Werkzeuge zur kundenspezifischen Anpassung des SAP-Systems (Customizing).

Initialkennwort Kennwort, das von einem Administrator für einen Benutzer vergeben wird. Der Benutzer muss es bei der nächsten Anmeldung ändern.

Instanz Administrative Einheit, in der die Komponenten eines SAP-Systems zusammengefasst werden, die einen oder mehrere Dienste anbieten.

Instanzprofil Enthält die → Systemparameter, mit denen die Instanz konfiguriert wird. Befindet sich als Textdatei auf der Betriebssystemebene.

Integrationssystem Hier findet die Anwendungsentwicklung statt. Dies stellt in einem Systemverbund das Entwicklungssystem dar.

Interface Schnittstelle.

ITS Internet Transaction Server. Gateway zwischen einem SAP-System und dem Internet.

Java-Stack Die Java-Komponente von → SAP NetWeaver.

Join Abfrage, die auf mehreren miteinander verknüpften Tabellen basiert.

Kachelgruppen In Kachelgruppen werden → SAP-Fiori-Apps und → Legacy-Apps zusammengefasst, um sie auf dem → SAP Fiori Launchpad darstellen zu können. Sie dienen der Strukturierung für den Anwender. Erstellt werden Kachelgruppen mit dem → SAP Fiori Launchpad Designer.

Kachelkataloge Kachelkataloge enthalten die Definition der Kacheln, wie Titel, Untertitel, Symbol usw. Auch die Startberechtigung für die Apps wird über Kachelkataloge vergeben, wenn sie in Rollen integriert werden. Erstellt werden Kachelkataloge mit dem → SAP Fiori Launchpad Designer.

Katalogrollen Runtime-Rollen in SAP HANA.

Kommunikationsbenutzer Schnittstellenbenutzer, die nur für technische System-zu-System-Verbindungen genutzt werden können. Dialoganmeldungen sind mit diesen Benutzern an SAP-Systemen nicht möglich.

Komponente Ein SAP-System besteht aus mehreren Komponenten wie FI, MM und SAP ERP HCM. Jede Komponente unterteilt sich in verschiedene Unterkomponenten.

Konsolidierungssystem Im Konsolidierungssystem liegen die Objekte der Entwicklungsumgebung konsolidiert vor, also ausgetestet und in lauffähigem Zustand. In einer Drei-System-Landschaft ist dies das Qualitätssicherungssystem.

LAPI License Application Programming Interface.

Laufende Einstellungen Tabellen, die im Produktivsystem geändert werden können, obwohl der Mandant die Einstellung **Nicht änderbar** hat.

Legacy-Apps Legacy-Apps können über das → SAP Fiori Launchpad ausgeführt werden. Technisch handelt es sich um Transaktionen oder → Web Dynpros.

Lesezugriffsprotokollierung Komponente, mit der lesende Zugriffe (ABAP-Dynpro, Web Dynpro, RFC) protokolliert werden können.

Logische Betriebssystemkommandos Elemente in SAP-Systemen, mit denen auf den SAP-Servern Betriebssystembefehle ausgeführt werden können (Transaktionen SM49 und SM69).

Mandant Handelsrechtlich, organisatorisch und datentechnisch abgeschlossene Einheit innerhalb eines SAP-Systems.

Mandantenabhängig Elemente, deren Gültigkeit sich nur auf den aktuellen Mandanten bezieht.

Mandantenänderbarkeit Hierdurch können Mandanten vor Tabellenänderungen geschützt werden. Der Produktivmandant darf nicht änderbar sein.

Mandantenunabhängig Elemente, die im gesamten SAP-System gültig sind.

Modus Benutzersitzung in einem SAP-GUI-Fenster.

Native SQL Auf die jeweiligen Datenbanken spezifiziertes SQL, das mit ABAP genutzt werden kann. Hierdurch können direkte Befehle in der Datenbank abgesetzt werden.

Notfallbenutzer Benutzerstammsatz mit umfassenden Zugriffsrechten, der für Notfälle genutzt wird. Das Kennwort wird zumeist zweigeteilt vergeben.

Object Privileges Steuern den Zugriff auf Datenbankobjekte in → SAP HANA.

Objektschlüssel 20-stelliger, numerischer Schlüssel, der benötigt wird, wenn SAP-Originalobjekte geändert werden sollen. In SAP S/4HANA werden Objektschlüssel nicht mehr verwendet.

OLAP Online Analytical Processing. Methode für komplexe Analysen mit großen Datenmengen.

OLTP Online Transaction Processing. Echtzeittransaktionsverarbeitung, z. B. in SAP-ERP- und SAP-S/4HANA-Systemen.

Open Data Protocol (OData) Webprotokoll für einen plattformübergreifenden Datenaustausch. Es wird u. a. beim Einsatz von SAP-Fiori-Apps genutzt.

Open SQL In ABAP integriertes SQL. Dieses SQL ist an die SAP-Spezifika angepasst, wie z. B. das Mandantenkonzept.

OS Operating System. Betriebssystem.

Package Privileges Berechtigungen für die XS-Entwicklungsumgebung in → SAP HANA.

Pooltabellen Tabellen, die in einem → Tabellenpool zusammengefasst werden. Auf diese

Tabellen kann nur über das ABAP Dictionary zugegriffen werden. Pool-Tabellen werden in SAP S/4HANA nicht mehr genutzt.

Primärschlüssel Ein oder mehrere Felder einer Tabelle, die zusammen einen Datensatz eindeutig identifizieren.

Privileges Berechtigungen in einer SAP-HANA-Datenbank.

Produktivmandant Mandant im Produktivsystem, in dem sich die produktiven Daten befinden.

Produktivsystem Das SAP-System, in dem sich die Produktivdaten befinden. Entwicklung und Customizing müssen hier gesperrt sein.

Profilgenerator Werkzeug zur automatischen Generierung von Benutzerprofilen aufgrund der hinterlegten Transaktionen und Berechtigungsobjekte in Rollen (Transaktion PFCG).

Quality-Assurance-Genehmigungsverfahren Freigabeverfahren, durch das Freigaben im → Qualitätssicherungssystem auch systemseitig abgebildet und nachvollzogen werden können.

Qualitätssicherungssystem In einem Drei-System-Verbund das mittlere System. Hier befinden sich für Tests meist anonymisierte Produktivdaten. Eigenentwicklungen und Customizing können hier unveränderbar getestet werden.

Query Bietet die Möglichkeit zur Erstellung komplexer Abfragen ohne Programmierung.

QuickViewer Transaktion SQVI. Einfache und komfortable Möglichkeit, um Abfragen zu erstellen.

R/3 Runtime System 3.

RAL Read Access Logging → Lesezugriffsprotokollierung.

RDBMS Relationales Datenbankmanagementsystem.

Referenzbenutzer Können anderen Benutzern zugeordnet werden, die dann deren Rechte bei der Anmeldung ebenfalls erhalten. Mit Benutzern vom Typ Referenz kann keine Anmeldung am SAP-System erfolgen.

Remote-Sources Verbindungen zu anderen Systemen in → SAP HANA.

Reparatur Änderung an einem Objekt, das als Original nicht im aktuellen SAP-System vorliegt.

Reparaturkennzeichen Kennzeichen, ob ein Nicht-Originalobjekt geändert wurde.

Report ABAP-Programm, das über das Reporting (Transaktion SA38) ausgeführt werden kann.

Repository Im → SAP HANA XS-Repository wird die physische Organisation der Daten in der Datenbank von einer logischen Ebene, die alle Daten in einheitlicher Weise beschreibt, überlagert. Diese logische Sicht auf die Daten wird im Repository hergestellt und basiert auf dem relationalen Datenbankmodell.

In SAP HANA stellt das Repository die Entwicklungsumgebung der SAP-HANA-Datenbank dar.

Repository-Rollen Design-Time-Rollen in der SAP-HANA-Datenbank. Sie werden in der → SAP HANA XS-Entwicklungsumgebung gepflegt.

Restricted User SAP-HANA-Benutzer, dem die Anmeldung nur über http bzw. HTTPS möglich ist.

RFC Remote Function Call. Offene Schnittstelle zum Aufruf von Programmen von anderen Anwendungen aus.

RFC-Verbindungen Im SAP-System definierte Schnittstellen zu anderen Systemen, in denen auch Benutzername und Kennwort hinterlegt werden können.

Rollen In einer Rolle werden Transaktionen zusammengefasst, die einem Benutzer zugeordnet werden sollen. Aus der Rolle können mithilfe des Profilgenerators die erforderlichen Profile erzeugt werden. Über Rollen können auch Benutzermenüs zur Verfügung gestellt werden.

Rollenmenü Strukturierte Zusammenfassung von startbaren Objekten (Transaktionen, → Web Dynpros, → Kachelkataloge usw.) in einer Rolle.

RTF Rich Text Format. Austauschformat für Textverarbeitungen.

Sammelprofil In Sammelprofilen können sowohl → Einzelprofile als auch andere Sammelprofile zusammengefasst werden.

Sammelrolle In einer Sammelrolle können mehrere → Rollen zusammengefasst werden. Sammelrollen können nicht in anderen Sammelrollen enthalten sein.

SAP Access Control Tool von SAP zur Überwachung kritischer Berechtigungen.

SAP_ALL Standardprofil, in dem (fast) alle Berechtigungen enthalten sind.

SAP* SAP-Standardbenutzer. Muss in jedem Mandanten existieren und darf keine Zugriffsrechte besitzen.

SAPCPIC SAP-Standardbenutzer. Ist vom Typ Kommunikation. Wird während der Installation des Systems angelegt und dient zur EDI-Nutzung.

SAP Enterprise Threat Detection Tool von SAP zur Aufdeckung von Angriffsszenarien auf SAP- und Nicht-SAP-Systeme.

SAP Fiori Webbasiertes Design-Konzept, in dem Apps als Kacheln im → SAP Fiori Launchpad dargestellt werden.

SAP-Fiori-Apps In → SAPUI5 programmierte Apps, die mit dem → SAP Fiori Launchpad ausgeführt werden können.

SAP Fiori Apps Reference Library App Store mit allen verfügbaren → SAP-Fiori-Apps und → Legacy-Apps.

SAP Fiori Frontend Server SAP-NetWeaver-System, das als Gateway zwischen dem → SAP Fiori Launchpad und dem → Backend-Server fungiert. Der Frontend-Server kann als eigenes System betrieben werden (Central Hub) oder in das Backend-System integriert sein (Embedded).

SAP Fiori Launchpad Webbasierte Oberfläche zum Ausführen von → SAP-Fiori-Apps und → Legacy-Apps.

SAP Fiori Launchpad Designer Webbasierte Oberfläche zur Pflege von → Kachelgruppen und → Kachelkatalogen.

SAP GUI SAP Graphical User Interface. Grafische Benutzerschnittstelle.

SAP HANA Spaltenorientierte In-Memory-Datenbank von SAP.

SAP HANA Cockpit Zentrales Tool für den administrativen Zugriff auf SAP-HANA-Datenbanken.

SAP HANA Studio Tool für den administrativen Zugriff auf SAP-HANA-1.0-Datenbanken und für Entwicklungen in SAP HANA XS.

SAP HANA XS Repository-Entwicklungsumgebung von SAP HANA, auch als SAP HANA XSC (XS Classic) bezeichnet.

SAP HANA XSA Extended Application Services Advanced Entwicklungsumgebung. Löst die Repository-Entwicklungsumgebung (→ SAP HANA XS) ab.

SAP NetWeaver Technische Basiskomponenten eines SAP-Systems.

SAP Service Marketplace Internetplattform von SAP für Kunden.

SAP S/4HANA ERP-System von SAP, das 2015 zum ersten Mal released wurde. Es löst SAP ERP ab.

SAPUI5 User-Interface-Entwicklungsumgebung, die auf den Standards JavaScript, HTML5 und CSS3 basiert. Bildet das Framework für die Entwicklung von → SAP-Fiori-Apps.

Schaltbare Berechtigungen Funktionalität, mit der Berechtigungsprüfungen funktionsbezogen aktiviert werden können.

Schema Bündelt in → SAP HANA Objekte wie Tabellen, Views und Prozeduren.

Security-Audit-Log Programm zur Überwachung von Benutzeraktivitäten, wie z. B. Falschanmeldungen, Transaktions- und Reportaufrufe.

Server Physischer Rechner, der Daten und Dienste zur Verfügung stellt.

Servicebenutzer Sammelbenutzer. Können sich wie Dialogbenutzer am System anmelden, aber nicht ihr Kennwort ändern.

Sicherheitsrichtlinien Sicherheitsrichtlinien für den Benutzerstamm regeln den Anmeldevorgang, unabhängig von der globalen Konfiguration.

SID System Identifier. Dreistelliger Name für ein SAP-System.

Simplification List for SAP S/4HANA Auflistung der Änderungen von SAP ERP zu SAP S/4HANA.

SNC Secure Network Communications. Funktionen, die durch den Einsatz eines externen Sicherheitstools eine Verschlüsselung der Datenübertragung ermöglichen (z. B. für die Kennwörter der Benutzer bei der Anmeldung).

Spool Einheit zur Verwaltung von Druckaufträgen.

SQL Structured Query Language. Standardabfragesprache für relationale Datenbanken.

SQL-Trace SAP-internes Programm (aufzurufen über Transaktion ST05), mit dem Tabellenzugriffe beim Aufruf von Programmen protokolliert werden können.

Support Package Softwarekorrekturen oder -erweiterungen zum SAP-System.

SysLog Systemprotokoll des SAP-Systems.

Systemänderbarkeit Hierdurch kann die Anwendungsentwicklung in SAP-Systemen zugelassen oder unterbunden werden. In → Qualitätssicherungssystemen und → Produktivsystemen muss sie auf **Nicht änderbar** eingestellt sein.

Systembenutzer Technischer Benutzer, der nur für die systeminterne Hintergrundverarbeitung genutzt werden kann. Anmeldungen sind mit diesem Benutzer nicht möglich.

Systemlandschaft Beim Kunden installierte Systeme und Mandanten.

Systemparameter Parameter, mit denen das SAP-System bzw. SAP HANA gesteuert wird.

System Privileges Systemberechtigungen in → SAP HANA.

Tabellenpool Kann mehrere → Pooltabellen enthalten. Wird in SAP S/4HANA nicht mehr genutzt.

Tabellenprotokollierung Aufzeichnung von Tabellenänderungen (→ Customizing). Änderungen am Customizing gelten als Verfahrensanweisung und sind aufbewahrungspflichtig. Ist standardmäßig nicht aktiviert. Wird über den Systemparameter `rec/client` und den Transportparameter `RECCLIENT` aktiviert.

TCP/IP Transmission Control Protocol/Internet Protocol. Standardkommunikationsprotokoll eines SAP-Systems.

TemSe Temporäre sequenzielle Datei.

Tenant Logische Unterteilung einer SAP-HANA-Datenbank.

TMS → Transport Management System

TMSADM SAP-Standardbenutzer für das Transport Management System. Ist vom Benutzertyp Kommunikation und wird nur im Mandanten 000 benötigt.

Transaktionscode Kürzel, mit dem ein Vorgang im SAP-System aufgerufen wird.

Transparente Tabellen Tabellen, deren Aufbau im ABAP Dictionary identisch zu dem in der Datenbank ist. Diese Tabellen können über die Datenbank mit den normalen Datenbankmitteln geändert werden.

Transportauftrag Enthält mehrere → Aufgaben. Durch die Freigabe von Aufträgen im → Entwicklungssystem werden diese exportiert und können anschließend ins → Qualitätssicherungssystem importiert werden.

Transport Management System Programm, über das die Transporte in einer → Systemlandschaft abgewickelt werden.

Transportweg Vordefinierter Weg für → Transportaufträge innerhalb einer → Systemlandschaft.

Trusted Systems Vertrauensbeziehungen zwischen SAP-Systemen, durch die Zugriffe auf ein SAP-System ohne explizite Anmeldung möglich sind.

Unternehmens-IMG Unternehmensspezifischer Einführungsleitfaden.

Verbuchungsprozess Prozess im SAP-System, der mit der Datenbank kommuniziert und Datenänderungen in der Datenbank vornimmt.

Versionshistorie Protokollierung der Änderungen an Elementen des Repositorys (der Entwicklungsumgebung).

View Logische Sicht auf einen Ausschnitt einer Tabelle oder einer Abfrage.

Web Dynpro Weboberflächen, die mit der ABAP-Entwicklungsumgebung erstellt werden.

WebIDE Zentrale Entwicklungsplattform von → SAP HANA XSA.

XSA-Rollen Rollen, die in SAP HANA XSA angelegt werden, auch als Design-Time-HANA-DI-Rollen bezeichnet.

Zugriffsstatistik Transaktion ST03N. Wird maßgeblich zur Performanceanalyse genutzt, speichert aber auch, welche Benutzer z. B. welche Transaktionen und Funktionsbausteine ausgeführt haben.

Der Autor

Thomas Tiede befasst sich seit mehr als 20 Jahren mit dem Thema SAP-Sicherheit. Als Geschäftsführer der auf SAP-Sicherheit spezialisierten IBS Schreiber GmbH hat er zahlreiche Sicherheitsprüfungen durchgeführt sowie Sicherheits- und Berechtigungskonzepte implementiert. Als Dozent hält er Seminare und Vorträge zu diesen Themen, u. a. im Rahmen der Zertifizierung »Certified Auditor for SAP Applications«, die die IBS Schreiber GmbH zusammen mit ISACA Germany Chapter anbietet. Er leitet den Bereich Softwareentwicklung und ist maßgeblich für die GRC-Lösungen CheckAud® und Easy Content Solution (ECS) verantwortlich.

Index

%-Variable 180
$-Variable 180
0BI_ALL (Analyseberechtigung) 866

A

ABAP 629
   Auftrag 606, 619
   Befehl 634
   Debugging 642
   Namensraum 635
   Objektkatalog 611
   Paket 605
   Programm prüfen 653
   Programmeigenschaft 652
   Programmiersprache 629
   programmübergreifende Analyse 654
   Quelltext über RFC ausführen 397
   Report 678
   Richtlinie 588
   Systemfeld 633
   Versionierung 665
   versteckter Code 649
ABAP CDS 517
ABAP Development Tool (ADT) 516, 517
ABAP Dictionary 515
ABAP Repository 531
ABAP Test Cockpit 663
ABAP-CDS-View 538
Ablaufart 367
Abstimmanalyse 415
Access Control → SAP Access Control
Access Request Management 90
Access Risk Analysis 90
ADBC_QUERY 547
Ad-hoc-Suchmuster 52
Administrator 467
Adressdaten 451
ADT → ABAP Development Tool (ADT)
AIS → Audit Information System
Aktion, kritische 92
Alarm 110
Alert 110
   SAP Enterprise Threat Detection 356
allgemeine Systemsicherheit 175
ALV Grid 46, 57

Analyseberechtigung 745, 850
   generieren 861
   manuelle Zuordnung 862
   Verwaltung 860
Analyseprozess
   Designer 860
   pflegen 860
Analytic Privilege 933, 939
   Grantable to Others 936
analytische App 712
Änderungsauftrag → Auftrag
Änderungsbeleg 105, 304
   Auswertung 309
   Benutzereigenschaft 510
   Berechtigung 311, 512
   Funktionsbaustein 306
   löschen 310
   mandantenübergreifende Anzeige 170
   Objekt 304, 311
   Objektgenerierung 306
   Tabelle 305
Anmeldeparameter 186
Anmeldesicherheit 183
   SAP HANA 891
   Sicherheitsrichtlinie 195, 348
Anmeldevorgang
   Fehlermeldung 191
   kundeneigene Erweiterung 200
   über RFC 191
Annotation 539
Antragsverfahren 734
Anwendung, startbare 688
Anwendungsberechtigung 644, 688
Anwendungsentwicklung, Berechtigung ... 675
Anwendungs-Log 243
Anwendungsserver → SAP NetWeaver
   Application Server
App 712
   analytische 712
   transaktionale 712
Append 517
Application Integration 126
Application Privilege 354, 934
Application Server → SAP NetWeaver
   Application Server
Applikationsserver → SAP NetWeaver
   Application Server

ARA 90
Archivierungsobjekt
    BC_DBLOGS 282, 299
    VERSIONS 314
ARM 90
AS → SAP NetWeaver Application Server
asynchrone Verbuchung 404
ATTACH DEBUGGER 935
Attribut 919
Audit durchführen 87
Audit Information System 84, 794
    Berechtigung 89
    Tabellenänderungen 298
AUDIT_POLICIES 971
Auditing 963
    AUDIT_LOG 973
    Auswertung 972
    Auswertungskonzept 975
    Policys 966
    protokollierbare Aktionen 968
    Speicherung der Protokolle 963
Auditlevel 965
Auditor 794
Auditprotokoll → Security-Audit-Log
Auditstruktur 85, 86
Aufbewahrungspflicht
    Änderungsbeleg 310
    Customizing-Tabelle 278
    Entwicklungselementversion 313
    Tabellenänderungsprotokoll 280
Aufgabe 606
Auftrag 604, 606
    anlegen 619
    lokaler 607
ausführbares Programm 630
Ausgabesteuerung 62
Authentifizierung, Protokollierung 892
AUTHORITY-CHECK 644, 710

B

Backend-Server 133, 142, 724
Backup 885
Batch-Input 232
    Berechtigung 739
Batch-Input-Mappe 232
    Berechtigung 236
    Protokoll 235
Batchprozess 137
Befehl 634
Belegänderungsregel 829

Belegart 420
Belegnummer 419
    externe Vergabe 419
    Hauptspeicherpufferung 422
    interne Vergabe 419
    Lücke 425
    parallele Pufferung 423
    Pufferung 421
Belegtabelle ACDOCA 540
Belieferungssystem 143
Benutzer 429
    Adressdaten 453
    Aliasname 451
    Änderungshistorie 509
    angemeldeter 505
    Anmeldedaten 446
    Antragsverfahren 734
    Auswertung 429, 455
    Authentifizierung 188
    Berechtigung 798
    BWALEREMOTE 438
    BWREMOTE 439
    CSMREG 438
    DDIC 264, 435
    Dialogbenutzer 443
    EARLYWATCH 436
    eingeschränkter 901
    externer 736
    Gruppe 465
    Initialkennwort 480, 481
    Klassifikation 476
    Kommunikationsbenutzer 443
    Konto 430
    Langzeit-Trace 394, 790
    Laufzeitdaten 448
    Lizenzdaten 451
    Massenänderung 484
    Mehrfachanmeldung 345
    mit klassischer Adresse 451
    Notfallbenutzer 206
    Nutzertyp 476
    organisatorische Regelung 429
    Produktivkennwort 483
    Rechte auswerten 775
    Referenzbenutzer 444, 459, 769
    Sammelbenutzer 471
    SAP* 152, 264, 434
    SAPCPIC 435
    SAPJSF 439
    Schnittstellenbenutzer 790
    Servicebenutzer 444

Benutzer (Forts.)
- *sperren* 187, 484
- *Stammsatz* 442, 446
- *Standardbenutzer* 433
- *SYSTEM* 903
- *Systembenutzer* 443
- *Tabelle* 446
- *technischer* 451, 790
- *Terminal* 506
- *TMSADM* 435, 612
- *Verantwortungsbereich* 430
- *Vermessung* 474
- *WF-BATCH* 438

Benutzerart 452
Benutzergruppen 909
- *Kennwortrichtlinien* 895

Benutzer-ID, SAP Enterprise Threat Detection 358
Benutzerinformationssystem 59, 455
- *Profil* 706
- *Referenzbenutzer* 769
- *Rolle* 699

Benutzerpflege 445
Benutzerpuffer 644, 709
Benutzersitzung 644
Benutzerstammabgleich 704
Benutzerstammsatz 898
- *Berechtigungen* 910
- *direkt zugeordnete Berechtigungen* 951
- *Remotebenutzer* 907
- *Restricted User* 901
- *Rollenzuordnung* 952
- *SAP HANA XSA* 915
- *sperren und löschen* 492, 494
- *Zuordnung von Katalogrollen* 953

Benutzertyp 443, 452
Benutzerverwaltung
- *Ablauf* 738
- *Berechtigung* 798
- *Sicherheitsrichtlinie* 195

Berechtigung 675, 683, 707
- *Abfrage* 91
- *Abstimmanalyse* 418
- *ändern* 430
- *Änderungsbeleg* 310, 311, 512
- *Antrag* 735
- *Anwendungsentwicklung* 675
- *Audit Information System* 89
- *Auswertung* 60
- *Belegnummernvergabe* 426
- *DataSource* 245

Berechtigung (Forts.)
- *Funktionsbaustein* 374
- *gesetzeskritische* 173, 300, 310, 318, 397, 642, 805
- *kritische* 92, 368, 388, 678
- *Lesezugriffsprotokollierung* 327
- *Mandantenkonzept* 156
- *manuelle* 839
- *offene* 845
- *praktische Prüfung* 797
- *Prüferrechte ABAP* 794
- *Reporting* 682, 863
- *RFC-Verbindung* 377
- *Rolle* 794
- *SAP HANA* 924
- *schaltbare* 369, 647
- *Stern* 846
- *strukturelle* 745
- *Systemeinstellung* 170
- *Systemparameter* 181
- *testen* 855
- *Trace* 788
- *übergreifende* 739
- *Verbuchungsverwaltung* 412
- *Version löschen* 318
- *Zugriff von externen Programmen* 399

Berechtigungsgruppe 558, 566, 678
- *Druckauftrag* 228
- *mandantenabhängige* 559
- *mandantenunabhängige* 559
- *Report* 39

Berechtigungskonzept 731
- *Analyse* 838, 960
- *Antragsverfahren* 734
- *Customizing* 750
- *Dateneigentümer* 732
- *Eigenentwicklungen* 745
- *Funktionsweise* 688
- *internes Kontrollsystem* 739
- *Profil* 704
- *Prüfung* 951
- *Prüfungsberechtigung* 794
- *Rolle* 696
- *SAP HANA* 924
- *Sicherheitskonzept* 746
- *Systemparameter* 750
- *übergreifende Berechtigung* 739

Berechtigungsobjekt 688, 689
- *aktivieren* 836
- *deaktiviertes* 757
- *Klasse* 689

Berechtigungsobjekt (Forts.)
    kundeneigenes 695
    Lesezugriffsprotokollierung 320
    Richtlinie 589
    S_ADMI_FCD 157, 213, 229, 266, 412, 811
    S_ADT_RES 172, 678, 822
    S_BDC_MONI 236
    S_BTCH_ADM 812
    S_BTCH_NA1 812
    S_BTCH_NAM 237, 812
    S_CLNT_IMP 158, 159
    S_CTS_ADMI 300, 319, 602
    S_CTS_SADM 300, 319, 602
    S_DATASET 695, 814
    S_DBCON 117, 164, 548, 555
    S_DDLACRUD 172, 678
    S_DEVELOP 172, 301, 341, 375, 400, 524,
            542, 624, 643, 675, 729, 805, 806, 816
    S_ENH_CRE 172, 678
    S_ENQUE 808
    S_GUI 228
    S_ICF 377
    S_LDAP 809
    S_LOG_COM 221
    S_NUMBER 426
    S_PROGNAM 37, 682
    S_PROGRAM 39, 319, 549, 678, 680
    S_QIO_MONI 810
    S_RAL_BLKL 328
    S_RAL_CFG 328
    S_RAL_CLIS 328
    S_RAL_LDOM 329
    S_RAL_LOG 329
    S_RFC 391, 864
    S_RFC_ADM 382
    S_RFC_TT 389
    S_RFCACL 387, 756
    S_RFCRAIAR 400, 807, 822
    S_RO_OSOA 242, 246
    S_RS_AUTH 862, 866
    S_RS_COMP 865
    S_RZL_ADM 221, 300
    S_SAIS 89
    S_SAL 266
    S_SCDO 310
    S_SCDO_OBJ 310
    S_SEC_MON 361
    S_SECPOL 202
    S_SERVICE 692, 729, 805, 827, 828
    S_SHM_ADM 172, 677
    S_SPO_ACT 227, 228

Berechtigungsobjekt (Forts.)
    S_SPO_DEV 227
    S_SPO_PAGE 227
    S_START 693
    S_SYS_RWBO 626, 677
    S_TABU_CLI 562
    S_TABU_DIS 71, 560
    S_TABU_LIN 563
    S_TABU_NAM 72, 560
    S_TABU_SQL 117, 164, 556
    S_TCODE 71, 72, 644, 692
    S_TOOLS_EX 66, 340
    S_TRANSPRT 626, 677, 729, 805
    S_USER_ADM 440, 449
    S_USER_AGR 802
    S_USER_BLK 493
    S_USER_GRP 439, 465, 484, 799
    S_USER_OBJ 765
    S_USER_PRO 804
    S_USER_SAS 800
    S_USER_TCD 584, 804
    S_USER_VAL 584, 804
Berechtigungsprüfung 644
    Ablauf 709
    Deaktivierung 759
    Kernel 694
    schaltbare Berechtigung 647
    Trace 787
Bereichsmenü 85, 668
    erstellen 86
Betriebssystemkommando 214
    Protokollierung 345
BRM 90
Brute-Force-Attacke 895
Buchhaltungsbeleg 420
Buchungskreis 828
Buchungsperiode 826
Business Role Management 90
Business Suite 127
Business Warehouse → SAP Business
    Warehouse
BW → SAP Business Warehouse
BW-Query 861
    ausführen 865
    Berechtigung 863
    Pflege 864

C

CALL (ABAP-Befehl) 635
CALL FUNCTION (ABAP-Befehl) 635

Index

CALL TRANSACTION (ABAP-Befehl) 641, 761
cat (Betriebssystemkommando) 219
CDS-View 538
Central Hub Deployment 134, 142
Classification Browser 284
CLIENT SPECIFIED (ABAP-Zusatz) 639
Clustertabelle 531
Code
 dynamischer 648
 flexibler 648
 versteckter 649
Code Inspector 660
Code Vulnerability Analyzer 663
COLD-Bereich 308
Collaboration Room 126
CONSTANTS (ABAP-Befehl) 631
Core Data Services 538
CpD-Konto 49
CTO → Transport Organizer
Customizing 515, 551
 Auftrag 607
 Berechtigung 750, 824
 Protokollierung 278
 SM30 824
 Tabelle 278
Customizing-Tabelle, Berechtigung ... 563, 755
CVA 663
Cyber Crime 103
Cyber Security 103

D

DATA (ABAP-Befehl) 631
Data Control Language 517
Data Definition Language 517, 539, 938
Data Dictionary 515
Data Manipulation Language → DML
Data Mining 860
DataSource 242, 853
 Berechtigung 856
 Pflege 857
 Replikation 857
Datei, temporäre sequenzielle 223
Datenbank 131
 direkter Zugriff 637
 logische 71, 79
 Schema 870
 Server 132
 Tabelle 546
Dateneigentümer 732
Datenelement 516, 522, 523

Datenextraktion 242
Datenmodellierung 856
Datentransferprozess 852
DBA Cockpit 115, 546
 Zugriff auf Tabellen 164
DCL → Data Control Language
DDIC (Benutzer) 435
DDL → Data Definition Language
DDL-SQL-View 539
Debitorenstammsatz 420
Debugging 642
Default-Profil 177
DELETE (ABAP-Befehl) 635
Deployment 874
Depseudonymisierung 112
Dequeue-Baustein 640
Dequeue-Prozess 137
Dialogbenutzer 443
Dialogprozess 136
 Verbuchung 403
Dialogtransaktion 668
Dienst 135
DML 887
DML Mode 887
Dokumentation
 Richtlinie 589
 Tabelle 532
Domain Controller 612
Domäne 516, 518, 612
Drei-System-Landschaft 139
Druckauftrag 223
 Berechtigung 227, 739
 Berechtigungsgruppe 228
Drucken 223
DTP 852
Dynamic Link Library 395
dynamischer Code 648

E

EAM 90
ECC → SAP ERP Central Component
EFFECTIVE_PRIVILEGE_GRANTEES 956
EFFECTIVE_PRIVILEGES 954
Eigenentwicklung 587
 Berechtigungskonzept 745
Einführungsleitfaden 535, 551
eingeschränkter Benutzer → Restricted User
Einkaufsorganisation 834
Einschrittverfahren 860
Einstellung, laufende 554, 826

Einzelberechtigung 683
Einzelprofil 705
Einzelrolle 702
Embedded Deployment 134, 142
Embedded SQL 637
Emergency Access Management 90
Enqueue 640, 808
Enqueue-Baustein 640
Enqueue-Prozess 137
Enqueue-Server 137
Enterprise Search 713
Enterprise Threat Detection
  → SAP Enterprise Threat Detection
Entwicklerrichtlinie 587
Entwicklerschlüssel 591
  löschen 593
Entwicklung, Berechtigung 675
Entwicklungssystem 139, 590, 598
  Tabellenprotokollierung 280
  Transport 619
Entwicklungsumgebung, SAP HANA 873
ERP 125
ETD → SAP Enterprise Threat Detection
Excel 395
EXEC SQL (ABAP-Befehl) 637
Export
  als PDF 62
  Report 39
  Tabelle 57
Extraktorchecker 242, 243
Extraktstruktur 856

F

F1-Hilfe 47
Fact Sheet 712
Falschanmeldung 486
Feld, Zugriffsprotokollierung 321
Feldbezeichner 46
Feldgruppe 831
Filter, Security-Audit-Log 254
Finanzwesen, Customizing-
  Berechtigung 826
find (Betriebssystemkommando) 220
Fiori-App 31, 33
Firefighter 206
Firefighter-Benutzer → Notfallbenutzer
Forensic Lab 109, 355
FORM (ABAP-Befehl) 634
Fraud-Delikt 815
Frontend-Server 133, 722

Führung der Handelsbücher 401, 643
Funktion 91, 92
Funktionsbaustein 365, 635
  AUTHORITY_CHECK_TCODE 763
  BAPI_USER_CHANGE 484
  Berechtigung 67, 374
  Berechtigungsprüfung 394, 646
  CHANGEDOCUMENT_DELETE 310
  INIT_START_OF_EXTERNAL_
    PROGRAM 435
  kritische Berechtigung 380
  ohne Berechtigungsprüfung 368
  Protokollierung 324
  remotefähiger 67, 365
  RFC_ABAP_INSTALL_AND_RUN 397
  RFC_PING 392
  RFC_SYSTEM_INFO 392
  Richtlinie 588
  schaltbare Berechtigung 369
  SWNC_COLLECTOR_GET_
    AGGREGATES 67, 70, 336
  TRINT_GET_NAMESPACE 541, 635
  Zugriff auf Tabellen 167
Funktionsgruppe 367, 391
  ermitteln 394
  SRFC 392
Funktionstrennung 93, 684
Funktionstrennungsrisiko 92

G

Gateway-Dienst 137
Gefahrenpunkt 636
Generic Table Browser (GTB) 44, 446, 515,
                                                        560, 575
gesetzeskritische Berechtigung 300, 397,
                                                        642, 805
global.ini 883
Governance, Risk, and Compliance 90
Grantable to Others 936
GRC 90
GTB → Generic Table Browser (GTB)
GTB-Rolle 575
  Prüfung 579
  Zuordnung 578

H

HANA Deployment Infrastructure
  → SAP HANA Deployment Infrastructure
Hauptspeicherpufferung 422

hdbsql (Programm) 123
HDI → SAP HANA Deployment
　Infrastructure
HDI-Container 949
HDI-Rollen 945
　#OO-Benutzer 945
High Isolation Level 876
Hintergrundverarbeitung 137
HMAC 253

I

IDE 914
IMG 535
Implementation Guide 535
InfoObject 745, 860
InfoProvider
　anzeigen 859
　Pflege 858
Information Integration 126
Infotyp 837
INI-Dateien 878
Initialkennwort 183, 430, 443, 480, 481
　Wizard 481
In-Memory-Technologie 867
Inner Join 78
INSERT (ABAP-Befehl) 635
Instanz 134
　verteilte 135
Instanzprofil 177
Integrated Development Environment 914
Integrationssystem 143
Integritätsschutz 252
italienische Lösung 423
Iterated-Salted-SJHA1-Hash 199

J

Job 137
　Berechtigung 811
　protokollieren 345
John the Ripper 199
Join 76
　Bedingung 536

K

Kachel 717
Kachelgruppe 717, 719
Kachelkatalog 719, 724
Katalogrolle »Grantable to Others« 936

Katalogrollen 941
　Nachteile 941
　Zuordnung 953
Kennwort
　abgelaufenes 486
　Absicherung 184
　Hacking 199, 501
　Hashwert 199, 499
　hinterlegtes 379
　Historie 449, 450
　Initialkennwort 480, 481
　Komplexität 193
　Produktivkennwort 483
　RFC-Verbindung 379
　Richtlinie 183
　Sicherheit 104
　Verschlüsselung 190, 499
　Vorgabe 431
　Zeichensatz 194
Kennwortrichtlinie 892
　analysieren 895
　benutzergruppenspezifische 895
　Liste der verbotenen Kennwörter 896, 898
　Systemparameter 893
Kerberos 891
Kernel, Berechtigungsprüfung 694
Keyed-Hash Message Authentication
　Code 253
Klasse, Berechtigungsobjekt 689
Kommando
　externes 214
　logisches 214
Kommandofeld 32
Kommunikation
　Systemparameter 885
　Verschlüsselung 885
Kommunikationsbenutzer 443
Konnektor 90
Konsolidierungssystem 143
Kontenart 420
Kontenfindung 835
Kontengruppe 833
Kontrolle, mindernde 95
Kontrollsystem, internes 739
Kopie 609
kritische Aktion 92
kritische Berechtigung 92, 368, 388, 678
Kundennamensraum 292

Index

L

Langzeit-Trace 394, 790
laufende Einstellung 553, 826
LDAP 809
Legacy-App 712, 714
Lesezugriffsprotokollierung 106, 320
    Berechtigung 327
    RFC 373
    Verwaltungsprotokoll 326
License Audit Toolbox 475
Lightweight Directory Access Protocol 809
Lizenz, Benutzervermessung 474
Log → Protokoll
logische Datenbank 71, 79
lokaler Änderungsauftrag 607
ls (Betriebssystemkommando) 219

M

Mandant 145
    000 .... 146, 163
    001 146
    066 146
    Änderung 148
    anlegen 151
    Berechtigung 156
    Eigenschaft 147
    Konzept 145
    Konzept umgehen 639
    Kopie 150, 153, 344
    Produktivmandant 146
    Protokollierung 150
    Remotezugriff 164
    Risiko 151
    Rolle 148
    Schutzstufe 150
    Standardmandant 146
Mandantenänderbarkeit 598
Mandantenkopierer 147
    Aufruf 155
Mandatory Audit Policy 971
Man-in-the-Middle-Angriff 886
Massenpflege 698
Masterrolle 744
Materialbeleg 420
Materialwirtschaft, Customizing-
    Berechtigung 834
Mehrfachanmeldung 185
    Protokollierung 345
Meldung, SysLog 274

Member 922
Menürolle 794
Merkmal 860
Message-Server 137
Microservice-Ansatz 874
Microsoft Excel, Zugriff aufs
    SAP-System 395
mindernde Kontrolle 95
MODIFY (ABAP-Befehl) 635
Multi-Tenant-Datenbank 877
    Berechtigung 888
Multi-Tenant-Systeme 876
    Eigenschaften 876

N

Nachricht 223
Namenskonvention 588
    Rolle 741
Namensraum 541, 601, 635
Native SQL 637
NetWeaver 125
Notfallbenutzer 206, 265, 472
Nummernkreisintervall 420
Nummernkreisobjekt 420
Nutzertyp, Lizenzierung 474

O

Object Privilege 928
    Grantable to Others 936
Objekt, mandantenübergreifendes 148
Objektkatalog 611
Objektmenge, Code Inspector 662
Objektschlüssel 594
Objektseite (Fact Sheet) 712
OData-Protokoll 719, 724
OData-Service 719
ODS 862
OO-Transaktion 668
OPEN DATASET (ABAP-Befehl) 694
Open SQL 637
OpenUI5 712
Operational Data Store 862
Organisationsebene 698
    manuelle Pflege 841
    offene 844
Organisationskriterium 564
Organisationsregel 95
Organisationsstruktur 745
Organization Roles 918

Index

Organizations 922
Original 609
Outer Join 78

P

Package Privilege 930
   Grantable to Others 936
Package Privileges
   kritische Privileges 933
Paket 605, 930
   Berechtigung 930
   importiertes 931
   natives 930
Paketberechtigung → Package Privilege
parallele Pufferung 423
PARAMETERS (ABAP-Anweisung) 631
Parametertransaktion 668, 824
Passwort → Kennwort
Patch 176
Patch-Level 176
Pattern 108, 354
   Auswertung 110
   kundeneigenes 109, 355
People Integration 126
PERFORM (ABAP-Befehl) 634
Persistent Staging Area 853
PI 126
Ping 393, 404
Policys 966
Pool-Tabelle 531
Primärschlüssel 529
Privilege 925
Privileges 925
Privileges on Users 935
Process Integration 126
Produktivkennwort 483
Produktivsystem 139, 598, 620
   Tabellenprotokollierung 279
Profil 704
   Berechtigung 688
   Datei 177
   Datei, Version 178
   Einzelprofil 705
   F_BUCH_ALL 773
   generiertes 704
   Mandantenkopie 154
   S_A.ADMIN 772
   S_A.DEVELOP 772
   S_A.SYSTEM 773
   S_A.TMSADM 436

Profil (Forts.)
   Sammelprofil 705
   SAP_ALL 771
   SAP_APP 774
   SAP_NEW 771
   Security-Audit-Log 251
   Standard 769
   Z_ANWEND 773
Profilgenerator 696
Profilparameter → Systemparameter
Programm
   ausführbares 630
   Eigenschaft 652
   externes 391
   inhaltlich prüfen 653
   RS_ABAP_SOURCE_SCAN 654
Protokoll
   Abstimmanalyse 415
   Änderungsbeleg 304
   Anzahl ermitteln 295
   Betriebssystemkommando 315
   Funktionsbausteinaufruf 324
   Job 345
   Lesezugriff 320
   löschen 106
   Mandantenkopie 344
   optionales 105
   permanentes 105
   Prüfungsschritt 87
   Remote Function Call 371
   SAP Enterprise Threat Detection 351
   Security-Audit-Log 249
   Sicherheitsrichtlinie 348
   SysLog 271
   Systemänderbarkeit 342
   Systemparameter 344
   Tabelle 670
   Tabellenänderung 278
   Transport 616
   Überwachung 105
   Versionshistorie 665
Protokollierung 963
   Authentifizierung 892
   Benutzerstammsatz SAP HANA XSA 917
   GTB 347
   Mandant 150
   Mehrfachanmeldung 185
   Pflicht 293
   SE16N 346
   Security-Audit-Log 249
   Systemparameter 882

Protokollierungskonzept ... 963
Prozess ... 135
Prozesskette ... 852
Prüfer ... 794
Prüfkennzeichen, Berechtigungsobjekt ... 759
Prüftabelle ... 691
Prüfungsschritt, Protokoll ... 87
Prüfvariante ... 661
Prüfwerkzeug ... 31
Pseudonymisierung, SAP Enterprise Threat Detection ... 358
PUBLIC-View ... 871
Pufferung
parallele ... 423
prüfen ... 424

Q

QA-Genehmigungsverfahren ... 616
Qualitätssicherungsprozess ... 616
Qualitätssicherungssystem ... 139, 598, 616
Tabellenprotokollierung ... 280
Quellsystem ... 850
Quelltext, programmübergreifende Analyse ... 654
QuickView ... 71
anlegen ... 72
logische Datenbank ... 79
Tabellen-Join ... 76
QuickViewer ... 71, 706, 847

R

R3trans ... 281
Radierverbot ... 401, 643
Read Access Logging → Lesezugriffsprotokollierung
Rechenzentrum, Berechtigung ... 170
Rechnung ... 420
Rechnungsprüfung, Toleranzgrenze ... 835
Recovery ... 885
Redo-Log ... 884
Referenzbenutzer ... 444, 451, 459, 769
Protokollierung ... 461
Regel, Transformation ... 859
Regelwerk ... 90, 91
Auswertung ... 96
Export ... 98
Prüfung ... 98
Releasestand ... 176

Remote Function Call ... 69, 365
Aufrufe analysieren ... 69
Berechtigung ... 394, 864
externes Programm ... 391
Microsoft Excel ... 395
Protokollierung ... 324, 371
Quelltext ausführen ... 397
S_RFCACL ... 756
Security-Audit-Log ... 371
Trusted System ... 383
Verbindung ... 376
Zugriffsstatistik ... 335
Remote Source ... 886
dml_mode ... 887
Protokollierung ... 890
Secondary Credential ... 886
Remotebenutzer ... 907, 908
Remotemandantenkopie ... 153
Reparatur ... 609
Reparaturkennzeichen ... 609, 627
Report ... 35
/UI2/FLC ... 721
/UI2/FLT ... 721
AFX_CODE_SCANNER ... 658
anzeigen ... 37
ausführen ... 36
Berechtigungen ... 678
Berechtigungsauswertung ... 60, 775, 782
DHANA_CDS_ANALYZER ... 540
Dokumentation ... 39
Ergebnis speichern ... 40
exportieren ... 39
Namenskonvention ... 35
PFCG_MASS_VAL ... 698
RDDOODOC ... 532
RDDPRCHK ... 287
REGENERATE_SAP_APP ... 774
REGENERATE_SAP_NEW ... 771
RFBNUMOON ... 409, 425
RFTBPROT ... 298, 299
RK_SE16D ... 575, 583
RK_SE16S ... 51
RKSE16N_CD_DISPLAY ... 208
RSABAPSC ... 657
RSANAL00 ... 654
RSAU_SELECT_EVENTS ... 259
RSAUDIT_SYSTEM_STATUS ... 599
RSBDCOS0 ... 218
RSCRDOMA ... 519
RSCSAUTH ... 679
RSLGAD01_START ... 257

Report (Forts.)
   RSLIN_SEC_LICENSE_SETUP 663
   RSM04000_ALV_NEW 507
   RSMON000_DYNAMIC_PARAMETER ... 179
   RSPFPAR 271
   RSRFCCHK 377, 380
   RSRSDEST 377
   RSSCD100_PFCG 700
   RSSDOCTB 532
   RSSNCCHK 456
   RSTBHIST 288
   RSTBPDEL 299
   RSTMSTPP 282, 318
   RSTXPDFT4 62
   RSUSR_DELETE_USERDOCU 454
   RSUSR_LOCK_USERS 484
   RSUSR_ROLE_MENU 700
   RSUSR_START_APPL ... 700, 727, 785
   RSUSR_SUAUTHVALTRC_REORG 791
   RSUSR_USERS_DESTRUCTION 494
   RSUSR002 .... 460, 770, 775
   RSUSR002_ADDRESS 453
   RSUSR002_NEW 775, 780
   RSUSR003 436
   RSUSR010 700
   RSUSR040 .... 691, 695
   RSUSR070 .... 700, 782
   RSUSR100N 265, 461, 488, 510
   RSUSR200 483
   RSUSRAUTH 700, 784
   RSUVM002 477
   RSUVM005 .... 478, 592
   RSVCD100 .... 289, 316
   RSVTPROT 296
   RSWB0004 599
   RSYSLOG 272
   SAIS_MONI 349
   SAIS_SEARCH_APPL 671, 672
   SAPF190 415
   SECM_LOG_2_ESP 352
   Selektionskriterium 41
   speichern 41
   STBRG_HEADER 560
   STDDAT_MAINTAIN 560
   SUSR_TABLES_WITH_AUTH 568
   TDDAT_COMPARE 570
   TFC_COMPARE_VZ 416
   TMS_UPDATE_PWD_OF_TMSADM 436
   Transaktion 37
   Variante 41
   Zugriffe analysieren 66

REPORT (ABAP-Anweisung) 630
Reportingberechtigung 682, 739, 863
Reporttransaktion 668
Repository 531
   Informationssystem 536
   Pfad 873
Repository-Rolle 942
Residenzzeit 308
Restricted User 901
RFC → Remote Function Call
Richtlinie, Eigenentwicklung 587
Risiko 92
Risikostufe 94
Role Collection 916, 917
Rolle 688, 696, 939
   Analyse 97
   Antragsverfahren 736
   Auswertung 699
   Benutzermenü 753
   Berechtigung 798
   Berechtigung auswerten 782
   Eigenschaft 696
   Einzelrolle 702
   IBS_SICHERHEIT_PRUEFUNG_NW755 ... 31
   Katalogrolle 941
   Massenpflege 698
   Masterrolle 744
   Namenskonvention 741
   PUBLIC 902
   Repository-Rolle 942
   Sammelrolle 702
   SAP_AUDITOR* 84
   SAP_NEW 771
   technische Ausprägung 742
   Trace-Ergebnis übernehmen 792
   Vererbung 744
   View ROLES 940
   Zuordnung 952
Rollenkonzept 743
   quantitative Auswertung 848
   SAP HANA 939
Rollenpflege 696
   Sperrung 699
RuleSet → Regelwerk

S

S_A.ADMIN (Profil) 772
S_A.DEVELOP (Profil) 772
S_A.SYSTEM (Profil) 773
S_SERVICE (Berechtigungsobjekt) ... 723, 726

S/4HANA → SAP S/4HANA
SAL → Security-Audit-Log
Salted 199
Sammelbenutzer 471
Sammelprofil 705
Sammelrolle 702
SAP Access Control 90
   Analyse 96
   Komponente 90
   Prüfung 98
   Regelwerk 91
SAP Business Client 96
SAP Business Suite 127
SAP Business Warehouse 126, 241, 850
SAP EarlyWatch Alert 146
SAP Enterprise Portal 126
SAP Enterprise Threat Detection 103
   Alert 356
   Änderungen an Benutzerstamm-
      sätzen 457
   Anmeldesicherheit 201
   Benutzeränderung 711
   Benutzeranmeldungen 508
   Benutzergruppenaktion 468
   Benutzersperre 488
   Debugging 665
   Depseudonymisierung 112, 358
   Einsatzszenarien 108
   Forensic Lab 354
   Funktionsweise 107
   gesetzeskritische Berechtigung 807
   Initialkennwort 488
   Kennwort-Hacking 501
   Konfiguration 109, 360
   Pattern 108, 173, 220, 354
   Protokollübertragung 351
   Referenzbenutzerzuordnung 462
   Reportausführung 686
   RFC-Aufruf 373
   Rollenänderung 711
   Schutz von Downloads 229
   Standardbenutzeraktionen 439
   Streaming 107
   Tabellenzugriff 555
   Zugriffsrecht 786
SAP ERP 125
SAP ERP Central Component 126
SAP ERP HCM, Customizing-
   Berechtigung 836
SAP Fiori 33
   Designkonzept 717

SAP Fiori (Forts.)
   Frontend-Server 133
   Suche 713
SAP Fiori Apps Reference Library 714
SAP Fiori Client 34
SAP Fiori Launchpad 133, 712, 717, 719
SAP Fiori Launchpad Designer 719
SAP Governance, Risk, and Compliance 90
SAP HANA
   Anmeldesicherheit 891
   Berechtigung 924
   Entwicklungsumgebung 873
   Export 123
   hdbsql (Programm) 123
   Kennwörter 896
   Privilege 925
   Repository 873
   Savepoint 883
   Schema 870
   Skript 123
   Standardbenutzer 903
   Systemparameter 878
   Systemsicherheit 876
   Technologie 867
SAP HANA Cockpit 118, 876
   Database Directory 119
   Oberfläche 118
   Resources 119
   SAP HANA Database Explorer 121
SAP HANA Database Explorer 121
   Oberfläche 121
   SQL-Editor 122
SAP HANA Deployment
   Infrastructure 942, 945
SAP HANA Extended Application Services
   → SAP HANA XS
SAP HANA Extended Application Services,
   Advanced Model → SAP HANA XSA
SAP HANA Studio 870, 876
SAP HANA XS 873
SAP HANA XSA 873, 874, 924
   Attribut 919
   Benutzerstammsatz 915
   Member 922
   Organization Roles 918
   Organizations 913
   Platform Controller 874
   Protokollierung Benutzerstammsatz 917
   Role Collections 917
   Rollen-Templates 921
   SAP Web IDE 914

Index

SAP HANA XSA (Forts.)
   Scopes 919
   Space Roles 918
   Spaces 913
SAP HANA XSA Cockpit 874, 914
SAP NetWeaver 125
SAP NetWeaver Application Server 126
   ABAP 132
   Add-on for code vulnerability
      analysis 663
SAP NetWeaver Gateway 134
SAP Process Integration 126
SAP Readiness Check 129
SAP S/4HANA 128, 712
   Compatibility Packs 129
   Compatibility Scope Matrix 129
   Entwicklerschlüssel 590
   Kachelgruppen 719
   Kachelkatalog 719, 724
   OData-Services 719
   Simplification List 713
SAP Service Marketplace, Entwickler- und
   Objektschlüssel 596
SAP Solution Manager 127
SAP Web IDE 875, 914, 919, 923
SAP_ALL (Profil) 146, 381, 771
SAP_APP (Profil) 774
SAP_APPL (Profil) 153
SAP_NEW (Profil) 771
SAP_SEC_MON (Datenbankschema) 107
SAP* (Benutzer) 434
SAP<sid> 905
SAPCPIC (Benutzer) 435
SAP-Fiori-App 31, 33, 712, 714, 717
SAP-Hinweis
   112388 286
   1287410 484
   1414256 436
   1458262 .... 190, 501
   1484692 570
   1497672 284
   1636416 49
   1663177 468
   1682316 381
   1723881 699
   1749142 .... 146, 436
   1798267 87
   1823687 191
   1855773 663
   1856125 89
   1881429 89

SAP-Hinweis (Forts.)
   1921820 663
   1949276 663
   1969700 960
   2002588 52
   2008727 370
   2101316 905
   2124497 48
   2140828 .... 44, 45
   2140924 48
   2140958 575
   2186744 878
   2191612 251
   2216306 192
   2232583 308
   2249854 657
   2269324 129
   2309060 .... 590, 591
   2341600 729
   2376829 424
   2383 434
   2421733 790
   2447422 914
   2449011 727
   2533007 725
   2578542 398
   2600030 878
   2609527 873
   2676384 262
   2826256 492
   2883981 259
   2911103 207
   330067 461
   503274 48
   513694 .... 460, 462
   597117 48
   68048 434
SAP-Standardbenutzer → Standardbenutzer
SAP-Standardprofil 146
SAPUI5 .... 33, 712
Savepoint 883
schaltbare Berechtigung 369
Schema 868, 870
   Anlage 868
   Anzeige 869
Schlüsselfeld 77, 533
Schnittstellenbenutzer, Trace 790
Schriftgutart 293
Scope 919
Secondary Credential 886

Security-Audit-Log 106, 249
   ab SAP NetWeaver 7.50 SP 3 251
   Auswertung 258
   Einsatzszenario 250
   Konfiguration 251
   Konzept 262
   Mandanteneigenschaften 151
   Meldung 254, 257
   RFC 371
SELECT-Anweisung 546, 634
SELECT-Editor → SQL-Editor
Selektionskriterien 41
   speichern 58
Selektionsmaske 37
Servicebenutzer 444
Sicherheitskonzept 746
Sicherheitsprüfung, Code Inspector 662
Sicherheitsrichtlinie 195, 196, 348
Simplification List for
   SAP S/4HANA 129, 713
Single-Container-Systeme 876
Softwarekomponente 176
   Änderbarkeit 601
Sonderentwicklungssystem 144
Space Roles 918
Spaces 922
Speicher, sicherer 379
Speichern 223
Speichertechnologie, spaltenorientierte ... 867
Sperre
   Benutzer 484
   Datensatz 640
Sperrverwaltung 137, 808
Spool 62, 223, 811
Spool-Auftrag 62
Spool-Berechtigung 739
Spool-Liste 62
Spool-Prozess 138
Spool-System 223
Spool-Verwaltung, Zugriff aus anderen
   Mandanten 168
SQL 637
SQL-Anweisung 546
SQL-Editor 122, 546, 871
   Aufruf 164
   Berechtigung 164
   DBA Cockpit 116
SQL-Trace 81
SQL-View 517
Standardbenutzer 433
   ABAP-Stack 433

Standardbenutzer (Forts.)
   DDIC 435
   EARLYWATCH 436
   Prüfung 436
   SAP HANA 903
   SAP* 434
   SAP<sid> 905
   SAPCPIC 435
   SYSTEM 903
   Systembenutzer 904
   TMSADM 435
Standardberechtigung, 0BI_ALL 866
Standardprofil, kritisches 769
Standardrolle
   CONTENT_ADMIN 947
   MODELING 948
   PUBLIC 945
   SAP HANA 945
   SAP_INTERNAL_HANA_SUPPORT 947
startbare Anwendung 688
Sternberechtigung 846
Struktur 517, 691
strukturelle Berechtigung 745
synchrone Verbuchung 403
SysLog 105, 271, 963
   Debugging 644
   Verbuchung 410
System Privilege 868, 925
   AUDIT ADMIN 972
   ENCRYPTION ROOT KEY ADMIN 882
   für Entwicklungssysteme 926
   Grantable to Others 936
   INIFILE ADMIN 878, 893
   ROLE ADMIN 941
   USER ADMIN 899
System View, USERS 899
Systemänderbarkeit 342, 598
Systemart 143
Systembenutzer 443, 904
Systemberechtigung → System Privilege
Systemeigenschaft, Transportparameter ... 318
Systemeinstellung, Berechtigung 170
Systemfeld 633
Systemlandschaft 139, 598
   Änderbarkeit 598
Systemparameter 105, 177
   Änderungshistorie 880
   Anmeldesicherheit 186
   auth/auth_user_trace 751, 790
   auth/authorization_trace 750
   auth/check/calltransaction ... 751, 761

Systemparameter (Forts.)
    auth/new_buffering 750
    auth/no_check_in_some_cases 751
    auth/object_disabling_active 751
    auth/rfc_authority_check 191, 192,
        392, 752
    auth/su53_buffer_entries 752, 787
    auth/tcodes_not_checked 751
    bdc/bdel_auth_check 753
    Berechtigung 181
    Berechtigungskonzept 750
    detailed_error_on_connect 893
    DIR_TRANS 614
    force_first_password_change 893
    Historie 178
    icf/reject_expired_passwd 192
    internal_support_user_limit 947
    Kennwortrichtlinien 893
    Kommunikation 885
    last_used_passwords 893
    login/disable_multi_gui_login 185, 187
    login/disable_password_logon 188
    login/failed_user_auto_unlock 187
    login/fails_to_session_end 187
    login/fails_to_user_lock 187, 486
    login/min_password_diff 193
    login/min_password_digits 193
    login/min_password_lng 193
    login/min_password_letters 193
    login/min_password_lowercase 194
    login/min_password_specials 193
    login/min_password_uppercase 194
    login/multi_login_users 185, 188
    login/no_automatic_user_
        sapstar 190, 434
    login/password_change_waittime 189
    login/password_charset 194
    login/password_compliance_to_
        current_policy 195
    login/password_downwards_
        compatibility 190, 500
    login/password_expiration_time 189
    login/password_history_size 189
    login/password_logon_usergroup 188
    login/password_max_idle_initial 189,
        482, 486
    login/password_max_idle_
        productive 190, 484, 486
    login/server_logon_restriction 190, 191
    login/show_detailed_errors 191
    M_INIFILE_CONTENTS 879

Systemparameter (Forts.)
    maximum_invalid_connect_
        attempts 893
    maximum_password_lifetime 893
    maximum_unused_initial_password_
        lifetime 894
    maximum_unused_productive_
        password_lifetime 894
    minimal_password_length 894
    minimum_password_lifetime 894
    password_expire_warning_time 894
    password_layout 894
    password_lock_for_system_user 895
    password_lock_time 895
    Protokollierung 344, 882, 889
    rdisp/gui_auto_logout 191
    rec/client 279
    rfc/reject_expired_passwd 192, 443
    rspo/auth/pagelimit 227, 753
    rspo/store_location 223
    SAP HANA 878
    savepoint_interval_s 883
    sec/ral_enabled_for_rfc 326
    sicherheitsrelevante 878
    system/usage_flavor 590
    Systemtyp 868
    Verbuchung 405
    Wert ändern 179
    Wert anzeigen 180
Systemprotokoll → SysLog
Systemsicherheit
    allgemeine 175
    SAP HANA 876
Systemverbund 143
Systemvermessung 474
Szenario, schaltbare Berechtigungs-
    prüfung 370

T

Tabelle 43, 516
    _SYS_REPO.OBJECT_HISTORY 943
    ADIRACCESS 594
    AGR_PROF 704
    Änderung 549
    Änderung auswerten 295
    Änderungsprotokoll 105
    Anzeige personalisieren 45
    Anzeigetransaktion 44
    AUTHX 691
    BALHDR 244

Tabelle (Forts.)
　　Berechtigung 558, 739
　　　　auswerten 567
　　Berechtigungsgruppe 558
　　Berechtigungsobjekt 560
　　CCCFLOW 155
　　CCCFLOWV2 155
　　CCPROF 154
　　CCTABRESULTS 155
　　CDDAAG_RESID 308
　　CDHDR 309
　　CDPOS 309
　　CDPOS_STR 309
　　CLS_ASSIGNMENT 286
　　Clustertabelle 531
　　CVERS 176
　　Datenbank 546
　　DBTABLOG 279
　　DD02L 526
　　DD02T 528
　　DD09L 288, 293, 527
　　DDPRS 343
　　DEVACCESS 591
　　DLV_SYSTC 602
　　Dokumentation 532
　　E070 .... 608, 610
　　E070C 608
　　E071 609
　　Eigenschaft 526
　　ENLFDIR 368
　　exportieren 57
　　Feld 46
　　Feldgruppierung 49
　　GRANTED_PRIVILEGES 951
　　GRANTED_ROLES 952
　　laufende Einstellung 553
　　mandantenabhängige 529
　　mandantenunabhängige 279, 530, 562
　　MODSAPA 201
　　Namensraum 541
　　NRIV 422
　　NRIV_DOCU 423
　　NRIVSHADOW 423
　　OBJH 555
　　ohne Berechtigungsgruppe 566
　　PFL_INDX 179
　　Pooltabelle 531
　　PRGN_CUST 460, 481, 493, 755
　　Protokoll löschen 299
　　Protokollierung 278, 346, 347, 670
　　Protokollierungspflicht 286, 293

Tabelle (Forts.)
　　QuickViewer 71
　　REPOSRC 652
　　RFCDES 377, 379, 386
　　RFCSYSACL 387
　　RFCTRUST 387
　　Richtlinie 589
　　ROAUTH 245
　　ROOSOURCE 245
　　ROOSOURCET 245
　　RSAU_BUF_DATA 261
　　RSECACTB 379
　　RSECTAB 379
　　RSECUSERAUTH 862, 866
　　Schlüssel 77
　　SE16N_CD_DATA 208
　　SE16N_CD_KEY 208
　　SEC_POLICY_ATTR 196
　　SECM_CONFIG 352
　　SECM_LOGS 352
　　SLDW_ELEMENTS 260
　　SLINSEC_LICENSE 664
　　SMMAIN 416
　　SMODILOG 317
　　Sperrkonzept 640
　　SRAL_BL_USER 326
　　SRAL_KERNEL_RFC 325
　　SREPOATH 679
　　SSM_CUST 753
　　suchen 53, 81
　　SXPGCOSTAB 217
　　SXPGCOTABE 217
　　SYS.USERS 899
　　T000 145
　　T001 828
　　T003 420
　　TADIR 599, 604, 611, 669
　　TAPPL_LOCK 212
　　TCDCOUPLES 642, 761
　　TCDOB 305, 307
　　TCDOBT 305
　　TCETRAL 613
　　TDDAT 559
　　TDEVC 605
　　TFDIR 367
　　TMSCDOM 613
　　TMSCSYS 613
　　TNRO 424
　　TOBJ_CD 758
　　TOBJ_CHK_CTRL_R 370, 648
　　TOBJ_OFF 757

Tabelle (Forts.)
   TPFET 178, 181, 345
   TPFHT 178, 345
   TPFID 135
   TPGP 679
   TPGPT 679
   TPLOG 616
   transparente 531
   TRDIR 679
   TRNSPACE 602
   TSL1D 273
   TSL1T 273
   TSTC 847
   TSTCA 644, 670, 710
   Typ 526
   unternehmenseigene 291, 541
   USDOCU 454
   USERS_SSM 754
   USGRP_USER 466
   USH02 509
   USOBAUTIIINACTIVE 694
   USOBHASH 693
   USOBT_C 708, 774, 847
   USOBX_C 759
   USOBX_CD 761
   USORG 698, 841
   USR_CUST 468
   USR01 448
   USR02 .... 183, 446, 482, 499
   USR06 451
   USR10 706
   USR40 184
   USR41 506
   USR41_MLD 186
   USRACL 449
   USRBF2 709
   USRBLOCK 493
   USRPWDHISTORY 183, 450
   USRVETOTABLES 497
   UST04 706
   Variante 58
   VBDATA 407
   VBHDR 407
   VBMOD 407
   Verknüpfung 49, 76
   Wert suchen 51
   zeilenweise Berechtigung 563
TABLES (ABAP-Anweisung) 630
Tasktyp 338
TCP/IP 138
   Adresse 506

temporäre sequenzielle Datei 223
TemSe 223
Tenant 877, 907
   Protokollierung 888
Tenant-Datenbank 876
TMS → Transport Management System
TMSADM (Benutzer) 435
Trace
   auswerten 82
   Berechtigung 381
   Berechtigungsprüfung 787
   Berechtigungs-Trace 788
   Ergebnisse in Rollen übernehmen 792
   Langzeit-Trace 790
   SQL-Trace 81
Transaktion 31, 32, 667
   /IWBEP/ERROR_LOG 348
   /IWFND/ERROR_LOG 348
   /UI2/FLC 721
   /UI2/FLP 34, 719
   /UI2/FLPD_CONF 719
   /UI2/FLT 721
   AL08 .... 505, 506, 508
   AL11 .... 135, 614
   Aufruf 32
   AUTH_DISPLAY_OBJECTS 757
   AUTH_SWITCH_OBJECTS 757
   CODE_SCANNER 658
   Customizing 824
   DBACOCKPIT 115, 164, 450, 454, 546, 947
   DHANACDS 540
   EWZ5 485
   F.03 .... 409, 415
   FAGLF03 416
   FB01 365
   FB50 365
   FINS_RSSNROS1 424
   GCE1 445
   GRAC_DOWNLOAD_RULES 98
   kundeneigene 847
   ME21N 366
   MIGO 366
   OBA7 420
   OMDL 445
   OMEH 445
   OPF0 445
   OVAP 583
   OVFK 583
   OVNB 583
   OVNO 583
   PFCG 696

Transaktion (Forts.)
- PFCG_EASY 757
- PFCGMASSVAL 698
- RDDPRCHK_AUDIT 284, 287
- RFTBPROT_BCE_AUDIT 296
- RS_LOGSYS_CHECK 851
- RSA3 243
- RSAU_ADMIN 252, 261
- RSAU_CONFIG 251
- RSAU_READ_ARC 259
- RSAU_READ_LOG 258, 260
- RSAU_READ_LOG_ADM 259, 260
- RSAU_TRANSFER 254
- RSAUDIT_SYSTEM_ENV 150, 599
- RSCSAUTH 679
- RSPFPAR 180, 271
- RSSCD100 311
- RSSG_BROWSER 583
- RSU01 862
- RSUDO 855
- RSUSR_ROLE_MENU 729
- RSUSR_START_APPL 727, 785
- RSUSR003 436
- RSUSR200 483
- RSUSRAUTH 784
- RSWBO004 .... 343, 599, 600
- RZ04 136
- RZ10 .... 178, 344
- RZ11 179
- RZ20 438
- RZ21 438
- S_ALR_87012342 425
- S_ALR_87101308 519
- S_ALR_87101318 532
- S_BCE_68001393 453
- S_BCE_68001400 .... 460, 567, 726
- S_BCE_68001413 .... 691, 695
- S_BCE_68002311 .... 198, 461, 488, 510
- S-32 583
- S-33 583
- S416D 45, 575
- S416H 45, 48, 575
- S416N 44, 48, 538, 575, 576, 582
- S416N_ROLE 575, 577, 579
- S416S 45, 51, 575
- S416S_CUST 51
- S416SL 45, 51
- S4H16D 45, 575
- S4H16H 45, 48, 575
- S4H16N 44, 48, 575, 582
- S4H16S 45, 51, 575

Transaktion (Forts.)
- S4H16SL 45, 51
- SA38 .... 36, 265, 296, 583, 593
- SACF 370, 682
- SACF_INFO 370
- SAIS 84
- SAIS_ADM 89
- SAIS_LOG 87
- SAIS_MONI 349
- SAIS_SEARCH_APPL 671, 672
- SCC3 .... 155, 344
- SCC4 .... 147, 265, 280
- SCC9 .... 155, 160
- SCC9N 160
- SCCL 155, 158
- SCCLN 158
- SCDO 304, 306, 523
- SCDO_DAAG_RES 308
- SCDO_NEW 523
- SCI 660
- SCLAS 284
- SCTS_RSWBO004 599
- SCU3 .... 150, 288, 295, 296, 387
- SCU3_DEL 299
- SCUM 485
- SEO1 .... 607, 616
- SEO6 .... 265, 349, 599, 600
- SEO9 607
- SE10 607
- SE11 .... 294, 305, 517, 518, 523, 526, 529, 532, 535, 537, 538, 549, 550, 593, 691
- SE12 517
- SE13 .... 283, 284, 286, 289, 526, 528
- SE16 .... 44, 45, 265, 288, 293, 366, 394, 414, 416, 424, 460, 502, 523, 530, 534, 538, 549, 567, 575, 582, 583, 591, 599
- SE16D 44
- SE16H 45, 48, 265, 575, 583
- SE16N 44, 48, 265, 293, 538, 575, 582, 583
- SE16N_EMERGENCY 207
- SE16S 45, 51, 265, 575
- SE16S_CUST 51
- SE16SL 45, 51
- SE17 .... 45, 265, 583
- SE24 496
- SE36 79
- SE37 .... 67, 366, 380, 394
- SE38 .... 265, 314, 653
- SE43 85
- SE54 554
- SE84 536

Transaktion (Forts.)
  SE92 .... 257, 277, 349
  SE93 668
  SE97 641
  SECM_CONFIGURATION 352
  SECPOL 196
  SECPOL_CHANGES 198, 348
  SLAT 475
  SLDW 260
  SLG1 243
  SM01_CUS 207, 211
  SM01_DEV 211
  SM04 506–508
  SM12 .... 275, 808
  SM13 .... 276, 406, 408, 409, 412, 414
  SM14 .... 407–409, 412, 414
  SM14_WITHOUT_GROUPS 408, 412, 414
  SM18 251
  SM19 251
  SM20 251
  SM20N 251
  SM21 .... 272, 414
  SM30 .... 45, 265, 280, 420, 534, 535, 549,
                       552, 553, 564, 583, 593, 611
  SM31 .... 265, 583
  SM34 .... 535, 564
  SM35 233
  SM35P 235
  SM49 214
  SM50 135
  SM59 .... 366, 376, 385
  SM69 214
  SMOD 201
  SMT1 384
  SNC4 .... 449, 456
  SNRO 422, 424
  SNUM 420
  SOBJ 554
  SP01 .... 62, 168, 224
  Sperre 210, 671
  SPOOL 62
  SPRO 535, 552
  SQVI 72, 583, 706
  SRALMANAGER 320, 321, 323, 327
  SRALMONITOR 320
  ST01 788
  ST03G 332
  ST03N 63, 69, 332
  ST05 .... 81, 82
  ST05N 81
  STATS 335

Transaktion (Forts.)
  STAUTHTRACE 788
  STBRG 560
  STDDAT 560
  STMS 141, 282, 318, 612
  STMS_DOM 613
  STMS_PATH 141, 613
  STMS_QA 617
  STRFCTRACE 335, 371
  STUSERTRACE 381, 394, 790
  SU01 .... 152, 195, 366, 380, 438, 444–446,
              449, 459, 461, 465, 475, 484, 510, 798
  SU01_NAV 446
  SU01D 445, 465
  SU02 705
  SU06 .... 493, 494
  SU10 446
  SU21 689
  SU24 .... 589, 724, 760, 774, 847
  SU3 41
  SU53 787
  SU56 709
  SUGR 468
  SUID01 446
  SUID10 446
  SUIM 59, 446, 455, 460, 461, 483, 487,
                         488, 510, 567, 695, 699, 706
  TU02 178
  UI2/FLPD_CUST 719
  USMM 474, 477
  USMM2 475
  VA01 366
  VF01 366
  Zugriffe analysieren 66
transaktionale App 712
Transaktionsberechtigung 641, 644, 692
Transaktionscode 32
Transformation 859
Transmission Control Protocol/Internet
  Protocol → TCP/IP
Transport 281, 604
  Ablauf 618
  Protokoll 281, 616
  Richtlinie 589
Transport Management System 281, 612, 614
Transport Organizer 604, 607
  Protokoll 616
Transportauftrag → Auftrag
Transportdatei 614
Transportparameter 281
  anzeigen 318

Transportparameter (Forts.)
   RECCLIENT 281
   VERS_AT_IMP 318
Transportschicht 613
Transportverzeichnis 614
Transportweg 613
Trusted RFC 133, 142
Trusted System 383
Trusted-Verbindung 385
Trusting System 384

U

Überwachung 105
Umrechnungskurs 827
Unicode, Kennwort 194
Universal Journal 540
UPDATE (ABAP-Befehl) 635
User Locking Tool 485
USOBHASH 723

V

Variante 58
   aufrufen 42
   Report 41
   Tabellenanzeige 58
   Transaktion 668
Verantwortlichkeitsbereich wechseln 430
Verbuchung 403
   Abbruch 414
   asynchrone 404
   Prozess 136, 404
   synchrone 403
   Systemparameter 411
   Tabelle 404
Verschlüsselung 882
   Backups 885, 889
   Kommunikation 885
   persistenter Speicher 883, 889
   Protokollierung 890
   Redo-Logs 884, 889
Version löschen 318
Versionierung 105, 313, 665
   SAP HANA 943
   Tabellenprotokollierung 288
Versionsdatenbank 313, 665
Versionshistorie 665
Versionstabelle 105
Versionsverwaltung → Versionierung
verteilte Instanz 135

Verwaltungsprotokoll → Lesezugriffs-
   protokollierung
Verwendungsnachweis 520
Vetoprüfung 494, 495
   generische 496
   vordefinierte 496
View 516, 533
   AUDIT_POLICIES 971
   Berechtigung 558
   DD02V 529
   EFFECTIVE_PRIVILEGE_GRANTEES 112
   laufende Einstellung 553
   M_DATABASES 877
   REMOTE_SOURCES 887
   TBTC_JOB_DATA 345
   TRDIR 652
   unternehmenseigener 541
   USER_ADDR 453
Viewcluster 534

W

Web Dynpro 693
   LAW3_WD_SLAT_MAIN 475
Web IDE → SAP Web IDE
Werk 834
Werkzeug 31
Wert suchen 51
Workbench-Auftrag 607
Workstation 506
WRITE (ABAP-Befehl) 634

X

Xiting, User Locking Tool 485

Y

Y-Landschaft 140

Z

Z_ANWEND (Profil) 773
Zeichenkette 519
Zentralinstanz 134
Zugriffsstatistik 63, 105, 331
   Analyse 66, 333, 335
   anonym auswerten 340
   Aufbewahrungszeitraum 332
   Langzeitauswertung 336
   RFC 69, 335, 371

- SAP HANA und SAP HANA XSA rundum absichern
- Vom Berechtigungs- und Rollenkonzept zur praktischen Umsetzung
- Systemsicherheit, Datenschutz und Auditing
- inkl. Checklisten und praktischen Anleitungen

Thomas Tiede

SAP HANA – Sicherheit und Berechtigungen

Als Datenbank, Anwendungsserver und Entwicklungsumgebung erfordert SAP HANA besondere Absicherungsmaßnahmen. In diesem Buch lesen Sie, wie Sie die Systemsicherheit kontinuierlich sicherstellen können. Sie erhalten hilfreiche Empfehlungen für Ihr Rollen- und Berechtigungskonzept, zum Datenschutz und zur Analyse von Berechtigungsfehlern. Architektonische Besonderheiten werden ebenso berücksichtigt wie die spezielle Rolle von SAP HANA als integrierte Datenbank für SAP S/4HANA.

576 Seiten, gebunden, 89,90 Euro
ISBN 978-3-8362-6765-6
erschienen Juli 2019
www.sap-press.de/4814

- Cloud-Plattform, Anwendungen und Schnittstellen absichern
- Neo-, Cloud-Foundry-, und Kyma-Umgebung
- Mit vielen konkreten Beispielen und Checklisten

Martin Koch, Siegfried Zeilinger

SAP Business Technology Platform – Sicherheit und Berechtigungen

SAP in der Cloud? Aber sicher! Dieses Buch führt Sie in die Sicherheitsmechanismen der SAP Business Technology Platform (vormals SAP Cloud Platform) ein. Sie lernen, Benutzer und Berechtigungen für Ihre Szenarien einzurichten, sichere Verbindungen zu Cloud- und On-Premise-Systemen zu konfigurieren und mit den Administrationstools der Plattform zu arbeiten. Die Sicherheitsfunktionen sowohl der Neo- als auch der Cloud-Foundry-Umgebung werden umfassend vorgestellt. Und auch die neue Kyma-Umgebung wird berücksichtigt.

415 Seiten, gebunden, 89,90 Euro
ISBN 978-3-8362-8098-3
erscheint Juli 2021
www.sap-press.de/5262

- Schützen Sie Ihr SAP-System vor Hacking und Cyber-Angriffen!

- Risiko- und Bedrohungsanalysen erstellen, Sicherheitsstrategien entwickeln

- Sicherheit von Netzwerken, Passwörtern, Applikationsservern, Schnittstellen u.v.m.

Holger Stumm, Daniel Berlin

SAP-Systeme schützen

Schützen Sie sich vor dem Albtraumszenario Cyber-Angriff! Treffen Sie jetzt die notwendigen Vorkehrungen – warten Sie nicht, bis es zu spät ist! In diesem Buch erfahren Sie, wie Sie die Angriffspunkte Ihres SAP-Systems identifizieren und absichern. Ob Netzwerksicherheit, SAProuter, Applikationsserver, RFC-Aufrufe oder Datenbank – erfahren Sie, wie Hacker vorgehen, schließen Sie mögliche Sicherheitslücken, und härten Sie Ihre Systeme.

426 Seiten, gebunden, 69,90 Euro
ISBN 978-3-8362-3851-9
erschienen Februar 2016
www.sap-press.de/3907

- Prüfung aller relevanten SAP-Komponenten und Geschäftsprozesse
- Implementierung und Automatisierung eines tragfähigen Internen Kontrollsystems
- Inkl. SAP S/4HANA, den neuen GRC-Tools für SAP HANA und den Neuerungen von GRC 12

Maxim Chuprunov

Handbuch SAP-Revision
Internes Kontrollsystem und GRC

Der Prüfer kommt! Dieses Buch zeigt Ihnen, wie Sie Ihr SAP-System aufstellen, um für die Wirtschaftsprüfung oder interne Revision gerüstet zu sein. Sie lernen, wie Sie ein Internes Kontrollsystem (IKS) in SAP ERP und SAP S/4HANA um-setzen, und werden mit Applikations- und Berechtigungskontrollen sowie Prüfungshandlungen vertraut gemacht. Zudem erfahren Sie, wie Sie ein IKS im Rahmen eines integrierten GRC-Ansatzes einrichten und automatisieren. So sind Sie als Wirtschaftsprüfer, IT-Verantwortlicher, Mitarbeiter in der Finanzabteilung, Security-Beauftragter und Berater für alle Fälle gewappnet! Diese 3. Auflage unseres Standardwerks umfasst die relevanten Neuheiten von SAP S/4HANA, Assurance für Cloud, neue gesetzliche Auflagen und Standards, neue SAP-GRC-Lösungen u.v.m.

873 Seiten, gebunden, 119,90 Euro
ISBN 978-3-8362-5586-8
3. Auflage 2019
www.sap-press.de/4407

Kostenlose Buchauszüge im Rheinwerk-Shop!

- Datenbankverwaltung von der Installation bis zum Update
- Einrichtung und Anwendung des SAP HANA Cockpits 2.0
- Multi-Tenant-Architektur, Hochverfügbarkeit, Berechtigungsverwaltung u.v.m.

Bert Braasch, André Faustmann, Anna Geringer, Hendrik Müller, Benjamin Wegener, André Siegling

SAP HANA – Datenbankadministration

Alles, was Sie zur Administration von SAP HANA 2.0 wissen sollten! Dieses Buch führt Sie durch das neue SAP HANA Cockpit: von der Installation und Konfiguration bis zur Systemüberwachung. Sie lernen nicht nur die Feinheiten der Architektur von SAP HANA und die Installationsvarianten kennen, sondern erhalten auch wertvolle Empfehlungen für Sizing, Migration und Performanceoptimierung. Auch die Berechtigungsverwaltung sowie die Fehleranalyse und -behebung kommen nicht zu kurz.

832 Seiten, gebunden, 89,90 Euro
ISBN 978-3-8362-6850-9
2. Auflage 2019
www.sap-press.de/4841

- Nützliche Tools und Funktionen für die tägliche Arbeit
- Empfehlungen und Profitipps von den Experten
- Inkl. Berechtigungen für SAP HANA, Traces und Audits

Anna Otto, Katharina Stelzner

Berechtigungen in SAP
Best Practices für Administratoren

Sie sind ständig im Einsatz, damit das Berechtigungskonzept Ihres Unternehmens jede Anforderung erfüllt? Um Ihnen diese Arbeit zu erleichtern, vermitteln unsere Autorinnen Ihnen Best Practices für die Benutzer- und Rollenverwaltung, Berechtigungsadministration und Systemsicherheit. Entdecken Sie beispielsweise die Vorteile der neuen Tracing-Funktionen, und erfahren Sie, wie Sie Berechtigungen in SAP HANA und SAP S/4HANA verwalten. Die erste Auflage dieses Bestsellers ist in der Reihe »100 Tipps und Tricks« erschienen.

506 Seiten, gebunden, 79,90 Euro
ISBN 978-3-8362-6832-5
2. Auflage 2019
www.sap-press.de/4836

Immer gut informiert: Bestellen Sie unseren Newsletter!